湖南省企业管理现代化创新成果

HUNAN SHENG QIYE GUANLI
XIANDAIHUA CHUANGXIN CHENGGUO

（第二十一届）

湖南省企业和工业经济联合会　编

2020

湖南人民出版社

本作品中文简体版权由湖南人民出版社所有。
未经许可，不得翻印。

图书在版编目（CIP）数据

湖南省企业管理现代化创新成果：第二十一届 / 湖南省企业和工业经济联合会编．—长沙：湖南人民出版社，2021.4
 ISBN 978-7-5561-2350-6

I.①湖… II.①湖… III.①企业管理—现代化管理—创新管理—成果—汇编—湖南 IV.①F279.276.4

中国版本图书馆CIP数据核字（2021）第065475号

HUNAN SHENG QIYE GUANLI XIANDAIHUA CHUANGXIN CHENGGUO（DI ERSHIYI JIE）

湖南省企业管理现代化创新成果（第二十一届）

编　　者	湖南省企业和工业经济联合会
责任编辑	唐　艳
装帧设计	谢俊平
责任校对	夏文欢

出版发行	湖南人民出版社［http://www.hnppp.com］
地　　址	长沙市营盘东路3号
邮　　编	410005
印　　刷	长沙市雅捷印务有限公司
版　　次	2021年4月第1版
	2021年4月第1次印刷
开　　本	880 mm × 1230 mm　1/16
印　　张	47
字　　数	1260千字
书　　号	ISBN 978-7-5561-2350-6
定　　价	138.00元

营销电话：0731-82221529　　（如发现印装质量问题请与出版社调换）

湖南省企业管理现代化创新成果(第二十一届)审定委员会

顾　　问：陈　飞　武吉海　曹慧泉　丛培模

主　　任：李志坚

执行主任：杨月华

副 主 任：吴金明　张　翔　朱有志

评审委员：(按姓氏笔画排序)

　　　　　王国海　尹向东　宁建业　刘松林

　　　　　祁顺生　张　辉　陆远如　施荣华

　　　　　简　政　颜　琰

湖南省企业管理现代化创新成果(第二十一届)编辑部

主　编：陆远如

副主编：(按姓氏笔画排序)

宁建业　祁顺生　施荣华

编　辑：商　艳　钟建华　黄　沙

改革我们的改革

——《湖南省企业管理现代化创新成果(第二十一届)》序

人类行为的连续性特征，不仅仅构成把握事物脉搏、推动事物前进、促进事物发展的依据，在特定的时空或场域中，也可成为布置工作任务、陈述决策凭依、说服属下服从的理由。

不是吗？

为《湖南省企业管理现代化创新成果》作序，从2016年度开始，我已连续作了三年啦！今年，杨会长仍然安排我写，我叹曰："领导，事不过三啊！我已连续写了三篇啦，今年'另请高明'吧！"

此时，会长从容不迫地说："既然已写了《创新我们的创新》《研究我们的研究》《理论我们的理论》，不妨继续写下去，写个系列篇来！"还没等我答话，会长身边的一个智囊人物帮着说："习总书记强调，改革只有进行时，没有完成时。那你今年就按改革促创新的逻辑续写《改革我们的改革》吧！"

问题在于，会长旁边的高参进一步帮腔："任务已经下啦，题目已经出啦，依据已经有了！你就大胆写吧！"

于是，就既有了上面的题目，也有了下列的文字！

一、为什么要改革我们的改革

大千世界，自从有了人类自身为着生产生活而交流的语言以来，语词语汇就打上了生产者和使用者自身的"烙印"，因而具有生产主体和使用主体的主体性。而这种"主体性"在语词表征上就体现在其内涵有独特性、使用有差异性上。

"改革"就是这么一个有鲜明"独特性"的专用名词！

改革，就其最一般的意义上说，"是指改掉事物中陈旧的、不合理的部分，使之合理、完善，更加适合需要"。因之，我们现在讲的"改革"，不是根本制度的重新选择，而是社会主义制度的自我完善和发展，是体制机制的重新构建，是政策的重新选择，是规制的重新制定。改革的目的是发展社会主义，更好地坚持社会主义。

明乎此，改革的方向、目的和任务就清晰啦！

问题在于，自1978年党的十一届三中全会确立改革开放的路线以来，40多年过去了，成绩斐然，世所公认，为什么还要提"改革我们的改革"呢？难道还要否定"改革"不成？

显然，我们要"改革"的改革，不是在"否定"，更准确地说不是在非哲学论域中"否定"改革，而是为了更好地坚持社会主义、发展社会主义，"改掉"既成事物中"陈旧的、不合理的部分，使之合理、完善，更加适合需要"。

在这里，"事物中陈旧的、不合理的部分"中的"事物"，指的是"既成"事物，即"此时此刻""已经完成""已经成为"的事物。这样，在"精准"要求下的"精细"认知，就进一步说明我们要"改革我们的改革"的"事物"不是对具有"阶段性"特征的"40多年"来实行改革开放政策以来的事物的"整体"的改革，即不是否定"改革"这个事物本身，而是在哲学层次上的对既成的一切事物希其"合理完善，更加适合需要"的"改革"！

那么，为什么对既成事物要以"改革"的取向来对待呢？

为了让"改革"成为易于接受的观念、成为勇于推进的行动、成为善于坚持的方法，我们在理智上至少应有如下基本的共识，或者说应从如下方面寻求共识：

第一，事物发展的矛盾性根源；

第二，客观事物的有限性功能；

第三，人类需求的无限性特征。

马克思主义者认为，客观事物内在的"矛盾"及其运动是推动事物发展的内在动力和永恒活力。"矛盾"及其运动既是事物存在的状态又是事物发展的根源，作为存在状态，"对立和统一"共存一体，因而本身是"对立统一"的；作为发展根源，"矛盾"双方的"斗争性"是其固有的特性。唯其如此，世间事物，矛盾永恒存在，斗争永恒出现，发展永恒推进！

遗憾的是，人的需要，不论是作为个体的还是群体的人的需要，都是无限的，因而对既成现实的"不满足"是人类对客观事物的基本态度。问题还在于，应满足人的需要的任何客观事物的功能都是有限的。因而，以有限对无限的无限和有限的矛盾就是永恒的存在了！

因之，改革我们的改革，就成了我们长期的、永恒的任务！

故而，习近平总书记就强调：改革只有进行时，没有完成时。

不论是改革观念的宣传者还是改革行动的推进者，不论是改革方案的制定者还是改革结果的承受者，明乎此理，精乎此道，益莫大焉！

一般改革如是，企业改革尤然！

二、为了谁搞改革我们的改革

大凡对改革有不同的社会性议论的，不论是企业改革还是别的改革，都在同一个问题即"为了谁"的问题上有着不同的理解和解读。而这些"不同"，既有行为主体的偏颇和迷茫，也有社会受众的误解和盲目。

因此，有必要对"为了谁"这个粗看起来不是问题的问题作更明确更深入的"问题式"讨论。

从"国之大者"而言，我们可以概括地说，我们中国共产党领导的改革是：

为了人民的幸福！

为了民族的复兴！

为了政权的巩固！

习近平总书记于2014年10月23日在党的十八届四中全会第二次全体会议上论到政法系统改革时说："只要有利于提高党的执政能力、巩固党的执政地位，有利于维护宪法和法律的权威，有利于维护人民权益、维护公平正义、维护国家安全稳定，不管遇到什么阻力和干扰，都要坚定不移向前推进，决不能避重就轻、拣易怕难、互相推诿、久拖不决。"

在这里，习总书记就改革事关的"国之大者"作了目标明确的态度坚决的论述。

遵循习总书记论述政法系统改革的理论思路，企业改革"为了谁"不是一目了然吗？

在中国共产党领导的新时代中国特色社会主义的今天，任何企业的"改革"与"创新"，如果不利于人民的幸福、国家的强盛、民族的复兴、政权的巩固，不论其言词如何"华丽"、其方案如何"精美"、其理由如何"充分"、其效益如何"丰盈"，都会被人民所唾弃、被历史所抛弃！

对此，邓小平同志早在1985年就有警言：

"社会主义与资本主义不同的特点就是共同富裕，不搞两极分化。"（引自《搞资产阶级自由化就是走资本主义道路》）

"如果导致两极分化，改革就算失败了。"（引自《改革是中国发展生产力的必由之路》）

"社会主义的目的就是要全国人民共同富裕，不是两极分化。如果我们的政策导致两极分化，我们就失败了；如果产生了什么新的资产阶级，那我们就真是走了邪路了。我们提倡一部分地区先富裕起来，是为了激励和带动其他地区也富裕起来。"（引自《一靠理想二靠纪律才能团结起来》）

并且，在1992年，邓小平同志还特别指出："如果富的愈来愈富，穷的愈来愈穷，两极分化就会产生，而社会主义制度就应该而且能够避免两极分化。……什么时候突出地提出和解决这个问题……要研究。可以设想，在本世纪末达到小康水平的时候，就要突出地提出和解决这个问题。"（引自《在武昌、深圳、珠海、上海等地的谈话要点》）

显然，邓小平同志是在改革是为了人民的共同富裕即人民群众的幸福是改革的出发点和落脚点的高度提出问题、论述问题和设想解决问题的。

为此，这些年以来，尤其是十八大以来，我们出台了一系列维护群众利益的"配套"改革举措，其源皆因如是！

就笔者目击的改革方案来看，长沙县慧润民俗公司的"136"方案为什么能坚持下来、宣传出来并推广出去呢？个中缘由的深刻之处是利益分配比例中，集体得一成，企业得三成，群众得六成！群众得大头，觉得有奔头才会来劲头！

民营企业尚且如此，那么国有企业呢？

结论自然是清楚的！

习近平总书记强调：

"让人民群众感受到实实在在的改革成效。"（2014年8月18日）

"人民有所呼、改革有所应。"（2015年4月1日）

"解决群众生产生活中面临的突出问题，务必使改革的思路、决策、措施都能更好满足群众诉求，做到改革为了群众、改革依靠群众、改革让群众受益。"（2014年12月2日）

明然，这与毛主席"一切为了群众，一切依靠群众"即"全心全意为人民服务"的光辉思想一脉相承！

思想若只是"自说自述"，于实际就是"隔靴搔痒"。理论若只是"自鸣自得"，于问题就是"无济于事"。

不必讳言，这些年来：

由于在西方思想引进中实际应用的错误；

由于在大干快上要求下官僚思想的泛滥；

由于在合理利益名义下腐败行为的放肆；

由于在资本功能发挥进程中监管的松懈；

由于在自由方有活力旗帜下阵地的退让。

人民的利益，更直白地说是普通群众的利益，更日常地说是底层劳动者的利益，更"马列"地说是广大工人农民的利益。

如何保护？

如何保障？

如何保证？

这是一切改革无法回避而且必须解决的问题、大题和难题！

无疑，在人民群众利益这个根本问题上，改革任重而道远！

我特别注意到，这些年我省企业管理改革创新研究成果中，关于如何保护、保障、保证群众利益的成果进而如何激发、调动和彰显人民群众积极性的成果尚在"翘首以盼"之中！

三、据什么改革我们的改革

"据"什么改革我们的改革呢？或者说"凭借"什么改革我们的改革呢？换句话说，"在何处"着力改革我们的改革呢？在世事纷繁、变幻莫测的境况中，我们至少可

以从如下方面来"说事":

据问题解难题;

据目标树新标;

据质量增力量;

据服务明任务;

据科技出新技;

据分配做调配。

(一) 据问题解难题

改革,显然是针对"问题"而言的。但我们面临的世界,尤其是百年未有之大变局的世界,可谓问题多多。这就需要用习近平总书记一再强调的"战略眼光"发现问题、检视问题、审视问题、掂量问题、衡定问题。从问题中找问题,从问题中寻难题。唯有盯住难题和难题中的大题,即又难又大的问题,才符合群众所呼吁的、上级所要求的、目标所衡定的、发展所需求的指向。

遗憾的是,现实的改革进程中,避重就轻者有之,避难求易者不少。注目盯住难题,切实解决难题,是时代和人民对改革的实际要求。

(二) 据目标树新标

就企业改革而言,根据党和国家的大目标,或根据上级单位和部门的宏观目标,结合本行业本企业的实际,拟定"跳起来"才能摘到的和"跳起来"有望摘到的"桃子"即新目标,进而据新标而作系列"配套措施"的改革,就显然特为必要。如省委根据习总书记去年视察湖南时的指示而实施的"三高四新"战略,对各企业而言就是"大目标"。如何据此大目标而拟定适应本单位实际、进而借力促进本单位发展的系列新目标,就是企业家应领导上上下下认真思考、广泛讨论、大力实施的。而这一过程,就需要系列的改观念、更思想、改体制、更机制、改规定、更章法的改革"措施"与之"配套"!

而在这方面,当下我们湖南的企业还有很大的改革"创新空间"!

(三) 据质量增力量

质量就是力量!这是就企业产品在国际国内市场竞争中的竞争力的功能显现而言的。常识告诉我们,要增强产品在市场中的竞争力量,就必须千方百计提高产品质量。而提高质量的途径和方法是多元的,既有材料选择的要求,也有技术提高的要求,还有工艺流程的要求,更有不可忽视的职业责任的要求等。企业改革是多系统、多层次的,在企业改革的"质量系统"中,我们需要有系列配套改革措施来保障材料、技术和工艺等。需要特别强调的一个常讲常新的问题是,为什么在材料、技术、工艺等"自然"条件都"相同"的情况下,质量的差别很大呢?

看来,在企业改革创新的工作中,除了"自然"属性的"硬"件,我们当注重"社会"属性的工作责任心、职业道德感等"软"件的东西,并要将相关的规定、制度上升到文化即企业管理文化的层次。

（四）据服务明任务

在企业管理改革创新系统中，"服务"改革创新虽已提到了管理改革的链条上和环节中，但上上下下的重视程度不够，相关的规制尚未系统构建起来，仍是停留在语言比行动多、局部比全局重、环节比链条力的偏颇层次上。殊不知，有了高质量的产品，还必须有"配套"上从群众到领导、从环节到链条、从侧面到全面、从售前到售中、从售中到售后的全员、全程、全面的"服务"规制的构建和完善！

这，属于企业改革创新中"微观"规制的创建与完善。唯其"微"而不"显"，方须重提："风起于青蘋之末，浪成于微澜之间。"

（五）据科技出新技

这句话的通俗解读是，企业改革创新当根据本地区、本行业、本单位的科技状况和由此"状况"所表现的科技人才、科技水平、科技差距、科技目标而采取系列改革举措，促使企业增强科技意识、兴盛科技人才、增加科技投入、训练科技技能、攻克科技难题、催生科技新品、提高科技水平、提升科技实力。

习近平总书记新近在世界经济论坛"达沃斯议程"对话会上的特别致辞中说："科技创新是人类社会发展的重要引擎，是应对许多全球性挑战的有力武器，也是中国构建新发展格局、实现高质量发展的必由之路。"着眼于人类社会发展、应对全球性挑战、构建中国新发展格局，这是总书记站在全球、全国的高瞻远瞩。

那么，作为企业呢？

委实说，这些年来，企业领导和员工的科技意识已大大增强。现在的问题是操作性方面的问题：

能攻什么题？

能投多少钱？

能聚多少人？

能花多少力？

如此等等，需要改革推出相应的系列"配套"措施与之配套！

（六）据分配作调配

这句话很平实，就是要根据企业现存的分配状况、分配格局、分配标准，通过改革措施将分配作调配！

从企业经济行为的逻辑运演来看，不论是马克思主义经济学还是非马克思主义（不仅仅是资产阶级的，还有封建残余的）的经济理论，都非常重视"分配"环节。

利益的分配，何以如此重要呢？

从人类群体的行为指向而言，正如马克思所言，人们奋斗所争取的一切都同他们的利益有关。因之，但凡言经济，必须论分配！

而"分配"问题亦是一个庞大的"系统工程"。问题多多，难题不少！在这里，我非常赞同不论国有企业还是民营企业对管理者和科技工作者的高薪待遇，但是，任何时候都不应也不能"忘记"或"忽视"普通劳动群众尤其是一线劳动生产者的利益！

而这：

既要"舆论"呼吁，更需要通过改革"规制"确定！

既是"良心"使然，更是共产党人的"初心"所定！

四、依什么改革我们的改革

"依"什么改革我们的改革，即"依从"什么改革我们的改革？换言之，衡定改革成功与否当依从什么作为"标"和"准"呢？

显然，当问题这样提出的时候，事物的"普遍联系"的特性使其与其他提问方式的论述内容在不同角度、不同意义、不同层次或不同语式的"交联"是客观存在的。但理论思维的"视角抽象"性特征仍不妨碍我们对企业改革尤其是面临百年未有之大变局的企业改革和由改革催生的创新、由创新推动的发展的"标"和"准"作如是表达：

经济腾飞；

国家强盛；

民生改善；

执政稳定；

人类进步。

无疑，这是从国家和人类的"宏观"提出问题的，似乎与单个企业"微观"的改革切题不紧，但"宏观"与"微观"的内在辩证关联丝毫不影响我们从"宏观"提"标"、从"微观"论"准"。

（一）经济腾飞

企业改革，就单个企业而言，最直接的"标"和"准"就是通过系列改革的规制和"配套"措施的制定与实施：

激发活力；

降低成本；

增加利润；

提升效益；

增强实力。

这种单个企业的活力激发、成本降低、利润增加、效益提升、实力增强，在国家或地区而言，规模和集聚效应的生成就成了国家或地区经济腾飞的表征。

改革开放使我国经济腾飞，这是众所公认的共识。这里无须以更多的数据来说明，仅以经济总量达到世界第二，按购买力平价实际上已超过第一的美国就足以证明。如从我国工业规模看，在我国完整的工业体系中，制造业总产值2010年超过美国，2016年超过美国和日本之和，2018年超过美国、日本、德国之和。预计到2030年，中国制造业占全世界的比例会超过50%。有人幽默地说，到那时，世界的制造业只有两"国"：中国和外国！

写到这里，似乎有过分乐观之嫌。但经济理性和政治智慧告诉我们：为着充满信心地前行，我们必须看到成绩；为着行稳致远地发展，我们必须清醒地看到差距。这主要表现在：

人均分量；

科技含量；

产品质量。

这"三量"的提升，难道是凭一个"信心"就可以做到的？尤其是在我们一些人不习惯使用而拜登在就职演说中却使用了的"敌人"这"东西"还存在的时候，并且"卡脖子"技术还不少的时候，而我们一些人警觉意识还未达到应有的高度的时候，我们能掉以轻心吗？

正因为这样，以习近平同志为核心的党中央始终高举改革开放大旗，率领全国人民步稳蹄疾在大胆改革开放中求创新，在持续创新中促发展。

(二) 国家强盛

企业的兴旺和强盛是国家强盛的基础，因此以改革促企业兴旺和强盛进而促国家强盛，符合操作性的实践逻辑。

这里，我们既可以在中美贸易战中展示中国实力、表现中国气派的任正非指挥的华为为例，也可以汽车玻璃生产中国第一、世界第二的曹德旺指挥的福耀集团为例，但今天我更乐意以国家电网为例。国家电网的营收连续9年居世界第一，世界最牛的输电技术"特高压输电"和"柔性直流输电"这两项顶尖技术，国家电网都遥遥领先于其他国家、其他企业。国家电网主导制定了54项国际标准，控制了特高压电路的所有标准，以至于欧美专家感叹"世界电力系统都讲中文"！

企业强盛了，国家才能强盛，这是颠扑不破的真理。

必须指出的是，不管是国有企业还是民营企业，我国像国家电网、华为、福耀集团这样的企业，不是太多，而是太少！

我们企望通过企业管理改革出现更多的像国家电网、华为、福耀集团这类在国际舞台上制定标准的企业！

在这里，科技是第一生产力！

当"卡脖子"技术还严重制约着我们在生产、分配、交换、消费全产业链顺畅发展的时候，当"卡脖子"技术还严重制约着我们的国内国际双循环的时候，当"卡脖子"技术还严重制约着我们在国际舞台上的"话语"主动权的时候，我们必须疾呼：

我们应当通过改革后的规制构建，促使企业：

牢树科技意识；

增加科技投入；

吸引科技人才；

紧盯科技项目；

催生科技成果。

令人可喜的是，湖南省委省政府已盯住十大攻关项目，且大都是攻克"卡脖子"技术的项目。

现在的任务是，我们需要像当年中央安排聂荣臻元帅"挂帅"抓"两弹一星"工程一样：

领导高层挂帅；

持续盯紧不放；

四方吸引人才；

八面调剂资源。

这样，才能打破目下科研队伍、科研组织、科研状态中的：

封闭结构；

自由主义；

散漫习气；

无奈状态。

这，同样需要从上到下的：

改革精神；

改革气派；

改革作风；

改革举措！

只有这样，才能真正发挥新时代中国特色社会主义的制度优势和体制优势。也只有这样，才能使企业兴旺，让国家强盛！

(三) 民生改善

民生改善，既是改革的出发点又是改革的落脚点，既是为什么要改革的"根"，又是检验改革是否成功的"本"。

这是"终极思维"的铁一般的理论逻辑和实践逻辑！

然而，改革这一特殊事物的辩证本性在其辩证生存和辩证运行的繁复进程中，不少人既容易忘记这个"出发点"和"落脚点"，也易于无视这个"根"和忽视这个"本"。

譬如，一旦为强调要激发活力而"让一部分人先富起来"，就有人忘记了让广大人民群众"共同富裕"；一旦为调动管理者的积极性而可以增加管理者的待遇时，就有人自视高人一等把工资弄到肆意拉大"贫富差距"的程度；一旦为适应国际市场规则而注重"资本"在经济运行中的效用时，有人就真的以为我们是在走"资本主义"道路进而把自己"降低"到连马克思主义出现以后一大批现代西方资本家都知道要改善工人待遇都不如甚而退化到原始资本家的卑劣程度。

够了！只要深刻领会习近平总书记一再强调的马克思主义政治经济学是我们经济建设的指导思想，只要深刻领悟以习近平同志为核心的党中央强调对初次分配和再次分配现有规制的改革措施和决心，我们就不难理解"民生改善"在改革中的地位和作用，进而主动地自觉地关怀和解决群众操心的事、群众烦心的事和群众揪心的事。

（四）执政稳定

有人以为或者说有人故意渲染，企业改革、创新和发展与"政治"或"执政"无关。

但是，人类社会的历史和世界经济的现实"残酷"地告诉人们，这种认知是肤浅的、庸俗的甚至是幼稚可笑的。

因为，历史和现实、国内和国际的"骨感"事实提示我们：经济，不论是理论表述、行为表征还是逻辑运演，都与"政治"与"执政"有着或实或虚、或直或曲、或表或里、或阴或阳、或明或暗、或强或弱的行为逻辑的关联。更通俗一点说，二者是息息相关不可分割的。经济若离开"政治"或"执政"，那就如哲人所言，是揪着自己的耳朵想离开地球一样困难！

正因为这样，在西方，政治一变股票就动。也正因为这样，在我们社会主义中国，我们党中央一再要求不论是国有企业改革还是民营企业治理，都要加强党的领导，民营企业也都要建立党组织。论到国企改革，习总书记强调，要把国企党建内嵌到公司法人治理结构中，绝不能使党的领导和党的建设弱化、虚化、淡化、边缘化。

究其本根，经济是基础。加强党对经济的领导，就是要巩固党的执政基础！

在这里：

只能清醒，不能糊涂！

只能坚定，不能动摇！

对此，显于病毒、基于经济、源于政治的实胜如火如荼的"贸易战"的"新冠肺炎战"用生命的存亡给全世界上了一堂生动的"试验课"：政治的优势、领导的坚强、执政的稳定、纪律的严明、上下的团结是在百年未有之大变局的今天应对一切、战胜一切的磅礴伟力！

抗疫如是，经济亦然！

生命如是，企业亦然！

（五）人类进步

将企业的改革、开放、创新、发展与人类的进步联结起来，在静态的、局部的、狭隘的视域内似乎有点"远"，但事物的动态发展、全局关涉、广泛联系警示我们：

只有把静态与动态相联系、局部与全局相关涉、狭窄与广泛相沟通，事物的发展才有更大的动力、更多的途径、更广的空间。

通过企业改革，促进人类进步的表现和要求是多方面的。

在企业的系列改革后催生高质量、高规格、高品位的产品,既有利于国内消费者也有利于国外消费者对美好生活的向往,这是保障促进人类进步的首要的、基本的方面。更为高远的是,通过企业制度改革、措施改革、科技改革等系列改革,促进世界经济公平公正地发展、文明健康地发展、可持续有韧性地发展,既有利于全球的和平,更有利于人类的进步。

五、余论

质言之,回溯改革的历史,展望发展的未来,当我们静心思索改革的任务时,当下的改革最需要的就是——

改革我们的改革!

此刻,我又记起了习近平总书记在《知之深爱之切》第173页上关于改革的金句——

"纵观古来成大事者,既要顺乎民心,又要矢志如钢。而今时逢改革,上有党中央政策、下有亿万群众意愿,只要我们看得准,于国于民有益,即便冒'不民主'之嫌,也应义无反顾,开拓前进。"

联想到省委省政府遵循习总书记对湖南发展的定位和要求而提出的"三高四新"战略,我们又自然会念起前些年在研讨"湖南精神"时我们热议过的传统和现代相融合的湖南"五敢"精神——

敢扎硬寨!

敢打硬仗!

敢上九天揽月!

敢下五洋捉鳖!

敢教日月换新天!

朱有志

2021年1月31日晨五时于长沙

(朱有志:博士生导师、中国企业管理研究会副会长、湖南省社会科学院原院长)

目 录

凝心聚力攻坚克难　奋力擢升管理水平
　　——第二十一届湖南省企业管理现代化创新成果亮点点评 …………………………（1）
关于发布和推广第二十一届湖南省企业管理现代化创新成果的通知 ……………………（8）

平台化管理和智能管控

基于"企企通·万企上云"平台的云服务管理体系构建
　　………………………………………………中国联合网络通信集团有限公司湖南省分公司（19）
水电企业平台化管理体系构建 ………………………国网湖南省电力有限公司水电分公司（28）
基于"紫菱云精准监管服务平台"的卷烟零售户管理体系构建 ……湖南省烟草公司常德市公司（36）
打造"数字建造"平台助力大型企业管理创新 ……………………湖南建工集团有限公司（44）
大型钢铁企业智慧工厂创新管理体系构建 …………………湖南华菱湘潭钢铁有限公司（51）
省级电网企业基于数字化审计平台的审计管理创新 …………国网湖南省电力有限公司（57）
市级烟草企业智慧物流管理体系创建 …………………………湖南省烟草公司益阳市公司（64）
基于大数据和 AI 的大流量智慧运营管理体系构建 ……中国移动通信集团湖南有限公司（71）
省级电网智能电表状态评价管理体系构建 …………………………国网湖南省电力有限公司（79）
市级烟草商业企业烟叶收购"智慧服务"模式的构建 ………湖南省烟草公司株洲市公司（86）
基于"云平台+NB-IoT 物联网+智慧水务"的产销差建管模式 … 株洲市水务投资集团有限公司（94）
景区电力智慧运营与服务体系构建 ……………国网湖南省电力有限公司湘西供电分公司（100）
供给侧结构性改革下烟草商业企业卷烟供应智能化管理体系构建 …中国烟草总公司湖南省公司（108）
骨干电网生产活动智能管控体系建设 ………………………国网湖南省电力有限公司检修公司（117）
烟草企业财务共享智能化平台构建与管理应用 ……………湖南省烟草公司永州市公司（124）

数字化转型与信息化建设

供电企业基于数字化转型的终端业务融合管理体系构建
　　…………………………………………… 国网湖南省电力有限公司长沙供电分公司（133）
大型烟草商业企业数字化管理体系构建 ……………………… 中国烟草总公司湖南省公司（141）
车辆节拍化生产信息化管控模式构建 …………………………… 中车株洲车辆有限公司（150）
基于"数字韶山"的能源互联网示范区管理体系构建
　　…………………………………………… 国网湖南省电力有限公司湘潭供电分公司（159）
地市烟草商业企业基于数字化的货源精准投放管理 ……… 湖南省烟草公司邵阳市公司（167）
建筑企业工程数字化管理体系建设 …………………………… 中国建筑第五工程局有限公司（175）
军工企业经营管理信息化体系的构建 ………………………… 湖南兵器建华精密仪器有限公司（183）

高质量发展与精益管理

省级电力大数据赋能高质量发展管理服务体系的构建
　　……………………………………………… 国网湖南省电力有限公司经济技术研究院（193）
以客户标准为基础的全新质量管理模式的构建与实践 ……… 湖南华菱湘潭钢铁有限公司（202）
基于企业核心竞争力提升的"四位一体"精益管理体系构建 ……… 中车株洲电机有限公司（212）
军工国企高质量发展经济运行动态监测预警系统设计与实施 ……… 中国航发南方工业有限公司（221）
面向新能源客车市场的全流程精益化运营体系构建 ……… 中车时代电动汽车股份有限公司（229）
架空输电线路带电作业智能化精益管理创新与实践 …… 国网湖南省电力有限公司输电检修分公司（236）
大型军工企业适应复杂系统的精益管理模式创建 ………………… 江南工业集团有限公司（243）
航空装备制造企业高效协同的财务精益管控体系建设 ………… 中国航发南方工业有限公司（251）
基于可控成本领先的精细化管理 ………………………………… 五矿铜业（湖南）有限公司（258）
县级烟草企业农村服务站高质量运营管理和实践 ………… 湖南省烟草公司岳阳县公司（264）
基于"产业融合"的烟叶产业高质量发展管理创新 ……… 湖南省烟草公司湘西自治州公司（271）
市级电网工程投产质量提升管理体系创新与实践 …… 国网湖南省电力有限公司张家界供电分公司（279）

产业发展与管理提升

大型建筑企业机电工程装配化管理体系构建 ………………… 中建五局第三建设有限公司（289）
基于人类命运共同体理念的基层医健共生价值链经营模型的管理创新与实践
　　……………………………………………………………… 湖南天劲制药有限责任公司（297）

烟叶复烤企业基于产业链"大工艺"理念的生产管理体系构建 …………… 湖南烟叶复烤有限公司(306)

世界级轨道交通装备制造产业集群的协同供应链体系构建与实施 …… 中车株洲电力机车有限公司(315)

新能源汽车部件企业初创期目标成本管理模式的创新 ………………… 中车株洲电机有限公司(325)

清洁能源企业集约化生产运维管理体系构建 …………………………… 华能湖南清洁能源分公司(333)

基于邮政全业务协同的惠农生态圈建设 …………………… 中国邮政集团有限公司湖南省分公司(340)

党建引领企业管理战略升级 …………………………………… 五矿铜业(湖南)有限公司(348)

大型轨道交通装备企业新能源商用车产业价值监控体系构建

　　………………………………………………………… 中车株洲电力机车研究所有限公司(356)

基于"六种力量"定位引领的融合党建模式构建 ………………………… 中建信和地产有限公司(361)

"双驱双超"经营管理体系的构建与实施 ………………………… 湖南华菱涟源钢铁有限公司(370)

民营建筑企业品牌资产管理创新 ………………………………………… 湖南省沙坪建设有限公司(377)

基于国家标准方法创新的软件造价成本管控体系构建 ………… 中国移动通信集团湖南有限公司(383)

以促进企业高质量发展为目标的"三重一大"决策体系建设 ……… 湖南大唐先一科技有限公司(391)

绿色发展与社会责任

建筑企业以节能技术推动转型升级发展的管理创新 …………… 伟大集团节能房股份有限公司(399)

社会责任公益项目品牌化管理创新 ……………………………………… 国网湖南省电力有限公司(407)

省级电力环保智慧监管体系构建 ……………………… 国网湖南省电力有限公司电力科学研究院(415)

省级电网企业基于社会责任的服务升级管理创新

　　……………………………………………… 国网湖南省电力有限公司供电服务中心(计量中心)(422)

县域城乡生活垃圾综合治理模式构建与运营 ……………………… 航天凯天环保科技股份有限公司(429)

绿色工厂智能化管理体系的构建 ………………………………… 株洲中车时代电气股份有限公司(435)

分布式光伏能源调控管理体系构建 …………………… 国网湖南省电力有限公司常德供电分公司(443)

基于天敌昆虫的"烟草+大农业"绿色防控体系构建与应用 …………… 湖南省烟草公司长沙市公司(451)

政企协同推进市级电力企业行业扶贫管理实践 ……… 国网湖南省电力有限公司邵阳供电分公司(459)

自主创新与研发管理

大型钢铁企业耐磨钢产品开发与应用的管理创新 ………………… 湖南华菱涟源钢铁有限公司(469)

新能源客车车体高端制造的工艺管理创新 ………………………… 中车时代电动汽车股份有限公司(476)

基于设计全过程的航空发动机数据管理体系构建 ……………… 中国航发湖南动力机械研究所(484)

面向差异化需求的"漏斗型"研制工程管理 ……………………… 中航飞机起落架有限责任公司(492)

基于数字化转型的航空发动机科研试验台运维管理体系构建 …… 中国航发湖南动力机械研究所（500）
大型军工企业基于业财融合的科研经费管理体系建设 ……………… 江麓机电集团有限公司（507）
中小民营医药企业项目开发的管理创新 …………………………… 湖南欧亚药业有限公司（514）

应急管理与风险防控

跨国企业应对重大公共突发事件的应急防控体系构建 ……… 中车株洲电力机车研究所有限公司（523）
大型军工企业应急管理机制的系统构建 …………………………… 江麓机电集团有限公司（530）
应对重大突发公共卫生事件的企业后勤应急保障体系构建与实践 …… 国网湖南省电力有限公司（538）
全球化企业外汇资金风险管理体系的构建 ………………… 株洲时代新材料科技股份有限公司（546）
大型军工企业基于风险防控的"六维"安全管理模式构建 ………… 江麓机电集团有限公司（554）
省级电网企业混合所有制改革实施中法律风险防范体系建设 ……… 国网湖南省电力有限公司（561）

人力资源与绩效管理

大型钢管企业基于战略解码的多层次绩效管理体系构建 …………… 衡阳华菱钢管有限公司（571）
基于岗位经验萃取的青年干部培训体系建设
………………………… 中共国网湖南省电力有限公司党校（管理培训中心）（579）
高端装备配套企业高绩效营销体系构建 ………………… 株洲中车时代电气股份有限公司（586）
建筑施工企业劳务实名制管理平台的开发与应用 ………………… 湖南建工集团有限公司（592）
市级供电企业农村基层员工心理健康管控体系构建
………………………………………………… 国网湖南省电力有限公司娄底供电分公司（599）
大型综合发电公司以提质增效为目标的集约型经营管理 ……………… 五凌电力有限公司（606）
基于价值引领的国有企业市场化人才管理体系建设 ………… 湖南华菱钢铁集团有限责任公司（613）
基于"领航·接力工程"的优秀年轻领导干部选育管用创新实践 …… 国网湖南省电力有限公司（618）
县级供电企业电力青年成长成才服务体系构建
………………………………… 国网湖南省电力有限公司郴州市苏仙区供电分公司（626）
大型国有企业基于"法治创效"的制度建设体系构建 ……………… 江南工业集团有限公司（633）
市级烟草企业战略目标导向绩效管理体系构建 ……………… 湖南省烟草公司永州市公司（640）

市场营销与服务管理

以服务客户零距离为目标的"三网协同"城区供电服务站建设和运营
………………………………………………… 国网湖南省电力有限公司株洲供电分公司（651）

军工企业内部市场化经营体系构建 …………………………… 湖南兵器建华精密仪器有限公司(659)

三维"链"式卷烟零售终端管理体系建设 …………………………… 湖南省烟草公司长沙市公司(668)

电网企业精准定制化星级服务管理模式创新 ………… 国网湖南省电力有限公司永州供电分公司(676)

电改新形势下的发售一体大营销体系构建 …………………………………… 五凌电力有限公司(683)

基于畅通双向流通网络的县、乡、村三级物流体系建设 …… 中国邮政集团有限公司湖南省分公司(691)

新能源客车企业七星级售后服务体系构建 …………………… 中车时代电动汽车股份有限公司(698)

基于村级治理资源共享的供电服务末端融合管理创新

………………………………………………… 国网湖南省电力有限公司衡阳供电分公司(703)

省级电网企业"大经营"管理体系构建 ………………………… 国网湖南省电力有限公司(710)

引入电商供应探索与实施采购管理新体系 ………………………… 中车株洲车辆有限公司(718)

运用市场细分原理稳定和拓展中小学校园文化市场客户 …… 中国邮政集团有限公司湖南省分公司(724)

编辑说明 ……………………………………………………………………………………………(730)

凝心聚力攻坚克难　奋力擢升管理水平
——第二十一届湖南省企业管理现代化创新成果亮点点评

陆远如

第二十一届湖南省企业管理现代化创新成果经湖南省企业管理现代化创新成果审定委员会审定，92项成果获奖，其中《基于"企企通·万企上云"平台的云服务管理体系构建》等32项创新成果获得一等奖，《电网企业精准定制化星级服务管理模式创新》等60项创新成果获得二等奖，获奖数比上届增加18项。本届创新成果是我省广大企业凝心聚力，攻坚克难，奋力擢升管理水平的代表性成果，是我省广大企业创新实践的集中体现。与上届相比，数量和质量都有较大提升。从申报数量看，本届申报130项，比上届的97项增加33项，增长34%，创历史新高。从获奖成果质量看，体现成果质量的"五性"（创新性、科学性、实践性、效益性和示范性）特征更为突出，整体质量明显提高，亮点纷呈。本届创新成果可圈可点之处较多，不暇每篇点到，这里只就其中的几个突出亮点做些简要点评。

一、平台化管理迈上新台阶

数字时代，新一代数字化技术催生新的经济形态，推动着传统经济的转型升级。实行平台化转型是顺应智能时代发展趋势，加速企业转型升级的正确选择和有效途径。平台化转型需要相应的平台化管理变革。平台化管理借助数字化技术与工具将能力扩展到整个产业及生态圈，从商业模式、组织结构、组织关系、企业文化、绩效管理等方面对传统企业进行全面系统改造，有力推动着企业创新发展。近年来湖南企业在推进平台化转型，加速平台化管理变革方面勇于探索，大胆实践，求变求新，创造出一大批很有典型意义的平台化管理创新成果，彰显了湖南企业锐意进取、奋发有为的创新精神，成为本届湖南省企业管理现代化创新成果的第一大亮点。

中国联合网络通信集团有限公司湖南省分公司的成果《基于"企企通·万企上云"平台的云服务管理体系构建》，为我们分享了这方面的成功经验。湖南联通充分发挥自身的技术和网络优势，联合政府职能部门创新搭建"企企通·万企上云"平台，构建"1+4"云服务管理体系，即通过夯实一个基础、做实四项重点工作，实现湖南联通对中小企业上云的全方位服务支撑。体系平台层层对接，创新形式，线上线下活动规模化，加快推进湖南中小企业上云发展进程；政府联合电信运营商首次编写地方上云标准，统一标准管理；构建专业化的人才建设管理机制；搭建"服务产品+需求响应"双平台，实现服务流程标准化、自动化管理；健全保障体系，全面支撑云服务管理体系落地。公司利用创新中台、SaaS化的云应用，实现了超过3000人的商企团队的"工作管理全在线"；在"万企上云"项目推进中整合了大量合作平台能力，实现了合作生态的"外联内生"，出台各类云基础产品及云业务产品超过300款。公司经济、社会、管理效益显著提升，"云"服务品牌影响力、社会公信力明显增强。

国网湖南省电力有限公司水电分公司的成果《水电企业平台化管理体系构建》，总结了他们探索平台型管理新模式的经验。通过远程集控智能电厂建设、检修项目市场化运作、财务共享管理、项目管理专业支撑体系建设，深入推进水电业务纵向集约、横向协同和精益管理，打造平台型水电企业管理模式。搭建智能化指挥和监控平台，建立集约化决策和经营运作平台，围绕水电专业特色，运用大数据思维和技术，全面开展源头数据治理工作，实现水电生产重要系统数据接入国网湖南公司大数据共享平台，形成大数据共享机制，将水电厂由分散管理转向完全集约化管理。通过健全机制、强化经营、规范项目运作，全面提升市场品牌效应和信誉，推进企业转型和持续健康发展。

湖南省烟草公司常德市公司的成果《基于"紫菱云精准监管服务平台"的卷烟零售户管理体系构建》，以国家两化战略为导向，以大数据分析、人工智能等新一代信息技术为支撑，以信息化管理理论、精益思想为指导，聚焦卷烟营销、市场监管、卷烟配送、零售户服务等工作维度，依托"紫菱云精准监管服务平台"，强化协同管理，实现线上部门联动和信息共享，构建了以智能分析体系、零售户评价体系、差异化服务体系、多元管理体系、综合治理体系为基础的管理体系，实现零售户管理的精准分析、精准定档、精准服务、精准管控、精准打击，以数据驱动实现智能化的精准管理，完成信息化、数字化管理服务体系构建，提升管理服务水平，促进企业高质量发展。

湖南建工集团有限公司的成果《打造"数字建造"平台助力大型企业管理创新》为我们呈献了建筑企业打造"数字建造"平台的经验。建筑业信息化程度低主要不是因为缺少数据，而是缺乏对数据应用的能力。湖南建工集团有限公司通过全面梳理建筑业底层数据，确定企业管理的主数据目录。建立企业数据标准，打通各层级、各系统间的数据壁垒，实现平台互通、数据共享。从数字化、信息化、智能化的角度重新审视企业的业务管理流程，对已有流程进行精简、优化，实现业务流程的重塑。建设主数据管理平台，为主数据标准及管理流程通过主数据管理系统提供技术支持，实现数据清洗，主数据申请、审核、配码、发布、分发等功能。从海量数据中提取关键的企业考核指标数据，通过关键指标数据的运用驱动企业管理效率提高。"数字建造"平台助力大型企业管理创新，促进企业管理水平和经济、社会、生态效益显著提升。

二、数字化转型创出新成果

历史表明，每一次科技革命和产业变革都深刻改变着世界发展格局，同时催生了重要的管理创新变革。以移动互联网、云计算、大数据、AI人工智能等为代表的新一代数字化技术正颠覆着人们的生产生活方式。新技术催生新的商业模式和新的经济形态。数字化转型已普遍成为企业发展的核心战略。"十三五"以来，湖南省委、省政府高度重视，工作部门措施得力，数字化转型升级加快推进，取得了瞩目成绩，创出新的水平，创造出一批有推广借鉴价值的突出成果。国网湖南省电力有限公司长沙供电分公司、中国烟草总公司湖南省公司、中车株洲车辆有限公司的成果就是其中的典型代表。这些成果凸显出本届湖南省企业管理现代化创新成果的第二大亮点。

国网湖南省电力有限公司长沙供电分公司创造的《供电企业基于数字化转型的终端业务融合管理体系构建》，以数字化转型为导向，以长岛路供电服务站为试点，以组织变革和平台搭建为"两大抓手"，着力推进"三个数字化转型"（对内业务数字化、对外服务数字化和过程管控数字化），建立"三项保障"（组织保障、人才保障、制度保障），构建基于数字化转型的终端业务末端融合管理体系。在三个方向实现创新：变革组织、融合业务，实现终端营配融合；搭建平台、智能感知，夯实数字化转型基础；贯通数据、精益管理，推动对内业务数字化。进而强化终端业务融合管理，推进终端业务数字化转型，为给客户提供更方便快捷、更优质高效的供电服务，打通客户服务"最后一公里"，推动供电企业终端业务管理水平提高。

中国烟草总公司湖南省公司的成果《大型烟草商业企业数字化管理体系构建》，以国家"两化融合"和"互联网+"发展战略为导向,以"信息化带动管理规范化、业务流程化、决策科学化"为战略目标,以"云大物移智"新技术为手段,总结多年数字化管理实践,构建和实施了"塔轴稳、塔基牢、塔身壮、塔尖亮"的大型烟草商业企业数字化管理体系。突出集团化管控,通过强化人才培养、完善体制机制、持续稳定投资、筑牢安全屏障,为构建数字化管理体系稳定塔轴;突出标准先行,通过建设混合云平台、大数据服务平台、移动应用生态圈、流程管理平台,为构建数字化管理体系夯实塔基;突出"互联网+"新技术与烟草业务深度融合,建设现代烟草农业、现代卷烟营销、现代物流配送和现代专卖监管体系,为构建数字化管理体系巩固塔身;突出深挖潜力、提质增效,建设现代企业运营管理体系,为构建数字化管理体系亮化塔尖。该成果为烟草行业数字化经济体系建设提供了可复制可推广的典型经验。2019年,湖南烟草全年实现"两烟"销售收入959.67亿元,税利257.6亿元,税利较2014年增加53.4%,为湖南省经济社会的持续发展做出了重要贡献。

中车株洲车辆有限公司呈献的成果《车辆节拍化生产信息化管控模式构建》,重点在数据的信息化、可视化运用的管控模式上进行了改造和创新,构建了具有株辆特色的铁路货车节拍化生产管控模式,实现了精益管理与信息化的深度融合,为企业"十三五"发展目标的实现提供了坚实基础,促进了公司效率效益稳中有升、运营品质稳中向好、发展质量稳中有进。其成功实践为货车板块实现工位制节拍化生产,提供了可资借鉴的宝贵经验。

三、高质量发展创出新水平

2017年12月召开的中央经济工作会议首次提出习近平新时代中国特色社会主义经济思想,指出"中国特色社会主义进入了新时代,我国经济发展也进入了新时代,基本特征就是我国经济已由高速增长阶段转向高质量发展阶段"。2020年9月,习近平总书记在湖南考察时,寄语湖南"在推动高质量发展上闯出新路子"。"十三五"以来,湖南以推动高质量发展为主题,以深化供给侧结构性改革为主线,加快推进质量变革、效率变革、动力变革,高质量发展迈出坚实步伐,在转变发展方式、优化经济结构、转换增长动力上取得新的突破,创出高质量发展的新水平。本年度获奖的多项企业管理现代化创新成果,从不同领域、不同层面、不同视角展示了湖南企业大力推进高质量发展的成功经验与做法。这些典型案例构成了本届湖南省企业管理现代化创新成果的第三大亮点。

湖南华菱湘潭钢铁有限公司的成果《以客户标准为基础的全新质量管理模式的构建与实践》,准确把握国家供给侧结构性改革和高质量发展的战略机遇,坚持面向客户优服务、研发创新提品质、对标挖潜降成本、深化改革提效率、超低排放树形象、多元发展增效益,推动企业转型升级。在生产组织、管理模式、技术研发、装备条件和营销服务等方面,逐步向差异化营销、智能化制造、定制化研发和个性化服务转变,构建了以客户标准为基础的全新质量管理模式,大力推进精益生产、销研产一体化和营销服务三大体系建设,有力推动企业高质量发展。形成了以高技术含量、高附加值的板材为主,线棒材为辅的产品结构,产品不仅在国内拥有广阔市场,还远销美国、日本、韩国、欧洲和东南亚等国家和地区,线材出口量连续多年保持国内领先地位,在国内外市场享有盛誉。

国网湖南省电力有限公司经济技术研究院的成果《省级电力大数据赋能高质量发展管理服务体系的构建》,为我们提供了电力大数据赋能高质量发展的典型案例。他们通过多维数据采集、差异化模型分析,构建具有经济发展态势研判、社会热点分析、能源预测预警等功能的电力大数据监测平台。可视化平台集成了"电力看扶贫""电力看复工""电力看住房空置率""电力看落后产能淘汰"等系列应用,实现了经济、民生、环保应用领域全覆盖,率先建立了省域经济电力大数据衔接机制,打通了部门之间的数据壁垒,推动政、产、学、研数据互通。通过电力大数据看经济、电力大数据助民生、电力大数据促环保,实现"经济、民生、环保"三大赋能方向并驾齐驱,共同推进电力大数据"可提取、可流转、可汇集、可分析、可应用",形成"电力+"数据交互生态圈,为湖南经济社会发展提供全新的洞察城镇运行的方法和视角,打造面向电网公司业务规划和政府决策支撑的"智慧能源大脑"。成果促进了湖南电力数据管理迈上新台阶,带动了相关企业生产效益大幅提升,相关管理经验写入国网大数据中心白皮书,在全国推广。

中国航发南方工业有限公司的成果《军工国企高质量发展经济运行动态监测预警系统设计与实施》,展示了军工国企发挥经济运行动态监测预警系统功能,推动企业高质量发展的经验和做法。该成果从经济运行分析及指标构建的角度,紧紧围绕构建反映高质量发展的指数指标,对现有的经营信息管理系统进行优化和改善,基于新发展理念,从经济和能力两个维度,着力建设高质量发展经济运行动态监测预警系统,构建了涵盖经济维度(经营效益、经济总量、产业规模、风险指数、创新发展、财务绩效)6项指标和能力维度(条件建设、社会资源、技术提升、质量改进、管理提效)5项指标的"6+5"经济运行动态监测预警模式。同时,利用信息化平台,实现经营信息数据可视化管理。以信息流驱动为主线,确定管理组织结构,进一步优化业务监督管控流程,实现经营信息在公司内部顺畅传输,将经济运行动态监测预警结果在平台上更直观、更快捷地展示,形成以过程管理确保经营目标实现的常态化运行机制,发挥了监测预警工作的效能,进一步提高了公司经济运行的管控能力。

四、价值链供应链产业链打造呈现新亮点

党的十九届五中全会通过的《中共中央关于制定国民经济和社会发展第十四个五年规划和二〇三五年远景目标的建议》明确提出,要提升产业链供应链现代化水平。中央深改委第十三次会议强调,要创新科技成果转化机制,打通产学研创新链、产业链、价值链。大力提升价值链、供应链、产业链现代化水平,对于加快发展现代产业体系,推动实体经济特别是制造业高质量发展,实现发展和安全统筹推进,具有重大而深远的意义。"十三五"以来,我省企业通过深入推进供给侧结构性改革,在延伸产业链、提升价值链、融通供应链上积极探索,持续发力,全力打造广泛联结、紧密互动、深度融合的现代化产业链条,在这方面创造出了一批很有价值的突出成果,这是本届湖南省企业管理现代化创新成果的第四大亮点。

湖南天劲制药有限责任公司的成果《基于人类命运共同体理念的基层医健共生价值链经营模型的管理创新与实践》,为我们提供了一个基层医健共生价值链打造的探索性经验。该成果理论创新和实践创新的特征非常明显,是一项具有原创性意义的突出成果。该公司以顾客价值成长为导向,驱动各经营要素紧密链接,以"诚为心根,利他共生"的共生价值链经营作为核心理念,构建开放赋能、包容融合、共生协作、共创共享的企业价值共同体,在处理组织关系、竞争关系和与消费者关系中运用人类命运共同体理念进行组织管理创新与实践,发展与多方相关利益主体的"零距离关系",强化企业本部的服务功能和同利益相关主体的协同效应。通过"产品子化、组织柔化、经营虚化、管理简化、营销尖化"的"五化"经营,开展"定心、定位、定向、定法、定标"的"五定"管理,实现价值创造方式和经济增长方式的转型,使内部沟通融入外部沟通、外部活动内化成内部活动的共生共享式经营,推动群体在共同进化和共同受益中进步成长,实现了企业的可持续发展。

中车株洲电力机车有限公司是打造产业集群供应链的典型。他们以打造湖南株洲千亿规模轨道交通装备产业集群为目标，以产业链思维，多方协同，实现互利共赢为牵引，从产业发展与协同的高度对产业链进行全局性谋划，通过对接落实公司制定的产业战略和市场布局战略，推进实施供应链战略，引导形成强韧的产业链、创建开放的技术创新联盟、实施价值链整合及增值等外部创新措施，打造面向"市场+制造"的"柔性+协同"供应平台及数字化、智能化建设等内部保障机制，推进国内、海外交通装备产业集群形成合作共享、多赢互惠的协同供应链生态圈，实现以信息化、数字化驱动供应链体系中信息流、资金流、产品流的整合畅通，达到供应成本、响应速度的系统最优，进而提升企业经营效率和效益，增强企业综合竞争力。

《烟叶复烤企业基于产业链"大工艺"理念的生产管理体系构建》则是湖南烟叶复烤有限公司提供的产业链生产管理体系打造的一个成功案例。公司坚持以服务品牌发展为核心，以满足卷烟品牌原料加工需求为导向，深化工商协同互动，紧密对接卷烟生产"大工艺"理念和制丝工艺前移趋势，聚焦重点品牌原料加工核心质量要求，落实好均质化加工推进任务，建立贯穿工商烟叶产业链的生产管理体系，着力增强打叶复烤装备技术水平和工艺实现能力，拓展复烤加工、卷烟工业融合的广度和深度，实现专业化对接、特色化服务和定制化生产，提高工商烟叶流通环节全要素生产率，创新复烤加工模式，推进模块配方和均质化加工，提高烟叶资源利用率，推动卷烟工艺前移有效落地，充分发挥打叶复烤企业作为卷烟加工"第一车间"的重要作用。不仅提升了生产加工水平、客户服务水平和企业管理水平，还全面提升了卷烟工业企业的烟叶价值。其管理创新和技术创新部分成果推广应用至20多家打叶复烤企业，具有很强的示范性。

中建五局第三建设有限公司则提供了一个延伸机电装配化产业链的成功案例。公司致力于推进建筑工业化、数字化、智能化升级，投建了湖南省首家实现标准化设计、工业化生产及装配化施工的全产业链工厂；打造了中建系统内唯一的机电装配式品牌——中建奇配。公司积极探索标准管理流程，大力提升产业链竞争力，摸索出了具有业内创新意义的"DPTAI"管理模式，即设计模块化、生产工业化、运输物流化、施工装配化、管理信息化的一体化服务模式，为加快安装行业转型升级，推动企业高质量发展做出了积极贡献。

五、绿色发展与社会责任管理展现新担当

习近平同志2016年4月19日在网络安全和信息化工作座谈会上强调："只有富有爱心的财富才是真正意义的财富，只有积极承担社会责任的企业才是最有竞争力和生命力的企业。"并指出："一个企业既有经济责任、法律责任，也有社会责任、道德责任。企业做得越大，社会责任、道德责任就越大，公众对企业这方面的要求也就越高。"无论从国内还是从国际看，企业主动履行社会责任都是大势所趋。企业必须将履行社会责任提升到战略高度，把社会责任意识全面融入企业生产经营的各个环节，形成企业与社会共生共荣的良好和谐关系，以适应时代发展要求。贯彻落实创新、协调、绿色、开放、共享的新发展理念，是当前和今后一个时期推动企业改革发展的总要求和总基调。绿色发展既是企业贯彻新发展理念必须承担的义不容辞的社会责任，又是提升自身竞争力，实现可持续发展的必由之路。我省这次评选出的多项获奖成果，集中展现了湖南企业在这方面的创新实践和责任担当。这是本届湖南省企业管理现代化创新成果的第五大亮点。

伟大集团节能房股份有限公司呈献的《建筑企业以节能技术推动转型升级发展的管理创新》就是一个典型案例。随着国家"坚持绿色发展，必须坚持节约资源和保护环境"基本国策的提出，以及人民群众对更高品质生活的追求，将国内外先进的节能环保技术进行吸收消化和推广并造福于国人，是建筑企业履行社会责任的崇高选择。伟大集团节能房股份公司以节能减排、创造绿色生态环境为宗旨，以创造新价值引领新市场为追求，以企业转型升级、可持续发展为目标，通过创新优化管理手段，积极促进被动式节能技术的改良应用，打造了一套将吸收创新节能技术、满足用户新需求和推动企业转型升级紧密结合的一体化管理模式。企业在节能技术的应用中获得了巨大的经济效益和社会效益，成为行业的领军者和标准制定者，驶入了转型升级发展的快车道，有力地促进了企业的健康快速发展。

国网湖南省电力有限公司电力科学研究院创造的《省级电力环保智慧监管体系构建》，以生态文明建设为导向，以服务企业、政府、社会为宗旨，创新智能化服务思路。以环保、优质、高效为目标，运用电力在线监测等现代信息技术，建成拥有完全独立自主知识产权和核心技术的电力环保智慧监管平台。引入全过程监控方式，借鉴非介入式和多维信息融合等现代化信息技术，成功拓展电力环保监测手段。科学制定环保监管实施细则等技术规范标准，有效构建电力环保指标体系。通过环保电价全过程监管和环保违规远程执法，引导企业主动履行环保职责。一方面积极利用监管平台的实施与投运，显著提升环保执法流程运转效率，成功实现环保违规执法线上闭环；另一方面通过综合运用工业企业环保监管指标体系，快速、有效地查处企业不正常运行防治污染设施的违法行为，为生态环境部门对违法行为进行精准打击提供科学依据。

国网湖南省电力有限公司创造的《社会责任公益项目品牌化管理创新》，通过对社会责任品牌化管理各关键环节的循环改进、闭环管理，实现了"品牌构建、品牌定位、品牌实施、品牌传播、品牌提升"等五大流程的全过程管控，以品牌带动项目、以项目提升品牌，极大提升了"爸爸妈妈团"公益品牌的社会知名度、社会影响度、社会贡献度和社会信任度，为解决留守儿童社会问题进行有益探索和创新实践，彰显了国家电网的央企责任表率形象。该成果持续提升了公益品牌的知名度与公益活动的影响力。在《人民日报》《新华社》《光明日报》《中国青年报》等中央主流媒体报道上百篇次，荣获湖南企业社会责任十佳公益项目、湖南省第三届青年志愿服务项目大赛金奖等诸多荣誉。

国网湖南省电力有限公司供电服务中心（计量中心）完成的《省级电网企业基于社会责任的服务升级管理创新》成果，聚焦社会责任在国网湖南电力的精准落地。自国网湖南省供电服务中心（计量中心）成立以来，以履行社会责任为己任，推动企业管理由部门"职能化"管理向"平台化"管理转型，服务由专业导向的"专业服务"向客户导向的"透明服务"升级，进一步完善企业内控管理，赢得利益相关方的广泛理解支持，实现企业、利益相关方、社会、生态四方共赢。国网湖南供电服务中心获批国网首批社会责任示范基地，得到了国网公司高度认可，其做法作为"湖南经验"在国网系统广泛推广。2019年以来全国26家省级电网企业参照"湖南模式"设立了省级的营销服务中心，推动传统营销服务向数字化、智能化的高质量、差异化服务转型。

六、应急管理凸显新作为

2019年冬，新冠肺炎疫情突如其来，来势异常凶猛，百年不遇。疫情就是命令，防控就是责任。严峻疫情当前，湖南企业快速响应党中央号召，紧急行动起来，迅速开启应急管理响应机制，全力投入到防疫抗疫的战斗之中。电力行业、跨国公司、军工企业等各行各业应对重大突发公共卫生事件的应急管理防控机制和体系迅速形成，创下了一项项凸显使命担当的辉煌业绩。这是本届湖南省企业管理现代化创新成果的第六大亮点。

中车株洲电力机车研究所有限公司创造的《跨国企业应对重大公共突发事件的应急防控体系构建》，呈献了他们构建应急防控体系的经验。该成果以国家突发事件应急体系建设规划为指引，从体系建设、制度建设、能力建设、机制建设四个方面综合建立覆盖企业各领域的应急防控体系。通过加强企业内外协同、行业领域协同、政府企业协同、国内国际协同、应急应战协同，形成专业齐全、功能完备、支撑有效的应急技术支持体系，构建了一套可复制、可平移的系统化、标准化管理模式。通过推进应急管理工作规范化、标准化、信息化建设，建立以防为先、以控为核、以治为要的应急防控机制，推动应急管理上台阶，最大程度减少重大公共突发事件对企业造成的损失，为企业高质量和国际化发展提供坚实的安全保障。

江麓机电集团有限公司的成果《大型军工企业应急管理机制的系统构建》，为我们提供了军工企业应急管理机制构建的典型经验。面对新冠肺炎疫情的严峻威胁，江麓集团根据疫情防控形势任务，结合军工企业社会地位高、文化底蕴深、组织执行力强以及员工纪律意识奉献意识强等特点和优势，创新建立健全以"1+3+6"为基本模型（"1"代表组织原则，"3"代表工作主线/思路，"6"代表主要措施）的应急管理机制并推进落实。即在突发公共卫生事件发生时，军工企业坚持党的领导，贯彻落实党中央、国务院以及省市地方政府决策部署，围绕维护人民群众生命安全与身体健康、履行强军首责、履行社会责任三大工作主线精准施策，利用军工企业特点和优势，采取统一指挥调度、启动应急预案、整合系统资源、企地联防联控、落实文化引领、强化双向激励六个方面的应急管理措施，牢牢掌控疫情防控总体方向，科学部署重点工作，挖掘和凝聚各方力量，有效应对疫情冲击，提高管理效率，实现既定目标，达到预期效果，形成长效机制。

国网湖南省电力有限公司的成果《应对重大突发公共卫生事件的企业后勤应急保障体系构建与实践》，则是一个企业后勤应急保障体系构建与实施的成功案例。该公司创新重大突发公共卫生事件后勤应急保障思路，构建了应对重大突发公共卫生事件的后勤应急保障体系。对内加强各专业间、各层级间、各单位间的全方位应急协同，全面整合后勤应急保障资源；对外加强政府部门、社会、战略合作伙伴协同，实现资源共享、联防联控。建立后勤应急组织体系，实现后勤应急保障管控一体化、指挥一体化和资源一体化；实施应急准备、应急响应与处置、善后恢复全过程管控，实现对重大突发公共卫生事件的有效应对。健全后勤应急保障标准制度体系，规范工作流程，推动后勤应急保障工作由传统的分散式、条线化、人工化管理向集约化、系统化、智慧化管理转变。助力后勤应急保障更精准、队伍更专业、协同更高效，全面提升重大突发公共卫生事件下后勤应急保障快速处置能力，为生产经营持续稳定发展提供有效保障。

以上是对第二十一届湖南省企业管理现代化创新成果中几个突出亮点所做的点评，其他的获奖成果也各具特色和亮点。这些成果是全省广大企业家、企业管理者和员工管理创新实践的智慧结晶，其成功实践和创新经验值得重重褒奖和学习推广。2021年是"十四五"的开局之年，也是我国现代化建设进程中具有特殊重要性的一年。期盼我省企业在新的一年里，管理工作再上新台阶，管理创新成果达成新突破，不辱使命，勇于创新，奋力前行，再创辉煌。

2020年12月28日
（作者系湖南工商大学二级教授）

关于发布和推广第二十一届湖南省企业管理现代化创新成果的通知

湘管审〔2020〕8号

各市州企业联合会（企业家协会），省直有关行业协会，各有关企业：

为深入贯彻习近平新时代中国特色社会主义思想和党中央决策部署，落实《中共中央国务院关于营造企业家健康成长环境弘扬优秀企业家精神更好发挥企业家作用的意见》（中发〔2017〕25号）等政策措施，依据工业和信息化部等11部委《关于引导企业创新管理提质增效的指导意见》（工信部联产业〔2016〕245号）等文件要求，湖南省企业管理现代化创新成果审定委员会（以下简称省审委会）组织开展了第二十一届湖南省企业管理现代化创新成果（以下简称本届创新成果）申报推荐与审定工作。

至截止日，共收到全省企业申报推荐本届创新成果130项。经组织专家初审、现场咨询指导，省审委会审定等程序，确定"基于'企企通·万企上云'平台的云服务管理体系构建"等32项创新成果为第二十一届湖南省企业管理现代化创新成果一等奖，"电网企业精准定制化星级服务管理模式创新"等60项创新成果为第二十一届湖南省企业管理现代化创新成果二等奖，现予以发布（名单见附件）。

本届创新成果属管理类省部级成果，省审委会已从获得一等奖的创新成果中，择优向全国企业管理现代化创新成果审定委员会推荐参加第二十七届全国企业管理现代化创新成果审定。本届获奖创新成果充分反映了全省企业贯彻落实习近平新时代中国特色社会主义思想和党中央决策部署，紧扣当前经济社会发展和企业管理中的重点、热点、难点问题，在战略转型与新业态新模式培育、"智能+"与数字化发展、复工复产与稳定劳动关系、国有企业改革与混合所有制发展、产业链协作与网络化整合、集团管控与组织变革、技术创新与技术改造、精益管理与标准化建设、质量提升与品牌建设、财务管理与风险控制、"一带一路"建设与国际化经营、人力资源管理与激励机制、绿色发展与社会责任管理等领域的创新管理实践，充分体现了当前全省企业管理的新特点、新趋势、新模式。省审委会组织编辑出版《湖南省企业管理现代化创新成果（第二十一届）》，为省委省政府及有关部门制定政策提供参考，为其他企业提供学习借鉴的成功经验，为高校和科研机构进行企业管理科学研究与教学提供现实案例。

根据《国家科学技术奖励条例》和《国家科学技术奖励条例实施细则》，参照《湖南省科学技术奖励办法》及其《实施细则》，就本届创新成果宣传推广工作提出以下意见：

一、希望获奖创新成果所属单位对创造人员给予表彰和适当奖励，将本届获奖创新成果记入本人档案，作为评优评先、考核晋级、评定专业技术职称、聘任行政职务等依据之一。

二、争取有关部门在落实有关企业扶持政策和安排具体项目时，对获创新成果奖的企业优先安排，进一步鼓励和促进企业不断加大管理创新力度，提升管理创新水平。

三、各市州企业联合会（企业家协会）、省直有关行业协会要贯彻落实工业和信息化部等11部委《关于引导企业创新管理提质增效的指导意见》等文件要求，围绕当前企业改革与企业管理面临的重点、热点、难点问题，加强统筹协调和组织指导，积极开展专题性或区域性创新成果交流和宣传推广，充分发挥创新成果的示范作用。广大企业特别是成果创造企业要全面贯彻新发展理念，结合创新成果宣传推广活动加强学习交流，勇于推动生产组织创新、技术创新和市场创新，大力培育新动能，推动企业创新发展。

附件：第二十一届湖南省企业管理现代化创新成果名单

湖南省企业管理现代化创新成果审定委员会
2020年10月24日

附件

第二十一届湖南省企业管理现代化创新成果名单

	一等奖（32项）			
序号	成果名称	申报单位	主要创造人	参与创造人
1	基于"企企通·万企上云"平台的云服务管理体系构建	中国联合网络通信集团有限公司湖南省分公司	谭 明 雷 鸣	欧文敏、张富源、何 伟、庚旭晖、张 帅、柳润琴、曾小梅、曾 杨
2	跨国企业应对重大公共突发事件的应急防控体系构建	中车株洲电力机车研究所有限公司	胡文波 李绍春	康广亮、刘懿莉、龙绮云、张 栋、何红明、李许峰、徐 翔、何丽萍、陈 艳、邹 佩
3	以客户标准为基础的全新质量管理模式的构建与实践	湖南华菱湘潭钢铁有限公司	郑生斌	杜 江、罗 登、吴清明、陈章红、谭武祥、赵岳龙、李 锋、徐云华、唐勇勇、黄伟成
4	水电企业平台化管理体系构建	国网湖南省电力有限公司水电分公司	刘 芳 唐 浩	任 重、崔建凯、陈跃飞、宋永昊、李晓宇、彭俊玲、邹清泉、邱海波、杨兴华、王 军
5	建筑企业以节能技术推动转型升级发展的管理创新	伟大集团节能房股份有限公司	邓天骥 吴致远	刘冀宣、黄腾飞、苏业炜、文 辉、吴海平、易柯欣、李雪光、李 建
6	社会责任公益项目品牌化管理创新	国网湖南省电力有限公司	周幼宏 崔先迤	张德鸣、袁小晴、蒋叶子、周 颖、余万程、侯建明、范才华、陈 阳、肖英琪
7	省级电力大数据赋能高质量发展管理服务体系的构建	国网湖南省电力有限公司经济技术研究院	胡毕正 周 红	陈火焱、廖 菁、刘 磊、文 明、谢欣涛、贺雨晴、邓 凯、涂钊颖、潘 馨、秦 玥
8	大型钢管企业基于战略解码的多层次绩效考核管理体系构建	衡阳华菱钢管有限公司	凌仲秋 刘 锋	丁 炜、欧 军、李秦龙、杨 成、蒋 创、李 康、李 伟
9	大型建筑企业机电工程装配化管理体系构建	中建五局第三建设有限公司	陈 勇 唐艳明	覃 波、杨广贤、曹泽峰、黄水龙、李湖辉、王礼杰、罗艳云、周 璇、胡 伟、陈 红
10	大型钢铁企业耐磨钢产品开发与应用的管理创新	湖南华菱涟源钢铁有限公司	肖尊湖 成沛祥	严立新、李光辉、汪庆祝、邓必荣、郑 庆、梁 亮、李国仓、卢定宇、郑 忠、邓中秋
11	新能源客车车体高端制造的工艺管理创新	中车时代电动汽车股份有限公司	刘 凌 汪 伟	杨 浩、匡小月、李 璐、李荣康、伍豪杰、曹祖军、袁正军、罗小龙
12	车辆节拍化生产信息化管控模式构建	中车株洲车辆有限公司	姜强俊 武永亮	王 伟、罗红梅、龚晓陵、刘 丹、杨冬艳、胡 晖、田国平、曾常军、张选选、江 琼

续表

13	基于"紫菱云精准监管服务平台"的卷烟零售户管理体系构建	湖南省烟草公司常德市公司	颜 玫 吴 丹	李云华、蒋新平、向皓明、江 琴、曾涣磊、陈炽昱、张 烁、李 妮、岳俊彦
14	全球化企业外汇资金风险管理体系的构建	株洲时代新材料科技股份有限公司	黄蕴洁 陈 钰	蒋灿霞、麻帅杰、凌 奕、徐忆帆、唐灵芝、陈松林
15	省级电力环保智慧监管体系构建	国网湖南省电力有限公司电力科学研究院	周 舟	周卫华、皮 奥、车 垚、陈骏星淑、陈思铭、刘蛟蛟、万 涛、朱晓星、宾谊沅、王志杰
16	大型军工企业应急管理机制的系统构建	江麓机电集团有限公司	黄帅丹 彭建安	张利文、陈 仪、肖任贤、周泽江、谢颂华、徐文峰、周 建、彭运泽、李雅竹
17	基于人类命运共同体理念的基层医健共生价值链经营模式的管理创新与实践	湖南天劲制药有限责任公司	陈福元	刘 艳、许必祥、苏雪萍、周 波、陈 军、吴 淼、代巧鹰、贺 静、张 双、肖 巧
18	烟叶复烤企业基于产业链"大工艺"理念的生产管理体系构建	湖南烟叶复烤有限公司	彭艳玲	宋智勇、郑宇睿、陈 渝、马 丽、陈壮宇、刘华友、李叶春、胡 孟、罗仙华、尹 凡
19	基于设计全过程的航空发动机数据管理体系构建	中国航发湖南动力机械研究所	高 洁 江立军	谭 威、黄章芳、陈 盛、邹 俊、徐俊恩、付 猛、吴丹阳、乔有慰、李元星、赵 昊
20	应对重大突发公共卫生事件的企业后勤应急保障体系构建与实践	国网湖南省电力有限公司	唐 华 黄建波	刘 崎、罗智英、武卫红、李 昂、彭峰华、杨志伟、彭召文、徐筱林、欧春来、张翠珍
21	以服务客户零距离为目标的"三网协同"城区供电服务站建设和运营	国网湖南省电力有限公司株洲供电分公司	侯新平 刘开乐	邓汉钧、刘 峰、龙 飞、黄文春、段凌岚、阳伟君、张昌益、聂华林、周心月、羊 博
22	新能源汽车部件企业初创期目标成本管理模式的创新	中车株洲电机有限公司	卢雄文 范庆锋	黄永芳、于 冰、谢先毅、沈 超、旷长青、于 怡、曾力耕、单红艳、尤 磊、成 毅
23	省级电网企业基于社会责任的服务升级管理创新	国网湖南省电力有限公司供电服务中心（计量中心）	周 纲 卿 曦	彭远豪、刘小平、马 斌、江 榕、石 矿、冯秋辉、唐 运、袁恩杰、刘治国、罗 勋
24	军工企业内部市场化经营体系构建	湖南兵器建华精密仪器有限公司	金银国 蒋粤军	武波涌、汪挺锋
25	大型烟草商业企业数字化管理体系构建	湖南省烟草专卖局（公司）	樊剑峰 文雅玫	谢建宏、侯杰华、崔建军、刘业鸿、邹 暾、崔 凯、陈 舟
26	供电企业基于数字化转型的终端业务融合管理体系构建	国网湖南省电力有限公司长沙供电分公司	张 璐 雷 鸣	姜浩斌、戴远力、谭渡渡、李 文、蒋 念、柳旭彤、罗 尧、唐梦娴、贺少林、肖 定
27	基于企业核心竞争力提升的"四位一体"精益管理体系构建	中车株洲电机有限公司	赵忠胜 成 龙	肖 林、荣 军、郑 涛、谭 曦、黄 孟、何俊涌、彭 泽、徐 涛、刘蒲森、徐紫凌、欧阳敏

续表

28	三维"链"式卷烟零售终端管理体系建设	湖南省烟草公司长沙市公司	刘 智	文 礼、邓文潇、肖为国、李 可、陶尧坤、黄 源、杨楸姗、谢 彪
29	世界级轨道交通装备制造产业集群的协同供应链体系构建	中车株洲电力机车有限公司	傅成骏 陈志新	周 莉、李 姝、齐 然、钟 源、宾 炼、李希宁、马淑娟、李卫华、陆 跃、聂 馨
30	军工国企高质量发展经济运行动态监测预警系统设计与实施	中国航发南方工业有限公司	闫福全 马 丽	杨志利、王 刚、杨 武、袁健松、柴丹凤、黄志红、邓文珺、戴琳琳、王 雍、高雷雷、单世湘
31	打造"数字建造"平台助力大型企业管理创新	湖南建工集团有限公司	陈 浩	石 拓、易绍兴、聂 雷、郑朝龄、黄楚楚、刘志鹏、袁千惠、曾 珣、黄 洵、刘佳俐
32	清洁能源企业集约化生产运维管理体系构建	华能湖南清洁能源分公司	傅启阳 郝明波	柳 晓、李 选、吴建文、胡照宇、刘胜先、郑新建、朱 峰、杨 阳
	二等奖（60项）			
1	电网企业精准定制化星级服务管理模式创新	国网湖南省电力有限公司永州供电分公司	曹慧珊 詹普元	田国元、王 毅、陈双华、桂保林、杜小芳、何影姣、伍 敏、滕 剑、易振林、张智斌
2	基于岗位经验萃取的青年干部培训体系建设	中共国网湖南省电力有限公司党校（管理培训中心）	梁玉荣 胡 南	张叶军、易 锐、张有玲、黄 淑、杨一璜、阮泽武、廖上云、欧阳洋、曾 妍、黄燕娇
3	基于"数字韶山"的能源互联网示范区管理体系构建	国网湖南省电力有限公司湘潭供电分公司	戚 新 彭峥垚	王建雄、彭 奕、谭小兵、刘 磊、贺常德、刘 毅、王彬兰、张 俊、肖志辉、刘霖鹏
4	地市烟草商业企业基于数字化的货源精准投放管理	湖南省烟草公司邵阳市公司	王 昆 张光利	雷超林、游二平、王 韬、邓红卫、吴献忠、侯钟辉、王丽婧、于庆涛、王亚斌、刘文明
5	大型钢铁企业智慧工厂创新管理体系构建	湖南华菱湘潭钢铁有限公司	李建宇	王树春、喻维纲、刘伯龙、陈章红、马利春、范立强、张建和、徐云华、蒯 颖
6	党建引领企业管理战略升级	五矿铜业（湖南）有限公司	闫 友 刘国文	宋亦龙、王锦鸿、欧阳林、颜 喜、王鹏鹉、徐 飞、冯世峰、李 斌
7	建筑企业工程数字化管理体系建设	中国建筑第五工程局有限公司	田卫国 江建端	文章英、孙 伟、刘鹏昆、肖波彦、刘 骁、于 敏、胡 丹、胡泽栋
8	面向差异化需求的"漏斗型"研制工程管理	中航飞机起落架有限责任公司	孟清河 张家付	刘 磊、王 曦、叶 鹏、路红伟、傅碧华、彭嘉熙、肖细军、汪亚峰、刘冀平、朱小刚
9	面向新能源客车市场的全流程精益化运营体系构建	中车时代电动汽车股份有限公司	刘 凌 赵 云	孟祥欣、陈龙富、刘金平、张晶蔚、杨 轩、周 莉、周鮪伟
10	基于邮政全业务协同的惠农生态圈建设	中国邮政集团有限公司湖南省分公司	唐成文 宋丽华	蒋少华、王先辉、刘海江、曾 俊、周剑祎

续表

11	架空输电线路带电作业智能化精益管理创新与实践	国网湖南省电力有限公司输电检修分公司	汪志刚 段启平	顾 苏、乔晓光、邓志勇、全武生、黄 勇、杨 琪、毛 盾、袁 丹、刘兰兰、杨开平
12	县域城乡生活垃圾综合治理模式构建与运营	航天凯天环保科技股份有限公司	彭超峰 田小飞	邓 静、鄢 敏、钟红敏、李 振、陈昌元、周 游、叶 兰、邱 沛
13	绿色工厂智能化管理体系的构建	株洲中车时代电气股份有限公司	刘可安 吴正平	彭森森、谭永能、齐晓武、唐 旺、胡文波、陈 东、姚中红、陈碧华、贺 平、孙煌星、彭 静
14	电改新形势下的发售一体大营销体系研究实践	五凌电力有限公司	谭文胜 彭 芬	单爱华、熊 威、王淑强、刘世件、刘俊宇、黄 超、白 天
15	省级电网企业基于数字化审计平台的审计管理创新	国网湖南省电力有限公司	孟繁珑 贺雅喆	曾泽华、义处善、刘向林、李 鑫、冷盈洁、唐戈彦、聂 炜
16	市级烟草企业智慧物流管理体系创建	湖南省烟草公司益阳市公司	田胜奇 戴 阳	李晓洋、朱武刚、刘伟程、程 强、晏 晶、刘勇波、李立冬、胥英鑫
17	基于大数据和AI的大流量智慧运营管理体系构建	中国移动通信集团湖南有限公司	袁姣红	朱江军、谭 倩、黄该有、彭文英、戴晓群、蒋杭州、陶 娟、唐 赛
18	省级电网智能电表状态评价管理体系构建	国网湖南省电力有限公司	陈石东 董凡敏	欧阳洁、汪凤娇、邓 波、陈 红、杨茂涛、吴易文、胡军华、解玉满、赵 丹、王 智
19	大型轨道交通装备企业新能源商用车产业价值监控体系建设与实施	中车株洲电力机车研究所有限公司	王卫安 黄 蓉	段世彦、童亦凡、陈龙富、刘君华、刘三春、孙 珊、江 龙、高 晋、杨孝杰、何伯钧
20	市级烟草商业企业烟叶收购"智慧服务"模式的构建	湖南省烟草公司株洲市公司	陈新田 何 伟	易 经、邓浏平、齐刚毅、陈瞬尧、罗真华、周 毅
21	高端装备配套企业高绩效营销体系构建	株洲中车时代电气股份有限公司	颜长奇 李 鹏	贺楚梅、谢志勇、肖金华、秦方方、蒋云富、杨秋良、李 锐
22	基于"云平台+NB-Iot物联网+智慧水务"的产销差建管模式	株洲市水务投资集团有限公司	陈 菁 刘黎明	王姝涵、刁 婧、陈楚杰、刘 盼
23	建筑施工企业劳务工人实名制管理体系构建	湖南建工集团有限公司	陈 浩	石 拓、易绍兴、聂 雷、刘志鹏、袁千惠、黄阳龙、宋 伟、黄 洵、罗 吕、郑朝龄
24	基于数字化转型的航空发动机科研试验台运维管理体系构建	中国航发湖南动力机械研究所	高 洁 李海平	杨 飞、黄生勤、周彬潇、乔有慰、彭小勇、龙合良、董德伟、曾培能、成盛多、陶建军
25	大型军工企业基于业财融合的科研经费管理体系建设	江麓机电集团有限公司	阎维琳 刘岳名	苏 强、谭永耀、王闽军、欧阳惠明、祝 倩、曾 真、谢 晖、丁 卉、熊 旺、申 思
26	基于畅通双向流通网络的县乡村三级物流体系建设	中国邮政集团有限公司湖南省分公司	唐成文 宋丽华	蒋少华、王先辉、刘海江、周 杰、曾 俊

续表

27	军工企业经营管理信息化体系的构建	湖南兵器建华精密仪器有限公司	蒋粤军	武波涌、张宏生、汪挺锋、蔡利平、祝䰛
28	景区电力智慧运营与服务体系构建	国网湖南省电力有限公司湘西供电分公司	黄　健 彭小青	谢国胜、顾海军、匡新辉、赵志刚、陈代喜、韩四敬、李娟、杨嵩、罗博园、肖凯
29	大型军工企业适应复杂系统的精益管理模式构建	江南工业集团有限公司	王　玮 林　海	佐齐生、袁圆、胡丹、胡亮、彭芳、王沛、颜钦武、陈艳露、曾庆亭
30	市级供电企业农村基层员工心理健康管控体系构建	国网湖南省电力有限公司娄底供电分公司	熊　音 杨学伟	郭玮、李梦琳、欧阳敏艳、梁志尧、罗佑锋、程剑、张淞雷、胡京、陈小丹、梁竞之
31	新能源客车企业七星级售后服务体系构建	中车时代电动汽车股份有限公司	唐广笛 周乐滔	易坤炎、李广汉、黄博、杨晓薇、向晓燕、蒋权、傅城、许乾敏、刘琴
32	分布式光伏能源调控管理体系构建	国网湖南省电力有限公司常德供电分公司	唐伟斌 胡斌奇	刘正谊、黄定疆、陈浩、张鹏飞、曹伟、王阳光、邓小亮、宋芳、滕琦、姚境
33	大型综合发电公司以提质增效为目标的集约型经营管理	五凌电力有限公司	姚小彦	周杰、吴建纲、曾再祥、谭文胜、楚文光、曾建军
34	基于六种力量定位引领的融合党建模式构建	中建信和地产有限公司	张金玉 赵伯足	赵丹丹、何麒麟、邱山林、李爱芬、杨睿
35	航空装备制造企业高效协同的财务精益管控体系建设	中国航发南方工业有限公司	韦　英 林　莉	严建华、彭钢、王雍、杨旭、张志宏、易燕菁、韦俊、程燕冰、刘可航
36	供给侧结构性改革下烟草商业企业卷烟供应智能化管理体系构建	中国烟草总公司湖南省公司	李刚华 郭兴堃	谢献球、毛岳胜、彭军辉、唐亮、李志术、陈亮、孙婷、周杰、郑路敏、唐蓓蓓
37	基于天敌昆虫的"烟草+大农业"绿色防控体系构建与应用	湖南省烟草公司长沙市公司	何命军 曾维爱	谢鹏飞、翟争光、蔡海林、李帆、黄松青、伍绍龙、刘天波、谭琳、陈金、彭孟祥
38	民营建筑企业品牌资产管理创新	湖南省沙坪建设有限公司	陈建武 谢美航	许泽群、李可、杨国桥、吴丹、李帅军、缪宏嘉
39	"双驱双超"管理体系的构建与实施	湖南华菱涟源钢铁有限公司	肖尊湖 成沛祥	汪庆祝、李光辉、黄兆军、彭明耀、卢定宇、郑庆、刘建新、刘卫东、肖锡华、张红民
40	基于村级治理资源共享的供电服务末端融合管理创新	国网湖南省电力有限公司衡阳供电分公司	江贵根 刘　勇	肖德祥、禹军、刘光良、赵力、刘丹、刘思思、曾向璟、何晓明、张凯、陈嫦娥
41	骨干电网生产活动智能管控体系建设	国网湖南省电力有限公司检修公司	王智弘 董　凯	曹雅怀、邓云球、谭庆科、王立德、黎志、陈兵、刘赛峰、何珊、曾昭强、李霞

续表

42	省级电网企业"大经营"管理体系构建	国网湖南省电力有限公司	汤吉鸿 王许姣	余爱琴、余旭阳、张 莉、徐彬焜、廖勇熙、杨 硕、王 炬、肖雅元、邹一梅、张燕安
43	基于国家标准创新的软件造价成本管控体系构建	中国移动通信集团湖南有限公司	张云龙 王 钋	李 湘、刘威威
44	以促进企业高质量发展为目标的"三重一大"决策体系建设	湖南大唐先一科技有限公司	刘文哲 江 军	陈湘军、张 驰、李志金、罗仁强、江冠华、喻敏华、张文雄、陈海明、张 敏、张 博
45	引入电商供应探索与实践采购管理新体系	中车株洲车辆有限公司	赵小龙 赵卫平	欧世新、何正球、胡 晖、龙 缘、王劲松、郭 湘、刘亚新、江 琼
46	大型军工企业基于风险防控的"六维"安全管理模式构建	江麓机电集团有限公司	陈建华 张宗宁	周 建、吴小平、徐文峰、丁 超、刘春武、尹年初、张学礼、卢 飞、郭 昕、史 雪
47	省级电网企业混合所有制改革实施中法律风险防范体系建设	国网湖南省电力有限公司	刘 辉 徐 鑫	杨立古、蔡莹若、吴立环、刘晓宇、马晓飞、高志军、邓仲笛、王虎松、廖潇竹、谭 珂
48	基于可控成本领先的精细化管理	五矿铜业（湖南）有限公司	闫 友 颜 喜	欧阳亮、罗雪飞、阳小丽、章长青、徐 飞
49	运用市场细分原理稳定和拓展中小学校园文化市场客户	中国邮政集团有限公司湖南省分公司	刘绍权 涂永昕	杜 辉、黄 巍、李 蓓、杨湘超、郭婷婷、吴哲思
50	中小民营医药企业项目开发的管理创新	湖南欧亚药业有限公司	林开朝 莫国宁	黄 艳、田家林、童 明、张建国、张 彤、张 瑜、龚 双、刘 叶、李彩花、陈 健
51	基于价值引领的国有企业市场化人才管理体系建设	湖南华菱钢铁集团有限责任公司	汤建华 邓 高	廖雪朗、王术贵、王国辉、谢保平、张旭红、刘 锋
52	基于"领航·接力工程"的优秀年轻领导干部选育管用创新实践	国网湖南省电力有限公司	秦 兵 刘智慧	唐剑东、李 彬、张世勇、马良才、向志敏、黄 潋、欧阳洋
53	县级供电企业电力青年成长成才服务体系构建	国网湖南省电力有限公司郴州市苏仙区供电分公司	陈 浩 李亚涛	杨 成、桂建华、徐筱林、梅树棋、张翠珍、周 波、邓红兰、章 锦、周 松、杨冬冬
54	烟草企业财务共享智能化平台构建与管理应用	湖南省烟草公司永州市公司	幸 勤 曾毅勤	廖爱国、庞铁军、宁闻东、崔建军、刘业鸿、尹惠清、赵 睿、李 曼、雷海洲、蒋 朝
55	县级烟草企业农村服务站高质量运营管理与实践	湖南省烟草公司岳阳县公司	周小红 吴 超	张三望、陶 明、董永进、周 勇、罗 浩、汤 锐、刘诗瑶、夏 忠、罗 伟
56	基于"产业融合"的烟叶产业高质量发展管理创新	湖南省烟草公司湘西自治州公司	瞿红兵 周米良	陈明刚、张一扬、阳 蓉、向剑明、张 胜、周 刚、吴小森、梁 磊、刘建明、吉中韬

续表

57	政企协同推进市级电力企业行业扶贫管理实践	国网湖南省电力有限公司邵阳供电分公司	李 韬 唐谟懿	林 峰、王日中、谢历冰、谢志勇、马 丽、唐福顺、周 良、万 鹏、陈 铮、肖群艳
58	大型国有企业基于"法治创效"的制度建设体系构建	江南工业集团有限公司	黄怀德 汤京军	匡朗瑚、肖静波、杨思聪、范琳琳、周小淞、陈 述、蔡双蔚、龚 超、程锦荣、张 华
59	市级电网工程投产质量提升管理体系创新与实践	国网湖南省电力有限公司张家界供电分公司	李 毅 胡亚军	黎 辉、周 清、吴 丹、滕 飞、卓家全
60	市级烟草企业战略目标导向绩效管理体系构建	湖南省烟草公司永州市公司	何明魁 幸 勤	许清孝、秦伟军、王兵万、李 曼、申玉华、孙 浪、邓小春、唐茂清、钟湘瑛、刘艺舟

平台化管理和智能管控

基于"企企通·万企上云"平台的云服务管理体系构建

中国联合网络通信集团有限公司湖南省分公司

中国联合网络通信集团有限公司湖南省分公司（以下简称"湖南联通"）成立于1997年8月，是中国联合网络通信集团有限公司设在湖南省内的分支机构。2008年，原湖南联通与原湖南网通全面融合，组成了新的湖南联通。公司主营移动通信、宽带专线、云服务、大数据服务、物联网服务等各类电信业务，是湖南地区实力雄厚、品牌强劲的全业务电信运营服务商。目前，湖南联通设14个市级分公司、122个县级分公司，共有员工近1万人。2019年主营业务收入超94亿元，利润超8亿元，纳税总额超11亿元。湖南联通自成立以来，先后在湖南境内投资超250亿元，为湖南省社会经济发展做出了突出贡献。

湖南联通于近年先后被授予"全国通信行业用户满意企业""全国青年文明号""信用等级AAA企业""消费者满意单位"等荣誉称号。湖南联通一直秉承聚焦创新的合作战略、深化混合所有制的改革方针、全力推进互联网化的运营策略，致力于打造新基因、新治理、新运营、新动能、新生态的"五新"联通。在政企云业务发展上，湖南联通坚持践行央企责任，积极赋能中小企业智能发展，致力于成为行业领先、国内一流的电信运营服务商。

一、基于"企企通·万企上云"平台的云服务管理体系构建的实施背景

（一）构建云服务管理体系是落实政府上云工作的必然要求

2017年3月，工业和信息化部（简称工信部）印发了《云计算发展三年行动计划》，指出云计算在制造业、政务等多领域的应用水平需要显著提升，并成为信息化建设的主要形态和建设网络强国、制造强国的重要支撑，这标志着国家将云计算的发展和应用提升到了战略层面。计划同时指出，应"建立云计算公共服务平台，支持软件企业向云计算加速转型，加大力度培育云计算骨干企业，建立产业生态体系"。因此，建立企业上云平台、构建云服务管理体系，是落实国家云计算发展的重要工作。

2019年1月31日，湖南省工业和信息化厅（简称工信厅）印发《关于2019年全省中小企业深入实施"上云上平台"行动计划的通知》。文件指出，要将中小企业"上云上平台"作为推进两化融合落地的一项基础工作、加快企业数字化转型的一项重要措施、推动湖南制造业高质量发展的一项品牌工作来抓。坚持广泛上云和深度上云同时推进，上云和上平台同步实施，着力推动工业现场的生产过程优化、企业运营的管理决策优化、社会化生产的资源优化配置与协同、产品全生命周期的管理与服务优化。湖南联通构建云服务管理体系，也是落实湖南省工信厅"上云上平台"行动、助力全省中小企业信息化转型的重要举措。

2020年3月4日，中共中央政治局常务委员会召开会议，强调"要加大公共卫生服务、应急物资保障领域投入，加快5G网络、数据中心等新型基础设施建设进度"。随着新基建在各地、各行业大量投资与兴建，以及传统基建升级为新基建，待体量上升以后，新基建形成普惠效应，可在一定程度上降低企业综合应用新基建技术的成本，让更多中小企业加速以更小的投入完成数字化转型。湖南联通构建云服务管理体系，也是响应国家新基建方针、推动全社会数字化转型的具

体落地。

（二）构建云服务管理体系是解决中小企业云服务突出问题的实际需要

"上云"是指企业以互联网为基础、以云计算为手段连接社会化资源、共享服务及能力的过程。企业上云是当前中小企业数字化转型的必经之路。随着中国经济与科技的高速发展，中国的云计算已经从"成长期"发展到"普及期"。

湖南联通已连续多年向湖南省中小企业提供云服务，积累了强大的技术能力和丰富的服务经验。但在工作过程中，仍然发现了一些突出问题，主要为：中小企业数量众多，没有统一的政企合作平台进行规模化推动；中小企业没有统一的上云管理评价标准，难以量化评估；湖南联通商企服务团队人数众多，产品体系复杂，服务流程繁多，缺乏有效的管理调度措施；部分工作保障措施不足等。

针对以上突出问题，湖南联通通过高层牵引、各级部门对接落地、线上线下开展活动，搭建"企企通·万企上云"体系化平台，解决规模化推动问题；通过联合政府制定统一标准、专业化管理团队、数字化管控服务流程、做好全方位保障措施，构建专业的云服务管理体系，解决中小企业上云规范化、专业化的问题。以上措施在解决云服务具体问题的同时，大大提升了湖南联通在中小企业云服务标准管理、团队管理、流程管控等方面的服务管理水平。

（三）构建云服务管理体系是满足中小企业数字化转型需求的具体措施

目前，湖南省共有中小企业91.9万户，占企业总数的99％以上。全省约60％的经济总量、60％的税收、70％的技术创新、70％的进出口总值、80％的就业岗位是由中小企业创造的。中小型企业在国民经济中处于重要地位，在增加就业、促进经济增长、科技创新与社会和谐稳定等方面具有不可替代的作用。

在当前商业环境中，人口红利逐渐消失，企业对精细化管理的需求快速增加，降本增效和业务模式创新成为企业经营的重点目标，而企业上云是实现降本增效、业务发展转型的重要途径。因此，中小企业为了生存和发展，必须在数字化转型之路上积极探索适合自己的上云模式。

中小企业的现状：一是思想理解不足，虽然社会主流舆论都在传递企业必须进行数字化转型的思想，但对于部分企业来说，上云只是一个具有吸引力的概念，企业很难完全理解数字化转型的意义；二是技术能力不足，部分中小企业数字化技术能力相对落后，实现以人工智能、5G、云计算、物联网等技术来构建技术平台、支撑业务创新和发展的能力不足；三是资金资源不足，数字化转型是一项长期投资，部分中小企业无法在数字化转型方面投入大量资金。

针对以上问题，湖南联通通过构建科学完善的云服务管理体系，深度满足中小企业数字化转型的实际需求。相比自主上云，中小企业联合电信运营商上云有着诸多优势。一是企业无须购买本地服务器、无须配置IT维护人员，可以节省大量硬件成本和人工成本。二是企业按需求购买云服务产品后可以快速部署使用，提升企业信息化建设效率，缓解技术能力不足的问题。三是湖南联通还可以提供遍布全省14个市州、122个区县，全天候的线下服务。以上优势中，仅无须配置IT维护人员一项，按常规配置为1人至2人，人工成本每年约为15万元/人，便可以为企业每年节省15万至30万元的人工成本。

二、基于"企企通·万企上云"平台的云服务管理体系构建的内涵

湖南联通充分发挥自身的技术和网络优势，联合湖南省工信厅搭建"企企通·万企上云"平台，构建"1+4"云服务管理体系，助力全省中小企业"上云上平台"行动计划顺利实施。湖南联通在推动一批中小企业初步上云的基础上，持续提升上云的层次和水平，逐步达到深度上云与整体云化的目标,从而实现传统企业的变革升级,催生中小企业的数字化转型与效能提升。

"1+4"云服务管理体系,即通过夯实一个基础、做实四项重点工作,实现湖南联通对中小企业上云的全方位服务支撑,具体如下:

搭建体系平台:高层牵引,联合工信厅创新搭建"企企通·万企上云"平台;层层对接,联合地方工信局推进全省落地工作;创新形式,线上线下活动规模化对接全省中小企业,加快发展速度。

制定统一标准:湖南联通创新实践,深度参与湖南省上云标准的编写,是全国首个政府联合电信运营商编写的地方上云标准,对全国工信部门推动中小企业上云发展具有借鉴指导意义。

强化人才建设:通过专业化管理和信息化赋能,湖南联通有效管理了规模超3000人、跨越省市县三个层级的服务团队;同时通过"三个计划、两个穿透、一个BU(业务单元)"建设了总量充足、能力均衡、充满活力的创新人才队伍。

管控服务流程:创新打造"多云服务平台+创新中台"体系,作为连接客户需求和技术专家能力的数字化桥梁。体系实现了业务的全流程管控,大幅提升了内部流程管理效率。

健全保障体系:通过出台运营管理办法,落实组织保障;通过响应国家降费号召,减轻企业负担,落实财务保障;通过规模化建设云数据中心,落实基础设施保障;通过提供国家三级等保认证的沃云安全防护体系,落实安全保障。

云服务管理体系示意图如下:

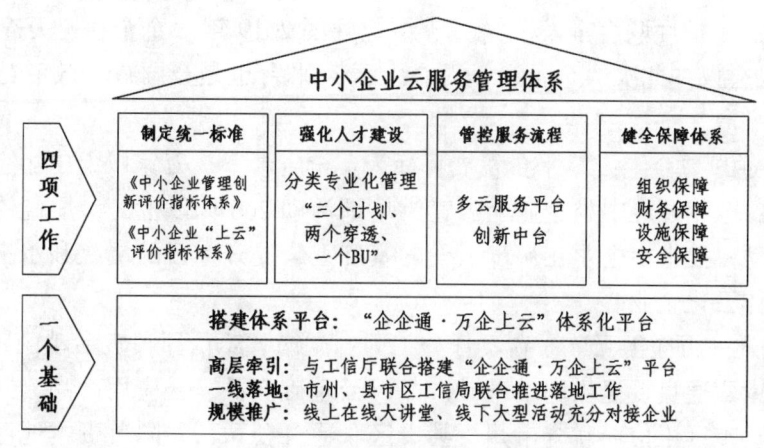

图1 云服务管理体系示意图

三、基于"企企通·万企上云"平台的云服务管理体系构建的主要做法

(一)工作思路:以问题导向为根本,以切实有效的举措解决实际困难

本次云服务管理体系构建的工作思路,是以问题导向为根本,立足湖南联通和湖南中小企业实际情况,依据现代管理的四大基本原理,切实解决湖南中小企业上云过程中的问题和困难,做到每个实际问题都有举措、每个举措都有目标。具体如下:

为解决全省中小企业上云的系统性推动问题,湖南联通联合工信厅搭建"企企通·万企上云"体系化平台,市州、县市区工信局联合推进落地工作,同时对上云标准进行统一规范,并配置保障机制。执行过程充分匹配、整合、吸纳各类资源,既有顶层的整体牵引,有末端的具体实施,又有规范保障,为云服务管理体系的构建夯实基础。

为解决队伍管理和人才建设的问题,湖南联通对人员队伍进行分团队的专业化运营,明确责任权利、匹配专业资源、充分赋能培养、落实人才培养制度,通过科学有效的体系化管理,充分发挥人的主动性、创造性和积极性。

为解决上云市场业务复杂、支撑服务管理难度大的问题，湖南联通通过打造"多云服务平台+创新中台"双平台体系，作为连接客户需求、湖南联通技术专家能力的桥梁，做到了前、中、后端一体化动态连接，提升了客户上云体验。

为解决中小企业的生存发展问题，湖南联通以优质的产品、专业的服务、优惠的政策帮助中小企业实现降本增效，使被服务的中小企业获得良好的经济效益，最终实现共赢。

（二）搭建体系平台：联合工信厅搭建体系化平台，加快推进全省中小企业上云

全省中小企业数量众多，规模化上云推动工作难度较大，如果没有统一的政企合作平台、没有强公信力的宣传活动，仅靠某一企业的力量进行推动，难以实现全省中小企业上云的规模发展。为此，湖南联通积极响应省工信厅号召，搭建全省统一平台体系，明确发展目标和分工职责，有序推动全省中小企业上云工作开展；同时积极组织、承办以及参与当地政府部门组织的各类供需对接活动，开展上云产品、上云服务的培训和推广，让企业切身体验到数字化转型带来的效能提升。具体措施如下：

1. 与工信厅联合搭建"企企通·万企上云"平台

2019年2月，湖南省工信厅印发了《2019年全省中小企业深入实施"上云上平台"行动计划》，对2019年湖南上云工作进行了全面规划和指导。

湖南联通积极响应湖南省工信厅号召，在2018年"企企通·万企上云"活动的基础上，于2019年3月与湖南省工信厅联合下发了《关于组织开展2019年"企企通·万企上云"活动的通知》，并召开了启动会议。此次"企企通·万企上云"平台也是全国首个政府与电信运营商联合搭建的企企通上云平台。

2019年"企企通·万企上云"平台发展目标为：全省新增3万家以上中小企业运用联通提供的云产品和云服务；全年开展中小企业上云宣讲培训活动200场以上，参加宣传培训的中小企业不少于2万家；推动一批中小企业在初步上云的基础上，提升上云的层次和水平，逐步达到深度上云，打造一批整体云化企业。

2019年"企企通·万企上云"平台责任分工为：湖南省工信厅负责活动的宣传、协调、指导和监督等工作；湖南联通负责提供网络基础产品、云基础产品、云应用产品，并撰写产品手册等配套工具；市州、县市区工信局联合市州、县市区联通分公司，共同负责本地区活动的宣传、协调、具体落地等工作。

2. 线上线下开展大型公信力活动，规模化推进企业上云

湖南联通利用在数字化创新服务领域沉淀多年的专业知识，推出了在线大讲堂直播平台，免费直播授课。课程内容覆盖云大物、区块链、人工智能、工业互联网等前沿技术与实用知识，帮助企业更深刻地理解数字化转型的趋势以及技术。

2019年，湖南联通先后组织或参加了湖南中小企业服务大会、世界计算机大会、互联网麓谷峰会，现场对参会企业展示了云计算、物联网、5G等联通创新服务产品，累计对接和服务了1328家上云企业，获得了政府部门和参会企业的一致好评，并被多家权威媒体报道。

2020年初，湖南联通在湖南省工信厅主办的"湖南省中小企业复工复产上云服务资源对接会"上，与阿里云、华为云等主流云服务商一起，通过在线直播向超过2.3万人介绍了远程办公、人体测温等多项信息化产品，并提供了覆盖14个市州、122个区县的产品服务对接人及联系方式，为企业复工复产做好点对点服务准备。

(三) 出台统一标准：全国首次政府联合电信运营商编写地方上云标准，做好统一的标准管理

标准编写前，湖南中小企业没有统一的上云管理评价标准，企业对上云的概念不够清晰、对自身的上云水平难以量化评估，间接影响积极性，给全省中小企业上云进程带来一定阻碍。2019年2月，湖南省市场监督管理局发布了湖南联通参与编写的《中小企业管理创新评价指标体系》和《中小企业"上云"评价指标体系》两套湖南省地方标准。在以上标准的编写过程中，湖南联通深度参与，利用丰富的上云业务发展经验和专业的上云服务能力，在指标的定义和权重方面提供了丰富的数据、案例、建议。作为全国首次由电信运营商参与编写的地方政府上云标准，以上标准对全国中小企业的上云评价体系提供了参考和模板，对全国工信部门推动中小企业上云发展具有参考性和借鉴指导意义。

具体措施如下：

1. 出台《中小企业管理创新评价指标体系》

本指标体系规定了中小企业在管理创新工作上的综合评价方案，具体指出：在中小企业管理创新评价中，"信息化管理"指标权重为8分，总分为100分。

"信息化管理"具体评分标准如下：企业近两年开展了信息化智能改造，制造水平、管理效率、生产效率明显提升，最高计3分；企业应用企业资源计划（ERP）、制造执行系统（MES）、仓库管理系统（WMS）、供应链管理（SCM）、办公自动化（OA）、客户关系管理（CRM）等管理软件之一进行日常管理，最高计3分；企业依托云平台，应用云服务，最高计2分。

2. 出台《中小企业"上云"评价指标体系》

本指标体系规定了中小企业上云的类型和内容、上云效果评估指标以及综合水平评价，适用于中小企业上云建设水平评价。

该体系定义的术语包括：

企业上云：企业基于自身业务发展和信息技术应用需求，使用计算、存储、网络、平台、软件等云服务。

基础上云：企业租用云服务商提供的计算、存储、数据库、网络带宽等云化IT资源，以及相应的安全防护服务。

管理上云：企业将行政办公管理、人力资源管理、财务管理等信息化系统部署在云端，或直接应用云服务商提供的基于云计算的相应管理软件和服务。

业务上云：企业在云端协同开展设计和研发，部署企业资源计划系统、制造过程执行管理系统、产品生命周期管理系统（PLM）、客户关系管理系统等，以及采购、仓储、物流等供应链管理软件，电商、客服等营销管理软件，或直接使用云上相关服务。

该体系通过各类云应用的使用情况进行评估赋值和综合评价，按规则评定企业的上云等级。

(四) 强化人才建设：构建专业化的人才建设管理机制

湖南联通商企服务团队合计超3000人，人员队伍庞大，支撑类目繁多，且人员层级遍布全省14个地市、122个区县，在实现高效管理、快速调度、人才培养等方面存在较大困难。在云服务管理体系中，湖南联通建立了专业化的人才建设管理机制，明确了人员队伍的责任和权利，同时充分开展信息化赋能、落实人才队伍建设，实现了人才的数字化管理和培养。具体措施如下：

1. 分类开展人才专业化管理

湖南联通将原有团队细分为前端服务团队、中后台支撑经理团队。

其中前端服务团队主要以商企服务团队为主，总人数达3000人以上。服务团队借助钉钉、企

业微信等互联网化工具，实现内部管理的数字化、移动化、智能化；服务团队配备了专属的"一人一码"，可生成专属的个性化海报，并一键分享至企业微信、朋友圈，实现服务经理对企业的及时服务在线、沟通在线、运营在线。

专业化运营中后台支撑经理团队有448人，拥有全国级云计算认证人员287人，其中沃云认证180人，腾讯云认证90人，华三云认证12人，阿里云认证5人。借助创新中台、钉钉等互联网化平台工具，实现支撑经理项目管理全流程的数字化在线，已服务的企业、跟进的企业、拜访的企业数量一目了然，并及时更新数量信息。通过视频会议功能，实现支撑人员远程在线针对项目的实时、高效沟通和响应。

2. 通过"三个计划、两个穿透、一个BU"落实人才建设

湖南联通持续加大创新领域人才队伍建设，制度化提升支撑队伍能力，匹配业务发展规划，建设总量充足、能力均衡、充满活力的创新人才队伍，其中包括：通过U才生计划、猎英计划、活水计划招募创新领域的高校毕业生、成熟人才，并进行专业的定向培养和引流；通过"解决方案支撑及集成穿透""销售赋能穿透"两项工作，确保全面提升在岗人员专业性；通过建立内部BU团队的方式，完善基于创新业务发展的前后台岗位激励联动机制。

（五）管控服务流程：搭建"服务产品+需求响应"双平台，实现服务流程标准化、自动化管理

湖南联通上云业务产品体系复杂、服务企业的类型繁多，必须匹配自动便捷的业务受理体系，以及能够敏捷响应企业多变需求的中台体系，才能使服务流程得到有效管理，切实满足企业的数字化转型需求。为此，湖南联通着力打造了"多云服务平台+创新中台"双平台体系，作为连接客户需求、湖南联通技术专家能力的桥梁。以多云服务平台作为企业数字化转型解决方案的入口，实现企业标准化需求及时发现、便捷受理；通过创新中台接收多云服务平台的个性化服务需求，一点调度湖南联通后台支撑体系。具体措施如下：

1. 搭建多云服务平台

湖南联通与腾讯、阿里巴巴、金蝶、用友等互联网巨头企业在数字化创新业务上开展全面的合作，打造了集推广、受理、服务的一体化线上多云服务平台。平台上线了包含云基础资源、平台能力、安全防护、信息化应用、管理平台等超过300款云产品，全面满足企业的个性化上云需求。

湖南联通在多云服务平台的构建和优化方面进行了三项重点工作：一是建立完整的产品体系，以"云+网+X"的组合作为企业数字化转型的整体解决方案，通过云服务器、云存储等提供基础环境；通过云联网、云专线等网络服务实现信息数据互通；通过云视频、云办公、小程序等应用覆盖企业数字化转型的具体需求。二是实现产品服务的推广、受理、服务流程一体化，企业可以通过平台迅速了解所需要的服务，线上可以一点开通、一点交付，简化了企业获取信息化服务的繁琐流程。三是采用主动服务的模式，通过企业提供的联系方式和简单需求描述，平台主动通过电话或上门的方式提供更深入的个性化服务方案。

2. 搭建创新中台

创新中台是湖南联通根据本地企业实际开发建设的支撑资源调度平台，该平台依托"工单中心""能力中心""数据中心"，自动化快速连接前端触点与后台支撑响应人员。在工单中心，湖南联通按企业项目生命周期，设置了"拜访、需求、商机、方案、投标、签约、交付、售后"八大环节，横向实现"前台甩单、中台调度、后台支撑"的响应机制；在数据中心，以"客户拜访、线索挖掘、商机锁定、项目交付"四大阶段循环为抓手，形成"客户信息、竞争信息、商机

信息、项目信息"等重要运营数据的纵向穿透，实现对省市县三级创新业务的管理运营；在能力中心，以众筹云化理念整合全省资源，动态更新"知识、方案、产品、案例、资质、荣誉、专家、产业联盟"八大能力库，实现创新项目支撑经验与资源的迭代共享。在创新中台的核心功能——资源调度方面，湖南联通按照"线索发掘、需求锁定、项目交付"三大阶段实现了项目的全流程调度与管控。

（六）健全保障体系：落实四类保障，全面支撑云服务管理体系落地

1. 组织保障

为切实提升商企服务团队的专业化运营管理能力，湖南联通修订了《商企专业化运营实施办法》。办法按照"重定义湖南联通发展，打造最互联网化运营商"的公司战略，结合"商企市场分布广、聚类行业多、人员流动大"的特征，全面开展商企专业化运营管理工作。工作重点主要有：一是围绕商企网格内的不同市场形态，开展纵向到底的服务网格建设，实现"一小一特"（网格划小精耕、专业特色运营），根据不同网格的实际特点，打造个性化的服务模式体系。二是聚焦全量中小企业目标客户，优化为三级商企名单制，匹配各级服务团队，以建立"钉钉认证企业"等方式，为目标企业提供一揽子信息化解决方案，根据企业的个性化需求助力数字化转型。

2. 财务保障

为切实减轻中小企业经济压力，帮助中小企业平稳实现信息化转型，湖南联通针对中小企业上云工作，匹配了费用减免或阶段性免费使用等多项财务政策保障。

在提速降费板块，湖南联通将移网用户侧流量单价进一步降低20%以上，并提供多种集团折扣套餐业务供各类企业用户选择；中小企业专线方面，相关专线产品2019年平均单价较2018年降幅达22.6%。

新冠肺炎疫情期间，湖南联通积极响应省工信厅号召，出台了多项产品的免费使用政策。针对远程办公、远程会议需求，湖南联通推出免费版腾讯会议系统、联通云视频系统、蓝凌OA办公系统；针对疫情登记、防控宣传、员工健康情况统计需求，湖南联通推出沃登记、云报表、政企文宣助手产品，供企业在疫情期间免费使用。以上政策有效减轻了企业在疫情期间的经济负担，极大地提升了湖南中小企业的生存能力。

3. 设施保障

近年来联通不断投入资金，完善上云基础资源建设，在长沙、株洲、湘潭、岳阳、邵阳等多地建成云数据中心，具备两地三中心能力。其中，长沙云数据中心是中国联通在中南地区规模最大的云数据中心。数据中心周围的产业园密布，交通四通八达，既可服务高新区内的企业，又能辐射周边省份。该中心占地面积145亩，总投资50亿元，总建筑面积13万平方米，总计机架12000架，总带宽出口5T。在第十三届中国IDC（互联网数据中心）产业年度大典上，湖南联通长沙云数据中心荣获"年度优质数据中心运营服务奖"。

4. 安全保障

中国联通为中小企业提供沃云安全防护体系，体系包括安全管理、运营支撑、运维服务、安全服务、资源层安全、服务层安全六个部分。联通沃云提供多达76项监控性能指标，支持实时告警信息，为企业的安全应用保驾护航。作为专业的云服务、云管理和运营服务商，沃云已通过国家三级等保认证，为企业提供更加优质、高效、全面的安全保障系统及服务。据悉，三级等保被称为国家对非银行金融机构的最高级信息安全认证。

四、基于"企企通·万企上云"平台的云服务管理体系构建的实施效果

（一）经济效益

1. 公司收入大幅提升

通过上云平台的打造和管理创新工作的推进，2019年1—12月，湖南联通云计算累计创收3883.3万元，同比2018年增加3414.7万元，增长率达700%以上。

依托上云管理创新能力的提升，湖南联通商企服务团队加速实现数字化转型，团队产能得到大幅提升，商企渠道创收能力进一步增长。2019年1—12月，湖南联通商企渠道累计创收11.53亿元，累计同比增幅11.5%。

2. 中小企业降本增效成果显著

通过"企企通·万企上云"平台管理创新工作的深入推进，湖南联通2019年全年服务中小企业31729家，在全省众多的云服务商中服务企业数排名第二，占全省上云企业总数的27.6%。

通过本管理体系的构建，湖南联通为广大中小企业节约了人工成本、机房建设成本、能耗成本，同时降低了通信服务费用。按每家中小企业至少节约成本1万元计算，2019年累计为湖南中小企业节约成本超过3.1亿元。湖南联通同时通过大数据、物联网、云计算、人工智能等信息化应用，帮助中小企业实现数字化转型，显著提升了市场竞争力。

（二）社会效益

1. 扩大"云"服务品牌影响力，社会公信力显著增强

2019年7月，湖南联通受邀参加湖南省第五届中小企业服务对接大会，并被中小企业公共服务平台评为"中小企业优秀服务机构"。

此外，湖南联通还被省工信厅评为"2019年湖南省中小企业'上云上平台'工作先进单位"。联通助力中小企业上云服务品牌深入人心。

2. 公司获得政府、媒体、企业广泛好评，企业自身形象得到进一步提升

2019年9月，湖南联通参加第一届世界计算机大会，展示了"5G+云安防"等中国联通最前沿的创新技术与应用成果，新华社、湖南卫视、《人民邮电报》等各大权威媒体纷纷报道。

新冠肺炎疫情发生以来，湖南联通敢于担当、主动作为、靠前服务，充分发挥自身技术优势和专业信息化能力，重点以上云能力为引领，面向中小企业复工复产提供疫情防控、信息宣传、远程办公、云视频会议等多项免费产品和公益服务。在助力全省中小企业打赢疫情防控阻击战中做出了重要贡献，受到了广大中小企业的一致好评。为此，湖南省工信厅向湖南联通发来表扬信，以示感谢与鼓励。

自打造"企企通·万企上云"平台以来，湖南联通主动承担央企责任与使命，致力于创新构建湖南全省中小企业的上云服务体系，通过实施过程和成果展现，大大提高了湖南联通的社会形象，并获得了湖南省人民政府、工信厅和社会各界的高度认可和赞扬。

（三）管理效益

1. 公司数字化管理能力显著提升，实现可复制推广

在助力中小企业数字化转型的过程中，湖南联通对自身的产品结构、能力输出、业务流程、支撑体系等也进行了数字化重构。更重要的是，市场响应变得更加数字可视、过程可控。如企业服务人员每日拜访企业数量、团队的产能结构、项目的储备量、企业赋能培训情况等，均已实现数字化展现。这一系列的实时数据，都是利用创新中台以及SaaS（软件即服务）化的云应用集成得以实现的。湖南联通通过广泛运用数字中台等互联网化工具，畅通内部管理流程，强化产品交

付能力，提升体系运营效率，通过企业管理创新驱动，进一步提升湖南联通的市场竞争力。

湖南联通实现了超过3000人的商企团队的"工作管理全在线"，让一切以数字说话，实现商企团队的自驱力、高效率、数字化和扁平化。例如，通过在线日志填报功能，使得公司的数据统计工作效率提升50%；通过视频会议功能，原来需要集中到现场开会的，现在只需一台手机即可远程实现在线会议，节省了大量的人力、物力、交通成本；通过在线审批功能，审批只需3~5分钟即可完成，相对于以前的纸质版本审批流程1~3天的时长，审批效率大幅提升，员工明显感觉到了极大的便利。

2. 公司平台化合作管理能力大幅提升

在"企企通·万企上云"项目的推进中，公司整合了包括阿里、腾讯、百度、金蝶等在类的大量合作伙伴平台能力，实现了合作生态的"外联内生"，出台了各类云基础产品及云应用产品超过300款，服务涵盖了电商、餐饮、零售、物流、财务等多个领域的企业。

随着"企企通·万企上云"管理创新项目的深入推进，以数据价值为导向的合作管理模式得以建立，逐步改变了联通单一依赖性SI（合约伙伴）合作关系，以数字化辅助合作决策，实现了合作关系贯穿各个管理层级，实现了数字能力的二次输出和反馈变现。

（四）示范效益

1. 与地方政府联合编写上云标准，为全国上云评价体系提供了参考

湖南联通深度参与了编写《中小企业管理创新评价指标体系》《中小企业"上云"评价指标体系》两套湖南省地方标准。以上标准对全国中小企业的上云评价体系提供了参考和模板，对全国工信部门推动中小企业上云发展具有参考性和借鉴指导意义。

2. 起到了标杆复制的示范作用

湖南联通推出基于"企企通·万企上云"体系化平台的云服务管理体系后，各兄弟省分公司先后来湖南进行交流和学习，目前已经有浙江、江西、河南等省分公司来湖南进行深度交流和探讨。创新成果得到一致好评，起到了可复制推广的示范作用。

3. 纳入地方政府上云服务推荐目录

湖南联通积极响应省工信厅《关于全力支持和组织推动中小企业复工复产的措施》文件精神，面向中小企业推出多项云服务，其中疫情防控服务，如热成像人体测温服务、疫情防控指挥重保及应急通信服务、基于联通大数据能力的疫情防控大数据服务、舆情综合指挥服务、网络智能运营服务；远程办公服务，如云视频服务、联通沃云、云上办公套包等，成功纳入省工信厅的上云服务推荐名单，助力全省中小企业数字化转型升级。

主 创 人：谭 明、雷 鸣
参与创造人：欧文敏、张富源、何 伟、庾旭晖、张 帅、柳润琴、
曾小梅、曾 杨

水电企业平台化管理体系构建

国网湖南省电力有限公司水电分公司

国网湖南省电力有限公司水电分公司（以下简称"水电公司"）于2018年5月18日在湖南省长沙市挂牌成立并正式运行，系国网湖南省电力有限公司（以下简称"国网湖南公司"）的分公司，属国有全资大型水力发电企业。主要负责国网湖南公司所属水电设备的运维检修、技术改造、标准化、节能降耗的管理与实施；负责所属水电厂的大坝安全、水库调度、发电运行的管理与实施；负责编制所属水电设备的运维检修、更新改造等计划；负责移民和防汛等相关工作。水电公司内设11个职能部门，管辖柘溪、凤滩、东江3家水电厂和水电检修中心、水电集控中心、信息通信中心、项目管理中心4个业务机构，截止到2020年5月底，共有长期职工1822人、离退休人员1215人。

水电公司共装备22台发电机组，总装机容量238.75万千瓦，设计年均发电量64.31亿千瓦时，2019年累计完成发电量72.31亿千瓦时，同比增长60.75%；实现营业收入16.55亿元，全员劳动生产率为94.91万元/人·年，为服务党和国家工作大局、服务富饶美丽幸福新湖南建设提供了充足的清洁能源，为国家经济发展做出了应有的贡献。

一、水电企业平台化管理体系构建的实施背景

（一）是顺应国企改革发展的需要

2015年以来，党中央、国务院相继出台中发9号、中发22号以及相关配套文件，对电力改革、国资国企改革进行全面部署。要求持续深化电力企业改革，进一步充分发挥国有企业"六个力量"作用，坚决破除制约国有企业发展的藩篱桎梏。随着我国经济发展进入新常态，供给侧改革促进社会经济结构优化转型，市场更加放开，国企改革、电力体制改革深入推进，行业发展对企业发展方式、管理方式、经营模式带来了全方位的深刻影响。

按照国家电网公司总体部署，水电公司确立了建设具有中国特色、国际领先的能源互联网企业的战略目标。为全面深入推进水电改革，以努力争当行业标杆，争做行业标准的制定者、行业管理的创新者、行业业绩的引领者为目标，围绕生产集约化管理、人财物集中管理、专业化运检等方面深化内部管理变革，努力增强企业内生动力，提高水电厂智能化程度和自动化水平，提升企业核心竞争力，全面实现企业管理效率、社会影响力的提升。

（二）是实现公司内部转型的需要

国网湖南公司所属柘溪、凤滩、东江三家水电厂运行年限均已超过30年，限于当时设计、制造、安装水平，部分主设备存在先天不足，虽经过多年技术改造，但设备日益老化，近年来各类缺陷频发，设备检修维护工作量大幅度增加。三家水电厂原"单厂运行"模式均存在员工总量超员、结构性缺员、管理层级多、专业分工细，各专业横向协同不好、管理效率不高等突出问题，且无法从自身根本予以解决。在内外部环境的驱动下，水电企业面临严峻的外部形势和艰巨的发展任务，市场竞争加剧，高强度投入、成本刚性增长和效益增长困难之间的矛盾日益凸显，传统的单一运营管理模式很难在激烈的市场竞争中保持优势。为此，水电公司积极推进企业转型，实

施企业重组整合，大力推进跨区域、跨资源整合和资产重组，通过降本增效，大力推广应用新装备、新工艺、新材料，依托重点工程、重大项目，加快推动企业技术改造，不断开拓新市场，创新合作模式，打造企业的核心竞争力，促进企业清洁、高效、安全、可持续发展。

（三）是适应社会经济发展的需要

湖南省属于能源资源匮乏省份，境内煤油气资源不足，水能再开发利用空间不大。随着国家中部崛起战略和建设幸福美丽新湖南发展要求，湖南省的能源需求进入了高峰期，用量需求成为制约湖南经济发展的瓶颈。为此，必须优化电源结构、提升电能质量、全面提升水能利用率和水力发电效率。随着水能开发利用速度的加快，水电厂专业运维、专业机组检修的市场规模快速发展，建立专业化的水电检修队伍，提供专业化水电检修和运维服务，成为水电企业新的效益增长点，也为湖南水电改革注入了动力。

二、水电企业平台化管理体系构建的内涵

适应电力国企改革新形势新要求，以集约化、规模化、专业化、市场化、信息化为改革方向，遵循"统筹协调、有序推进、问题导向"为原则的科学顶层设计，着力解决资源分散、人力资本不集中等问题，以生产集约控制、人财物集中管理、专业检修集中协同等为主要手段，通过远程集控智能电厂建设、检修项目市场化运作、财务共享管理、项目管理专业支撑体系建设，深入推进水电业务纵向集约、横向协同和精益管理，着力解决制约企业转型升级、效率效益提升等体制机制问题，打造平台型水电企业管理模式，将水电厂由分散管理转变为完全集约化管理，从机制体制上保障平台企业健康有序高效运转、重点工作有力推进；通过健全机制、强化经营、规范项目运作，全面提升市场品牌效应和信誉，推进企业转型和持续健康发展。

三、水电企业平台化管理体系构建的主要做法

（一）改革思路和工作目标

改革思路：全面落实党中央关于国有企业改革的决策部署，主动适应经济发展形势，主动适应市场发展需要，全面调整适应国家电网公司发展战略，改革企业管理模式，为国民经济发展和建设美丽幸福新湖南提供优质清洁能源。

工作目标：统筹公司现有人财物资源，打破原有单厂运行管理模式和资源分散的现状，按照"集约化、扁平化、集团化"改革方向，构建"远程监控、运维一体、专业检修"的生产管理模式和"集约统一"的经营管理模式，实现"生产统一管理、资源统一调配、人员统一优化、保障一体管理"平台型集约化管理。

（二）搭建智能化指挥和监控平台

1. 党建决策引领水电改革

坚持党建引领改革创新。全面落实党中央和国网公司决策部署，立足水电改革发展实际，国网湖南公司成立改革领导小组和工作组，配备优秀专业人才从事水电改革工作。领导小组和工作组全面开展工作研讨、调研座谈、信息收集通报等工作，全面掌握行业、系统单位改革信息，主要负责人亲自主持召开工作布置会、推进会等，研究布置工作，协调解决问题，召开了五次水电改革专题会议，集思广益解决操作性问题，提高改革的针对性、系统性。正确处理改革、发展、稳定的关系。坚持依法合规，坚守政策底线，针对关系安全稳定的重大改革制定风险防控措施或应急预案，有力地宣传改革政策和上级有关要求，营造良好的改革氛围。坚持问题导向，纵深推进改革。深入贯彻落实上级改革工作部署，以问题为导向，多形式听取基层单位意见建议，了解基层员工思想状态，研究明确改革思路和工作方法，统筹改革进度，及时解决改革过程中出现的

问题，总结经验成效。在水电改革过程中，水电公司各级党组织在克服改革困难、化解改革矛盾中发挥了关键作用，发挥了党委科学决策和各级党组织的示范引领作用。

2. 搭建智能监控集约平台

组建水电集控中心，综合配置运行监控、大坝安全、水情水调和观测自检等专业人才，运行监控模式从原有分三厂传统运行值班转变为"集中监控"。按照建设智能电网要求，通过引入国内水电监控系统，水电厂水库调度自动化系统、通信方式、数据采集模式以及水情遥测系统的设备、型号、信息发送方式实现统一。采用数据"全采全送"模式，全面集中整合水电厂生产信息、水情水调、大坝观测、视频监控等系统，准确地满足流域水情和电网负荷调度要求，达到"数据采集自动化、信息预测精确化"。通过整合三厂水调资源，不仅有效充实了各流域水文信息，更是在精准预报上实现了优势互补。目前水电公司在水文预报上通过多流域对比及网格化精准计算，洪水预报准确率提升6%，达到国内水电行业顶尖水平，平均水能利用率上升8%。

3. 建立统一规范的生产指挥体系

对所属水电厂现有的运行、维护管理制度进行梳理、修订和完善，统一建立健全集中远程监控规章制度。对水电专业技术管理、日常观测巡视、数据分析与报送以及监测设施项目管理等任务，采用统一管理模式。与湖南省防汛办、省调度控制中心等上级和专业管理部门协调沟通统一出口，根据天气预报变化趋势或暴雨中心转移情况，优化水库调度，合理调配负荷，达到"调度决策最优化、运行控制一体化"，全面推进水电厂"运维一体"和水电检修中心（工程公司）"市场化检修"的管理目标。通过改革形成了集团化、集约化生产管理体系，缩减各级生产管理人员达10%，有效缓解了一线结构性缺员现状；同时通过人员、物资、工器具的整合，有效缩短了生产流程，作业成本明显降低，三厂人员不断流转交流，核心队伍专业技术水平也得到明显提升。

（三）建立集约化决策和经营运作平台

1. 建立信息数据应用共享体系

围绕水电专业特色，运用大数据思维和技术，出台大数据建设工作方案，全面开展源头数据治理工作，统一三厂生产数据参数及命名规则，完善设备台账及参数，完成所有生产数据收集整合工作，将数据质量要求嵌入到业务环节中，实现水电生产重要系统（H9000系统、水情水调系统、机组监测系统）数据接入国网湖南公司大数据共享平台，纳入统一规划，形成大数据共享机制。通过大数据共享，成功开发出"基于大数据的水电厂AGC分析诊断应用"，彻底解决困扰水电行业的AGC调节性能问题，实现数据价值变现落地，成功迈出智能化应用第一步。

2. 打造项目管理专业支撑平台

强化项目管理专业协同。成立专业项目管理中心，将其作为生产经营专业项目管理的业务支撑机构，设计、建立和完善检修项目管理组织体系，厘清职权、梳理流程、优化环节，强化专业协同，实现流程管理扁平化，打造项目管理流程的综合性服务"一站式"管理中心。全面梳理各阶段项目管理流程，精简合同及结算签审流转，调整优化流程33项。建立"五位一体"检修标准化体系，开发机组A级检修标准化项目库，修编设备标准化检修技术规程，规范工程项目实施管理，制订标准化检修总结（报告）模板。推行数字化管理，实施生产管理流程均通过国网公司HPMS系统流转，全面实施综合计划管理，将生产技改大修、运营维修等项目分类纳入专项计划（A计划）、成本性计划（B计划）管理，刚性执行项目里程碑计划，不定期组织项目管理工作推进会、碰头会、协调会，定期组织开展项目管理集中办公，就项目管理工作问题进行分析研究、制定整改措施。

强化项目管理专业穿透。严格项目立项审核,强化业务起点治理,在项目前期安排人员深入现场勘察,配合业务需求单位精准编制项目估算书、概算书等技经文件,组织开展项目联合审查和论证,形成整体策划效应。充分开展项目前期策划,提前研究制定采购策略、统筹安排实施计划,开展储备阶段的项目合规性审计工作,提前做好审计风险防范。严格项目储备库级管理,对项目坚持动态储备、滚动替补、集中安排,建立项目弹性库容,实行储备项目分级管理,根据经营管理要求、前期工作周期与难易程度、项目实施工期情况等,按照资产目录、物资性质等审核规范项目性质,严格审核项目费用构成,对储备项目从经济性、安全性和可行性等综合评分评级,提高项目计划安排的科学性。

强化项目管理动态监控。根据检修项目计划、实施、后期各阶段管理特点,项目管理中心在检修项目计划、实施以及结算阶段,构建资产联动实施监控平台,充分利用ERP、PMS(工程生产管理系统)对每个检修项目、每个合同、每笔费用实时动态监控工作进度,提升各检修项目管理环节的运转效率。提前完成项目招标采购,动态调整结余资金,及时反馈,减少财务成本,提高资金利用效率。利用SAP(企业管理解决方案)系统项目信息化管理模块启动自动决算系统,从申请、审批、拆除、回收等阶段设置规范检修项目资产报废作业流程,扎实开展检修项目投资经济性、合规性和效果性评价工作,提出改进措施,实现检修项目投资精准、项目实施可控、项目结算及时的全过程闭环管理。致力于项目管理大数据应用的开发建设,打造项目管理全过程数据监控平台。

3. 创建财务集约管控平台

财务集中管控、建设共享体系。率先试点开展财务智能共享系统建设,引入高速扫描影像、双屏审核、二维码凭证挂接和打印、自助报账等设备系统,实现了"一点录入、全程共享"智能引领,由原来"见纸质单据"改为"见影像"制证、审核、付款,取消纸质报销单据、审批单,实行审批流程"网上跑",费用报销全面实现电子支付,实现了"人员集中管理、资源集中调配、资金集中运作、会计集中核算"新型财务管理模式,一份费用报销单据的报销周期可由原来的3~5个工作日缩短为30分钟以内,工作效率得到极大提升。

深化业财融合、重建预算体系。预算管控前移至业务部门,根据各部门业务范围,将成本费用预算管理责任传导至基层单位,实行成本费用管理精细化,将预算安排明细到具体的事项,由责任单位负责测算、分解、使用等全过程管控,实行预算项目化、订单化。基层单位财务参与一线管理,各专业部门协同,由业务部门理清各类费用清单,财务专业明确费用入账科目,物资专业明确采购方式,采取"业务+财务+物资"的融合模式,倒排入账时间节点,采用工作任务协同、成本费用周通报、上门服务等多种方式协同做好成本预算执行。通过数据治理、多维报表编报、信息化功能部署以及损益类科目切换,贯通业务、财务的流程和信息交互链路,实现信息多视角、频道化分析展示,实现业财深度融合。改革后公司预算实施同质化管理,可控费用半年执行进度从2018年的24.07%提升到2020年的47.63%,成本入账的及时性、均衡性意识明显加强,资金使用的效率效益大幅提升。

夯实经营基础、多维精益管控。开展财务多维精益管控,推动经营管理由碎片化向系统化转变。深入分析经营现状,梳理核心业务,列出问题清单,制订整改计划;建立预算管理体系、项目分级管理、项目经理负责模式,完善专业界面,精简流程,缩减环节。科学制订投资计划,常态开展项目储备,强化数据质量治理,完成资产负债科目体系切换,规范新业务收支记录,动态评价创新领域投入有效性,将资产、交易伙伴等存量数据标签标注,实现全价值链经营精益管理。

按月发布经营诊断分析月报，重点月份以费用科目、部门等多维度按周通报，召开预算督办会，逐项清理成本费用，动态调整预算分配，设置运营监控岗位，加快费用流转速度，精准绩效考核和管理决策。

(四) 构建科学合理的评价激励平台

1. 建立检修项目市场化运作体系

建立检修项目市场化运作体制。全面整合水电厂检修专业人员，建立专业水电检修队伍，承担国网湖南公司所属水电厂内部生产设备设施的检修、技改等工程项目。以市场为导向，以内部检修为依托，全面推行检修项目制，构建以检修项目制为主导、市场化分配为主体的薪酬分配体系。一是坚持标准化检修。全过程严格把控检修质量，提升设备健康水平。加强队伍建设，实现人力资源队伍由数量型向质量型转变，外部业务实现由技能型向技能管理型转变。通过市场竞争，承接外部水电检修工程相关业务，均采用市场化项目制运作方式，完全实行项目经理负责制，搭建设备保障市场化运作平台。二是开展项目化检修。打破专业界限，推行"大班组"建制，大力推行机组检修项目制运作，采取自主施工和"管理+外协"相结合模式；建立公司内部项目经理库，由个人自主推荐，结合综合能力考评考核，并实行项目经理动态管理，按照一项目一聘任原则，定期实施项目经理评价，评价为优秀的按照相关制度进行奖励，不合格的淘汰出项目经理库，淘汰的项目经理一年内不再聘任。三是实施全员营销管理。落实"全员均是营销员"理念，对完成签约并实施完成的市场化检修项目，按照签约合同额的一定比例计提全员营销奖励。水电检修市场占有率稳步提升。

建立检修项目市场化考核体系。水电检修业绩评价重点考核检修质量及市场化经营指标，打破现有薪酬分配制度，公司负责项目成本预算，检修项目部在进场前期计算出各分项工程的工期及人员定额和预算成本，项目部以承包的方式进行成本管控，并参照《水电检修中心（工程公司）市场化薪酬激励规范（试行）》标准进行奖励与考核，大大提升了员工工作的能动性。对超额完成考核指标的，以绩效考核加权的方式进行分配倾斜，向绩效优秀的部门倾斜，向业绩优秀的员工倾斜，鼓励市场化检修业务员工多劳多得，实现了员工从"得工资"向"挣工资"的理念转变。搭建设备保障市场运作平台以来的2019年冬季及2020年汛前机组检修中，在出现三机同修甚至四机同修的重任下，均较好地完成了多台机组检修，员工的整体技能水平得到了很好的锤炼与提升，两条战线内外兼顾，对外项目同时取得了较好的经营效益。

2. 构建内模市场价值评价激励体系

健全内模核算体系。将市场经济与水电生产经营实际相结合，按市场原则设计单位内部交易主体，将水电厂、支撑单位、管理部门全部纳入内部模拟市场，以市场规律核定价格标准，依市场规则确认价值贡献，按市场方式开展绩效考核，构建以价值和市场为核心的"三大体系""两项机制"内模市场体系。建立内模市场全过程管控机制，建立健全周跟踪、月监控、季（年）考核的全过程监督体系，对各基层单位内模建设完成情况进行全面分析，开展专项评价，跟踪督导进度滞后单位，全面激发各级组织增利创效主动性和精益高效运营驱动力。

完善内模评价指标体系。以企业负责人年度业绩考核指标为重点，以重点工作任务完成情况为抓手，将内模市场考核全面融入绩效管理体系，通过强化绩效导向和量化评价，推进重点工作任务督查办结力度。修订考核评价指标，强化专业协同考核的广度和深度，侧重对基层单位安全生产、技术管理及日常工作考核，强化绩效经理人履职评价，坚持分类分级考核。推进内模市场信息化建设，积极探索实践区块链技术在内模市场中的应用，拓展应用场景，减少审核环节，降低人工干预因素，进一步完善定价机制与交易规则，推进内模市场高效运转，全面提升整体经营质效。

丰富员工价值衡量体系。优化完善工资总额分配，将工资总额分配与基层单位经营效益、业绩考核、专项奖惩、劳动效率挂钩。持续完善"五大薪酬激励"体系，探索建立多元化分配机制，优化完善差异化工资分配方案，持续优化管理人员目标任务制和一线员工工作积分制管理模式，探索福利与业绩挂钩机制，塑造福利保障差异化分配的价值理念，根据员工贡献程度分档设定疗养标准，绩效优秀员工优先安排疗养，丰富激励与约束手段，充分发挥薪酬福利的激励导向作用。

（五）建立科学有效的支撑保障平台

1. 发挥党建引领的组织保障体系

坚持把政治建设放在首要位置，分层落实"4+4"党建责任清单，实施"三会一课"提质举措，实现党建三年登高目标，2019年荣获国家电网公司红旗党委称号。紧密结合改革攻坚，深入开展六大"党建+"工程；设立党员责任区30个、党员示范岗52个，以党员"亮身份、比业绩"带领职工群众创先争优。推广实施党员"一带二、三必访"项目，发挥各级党组织凝聚群众、宣传政策的积极作用，确保改革方案在职代会上全票通过，确保各项改革措施在基层得到百分百执行。积极推动主题党日、联学联创、东方红共产党员服务队、青创赛等活动，让组织生活的"熔炉"真正热起来。深入开展企业文化"百千万工程""寻找最美国网人""道德讲堂"等活动，促进干部员工转观念、严作风。

2. 建立人才队伍保障平台

建立员工职业发展通道。拓展"上"的空间，有序推进职工职务、职员、工匠"三通道"建设，细化职员、工匠考评维度和方式，根据考核结果和民主测评情况兑现薪酬待遇，构建与职员、工匠职业发展通道相衔接的优秀人才管理体系，评价结果与人才聘用、考核、晋升等制度有机衔接。推行公开竞聘，从技能、服务类岗位到管理、技术类岗位的，新设立机构除成建制划转人员外的空缺管理、技术岗位的，实现竞争择优。公司共聘用职员、工匠共47人。破解"下"的难题，全面推行领导人员预警管理，落实"能下红线清单"，健全管理人员考核评价机制，采取上下评、相互评等手段对管理人员进行综合考评，对不符合岗位履职要求的领导人员、管理人员及时降级、解聘、调整。

搭建人才成长培养平台。结合水电检修人员队伍技能现状，制定生产技能人员专业融合培训实施方案，以水电检修等核心专业为主线，以适应国内水电、新能源发电、电网调相机运维检修为导向，深挖内部人力潜能。改革以来公司培养高级技师、高级工程师近60人，人才当量密度提升超过5%。以支撑工程公司资质为导向，大力开展项目管理和项目实施人员资格取证培训考试，探索市场化人才引进机制，采取直签或劳务派遣等多渠道引进电网业务、市场营销、项目管理等高素质经营管理人才10人，全面提升了公司的市场竞争力。

3. 完善依法合规的制度保障体系

深化专业监督，聚焦依法治企。不断完善依法治理体系，健全依法决策机制，充分利用业务系统各管控流程数据开展多维度分析，以专项监督为抓手，以大数据审计为手段，开发数字化审计平台差异化模型5个，充分利用大数据方法发现疑点32个并深入开展核查，进一步强化精准监督。前移监督关口，以巡察、专业监督及内外审计发现问题为切入口，深入公司党建、生产、经营、管理等各环节，坚持问题导向、整体联动、综合施策、对账销号工作机制，联动各专业部门对审计发现的29个问题开展自查自纠，整改率达到100%。持续加强数字化平台建设，大力扩展大数据分析力度，不断强化对监督跟踪问效和成果运用，监督保障企业制度有效落实，推动公司运转有序，助力公司高质量发展。

坚持放管结合，聚强发展动力。按照"自下而上、上下结合"的原则，深入推进"放管服"改革，将各基层单位权力和责任事项结合起来，对各专业权责事项全面梳理，优化工作流程，完善管理制度。为进一步提高公司人力资源优化配置效率，下放业务机构普通员工（含班组长）调配、岗位变动、岗级调整权限。通过对4家二级单位员工调整的全面授权，增强了基层单位人员配置的专业性、科学性和公平性，有效缓解了结构性缺员的压力，激发了各层级活力和动力，并逐步建立起基层单位自主调配与公司人事部门宏观管理相结合的基层岗位管理制度。同时建立"放管服"专项工作督查机制，结合基层反馈，进一步完善"放管服"改革考评办法，以责任落实情况、政策实施效果为定性指标，积极发挥考核评价的导向作用，确保"放管服"各项举措落地生根。

四、水电企业平台化管理体系构建的实施效果

（一）管理效率明显提升

通过平台型管理体系搭建，国网湖南公司所属水电厂由分散管理转变为集中管理，实现了人财物全方位集约，从机制体制上保障水电生产健康有序高效运转。国网湖南公司所属3家正处级单位减少到1家，精简67%；科级机构由54个减少到41个，精简24%；生产班组由66个减少到38个，精简42%；管理员工由621人减少到305人，精简51%。职工劳动生产率由89.07万元/人·年提升到94.31万元/人·年，提升5.88%；人才当量密度由1.0261提升到1.0578，提升3.09%，管理效率明显提升。

通过健全机制、强化经营、规范项目运作，坚持以客户需求为导向，大力拓展市场业务，市场效益初见成效，市场化氛围基本形成。2019年，完成国网湖南公司外部水电检修市场业务近8000万元，业绩遍布省内及湖北、江西、安徽、重庆、青海等省市，与十多家企业建立良好的客户关系，与业内多家大型企业达成合作协议。各水电检修工程项目部人员技术精湛、服务高效优质，得到了客户高度认可，市场品牌效应及信誉得到大幅提升。完成大数据业务收入100万元，推动企业逐步转型发展。

（二）经济效益显著增强

水电厂机组发电生产通过少发多蓄、抬高水头、降低耗水率，加强与上级调度协调沟通，减小空载耗水，提高水量利用率，优化机组开机方式和负荷安排，提高运行效率，水电厂平均发电耗水率不管与上年同期相比，还是与多年均值相比都有大幅度下降，较多年均值相比下降超过10%，运行效率明显提高。通过创新管理，从单纯的"生产者"变成"经营者"，由被动完成效益向主动创造效益转变，逐步树立起市场意识、竞争意识，形成人人关心企业效益、人人主动提升工作能力的新局面。内部模拟市场各类经营指标较同期均有不同幅度提升，累计实现营业收入、内部利润和可控费用进度较同期分别增长96.28%、468.40%、7.23%。

（三）社会效益全面彰显

提供可靠清洁能源。及时梳理技术监督、安全评价、隐患排查等需要整改的问题，实施改造或大修比较决策优化评价与方案，通过设备消缺、检修和技改等机会和途径，确保设备安全可靠供电，2019年累计发电达73亿千瓦时，为电网安全运行和服务党和国家工作大局、服务富饶美丽幸福新湖南建设、服务广大电力客户发挥了重要作用。

脱贫攻坚成效显著。公司在益阳安化县梨坪村开展产业扶贫，2019年梨坪村销售给单位和个

人的各类农产品高达58.23万元；在怀化沅陵县黄秧坪社区大力开展就业扶贫，全年转移就业扶贫104人，成立鑫文种养专业合作社，共吸收贫困户70户、223人；在郴州汝城县鲁谭新村实施电力特色扶贫，建设光伏发电站产业扶贫项目，给贫困户带来3000元以上纯收入。通过多措并举，明显提高了贫困地区生活水平，彰显了央企社会责任与担当。

（四）生态效益明显发挥

环境保护成效显著。自改革以来，公司累计投入近500万元资金用于清渣船购置、坝前浮渣清理、水库库区生态修复，2018—2019年累计完成库区浮渣清理5万余立方米，抛养生态鱼苗近50万尾，为修复长江流域和洞庭湖生态贡献了水电人力量。优化东江水库调度，科学调整发电方式，为湘江下游保水和省会长沙的饮水安全提供了坚强的保障，得到了省、市、县三级河长的高度评价。

防洪效益明显。2019年所属水电厂水库发生了两场较大洪水，洪峰流量分别达8260立方米/秒和10650立方米/秒，通过科学调度、腾库迎洪、拦洪削峰，削峰率分别达76.8%、52%。"6·23"洪水拦蓄用于发电，增发电量2570万千瓦时；"7·10"洪水有效预腾库容4.7亿立方米，为发电蓄能2.2亿千瓦时，实现流域防汛、下游民生安全、环境保护和增发效益多丰收。

（五）示范引领充分发挥

水电公司平台化管理改革以来，该创新项目获得了国网公司和省公司高度评价，入选国网湖南公司2019年优秀改革项目案例，获管理创新项目一等奖，在国家电网公司系统创造了水电改革的先河。改革过程中，先后参与国网公司改革优化辅导2次，参加行业标准制定5项次，"基于大数据的水电厂AGC分析诊断应用"的管理创新项目获国家"星河奖"并在全国水电系统广泛应用，获得国家电网公司和国网湖南公司的高度肯定。

主　创　人：刘　芳、唐　浩
参与创造人：任　重、崔建凯、陈跃飞、宋永昊、李晓宇、彭俊玲、
　　　　　　邹清泉、邱海波、杨兴华、王　军

基于"紫菱云精准监管服务平台"的卷烟零售户管理体系构建

湖南省烟草公司常德市公司

湖南省烟草公司常德市公司（以下简称"常德烟草"）组建于1984年4月，依法履行烟草专卖行政管理，组织全市卷烟、雪茄烟的销售和烟叶生产种植、收购、调拨职能。下辖安乡、汉寿、澧县、临澧、桃源、石门、津市7个县级分公司，其中石门、临澧、桃源3个为产烟县，建设有10个标准化基层烟草工作站，机关内设15个科室。目前，共有在册在岗员工653人，在网运行零售户24727户，烟农1888户。2019年，全市系统销售卷烟23.4万箱，排名全省烟草商业系统第3位；单箱均价3.27万元，排名全省烟草商业系统第5位；收购烟叶12.65万担，实现主营业务收入72.86亿元，同比增长9.47%；实现税利22.53亿元，同比增长7.94%。

常德烟草是烟草行业"精益十佳"标兵单位、湖南省文明标兵单位、湖南省消费者维权先进单位、湖南省依法办事示范窗口单位、全省卷烟打假工作先进集体。近年来，常德经济稳中向好，GDP保持8%以上的增速，产业格局从"一烟独秀"向"多点支撑"转变，高质量发展指标和营商环境便利指数位居全省前列。

一、基于"紫菱云精准监管服务平台"的卷烟零售户管理体系构建的实施背景

（一）是贯彻落实国家两化融合战略的需要

当今世界正经历百年未有之大变局，新冠肺炎疫情全球大流行使这个大变局加速变化，世界进入动荡变革期，世界经济陷入深度衰退，为抢占未来发展的战略制高点，信息化和工业化已被绝大多数国家和地区纳入顶层设计和战略规划。常德烟草基于"紫菱云精准监管服务平台"的卷烟零售户管理体系构建，正是贯彻落实国家两化融合战略的需要。

常德烟草贯彻习近平总书记的新发展理念，将科技创新摆在更加突出的地位，推进"紫菱云精准监管服务平台"建设，进一步催生常德烟草新发展动能，驱动企业提质增效、转型升级、创新发展、内涵增长。从发展方向上看，常德烟草推进"紫菱云精准监管服务平台"的卷烟零售户管理体系构建，正赶上了新技术的发展应用好时机，为常德烟草立足现实需要，瞄准痛点难点，朝着科技成果向现实生产力转化不力、不顺、不畅的顽瘴痼疾"开刀"，为精准管理与个性化服务提供了技术支撑和升级基础。

（二）是提升企业软实力、推动企业高质量发展的需要

习近平总书记在最新召开的经济社会领域专家座谈会上指出："我国已进入高质量发展阶段。"在经济发展新常态下，烟草行业面临"四大难题"凸显、"三大压力"叠加的严峻形势，人口红利流失、控烟履约进程加快、人民健康意识增强、受疫情影响卷烟营商环境不稳等一系列不利因素叠加。为顺应发展要求，常德烟草始终注重向管理要效益，着力固根基、扬优势、补短板、强弱项，把烟草专卖制度优势更好地转化为治理效能，把提升软实力摆在重要战略位置，切实纠正重硬件建设、轻软件建设的旧思维和老套路。在"互联网+"、大数据、人工智能等新技术快速发展的时代，合理利用现代化技术，构建基于"紫菱云精准监管服务平台"的卷烟零售户管理体

系。加强新型基础设施建设，革新管理方式，加速补足数字化发展短板，加速优化数字化组织流程，加速激发数字活力和组织动力，助力企业转型升级，推动企业高质量发展。

（三）是解决卷烟零售户管理痛点、难点的需要

卷烟作为快消品，随着国民经济高速发展和"放管服"改革进程推进，卷烟零售户数量快速增加，2019年常德烟草在网运行零售户23293户，同比2018年新增1400户，大、中、小型连锁超市、购物中心、专营卷烟的零售店、百货会员店等卷烟新型零售业态纷纷涌现，给专卖管理带来了新考验。互联网+物流寄递环节涉烟违法行为高发，利用互联网向未成年人推广和销售电子烟、销售假冒伪劣卷烟等违法违规行为也屡见不鲜，卷烟市场管控难度越来越大。与此同时，企业部门之间信息量扩大、信息交流与传递更频繁，传统的管理手段已经难以满足现代化企业的发展要求，企业人员编制和运行成本严格管控与规模日渐庞大的卷烟零售户精细化管理之间的矛盾，成了企业管理服务的痛点和难点。常德烟草率先在全省系统开展试点工作，推进基于"紫菱云精准监管服务平台"的卷烟零售户管理体系构建，就是要致力于提升管理服务水平，通过解决零售户管理中存在的分析不精准、定档不精准、服务不精准、管控不精准、打击不精准、长效机制不健全等重点、难点问题，不断夯实企业能力建设基石，提升核心竞争力，促进企业创新发展。

二、基于"紫菱云精准监管服务平台"的卷烟零售户管理体系构建的内涵

基于"紫菱云精准监管服务平台"的卷烟零售户管理体系是以国家两化战略为导向，以大数据分析、人工智能等新一代信息技术为支撑，以信息化管理理论、精益思想为指导，聚焦卷烟营销、市场监管、卷烟配送、零售户服务等工作维度，从烟草行业规范经营、卷烟零售户管理服务所面临的实际问题出发，依托"紫菱云精准监管服务平台"，实现线上部门联动与信息共享，构建了以智能分析体系、零售户评价体系、差异化服务体系、多元管理体系、综合治理体系为基础的管理体系，实现零售户管理的精准分析、精准定档、精准服务、精准管控、精准打击，以数据驱动实现智能化的精准管理，完成信息化、数字化管理服务体系的基本构建，提升管理服务水平，促进企业高质量发展。

三、基于"紫菱云精准监管服务平台"的卷烟零售户管理体系构建的主要做法

（一）统筹战略部署，强化卷烟零售户管理体系顶层设计

1. 积极争取党委政府支持，持续扩大政策优势

常德烟草立足于常德市烟草产业链齐全的天然优势，借助常德市委市政府高度重视烟草产业的东风，把企业发展自觉融入"开放强市、产业立市"的发展战略，成为打造四个千亿产业集群的扛鼎之作。由市委书记挂帅任"常德市推进产业立市三年行动烟草专项小组"组长，将烟草市场综合治理工作纳入平安建设工作考评内容，将常德烟草纳入常德市扫黑除恶专项斗争工作领导小组和社会信用体系建设领导小组成员单位。提请市委市政府先后建立烟草市场综合治理领导小组、整治物流寄递涉烟违法行为联席会议、烟草公安联合执法大队等机构，并将涉烟大要案件的侦办和审理纳入司法监督和评查范畴。同时，结合平安创建、文明创建、"法律六进"等活动，广泛发动人大代表、新闻媒体、社区、街道、卷烟零售户诚信自律互助小组（以下简称自律小组）、零售户及广大卷烟消费者积极参与"敬畏法纪——紫菱大家谈"、"3·15"现场宣传等活动，主要媒体进行全渠道、全方位、高频率报道，烟草市场治理成为社会热点，形成强大的舆论攻势和广泛的政治影响。

2. 强化顶层设计，成立卷烟零售户管理体系的组织机构

从2018年起，常德烟草深入落实高质量发展理念，按照"大党建""大规范""大运行"三

大格局指引和"稳""转""优"三年工作规划，顺应新趋势、新市场、新技术的发展，充分应用"互联网+"等现代信息技术，推动前瞻技术与业务的深度融合，完善信息化企业管理模式，构建基于"紫菱云精准监管服务平台"的卷烟零售户管理体系。成立了由党组书记、局长、经理任组长，其他党组成员任副组长，专卖科、信息中心、营销中心、内管办、物流配送中心、经济运行科等部门负责人为成员的卷烟零售户管理体系建设工作领导小组，负责统一领导卷烟零售户管理体系的建设工作。"紫菱云精准监管服务平台"的搭建由常德烟草信息中心和北京中软国际信息技术有限公司具体承担，负责平台建设总体方案设计、任务分解、经费分配、成果质量把关及组织协调等工作，并负责平台建设全过程的控制与决策，协调各种与平台建设实施有关的资源，确保平台建设各项技术指标、经济指标的最终实现。

（二）运用新一代技术，建设"紫菱云精准监管服务平台"

1. "紫菱云精准监管服务平台"的建设思路

"紫菱云精准监管服务平台"按照国家烟草专卖局、湖南省烟草专卖局对市场管理服务的要求，聚焦对零售户分级分类管理服务，通过"四员协同"（专卖市管员、营销客户经理、物流卷烟配送员、内部监管员，以下简称"四员"），重点从核实基础信息、异常数据反馈、跟踪督办整改三个步骤，解决实际存在的一线部门各自为政、业务系统互不相通、对卷烟市场及零售户的管理服务"盲人摸象"等难题，实现对卷烟零售户"精准分析、精准定档、精准服务、精准管控、精准打击"的管理目标。

2. "紫菱云精准监管服务平台"的技术架构

"紫菱云精准监管服务平台"遵循行业及湖南省烟草信息系统建设标准规范、治理管控及信息安全准则，实现了由系统向平台、由叠加向迭代、由业务模式向管理模式转变的应用目标。总体采用基础平台、支撑层、数据层、业务层及应用终端等分层架构。

（1）私有云、虚拟机等安全、绿色、高效的应用部署

基础平台主要利用私有云以虚拟机方式提供的虚拟计算资源、存储资源、网络资源及备份资源。支撑层包括 DB2 数据库、OpenResty 应用服务器、MQ 消息中间件、ETL 等数据同步工具和其他工具及中间件。数据层主要包括基础数据、加工处理数据和应用数据。系统部署设计上采用群集技术，安全接入网关采用反向代理+负载均衡技术，提高系统负载能力。业务调度框架采用 xxl-job，即使上万人在线同时操作，也能保证各业务功能迅速响应。应用服务器和数据库服务器采用 HA 双机部署设计，增强系统可靠性和可用性。DMZ 区、内网均有防火墙做安全防护。

（2）易使用、易维护、可扩展的全生命周期开发模式

内网服务器主要有：移动应用服务器、认证服务器、缓存服务器、文件存储服务器、数据库服务器。PC 端采用 B/S 架构，移动应用基于常德烟草微信企业号开发，无须下载 App，可直接与湖南省烟草专卖局"湘烟通"私有云对接迁移。应用终端注重用户体验，在保证系统迅速响应的同时，优化工作流程，减少用户操作，极大提升用户体验，更加促进平台改进计划。

3. "紫菱云精准监管服务平台"的功能模块

"紫菱云精准监管服务平台"在 PC 端和移动端同步部署。

PC 端主要功能模块有：数据采集（包括零售户地理坐标位置、商圈类型、仓库、运输工具等信息采集）、数据指标分析、货源投放模型、客户预警、电子地图、区域分类管控图、零售户画像、协同处理、紫菱云柜、统计报表等。

移动端主要功能模块有：坐标采集、电子地图、四员协同、客户管理、精准定档、积分考核、

领导看板等。

(三) 依托"紫菱云精准监管服务平台",构建卷烟零售户管理体系

1. 大数据、人工智能支撑智能分析体系,实现精准分析

(1) 通过数据采集模块建立零售户信息数据库

对基础数据进行核实和更新,组织"四员"对全市在网卷烟零售户开展地毯式"大起底大核查",按照"真人真事真地"要求,通过平台"坐标采集"功能,实时采集零售户准确位置,构建全市系统零售户电子地图,实现对零售户的精准定位,极大提高市场走访效率与管理服务水平。通过行业专卖系统、营销系统、物流系统、内管系统、编码中心以及微信平台等上游系统实时同步,获取包括许可证信息、案件信息、真烟条码信息、零售户基本信息、订单信息、结算信息、订单收货信息、订单配送明细、投诉举报信息、无证户档案等在内的48类数据,全面掌握许可证、日常经营、商品陈列、自律小组建设、规范经营、卷烟配送等基础信息。

(2) 通过数据指标分析模块实现数据的精准分析

以大数据、人工智能等移动互联网技术为支持,集成现有的各业务系统,形成9类52项一级指标、17项二级指标的零售户画像标签体系。在"大起底大核查"的基础上,通过样本分析、机器学习、专家判断综合分析,定义指标标签权重与衰减因子,精准识别出不法烟贩、违法大户、违规经营户、正常经营户、无证经营户五类户。运用"蜂窝算法",由点到面,分区分色智能划分出重点监管区、密切关注区、正常运营区、放心示范区四大区域,为管理层和决策层提供参考。

2. 科学模型完善零售户评价体系,实现精准定档

(1) 通过电子地图结合零售户画像模块细分市场类型

以行政区域和地理位置为依据,在平台中将原有的城市、农村两种市场类型细分为市区、县城、乡镇和村组四种类型,结合实际情况限定不同市场类型高档位零售户的数量和比例,零售户档位与所在区域的匹配度更趋合理。

(2) 通过零售户定档评估模块完善零售户评价体系

打破"唯量定档"的传统方式,加入专卖执法、异常数据等指标,将市场营销、专卖管理、内部监管等多维度数据上传至"紫菱云精准监管服务平台",根据零售户画像和数据指标分析,按照营销系统卷烟零售户档位匹配模型,对卷烟零售户进行定档评估,同时将评估数据传至平台数据库,共享到营销系统,实现精准定档。

(3) 通过数据指标分析模块均衡调控货源

坚持均衡投放、科学投放的原则,管理人员通过平台智能分析,快速洞察市场变化,科学调整货源供应,合理调控不同订货周期的投放总量和单品上限,控制档位量差,降低品规投放集中度,有效引导卷烟零售户理性订货。

3. 信息化手段构建差异化服务体系,实现精准服务

(1) 通过电子地图结合零售户画像模块构建差异化零售户服务体系

利用"紫菱云精准监管服务平台"提供的画像,借鉴泰勒动作研究方法,将零售户的门店管理和经营行为细分为79项指标,将客户经理的服务指导内容细化为20门培训课程,构建零售终端"经营指标体系"和客户经理"培训指导体系",对符合不同指标值的零售户提供对应的培训指导,建设以韵味智慧门店为代表的现代终端体系,打造"紫菱"服务品牌和"紫菱便利"流通品牌,构建基于规范的精准服务触发体系,为提升零售户职业化水平和客户经理专业化水平提供了方法和标准。根据"紫菱云精准监管服务平台"的零售户分类,制定不同类别零售户的走访频

次和内容，力求让客户经理在市场走访中有目标、有重点、有依据、有标准，督促客户经理提高拜访质量，实现平均在店时间 5.5 分钟、服务项目达到 2 个以上。在 2020 年新冠肺炎疫情期间，平台实时接入疫情数据，新增电子地图疫情防控点，为疫情重灾区零售户提供更加精细的远程经营指导与服务。

（2）通过电子地图、紫菱云柜模块提升物流配送服务质量

利用"紫菱云精准监管服务平台"的电子地图精准定位，进行配送线路优化，全面取消代取代送，建立"物流直送到户、约时取货到车、站点分送到店、云柜取件到位"的新体系。通过平台的人员定位与轨迹回放，准确掌握配送人员的工作实况，实现了系统化、立体化的工作管控，敦促配送人员送货到户。特别是在发生新冠肺炎、洪涝灾害等异常情况时，平台标示异常地区，物流部门通过平台显示情况，及时调整配送线路，提升物流配送效率和服务质量。

4. 智能预警构建多元管理体系，实现精准管控

（1）通过客户预警和四员协同模块实现动态日常监管

自上而下的平台预警和自下而上的协同预警相结合，构建双向预警模式。通过系统分析与人工核实，实现对卷烟零售户管理与服务中存在的问题精准定性，对症下药，解决分析欠位、管理缺位、措施错位、服务失位等管理问题。同时，平台自动生成协同任务情况统计报表，供各级单位、部门查阅。通过平台的日常使用，动态更新标签，实现了对零售户的动态分类，形成对零售户的动态监管。

（2）通过货源投放模型优化货源进退机制

根据平台的智能需求预测和投放模型，实现经验营销向数据营销转变，以市场状态为风向标，持续优化货源进退机制，大力引进和培育本土、高端、二类烟、创新品类，提高品牌培育成功率。同时对零售户订购数量少、落地销售不理想、异常流动量较大的卷烟品规及时减投、停投，确保卷烟投放更契合市场需求。

（3）通过区域分类管控图模块强化多元管理

根据平台大数据分析的区域分类管控图显示的市、县两级核心市场和不规范经营问题突出地区，建设基层烟草工作站 10 个，安排"四员"常驻，履行一岗四责。重点与常德市公安局合作，成立了联合执法大队，与鼎城区玉霞街道派出所、桥南烟草工作站形成了"一站一所一队"的综合管理工作格局。在全市推广建立文明社区协同工作室 10 个，烟草专卖市管员、营销客户经理、社区协管员共同走访市场、服务零售户，形成"两网合一、三方共赢"的工作机制。通过基层单元建设，打通管理服务"最后一公里"，在强化管理和服务的同时，为"紫菱云精准监管服务平台"提供更全面的卷烟零售户基础信息数据。

（4）通过客户管理模块营造舆论氛围

依托平台客户管理模块，依据零售户画像标签，及时向自律小组短信推送卷烟零售户违法违规信息，引导改选违法违规小组长，监督制约违法违规小组成员，助力小组运行更加规范。通过向卷烟零售户推送《常德市卷烟零售户规范经营告知书》《关于严厉打击物流寄递涉烟违法犯罪行为的通告》《精准治理违法违规卖烟大户专项行动告知书》《物流告零售客户通知书》等公告，宣传烟草专卖法律法规及规范经营政策规定，曝光违法典型案例，营造烟草市场综合治理浓厚氛围。

5. 准确分类、高效协同强化综合治理体系，实现精准打击

（1）通过零售户画像模块打击违法违规卷烟零售户

结合投诉举报信息、数据指标分析结果、电子地图，根据零售户画像进行核实，针对不同程

度的违法违规经营户，制定有针对性的监管和打击措施。对情节严重的不法烟贩，联合公安部门贴身跟进，严密监控，严厉打击，涉刑的依法追究刑事责任；对一年内两次违法的零售户坚决取消卷烟经营资格，三年内不予发放零售许可证；对违规经营户纳入监管，重点约谈和宣传教育，敦促其守法经营；对无证经营户联合市场监管部门进行整治。

（2）通过协同处理模块强化协同治理

通过给公安、市场监管及其他职能部门分配"紫菱云精准监管服务平台"权限和账号，实现了信息共享、实时沟通的协同处理，强化综合治理体系，形成了多部门打击烟草领域违法犯罪行为的强大合力。联合市场监管部门开展市场综合治理及无证户清理整顿专项行动，联合邮政管理部门对物流寄递环节涉烟违法行为进行严格查处，联合公安部门建设覆盖省际边界重点区域及重点路段的卡口防护网，在石门县火车站、安乡县黄山头镇、临澧县太浮镇等地建设6个烟草公安联合执勤室，有效切断假、私、非卷烟流通渠道。

（四）依托"紫菱云精准监管服务平台"，建立卷烟零售户管理体系长效机制

1. 优化考核机制，提升工作实效

"紫菱云精准监管服务平台"考核机制以KPI（关键绩效指标）绩效考核为核心理念，以网格为基本单位，建立了全方位、立体式、多层次的绩效考核模式。进一步明晰单元格内"四员"工作职责和考核指标，既突出团队共同绩效，打造"责任共担，利益同体"的网格管理服务团队，又落实网格成员个人工作绩效，按照各自业务管理属性，突出个人岗位绩效，落实岗位职责为主责。通过对网格内跨业务工作协同的发起情况、处理过程、处理结果进行检测，由系统根据规则自动生成考核数据，经济运行科根据考核数据进行绩效考核，把网格共同绩效、个人岗位绩效、工作协同绩效作为网格成员绩效考核的重要考核指标，在单元格内建立起"四员"联动、责任共担、利益同体的协同管理服务机制，通过关键指标间的关联关系将员工的行为引向企业的目标方向，推动企业整体绩效指标工作的完成，以考核倒逼工作落实，提升工作实效。

2. 创建信用评价，推动诚信体系建设

制定了《常德市卷烟零售户诚信体系管理办法（试行）》，明确了零售户信用积分标准、诚信等级认定、失信惩戒、守信激励以及信用修复等内容，通过"紫菱云精准监管服务平台"的日常运行收集基础数据，利用多项参数指标对全市零售户打分赋值，划分诚信等级。通过加入常德市社会信用体系建设领导小组，将零售户诚信等级与"信用中国（湖南常德）"信息平台的数据直接对接，进一步与相关成员单位签署联合惩戒、激励备忘录，构建由政府和社会共同参与的跨地区、跨部门、跨领域的联合奖惩机制。将涉烟违法行为纳入违法失信的联合惩戒范围，使失信主体在卷烟经营、许可审批、资质认定、保障补贴、银行贷款等领域均有可能受到限制；通过选树诚信标杆、进行正面宣传、开通"绿色通道"、给予营销政策倾斜、提供个性化服务等措施加大对守法诚信零售户的激励力度，初步形成"守信者受益、失信者受损、违法者必究"的信用监管格局，为国家征信体系增加新的公民征信维度，营造良好的卷烟市场营商环境。

四、基于"紫菱云精准监管服务平台"的卷烟零售户管理体系构建的实施效果

（一）管理水平和管理效率提升

1. 决策模式转型升级

推进"紫菱云精准监管服务平台"建设，常德烟草通过平台系统性大数据分析，结合烟草行业特色交互式建模，覆盖企业信息层、感知层、决策层到执行层各个业务核心，能实时了解数据所包含的关键信息，将数据分析的结果与企业的管理手段结合起来，利用丰富且具有较强的扩展

性的算法，支持企业能及时基于数据分析与模型预警进行经营管理决策，帮助企业快速实现智能通联、智能决策，提高决策的正确性与及时性，促进经营管理决策水平的提高，优化企业管理服务效能。

2. 管理方式转型升级

"紫菱云精准监管服务平台"在常德烟草全面推广应用，对接融合专卖、营销、内管、物流等业务系统数据，实现相关数据指标精细化、图表化展示。颠覆了"走访零售户—发现异常—信息反馈—分岗处理"的传统的被动管理服务模式，实现"主动预警—异常研判—协同处理—服务反馈"的智能化主动管理服务模式，增强了工作针对性，节约了人力及沟通成本，提升了管理效率。平台运行后，人均每天走访零售户数量34户，同比增加23.53%。卷烟零售户规范经营水平明显提升，截至2019年底，全市电子结算率为97.67%，同比提升17.86%。大户（月销量超过1000条的卷烟零售户）数量占比控制在0.01%以内，销量占比控制在0.28%以内（含监狱特殊零售户）；全市普通零售户"疑似代订""疑似改单""集中时间投放""金额异常订单"等10项异常数据均实现归零。

（二）运行效能、经济效益提高

1. 运行成本降低

通过该平台提供的精细化管理工具，控制各个环节的成本，预计降本增效取得年化经济效益450万元。目前该平台体系已在岳阳烟草、湘潭烟草借鉴推广，若可在全省14个地州市公司推广，预计至少可产生年化经济效益6300万元。

2. 国家税利增加

2019年，全市系统销售卷烟23.4万箱，排名全省烟草商业系统第3位；单箱均价3.27万元，排名全省烟草商业系统第5位；收购烟叶12.65万担，实现主营业务收入72.86亿元，同比增长9.47%；实现税利22.53亿元，同比增长7.94%。2020年全市系统卷烟销售克服疫情不利影响，总体保持稳定，销售均价稳定提高，销售结构进一步优化，重点品牌集中度有所提升。2020年1—7月，全市系统销售卷烟14.47万箱，实现卷烟收入44.44亿元，实现税利14.35亿元。

（三）社会效益和生态效益彰显

1. 社会广泛认可，企业形象提升

2018年以来，常德烟草荣获全国烟草行业精益物流现场管理集体奖、湖南省纳税50强企业、A级纳税信用单位、常德市维护消费者合法权益先进单位、全省卷烟打假工作先进集体、常德市开放强市产业立市先进单位等荣誉，这些荣誉进一步彰显和提升了常德烟草品牌影响力和企业形象。

2. 营商环境改善，零售户获得感和满意度提升

一是管理氛围更浓。常德市委、市政府把烟草产业作为首批"产业立市、开放强市"的战略部署积极推进，把常德烟草纳入常德市社会信用体系建设和扫黑除恶专项斗争领导小组成员单位。同时与邮政管理局建立了打击物流寄递环节的协作机制，与公安、高速交警建立了边界、卡口互通信息和打击协作机制，助力卷烟市场协同管理氛围提升。二是零售户获得感和满意度更高。提升零售户守法经营意识，稳定了卷烟市场价格，避免了零售户之间的恶意竞争，2020年常德市卷烟零售户盈利水平持续上扬。卷烟零售户获得感增强，综合满意度由2018年的87.97分上升至2019年的91.30分。三是消费环境更优。通过快速、协同响应和精准管理服务，创造了一个更加安全放心的卷烟消费环境。辖区卷烟市场假烟查获量由2018年2838.65万支降至2019年1728.82

万支，卷烟市场净化率提升至 96.1%。从"96368"烟草服务平台举报投诉情况来看，2019 年消费者投诉买到假烟的次数仅为 16 次，对比 2018 年同比下降了 50%。

3. 示范推广

湖南省烟草专卖局主要负责人对常德烟草零售户管理体系构建试点工作高度评价，指出此项工作填补了行业空白。2019 年，常德烟草开发的"紫菱云精准监管服务平台"荣获全省系统科技进步三等奖；撰写的"创新常德烟草大户精准治理模式"课题被评为"精益课题全省十佳"。该体系为烟草商业公司卷烟零售户管理做了有益探索，岳阳、湘潭等地先后进行借鉴推广，获得较好评价，重庆、安徽等地正在积极对接引进该体系。通过为行业内外各类创新创业主体打造管理服务平台，建立产业生态圈、创新生态链，切实带来了"创新+实用"的良好示范效益。

4. 生态营造

将绿色、生态的理念嵌入"紫菱云精准监管服务平台"运营全过程，缩短信息采集和反馈过程，有效地加强了业务部门之间的横向联动与沟通效率，显著提升了从领导层到管理层再到执行层的纵向沟通效率与执行效率，避免沟通层差造成的时间、人力成本浪费。推动卷烟零售户管理服务从"个别服务"向"生态营造"转变，以信息系统为抓手，提升零售户和"四员"规范意识，变事后问责为事前预警、事中控制、事后完善，动态管理，促成卷烟市场规范管理的良好生态。

主　创　人：颜　玫、吴　丹
参与创造人：李云华、蒋新平、向皓明、江　琴、曾涣磊、陈炽昱、
　　　　　　张　烁、李　妮、岳俊彦

打造"数字建造"平台助力大型企业管理创新

湖南建工集团有限公司

湖南建工集团成立于1952年7月,是一家具有勘察设计、科学研究、高等职业教育、建筑安装、路桥施工、水利水电施工、新能源建设、设备制造、房地产开发、对外工程承包、劳务合作、进出口贸易、城市综合运营等综合实力的大型千亿级国有企业集团。集团注册资本金200亿元,年生产(施工)能力2000亿元以上,连续14年入选"中国企业500强""中国承包商80强""工程设计企业60强",连续18年荣获97项中国建设工程鲁班奖。

目前,集团正进一步深化改革,调整产业结构,努力打造"一体两翼"发展新格局,以具有强大竞争优势的房建施工板块和投资开发板块为主体,以具备相当竞争能力且市场前景广阔的专业建筑及建筑服务业务和海外业务为两翼,大力推进集团与地方政府、央企、上市公司、投资机构、大专院校、重点行业等的战略合作,创新商业模式,规范项目管理,稳步推进集团的改革改制、创新、转型、升级,努力将集团打造成为市场竞争力强、资产规模大、管理先进、技术含量高、跨行业和专业经营,集项目投资、设计、建设、营运于一体的总服务商,并实现主营业务整体上市,成为具有较强核心竞争力和国际竞争力的国内建筑业先锋企业,为国家经济和社会发展做出新的更大的贡献。

一、打造"数字建造"平台助力大型企业管理创新的实施背景

(一)是"数字中国"战略发展的需要

"十三五"规划中提出了建设新型智慧城市的新要求和新目标,实现信息化、工业化与城镇化深度融合,构建一种城市可持续创新生态。党的十九大报告在论述创新型国家时,提出了"数字中国"的概念,为中国特色智慧城市的建设指明了发展方向。透过两会看"数字中国",我们会发现数字化正以前所未有的重要性占据着建筑业的顶流。

发展数字经济、建设数字中国、积极推动区域协调发展和新型城镇化建设是我国经济和社会发展的重要战略抓手。紧抓"数字建筑"领域的创新实践,利用好现代化科技成果,以信息化手段为支撑,围绕构建新型建筑企业管理体系,对建筑企业业务管理全流程进行更新、改造和升级。打造"数字建造"是贯彻"数字中国"战略的需要。

(二)是建筑业数字化转型升级的需要

建筑业数字化转型不是选择题,是生存题。这背后有着以下几种力量推动:首先是建筑业规模增速放缓。根据2018年中国建筑业数据分析,近些年建筑业总产值持续增长,2018年达到235085.53亿元,比2017年增长9.88%,但增速比2017年降低了0.65个百分点;2018年,固定资产投资(不含农户,下同)635636亿元,比上年增长5.90%,在总量保持增长的情况下增速继续呈下滑态势,相比2017年下滑1.3个百分点,自2009年起,已经持续9年下滑。

近10年来,建筑业产值利润率(利润总额与总产值之比)一直在3.5%上下徘徊,2018年建筑业产值利润率为3.45%,比2017年降低了0.05个百分点,连续两年出现下滑。另外,2018年建筑业企业签订合同总额、新签合同额总量保持增长,但增速双双放缓,全年全国建筑业企业签订合同总额494409.05亿元，比上年增长12.49%，增速比上年下降5.61个百分点，其中，本年新签合同额272854.07亿元，比上年增长7.14%，增速比上年下降13.27个百分点。本年新签合同额占签订合同总额比例为55.19%，比上年降低2.75个百分点。

种种数据表明建筑业目前处在高速增长转入高质量发展的关键转折期，亟待转型升级。随着新一代信息技术的快速推进，特别是从BIM（建筑信息模型）软件的普及到基于BIM的建筑全生命周期管理，行业从认识冲击到市场培育再到技术体系的建立，建筑业"数字化"转型已迫在眉睫。

（三）是企业数据治理管理创新的需要

在互联网技术高度发展的当今大数据时代，一个共识已经形成：在精益管理的理念下，充分开展互联网技术与大数据的开发利用是大型建筑企业提升信息化系统管理效率，乃至企业核心竞争力的主要途径。但是，目前大型建筑企业普遍多层级的企业结构，众多的内外关联方，庞大的业务信息量以及错综交织的信息源，缺乏规范、统一的信息交换及共享平台。依靠传统的信息记录介质、落后的信息采集方式以及"孤立"的信息系统，已经成为更高水平开发利用互联网技术与大数据的制约性因素，远远不能满足提升大型建筑企业项目层和企业层管理效率的需求。

如今，建筑企业内部分工日趋细化，采购、服务、市场、销售、开发、支持、物流、财务、人力等各个环节，无不每时每刻产生着大量的数据。数据的格式也越来越多样化，包括IT系统里存储的结构化、非结构化数据，各种电子文档数据等。数据量的增长呈现几何倍数的增长。随着信息化、数字化、智慧化时代的到来，数据成为企业最关键的资产，数据治理的重要性将越来越高。高质量数据是企业业务创新、管理决策的基础；标准化的数据是优化商业模式、指导生产经营的前提；多角度、全方位的数据是企业开展市场营销、争夺客户资源的关键。企业只有建立了完整的数据治理体系，保证数据的质量，才能够真正有效地挖掘企业内部的数据价值，提升企业竞争力。

二、打造"数字建造"平台助力大型企业管理创新的内涵

以促进企业创新转型、智慧升级为目标，以协同管理理论、技术创新理论为指导，以信息化、数字化技术手段为支撑，建立信息化管理创新工作小组，明确数据治理责任，建立数据治理组织，完成建筑企业底层大数据梳理，建立统一的企业数据交互标准，控制企业数据质量；以主数据为主线串联各业务系统与部门，打通各层级、各系统间数据流通的壁垒，构建协同共享化的工作网络环境；以数字化管理思维重新审视业务流程，实现大型建筑企业业务流程的重塑；从海量数据中提取关键的企业考核指标数据，以关键指标数据为驱动力，促进企业管理效率提升；基于新一代信息技术，探索建筑业智慧建造模式，保持前瞻性与先进性，保障企业长远的发展与竞争力。

三、打造"数字建造"平台助力大型企业管理创新的主要做法

（一）建立信息化管理创新工作小组，完成建筑企业底层大数据梳理

1. 建立信息化管理创新工作小组

建筑业信息化水平处于较低层级，为推进大型建筑施工企业信息化转型升级工作，需要搭建一个专业的信息化工作小组来执行企业信息化转型升级工作。这个小组应该既熟悉建筑业业务逻辑，同时又具备信息化管理思维，才能够胜任建筑业信息化转型升级工作。

2018年，公司为此专门成立了企业信息化管理创新工作小组，由集团董事长担任组长，总工程师担任顶层架构设计师，主要成员包括中南大学管理学教授、各分子公司与业务部门的主要领导和信息化部门的主要技术人员，并确定由集团BIM中心负责具体实施与推进工作。集团BIM中

心先后开发了易地扶贫集群管理平台、郴州经开区园区管理平台等，积累了丰富的建筑业信息化工作经验。工作小组组织相关专家对企业信息化管理创新进行可行性分析与研究，确定以数据为抓手，贯通各部门、各系统业务数据，实现现有数据资产的整合与利用，建立数据标准，提升数据的价值，建立起以数据指标为驱动力的新型管理模式，提升企业管理效率。

2. 完成建筑业数据资产的原始积累

建筑业从不缺少数据，缺少的是对数据的认知。建筑业的数据多且乱，进行企业数据治理的前提就是要厘清数据类型，提取符合4V特征的数据进行应用。建筑业的数据可分为三类：IOT（物联网）数据、BIM数据、业务平台管理数据。

各类数据主要存在四个特点：（1）大量化。对于数据而言，其量级逐渐从TB向EB方向发展。2020年全球范围内的电子数据将增加到32ZB。（2）多样化。数据类型包含视频、图像、音频、文本、空间、BIM等。（3）速度快。随着4G的应用与5G的推广，数据的获取速度将越来越快。（4）价值高。建筑业缺乏对数据的应用，只要能够对不同数据进行仔细分析和应用，都将带来极高的收益和回报。

（二）以主数据为主线串联各部门与系统，构建协同共享化的工作网络

为了解决数据的准确性、一致性等问题，主数据管理技术被应用到企业信息集成中。主数据管理是一个以创建和维护可信赖的、可靠的、能够长期使用的、准确的和安全的数据环境为目的的一整套业务流程、应用程序和技术的综合。使用主数据管理，可以实施一个可以从企业中任何位置访问与核心商业实体有关的信息的数据整合平台，可以根据业务规则自动创建一个正确反映真实世界的需求的逻辑视图，并实时为应用程序提供高质量的数据。

主数据是企业业务中相对静态不变的实体信息的描述，在多个业务实例（包括同类业务的若干实例）中反复使用，是业务运行中所必需的关键信息及其元数据。主数据通常包括企业的组织结构、产品、客户、雇员、材料、供应商等。例如，ERP系统中通常会有客户、物料和账户作为主数据。主数据通常是公司的关键财产。

1. 建立工程元数据标准，确保多源异构数据的一致性和共享性

从古至今，人们都通过字典来定义文字使用的规则。《康熙字典》为各族各地域人们对文字的理解和交流提供了依据，当代《新华字典》实现了人们对字词语义的认知和确认。对于数字社会而言，如果缺乏统一的数据描述，那么数据在解释、同步、转换过程中就会存在歧义，数据拥有者就无法及时地按业务要求提供正确的数据。因此，在大数据时代，借助于元数据了解数据元素含义和上下文的需求，建立统一的数据标准，才能实现各个领域数据的融通。

根据构建统一的元数据标准，将数据解读为标准的展现方式，大量的数据接入数据中台，实现统一化、标准化的数据管理。通过主数据编码体系，各行各业的数据接入，形成了跨系统的有机联系，跨行业的数据应用被打通。在数据的管理上，建立一套中心数据和边缘数据概念，中心数据就像人体的心脏和大脑，边缘数据就像人体的各个系统，使得各行业可以实现兼容分类管理和立体管理，建立数据融通的社会治理体系。

2. 构建主数据编码管理系统，规范数据管理

建立信息分类及编码标准，建立主数据管理系统，能够对主数据进行统一规范管理，保障多种异构系统间业务数据的一致性和共享性，为高质量的数据分析提供基础；通过统一的信息分类与编码和主数据管理，实现各个业务系统、数据仓库之间主数据的共享协同，共同构成数据资源总库。

（1）信息分类体系构建。结合企业当前战略目标及未来发展规划，技术路线并非依据传统的组织层级架构展开，而是充分利用内控体系建设过程中形成的业务及管理流程框架体系，深入管理指令流来分解、剖析企业各类数据信息流，采用科学的分类方法，完成企业管理信息分类体系构建，为逐步实现以软件工具为载体的管理规范化、信息化打下基础。

（2）信息编码标准建设。在理清企业内部信息产生机制及分类体系的基础上，充分融合国际标准、国家标准、行业标准等既有标准体系，制定完善本企业的信息编码规则及标准，为下阶段数据信息共享协作平台搭建做好准备。

（3）主数据管理平台建设。在信息分类及编码工作的基础之上，建设合适的主数据管理系统。通过该管理平台实现：从多个业务系统中整合最核心的、需要共享并保持一致的数据（主数据）；集中进行主数据的清洗和丰富；以服务的方式把统一、完整、准确的主数据分发给企业范围内需要使用这些数据的业务系统、业务流程和决策支持系统。建设主数据管理平台，为主数据标准及管理流程通过主数据管理系统提供技术支持，实现数据清洗，主数据申请、审核、配码、发布、分发等功能。

3. 打通各层级、各系统的数据壁垒，实现平台互通数据共享

企业级信息化集成应用的关键在于"联"和"通"，联通的目的在于"用"。企业级信息化集成应用就是把信息互联技术深度融合在企业管理的具体实践中，把企业管理的流程、体系、制度、机制等规范固化到信息共享平台上，从而实现全企业、多层级高效运营、有效管控的管理需求。"数字建造"平台实现了以下五个"互联互通"的目标：

（1）企业上下互联互通。企业上下互联互通就是实现"分级管理，集约集成"。"分级管理"指从企业总部到项目实行分层级管理；"集约集成"指由底层项目产生的数据，根据从项目部到企业总部各个管理层级在成本管理方面的需求，各个层级中集约集成汇总。同时，在各个管理层级中引入 BI（商业智能）系统，根据每个层级的管理需求，提供一目了然的报表界面，对关键指标提供分析功能，并设置阈值，进行监控报警。

（2）商务财务资金互联互通。商务财务资金互联互通就是实现项目商务成本向财务数据的自动转换。在这个过程中，应基本摒弃人工做表的方式。商务数据向财务数据和资金支付的自动转换过程，应在项目的管控单位（子公司）实现，而非只在项目上实现。

（3）各个业务系统互联互通。如果把企业信息化系统看作是一棵树，那么必须明确树的"主干"，各个分支才能自然地依附其上。企业管理标准化与信息化的融合，就是要建立企业信息化系统的"主干"，也就是建立贯穿全企业的成本管理系统。其他所有与成本相关的重要业务系统，都必须联通进来，最终实现业务系统的互联互通，进入"管理集成信息化"的发展阶段。

（4）线上线下互联互通。线上线下互联互通就是通过"管理标准化，标准表单化，表单信息化，信息集约化"的路径，不断简化管理，最终实现融合。具体来讲，信息化、标准化的表单，和平时工作的表单必须统一，不增加额外的工作负担。此外，信息化系统的开发要注重用户体验。系统所用的语言、所涉及的流程，都必须与实际相符合，软件开发不能站在 IT 的角度，而需要站在实际管理工作的角度来做。

（5）上下产业链条互联互通。上下产业链条互联互通，就是充分发挥互联网思维，用"互联网+"的手段，去掉中间环节，实现消费者和生产者的连通。比如企业的集中采购，通过电子商务，将产业链条上的客户和供应商互联互通，实现资源共享合作共赢。

(三) 以数字化管理思维重新审视业务流程，实现大型建筑企业业务流程的重塑

大数据时代潜藏着巨大的价值，大数据时代的到来，将掀起一场巨大的商业模式变革，企业当中不同细节会因为这场变革而受到影响，企业当中的管理者需要及时转变思维，对企业管理模式进行进一步创新，重塑企业业务流程。

1. 管理标准化

标准化是企业管理水平发展到一定阶段的产物，在进行管理标准化的过程中必须十分注意把西方的东西"中国化"，把普遍的原理"企业化"，把过去的东西"时代化"，把高深的理论和专业的定律"通俗化"。管理标准化不是要求管理行为的整齐划一，而是管理语言的标准规范，只有实现了管理语言的统一，才能实现管理的有效沟通。

管理标准化就是对管理信息因子进行标准化数据编码，形成管理信息因子标准化数据仓库，来为企业各层级管理人员服务。通过对管理信息因子标准化数据进行不同的管理元素组合，从而为不同的管理人员服务。服务的对象从最低层级到最高层级依次为：岗位—小组—业务部门—项目部—分公司—法人公司—集团公司—产业集群。每一级次都可以从下一级次管理者和管理信息因子标准化数据库中提取管理信息因子，以满足管理需求。与之相配套的管理信息因子标准化数据应用操作规范，以指导信息化的具体实施。

2. 标准表单化

如何把众多的管理标准变成计算机能够懂的管理语言，是必须解决的问题。一是要把标准"化"成工作表单，二是实现人机"零"距离。不能信息化搞一套，日常管理却是另一套。甚至信息化输入输出的表单与平时管理者工作中要用的各种报表之间互相矛盾。同样一件事，工作人员要重复录入两三遍，这样就增加了工作负担，降低了工作效率，加大了企业成本。

3. 表单信息化

信息"化"标准，就是把管理标准"融化"到计算机软件的运行程序中。把表单分成基础表单、工作表单、流程表单、台账表单，通过信息化巩固标准化管理的成果。信息化将输入和输出"链"起来，实现互联互通、无缝连接。

4. 信息集约化

信息"化"集成，就是企业内部纵向各职能线条、横向各业务单元信息化的总集成，实现集团企业的纵向横向互联互通、线上线下互联互通，通过"互联互通"实现了数据"实"利用，大大提升企业的精细化管理水平。

(四) 以关键指标数据为驱动力，促进企业管理效率提升

1. 指标数据凝练，考核结果直观

建筑业的生产项目具有分布广、不集中的特性，数据的上下交互效率低、指令难以执行到位。"数字建造"平台依托BIM、大数据、云计算等技术，以模型为核心从海量数据中自动分析和萃取有用信息，联通散布各地的大小项目，消除因地理分布、业务隔阂而产生的"组织墙"以及信息不对称，确保项目与企业双向信息交流的即时准确，让企业管理者将"项目装进口袋"，为集团统筹决策提供精确数据支撑。实现集团总部和项目现场的信息共享、管理联动，建立起跨业务的协同方式和跨层级的指挥系统，实现技术、知识、信息共享，实现项目施工管理指标量化与智能比对，提高沟通效率和管理效益。

2. 爆灯预警反馈，执行落实到位

传统管理模式下，项目管理的考核难以指标量化，粗略的等级评价缺乏针对性与及时性。平

台通过算法将施工管理的主要因素（如质量、进度、成本等）进行量化，并根据公司管理层需求建立衡量规则。在实际生产中，平台根据项目一线人员上传的实际数据进行计算、判别，自动生成即时、量化的施工管理指数，指标化反映工程进展，从而开展更为有据可依、有的放矢的管理决策工作。平台可对进度、成本统计、产值统计、资金回款等项目部、公司所关心的数据、指标进行自动化计算和智能比对，通过设置指标警戒阈值，对于不达标情况进行全平台爆灯公示，并推送至相关管理领导，以及时采取纠偏措施，极大提高管理者对于项目的整体把控能力。

3. 移动端+大屏端组合，拓展数据推送维度

"数字建造"搭配手机端和大屏端。手机端以服务号的方式存在，轻量化、便捷性、易用性的特点可以使其覆盖绝大多数的企业员工。员工在关注"数字建造"服务号并简单设置后，便能每日获得自己所关心的关键数据。而大屏端则以其可视化、条理化、指标化的特点将关键考核数据实时呈现出来，给予管理者更加清晰直观的认识，便于管理者掌握最新信息，做出正确的决策。

（五）基于新一代信息技术，探索建筑业智慧建造模式

通过打造"数字建造"平台，完成建筑企业自身内部的数据治理。下阶段将往上下游链条进行拓展，探索建筑业智慧建造模式，建立规、建、管、服全方位于一体的数据融通的社会治理体系。

1. 构建CIM（城市信息模型）数字孪生世界

CIM数字孪生世界作为现实世界的镜像、映射、仿真与辅助，可以为城市规划、建设、运行管理提供统一的基础支撑。在数字孪生世界中可以给用户模拟一个真实发生的突发公共事件，并能快速还原事件现场，例如火灾、暴雪、地震、泥石流等事件，让用户犹如身临其境，更加生动地体验在紧急事件发生时每个行动所带来的后果，通过模拟找到最优处置方案。

CIM数字孪生世界与人工智能深度融合，通过内嵌机器学习算法和深度学习工具，用户可以随时随地基于AI技术智能、高效进行空间数据分析和目标分类与提取。基于数据分析的成果可以提供预测功能，为即将发生的事情制定解决方案。在算法的优化加持与持续深度学习下，CIM数字孪生世界可以具备自行评估并优化处理问题的能力，同时向城市管理者反馈。

2. 建立全行业资源共享协同运转体系

基于统一的元数据标准，通过建立一套主数据编码体系来规范不同地区、不同部门、不同系统的数据定义、数据表示、数据编码，用有序统一的标准数据理顺混乱的数据环境，从信息语义共享的角度，实现信息使用者和信息拥有者对共享数据的含义、表示及标识有相同无歧义的理解，为协同运转打下良好的数据基础。

在单位、部门、人员之间建立综合统一的协同工作环境，有效地利用各单位、各部门的资源，打通信息孤岛，实现信息资源的最大共享，使有效信息结构化、共享化，提高工作效率，实现规范化、统一化管理的目标。

建立基于行业链的协同平台，让建筑业的上下游企业实现数据的互通互联，提高企业之间的协同效率。通过协同平台的工作流功能，梳理和固化现有流程，明确权责分配，提升业务流转效率和协同运转能力。

四、打造"数字建造"平台助力大型企业管理创新的实施效果

（一）提升企业管理水平

"数字建造"平台将基础数据进行整合，打破数据孤岛，提取关键数据展现，实现数据的有效管理。在建筑施工阶段，通过"数字建造"平台，对项目的人员管理、质量管理、安全管理、成

本管理、进度管理等业务进行数字化管控，对工程项目人、机、料、法、环五大要素进行全面感知、实时互联，便于管理人员实时查看项目的情况，提升智慧工地数字化水平，促使企业生产效率显著提升、企业管理水平进一步提高。

通过"数字建造"平台，企业采集了大量 BIM 数据、IOT 数据、业务数据等。通过大数据分析，企业能实时了解所包含的关键信息，将数据分析的结果与企业的管理手段相结合，及时基于数据分析进行经营管理决策，提高决策的正确性与即时性，促进经营管理决策水平的提高。

（二）提升企业经济效益

"数字建造"平台建设过程中，充分调动集团现有优秀信息化人才，集中力量进行攻坚，独立自主完成"数字建造"平台的研发与建设，节约建设成本约 120 万元。

"数字建造"平台的建设与应用，实现了各层级、各部门之间的网络协同化办公、无纸化办公，平均缩短业务审批流程 2~3 天；节省了生产和非生产劳动人力投入，人力成本降低约 8%；各类办公耗材的损耗每年可节省 3 万元左右，差旅费每年可降低 10 万元左右。

（三）提升企业社会效益

"数字建造"平台充分借鉴国内外优秀信息化企业的经验，以数字化思维为引领，以信息化手段为突破口，建立主数据编码体系—数据标准；以数据指标为驱动力，带动企业业务流程的重构和管理模式变革；以数据治理为抓手，构建业务横向协同、管理纵向贯通、信息互联互通、资源高度共享的数字化管理体系，不断提高企业信息化管理水平，走在了建筑业数字化转型的前列。平均每个月迎接建筑企业、住建部门 2 次以上的来访交流，深入沟通探讨建筑企业数字化发展过程的痛点难点，对同类企业具有良好的参考价值和借鉴意义。

（四）提升企业生态效益

打造"数字建造"平台，是数字化转型路上的一次探索，以求提升工程建设主业的数字化水平。将 BIM、物联网、大数据等数字技术与工程建设深度融合，构建数字建造大数据创新平台，从项目规划、勘察设计、建筑施工、运维管理全生命周期进行数字化转型，全面提升建筑智能化水平，向智慧建造演进。实现建筑产业模式的根本性变化，使传统的粗放式产业模式逐渐转换为以信息为主体的现代化产业模式，大大提高了生产效率，优化了建筑产业结构，实现了降本增效。

主　创　人：陈　浩
参与创造人：石　拓、易绍兴、聂　雷、郑朝龄、黄楚楚、刘志鹏、
　　　　　　袁千惠、曾　珣、黄　洵、刘佳俐

大型钢铁企业智慧工厂创新管理体系构建

湖南华菱湘潭钢铁有限公司

湖南华菱湘潭钢铁有限公司（以下简称"湘钢"）始建于1958年，位于湖南省湘潭市岳塘区，现已形成年产钢1000万吨的综合生产能力；湘钢主要产品有宽厚板、线材和棒材三大类400多个品种，其中，33个品种获得国家和部、省级优质产品称号，12个品种获得国家冶金产品实物质量金杯奖和卓越奖。湘钢是全球产能规模最大的宽厚板生产基地，以年产500万吨精品板材生产能力位居行业首位，板材综合品种制造水平稳居行业前三；是湖南省单体规模最大、综合实力最强的国有企业，整体竞争力跻身行业前列。2019年，湘钢实现销售收入396亿元，利润31亿元。

湘钢从2001年开始启动信息化建设，按照"整体规划、分步实施、重点突破、效益驱动"实施策略，制定了信息化建设总体规划。2001—2005年，主要是围绕提高流程管理质量，实现管理规范和高效开展信息化建设；2006—2010年，主要是围绕强化制造过程管理，实现快捷产品制造开展信息化建设；2011年之后，主要是围绕面向客户和市场，强化业务协同，实现企业和客户价值最大化开展信息化建设，并积极推进智能制造，提升企业两化融合水平。2016年，湘钢通过了工信部两化融合管理体系贯标认证；2018年，被评为湖南省和湘潭市智能制造示范企业。

一、大型钢铁企业智慧工厂创新管理体系构建的实施背景

（一）是企业应对外部环境变化，实现高质量发展的需要

近几年来，由于我国钢铁产能超常规发展，钢铁行业发展受到的市场压力和国家宏观调控压力越来越大，发展空间和利润空间日益压缩，钢铁企业面临严重的生存危机。在激烈的市场竞争环境下，面对客户越来越多的个性化需求，及周边钢厂激烈的竞争环境，湘钢经营优势愈来愈不明显。《华菱湘钢2016—2021战略规划》明确了湘钢的战略愿景为"成为世界一流的钢材综合服务商"。湘钢正迈向高质量可持续发展之路，原有ERP系统功能在产供销一体化高效运作、与客户及供应商的高效业务协同、业务财务一体化、设备资产全生命周期管理、成本精细化管理等方面难以满足新的业务需求。湘钢急需构建智慧工厂管理体系来促进管理变革和效率提升，进一步提升企业竞争力。

（二）是利用先进制造技术，促进企业管控转型升级的需要

近年来，国家大力推进先进制造技术应用，推进我国由制造大国向制造强国转变。湘钢已建厂60多年，部分设备老化，自动化程度较低，信息系统集成度不高，导致生产过程控制信息不集成共享，供应链协同效率低，决策支持基础不牢。因此，急需通过推进智慧工厂管理体系建设，利用智能制造和信息技术构建"现场执行、运营管理、经营决策"三层架构体系。"现场执行"要做到操作标准化、高效化，确保信息的及时、真实；"运营管理"要打破职能界限，拉通端到端流程，坚持流程唯一、责任唯一的原则，提升业务内部协作运行效率；"经营决策"要实现内部异常直接暴露、市场变化快速反应。为公司转型升级和可持续发展提供强有力支撑，有力保障以科学的战略规划引领企业健康快速发展。

（三）是打造5G应用示范，更好地满足客户需求的需要

2019年6月20日，湖南省工业和信息化厅、省通信管理局联合发布的《湖南省5G应用创新发展三年行动计划（2019—2021年）》提出，以典型垂直行业应用为重点，着力构建湖南特色的5G应用产业链，打造5G应用示范区、普及先行区、产业集聚区。明确要求加快建设基于5G的工业互联网网络、平台、应用，构建人、机、物全面互联的工厂物联网体系。到2021年，建设10个左右5G创新创业基地，培育一批具有影响力的骨干企业，研发一批细分领域的特色优势产品。湘钢抓住机会，同湖南移动、华为公司合作，建设5G示范项目，促进5G技术应用落地，实现让设备"开口说话"，让机器自主运行，让职工安全、高效工作的目标。通过提升智能化水平，提高生产制造过程保障能力，提升生产效率和产品质量，更好地满足客户需求。

二、大型钢铁企业智慧工厂创新管理体系构建的内涵

大型钢铁企业智慧工厂创新管理体系构建的内涵是：以绿色工厂建设标准为指导，结合以智能制造为主导的工业4.0，充分利用新理念、新技术，建设支撑湘钢1000万吨钢精益生产新平衡体系，实现"信息化、数字化、智能化"。借鉴钢铁行业最佳实践，统筹规划，做好智慧工厂创新管理体系的顶层设计，构建"现场执行、运营管理、经营决策"的智慧工厂创新管理体系三层架构。对标先进，借鉴成熟的管理模式和经验，建立统一的代码管理体系，实施全面业务流程再造，建立协同高效的业务流程。构建集成统一的信息系统平台，实现ERP与MES的有效融合，实现对内高效协同，对外快速反应，业财一体，无缝集成，管理复制，产业覆盖，流程高效运行，岗位人员精简，实现决策支持的数字化。分批分级、以点带面、示范推广，强势推进智能制造项目，构建智能装备、智能车间、智能工厂和智能互联，同时，构建5G网络平台，实现5G技术在钢铁企业的应用落地。加强项目组织领导，从人、财、物和制度建设等方面，建立完善的保障体系，同时，创新"产学研用"合作模式，充分调动社会资源，确保项目顺利推进实施、效果达成。

三、大型钢铁企业智慧工厂创新管理体系构建的主要做法

（一）统筹规划，做好智慧工厂创新管理体系的顶层设计

湘钢推进智慧工厂建设的总体思路是：全面贯彻落实《中国制造2025》，以促进企业创新发展为主题，以加快新一代信息技术与制造业深度融合为主线，根据"统筹规划、分步实施、先行试点、后续推广"原则，依据《国家智能制造标准体系建设指南》，结合湘钢实际情况，构建智慧工厂创新管理体系总体架构。同时对信息系统进行整体升级改造，建设5G专网，实现5G技术应用落地。实施"智能制造、智能管理和智能服务"，打造"绿色工厂、智慧工厂"。

总体目标是：优化和完善现有基础设施，提高自动化和智能控制水平，全面提升企业的资源配置计划、实时在线优化、生产管理精细化和智能决策科学化水平，提升个性化定制生产与客户服务能力。同时，利用新的信息技术，构建先进的信息系统，建设5G技术应用示范基地，构建"现场执行、运营管理、经营决策"的智慧工厂三层架构。通过三年努力，实现劳动生产率提高30%，外部质量异议损失降低30%，运营成本降低20%，吨钢综合能耗降低5%。

具体实施方法是：以项目制形式，推进智慧工厂建设工作。全面梳理主体生产范围内能通过采用自动化和信息技术促进效率提升与机器换人的岗位和环节，构建智慧工厂创新管理体系。自上而下，根据"战略导向"原则，各单位从网络层、企业层和管理层提出效率提升的两化融合改进项目；自下而上，根据"问题导向"原则，各单位从设备层和控制层提出机器换人的技术改造项目。

选择自动化控制基础较好的生产线作为智能制造试点生产线。基础自动化方面，针对制造过

程中的低增值、纯值守、环境恶劣及手工操作效率较低等操作岗位，采用自动化技术装备置换人工，提高工作效率；对影响产品质量和工艺控制稳定性的关键环节，采用先进的自动化控制装置，提高产品质量和工艺控制水平。信息化建设方面，针对两精管理、供应链协同和系统集成方面开展工作，对信息系统和网络系统进行全面升级改造；建设5G专网，提升网络速度，促进5G技术应用落地；为保障硬件网络系统稳定运行、提高精益生产水平、提高供应链协同效率提供支撑。

（二）瞄准标杆，实施管理流程再造

针对湘钢当前信息系统多，技术框架多，数出多源，流程运行效率不高等问题，遵照管理先行的原则，通过前期的考察交流，选定宝钢作为优秀标杆进行对标学习。2018年11月，湘钢同上海宝信软件股份有限公司签订了湘钢ERP系统改造项目实施合同，聘请上海宝信软件股份有限公司实施管理咨询。管理咨询业务范围包括以ERP改造所涉及的业务领域为主，包括销售、销售物流、采购、设备、工程项目、财务、成本等管理领域。内容包括对标企业的业务模式及业务流程导入；湘钢与对标企业业务流程、组织职责、代码体系的差异分析；湘钢目标业务流程优化设计、代码体系完善设计、组织职能优化调整设计及管理制度架构设计。

项目组成员通过对湘钢现状进行现场调研，提交了财务与成本管理、销售管理、销售物流、采购管理、设备管理、工程项目管理、人力资源管理等业务领域流程优化咨询对标差异分析报告，业务管理制度优化建议报告及需求分析说明。并根据业务需求，重新设计关键业务代码448条，其中财务管理13个，成本管理10个，销售管理50个，销售物流管理19个，采购管理47个，工程项目管理55个，设备管理84个，人力资源管理26，铁区MES 3个，棒线MES 98个，厚板MES 43个。优化业务流程173个，其中财务管理21个，成本管理15个，销售管理28个，销售物流管理17个，采购管理28个，工程项目管理25个，设备管理39个，并将相关流程固化在信息系统中，规范相关业务操作，有效地提高了流程运行效率。

（三）精心设计，构建集成统一的信息系统平台

湘钢ERP系统于2002年上线，运行已有16年，通过持续不断改进与完善，相继实施了MES、EMS等40多个应用系统。随着生产规模扩展，客户个性化需求增加，市场竞争日趋激烈，信息技术日新月异，智能制造技术广泛应用，当前信息系统难以适应新的市场形势、新的平衡体系和管理上新台阶的要求。特别是应用系统技术架框落后、系统集成性差、信息共享度不高，不利于应用云计算和大数据等先进技术，给管理带来了困扰。因缺乏统一的数据管理平台，无法对全公司的业务数据进行整合、加工；由于业务系统多，系统间的接口多，业务数据及统计口径存在不一致现象；部分生产数据无法自动采集；现有决策支持系统功能不能满足公司管理需求。

根据企业战略目标和管理需要，为了进一步强化基础管理、创新管理模式，构建以现代IT技术支撑的快捷市场反应体系，实现产供销的一体化管理，对内高效协同，对外快速响应，提升企业的智能化管理水平。通过调研分析，规划设计了湘钢新的信息系统总体架构。

信息系统总体升级改造后，可实现对采购管理、销售管理、销售物流管理、设备管理、人力资源管理、工程项目管理、财务管理、成本管理、铁区制造管理、棒线制造管理、厚板制造管理等业务进行全面集成管理，同时，可实现决策支持数字化。

（四）夯实基础，持续推进智能制造和5G应用项目

智能制造是指将物联网、大数据、云计算等新一代信息技术与设计、生产、管理、服务等制造活动的各个环节融合，具有信息深度自感知、智慧优化自决策、精准控制自执行等功能的先进制造过程、系统与模式的总称。智能制造可有效缩短产品研制周期，提高生产效率，提升产品质

量,降低资源能源消耗,对推动制造业转型升级具有重要意义。

湘钢自2016年以来,针对主体生产厂的需求,立足于"短平快",投入产出效果显著,加快现场关键设备和工艺环节提质改造。通过近几年自动化、智能化改造,对低增值、纯值守、环境恶劣的岗位及关键环节分别采用自动化技术和智能装备进行提升改造,逐步实现设备运行自动化、高危岗位无人化、操作岗位少人化。完成了五米板厂、宽厚板厂、高线厂等智慧集控中心,实现了全厂生产集中监控、集中调度、集中操控,极大地提高了劳动生产效率,优化了人员结构,提升了产品质量。选择自动化控制基础较好的生产线建设智能制造示范车间,实现了自动炼钢、自动组炉组坯组板、自动判钢、加热炉自动控制燃烧、成品库无人化等。同时,大力推进机器人应用,提高工作效率和质量,如应用理化检测机器人、板坯机器人加渣、棒材自动打包机、硫酸铵缝包码垛机器人等20余台。2018年,湘钢同湖南移动、华为公司合作,开始建设5G专网与应用部署,已建设150个基站,做到了5G专网全覆盖,实现了5G智慧天车、5G智慧巡检、5G+AR等创新应用场景。

智慧工厂建设是湘钢"十四五"规划中重要的战略举措。2020年,湘钢与中国移动上海研究院、华为公司共同制定了《5G+智慧工厂建设发展白皮书》。湖南移动、华为公司已在湘钢共建了150个基站(140个宏站、10个微站),通过在湘钢部署5G专网,打造高速宽带网、泛在无线网、感知物联网三个基础网络,实现了工业控制器的互联互通及高清视频回传,实现了5G+智慧天车、智能加渣机器人、设备智慧点检系统和视频高清回传等应用场景。

湘钢自推进智能制造项目以来,累计立项250个,总投资3亿多元,合并岗位、精简人员近1000人,年创效2.6亿元。通过持续推进智能制造,湘钢实现了生产过程动态优化,制造和管理信息的全程可视化,实现了物流、信息流和资金流的"三流"同步;企业在资源配置、工艺优化、过程控制、产业链管理、节能减排及安全生产等方面的智能化水平得到显著提升,实现了从客户需求到产品服务全过程的智能化管理;主要生产技术经济指标得到明显改善。

(五)高度重视,建立完善的保障体系

针对大型钢铁企业智慧工厂建设项目涉及业务范围广,技术难度大,实施周期长等问题,为保证项目的顺利进行,2018年5月,制定了《湘钢智慧工厂建设项目实施安排意见》,成立了以总经理和党委书记为组长的项目领导小组,所有公司领导、副总工、相关首席工程师和相关单位主要负责人参加;设立项目部,由企业管理和战略规划部牵头组织,以项目制方式推进日常工作,公司在人、财、物方面为项目提供保障。根据项目实施需要,分别设置15个专业组,负责流程与制度优化方案、详细业务解决方案、基础数据收集、操作培训和上线切换方案等工作。

企业管理和战略规划部安排了40名IT人员和20名专职业务人员及相关首席工程师全程参与项目实施,同时,同湘潭大学、湖南科技大学开展产学研合作,解决关键技术问题。组织300余名业务人员兼职进行业务方案讨论与系统测试,确保项目顺利推进。

在项目实施过程中,共梳理管理制度149个,其中新增11个,修订61个。包括财务管理13个、成本管理5个、销售管理15个、销售物流管理4个、采购管理16个、工程项目管理3个、设备管理14个、代码管理2个。确保了制度体系和流程体系的统一性和规范性。

为了保证智慧工厂创新管理体系构建项目顺利开展,湘钢在效益转好的情况下,确保充足的资金保障。其中:智能制造项目投资每年近1亿元,信息系统升级改造项目投资约1.5亿元;同时,同湖南移动、华为公司合作建设5G专网及5G技术应用落地项目,投资近1亿元。

四、大型钢铁企业智慧工厂创新管理体系构建的实施效果

（一）促进了业务管控转型升级，提高了管理效率

项目实施后，优化了业务流程，进一步促进了企业规范化、标准化管理，实现了"信息化、数字化、智能化"的业务管控转型。通过产供销一体化管理，对内高效协同、对外快速响应，供应链业务信息全程汇集、透明，执行过程可视、可控、可追溯，实现产供销有机平衡。利用业务财务一体化运作模式，将经营管理中的业务流程、财务会计流程、管理流程进行有机融合，实现基于业务驱动的财务一体化处理，使得制造管理业务与财务成本业务融为一体。实现了资产投资、建设、运营、维护、报废处置的全生命周期、全业务流程闭环管理及精细化管控，实现规范透明的项目管理、快速高效的维护体系、经济合理的成本投入，保障企业资产发挥最大效益。构建了多层次、多维度分析架构，形成通量化、直观的数据支撑，及时、准确、全面反映了企业生产经营活动情况，为企业可持续发展提供了数字化、可视化、智慧化的决策支持。

湘钢通过推进智慧工厂建设，实现了人工智能、互联网、大数据、5G技术与生产经营的深度融合，企业在资源配置、工艺优化、过程控制、产业链管理、生产安全等方面的智能化水平得到显著提升，企业经营和管理效率得到大幅提升，企业抗风险能力也得到进一步增强。项目实施后，实现了供应链全流程信息共享，提高了供应链协同效率，提高了物流周转效率和产品质量的稳定性，按期交货率不断提升，产品质量持续优化，提高了客户满意度。同2016年相比，2019年线材15天交货率、棒材20天交货率、板材按期交货率达到87.20%、89.34%、89.61%，分别提高了6.21%、6.62%、1.79%；外部质量异议吨材损失为0.47元/吨，降低了50%；资产负债率为49.06%，降低了29%。

（二）企业经济效益大幅度提升

同2016年相比，2019年，湘钢的钢产量为960.2万吨，提高了27.7%；钢材产量为908.8万吨，提高了28.6%；劳动生产率为1206吨/人，提高了51.7%；吨钢综合能耗为507千克标准煤/吨，降低了9.3%；利润31亿元，增加29.2亿元，是2016年的17.2倍；2019年末员工数为8842人，减少1292人。

（三）社会效益

通过推进智慧工厂建设，湘钢将利用自身的优势和特点，将企业建设成为长株潭地区规模最大、服务最完善的智慧工厂，有利于提升钢铁产业科技水平，促进传统钢铁产业向现代产业转型升级，进一步推动湘钢向高端智能制造产业转型升级；职工的工作环境得到很大改善，各类事故大幅下降，2018年和2019年连续两年实现了千人工亡率和千人负伤率为0。同时，通过统一的信息平台向供应链两端延伸，方便了客户和供应商进行相关业务信息查询，实现了网上招投标、质保书网上打印、合同电子签章等功能，有效地提高了供应链协同效率。

（四）生态效益

通过推进智慧工厂建设，湘钢实现了钢铁企业清洁生产、绿色制造，大幅度改善环境，绿水蓝天重现，成为湘潭市新的工业旅游景点。2019年，湘钢污染物综合排放合格率99.04%，水重复利用率98.80%，分别比2016年提高0.39%、1.15%；厂区绿化率达45%。2017年，湘钢荣获"全球清洁能源管理中国组优秀能源管理大奖"，是全国钢铁行业中唯一一家获奖企业。2018年，湘钢荣获"第十一届全国设备管理优秀单位""全国产业计量标杆示范活动标杆单位""全国冶金计量标杆示范活动标杆单位"三项大奖，问鼎设备系统最高荣誉。并先后荣获了"全国绿化先进集体""全国减排先进单位"荣誉称号。

（五）示范效应

在实施过程中，通过不断摸索和创新，湘钢构建了一套比较成熟的大型钢铁企业智慧工厂创新管理体系，在钢铁行业具有良好的示范作用，可进行推广复制。

湘钢同湖南移动、华为公司合作建设的5G+智慧天车项目，成为全国钢铁行业5G实景应用第一例，被评为2019年湖南省工信厅5G典型应用场景、中国移动集团5G龙头示范项目，并入选GSMA 2020年度中国5G垂直行业应用案例。2019年10月31日，在2019年中国国际信息通信展览会上，湘钢天车工首席技师袁方海在一处操作演示台上实时准确地操控千里之外湖南湘钢的一台作业天车，得到了工信部领导的肯定。许多政府和企业单位先后到湘钢进行了现场考察。

湘钢同上海宝信软件股份有限公司合作建设的ERP系统升级改造项目，先后被推广应用到涟钢、鞍钢、马钢、石家庄钢铁、青岛特钢等单位。多家钢铁企业先后到湘钢交流学习智能制造项目和智慧工厂建设经验。

主　创　人：李建宇
参与创造人：王树春、喻维纲、刘伯龙、陈章红、马利春、范立强、张建和、徐云华、蒯　颖

省级电网企业基于数字化审计平台的审计管理创新

国网湖南省电力有限公司

国网湖南省电力有限公司（以下简称"湖南公司"）是国家电网有限公司（以下简称"国网公司"）的全资子公司，以建设和运营电网为核心业务，担负着保障湖南省电力可靠供应的重大责任。湖南公司现设职能部门23个，下辖中心机构15家、市州供电公司14家、县供电公司104家，用工总量7.3万人，供电范围涵盖全省14个市（州），营业区面积占全省的96%，供电人口占全省的98%。

湖南公司实行内部审计制度，内部审计机构对公司党委和董事会负责并向其报告工作，对公司经营管理活动进行审计监督。湖南公司坚持"科技强审"理念，着力培育数字化审计生态，通过对流程要素的设计整合，进行管理流程再造，打造"大数据"环境下审计管理机制运作的最优成效，促进内部审计价值增值。

一、省级电网企业基于数字化审计平台的审计管理创新的背景

（一）是顺应新时代审计新发展的必然趋势

中共中央总书记，中央审计委员会主任习近平在中央审计委员会第一次会议上强调要坚持科技强审、加强审计信息化建设。目前审计署"金审工程"三期建设全面启动，对企业的审计频度、覆盖面持续扩大；加之大数据、云计算等新技术的涌现，深刻地改变了内部审计的环境，影响着审计方法、审计技术的发展和变革趋势。内部审计作为国有企业治理体系的重要组成部分，必须积极响应新时代下党和国家对审计工作的新思路、新要求，通过加强审计信息化建设，深入实践数字化审计作业模式，不断创新工作方式方法，积极适应数字化管理现状和大数据应用的要求，推动内部审计工作发展和提升。

（二）是服务电网企业信息化建设的必然需求

为更好地服务经济社会发展，2019年起湖南公司全力推进电网建设三年行动计划，预计三年内完成1000亿元电网投资，使全省供电能力翻一番。随着企业的大规模扩张，企业信息系统规模陆续扩大，信息技术持续升级，管理模式不断更新，数据也呈爆发式增长，从GB级发展为TB甚至PB级。利用合适的工具对这些数据进行挖掘、分析和利用，可以帮助电网企业规范内部管理，适应电力市场的发展，提升管理质量和效果。目前，国网公司明确了建设世界一流的能源互联网企业，建设"数字国网"的战略目标，数字化审计作为"数字国网"战略落地的重要举措，要求内部审计广泛应用互联网技术和信息化手段开展审计，不仅要创新审计方式方法，更要实现审计内容、领域的拓展，推动审计管理流程、审计作业流程的再造与变革。

（三）是内部审计管理革新完善的内在要求

当前，尽管湖南公司审计工作坚持创新发展并取得明显成效，但与公司新时代改革发展对审计工作提出的要求还存在一定差距，主要表现在："上审下"新体制运转机制还有待完善，难以对审计项目进行全过程、集约化的管理；公司业务系统之间还存在信息壁垒，业务数据的全面性和准确性还未达到理想水平；传统内部审计在数据规模、范围和类型等方面存在限制，无法精准监

督公司重大决策落实情况，揭示公司改革发展中可能存在的普遍性、倾向性、苗头问题；现有审计作业模式尚不能适应现代信息技术发展形势，尚不足以支撑审计高质量和高效率要求；现有审计人员结构和综合素质与审计工作的职责和要求还存在差距，履职能力有待进一步提升。

二、省级电网企业基于数字化审计平台的审计管理创新的内涵

湖南公司以"流程再造（BPR）"、风险管理理论为指导，以信息化大数据技术为支撑，开展数字化审计管理的顶层设计，明确应用建设原则与目标，科学制定应用建设规划；构建基于数字化审计平台的审计运行机制，优化审计资源配置，确保审计独立性、权威性、高效性；搭建以数字化审计平台为核心的系统架构，打破业务之间的信息壁垒，形成内部审计"开放、融合、动态、智能"平台化管理思路；利用大数据等技术开发数字化审计工具，通过对数据实时、全量、持续地深入分析挖掘，揭示公司改革发展中可能存在的普遍性、倾向性、苗头性问题；深入实践新常态下激发审计效能的审计作业模式，支撑审计高质量、高效率发展。通过开展基于数字化审计平台的审计管理创新以适应当前环境形势，加速审计转型，增加审计价值，促进增收节支，保障企业依法治理、防范风险，进一步提升公司社会责任价值。

三、省级电网企业基于数字化审计平台的审计管理创新的主要做法

（一）开展数字化审计管理的顶层设计

1. 明确应用建设原则与目标

湖南公司深入贯彻新时代党和国家对审计工作的新要求以及国家电网公司关于数字化审计的各项工作部署，坚持"科技强审"理念，以数据驱动、创新驱动、变革驱动为引领，培育数字化审计良好生态，积极融入具有中国特色国际领先的能源互联网企业战略建设体系。以建设数字化审计平台为基础，拓展数字化审计工具为抓手，深化智慧审计应用为核心，推进建设与应用并举，为创新审计手段、提升审计监督效能提供全面支撑与强大驱动，在促进公司系统坚决落实总部党组各项决策部署中发挥重要作用。

2. 科学制定应用建设规划

湖南公司根据国网公司统一部署，充分应用数字化审计平台建设成果，发挥公司数据中台的数据分析和共享能力，总结审计经验，着力构建多维精准画像、差异化审计模型、审计移动作业工具等智能审计应用，努力实践全量分析、在线交互、智能管控的数字化智慧审计新模式，推进在线审计与现场审计紧密融合。

夯实工作基础。2018年以实际工作需求为导向，升级数字化审计方式方法，牢固树立大数据思维，常态化开展持续审计和非现场数据分析，积累数字化审计经验。

开发智能模型。2019年编制差异化模型建设方案，组建项目团队基于公司大数据平台，按照差异化模型开发计划表构建财务、营销、人资、工程等四个专业的差异化审计理论模型。

拓展建设领域。2020年基于数据中台开发多维画像模块，完成省级大屏、市级大屏和工作台三大功能开发，采集并展示风险疑点、基本情况和指标数据。结合审计业务需求，对数字化审计平台的管理域进行差异化功能升级，建设审计在线作业工具，完成底稿记录在线编辑、本地问题库、本地制度库、迎审管理等功能开发。

（二）构建基于数字化审计平台的集约化审计运行机制

1. 优化审计管理模式和组织机构

（1）优化审计管理体制。搭建"统一领导、分级管理、分层负责"的审计工作管理体制，上级审计机构加强对下级审计机构业务工作的领导、指导和监督。成立党委审计工作领导小组并设

总审计师,负责研究在审计工作中贯彻党和国家有关重大方针政策以及落实国网公司党组决策部署的相关措施,审议公司年度审计工作要点和计划,听取重点审计成果汇报,协调解决审计工作中出现的重大问题,推进审计成果运用,强化问题整改、考核与问责,进一步增强了审计工作的权威性和独立性,促进了审计监督效能的发挥和公司治理,为推进跨专业的信息体系架构的建立,开展跨专业的大数据审计关联分析奠定了基础。

(2) 优化审计组织结构。优化和扩展审计机构组织结构和职能职责,强化审计资源的集中调配和专业化管理。增设审计中心,为审计项目高效、有序地开展提供实施保障。构建前台审计作业实施和后台审计管理、审计专家支持的运行模式,强化对数字化审计作业和管理的全面支撑机制。

一是落实审计作业环境。建成数字化审计工作室,助力审计人员实践"总体分析、分散核查"的审计工作新模式。

二是统筹数字化审计管理。审计中心设立内控与信息处,组织开展审计业务电子数据的集中采集、整理、分析和综合利用,加强后台审计管理对审计作业的全面支撑。

三是组建审计专家组。包含审计专家团队和数据分析团队。审计专家团队协助完成审计计划、方案、制度、流程、工具的更新和优化,组织进行重点课题的研究,按需或定期开展专家论坛和培训讲座。数据分析团队通过数据挖掘和背景分析,建立审计模型,提供疑点线索,支撑审计人员开展数字化审计。

2. 完善审计制度标准和工作机制

(1) 完善审计工作制度。完善、优化内部审计制度标准,印发《数字化审计工作室工作规则》《数字化审计工作室数据获取保密特别条款》《审计人员使用业务系统保密工作规则》《公司本部审计项目管理流程》《数字化审计工作提升方案》《数字化审计平台差异化模块建设方案》《重大决策落实情况与风险领域数字化持续审计工作方案》等制度规范,强化数字化审计平台建设、作业实践、工作考评、成果运用等重点审计工作管理。

(2) 建立业审联动机制。积极融入公司信息化建设工作体系,每月参加公司组织的大数据建设例会,积极协同财务、营销、人资、建设、物资、科信、互联网等业务部门,促进企业信息资源的共享与融合;强化与互联网部建立双向沟通机制,共同梳理数据来源,充分利用湖南公司数据治理成果,解决审计取数难、取数不准等问题,并将审计过程中发现的数据质量问题及时反馈至互联网部,进一步促进数据治理,为公司大数据建设贡献审计智慧。

(3) 完善全流程考核体系。充分发挥绩效评价的抓手作用、导向作用和激励作用,调整数字化审计工作考核内容,新增数字化审计平台建设和数字化审计作业模式考核模块,优化审计案例考核方式,取消审计报表及问题整改等重复考核指标。进而完善审计全流程考核体系,实现管理方式从自上而下推动向自下而上主动转变。

(4) 完善审计作业标准。在现有"三库两模"作业标准基础上,扩展至模型库、案例库、方案库、问题疑点库、制度法规库、审计报告模板和审计底稿模板——"五库两模"。

(三) 建设以数字化审计平台为核心的系统架构

1. 建设数据中台,提供可靠数据来源

目前,湖南公司初步建成数据中台,主要包括数据处理域、数据分析域和数据管理域三部分,实现面向全业务范围、全数据类型、全时间维度数据的统一存储、管理与服务,破解企业数据共享难题。数据中台具备数据接入、数据存储计算、数据分析应用相关能力,实现公司核心业务系统数据的接入及整合汇聚。数据仓库方面，汇聚94套业务系统数据，落地实施2735个SG-CIM模型和429个维度模型，运行6000余条"T+1"和24条实时数据加工链路，实现了"数据一个源"，为开展企业级大数据分析应用奠定基础。

2. 建设数字化审计平台，促进数据、管理与流程融合

数字化审计平台以数据中台为基础，保障数据的来源稳定性和准确性。突破传统审计信息管理系统单一化功能模式，将管理、作业与数据统一纳入系统管理，形成审计管理域、审计作业域和基础数据域。功能区域包括审计门户、审计管理、审计作业、平台支撑四大部分，满足审计管理和审计作业需求，确定了内部审计"开放、融合、动态、智能"平台化管理思路。

（1）"审计门户"是对外信息展示的窗口，包含审计动态、经验交流、领导视图、公示公告和成果展示等内容模块。

（2）"审计管理"主要包括决策分析、成果应用、项目管理、整改管理、日常管理、资源绩效、知识管理七个模块，以适应当前审计管理的需要。

（3）"审计作业"遵循"以审计建模为核心，进行组件式、模块化开发，分类提供审计作业解决方案"的思路，满足不同层次审计人员的应用需求。其主要功能包括智能审计模型库和自主分析工具，涉及营销、工程、财务、人资等业务领域。

（4）"平台支撑"是对审计人员的审计项目管理、审计作业实施提供各种工作便利和提升系统智能化的功能。

3. 构建基于审计平台的管理模式，夯实管理基础

建立日常管理在平台模块中的映射：一是针对常规审计项目和持续审计监督项目进行项目全流程管理。主要包括方案计划、非现场数据分析、现场项目作业、审计报告等全过程闭环管理。二是统一管理审计项目产生的审计问题整改工作全过程，包括审计单位督导、被审单位整改、问题台账总览等。三是支撑除常规审计项目外开展的其他各项工作，如外部迎审、综合计划等工作。四是对内外部人员、中介机构进行统一管理和考核，涵盖审计工作、审计数字化考核等内容。五是通过搭建知识体系促进知识成果深化应用，主要内容为审计作业标准完善优化，新增各业务域作业指引库、规则库、监督主题库、培训管理等内容，实现审计资源的在线集中共享。六是基于系统内计划、项目、问题、整改等各项业务活动产生的过程性数据进行多维分析展现，为领导决策提供依据。七是将系统内项目、问题、整改、知识等各领域的成果进行高度提炼总结，为领导关注的重点审计事项提供可视化展示。

（四）利用大数据技术开发数字化审计工具

根据国网公司统一部署，湖南公司高效完成了数字化审计平台部署、上线工作任务，并结合公司业务特点及管理需要，基于国网数字化审计平台和公司数据中台，按照夯实基础、全面建设、持续开发、深度应用、拓展成果的计划全力推进差异化审计模型、多维精细画像、审计在线作业工具等3个智慧审计建设项目，着力打造审前精准画像、审中在线交互、审后持续跟踪的智慧审计业务链。

1. 建设差异化审计模型，提高现场审计质效

审计人员通过梳理常用审计思路和方法，引入表间数据穿透和关联计算等灵活分析手段，构建差异化审计模型，对专业重点数据进行智慧关联，辅助审计人员开展跨专业的大数据审计关联分析，用审计模型代替重复性的人工作业，实现同类问题的智能化分析。通过对各领域风险进行全面分析，有针对性地获取各业务系统的数据，横向比较不同业务系统中的数据逻辑关系。

2. 构建多维精准画像模块，明确审计工作方向

采用大数据方法采集、分析各单位经营、生产、人资、投资和内部管理等多种基础及指标数据，实现对基层单位的全方位特征描述和画像，进行综合分析和风险识别，突出审计的实时性与持续性。动态掌握被审计对象的运营状况、内控情况和风险态势，从而更好地分析和防控风险，在对数据的全面掌握、有效挖掘的基础上，能够充分反映风险特征和趋势，弥补了过去因手段不足和业务量大而不能审、审不了的缺陷。画像模块可智能生成大数据分析整体评价报告，以丰富的图表展示审计角度的数据分析成果，全面、智能、客观地反映被审单位的基本情况、经营状况和风险领域，为非现场及现场审计提供参考，有效解决"审什么"的问题。画像内容覆盖各单位"基本情况、指标分析、风险分析"3个维度特征数据，并智能匹配评价标签形成画像结果。

3. 打造审计在线作业工具，规范审计作业流程

基于数字化审计平台和数据中台，打造审计移动作业工具。融合审计项目实施，加强线上与现场的信息共享，进一步规范审计作业流程和文档编制，有效提高审计作业质效。打造在线作业、实时提醒、智能管控的智慧审计业务链，构建在线数据分析与现场审计核实一体化的智能审计新模式。包括现场核实与沟通、迎审资料管理、记录底稿在线编制与审核、制度条款模糊搜索与智能推送、一键生成审计报告、资讯实时提醒等功能。

（五）优化新常态下的审计作业模式

1. 调整新常态下审计作业思路

（1）树立大数据思维。大数据环境为审计工作提供了一个"全数据"模型，即"样本等于总体"，使得审计"全覆盖"成为可能。依托数字化审计平台分析工具，对核心要素进行全样本大数据分析，突破了传统模式下由于单位、地域、专业、资源壁垒造成的监督缺位，实现对核心业务、关键环节和风险点的全面排查，推动实现核心业务和对象监督全覆盖。

（2）突出价值导向审计。随着各业务数据统一汇聚到数据中台，面向价值导向的跨域审计成为可能。树立价值审计观念，将作业模式从单点离散逐步向多点联动审计转变，运用相关性分析，对数据进行清洗、整合、分析，挖掘表象上无法识别的问题和疑点，并有针对性地进行风险识别和问题核实，能更加精准地发现问题，提高审计质量。

（3）进行外延式审计智能拓展。利用云平台的数据分析支持，通过信息集成和利用大数据、云计算、认知计算等新兴信息技术手段，打破了空间障碍、时间约束、范围限制和资源瓶颈等制约因素，构建系统化、立体式的风险监控网络，突出内部审计零距离和无边界等优势，有效拓宽审计职能领域。

2. 实践数字化审计作业模式

（1）深度融合项目，实施非现场数据分析。科学制订项目审计计划。将非现场数据分析环节嵌入项目审计管理，形成年度审计计划—非现场数据分析—现场审计标准化管理模式，审前利用大数据技术开展非现场数据分析提前锁定疑点，审中现场比对疑点信息确认问题，审后远程核实被审单位整改情况，促进成果运用。

形成非现场数据分析工作流程。从人员组织分工、编制工作方案、系统权限开通、被审单位资料收集、数字化审计室工作纪律、发现疑点统计报送、疑点汇总分析等方面梳理细化并形成可操作的非现场数据分析工作流程。

深度挖掘数据价值。深度融合审计项目，提升数字化审计实效。通过审计系统自动提取数据，经过集中采集、整理、分析和综合利用，为现场审计提供支持和保障。系统自动扫描替代人工监控，全面数据监控替代抽样分析，使审计结果更加独立客观。

深化非现场数据分析成果应用。通过非现场数据分析，对被审计单位进行初步画像，形成《审查重点关注表》和《被审单位基本情况表》。根据业务实操情况，注重积累业务系统操作方法和查询步骤，形成《非现场数据分析工作指引》。自2018年以来，完成审计理论模型积累43个，为非现场数据分析持续积累方法经验。

(2) 完善闭环管理，开展数字化持续审计监督。持续审计是指审计机构在某一固定时间段，经常或持续地利用信息技术处理并分析被审计单位经营管理数据，对企业内部控制、管理经营等方面开展持续性审计监督，提早发现问题并进行风险预警，提高企业风险管控能力及内部审计效率。包括设置审计监督主题、固化持续审计工作流程、提升在线监督范围、实施项目管理闭环等项工作。

(六) 打造适应现代审计要求的人才队伍

1. 组建专家型审计队伍

整合优化数字化审计资源，选拔23名业务能力强、综合素质优的审计骨干，组建数字化审计专家团队，与已有的审计专家库一起，形成覆盖9个重点业务领域、4大审计业务、省市县3个管理级次共计276人的审计专家队伍系统。强化技术领域专家力量，聘请两名信息技术顾问，为数字化审计提供技术支持和系统应用指导。通过执行条件准入制、人才评价制、退库出库机制、回避制，保障审计专家职业能力和工作质效。

2. 科学调配审计资源

(1) 依托数字化审计平台，根据历年审计项目实施情况，预测审计用工状况，以审计中心各专业调剂为主、外部补充为辅，科学合理、精准高效进行审计资源配置。

(2) 建立审计人力资源市场，对审计专家库人才实施"统筹管理、动态调配、资源共享"，省公司对审计专家实行统一管理、评价、调配使用，依据各项目用工预测情况，动态对审计专家及数字化审计专家库进行合理分配，业务部门、其他单位如有审计专家需求，可向省公司申请调配。

(3) 建立社会审计补充内部审计工作机制，纳入平台系统管理，加强社会中介机构的准入管理和工作考核。

3. 持续加强队伍建设

(1) "大培训"和"小课堂"相结合开展业务培训。开展业务技能培训，促进智能持续审计方式方法的深化应用，提高审计人员利用SQL和EXCEL高级应用模块等工具开展数据分析的水平。定向安排经验交流，以系统内单位的领先实践为例，为学员应用数字化审计手段开展工作提供借鉴。在集中培训的同时，采用微课堂、案例分享会、师带徒等多种形式，提高审计人员综合素质及数字化审计能力。

(2) "以审代培"锻炼实战技巧。组织审计人员开展非现场数据分析、数字化持续审计，邀请业务专家现场指导、技术专家到场支撑，边干边学、边学边用，提高审计人员数字化审计实战水平。

(3) 注重交流学习。通过"内部轮岗""挂职锻炼""借用学习"等形式，提高审计人员职业能力；实施"走出去、请进来"，组织与兄弟单位、平台部署项目组学习交流，交流探讨数字化审计平台技术路线优化、模型开发、创新实践等议题，提升数字化审计平台部署质量。

(4) 强化理论研究。开展数字化审计课题和案例研究，做好经验总结和典型示范，用理论研究新成果引领和推动审计实践向前发展。累计在各类期刊发表数字化审计论文14篇，开展数字化审计课题研究5项，1篇论文获中国内审协会理论研讨二等奖、湖南内审协会一等奖，提炼的典型经验在审计署主办的《审计观察》上进行推介，形成实践转化理论、理论指导实践的良性循环。

4. 开展基层数字化审计帮扶

制定数字化审计"下基层、送服务"活动方案，结合"不忘初心、牢记使命"主题教育调研、联学联创，解决基层单位数字化审计工作中存在的问题和困难。定期举办数字化审计专题座谈会，宣贯部署数字化审计新任务新要求，鼓励基层单位开展数字化审计作业模式探索实践，激发创新活力，形成争先创优的良好氛围。

四、省级电网企业基于数字化审计平台的审计管理创新的实施效果

（一）建立基于数字化审计平台的审计管理新模式，助力审计监督效能增强

经过实践，湖南公司基于数字化审计平台的审计管理模式基本形成："上审下"集约化审计运行机制不断完善，以数字化审计平台为核心的系统架构全面搭建，利用大数据等技术开发的数字化审计工具持续增加，新常态下激发审计效能的审计作业模式深入实践，适应现代化审计要求的人才队伍有效建成。在该模式指导下，审计范围扩展至财务资产、电力营销、工程项目、人力资源、集体企业及物资管理全部重点、关键环节，基本实现审计全覆盖；实现向数字化要资源，向大数据要效率，审计资源得到充分合理调配，审计内容的精准度和深度不断加深，审计工作的质量和效率明显提高。

（二）逐步规范企业生产经营治理行为，推动企业经济效益增长

近两年，湖南公司审计监督呈现项目多、领域宽、覆盖全、节奏快、成效足的新局面。完成经济责任审计、专项审计及审计签证等各类审计项目5851项，同比增长41%，提出审计建议3516条，采纳率100%，促进增收节支、核减工程投资2.48亿元。全年在公司"两会"、党委会等重要会议上报告工作情况11次，提出合理化意见和建议，积极发挥审计在完善企业法人治理中的保障和促进作用。同时，审计联合办公室对596项问题挂牌督导，向纪检监察移送重大问题线索4项，纳入干部预警管理1项。通过审计整改，湖南公司累计完善制度流程132项，问责处理234人，解除劳动合同44人，促进清理银行账户2个，办理房屋土地权证6个，审计成果得到有效运用，依法治企水平持续提升，推动了企业经济效益增长。

（三）有效优化营商环境，促进了企业社会效益提升

2019年以来湖南公司针对优化电力营商环境等监督主题，对所属市州供电公司、大型县级供电公司、业务支撑机构开展了数字化持续审计，共解冻用户预收电费3697.86万元，清退临时接电费882.62万元，退回多收电费、业务费10.26万元。在持续优化服务改革、强化和规范全过程监督、提升服务能力和服务水平、优化营商环境等方面效益提升明显。

该项目充分验证了基于数字化审计平台的审计管理研究在电力行业的先进性、可行性和实用性，并为公司系统内、外数字化审计工作转型提供了一个可借鉴的范例。湖南公司被评为"湖南省内部审计先进集体"，审计工作经验多次在审计署主办刊物、湖南内部审计协会座谈会进行推介、推广，在国网公司工作动态发表。公司审计战线涌现全国领军人才1人、国网公司级管理专家2人，入选国网公司审计专家团队4人。两篇数字化审计论文在湖南省内审理论研讨论文评选中获一等奖和二等奖。

主 创 人：孟繁珑、贺雅喆

参与创造人：曾泽华、义处善、刘向林、李　鑫、冷盈洁、唐戈彦、聂　炜

市级烟草企业智慧物流管理体系创建

湖南省烟草公司益阳市公司

湖南省烟草公司益阳市公司（以下简称"益阳烟草"）组建于1984年11月，是中国烟草总公司湖南省公司的全资子公司，为全民所有制企业，属于商品流通行业，依法监管全市烟草市场，负责组织全市卷烟、雪茄烟批发销售。益阳烟草下辖4家县级烟草专卖局（分公司），目前有在岗职工442人，内设标准机构14个。益阳烟草现有在网运行卷烟零售户约1.9万户。2019年销售卷烟17.71万箱，排名全省第7；单箱均价32496元，排名全省第6；实现税利15.17亿元，同比增长8.44%，其中利润总额6.01亿元，同比增长19.42%。

近年来，益阳烟草以建设现代流通企业为重点，实施智慧物流工程，持续完善物流管理体制，深化精益物流建设，积极探索移动互联等现代信息技术实践应用，多次承担国家级、省级物流试点项目，构建一流的智能化物流配送管理体系，提高物流运营效率和效益，为物流工作争创"省内一流、行业先进"打下了坚实基础。2017年以来，益阳烟草继续保持全国文明单位称号，先后荣获国家和省市级"工人先锋号"，全省系统规范管理先进单位，益阳市安全生产先进单位、平安单位等荣誉称号，荣获益阳市绩效评估一类等次单位。

一、市级烟草企业智慧物流管理体系创建的背景

（一）是顺应国家发展战略、实现物流管理战略目标的需要

随着国际国内形势的发展变化，我国经济已由高速增长阶段转向高质量发展阶段。转变发展方式、优化经济结构、转换增长动力成为国家和行业推动高质量发展的必然选择。《国务院办公厅关于进一步推进物流降本增效促进实体经济发展的意见》从7个方面提出27项具体措施，要求加快推进物流仓储信息化标准化智能化，提高运行效率；打通信息互联渠道，发挥信息共享效用。中国烟草总公司围绕《国家信息化发展战略纲要》和《新一代人工智能发展规划》等国家战略规划印发了《中国烟草总公司关于推进烟草行业智慧物流建设的指导意见》，提出打造"全面感知、数字驱动、智能管理、智慧决策"的行业智慧物流体系，发挥智慧物流建设对行业现代物流发展的促进作用。实施市级烟草企业智慧物流管理，是实现烟草企业高质量发展的重要节点，也是让智慧企业战略"内化于心、外化于行"的重要举措。市级烟草企业智慧物流管理体系主要利用大数据、云计算、物联网、移动互联、新一代人工智能等现代信息技术，在烟草物流关键领域和重要环节建立智能应用模型，实现物流管理由数字化向智能化转变，稳步提高行业物流智能化运营水平，逐步形成"以内管促外化"的多指标联动、管理目标可调控的智能物流模式，提升市级烟草企业整体管理效能和市场调控效能，实现"局部带动整体、整体支持局部"的新终端管理局面，以达成智慧物流管理的战略目标。

（二）是顺应市场变化、提升服务水平的需要

全国推进简政放权放管结合职能转变工作电视电话会议指出，要强化"放管服"政府服务理念。益阳烟草认真贯彻落实"放管服"要求，积极推进"互联网+政务服务"，七大行政许可事项实现网上申请、一网通办。随着烟草专卖行政许可"放管服"的深入推进，卷烟零售终端数量迅

速增长。从市场管理情况来看，截至2019年，益阳地区客户数量为1.9万户，同比增长11.46%。客户数量的不断增长导致市场服务压力和市场管理压力持续增大，从而导致在烟草供应链管理方面出现卷烟需求多元化、终端管理复杂化等新问题、新特点。建立智慧物流管理体系，打造以物联感知为支撑的大数据感知决策神经网络势在必行。从服务管理情况来看，经济下行压力增大，会导致消费市场压力增大，物流类客户诉求在多元化形势下逐步展现，物流类客户诉求占总体诉求比例达33%。市级烟草企业急需构建智慧物流管理支撑体系，建设纵向贯通、横向协同、资源共享的卷烟物流生态圈，为瞄准市场需求靶点、提供营销决策依据、提升市场服务水平提供有力保证。

（三）是顺应内部管理要求、推进物流智慧升级的需要

传统的烟草物流模式为普通的物流配送模式，仅限于"来单配货、送货到门"。物流服务管理往往滞后于市场的需求、客户的诉求、环境的变化。在诸如市场情况反馈、物流成本管理、客户关系维护等方面存在明显短板，与平行部门诸如卷烟营销部门、专卖管理部门、机关行政部门的信息沟通方式单一、沟通效率不高，信息传递效率、工作协同度比较差，尤其在部分"偏、散、远"区域寻求协同处置、资源支持的响应时间长，导致市场服务存在盲区。在处理客户诉求方面存在明显滞障，与营销部门、银行及业务外包单位的协同存在衔接不顺畅的情形，导致一些小微零售户因订单错误、送货时间、线路划分等原因提出大量诉求。市级烟草企业需要通过构建满足多种类物流任务需求的智能作业模型，对订单数据、分拣状态数据、作业数据的整体分析，打造敏捷可靠、动态优化的智能作业模型，以满足从终端零售商到市场消费者的全供应链变化要求；利用卷烟需求预测等数据，拓展智能分拣模型前瞻预排决策能力，实现分拣决策智慧化。

二、市级烟草企业智慧物流管理体系创建的实施内涵

益阳烟草智慧物流创新管理体系以国家信息化发展战略及行业智慧物流建设的指导意见为指导，以推动企业高质量发展，打造"全面感知、数字驱动、智能管理、智慧决策"为目标，有效克服烟草制品供应链在环节间、平台间、组织间、行业内外存在的各类技术壁垒和信息盲区，以平台集成、数据共享、科学研判、智慧决策为主要突破口，以集成智能化技术为支撑，通过建立顶层设计科学化、精益升级智慧化、决策研判智能化、运营协同一体化、人才队伍尖端化的智慧物流"五化"工程，解决烟草市场供应链中长期存在的信息孤岛效应、市场响应速度慢以及作业效率不高等问题，为市级烟草企业构建以人为本、智慧有效的烟草物流网络，推进物流服务升级、管理升级、创新升级，为达成高质量发展新目标提供重要实践参考。

三、市级烟草企业智慧物流管理体系创建的主要做法

（一）优化顶层设计，谋划智慧物流总体框架

1. 打造多层次、高协同的顶层架构

当前烟草行业内外形势正在发生深刻变革，随着国家宏观经济形势的变化以及企业内物流运行现状不断变革，当前物流管理手段已难以满足当下业务需要，益阳烟草根据国家局、省局物流工作统一部署，结合自身物流管理特点，紧紧围绕"打造高水平的供应链物流"的战略目标，以降成本、提效率、优服务为主线，构建基于烟草物流供应链的RACI（责任分配矩阵）模型，明确智慧物流变革的工作职责和传导机制。一是领导高度重视。市局党组科学拟定战略，为物流管理创新取得实际效果提供有力保障，充分调动全员主动性、积极性和创造性，打通部门管理沟通渠道，激发全体员工积极投入到智慧化创新管理中来。二是突出全员参与。全面落实新发展理念和高质量发展要求，突出以6S精益管理为基础的全员维护维保机制，突出以定额管理为基础的成本

管理方式，通过定员、定额、定责的"三定"管理模式，强化班组在各流程节点的作用，以现场管理为抓手，提升服务水平。

2. 打造高敏捷、高效能的神经网络

益阳烟草结合工作实际，逐步打通从工业企业在途管理到商业企业出库的全环节神经网络建设。在行业内率先实现桌面云虚拟化技术，合理布局 RFID 射频反馈单元、红外射频触控神经单元，确保卷烟从入库到出库的全生命周期管理实现自动化。突破流程管理壁垒，在全省率先试点工业卷烟直供商业分拣线作业模式，通过快速入库、快速分拣、快速打包、快速配送，卷烟库存周转率在近 3 年年均提升 17.5%，增强了整体销售网络的市场适应能力。突出以全过程监控、全过程衔接、全流程管理为主线的数控技术升级，嵌入烟草服务监控系统，打通各端口各平台数据传输通道，确保上级部门、协同部门、零售客户实时得到所需信息，实现信息管理透明化。

3. 建立全方位、智慧化的保障机制

益阳烟草始终坚持统一规划、统一管理、统筹指导的原则，按照行业及省局要求，结合自身实际，实现对标指标提升、管理效益提升。一是建立物流实时管理模式。结合准时制生产（JIT）要求，建立快捷入库、快捷出库、快捷分拣、快捷送货、快速响应的烟草物流实时管理模式，确保在高市场契合度的前提下最大限度满足零售客户多样化需求。二是充分运用管理方法。按照"围绕 1 个主线、融合 3 个模块，应用 5 个配套"的要求进行转型升级：以协同式供应链库存管理（CPFR）模式为主线，融合上游设备供应商实时维保、本地商品实时管理、市场情况实时监测 3 大模块，应用现场管理、全员设备管理（TnPM）、标准作业（SOP）、目视管理（VM）、督导人员培训（TWI）5 个配套措施，使企业管理创新工作始终沿着系统构建、上下联动、整体提升的轨道有序推进。三是构建创新支撑平台。设立创新工作室，打造学习型班组，不断优化以标准化为载体的知识经验显性储存机制，鼓励各班组、各成员对感兴趣的节点进行学习、测量、改进，对单位内各类创新课题进行统筹管理，提供硬件支持、创新服务和机制保障。

（二）实施精益管理，推动智慧物流环境升级

1. 打造柔性管理联动新形态

在柔性管理策略制定方面，益阳烟草按照国家局物流建设"高度信息化和适度自动化"的要求，对历史销售数据多角度、全方位地开展 EIQ（订货件数、货品种类、数量）分析，发掘订单内在特点、确定品项的分类结构，配套设计相应的物流作业系统，并结合 273 个联合工房传感点的重新布局、技术升级，将所检测到的物理数据通过现场管理看板迅速转化为量化数据，直观提供运行参数、预警信息等作业决策依据，实现了高效率、低成本、智能化的卷烟物流运作模式。设计、改造、优化物流作业流程，引入柔性作业系统，打造贯穿仓储、补货、分拣、配送全流程，链接营销、物流等多部门的柔性管理机制，根据终端反馈的市场需求变化数据快速响应，减少牛鞭效应，实现了柔性管理目标。

在技术效率柔性改造方面，益阳烟草按照业务流程重组的原则，结合 ESIA（清除、简化、整合、自动化）法，对现有工序进行了清除、简化、整合和自动化。一是清除作业故障等待时间。通过部署柔性作业系统，设置原有控制系统故障后任务切换至柔性系统的双通道替换作业模式，清除因系统宕机导致的无效等待时间浪费。二是简化操作，提高作业效率。通过合理分配系统冗余区间，融合实时对接、紧急插单、双向切换等功能，快速响应订单结构变化情况，有效解决了市场需求变化导致的系统承载不足问题，减少了原有备货系统的补货压力，提高了全系统运行效率。三是整合卷烟物流流程，减少中间环节。通过实现滑托盘联运卷烟直送分拣线，整合滑托盘

卷烟出入库作业流程、滑托盘联运卷烟等作业流程6项，降低件烟破损率，增加卷烟库存周转次数，提升卷烟出入库效率。

2. 深化精益攻关降低故障率

益阳烟草通过贯彻落实行业"精益挖潜、降本增效"的工作要求，按照六西格玛的管理理念，结合FMEA失效分析和影响模式的工作方法，改进设备运行中效率低、故障率高、稳定性差的痛点和堵点，提升了作业效率和系统稳定性，降低了物流运营成本。

一是提升备货系统稳定性。益阳烟草对仓储备货系统的各个子系统、零件、过程工序逐一进行分析，找出所有潜在的失效模式，并有针对性地进行分析解剖，对系统中的"脆弱点"设备进行改造，将原有单立柱堆垛机升级为双立柱式后，取货准确度达到99.9%以上，故障率降低15%，有效解决备货系统稳定性差、可靠性低的问题。二是提升备货系统作业效率，益阳烟草针对订单按照"二八法则"，对备货作业区域进行重新合理部署，高频卷烟出库效率提升了18%，取货工位由2个升级为3个，取货效率提升了30%，规划增设货位20个，存储卷烟通道增加20%，极大地提高了订单处理能力。三是提升设备备件管理效率。益阳烟草运用全生命周期管理和精益管理思想，规范平台采购、验收、保管、领用、报废等环节的运行标准，由经验管理转为科学管理，增加自动预警系统、备件采购提醒系统，实现备品备件的统一、规范、高效管理，解决常用备件储备量过大、储备时间过长、突发设备故障无备件可用的问题，促进设备管理整体水平的提升。

3. 推动设备升级提升智能化

近年来，益阳市异型卷烟销量猛增，3年内销量增幅已超过400%。益阳烟草结合自身异型卷烟分拣工作现状，找准制约效率提升的关键节点，充分利旧原有设备开展升级。

益阳烟草基于降本增效提质的原则，利旧原有常规烟分拣系统中闲置分拣线用于标准卷烟的分拣，同时在原有设备基础上增加自动化分拣设备，满足细支烟、中支烟、类标烟的分拣，采用虚拟电子通道用于满足特异型卷烟的分拣。技改后的分拣线柔性高、缓存通道长，可分拣品规数增加2倍，分拣效率提升4倍以上，既可满足现有市场需求，又留有一定的冗余以应对未来的发展，有效解决了分拣设备自动化程度低、作业人员劳动强度大、人工差错率高的问题。同时，升级后的异型烟分拣线可兼顾小品规标准卷烟分拣，实现"异标合一"作业，解决了常规卷烟分拣线现有通道过少、手工操作误差的问题，提高了成套系统整体作业效率。

（三）集成信息系统，打造智慧物流决策平台

1. 构建智能调度算法的管理模式

建立双通道入库作业模式，在原有件烟入库系统的基础上，增加整托盘入库控制系统，通过信息系统智能测算，以出库量、出库频率、出库通道为依据，计算合理的入库储位，实现卷烟入库储位智能化分配，确保卷烟动线的最优化组合。建立柔性出库调度管理，采用聚类分析方法优化改造出库策略算法，通过对每日订单量自动比对、自动核实、智能决策，自动选择作业模式、作业时间，生成最优出库任务方案，实现智能备货。建立JIT动态分拣生产管理体系，根据配送进度历史数据，自动分配分拣生产顺序，确保分拣配送环节无缝对接，消除分拣暂存环节，日均减少待机时间1小时，缩短流程等待时间1.5小时，实现在库作业与终端配送全流程实时协同。

2. 深化市场联动供应链管理机制

升级库位算法，引入订单品项实时分析工具，对客户日订单量（EQ）、日订单品项数量（EN）、品项受订次数（IK）等方面开展主动测算，结合ABC分类法，整合优化平库区、货架区库位，建立基于存销比的库位智能管理模式，自动选择入库方式，自动预警库存不足，降低库位

浪费25%，日均减少因高架库库存不足造成的时间浪费0.7小时。同时，利用系统内部库存报表及营销系统实时销量数据，导入低效率原因自检数据库，自动预警作业控制瓶颈，夯实库位实时优化管理基础，盘活库位资源，提升卷烟出库管理效率。

3. 打造全链共享的跟踪预警机制

打通工业企业与市级商业企业物流信息通道，通过对接工业企业的物流作业系统，实现工业物流信息资源"产销一体"协同共享机制，提升商业库存测算准确度23%，为打造智慧物流管理模式提供了外部信息支撑。探索新型销量测算模型，通过创新使用三次指数平滑算法，优化商业企业销量预测模型的应用，减少市场库存17%，为品牌精准投放、市场精准管控、客户精准维护提供了有效前提。建立库存跟踪预警机制，通过科学研判安全库存上下限、实时监控库存周转率，实现了对卷烟库存的有效监管和有效预警，在全供应链层面理顺了卷烟生产、调拨计划，避免了库存积压，实现了工商企业的双赢。打造全新货源组织模式，以工业企业联袂商业企业共同决策、网络配货为切入点，加快从货源组织协同向营销策略协同延伸，打通供应链数据壁垒，保障协议动态调整机制有效运转，进一步提高了市场响应能力和环境适应能力。

4. 推进基于智能的配送服务管理

在配送服务层面，以益阳所辖1.9万户零售户为整体数据框，通过"描点、划线、合面"操作，搭载物流管控平台终端配送作业系统，运用OBD（车载自动诊断系统）技术、在途信息实时监控技术，实现车辆行驶路径、车辆所在位置、客户取货位置、作业实施情况等数据信息的实时监测，做到物流信息适时跟踪、送货线路有迹可循、送货信息提前告知、到货确认清晰可查，结合"一中心多车组"为基础的配送服务"一张图"管理，配送准时率达到99%以上。采取统一协同、分区管理的"总—分"管理模式，打破固定线路、固定车组管理局限，实现配送到户率97.1%；开展5~6个车组的联合配送模式，合理减少车组空载率30%以上，实现每个访销周期内车组的配送客户数、配送量、配送里程、工作时长基本实现均衡分布，2019年月均节约油耗达796.7升。建立信息完备、时效性高的配送数据库，实现快速结算，结合NFC卡片签收普及工作，简化客户签收流程，达到全省行业领先水平。

（四）推动高效协同，健全智慧物流运营体系

1. 压实主体责任，搭建物流平台一体化

益阳烟草结合RACI矩阵，通过"主要负责人负总责、物流部门牵头、其余部门领责"的方式，全面搭建市级烟草物流管理一体化平台，按照主管领导负好质量责任、效益责任的总体要求，全面推进物流流程管理一体化进程。细化落实多部门、多人员联动管理机制，明晰卷烟物流、卷烟营销、专卖执法各部门之间职责范围和考核权重，让卷烟供应链体系从卷烟营销、物流配送到市场管理等环节实现同步运转。协调物流内部管理体制机制，促进物流内部管理的工商对接、仓储管理、配送管理、综合管理相互融合，实现物流从决策管理、运营管理、生产操作的全体系协同推进。

2. 顺畅工作机制，抓好体系管理标准化

为促进基础管理全面转型升级，益阳烟草推动集成型管理体系建设工作，实现"标准文件做简化、目标风险进流程、集成一体有特色"的建设目标。

一是突出标准文件的简化优化。聚焦战略目标，聚焦影响效率、质量、成本、服务的关键环节，实施系统性文件优化，规范性文件精简率达到10%，打造集成型管理体系，使资源更集约、体系更简约、执行更高效。二是突出业务流程的风险管控。全面导入风险管理思想，识别出工

环节和业务流程中的六类风险，制定有效的风险管控措施，嵌入到管理流程的各个关键节点，使风险防控真正融入到业务运作、落实到重点岗位，基于系统思维，建立集成管理平台，促进了各个管理体系、各项管理要素、各种管理方法的有机融合，实现流程管理与风险管控的紧密契合。三是突出管理体系的集成融合。推进质量管理体系、职业健康安全管理体系、安全生产标准化、精益管理、目标管理、绩效管理、对标管理、风险管理等管理体系和管理方法的整合优化。

3. 夯实工作基础，落实协调运转常态化

一是加强精益管理能力。按照 6S 管理标准要求，突出作业流程可视化、直观化改造，设立仓储作业监控中心、物流配送监控中心，辐射连接卷烟营销、物流配送、市场管理等关键节点。逐月通报客户服务受理情况，实时对市场零售户最关心的问题进行分析，采取宏观调控与微观管理相结合的双向调控反馈机制，实现各节点问题的实时监控、实时监管、实时解决。推进全员 TPM 维修维护保养工作，铺设各关键流程节点作业说明卡，明确各设备检点流程和作业步骤，为实现全员管理、全员维护、全员创新提供实践基础。二是加强内外沟通交流。按照"忙而不乱、安全规范"的原则每日实时报送各线动态，汇总分析相关数据，利用"企业微信"等线上工具进行实时沟通，做到心中有底、心中有数。举办全省条烟分部位精准定制打码技术交流、全省商业系统工商卷烟滑托盘联运交流会等活动，与行业内多位专家共同交流，稳步推进各项重点工作开展实施。

（五）培育高端人才，夯实智慧物流队伍基础

1. 高度重视队伍建设

一是夯实梯队素质基础。综合年龄、工龄、学历背景、技能水平等多项因素，划分人才类型，打造集合新入职员工、岗位先锋、技术能手、技能专家等多角色、多类型的人才储备库。二是打造学习型组织。合理分配 8 小时内外工作时间，倡导"8 小时内实践"+"8 小时外充电"的学习模式。

2. 打通员工发展通道

一是优化人才培育机制。落实技术技能职务聘任制度，以成果产出、创新质量、实际贡献为主导，制定激励约束并重的技术技能人才评价指标，打破技术线职业生涯成长"天花板效应"，着力提升专业技术技能人才的价值感和获得感。二是搭建全员创新平台。制定《群众性改善创新活动管理办法》，建立分级分类管理的创新改善活动运行机制，健全"选题指导、经费保障、过程管控、专家评审、成果固化、引进推广、考核评价"管理模式。落实创新改善课题研究活动方案，组织各部门聚焦指标短板、薄弱环节、重点工作选题攻关，做到部门参与率 100%。三是加大创新激励力度。提高各类创新改善成果奖励标准，年度特别奖充分考虑创新改善成果贡献，对荣获科技成果奖项、QC（质量控制）小组活动成果奖项及获评省级创新奖励的团队予以重奖，进一步彰显了创新激励导向。

3. 强化组织学习能力

一是以目标管理促进业务能力提升。结合公司战略和技术难点，分条线、分班组协同开展技术攻坚精英战、效率提升夺旗战，促使各班组形成流程型组织，奋力争取目标的达成，培养员工积极进取、勇于挑战的创新精神，锻炼员工顽强拼搏的意志与品质，全面提升团队凝聚力、执行力和创新能力。二是探索开展"5A 精益班组劳动技能竞赛模式"。以提升作业现场的流程衔接及运转效率为主题，通过精益班组劳动技能竞赛，增强全体物流员工的效率意识、责任意识、团队意识，提高岗位操作技能水平，全面营造尊重劳动、尊重创造、尊重知识、尊重人才的浓厚氛围。

三是开展"创新特训营"。聚焦物流团队当下主要问题和对应核心业务技能,通过精心策划,采取实景模拟、知识讲堂、项目体验等方式,用新思维和新方法孵化创新成果,宣贯团队目标至上的全局意识,激发员工劳动热情,培育团队团结协作精神。

四、市级烟草企业智慧物流管理体系创建的实施效果

(一)管理效能大幅提高

益阳烟草通过创新工商协同机制和工艺流程,年均减少出入库等待时间312小时,提升出库作业效率30%以上;减少入库环节流程节点4个,卸货效率提升102%,工业车辆等待时间从平均4小时/车次降低到1.5小时/车次,极大提高了服务水平;出库环节省去了二次周转缓存时间,流程节点减少6个,作业人员减少2人,大幅减少卷烟长期存放、破损等风险。

2019年通过整体智慧化转型升级,卷烟出库效率提升55.3%,相关岗位人员的劳动强度降低了50%;异型烟分拣作业效率提升400%以上,卷烟破损率降低至0.01‰以下;分拣作业环节核减6人,每年可节约设备运行时间391小时,节约用电7.03万度。智慧转型升级后,每年为公司节省运行费用76.23万元。

2019年,益阳烟草物流总费用同比减少104.15万元,降幅达2.68%;单箱物流费用同比下降1.85%;全年人均配送效率1553.59箱/人,排名全省第2;库存周转率同比提高12.13%,处于行业领先水平,日均减少库存资金占用约3500万元,释放了库存和资金活力。

(二)市场红利逐步显现

2019年,益阳烟草累计实现销售收入50.46亿元,同比增长7.17%,实现税利15.17亿元,同比增长8.44%,其中利润总额6.01亿元,同比增长19.42%,纳税10.66亿元,同比增长4%。通过实现科学管理、智慧决策,成功破除市场结构短板,中档消费卷烟增长幅度全省排名提升6位,省外中档消费卷烟品牌销售同比增长21.09%,比全省增幅高出4.43%;创新品类卷烟销量同比增长75.44%,增幅居全省第2位,较全省增幅高20.87%;细支烟销量同比增长78.51%,增长幅度排名居全省第1位,较全省增幅高出41.44%。

(三)社会效益稳步提升

面对全市1.9万户的巨大基数和年均10%以上的客户增长率,益阳烟草结合智慧物流体系,积极探索延伸服务触角。通过推进烟草服务流通品牌"湘汇636"零售终端建设,提升加盟零售户的盈利水平,将卷烟零售客户综合毛利率稳定在11.4%~12%的安全区间内,稳定了市场信心,提升了零售客户的获得感。2020年疫情期间,益阳烟草探索开展了基于智慧物流体系的"无接触配送"工作,其间共计服务客户72.97万户次,同时通过利用物流网络迅速为零售客户和医疗条件较差的偏远地区派发防疫物资,做到"防疫+配送"两不误;结合烟草物流资金结算业务,携手工商银行解决好零售客户资金周转难的问题。2020年上半年益阳烟草零售户满意度排名居全省第1位,同比提升11位,地区物流类客户服务后台受理量较2019年同期下降351.11%,所有客户诉求反馈均达到"满意"以上评价;送货服务满意度得分98分,居全省第2位,企业形象大幅度提升。

主　创　人:田胜奇、戴　阳
参与创造人:李晓洋、朱武刚、刘伟程、程　强、晏　晶、刘勇波、李立冬、胥英鑫

基于大数据和 AI 的大流量智慧运营管理体系构建

中国移动通信集团湖南有限公司

中国移动通信集团湖南有限公司（以下简称"湖南移动"）成立于 1999 年 8 月，2002 年 7 月在美国、香港资本市场上市。经过 20 多年的发展，公司总资产规模已超过 400 亿元，员工总人数达 1.5 万人，下设 14 个市州分公司、1 个直属单位，为全省 3500 万移动客户、700 多万家庭宽带用户、500 多万电视客户、5 万多家政企单位客户提供了优质的信息通信服务。

作为湖南地区信息化建设主力军，湖南移动持续加大信息通信基础设施建设力度，实现 4G 网络全省无缝覆盖、行政村以上区域光纤宽带全覆盖。作为国有大型企业，湖南移动坚决贯彻落实"网络强国""宽带中国""提速降费"等重大战略决策部署。深度参与"数字湖南"建设，先后打造了湖南省政府"政务云"和省纪委"互联网+监督"等一批信息化示范项目。连续多年被评为全省纳税 50 强企业、"纳税 A 级信誉单位"，先后荣获"全国五一劳动奖状""全国模范职工之家"和"全国用户满意企业"等多项荣誉称号。

一、基于大数据和 AI 的大流量智慧运营管理体系构建的实施背景

（一）是适应行业环境变化的需要

近年来，互联网业务不断丰富，网红直播、小视频、智能终端普及等引爆大众客户对手机流量的需求，在总上网用户数保持平稳的情况下，湖南移动 4G 日均流量在 2019 年底达到 8000 多 TB（计算单位，等于 1024GB），为 2017 年同期的 5 倍多。同时，国家推动电信运营商提速降费，进一步刺激了全网流量的爆发式增长，流量激增导致网络负荷重，能力建设投资大。高速业务发展需求，给运营商扩容建设、流量预测、网络保障等工作带来了巨大的挑战和压力。领先的网络质量、优质的网络服务和成本管控能力是运营商在移动互联网时代取得成功的关键因素。因此，亟待构建低成本、高效率的大流量智慧运营管理体系，支撑网络市场协同健康发展，提高用户满意度和网络黏性。

（二）是基于流量价值经营的需要

当前电信运营商收入增长面临瓶颈，如何用足、用好投资，构建低成本高效率的大流量智慧运营管理体系，为客户提供差异化、个性化和高质量的移动互联网服务体验，是电信运营商打造品牌、保障利润和提升收益的重要手段。目前电信运营商大流量智慧运营管理工作中存在以下三个突出问题：

一是大流量智慧运营涉及管理部门多、流程长。大流量运营涉及计划、财务、采购、工程、网管、客户响应中心、政企、客服等多个部门，包含规划、建设、入网、维护、优化和退网等多个环节，跨专业跨部门难以实现信息的完全互通和数据共享，数据价值未被充分挖掘，难以为大流量智慧运营决策制定提供足够的数据支撑。

二是大流量智慧运营管理亟待技术和手段创新。大流量运营管理的处理数据量达到 PB（计算单位，等于 1024TB）级别，数据来源于 B 域（业务域，包含用户和业务数据）支撑平台和 O 域（运营域，包含网络数据）网络设备的信令、告警、性能、巡检、资源和投诉等支撑系统，数据形

式多样及各数据间的关联关系待挖掘。传统方法、常规手段难以从海量数据中快速提取关键特征进行关联分析和复杂计算，无法及时为态势预测、网络预警、能力保障、感知提升、市场营销等提供科学数据支撑，难以实现大流量运营的全流程管控，亟待基于大数据和AI（人工智能）技术实现大流量智慧运营。

三是大流量智慧运营的价值挖掘需进一步提升。4G促进了手机互联网化的全面变革，4G的网速基本是3G时代的10倍，随时随地玩游戏、看视频已是常态，共享单车、手机支付已深入人们的日常生活。多样化的流量业务更多依赖现有无线网络进行连通，产生的大流量具有时间潮汐、地域差异、业务感知多样等特性，原有的网络维护服务已不能满足市场营销策略的快速落地，不能及时对高价值业务配备充足网络资源，不能有效发挥技术特长支撑政企业务发展。亟待通过大数据挖掘，敏捷响应业务需求，改善网络短板，做好重点业务、目标客户群体的差异化保障，发挥企业基础网络优势，为公司大市场提供价值运营保障。

（三）是推动公司转型发展的需要

习近平总书记在党的十九大中提出要建设网络强国、数字中国、智慧社会，推动互联网、大数据、AI和实体经济深度融合。为了响应国家号召，中国移动总部制定了转型发展战略目标，全力创建世界一流示范企业。湖南移动围绕转型升级目标，以高质量发展为主线，构建基于大数据和AI的大流量智慧运营管理体系，实现精准能力建设、精细质量管控、保障网络安全、提升运营效率和支撑市场发展，保持公司领先优势，助力经济社会发展。

二、基于大数据和AI的大流量智慧运营管理体系构建的内涵

湖南移动以"三三一"模型为抓手，开展大流量智慧运营管理模式改革。第一个"三"为夯实"三个基础保障"，就是以网络能力、网络安全和支撑手段为基础保障；第二个"三"为实现"三个流量经营目标"，就是网络质量好、业务感知优和运营成本低；最后一个"一"即市场业务发展好这个终极目标。

构建基于大数据和AI的大流量智慧运营精细化管理模式，深化集中运营，打通协同堵点、流程断点，形成联动合力，全力支撑市场发展，创造更大效益，助力湖南移动公司成为网络领军、数字化服务领先、高效运营典范的企业。通过树立最佳实践标杆，全力推广大流量智慧运营管理最佳实践，狠抓制度完善和执行，确保网络质量持续提升，客户服务水平不断提高，降本增效成效明显，助力湖南移动公司可持续高质量发展。

三、基于大数据和AI的大流量智慧运营管理体系构建的主要做法

（一）建立大流量智慧运营管理机制和政策体系

1. 成立大流量智慧运营的组织机构

为保障大流量智慧运营管理工作高效开展，需要建立一个结构合理、分工明确、管理有力、沟通高效的管理组织。湖南移动成立了网络部门牵头，计划建设、网络优化、客户响应中心、信息技术中心、市场部、合作单位等多个部门和单位的大流量智慧运营协同工作组。明确各单位接口人和工作组成员责任分工，提升协同管理效率，避免多头管理流程复杂，实行"首问责任制"，确保各项问题得到有效解决，保障大流量业务持续健康发展。

2. 完善大流量智慧运营管理制度

为确保顺利实施，湖南移动进一步优化、细化、量化大流量运营的各项管理工作，积极开展建章立制工作，出台了《湖南移动大数据平台应用开发服务管理办法》《中国移动通信集团湖南有限公司运维人员自主研发管理细则（试行）》《中国移动网络湖南有限公司资源管理办法》等十多项管理办法和细则，梳理大流量智慧运营管理的各流程环节，针对流程中的风险点、薄弱点、关键点建立新的标准化的管理规范。

3. 编制大流量智慧运营的顶层设计

以习近平新时代中国特色社会主义思想为统领，贯彻网络强国战略，全力推动高质量发展为主线，确定大流量智慧运营：以提升网络质量为核心，确保客户良好感知；以促进降本增效为目标，提高网络运营效益；以深化网络集中化改革、适应网络转型升级需要，锻造网络优势，助力市场发展。

（二）精准开展能力建设，夯实大流量运营基础

由于用户上网、流量业务贯穿各电信运营商的无线、传输、核心网、承载网和互联网网络，且涉及大量防火墙、交换机和路由器等数通设备，故为了保障大流量业务健康快速发展，避免投资浪费，湖南移动基于现网大数据和AI方法精准预测用户数和流量的增长趋势，提前预估端到端网络能力瓶颈及开展网络能力深度挖潜等，实现网络能力精准建设。

一是聚焦效益科学规划，基于价值精准投入。采用AI方法，基于信令大数据实时呈现拥塞区域和弱覆盖投诉热点区域，指导建设资源精准投放，让有限的资源价值最大化。创新性地提出基于BP（反向传播）神经网络等多模型融合的流量预测方法以及首创基于主成分分析和多元线性回归的防火墙会话数预测方法，使得业务预测的准确率较传统方法提升10%以上，并申请了三项国家发明专利。通过对重点客户、重点区域、重点业务优先保障资源配备，促进网络能力与业务发展同步提升。

二是搭建智慧工程管理系统，严控设备入网。围绕工程管理"五要素"，强化建设项目全生命周期闭环管理，确保工程质量。严格按照规范对设备的软、硬件是否具备上线条件进行全面测试和评估，具体包含对环境、硬件安装工艺、网元功能、计费测试、可靠性测试、可维护性测试和安全性等方面开展全方位测试及评估，把好入网验收关，避免设备带病入网，从源头上保障网络质量和安全。

三是开展现网能力挖潜，提升设备管理效益。深度挖掘网络潜力，优化性能参数，加强新技术应用，盘活现有资产，及时腾退无法再利用设备，降低能耗和维护费。充分挖掘现有机房装机能力，提升老旧机房装机效率，提高网络整体利用率，最大限度做到全网资源物尽其用。深入剖析产生低效、无效资产的原因，排查日常维护工作中需求管理、资产管理等方面存在的不足，优化现有流程完善制度体系，建立常态化监控清理机制，强化资产全生命周期流程管理，促进资产配置更合理，资产使用更高效。

（三）精细开展质量管控，保障大流量运营感知

为有效应对大流量冲击，湖南移动坚持以客户感知为中心，基于大数据开展客户感知（QoE）、业务质量（KQI）和网络性能（KPI）指标的融合分析，强化网络质量管理，实现差异化客户感知网络保障，保障大流量业务感知。

一是优化网络质量评估体系。以中国移动"四轮十维"评估全覆盖为基础，构建贴近客户感知的质量考核指标，全面优化网络质量分级评估体系。依托大数据平台建立客户网络感知融合评估模型，牵引网络维护与资源配置到位，确保评估指标、运维质量、客户感知同步提升。

二是分层分级保障业务感知。从全网用户、大流量套餐用户、头部客户三个用户层级开展视频、即时通信、游戏、浏览四大类业务的感知分析，制定评判标准，定位高流量质差和拥塞小区，开展质差整治及PCC（策略与计费控制）拥塞差异化智能管控策略，提升网络资源利用率，优化

客户感知。

三是多方协同保障网络资源。为克服传统网络监测预警能力不足问题，湖南移动分机房、网元池、局域网、设备、板卡和端口等多层级实现资源负荷和关键性能指标的集中实时监控，及时发现核心网及周边设备的能力瓶颈，开展跨专业端对端联动，确保网络资源到位，保障用户上网过程中的体验感知。

四是智能管控客户投诉。融合网管、网优、BOSS（业务运营支撑系统）等数据及能力，建立一站式投诉预处理手段，为客服一线注智赋能，实现全量移动网络投诉可管可控可分析。通过AI等手段对投诉和故障、工程资讯进行智能关联，先于客户发现问题，解决问题，实现质差问题无感知修复。

五是预警预判网络故障。基于历史重要故障期间的告警、性能和工程状态信息等，采用随机森林等AI方法开展高危故障预测预警，极大降低网络故障造成的损失，避免严重的设备故障，提高网络的可靠性和稳定性。同时结合告警、性能和资源等数据，建立基于大数据的网络隐患自动定位评估系统，一点遍历全网隐患，先于故障发现问题，提升问题发现深度，提升网络健壮性和客户体验感知。

六是深化融合服务支撑保障。以抓质差、重关怀、优服务为驱动，持续深化面向客户感知的差异化服务品质提升。聚焦关键群体、关键时刻开展客户主动关怀和网络优势宣传，打造良好的客户口碑，提高客户信任度和忠诚度。

（四）坚守网络安全底线，确保大流量运营安全

习近平总书记强调，没有网络安全就没有国家安全，就没有经济社会稳定运行，广大人民群众的利益也难以得到保障。湖南移动通过保障网络环境安全、网络物理连接安全和应急容灾安全等措施打造可信的核心网安全体系，守住网络安全底线，保障网络品质和客户利益。

一是落实网络安全主体责任，提升安全管理能力。坚决贯彻落实党委网络安全责任制，建立网络安全问责考核制度，健全网络安全评价体系，从责任落实、日常管控、结果考核等方面推动网络安全工作落地，夯实主体责任。

二是提升网络安全防护能力，保障网络环境安全。搭建网络与信息安全集中管控平台，实现安全态势集中呈现，防护能力集中调度，安全风险闭环管理，安全事件快速处置，强化网络安全管控能力。同时强化IP（知识产权）资产管理，确保IP资产100%责任到人，互联网暴露面资产100%报备，关键信息基础设施100%定级备案。

三是常态化开展防火墙安全策略审计和优化，护航业务发展。湖南移动从安全策略树规则遍历、日志记录、命中率统计等方面针对防火墙开展是否存在冗余、冲突、缺失、错误或过度授权策略的常态化审计工作，完善基于智能巡检系统和防火墙可视化平台的策略监测手段，有效提升异常策略发现和预警能力。基于策略审计结果、访问频次、命中次数或日志信息等优化防火墙策略配置，实现了防火墙策略满足权限最小和效率最优，在筑牢网络安全防线的同时有效降低设备负荷，减少相关投诉，护航大流量业务健康发展。

四是完善网络连接安全评估，保障物理连接安全。以网元为节点完善核心网网络连接安全评估，形成设备"关键连接"关联数据的逐级分析机制。用信息化手段对网元供电、资源配置、资源分布均匀性、时钟同步配置和传输节点连接安全等五方面的安全隐患进行排查预警，并形成常态化评估、挂牌督办、核查摘牌的闭环管理，确保与设备相关的电源、传输和时钟同步网的物理连接等方面达到"双路由、双节点"安全要求，保障物理连接安全。

五是常态化开展应急演练，保障网络应急和容灾安全。按照工信部关于应急演练工作要求，针对核心网分组域网络制定了全覆盖、全业务、全级别的应急演练场景和对应应急预案 26 个，其中为应对大流量冲击定制化场景 10 个，如跨网元池的应急容灾、局域网内交换机或防火墙负荷过高等应急场景。常态化开展针对性应急演练，确保在大流量冲击发生时能够从容应对，化解网络风险，提升网络容灾能力。

（五）加强支撑手段建设，提升大流量经营效率

湖南移动采用自研和合作的方式开展创新研发，改善技术手段，支撑大流量智慧运营。

一是着力搭建能力开放、敏捷高效的网络智慧中台，为网络规划建设、运维生产工作注智赋能。通过集中性能监控平台对关键指标进行多维度、多层次实时监控，及时发现容量瓶颈或性能劣化情况，自动精准定界问题到用户、终端、小区、网络或业务等环节，为网络精细优化提供参考。在网络资源局部存在瓶颈时，基于 AI 方法学习获得机房、局域网、网元池、网元和链路等各层级内负荷均衡的最优策略，保障全网资源达最优配置，完成网络能力深度挖潜，在不扩容前提下满足市场业务发展需求，助力公司实现降本增效。

二是扩展现有的大数据平台功能。聚合信令、告警、资源和投诉等 O 域高价值数据，实现 B 域和 O 域数据的全量采集、数据清洗和关联分析，增强基于投诉、质差和价值的多维度分析能力。通过集中故障管理系统的跨专业告警关联分析和智能预处理，实现合并派单和故障智能预处理，有效压减工单量和处理时间，大幅降低监控和维护人员的工作量。

三是着力提升智能化运维水平。注智集中运维，推动全专业、全流程可视化，实现分散维护向集中支撑转变、事后考核向事中管控转变、网络指标向客户感知转变。完善重要场景保障，实现重大故障、重要保障、日常故障的精细化分级调度。加快故障自动定位、自动仿真拨测、网络配置自动化系统、机房和设备智能巡检等智能应用的推广，在节能降费、资源调度、参数优化等关键领域继续加强智能化探索。

（六）强化网络市场协同，加快大流量经营变现

以市场发展为导向开展大流量智慧经营，深化经营体系改革，深入挖掘市场需求，强化大流量经营变现支撑，完善网市协同，助力市场发展。

一是深化经营体系改革。深化网格化运营，充分发挥基层作战单元战斗力，划小核算结算单元，建立与业绩挂钩的长效激励机制，激活网格人员活力。运用"智慧中台"等 IT 支撑系统，依托市场、政企、网络、客服、财务等各条线力量的支撑团队，建立一线人员向后端支撑和管理部门调用资源的"倒三角"支撑模式以及逆向考核打分机制，对网格人员精准、高效赋能。

二是深度挖掘客户需求。选取大流量套餐用户数、DOU（平均每户每月上网流量）、渗透率和限速率等关键因子，开展趋势分析和横向对比分析，通过限速率等分析结果，反推用户流量需求满足度，挖掘流量激发目标用户，为市场提供大流量套餐业务运营支撑。结合大数据分析，有效识别套餐降档与离网风险客户，挖掘客户需求，做好存量客户价值保有与客户保有运营工作，实现存量客户的保有、激发和赢回。

三是强化大流量经营变现支撑。建立矩阵式项目管理工作模式，聚焦公司发展中的痛点难点，以实现高质量发展为目标，以流量变现为导向，从用户、业务、场景、时间等多维度制定不同需求流量包，创新计费模式，提升市场占有率。深入推进网络能力开放，基于能力开放平台，将运营商移动网络所独有的通信能力通过简单、通用的标准化接口，面向互联网、企业、行业应用进行开放，实现丰富多样的业务。目前可以实现的产品涉及管道类、消息类及音视频三大类，例如

与互联网游戏企业合作针对低带宽低时延需求的热门游戏进行专用承载保障,推出游戏加速类产品,实现网络管道能力变现。

四、基于大数据和 AI 的大流量智慧运营管理体系构建的实施效果

(一)管理水平和质量显著提升

构建大流量智慧运营精益管理体系,能够让公司上下统一思想认识、明确思路,服务公司发展战略。通过构建大流量智慧运营精益管理体系,明显提升了网络质量和全员服务及降本增效意识,有效提升客户满意度,实现网络市场协同发展。

一是提高了管理的科学性和效率效益,增强了企业核心竞争力。通过构建管理体系,始终把信息化手段建设贯穿管理全过程,用现代化的先进管理手段堵住管理漏洞,推动了企业由经验式管理向智能化和规范化管理转变,提升管理效率。部门间的管理目标协调统一,实现了跨部门的信息对称和充分共享,促使企业纵向贯通、横向协同,形成更加紧密的集团化整体。同时促使大流量运营管理工作更加科学、高效,避免了决策盲目性,细化了管理要求。通过规范管控和归口管理,显著提高了管理的科学性和效率效益,提升了企业的智能化水平,增强了企业的核心竞争力。

二是减少了人工成本,提高了工效比。应用智能巡检工具、局数据自动配置和核查工具、智能仿真拨测工具、告警智能预处理等自动化工具后,实现 IT 换人,大幅提升运维效率,现网单台设备的日常维护平均耗时由 2 小时/天减少到 0.5 小时/天。故障和投诉处理集中化、一站式投诉支撑系统以及告警智能处理应用后,平均投诉处理时间缩短 35%,预处理率提升 11.4%,告警工单量压减 23%,工单处理平均时间缩短 42%,大幅降低了人工成本。

三是提升了网络质量和客户感知,有效支撑了市场发展。大流量智慧运营管理系统全面应用,在大幅提升运营效率的同时,有效提升了网络的服务质量和客户的使用感知,湖南移动网络质量综合评估连续十期在全国保持"突出"。2019 年全省移动网络投诉率较 2018 年下降 35.09%,移动网络重复投诉占比较 2018 年减少了 3.6%。在高铁、商业中心和景区等典型场景开展 PCC 拥塞智能管控策略,如在高铁区域保障 12306 业务,保障后业务流量提升 20%,用户数提升 3.3%,下载速率提升 14%,客户感知大幅提升,提高了客户的网络黏性和忠诚度,有效支撑了大流量套餐业务的健康快速发展。2019 年底用户使用的总流量,月均值较 2018 年底增长 44.5%。

四是筑牢了安全防线,保障了大流量运营安全。通过开展防火墙策略审计和优化工作,策略地址条数精简了 47%,CPU 负荷较优化前降低了 35%,大幅降低设备整体负荷,有效应对大流量冲击。开展预防性维护,按需更新完善大流量应急预案,常态化进行应急应变操作,大幅提升了网络应急保障能力。通过保障网络环境安全、网络物理连接安全和应急容灾安全等措施为湖南移动打造了磐石网络,确保了全网设备安全、平稳运行,全年未发生重大通信网络责任故障和重大信息安全责任事件。

(二)企业经济效益显著提升

依托大流量智慧运营管理,累计节约各类资本成本开支 9410 万元,增收 5800 万元,总计经济效益达 15210 万元。一是基于大数据和 AI 的流量预测准确率较传统方法提升 10% 以上,提供精准扩容依据,基于负荷均衡调优实现网络能力深度挖潜,2019 年节约网络扩容投资约 4620 万元。二是基于能力评估结果,及时下电无效、低效资产,节约了电费 200 万,利旧部分退网设备改造成停机 APN 专用网关或行业用户专用网关,节省设备投资 2080 万元。三是完善网业协同机制,实现对客户可察、可触、可运营、可推广。2019 年底湖南移动用户使用流量,月均值较 2018 年底增长44.5%，带来的经济效益约5800万元。四是故障和投诉智能手段应用后，平均投诉处理时间缩短35%，工单量压减23%，工单处理平均时间缩短42%，故投诉和故障处理方面每年可节约人力194人左右，节约了人力成本1552万元。五是应用智能巡检工具、局数据自动配置、智能仿真拨测工具等自动化工具后，实现IT换人，大幅提升运维效率。现网单台设备日常维护平均耗时由2小时/天减少到0.5小时/天，节约了人力成本958万元。

（三）社会效益不断彰显

湖南移动以高质量发展为主线，围绕转型升级，构建基于大数据和AI的大流量智慧运营管理体系，持续提升网络质量和服务能力，营造清朗网络空间。"疑似诈骗电话大数据监测及实名实人二次认证系统"获评工信部2019年"众智护网"示范项目。维护客户合法权益，客户满意度居中国移动前列、保持省内领先，彰显了中国移动品牌形象，持续提升了企业在行业的影响力和公信力。

依托大流量智慧运营管理，湖南移动网络质量综合评估连续十期在全国保持"突出"，荣获中国移动2019年网络维护先进单位二等奖、网络安全保障工作突出贡献单位、中国通信企业协会2019年度网络运维管理和网络优化创新先进单位。湖南移动圆满完成建国七十周年、中非经贸博览会等12项重大活动网络信息安全保障及130余次重大通信保障，用心做好客户服务，践行了"创无限通信世界，做信息社会栋梁"的初心使命。

湖南移动在大流量智慧运营中积累的管理经验和创新成果得到中国移动集团公司的高度认可，辽宁、山东、安徽、广东等多省移动公司通过远程视频、电话咨询、现场交流等方式向湖南移动学习经验。《基于大数据和AI的大流量智能运维的研究与实践》荣获2019年湖南移动科技进步二等奖，"流量卫士"QC小组荣获2019年湖南移动优秀质量管理小组成果，有效提升了湖南移动在通信行业的影响力。

（四）取得良好的生态效益

1. 勇于攻坚克难，营造了积极进取的创新生态

湖南移动为员工提供了良好的创新环境，鼓励专业技术人员在专业领域潜心钻研、积极创新。目前大流量智慧运营管理创新团队的综合科研实力跻身移动集团相同研究领域领先水平，且基于大流量运营，将流量预测、负荷均衡调优和故障检测等创新成果向知识产权转化，已申请国家发明专利七项，在大流量智慧运营管理方面已形成较好的管理支撑与技术服务能力。公司上下已形成了积极创新、争先创优的良好工作氛围，勇于攻坚克难，不断增强解决问题的能力，为公司发展发挥更大作用。

2. 示范引领，形成可复制推广的生态圈

湖南移动提出的《应对大流量冲击的新监测与新管控实践》和《防火墙策略审计和优化护航核心网业务运营》分别荣获2018年中国移动通信集团网络运维最佳实践优秀项目和2019年中国移动通信集团最佳实践命题项目，且先后在全国31个省移动公司进行推广应用，获得较好的评价，起到了"创新+实用"的良好示范效应。

3. 推动生产节能减排，助力经济社会高质量发展

湖南移动全面加强新技术应用，全面部署华为设备区域主设备深度调优节能，探索与国网电力合作开展转供电改造，试点部署水帘新风系统和智慧空开应用。积极实施下电无效、低效设备等电费压降措施和开展精准能力建设，有效降低了湖南移动全网设备的总耗电量，有效降低了能源的消耗，荣获绿色行动计划先进集体称号，减轻了生态能源压力，为全国节能减排、保护环境

做出了显著的贡献。

作为国有大型企业,湖南移动勇担做网络强国、数字中国、智慧社会建设主力军的崇高使命,深度参与"数字湖南"建设,先后打造了湖南省政府"政务云"、省纪委"互联网+监督"、省总工会"互联网+工会"等一批信息化示范项目。积极承担电信普遍服务项目和"百兆乡村"工程建设任务,缩小城乡数字鸿沟。发挥了国有企业主力军、排头兵、国家队的重要作用,满足人民群众对数字化美好生活的需求,助推湖南省经济社会高质量发展。

主　创　人：袁姣红
参与创造人：朱江军、谭　倩、黄该有、彭文英、戴晓群、蒋杭州、
　　　　　　陶　娟、唐　赛

省级电网智能电表状态评价管理体系构建

国网湖南省电力有限公司

国网湖南省电力有限公司（以下简称"湖南公司"）成立于1993年10月，是国家电网有限公司的全资子公司，以建设和运营电网为核心业务，担负着保障湖南省电力可靠供应的重大责任。公司现设23个职能部门，下设14个市（州）供电公司、102个县级供电公司，用工总量7.2万人。2017年9月，按照国务院国资委的部署和《公司法》规定，公司由全民所有制企业改为有限责任公司。

供电范围覆盖全省14个市（州）、117个县（市、区），供电台区28.5万台，供电用户2911.8万户。2019年完成全社会用电量累计1479.02亿千瓦时，同比增长8.01%。近年来，湖南公司在国家电网有限公司党组和湖南省委、省政府的坚强领导下，始终坚持以改革为主轴，大力弘扬"严细实"作风，担当作为、创新发展，取得了优秀业绩，确保了国有资产保值增值，确保了全省安全可靠供电，为建设具有中国特色国际领先的能源互联网企业，为建设富饶美丽幸福新湖南，做出了积极贡献。

一、省级电网智能电表状态评价管理体系构建的实施背景

（一）是人民美好生活对稳定电力的需要

随着人民生活水平的不断提高，对电力的需求快速提升，稳定的电力供应是保障百姓美好生活的基础，而频繁的电表更换，造成的是频繁停电，严重影响百姓的正常生产、生活。同时百姓不认可自家表计无故障更换，对无故障换表充满疑惑和抵触情绪，引发多起现场阻工和换表投诉，影响客户服务体验。

（二）是加强智能电表运行监管的需要

随着信息化技术的发展和电能表制造技术进步及生产工艺水平的不断提高，智能电表首次强制检定、运行抽检和到期轮换的监管模式已经不适应新时期智能电表的监管需求。湖南省市场监督管理局于2018年10月发布了JJG（湘）32-2018《在用电子式交流电能表检定规程》，对运行年限达8年及以上智能电表，开展抽样检测，评估智能电表批次质量水平，调整智能电表检定周期，在一定程度上解决了智能电表到期轮换的问题，但是仍无法实现对智能电表运行状态的实时监测。

（三）是促进企业可持续发展的需要

按照《国家电网有限公司供电服务"十项承诺"》的要求：城市电网平均供电可靠率要达到99.9%，农村电网平均供电可靠率达到99.8%，此外湖南公司要求全面提升供电可靠性，对计划停电的次数和停电时长做了严格要求，致力于为客户提供优质服务。自2009年湖南公司开展智能电能表安装试点以来，已有2900余万只智能电表挂网运行，按照现行国家计量检定规程（JJG596-2012）规定，2012年及以前安装的205.48万只智能电表已到达8年检定周期，后续每年都有大量智能电表面临到期拆回检定的问题，到期全部轮换会造成大量的资金和人力资源浪费。

综上所述，如按照检定周期拆回大量性能完好的智能电表，将带来一系列的问题：对人民正

常用电需求带来负面影响；导致无法预计的换表停电损失；带来周期检定后对电子式电能表继续使用周期如何界定的管理和技术难题。因此，针对电能计量领域大量在运智能电表运行状态难评价的问题，如何构建一套科学合理的智能电表状态评价管理体系，支撑智能电表状态更换策略的制定与实施是湖南公司迫切需要研究的课题。

二、省级电网智能电表状态评价管理体系构建的内涵

省级电网智能电表状态评价管理体系构建的内涵是：以建立系统功能完善、状态评价精准、规章制度健全的智能电表状态评价管理体系为目标，利用远程在线监测和大数据分析技术，实现对智能电表的在线监测、精准研判、状态评价和科学更换。通过组建专项领导小组，制定科学的分工体系和推广策略，统筹规划推进智能电表状态评价的落地实施；研究智能电表状态评价分析模型，完善异常分级评价机制，提高异常输出的准确性和可靠性；开发部署在线监测及运行状态分析平台，支撑各级单位智能化开展日常监控与管理；融合现场作业终端，实现工单自动化闭环管控；建立电表运行质量档案，将智能电表的故障处理模式由事后处置转向事前预警，支撑智能电表状态更换策略制定，服务制造厂商质量提升；建立状态评价保障机制，完善配套管理规范和标准化作业指导书，系统开展应用培训，强化工作质量监督考核。全面提升公司计量管理水平，提升客户服务满意度，支撑政府部门全过程监督，实现政府、企业和社会三方共赢。

三、省级电网智能电表状态评价管理体系构建的主要做法

（一）组织机构

1. 组建专项工作小组

为全面指导和管理智能电表状态评价各项工作，由湖南公司营销部牵头，省信通公司、省供电服务中心和部分市（州）公司专家共同组建了一支59人的专项攻坚工作团队，组成1个领导小组、3个专项工作小组（包括系统开发工作组、试点验证工作组、数据治理工作组），全面保障智能电表状态评价管理工作开展。

2. 统筹规划推广实施

制订里程碑计划，明确状态评价模型构建及优化、系统应用平台开发部署、现场核查验证、数据治理、管理制度建立等各项工作任务的完成时间节点、交付成果物及责任人等内容，支撑领导小组对各项工作的实施进度、工作质量等监督及管控，确保各方面资源有序调度、协调保障。同时，充分发挥各级责任主体的主动性和能动性，贯彻落实各项工作要求，确保取得实效。

3. 定期评价有序推进

建立常态工作评价机制，定期组织各专项工作小组召开碰头会议，加强对各专项工作小组的工作全过程监督和管控，按周、月、季度进行工作评价，对工作开展情况形成评价意见，定期通报工作成效，确保各项工作要求得到贯彻落实。

4. 科学划分管理职责

湖南公司吸纳外部单位管理特色和内部基层一线员工的管理需求，针对智能电表状态评价业务，基于工作小组的推进经验，科学划分省、市、县三级管理职责，进行分层分级管理。其中，省级主要负责管理体系建立、系统平台功能优化、表计更换策略制定、工作质量检查与考核，市级和县级主要负责基础数据治理、工单派发、结果分析反馈、过程监督与管控，各层级单位可充分发挥各自优势，有力支撑智能电表状态评价管理。

5. 保障客户电费结算

针对现场核验发现的电能表计量异常问题，要求基层单位严格执行电量电费退补保底措施，

依据国家法规多退少补原则，强化计量专业人员服务及风险防控意识，并针对用户有异议的电能表开展复测或实验室检定工作。对于用户申校并确认的失准电能表，依据《供电营业规则》，及时按验证后的误差值对用户进行电量电费退补，保证计量公平公正，切实保障用户利益。

（二）研究状态评价理论基础

1. 研究运行分析模型

智能电表的运行误差如何实现在线计算与监测，是电网企业一直在探索和研究的课题，以往基于传统方法，需要对在运的智能电表进行抽样，拆回实验室检定，这种方法效率较低，工作量大，且无法覆盖全量在运智能电表。湖南公司创新利用大数据分析方法，以台区为切入点，基于能量守恒定律，构建台区的用电模型，实现对智能电表运行误差的远程在线计算。

目前实际居民用电通常以台区为供电单位，一个台区对应一个变压器，一个变压器对应一个台区总表，一个台区总表对应多个用户表，台区拓扑结构如图1所示：

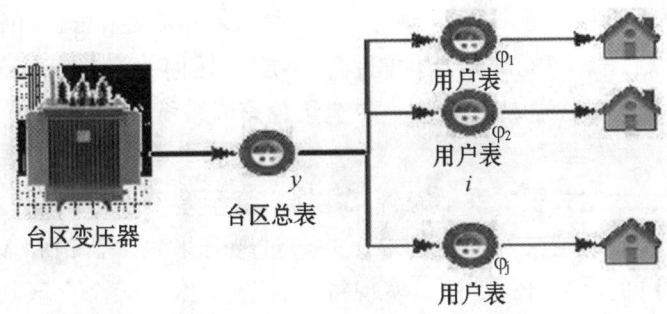

图1　台区拓扑结构示意图

根据能量守恒定律，台区供电量和用电量之间的能量守恒关系为：单个台区供电量＝台区各用户用电量之和＋台区损耗电量。其中单个台区供电量为台区总表计量电量，台区用户用电量为用户表计量电量，台区损耗则可分解为动态损耗和固定损耗。动态损耗为台区内的线路损耗，随着供电半径和线路长度的变化而变化；固定损耗则为台区内表计本身的技术损耗，不随用电量的变化而变化。

为提升模型的准确性和可靠性，对模型进行了数据训练，利用实际运行的表计数据，人为加入不同的超差数据，对模型不断开展训练，结合训练的结果，不断优化模型算法，进行参数调优。在模型数据训练取得较好的效果后，将模型投入工程实际进行试点应用，验证模型的误检率和漏检率，进一步比对模型计算结果和现场核查结果存在的差异，分析差异产生的原因进而不断完善模型。

2. 优化异常分级机制

湖南公司对于智能电表的异常监控经过多年不断持续的优化改善，已取得一定的成绩，但在进一步深化应用方面，在构建全方位、多角度、立体式的异常监测体系方面，仍然存在异常判定规则精准度不高、异常关联性挖掘不深、异常规则智能化不够等问题。

通过增加异常处理重要性等级，增加电能表示值翻转判定方法，增加异常原因等逻辑判断规则，并结合模型阈值设置等手段，优化在线监测功能模块中的电能表示值不平、飞走、倒走、停走、反向电量及时钟异常监控主题，优化"阈值、分段、分域"参数配置和监控模型，构建标准化异常监控应用体系，推进全方位、多角度、立体式的异常监测。

将电能表运行状态分析模型输出结果和异常监测的输出结果进行关联性分析，实现对各类计量异常的分类分级管理,将异常表等级分为高、中、低三个等级:同时有计量异常和有异常事件为高等级异常表,有计量异常但无异常事件为中等级异常表,计量无异常但有异常事件为低等级异常表。

(三)开发部署系统应用平台

1. 强化系统顶层设计

以宽进严出作为顶层设计原则,严格需求评审,在具体功能落实上采取总体规划、分批上线的实施方针,高效推进,迭代优化功能。组织各层级业务专家对需求进行评审,确保需求精准。湖南公司将评审后的103项功能需求分为三批上线,实现功能实用、好用,每一项功能都能服务于一线作业,支撑精准作业。

2. 严格功能测试验证

针对电能表运行状态分析平台制定符合信息化标准的验证测试方案,先后组织基层单位开展功能测试、现场核查验证和专项培训会等50余次,形成验证测试报告,并针对测试发现的问题,制定对应的开发优化计划,对功能缺陷迭代完善,不放过任何一个细节,使业务紧紧依托技术,技术紧紧支撑业务,全业务、全功能、全用户、全角色完成系统验证测试。

3. 精准定位数据治理

针对数据来源众多、数据关联关系不完善、数据质量参差不齐等问题,建立了科学的数据治理体系,明确台区数据质量的定义和评定标准。并通过融合采集、营销和MDS(生产调度平台)等系统数据,建设台区数据质量分析功能,实现每周对全省28万余个台区数据质量分析及结果展示,支撑基层单位准确定位数据质量问题,开展数据治理工作,解决了原有数据质量评价体系不全面、人工分析排查效率低等问题。

4. 打造桌面可视看板

按照省、市、县、所四个层级的管理需要,打造桌面可视化看板,对运行状态在线分析的结果进行实时展示,并针对各级单位的业务需求,个性化定制业务主题、指标数据的监控功能,全面支撑各级单位的日常监控与管理工作,实现数据向现代桌面可视化方式转变,进一步提升企业精益化管理水平。

(四)实现现场核验自动闭环

1. 实现工单线上闭环

湖南公司在试点核查验证时,前期采用线下方式开展工单流转及处理,存在工单传递不及时、纸质工单携带不便捷、工单处理结果难统计、工单处理进度及质量难管控等问题,导致基层人力投入大但效率低。

为了解决线下工单流转存在的问题,搭建了电能表运行状态异常工单闭环管控流程,实现了运行状态异常工单线上生成、派发及处理。通过在营销专业原有业务系统中增加或完善功能模块,确保整个系统流程完善的同时避免新增业务系统。在采集运维闭环管理模块中通过接口集成应用,新增了运行状态异常工单的派发和处理流程,可直接推送到基层工作人员,同步结合日常运维业务开展对运行电能表的状态评价管理。在营销业务应用系统进行用电检查通知接口及用电检查结果查询接口改造,实现智能表运行状态异常工单发起时触发用电检查流程,便于跟踪及闭环管理后续处理情况,显著提高基层工作效率及工作质量。

智能电表状态评价工单的生成、派发及处理主要包括工单查看、远程分析、派工、现场处理、结果反馈、审核、归档等环节。

2. 融合现场作业终端

融合现场作业终端，支撑现场精准作业。为提高基层工作人员的工作效率，减少往返现场的次数及时间，将智能电表运行状态异常核查工单融合进入现有作业终端，支撑现场作业人员在掌机上接收、处理及反馈电能表运行状态异常工单，同时便于管理人员实时监控工单处理进度、工单处理质量。

3. 研发数据回传设备

为提高基层工作人员的现场校验工作效率，避免人为因素导致数据填写错误，确保检测数据准确并安全回传，湖南公司研发了具备检测数据自动记录及安全回传功能的电能表现场校验仪，支撑工作人员开展现场校验工作，实现校验数据自动上传并保存至后台系统。

4. 开展现场核查验证

综合考虑电能表安装时间、生产厂商、表计类型、台区规模等因素，筛选现场验证台区，确保验证尽可能覆盖具有代表性的特征台区。2019年8月至2020年7月，先后组织基层单位对741个异常工单进行了现场核查验证，其中现场核查异常数669个，命中率达到90.28%。

（五）优化智能电表更换模式

1. 革新电表更换策略

在智能电表更换策略方面，湖南公司前期是按照国家计量检定规程（JJG596-2012）规定，8年使用期满后开展轮换，采用的是仅按照运行年限一刀切的更换模式，导致许多表计无须更换也被强制更换。状态评价工作开展后，湖南公司通过综合分析智能电表的运行年限、表计型号、运行批次故障率、在运总数、供应商技术支持情况等多方面因素，综合考虑制定表计年度状态更换策略，更为科学合理。运行状态仍然良好的表计可持续运行，减少对客户停电换表的影响；对于运行状态不佳的表计，安排及时更换，避免影响客户正常用电。

2. 服务厂商质量分析

针对不同的电表制造厂商，按照型号、规格、生产批次、使用年限等维度进行聚类统计分析，利用用采系统、营销系统等多系统数据，形成对生产批次的多维度交叉分析评估。为各电表供应商构筑全寿命周期运行质量档案，定期发布《计量器具质量分析白皮书》，对供应商进行动态评价和反馈，帮助电表供应商不断优化改进生产工艺，提升产品质量。

3. 强化数据分析应用

充分利用对表计的状态分析，构建智能电表"故障现象数据库"，针对每一只因故障拆回的智能电表，建立个性化质量档案，研究故障智能电表的故障原因，明确是属于计量功能故障还是非计量功能故障、质量故障还是非质量故障等，并记录分析结果，确保故障可溯源，质量可追溯。

推进大数据应用服务质量管控，建立智能电表质量分析系统，完善表计拆回分拣故障数据库，开展"原生故障""伴生故障"和"故障链"分析，推动故障分析向纵深发展。通过故障数据库和在运批次故障率的监控，可提前预判故障爆发高峰期，形成表计更换批次建议，提前安排表计更换，避免故障集中爆发后现场抢修运维量突增，保障客户服务体验，降低客户服务投诉风险。

（六）建立状态评价保障机制

1. 建立健全管理制度

制定配套通用制度《国网湖南省电力有限公司智能电能表状态评价管理办法》，明确岗位职责和作业流程，规范推进智能电表状态评价管理工作。明确"集中管控，分级处置"的工作原则，细化状态评价、核查处置、预警更换等各项工作及要求，规范电能表状态评价全流程闭环处置管理。

制定标准化作业指导书《国网湖南省电力有限公司智能电能表状态评价管理标准化作业指导书》，提升现场作业质量效率，夯实状态评价管理工作基础。明确智能电表状态评价管理现场处置的准备工作、工作流程图、工作程序与作业规范、报告和记录等要求，指导基层单位有序、合规地开展现场作业。

2. 强化监督考核评价

建立日常考核机制，制定市、县两级的周例会、月例会制度，对异常工单的处理进度、处理质量进行跟踪，严格考核异常工单闭环处理，严控工单回复质量，加大消缺闭环管理，抓好相关问题整改。同时，构建基于人员运维情况的评价指标，确保涉及状态评价结果为异常的运维工单派发率、处置及时率达到100%。

3. 组织开展操作培训

为帮助基层员工了解并掌握智能电表状态评价相关的管理要求、系统功能和现场操作注意事项，湖南公司先后组织基层单位开展了专项集中培训6次，针对电能表运行状态分析模型、系统应用平台功能、电能表状态评价异常工单闭环管控流程、标准化作业指导书及配套管理制度等内容进行了培训。提升了基层员工的工作能力和工作效率，增强了基层员工的服务意识，规范了现场安全作业，增强了安全风险管控，防范安全事故发生。

四、省级电网智能电表状态评价管理体系构建的实施效果

（一）提升管理水平

建立了完善的智能电表状态评价管理体系。通过组建专项工作小组，在理论研究、策略制定、系统开发、数据治理、现场验证等方面积累了丰富的管理经验，建立了省、市、县三级管理体系，编制了配套的管理规范和标准化作业指导书，保障智能电表状态评价工作的有效开展、有效评价和有效监督，实现智能电表全过程运行状态科学评价。

实现电能表运行状态常态化评价。智能电能表状态评价管理，可实现对在运电能表的运行状态进行实时在线监测，对误差存在异常的电能表（包括已到期或未到期）立即组织核验及更换，对已到期未超差的电能表进行实时在线监测，评价周期也由过去的以年为单位大幅缩短至以天为单位。智能电表的更换策略由周期更换模式转变为状态更换，更换计划更科学、更精准。

大幅提升异常核查准确性。通过优化异常分类分级机制，实现对智能电表各类计量异常的分类分级管理，将异常表分为高、中、低三个等级，并针对不同等级的异常，制定不同的处理策略。

降低基层员工工作负担。通过该管理创新成果的推广应用，有助于解决基层一线工作中异常定位难、分析难、现场消缺不及时等问题，可快速定位存在计量异常点，辅助现场工作人员分析计量点异常原因，减少排查工作量，提高现场计量问题处理效率，减轻基层员工工作负担。经过分析，在成果应用后，现场运维人员问题定位效率提升了30%，现场处理时间较过去缩短了1/4。

（二）提高经济效益

降低企业投资成本。通过该管理创新成果的推广应用，在确保智能电表运行稳定、准确、可靠的前提下，对运行年限满8年的电能表可延长使用，相对目前在运行的周期更换模式，可节约因换表引发的新表购置安装、旧表拆卸处理等工作造成的每年数亿元专项资金的浪费，可显著降低人力、运营及投资成本。经测算，单只电能表周期更换所需成本约382.5元，其中电能表采购成本约250元，现场更换人力成本约112.5元，工程车辆油耗成本约20元。按照现行国家计量检定规程（JJG596-2012）规定，湖南公司2021年约有219万只电能表需到期更换，通过该管理创新成果的推广应用，可为企业降低当年投资及运营成本约 8.38 亿元。

（三）提升社会效益

为客户稳定电力的需求提供优质服务支撑。通过该管理创新成果的推广应用，改变了智能电表"产生故障—用户报修—现场查勘—消除故障"的传统被动运维服务模式，可实现"主动感知—主动预警—故障研判—主动消缺"的智能化主动运维服务模式，既保障了用电客户和供电公司的利益不受损失，又能避免因频繁的电表更换给客户造成频繁停电的不良体验，预估可为单个客户平均减少现场作业停电次数约 3 次，缩短停电时长约 4.5 小时，有效提高客户服务质量，提升客户满意度，有利于树立湖南公司良好的社会形象。

为智能电表运行监管提供技术和管理支撑。研究了科学有效的智能电表运行状态监管手段和方法，推动湖南公司用电信息采集在线监测和智能诊断、采集运维闭环管理模块、电能表故障数据库、业务数据治理、低压台区管理等技术创新与管理变革。建立了系统功能完善、数据质量优良、失准定位精准、规章制度健全的智能电表状态评价管理体系，实现对在运智能电表的状态实时在线监测，确保计量准确可靠、公平公正，可为政府探索建立智能电表监管新模式提供技术和管理支撑。

促进电表制造行业提质。为各电表供应商构筑全寿命周期运行质量档案，对供应商进行动态评价和反馈，帮助电表供应商不断优化改进生产工艺，提升产品质量，促进智能电表制造行业的可持续发展，先后为 57 家供应商编制了质量分析白皮书。全面应用智能电表全寿命周期数据，打造"客户侧设备质量提升"数据服务产品，以满足市场需求、解决企业痛点为切入点，挖掘大数据价值和探索商业模式，为客户提升设备质量，助力智能制造。

助力公共服务体系升级。智能电表状态评价管理体系的研究思路与成果，可推广于与供电服务行业类似的公共服务领域，如自来水、天然气等行业智能表计的运行状态评价。促使类似行业强化公共服务企业的服务意识和创新力度，建立一套科学、有效、可持续的计量表计状态评价管理体系。促使公共服务品质的全面提升，帮助人民群众体验到更为优质高效的服务，提高公众对公共服务事业的满意度，从而促进国民生活水平的提升。

（四）助力生态效益

大力减少电子垃圾污染。电子元器件内含有大量的锰、镍、镉、铬、锗、砷、磷等各种有毒有害的重金属、非金属、化合物，会污染地下水和土壤，对环境造成严重的污染。通过该管理创新成果的推广应用，可有效减少电子废弃物的产生。单只电能表重量约为 0.8 千克，通过该管理创新成果的应用，仅 2021 年就可以减少约 1752 吨的电子垃圾的产生，有利于减少电子产品对环境的污染，符合国家倡导的新时代绿色可持续发展理念。

主　创　人：陈石东、董凡敏
参与创造人：欧阳洁、汪凤娇、邓　波、陈　红、杨茂涛、吴易文、胡军华、解玉满、赵　丹、王　智

市级烟草商业企业烟叶收购"智慧服务"模式的构建

湖南省烟草公司株洲市公司

湖南省烟草公司株洲市公司（以下简称"株洲烟草"）成立于1984年，是湖南省烟草公司的全资子公司。公司性质为全民所有制，属于商品流通行业，依法监管全市烟草市场，主要负责组织全市烟叶生产种植、收购、调拨和卷烟、雪茄烟的销售。2019年全市系统在岗职工430人，内设15个职能科室，下辖5个县（市）级分公司，在网运行卷烟零售户约2.04万户。其中茶陵县为烟叶产区，共有烟农595户。2019年销售卷烟17.32万箱，收购调拨烟叶5.31万担，实现"两烟"销售收入53.35亿元，增幅4.83%；实现税利总额16.29亿元，同比增长1.91%；全年利润6.66亿元，同比增长5.32%。

株洲烟草连续11年保持"全国文明单位"荣誉称号。近年来，先后获得"全省纳税50强企业""全省卷烟打假突出贡献奖""全市创建全国文明城市工作先进集体""全省烟草商业系统优秀市级烟草专卖局（公司）""烟草行业商业企业标准化示范单位"等荣誉。烟叶工作方面，烟叶生产收购站先后获评"国家级基地单元""优秀科普工作站""全省烟叶工作先进集体"等荣誉称号，株洲烟叶产区连续三年被评为"湖南省烟叶工作先进单位"。

一、市级烟草商业企业烟叶收购"智慧服务"模式的构建背景

（一）"智慧服务"是融入乡村振兴战略的需要

我国超过70%的烟叶产区分布在老少边穷地区，这些烟区受自然条件限制，基础设施条件差，烟农贫困程度深，扶贫攻坚难度大，是脱贫攻坚难啃的"硬骨头"，烟叶产业是地方经济发展的重要支柱。烟草行业践行"责任烟草"名片，履行乡村振兴的社会责任，落脚点就在烟叶生产发展上。在贫困地区，更要大力发展烟叶产业扶贫，啃下"硬骨头"。烟叶收购是烟农获得收入的最后一个环节，也是至关重要的一个环节，收购工作做得好不好，直接关系到烟农的"钱袋子"，更关系到烟草产业发展旺不旺。新形势下，烟草商业企业面临烟农增收和企业增效的双重压力，对烟叶收购提出了更高的要求。"智慧服务"模式的构建为缓解烟叶收购压力，助推烟农增收、乡村振兴提供了新的方向。

（二）"智慧服务"是建立亲清农商关系的需要

企业公信力是企业生存和发展的重要前提，关系到企业的健康、可持续发展。烟草行业由于其特殊性，存在服务水平落后与烟农服务需求不断提升之间的矛盾、信息公开不够与烟农群体信息需求之间的矛盾。烟叶收购工作是连接原料生产与加工的关键环节，涉及烟农、烟草商业企业两方，烟叶收购等级、价格由烟草商业企业掌握，由于信息的不对称，易造成烟农利益受损；收购现场管理混乱，缺乏服务烟农的管理方法，使得烟农对公平收购信心不足。在这些因素影响下，烟草商业企业坚持"诚信烟草"提升社会公信力，打造公开、透明的烟叶收购"智慧服务"模式，有助于获得群众的支持和信任，建立相互依赖、和谐共赢的亲清农商关系；长远来看，为缓解控烟压力和提升企业信誉度提供了有力的帮助。

（三）"智慧服务"是助推烟草企业高质量发展的要求

当前，烟草行业依然面临外部环境严峻复杂、不确定因素增多的形势，内部"三大攻坚战"责任在肩，卷烟消费人口红利逐渐消失，稳规模、去库存压力突出，工业库存居高不下，工商调拨等级结构矛盾突出。这对烟叶工作者提出了新要求，需要运用高质量发展思维，突出抓重点、补短板、强弱项，推动动力变革、效率变革、质量变革，实现烟叶工作转型升级。在全球经济增速变缓的大背景下，2014年至今，全国烟叶种植规模下降了35.1%，稳定种植规模、推动供给侧结构性改革成为当务之急。作为关键一环的烟叶收购工作还存在成本高、效率低、职业危害大等严峻问题。面对这样的大环境，株洲烟草需要运用"智慧服务"和现代科学管理手段，创新烟叶收购管理，变"管理"烟农为服务烟农，提高企业核心竞争力，走转型升级之路，开启烟叶生产高质量发展新征程，成为当务之急。

二、市级烟草商业企业烟叶收购"智慧服务"构建的内涵

"智慧服务"的指导思想是通过对烟叶收购进行整体优化，重点突破管理思维瓶颈，运用智慧手段促进过程规范，有效利用资源优势，实现减工降本，最终实现烟农受益、烟草商业企业受益的目标。

市级烟草商业企业烟叶收购"智慧服务"构建的内涵：将管理理念、管理手段、管理操作过程"智慧化"，以"规范管理、精准施策、减工降本、提质增效"为目标，坚持创新驱动发展理念，探索出烟叶收购"智慧服务"管理模式新路径。一是理念智慧化。变"管理"烟农为服务烟农，让服务创新理念变为企业发展的核心动能。二是手段智慧化。运用6S改善现场环境，用物流自动化技术代替人工作业，用射频识别技术（RFID）结合信息系统保证信息透明。三是过程智慧化。创新磅组式收购团队管理，运用ECRS（取消、合并、调整顺序、简化）优化收购流程，用标准化规范现场管理。打造一个以自动化收购线平台和磅组管理为基础的"服务智慧、硬件先进、管理规范"的烟叶收购模式，减少烟农矛盾，助力烟农脱贫增收，稳定烟农队伍和烟叶产业；提高烟叶收购时效，降低企业管理成本，规避廉政风险，提升队伍素质，为企业管理水平提升和持续实现烟叶生产高质量发展夯实基础。

三、市级烟草商业企业烟叶收购"智慧服务"构建的主要做法

（一）理念"智慧化"，以管理理念转型引领新模式创建

1. "智慧服务"模式构建理念

从提升烟农收购体验感、稳定烟农收益、降本增效出发，整改流程、规划场地、创新技术，打造全新烟叶收购模式，并使"智慧服务"熔铸为企业核心竞争力。

2. 成立"智慧服务"构建团队

株洲市烟草公司联合茶陵县烟草分公司组建跨部门攻关团队（以下简称"团队"），分别来自烟叶生产经营部、烟叶生产收购站、人力资源管理部门。

团队对当前全省烟叶收购工作进行了资料收集和调查分析，发现各大产区均存在以下四个问题。一是矛盾突出。通过统计近年的收购等级信息录入情况，发现烟叶等级录入信息出错率每年为1.6%。等级高低关系着烟农利益，极容易引发烟农矛盾和廉政风险。二是成本高。企业成本上，2018年株洲烟叶收购成本为43.64元/担，高于全省其他市州平均水平，有较大降低空间。三是效率低。2017年湖南省烟叶收购标杆单位为郴州地区，人均时效为33.8筐/小时·人，株洲地区收购人均时效为20.2筐/小时·人。对比其他行业类似流程，如物流分拣人均时效在100件/小时·人以上，烟叶收购效率明显偏低。四是职业危害大。收购现场粉尘、噪声、温度均超过国家

标准，烟叶收购作业环境、烟农交售环境均不达标，存在职业危害隐患，损害烟农及收购工作人员的身体健康。

团队通过开展QC改善、精益管理等课题，围绕问题深入挖掘分析后，认为根本原因有二：一是收购线技术落后，机械化程度低，人性化设计不足，信息化水平有限，且等级输入及烟叶过磅全为人工操作，对辅助作业人员需求量大，且劳动强度高，作业效率低；二是配套措施不完善，烟叶收购信息仅在收购电脑处显示，造成烟农获取信息困难，且工作人员与烟农未进行隔离，容易引发烟农矛盾。因此小组决定打破惯性思维，提出构建烟叶收购"智慧服务"模式。

3. "智慧服务"模式构建方案

在管理流程上，将烟叶收购工作划分为两个基本作业流程，并通过磅组管理严格规范流程，通过绩效与激励机制改进流程。一是便民交售流程：烟农将烟叶运送至收购点预检区后，进入休息区观看收购"直播"，收购结束后前往开票室开具凭证，全程无接触式收购，环境轻松健康，省工省时又省心。二是"无接触"式收购流程：烟叶通过预检装筐后，立即送入自动化收购线，从上线到下线，每筐烟经历封闭式评定等级、自动识别等级信息、等级信息自动录入系统、分等级下线至打包区，用工少，效率高，环境安全，烟农放心。在技术手段上，根据作业流程，重新规划场地。在收购区采用自动化流水线，将线上各环节搬运人工减少至0；采用RFID信息识别录入技术，结合电气自动化的应用，实现烟叶收购自动过磅，取消过磅员工作，杜绝了人工错误，规避了员工的廉政风险；收购现场整体布局高清监控网，并实时"直播"至烟农休息室，保证烟叶等级评定、烟叶称重等程序公开透明。

(二) 手段"智慧化"，以硬件设备升级助推服务质量提升

1. 借助"6S"管理，致力"最优化"收购场地布局

一是分区分类布局。运用"6S"管理思想，重新布局收购现场，将收购现场划分为收购区和烟农休息室。收购区内含单独封闭的评级区、称重区、成包区，避免外来因素干扰等级评定，确保公平公正；预检区、开票室为烟叶收购的"头""尾"区域，均与烟农休息室相连，为烟农打造舒适送烟环境。收购场地做到设备物资分类摆放、标识清楚、取用方便、管理清晰。规划出过烟通道、人行通道、消防通道，并划出区域界线。二是责任划分到人。为了使车间环境保持整洁，对现场进行了详细的卫生责任区域划分，督促该责任区工作人员做到"工作间隙勤清扫，下班之前大清扫"，保持整洁、明亮、舒畅的工作环境。要求各磅组长及站点负责人每班下班时对现场进行检查，保证交班符合标准。三是安全措施齐全。定期组织工作人员学习《湖南烟叶收购管理办法》及GB2635-1992《烤烟》，让工作人员掌握更多的知识，提升素养。组织工作人员学习YC/T384《烟草企业安全生产标准化规范》，使他们增长安全知识，掌握处理事故的方法。制定《烟叶收购应急预案》，补充完善收购现场内各类安全标示牌，定时进行事故应急预案的演练，加强安全意识，提高处置能力。四是宣传培训发力。印发了《6S现场管理员工推进手册》，组织烟叶收购工作人员学习，收购期间利用每日晨会积极宣贯"6S"相关知识。营造"6S"管理工作的氛围，制作"6S"管理看板、挂图，分重点、环节悬挂在工作区，让工作人员在意识上融入"6S"管理工作中来。

2. 借助收购线创新，打造"无接触"烟叶收购现场

运用"头脑风暴法"、ECRS等精益思想，结合当下的先进技术，从人性化设计出发，以规范化作业、封闭式定级、无接触式收购为目标，研发新型烟叶收购线。一是借鉴物流快递分拣线技术，根据烟叶收购的需求及特性，合理、科学地进行技术"移植"，利用辊筒传送线贯穿整个收购

环节，用机械动能代替人工搬运，取消搬运岗位。二是引用装卸机结构，依靠皮带式机械动力代替人工搬烟筐上线，设置烟筐转向缓冲装置，确保动力上线得以实现。三是建立专业定级区域，根据评级员需求及作业要求设置人性化定级高度，便于长时间查看烟叶属性，减少职业病的发生。四是实现等级自动读取，利用现有 RFID 识别技术及线上称重技术，根据收购需求进行定向开发，实现自动识别、取重，避免人工失误，规避内外勾结等廉政风险。五是开发电气化控制系统，结合光电开关、控制开关特性，围绕烟叶收购需求，打造一套逻辑合理、思维精密的控制程序，控制收购线运行，实现自动化作业。六是设计烟筐自动退回装置。定级员可一键将不合格烟筐退回上一环节，实现全封闭式烟叶定级。通过六步改进，收购线得到全面升级，收购线作业人员除定级员外，取消了其他作业岗位。七是安全性设计。在收购线前、中、后三段设置带防护的紧急停止开关，遇到突发情况可随时停止收购线运行；张贴警示标记、设置安全隔离带，在辊筒上定点粘贴转向标记，多方位确保工作人员安全。

3. 借助信息化手段，实现"数据化"等级信息识别

一是定级员定向识别等级，定制颜色区分等级牌，对常用 7 个等级采用高色差对比，制作专用等级牌收纳装置，便于取放的同时对等级位置进一步区分。在定级区域设置收购信息转播屏，让定级员可随时获取收购信息及进度，把控好收购进度。二是收购系统自动识别等级，利用 RFID 识别及电气化控制，设置好控制逻辑，确保不漏一筐烟叶。每一张等级牌具有唯一的 RFID 码，经过软件定位后识别相应等级，设置每一张等级牌使用间隔，防止同一筐烟叶多次读取现象。三是烟农可视化识别等级，建立专用烟农休息室，做好隔离措施，利用定级全过程监控，过磅信息电子语音屏实时播报，实现"现场直播"式烟叶收购。设置定级观察窗及收购样品柜，烟农可随时获取收购信息，有疑问可及时对照样品。烟农休息室配有空调、电视、茶水、急救箱等设施，并设置了烟农咨询窗口，将烟农从过去的心理防范、精神紧张、身体疲惫中解放出来，让他们在对收购过程中有不清楚的地方时可及时获得答复，构建"直播互动式"收购服务。

(三) 过程"智慧化"，以制度机制创新促进烟叶收购规范

1. 精细收购磅组管理，规范烟叶收购过程

一是磅组管理理念创新。株洲烟草围绕行业精益管理、规范收购的发展要求，牢固树立国家利益至上、消费者利益至上的行业价值观，强调服务转型和节能高效的发展观，以此为契机创新提出收购磅组与网格化生产结合的理念，确定磅组功能，明细原烟产品质量责任，提高收购管理水平。二是磅组人员定岗定责。按照"以岗定员、人岗相适、精简高效"的原则，合理配置磅组"四员"，专人专岗、相对固定，促进业务精通，精简高效。设定岗位门槛，提高业务水平。实行岗前培训制度，通过考核后持证上岗，确保岗位效能。制定岗位细则，明确责任主体，根据收购流程，划分责任界限，并在"四员"中明确一人担任磅组组长，负责磅组工作过程的组织、指挥、管理和控制，并赋予相应权限。三是强化磅组收购过程管控。根据"可执行、可操作、可考核"的原则，建立磅组定额管理体系，明确磅组用工数量、设施设备配置、耗损和各项费用等标准，做到劳动定额、设施设备定额、物资定额、消耗定额、费用定额。实行磅组每日晨会制度，磅组长围绕收购进度、等级控制、质量回馈、廉洁纪律、对样收购及收购报表，查摆问题，安排布置当日工作。

2. 创建多维管理制度，制定标准作业流程

一是实行四级质量管理。株洲烟草按市烟草公司、县级分公司、烟叶收购站、收购磅组分别设置烟叶质量总监、总检、主检和主评（评级员），负责所在单位（收购站或收购线）的烟叶质

量管理、控制、考核，对辖区内收购的烟叶承担等级质量责任，全面实行上一环节对下一环节负责，下一环节对上一环节监督。限定上岗人员资格，综合考虑个人能力及工作经验，岗位聘任实行一年一聘。二是开展二次验级检查。由烟叶质量总监、总检组成质量监管组，对调运至中心仓库的烟叶实行二次验级。合格烟叶入库归堆，不合格烟叶退回站点，情况严重的将对相关站点开出"烟叶质量警示单"，连续两次开处"烟叶质量警示单"的收购站点，质量监管组将拒收该站点的烟叶，并向该站点下达停秤整改，整改到位后再开秤收购。三是执行原收原调管理。为进一步规范烟叶收购过程，加强收购人员廉政管理，以原级收购、原级成包、原级入库为目标，建立原收原调管理系统，根据收购系统数据计算，限定出库烟包等级与调入中心库等级数量差控制在1%以内，所有出库烟包必须经系统确认方可调运，杜绝无记录烟包调运出库。四是制定标准文件。株洲烟草将各项技术及管理创新成果固化落地，制定了《烟叶原收原调管理办法》，重新修订了《株洲烟草公司烟叶收购管理办法》，修订企业标准 Q/ZZYC 204.01.09-2018《烟叶收购管理规范》、Q/ZZYC 104.01.22-2018《烟叶收购技术规范》，新增企业标准 Q/ZZYC 104.01.23-2018《散烟自动化收购系统操作说明书》、Q/ZZYC 104.01.24-2018《散烟自动化收购线设计图纸、工艺及电气化控制设计标准》、Q/ZZYC 104.01.25-2018《散烟自动化收购线施工作业指导书》，并对所有收购相关人员定期开展培训，规范作业，让标准成为习惯。

3. 创新监督考核机制，确保廉洁规范收购

一是加强政策宣传。收购现场张榜公示收购工作人员名单及照片，公布当年收购价格、补贴政策、收购纪律要求，悬挂对照样烟，并通过《告烟农通知书》、微信群等方式，将收购政策宣传到每一户烟农，所有收购人员上岗前签订《烟叶收购廉洁承诺书》，并在站点醒目位置张贴公示。二是畅通监督渠道。在收购站大门及收购场所设置收购举报信箱，公布省、市、县三级举报电话及邮箱，保障监督举报沟通渠道通畅，做好预约交售及交售情况公示，公布已收购烟农的收购时间、重量、上等烟比例、均价等情况，杜绝暗箱操作，避免收购人情烟、面子烟、关系烟，让群众成为监督主体、收益主体。三是严格自查自纠。组建巡查小组，按照"四不两直"的要求，对站点进行随机抽查暗访；建立烟叶收购远程视频监控系统，专人按点按量进行监控巡查，对发现的不规范行为做好证据保留，并通知纪律小组；按进度随机抽查已交售烟农，电联询问对烟叶收购的意见及建议，搜集烟农反馈问题，组织人员上门核查，确保自查自纠落实落地。四是强化考核机制，从目标、过程、结果及后勤等四个维度，分工作目标、收购磅组、收购纪律、信息管理、仓储调运、安全卫生、烟叶质量、收购损益等八个方面对收购过程进行考核，印发《烟叶生产劳动竞赛活动方案与实施细则》及《株洲市烟草公司烟叶收购考核办法》，量化考核细则，将考核结果与绩效工资分配相结合，所有考核结果与奖惩均公布在企业信息专栏，实行"票子"与"面子"双向考核。

（四）以创新机制为"智慧服务""智慧企业"发展赋能

推动烟叶生产高质量发展，需要高素质的人才作支撑，株洲烟草扎稳"人才兴烟"的大旗，致力于深挖人力资源潜力，健全人才培训、培养、选拔、发展机制，点燃全员工作热情、创造激情。

1. 创新人才培养，盘活人力资源

一是制订人才培养计划。实施"干部专业化能力提升计划"，分层次、有针对性地开展干部职工调研，探索建立干部监督信息库，不断提高广大干部的专业精神和专业能力。制定优秀年轻干部常态选拔、实态锻炼、严态管理、动态调整等办法，确保使用上有梯队、选择上有空间；分晋

升通道、专业序列、层次建立搭建各类人才培养梯次,重点加强专业人才的培养。二是多元化培训通道。线下创办青年员工轮训班及职业资格鉴定班,以赛促培开展岗位技能竞赛;线上开展政治理论及业务知识技能网络培训班,向员工输送行业最新政策及知识,并定期开展知识考核与竞赛,助力员工提升理论修养;打造升级新职工之家,安排人事部门购入图书2000余册,安排经济运行部门在株洲烟草内部网络设立行业内外创新成果库、热门知识库,为广大职工干部撑开"知识之窗"。三是接地式培养模式。让身边先进典型担当培训老师,身边人阐释身边事,充分激发员工的工作积极性,以"向先进推进、向身边学习"的新型学习模式,让参培人员更好地锤炼坚定理想信念,补足精神之钙;培养"问题导向""结果导向""战略导向""目标导向",形成PDCA(计划、执行、检查、处理)持续改进工作方法,不断提高员工发现问题、分析问题、解决问题的能力,在实践中养成主动思考、认真分析、独立解决问题的习惯,遇到棘手的问题,学会开动脑筋,从多方寻找解决问题的突破口,使员工的创新能力得到提升。

2. 加强队伍建设,倾心服务烟农

一是成立烟站党支部。党建引领业务,烟站党支部以烟叶生产为核心,围绕生产、收购各环节定期开展党组织活动,要求所有烟叶从业职工参与活动,通过党的思想教育,锻造一支信念坚定、业务精湛的从业队伍。二是优化人员队伍结构。利用烟叶线人才归队的契机,坚持人岗匹配,实施站部一体,重点保障烟叶收购岗位人员的配备;设置招聘门槛,如8年烟站工作合同、农学专业等条件,防止新进人员因烟叶基层工作复杂而转岗,或因知识不足长时间无法上手烟叶工作。三是成立专项工作团队。设立"能力工作室""创意工厂""精益课题小组""QC活动小组"等创新组织,打破科室壁垒及定岗定人,以项目为起点,项目"揭榜人"可自行组织人手开展项目,进一步解放人员限制,增强创新观念,提高全员科学文化素质。四是建立师带徒传承。通过师傅的传、帮、带,使员工迅速掌握各项工作的开展,同事之间相互学习,既可在向别人学习的过程中取长补短,也可在培训别人的过程中提升自我,实现共同进步。

3. 创新激励机制,激发队伍活力

一是完善科技创新激励机制。下发《株洲市烟草公司关于创新成果管理办法》,明确各项成果奖励办法,如科技创新省一等奖奖金10万元,QC课题国家一等奖6万元,省级地方标准编写奖励1万元等物质奖励,充分激发科技人才和广大员工的创新动力。创建创新人才晋升通道,管理办法规定科技创新省二等奖及以上项目负责人,QC课题国家一等奖小组组长,全国烟草技能能手等人才,可直接选调市公司或工资薪档提升一级,进一步挖掘队伍潜力。二是建立创新人才保障机制。坚持用创新文化激发创新精神、推动创新实践、激励创新事业,建立宽松的创新生态环境,允许积累、允许试错,并出台文件制度,消除创新人员的心理负担,给予创新人员理解与支持。三是构建创新成果积分制。根据创新成果大小及重要程度、人员参与程度及功效力度,建立奖励积分管理办法,设立积分"兑换",对于实施质量改进、精益改善、制度和管理创新等活动参与人员,给予相应积分奖励。四是创新人才培养机制。探索实施创新人才培养专项计划,实施项目课题挂牌认领机制,设立青年科技创新基金,以青年科技工作者为重点大力推进专业技术资格评聘落实,搭平台、建机制,为有想法、有激情的创新人才搭建创业舞台。

四、市级烟草商业企业烟叶收购"智慧服务"构建的主要成效

(一)社会效益

1. 产业扶贫初见成效

株洲茶陵县属罗霄山脉集中连片特困地区重点扶持县、国家级贫困县,年种烟面积2.4万亩,

收购烟叶5.4万担。2017年至今,通过烟叶产业扶贫,共有106户建档立卡贫困烟农实现脱贫。2019年全县收购金额8289.5万元,为茶陵县实现烟叶税1628万元。烟农增收工作稳步推进,全县烟农户均收入由2018年的11.87万元,提升至2019年14.86万元,同比提高25.19%,亩均收入超过4000元。

2. 农商关系明显改善

项目通过信息自动录入和自动过磅,将收购等级信息录入出错率降至零。封闭式定级、无接触式收购,消除了人为因素对定价的干扰,避免人情烟、面子烟等现象。"直播收购"的公开、透明,使2018、2019年收购期烟农矛盾零发生,烟农收得明白、收得放心,实实在在建立起了亲清农商关系。

3. 职业危害显著降低

由于区域分隔,噪声污染、粉尘污染均降至国家标准以下,作业环境中粉尘、噪声两大污染基本得到控制。烟农休息室安装了空调,烟农不用长期暴露在高温环境下;收购场地采用人体工程学设计,收购劳动强度从Ⅲ级下降到Ⅰ级,员工幸福感和烟农收购体验感显著增强。

(二) 管理成效

1. 收购效率大幅提升

随着"智慧服务"收购模式的建立,及配套设施、制度的完善,2018年株洲烟草收购人均时效由2017年的20.2筐/小时·人提升至108筐/小时·人,增幅高达434.65%。

2. 管理过程更加规范

无接触式收购模式的建立,规避了收购过程中的廉政风险;精准作业流程、清晰的职责划分、规范的场地设施,让现场秩序井然,促进收购管理工作从原始粗放转向高质量精细化;烟叶标准化体系的完善,为株洲烟草成功通过"行业商业企业标准化示范单位"复核验收打牢了基础。

3. 队伍素质整体增强

在管理创新的过程中,株洲烟草不断加强队伍建设,提升队伍素质,2018—2019年,烟叶线拥有中级职称的员工由3人增至8人,技师级人才新增2人,高级技能人才新增3人,1人获得全国烟草技术能手称号、全省"五一劳动奖章"荣誉,队伍的业务素质及专业技能不断提升。在创新上,通过散烟自动化收购线的研究,株洲烟草获得国家实用新型专利3项,并获得1项国家局QC课题二等奖,另有两项科技创新项目正在开展,干部队伍创新能力得到了挖掘和激励。

(三) 经济效益

通过管理创新,株洲烟草优化了收购流程和岗位布局,提高收购效能。2019年收购业务外包成本由2018年的43.64元/担,下降至2019年的40.8元/担,节约业务外包成本15.08万元;自动化信息技术的应用使收购线用工大幅度减少,一条烟叶收购线由过去的10人减少为3人,且劳动强度大幅度降低。2019年,人力资源成本、物资损耗成本的下降,为株洲烟草节约成本33.83万元。

(四) 示范效益

株洲烟草在烟叶收购"智慧服务"模式构建并实施后,2018、2019年两年获得湖南省烟草系统"十佳收购班组"称号,人均收购效能两年均排名第一;在湖南省的烟叶收购质量检查中,从2017年的第6名,提升至2018年的第2名,2019年的第1名;烟草系统工商交接排名也提升到了第2名;2018年茶陵县公司被评为省级文明单位,2019年获得全省烟草系统先进集体称号。烟叶自动化收购线得到了省内外同行的高度认可并推广应用。目前,省外推广主要有吉林6套、黑龙江4套、贵州3套、河南3套、四川1套，湖南省内郴州15套、常德7套、衡阳2套、湘西州3套。该成果作为湖南省烟草"散烟收购全自动定级系统"科技创新项目的基础技术，目前已进入试点运行。

主　创　人：陈新田、何　伟
参与创造人：易　经、邓浏平、齐刚毅、陈瞬尧、罗真华、周　毅

基于"云平台+NB-IoT物联网+智慧水务"的产销差建管模式

株洲市水务投资集团有限公司

株洲市水务投资集团有限公司（以下简称"集团"）拥有3家全资子公司、1家控股子公司，下辖5座水厂、6座污水处理厂，日供水能力113万吨，日污水处理能力47.5万吨。截至2019年12月份，总资产41.26亿元，净资产17.83亿元，资产负债率56.79%，在职员工1400多名。集团以"水务环境综合服务商"为定位，经营范围以供排水运营为核心，重点突出水务环境运营、水务环境工程、水务环境投资、水务环境技术与设备四大板块。

集团先后荣获"全国五一劳动奖状"、"全国用户满意企业"、"第十届全国设备管理优秀单位"、"全国城镇供排水行业突出贡献奖"、"全国市政金杯示范工程"、湖南省十佳"平安企业"创建示范单位以及省市两级"文明单位"和"优秀企业"、"第二届株洲市市长质量奖"等百余项荣誉称号。未来，集团将聚焦"成为区域一流的水务环境综合服务商"目标，着力"做强智慧水务、加快转型升级"，实现从公益类向商业类转变，从纯运营向多元业务转变，从单一企业向集团公司转变。

一、基于"云平台+NB-IoT物联网+智慧水务"的产销差建管模式的实施背景

株洲县自来水公司（以下简称"县水司"）于2016年3月3日整体并入株洲市自来水有限责任公司（以下简称"市水司"）。市水司入主后，将产销差管理这个县水司长期以来的老大难问题列为重点工作。县水司积极响应，通过采取有效的技术措施和高效的管理手段，产销差从2015年的46.3%，降低到2016年的42.83%，效果显著，但是和市水司低于20%的产销差水平相比差距明显。

株洲县作为一个一级分区，拥有用户43872户，90%完成户表改造，下辖3个二级分区，分别为5.01、5.02和5.03分区，其中5.02分区是株洲县的主城区，目前拥有用户27482户，是株洲县主要居民的居住区。2016年，5.02分区产销差高达46%。为了能够进一步降低县水司的产销差，提高供水效率，节约运营成本，株洲水务集团成立产销差控制项目组，对株洲县5.02分区的产销差建设和管理进行改进，对分区内的管网漏损进行有效控制。

二、基于"云平台+NB-IoT物联网+智慧水务"的产销差建管模式的内涵

产销差管理项目综合应用物联网技术、云平台、大数据分析、移动App、自动化控制技术，有效降低株洲县的产销差，提高供水效率，在节约运营成本的同时将株洲县地区建设成为集数据采集、数据传输、数据储存平台、数据处理及数据应用的城市供水管网智慧监控与节水运行系统示范区。

本项目的主要研究内容涵盖硬件研发、软件开发、工程应用、产销差管理等方面，包括研发基于NB-IoT窄带物联技术的智能水表、流量远传、压力传感监控、智能消防、泵房监控等硬件设备；开发与硬件设备配套的管网监控、水表管理、产销差管理等软件，并针对不能远传的普通水表在软件中应用创新智能算法模拟日用水量，用以指导产销差日常管理。对株洲县内的管网漏损

情况进行彻底摸排后,将以上自主研发的关键技术整合应用在供水管网管理上,对供水管网运行状况进行全面智慧化监控。

依据株洲县实际情况,结合相关产销差工作经验,项目组创新性地提出了"以管网管理为基础,以 DMA 分区、压力管理为核心,以水表管理、计量管理、用水管理为重点,以大数据、云计算、数据高频采集、数据在线分析为手段"的产销差技术路线,建立了一套完整的智慧管网漏损控制系统。

三、基于"云平台+NB-IoT 物联网+智慧水务"的产销差建管模式的主要做法

（一）建立智慧管网漏损控制系统

智慧管网漏损控制系统分为三大部分:数据采集层、数据管理层和综合应用层。数据采集层由基于 NB-IoT 窄带物联技术的智能水表、流量远传、压力传感监控、泵房监控等硬件设备组成;数据管理层为自主建设的数据中心,起到数据接收、交换、分析、存储的作用;综合应用层由和硬件设备配套的产销差管理、泵房管理等软件板块组成。

1. 数据采集层（硬件设备）

数据采集层由一系列自主研发的硬件产品和远传模块组成,产品均采用 NB-IoT 窄带物联技术,最大限度地保证了数据的准确性和稳定性,在性能和使用方面都有不同程度的创新。作为智慧管网漏损控制系统的底层部分,株洲水务集团与其他单位联合开发了管网数据采集、压力远传、智慧泵房监控和物联远传水表四款硬件产品（拥有多个实用新型专利）用于管网、泵房各种监测数据采集。

2. 数据管理层（数据中心）

作为智慧管网漏损控制系统的中间层部分,各种数据源（如 Oracle、MySQL、SyBase、KingBase、Gbase、DM 等）通过逻辑节点所配置的服务（数据转换、映射、清洗、对比等）,存储到对应的数据仓储中;将数据服务化,制定统一的服务标准,提供 HTTP、RESTful、WebService 等服务接口,允许市面绝大多数数据服务的接入;快速分配服务访问权限,过滤非法访问,对整个访问进行监控和管理。

IDE 集成开发工具通过界面化配置实现服务编排,快速进行业务服务创建和部署,增强应对业务变化的能力;资源监管中心提供资源状态的统一监控、日志统计、用户审计、服务审计以及产品的运维管理。

平台基于 JaveEE、Eclipse 等开放的技术和平台,采用基于 OSGI 标准的 SOA 架构和标准规范开发。具备组件的模块化、灵活性和重用性等优点,同时简化了基于 MVC 的 WEB 应用程序的开发;开放式的框架能够非常好地兼容大部分其他项目的应用及融合功能组件,提高功能的复用性,降低代码的耦合度。

3. 综合应用层（软件板块）

作为智慧管网漏损控制系统的上层部分,综合应用层由不同功能的软件板块组成,这里重点介绍产销差管理和泵房管理板块,这两个板块均包含对应的 App 应用和 PC 端应用。

（1）管网管理 App/泵房管理 App

管网管理 App/泵房管理 App 这两款 App 具有管网设备（流量、压力、泵房等）绑定、设备故障维护、设备曲线展示及基础数据分析等功能,其中:

①管网管理 App 集成了 10 种基本数据、5 种常规数据的展示和 2 种常规指标的分析功能。

②泵房管理 App 集成了 5 种基本数据、6 种泵组数据、2 组水质数据的展示和 2 种常规指标、

1种泵组指标的分析功能。

（2）产销差管理软件/泵房管理软件

产销差管理软件/泵房管理软件这两款PC端的软件功能强大，能根据需要采集设备基础数据，进行数据深度分析，实现DMA分区管理、压力管理、泵房能耗分析、水泵运行效率评估等，并在发生错误时及时报警，其中：

①产销差管理软件集成了23种基础数据的展示和10种基础指标的分析功能。

②泵房管理软件集成了21种基础数据的展示和7种基础指标的分析功能。

（二）产品工程应用

项目组将前期研发的硬件在株洲县地区一共布设了279个设备点，其中包含33个流量点，18个压力点，1个泵房点，227个水表点。

1. 流量点布控

33个流量布控点覆盖了株洲县地区1个一级分区、3个二级分区、6个三级分区和19个四级分区，基本实现了二级分区全县覆盖、三级分区在5.02分区内全覆盖、四级分区在5.02分区21.7%的覆盖（用户数统计）。

2. 压力点布控

18个压力布控点覆盖了株洲县地区1个一级分区、3个二级分区、5个三级分区和4个四级分区。虽然在一、二、三级分区边界都布置了压力点，但是由于分区较大，管网较为复杂，不足以反映该分区的整体压力情况，在后期将会根据管网情况继续布设压力点，实现对5.02分区的全区压力监控。

3. 泵房点布控

在完成初步筛选、现场摸排、布控方案编制、二次现场查勘、布控准备工作之后，项目组选择渌江明珠（外）泵房作为试点改造泵房，于2017年8月中旬对泵房进行改造，通过修改PLC程序，完成泵房数据和采集模块的对接，实现泵房数据的远传。目前该泵房正在进行第二代升级改造。

4. 水表布控

从2017年9月开始，株洲水务集团提供30块物联远传水表（第一代）给县水司，县水司先后在抄表困难的区域（深井、野外、无法开锁的居民用户等）试装了27块水表，抄表员利用水表管理App抄读水表数据已经一年有余，目前来说，水表数据上传正常。因应用效果较好，后续又安装了200块第二代物联远传水表。

（三）产销差控制管理措施

为了更好地实现产销差管理目标，保证智慧管网漏损控制系统很好地得到应用，除了在硬件、软件、工程上采取措施外，项目组还协助株洲县水司提出了"事前有方案、事中有记录、事后有分析、总结有会议、巩固有培训"的管理措施，并且结合相关管理工作经验和当地的实际情况，提出了22条管理建议，主要包含四个方面的内容：通过对夜间最小流量监控，实现漏点精准定位，提高检漏效率；通过对普通消防栓加密，环卫绿化定点取水消防栓装表来实现对消防栓的有效管理；加强对内稽查工作，杜绝估抄的现象；利用软件分析，对低限用户进行重点稽查。

（四）系统创新点

1. 售水量改进算法

基于传统的售水量算法，提出了售水量改进算法，现有的抄表水量计算存在一定的局限性：

（1）分区月度抄表水量为该分区本月抄表用户的周期抄表水量（该分区部分用户两个月的抄表水量），并不是真实反映了该分区本月所有用户的用水量，特别是当分区表册分配不均的时候，水量会出现明显的大小月。

（2）导出的抄表水量清单中，发现已经减去了特困用户减免水量，这并不是完整的抄表水量。

（3）导出的抄表水量清单中，会把0用水量的用户自动过滤删除掉，导致清单缺失0用水量用户的记录，这将会导致分区户表低流量统计无法进行。

为了能够更好地统计分区的抄表水量，株洲水务集团直接从营业收费系统中通过接口同步过来了最真实的抄表数据（未经任何处理），保证了数据的准确性，同时为了克服单双月抄表水量差异的问题，项目组优化了抄表水量的计算。该创新优化算法可以有效地减少抄表单双月对售水量的影响，使得当月售水量趋近于真实值，便于工作人员进行产销差核算与控制。

2. 夜间最小流量改进算法

株洲水务集团改进了夜间最小流量算法，有效地解决了分区边界流量计上报时间错开的问题，同时规避压力对流量的影响。

（1）对于分区有多个流入/流出的流量设备的时候，由于数据的采集时间不在同一个时间点上，因此会出现错开的情况，因此算法中对夜间最小流量时间的取值段进行了差值和拟合，将流量数据算到了每分钟，保证这些数据在时间点上吻合，从而进行分区流量计算，克服了采集时间不同带来的问题。

（2）由于部分分区流入/流出流量设备位于区域加压站或者水厂，在水泵启停的瞬间，会造成该设备点的流量突变，同时压力突变，在这个瞬间计算的分区流量是不准确的。为了避免这个情况，加入了压力/流量突变检测机制，避免在这种情况下计算夜间最小流量从而对分析造成误导。

3. 管理评价体系建立

（1）夜间最小流量评价体系。夜间最小流量反映的漏损问题经常存在于人们的经验判断中，夜间最小流量正常值到底应该为多少，在什么区间比较合理，却一直没有一个合理的标准。在和相关专家进行深入的探讨之后，在理论和实际经验的支撑下，项目组引入了最低可达到的夜间最小流量的计算公式，公式中所采用的分区夜间最小流量的评价指标，相比于国际通用的相关指标，其拥有理论和国内实践基础（36个DMA分区数据验证），同时具备一定的可实现性（相关的指标获取并不难）。

（2）漏损评价体系。目前在漏损评价体系中，国际通用的漏损评价指标就是供水管网漏失指数（ILI）。为了能够在县水司建立漏损评价体系，株洲水务集团在和相关领域专家进行深入的探讨之后，决定将管网漏损指数（WLI）这个指标引入到智慧管网漏损控制系统中来。用WLI代替ILI更具有可实施性，并且WLI符合国家管网漏损的标准，经过《城市供水统计年鉴》2008—2013年共2509条有效记录的验证。

四、基于"云平台+NB-IoT物联网+智慧水务"的产销差建管模式的实施效果

产销差控制项目组依据现场的实际情况，结合株洲水务集团产销差管理的工作经验，将智慧管网漏损控制系统运用到株洲县5.02分区，建立了一套完整的产销差管理体系。截止到2018年10月，株洲县5.02分区产销差管理取得了阶段性成果：

1. 产品工程应用方面，完成33个流量点、18个压力点的布控，设备故障率小于5%，设备一次抄读成功率98.5%，日抄读成功率100%，抄读总差错率为0，符合要求。分区管理方面布控情况如表1所示。

表 1 分区流量/压力布控情况

流量监控		压力监控（边界）	
分区	覆盖率	分区	覆盖率
一级分区	100%（用户、水量）	一级分区	100%（用户、边界压力）
二级分区	100%（用户、水量）	二级分区	100%（用户、边界压力）
三级分区	相对一级分区： 62.64%（用户） 37.53%（水量）	三级分区	相对一级分区： 62.64%（用户） 37.53%（边界压力）
三级分区	相对5.02分区： 100%（用户、水量）	三级分区	相对5.02分区： 100%（用户、边界压力）
四级分区	相对5.02分区： 21.72%（用户） 10.96%（水量）	四级分区	相对5.02分区： 6.35%（用户） 3.98%（DMA分区压力）

2. 完成数据中心的部署，数据中心日处理数据量在100万条以上，数据中心同营业收费系统、远传表系统的接口正常，未出现数据丢失和错误的情况。

3. 产销差管理软件和泵房管理软件已经在株洲县水司部署，可以运行数据监控、分区分析、泵房评估、报表导出等功能，其间完成5次软件培训，完成在株洲县水司的全面推广。

4. DMA管理方面，通过DMA分区夜间最小流量管理和监控在5.02分区一共发现28次新增漏点，每个月为县水司节省28900.8立方米的水量，相当于5.02分区供水量的5.07%、株洲县全县月供水量的2.06%。

5. 水量管理方面，对比2017年5—9月的数据，5.02分区2018年售水量同比上涨7.67%，株洲县5分区2018年售水量同比上涨15.23%。

6. 在消防管理方面，项目组提出消防加密和环卫定点取水方案，株洲县已完成110余台消防栓加密，相比于改造前，每天节约的水量约为1000立方米。

7. 株洲县5.02分区产销差从2017年8月的51.9%下降到2018年9月的23.87%，降低了28.03%，效果显著，如表2所示。

表 2 5.02分区产销差数据统计

日期	供水量（m³）	售水量（m³）	产销差水量（m³）	产销差
2018年2月	787481	392603	394878	50.14%
2018年3月	499959	248935	251023	50.21%
2018年4月	573778	336649	237129	41.33%
2018年5月	560375	379248	181127	32.32%
2018年6月	602777	387130	215647	35.78%
2018年7月	591337	361056	230281	38.94%
2018年8月	571551	419271	152280	26.64%
2018年9月	526384	400762	125622	23.87%

株洲市水务投资集团有限公司依据株洲县实际情况，结合相关产销差工作经验，创新性地提出了"以管网管理为基础，以 DMA 分区、压力管理为核心，以水表管理、计量管理、用水管理为重点，以大数据、云计算、数据高频采集、数据在线分析为手段"的产销差技术路线。该技术路线适用于一般县城、乡镇水司的产销差管理，在国内产销差控制领域具有创新性。

主　创　人：陈　菁、刘黎明
参与创造人：王姝涵、刁　婧、陈楚杰、刘　盼

景区电力智慧运营与服务体系构建

国网湖南省电力有限公司湘西供电分公司

国网湖南省电力有限公司湘西供电分公司（以下简称"湘西公司"）成立于1994年，是隶属于国网湖南省电力有限公司的中型供电企业，供电面积1.44万平方公里，供电人口262万，供电用户91.69万户。直管乾州、泸溪、凤凰、保靖、古丈、永顺、龙山等7个支县公司，职工2738人。2019年，完成售电量44.13亿千瓦时，同比增长19.24%，增长率全省第一；完成固定资产投资6.02亿元，公司固定资产总额63.28亿元。城市供电可靠率99.942%，农村供电可靠率99.745%；城市供电电压合格率99.995%，农村供电电压合格率99.375%。供区农网改造任务全面完成，1554个村实现"同网同价"。拥有35千伏及以上变电站92座，容量3760.25兆伏安，35千伏及以上输电线路196条，总长3502千米；10千伏及以下线路5.48万千米，公用变压器9460台。国网湘西供电公司作为中型骨干企业，始终坚持发展第一要务，科学发展电网，追求做大做强国有资本，不断优化服务质效，主动承担社会责任，为建设美丽幸福新湘西做出突出贡献。

一、景区电力智慧运营与服务体系构建的实施背景

（一）数字经济兴起对企业发展提出了新要求

习近平总书记提出关于国家能源安全发展的"四个革命、一个合作"战略思想，强调要抓紧制定2030年能源生产和消费革命战略。并做了加快5G网络、特高压、充电桩等七大领域新型基础设施建设进度的工作部署。国家实施大数据战略，提出"数字中国"引领未来发展，要求企业通过数字化推动业务转型与创新，大力推动"互联网+"智慧能源，并带动相关应用和服务产业的发展。湖南省委、省政府印发《湖南省数字经济发展规划（2020—2025年）》，提出经过规划期的努力，全省数字产业化和产业数字化水平进入全国先进行列，数字经济基础设施能力全面提升，数字治理体系初步完善，湖南成为全国数字经济创新引领区、产业聚集区和应用先导区。

（二）国网发展战略对企业转型提出了新要求

湖南省电力公司按照国网公司部署坚定不移推进数字化建设，提出数字化转型战略，探索培育新业态，实现从数字化企业到智慧企业、能源互联网企业不断演进。编制了湖南电力"十四五"规划，围绕数字化转型战略，明确了示范区建设目标，决定在湘西凤凰开展县级示范区建设，以适应国网公司提出的建设中国特色国际领先的能源互联网企业的新要求。

（三）全域智慧旅游对湘西电网提出了新要求

湘西的凤凰古城、十八洞、芙蓉镇等景点作为中国热点旅游景区，具有天然的名片效应，古镇等景区智能电网与物联网在本质内涵、技术特征及建设目标上具有高度的一致性，具备开展数字化的先期条件。随着旅游信息化水平不断提高，全域旅游对湘西电网提出了更高的要求。2019年春节期间，负荷同比增长30.88%，高压电网容量偏低、中压配电网转供能力不强、配变布点不足、灾害防控能力薄弱、供电服务水平不足等问题日趋凸显。景区电网建设滞后，已经不适应景区经济快速发展；加上目前电网智能化程度偏低，难以承载能源互联网业务发展；市场需求响应不够迅速，个性化用电服务水平不足，电力数据价值未充分挖掘，均影响"智慧旅游"与数字电

网的融合发展。景区电力智慧运营与服务体系构建，有利于打开公司数字化转型突破口，推动以电为核心的能源综合应用，探索智慧服务模式，建设能源优化配置和智慧公共服务网络，实现能源的互联与服务的互动。

二、景区电力智慧运营与服务体系构建的内涵

以国网公司建设具有中国特色国际领先的能源互联网企业战略为导向，以着力推动数字化电网建设转型发展为目标，坚持互联网思维，以业务创新、管理创新、商业模式创新为驱动，全力建设与外部环境相适应的景区智慧管理与电力服务体系，构建一个旅游能源生态圈，打造数字调度、智能运检、智慧服务、数字创新四个体系，积极探索跨界创新、集成创新、颠覆式创新，努力实现电力企业改革转型升级，促进湖南数字经济与智能电网的融合发展，开拓数字化能源经济发展新模式、新空间。

三、景区电力智慧运营与服务体系构建的主要做法

（一）完善管理创新组织体系

一是编制《凤凰核心景区数字化示范区建设方案》，成立了以公司总经理为组长的示范区建设工作领导小组和核心景区数字化示范建设攻关团队，全面负责凤凰核心景区41个示范区项目的统筹，解决推进过程中存在的重大问题。并明确了各层级管理部门、各专业的职责，定期向领导小组汇报工作进展情况。二是采用线上加线下的方式建立示范区项目推进周会制度，利用企业微信召开线上示范区推进会11次，在凤凰县召开了5次现场会，就凤凰核心景区数字化建设做进一步探讨，提出了改进措施，明确了可行性方案。

（二）打造数字调度体系

结合智慧变电站、智慧线路的建设，开展输电线路和变电站程序化操作。建立大电网预警体系，合理安排电网检修和应对电网突发事件。构建数字化网络联动模式，提高调控联系业务效率。互通气象、自然灾害等实时和预测数据，优化小水电调度能力，合理利用水能资源。

1. 开展智能调控系统建设

为适应经济快速发展和电网安全稳定运行的需要，提高电网调度能力，提升调度的信息化、自动化、互动化水平，实施了湘西地区智能调度技术支持系统升级工作，将湘西地调及所辖县配调统一接入智能调度技术支持系统，主要增加了配电网自动化，水电及新能源监测分析、预测等功能，纵向打通了主调与配调、地调与县调调度间一体化运行与维护，横向实现主网调度、配网调度和运维抢修指挥的信息贯通，对调控中心及相关部门业务提供全面技术支撑。有效促进调度人员从经验型调度向智能型调度转型，实现主配电网调度的信息化、自动化、互动化。

2. 开展电力无线专网建设

为解决电力系统各类分布式终端安全、可靠接入系统的问题，在湘西地区主要供电区域开展了无线专网覆盖工作。共计部署中心站1座，无线基站23座，实现了对湘西地区各县市城区和景区的全面覆盖，为负控终端、全口径数据采集终端、配电自动化终端等设备提供了高可靠性、高安全性的接入通道。

3. 开展监控信息大数据分析

为提升设备监控专业对电网的监视效率，提高电网运行安全性，开展了基于大数据的监控频发信息分析统计，根据时间、地区、电压等级、检修、调试、抑制情况等分类，分别统计事故、异常、越限、告知、开关变位、其他变位五类信号数量前十的变电站，显示信号的详细信息。同时，对各变电站具体信号量的频发次数进行统计，对日信息量大于10条且月信息量大于30条的

信息进行展示，以提示监控员需要对相关信息进行跟踪处理。

4. 开展小水电优化调度研究

为强化小水电的管理，提高电网运行安全性和清洁能源消纳能力，组织开展了小水电优化调度研究。通过对小水电调研，发现地区小水电普遍存在设备安全隐患、运行优化不足、专业人才流失、弃水、智能化水平较低等问题。通过建设全口径数据采集系统，掌握了公司调管范围内171座水电站的实时运行数据，实现了对小水电运行情况的全面监视。结合调控专业基础数据整治工作，对全州所有小水电的位置、上下游关系、机组容量等数据进行核查、核对，完成了湘西水电站流域画像，并绘制了湘西水电站网络拓扑图。在收集水文预报、设备状态、历史发电量等数据基础上，开发了湘西流域水电优化调度系统，利用电网给定潮流、安全运行约束信息条件，确定优化目标及权重，建立流域梯级优化调度智能决策模型、规则，做到调度方案的快速编制、状态跟踪、风险控制、成效反馈以及调度方案的实时优化。

5. 开展并网线路重合闸治理

为落实发展清洁能源的同时，兼顾电网可靠供电的要求，湘西电网大力实施35kV并网电站防孤岛保护整治和投入。通过对29座装机3MW以上的35~110kV分布式小电源机组增设防孤岛保护中的高频、低频切机保护，解决了当前非计划孤岛运行的问题，缩短了故障时电网的停电时间，缩小了停电范围。通过调整和优化电网安全自动装置策略，确保具备线路电压互感器的电源线路重合闸、备自投与电站防孤岛保护相互配合，针对9条35kV电站并网线路和27条10kV电站并网线路完成线路电压互感器安装，并将重合闸投入，以提高线路重合闸投入率。为规范管理相关水电站涉网的机组保护，湘西公司对各县公司、直调水电站下发了"关于进一步规范湘西电网并网水电机组涉网保护管理的通知"，对保护配置、定值调整提出了具体要求。

（三）打造智能运检体系

基于提高供电可靠性、供电质量和效率效益的目标，通过采用智能设备和智能技术提升电网智能化技术水平，以大数据为支撑，借助可视化平台，从智能巡检、智能运维、智能监控和故障研判等三方面入手，构建智能运检的全业务、全流程的智能运检体系，为电网的安全、稳定运行提供保障。

1. 利用智能设备强化智能巡检

开发具有自学习、自适应、自提高能力的智能巡检机器人和巡检无人机。巡检机器人通过激光雷达扫描变电站环境，自动构建地图并导航定位，按照预先设置的巡视路线和数据采集目标，对设备外观进行检查，对设备本体和接头、油温、油位计读数等10余类数据进行测量和采集，自动对采集的数据进行分类及智能分析，及时、精准发现设备隐患，运检人员根据自动巡检结果对异常点进行再次人工巡检。巡检无人机通过对定点杆塔的自动拍照和红外成像功能，将照片实时上传到系统，减少了人工巡视的难度，改变了设备的台账资料需要手抄或拍照，再逐个录入内网信息系统的低效易错工作状态。智能设备的引入实现了巡检管理的科学化分配，提高了巡视效率。

2. 引入智能技术助力智能运维

创新采用一键顺控操作逐步替代人工倒闸操作。一键顺控将严格、复杂的继电保护逻辑相互勾稽，将智能设备采集到的设备数据、位置作为判据，将原来需要人工进行的多项操作集成为监控屏幕上的一次鼠标点击，即可自动转换设备状态，改变了倒闸操作过程中需逐项操作完后往返逐步确认的模式，有效防止了误操作风险，提高了工作效率。通过配电信息主站、配电网大数据平台和图模中心，结合现代通信技术、人工智能等互联网技术，实现核心景区的三遥功能。

3. 提升信息感知，实现智能监控和故障研判

通过在现场安装 DTU、FTU、TTU 及故障指示器等采集部件，通过智能业务终端，采用传感器对柱上开关、环网室、配电室和配变的环境量、物理量、状态量、电气量、行为量进行实时采集，实现设备本体及运行环境的深度感知和风险预警，对于异常设备主动触发，调整状态监控策略，提高各类在线监测状态量获取频率51次，及时向运行人员推送预警信息，提前开展异常处置。基于配电自动化数据和图形资源，逐级研判配变、支线、馈线停运状态，实现停电范围追溯分析、异常设备诊断定位、用户信息主动掌握、运维指标实时监控等功能的运行状态监控全覆盖和全景展示。通过对线路故障停电信息的全数据、多方位、跨系统分析，采用自动化手段，自动隔离故障区域，为配网抢修人员精准定位故障，关联故障线路及配变台区，研判用户停电，自动生成自动抢修工单，实时派发至基层班组，第一时间向客户传递停电信息和抢修进程，实现故障抢修与安抚客户同步进行。

（四）打造智慧服务体系

坚持以客户为中心，以提升服务质量、提高服务效率为导向，以广大人民群众的根本利益为一切工作的出发点和落脚点，结合"大云物移"以及"互联网+"等营销服务新技术、新趋势，全面拓展多功能、智能化的线上服务渠道，着力打造多触角、全方位的线下服务网络，构建"强前端、大后台"服务模式，建立快速响应、智能互动的线上线下全方位智慧服务体系。

1. 建设数字化服务站，助推属地服务更高效

持续深化属地网格服务，在凤凰核心景区建设数字化城北供电服务站，拉近与客户的距离，打通服务群众"最后一百米"。在大力推进营配末端业务融合的基础上，重组业务流程，缩短服务链条，全面加强数字化管理，推行移动作业，全面提升公司营配调服务资源统筹、事件预警、快速响应和服务管控能力。依托网格化管理平台、供电服务指挥平台等移动作业 App，供电服务站低压运维、业扩报装、抄表催费、故障抢修等所有工作实现全业务线上派单、流转、处理以及办结，全面提升供电服务工作效率；依托客户360度画像系统，为景区各类客户提供精准属地服务，满足不同客户的业务需求，提升供电服务品质。同时城北供电服务站还根据凤凰古城核心景区旅游特点，与凤凰县城市景区管理局、古城社区建立政企联动机制，充分发挥联动管理优势，在节假日或旅游旺季组建城北服务站景区供电服务队，针对古城核心景区开展24小时一线现场供电巡视服务，增加服务人员的投入数量，提高低压线路、低压计量装置的巡视频率，发现故障隐患，第一时间通过移动作业 App 拍照上传并生成工单转派至抢修人员，从而打造15分钟报修圈，第一时间处理低压供电故障，保证客户用电体验，提升旅游城市形象。

2. 打造智能化营业厅，助推供电服务更便民

国网湘西供电公司积极响应"智能化"营业厅创建工作要求，打造全省"智慧标杆"营业厅。在原有营业区域的基础上，增设线上业务体验区、e享家新零售专区、综合能效展示区、绿色出行以及消费扶贫专区；推出普通话、英语、苗语"三语服务"为国内国外游客、当地苗族客户提供优质服务，在注重客户参与感的同时，积极拓展互动化、智能化的用户业务受理和互动体验渠道，为电力客户提供各项便民服务措施，彰显国企的社会责任。同时，在营业厅构建统一的智能化和数据管控平台，实现数据采集信息流和业务流的双向实时交互，为营业厅业务管理部门的营销方向提供数据决策依据，提高营销部和其他电力部门在日常业务交互过程中的数据传送便捷性，极大提升营销体系的服务管理水平。

3. 拓展多种渠道办电，助推营商环境更优化

国网湘西公司积极拓展线上、线下业务办理渠道，打造多触角、全方位的供电服务体系。在线下业务办理方面，在凤凰县城区、乡镇均设置有营业厅，所有服务窗口始终坚持落实"首问负责制""限时办结制""一次告知制""一证受理"以及"综合柜员制"。在线上业务方面，大力推广"网上国网"App、"电e宝"App、国网商城、"国网湖南省电力有限公司"微信公众号以及95598服务热线，全面推行网上办电、电费缴纳和故障抢修服务，推动服务事项"网上办、掌上办、指尖办"。公司还通过营业厅、各类App、95598网站等线上线下渠道，公开电网资源、电费电价、服务流程、作业标准、承诺时限、"三不指定"等信息并及时更新。同时推动与政府部门信息共享，通过政务平台自动获取营业执照、规划许可等客户办电信息，实现客户仅凭有效主体资格证明（营业执照或组织机构代码证）即可"一证办电"。在业扩报装流程方面，严格落实压环节、缩时限要求，全面取消普通客户设计审查和中间检查环节。通过精简资料、优化流程，推广线上办电、预约上门和业务代办服务，全面实现凤凰景区大中型企业客户办电"最多跑一次"、小微企业客户办电"一次都不跑"，全面提升电力用户获得感。

4. 开展智慧服务调度，助推服务响应更快速

为了更好地连接线上线下，创新构建"强前端、大后台"服务模式，进一步完善供电服务数字化建设，全力打造凤凰县级供电服务指挥中心。一是统筹各专业服务资源，持续优化服务指挥、调度流程，提高跨专业服务指挥能力。二是完善服务应急管理体系，高质高效应对各类突发服务事件，实时关注天气状况变化，做好服务提醒，优化服务应急值班，做好应急抢修队伍储备，充分发挥总值长作用，提升应急处置效率和水平。三是大力开展大数据应用项目开发工作，应用大数据开展线路异常分析，服务分析辨识，运用历史数据、敏感信息等大数据综合研判，开展投诉风险多维度分析，实现服务风险预先管控。四是深化新供电服务指挥平台应用，开发新供电服务指挥系统可提取运检、营销专业数据功能，避免多套系统切换应用及营销、运检相关数据出口不一的问题。五是开展停电计划管控大数据应用建设，统筹主网停电需求、基建、网改、业扩、日常运维等多方面需求，合理制定停电时户数、停电时长管控指标，实现配网停电预算式管控的自动化、智能化。通过推进信息数据共享，开展智慧服务调度，高效支撑优质服务工作开展，客户诉求响应快了，计划停电次数少了，故障抢修时间短了，服务隐患风险小了，客户满意度提高了。

5. 强化综合用能服务，助推景区环境更优美

为实现绿色低碳与智能环境保护示范，开创智慧城市与智能电网融合共建模式，国网湘西供电公司在凤凰核心景区积极推动清洁能源替代。一是加快凤凰核心景区电动汽车配套设施建设，目前天下凤凰大酒店充电站已建成并开始运营。二是推进共享供电扫码充电综合项目，在游客中心及核心景区、酒店小型停车场、居民住宅小区、地摊夜市集中区利用扫码计费，实现"共享用电"，推动"地摊经济"。三是开展电动汽车新零售工作，促进线上线下融合发展、内外部高效协同、产业链上下游互利共赢。四是有序实施电能替代，加大核心景区公用事业、服务业、加工业、交通、居民生活等领域电能替代工作力度，推广电锅炉、电炊具、电动加工设备，基本上实现宾馆民宿、游客休闲服务、核心区居民生活、旅游商品加工全电气化，实现电能替代与节能减排、保护环境、用电市场工作目标增长有机结合。五是分布式电源综合利用，充分利用现有楼宇的基础条件，建设交直流混合多能协同的综合能源网络，实现清洁能源的有效接入。突出电网安全可靠、绿色低碳、灵活调节的优势，坚持以电为核心，兼顾分布式电源发展，建设智能楼宇，满足终端用户冷、热、电多种能源需求，降低用户的综合用能成本，提高清洁能源利用率和能源利用

效率，提升电力在终端能源的占比，减少化石能源消耗和污染物排放。

（五）打造数字创新体系

探索景区数据交互，尝试对接政府大数据平台，探索与电力大数据的交互共享共建模式，以政府大数据平台为核心，结合电力大数据促进政府决策、规划及地区发展，推动共赢；为电网保障、运维、规划等提供决策建议与数据支持，最终实现智慧城市与智能电网融合共建。

1. 精准智能服务全电交通

利用大数据技术、构建核心景区应用场景模型，对核心业务数据进行大数据分析和处理。采用动态直管展示方式，对景区核心数据的情况进行集中展示；围绕核心景区开展政企联动合作，结合智慧湘西开展智慧景区建设，在"智慧湘西"App中增加电费缴纳、电费查询、营业网点查询、停电信息发布、充电桩导航等功能；构建核心景区检修综合图应用，对全业务检修情况进行集中管理，规范检修流程，实现调运检受理标准化作业，便于现场检修的管控。

2. 智能分析支撑规划决策

探索从政府大数据平台获取城市规范、建设发展、旅游热点等数据，从互联网数据中获取凤凰旅游热点变化，及凤凰旅游发展新方向等数据。结合城市规范、建设发展、旅游热点及旅游发展新方向等数据，提前对电力负荷、电网规划进行调整，为电网规划发展、电网建设提供数据依据与指导。并给政府大数据平台提供支撑政府决策、规划、促进地区发展的非涉密电力数据，相互促进、协调，共同推进地区发展，实现共赢。

3. 统筹推进实现数字价值

根据数字化建设、数据需求、大数据应用、大数据讲堂等方面的意见或建议，通过深入分析，确立了56个大数据应用主题，编制了大数据应用工作方案和应用项目全年推进计划，确定主要目标和里程碑节点，以企业微信为载体组织大数据应用发布会议3次，深入基层探讨大数据应用项目10次，发布大数据应用项目3个，其中《营销现场服务支撑辅助工具》《电费风险智能管控分析》等两项应用已部署到湖南省电力公司大数据应用商店全省推广。

4. 电力数据融入智慧旅游

挖掘消费热点。结合凤凰县城核心景区用电量、业扩报装、用电负荷等电网公司内部数据，辅以宏观经济指标、企业经营情况等外部数据，从餐饮消费、出行消费、休闲消费和居民电力消费习惯等角度全方位观察消费发展形势和特征。透过电力锐眼，发掘居民和游客消费偏好，了解新兴消费需求，把握消费升级方向，为企业客户针对潜在消费群体提供商业决策报告。同时，剖析核心景区消费发展态势和消费热点，支撑政府有针对性地完善消费体制机制，持续释放旅游区消费潜力。

挖掘民生问题。利用电网运营监测分析系统提取变压器（含公变、专变）的负荷数据，对比分析不同时段的用电负荷特征，透视核心区居民生活和工作的节奏。结合统计年鉴中教育、住房、就业等外部数据，构建教育和就业资源电力评价指数，分析贫困户、空置房分布等民生问题，为政府等有关部门制订脱贫攻坚计划提供参考，保障人民"用上电"的基础需要与"用好电"的优质服务需求。分析城乡协同发展。依托PMS2.0和GIS系统配变容量、投运时间等基础台账，结合行业电量和负荷流动情况及人口和经济等外部数据，利用聚类分析等方法，构建凤凰县协同发展分析模型，映射景区的变化与节奏。搭建多层次网络化区域用电结构图，充分展现景区发展走势，辅助地方发改委、住房和城乡建设等部门制定城乡协同发展规划以及区域发展政策。

四、景区电力智慧运营与服务体系构建实施的效果

（一）依托智慧城市共享共建，特色旅游能源生态圈初显

通过景区电力智慧运营与服务体系构建，以电为核心的能源生态雏形初显。智慧服务融入智慧城市建设，与政府大数据平台完成初步合作，在智慧湘西App开辟了电力板块，增加了电费缴费、用电信息查询、停电信息查询模块，并与湘西州智慧协作迭代完善电力服务板块。能源电商服务生态初步形成。依托国网电商平台、"网上国网"、实体营业厅、综合能源公司、电动汽车公司、星通公司等渠道资源，在智能家电、电动汽车、节能产品、数据中心站服务、基础设施共享服务等方面，形成线上线下一体化能源电商服务生态。绿色出行充电网架雏形初显。健全车联网平台和电动汽车充电网络，广泛接入各类社会充电桩，聚合外部产业服务资源，提供全环节一条龙业务服务；打造具有国网品牌推广效应的示范区，深化景区充电基础设施运营，带动"绿色交通+生态旅游"发展，将车联网充电电量进行聚合打包，全面开展基于车联网的绿电交易。

（二）构建智能运营体系，管理效益有效提升

通过景区电力智慧运营与服务体系构建，推动了湘西公司由传统电网向数字化电网的转型发展。优化了坚强电网架构支撑，依托各级电压等级的网架改造，强化了电力输出能力，以220千伏凤凰变为核心，线路供电半径最大2.6千米，最大负载率平均值40%，大大加强了凤凰电网供电可靠性。提高了物联全息感知能力，实现了电力互联网全景感知、智能控制。所有电力设施光纤100%覆盖、无线无缝补充，各类型终端的灵活通信接入和实时在线。通过智能电表HPLC（97电表）模块改造，采集成功率由95%提升到99.86%以上。提升了电网智能化运行水平，通过监控信息大数据分析，监控信息频发情况降低了22%，无效信息占比降低了30%，缺陷处置及时率提高至100%，极大地提升了工作效率。成功避免了大面积电网事件。促进了运维管理高效集约，实现对电网生产执行层、管理层、决策层业务能力的全覆盖。设备检修、运维和计划的效率由81.65%提升到95.8%，检修成本降低19.8%。10千伏线路故障率同比下降33.52%，10千伏配变停运率同比下降19.91%，10千伏配变平均停运时长同比下降28.63%，配电故障报修同比下降31.86%。推进了供电服务智慧化进度，通过向客户提供先进技术领域的仿真或实体交互体验，智能化供电服务覆盖率100%，客户满意度提升2个百分点，景区"网上国网"App、"国网湖南电力有限公司"微信号用户全覆盖，线上办电率100%，高、低压客户报装时限分别再压缩至25个、3个工作日，全年实现客户服务零投诉。

（三）释放电力数据价值，经济效益有力提升

通过景区电力智慧运营与服务体系构建，充分挖掘出了电力数据潜在价值。通过优化小水电调度，增强了小水电的运行管控能力，流域调度工作极大地提升了水电的发电能力，小水电发电量较以往提升了20%以上，降低年度购电成本427.18万元。挖掘能源服务价值，利用营销大数据筛选和锁定重点客户，大力开拓"智能代运维""市场化电量交易""能效监测"等互联网平台大数据变现市场。全面拓展智能代运维、综合能效服务、代售电等新兴业务市场，共签订合同99份，实现了综合能源营收1504.59万元。绿色出行促增电量，践行绿水青山就是金山银山的理念，全力推广电能替代，完成了景区电厨房、电取暖的全面替代，形成了良好的示范效应，重点领域的电能替代电量2070.43万千瓦时。建成了湘西地区旅游充电网络骨干架构，其中直流充电桩27个，车联网平台接入充电桩150个，年增售电量1240.64万千瓦时。

（四）服务地方经济发展，彰显社会责任担当

通过景区电力智慧运营与服务体系构建，有力释放经济红利，全面支撑地方经济发展。运用

"互联网+电力"大数据技术,精准定位用户,2019年共75家企业享受地方优惠政策,优惠金额1.27亿元。3171家客户参与市场化交易,优惠金额379.12万元。39家企业参加扩需增发专场交易,优惠金额357.51万元。在疫情防控期间,利用疫情复工复产工具,对企业实现了精准的数字"画像",对暂不能正常开工、复工的企业,指导及时办理暂停,采取灵活电价政策降低企业用电成本。并筛选出超过最大需量105%的部分不加倍收取基本电费,为69家企业减少基本电费支出87.48万元。落实国家阶段性降低企业用电成本决策部署,截至2020年8月已经累计优惠2604.66万元,确保不遗漏一个企业。优化调度提升水能利用率,在保持水库水位,保证生活、灌溉、景区用水等方面起到了积极的作用,确保了水能、生活、灌溉、旅游的有效调节,实现了电力数据与社会数据的共享共用。

主 创 人:黄 健、彭小青
参与创造人:谢国胜、顾海军、匡新辉、赵志刚、陈代喜、韩四敬、
李 娟、杨 嵩、罗博园、肖 凯

供给侧结构性改革下烟草商业企业卷烟供应智能化管理体系构建

中国烟草总公司湖南省公司

中国烟草总公司湖南省公司（以下简称"湖南省烟草公司"）组建于1983年7月，依法监管全省烟草市场，负责组织全省烟叶生产种植、收购、调拨和卷烟、雪茄烟的批发销售。湖南省烟草公司下辖14个市州烟草公司、90个县级烟草分公司、1个烟草职工培训中心和1个烟叶复烤公司。2019年，湖南省烟草商业系统服务29.12万卷烟零售客户，销售卷烟254.91万箱，实现卷烟销售收入831.53亿元，销量规模和销售收入均排全国第5位；收购烟叶243.97万担，烟叶规模排全国第4位，实现烟农收入41.65亿元；全年共实现"两烟"销售收入959.67亿元，税利257.6亿元，为湖南省经济社会持续发展做出了重要贡献。

2018年启动"供给侧结构性改革下烟草商业企业卷烟供应智能化管理体系构建"项目以来，湖南省烟草公司深入贯彻供给侧结构性改革战略部署，充分发挥市场在资源配置中的决定性作用，借助大数据、互联网等新技术，创新性地构建了卷烟供应智能化管理体系，实现了需求感知智能化、供应链条协同化、货源组织敏捷化、货源投放精准化，有力提升了卷烟供给的质量，较好满足和拉动了卷烟市场需求，为湖南两烟生产经营高质量发展提供了强大动力。

一、供给侧结构性改革下烟草商业企业卷烟供应智能化管理体系构建的实施背景

（一）是适应行业内外政策环境变化的需要

从外部政策环境变化看：中国进入经济新常态，我国面临着生产成本不断上升、市场供需结构性失衡、市场机制运行不畅等问题。为破解经济社会发展过程中的深层次难题，2015年中央提出供给侧结构性改革战略，2020年中央印发《关于新时代加快完善社会主义市场经济体制的意见》，随后提出逐步形成以国内大循环为主体、国内国际双循环相互促进的新发展格局。因此，立足服务于国家供给侧结构性改革战略，立足构建高水平社会主义市场经济体制，迫切需要对传统的卷烟供应体系进行升级改造。

从内部政策环境变化看：由于烟草体制的特殊性，卷烟的生产、调拨、销售都具有计划刚性，要素资源不能完全按照市场需求实现最优配置。针对这个问题，2015年烟草行业推行卷烟营销市场化取向改革，提出要在坚持烟草专卖制度的前提下，充分尊重和满足消费者需求。因此，立足适应烟草行业市场化取向改革的大局，湖南烟草需要加快构建市场化、智能化的卷烟供应体系。

（二）是顺应需求侧相关主体需求变化的需要

随着居民可支配收入持续提高，卷烟需求侧相关主体的消费需求发生了较大变化，主要体现在两方面：一是消费结构升级与消费多样性。消费主流价位从中低端卷烟逐步向中高端卷烟跃迁，消费者从吸食常规卷烟向尝新细支烟、爆珠烟等新型卷烟拓展。二是零售户需求呈多样化、复杂化发展趋势。消费需求变化直接导致零售客户货源需求发生改变，原有的卷烟供应管理体系缺乏有效的数据支撑，运行方式相对落后，调控效率不高，卷烟供给变化滞后于卷烟需求的变化。因

此，改变传统的卷烟供应管理体系，构建智能化的管理体系势在必行。

（三）是服务湖南地方发展大局的需要

烟草产业一直是湖南经济发展的支柱产业，在全省经济发展中发挥着重要作用。面对不确定的国际经贸形势，面对经济下行的压力，湖南烟草需要通过自身改革，更好地服务于湖南地方经济发展的大局，为促进全省经济增长和财税增收做出贡献；需要更好地服务于"六稳""六保"工作大局，为湖南稳就业、稳投资、稳预期、保就业、保民生、保市场主体等工作做出贡献；需要更好地服务于湖南构建"四大体系"，打造"五大基地"的战略大局，不断推动转型升级，加快将自身打造成"智慧型""市场化"企业。

（四）是解决公司发展难点、痛点的需要

从近年湖南烟草发展实际看，存在一些难点、痛点问题：一是市场状态长期低迷，据国家烟草专卖局通报，湖南卷烟零售客户盈利率连续14个月排名全国倒数第一。二是卷烟流通规范秩序不好，湖南真烟异常外流数量长期排名全国前三位。三是卷烟单箱销售均价偏低，长期排名全国中下游，与湖南经济总量排位、居民可支配收入排位不相匹配。这些问题表面上是需求端的问题，实质上也是供给端的问题，是供需失衡的表现。因此，通过打造卷烟供应智能化管理体系，进一步提高卷烟供给质量、有效满足需求、拉动消费升级，不仅必要，而且还非常迫切。

二、供给侧结构性改革下烟草商业企业卷烟供应智能化管理体系构建的内涵

供给侧结构性改革下烟草商业企业卷烟供应智能化管理体系构建的基本内涵是：运用供给侧改革思维，以大数据画像为基础，以信息系统智能管理为支撑，聚焦卷烟工业企业、商业企业、零售户、消费者之间的供应链供需关系，着力解决卷烟计划刚性与市场需求柔性不匹配的问题，通过构建快速响应市场的工商货源组织机制、搭建行业领先的批零货源投放模型、建设工商零一体的营销生态圈、供应链数字化改造、强化全方位保障等举措，实现精准识别需求、提高供给质量、有效满足需求、拉动消费升级，从而提高企业的运行效率和效益。

内涵的核心分为两个方面：一是提高供给质量。借助智能优化手段，实现品牌供给与客户需求智能匹配，矫正资源与要素配置扭曲，增加有效供给，扩大优质供给，有效改善卷烟供非所求、供过于求、供不应求等问题。二是满足需求并拉动消费升级。依托移动互联技术，充分识别、挖掘市场消费潜力，推动形成更加成熟的消费细分市场，推出符合市场的创新卷烟产品，在满足市场需求的同时，积极引导卷烟消费提质升级。

三、供给侧结构性改革下烟草商业企业卷烟供应智能化管理体系构建的主要做法

项目建设的总体思路是：以提升卷烟供给质量和效率为主线，在准确把握需求的基础上，以制度规则建设为驱动，以信息系统智能管理为支撑，着力改善工商之间、商零之间、零消之间的卷烟供给质量，通过构建快速响应市场的工商货源组织机制、搭建行业领先的批零货源投放模型、建设工商零一体的营销生态圈、供应链数字化改造、强化全方位保障，持续改善供需关系，积极引导消费升级，持续提升卷烟供应链智能化运行效率，持续提升企业管理水平。

主要管理目标包括：卷烟销量平稳增长，卷烟均价持续提升，卷烟销售收入年均增长5%左右；企业卷烟成本类指标明显下降，效益类指标明显改善；市场基础根本性好转，卷烟价格到位率和盈利率由全国倒数进入全国前10位；按时完成14个市州系统上线运行，总结可推广的成果；积极承担社会责任，优化营商环境，提升零售客户就业率和盈利率，完成"六稳六保"工作任务。

其主要做法如下：

（一）以大数据为基础，对需求侧进行精准画像

精准识别市场需求是提升卷烟供给质量的基本前提。湖南省烟草公司以大数据平台为基础，通过升级卷烟营销系统对需求侧进行精准画像。

1. 多渠道构建客户信息管理数据库（CIM）

掌握不同类别客户的真实需求，是精准识别市场需求的关键。通过多种渠道建立客户信息管理数据库，收录了全省29万卷烟零售客户基本信息，获取近15000个卷烟智能终端进销存数据和消费者信息，与90余家直营终端、650多户大型连锁达成数据直连，实时收集存在规范经营风险的客户信息，并进行货源供应管控。

2. 运用"二级标签"对零售客户精准画像

"二级标签"是指在客户基础信息以外，用以反映某类共同特征或共同经营行为的标记。为有效识别客户，区分不同类别客户的需求，湖南省烟草公司建立了客户"二级标签"体系，从客户经营属性、信用评价、经营数据三个层面设置了100多个标签，对客户进行立体画像和精准定位，更加细致地划分客户群体，以便在货源投放时更好地满足不同群体客户个性化的货源需求。

3. 系统动态测算对工业品牌分类识别

在做好客户精准画像的同时，湖南省烟草公司分三个维度共设置了38个品牌标签，对在销品牌分类识别，对在销品牌的市场状态、适销区域、消费群体进行动态测算，并将结果运用到货源投放中，以满足不同类型客户对卷烟货源的差异化需求。

4. 品牌供给与客户需求智能匹配

为更好满足客户差异化需求，湖南省烟草公司创建了科学、合理的数学模型，实现了客户需求与品牌供给的智能匹配。例如低价位卷烟供应，可通过标签组合计算，自动提高乡镇、农村中便利店、食杂店投放比例，高价位卷烟可自动向城区烟酒店、商超客户增加投放。在新品选点投放中，为寻找新品的潜在需求客户，可通过漏斗筛选同价位段和相近包装风格品牌订购排名靠前的客户，纳入选点投放范围。

（二）对接供应链上游，构建快速响应的工商货源组织机制

从供应链的角度出发，提升卷烟供给质量，首先要从源头上提升工业卷烟供给的质量。湖南省烟草公司加强工商协同，构建快速响应的工商货源组织机制，有力提升了工商货源组织效率。

1. 优化卷烟品牌（规格）布局

2019年6月制定了《在销品牌（规格）数量管理办法》，确保全省在销品规数量基本合理，并依据卷烟品规不同价位段的效益贡献和发展趋势，采取区间管理。全省国产卷烟规格总数控制在280个左右，创新性地在各价位段中构建"主导规格—护卫规格—潜力规格"的梯形结构，进口卷烟控制在20个规格数以内，原则上不再增加新的规格。对雪茄烟进行单独管理，积极引导国产雪茄发展。

2. 规范品牌（规格）进退管理

2019年7月制定了《品牌（规格）引入退出管理规则》，针对进入湖南市场的烟草工业企业实行品牌（规格）数量上限管理，超过上限时严格执行"进一退一"或"进一退二"。严格控制与现有卷烟品牌（规格）价位相同、包装风格相似、口味相近的新品引入，避免品牌资源浪费。实行在销品牌（规格）动态管理，促进优胜劣汰。

3. 推广快速响应的工商网上配货模式

积极推广"订单驱动、滚动配货、实时合同"的工商网上配货模式,通过多批次、小批量的滚动配货方式,有效提升工商货源衔接的及时性、准确性和有效性,避免出现库存积压和断档脱销。通过开发工商网配模块,系统可自动计算烟草商业企业库存可用天数,达到临界值时自动触发预警,并实时生成配货单发送至工业营销系统提示补货。目前,湖南省烟草公司已与湖南、上海、浙江等工业企业实现网上配货,库存周转次数同比增加10%左右,月存销比指标远低于全国平均水平。

4. 探索同城供应商管理库存（VMI）及动态配货机制

为充分利用商业仓储资源,推进工商物流协同工作,缩短工商卷烟在途运输时间,湖南省烟草公司创造性地探索实行供应商管理库存及动态配货机制,加速推动同城工商物流一体化,以最简便、最快捷为原则实现工商共库,将过去工业出库扫码、商业入库两次扫码动作合二为一,最大程度提高货源组织效率。

（三）对接供应链下游,构建行业领先的批零货源投放及评价模型

批零卷烟投放的基本任务,是把适合的品牌投放到适合的零售客户。湖南省烟草公司在按档位公平投放的基础上实施了货源精准投放,并跟踪评价货源投放结果,促进投放策略持续优化。

1. 按档位投放为基础实现卷烟公平投放

2018年9月制定了《货源投放上限细则》并固化到系统,坚持公平、公正、公开原则,做到所有货源投放有规则可依、按规则办事。全省95%以上的品牌（规格）按30档向市场投放,即同一档位零售户货源选择面相同,零售户可根据商圈位置、消费群体构成及偏好、营销目标等自主选择品牌,实现货源公平投放与市场自由选择有机结合。

2. 货源精准投放为补充满足市场差异化需求

按档位投放虽然确保了公平性,但卷烟市场上仍有一些小众化、个性化、异质化的需求未得到满足。为满足市场差异化需求,湖南省烟草公司创新地提出了"五要素"基础上的"档位+"精准投放模式。"五要素"是指卷烟的市场价格指数、社会存销比、订足率、订足面、商业存销比等五个要素。卷烟营销系统利用"五要素"分析模型对卷烟市场状态和上一个周期的投放策略进行评估,自动筛选目标零售户、自动调整当前投放计划、自动生成投放策略建议,达到投放与需求相适应的效果,最大可能满足差异化货源需求。

3. 面向大型零售连锁企业试点推行智能订单推送

针对大型零售连锁企业卷烟销售量大、价格高、品种丰富的货源需求特点及其商品扫码真实、库存管理规范的经营特点,湖南省烟草公司在长沙、株洲、湘潭等地试点开展商零网上配货。通过对客户信息管理数据库（CIM）进行深层分析,对拟开展商零网配的零售户进行一段时间的数据挖掘与行为跟踪,总结其经营规律,合理设置其各卷烟品牌（规格）安全库存、配货周期,并按照一定的配货规则由系统自动生成下一周期卷烟供应订单,从而向大型零售连锁企业自动推送订单。

4. 构建了行业领先的卷烟货源投放评价模型

采用层次分析法确定各指标的主观权重,结合熵值法确定指标的客观权重,设置4个一级指标、18个二级指标,建立基于离差最大化组合赋权的货源投放评价模型,对下辖各市州公司货源投放进行综合分析、评价,及时纠正卷烟货源投放的偏差,实现卷烟货源投放效果不断优化。该模型在行业卷烟货源投放领域处于领先地位,荣获2019年度中国烟草学会论文一等奖。

（四）以客户为中心，构建工商零一体的卷烟营销生态圈

卷烟零售户是连接卷烟供给与需求的核心载体，也是优化卷烟供给的主要阵地。工商零共同面向消费者开展营销，形成科学合理的零售客户布局，营造工作同向、利益同体、和谐共生、共同发展的营销生态圈。

1. 基于经营能力形成"纺锤型"客户档位布局

全省29万户卷烟零售户所在商圈位置、消费群体千差万别，其卷烟需求也各不相同，因此需要对零售户进行分类评档。基于客户订单数据分析，按照卷烟购进量、购进额等量化指标对客户进行评价，由卷烟营销系统自动计算并打分，再根据得分排序进行分档，分档结果由系统自动生成，不得人为干预。客户档位统一设置为1~30档，确保经营能力相近的零售户归到同一档位，并根据客户档位高低，提供不同的客户服务和货源选择面。经过数年的客户评价分档，全省卷烟零售户呈两头小、中间大的"纺锤型"档位分布。通过档位动态评价，能够较为真实准确、及时有效地反映客户卷烟经营能力，调动零售户经营卷烟的积极性。

2. 基于渠道掌控力构建"金字塔"零售终端体系

在烟草行业首创性提出卷烟零售终端"金字塔"管理体系，被国家烟草专卖局录入行业现代零售终端建设指导意见，为行业终端建设的发展做出了积极贡献。目前，湖南以直营终端为塔尖、现代终端为塔身、普通终端为塔基的"金字塔"卷烟零售终端体系已初见雏形。直营终端由烟草公司投资经营，发挥品牌展示中心、消费体验中心、新品发布中心的作用，全省约90家。现代终端主要有加盟终端、合作终端、特色终端、一般现代终端等几类，约占全省零售户的15%。此外，湖南正大力推进全省统一的"湘汇636"流通品牌建设，在硬件提质基础上探索品牌输出、管理输出和模式输出，提升流通品牌价值。

3. 建成覆盖城乡的诚信互助小组

诚信互助小组是在国家法律法规允许的范围内，由卷烟零售户自发、自愿组建起来的自我管理、自我约束、相互监督、诚信经营的一种组织管理模式。2018年以来，全省共建成诚信互助小组1.63万个，覆盖零售户28.08万户，整体覆盖率为97.91%，其中城区小组覆盖率达100%。小组建设初期，以促进卷烟明码实价销售、引导卷烟市场规范有序为突破口，引导零售户广泛参与；建设中期，加强与烟草工业企业合作，广泛开展品牌培育，提升零售户品牌培育能力，特别是新品推荐能力。目前，重点关注诚信互助小组运行质量，引导卷烟零售户之间互助合作，倡导小组成员开展非烟团购，增强进货议价能力，提高零售户综合盈利水平。

4. 建立职业化零售客户成长体系

面对"新零售"的快速崛起，湖南卷烟零售户店铺经营能力亟待提升。湖南省烟草公司致力于卷烟零售户经营能力提升，前瞻性地提出了建设"职业化客户"队伍，坚持"线上课程"+"线下培训"，帮助零售户由传统零售向"新零售"转型。如长沙市烟草公司与湖南工商大学合作，开办面向卷烟零售户的"紫荆学院"，开发了零售业转型发展、门店绩效提升等6期专题课程，实现"职业化客户"队伍建设从项目制运作向平台化运营升级，也为零售客户综合能力的提升开拓了一条全新的道路。

（五）新技术与业务融合，对卷烟供应链进行数字化改造

卷烟营销系统是实现卷烟供给智能化管理的平台载体，湖南省烟草公司通过实施卷烟营销信息化工作三年方案，对卷烟营销系统进行全面升级改造，实现由"经验营销"向"数字营销"转型。

1. 打造卷烟 B2B 电子商务平台

借鉴大型网络电商经验,对卷烟营销平台进行扩展提升,平台分为前端和后端:新商盟订货系统为平台前端,主要面向零售客户提供卷烟订货服务和客户货源需求收集;省级卷烟营销平台为平台后端,实现客户订单受理、资金结算,商业货源采购、库存管理、货源投放和业务监督管理等功能。

2. 推动智慧零售终端转型升级

通过引导卷烟零售客户使用零售终端管理系统,推动传统零售终端向"全商品扫码、全店铺管理、多渠道支付"的智慧零售终端转型升级,实现了零售终端卷烟经营数据实时采集,为工商零共同面向消费者的营销生态圈提供平台支撑。截至2019年底,全省共有14822家卷烟零售终端全面使用零售终端管理系统,占零售客户总数的5%,长沙、株洲、湘潭等地区通过零售终端管理系统实现了"按库存补货"的商零网配供货模式。

3. 搭建客户经理移动办公平台

利用互联网技术搭建客户经理移动办公平台,设置信息维护、客户画像展示、客户经营指导书以及协同办公等功能模块,打破了客户经理在公司与市场不能同时办公的壁垒,为客户经理针对性地开展客户服务提供数据支撑,市场拜访过程中发现异常信息能够得到快速响应和处置。目前客户经理移动办公普及率达到100%,平均在店服务时间9.97分钟/户/次,有效提升了客户服务效率和服务水平。

4. 建立卷烟营销微信自媒体矩阵

在符合广告法要求的前提下,以市州公司为主体,建立微信公众号。利用新媒体、自媒体平台的天然优势,加强与零售客户、消费者的互动,改善用户体验,提升客我关系,积极探索"线上+线下"的卷烟营销新模式。在批零环节以订货、结算一体化的思路为基础,积极探索微信订货等方式,进一步拓展零售客户订货方式。目前全省14家市州公司均建立了卷烟营销微信公众号,共注册零售户会员24万名,消费者会员30万名,日均活跃用户达到7.71万人,使用微信端订购卷烟的零售客户占比达到54.37%。

5. 推广全省统一的客户服务平台

为更好地服务卷烟零售户,湖南省烟草公司取消了分散设立在各市州公司的客户服务热线,在长沙建立全省统一的"96368"客户服务平台,承担全省服务受理、电话访销、品牌培育、服务分析等业务。"96368"客户服务平台通过运用智能呼叫系统,将语音网络、数据网络、客户电话网络互联成为统一的网络通信系统,通过运用移动值班App,实现客服人员非工作时间移动值守服务。2017—2019年,"96368"客户服务平台共受理有效事项23.57万起,其中咨询11.04万起,求助11.99万起,举报5045起,投诉157起,建议108起,转接"12345"市民热线948起,客户回访满意度保持在98%以上。

(六)强化管理保障,为项目实施提供全方位支撑

湖南省烟草公司强化管理保障,从组织、制度、人才、投入等方面为项目实施提供全方位支撑。

1. 加强组织保障

一是成立课题组。2018年初,由湖南省烟草公司牵头,联合湘潭、岳阳市公司共同成立"卷烟营销运行调控高质量发展"课题组并立项,由销售管理处主要负责人任组长,湘潭、岳阳市公司副经理任副组长,分别研究省级公司、地市级工商货源供应体系智能化改造。二是成立3个营

销专项工作组。2018年，湖南省烟草公司分别成立卷烟运行调控、卷烟网建、卷烟信息化专项工作组，各工作组由省、市公司10人左右组成，销售管理处部门负责人任组长，各组分块负责相关领域营销创新工作。三是明确试点单位。在赴贵州、福建、安徽、辽宁等地考察调研后，明确长沙、湘潭、娄底、邵阳为首批试点单位，分别制定试点工作实施方案，明确目标任务，明晰职责分工，统筹时间进度，进一步加强项目的组织保障。

2. 加强制度保障

湖南省烟草公司系统梳理了现行卷烟营销业务制度，根据新的业务流程和规范要求，从需求预测、货源组织、客户评价、货源投放、规范管理等方面新增和完善了18项营销制度规则。这些规则制度有两个特点：一是所有营销规则固化到省级营销平台，统一了全省系统营销动作，提升了规范水平。二是营销制度基本覆盖了营销工作全流程，实现了营销制度的闭环运行。

3. 加强人才保障

一是建设全省系统"双百人才库"，形成了营销"专家库"，构建了储备丰富、结构合理的营销人才梯队。湖南省烟草公司以此为基础，选取包括管理、营销、信息等专业人才进入项目组。项目组由12人构成，其中2人具有高级职称，8人具有中级职称。二是邀请高校专家开展咨询，邀请湖南大学、湖南农业大学、湖南科技大学等高校专家参与项目咨询，协助梳理理论基础，拓宽工作思路，提升项目水平。三是通过向高校专家和省外先进单位学习，在项目实施过程中提升了项目组成员的能力水平，锻炼了队伍。

4. 加强投入保障

本项目立项经费为17万元，主要用于项目组日常考察、调研等工作的正常开展。在此基础上，为支持本项目建设工作，湖南省烟草公司投入275万元升级省级营销平台，投入160万元开发一线人员移动办公系统，投入50万元建设零售终端信息管理系统。另外，各市州烟草公司还自行投入建设了微信公众号应用系统。这些经费足额按时到位，系统已全部上线运行，确保了本项目保质保量按时完成。

四、供给侧结构性改革下烟草商业企业卷烟供应智能化管理体系构建的实施效果

（一）经济效益明显——有效提升卷烟供给质量，推动消费升级，提升企业效益

1. 供给总量稳中有进

在当前经济增速趋缓的大背景下，湖南省卷烟销量从2017年的254.03万箱增加到2019年的254.91万箱，排名全国第5位，供给总量保持稳中有进。

2. 供给结构和消费结构不断升级

项目实施以来，湖南省卷烟单箱销售均价由2.93万元增加到3.26万元，增幅11.26%；一、二类中高端卷烟销量从81.07万箱增长到99.94万箱，增幅为23.28%，挖掘了市场潜力，推动了卷烟消费结构提升。

3. 重点品牌不断壮大

2019年销售重点品牌237.53万箱，同比增加1.31万箱，增幅0.55%，占总销量的93.18%，比全国高5.03个百分点，占比同比增加0.51个百分点。

4. 销售收入增长明显

项目实施以来，湖南卷烟销售收入由743.97亿元增加到831.53亿元，增幅11.77%，企业效益增长明显。

(二)管理效益显著——实现市场状态根本性好转，促进企业降本增效

1. 困扰湖南多年的市场状态得到根本性好转

根据国家烟草专卖局调查数据，项目实施前后，湖南零售户综合盈利率由5.86%上升到11.54%，比全国高1.59个百分点，从全国倒数第1位上升到全国第7位；整条零售价格到位率由93.59%上升到100.72%，比全国高2.72个百分点，从全国第23位上升到全国第7位；真烟异常外流排名从全国第4位退至全国第12位。

2. 企业降本增效效果显著

2019年，湖南省烟草商业系统卷烟三项费用率为5.35%，同比降低0.11个百分点；卷烟人工费用占销售比重为3.77%，同比降低0.14个百分点；卷烟人均劳动效率为1518.25箱/人，同比提升6.44%；库存周转次数为23.32次，同比提升6.15%，排全国第6位；12月末商业库存7.92万箱，同比下降26.47%，社会库存11.03万箱，同比下降15.4%；税利同比增长8.76%，商业增加值同比增长6.8%。

(三)社会效益突出——服务地方经济民生发展大局

1. 发挥了国有企业经济平稳发展压舱石作用，取得了疫情防控和复工复产双胜利

2020年一季度，湖南省烟草公司商业系统累计销售卷烟81.21万箱，同比增加0.72万箱，卷烟销售收入同比增长6.69%，排全国第5位；单箱销售均价3.81万元，排全国第13位，增幅5.65%，排全国第5位，超额完成了省委、省政府和国家局下达的目标任务。在新冠疫情期间，烟草行业是全国42个制造业行业门类中唯一一个实现增长的行业。

2. 按照中央和地方要求，积极做好"六稳"工作，落实"六保"任务

湖南烟草商业系统服务卷烟零售户29.12万户，带动近60万人实现就业，按照2019年11.54%的零售盈利率测算，卷烟零售户户均年盈利额约为3.3万元，帮助解决近100万人生计问题，为保障湖南省地方就业水平和提高人均收入水平做出了突出贡献，也为全面落实"六保"任务增添了重要力量。

3. 优化了营商环境

通过制定完善18项营销制度规则并实现系统固化，统一了服务流程和服务标准，减少了人为主观因素干扰，杜绝了搭配销售、组合销售。同时，通过"放管服"改革，放宽了零售许可证办证门槛，优化了营商环境。

(四)具有示范效应——为国有企业转型升级提供了经验

目前，供给侧结构性改革下烟草商业企业卷烟供应智能化管理体系构建项目已在全省14个市州运行两年，取得较好的效果，在行业内外形成了一定影响，积累了可复制性、可推广性的经验。

1. 提高供给质量的经验

湖南省公司在烟草行业率先提出"五要素基础上的档位+精准投放"模式及其评价模型，荣获2019年度中国烟草学会卷烟流通专业委员会论文评比一等奖，并在2019年中国烟草学会年会上做主旨发言，引领了烟草行业货源投放及评价工作的开展。

2. 诚信互助小组建设的经验

2018年烟草行业全国网建现场会上，湖南省公司就诚信互助小组建设做典型发言。浙江、福建、云南等多个省公司专程到湖南学习考察诚信互助小组建设。利用诚信互助小组，治理商品流通秩序，发挥稳价自律的作用，既符合国家诚信体系建设思路，对于快消品企业减少区域串货、减少辖区二次批发也具有借鉴意义。

3. 流通品牌建设的经验

湖南省公司率先在烟草行业提出终端建设"金字塔"理论,结合新零售发展趋势创立"湘汇636"流通品牌并申请品牌专利,对传统门店进行数字化改造,增强了渠道掌控力。多家社会媒体对湖南流通品牌建设进行了专题报道。

主 创 人:李刚华、郭兴堃
参与创造人:谢献球、毛岳胜、彭军辉、唐 亮、李志术、陈 亮、孙 婷、周 杰、郑路敏、唐蓓蓓

骨干电网生产活动智能管控体系建设

国网湖南省电力有限公司检修公司

按照国家电网公司"三集五大"体系建设任务的整体要求，国网湖南省电力有限公司检修公司（以下简称"国网湖南检修公司"）于2013年6月由原湖南省电力公司检修公司更名而成，属国网湖南省电力有限公司直属二级单位，是湖南骨干电网集中运维检修专业中心机构，主要担负全省特高压换流站、500千伏及以上变电站运检一体化管理，负责湖南电网智能运检管控中心、110千伏及以上变电设备工厂化检修、技术改造、应急抢修，以及三峡电力外送南方电网等重要职责。目前已形成以±800千伏祁韶直流为龙头，500千伏主网架为骨干的大环网结构电网，公司下辖9个分部，人员972人，巨大的电网资产、各类人员、大型施工机械等各类生产资源每天在全省120余个生产现场开展生产活动，保障湖南电网的安全稳定运行。

一、骨干电网生产活动智能管控体系建设的背景

（一）外部环境要求企业通过数字化提质增效

积极适应国家提质增效工作要求。提质增效是国家激发企业内生动力、实现高质量发展的战略性举措，也是应对当前疫情下严峻经营形势的有效手段。国网湖南检修公司全面对接国家部署和国网战略目标，聚焦主业主责，将提质增效列为重点任务之一，将数字化转型作为提质增效主要手段，开展专项行动。

认真贯彻国家电网战略目标部署。国家电网公司党组提出建设"具有中国特色国际领先的能源互联网企业"的战略目标，而数据是企业的核心资产已成为各行各业的共识，国家电网公司成立总部大数据中心，实现数据资产的统一运营，推进数据资源的高效使用。按照国网湖南电力部署，国网湖南检修公司着力推动数字化转型，并结合各项生产活动大胆进行数字化转型的探索。

（二）亟待解决安全生产中存在的突出矛盾

目前，国网湖南检修公司业务逐年扩大，维护2座特高压站、22座500千伏变电站、50座220千伏变电站，变电容量由三年前的4491.2万千伏安增长到现在的6076.6万千伏安，增幅达35.3%，但人员配置率却由三年前的88.90%降至目前的77.35%，降幅达11.55%，业务增长与人员配置严重不匹配。随着近年湖南电网"主干网架"提质、"骨干网架"补短、"城乡配网"升级三大工程建设，预计2023年底，特高压站的维护规模将达到3座，500千伏变电站达到31座，220千伏变电站达到75座，生产管控更困难。企业需要耗费大量的时间、精力统筹策划有限的人力资源以满足现场生产资源的缺口，但传统的依赖人员经验主观调配资源的方式难免出现生产资源安排不合理，不能做到人员、工器具在空间和时间上合理配置，一方面造成生产资源的浪费，另一方面又面临生产资源的不足。必须全方位掌控各项生产活动情况才能合理调配各类生产资源，必须应用数字化手段解决传统人工模式带来的弊端，企业才能实现提质增效的最终目标。

（三）提升用电可靠性和民众幸福感的迫切需要

传统依赖人工统计、经验管理，不利于生产资源快速、统一调配，使得电网检修效率不高、检修质量不佳，甚至影响供电可靠性，不能完全满足广大社会民众对电能质量要求，也易产生资

源分配不均、资源浪费问题。当前社会用电需求大、社会经济快速发展，亟待利用智能运检技术，实时全面掌控资源，实现快速统一调配、提升运检质效、缩短停电时间、推动电费惠民，不断提升民众幸福感，努力构建和谐社会、助力小康社会建设。

二、骨干电网生产活动智能管控体系建设的内涵

结合国网湖南检修公司运检智能化分析管控平台建设、变电站智慧化改造、变电站门禁系统、实物ID、移动终端等智能装备应用，通过采用智能识别、数据融合等技术，实时采集、统计人员、工机具、车辆、仪器、备品备件等生产资源活动信息，实现生产资源活动全信息感知；建立生产资源活动统计、分析，立足解决生产实际问题，支撑国网湖南检修公司生产指挥建设，达到优化生产计划、统筹生产资源，实现生产资源的精准调配与管控；将获取的生产资源活动信息自动生成报表支撑班组人员绩效积分统计、材料间备品备件及仪器管理、车辆统筹策划，通过技术赋能减轻基层班组数据填报负担。

三、骨干电网生产活动智能管控体系建设的主要做法

（一）实时数据智能提取

1. 应用智能技术实现人员数据智能提取

随着电网规模扩大，检修现场剧增，传统考勤主要靠人工记录、指纹考勤机记录统计，对每日人员去向、可调配检修力量存在管理盲区，现主要采用微信、电话方式询问，影响应急抢修、人员安全管控，存在响应速度慢、现场把关人到岗到位难以掌控等问题；同时，生产活动统计数据离散，统计困难、耗时耗力，如出差天数、骨干出差情况等，不能获得实时数据，人工记录统计耗时耗力，易出现统计不全影响人力资源合理调配等情况。

针对存在的问题，国网湖南检修公司综合考虑变电站出差、办公、培训、会议、出厂监造等各种场景，采用国内目前考勤系统生态最完好的钉钉App，基于阿里云采用"硬件+软件"方式定制开发，将钉钉考勤作为人员管控数据源，360°方式完善考勤系统，打通"内网""外网"隔离弊端，将生产活动数据实时回传至内网系统，交付企业运检智能管控系统进行展示、分析。

2. 应用智能技术实现车辆数据智能提取

目前，车辆使用采用内网统一车辆管控平台进行管控，申请人采用微信、电话、口头等方式进行申请，车辆调度员系统内完成申请、审核、派遣流程，存在沟通不畅、节假日漏系统派车单等问题；派车后，使用人、驾驶员不知道派遣信息，仍需电话、微信等进行告知；使用中，数据展示存在弊端，无法实时掌握车辆动态、车辆累计行驶里程数、驾驶员出差天数等信息。根据国家电网公司提质增效要求，需降低运维成本，车辆管控需解决不同部门同一现场去多台车、车辆资源浪费情况。车辆使用完毕后，车辆里程数、驾驶员出差情况、车辆使用情况等均采用人工记录、统计，不便于数据分析，难以辅助生产车辆调整、管理。

基于此，在钉钉App内，结合生产任务、人员管控，开发车辆申请、派遣、归还等微应用模块，由用车人根据工作任务进行申请，车辆调度人员进行派遣，驾驶员进行归还，做到各尽其责管理，管理人员可实时实地看到车辆去向、车辆状况等信息，便于车辆调度应急，将数据回传至运检智能管控系统进行分析展示。同时，因车辆统一管控平台派车采用派车单模式，为避免在钉钉App端、车辆统一管控平台内重复录入，将钉钉端车辆派遣数据回传至内网，通过编制录入程序，自动录入至统一车辆管控平台，解决重复录入瓶颈，同时保障节假日车辆管控，避免出车无派车单问题。

3. 应用智能技术实现工机具、备品备件数据智能提取

现阶段工机具、备品备件采购、领用、盘查等，基本靠纸质记录，再将纸质记录录入EXCEL表进行管控，存在台账更新不及时，利用归还记录不规范、不全等问题，后期无法知晓管控表格准确性，需再次清点，无法溯源知晓工机具、备品备件的去向，造成工机具丢失、维修不及时、备品备件查询难等问题，不能及时补充工机具、备品备件。

将所有工机具、备品备件货架配置二维码，基于钉钉端开发工机具、备品备件管控微应用模块，借用、领用、归还均采用电商模式下单方式，分部管理人员审批，仓库管理员提前准备。模块采用后，可快速查询工机具的去向、状况、采购的备品备件用于哪里、备品备件库存数量等，便于对故障率高的备品备件及时进行补充、对损坏的工机具进行维修，溯源性强，信息更透明，管理更方便。

（二）数据综合分析与应用

1. 应用智能运检技术实现设备隐患缺陷自动闭环

近年来，变电站数量增加、设备质量良莠不齐，设备隐患、缺陷直接影响电网健康稳定运行。现有对隐患、缺陷管控模式主要采用EXCEL表进行管控，以国网湖南检修公司为例，2020年4月缺陷数量283条，涉及变电站56座，其中89%的缺陷为需要停电才可消除，若加上设备隐患信息，数量将达500余条，且部分隐患、缺陷信息未共享，仅部分人知晓，设备管理人员岗位调动或停电计划3~5年后执行时，隐患、缺陷易遗忘，停电检修时对隐患、缺陷不知道、未闭环，给检修计划、设备健康管控造成很大的压力，造成设备强迫停运、重复检修。

基于此，国网湖南检修公司利用智能运检管控平台，将缺陷、隐患全部列入管控平台。一是近期重点管控隐患、缺陷全部进入首页进行显示，予以重点关注，提醒加强跟踪、尽快申报停电检修计划；二是年度、月度、周计划编制时，根据主设备名称、停电范围，自动智能推送需结合停电消除的隐患、缺陷，隐患、缺陷管控不再靠EXCEL表或人记忆，降低重复停电检修次数，提高电网健康稳定运行水平，减少人员统计工作难度。

2. 应用大数据实现电网检修计划智能编制

目前电网设备检修采取状态检修模式，每年需对所有设备运行状况开展人工评价，并提出检修建议，检修人员需要从19665台套设备中人工整理汇总出下一年度必须开展检修的设备，并依据大修技改项目预计进度，合理安排至相应月份。该项工作需要耗费大量的人力和时间，而且由人工统计汇总，可能出现遗漏问题设备的情况，且检修计划策划由各分部策划，可能存在各分部间计划安排不均衡的问题，公司整体超承载力现象时有发生。

根据生产管理系统设备状态管理模块可提取设备当前状态、建议开展检修时间、建议开展检修的方式，同时根据设备项目管理模块可获得设备大修技改项目立项情况，综合设备状态管理模块及设备项目管理模块相关信息，生成第二年的检修工作数据。

根据安全风险管控平台中作业信息模块可提取不同类型检修工作所用人力资源的历史信息。以国网湖南检修公司每日工作所需人力资源不能超过企业整体人力资源上限作为限定条件，并将第二年的检修工作数据与历史上同类型工作进行自动匹配，通过智能方法对检修工作进行自动均衡安排，可实现生产计划的最优安排，改变了依靠人工经验判断导致的工作安排不合理、班组超承载力现象。

通过国网湖南电力大数据应用平台，可以从生产管理系统设备状态管理模块中提取设备当前状态、建议开展检修时间、建议开展检修的方式等共计10个字段信息；从生产管理系统设备项目管理模块抽取设备大修技改项目立项信息共计 6 个字段信息，并构建国网湖南检修公司第二年检修工作储备库。

通过国网湖南电力大数据应用平台，可以从安全风险管控平台作业信息模块中抽取历史检修工作详情共计 10 个字段信息，用来统计不同设备、不同检修方式所需人力资源情况，结合钉钉考勤系统进行识别校核，可精准统计工作人员在检修现场的工作时长，得到各类检修工作精准、合理标准工时，并构建历史检修工作数据库。

采用智能算法将国网湖南检修公司第二年检修工作储备库中的工作与历史检修工作数据库自动进行最佳匹配，可自动生成第二年检修工作所需的工期及人力资源需求等信息，综合考虑每日工作中所需检修人员、生产车辆等检修资源不能超过公司各类资源的承载力及季节性巡检等因素，通过大数据、智能优化算法可对第二年检修工作时间安排进行自动平衡并自动生成第二年全年度最优检修计划及月度最优检修计划。

3. 应用大数据实现现场人员需求预测管控

各分部、班组在进行下周工作安排时通常根据经验粗略估计各项工作所需人员，经常存在考虑不周全、预测不精准的情况，导致各班组人员在时间、空间上安排不合理，一方面造成人力资源的浪费，另一方面导致工作高峰期间班组承载力难以满足现场工作需要。

针对这种情况，采取电网负荷削峰填谷的模式，提高人员需求预测的精准度，国网湖南检修公司根据人员需求预测精细统筹各班组人员安排，必要时适度压减现场工作量，达到工作量在时间、空间上的均衡，现场工作忙时人员有裕度，工作闲时人员有安排。

利用生产管理系统及调度管理系统的检修计划模块中"工作内容""计划开工日期""计划竣工日期"等信息，提取设备下周停电计划，通过大数据分析技术与生产作业管控平台中的历史工作信息进行文本相似度对比分析，自动匹配工作内容相似度最高的工作，并以历史工作信息中所需的人员数量、工作天数为参照，预测下周停电设备所需的工作人员数量及合理工作天数，提前对下周所有工作进行人员需求预测，并与班组有效工作人数进行校核，合理安排人员并为班组、分部间人员的动态调配支援提供依据。

4. 应用大数据实现生产活动展现、预警

国网湖南检修公司业务逐年扩大，变电容量由三年前 4491.2 万千伏安增长到现在的 6076.6 万千伏安，增幅达 35.3%，但人员配置率却由三年前 88.90% 降至目前的 77.35%，降幅达 11.55%，从数据中可看出业务增长与人员配置严重不匹配。人员工作量长期超过班组承载能力，人员现场长期连续出差导致疲劳作业等情况时有发生，管理人员统筹协调缺乏明晰的数据支撑，协调安排工作难度大。

全方位分析班组人员工作情况、工作类型及相应工作起始时间或持票或卡的时间等信息，查询工器具、车辆、仪器仪表使用情况。一是通过建立生产活动展现模型，提升生产精益管控能力，按年、月、周、日分析各班组、专业的生产资源使用情况，对所有生产活动进行全面展示，有效指导各班组、专业周检修计划和月度检修计划策划，也为国网湖南检修公司决策提供数据支撑。二是建立预警机制，科学测算各班组生产资源超承载力阈值，当出现超承载力阈值现象时立即开展预警，提醒生产管理人员及时纠偏。

通过钉钉考勤系统考勤、生产任务、每日工作汇报等模块，将考勤数据实时回传至运检智能管控平台，对系统采集回的原始数据进行筛选和分析，一是可统计各分部工作现场情况及工作人数；二是可获取各项工作进度（如未开工、已开工、已完成）；三是可获取负责人姓名及检修内容,并自动与上级安全管理要求对比,自动核查现场负责人级别是否与现场工作风险等级相匹配;四是获取所有人信息,核查有无连续工作超过上限的人员;五是按分部、班组、专业统计当天现场人员数量,并检查分部、班组、专业当天现场人员有无超承载力。

通过生产管理系统中运行人员交接班日志可收集运行人员现场工作情况、现场工作时间等信息,可以统计分部、班组、变电站当天现场人员数量。同时,通过移动作业平台获取运行、检修工作的人员(负责人工作班)、工作内容及工作时长信息,统计分析各项检修、运维工作时长,旨在得到各项工作标准时长,优化基于人员活动的生产工作实时监控、计划编制、工作量预测模型,指导国网湖南检修公司生产管理工作。

对于需要多天且可能变更工作成员的工作(如例试、验收等),通过钉钉考勤系统、变电站图像系统(变电站门禁系统)识别人员信息,可按分部、专业、班组、个人等多维度统计人员工作地点及工作时长,与生产管理系统进行比对以确保全面掌握生产人员动态。通过钉钉考勤系统可以按年、季、月统计分部、班组、专业、个人在现场工作天数、人员平均工作天数,方便进行时间维度的纵向对比以及分部、班组、人员之间的横向对比。

此外,通过移动作业平台可按年、季、月统计变电站现场各类型(常规检修、大修、消缺)的工作人员,方便进行时间维度的纵向对比和分部、班组、人员之间的横向对比。通过全年大数据分析,深入探索生产组织规律,充分挖掘内部人力资源潜力,缓解管理层级、一线人员的结构性缺员矛盾,减少现场作业天数,降低现场安全风险,进一步提升国网湖南检修公司整体精益化管理水平与生产组织能力。据测算2019年生产工作量月均波动小于16%,变电检修专业四个班组月度人均作业天数差值明显减小,班组间月度人均现场作业天数差值小于2天。

(三)系统完善及组织保障

1. 数据迭代纠偏功能

以检修计划为例,年、月、周年度检修计划、周工作计划的编制是通过人工凭借以往检修经验预估检修时长、预定检修月份等,与实际现场实施未形成对应的数据关联与反馈,如果编制人员经验不足将导致检修计划预估不合理。应运用科学的方法现场实施指导检修计划编制、工作量预测等工作。

收集历史作业信息,编制年、月、周计划时以历史作业信息中的工期、人员数量为参照,与编制的年、月、周计划中的工作任务进行智能匹配。应将作业管控平台的实际作业信息,反馈至检修计划编制模型和人员需求预测模型,提升月度检修计划编制及周工作预测精准度,实现模型的迭代纠偏,使模型产生的决策建议更趋精准。

2. 制定保障措施适应体系建设

在组织保障方面,为加快推进建立全信息感知的生产活动智能管控体系,国网湖南检修公司成立生产活动智能管控体系领导小组、工作小组和攻关小组,统筹推进各项工作,保障了整体工作有序推进。

在人力资源保障方面,一是优化组织机构,明确信通中心(数据部)牵头智能生产指挥中心建设,将调度室与智能生产指挥中心合署办公。二是明确各部门、单位生产活动智能管控体系建设牵头人员,负责工作联络与推进。国网湖南检修公司建立人资部门统筹协调、专业部门主导负责的生产活动智能管控体系人才培养发展组织管理体系,全面把握总体目标和重点任务,切实抓好人才队伍建设工作。按照国网湖南检修公司专业人才培养目标和任务,分解目标计划、确定责任部门、落实工作职责。针对各项目标任务,制订具体的工作实施方案、重点培养计划等,出台相应的配套保障措施，确保专业人才培养发展规划的各项指标任务全面实现。

在制度保障方面，一是优化机构及岗位设置，重新界定专业、班组分工，建立适应生产活动智能管控体系业务需求的岗位职责标准。二是梳理国网湖南检修公司管理制度规范，修订生产指挥、安全管理等管理规定，保障传统运检向智能管控有序推进。三是建立生产活动智能管控体系建设双周管控机制，集中决策重大专业技术问题，统筹推进各项重点工作。四是建立生产活动智能管控体系建设奖惩机制，将规划落实及重点项目推进情况纳入企业基层单位绩效管理，对存在的问题及典型经验纳入智能运检月报进行通报，对有突出贡献的单位和个人给予奖励。积极适应智能管控体系下安全生产管理模式变化，逐步完善适应智能技术应用的技术及运检管理规范，不断优化完善企业相关生产管理制度，其中包括运维管理、检修管理、生产业务分工、应急抢修等管理制度或实施细则，充分发挥智能技术应用的优势，提升工作效率，降低作业风险。

四、骨干电网生产活动智能管控体系建设的实施效果

（一）安全管理水平大幅提升

生产安排更加均衡。通过全面分析、入厂监造、基建施工、日常运维、技改大修、巡检排查等安全生产全过程工作数据，建立基础数据平台、项目管理系统、基建管理系统、承载力分析系统四大主体内容。结合数据分析，超前策划准备，确保项目实施、隐患治理、设备首检无遗漏，人员、方案、物资、机具等百分之百准备到位，做到"应修必修、应试必试"。实现专业信息互联互通，打破"信息孤岛"，使管理决策更加科学、智慧、精准，全年生产工作更加均衡、有序。

应急抢修响应更快。强化"灾前防、灾中守、灾后抢"机制，根据作业现场生产活动分析，实时更新检修人员、车辆、工机具、备品备件等数据，可更快速响应应急抢修，使得组织更加顺畅。故障缺陷发生后，可快速查询剩余检修资源，立即进行组织，应急抢修响应时间缩短60%，电力保障更快速。

检修质量稳步提升。通过下阶段工作量预测，提前测算各单位、班组生产资源需求，在企业内部统筹协调进行生产资源的优化配置，为生产承载力较重的单位、班组提供人员支援或者压减工作量，确保现场人力资源充足、检修质量成效显著。2019年各检修分部检修质量同业对标得分明显提高。

（二）电网安全稳定运行水平显著提高

检修效率大幅提升。2019年，相比往年虽增加了±800千伏韶山换流站调相机首次年度检修和36台（108相）500千伏主变压器、28台220千伏主变压器消防改造任务，工作量同比提高29.0%，但现场作业天数同比2018年仅增长10.1%，人均检修效率提升17.2%。

生产超承载力有效缓解。通过对现场连续工作超阈值的员工进行预警，避免了员工长期连续现场作业带来的安全风险；对出差人员超过阈值的班组开展预警，提醒其预备充足的人员用于应急抢修、班组管理等，避免班组超承载力引发的安全、设备管控漏洞，从源头上杜绝了现场一线员工长期疲劳工作。根据智能运检管控平台记录的气象、物资调配周期、负荷情况等生产数据，进行大数据分析，根据分析结果，编制安全生产年度计划；根据年度计划，结合物资供应到货周期，编制物资供应年度计划，确保物资供应全部按照时间节点供应；人力资源部按照生产年度计划统筹编制员工年休假年度计划，"生产任务繁忙时不休或少休、封网时集中休假"，广泛运用大数据分析，使安全生产、物资供应、队伍休整、人员培训等各项工作相得益彰。

电网稳定运行明显提升。国网湖南检修公司深刻践行"人民电业为人民"宗旨，全力推进坚强智能电网建设，主动适应祁韶特高压入湘、储能站接入、长沙"630攻坚"工程电网施工建设更加频繁等电网运行新特性,加大新设备、新技术应用,坚持以大电网安全为重中之重,从电网、设备、人员、制度等方面深化本质安全建设,有力保障了电网安全稳定运行和电力可靠供应。目前,国网湖南检修公司安全生产不断刷新近5000天历史最高纪录。

(三) 有力促进经济效益与社会效益增长

管理效率大幅提升。各类信息实时自动汇总,减少了人工收集、统计的工作量,大大提高了管理工作效率。以编制年度检修计划为例,以往6个基层单位需3人,策划5天,共计90人天,运用该体系仅需要1人2天即可完成初步策划。管理人员从海量的、重复性的统计分析工作中得以解脱,将更多的精力用于指挥、调控。现场一线员工、管理人员的"企业获得感"显著提升,工作效率得以提高,现场安全"人的不稳定因素"得以压降,员工爱企爱岗的自发性增强。

电网指标提升社会效益。电网各项运检绩效指标完成较好。变电设备可用系数指标评价为99.699%,比国网公司考核指标高0.099%,在国网系统排名靠前;换流站平均单极强迫停运率为0,比国网公司考核指标高0.7次/极·年。特高压及跨区直流持续稳定运行。顺利开展世界首台双水冷调相机组并完成首次检修,公司运维的特高压祁韶直流最大输送能力由400万千瓦提升至500万千瓦。圆满完成超、特高压直流换流站年度检修,保持"零强停",连续5年未发生直流单阀组或单双极强停运事件。实现祁韶直流和三大特高压直流大功率保电期间无线路跳闸,特高压直流线路自投运以来"零故障停运"。祁韶特高压工程输送功率在2020年夏季用电高峰期间创500万千瓦历史新高,日送电量提升至1.0545亿度,占当前全省日均用电量的五分之一。

社会营商环境不断优化。通过建设生产活动智能管控体系,国网湖南检修公司生产活动资源协调运行,大大提高了电网建设和运行效率,为持续优化营商环境做出有力支撑。优良的电网运行状况和技术指标,不断缩短停电时间、推动电费惠民,不断提升社会民众幸福指数,不断推动湖南小康社会建设向更高更快更强迈进。

主 创 人:王智弘、董 凯
参与创造人:曹雅怀、邓云球、谭庆科、王立德、黎 志、陈 兵、刘赛峰、何 珊、曾昭强、李 霞

烟草企业财务共享智能化平台构建与管理应用

湖南省烟草公司永州市公司

湖南省烟草公司永州市公司（以下简称"永州烟草"）成立于1985年，是湖南省烟草公司的全资子公司。企业性质为国有企业，属于商品流通行业，主要经营范围为卷烟、雪茄烟的批发和零售，烟叶收购和销售，烟叶生产相关农用物资销售。下设10个县级分公司，本部设有集营销、物流、仓储于一体的卷烟业务中心、烟叶业务中心，行业级烟叶技术中心，13个职能科室，现有在岗职工1376人。辖区内有卷烟零售户约2.3万户，烟叶种植户约7000户，烟农合作社18家。年销售卷烟18.2万箱左右，排湖南第6，烟叶收购60万担，为湖南省第二大烟叶产区。2019年实现营业总收入69亿元，实现税利总额20.24亿元，同比增长6.13%，居湖南省烟草商业系统第5位。

永州烟草自2006年体制改革后，实现税利持续保持正增长，烟叶生产连续17年荣获省政府表彰。积极践行"国家利益至上、消费者利益至上"行业价值观，为湖南省纳税五十强、纳税A级信用单位；近10年投入现代农业基础设施20多亿元，大力改善烟叶产区农业生产条件，烟叶生产为贫困地区提供了一条有效的脱贫之路；卷烟零售户近年来持续增长，为稳就业提供了相应的支持。近几年永州烟草不断通过管理创新、技术创新和文化创新，着力打造优质原料供应商、优秀品牌培育商、现代物流配送商，努力实现实力、活力、魅力永州烟草的战略愿景。

一、烟草企业财务共享智能化平台构建与管理应用实施背景

（一）是烟草行业创新发展的必然需要

烟草行业按企业成长阶段划分，已进入成熟期阶段，卷烟销量增长、结构提升空间有限，行业发展由外延式转向内涵式，由粗放经营转向集约经营，未来发展更多依赖持续提升管理水平，向管理要效益，向创新要效益。烟草企业作为国有企业，积极践行《烟草专卖法》立法宗旨，保证国家财政收入。根据行业发展形势，国家烟草专卖局制定了《关于建设现代化烟草经济体系推动烟草行业高质量发展的实施意见》，指出要切实通过质量变革、效率变革和动力变革，推动行业发展从"数量追赶"转向"质量追赶"、发展动力从"要素驱动"转向"创新驱动"、发展速度从"高速"转向"合理增速"、发展重点从"规模扩张"转向"结构优化"、发展方式从"外延粗放"转向"内涵集约"，真正实现行业发展从"有没有"转向"好不好"。

（二）是永州烟草财务转型升级的现实需要

2019年烟草行业财审工作会指出，创新是促进行业高质量发展的不竭动力，要按照"突出创新驱动、促进优化升级"的要求，积极主动适应现代财务管理的要求，推进行业财务体制机制、技术和管理等各方面创新，逐步改进传统的财务管理模式，提升行业财务管理水平。永州烟草积极探索财务创新发展，充分利用大数据、互联网、移动互联网、云计算、人工智能等新技术，推进智能化财务建设，将基层单位财务人员从简单、重复性作业中解脱出来，推动核算会计向管理会计转型，提高工作效率，降低组织成本。探索建立支持决策的管理会计信息系统，及时响应市场变化，准确反映经营现状，增强管理决策时效性。探索改造传统的业务流程，提高管理和作业

效率。通过创新改革，借助科学技术力量，为财务工作转型升级提供强大的工具，减少财务人员核算工作量，财务人员将主要精力集中到财务管理，提升财务管理水平，真正发挥财务管理在企业管理中的核心作用。

(三) 是解决财务方面现有问题的迫切需要

永州烟草2006年体制改革后，对县级分公司财务事权采取预算管控、分级授权，县级分公司财务机构审核、支付、核算本单位支出业务。永州烟草采用"一套账"核算，对县级分公司采用"成本中心"的核算模式，市县两级卷烟、烟叶收入和成本由市本级集中核算。随着信息技术的发展和应用，财务管理、业务管理、资产管理、采购管理、文件管理等陆续实现信息化，企业信息化管理框架已具雏形。随着行业发展形势变化，现有管理模式的矛盾日益突出，主要表现在：一是财务工作效率不高，会计核算占用了财务人员大部分工作精力；二是财务审批流程采用纸质签字，报账人员花费大量时间；三是内部管理系统不能相互共享信息，报账员在不同系统要重复录入信息；四是县级公司财务人员配备不够，资金管理安全性不强；五是资金分散存放、利用效益低；六是财务制度执行监管滞后，稽核和审计基本是事后监管；七是财务人员的职业判断不同，会计核算口径统一性难以全面落实；八是财务决策信息提供局限性大。

要解决这些问题，需借助现代科学技术，建立一个科学的财务智能化平台，融通内部业务系统、管理系统，创新管理方法，提高工作效率，为财务转型提供人力空间、工具空间。

二、烟草企业财务共享智能化平台构建与管理应用的内涵

根据湖南省烟草商业系统财务管理和会计核算特点，基于互联网、大数据等条件，打造集报销、核算、预算、资金、分析、风控等为一体的创新性、智慧型的财务共享智能化平台，以此平台为枢纽联通企业内部所有业务、管理系统以及外部银行、税务等系统，实现报销管理、资金管理、两烟业务管理、资产管理、报表管理、税务管理、人力成本管理、共享作业管理等功能。财务共享智能化平台是以"互联网+"理念为指导的实用型、信息化、业务财务互融共通的智能财务管理平台，可以提供双因子认证、真假发票在线识别、增值税发票在线认证、事项申报、线上审批、移动审批、自动成本计算、自动生成会计凭证、自动生成会计报表、智能生成财务分析报告、智能财务控制、会计电子档案、在线审计等功能。

三、烟草企业财务共享智能化平台构建与管理应用的主要做法

(一) 精准定位，明确平台创建目标

永州烟草学习研究了智能财务建设相关的基础理论知识，借鉴先进企业建设经验，分析行业发展特点，以财务转型为出发点，确定了建设总目标：通过观念再造、流程再造、组织再造、系统再造，打造安全、规范、高效、业财融合的财务共享智能平台，平台建设与应用达到行业领先、国内一流水平。在安全上重点体现资金管理安全；在规范上重点体现财务管理和会计核算规范；在高效上重点体现财务审批快捷、会计处理自动化、财务监管智能化；在业财融合上重点体现全面对接、数出一源、实时一致。要逐步形成财务管理专业化、财务核算集中化、财务业务一体化的格局，推动财务管理由核算型向管理型转变，为企业的精益化管理和高质量发展提供支撑。

(二) 全面梳理，确定平台总体规划

1. 规划原则

高新技术运用原则。平台建设要充分利用互联网、大数据、人工智能等科学技术，解决企业所有系统之间的数据互联互通，内部数据与外部服务系统的联通，数据传输安全与准确，数据防泄密安全；财务信息共享不仅局限于货币计量信息，更要广泛共享非货币计量信息，扩充决策信

息来源面；智能识别、智能判断、智能处理要解决人工处理效率低、有失误的实际问题。

业财全面融合原则。业财融合不仅要融通两烟管理业务系统，也要广泛对接企业的各种管理系统，只要是与经济业务相关的信息，财务共享智能平台都要对接融通，破解财务信息的局限性、各系统"信息孤岛"问题，做到企业信息来源于业务实际发生地，无须重复采集，达到相互利用、相互监督、相互提高的效果。

资金管理安全原则。涉及资金环节的首先考虑资金管理安全性，不得有资金安全漏洞，系统性解决资金分散支付风险、报销审批与资金支付分离风险、卷烟货款不能及时核对风险等。

财务管理规范原则。通过信息技术和管理应用，规划实现永州烟草财务制度执行标准一致，执行无偏差；相同经济业务事项会计核算口径完全一致，包括凭证摘要基本一样。

财务工作高效原则。从财务自身工作高效和报账方便两个方面规划，财务工作高效从会计核算自动化、会计报表自动化、财务分析自动化方面规划；报账方便从审批电子化、移动化、线上支付方面规划。

2. 规划标准

流程标准规划。一是审批流程，从资金支付安全出发，将财务审批流和资金审批流完全合一，达到全流程监管资金支付功能。根据支付资金性质和金额将付款审批层次从6级变更为6至13级，所有的资金支付必须经过线上对应的审批流，杜绝财务审批流与资金审批流分离。二是数据流程，从业务财务数据一致出发，对卷烟业务、烟叶业务、招标采购、资产管理等系统流程进行梳理，根据财务对接数据需求，规范数据对接流程标准，纠正和规范业务系统操作要求。

单据标准规划。一是统一线上所有环节审批标准，明确各个审批环节重点关注对象。二是规范单据的必填事项和要求。三是规定各类业务必备附件，包括附件上传顺序。四是细化报账单据类型。从原来的4类报销单细化为8类，分别为普通报销单、车辆报销单、项目报销单、资本性支出报销单、差旅费报销单、专卖报销单、会议培训费报销单、付款单。对出差、会议、培训实行申报前置审批，并在报销时将申报审批单与报销单进行关联。

核算标准规划。对所有报销业务事项、业务系统传递单据进行整理。共梳理费用业务事项600多项、往来事项200多项，修订完善所有业务事项对应的会计科目、现金流量、归口部门及凭证生成规则；新建两烟业务系统、资产系统、薪酬系统单据对应的核算规则。

3. 规划功能

总体规划为：整合财务内部报销、核算、预算、资金四大系统，建设一个财务共享智能化平台，以此平台为枢纽联通企业所有业务系统、管理系统、外部服务系统，形成一张"信息网"；平台内嵌财务相关控制规则，智能监督财务制度和内控规则的执行；平台实时加工处理财务相关信息，输出相关财务报表信息、数据分析信息、决策支撑信息等。

企业数据融通中心。从三个层面上打通企业财务管理所有信息，一是融通财务内部各系统的对接，报销系统、资金系统、核算系统、预算系统相互关联，如报销系统首先关联报销事项是否有预算、审批完成后支付信息发送至资金系统，付款完成后信息发送至核算系统完成凭证处理工作。二是融通内部业务系统和管理系统、两烟业务系统、采购系统、资产管理系统、薪酬系统、OA系统，将业务信息实时传递到财务共享智能平台，做到业务发生后，财务处理即时完成，管理系统相关经济信息相互共享与利用。三是融通相关外部公共服务系统，对接银行系统、税务系统，实现在共享平台对资金流进行监管，对报销发票真假在线识别，认证进项税发票等。

信息处理加工中心。一是会计凭证加工处理。报销业务完成，自动加工成相应的会计凭证；

两烟业务系统的进、销、调发生变化时，传入财务共享智能平台自动生成销售收入、销售成本、验收入库、移库等会计凭证。二是报表和决策信息加工处理。根据财务系统信息、业务系统信息自动加工生成财务会计报表、各类财务分析报告，为企业管理提供更及时、全面的决策分析报告。

财务管控指挥中心。一是集成所有财务事项规则。财务共享智能平台中内嵌所有财务事权，根据财务权限分配规则，自动按标准流程发送到相关审批者。决策层可根据管理需要调整财务授权。二是集成全面预算执行控制规则。根据预算管理需要，设置相应的刚性或柔性规则、分部门控制或归口控制规则等。三是集成财务内控逻辑判断规则。自动判断如合同付款批次是否重复、是否超合同支付，采购流程是否线上审批，出差是否申报，发票是否重复报销等一系列的逻辑控制规则，杜绝人工判断的失误。

（三）统一领导，落实平台运行保障

为保证项目顺利推进，永州烟草从三个方面落实运行保障。一是落实财务组织职能改革，保障平台运行高效。将市县两级财务职能重新规划和分组，划分为五个组：财务审批组，负责报销单据财务审核职能；共享稽核组，负责报销单据财务复审和校验会计处理是否准确；两烟业务组，负责卷烟、烟叶、烟用物资进销存单据核对、会计处理核对、货款核对，提供相关业务支持；税收业务组，负责税收计缴业务和核算；资产业务组，负责资产系统传递数核对和资产管理业务。二是落实硬件设备，保障系统运行基础。根据需求，永州烟草采购配置了124台高拍仪、4台高速扫描仪，配置了专门的影像系统服务器。为直连银行系统，9家银行配置了对接前置服务器。三是落实配套制度，明确管理职责。为确保财务共享智能化平台顺利运行，防范财务风险和资金风险，制定了《永州市烟草公司财务线上审批管理办法》《永州市烟草公司财务共享平台运行管理办法》《永州市烟草公司资金集中管理办法》，这些制度有效规范了财务共享智能化平台运行，规范了线上报账审批行为，明确了审批人责任，理顺了业财关系。

（四）智慧打造，开发平台功能模块

根据项目建设总目标，财务共享智能平台共开发建设4个功能模块，分别是核算自动化平台、共享运营平台、资金结算平台、智能管控平台；建设2个支撑模块，分别是移动平台、影像平台。

1. 核算自动化平台

涵盖了收入、成本、费用、薪酬、往来等所有会计核算业务，通过定义业务事项、预算指标、会计科目、现金流量等项目之间的内在规则，系统内自动化引擎自动生成会计凭证，自动生成的会计凭证达到总凭证的90％以上。

2. 共享运营平台

信息系统建立的虚拟流水线将各项业务导入各作业工作台，依靠信息系统的流程输入规则，将各项会计资料进行会计账务处理，为共享运营管理、信用管理、绩效管理、质量管理服务。所有的核算业务集中到共享平台进行处理，稽核效率每天每人不低于20笔，稽核时效每笔业务不超过24小时。

3. 资金结算平台

所有收支账户与9家银行之间进行直联，实现在企业内网即可完成银行间资金的支付、流水查询、对账、电子回单、利率查询等操作。实现所有资金业务的集中管理，取消县级公司的实体账户，在支付安全上达到用户密码和U盾双认证要求。

4. 智能管控平台

根据管理需求，通过数据采集、数据模型定义、组件定义及页面设计，对现有业务系统的数据进行有效整合，设计出各类分析图表并展现出来，经过数据挖掘、分析、加工，及时让管理层掌握经营变化、预算执行、资金分布等信息，从价值信息上辅助决策，进行智能提醒以及风险预警。

5. 移动平台

通过湖南移动管理 App 移动门户平台，实现在手机上办理经济审批，推送决策支撑信息，在安全上实行手机捆绑用户制，手机分享信息有标记水印。

6. 影像平台

利用高拍仪及高速扫描仪等设备，形成电子影像文档，实现报销附件影像扫描、OCR 识别发票、认证发票和防重、影像上传及存储、在线档案利用等功能。

（五）稳步推进，强化应用培训指导

一是多次组织培训。召集市县两级各部门报账人员与财务人员进行集中培训，县级公司财务部门也多次举办操作培训对报账人员进行辅导。

二是创新培训方式。在集中培训与发放操作手册方式上，财务部门录制了各项报账单据操作视频，存放在共享网络硬盘中，方便各单位各部门人员随时下载学习掌握操作。

三是成立服务先锋队。对于在财务共享智能化平台运行中遇到问题或困难的部门，财务部门派遣服务先锋队成员迅速前往解决问题，妥善解决各类问题。

（六）平台应用，推动管理提质增效

1. 业财全面融合，提升数据质量

业务信息系统与财务共享智能平台全面对接，业务信息系统发生的业务数据变化即时传到财务平台，通过财务平台的自动处理生成相应会计核算凭证，完成会计核算工作。如卷烟购进，业务系统入库单确认后，财务系统立即完成存货购进核算工作；销售出库单确认后，财务系统立即完成卷烟的销售和成本的核算工作。业财数据全面融合，业务发生完成时会计核算工作也完成，实现业财数据同时同源，做到了即时核算。为保障财务核算准确性，财务人员必须加强对业务系统数据准确性的监督，倒逼业务系统操作规范，保证财务数据源头准确。

财务与业务数据相互交换利用，避免了大量的数据信息重复采集工作，提高了办公效率。如招标采购系统融合后，采购合同、采购发票、验收单只需在招标采购系统采集，报销时财务系统自动共享这些信息，采购款项支付后，付款信息反馈到招标采购系统，避免了采购实施部门来回在不同系统上传信息。

2. 机器智能判断，强化内控执行

财务共享智能平台内嵌财务内控相关的规则、标准、预算控制规则等判断条件，报销业务发生时，系统自动根据判断条件进行分析，对不符合要求的业务事项自动排除，大大减少了财务人员人工判断的时间。如专卖办案费用报销，系统根据专卖案件办理经过、参与人员、案件发生地点，自动判断办案发生食宿、交通是否超过标准、是否合理等。机器自动判断不仅为财务人员节约判断时间，而且准确无误，避免主观判断错误。

3. 凭证智能生成，取消核算会计

财务共享智能平台内嵌业务事项与会计科目、现金流量、辅助项目、凭证摘要的对应关系。无论是业务系统产生的业务核算事项，还是报销系统发生的报销业务，财务共享智能平台根据事项对应关系，自动生成相应的会计核算凭证。会计核算不仅及时，而且做到了永州烟草核算口径完全一致，避免了因会计人员职业判断不一样导致核算口径不一致。会计核算实现了自动化、智能化，核算工作量大为减少。

4. 审批支付合一，报账省时省力

报账员只需要在系统中录入报销单，扫描相关的发票、验收单等相关附件，发起报销业务，系统自动根据财务事权的审批规则将报销单推送至相关授权人进行线上审批，审批人不仅可以在办公电脑上审批，也可在手机App中审批，审批完成后支付信息自动发送到银行进行支付。报账员将报销业务的相关附件交财务部门归档，只跑一次路，就可以完成报销业务，提升了财务报销效率。

审批、支付一条龙也加强了资金支付的安全性和提高了资金利用效益。付款信息由报账员录入报销单中，线上所有审批人看到付款信息完全一致，避免出纳在网银制单或支票支付时出现的人为操作或工作失误风险。审批、支付一条龙方式建立后，传统意义上的出纳工作消失，所有的资金支出集中到一个银行账户上完成，杜绝了多账户渠道支付的风险，减少了资金在多个账户上沉淀，提高了资金使用效益。

5. 货款日清日结，对账及时准确

以前，卷烟销售实行按固定批次送货，送货完成确认销售收入，不同批次的卷烟零售户可在同一天在营销系统下订单并结算货款，银行按天汇总货款记入企业银行账户，一笔汇总货款包含了两至三天的部分订单金额，这样每天的银行进账金额与送货批次订单没有对应关系。如果出现差错，需要到银行柜台提取明细清单，而每天订单至少有5000多条，一条条核对，费时费力，很难做到货款日清日结，存在货款安全风险。银企直联后，系统实时提取卷烟业务系统订单号与银行结算明细数，自动配对订单是否收到货款，是否存在差异，实现了卷烟货款核对日清日结。同样，在烟叶收购期间，每天支付烟农的收购款千余笔，银行反馈支付信息是一笔汇总数，明细数据需要到银行提取，当支付不成功或错误时很难及时核对发现。银企直联后，系统自动提取支付明细与烟农收购单进行核对，可及时发现错误。

6. 支付增加监管，制度执行加锁

以前实行线下审批时，各单位报销业务是否符合财务制度，基本上由各单位财务部门负责人审批把关。由于各单位财务部门负责人职业素质、职业道德上的差异，制度执行难免出现偏差。针对这些问题，线上报销流程系统实行财务部门负责人初审和财务共享中心稽核复审双把关。稽核复审集中在总部财务部门，稽核复审主要职能是检查财务制度的执行标准是否一致、报销附件是否统一齐全，对财务初审进行内部监督，防止不规范行为发生，达到财务制度执行一致、无偏差的目标。

7. 报表自动生成，分析智能定制

会计核算实现即时处理，可实时提供反映当前企业营运和资金分布的财务信息。智能管控平台内置多种信息报表，可每天向中高层管理者提供决策支撑信息，可根据管理者个性需求定制相关信息，采用自动推送或系统查询方式实现信息的及时传递。智能财务管理平台提供的信息更具全面性、个性化、及时性。

四、烟草企业财务共享智能化平台构建与管理应用的实施效果

(一) 实现财务管理工作的高效运作

1. 提高工作效率

一是通过移动审批平台，解决报账找人签字难的问题，解决审批人外出无法签批的问题，提高了审批效率；二是通过核算自动化平台建设，自动生成会计凭证，将基层单位财务人员从简单、重复性做账工作中解脱出来，提高了核算效率；三是通过卷烟货款对账和日常对账自动化，提高了对账效率；四是通过资金流和审批流合一、移动审批及银企直联，提高了报账效率；五是通过影像系统，直接线上调阅会计凭证电子档案联查附件，提高了档案查阅效率。

2. 提升工作质量

一是会计核算自动化，会计凭证自动生成准确率达到99%左右，卷烟、烟叶业务实现全自动核算，核算准确率近100%，提升了会计信息的准确性、及时性与可比性；二是集中统一报销支付业务，提升了财务管理规范水平；三是资金监管系统的优化与重建，提升了资金安全风险防控水平；四是财务人员将更多的精力转入夯实国资、预算等基础工作，提升了财务基础管理水平。

3. 提升工作能力

一是财务共享智能化平台建成应用，促进了财会人员从核算会计向管理会计转型，倒逼财务人员不断加强学习，熟悉业务，2019年永州烟草没有会计师职称的财务人员全部参加考试，4人通过中级会计师职称考试，提升了自身能力；二是财务共享智能化平台对工作人员的工作质量提供了可计量、可复核的考核手段，财务人员为了适应新工作，不断提高自身能力来适应新要求，成为精财务、懂业务的行家里手。

（二）提升企业的经济效益

永州烟草2019年实现销售收入69.16亿元，同比增加4.24%；实现利润总额8.75亿元，同比增加5.58%；总资产报酬率39.68%，同比提升11.34%；流动资产周转率4.67%，同比提升14.46%；资产负债率8.26%，同比下降58.76%。

财务共享智能化平台运行后，自动化、智能化程度大幅提高，会计核算工作量大幅减少，为财务人员转型腾出了人力空间，为企业节约了人力成本。项目实施后，永州烟草1个资金管理员取代了原来11个出纳和会计主管网银复审工作，工作职能从资金支付转为资金管理。4个共享稽核员替代原来11个费用核算会计，工作职能从专职核算转向制度执行监管。

（三）成果在系统内全面推广

2019年11月财务共享智能化平台构建与管理应用成果在永州进行现场发布，国家烟草专卖局财审司、湖南省烟草专卖局、省内兄弟单位、厦门用友烟草总公司到现场观摩。一致认为永州烟草在财务共享智能化平台建设与应用方面取得的成果达到了行业领先、国内一流水平。成果已陆续在湖南省烟草商业系统16家单位全面推广运用。

主　创　人：幸　勤、曾毅勤
参与创造人：廖爱国、庞铁军、宁闻东、崔建军、刘业鸿、尹惠清、
　　　　　　赵　睿、李　曼、雷海洲、蒋　朝

数字化转型与信息化建设

供电企业基于数字化转型的终端业务融合管理体系构建

国网湖南省电力有限公司长沙供电分公司

国网湖南省电力有限公司长沙供电分公司（以下简称"长沙公司"）是国家电网有限公司大型供电企业、国网湖南省电力有限公司的分公司。负责依法经营长沙电网，实现国有资产保值增值；规范管理长沙电网，保障电力供应和电网安全，为客户提供优质服务；规划和建设电网，满足长沙经济建设和社会发展需求；统一管理长沙电网调度，实现电网安全、可靠、高效运行。截至2019年底，长沙公司供电面积1.19万平方公里，人口815.47万，电力客户395.07万户。拥有35千伏及以上变电站184座，主变压器容量2387.27万千伏安；35~220千伏输电线路353条，总长4615.691千米；10千伏配电线路28219.439千米，10千伏配电变压器34503台/1304.91万千伏安。城市、农村综合电压合格率分别达到99.999%和99.825%，供电可靠率分别达到99.972%、99.871%。公司先后荣获全国一流供电企业、全国五一劳动奖章、全国创建文明行业示范点、全国模范职工之家、抗冰救灾先进集体、国家电网公司先进集体、全国供电可靠性金牌企业、国家电网公司农网改造升级"两年攻坚战"先进单位、国家电网公司安全管理先进集体、首批国家电网公司社会责任示范基地、国家电网公司"青创赛"金奖、湖南省文明单位、长沙市抗洪救灾先进集体等多项荣誉。

一、供电企业基于数字化转型的终端业务融合管理体系构建的实施背景

（一）是适应电力企业数字化转型的需要

为深入贯彻落实习近平总书记关于网络安全和信息化工作的重要论述，抢抓新时代历史机遇，深入推进体制机制改革，将数字化作为公司发展战略路径之一，加快推进数字化建设和转型工作，是适应国家发展战略的重要部署。数字技术是第四次工业革命的核心技术，数字化转型已成为未来能源及电力企业发展的关键战略。为进一步适应国家经济高速发展，公司不断深化体制机制改革，虽然信息化技术已应用到供电企业各个领域，但为了更好地实现现代化，供电服务业务数字化转型势在必行。

（二）是提升客户用电体验的需要

近年来，长沙经济持续快速发展，2019年全年实现地区生产总值11574.22亿元，同比增长8.1%，随着社会经济的快速发展，人民群众美好生活需要日益广泛，广大用电客户更加注重服务品质、服务感知、服务体验，对供电服务水平提出新期待。居民客户对服务便捷性、互动性提出新要求，政企客户对服务响应速度、主动性、精准性以及价值创造能力提出更多诉求。供电企业服务末端直接与客户面对面，服务水平和服务品质显得尤为重要。为给客户提供方便快捷、优质高效的供电服务，供电企业亟待积极适应市场需求，创新服务形式，开展基于数字化转型的终端业务融合管理，保障供电服务"不掉队"，打通客户服务"最后一公里"。

（三）是实现企业提质增效减负的需要

随着社会以及国网公司对供电优质服务要求不断增高，营配调数据建设、业务协同的不断深入，现有的终端业务管理模式在服务协同以及解决客户突出诉求等方面存在的机制制约、手段不

足等问题日益凸显：终端业务班组之间信息不畅，专业工作界限不明确，服务协同能力不强；系统数据不贯通导致台区经理需要从多套系统获取数据，工作任务难度较大；终端业务人员大量的统计工作依靠人工处理，工作效率较低；客户与台区经理交流不畅通，客户服务体验较差。强化终端业务融合管理，推进终端业务数字化转型，是提高供电公司终端业务管理水平，实现降本增效、高质量发展的重要途径。

二、供电企业基于数字化转型的终端业务融合管理体系构建的内涵

为主动适应市场需求，提升客户用电体验，长沙公司以客户为中心，以数字化企业转型为导向，以长岛路供电服务站为试点，以组织变革和平台搭建为"两大抓手"，着力推进"三个数字化转型"（对内业务数字化、对外服务数字化和过程管控数字化），建立"三项保障"（组织保障、人才保障、制度保障），构建基于数字化转型的终端业务末端融合管理体系。一是强化顶层设计，构建"114"总体工作思路，明确总体目标，建立组织机构，夯实工作基础。二是以组织变革和平台搭建为抓手，建立营配调专业融合、信息融合、业务末端融合的横向工作机制和纵向管控机制，提高供电服务效率。三是以数字化转型为方向，推进对内业务管理数字化、对外客户服务数字化和过程管控数字化，实现对外服务提升、对内效率提升、专业间融合能力提升，打造智慧供电服务体系、精益管理体系。四是建立组织保障、人才保障、制度保障，为供电企业终端业务融合提供保障。

三、供电企业基于数字化转型的终端业务融合管理体系构建的主要做法

（一）厘清思路、明确目标，建立顶层设计框架

1. 明确建设原则，构建"114"总体工作思路

为深入推进数字化供电服务站建设工作，长沙公司深入分析长沙电网的现状，查找存在的主要问题，认真研究建设重点和项目铺排计划，确定了"114"总体工作思路，即"一条主线、一个试点、四项原则"。

"一条主线"：坚持以客户为中心，以数字化为手段，加快推进数字化供电服务站管理，提升综合示范项目建设及应用。

"一个试点"：长沙公司以长岛路供电服务站为试点，开展数字化供电服务站管理提升综合示范项目。试点工作的成功开展，为公司全面实现数字化奠定了基础。

"四项原则"：坚持顶层设计，上下联动；坚持目标导向，强化价值创造；坚持与时俱进，突出时代特色；坚持科学化，保证落地实施。

2. 坚持目标导向，明确总体建设目标

长沙公司坚持以 sGrid 推动数字化转型，对外采用"平台+生态"的策略，运用互联网思维增强客户感知、提升客户体验，能源生态圈初步建成，在探索新型业务和商业模式等方面取得新突破。对内采用"中台+应用"的策略，运用大数据思维聚焦提质增效，利用数据解决业务痛点难点，驱动业务发展，助推企业提档提速，努力建成数字化示范供电服务站。实现政企联动的服务生态圈；夯实基于业务应用的数据治理和全流程管控机制；实现对外服务提升、对内效率提升、专业间融合能力提升；打造智慧供电服务体系、精益管理体系。

（二）变革组织、融合业务，实现终端营配融合

为适应电力系统内外部形势变化对客户供电服务和配网运营水平提升的新要求，长沙公司坚持以客户为中心，聚焦城区居民等中小客户需求，应用大数据和互联网思维，构建"强前端、大后台"的现代服务体系，打通服务客户"最后一百米"。

1. 成立供电服务指挥中心，夯实后台保障

一是成立市县两级供电服务指挥中心。市州公司供电服务指挥中心下设客户服务指挥班、运营分析班、服务质量监督班。县级供电服务指挥中心下设客户服务指挥班，各班组7×24小时运行，供电服务指挥中心全天候实施供电服务指挥，主要承担配网运行、供电服务风险在线监控预警，服务诉求的承接、研判及派发，处理过程的跟踪督办及处理质量的评价考核，服务信息收集及发布四方面职能，形成对外服务事件统一受理和对内服务管理统一指挥的架构，为业务末端融合夯实后台保障。

二是整合运检、营销、调度等专业指挥资源。将分散在各专业、各层级的客户诉求受理和内部处理过程管控的职能调整归并，集中配网抢修指挥、配电运营、服务指挥、服务监督等业务，通过"数据贯通和信息共享"，促进"专业协同和业务融合"，实现"业务在线全管控、服务处置快响应"的高效协同运作机制，解决服务过程中协同指挥能力弱，服务集约程度低的问题。

2. 打造低压网格综合服务站，强化前端支撑

一是建设低压网格综合服务站，实现服务快速响应。长沙公司创新供电服务体制，建设营配业务高度融合的低压网格化综合服务新模式，结合行政区域、街道、客户数量及供电台区数划分，将城区划分为若干个网格服务站实现网格化服务，着力关注客户难点、热点，解决服务质量和响应速度的问题，实现业务"协同作业"、人员"一专多能"、服务"一次到位"。

二是融合营配末端业务，实现"一班多专"。在城区供电服务站，整合0.4kV设备运维管理、设备运行故障、异常处理、户表抢修、低压采集运维、低压用电检查和低压服务工作。实施低压营配抢修运维一体化工作模式，将营销与运检抢修的人员进行整合，打破供电服务末端营配专业间壁垒，形成岗位融合、责任落实的基础执行层，解决以往低压抢修因故障设备不明造成的二次抢修、重复派工、效率不高的问题，提供5×8小时主动服务和7×24小时抢修服务，将服务关口延伸到了客户身边和设备现场。

三是培养"一专多能"的网格客户经理，提供主动服务。网格客户经理是供电所面向辖区客户提供一对一贴身服务的主体，每位用电客户都有一名为其服务的客户经理。以往客户经理受专业限制，无法为客户提供全面服务。末端业务融合后，客户经理实现营销和配电专业融合与角色互补，负责网格内新型业务推广、电价电费、用电检查、低压采集运维、低压新装、故障轮换、抢修等工作，为客户提供全方位、多样化、个性化的系列服务，将"被动应对"转变为"主动发现"，提升处理速度，将客户需求解决在服务一线。

（三）搭建平台、智能感知，夯实数字化转型基础

长沙公司在充分调研供电服务站工作现状的基础上，创新搭建网格化管理平台，通过完善系统功能，整合SG186、智能运营管控平台等系统中100余项的工作任务，集约到"网格化管理平台"中，整合利用该平台对各类工作任务进行"多渠道、单出口"式的办理，实现工作任务末端融合，一站式出口，重新梳理业务逻辑，将供电服务站业务逻辑层次划分为客户服务层、业务管理层、质量管理层、决策支持层，有效解决过去传统管理体系的缺点，提升供电服务站的日常运营管理水平和工作效率。

1. 完善客户服务层，打造对外服务"窗口"

应用与客户交互的软件硬件系统，促进客户服务支持部门共享服务，形成综合管理及数据资源，打造共同对外联系的"窗口"，为客户提供充分、完善、系统的电力业务服务。其中，首要功能为信息查询功能，包括通电业务咨询、业务接受、投诉和建议、故障抢修（维修）、电话和电力

市场研究等功能模块。

2. 优化业务管理层，支撑业务高效管理

优化业务管理层，开展信息的收集、分析和处理，确保数据在内部业务部门间安全、有序、高效运转，保证数据可靠性，为业务管理和客户服务提供支持。业务管理层主要包括电费管理、线损管理、计量管理、用电检查管理和业务拓展等功能。此外，业务管理层还负责提供电力实时信息服务。

3. 建立质量管理层，支撑过程监督管控

质量管理层作为客户服务、市场营销、业务工作流程和工作质量一级执行层的监督管理控制中心，主要是为了向基层供电公司和供电公司管理人员提供供电业务管理功能，包括供电服务业务审计、供电服务和各功能模块的权限设置。通过工作流平台，监督各业务部门的工作条件，提供预防工作的监测工具，实时对工作业绩进行评估，及时调整内部管理。

4. 建立决策分析层，支撑决策分析工作

在客户服务层和业务管理层的基础上，建立决策分析层，集成电力市场分析、客户分析、业务指标、需求侧的管理数据、商业环境、政策实施效果、电力需求预测等数据信息，决策未来业务计划和营销策略。

（四）贯通数据、精益管理，推动对内业务数字化

1. 贯通营配数据，实现设备数字化运维

一是建立数字化设备台账。以营配数据治理工作为基础，按照《营销设备命名和现场标识规范》，推进低压设备现场标识规范化治理，夯实低压基础数据和台账。重新确认服务站范围内设备清单，梳理"台区—线路—表箱—户表"拓扑关系，共计完成 660 个公变台区、11036 个表箱以及 89916 户表计信息的核查采集和 871 处问题的现场整改工作，并录入 GIS 中。

二是开展数字化设备巡视。利用数字化网格化平台下派巡视工单，台区经理现场巡视后将发现的问题拍照上传，由内勤每日统计缺陷问题汇总上报并及时进行消缺。目前已巡视台区 558 台，发现重要缺陷 27 处，已全部整改，发现一般缺陷 154 处，已整改 86 处，及时消除隐患异常。将原先的下发纸质工作巡视单导出照片并整理保存的形式废除，实现数字化线上管理设备缺陷，将台区巡视数字化痕迹化、设备管理人员责仕化，并形成闭环，实现了低压设备全管控，有效地提高了工作效率。

三是实现数字化设备展示。深化应用"电网一张图"，探索开发了网格视窗平台。实现服务站设备档案数据和运行数据贯通，让站内所有低压设备一目了然。

2. 应用移动作业终端，实现智能快速抢修

一是开发移动作业终端，实现互联互动。省公司营销部牵头，在开发网格化管理平台的同时，同步开发移动作业平台 App，实现网格化管理平台与外勤人员客户走访、设备巡视的互联互动。

二是应用移动作业终端，提高作业效率。优化移动作业 App，实现地图导航、经纬度坐标获取、现场巡视拍照等功能，台区经理在进行现场巡视时，若发现供电线路设备有安全隐患或者缺陷异常时，可以通过移动作业 App 及时拍照、登记，第一时间通过 App 将数据传送至网格化管理平台，网格化管理平台将此数据择优处理，并进行限时跟踪督办直至闭环整改、隐患消缺，既提高了工作效率又加强了实时管控力度。

3. 利用"两率一损"系统，开展高效反窃查违

树立互联网思维、数字化理念，工作习惯逐渐从等候上级消缺工单向主动应用营销智能管控

平台等系统的业务功能、移动作业平台进行数据查询、分析、统计转变。通过"两率一损"等系统进行大数据分析，按照损失的电量情况结合现场用电负荷进行匹配，快速定位线损位置，利用服务站的属地优势，快速打击窃电、拆迁台区私拉乱接的不安全用电行为，恢复用电秩序。

（五）拓展渠道、互动共享，推动对外服务数字化

1. 加强互动服务，提升办电效率

在传统营业厅线下服务渠道的基础上，依托互联网服务入口和服务方式，推广"网上国网"App，自主开发"电雷锋"微信小程序、"长沙供电服务"App，全面开展线上渠道建设，使客户可以根据个性习惯自主选择服务渠道和产品获得所需服务，依托互联网增加客户服务入口和服务方式、增加服务产品和内容、提升服务智能化水平，形成全天候立体化服务网络。

一是推广应用"网上国网"App，拓展办电渠道。目前长岛路供电服务站已完成了70%的推广量，为客户提供信息查询、电费交纳、用能分析、能效诊断、找桩充电、光伏新装等服务。客户通过应用"一网办电"功能，可随时线上办电，办电流程更便捷、办电信息更透明。应用一次缴费功能，实现不同省份、多个户号随意缴费，客户缴纳电费更便捷。应用一键报修功能，实现抢修时间更短，保修进度实时查询，抢修过程更直观。

二是创新开发"电雷锋"微信小程序，提供专属服务。为了更好地开展专属服务工作，搭建客户与台区经理之间的桥梁，长沙公司开发了"电雷锋"微信小程序，作为对"网上国网"App的有效支撑。用户通过手机可以随时随地查看和办理各项电务事宜，享受一键即达的服务体验。

三是开发"长沙供电服务"App，实现"三化式"服务。客户需求实时化响应，客户可以在App上随时查阅临近供电服务站经理的信息，发起诉求后，智能选择供电服务站经理接受任务，整个服务进程轨迹化、可视化，供电服务站经理的服务质量和业绩评定都以客户的满意度为标准，从根本上改变以往的客户服务模式。客户群体信息管理智能化，通过基础资料的数字化，让系统自动对客户群体进行分类，对客户行为进行分析，形成对客户的画像，精准指导供电服务站经理开展差异化客户管理，开展不同的服务策略。客户信息立体化交互，在对客户群体智能化分析的基础上，开展各类信息的交互，及时向客户推送各类用电提示，并充分发挥大数据的价值，对符合条件的客户信息进行市场化开发、应用，拓展增值服务空间，进行电器促销市场宣传，促进新业务的挖掘。

2. 应用智能感知，实现精准服务

一是应用数字化精准画像功能，开展精准服务。应用"客户画像"技术，对所辖客户进行系统标签和手工标签的配置，形成客户全画像，通过画像描述，对所辖的低压重要客户、新零售潜力客户等开展客户走访，提供"一对一"精准服务。筛选"零度户""新上客户"的标签，选出符合电器购买条件的潜力客户，内勤人员制定"新零售潜力客户销售工单"，由外勤人员对客户进行走访，发现其有购买电器意向或安装国网充电桩的需求时，及时进行商谈。

二是应用非介入式负荷辨识功能，精准识别潜在需求。依托大数据，应用非介入式的负荷辨识技术，在两个台区试点安装客户侧负荷辨识终端，借助负荷终端辨识系统，全面感知客户的用电类别，分析客户的用电行为，针对能耗较高、存在安全隐患的家用电器数据，精准识别潜在需求，为客户提供"透明电""绿色电""安全电"的用能建议。根据客户重要性和需求量，由供电服务站站长自己或指派客户经理上门，为其提供有针对性的一对一销售服务，保证国网新型业务得到深入推广。

3. 常态数据共享，实现政企联动

一是加强政企沟通，夯实数据基础。加强与省委、省公安厅等政府机关单位及省军区等重点单位的后勤部门沟通联系，加大与街道社区的联络，深入前端做服务，重点做好单位宿舍区的用电服务。针对租户多、电话号码难收集的问题，走访片区派出所、供水公司、社区、楼栋负责人等，广泛借力，合理利用各种社会资源，实现"小网格、大服务"，实行在线服务，逐步将服务站各类服务纳入街道社区的数字化系统中。

二是政企平台融合，共享数据资源。将供电服务站定位为政府街道的下级单位，将供电服务站相关信息融入"智慧长沙"等政府数字型政务体系，让数字化供电服务站成为政务体系的一部分，提供定制数据，为各级政府统计与分析提供大数据支持。同时，积极开展供电服务站业务与城市综合治理体系的对接，探索利用天网等公共监控、市民随手拍等方式，辅助开展设备数字化巡视，从而实现政企资源共享共用，互惠互利。

（六）筑牢基础、多维管控，推动过程管控数字化

1. 数字化过程管控，推进业务融合

一是数字化集约工作任务，实时调度服务资源。将以往多套业务系统派单，供电服务站多头回单的模式进行调整，通过数据贯通，将SG186、智能运营管控平台、采集闭环等系统的各类工单进行末端集约和统一管控，形成工作任务池，并通过移动作业App，开展与外勤人员客户走访、设备巡视的互联互动，实现"多渠道、单出口"的工作模式。

二是数字化监控人员轨迹，实时监控工作任务。通过使用数字化管理平台中的轨迹监控功能，将工作任务、人员轨迹等，利用GIS地图进行可视化展示，实现了对所有台区经理日常工作路线轨迹的实时掌控，破解了供电服务站外勤人员流动性大、作业范围广、不易监管的难题，确保了工作任务及时完成。

2. 数字化指标管控，实时绩效评价

一是智能集成监控指标。通过网格化管理平台中各类系统指标数据的集约展示和大数据应用，精准对台区同期线损异常、低压采集成功率、低压自然回收率、低压远程停复电成功率、营销基础数据正确率、业扩报装时限等重要指标进行监控。结合"向配网开战"专项活动，开展"两降一控"指标监测、停电分析到户、电网故障研判及停电区域自动成图等应用，倒逼数据质量提升，发挥数据治理价值。

二是数字化开展绩效评定。搭建工作人员"关键业绩指标+工作任务+综合评价"的绩效体系，将员工绩效与工作业绩、工作任务进行挂钩，实时生成绩效看板。供电服务站和供电服务站经理个人的工作业绩，均实现看板化、全景化展示，工作业绩看板根据日常工作任务完成情况、业绩指标排名情况，实现对供电服务站经理的工作评价，形成对供电服务站经理的工作画像。

（七）整合资源、强化支撑，提供数字化转型保障

1. 加强组织保障，确保工作有序开展

一是成立组织机构。长沙公司成立由公司总经理、党委书记任组长的工作领导小组，统筹规划总体方案，协调解决重大问题。下设办公室，负责落实领导小组工作部署和要求，协调各相关部门工作进程，监督落实问题整改情况。成立指标管控、品牌建设、系统应用三个工作小组，按照工作方案，落责到人，全面开展数字化服务。

二是加强组织协调。强化内外协同，以一把手带头为纽带，促进整个项目上下及横向贯通。加强沟通协调，通过定期组织开展例会的方式，对项目实施过程中遇见的各类瓶颈问题及时进行

沟通并整改，组织建立沟通联系微信群，提供信息交流平台，解决目前员工服务环节中效率不高、程序不规范、信息不透明、服务碎片化等问题。

三是强化资金保障。将项目工作所需经费列入公司预算，确保平台搭建、App开发等工作开展的正常经费，为供电服务站的数字化转型提供必要的资金支撑。

2. 加强人才保障，培育"一岗多能"人才

一是加强业务培训，培育"一岗多能"人才。按照"前端融合，后端支撑"的原则，长沙公司对服务经理开展业务整合培训，对其他人员按业务划分安排专业跟班学习、现场教学、实物教学、分餐式培训和专业交叉轮岗，培养"一岗多能"员工，实现"一口对外""一站式""一次到位"的综合服务。以实际工作岗位为培训课堂，建设了营配一体的实训区，常态开展仿真化、场景化实训，依托培训团体，传帮带各自优势专业，实现"1+N梯队培养"和业务全融合。开展岗位能力测试，通过员工自评、站（班）长考核等确保培训质效。

二是畅通职业发展渠道，调动员工工作积极性。通过建立任职资格明确、发展路径通畅的职员职级序列，全面实施员工职员职级序列管理和职业生涯管理，有效支撑员工的选拔和培养，拓展了员工发展的职业通道，形成了"纵向并行"和"横向贯通"的激励格局，强化了对不同层次员工的激励，推动员工成功成才。实行"优绩优先"，通过将绩效评价结果与人才选拔、升迁竞聘、评先树优、职称评定、技能鉴定、教育培训等挂钩，激发员工动能。

3. 加强制度保障，建立长效工作机制

一是制订工作方案。研究制订《国网长沙供电公司数字化服务站综合提升工作方案》，细化指标、倒排工期，推进实施计划及具体落实措施，确保工作目标扎实推进，分期完成。

二是建立标准制度。为进一步加强规范管理，强化制度刚性，围绕供电服务站建设目标，明确供电服务站机构设置，细化组织架构和职责分工，根据岗位职责分工，建立主要岗位工作标准，梳理现有服务模式，细化常用业务工作流程，聚焦服务质量，规范日常工作质量管理，固化形成《供电服务站标准化管理手册》，为数字化服务站建设提供制度保障。

三是动态优化完善。对制度实施过程中存在的问题，及时汇总分析，归纳总结存在的问题，提出针对性的解决措施，动态优化完善供电服务站管理制度，推动业务末端融合服务体系建设规范化、常态化、系统化运转。

四、供电企业基于数字化转型的终端业务融合管理体系构建的实施效果

(一) 基层减负、作业高效，管理水平显著提高

通过开展基于数字化转型终端业务融合管理，实现工单闭环管理，推进无纸化办公，终端业务工作效率明显提升，各项指标显著提高。一是基层工作负担明显减轻，运用网格化管理平台和手机移动作业App等数字化工具，6套系统数据得到了贯通，工单处理时长缩短了30%，10类报表实现了自动生成，台区经理从建站时的15人减少至13人，内勤人员从7人减少至5人。二是设备运维效率明显提高，通过基础数据治理，实现了"站—线—变—户"数据全贯通，通过强化低压设备运维，客户的低压报修量降低了75%。三是采集成功率快速提升，通过97电表更换，"有卡无表"清理完成销户42户，低压采集成功率由99.22%上升到99.95%。

(二) 电费回收、线损降低，经济效益明显改善

通过开展数字化转型的终端业务融合管理，公司经济效益明显提升。2019年营业收入较2018年增加11.28%，线损率降低7.85%，新能源电量占比提升12.11%。一是电价政策执行更到位，企业收益增加。按照上级合表电价检查要求，共计核查552户，发现3户电价执行错误，增加企

业收益约600元/月。二是电费回收更高效，实现电费"颗粒回仓"。电费自然回收率从建站的85.31%提升至97.87%，目前全站实现无赊票结零。三是窃电查处更精准，挽回大量经济损失。截至2020年6月27日，查处窃电、违约用电36户，追回损失42.3万元，共46个线损异常台区恢复正常。同期线损合格率由建站时的80.65%提升至目前的95.33%。

（三）办电便捷、沟通及时，社会效益显著提升

供电服务站的设立打通了服务客户"最后一百米"，客户在家门口就能办理用电业务和提出服务要求，享受到便捷的服务。一是供电质量更优质。2019年长岛路数字化服务站供电电压合格率达到99.998%，用户平均停电时间缩短到0.5小时/户，有效地满足各行业的用电需求。二是客户服务更贴心。通过线上服务普及和抢修过程可视化，故障修复更快速，平均故障修复时长缩短20分钟，建站以来共受理抢修3775次，巡视工单3439次，完成客户走访933次，供电可靠性明显提升。三是营商环境明显改善。通过精简办电流程，办电时间明显压缩，低压客户办电程序由原来6个环节压减至3个环节，办电服务平均时长降至1.5天。

（四）成果固化、推广应用，示范效应显著增强

一是创新管理模式，示范效应显著。长岛路数字化服务站作为湖南省首家数字化建设试点站，构建了基于数字化转型的终端业务末端融合管理体系，让终端业务末端融合管理从"建起来，到管起来，再到优起来"，实现了客户更满意、设备运行更高效、业绩指标更优秀、工作减负更高效的目标，为低压网格化综合服务建设提供了示范。二是领导高度评价，号召全省推广。2019年11月，国网公司客服中心董事长来长岛路供电服务站调研时，充分肯定了供电服务站建设成效。2019年12月，在长沙公司召开的深化供电服务指挥体系建设工作会议上，国网湖南省电力有限公司董事长和总经理高度评价长岛路数字化服务站终端业务末端融合管理模式，并要求湖南省各级供电公司学习推广。三是成果推广应用，提升供电质量。项目固化形成《供电服务站标准化管理手册》《低压网格化综合服务建设方案》、终端业务末端融合管理模式等成果，并在湖南省14家市（州）公司、100家区县公司推广应用，推进了全省供电服务质量的提升。

主　创　人：张　璐、雷　鸣
参与创造人：姜浩斌、戴远力、谭渡渡、李　文、蒋　念、柳旭彤、
　　　　　　罗　尧、唐梦娴、贺少林、肖　定

大型烟草商业企业数字化管理体系构建

中国烟草总公司湖南省公司

中国烟草总公司湖南省公司（以下简称"湖南烟草"）组建于1983年7月，依法监管全省烟草市场，负责组织全省烟叶生产种植、收购、调拨和卷烟、雪茄烟的批发销售。湖南烟草下辖14个市州烟草公司、90个县级烟草分公司、1个烟草职工培训中心和1个烟叶复烤公司。2019年，湖南烟草服务29.12万卷烟零售客户，销售卷烟254.91万箱，实现卷烟销售收入831.53亿元，销量规模和销售收入均排全国第5位；收购烟叶243.97万担，烟叶规模排全国第4位，实现烟农收入41.65亿元；全年共实现"两烟"销售收入959.67亿元，税利257.6亿元，为湖南省经济社会的持续发展做出了重要贡献。

湖南烟草先后获得"全国精神文明建设工作先进单位""全国卷烟打假工作特殊贡献奖""中华慈善事业突出贡献奖""全国模范职工之家"等30多项荣誉。

一、大型烟草商业企业数字化管理体系构建的实施背景

（一）建设数字化管理体系，是落实党中央网络强国战略思想的需要

坚持党的领导、加强党的建设，是国有企业的光荣传统，是国有企业的"根"和"魂"。党的十八大以来，以习近平同志为核心的党中央重视互联网、发展互联网、治理互联网，指引我国网信事业取得历史性成就。2018年3月，中央网络安全和信息化领导小组改为中央网络安全和信息化委员会，习近平总书记担任主任。同年4月，党中央首次召开全国网络安全和信息化工作会议，习近平总书记用"五个明确"高度概括了网络强国战略思想：明确网信工作在党和国家事业全局中的重要地位，明确网络强国建设的战略目标，明确网络强国建设的原则要求，明确互联网发展治理的国际主张，明确做好网信工作的基本方法。

切实把思想和行动统一到党中央的战略部署上，准确把握网络强国战略思想的重要意义，主动融入网络强国战略思想的具体实践，积极探索网络强国战略思想的烟草模式，是建设现代烟草商业企业的根本遵循。

（二）建设烟草企业数字化管理体系，是落实烟草行业高质量发展战略的需要

烟草行业高质量发展，就是以新发展理念引领行业高质量发展，以建设现代化烟草经济体系促进行业高质量发展，以信息化与烟草产业的融合创新，作为构建现代化烟草经济体系、推动行业高质量发展的战略支点。

推动高质量发展，是全行业在发展环境深刻变化、挑战压力不断增多形势下保持健康发展的必由之路，事关烟草行业全局性变革，迫切需要新模式、新技术、新应用提供新动能。需要切实将促进高质量发展作为工作方向标，找准建设烟草企业数字化管理体系与高质量发展的结合点，积极利用互联网新技术对传统烟草管理模式进行全方位、全角度、全链条改造，在用新技术手段、新管理思维推动高质量发展上做出实实在在的成效。

(三）建设湖南烟草商业企业数字化管理体系，是推动湖南烟草由传统企业向现代企业转型发展的需要

湖南烟草成立三十余载来，始终围绕国家局的总体要求，在省局党组的坚强领导下，企业管理逐步实现从低级到高级、从局部到全局、从经验到科学、从粗放到精益的全面提升，成为促进企业健康发展和转型升级的有力保障。

2014年前后，行业依靠数量扩张支撑快速发展的条件已不复存在，湖南烟草面临的外部环境依然严峻复杂，内部也还存在一些突出矛盾和痛点问题。烟叶生产管理方面，稳定烟叶规模的压力增大，烟叶供需结构性矛盾不断加大；卷烟经营管理方面，不规范经营行为时有发生，营销信息化应用水平还难以支撑卷烟新零售转型，物流配送效率还有待提高；专卖及内部监督管理方面，大户治理任重道远，内部监管、信息化监管、部门协同联动都还有待加强；企业基础管理方面，人力效能不高，人才队伍结构还不够合理，专家型人才缺乏；财务管理以核算型管理为主，资产闲置问题比较突出，折旧费占比高；项目过程监管不规范；绩效考核、目标管理仅仅停留于数字，考核激励作用发挥不够；等等。

上述问题是制约湖南烟草高质量发展和数字化转型的主要问题，需要坚持以问题为导向，坚持补短板、强弱项，以大数据、物联网、人工智能等信息技术为手段，探索实施"互联网+"与烟叶生产、卷烟营销、烟草物流、专卖管理、企业管理等的深度融合，通过构建大型烟草商业企业数字化管理体系，最大限度解放和发展企业生产力，切实提升现代烟草商业企业管理效能。

二、大型烟草商业企业数字化管理体系构建的内涵

以国家"两化融合"和"互联网+"发展战略为导向，以总公司"数字烟草发展纲要"为指导，以湖南烟草"用信息化带动管理规范化、业务流程化、决策科学化"的战略为目标，以现代企业管理基本理论为依托，以"云大物移智"新技术为手段，统筹规划、顶层设计并落地实施了"塔轴稳、塔基牢、塔身壮、塔尖亮"的大型烟草商业企业数字化管理体系。突出集团化管控，通过强化人才培养、完善体制机制、持续稳定投资、筑牢安全屏障，为构建数字化管理体系稳定塔轴；突出标准先行，通过建设混合云平台、大数据服务平台、移动应用生态圈、流程管理平台，为构建数字化管理体系夯实塔基；突出"互联网+"新技术与烟草业务深度融合，建设现代烟草农业、现代卷烟营销、现代物流配送和现代专卖监管体系，为构建数字化管理体系巩固塔身；突出深挖潜力、提质增效，建设现代企业运营管理体系，为构建数字化管理体系亮化塔尖。

湖南烟草商业企业数字化管理体系经过多年实践以及不断的PDCA（计划、执行、检查、处理）优化提升，数据表明，为建设现代创新型企业、提升企业核心竞争力、降本增效、精益管理、规范管理、人才培养提供了有力支撑，为零售户和烟农增收、助力脱贫攻坚、推动绿色发展做出了积极贡献，为行业建设数字化烟草经济体系提供了可复制推广的典型实践，为湖南省经济社会发展贡献了烟草力量。2014年，湖南烟草被工信部授予"两化融合示范企业"称号。

三、大型烟草商业企业数字化管理体系构建的主要做法

近年来，湖南烟草深入学习贯彻党的十八大、十九大精神和习近平新时代中国特色社会主义思想，认真落实国家烟草专卖局和湖南省委、省政府的决策部署，紧紧围绕"稳定规模、优化结构、提高质量、增加效益"和"规模要稳，结构要进；速度要稳，质量要进；基础要稳，管理要进；投资要稳，收益要进；队伍要稳，活力要进"的"五稳五进"工作思路和举措，突出抓好"稳产销、提结构、降库存、增税利"重点工作，围绕高质量发展目标，坚持以供给侧结构性改革为主线，推动质量变革、效率变革、动力变革，充分利用大数据、云计算、物联网、人工智能等

新技术，在建设湖南烟草商业企业数字化管理体系上取得了显著成效，企业核心竞争力明显增强。

（一）以人才、制度、安全为抓手，突出集团管控，稳定数字化管理体系塔轴

1. 千秋基业，人才为本

湖南烟草积极运用现代管理理论，建立健全人力资源管理制度，实现了机构和标准岗位设置统一、进人渠道统一、用工方式统一、薪酬分配体系统一、岗位工资标准统一，人力资源管理水平不断提高。

认真贯彻落实中央和行业有关干部工作新精神新要求，先后修订和出台26个工作制度，形成从干部选拔、任用、培养到管理监督全过程的制度体系，为科学精准选人用人和高素质专业化干部队伍建设提供了有力制度保证。

积极推进实施"五大人才工程"，加强高层次紧缺人才培养，搭建从初级、中级、高级职称到首席、学科带头人、领军人才的技术人才成长通道，推广专业技术技能人员积分制管理，开展"技术能人工作室"建设，高层次人才培养成效显著。2012年以来，湖南烟草公开招聘大学生1864人，本科及以上学历人员占比68.3%；引进培养博士后2人，新增博士14人；高级专业技术资格人员增加91人，达204人。

通过加大面向社会公开招聘人才力度，大力推进日常岗位培训体系建设，扎实开展"全员素质提升年"活动，持续加强全员教育培训和职业技能鉴定，组织开展各类技能竞赛和练兵比武，大力营造好学勤学善学的良好氛围，队伍整体素质不断提升，为构建湖南烟草商业企业数字化管理体系提供人才保障。

2. 制度是企业赖以生存的管理基础

在体制方面，坚持烟草专卖体制，不断提高依法行政、依法治企的能力和水平。健全完善"打假打私、市场监管、内部监管"制度体系，推进市场化取向改革，引入市场竞争机制，营造公平竞争环境。维护企业市场主体地位，保障客户自主经营权，尊重消费者选择权，增强烟草行业适应市场、满足需求的能力和水平。严格执行法定许可制度，简化行政审批流程，推进烟草专卖行政许可"一口受理，限时办结，规范办理，透明办理，网上办理"，不断提升行政审批效率。

在组织方面，由一把手担任数字化管理体系建设工作领导小组组长，计划、经济运行、人事、财务、审计、投资、烟叶、营销、专卖、物流、信息中心等部门负责人担任组员，领导小组负责审议计划、方案、规章制度和重大建设项目，工程投资、物资采购、宣传促销项目管理委员会负责组织项目的招投标工作，投资预算管理委员会负责项目资金预算的审核和批准，建立了风险控制与管理机制，保证数字化管理体系建设与战略目标相一致。

在标准方面，同时从数字化建设标准和ISO9000标准体系两个方面规范工作，编制了13个大类的数字化管理体系建设规范标准来指导和约束项目建设，并用信息化手段对ISO9000贯标进行支撑，按照体系文件对业务流程进行落地、编排、监控和考核，保障标准落地。

在投资方面，2006年以来，湖南烟草为构建数字化管理体系累计投资10余亿元，充足的经费支持确保管理体系各项工作有序推进，确保各项目扎实落地。

3. 没有网络安全就没有国家安全，没有网络安全就没有企业安全

为适应由分散经营到集团化管控的变化，湖南烟草实现由单一模式到多业务协同的发展，完善"统一管理、统一展现、统一调度"的网络安全保障管理体系。公司主要负责同志履行网络安全第一责任，分管网络安全工作的副总经理履行网络安全直接责任，将网络安全工作责任制落实情况纳入各级领导班子和领导干部年度综合考核的重要内容，各单位、各部门领导人均签订了网

络安全责任书。全面落实网络安全保护定级备案工作，77个系统全部进行了等保定级。与零售户、烟农签订《客户个人信息收集使用保护告知书》，共签署告知书345536份，签署率达到100%。湖南烟草通过牢固树立正确的网络安全观，人防技防双管齐下切实筑牢网络安全屏障，为构建湖南烟草商业企业数字化管理体系营造健康、和谐的网络空间。

(二) 以平台、数据、流程为焦点，突出标准先行，夯实数字化管理体系塔基

1. 聚焦标准先行，推动传统企业向一流企业发展

谁制定标准，谁就拥有话语权；谁掌握标准，谁就占据制高点。湖南烟草先后参与制定《信息技术 云计算 云际计算参考架构》等4项国家云计算标准，目前两项标准已发布实施，在云计算领域树立了企业影响力。

优化完善"一平台、两中心、三链路"的湖南烟草基础平台架构，搭建企业私有云与专有云结合的混合云架构，整合云际计算能力，为企业提供符合等保三级要求的网络、存储环境。探索建立湖南烟草信息基础环境智能监控和预警体系，实现对基础资源的实时感知、实时预警、智能处理，全面提升企业基础环境保障能力。

2. 聚焦移动应用，实现碎片化管理向生态圈管理转型

移动应用是数字企业互联网化转型升级的有力手段和发展方向。湖南烟草基于专有云平台和安全保障体系，以企业微信为载体，制定移动应用集成标准，按业务域整合移动端应用，建立安全可靠、业务协同、内外互通的移动互联生态圈，有效解决移动端应用碎片化、高风险等问题。

3. 聚焦数据服务，促进数据分析决策向数据洞察决策转变

大数据应用是互联网时代的基本特征和核心要求。湖南烟草企业级数据服务平台建立了包括内部数据及外部互联网数据的数据湖。其中内部数据包括营销、物流、专卖、内管、GIS/GPS等数据源，日增数据3.5G~4G左右；外部数据主要包括POI、人流、房价租金、大众点评美团消费、宏观经济等互联网数据，目前已积累近10亿条数据，每周增量50余万条。企业级数据服务平台负责数据资源的管理与调配，按照《主数据标准》《数据接口标准》等，为各应用系统提供数据分析和即时数据服务。

在此基础上，湖南烟草建立了体系化描述企业经营和管理全貌的数据模型和经济运行指标体系，开发了多个应用分析主题，实时掌握企业263个关键绩效指标状况，及时、动态采集了主要业务供应链的数据，提高了调控和管理决策的能力。同时创新了决策管理统计分析，变"事后统计"为"在线统计"。针对零售户合理布局、烟叶流程监控、品牌分析、对标分析、客户关系与评价等行业热点和企业战略重点，提供准确及时的数据和深入细致的洞察分析，进一步提升企业精细化和科学化管理水平。

4. 聚焦流程管理，加速流程优化向流程再造发展

搭建流程管理平台，打通各业务应用间流程，实现各应用间数据、表单、界面的流转与调度管理，流程的各要素以服务的形式可被各应用系统调用，提供了快速开发新业务和管理流程的能力，实现了流程的可视化、标准化管理，提升了业务规范化水平，保障业务有序运行，固化企业管理最佳实践，提高了协调沟通的效率，为企业管理创新与业务创新提供标准化手段。

(三) 以现代烟草农业、现代营销物流、现代专卖内管为核心，突出互联网+烟草业务深度融合，巩固数字化管理体系塔身

1. 聚焦服务客户、培育品牌，构建现代卷烟营销管理体系

在新零售赋能传统零售的春风下，湖南烟草利用移动互联网技术，应用零售户端"诸葛掌柜"

系统和消费者端"诸葛当家"App，补齐了卷烟营销全链条数字化管理的最后短板，充分采集和刻画消费者画像，助力湖南烟草充分了解零售户经营情况，实现卷烟销售重要环节的管理创新和全销售链条数字化综合管理。

推动湖南烟草在卷烟销售场景、零售终端管理、消费者体验、信息采集、大数据应用方面的模式变革，强调数据驱动，以互联网大数据为依托，全面分析区域市场的消费能力、零售户经营能力，为零售户经营提供有效建议，提升湖南烟草对零售户的人性化服务和科学化监管，以及对消费者需求的感知水平。

利用城镇大数据赋能卷烟营销管理，探索"城镇大数据+卷烟营销"的应用创新、管理创新与技术创新。以营销、专卖、物流、内管等内部数据为基础，以能够反映全省零售户和烟民真实情况的外部城镇大数据为驱动，以湖南烟草数据服务平台为支撑，建立了多个复制性强的创新应用，如以城镇时空大数据为基础的零售户画像，城镇大数据赋能的市场监管异常分析模型，立足时空视角的卷烟画像体系，三位一体的卷烟精准投放推荐系统等。以上创新应用经试点后，在多个地市公司快速复制落地，并不断结合各地工作重心，各环节层层创新，为湖南烟草卷烟营销管理提供了大数据视角的市场分析，为指导本省零售户经营、零售户精细化监管提供客观数据支撑，为品牌推广和卷烟结构调整提供科学指导。

2. 聚焦净化市场、规范执法，构建现代专卖管理体系

开展互联网+政务服务、互联网+监管平台建设，开展专卖移动应用建设、专卖互联网大数据采集分析，为市场监管提供精准数据支撑，实现从数字专卖到精益专卖再到智慧专卖的迭代升级。

全面推广使用内管系统，紧紧咬住规范经营的治理目标，通过引入风险预警、流程驱动、过程控制，实现市场监管透明化、公平化。加大市场专卖执法力度，引入网格化管理理念和技术，真品卷烟非法流通得到有效遏制。

加强证件管理，全面推行网上办证，建立统一的卷烟零售户许可证数据库，横向打通行业与政务网、市场监管、公安、政务大厅等部门数据，纵向打通总公司、省公司、市县公司数据，内部打通营销、物流等数据共享，提升政务服务效能。

加强案件管理，形成在线检查、取证、审核、审批、缴款、罚没的闭环管理。建立涉烟物品智能仓库，利用电子标签或二维码技术进行储位管理，实现物品与案件有关联、存放位置有标记、罚没库存有统计、出入管理有痕迹。打通行业专卖系统与政务网、市场监管、司法部门数据，实现互联网+监管数据对接，对接省政府"两法衔接"信息平台和市县两级政府行政处罚系统，实现行政执法和刑事司法衔接工作流程处理和行政执法案件与移送案件等数据的流转处理。

加强市场监管系统与证件、案件等模块及四员协同、一体化综合服务平台等数据交互，实现实地勘验、文书送达、投诉举报、后续监管等任务传递与信息反馈。贯通市场监管与零售户经营行为，对重点违法户、轻微违法户、守法户进行精准画像。应用专卖市场监管、行政处罚、行政许可等数据，结合地方政府信用，联合惩戒平台和微信公众号，建立零售户信用评价体系，实现零售户、消费者等相关方通过平台多方协同、共同参与、共同评价的格局。

根据三项制度要求对证件、案件、市场监管公开公示、全过程信息记录、法制审核流程管理进行补充、完善。对执法全过程实施记录的音像资料，与专卖系统案件电子卷宗进行关联，形成完整的多媒体卷宗。实现行政执法决定智能审查、法规过程监督及事后评查功能，执法效能、执法责任监督等管理功能在线化、智能化。

建设互联网涉烟信息、物流寄递监管信息智能采集工具和分析系统，对全省范围内互联网涉

烟推广渠道进行实时巡查并进行过滤筛选，协助办案人员截断涉烟推广渠道、锁定发布主体开展线下打击。接入邮管实时寄递数据，对全省辖区内物流渠道涉烟行为进行监管追踪，建立计算模型，对进入辖区内的物流快递高危件进行预判，截断渠道和打击涉案主体网络。建立电子取证中心，进一步拓宽涉烟信息采集渠道，辅助案件侦办工作。

建立湖南烟草涉烟大数据基础平台及日常数据汇聚系统，推进与公安各警种、邮政、运管、海关、市场监管、通信管理等部门数据共享，加强涉烟情报信息分析与研判，建立涉案烟品牌动向模型、涉案烟条码关系模型，为市场监管和涉烟案件办理提供数据支撑。建立辖区内各类高危涉烟重点人员库，通过信息碰撞，生成涉烟犯罪证据链网络和关系网络图谱，提高案件侦办效率。

3. 聚焦降本增效、互联互通，构建现代物流配送管理体系

"行业卷烟生产经营决策管理系统"是中国烟草总公司确定的行业重大信息化建设工程。2005年在湖南烟草全面部署应用，14个市级公司85个仓库点实现产品数码跟踪和工商信息数据采集，工业销售与商业到货业务成功对接，卷烟到货入库后扫码数据实时上传，改变了原来手工开单、人工确认商品到货、纸质报送数据的模式。2008年，湖南烟草85个卷烟仓库整合为16个卷烟仓库，本级及所属14个市公司、16个卷烟仓库、50条分拣线全面部署卷烟打码到条和订单采集应用，形成了一条完整的生产链、供应链。湖南烟草对卷烟从工业产销、商业购销全过程的数字化监控，规范了卷烟生产经营。2010年，基于工商数采、两打三扫应用，在行业内率先部署数据统计应用，实现了卷烟产、购、销、调、存数据的实时、自动采集，确保了全省卷烟生产经营的规范化、标准化。

在"行业卷烟生产经营决策管理系统"的基础上，重点突出"管理集约化、制度流程化、服务专业化、决策智能化"的现代物流思想，构建现代烟草物流管理平台。通过对卷烟工商在途、仓储管理、分拣备货、发货暂存、商零在途及到货确认的全流程跟踪和管理，实现工、商、零三大业务环节在信息流的贯通，搭建了卷烟物联网。通过对标、运行监控、成本资源分析，实现智能化分析和跟踪，对全省物流人、财、物现状实现数字化管理，从多个角度分析、掌握全省物流运行的实际状况。采用GPS/GIS/3G和启发式禁忌搜索算法等技术作为系统的技术、通信平台，实现了货源均衡投放，构建闭环送货线路以减少回程空载和配送里程，分拣设备有效作业率达95％以上。从工业出库到商业出库，在一个平台上实现从生产到消费环节，工、商、零全程物流供应链的精准管理和监控。

4. 聚焦质量管控、绿色发展，构建现代烟草农业管理体系

全面推广应用中国烟草总公司烟站（单元）烟叶管理信息系统，按照供应链管理流程，以综合业务、集成服务和协同管理三大功能，建设烟叶工商研协同平台，实现资源、生产、收购、交接、加工、物流全过程信息共享。

突出烟叶种植基地单元信息化管理的重点，通过视频监控和GIS/GPS系统，建立了覆盖294个烟叶仓库和收购站点等重点生产环境和工作现场的实时监控管理平台，采集烟基建设工程的基础数据，分类建立可视化档案，实现对项目的智能跟踪管控和对烟站规范化、标准化和流程化管理。

运用全面质量管理的理念和方法，构建烟叶生产、收购、加工储运和质量数据库，建立从品种选择到收购、加工仓储的全程质量管理规范和技术标准。通过烟叶管理信息系统，烟草公司及时向卷烟工业企业提供大田生产、烘烤质量、收购质量等相关信息，工业对烟叶生产收购仓储过程中的关键环节进行督导，并及时反馈烟叶质量评价意见。建立基于物联网的供应链物流，通过

运用射频识别、卫星定位等物联网技术，实现烟叶物流全程感知、智能调度、可视化管理、组盘储运、分组加工等功能，关联从烟叶生产到片烟出库的信息，通过烟叶质量正向跟踪和反向追溯，有效提升烟叶全过程管理水平。

以合同管理为主线，以湖南烟草烟叶管理信息系统为基础，遵循管控分离的管理要求，全面打通烟叶供应链物流、商流、资金流。按照"深度融合、系统整合、有机结合"的建设要求，形成"横联纵贯、融通一体"的烟叶信息化管理平台，实现烟叶流通各环节资源的整体可查、可控。

（四）以现代企业运营管理为目标，突出深挖潜力、提质增效，亮化数字化管理体系塔尖

1. 聚焦全面共享、业财融合，构建现代财务管理体系

建设湖南烟草财务共享中心，推动核算型财务向全面共享管理型财务转变，使得资金管理更安全，会计核算更规范，财务管理更高效，业财融合更紧密。

实现会计核算自动化。对接卷烟、烟叶业务、国有资产系统、税务等，实现卷烟核算自动化、资产核算自动化、税务核算自动化，凭证生成准确率达到92%以上。

实现财务运营共享。取消县级公司资金支付，在市局共享中心稽核、集中支付，实现资金全流程监管。财务组织及职能产生重大变化，财务审批权、资金管理权从县级分散向市局集中，市局1个资金会计取代了原县级分公司的11个出纳和1个主管网银复审工作的会计，3个共享稽核员取代了原来11个凭证审核员，财务人员职能由会计事务型向管理型转变。

实现资金结算直联。建立湖南烟草14个地市公司所有收支账户与对应的18家银行之间的直联，全面取消网银手工制单和支票支付资金模式，通过企业内网及专线，实现与银行间的资金支付、流水查询、对账、电子回单、利率查询等操作。

实现智能管控和影像识别。自动生成财务指标报表、管理报表、财务分析，报表数据可穿透查询。所有报销附件全部扫描成影像，报销发票在线识别。

2. 聚焦数字化管控和领导力提升，构建现代企业管理体系

构建一体化综合管理体系，推进对内管控从小系统向大应用转型。打破系统之间"职能竖井"的壁垒，改变以部门职能来划分应用功能的传统建设方式，按照企业管理架构和体系，构建信息化条件下企业运行、管控、决策的新模式。通过建设一体化综合管理体系，全面整合应用系统，纵向以目标、流程、文件、服务管理，贯通决策、管理、执行三个层面，贯穿省市县站四个层级的全员流程一体化运行；横向围绕卷烟、物流、烟叶、专卖四条主线，以商流、物流、资金流的数据交互与共享为重点，形成统一的标准、架构、账户、入口及门户，推进全方位管控和集成化应用。

建设省级集中的协同办公平台，进一步规范办文、办事、办会、招标采购、绩效考核、对标管理等流程，对各节点进行量化监督考核，做到监管工作程序化、程序执行流程化、流程管理节点化、节点监控标准化、标准执行责任化、过程实施效率化。

构建一体化综合服务体系，推进对外服务从行政化向市场化转型。从2006年开始，烟草行业率先进行一体化综合服务体系的建设与探索，成为行业通过流程再造实现服务转型的一面旗帜。以烟草服务中心为依托，进一步完善"96368"电子商务平台，以客户为关注焦点，整合对外职能，进一步优化"前台统一受理、后台分级办理、前台统一反馈"的业务模式，整合互联网、无线网、电视网等多渠道接入，对消费者、零售户、烟农、工业企业等提供订单、咨询、投诉等多种服务。2019年，省烟草服务中心有效受理客户各类需求92376起，其中咨询44863起，建议60起，求助45086起，举报2308起，投诉59起。

四、大型烟草商业企业数字化管理体系构建的实施效果

（一）经济效益方面

1. 宏观调控更加精准

通过深度挖掘数据价值，提升数据分析利用水平，每天为决策层提供及时的数据服务，每月为局领导和相关部门提供经济运行分析数据，为省局月度例会分析研判生产经营形势提供决策参考。2019年，"两烟"收入同比增长7.17%，实现税利同比增长8.67%，为湖南烟草工商税利保持千亿级做出积极贡献。

2. 市场监管更加有效

始终保持打假打私高压态势，突出"打团伙、破网络、抓主犯"，严厉打击制假贩假、真烟非法流通、违法违规大户。2014年以来，共查处各类涉烟案件89831起，查获各类违法卷烟30.69亿支，破获国标网络案423起，拘留2216人，逮捕1771人，判刑1173人。2017年以来，共取缔违法违规大户3499户。

3. 降本增效更加显著

持续深挖控员增效，着力降低成本费用，提升效率效益。目前，湖南烟草在编职工10027人，比2014年底减少423人。规范业务外包管理，2019年业务外包项目数量减少到142个，卷烟人均劳动效率、人均卷烟配送效率和烟叶人均劳动生产率保持行业领先水平。2016年以来，湖南烟草累计实现降本增效3.02亿元。

（二）社会效益方面

1. 客户满意度有新进步

2019年，零售户综合毛利率从2017年行业排名第32名上升到第5名，市场总体满意度90.49分，排行业第7名。"96368"服务品牌已在湖南省消费者、卷烟零售户和烟农中深入人心，树立了优质、高效的湖南烟草服务形象。

2. 烟农增收有新成效

严守计划红线，推进生产布局优化，狠抓烟叶品质特色，实施高端卷烟原料定制化开发，烟叶产业平稳发展。2019年，烟叶计划占全国比重较2014年增加0.97个百分点，项目区上等烟比例达72.34%，比2014年提升12个百分点。烟农种烟户均总收入比上年增加1.84万元。

3. 脱贫攻坚有新突破

帮扶贫困村178个，支援建设帮扶项目252个，163个贫困村整体脱贫，1937户贫困烟农实现脱贫，获得各级政府和当地百姓好评。

4. 绿色发展有新提升

严控农田面源污染，全年化学农药用量同比减少12%，减少煤炭消耗5911吨。扩大卷烟包装箱循环利用，推广新能源汽车应用，有效降低污染排放。

（三）企业管理方面

1. 企业竞争力明显增强

2019年，湖南烟草销量规模和销售收入均排全国第5位，烟叶规模排全国第4位，顺应消费升级趋势，稳步提升卷烟销售结构，单箱均价较2014年增加26%，全年共实现"两烟"销售收入959.67亿元，税利257.6亿元，税利较2014年增加53.4%，为湖南省经济社会的持续发展做出了重要贡献。

2. 内部管控更加规范

严格规范是企业持续健康发展的生命线，认真落实"应招尽招、真招实招"要求，以制度为基础，以业务流程为主线，建设招标采购系统并与行业采购管理系统对接，"三重一大"项目全部采用线上审批，2019年公开招标项目数占比81.85%，项目金额占比93.3%。加快推进物流基础设施建设，实施物流非法人实体化运作，不断健全物流标准体系，深化物流精益管理，保障规范安全运行。

3. 科研创新更富成效

以产、学、研相促进的方式，大力推进管理创新，取得了丰硕的成果，并形成了企业自有的知识产权。2014年以来，科技创新成果获总公司科技奖励8项，获湖南省科技进步奖励3项，获省部级成果41项，获专利授权238件，QC小组活动成果获得总公司一等奖4个、二等奖9个、三等奖1个，2个课题被评为行业"精益十佳"课题。

4. 人才队伍更具活力

大力弘扬工匠精神，培养使用年轻干部，扎实开展全员素质提升活动，全面推进大学习、大练兵、大比武。培养全国技术能手8人、全国烟草技术能手35人、省级烟草技术能手54人；行业特有工种高级技师实现零的突破，达到20人；技师达到456人，增加346人。烟叶、营销、专卖三线持证上岗率均稳定在92%以上，高技能人才超过3000人，超过技能人才总量的35%。

主　创　人：樊剑峰、文雅玫
参与创造人：谢建宏、侯杰华、崔建军、刘业鸿、邹　暾、崔　凯、陈　舟

车辆节拍化生产信息化管控模式构建

中车株洲车辆有限公司

中车株洲车辆有限公司于 1958 年建厂，前身为铁道部株洲车辆厂，先后隶属于原机械工业部、交通部、铁道部机车车辆工业总公司。2018 年中车集团重组货车业务，成立齐齐哈尔和长江两大子集团，公司隶属中车长江运输设备集团有限公司（以下简称"中车长江集团"），2019 年正式更名为中车株洲车辆有限公司（以下简称"中车株辆公司"）。中车株辆公司位于湖南省株洲市荷塘区宋家桥地区，占地面积 60 万平方米，生产面积 16.8 万平方米。具有 62 年研发、制造铁路货车的历史，拥有全谱系铁路货车研发制造能力，主导产品包括敞车、平车、罐车、棚车、漏斗车等全系列通用货车，新造铁路货车产能 35 辆/日。具有和国际标准接轨的制造体系和质量管理体系，通过了 ISO/TS22163、ISO3834、EN15085、AAR-M 等质量体系认证。具备多品种、大规模定制生产能力，能够满足客户的不同需求。中车株辆公司与国家能源集团等国内外大型企业建立了长期友好合作关系，产品远销欧洲、美洲、非洲、澳洲、东南亚等地区。中车株辆公司先后荣获"全国质量效益型先进企业""科学技术先进集体"等国家级荣誉称号，是国家安全生产标准化一级达标企业，中车集团"精益管理三级企业"。

一、车辆节拍化生产信息化管控模式构建的实施背景

（一）市场变化对企业生产组织方式提出新挑战

1. 主营产品批量大、交期短的生产需求

公司目前主营的铁路货车订单有着批量大、交期短的特征，因生产组织效率问题，常年存在着周六生产上班的现象。同时，大批量生产订单中包含着多种生产车型，不同车型之间的转产衔接慢，对交期的影响大。企业迫切需要改变生产组织方式，在应对品种快速切换、短交期方面得到支撑。

2. 小批量、多品种生产方式转变的需求

一方面，随着装备技术的飞速发展，制造业特别是铁路货车企业由原来的单一品种、单一型号的大批量生产方式向多品种、小批量的生产方式逐步转变，同时，市场需求的数量更具有不稳定性，而且客户总是希望尽快地投入产品的运营，企业在外部环境无法掌控，需要向内挖掘黄金方式，对企业资源进行合理调配，提升生产柔性化的制造能力，必然会引起生产组织方式的改变。另一方面，当在市场需求不断扩大时，即使迅速地投入人力、物力建设新的生产线，提高生产能力，也需要周期，更需要管理。因此在短期内要满足市场需求，在更好地保证和提升产品质量的前提下，产量能够快速提升，也必然需要新的组织方式，提高生产管理系统运营效率。

（二）企业强基、补短、增力全面提升的新需求

1. 提升制造能力和管理水平的需要

一方面，通过节拍化生产，深化精益管理，运用精益工具，充分发挥主管部室能力，开展生产工艺、物流配送、采购供应、质量管理和现场管理等工作，协同解决工位管理最小单位的瓶颈问题，提升系统和项目管理执行能力，是管理协同的需要。另一方面，通过节拍化生产，分析生

产现场的具体情况，重点以精益示范线、精益车间等为抓手，突出现场、现时、现地、现物的管理，夯实基础工作，促进基层现场状态提升，是平台协同的需要。再一方面，抓住精益载体建设工程，围绕准时化生产目标，在批量主产品上实行节拍化，优化效绩评价，形成持续改善常态机制，不断补强经营发展短板，实现高效率、低成本、高质量的精益制造，提高生产线效率，是动力协同的需要。

2. 解决节拍化生产目前不足的需求

一是前期节拍化生产模式尚不成熟，生产组织、物料配送、异常管理有待加强，加班延点现象时有发生。物料配送排长队，期量标准不严，检查标准松，现场物料多，占用生产空间。物料交接手续多，重复搬运，存在物流配送浪费。异常管理发出多，闭环少，异常处置效率低。二是工艺方法创新度不够，车体工艺有待突破。针对C70EH敞车大批量生产敞车，侧墙生产线存在节拍时间长，制约整体生产线效率和节拍化的提升，需要进一步写实分析，减少生产过程中异常问题导致的停顿。装备新度系数低，故障多，维修频繁，打断生产节拍。三是面对市场竞争环境，特别是分公司成为子公司后，急需借助集团公司先进企业经验，构建子公司特色的节拍化生产模式，以节拍化为核心，推动准时化目标达成，促进子公司转型升级。

二、车辆节拍化生产信息化管控模式构建的内涵

生产节拍也称客户需求周期、产距时间，是指在一定时间长度内，总有效生产时间与客户需求的比值，是客户需求一件产品的市场必要时间。节拍化生产是产生于汽车行业丰田公司的精益生产组织方式，带着日本文化特点和汽车生产的规律，它的工作理念、运行模式与传统批量生产组织方式有所不同。它强调小批量，多品种，最小化的在制品和库存量等。因此，中车株辆公司首先对员工进行理念和操作上的培训，然后在实际实施过程中，立足铁路货车业务板块的实际，结合德国和日本的经验，重点在数据的信息化、可视化运用的管控模式上进行了改造和创新，构建了具有株辆特色的铁路货车节拍化生产管控模式。

中车株辆公司重点围绕效率效益提升，结合自身难点、痛点，对症下药，精准发力，从定节拍，实现每条生产线的节拍化管控；控期量，依据产线的可动率，严控产线与产线之间的期量标准；暴异常，利用移动端、电脑端及时反馈现场异常，拉动管理部门现场快速支撑；做改善，利用数据分析系统，从对高频次、长时间的各类异常问题进行专项改善提升等方面入手，助推株辆公司管理整体提升，持续推动精益管理从最佳实践向系统化、体系化迈进。

三、车辆节拍化生产信息化管控模式构建的主要做法

（一）专项改善团队的系统策划

1. 开展节拍化前期诊断分析

中车株辆公司以现行情况为基础，策划节拍拉动前期准备。首先，组织对现场情况进行全面诊断，公司相关部门一起开展生产系统、物料配送、工艺布局、作业节拍、人员配置、节拍绩效、装备保障、质量管控、安全及现场环境管控情况分析诊断，对公司考核指标等内容进行详细探讨，分析公司实施节拍化生产的优势和存在的问题，制定了全面推进的总体方案。

2. 明确工作思路目标和步骤

中车株辆公司通过节拍化的目标驱动，利用精益理念对企业人员配备、资源配置、工艺流程、质量管理、物流、信息流系统工作等进行优化，同时，推进5S、目视化、TPM、标准作业、班组管理等基础管理工作的落实与完善，建立了一种能够合理、有效地利用资源，自动暴露和解决问题、消除浪费、降低成本、提高效率的节拍化生产管理模式。

目标：实现生产组织以固定的节拍流水作业，减少制造过程浪费，创造有序的作业生产现场，建立节拍化生产线。达到日交付30辆C70EH敞车的目标。

步骤：分前期准备、示范线试点推进、节拍化全线拉动、持续改善和总结推广五个阶段。首先在转向架组装生产线、C70EH侧墙线进行节拍化生产试点，然后在C70EH生产线进行全线推进。

3. 建立以现场为核心的组织

为了保证系统能够顺利、高效实施，中车株辆公司成立了以公司总经理为组长的节拍化推进领导小组，组建了七个跨部门改善团队，并确定各工作小组目标。重点从ERP数据、生产计划、物料配送方式、工艺布局、作业节拍、人员配置、绩效管理、装备能力保障、质量管控、安全环境管控等方面进行优化，协同解决工位制节拍化瓶颈问题。

(二) 方针、目标及绩效过程管控

在争当货车行业制造技术领跑者的征程中，中车株辆公司按照集团公司"战略统领、业务主导、管理支撑、面向全球"的运营管理总体要求，遵循"强基、赋能、提升"的精益管理推进思路，坚持创新驱动、精益增效理念，在公司技术升级中牢牢抓住产线升级与精益管理两条主线，推动公司基础管理、专业管理、作业管理等各环节的系统性变革转型，为公司发展汇聚核心动能。

1. 以项目为载体促管理提升

中车株辆公司2019年工作方针指出：以"十三五"规划为引领，以市场需求为导向，聚焦效率效益，围绕"创新、精益、品质"三大主题，完善运营职能体系，做优传统货车产业，升级产品和制造技术，强化精益生产，提高运营品质，为转型升级奠定坚实基础。围绕方针明确了产量收放、安全、质量、提质增效、精益管理等目标指标；将精益管理达标升级、节拍化生产、技术准备工作标准化建设、改善人才培养等内容纳入公司年度重点工作计划，遵循"精益+改善"的理念，将精益工具运用与专业管理相融合，增强原动力，为公司高质量发展助力增效。

2. 以关键绩效指标（KPI）为抓手推体系落地

中车株辆公司对围绕安全、质量、交期、成本、士气对制造过程所要达到的目标进行策划，制定可量化的SQDCI（安全、品质、交期、成本、创新）指标，将工位节拍达成率、MTBF（平均故障间隔时间）、MTTR（平均恢复时间）等精益体系指标纳入绩效指标体系，实现了节拍化生产指标精益管理。2019年，中车株辆公司在"职能处室精准评价条款"增加了精益体系（内部）审核评价内容，将精益改善评价分值由原来11%的占比调整为20%。株辆公司按季分重点对运行情况进行内部对标评价，评价结果与相关KPI指标联挂，保证了节拍化推进的成效。

3. 一把手牵头实施模式转变

公司总经理明确了"子公司运营筹备"和"节拍化生产模式转变"两大课题。公司成立了跨部门创新工作组，由副总经理具体负责实施，总经理定期点检进度。通过统筹资源管理，各部门高效协同地完成了公司管理模式和制造模式的转变。

(三) 可视化数据分析暴露异常问题

中车株辆公司根据精益制造体系中节拍化生产和异常管控要素，自主研发了异常信息管理平台，开发了节拍化动态看板29个、分析模型47个、分析程序30个、表单和流程22个，实现了ERP、BPM、FineReport三套信息平台的无缝集成和数据共享，将生产实时动态、历史执行分析、指标运行情况用直观、简洁的数据，以可视化方式展示出来，为服务生产提供了依据。

1. 确定信息化的建设方案

中车株辆公司在较好运用原有 ERP 系统的基础上，明确了"用数据说话，为改善服务"的原则，以"可视化数据、KPI、异常管理促节拍化生产"为指导思想，重点以"优期量减在制、设指标促执行、抓异常提效率、可视化促改善"等内容推动生产准时化、节拍化目标达成。

2. 建立五级异常处理机制

通过流程管控和 15 分钟时限控制自动跟催异常处理，建立了异常问题从车间发出人到副总经理的 2 小时处置的五级异常处理机制（图1），实现异常管理的制度化、流程化、表单化。由"人追异常"变为"异常追人"，实现处置过程落实到位。

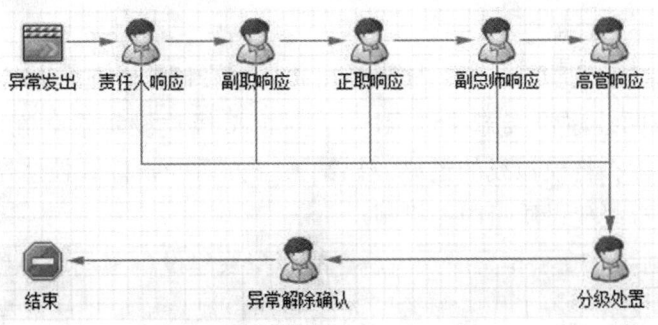

图1 公司异常处理机制可视化控制流程

3. 发布节拍生产动态大屏

中车株辆公司可视化的信息支撑看板展示内容，分为实时动态看板、历史执行情况分析看板和指标运行看板三类。具体体现为自主开发节拍化生产动态 11 种看板，采集 ERP、MES 系统的数据，进行分析、统计、展示。所有数据均采集于真实的现场反馈，也是管理措施执行情况的反馈。实现管理人员在自己的电脑上就能清晰了解实时生产动态和异常信息，包括每条生产线、工位的节拍达成、作业计划、期量执行、物料配送、设备运行、异常动态等。同时，还设计开发了 3 个 KPI 相关的指标：配送计划完成率、节拍达成率、期量不达标次数，并狠抓执行，初步取得成效。

4. 搭建快速暴露异常平台

开发异常动态看板，实时反映车间现场生产异常。根据在产车型的产品结构和 JIT 产线设计，自动生成产品线异常树，展示台车和组装车间的异常；以圆形散点图自动捕获和展示 MRP 车间（备料和构架车间）所有工作中心的异常。其中，红色警示灯和异常信息展示实时异常，直至故障解除，达到拉动异常的效果。

5. 构建异常改善评价体系

因为异常问题的快速解决是拉动式生产的关键，所以要理顺异常问题快速反馈、处理流程，并将节拍化生产相关制度的建设融入日常化管理的过程。中车株辆公司建立了节拍化生产动态看板管理办法，对生产节拍化从信息的接收、响应、反馈和整改全过程进行管理，对各环节做出规定和要求，并加强检查和考核，增强节拍化工作的严肃性和规范性，提高节拍化工作的执行力。对重复异常问题，形成改善课题。对组织部门按项目进行激励，并不断进行完善和提升，促使异常能够在最短时间内处理解决，以保证生产节拍的稳定性。

（四）技术准备工作标准化实施

1. 新产品技术准备建设全面覆盖

中车株辆公司整体策划实施新产品技术准备标准化和模块化，运用新产品模拟线信息系统的优势,以精益管理为核心,按照项目化管理方法,对批量生产前(模拟建设六个阶段,以下简称模拟线)各项准备工作的完成情况进行规范管理、验证,打造项目管理的目视化窗口,以生产线和工位二级计划的形式在系统内下发,对模拟线六个建设阶段、每个参与部门和参与人的工作任务进行实时点检、跟踪,收集项目资料,把控项目进度,处置项目异常,保证铺线进度的及时高效完成。

年内,批量车型两模线覆盖率、设计节拍达成率和信息系统异常处置及时率全部达到100%。C80铝合金敞车配送计划完成率98.5%,账、卡、物相符率达100%,积压物料处置专项推演消化库存资金263万元,专用物料剩料率仅为0.48%;C70EH各生产线作业节拍平均降幅达12.8%。

2. 新产品技术准备标准不断完善

为强化新产品模拟线建设质量,中车株辆公司先后配套制定并逐步修订完善《模拟线建设评价考核细则》和《模拟两线建设实施评价标准》,对模拟线建设实施全流程规范管控。2019年,设定了铺线计划达成指标,将模拟线的最终效果纳入了公司的指标管控体系,有效提升了建设质量,建立了规范化的模拟线建设质量内控机制。

中车株辆公司已先后在30个车型中开展新产品模拟线建设,实现对各项目的可控、可视化管理,规范了新产品生产技术准备工作,缩短了铺线周期,提高了节拍达成率和批量生产效率;实现了生产技术准备工作的管理前移和技术管理工作标准化、模块化、工位化。

(五)示范线建设改善试点推进

中车株辆公司根据生产现状,瞄准公司痛点、难点问题,确定转向架组装线和侧墙生产线为节拍化生产示范线,借助外部培训公司,开展了节拍化改善课题培训。从"人、机、料、法、环、测"各个角度对示范线进行分析,下发改善方案,各职能部室依据改善目标和方案措施计划实施,围绕异常做改善,形成有效工作机制。

1. 约定现场办公,加强异常管控

生产现场设置管理板,每日对生产线生产任务完成及异常情况进行记录、分析和沟通。根据实际情况,工艺、设备、生产、物料配送及生产车间等有关单位人员约定召开现场办公会,解决现场发生问题,对前期的工作进行点检,对后期的工作提出意见和建议。

2. 解决设备问题,提升保障能力

组织对现场设备问题进行分析和处置,制定诊断方案,明确包保责任人,现场设置故障处置记录,整体缩短了设备处置时间。修订设备自主保全点检标准,组织设备TPM维护保养现场专题指导,组织操作工定人定机,每日做好点检以及设备保养工作,提升操作人员的设备保全能力。

3. 试行按套配送,优化内外物流

对存放在配件库的物料从定额、工位器具装箱、物料库房存放位置、生产现场物料存放位置四个方面进行分析,提出了物料齐套混载配送方案,提升汽车配送效率。组织对车间内物流进行分析,对主要配件部分物料的配送器具进行优化,实施物料配送和存储的一体化工装设计应用,减少物料搬运和现场拆包装,进一步提升物流配送效率。制作手边化工具存放架及转运小车,缩短配送时间,降低劳动强度。

4. 开展工位写实,优化瓶颈节拍

首先通过现场写实,分析工序能力,按工位制节拍化设计要求,对现场工位划分进行了优化,并组织了瓶颈工位的写实,将作业要求细分到工步,开展了作业平衡,促进了工位节拍的优化。

5. 人员合理安排，培养团队意识

根据实际，对工位配料人员进行调整，明确了配料人员、配料内容及配料时间。制定关键岗位人员异动替代方案，对各岗位人员以及关键岗位人员（包含替补人员）进行梳理，列出人员明细，能在人员发生异动时及时应对。明确了生产线休息时间，培养同时生产、同时休息的团队作业意识。

（六）全线节拍化拉动管理协同

节拍化生产的实施，是以生产现场为核心，重点是要建立协同作战的工作机制，拉动各职能精益管理与职能部室做好现场服务，主要目的是及时有效地解决生产现场的各种问题。中车株辆公司下发了专项工作计划，各工作组确定了各自工作目标，并对照计划按时间节点落实到公司月度重点工作计划中，按月点检和通报，促进各项计划有序开展。

1. 改变原有的生产考评方式

中车株辆公司在2018年以前以生产均衡率为生产管控指标，将每月的订单计划分解到每天，以每天的生产计划完成情况作为考核标准。虽然均衡率指标很高，月度计划完成数据很好，但这种考评方式掩盖了现场的各种异常，因异常原因导致的生产线停工，员工在现场加班延点抢任务的现象时有发生。因此，改变原有的考评方式，采用节拍达成兑现率指标拉动现场异常的快速处置，这在保证生产计划完成的同时做好了改善和提升。

2. 建立配套的工艺系统准备

推行节拍化生产，工艺系统的准备工作是重点，是整个准备工作的主要部分，后续的生产拉动均按照工艺准备实施，重点在定节拍，依据生产节拍配置各工位的六要素。首先，通过模拟线信息系统，依据现场配置的六要素，进行模拟演练。通过现场工位的实践反馈六要素配置的不足，及时修订配置计划。其次，在ERP中设置各生产线期量标准，严控线上量。设计物料取整倍数要求，明确物料配送方式、频次和时间安排。第三，把握瓶颈工序，运用精益改善的思想方法，以课题攻关的形式改善主要问题。中车株辆公司重点对C70EH敞车、C80铝合金敞车生产工艺进行创新优化。对铺地板、侧墙生产线进行大幅改进，提升瓶颈工序生产效率。最后，向一线员工进行工艺技术交底，利用PPT、视频教学与现场实物教学等多种方式开展培训和作业训练，做好生产前的准备。

3. 搭建准时化物流配送系统

为保证节拍生产的物料供应，逐步实现按需、按时的准时化配送，首先，中车株辆公司积极开展库房整顿调整，物料做到堆码整齐、按区存放、物料标识清晰，并围绕库存量、库房物料三定、编制搬运标准作业、制作物料广告牌等方面开展工作，避免物料混存、混发。其次，对所有协作件供应商物料供应及库房配送进行监控，盯紧物料配套，每天进行梳理分析，跟踪到货情况，及时办理入库，确保物料供应。同时，逐步推广物料配送和存储一体化工装设计应用，减少物料搬运和现场拆包装工作，减少了人员、搬运、信息不畅的浪费，有效改善物流配送。

4. 提高装备对生产的保障能力

装备的正常运行是节拍化的关键保障，要抓实设备修理、维护和使用管理，提升装备保障节拍化生产的能力。中车株辆公司成立工位制节拍化装备巡检及改善攻关小组，并根据生产车型及时调整包保装备，采取措施提升其对节拍化的保障。一是利用绩效奖罚，提高维修人员积极性，促使维修人员加强现场巡视，及时发现、处置故障，提高在用装备完好率；二是开展关键瓶颈设备改善攻关，提升装备技术状态；三是积极开展预防修，通过加强数据分析，及时了解生产装备现场技术状态，加强关键、瓶颈装备故障预判等工作，提升检修计划的精准性、预防性。MTBF同比目标值增高12.69%，MTTR降低41%。

5. 提升制造过程中的产品质量

中车株洲公司建立了"以巡代专"机制。"以巡代专"是指检验人员通过对影响产品质量的"六要素"和产品制造过程的全面巡查监控，达到把控最终产品实物质量的检验机制，旨在将检验关口前移，以源头过程质量控制来保证产品实物质量。公司根据各生产车间的工序和产品特点，制定了有针对性的过程监控和产品实物检验项点，在备料车间、组装车间侧墙生产线、台车车间转向架组装生产线试行了此机制，较好地督促操作员工提高产品自互检和来料合格确认工作质量，从源头遏制批量不合格品的产生。逐步在操作员工中树立了"一次就把事情做对"的理念，达到了"全员参与、车间为主、重点防控"的目的。专检人员数量减少5人。

（七）结对改善加速人才的培养

2019年，中车株洲公司注重兴贤育才，扎实推进中车全球一体化人力资本管理体系落地。为员工业务素质能力提升、精益改善能力提升和职业生涯发展提供平台，帮助员工快速成长。

1. 建立精益改善人才队伍

强化精益工具运用和改善能力培育，同步培养改善骨干，打造专业共享核心改善团队。从精益模块主管单位、精益专员、精益联络员中选拔精益骨干培养对象，分三期开展"特训营+项目实战演练"的强化训练，培养精益骨干发现问题、分析真因、改善问题的能力，加快了精益改善人才的培养。

2. 搭建精益创新工作平台

2019年，中车株洲公司以精益办为主体创建了"精益创新工作室"，将青年工艺主管与精益管理专员进行"1+1"结对，组建了一支具有专业技术经验和精益管理经验的核心改善团队。并在工艺员、精益专员的基础上，激励车间职能人员、班长、操作工围绕现场、产能、节拍、物流、人机工程等内容开展了"C70EH底架铺地板""转向架组装线双效提升""降低设备故障停机时间""备料物流优化"等20余项跨部门协同改善活动，形成"1+1+N"协同改善模式和育人机制。共编制49个精益课件，培养精益改善人才29人，改善人才育成取得实质性成效，1名学员成为长江集团"试验田"建设改善教练（预备）组成员。

3. 提升全员改善整体水平

发挥"机制+目标"导向作用，创新开展精益改善活动。形成了全员精益改善提案、部门精益改善项目、总经理交办精益课题、公司级跨部门专题改善"四位一体、上下联动"的全员精益改善模式。

一是全面启动节拍化推进工作，由总经理负责项目进度的整体督导，部门围绕"生产节拍兑现""准时化目标达成"和"痛点问题改善"的工作目标，成功构建部门联动、反应高效的集群工作机制。二是开展由副总经理牵头的采购、物流、仓储业务集中等项目公司级跨部门改善，部门围绕"改善不良、杜绝浪费"专项主题和现场难点、痛点，突出价值创造和精益思维主线，研究破解生产经营中的核心课题，营造专业协同的改善氛围。三是以集团公司六类、十八项提品质对标指标为基础，对标查找各项管理指标差距、存在的问题与不足，全面识别价值链、产业链、管理链的减利因素，通过全面开展"改善不良、杜绝浪费"专项活动，促进了公司效率效益提升。

四、车辆节拍化生产信息化管控模式构建的实施效果

（一）节拍优化现场生产效率显著提升

1. 示范线生产效率进一步提升

转向架组装示范线建设开展 60 余项改善，建立了柔性生产线，实现了由二班制变为一班制，生产效率提升 22%；K5 用工减少 4 人，节拍优化为 7 分钟；K6 用工减少 2 人，节拍优化为 8 分钟；每年节约费用约 50 万元；生产线设备故障率降低 50%；汽车配送效率提升 25%。C70EH 敞车侧墙生产线改善，细化工位切分，优化作业内容，打通节拍瓶颈，实施焊机悬臂、料架省力化改造，有效降低作业强度，上侧板组装方案由三块板拼接改为整板组焊，杜绝侧板错牙质量问题，单车减少焊缝 8.8 米。生产线平衡率提升 11%，节拍提升 20%，产能提升 8.3%。

2. 整车节拍时间降低效果明显

在 C70EH 批量生产中，重点解决了中梁线、端墙线吊运时间长；侧墙线、底架线焊接工作量大，工位作业内容不均衡；上架线等待天车时间长；制动线钩托梁安装时间长等问题。C70EH 敞车班产由 12 台车增加至 15 台，产能提升 25%，生产线节拍由 40 分钟降低到平均 30 分钟。C80 铝合金敞车生产线节拍由 60 分钟降低为 40 分钟。实现班产由 8 台车提升至 12 台车。异常处置效率提高 30%，批量在产品在制减少 13.09%，单车用工下降 11%。车间节拍达成率实现 83.22%。

（二）客户满意产品供应能力不断增强

1. 公司产品质量持续稳定提升

中车株辆公司对标先进，优化工艺，加强过程能力控制建设，提升产品质量。在中国国家铁路集团总公司对铁路货车"典型故障排名"中，从 2018 年的第 11 名跃升为前三名。质量损失率由 0.035% 降低为 0.032%，国铁车一次交检拒收率为 0.28%，为客户提供了满意的产品。

2. 产品制造数量创新历史突破

各生产车间以车间示范线为抓手，通过优化工位节拍，减少生产线瓶颈；以"细节提升"职能管理标准化为抓手，推动各类手边化、省力化的工位器具使用。2019 年完成 15 个品种的 6652 辆新造车任务，其中 10 月份完成 1022 辆，转向架日产量平均达 38 辆，创出了历史新高。

（三）特色管理节拍管控模式得到固化

1. 节拍化管理生产常态化运营

在公司运营体系内设定节拍达成率管控指标，将管理成果转化成公司运营体系的一部分，在多个批量产品上运用与实施，实施的项目在人员变动不大，没有大投入改造的情况下，通过节拍化管控，效率了提升 15% 以上，获评公司管理创新项目一等奖。

2. 异常管理拉动基础水平提升

修订了公司《生产异常管理办法》，将五级异常响应与管控机制纳入公司日常管理，提升公司生产异常管理水平，规范生产异常处置流程，提高异常处置速度和生产效率，确保生产作业有序持续进行。

（四）综合效应显现，确立在行业的知名度

1. 企业综合效益提升效果明显

全年实现营业收入 25.67 亿元，完成归属母公司净目标利润 1.04 亿元，营业总收入增长率 5%，营业利润增长率 51.38%，总资产周转率 2.78 次，成本费用占营业收入比率、"两金"压降指标均完成下达的控制目标。百元收入人工成本利润达到 12.28 元，提升 27%。公司的效益和员工的收益得到同步提升，员工的幸福感和获得感进一步提升。

2. 最佳实践案例树立企业品牌

创新成果中实施的示范线提升措施，已入选长江运输设备集团有限公司提质增效《现场改善管理实践（2019版）》，并得到推广。示范线项目荣获中国中车"改善不良 杜绝浪费"优秀项目奖励，并入编《中国中车2019年典型专项改善项目》案例集，在中车集团推广。中车株辆公司2019年被中车集团评为精益管理三级企业，发挥了中车骨干企业的示范作用。

3. 特色管控模式赢得社会认可

中车株辆公司特有的利用原有信息化系统数据分析的定节拍、控期量、暴异常、做改善的节拍化管控模式得到固化，并取得较好的成绩。2019年下半年以来，公司先后接待了省、市和集团各级领导以及兄弟企业10余次的参观和学习，取得的成绩得到了各级领导的充分肯定。地方媒体也多次利用报刊专版为公司产品进行宣介，提升了公司的知名度。

主　创　人：姜强俊、武永亮
参与创造人：王　伟、罗红梅、龚晓陵、刘　丹、杨冬艳、胡　晖、
　　　　　　田国平、曾常军、张选选、江　琼

基于"数字韶山"的能源互联网示范区管理体系构建

国网湖南省电力有限公司湘潭供电分公司

国网湖南省电力有限公司湘潭供电分公司（以下简称"湘潭公司"）是国网湖南省电力有限公司（以下简称"湖南公司"）下属的全资分公司，成立于1978年，是大Ⅱ型一流供电企业。公司设15个职能部门、9个业务支撑机构、3家县公司、5家集体企业和1家农服公司。现有全民职工1319人，集体员工138人，农电员工1108人，全口径劳动生产率133.01万元/人。拥有变电站75座，主变总容量5763.3兆伏安，输电线路2080.5亿千瓦时。2019年，最大负荷205.3万千瓦时，完成售电量84.51亿千瓦时，累计销售收入49.2亿元。

湘潭公司在习近平新时代中国特色社会主义思想的指引下，认真落实党的十九大做出的建设网络强国、数字中国、智慧社会的战略部署，紧紧围绕国家电网公司"建设具有中国特色国际领先的能源互联网企业"的战略目标，以国网湘潭供电公司韶山供电分公司（以下简称"韶山公司"）作为试点，打造了"数字韶山"能源互联网生态圈，作为供电企业数字化建设创新和示范窗口，初步实现了构建韶山智慧城市管理的"能源大脑"，创建韶山绿色清洁畅行的"宜居城市"，打造韶山智慧高效生态的"美丽乡村"的美好愿景。

一、基于"数字韶山"的能源互联网示范区管理体系构建的实施背景

（一）是适应国家"改革创新"形势的需要

党的十九大做出了深化国有企业改革，培育具有全球竞争力的世界一流企业，推进能源生产和消费革命，构建清洁低碳、安全高效的能源体系等重要部署。习近平总书记对能源电力发展做出一系列重要指示批示，要求稳步推进国内能源互联网建设，抢占全球能源互联网建设的制高点，以清洁和绿色方式满足电力的需求。

（二）是落实国网建设"具有中国特色国际领先的能源互联网企业"的需要

2019年5月21日，国家电网有限公司大数据中心的揭牌成立，标志着国家电网数字化建设进入新发展阶段。国家电网有限公司在"十四五"战略规划中明确提出了将国家电网有限公司建设成为具有中国特色国际领先的能源互联网企业，湖南公司依据国网战略提出了选择省内地市供电企业作为综合示范区建设的战略。地市供电企业是国网战略的执行者，对于地市供电企业而言，加快企业数字化转型，构建共建共享共治共赢的能源大数据生态体系，推动形成数据驱动型创新体系和发展模式，促进管理、运营、服务全面升级，开展新业务新业态已成为企业生存与发展的必然方向。

（三）是供电企业探索全新发展道路的需要

当前，能源消费理念和消费方式发生深刻变化，电力服务需求呈现多样化、个性化、互动化等特征。以电为中心、以新能源大规模开发应用和电动汽车等新型用电设施广泛发展为标志的新一轮能源革命蓬勃兴起。未来能源转型进程将持续深化，新能源大规模并网和新型用能设施大量接入，加大了电网安全稳定运行的难度。依托先进技术装备，优化配置能源电力资源，不断探索新的发展模式，为客户提供更丰富的服务内容、更高端的服务体验、更优质的供电服务体验是供

电企业发展的必由之路。因此，电网企业必须积极主动对接政府城市发展规划，发挥企业自身优势，结合当前国际先进理念和技术，创新思维，实现整体服务能力的提升，更好地服务社会经济发展。

二、基于"数字韶山"的能源互联网示范区管理体系构建的内涵

在数字化建设的大背景下，大数据将发挥神经网络作用，实时汇聚电网运行数据和企业经营数据，围绕电力系统各环节，充分应用移动互联、人工智能等现代信息技术、先进通信技术，实现电力系统各个环节万物互联、人机交互。"数字韶山"建设始终遵循"人民电业为人民"的服务宗旨，坚持实用实效、主责主业、守正创新、两网融合的建设原则，围绕"两化"（数字化、全电化）、"两新"（新业态、新服务）的基本特征，通过明确"数字韶山"建设目标、构建组织保障体系，打造了以"1484"为特色亮点的数字化创新建设示范窗口。即：形成1个生态圈：能源互联网生态圈；聚焦4个特征：数字化、全电化、新业态、新服务；围绕8大工程：电网供电加强、设备智能改造、终端数据采集、数据融合处理、业务深化应用、客户感知提升、通信网络建设、新型业务拓展；实现4个提升：电网供电能力提升、公司运营绩效提升、客户服务能力提升、公司品牌形象提升。

三、基于"数字韶山"的能源互联网示范区管理体系构建的主要做法

（一）多角度调研纳谏，明确"数字韶山"建设目标

建设前期，我们多方位开展深度调研，编制可行性方案，依托韶山独特的政治地域优势，认真落实党的十九大做出的建设网络强国、数字中国、智慧社会的战略部署，深刻领会贯彻国网公司"建设具有中国特色国际领先的能源互联网企业"的战略目标，努力推进数字化建设在主席家乡的落地。

"数字韶山"以建设枢纽型、平台型、共享型企业为目标。

枢纽型立足公司的产业属性：面向以电为中心的能源清洁低碳转型大趋势，充分发挥电网在能源汇集传输和转换利用中的枢纽作用，促进能源生产和消费革命，引领行业转型升级，满足能源开发和消费需求，提高能源综合利用效率，促进清洁低碳、安全高效的能源体系建设，为经济社会发展和人民美好生活提供安全、优质、可持续的能源电力供应。

平台型立足公司的网络属性：面向基础设施互联互通和互联网新经济迅猛发展的大趋势，打造能源配置平台、综合服务平台和新业务新业态新模式发展平台，把平台价值开发作为培育公司核心竞争优势的重要途径，汇聚各类资源，促进供需对接、要素重组、融通创新，推动能源电力资源大范围配置，推进电网业务提质升级，促进我国能源互联网产业集群的发展。

共享型立足公司的社会属性：面向开放发展和共享发展的大趋势，树立开放、合作、共赢的理念，推动投资开放、市场开放、价值共享，吸引更多社会资本和各类市场主体参与能源互联网建设和价值创造，促进形成有效竞争的市场格局，带动产业链上下游共同发展，打造共建共治共赢的能源互联网生态圈，与全社会共享发展成果。

三年"数字韶山"的建设，带动韶山地方数字产业发展与社会经济增长，助力韶山地方数字经济发展，实现能源、市政、公共服务行业发展的质量变革、效率变革与动力变革。

（二）搭建组织保障体系，完善协同工作机制

1. 成立机构，明确责任

湘潭公司成立了以总经理为组长的县域数字化建设示范区工作小组。在韶山召开了"数字韶山"建设启动会，搭建了组织机构，制订了总工作方案，对责任领导、责任部门、工作内容、目

标成效、时间节点做出部署,各专业部门分别制订了分项工作计划和方案,明确各项任务工作组成员与职责分工;建立公司主管领导、各业务部门主管领导和联络员参与的工作汇报群;工作进度实行日、周通报制;成立"数字韶山"创建办,负责各项任务进度的督办与管控,确保如期推进。

2. 集思广益,优化建设

一是各专业部门与省公司对口部门常态化联系,听取建设意见,反映存在问题;二是面向社会广发邀请,30 余家企业共同参与"数字韶山"建设;三是每周邀请参与数字化建设的相关企业针对"数字韶山"建设内容,开展交流与培训;四是在韶山召开由政府领导、国网系统有关专家、高校教授、企业代表参加的"数字韶山"专家研讨会,听取意见,拓宽思路;五是建立柔性团队,定期讨论,打造自下而上一体化推进系统的迭代优化机制。

3. 政府支持,各界联动

一是积极融于韶山政府"智慧旅游"建设,与韶山政府达成《韶山市全域新能源交通建设战略合作框架协议》和商务合同,签订"数字韶山"合作协议,并将公司"数字韶山"建设任务纳入政府各部门工作范畴。

二是召开"数字韶山·智联未来"建设成果新闻发布会,宣布湖南电力首个数字化建设县域示范"数字韶山"提前初步建成,中央、省市级和行业 20 余家主要媒体参会。

三是针对"数字韶山"公众号,搭建电商平台,召开招商会,现场签订客户 124 家,建立生态圈,形成稳定的用户群,同时服务当地经济社会的发展。

(三) 构建电网互联新格局,提升智慧能源调度水平

1. 实施电网供电加强项目,打造坚强智能电网

湘潭公司着力优化韶山地区网架结构,增强输配电能力,重点解决韶山地区重过载设备和低电压问题、优化网架结构、增强输配电能力、核心景区杆线下地、提升线路绝缘化水平,打造坚强的输配电网。开展 220 千伏大坪变的建设,解决韶山境内无 220 千伏电源点的问题;以大坪及区域外的西湖、肖家湾两座 220 千伏变电站为支撑,形成 110 千伏电网两个"两剖一T"的典型网络结构;城区配电网以目标为导向,严格执行网格化规划思路,开展目标网架建设,农村配电网以问题为导向,严格执行"一所一册"规划思路,深入开展农村电网提质改造。深化大数据运用,以"问题综合评价库"为抓手,深入摸排电网问题,开展项目排序,重点解决重过载、低电压问题,优化网架结构,增强输配电能力,打造坚强智能的输配电网。经过三年建设,110 千伏和 10 千伏电压等级电网基本建成目标网架,10 千伏线路互联率达到 100%,"N-1"通过率达到 100%,农村户均容量达到 3 千伏安/户。2019 年基本解决过载问题,低电压问题得到较大改善。

2. 加强设备智能改造,构建设备智慧运检体系

开展智能运检体系顶层设计,制订三年行动计划,结合"数字韶山"建设,全力打造省内首批"智慧站—线—室"工程。

一是对韶山地区变电站开展"一键顺控"改造,公司首座半户内式 110 千伏滴水洞智慧变电站成功投运。

二是完成 110 千伏肖韶滴线智慧线路及 10 千伏百合苑智慧配电室试点建设。

三是对韶山地区 28 条 10kV 线路进行配电自动化升级改造,实现配电自动化覆盖率 100%。同步完善市级配电主站建设,打通配电主站与 EMS 接口,投入馈线自动化,实现配电网故障自动诊断、自动隔离和非故障区域供电的自动恢复,减少停电范围和用户停电时间,切实提高供电可

靠性。

四是对韶山核心景区重点线路运行环境的视频图像传输以及重点环网柜的运行环境监测。强化线路外破风险及设备运行异常信号告警监控，及时有效管控设备运行状态。

五是建设无人机集群智能巡检中心，通过无人机巡检业务平台联动无人机智能机巢系统实现变电站、输电线路、配电线路的无人机集群自主化巡检，结合在线监测、移动作业等多种作业方式，实现空天地一体全方位输变配设备全面巡视。

3. 推进终端数据采集改造，打造全量数据实时感知平台

一是试点台区融合终端建设，韶山核心景区100个台区开展台区融合终端及智能感知终端应用，打造"智能感知""快速反应""主动服务"的抢修新模式。

二是开发使用非侵入式居民客户用能分析设备，打造下沉到主干网络以下的用户侧能耗数据智慧采集体系，建设具备强大算法和分析能力的数据中心和区域性的电力消费数据平台，进一步细分客户市场，引导客户自我管理家庭用能，开展针对智能家居、电能替代产品、分布式光伏产品与服务推销，满足居民客户个性化需求。

4. 开展数据融合处理，提升营配调一体化数据贯通水平

一是深化"电网一张图"在韶山的应用，通过智慧能源服务中心数据接入融合，以"实际、实用、实效"为原则，梳理韶山公司在生产、营销、服务、规划、建设、综合能源等前端业务的需求，重点聚焦各业务场景应用，集成各专业系统，建设一套完整、灵活、实用的数据应用平台，实现各专业数据在一张电网三维立体图上展示，满足各专业业务应用及数字化展示需求。

二是建设韶山云上电网智慧能源感知，实现韶山地区发电、供电及重要用电多视角感知（包括湘潭地区电网的相关信息），提高韶山地区供用电服务水平，让电网更清洁、高效、智慧。

5. 加强通信基础设施建设，夯实信息网络基础

进一步强化信息基础设施的提质和"数字韶山"通信网络建设，为泛网建设打下坚实的信息网络基础。在滴水洞变、韶山变各新增14块2.5G光板，形成肖家洼—滴水洞—韶山公司—韶山变—银田—西湖2.5G光路，提高韶山公司接入湘潭主干网络的带宽。同时新增韶山公司至韶山变光切保护设备2套，切实提高韶山公司接入湘潭主干网络的带宽和网络可靠性。

6. 打造"源网荷储协同"服务，满足客户智慧用电需求

（1）源网荷储协同服务（电动汽车及分布式新能源）

一是在韶山游客换乘中心停车区域安装光伏车棚，室内停车场屋顶安装分布式光伏电站，并重新设计换乘站游客廊道，铺装遮阳光伏板，将换乘中心建设成一个新能源利用示范基地。

二是完成韶山市行政中心充电站、银田镇充电站、银田村充电站、韶山供电所光充储一体化充电站、韶山换乘中心充电站、韶山景区零散充电桩等充电设施建设项目，逐步铺开光充储一体的充电模式，为电动汽车业务开展打下基础。

三是开展景区新能源汽车替代推广，逐步完成景区摆渡大巴、出租车、公交车的全面电动汽车替代。促请政府出台新能源汽车各类支持政策，逐步实现景区摆渡、城乡公交、网约、公务、农村乘用车五类汽车全面电动化，带来充电电量的大幅增长。

（2）源网荷储协同服务（居民家庭智慧用能）

在居民家庭客户侧安装监测点，监测居民家庭用能情况，并监控居民家庭电器设备运行情况，形成居民家庭智慧用能监测报告，为后续增值业务及生态圈的发展积累大数据。2019年完成基础设施开发与部分采集硬件设备研发、硬件结构设计、开模打板并做出样品，样品已在韶山30户居

民客户家中安装,同步进行基于居民用能负载拆分技术的分析计算,为客户进行用能画像,适时推荐国网节能产品。

(3) 源网荷储协同服务(商业楼宇能效提升)

在韶山四星级酒店韶山德盛宾馆进行配电系统优化、用能平衡分析、用能设备全生命周期能效评估与改善等。通过加强技术、管理手段,实现能源管理精细化、合理化、高效化,酒店总能耗将降低15%,经济效益显著。通过优化控制提升空调能效;通过数据积累和分析优化地源热泵系统的管理与调度控制;通过整个配电系统的用能平衡分析、用能设备全生命周期能效评估与改善等,实现能源管理精细化、合理化、高效化。由此减少管理、运维的人力资源成本,提高酒店设备的使用寿命,并节省各类设备投资和改造的成本。

(4) 源网荷储协同服务(工业企业及园区能效提升)

深化应用公司智慧能源服务平台,接入韶山智慧能源服务中心大屏。2019年在工业企业及园区客户侧安装监测点,通过现场数据集中上传方式,采集用户的各种能耗设备,以配、用电设备为主,设备运行状态和数据从下而上到达主站层,经过主站层的决策分析,将所有数据利用起来,充分分析设备运行状态。通过对设备数据的动态采集、运算、分析、处理,开展整体能源精细化管理服务,有效减少区域用能,提升用户用能整体运行的安全性和经济性,并为用户在各种环境条件情况下用能数据采集提供一套成熟的解决方案,实现客户侧负荷柔性管理,助力工业企业及园区能效提升。

(5) 源网荷储协同服务(区域冷热电多能供应)

在韶山景区内各民宿、宾馆实现以空气为冷热源,使用热泵技术进行能量的提升,可以满足建筑的采暖、制冷及制取生活热水的需求。

(四) 深化业务系统应用,优化智慧运营管控流程

一是HPLC深化应用。目前HPLC模块在韶山全覆盖,对主站层、网络层、感知层分别开展技术攻关和功能拓展,对全量采集、户变关系识别、停电事件主动上报、相位识别、ID资产管理等五项核心功能开展深化应用,支撑主动抢修及低电压、三相不平衡、线损治理,实现资产精益化管理。目前已完成现场集成器的升级。

二是通过"配网我来护"移动巡检App,辅助开展设备信息现场采集、巡视、抢修以及工程管理等工作。

三是通过数字化网格服务项目,全面整合网格服务的工作元素,提升一线员工的工作支撑力度,为前端服务人员减负,健全网格服务的内部管控,实现工作流程轨迹化,绩效考核去"人工化",管理全面提质。

四是班站(所)业务末端融合,实现桌面端应用在班组工作台统一入口,开发基层班组共享报表,搭建自助式报表工具,为员工减负。

五是自动报表统一出口,通过建立统一的企业级报表中心,推动数据的融合共享。

六是基于内外部数据的电费回收风险预测,及时发布风险预警,促进电费回收。

七是通过人力资源智慧服务e站建设,可提供员工基本信息、工资明细、薪档积分、绩效评估结果实时查询;提供员工加班、休假、扫描证件等业务自助办理,实现员工人力资源服务的智能化、自助化、社交化,实现管理可见、业务可感、员工可得。

八是通过智慧配电室、配电设备智能巡检及监测、智慧管理工地系统等新型技术,提高巡检效率,减轻基层负担。

（五）加强客户感知体验，提高智慧能源服务水平

1. 全面推广线上办电，建立客户服务新方式

公司全面推广线上办电工作，结合低压用户线上缴费、企业电费网银交费、业扩全流程线上报装和网上国网全面推广等线上办电渠道的全应用，全面推进网格化综合服务建设与全能型供电所建设。在韶山范围内建成韶山供电服务站、韶山乡镇供电所与如意乡镇供电所的属地服务机构，通过线上办电渠道有效优化了业扩报装流程，简化了低压客户缴费体验，为专变大客户打造线上服务的便捷通道，为所有电力用户建立了全面、便捷的线上营销服务平台，有效提升客户满意度、改善服务质量。截至2019年11月，韶山公司完成低压线上缴费率97.00%、业扩线上办理率100%。

2. 深度挖掘"客户画像"，实现精准营销新服务

多维分析电力基础数据，结合湘潭地区的电力客户特征，制定符合湘潭地域特点、地方经济特点的客户标签。建设基于大数据挖掘的电费风险防范预测，构建基于新服务、新业务的"两新"应用场景，与各业务系统、平台进行数据打通，切实服务于一线人员。深度挖掘客户精准画像和标签数据，在接到客户诉求后，依托客户画像系统，系统可关联客户历史用电习惯和诉求情况进行标签化描述，现场服务人员可根据相关信息，及时调整服务策略，精准发力进行客户服务。

3. 深化应用"供指平台"，打造低压快抢新模式

依托新一代供电服务指挥平台，在韶山核心景区建立快抢中心，实现高、低压故障主动研判、服务信息主动推送、抢修工单自动派发、抢修轨迹在线跟踪，打造"智能感知""快速反应""主动服务"的低压快抢新模式。一是释放传统业务工作量，推动服务资源整合与统一调度，促进前端服务响应提速、后台设备精准监控、业务过程实时管控，全面提升公司供电服务水平和运营效率效益。进一步优化采集系统主站停电事件甄别，补全逻辑，建立主站主动召测终端电压机制，治理无效停电数据，不断提升终端停电事件实时上报准确率。故障台区快速定位、故障原因判别、故障影响范围评估，有效支撑配网故障研判。依据低压用电采集终端停上电参数研判线路、支线、台区停电情况，及时将停电短信报送国网北中心坐席，同时将停电短信推送至客户。依托台区融合终端项目，研判客户低压出线停电情况，迅速研判故障点，系统可关联并自动派发抢修工单至抢修人员手机App，在故障升级之前完成消缺。在接到客户停电诉求或主动抢修工单推送后，可派发抢修工单至抢修人员手机App，抢修人员接单后系统后台即可记录该工作人员抢修轨迹，在点击到达现场后即可在系统中展示相应轨迹情况。截至2019年11月，韶山公司完成停电信息分析到户率100.00%，抢修可视化率100%。

（六）依托"互联网+"新技术，探索智慧能源新业态

1. 建设韶山数据中心站

开展韶山数据中心站的建设，在新商业模式下分别与市政府、企事业单位就使用"三站合一"数据中心签订合作意向书。与运营商开展洽谈，确定合作模式，在对外提供设备、机柜租赁的基础上，尝试提供数据增值服务。同移动公司合作，在韶山变架设了5G基站，实现了站内场地及周边辐射半径（200米）的5G信号覆盖。

2. 建立"数字韶山"自媒体矩阵

通过抖音直播、bilibili直播、微视直播、快手直播、百度直播等主流站点，在主席铜像广场后街开设线下直播间，开设"主席家乡上直播"产品，让游客参与直播活动，并将短视频免费赠送，使游客来韶增加获得感。

3. 建设"数字韶山"微信公众号

为了宣传红色文化，服务韶山游客，助力韶山政府"智慧旅游"，服务韶山地方企业及经济发展，助力扶贫攻坚，实现公司数字化转型，建设了一个以公益性质为主的综合性互联网服务平台，它包含红色文化宣传、旅游公共服务、电子商务服务、电力服务四大功能模块，实现了购物、旅游、住宿、餐饮、培训（会议）、电工服务、电力设备采购、带电作业、商业保电、企业租车、生活馆（当地商家）、献花12类服务。

四、基于"数字韶山"的能源互联网示范区管理体系构建的实施效果

（一）打造智能电网，电网供电能力提升

湘潭公司与韶山市政府构建了良好的沟通合作关系，准确把握地方经济社会发展对电网建设的需求，将电网规划融入智慧城市建设规划中，为当地环境的持续改善提供了有效的途径，实现经济与环境的可持续发展。一是网架更合理，电网更坚强。优化韶山地区网架结构，有效解决了韶山电网110千伏、35千伏单电源问题，2019年基本解决韶山地区台区过载问题，用户低电压问题得到较大改善，韶山地区户均容量达到2.74千伏安/户，供电可靠率99.85%。二是运检更智能，供电更可靠。通过建设滴水洞智慧变电站、110千伏肖韶滴线智慧线路、百合苑智慧型配电室、"自愈式"配电网等，打造智慧运检体系；完成无人机自动巡检建设、倒闸操作"一键顺控"、机器人代替人工巡检、设备故障智能联动等功能，推动电网运维更智能；通过新增各类应急保电装备，提升应急保电能力，实现电网运行更安全可靠。

（二）推行智慧运营，公司运营绩效提升

在企业管理方面，打破传统业务管理模式和思维方式，以创新引领为手段，运用新思路、新技术、新方式，提升企业经营绩效，提高业务数字化和线上化水平，为基层减负，为员工赋能。一是数据融会贯通，管理更高效。通过智慧网格管理整合13个系统，打通9000余项数据，实现网格末端融合和数据赋能，支撑客户经理开展"一站式"综合服务，健全内部管控，实现工作流程轨迹化，2020年韶山供电服务站、韶山所指标在湘潭公司均排名第一。通过"网上国网"线上服务渠道以及业扩全流程管控的搭建，高低压办电环节时间得到大幅度缩减，到2020年6月底，韶山低压办电业务平均时长缩短至0.54个工作日，高压办电业务缩短至21.3个工作日，业扩线上办电率100%，业扩回访满意率100%。二是新技术（平台）应用，质效提升明显。利用各类设备物联及感知应用，开展主动抢修，实现故障点快速判断和故障点隔离，减少停电时长和停电用户数，有力压降"两降一控"指标，2020年10千伏配电线路故障率较同期下降40.63%，配变停运率下降23.11%，公变台区平均停电时长下降47.28%。

（三）开展多元供电服务，客户服务能力提升

一是开发应用客户精准画像，实施精准服务。服务风险管控能力提升，2020年上半年韶山公司实现供电服务"零投诉"；有效管控欠费风险客户，2020年连续4个月实现电费自然回收率100%，录入190个客户419个人工标签，为综合能源的开展提供有效数据支撑。二是助力线上渠道推广。韶山微信公众号推广率达到91.94%；"数字韶山"平台上线电工服务、电力设备采购、企业租车等电力业务服务模块，目前电力设备采购成交金额近千万元。"莲城电工"作为连接电工和客户之间的纽带，将客户产权内故障通过线上平台，引入具备资质的电工开展有偿服务，解决了客户"最后一百米"用电问题，实现"滴滴电工"模式，受到社会媒体的广泛关注，客户认可度高，社会效益明显。三是在核心景区建立快抢中心，实现服务信息主动推送，服务轨迹在线可查，设备运行装置状态在线监测，全面提升核心景区服务质量及应急保电能力。2020年与2019

年同期相比客户平均停电时长下降近50%。四是着力打造"电力看经济"的数字化产品，通过大数据分析，实现了电网视角的社会经济运行在线监控。疫情期间，企业电力指数分析为支撑政府及有关机构开展经济形势研判，助力企业有序复工复产提供了参考，得到韶山市政府的高度肯定。

（四）践行社会责任，公司品牌形象提升

韶山能源互联网创新示范区建设，服务社会经济发展、服务人民群众美好生活的用能需求，让社会大众深刻感受到社会进步发挥的积极作用和用电带来的显著变化。一是宣传更多维，影响更有力。公司对"数字韶山"建设项目进行整体包装策划，拍摄制作宣传视频，撰写宣传文案，在新媒体、微信公众号等多种媒体上进行宣传推广。建设的"数字韶山"公众号总关注数达到10万余人，总销售额达到78.4万元，在网上献花、纪念品销售、直播等方面已经形成一定规模的客户群，商城注册用户1.7万人，"数字韶山直播小程序"关注人数2.7万人。召开了"数字韶山"建设成果发布会，建设成果在新华社、《中国电力报》、《湖南日报》、《国家爱电网报》、湖南电视台等媒体刊登或播出，拓展了数字化转型战略在韶山落地生根传播广度。二是品牌更响亮、责任更重大。公司将数字化建设与红色元素相结合，积极营造一种红色文化的良好宣传氛围，塑造品牌形象，培育国家电网社会责任示范基地，结合数字化创新示范区建设，进一步推动国网全面社会责任管理在湘潭公司落地，形成有影响力的湘潭特色责任品牌。

主　创　人：戚　新、彭峥垚
参与创造人：王建雄、彭　奕、谭小兵、刘　磊、贺常德、刘　毅、
　　　　　　王彬兰、张　俊、肖志辉、刘霖鹏

地市烟草商业企业基于数字化的货源精准投放管理

湖南省烟草公司邵阳市公司

湖南省烟草公司邵阳市公司（以下简称"邵阳烟草"）成立于1984年，是中国烟草总公司湖南省公司的全资子公司。公司性质为全民所有制，属于商品流通行业，依法监管全市烟草市场，主要负责组织全市烟叶生产种植、收购、调拨和卷烟、雪茄烟的销售。全市系统在岗职工746人，内设16个职能科室，下辖9个县（市）级分公司，其中6个纯销区、3个两烟区，现有在网运行卷烟零售户约2.98万户，烟农2500余户。2019年全年销售卷烟22.32万箱，居全省烟草商业系统第4位，调拨烟叶6.75万担，实现税利总额18.09亿元，其中利润6.59亿元，均稳中有升。邵阳烟草连续10年荣获"湖南省卷烟打假突出贡献奖"，连续3年被评为"全省系统卷烟营销工作先进单位"，是省级文明标兵单位、依法行政示范单位。

一、地市烟草商业企业基于数字化的货源精准投放管理的背景

（一）是落实卷烟市场化取向改革的需要

总公司在2017年《卷烟市场化取向改革工作要点》中指出："要坚持按状态调整策略，根据品规供求状况制订差异化的档位投放策略和投放上限，将订单满足率、订足率、订足面等指标维持在合理区间，不断提高投放精准性和科学性。"行业各单位认真落实总公司发展要求，全面推进卷烟营销市场化取向改革，改革成效不断巩固。截至2018年底，卷烟营销市场化取向改革范围已经扩大到全国所有地市级公司，省级卷烟营销平台实现了对所有卷烟经营主体的全覆盖，改革推广任务顺利完成。各单位建立了市场化取向的业务模式，统一了卷烟营销的业务流程、运行平台、基本规则，健全了信息公开机制，但美中不足的是货源投放的精准性仍然不高，"供不应求、供过于求、供非所求"的矛盾仍在一定程度上存在，需要作为市场经营主体的地市公司不断探索解决，努力提升货源投放的科学性、精准性，确保行业总体订足率、订足面、订单满足率维持在较合理区间，确保市场状态持续向好。

（二）是解决卷烟货源投放问题的需要

货源投放作为卷烟营销的核心业务之一，也是调控市场的重要手段。2015年卷烟提税顺价后，卷烟市场价格快速下跌，货源投放持续粗放，零售户经营烟草的信心不足，动力不足，市场低价竞销、搭销、甩销行为和现象比比皆是，明码标价形同虚设，客户终端陈列让位其他商品，形象大打折扣，品牌培育渠道梗阻，无证经营冲撞市场利益蛋糕，违法违规经营大户干扰市场、左右价格，烟草商业企业对渠道的掌控力日益下降。2017年7月全省启用省级营销平台以来，省局出台了货源投放上限细则，邵阳烟草严格执行相关规定，全面应用省级营销平台开展货源投放工作，逐步解决了规范与公平的问题。但随着市场化取向改革深入推进，行业对货源投放的科学性和精准性提出了更高的要求，要求以稍紧平衡、规范有序、公平合理为目标，解决将合适的货源在合适的时间以合适的方式投放给合适的客户的问题，着力实现货源特性与客户特点相匹配、供应数量与需求情况相匹配、投放限量与市场状态相匹配。

(三) 是促进卷烟营销高质量发展的需要

高质量发展是行业当前的重点课题，货源精准投放是推进卷烟营销高质量发展的重要途径。近年来，全省围绕卷烟货源投放这一重要环节，开展了大量、具体并富有成效的探索。2017年省局提出"一规划、三方案"，制定了货源供应上限细则，实施按档位控量投放；2018年提出"升级一平台、建设三系统"，完善了品牌引入退出规则，制定了高价位卷烟营销管理规则。总体上看，这些举措有力提升了货源投放的公平性，有效遏制了搭配销售、组合销售、集中投放的问题。但现行的按档投放模式还存在一些不足：同档位客户差异化需求得不到满足，选点投放缺乏数据模型支撑，局部市场供不应求、供过于求、供非所求的现象同时存在，容易造成"二次批发"和真烟外流。鉴于此，省局成立了货源精准投放课题组，组织人员先后赴福建、贵州、浙江等先进单位学习，结合湖南实际，探索从简单的按档投放向满足客户真实需求的精准投放转变。省烟草公司提出货源精准投放改革的思路，并在邵阳、长沙、娄底、湘潭开展试点。货源精准投放体系建设成为卷烟营销高质量管理发展趋势。

二、地市烟草商业企业基于数字化的货源精准投放管理的内涵

以公司发展战略为导向，以新时代现代化管理思想为指导，以精准满足卷烟零售户需求和增强渠道掌控力为中心，以数字化手段为支撑，通过制定并实施数字化建设战略部署，建立数字化建设的保障支撑体系，搭建数理调控模型，驱动卷烟运行调控管理升级，推进货源投放体系建设与运用等一系列工作，形成"用数据说话、用数据分析、用数据决策"的数字化理念，达到客户评价更科学、货源投放更高效、优质服务更精致、卷烟运行更高质量的目的。

三、地市烟草商业企业基于数字化的货源精准投放管理的主要做法

(一) 实施数字化建设战略部署，明确货源精准投放思想目标与步骤

1. 明确货源精准投放体系建设的工作思想

按照"精确信息、精准投放、精细管理"的精准营销工作要求，以精确信息为基础，以精准投放为核心，以精细管理为保障，坚持以市场需求为导向，突出抓好基础信息、货源投放、精细管理三大重点，初步建立可操作性强的精准营销模式，努力实现"两个转变"，即从经验营销为主向数据营销为主转变，从公平公正投放向日趋精准投放转变，更好地发挥市场在资源配置中的决定性作用，从源头尽力减少真烟非流情况的发生，从机制上尽力扭转"供非所求、供不应求"并存的局面。

2. 明确货源精准投放体系建设的工作目标

升级省级卷烟营销平台，在客户画像、智能推荐、精准投放、精准调控等方面进行业务探索，强化规范经营，对整个卷烟经营过程做到"网格投放精细化、网上配货数据化、全网调控精准化"，即"三网三化"货源精准投放模式。

网格投放精细化：将零售客户根据某一共同属性细化分为格子单元，对在同一格中的客户按品规统一投放货源，实现"一格一策"的精细化投放。

网上配货数据化：自动分析数据，为不同客户自动配给卷烟，实现"一户一策"的数据化配货。

全网调控精准化：运用"订足率、订足面、重购率、重购面、价格指数、社会存销比、非流占比"七因子对在网销售的品规进行市场状态评价，指导货源投放，实现"一品一策"的精准化调控。

3. 明确货源精准投放体系建设的工作步骤

准备动员阶段：2019年1—2月，抽调全市精干力量组成货源精准投放改革课题组，组织外出学习行业先进单位经验，召开专题会议，通过头脑风暴，集思广益，明确货源精准投放体系升级的工作方向、思路和举措。

组织实施阶段：2019年3—5月，与平台开发商对接业务需求，升级省级营销系统，对货源精准投放改革后的卷烟运行情况进行反复分析与测算，调整投放模型阈值，制定出新的卷烟营销业务规则与客户评价标准。

巩固提升阶段：2019年6月后，协同各单位、各部门密切关注跟踪系统运行情况，及时收集货源精准投放升级后出现的各类问题、客户建议，会同平台开发商及时调整、解决，提升货源投放体系的科学性与精准性。

（二）建立数字化建设的保障支撑体系，确保货源精准投放有效推进

1. 建立公司数字化建设的组织体系

成立三级组织体系，即领导小组（决策、协调）、工作小组（推动）以及技术小组（研究实施），每个小组承担不同的职责和功能。

领导小组由邵阳市局（公司）局长、经理任组长，营销分管领导任副组长，负责组织领导货源精准投放改革推进工作。领导小组负责统筹安排试点工作，审批实施方案，召开工作推进会议，协调解决试点工作中遇到的各种困难和问题。

工作小组由营销中心主要负责人任组长，成员由营销中心、信息中心、专卖科、内管办、各市场服务分部等相关人员组成；负责货源精准投放改革方案的起草，制订各阶段工作安排，协调督导各项工作推进。

技术小组由分管卷烟运行的副主任任组长，负责货源投放业务规则制定，货源投放算法设计，数据比对与精准运行分析；负责系统功能的设计与实现，货源分配及订货流程优化的测试，系统培训工作的落实以及系统故障异常的处理等。

2. 建立零售户属性评价的管理体系

（1）精准零售户档位划分。在选取购进金额、购进总量、省外烟购进量、省外烟占比和品牌宽度等5个指标的基础上，引入"次均订货量"与"次均订货金额"，解决两周一访客户参与评档的公平性问题。为避免新入网客户被大户控制，采取客户前3个月（含当月）作为分档参考周期，并按月得分的20%、30%、50%的权重计算评档得分。销售数据不足3个月的客户，不参与评档。

（2）精准零售户特征属性划分。为挖掘客户属性在货源分配中的差异化作用，加入4N分类指标，细分了客户。市场类型在原国家局城镇与乡村两个市场类型的基础上，延伸为四个市场类型，即市区、县城、乡镇、农村。区域类型分为大祥、双清、北塔、邵东、新邵、隆回、洞口、绥宁、城步、武冈、新宁、邵阳县12个行政区域。特色类型划分为自律互助小组、现代终端、品牌培育、终端活跃度、商圈类型等5大类22个小类。业态类型将商场、超市、便利店、食杂店、烟酒店、娱乐服务、其他七个类型进行聚类，调整为大型商场超市类、便利店类、食杂店类、烟酒专营类、其他附属经营卷烟类五个类型。

（3）精准零售户月供货总量评定。客户月供货总量采取基数与上浮比例两个维度计算，其基数参考周期为前3个月（含当月），前3个月的销售数据分别按20%、30%、50%的权重计算；上浮比例按大（21~30档）、中（11~20档）、小（1~10档）经营规模分别给予一定比例（5%、

10%、15%）灵活上下浮动；客户月供货总量＝基数×（1＋上浮比例），客户次供货上限＝月供货总量/月订货次数×1.1；新入网客户首月月供货总量默认为150条，次两月按15%的比例上浮，3月后参与系统评定。月供货总量上限每月月初计算，由系统自动生成锁定，不得人为修改，且常规月份总量最高限量为999条（特殊客户除外）。元旦春节期间月供总量上浮比例适当放大。

3. 搭建数字化建设的信息系统平台

（1）省级卷烟营销平台上线。根据国家局试点工作要求，邵阳烟草已在2017年7月完成省级营销平台上线。省级卷烟营销平台包括需求预测、货源采购、货源投放、订单采集、货款结算、监督管理等六大主要功能，对外满足零售客户多渠道自主订货需求，对内满足地市级公司营销业务精准调控以及市县两级商业企业营销管理需求，全面支撑行业卷烟营销市场化取向改革举措落地运行。

（2）搭建货源精准投放平台。货源精准投放平台包括货源采购、货源投放、市场状态监测三大功能。货源采购包含商品在途管理与库存管理。货源投放分为按需、按档位、按价位段、选点投放四类，可结合经营业态、市场类型、行政区域、经营特色等因素制定不同投放策略。货源投放包含区县市场价格采集、供需状态评价、品规投放模型、标签修正模型和品规积分制兑换选择模型，所有卷烟投放做到投放限量系统自动分解、品牌选点系统自动匹配、零售户差异化需求系统自动修正。一个订货周期内投放策略生效后，省级卷烟营销平台自动锁定，确保货源投放公平公正。

4. 健全运营大数据安全保障体系

邵阳烟草为落实信息安全等级保护、风险评估等网络安全制度，建立了大数据安全评估机制，加强了关键信息基础设施安全防护，实现了大数据平台及可视化等第三方服务商的可靠性及安全性评测、应用安全评测、监测预警和风险评估。

安全防护，主要是全方位规范内网安全程序。如大数据安全端统一安装了数字化安全程序、U盘监控程序，通过完善安全保密管理规范措施，切实保障了数据安全，实现网络安全过程管控。严格控制数据应用节点，明确数据采集、传输、存储、使用、开放等各环节保障网络安全的范围边界、责任主体和具体要求，保护公共安全、商业秘密等信息，妥善处理大数据创新应用与保障安全的关系，审慎监管，保护创新。

（三）搭建数字化调控模型，构建卷烟市场状态评判体系

1. 搭建供需状态评价模型

将全市品规划分为A—I类9个价位段，并明确各个价位段的主导规格、护卫规格和潜力规格，选取订足率、价格指数和社会存销比搭建供需状态评价模型，以解决周投放总量的科学性。其模型设计思想：首先选择品牌价格指数、品规社会存销比两个维度，分别界定不同市场状态下的指标阈值。再从订购状态维度，按订足率由高到低，划分松、稍松、平衡、稍紧、紧五个阈值区间。从市场状态和策略执行纵横交叉形成25个调控单元，运用信息系统实现品牌供需状态的自动评价。

2. 搭建数理投放模型

依据品牌特性，将在销卷烟划分为主销品规、新品卷烟、高价位卷烟、低档烟和小规格卷烟五个类型，每类品规选取不同关键因子建立数理投放模型。

（1）主销规格投放模型。主销规格指销量排名占比80%以上，且年销量4000箱以上的规格，该类卷烟采取按档位投放，选取订足率、订足面与市场条价格搭建投放模型，以解决各档位限量

的科学性与精准性。其模型设计思想：首先选择品牌订足率、订足面与市场条价格三个维度，分别界定不同状态下的指标阈值。其次依据阈值的高低，横向从品牌市场价格维度，划分为倒挂、较低、合理、较高、高五个阈值区间；纵向从订足率维度，划分为松、稍松、平衡、稍紧、紧五个阈值区间；针对订足率松与紧两个极端情况，再引入订足面增设两个阈值区间，横纵交叉形成二维矩阵图，形成35个策略投放自动调控单元。最后结合每周可供货源情况，运用信息系统实现品牌自动分配30个档位限量。

（2）新品卷烟投放模型。新品卷烟指的是一、二类引入24月内，三、四、五类引入12月内的卷烟。采取"先选点投放、后档位投放"，其投放模型包括预热阶段与精投阶段两个层面。预热阶段主要是针对品牌采取选点投放，通过信息系统实现品牌按区域类型、市场类型、档位、终端类型、同价位卷烟订购、同品类卷烟销售排名等条件交集与并集组合筛选目标客户，减少或避免人为选点干扰。精投阶段采用分档达标扩投法，选取重购率、进货面两个因子进行供需状态评估，避免盲目大胆扩点扩量，过于谨慎缩点缩量。

（3）高价位卷烟投放模型。高价位卷烟指高一类以上卷烟，品牌协议量少，客户需求旺盛，需求满足率低，品牌溢价高，如白沙（硬和天下）、黄金叶（天叶）、黄鹤楼（硬1906等）。采取按档位投放，选取卷烟市场价格、可供货源、档位客户数分布等指标建立投放模型，以避免高价位卷烟集中投放，减少客户抱怨。其模型设计思想：一是发挥档位主导作用，品牌投放以中高档客户为主。二是综合可供货源与档位客户数分布，实行错开投放，保留适当档位利差。三是实行"均衡、点多、量小、滚动"投放策略，打破客户预期，避免客户盲目冲档和卷烟非流情况发生。

（4）低档烟投放模型。低档烟指五类卷烟。采取按"档位+区域+市场类型"投放，按区域市场前3月低档烟销量占比、区域市场低档烟上月非流占比等指标搭建投放模型，以满足低档烟差异化需求，减少或避免真品卷烟非流情况发生。其模型设计思想：一是品规+区域投放，区域份额按前3月低档烟销售占比计算。二是品规+市场类型投放，品牌重点向农村、乡镇中低档倾斜投放，市区每月只投放一次低档烟，县城每月只投放两次低档烟。三是根据各区域低档烟非流占比情况，非流占比排名全市前一二名的按区域30%、20%扣减次两月低档烟份额。

（5）小规格卷烟投放模型。小规格卷烟指体量较小且不在以上四种类型的品规。采取按档位投放或按需投放，按进货面、可供货源、订足率和重购率指标搭建投放模型，以避免无效供给，提升品牌铺货面和上柜率。其模型设计思想：一是实行"均衡、量少、滚动、调频"投放。二是依据品规进货面、订足率与重购率指标调整投放面与投放量，减少无效供给，提升品牌铺货面与上柜率。

（四）集成数字化运营管理，构建卷烟货源精准投放机制

1. 集中货源调控统一管理

全市统一货源分类、客户分类标准，所有货源投放策略与调控措施由系统自动完成，集中在平台上生成和存储，加强货源投放结果监管，实现货源投放的集中管理。

2. 集成"二级标签"修正

"二级标签"修正是基于五种投放模型没有穷尽解决的市场属性投放问题，依据客户属性类型，建立"档位+N"组合投放策略，凸显货源投放的多样性、激励性和导向性。其修正策略：（1）静态标签修正。静态标签指区域类型与市场类型，主要参考订足率、非流占比两个因子，实行K系数调节，实现品规在不同区域市场"稍紧平衡"目标。其中K系数=区域或市场类型订足率/总体订足率×（1-非流占比×100）。（2）动态标签修正。主要针对特色类型（自律小组、现代

终端、云POS活跃户、真烟非流、违法违规、陈列不规范）实行不同程度的货源浮动，充分发挥好紧俏货源的杠杆作用，引导客户守法经营、诚信经营。（3）最小单元格修正。最小单元格是在市场类型和区域类型划分基础上，通过信息系统对相同阈值区间（订足率、品类烟销售占比、省外烟销售占比、销售均价）的零售户进行智能识别，分层聚类，锁定具备销售潜力的市场单元，实行X系数调节，实现品规在最小单元格市场"稍紧平衡"目标。

3. 打通品规替换选择通道

品规替换选择是针对主销品规，对白沙（和天下）、芙蓉王（硬）、芙蓉王（蓝）、白沙（硬和气生财）、白沙（精品）、白沙（盖）、白沙（软）等主销品规赋予分值，零售户在当期投放限量的基础上，可对主销品规因需选择订购，对未订足品规实行积分留存管理，零售户在下一订货周期货源投放前可根据留存积分进行品规认购权选择，在零售户订购环节实现"零零调节"，精准满足零售户卷烟差异化需求，减少真品卷烟异常流动。

（五）加强数字化评价管理，推进货源精准投放持续改进

1. 设置数据采集专员，探索数采专业分工

在各市场服务分部（管理服务所）设置1~2名数据采集专员，适当调减其服务客户数量，突出工作职能重点，将其职责向市场信息采集专业化分工倾斜。建立全市数据采集项目团队，全市数据采集专员统一划归为团队成员，定期召开专项工作分析会，开展数据采集专业培训，提升工作效率。项目团队通过系统分析甄别、不定期现场抽查等途径，督促加强信息采集工作的及时性、准确性，为货源供应策略及投放方案的合理制定把舵定航。

2. 建立分维状态指数，量化测评描述市场

加强数理调控模型应用，基于订足率、订足面、重购率、重购面、价格指数、社会存销比、非流占比7个指标对各类市场进行测评。以雷达图数据模型测量数值作为最小单元市场状态值，对信息采集的重点品牌规格进行市场状态指数统计描述，分区域、商圈、业态、市场类型归类计算不同维度的市场状态指数，依托数据全面了解把握市场全貌，综合判断，寻找洼地，为全市卷烟投放、管理考核提供数据指导支撑。

3. 开展最小单元对标，指导服务决策应用

建立最小单元的雷达图模型，一方面能够测量其状态值分数，另一方面采取二类烟占比、单箱销售结构、省外卷烟销售占比等6项对标指标建立分析模型，及时发现单项指标或多项指标的弱项，提出工作改进措施与建议。以"精准画像"指导客户服务、大户治理，丰富卷烟"负面清单"评价标准，对影响卷烟市场经营秩序的违法违规等经营行为进行重点治理。

四、地市烟草商业企业基于数字化的货源精准投放管理的成效

（一）提升了货源投放精准度

从供给侧改革入手，探索货源精准投放模式，让数据代替经验决策。一方面，搭建货源采供数理模型，根据市场状态自动调控，破解了"投多投少投什么"的难题，提高投放计划和采购的精准度。2019年累计退出不适销品规11个，全年调整协议16497箱，协议调整率达7.43%。另一方面，五类数理投放模型自动分解，"二级标签"辅助修正，破解了"给多给少如何给"的问题，提高"档位+"投放的精准度。2019年，全市142个卷烟规格实现"档位+"投放，占在销品规的81.14%，各品规订单满足率提升至76.29%以上，同比提升23.16个百分点，月卷烟销售计划达成率均超100%，误差精准控制在0.5%以内，日销量波幅收窄至3%以内。

（二）提升了卷烟运行工作质量

1. 稳定了卷烟市场状态

依据因子对市场进行有序调控，找到了维护良好市场状态的支点，货源投放已统筹好投放数量、投放时间、投放区域、投放对象及投放效率，各品规订单订足率保持在85%以上，主销品规订足率稳定在95%以上，货源投放实现了三个相对平衡，即投放总量供需平衡、投放结构动态平衡和投放限量稍紧平衡，有效促进卷烟价格和社会库存持续稳定。2019年，邵阳卷烟社会零售库存户均75条左右，年末卷烟零售价格到位率达101.16%，客户综合毛利率达12.5%，均列全省第一位，为近年来最好水平。

2. 强化了品牌培育

开展标签漏斗式筛选，系统自动选出符合标签条件的客户，通过系统自动匹配确定，提高选点投放的精准度，促进了卷烟落地销售与落地消费，提升了新品卷烟培育水平。白沙（精品三代）年销量超过5000箱，黄金叶（乐途）、芙蓉王（硬蓝新版）、红塔山（新时代）均超过1000箱。全年共销售重点骨干品牌20.88万箱，占比93.56%，同比提高1.1百分点，其中11个重点品牌实现销量22.09万箱，同比增加4720箱，增幅达2.18%。细支烟、短支烟、中支烟等创新产品快速增长，有效满足了消费需求，拉升了品牌结构。2019年创新产品销量1.29万箱，同比增加0.43万箱，增长50.27%。

3. 促进了规范经营

坚持以"精准数据"为支撑对接市场需求，有效缓解了市场供非所需的矛盾；健全四线协同和信息沟通机制，共享案件查处数据、客户诚信处罚数据，通过"负面清单"对违法违规客户实行停供减供，有效提升市场把控能力和水平。目前，全市系统"三同"订单持续归零，2019年"千条户"户数占比降低至0.08%，销量占比为0.58%。市场串码卷烟数量大幅减少；真烟外流排名全省第11位；没有发生被省外查获的大要案；真正增强了本地市场有容量的自信，让依靠大户卖烟永远成为过去式。

4. 提升了客户满意

建立货源精准投放体系后，不同区域市场实行不同货源投放策略，零售终端在卷烟经营过程中的需求得到有效满足，价值得到体现，零售户获得感和满足感明显提高，卷烟营销市场化取向改革得到真正有效落地。客户货源供应满意度由2018年三季度的87.96%提升到了2019年四季度的95.47%，同比提升7.51个百分点。

（三）推动了企业高质量发展

1. 优化了客户生态

通过优化客户分档，"量体裁衣"评定客户月供总量，扩大紧俏烟投放面，缩小不同档位量差，引导客户根据经营能力订购卷烟，初步形成了零售户"橄榄型"结构分布，持续提高卷烟营销网络的稳定性和控制力。2019年，全市月均700条以上客户占比仅0.59%，销量占比2.52%；600条以上客户占比仅2.11%，销量占比7.98%；500条以上客户占比仅4.27%，销量占比14.59%；400条以下占比达91.58%，销量占比75.11%。

2. 夯实了网建基础

丰富"二级标签"，建立"档位+N"组合投放策略，针对自律小组、现代终端、品牌培育等特色类型，构建浮动数量的策略供应，充分发挥好紧俏货源的杠杆作用，激发了零售户参与重点工作推进的积极性与创造性。2019年全市已建成"湘汇636"加盟店51家，靓化普通终端14207

家，创建现代终端示范街 87 条，整体靓化率 53.01%，推广云 POS 使用 1247 户，码实价到位率提升至 98% 以上。

3. 提升了经营效益

基于卷烟市场化取向改革的货源精准投放体系的成功应用，企业经营效益大幅提升。2019 年全市累计销售卷烟 22.32 万箱，同比增长 0.62%；实现单箱均价 3.10 万元，同比提高 1719 元，增幅 5.88%；实现含税卷烟销售收入 69.15 亿元，同比增加 6.54%；省外占比 29.42%，高于全省平均 1.5 个百分点。二类烟占比、零售户综合毛利率、省外卷烟销售占比等 6 个对标指标进入全省先进行列，为推动企业高质量发展提供有力保障。

主 创 人：王　昆、张光利
参与创造人：雷超林、游二平、王　韬、邓红卫、吴献忠、侯钟辉、
　　　　　　王丽婧、于庆涛、王亚斌、刘文明

建筑企业工程数字化管理体系建设

中国建筑第五工程局有限公司

中国建筑第五工程局有限公司（以下简称"中建五局"）创建于1965年，是全球最大的投资建设集团、世界500强企业——中国建筑集团有限公司的全资骨干成员企业。

近年来，中建五局积极响应国家"转方式、调结构"高质量发展总要求，大力推动企业转型升级，成功将一个传统的施工总承包企业转型为一个集投资商、建造商、运营商"三商一体"的现代化投资建设集团，具有房屋建筑施工总承包特级（设计甲级）、市政公用工程施工总承包特级（设计甲级）、公路施工总承包特级（设计甲级）"三特三甲"资质。主营业务为房屋建筑施工、基础设施建造、投资运营与房地产开发，资产总额1500亿元，年经营规模超3000亿元，总投资额超3000亿元。多次荣获"全国建筑业AAA信用企业""全国五一劳动奖状""全国优秀施工企业"等称号。现有员工3万余名，每年为社会提供超30万个就业机会，是全国就业先进单位。

中建五局在规模增长的同时不断提升企业与项目管理品质，在管理上持续推进数字化升级战略。中建五局组建信息化管理部，负责全局信息化规范、项目建设、开发、实施与运维，各二、三级单位有信息化专业工程师负责系统应用运维，并从各层级、各业务线选派优秀的业务骨干与信息化专业人员组建成信息化创新团队，不断推进信息化与管理创新，形成了企业工程项目数字化管理体系。

一、建筑企业工程数字化管理体系建设的背景

（一）是提升企业运营管理能力、满足企业持续高速增长的需要

中建五局经过十多年的持续高速增长，传统管理方式已不能满足规模增长的需要，更需要应用信息化与数字化手段，解决精细化管理能力不强、成本和质量管控不到位、运营效率不高等问题，提高满足企业持续规模增长需要的运营能力，促进企业人、财、物集约化管理，提高企业资源调配能力，提升企业精细化管理水平，降低企业风险，促进企业向高质量发展转型升级。

（二）是提升组织科学管控能力、满足法人管项目的需要

随着企业规模的快速增长，中建五局由原有单一的传统的施工总承包企业转型为一个集投资商、建造商、运营商"三商一体"的投资建设集团，管理链条越来越长，存在总部定位不清晰、机构设置不匹配、授权放权不充分、流程运转不顺畅等问题。需要应用数字化改变传统管理方式，解决集团多法人、多组织、多业务、"信息孤岛"的问题，实现组织横向各部门、纵向各层级信息的互联互通、高效协同，促进法人管项目的有效落地。

（三）是提升工程项目管理能力、满足项目高品质发展的需要

建筑企业以工程项目管理为重点，项目管理以质量、安全、环保、进度为支撑，以项目成本为核心。在建筑行业传统项目信息化的实际建设过程中，主要以项目资深管理习惯为指导，单纯复制传统工作习惯。此外，建筑企业主营业务项目性质多样、地域分布分散、施工队伍组织构成复杂，信息对称难，多年来一直"重生产、轻管理"，集团标准化管理体系很难有效落地，项目品

质随着规模的增长资源匹配不上而下降，成本很难得到管控。因此，迫切需要构建工程数字化管理新模式，利用信息化手段推进项目精细化管理、工程建造智能化，提高项目品质，降低管理成本。同时积累数据应用到实际工作中，发挥基层数据的真正价值，指导项目施工，提高项目管理水平与盈利能力，保障企业健康持续发展。

（四）是提升企业现代化管理能力、适应建筑行业经营环境变化的需要

近年来，建筑行业环境发生深刻变化，跨行业渗透加剧，同质竞争日趋激烈，建筑企业经营发展形势逐渐严峻。在新形势下，项目全周期管理与成本控制已成为建筑工程项目核心竞争力的重要组成部分，构建高效率低成本的工程项目数字化管理运营体系、打造质量合规、成本合理的领先优势，将助力建筑工程项目在竞争中赢得主动权。

二、建筑企业工程数字化管理体系建设的内涵

中建五局深入贯彻落实习近平总书记网络强国战略，持续推进企业数字化升级，以推动五局高质量可持续发展为使命，以五局自主研发的"项目成本管理方圆图"管理模型及新一代信息化技术为理论依据，以实现建筑工程全过程的数字化与智能化管理为目标，以项目成本及建造全过程管理为重点，以传统ERP平台和微服务轻量化平台为支撑。坚持"平台+产品+二次开发"的模式，采用"自我为主、统筹规划、分步实施、数据驱动、场景应用"的实施路径，构建了以项目全生命周期为主线的施工全过程数字化管理，实现项目智能建造与精细化管理；以业务财务资金一体化为核心的全业务经济活动一体化平台，实现各业务线互联互通、精细化管理；以企业人、财、物等经济活动为重点的全要素管理，服务于项目、公司、集团三级管理层的运营管控，实现法人管理项目、数据支撑决策；以项目相关方高效协同为支撑的生态协同平台，实现产业链信息对称的工程数字化管理体系。

三、建筑企业工程数字化管理体系建设的主要做法

中建五局工程数字化管理坚持以实现建筑工程全过程的数字化与智能化管理为目标，以自主研发的"项目成本管理方圆图"理论为依据，围绕项目业务财务、线上线下、业务系统之间，产业链业务链之间数据互联互通，最终实现IT技术与管理深度融合。主要包括五个方面的体系构建：工程数字化管理功能模块构建、工程数字化业务管理模型构建、工程数字化技术平台构建、工程数字化标准及运行组织管理体系构建。

（一）构建工程数字化管理功能模块

经分析研究，中建五局工程数字化管理体系以项目成本管理为主线，进行项目施工总承包管理全过程信息化管理，实现项目的精细化管理。主要围绕综合项目管理系统建设、业务财务一体化建设、工程数字化分析系统建设以及智慧工地建造管理平台建设四大部分。

1. 综合项目管理系统构建

中建五局管理信息化集成系统重点围绕项目层级建设综合项目管理系统。施工项目的全过程管理从市场营销立项开始，到中标承接、开工实施，到最终结算完成，涵盖了各类现场管理行为，这些行为均围绕收入、成本及效益之间的关系开展。局项目管理信息化以五局研发的"项目成本管理方圆图"理论为依据，涵盖了从市场营销、合同管理、项目策划及实施、工程结算到竣工验收的项目全过程内容。在市场营销阶段主要以客户管理、招投标管理为重点。在项目实施阶段，主要以合同为主线，项目成本管理五大费用为核心，即实现劳务、物资、机械、周材、工程分包从合同管理到结算管理及付款管理的过程管控。其中物资管理实现从物资总控计划、月度计划、实际计划、采购、入库、出库、盘点以及结算到支付的闭环管理；分包管理实现合同评审与签订、

过程与最终结算、成本分析及支付的闭环管理；设备与周材管理实现合同评审与签订，设备周材进场、出场、停租、成本归集及支付的闭环管理；收入管理实现从主合同、产值报量与审核到收入列收到收款管理的闭环管理；成本管理实现从目标成本、责任成本到实际成本的统计分析等。项目的运行成果，商务口可从项目"成本方圆图"、财务口可从"一单四用图"两方面及时、精准反映，实现了由事后到事中管控的转变。

2. 业务财务一体化体系构建

中建五局通过业务财务资金一体化体系—业务与财务口径，用财务核算、资金支付倒逼业务过程管理规范，数据精准全面。目前已实现项目收入与成本等14项业务自动生成财务凭证，可以做到业务与财务的高度协同。实施财务资金过程管控信息化，做到"一单四用"，即通过"项目用款额度审批表"，实现物资采购款、分包租赁款、项目现场经费的在线审批；实现项目资金的分资制核算；实现项目现金、利润、债权、债务、库存等运营数据的实时准确反映；实现项目财务状况的实时监督等。同时通过业务财务一体化，系统做到了无合同不结算、无结算不支付、超合同比例不支付、无计划或计划审批流未完成不支付。促进了收支两条线、资金集中管理的有效落地。

3. 智慧工地平台构建

中建五局智慧工地建造管理平台是一个以党建为根基、项目为主体、进度为主线、成本为核心、安质为保障、监测为手段、智能为目标的多方协同、多级联动、管理预控、整合高效的智能化生产经营管控平台，充分利用物联网、传感网络、云计算等先进技术，实现局及公司层面对项目主要指标精准管控，实现项目对生产工程的全方位掌控，达到以信息化、智能化、数字化服务于项目管理。基于中建股份ICOP（建筑企业互联网开放平台）平台，完成五局智慧工地平台V1.0版开发工作，实现了进度管理、知识管理、成本管理、劳务管理、环境监测五个前端子系统的集成应用，形成了项目实际生产运营200项指标的项目运营管理模型。

4. 工程数字化分析系统构建

为了落实集约管控、法人管项目的战略要求，确保所有数据从源头来、从业务来、从系统来，实现数据一次录入、分级分类及时汇总分析的整体要求，中建五局架构了项目运营数字化系统。项目层面的业务系统服务于项目管理者，实现业务过程管理，完成基础数据采集，反映项目运营状况。业务系统中无法采集到的数据，采取自动采集与手工补充相结合，及时反映全局项目运营情况，实现了与分子公司及局层级的数据资源共享，达到中建集团敏捷管控的目的。目前通过系统的建设梳理了项目运营指标232个，分子公司运营指标14个，项目层级自动生成36张台账与报表，公司及集团级运营管理大台账6套，经营报表59张，22个主题66个图形展现。

5. 产业链业务协同构建

建筑企业工程项目建造由甲方、监理、政府监管部门及供应方等多个组织共同完成。相关业务有着必然的联系。为了加快工程项目过程管理高效协同，中建五局构建了供方门户，实现供方与五局线上协同工作。以项目过程管理、数据驱动，实现了合同、计划、订单、送货、验收、入库、结算线上协同办理。

（二）工程数字化业务管理模型构建

工程数字化管理的核心是业务管理逻辑，中建五局为实现项目精细化与数字化管理，根据管理实际首先架构了项目成本管理、业务财务资金一体化、资金管理一单四用管理模型。

1. "项目成本管理方圆图"理论模型

"方圆图"系统地表述了工程项目管理的几乎全部管理要素,是根据工程项目的管理实践总结出来的、一个科学研究分析工程项目管理的几何模型(图1)。

"方圆图"首先是从时间维度上涵盖了一个建筑工程项目自承接时的合同签订开始,到过程管理,到最终结算完成的项目全过程。同时通过整体表述几组成本概念、收入概念与效益概念之间的关系,形象地描述了工程项目的两个造价管理控制关键点(项目合同造价、项目结算总价)、三个成本管理控制关键点(项目责任成本、项目目标成本、项目实际成本)、四个施工现场管理控制关键点(工期、质量、安全、环保)和五个具体费用管理控制关键点(材料费、人工费、机械费、现场经费、专业分包费),以及工程项目管理的三个效益着力点(经营效益、管理效益、结算效益)。

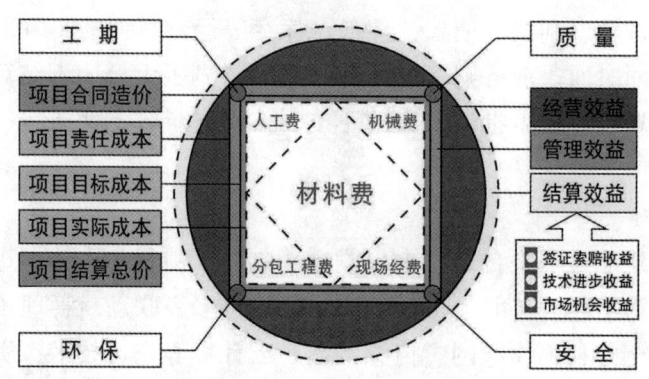

图1 项目成本管理信息化模型图

2. 业务财务资金一体化模型

中建五局通过业务财务资金一体化体系的建立,把商务造价系统的人工费、材料费、机械费、周材费、专业分包款同财务核算会计科目的分类一一对应,从根本上解决了业务口径与财务口径对项目成本核算不统一的问题,所有的成本数据通过业务端发起并录入,利用信息系统推送至财务端生成凭证,既满足了业务分析的需要,又满足了财务口径上按《企业会计准则》(建造合同)中规定的成本科目进行归集。

3. "一单四用"表与图管理模型

"一单四用"管理模型(图2)基于中建五局研究的施工企业"分资制"管理法,围绕建筑工程企业管理在企业层面的管理内容,强调财务资金管理方面"四个中心"的管理理念,即企业管理以财务管理为中心,财务管理以资金管理为中心,资金管理以现金流量管理为中心,现金流量管理以经营活动净现金流量管理为中心的理念,通过利用信息技术实现了"一单四用表""一单四用图""现金净流及应收账款",从而实现资金预警管理。

(三)工程数字化技术平台构建

为使信息技术平台适应中建五局信息化的持续改进,适应中建五局集中管控的总体要求,采用了全局统一的平台,集中部署,并坚持以"平台+产品+二次开发"的模式来建设。为满足工程数字化管理体系建设要求,确保系统稳定、安全运行,中建五局构建了互联网集成平台(含移动应用与轻量化应用)、大数据技术平台、BIM技术平台及智慧工地平台。

1. 互联网集成平台构建

近年来随着移动应用、互联网、云计算、大数据技术的普及,中建五局在原有的技术架构上,

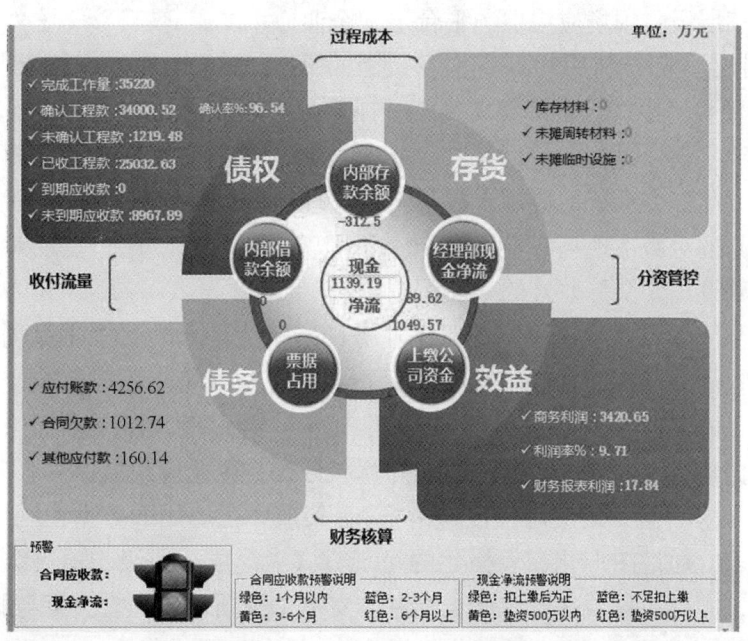

图2 "一单四用"模型图

引进了移动平台、互联网平台,由原有的"一库、一平台、一端"扩展到"一库、三平台、三端"应用模式。"一库"指一个数据中心,"三平台"指企业资源管理平台、移动应用平台、轻量化互联网平台,"三端"指传统的桌面端、轻量化端、移动端。既保障了原系统业务的可持续性,同时又发挥了原有系统较强的数据处理及关联功能,同时通过引进新的技术解决原有系统技术性能较慢、用户体验较差等问题,从而适应新业务的需求。

2. 大数据技术平台构建

中建五局充分应用大数据建立项目层面各业务线条的数据库和知识库,比如通过建立设计、技术、进度、质量、安全和商务等方面的业务数据库和知识库,来提高日常工作效率和促进各自业务线条日常工作的决策。在此基础上,企业将进一步建立组织层面各管理方面的数据库,比如企划、客户管理、市场营销、人力资源、财务、科研、法律等,用数据来支撑企业层面的管理、经营和战略决策。

3. BIM技术平台构建

建筑施工企业的根基在项目与现场,要全面提高建筑企业信息化水平,很重要的一点就是以信息化技术促进工程建造升级,提高项目一线数字化应用水平。中建五局把以现场管理和资源配置为核心的BIM技术与以成本管理为核心的信息化管理系统(ERP)有机结合起来,通过建立统一的信息交换标准和信息集成机制,打通两者之间的数据接口,大量工程基础数据自动通过BIM平台提供,减少繁琐的手工录入工作,确保信息化系统数据的准确性、及时性、完整性,以信息化技术促进工程建造升级,提高项目一线信息化应用水平,最终实现管理信息化和建造信息化的集成融合。

4. 智慧工地平台构建

中建五局依托物联网、移动互联网、云计算、人工智能、大数据等信息技术构建了智慧工地平台。围绕工地现场的人、机、料、法、环等生产要素,实现施工现场管理在线、工具在线、工艺在线,通过数据全方位加工和应用,以达到提升现场监督能力,提高管理效率,降低劳动强度的目的。主要分为三层级：现场应用层、平台层、企业应用层。

（1）现场应用层。充分利用物联网、移动互联网技术提高施工现场管控能力。一是通过RFID、传感器、摄像头、手持设备等智能终端，以采集、存储、传输、分析、发布等数据信息功能为基础，实现对项目建设过程的实时监控、智能感知、数据采集和高效协同，提高作业现场的管理能力。二是通过第三方系统的应用，包括劳务管理平台、质量安全管理系统、进度管理系统、BIM管理平台等，通过对施工现场各业务环节、不同业务场景的应用，实现对施工现场的人、设备、物资、进度、质量、安全等要素的全面控制。

（2）数据处理层。智慧工地应用数据驱动业务的基础，汇聚项目全生命周期、全要素、全参与方全域数据业务管理活动，展现项目全貌和运行状态，与现场应用层实现交互，提升业务管理的智能化。引入中台的概念，按照统一的数据标准（主数据）、数据接口标准实现第三方系统、智能终端的整合与数据集成，并通过数据的高效计算、分析为企业应用层提供服务。

（3）数据展示层。智慧工地应用管控"中枢"，集成各类应用的数据，利用大数据分析能力，按照不同的管理要求，通过图形化、表格化的呈现方式，形成企业级、项目级看板，实现现场管理可视化和智能化，实现工程项目资源优化配置，支撑工程项目的智能决策与服务。

（四）工程数字化标准及运行组织管理体系构建

建筑工程企业数字化管理目前最大的瓶颈就是各业务之间数据形成了孤岛，数字化价值不能充分体现。中建五局自2009年启动数字化建设以来，首先就制定了相关标准及管理保障体系。主要包括基础数据标准、网络硬件标准、信息系统应用规范及组织管理四个方面的体系。

1. 基础数据标准

统一主数据标准。管理信息化系统要做到真正的管理集成，形成各系统数据之间集成，首先需要确定系统里有哪些数据，数据要应用到哪些系统及环节，必须统一标识。中建五局在实施前首先制定企业信息编码，目前已完成人员、账号、组织、合同、文件、客商等55项主数据编码，真正实现了全局一人一号。

统一运营指标标准。中建五局将基础数据定义为描述核心业务实体的一个或多个属性，是企业业务架构分析中的核心业务对象。基础数据存在于企业价值链核心业务流程的各个系统中，梳理分布在不同业务线的相关信息，找出企业信息中共性的、完备的基础数据标准是实现一体化系统的关键所在。中建五局在系统建设过程中持续推进基础数据标准化建设，截至目前，全局统一了232项运营指标标准，并形成了统一的应用规范。

2. 网络硬件标准

硬件网络是信息化建设的基础设施，特别是对于建筑行业信息化建设，为了保障分布在国内外及全国各地的分支机构稳定运行信息系统，中建五局架构了由统一的数据中心、VPN及MSTP专线、云服务器等组成的具备双机热备功能的五局硬件网络系统，并针对每个分支机构及项目制定了统一的标准。

3. 应用规范的制定

中建五局信息化以统一的集成平台与系统为基础，共用一套主数据，实现数据标准统一、资源集中与共享、信息互联互通。中建五局标准化丛书通过应用信息化，最终形成了一套使用系统的应用规范。规范明确了哪些工作在线上做，哪些工作线下做，并且解决了线上和线下的工作做成什么样、谁做、什么时候做、怎么做的问题。明确了管理标准、组织的职能与岗位职能及工作流程，将原有标准化与系统应用到实处。

应用规范统一数据分类及其编码标准，实现主数据系统管理。中建五局围绕经济活动，梳理55种类基础数据作为中建五局管理信息化集成系统的主数据，对组织、客商、人员、物资分类库、项目编码等种类基础数据按业务部门按层级进行统一分类，梳理权限指定责任人，制定统一的标准与维护流程，形成集团统一的主数据体系。

在信息化管理上形成了信息化管理手册，手册主要由信息化管理、信息化应用规范、操作手册三部分组成，其中信息化管理分总则、管理体系、信息化发展规划管理、信息化项目建设管理、系统运维管理、机房管理、安全管理、应急管理八个章节。

4. 组织管理体系建设

中建五局建立了完善的管理体系，主要包括信息化管理体系与信息化技术支撑体系，明确了各组织工作职责及机构运行机制。

（1）信息化管理体系建设。中建五局信息化管理组织机构由领导小组，工作小组，信息中心，二、三级单位领导小组及工作小组等构成。领导小组由局董事长任组长，分管领导任副组长，成员由相关局领导及各部门负责人组成。信息化工作小组由局分管信息化工作的局领导任组长，成员由局相关部门负责人及关键用户、局信息中心相关人员、各二级单位主管信息化工作领导及信息化管理工程师组成。二、三级单位领导小组由各单位一把手任组长，分管领导任副组长，成员由相关公司领导、部门负责人组成。二、三级单位工作小组由公司信息化分管领导任组长，成员由部门负责人、公司专业工程师与各业务线关键用户组成，局、分（子）公司的业务部门要指定一名以上关键用户。项目业务工作小组由项目经理任组长。

（2）信息化创新团队建设。为推进信息化融入业务，中建五局各层级各部门选派了优秀业务骨干与信息化组建创新团队，结合历年信息化工作的经验，由业务骨干负责业务需求收集、分析、项目推广应用与操作培训指导等。

（3）信息化技术支撑体系。专业团队由局信息中心及各二级、三级机构信息化管理部门的专业技术人员组成，为中建五局信息化提供技术保障。二级单位及三级分支机构应配备至少一名以上的专职专业信息化系统管理员，并保持本岗位人员稳定。

四、建筑企业工程数字化管理体系建设的实施效果

（一）管理效益

中建五局通过构建工程数字化管理体系标准化流程，实现所有管理流程上线，全局先后通过系统固化审批流程2778个，其中局级流程226个、公司级流程2772个。如项目材料、分包、设备与周材租赁四类业务的合同、结算、支付在线审批、自动结算，并通过资金支付倒逼业务规范管理，实现了无合同不结算、支付不超合同比例付款。各类业务审批由原来找人员签字，改成线上审批，从项目到公司审批的时间由原来的10天缩短到3天。充分应用信息化规律与特点，编制流程优化方案及模板，加强了流程审批能力，提升了企业办公效率。

工程数字化管理体系从基层入手，将原有纸质工作表单取消线下模板，实现所有工作表单上线办理。项目生产经营数据在线共享，实现局、公司及项目三级远程在线成本分析，风险自动预警，为管理层决策提供及时有效的支撑。局和公司层面聚焦效益强化过程管控，能更全面、有效地掌握项目过程运行状况，降低管理风险，并更方便、快捷地为项目提供服务，提高管理效率。

中建五局分层分类梳理各业务线条管理报表，实现系统自动取数，在线应用。如物资入出库流水、对账单、结算单、分包与租赁合同、结算及支付等台账，物资与分包等成本报表自动归集，一个项目料账员从原来只做一个项目的料账到可以轻松地完成2~3个项目的料账工作。项目商务人员成本分析直接从线上取数，成本报表编制工作时间缩短三分之二。一线商务与物资管理人员原有的统计、计算、整理等日常工作由系统自动完成，促进了项目精细化管理。

（二）经济效益

近三年来，中建五局信息化管理集成平台实现了在全局各分支机构及1400余个在建项目的全覆盖。其中项目层面日常业务完全实现了线上办理；公司运营层面实现了项目成本分析线上分析及各类报表在线查询；决策层实现了全局的线上数据分析。

通过信息化管理集成平台的运行，中建五局实现了集团内无纸化办公。据统计每年产生数据量约15T，预计每年节约办公费用1200万元。全集团全面采用在线成本分析模式，统一了流程，制定了标准。全局所有在建项目全部实现了在线成本分析与统计，加快了结算的办结速度，提高了管理效率，优化了物资管理人员配置，为企业减少了管理费用的开支。建筑企业工程数字化管理体系采用在线成本分析代替季度经济线检查，节约了电话费、差旅费等成本费用。中建五局自主研发的资产盘活系统947个项目，上半年累计上架19081笔可周转材料，对解决企业资产闲置问题与施工项目成本控制提供了信息化支撑与数字化管理。

（三）社会效益

中建五局自建成管理信息集成系统以来，始终坚持技术创新、优化管理模式，解决建筑业不断发展带来的各类信息化管理问题。管理信息系统建成后，中建五局先后取得10项软件著作权，在《施工企业管理》及《IT经理世界》等刊物公开发表学术论文12篇，2014—2016年被中国施工企业管理协会推荐为"工程建设行业信息化推荐案例"，在大型建筑行业会议上做经验交流近10次，中交一航局、中建钢构、中建交通、中建南洋、省六建等100家系统内外知名企业来中建五局学习交流，推动了行业信息化的发展。

中建五局自主创新研发的电子合同、供方门户、物资验收、物资计划、零星用工、过程计量等轻量化应用，得到了行业的一致认可，现已提供给行业使用，并向同行提供相应的咨询服务。

主　创　人：田卫国、江建端

参与创造人：文章英、孙　伟、刘鹏昆、肖波彦、刘　骁、于　敏、胡　丹、胡泽栋

军工企业经营管理信息化体系的构建

湖南兵器建华精密仪器有限公司

湖南兵器建华精密仪器有限公司（以下简称"建华公司"）原名湖南省建华机械厂，创建于1966年，现为湖南省兵器工业集团有限责任公司全资子公司之一。建华公司现有员工1176人，高、中级专业技术人员278人，拥有总资产4.67亿元，各类主要设备1538台（套），21项国家发明专利，具有很强的机械加工、工具制造、冲压、压铸、表面处理、塑料压型、电子产品、化工产品等生产和科研开发能力。系国家通用装备维修器材设备承制单位、武器装备科研生产许可单位、军工系统安全生产标准化二级达标单位、国家二级保密资格单位、省级技术中心、高新技术企业、湖南省第四届青年科技创新集团单位、国家二级理化单位及三级计量单位。

2019年，建华公司荣获"湖南省文明标兵单位""永州市五一劳动奖状"等荣誉称号，建华公司党委被评为"湖南兵器集团先进党组织""永州市2019年度先进基层党组织"等。这些荣誉的背后，完全得益于建华公司基于信息化的经营管理创新，它为企业的发展注入了强大动力。近5年来，建华公司的营业收入呈"井喷式"增长，2016年1.87亿元，2017年突破2亿元，2018年突破3亿元，2019年突破5亿元，2020年预计营业收入将突破8亿元，实现利润7500万元，这种高速增长被湖南兵器工业集团誉为"建华速度"。

一、军工企业经营管理信息化体系构建的实施背景

（一）是企业改革发展的需要

"国有企业是壮大国家综合实力、保障人民共同利益的重要力量，必须理直气壮做强做优做大，不断增强活力、影响力、抗风险能力，实现国有资产保值增值。"习近平总书记就国有企业改革作出的重要指示，坚定清晰地指出了国有企业发展的战略地位和根本目标。建华公司作为关系国家安全的国有省属大二型军工企业，一是要坚决履行强军卫国的核心使命，二是要实现国有资产保值增值。

（二）是强基提能的管理需要

2016年以来，建华公司研发的军品高科技系列项目先后定型投产，军品生产任务逐年递增，产品数量大、品种多、交验周期短、质量要求高都给企业提出了新的挑战。建华公司现有的计划制订与制造执行出现脱节；各部门形成了信息孤岛；企业生产能力出现瓶颈……传统的管理方式已经不能满足企业发展的需要，通过信息化建设促进企业提高经营管理水平已迫在眉睫。与此同时，国家也积极推进工业化和信息化融合战略，大力支持企业的信息化建设，以此带动管理模式的创新、制造技术的创新，从而实现生产过程的智能化、制造装备的数控化、企业管理的信息化。

（三）是适应军品市场竞争挑战的需要

当前国家对中央大型军工企业的扶持力度远远大于省属地方军工企业，另外，随着军民融合战略的深入推进，"民参军"的队伍也逐渐变大，军品市场竞争变得日趋白热化。建华公司作为一家省属军工企业，要想在竞争中处于不败之地，就必须冷静面对企业的不利因素和困难，加强精细化管理，从不同层面深化内部改革，转变经营机制，全面推动经营管理创新。

二、军工企业经营管理信息化体系构建的内涵

建华公司以习近平新时代中国特色社会主义思想为指导，以"科技为本、管理为魂、注重实效、增创效益"为战略导向，以创国内一流军工企业为目标，通过搭建高质量、高效率的信息化管理平台，确保公司各管理体系的有机整合；通过基于 ERP 信息系统的仓储管理和成本费用核算，实现财务管控的精细化；通过重建劳动定额和产品零部件价格数据库、制定稳定性与灵活性有机统一的薪酬管理制度，进一步发挥人力资源管理的协调激励作用；通过 ERP 信息系统的全方位支持，阿米巴经营管理体系得以高效运行；通过 ERP 信息系统实现了研发与生产的无缝对接，科研创新项目大丰收；信息化建设助推了生产线自动化的升级改造，实现了产能飞越。一切创新均基于信息化系统，一切信息数据均服务于创新的管理体系，信息化建设与企业管理创新活动有机融合，二者的功能相互促进，从而全面提升企业的竞争力，实现了企业可持续、高质量的发展。

三、军工企业经营管理信息化体系构建的主要做法

（一）搭建高质量、高效率的信息化管理平台

为突破传统的管理模式制约，建华公司于 2016 年 2 月酝酿推行 ERP 系统管理。按照"总体规划、分步实施、先易后难、循序渐进"的原则，建华公司在原有局域网的基础上根据需要，与第三方软件公司合作开发设计了 ERP 信息管理系统。建华公司以 ERP 信息系统为平台，以管理创新为目标，构建运行高效、具有建华特色的经营管理体系，达到了"提高效率、降低成本、增加效益、优化环境"的目的。

1. 成立 ERP 系统信息管理项目领导小组

建华公司专门成立了 ERP 信息系统项目领导小组：党委书记、执行董事蒋粤军任组长，总经理武波涌、常务副总张宏生任副组长，其他公司领导为成员；专门成立精益管理办公室，主抓 ERP 信息系统项目推进工作；各单位成立以行政正职为组长，支部书记或副职为副组长，会计、技术员、统计、班组长等为组员的 ERP 信息系统项目实施小组。

2. 加大软硬件投入，确保网络数据安全

（1）为了实现 ERP 信息系统全覆盖，建华公司先后投入专项资金 200 多万元打造网络数据中心。中心现有专用服务器 5 台、热备服务器 2 台、专业级磁盘阵列 1 台、核心交换机 2 台、接入交换机 15 台，各部门配备 ERP 专用电脑 87 台。（2）用友软件结合企业实际开发了采购、销售、财务核算、信息识别、费用预算、生产计划等 15 个模块，建立起了多元融合性的数字平台，可实现 40 个站点同时在线。（3）严格按照军工保密制度要求，建立各种相关的规章制度，例如《计算机和信息安全保密管理制度》《通信及办公自动化设备安全保密管理制度》等。（4）安装先进的华为 USG6305 防火墙，对信息进行有效的防护过滤，杜绝信息的泄露。（5）配备了 2 名专业网络安全工程师，专门负责网络的维护以及机密重要的资料妥善备份，定期更换服务器的口令，及时更新各种软件以获得更强的安全性，保障信息的安全。

3. 编制作业流程，筑牢 ERP 信息管理系统开发基础

公司由技术质量部牵头成立作业流程编制委员会，组织了 67 个专业人员，分六个组对公司 92 个作业流程进行编制，如"订货（销售）合同评审流程""作业现场安全管理流程"等。作业流程的编制以质量管理工作为主线，以信息系统为切入口，同时考虑安全、保密、经营等其他企业管理领域；作业程序均制作了流程图，使作业程序简易、规范、通俗易懂，便于开展工作。作业流程编制委员会对相关作业运行跟踪考察，历时近 10 个月，所编制的作业流程既切合公司实际，又符合公司质量体系文件相关标准，操作性强，既能堵住管理漏洞，也能提高管理效率，同时也

为信息管理系统的进一步发展打下坚实基础。

4. 强化意识，进行多种形式的培训

一是制定《建华公司 ERP 信息系统操作手册》，该手册囊括了信息系统所涉及的岗位，人手一册，每个岗位人员按手册操作，能清楚知道自己在 ERP 信息系统中的工作内容及工作流程；聘请 IT 专家及用友软件专业人员对员工进行培训，向广大员工宣贯公司信息化改革的必要性、作用及科学性。二是下发 ERP 管理系统各项目实施方案，明确目标、人员、分工和任务。三是全面推进，开展一场管理模式的革命，将企业管理流程和各种新的管理思路、管理方法以一种有形的方式固化到企业的日常业务处理过程中，把理念转变为实际行动，形成了公司齐抓共管的良好局面。

（二）通过基于 ERP 系统的仓储管理、成本费用核算，实现财务管控精细化

基于一切皆有来源的原则，信息系统的运行是从销售合同开始的。年末，根据订货合同编制次年综合计划大纲并录入 ERP 信息系统中，系统对合同进行 LRP（物流资源计划）展算，根据公司各车间的产能形成采购计划和生产计划，各部门按计划开展工作，所有工作都在 ERP 信息系统上运行，采购、生产、销售、财务形成闭环。

1. 仓储管理标准化

建华公司为 17 个库房共 9000 多种物资编码录入 ERP 系统，材料、产品进行批次管理；通过优化仓库现场管理与出入库管理两大模块，实现仓库管理标准化，提升仓库运营效率和质量，确保账、卡、物、ERP 数据相符，实现信息共享。

（1）基础数据持续规范管理。建立统一的基础数据平台，数据做到及时准确录入，系统对物料清单进行统一规范化管理后，实现快速反应出某一层或某一个项目的材料标准用量；通过系统还可以很直观地查询出产品的各层结构，提高了工作效率和信息共享的速度，实现安全库存管理。

（2）规范物料出入库管理。严格按订单入库，先质检，后入库，入库单据需要经质检人员确定审核后生效；严格按订单出库，不允许负数出库，按照销售需求的发货指令做产品出库，做到日清日结。

（3）生产车间按订单入库和领料。为车间设置虚拟仓库，车间必须按订单办理领料、产品完工入库，按订单分析材料节超和工时节超情况；按订单查询生产在制及完工情况；每月末进行生产订单用料及完工分析。

（4）基础数据信息统一，"五品四数"准确。ERP 信息平台的应用，确保了"五品四数"的准确性，真实地反映出车间、库房零部件的结存情况，对存在的账实差异，可以及时查清原因，提供动态分析资料，从而有效压减存货储备，减少资金占用。

2. 成本管理精细化

建华公司根据企业实际，建立以"生产订单+品种+整合工序（机加、电镀、成品）"为基本架构的批次成本核算模式，并随着企业精益生产模式的不断探索和推进，最终实现明细工序核算的精益成本管理模式。

（1）设立机加、电镀、装配三个成本中心。订单的领料直接归集到各半成品及最终产品上；成本系统制造费用明细中增加加工费项目，工序的加工费每月统计出来后，作为共耗费用在各成本中心进行分摊，以便在最终产品的成本构成中计算出某个零部件的加工费用。

（2）规范了供应链、生产制造和成本管理的业务处理。按要求归集成本、分摊费用。如直接根据生产订单领用材料可以按专用材料直接归集到具体成本对象上；加工费可以按成本中心每月进行统计，可通过总账财务凭证或手工录入的方式传递到成本系统中进行分配。

（3）做好成本分析与控制。在建华公司的ERP成本管理系统中有产品成本差异分析、成本项目构成分析、材料消耗差异、成本控制报告等多种分析方法，根据历史成本和计划成本资料，可以进行自动成本分析，还可对某产品根据其计划或历史成本进行销售成本的预测。建华公司财务部门充分利用ERP信息系统平台，极大地提高了"五品四数"的科学性和准确性，真实地反映了车间、供应部库房零件结存情况，如实反映了账实差异，为及时查清原因提供动态分析资料，从而有效压减存货储备，减少资金占用；同时，对产品成本的结转和核算提供准确的基础数据，在成本产生异动的情况下能及时查找原因，监控成本的高低变化情况，以达到对生产过程进行监督考核、降低成本、提高经济效益的目的。

（三）夯实基础管理，发挥人力资源管理的协调激励作用

1. 科学测算产品零部件的计件单价和劳动定额

建华公司采取如下办法测算产品零部件的计件单价和劳动定额，并构建基础数据：一是从2016年开始就组织专业人员深入车间一线，对387个产品零件共计1870道生产加工工序进行了实测，每个零件的工时精确到秒，反复测试3~6次，然后加权平均；根据产品工艺，充分考虑辅助工时和良品率指标，合议确定产品计件单价；根据车间生产特性、劳动强度、技术含量、工作环境等要素，并参考湖南省机械加工行业从业人员年收入水平，确定工时值，建立实时动态工时值调整机制。二是在劳动定额、计件单价制定过程中，始终坚持实事求是、公平、公正的原则；对新、老定额和价格体系进行多维度测算分析，验证其合理性和合规性，确保员工收入在同产量的基础上不降低。三是为确保劳动定额、计件单价的科学性和准确性，将军品车间所有人员的固定工资、管理技术人员和辅助生产人员的岗位绩效工资、车间领导的承包经营奖励或目标管理考核奖从基本生产人员的产品计件单价中剥离出来，由建华公司统一承担并发放。基本生产人员每月所生产的合格品数量乘以计件单价即为月岗位绩效工资。

建华公司的价格体系信息全部输入ERP（包括合同订立结算价格，材料采购价格，各车间半成品、成品流转价格及装配车间总装成品出厂价格等）系统中，并实现信息共享；同时，建华公司的各层级人员可根据工作需要在系统中找寻到想要了解的信息。

为规范公司定额管理程序、提高工作效率，建华公司还开发了产品工时定额电子信息上报程序，实现了自动统计、分类汇总，结束了各单位手工做账上报数据的历史，实现了公司的管理由"粗放型"向"信息化、精益型"转变，为精细化管理打下良好基础。

2. 薪酬计算方式更为简单、规范、合理

建华公司结合企业的发展战略，注意薪酬的公平性、竞争性、激励性、合法性。其ERP信息管控系统面向公司，覆盖所有员工和薪酬项目。公司通过ERP系统实时监控各单位薪酬分配，根据"与经济效益挂钩""多劳多得、少劳少得、不劳不得"的分配原则，建立了分层级、分类别的员工收入分配管理机制和薪酬市场对标机制。

（1）对生产人员实行动态计件工资制。通过现场实测及综合分析，合理确定劳动定额和计件单价，并做到同工同酬。不断完善优化生产工艺，每年根据公司产值和效益，结合外部薪酬水平动态调整定额和单价。

（2）对非生产人员实行"以岗定薪，薪随绩变"岗绩工资制。

基薪：以岗位价值确定。

绩效工资：分解成绩效系数，由考核小组按月分级考核，与生产人员的产品产量、生产成本直接挂钩。

(3) 对全员实行效益分红制。经营期间，建华公司根据生产任务完成和利润指标实现情况，对在岗员工发放一次性奖励。同时，从2019年开始，建华公司建立了企业年金制度，公司的在岗职工均可参加企业年金。

(4) 建立内部分配考核机制。建华公司将岗位职责、工作标准（安全、质量、进度、效率等）、行为规范，分别纳入考核指标中，并将考核结果进行公示、公开。

员工的薪酬共分三大块：固定部分、岗绩工资和效益分红。所有员工的固定部分和效益分红由公司统一发放，车间管辅人员的岗绩工资与本车间基本生产人员的平均绩效工资挂钩；基本生产人员每月所生产的合格品数量乘以计件单价即为月岗位绩效工资。固定部分和效益分红占薪酬总额的20%，岗绩工资占薪酬总额的80%。

3. 按需规划因事设岗，不断优化资源配置

(1) 建华公司人力资源部牵头组织实施定岗定编工作。根据"以销定产、以产定员"的原则对生产人员进行定编。根据综合计划大纲，进行需求计划展算，及时计算出每一份订单合同所需的零部件、原辅材料、包装物等数量。生产管理部根据计划展算结果，结合公司产能，制订下达各车间年计划任务。经营管理部根据各车间年计划任务，计算出各车间的总加工费（即生产工人全年的奖金）；人力资源部根据上年人均收入，结合公司2020年产值增减，在确保收入总体均衡和各单位人员配备率相同的前提下，合理配置各车间生产工人定员人数。

(2) 管理、技术和辅助后勤人员定岗定编。人力资源部根据《定岗定编定员实施办法》，结合全年生产经营目标、各单位工作任务量、劳动定额等因素，编制《管理、技术和辅助后勤人员定岗定编表》，并建立动态调整机制，其结果作为公司开展人员招聘、调配和交流等工作的依据。同时，对管辅岗位超编人员的岗绩工资采取限期递减过渡的办法，以促进超编人员合理流动。

(3) 人员调整。人力资源部在ERP信息系统平台上发布用工信息，实现员工、用人单位、员工现所在岗位三向选择，采取调动或书面公开竞聘的方式进行。鼓励管理岗位人员到辅助岗位、生产岗位上工作，做好了超编人员分流安置工作。

(4) 创新用工方式。为有效防范用工风险，适应公司发展需要，做好了劳务派遣用工相关工作。制定了劳务派遣用工的实施方案和管理方法，与永州市开利人力资源管理公司签订了《劳务派遣协议》，与63名劳务派遣工人签订了《上岗协议》；面向社会招聘生产工人27名，充实了员工队伍力量。

(四) 导入阿米巴经营模式，ERP信息系统全面支撑新模式的有效运营

1. 对装配车间实行全新的任务承包经营方式

2020年初，公司结合实际，在装配车间的经营方式上有重点、分步骤地逐步导入阿米巴经营模式，将以往的"模拟市场、独立核算"管理模式转变为"定价承包、独立核算、奖惩兑现"的任务承包经营形式。

具体做法是：

(1) 定价承包。公司按给定价格向装配车间采购合格产品。在公司核定的产品部件计件单价范围内，由装配车间根据装配工艺及各工序人员配置情况将单价进行拆分，并分解到每个零件。

(2) 独立核算。装配车间按公司下达的生产作业计划，在确保质量、安全、成本控制的前提下，自行组织零部件生产、装配等工作。在装配车间的劳动用工、薪酬分配、物资采购等方面，公司结合当前实际最大限度地赋予其自主权。同时，公司对装配车间财务结算流程、盈亏核算、审计等方面做了明确规定。

（3）奖惩兑现。公司根据装配车间完成生产任务的进度、质量、安全、成本控制等指标情况，对其进行月度考核，并在季度进行奖惩兑现；年末，经公司审计，根据生产任务完成情况按总加工费、工资总额结余、各项费用结余等比例对其进行年度奖惩。

当前，装配车间的经营方式已完成向阿米巴经营模式过渡，公司对其劳动用工、薪酬分配、物资采购等方面赋予了更大的自主权，使其经营活动完全建立了市场化买卖关系。2020年3月，在对汽配分公司、机电分公司的承包经营方式上，也依据阿米巴经营模式采用了各具特点的承包体系。待相应承包经营体系成熟后，公司将由上到下、由大到小，分层逐步推进"量化分权"，并划小核算单位，构建各阿米巴的内部市场买卖关系，使其真正成为独立经营的主体和独立利润中心。

2. 对其他生产车间和所有职能部室实施目标管理体系

公司将阿米巴经营模式中的"目标管理"理念成功植入其他生产车间、所有职能部室的各项工作中。年初，公司与上述单位分别签订了《目标管理责任书》，责任书设置了年度完成经营计划、安全、质量、生产经营管理、成本费用、党建和党风廉政建设、治安、保密等八项考核指标。同时，通过设置考核指标总分分值、考核系数及难度系数来充分体现各车间、各职能部室之间的职责共性和个性特点，并就考核和奖惩办法进行了明确规定。

3. ERP信息系统全方位支撑阿米巴体系运行

公司ERP信息系统覆盖所有"阿米巴"，人、财、物及产、供、销及考核，各类数据都及时、准确录入系统，形成闭环，方便查询，可追溯，为公司领导正确决策提供详细、丰富的资料。

（五）ERP信息系统实现了研发与生产的无缝对接

1. 创新项目管理机制

一是加大科研投入，全年共投入科研资金1864万元，同比增长47.82%；二是完善《军品科研项目津贴实施办法》，出台补充规定，强化对军品科研人员的激励和约束；三是加强科研技术状态管理，持续梳理科研技术状态和各项目状态，规范科研项目管理。2019年，公司共有科研项目47项，其中立项型号项目21项，竞标、预研项目26项，多个项目取得关键性进展：7个项目完成了设计定型审查，其中3个项目完成技术状态鉴定审查；4个项目正在准备试验批产品装配；2个项目竞标成功。这些项目，仅某型产品在2020年就有2亿多元任务意向。同时，科研团队荣获了"国企楷模"提名奖、创新团队等多项省级荣誉称号。

2. 研发与生产无缝对接

军品开发部研发所需的原材料、零部件和辅助工具等都通过ERP信息系统按批次进出，系统自动进行集成；技术部在初研阶段就介入跟进，根据ERP信息系统中的数据，详细掌握某个产品研制时所用材料及规格数量、供应商、零件种类等，当科研成果成功转入大批量生产，这些基础数据将成为制定工艺流程、材料消耗定额等的关键依据。

（六）信息化建设助推生产线自动化升级

1. 检测生产线自动化改造

公司2019年上半年投入200万元，陆续新增2台用于SD火帽部件及底螺部件装配的自动装配机，9台用于SD零件检测的CCD影像筛选机，自制3台非标检测设备。增加自动化检测设备的投入，加大了检测自动化改造力度，大大提高了劳动生产率，减少了人为因素对检测的干扰，进一步保证了产品质量。2019年共检验验收产品16类196批次，共计41万件，机器检测效率是人工检测的70倍，准确度达到100%。

2. 装配生产线自动化改造

2018年4月公司获得国家国防科技工业局的立项批准，批复项目总投资为1740万元，主要用于改造某型产品总装生产条件，新增自动总装、包装生产线。2019年3月份公司启动SD产品生产线建线工作，共计新增工艺设备46台（套）。整条自动化生产线实现了每3秒就有一发产品装配下线，创造了同类产品生产效率的世界先进水平，实现了日产能从建线初期的不足0.5万发到目前2.6万发的跨越，产品合格率均达到100%。2019年生产完成SD产品300多万发，大大满足了公司发展的需求。

3. 检测、装配线的自动化升级改造

ERP信息系统可收集、汇总、分析、处理大量基础数据，从而发挥出巨大作用。通过信息系统，技术质量工程人员可及时掌握产品、零部件质量在线状态；生产管理部门实时掌握产品生产进度，精准监控关键工序、关键岗位；精益管理部、物资供应部及时跟进物资采购、入库、发货；财务部门足不出户就能掌握原材料、在产品、半成品、产成品实时数据。信息系统的应用极大地加快了自动化改造前进的步伐，加速了企业的发展。

四、军工企业经营管理信息化体系构建的实施效果

建华公司通过构建经营管理信息化体系，使公司经营管理水平得到快速提升，为部队快速列装新型装备，推进国防和军队现代化，实现国家强军目标和支撑强国伟业做出了贡献。

（一）员工收入水平大幅提高，工作积极性空前高涨

员工的市场观念得到明显增强，从"要我做事"转变为"我要做事"，"按劳分配，多劳多得，少劳少得，不劳不得"的收入分配原则也深入人心。同时，员工工作作风得到切实转变，员工学会了算成本账、算效益账，逐步形成节支降耗、自我管理、自主工作的氛围。

建华公司新的薪酬体系和《单位年度目标管理责任书》的推行，在保证车间干部员工收入不降低的情况下，提高了其他各类人员的收入。建华公司的收入分配实现了"按劳分配、效率优先、兼顾公平"的目标，内部薪酬分配体系日趋完善，薪酬的激励性和约束性进一步增强。公司在岗员工平均收入情况：2017年为52896元，2018年为60788元，2019年92573元，年均增长率达到了33%。员工的工作积极性空前高涨，公司的各项生产任务保质保量提前完成。

（二）通过提高生产效率，降低生产成本，实现了利润跳跃式增长

通过经营模式的转变和设备自动化能力的提升，建华公司的产能实现了快速提高，用工总量得到有效控制。同时，建华公司通过重新测算产品计件单价、小时费用率，梳理材料和外购外协件价格，进一步夯实了内部的基础管理，堵塞了管理漏洞。公司利润实现跳跃式增长，2017年为1409.66万元，2018年为1773.36万元，2019年为6793.11万元，年均增长率达到了154.43%。

（三）补齐短板，充分发挥ERP信息系统管控作用

1. 基础数据信息统一、"五品四数"准确，账、卡、物、ERP数据真正相符。
2. 财务报表数据来源真实准确，实现业财一体化。
3. 对材料、产品实行批次管理，建立批次档案，方便质量部门进行产品批次追溯。
4. 根据建华生产经营的特性，将销售闭环、生产闭环、采购闭环、财务闭环连通。
5. 将信息化系统和精益管理规划高度融合，实现工厂全职能覆盖，构筑建华公司现代企业信息化管控系统。

（四）创新体系在疫情期间发挥强大动能

建华公司创造性地将信息系统与经营管理创新高度融合与拓展，使每个单位、每个环节、每

个岗位都能得到体系的支撑，做到平稳、流畅、有序地运行，特别是疫情期间，公司在逆境中创造出了新的佳绩，实现了"三个有保障"。一是质量有保障，公司产品一次交验合格率达到100%。二是进度有保障，所有合同按期履行，1—4月累计完成各类产品160万发，超额完成生产计划的110%。三是安全有保障，顺利完成各项安全生产目标、指标。

（五）加速军民融合产业链的形成

建华公司经营管理信息化体系的构建不仅为企业带来了巨大的经济效益，同时也产生了良好的社会效益。目前公司开发了近60多家产品零部件供应商，范围涉及模具、电子、机加、火工品等，因公司现金流充裕且发展前景大好，越来越多的供应商都主动到永州设立加工基地。浙江、深圳等沿海发达地区的供应商也为企业带来了先进工艺和先进设备。良好的互动关系促进了军工产业链的形成，形成产业发展的利益共同体。

（六）成功经验可复制，得到军方、湘科集团大力推广

建华公司取得的瞩目成绩引起了湘科集团高层的重点关注，集团领导先后来到建华考察，号召集团各子公司学习、复制建华成功经验。2020年4月15日，湘科集团组织90多家子公司在建华召开了经营管理信息体系化构建经验交流会，大力推广此创新成果。目前，已有跃进公司、长城公司、南方洪源公司、资江公司等数十家公司成功移植此项创新成果，并取得了良好的经济效益。国家陆军装备部某部长一行到建华公司专项考察时由衷赞叹道："小军工大作为！你们的高质量发展速度令人惊叹，你们在经营管理模式上的改革创新经验值得推广！"

主 创 人：蒋粤军
参与创造人：武波涌、张宏生、汪挺锋、蔡利平、祝 鳃

高质量发展与精益管理

省级电力大数据赋能高质量发展管理服务体系的构建

国网湖南省电力有限公司经济技术研究院

国网湖南省电力有限公司经济技术研究院（以下简称"国网湖南经研院"）成立于2012年，是湖南省电力有限公司"大规划"体系、"大经营"管理、"大建设"咨询和"大数据"应用的重要运营保障机构。拥有能源互联网供需运营湖南省重点实验室和湖南省能源电力发展研究中心两大核心平台，主要从事电网规划、数字化建设、战略研究、工程设计、造价咨询、项目评审和安全管理等业务。国网湖南经研院设立4个职能部门、4个中心机构和1家集体企业，现有正式员工155人，其中博士研究生14人，硕士研究生72人，副高及以上职称78人。近四年获湖南省科学技术进步一等奖、"湖南省青年文明号"、国网公司青年创新创意大赛金奖等省公司及以上级别奖项48项，为建设国网一流经研院打下了坚实的基础，为国网公司创建国际一流能源互联网企业做出了重要贡献。

经济发展，电力先行，用电数据是经济发展的"晴雨表"。凭借电力数据实时、多类型、广覆盖的特点，电网企业将借助经济发展趋势引导电网规划的传统管理模式，提升至运用电力数据辨析企业生产经营情况、辅助政府研判经济社会形势的智能化管理新阶段。为此，国网湖南经研院持续发力，通过电力大数据赋能管理，深挖数据价值，推进成果共享。

一、省级电力大数据赋能高质量管理服务体系构建的实施背景

（一）是践行国家战略，大国央企履行社会责任的必然要求

2015年以来，国家层面相继提出"互联网+""数字中国"战略，推动云计算、大数据、人工智能等信息技术的持续广泛应用，各行各业都在积极拥抱"互联网+"，企业数字化转型迅速升温。国家电网公司作为关系国家能源安全和国民经济命脉的国有重点骨干企业，积极响应国家政策导向，深挖电力大数据价值，助力经济社会高质量发展。2020年初新冠肺炎疫情暴发，中央提出疫情防控和复工复产两手抓两手硬的要求，对复工复产形势的掌握亟须可靠的数据支撑，"时刻奔跑"的电力大数据可以实时观测、分析企业生产情况，辅助疫情防控；准确可靠的复工用电量和复工用户数据，可直观展示用户实时复工情况，为政府分析核实企业复工复产情况提供有力的数据支撑，电力大数据在疫情防控和企业复工复产工作中有重要意义。近日，中央多次提出加快"新基建"建设，数字化进程按下"快进键"，如何充分发挥电力大数据在推动社会经济发展中蕴含的生产能力已成为当前重要课题，电力大数据赋能管理是企业适应时代发展趋势，履行央企责任的必然要求。

（二）是适应新时代特点，推动湖南经济高质量发展的迫切需求

湖南省委、省政府全面深化"创新引领、开放崛起"战略，2019年2月，湖南省能源大数据平台被列入湖南省首批重点建设的工业互联网平台，正式启动建设。电力数据开发作为能源大数据平台的重要组成部分，获得省委领导高度重视与支持。现阶段，湖南省已进入工业化中期，结构调整、技术升级、淘汰落后是主旋律，能耗逐年降低，效率逐年提高。加上环境保护、污染治理、节能减排的力度不断加大，工业用电量与规模工业增加值的关联度呈不断下降趋势，给经济

发展形势研判带来了不小的干扰。时任省长许达哲在《关于工业用电量与增加值匹配问题有关情况的报告》中明确批复，督促省能源局、统计局、电力公司协同配合，拿出符合实际的科学统计方法，做到真经济数据与真电力数据对比，同口径同比。建立电力数据跨行业共享与应用机制，实现电力与经济的"同频共振、同心聚力"，成为推动湖南经济高质量发展的迫切需求。

（三）是贯彻经营理念，实现企业提质升级的内在诉求

随着信息技术和企业经营管理的深度融合，电力数据呈爆发式增长。目前，国网湖南公司已覆盖电力用户2900万户，涵盖11.5万专变用电客户的档案、总表表码、负荷、电量电费数据，同时还接入了水、火、风、光等发电企业数据、电力交易数据等多类型海量数据。然而，电力大数据管理仍处于专业分割应用阶段，各部门数据标准不一，无法直接提取使用，资源红利未充分释放，"信息孤岛"现象制约了企业各级管理者进行快速、有效的决策。顺应能源革命与数字革命相融并进的大趋势，国网湖南公司致力于将数据用活，持续推动企业数字化转型向纵深发展，通过对数据整合分析和深度挖掘，发现规律、创造价值，建立从物理世界到数字世界和网络世界的无缝连接，借此提高资源配置和服务支撑能力，实现电网技术、功能、形态全面超越发展。电力大数据平台的构建将是推动电网向能源互联互通、共享互济，推动企业变革发展，实现管理转型升级的有力支撑。

二、省级电力大数据赋能高质量发展管理服务体系构建的内涵

国网湖南经研院以助力经济社会高质量发展为目标，围绕"创新、协调、绿色、开放、共享"五大发展理念，以"一核、两驱、三化"为指导思想，以互联网技术为实现渠道，统筹内外部组织管理，创新政企协同机制，深化校企合作方式。通过多维数据采集、差异化模型分析，构建具有经济发展态势研判、社会热点分析、能源预测预警等功能应用的电力大数据监测平台（图1），推动政、产、学、研数据互通，进一步盘活企业数据资产，唤醒电力数据价值。通过电力大数据看经济，助推企业复工复产，引导新兴产业发展，探知商圈经济活力；通过电力大数据助民生，推动脱贫攻坚与乡村振兴接续发展，坚持房住不炒因城施策，科学电网规划保障供应；通过电力大数据促环保，监测落后产能淘汰，追踪能耗管理成效，推动电动汽车发展。实现"经济、民生、环保"三大赋能方向并驾齐驱，共同推进电力大数据"可提取、可流转、可汇集、可分析、可应用"，形成"电力+"数据交互生态圈，为湖南经济社会提供全新的洞察城镇运行的方法和视角，打造面向电网公司业务规划和政府决策支撑的"智慧能源大脑"。

三、省级电力大数据赋能高质量发展管理服务体系构建的主要做法

（一）以盘活数据资源为目标，明确总体思路

1. 做好顶层设计，明确指导思想

国网湖南经研院充分运用互联网时代的数据平台、分享经济等新理念、新模式，明确"一核、两驱、三化"的指导思想。"一核"：以大数据为核心技术，以互联网为实现渠道，盘活数据资产，唤醒数据价值，助力经济社会高质量发展。"两驱"：即需求驱动和技术驱动，以外拉内推的驱动力推进电力大数据的赋能及时适应时代的变化，平台的设计更加安全稳定可靠，数据分析与共享更能满足湖南经济社会高质量发展需求。"三化"：信息标准化，为解决大数据时代数据参差不齐、种类繁多等问题，本次管理创新以信息标准化为基础，统筹全局开展数据治理，提升数据质量，筑牢数据赋能底座。数据多元化，在夯实电力数据治理的同时，结合不同需求，积极推动跨部门跨行业数据共享，消除"信息孤岛"，整合内外资源，丰富产品内涵，提升服务能力，实现多元数据融合。服务公益化，管理创新的目的不再局限于企业自身的提质增效，更多的是发挥自

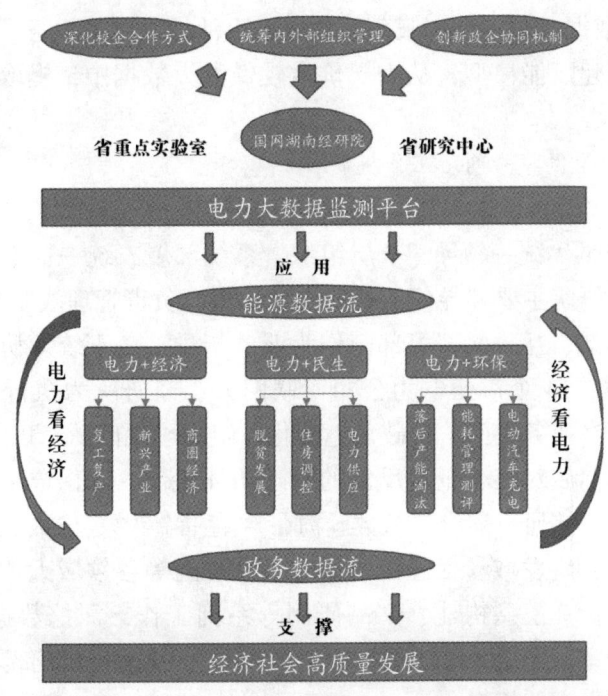

图 1 电力大数据赋能整体框架图

身优势，用电力数据说话、用电力数据决策、用电力数据管理，做好政府宏观调控的"电管家"，担当服务行业发展的"电参谋"。

2. 开展多方调研，深挖社会需求

为摸清电力大数据管理的现状与需求，深入挖掘电力数据在助力湖南经济社会高质量发展的着力点，国网湖南经研院分"两步走"开展调研。一方面深入企业，实地走访湖南 14 个市州总计 300 余家大工业用户以及万余家一般工商业用户，掌握不同地区、不同行业、不同发展阶段企业的生产经营和数据共享需求；另一方面通过与省能源局、工信厅、统计局、能监办等政府部门的长期沟通，及时了解政府在高质量发展背景下宏观决策上所需的数据服务。通过不断总结经验发现，现行的经济电力核算体系存在以下问题。

行业划分不科学。现有分行业用电量主要依据用户报装时填报的行业分类进行统计，而这种统计方法不能及时、准确地反映企业实际从事的行业用电量情况。比如，冷水江京科电子科技有限公司属于工业企业，但在电力部门的报装用户是娄底锑都投资发展有限公司，属于建筑业，此类情况给利用电力数据解读经济现象造成了误导。数据报送渠道不畅。国家电网公司不具备地方电网的行政管理权限，部分地方电力公司（如郴电国际、新华电力、花垣明天电力）没有严格执行报表制度，不及时、准确地向省电力公司报送数据，致使全省月度数据变化大。数据报送不规范，截至 2019 年湖南共有 109 个自备电厂，这部分不隶属于省电力公司管辖的电厂、电站等单位，主要通过电话、传真等原始报送方式报送数据，数据质量不高，时效性不强。

3. 结合实际需求，确定管理目标

围绕指导思想，结合湖南电力大数据管理过程中的具体需求，国网湖南经研院进一步制定"三度"赋能的服务目标，扩大赋能群体，提升赋能水平。即数据精度实时，以大数据为核心技术，打通数据脉络，统一数据口径，实现企业日用电量数据的实时监测，可直观反映经济社会真实状况，预测发展趋势。服务广度全面，广泛覆盖的电力数据融合经济、气象、新技术等信息，集合全省14个地市州的数据，为工业、服务业和居民生活提供赋能服务。研究深度可信，通过数据价值挖掘研究，科学构建赋能模型，从表层价值较低的大数据中，提取深层次信息，形成可视化呈现。

（二）以强化组织管理为保障，创新工作机制

1. 加强组织管理，提供坚实保障

本次管理创新工作按照"统一领导、分层组织、系统部署、统一标准"的原则开展。在领导层面，成立由国网湖南经研院主要领导任组长的领导小组，负责管理战略制定、全局性方向把握；省电力公司发展部、营销部、互联网部等部门作为业务指导，负责统筹协调省内创新资源，确保战略执行和平台建设支撑；14个市州电力公司互联网办、经研所为执行配合，负责细化服务支撑，确保项目落地实施。在业务层面，打破角色固化，组建柔性团队，以需求为导向，建立数据、研发、应用各业务域之间前后对接、正逆反馈的管理闭环机制，确保成果应用落地。数据域汇聚信息技术人才，负责高效对接研发需求，从数仓海量"存货"中定位数据存储点、生成数据加工链，为研发提供数据原材；研发域囊括经济、电气、互联网等各领域人才，负责调研、理解并转化需求，深度开展数据分析、模型构建、产品研制等系列工作，深挖数据价值，提炼赋能产品；应用域由党宣人才及办公室专家组建，负责对外宣传联络，及时向政府部门呈送电力大数据赋能报告，同时向社会媒体推送宣传报道。

2. 创新工作机制，推进政企联动

创新"内外联动、政企协同"的工作机制。夯实校企合作，依托能源互联网供需运营湖南省重点实验室，联合湖南大学、长沙理工大学等能源电力经济领域的一流团队，定期召开学术研讨会，实现产学研相互融合和有机互动，产生"1+1>2"的组织效能，为管理提供坚实的研究力量支撑；强化政企协同，受省发改委授牌，成立湖南能源电力发展研究中心，定期就省内能源、电力、电价等关键问题开展专题研讨，形成专题报告，呈送省委主要领导，及时掌握政府需求动态；深化党建引领，与省工信厅开展"联学联创"活动，深化"电力大数据监测平台"与"湖南工业数据云平台"的业务协作，形成"合作共赢"浓厚氛围。

3. 健全计划制订，夯实过程管控

建立层级精益、维度全面的赋能计划，将赋能目标逐级分解，转化为各管理层级和业务小组的建设目标，确保目标一致、权责分明、相互配合。将所确立的赋能点引入赋能矩阵，根据战略重要性和实施复杂性两个维度确立赋能性质，分为重大项目、重要项目、一般项目和储备项目，按照重要级别有序推进赋能项目建设。每个具体赋能项目的过程管控采用目标与关键成果法（OKR），精确判断交付能力，并监控项目成果的实现，驱动价值的创造与传递。首先是评估和分析当前现实，定义期望的成果和理想状态，明确差距并制定对策，接着为赋能方案实施制订主计划，确保里程碑、关键点的管控，在实施过程中度量项目进度保持目标，最后形成成果并进行交流推广。

（三）以推动科学赋能为核心，构建监测平台

1. 分析指标体系，构建数据模型

围绕高质量发展要素，国网湖南经研院构建涵盖历史复盘、现状监测、前景预测/预警等功能的电力大数据赋能模型。经济领域：经济景气指数，以增加值为基准指标，构建包含投资、消费、主要产品产量、用电、业扩报装等的指标池，运用季节性分解法与带通滤波器剔除季节因子与周期性因子，使用时差分析法确定各指标与基准指标的相关关系和对应时差，从中筛选对经济具有

先行特征的指标,并合成经济景气先行指标和一致指标,对经济运行状态进行提前预警和复苏确认。复工复产诊断模型,使用用电复峰率(当前用电水平占峰值比重)和容量利用率(当期容量利用小时数与总小时数的比值)两比率,分别以日度、月度为周期,交叉跟踪、判断行业和企业复工复产进程。民生领域:县域发展和返贫监测"双矩阵",综合电力、收入、环境等多维指标,运用熵权法赋权并合成县域发展电力指数/综合指数,建立县域发展矩阵,基于历史点位设阈值,识别用电异常增长,建立返贫监测矩阵,以"双矩阵"助力精准扶贫、防返贫监测和帮扶机制构建。住房空置率,借鉴世界多国经验,建立湖南住房空置率算法,利用营销应用系统与网络爬虫数据,匹配建立台区-小区关联关系,边际调整时间(非空置月份)与电量参数设置,实现区县、地市小区空置情况动态监测。环保领域:电耗分解模型,经由温度电量剔除(MLR法测算温度对电量的单位影响)、结构模拟分解(产业结构不变假设下电耗增量)和技术效应倒挤(电耗总增量扣减前两项),量化解构单位GDP电耗变化,展现经济动能转换与用能效率提升的正反馈进程。产能淘汰时间轴,结合新常态以来政策发展时间轴,持续监测黑色冶炼、有色冶炼、非金属建材、化工制造、造纸等高耗能行业业扩报装、用电需求等的变动走势,重点分析不同政策节点下业扩报装指标和同期日电量指标变化情况,辅助评判落后产能淘汰进度与新动能加速形成的转型进程。

2. 内部资源协作,成立数据超市

模型搭建后,精准的基础数据是实现数据赋能的前提,国网湖南经研院采用"1+N"管理模式夯实内部数据基础。一套数据治理机制,采用分词联想、模糊聚类等技术算法,辅以多源定向筛查、用电企业协查等管理手段,建立用电名录构建流程和电力数据治理机制,使电力统计能够动态适配规模以上工业/服务业、高新技术、涉外进出口、智能制造等不同主题的经济统计体系。N套信息系统数据,依托国网湖南电力数据中台,将规划计划信息管理平台、营销用户信息采集系统、同期线损系统等94套业务系统的企业用电数据进行整合处理,形成内部数据超市,确保"数据一个源",支撑全省数据服务。

3. 外部资源联动,构建共享机制

外部数据,很大程度上解决了电力数据获取来源片面、单一的问题。国网湖南经研院一方面采用数据互换、数据共享等方式,引入统计局、税务局、气象局、高速公路管理局、国家计算机网络与信息安全管理中心等各类外部权威数据源;另一方面,通过项目合作、优劣互补等方式,实现与电动汽车公司、燃气公司、电信公司等企业的跨界联盟,夯实平台数据基础。同时,为了让外部数据能够落地,国网湖南经研院还建立有序合理的外部数据引入机制,通过统一标准的码值转换、数据同类项的优先合并、数据格式的标准化处理、无价值干扰数据项剔除等方式,实现内外数据整合,使碎片化、非结构化的数据成为可深挖、有价值的有效数据。

(四)以服务高质量发展为宗旨,深化应用实践

1. "电力+经济",推动开放共享

(1)复工复产助推器

用电数据直接反映了企业生产活动的开展情况。疫情期间,国网湖南经研院深挖电力大数据价值,建立复工复产诊断模型,通过复产电量比例反映复产规模,通过复工企业户数比例与复产电量比例的差值反映复工协调性。每日实时监测14个市州122个区县、11个大类行业66个细分行业以及15个关键产业链的复工复产图谱,涵盖了规上工业、医疗企业、重点园区等关键分类指标。监测结果每日推送至省、市各级工信部门,推动出台了《关于全力支持和组织推动中小企业复工复产的措施》等系列政策,服务政府精准施策。数据化赋能企业复工复产,株洲冶炼集团股

份有限公司是湖南龙头企业，主要生产锌、铅及其合金，自疫情暴发以来，该企业难以判断上游原材料供应及下游市场需求情况，特别是对上游有色金属采矿业原材料供应能力感到困扰。国网湖南经研院主动向其提供"企业上下游产业链复产率分析图"。通过对上下游有色金属产业链复产数据查询分析，该企业发现其上游有色金属采矿业和下游电气机械和器材制造业复工率分别已高达79%和85%，且同类型企业复产率也正在稳步提升。企业复产率分析图及时有效地消除了企业复工担忧，助推了企业进一步安排复工复产计划。

（2）新兴产业导航标

在全国制造业增速放缓的压力下，湖南制造一路逆势上扬，用电数据彰显新兴产业高质量发展特征明显。平台围绕工业强基、产业链升级等政策重点，实时监测"领头雁""小巨人"生产状况，评估"5个100"项目、工业新兴产业链、智能制造、数字经济等新兴产业发展进程。受发改委委托，国网湖南经研院开展2018年湖南工业经济与用电形势分析，从用电数据来看，"点"上示范已成势，山河智能等重点制造企业用电增速强劲，累计用电增速达到18.9%。"线"上延伸不可挡，湖南电子设备制造业累计用电保持高位增长，增速为23.6%；空气治理技术及应用、先进储能及电动汽车、工程机械等产业链用电近两年均保持在30%以上的稳定高速增长。"面"上推广初见效，永州经开区华为云计算数据中心助力该市互联网数据服务腾飞，行业用电量增长743.9%。依据电力大数据分析结果，支撑发改委等制定"推动消费平稳增长、供需协同发展"的政策，为全省新兴行业发展注入新动力。

（3）商圈经济雷达仪

商圈中的各类市场主体都离不开用电，商业用电数据基本可表征复商复市的总体状况。公共服务方面，短期，跟踪商圈日电量及日负荷回升，监测后疫情时期服务业恢复进程；中长期，基于用电总量增长及用电类型分布特征，明确商圈定位和发展动潜能，服务政府合理制定周边配套规划，充分发挥商圈带动效应和产业规模效应。商用场景方面，通过商户用电信息及负荷时段曲线，监测商户经营活跃程度以及活跃时段，指导商户改善经营策略，抓好销售黄金时段，提升商圈消费品质。企业运营方面，根据商圈电力消费数据，智慧布局变电站及线路建设，有序应对高峰负荷时段的保供电挑战。依托大数据分析，形成了全省14个市州64个典型商圈的数据画像，数据显示，疫后消费需求逐步释放，五一商圈、梅溪湖商圈日均电量基本恢复2019年同期水平。目前，全省首个"夜间经济"服务中心落地天心区，电力大数据赋能政府管理，精准服务文和友、茶颜悦色、火宫殿等"网红经济"以及国金中心、王府井、悦方等大型商城，推动湖南"夜间经济"发展。

2. "电力+民生"，助力协调发展

（1）脱贫发展追踪器

居民生活改善与扶贫产业发展均离不开电力参与，利用电力数据多面渗透、连续记录特性，实现对贫困区县从真贫困到暂脱贫、稳脱贫，最终到实发展的全流程追踪。"电力+扶贫攻坚"，聚焦政策帮扶典型地区，通过用电指标聚类、季节性用电特征、产业用电增长等分析，复盘特色产业、劳务输出以及易地搬迁等政策带动的脱贫进程。"电力+乡村振兴"，以结构性电力指标为核心，结合收入、健康、教育、住房、环境等指标，量化合成县域发展矩阵，对湖南省83个县域进行监测，助力防返贫监测和帮扶机制构建，持续见证贫困区县脱贫巩固、发展跨越的后程推进。"滞留电量"占比下降印证劳务复工加快，古丈县属于典型的劳务输出大县，受疫情影响，该县劳务人员延迟外出务工，滞留在家，"滞留电量"比例高达27.2%。结合电力预警信号，古丈县政府主动对接长沙、广州等地人社部门，做好滞留人员返岗服务。持续跟踪显示，疫后古丈县"滞留用电"占比逐步下降，疫情响应调整至三级后，"滞留用电"占比已降至 3.1%。复工脚步加快。

（2）住房调控参谋员

地产销售面积、地产空置率和刚需率等信息是地产调控的关键指标，从时间维度看，空置率的变化反映了居民对新住房的需求，反映过去投资是否适量，是否和国民经济发展水平同步，有助于辅助政府科学把控政策力度；从地域分布看，不同地区空置率的差异，可以指导房地产商做出科学投资决策，同时能反映出区域负荷利用潜能，为电网投资规划提供依据。通过对长沙市 855 个小区 60 余万户家庭近 4000 万条用电记录的聚类分析，形成基于用电指征的长沙住房空置图谱。数据显示，截至 2019 年，望城区、宁乡市地产空置率分别为 28.8%和 22.1%，房屋空置较为严重。受电力大数据住房空置图谱推动，望城区政府加大园区建设力度，引导人员流动，提高房产利用效率，三年时间内铜官园区升级为省级高新区、国家级经开区的园中园。长沙市区空置率为 13.7%，其中梅溪湖畔的空置率最低，仅 0.6%，空置率降低、刚需率增加，表明梅溪湖地区的住房用电的潜力较大，引导了电网建设与投资向该区域倾斜，政府相关梅溪湖商业配套建设也在持续升温。

（3）电力供应稳心剂

随着经济由高速增长转向高质量发展新阶段，湖南电网负荷特性也发生了显著变化，电力供应紧张和调峰困难的严峻考验尤为突出。通过打通电力数据与经济数据的脉络，建立经济电力传导模型群，预测各部门、各用户的用/售电量等主要指标，形成"月跟踪、季分析、春秋两季滚动"的工作机制，为电力需求预测提供数据支撑。通过电力大数据平台，国网湖南经研院精准预测春节期间湖南电网负荷将有大幅度增加，除夕夜最大用电负荷将突破 2180 万千瓦。结合预测预警信号，国网湖南电力在全省安排 1156 支抢修队伍 7000 余名抢修人员 24 小时待命，配置 16 辆应急发电车、10 台移动变电站等应急保障车辆和物资，确保了春节期间供电安全可靠。

3. "电力+环保"，促进绿色发展

（1）落后产能淘汰监测器

结合湖南产业转型发展时间轴，平台持续监测黑色冶炼、有色冶炼、非金属建材、化工制造、造纸等高耗能行业业扩报装、用电需求等的变动走势，重点分析不同政策节点下，业扩报装指标和同期日电量指标的变化情况。从中分析环保督查对企业和行业生产的影响时段和影响程度，辅助评判落后产能淘汰进度，如实反映旧动能加快破除、新动能加速形成的转型进程，为湖南经济绿色发展发出监测、预测和预警信号。平台接入一万余家规模工业企业用电数据，实时监测用户的生产负荷和排污装置用电负荷曲线，一旦出现企业不用电或者是用电异常的情况，平台自动预警，将信息发送至相关环保负责人。运用平台成果，2018 年在株洲地区分析锁定 10 家嫌疑企业，经核查，其中 9 家确实存在偷排，责令整改 2 家，停产整治 3 家，立案处罚 4 家，共处罚金 189 万元。电力大数据精准判断企业是否存在偷排、漏排情况，为政府治污提供一手材料。

（2）能耗管理成效测评仪

宏观层面，基于二产/三产、高能耗/低能耗工业单位电耗差异，平台综合分析三次产业结构变动和工业内部结构变动对单位 GDP 电耗的影响，在区域经济增长内在动力切换的背景下，动态展示全社会用能结构优化和用能效率提升的进程。用大数据说话，平台从气候气温、结构调整、技术进步等多个角度，科学解释经济与电力"脱钩"原因。微观层面，智能电表的推广应用加速"点"对"点"数据直连，2017 年，全省 2500 余万户客户智能电表已全面改造完毕，记录用户用电趋势，监测电量电费。通过电力大数据对比分析用户在行业、区域内的用能水平，形成用户用能标签，培育用户节能降耗意识。

(3) 电动汽车发展风向标

响应全面加快"新基建"重点项目建设号召，国网湖南经研院运用电力大数据助力充电桩选址。结合各区域充电负荷大小，形成电动汽车热力图，并科学预测每日、周、月、年的充电需求分布趋势和演变趋势，指导电动充电桩科学规划、运维检修人员灵活调度，提升电动汽车管控的整体智能化水平；同时，以各种激励手段引导充电车流，缓解负荷超标地区充电压力，削峰填谷。依托数据产品，国网湖南经研院出台了《电动汽车配套充电设施配置规划指导意见（内部稿）》，为全省电动汽车配套充电设施的规划提供科学高效的指导，将充电设施废置率控制在8%以下，借"新基建"东风，充分发挥大数据在充电桩规划建设中的重要作用，服务市民便捷出行，加速清洁无污染的电动汽车新时代的到来。

(五) 以巩固服务成效为切口，持续夯实保障措施

1. 完善人才机制，激发创造活力

人才是第一资源，为加强人才保障，国网湖南经研院建立并完善人才招聘机制，加大对具有电力、经济、信息技术等跨专业背景的人才引进力度；完善人才培养机制，帮助员工在企业中成才，与高校等开展双向培养，确保人才"能进能出"，与市州供电公司经研所建立"轮训"机制，形成"能上能下"良好氛围；将重点工作汇报、专题讲座、成果发布列为固定议程，着力培育员工大数据思维与互联网思维；开展培训专家库建设，国网湖南经研院负责人带头讲课，部门负责人轮流讲课，通过"求实讲堂""博士沙龙"等品牌项目，邀请外部专家就工业互联网、5G等开展专题授课。全方位储备和培养后备人才，建设一支专业覆盖全、技术造诣深、攻关能力强的科研团队。

2. 健全投入机制，落实经费保障

一方面，优先满足大数据建设项目费用需求，2019年，国网公司与湖南省人民政府签订战略合作协议，未来三年将投入1008亿，其中科研创新经费预计10亿元，主要用于大数据建设开发。另一方面，通过省重点实验室拓展融资渠道，目前已从共建单位湖南大学、长沙理工大学各筹资100万元，同时通过重大专项、自然科学基金等方式，筹集资金12.5亿元，其中申请项目资金3500万元，联合企业自筹12.15亿元，多措并举充实经费保障。

3. 畅通反馈机制，提升服务质量

平台以提升用户体验为导向，通过下游监督上游、点对点响应的方式，不断完善反馈渠道，提升服务质量。研发组通过对数据的分析使用，及时发现数据异常点，并反馈给数据组进行数据核查，确保数据质量真实可信；应用组一头连政府、企业等关注热点，一头连电网内部各部门生产需求，第一时间为研发组提供市场动向，确保产品和需求动态同步、循环迭代。针对各类型问题，国网湖南经研院内部建立严格的应答时限表，并以此为基础，开展对标考评与奖励，增强外部动力，营造内部争先氛围。

四、省级电力大数据赋能高质量发展服务体系构建的实施效果

(一) 有效释放转型发展新动能，管理效益显著增长

电力大数据平台建设，打通了与省统计局等外部源数据的有效对接渠道，现已完成16767家规模以上工业企业用电信息的匹配及核查工作，上述企业售电量合计占工业售电量比重达93.2%，覆盖14个地市、41个工业行业、67个园区生产用电数据，实现了线上实时监测和线下研究推送

的效果。自平台上线以来，相关部门工作效率大幅提升，对外服务方面，打好标签的电力大数据触角深入每一家企业、每一个用户，可智能生成定制报告，防控期间累计向政府部门报送日报、阶段性分析报告252份，摆脱了以往线下统计、手工填报的方式，充分释放了人员效力，大幅提升了工作准确度。对内服务方面，依托近十年全省15分钟点负荷数据，3850户10千伏及以上水、火、风、光等发电企业数据，以及90户分布式光伏发电个体经营户数据，电网规划工作由"简单粗放"步入"精耕细作"，通过专业管理创新，国网湖南经研院电力市场工作质量有了明显提升，电力市场专业经研体系同业对标指标在国网公司排名逐年提升，2014年国网排名第16位，2018年已提升至第1位。

（二）稳步驱动社会投资合理化，经济效益大幅提升

企业内部层面，通过全面掌握业扩报装等电力大数据，科学运用大用户法等分析模型，负荷预测准确率大幅提升，2016—2019年湖南省负荷预测准确率较2015年分别提高了0.6、3.1、2.3和3.2个百分点，影响负荷分别为10万千瓦、67.6万千瓦、38万千瓦和96.5万千瓦。按照本项目对节约电网投资贡献程度1%计算，2016—2019年分别节省电网投资687.5万元、4647.5万元、2612.5万元和6634.4万元，有效提升了社会资本利用效益。企业外部层面，电力大数据赋能企业降本增效，疫情期间电网公司有针对性地出台"减负政策"，对指数恢复缓慢的非高耗能大工业以及一般工商业企业推出5%的电费优惠，对用电恢复较快的防疫物资生产类企业，实行零上门、零审批、零投资的"三零"办电服务，并免收部分用电费用，省内约190万户电力用户纳入减免范围，预计累计将减免电费超过10亿元。依托电力大数据，提供精准服务提升企业经营效益。

（三）创建"省域数字化建设"示范工程，社会效益良好

电力大数据赋能项目进一步完善了国网湖南经研院与各级政府、各大型企业的长期沟通协调机制，目前，已连续4年向省统计局、能源局、工信厅等政府部门提供数据服务。其中，"电力看经济"专报，受到省委领导的批示肯定；《宏观经济与能源发展》季刊，以内参方式连续向省能源局、省发改委等政府部门呈送26期；《湖南工业经济与用电形势分析》年报，支撑省统计局完成通过电力大数据分析湖南工业转型实绩和成效，得到统计局高度认可。2018年12月，省委书记杜家毫、省长许达哲视察指导电力大数据建设工作，充分肯定了相关工作成效，认为"有特色、有效果、有推广价值"，并要求抓紧做好湖南省能源大数据平台建设工作。相关经验写入国网大数据中心白皮书，在全国电力大数据增值业务范围内推广应用。阶段性成果获得中国新闻网、《湖南日报》等媒体报道，并作为湖南电力数字化应用典型案例，在媒体发布会上向社会各界推广，积极向社会各界传递"共享共赢"的声音。相关成果实现了电力数据跨行业共享与应用，助推数据驱动的智慧分析决策模式，促进智慧城市数字化建设迈上新台阶，打造了一张省域级数字建设的金色名片。

主　创　人：胡毕正、周　红
参与创造人：陈火焱、廖　菁、刘　磊、文　明、谢欣涛、贺雨晴、
　　　　　　邓　凯、涂钊颖、潘　馨、秦　玥

以客户标准为基础的全新质量管理模式的构建与实践

湖南华菱湘潭钢铁有限公司

湖南华菱湘潭钢铁有限公司（以下简称"湘钢"）位于湖南省湘潭市岳塘区，始建于1958年，是国内大型国营钢铁联合企业，占地面积约500公顷，现有职工8073人。到2019年末，湘钢固定资产347亿元，具备1300万吨钢生产规模，拥有炼焦、烧结、炼铁、炼钢、轧材、钢材深加工等全流程的技术装备和一整套科学的生产工艺。湘钢产品涵盖宽厚板、线材和棒材三大类400多个品种，在船舶制造、海油工程、工程机械、高建桥梁、压力容器等领域享有盛誉。与中船集团、现代重工、卡特彼勒、中海油、沙特阿美、中建钢构等一大批世界500强企业建立了战略合作关系，参建了全球最大的液化天然气项目——俄罗斯亚马尔项目、全球最奢华的机场——阿布扎比国际机场、全球最大的购物中心——卡塔尔购物中心、全球最大的航空港——北京新机场、全球最大的会展中心——深圳国际会展中心、全球最长的跨海大桥——港珠澳大桥等世界级重大项目。在中央电视台播放的《超级工程》系列专题片中，集中展现的多个重大工程项目均有湘钢供货。2019年湘钢实现销售收入660亿元，实现利润46亿元，上缴税金28亿元。

湘钢聚焦聚力高质量发展，在宏观经济下行压力加大、原燃料价格高企、钢材价格弱势震荡的形势下，紧扣高质量构建面向客户的1300万吨钢生产平衡体系，强化精益生产，调整产品结构，提升品质品牌，狠抓技改建设，深化内部改革，发展集团产业，效益目标全面实现，厂区面貌焕然一新，职工队伍士气高涨。在生产组织、管理模式、品质提升、技术研发、装备条件和营销服务等方面，逐步向差异化营销、智能化制造、定制化研发和个性化服务转变。湘钢产品频获盛誉，33个品种获得国家和部、省级优质产品称号，12个品种获得国家冶金产品实物质量金杯奖和卓越奖，获得专利授权159项，制定国家及行业标准15项，获得全国设备管理、计量管理项目奖5个，省级以上管理创新成果21项，省级以上冶金专利奖、冶金科技奖25个。

一、以客户标准为基础的全新质量管理模式构建与实践的背景

（一）是贯彻落实国家战略、适应时代发展的需要

经济发展进入新常态、推进供给侧结构性改革和高质量发展是以习近平同志为核心的党中央综合分析世界经济发展周期和我国发展阶段性特征及其相互作用做出的重大战略判断和战略部署，三者一脉相承，浑然一体。走高质量发展道路，是新时代赋予我们的新使命。中国经济由高速增长阶段转向高质量发展阶段，需要我们在质量提升上主动作为，这是时代要求。

（二）是提升产品质量和调整产品结构、走高质量发展的需要

从内部看，内部工作困难增多。2019年湘钢将构建1300万吨钢生产平衡体系，本部将形成日产铁、日产钢新的生产格局，产品质量和产品结构调整势在必行，铁钢材之间生产衔接将更加刚性，供产销运系统联动要求更高，如何确保新平衡体系运行下产品质量稳定高效，将全面考验湘钢内部支撑保障能力。产品质量提升、产线升级、环保治理、城企融合等项目全面铺开，产品结构、施工组织、安全管理、资金保障等压力将进一步增大。坚定不移走高质量发展道路，是

湘钢适应新形势新要求的战略抉择；将湘钢发展成全省大型国企高质量发展的一面旗帜，是湘钢作为省属国企"排头兵"的使命担当。湘钢上下必须统一思想、快速行动，聚焦聚力高质量发展。

（三）是适应外部市场需求、提升企业核心竞争力的需要

钢铁行业市场风险不断聚集，上游原燃辅料价格高企，环保投入及运行成本增加，下游房地产、汽车、家电等行业市场客户需求增速放缓，客户质量需求由原来共性需求转换成个性化需求，且钢材价格下跌势头不减，大幅挤压企业利润空间。新增产能冲动、已去产能复产等因素增多，钢材市场供大于求局面又有所显现。目前，湘钢已经形成1300万吨钢生产规模，未来将不再追求"要素驱动、规模扩张、粗放式发展"。将在现有产量基础上，紧紧围绕"创新驱动、质量第一、绿色低碳"三个关键，通过品牌化、高端化市场营销，通过全方位、深层次管理变革，通过根本性、系统性升级改造产品质量，满足客户的潜在和期望需求，最终以高质量发展打造企业高盈利能力，让湘钢成为具有国际竞争力、受人尊敬的创新型钢铁企业。

二、以客户标准为基础的全新质量管理模式构建与实践的内涵

湘钢近年来把握国家供给侧结构性改革和高质量发展的战略机遇，找准湘钢内部生产质量过程中存在的痛点、难点问题，面对市场经济存在风险和挑战，坚持走高质量发展道路。

第一，建立健全以顾客为导向的质量管理体系。充分识别用户需求和利用顾客数据，进行分析改进。

第二，构建以质量"零缺陷"为核心的精益生产体系，强化"品种质量优先"和客户标准优化的理念引导，围绕品种质量开展攻关，聚焦提质增效。

第三，建设快速反应市场的"销研产"一体化体系。实行高质量、定制化"销研产"一体化研发体系，以"超越客户预期要求"的理念，着力解决客户生产"痛点"，提升市场竞争力和产品档次，形成一批自己的拳头产品。

第四，发挥装备优势和信息优势，快速响应客户需求。以一流的生产、检测设备为保障，极力保障用户和市场需求。推进信息化系统建设，实现生产过程的自动化和智能化，为保证湘钢产品质量长期稳定提供了有效支撑。

第五，构建全面质量管理的支撑体系。通过质量绩效导向，实施一把手管质量、经济责任制等绩效模式，突出以人才为基础，提升企业的质量水平和管理水平。

三、以客户标准为基础的全新质量管理模式构建与实践的主要做法

湘钢为提升质量管理水平与核心竞争能力，大力推进高质量发展。实施以下举措：

（一）建立健全以顾客为导向的质量管理体系

围绕以顾客为中心的质量理念，真诚倾听顾客内心的声音，关注用户需求，实施"定制化"研发生产，利用顾客数据进行分析改进，形成了以顾客为导向的质量管理体系。

1. 倾听顾客内心的声音

收集顾客意见的方式主要有每年定期组织召开用户座谈会，每年服务计划组织的专项技术交流会和走访交流活动，顾客抱怨处理过程中收集相关意见，客户技术服务代表开展贴身服务时收集意见，开展顾客满意度调查中收集意见，通过访问顾客的网站收集顾客相关信息。同时给客户开通湘钢销售在线系统，用户可直接反馈意见。

对于战略用户、重点用户、重点工程用户等，主要是通过派驻客户技术服务代表及时收集意见；同时湘钢也定期组织高层管理者代表登门拜访听取意见。对于一般客户和代理商主要是通过

区域性座谈会、走访交流、满意度调查等收集意见。

通过开设湘钢网站，适时发布产品营销服务信息，以及新产品、新技术、新工艺和服务质量改进等信息。

2. 关注用户需求，实施"定制化"生产

湘钢将"顾客要求就是湘钢的标准"这一理念不断提升，实现了从"我们生产什么产品顾客就买什么产品"到"顾客要什么产品我们就生产什么产品"再到"主动了解顾客的使用要求，生产顾客真正需要的产品"的转变，实现了"定制化"生产。

湘钢已建立了以 IPD（集成产品开发）研发为核心的"销研产"一体化体系，针对同一品种不同的顾客，其工艺装备及使用要求的不同，确定质量要求、工艺路线和工艺控制标准，通过 MES 系统将"顾客要求"切换成"生产指令"，以代码传递到各个生产环节，指导生产组织和岗位操作。同时通过生产调度系统、MES 系统对生产过程进行实时监控，强化工艺纪律执行，保证各项生产指令的执行。且通过销售服务在线系统，实现了订单用户可以直接看到产品在何流程、何工序。如对三一、卡特等用户专门生产适合他们特殊需要的钢种，并特别命名为钢种加后缀-SY 以及卡特指定钢号，开通了销售服务在线系统，增进相互的合作，增加了顾客对湘钢产品的依赖性。

3. 分析和使用顾客数据

湘钢制定了《顾客满意监视和测量管理制度》，从产品的特性和用途出发，结合顾客的要求和期望，确定顾客的主要关注点，采取问卷调查的方式进行用户满意度测评。调查的内容主要包括两个方面，一是产品质量，二是服务质量。在产品质量方面有外形尺寸、表面质量、内部质量、包装标志 4 个方面。在服务质量方面有订货程序、票据处理、合同履行、供货周期、价格政策、运输防护、发运周期、仓储保管、货物安全、运输方案、受理程序、快速响应、处理周期、处理结果、信息沟通等 15 个方面。

市场部负责对顾客满意度测量结果进行评价，将评价结果与湘钢质量目标进行对比、分析，找出其中存在的问题，形成顾客满意度测评报告，并提交给湘钢高层领导、技术、质量管理部门和生产厂进行改进。

4. 形成以顾客为导向的质量持续改进方式

湘钢始终将"以顾客为关注焦点"的顾客导向质量文化建设作为不断创新的动力和目标。最主要的就是在强化制度保障的基础上，把顾客导向融入企业文化的建设中，使之成为企业文化的核心。以顾客为导向不断改进流程，把用户满意度作为绩效考核的重要指标，内部生产工序、流程引入内部顾客概念，增强以下道工序用户为关注焦点的服务意识。而这些都是有相应的部门负责、相应的制度作为保障，通过不同层面，推动以顾客为导向的质量持续改进。

积极与顾客建立合作伙伴和联盟关系，通过技术联盟等形势，积极推动开发研究新品种，突破了企业规模对技术创新的限制，利用整合知识，激发创新灵感，分散研发成本，缩短研发时间，提高技术创新成功率，降低技术创新风险。对于顾客不同生命周期区别对待，对于国家鼓励的新兴产业、节能环保型企业顾客，湘钢加强前期技术介入和技术交流；对于国家要淘汰的产业群顾客，湘钢也采取逐步退出战略。正是通过这种合作伙伴和联盟关系，湘钢不断拓展新顾客，不断满足顾客的需求并超越其期望，顾客对湘钢牌产品更加认可和信任。

（二）构建以质量"零缺陷"为核心的精益生产体系

构建以质量"零缺陷"为核心的精益生产体系，提升产品实物质量，采用项目制积极推进

"零缺陷"质量管理工作，强化"品种质量优先"和客户标准优化的理念引导，围绕品种质量开展攻关，聚焦提质增效。

围绕湘钢"构建高质量的1300万吨精益生产体系"战略，主要通过质量宣讲和案例教育，提升全员的质量意识；狠抓过程质量控制，建立了三级工艺纪律督查体系；同时，不断完善质量管理体系，持续优化体系文件，开发供方第二方审核，通过各项认证；推进质量"零缺陷"项目，以项目制的方式针对质量问题开展系列攻关改善、改进；强化关键质量指标监控力度，针对关键质量指标落实情况实时监控改进。

湘钢在抓好产品研发的同时，采用项目制积极推进"零缺陷"质量管理工作。湘钢每年设立了10个以上公司级质量"零缺陷"项目，整体提升产品质量，其中炼钢厂整体水口在四条连铸线的推广应用基本实现钢水在浇铸过程中的"零烧氧"；1#、2#、3#铸机品种提质攻关全面提升了钢坯内外部质量，并为部分品种产线转移创造了条件；卡特彼勒钢板表面质量攻关将钢板非计划率由5%~7%降至3%以下；高线厂盘条表面质量零缺点攻关大幅降低了盘条表面划伤、折叠等缺陷；棒材厂磁粉探伤线项目提升了棒材表面质量，外部投诉下降75%。

（三）建设快速反应市场的"销研产"一体化体系

湘钢IPD项目团队整合优化关键生产要素，以"超越客户预期要求"的理念，着力解决客户生产"痛点"，为其研制开发"私人定制化"产品，大幅提高了其制造效率，降低了不良率和生产成本，进而提升了其市场竞争力和产品档次。强化科技创新和基础研究，湘钢把科技创新放在核心位置，持续推进以IPD为基础快速反馈的"销研产"一体化攻关。为提升产品竞争能力，湘钢实行高质量、定制化"销、研、产"一体化研发体系，实现重点品种销量提升，逐渐形成一批自己的拳头产品。

1. 强化科技创新和基础研究

科技创新是企业永恒的主题，湘钢把科技创新放在核心位置，持续推进以IPD为基础的"销研产"一体化攻关，加大高端技术人才的培养和引进，全力打造拳头产品，巩固湘钢品牌优势，拟采取以下措施：一是加强企业发展战略与科技发展规划的融合；二是建立科技投入稳定增长的长效机制；三是推进科技基础条件平台建设；四是加强技术创新体系建设；五是加强科技人才队伍建设。力争在产品质量控制上更上一层楼，进一步提升湘钢钢材的知名度。近年来，湘钢围绕品种研发、工艺优化和对标挖潜组织研究，取得了显著成效：（1）开发了降低客户能耗的易球化合金冷镦钢，实现批量供货；开发了国家速滑馆用超宽Q460C，不平度达到6毫米/米以下，性能良好，合格率100%。（2）在纯净钢生产技术方面，组织低S低B抗酸管线钢冶炼工艺攻关，实现S控制在15ppm（百万分比），B控制在5ppm以下，命中率达到99%以上，轴承钢平均全氧含量达到6.7ppm。（3）针对板二线探伤合格率低，通过系统分析和工艺优化，探伤合格率达到99%以上。（4）深入研究方钢偏析，在大方坯中投入二冷电搅并优化参数，实现了大方坯圆钢硬度控制在HB30以内；优化X60SiMnA、X82B拉速、电搅参数、二冷参数，实现将X60SiMnA、X82B等盘条碳偏析A或B类不大于2级。

2. 推进以研发为核心的"销研产"一体化体系

为提升产品竞争能力，湘钢实行高质量、定制化"销研产"一体化研发体系，随着IPD集成产品研发模式逐渐完善，快速反应的"销研产"一体化不断推进，实现重点品种销量占比35%以上。

板材依托装备及技术优势，以市场需求为导向，把握行业发展方向，调整产品结构，形成一批拳头产品；线棒成功开发了 20CrNiMo、40CrNiMo 高 Ni 合金结构钢棒材，高层建筑结构钢 Q345GJC、保淬透性 40CrH、美国戴姆勒汽车转向节用钢 42CrMoDML、高强钢绞线 XSWRH87B、线材 38CrMoAl、高强度 LX86A 等 38 个新钢种。湘钢弹簧钢 X55SiCrA-Q 在 2017 年荣获湖南省冶金科学技术奖，并成功获得冶金产品实物质量认定金杯奖。棒材系列产品中，CrMo 钢系列在华东地区达到区域领先，汽车用系列产品如 42CrMo1、42CrMo2、42CrMoQ、50H、C45、C50 等在湖北区域达到区域领先，锚杆钢在南方地区达到区域领先，耐磨钢在西南地区达到区域领先。

（四）发挥装备优势和信息优势，快速响应客户需求

以一流的生产、检测设备为保障，极力保障用户和市场需求，依托装备及技术优势，以市场需求为导向，把握行业发展方向，调整产品结构。推进信息化系统建设，努力实现"智能制造"，湘钢经过十多年的信息化建设，通过大量采用智能制造技术和信息技术，实现生产过程的自动化和智能化，保证湘钢产品质量长期稳定。

1. 以一流的生产、检测设备为保障，极力保障用户和市场需求

（1）生产设备。湘钢拥有 5000mm 宽厚板和两条 3800mm 宽厚板生产线，年生产钢板 500 万吨。主体设备有：铁水预处理、120 吨顶底复吹转炉、LF 精炼炉、双工位 VD 真空脱气装置、RH 真空循环脱气装置、直弧型板坯连铸机、步进式加热炉、高压水除磷装置、四辊可逆双机架粗轧机、四辊可逆高刚度精轧机、测厚仪、MULPIC 加速冷却装置、全液压式矫直机、翻板机、双边剪、定尺剪、剖分剪、辊底式常化炉、回火炉、在线标识机、在线电磁超声波探伤装置等。

（2）检测设备。为满足用户的质量检测要求，为顾客提供准确参考数据，促进产品质量的提高，湘钢设有理化检测中心，检测中心拥有中高级技术人员 16 人，拥有光电直读光谱仪、X-荧光分析仪、红外碳硫分析仪、ICP 光谱仪和氮氧联测仪等一大批国际先进水平的检测仪器，为生产提供快速、准确的检测数据。同时，湘钢已获得 CNAS 国家实验室认证、省重点实验室等荣誉称号。如为了满足中低合金钢化学成分及氧化物夹杂含量测量要求，采用美国 ICP（电感耦合等离子体原子发射）光谱仪测量，时间从 10 多天缩短至几个小时，并拓展了测量项目和含量范围，从而进一步满足顾客个性化要求。为了快速、精准测量钢中化学成分，满足炼钢在转炉、精炼站、LF 炉、连铸中包快速分析的要求，采用光电直读光谱仪 3 分钟可同时出具 16 个元素分析数据，同时增加 As、Ti 等有害元素指标，满足国外用户产品技术标准要求。

2. 推进信息化系统建设，支撑产品质量水平提升

湘钢经过十多年的信息化建设，构建了完善的信息系统技术支撑体系，2016 年湘钢通过了两化融合管理体系认证。一是通过持续推进智能制造项目实施，为提升湘钢智能制造水平，减员和降本增效提供了有力支撑；两年共计实现减员 400 人，每年创效 6000 多万元。2016 年，湘钢通过了工信部"两化融合管理体系贯标"认证。2018 年 4 月，通过了湘潭"市智能制造示范企业"项目验收。二是通过实施线棒 MES 系统改造，高一线和棒二线实现了按订单组织生产的新模式，同时，棒二线精整 MES 上线后，实现了对客户个性化需求的全程跟踪，提高了线棒精益生产水平，为提高线棒材质量和新产品开发提供了有力支撑。三是通过移动应用技术研究，开发了高炉监控 App 平台，实现对高炉工艺参数的实时监控；开发营销管理 App 平台，使客户服务更加方便快捷。同时，扩展 EDI 应用，实现了同三一集团的系统对接，对板材业务和财务信息进行实时交互，大大提高了业务处理效率和客户服务水平。四是通过对虚拟化技术的研究与应用，逐步形成了湘钢的虚拟化平台，先后完成了线棒 MES、综合管理平台等 10 余个系统的迁移，有效降低了湘钢信息

化的投入和运行成本。

在产品质量管控建设方面,为保证产品质量长周期稳定,湘钢先后建设了ERP、MES、LIMS和原燃料管理等信息系统及生产过程自动化系统,同时,通过对关键设备进行智能化改造提升,实现了从原燃料进厂—生产制造过程—产品检化验—发运全过程的质量跟踪管理。2016年,湘钢共投入资金3630万元,实施53个项目,实现创效4880万元。其中,高线厂精减操作台改造、炼钢厂1号铸机出坯自动化改造等14个项目已完工验收。2017年,湘钢继续加大智能制造项目投资,投资金额1550万元。其中,线棒MES系统、炼钢环保车间集中控制改造等项目已竣工验收,创效效果显著。2018年,湘钢继续投入1亿余元对线棒MES系统、ERP系统、产销系统等系统进行改造。通过大量采用智能制造技术和信息技术,实现生产过程的自动化和智能化,减少人为干扰因素,提升了产品质量,降低了工序成本,有力地保证制造过程质量的稳定性,为保证湘钢产品质量长期稳定、实现精益生产提供了有效支撑。

智能制造是中国钢铁企业迈向高端的"催化剂",同时也是整个产业转型升级的一个新方向。湘钢将根据《湘钢智能制造工作推进方案》进度要求,按照"立项一批,审批一批,验收一批"的工作思路,集中精力抓好值守性、辅助性岗位的自动化、智能化改造,力争通过视频化、信息化、自动化改造,提升产品质量,降低工序成本,实现整个产业流程的智能化升级,努力打造湖南省"智造谷"示范基地,使智能制造真正成为湘钢高质量发展的"催化剂"。

(五)构建全面质量管理的支撑体系

1. 充分发挥领导作用

为实现高质量发展道路,湘钢将"环保、安全、质量"设定为"三条红线",明确生产单位一把手管质量。湘钢把重点放在生产操作过程的每一个环节上,落实到生产流程的各个岗位,促使全体员工认识和理解"质量零缺陷"的深刻内涵,并落实到实际工作中。湘钢通过广泛的质量宣传、发动和质量意识教育,将全新的质量理念传达到每一个员工,将湘钢狠抓高质量的决心让每一个人知晓。

2. 质量绩效导向

湘钢根据目标要求选择日常运作和整体绩效的测量指标,建立了湘钢质量绩效测量系统,内容包括:营销服务指数、外部质量损失、内部质量损失、重点品种综合命中率等技术经济指标。湘钢在《湘钢绩效管理办法》等管理制度中规定了绩效测量的其他要求,并制定了《经济责任制》《质量管理考核办法》等专项考核条例,为湘钢日常运作及整体绩效有关数据和信息的收集、处理、利用提供了制度上的保证。

一是绩效测量。提升质量绩效指标的比重,由原来的10%提高至30%,对各类数据、信息的收集工作是由各职能部门和生产厂完成的,生产厂和湘钢各职能部门在收集这些数据、信息后,按照工作标准要求对这些数据和信息进行整合、分析,一方面用于自身日常运作的决策和工作调整,另一方面将整合分析后的数据和信息传递到湘钢管理创新部用于湘钢整体绩效的测量。管理创新部对这些数据和信息进行整合分析,一是运用数理统计方法进行分析,将反映湘钢整体绩效的数据与湘钢目标数据、历史数据、竞争对手和标杆水平进行对比分析;二是开展方针目标检查并实施动态管理,湘钢按季度开展方针目标检查,每半年进行一次方针目标诊断,将湘钢各方面的绩效与年度目标进行对比分析、改进,这些信息传递到湘钢管理决策层后,决策层根据这些信息对下一阶段的工作进行决策;三是运用BSC(平衡计分卡)方法,对湘钢整体绩效进行测量,其结果作为湘钢战略制订和战略调整的依据。

二是绩效分析。湘钢对这些指标通常进行三个方面的对比分析：一是与历史数据进行对比分析，二是与目标进行对比分析，三是与湘钢的竞争对手和标杆进行对比分析。为确保湘钢绩效测量系统能够适应湘钢发展战略的需要，并对内外部环境的变化保持一定的敏感性，湘钢采取的主要做法是：通过对绩效测量工作中发现的问题进行反思，并采取相应的改进措施，实现湘钢绩效测量系统的自我纠正和改进。通过主动学习和对比，对湘钢绩效测量指标的变化以及新的测量方法进行研究，并进行系统的评价，对其适宜性、充分性和有效性进行评估，对存在的问题和不足提出改进措施。充分采用先进的信息技术。例如，随着计算机及互联网技术的发展以及在信息、统计领域等方面的应用，湘钢加快了对这些新技术的推广和使用，大大提高了湘钢对信息的收集、处理、传递与共享的能力和程度，确保了湘钢绩效测量系统数据的及时性、准确性和可靠性。另外，湘钢通过每年开展的综合管理体系内审、管理评审并借助外审等，对湘钢绩效测量系统进行评价并持续改进。

三是绩效改进。湘钢绩效分析结果主要是以文件、报表、报告、会议纪要以及内部局域网等形式进行传递的，各级信息接收单位根据这些信息进行其自身的管理决策及调整，并将这些信息以及其管理决策指令传递到下一层级，最终到达作业层。具体表现为以下几个层次：一是在湘钢管理层面上，主要以经理办公会、生产经营分析会、工作会以及领导批示等形式向湘钢各职能部门和生产厂传递；二是在部门、生产厂管理层面上，各部门和生产厂通过部门例会、厂长办公会以及其他专业例会和协调会，由部门和生产厂向作业层传递各类信息；三是作业层在接到各类信息或指令后，一般直接组织作业人员实施作业，并将作业实施情况向上一个层级传递，为上一层级的决策提供反馈信息。每一个环节的绩效改进都按照PDCA原则予以持续改进。

3. 重视人才培养

长期以来，公司把人才培养、科技创新作为深化改革管理的主攻方向，进一步增强了企业发展的软实力。一是人才强企迈出重大步伐。以打造高质量人才队伍为目标，选派了118名处科两级管理人员参加领导力提升培训，选拔了101名工程技术人员参加公司与武汉科技大学联合举办的同等学力申硕班。邀请郑强、史晋川教授等国内知名专家学者来公司讲座，进一步拓宽了管理人员视野。公司作为全省唯一一家企业代表，参加了湖南省新时代产业工人队伍建设改革推进会和高技能人才交流会，并作经验交流发言，受到省领导肯定。二是创新发展取得丰硕成果。恢复了湘钢"科技周"活动，召开了公司历史上规模最大、规格最高的科技创新大会，与北京科技大学、东北大学签订院士工作站协议，与钢铁研究总院、中南大学、湖南大学、湖南科技大学等重点科研机构、高校建立了产学研战略合作。

4. 利用先进工具方法提升问题分析和管理能力

湘钢不断导入先进管理工具和方法，通过广泛应用"五大核心工具"，推进湘钢问题分析和管理能力的提升。在日常工作中广泛应用六西格玛、FMEA等方法系统分析问题；应用FMEA、SPC评估过程的参数与结果，对问题进行了有效的整改和预防，关键工序能力指数 $CPK \geqslant 1.0$ 的比例逐年提高。

湘钢技术质量部每年对SPC实施情况进行总结、更新，按照计划组织工序质量管理点的实施控制，按月分析小结，完成数据记录、控制图和月分析报表，每年进行年终总结更新。例如2018年根据不同生产单位的工序情况制定了14个关键工序质量管理点，根据不同钢种的特性，采用相应的统计方法进行监控、改进。

5. 体系思维管理企业

湘钢一直强调用体系思维管理企业，近3年来，湘钢不断导入先进管理体系和方法，推进管理能力的提升。2016年，新建信息化和工业化融合管理体系、新建能源管理体系均顺利通过第三方认证。2017年，开始启动质量、环境、汽车用钢体系转版工作。2018年，湘钢通过了ISO9001：2015、ISO14001：2015、IATF16949：2016转版认证，目前湘钢已建立质量、测量、环境、职业健康安全、IATF16949、GJB9001、APIQ1等九大管理体系，湘钢管理体系建设已取得了重大进展，湘钢体系管理不仅仅在适宜性、充分性、有效性上得到保证，在符合性上进步更大，湘钢方针、目标适宜有效。体系的优化、整合每年还在不断进行，并通过日常检查、年度体系内部审核发现和解决问题，不断增强湘钢持续改进能力。

四、以客户标准为基础的全新质量管理模式构建与实践的效果

（一）质量管理体系迈向新台阶，管理效率和质量指标大幅提升

湘钢先后通过了IATF16949汽车用钢质量管理体系认证、ISO质量管理体系认证、军友武器质量管理体系认证、环境管理体系认证、职业健康安全管理体系认证、能源管理体系认证、测量管理体系认证，API系列产品、JIS系列产品均通过认证。

板材方面，成功开发了144mm超厚水电钢、高等级耐候桥梁钢、4800mm超宽车厢用耐磨钢等30多个新品种，完成了北京大兴国际机场、国家会议中心、克罗地亚佩列沙茨大桥、苏格兰海上风电等国内外重点工程供货。线棒材方面，瞄准乘用汽车、精密机械行业，重点研发了汽车凸轮轴用钢、卡特挖机销轴用钢、高端齿轮钢等新品种，成功进入广州小出钢管、北京新光凯乐等乘用车市场。军民融合方面，军工钢产品研发及销售工作取得了新突破。此外，公司还加强体系认证工作，顺利通过了中石化、沃尔沃、卡特彼勒、新加坡吉宝、美国通用电气、湖北三环车桥、湖北晋亿等20多家客户二方审核。

专利和科技创新成果。专利技术是技术资源的核心，至2018年末，湘钢获得国家授权专利数92项，其中，发明专利72项，实用新型专利11项，软件著作权专利9项。同时，湘钢获得市级及以上科技奖42个，其中国家级4个，省级24个，市级14个。

管理效率和质量指标提升，劳动生产率达到1214吨钢/人·年，完成了华菱集团下达的年度指标任务。综合平均铁耗比上年降低了35千克/吨，燃料比上年降低了11.4千克/吨。通过优化生产组织，提高轧制效率，棒一线、宽厚板一线、五米宽厚板轧钢多次打破月产记录。内外部损失持续降低，2019年较2018年内部损失减少489万元，吨钢损失降低0.65元/吨；外部损失减少56万元，吨钢损失降低0.08元/吨，创历史最好水平。

（二）质量保障能力显著提高，产品品质大幅提升

1. 主导产品成果

（1）新型桥梁结构用钢取得骄人业绩。湘钢自2016年开始，根据国家"十三五"期间对桥梁钢的"安全、环保"两大理念进行研发，实现了批量供货。第一座桥梁项目杨泗港大桥，开启了强势推进安全性的关键指标屈强比≤0.80的先河，该项目90%以上用钢均为湘钢供应，共计2.3万吨。截至目前，湘钢供低屈强比桥梁钢约8.6万吨。另参与了GB/T 714-2008以及新标GB/T 714-2015的制定和宣贯，2015年独家供货国内第一座耐候钢桥——大连普湾新区16号耐候桥，实现了国内耐候桥梁钢批量供货第一家。截至目前，湘钢供耐候桥梁钢约7.1万吨，供货主要项目包括拉林铁路耐候桥、福建洪塘大桥、上海振华出口A709-HPS-70WT耐候钢项目、福建绕城高速耐候桥、莆炎高速耐候桥等国家重点项目，大大提升了桥梁钢在国内外市场的综合竞

争力。

（2）工程机械用钢"私人定制化"，创效显著。2017年工程机械行业复苏以来，中国已成为全球最大的工程机械行业制造基地之一。目前湘钢全系列高品质工程机用钢板，强度等级从290MPa至1100Mpa，最大厚度可达200mm，产品能够满足国内外几乎所有工程机械用户的质量和技术要求。已成为卡特彼勒全球最大中厚板供应商和关键零部件唯一指定供应商。通过复制"卡特研发和质量模式"，有效地提升了湘钢整体板材生产水平和供货档次，吸引了更多优质客户合作。近三年新开发了徐工集团、日本神钢、JOHNDEERE、VOLVO、TEREX等国内外知名企业。仅2018年湘钢供货全系列高品质工程机械用钢共计45万吨，为企业创效4.15亿元。

（3）棒材CrMo系列钢量产。棒材CrMo系列产品销量由2015年以前不足5万吨/年逐渐增加到2018年的20万吨，新开发品种包括高级优质钢CrMoA系列、保淬透性CrMoH系列、东风商用车前轴用42CrMoQ、三环集团转向节及转向臂用钢42CrMo1/2、塑机用高Al渗氮钢38CrMoAl、汽车曲轴用钢42CrMoH及抗酸合金油井套管25CrMo-80S/95S等。部分产品如42CrMoQ、42CrMoH、42CrMo1/2、20CrMoH等都通过了用户的工艺和产品性能认证，并且产品实施的生产标准和管理体系通过了用户的二方审核认证，最终实现了产品的稳定生产和批量供货。

（4）合金冷镦钢产品升级。合金冷镦钢在经过不断攻关后，钢中氮含量能控制在50ppm以下，氧含量控制在15ppm以下。产品表面质量也得到较大改善，最大规格目前已经达到44mm。对要求较高的客户需要的产品，采用钢坯修磨再进行轧制，保证了产品质量。开发了硼系、铬系、铬钼系、铬钒系、铬镍铜系等多个分支系列合金冷镦钢，湘钢合金冷镦钢已被大批客户使用到汽车等高端用途产品上，其月产量已稳定1.5万吨以上。

2. 行业品牌效果和同行业产品对比优势

钢铁研究总院基于长期的研发和第三方评价工作积累，提出了"钢铁产品质量能力评级"方案。发布了首个钢材质量能力排行榜。湘钢在全国中厚板综合品种能力及产品质量能力排名中均处于前列。

棒材产品。棒材有两个IPD项目团队，分别为汽车用钢项目组、机械用钢项目组。棒材生产品种研发较早，拥有较丰富的经验；产品性价比较高。湘钢到国内主要的棒材西南区域、中南区域、华东市场都相对较近。湖南作为华中地区的核心位置，依托长江水运优势，销售半径可以覆盖到整个长江沿线及以南的地区。近年来棒材质量水平稳步提升，给汽车用钢的推广提供了保障。

线材产品。线材有两个IPD项目团队，分别为深加工材用钢项目组、冷镦用钢项目组。线材生产时间久远，品种大类丰富，钢种规格牌号齐全，辐射市场范围广阔，线材生产和品种开发技术沉淀醇厚。通过技术创新，在工序成本控制、技术营销服务上对标行业先进钢企，逐步缩小差距，直至超越主要竞争对手。

板材产品。板材有四个IPD项目团队。创新意识强，管理较规范；信息化建设在钢铁行业处于领先水平；在船舶及海工、高层建筑与桥梁、煤化工等行业具有领先的品牌优势；有稳定、高端的客户渠道。板材在产线设备、新产品开发能力、合金成本控制上与国内同行旗鼓相当，部分钢种在行业内有一定的话语权，如海工钢、桥梁钢、工程机械用高强钢等。

（三）企业经营管理和产品质量优势显著，经济与社会效益大幅提升

1. 经济效益显著

质量成本降低：实施《基于客户标准理念提升产品质量稳定性的管理创新》项目后，降本增

效成果显著。2019年湘钢质量成本较预算降低6030万元。

产品创效突出：一年来，公司克服钢材价格下跌和原燃料价格高企的双重压力，向市场要效益，向指标要效益，盈利能力稳步增强，实现了全年利润目标，企业利润在行业排名较去年有新的提升。销售方面，大力拓展营销渠道，板材新开发客户65家，线棒新开发终端客户26家，钢材销量较上年增加55万吨，销售收入增加7亿元。桥梁钢销量突破95万吨，海工钢销量达到37万吨，国内市场占有率稳居第一。积极拓展"一带一路"沿线国家市场，加大向中东、东南亚资源投放力度，全年出口钢材51万吨，创汇2.8亿美元。采购方面，动态择优采购合金、废钢，累计创效1.15亿元。阳春新钢铁通过改善原燃料结构、调整销售政策，深挖内部潜力，盈利能力大幅提升，全年实现利润7.8亿元。强化以IPD为基础的"销研产"一体化攻关，拓展高端细分市场，全年重点品种销量360万吨，实现创效7亿元。以"铁前降消耗、钢后降铁耗"为重点，狠抓技术攻关，钢后降铁耗工作进步明显，坚持项目带动，降低工序成本，全年共确立209个公司级项目和310个厂级项目，累计创效9.5亿元。加强资金管理，调整融资结构，财务费用较上年减少2.5亿元，公司资产负债率降至45%。加强物流管控，提高水运占比，全年降低物流成本1.5亿元。

2. 社会效益明显

（1）顾客满意度提升。2019年湘钢顾客满意度测评报告中，测评涉及的价格、质量、交货、服务和资源保证五大指标，外部顾客满意度评分89.18，较2018年提升5.2。

（2）生态环境明显改善。落实公司《大气污染防治三年行动计划》，焦化煤场全封闭、钢渣室内热处理等13大环保项目建成投运，新二烧全烟气脱硫脱硝项目开工建设，同时加强可视污染与异常排污管控，烟粉尘、二氧化硫、氮氧化物排放总量分别较去年下降了28.7%、25.1%、11%，厂区降尘量较去年同期减少了57%，PM2.5、PM10指标优于全市平均水平。加快生态园林式工厂建设步伐，推进第二批城企融合项目92个，拆除低矮建筑物3000多平方米，新增生态停车场8处、人文景观14处、绿地18.5万多平方米，厂区绿化率达45.6%。下半年，公司启动了企业开放日活动，接待湘潭市民、环保志愿者、人大代表、政协委员共计1200余人，获得了社会各界广泛赞誉，进一步树立了企业良好形象。

（3）湘钢产品和管理频获盛誉。湘钢先后获得湖南省首届省长质量奖、全国五一劳动奖状、中国名牌产品、全国质量工作先进单位、全国实施卓越模式先进企业、全国免检产品、全国用户满意企业、全国用户满意产品、中国优秀企业、冶金实物金杯奖、湖南省名牌产品、湖南质量信用AAA级企业、全国绿化先进集体、全国减排先进单位等荣誉称号。领导班子被中共中央组织部、国务院国资委党委评为全国国有企业创建"四好"班子先进集体。2017年，湘钢荣获"全球清洁能源管理中国组优秀能源管理大奖"，是全国钢铁行业中唯一一家获奖企业。2018年，湘钢荣获"第十一届全国设备管理优秀单位""全国产业计量标杆示范活动标杆单位""全国冶金计量标杆示范活动标杆单位"三项大奖，问鼎设备系统最高荣誉。2019年，被评为"湖南省工业质量标杆企业"，其经验在全省工业企业推广。这些成绩和荣誉奠定了湘钢在行业的地位，树立了良好的企业形象。

主　创　人：郑生斌
参与创造人：杜　江、罗　登、吴清明、陈章红、谭武祥、赵岳龙、
　　　　　　李　锋、徐云华、唐勇勇、黄伟成

基于企业核心竞争力提升的"四位一体"精益管理体系构建

中车株洲电机有限公司

中车株洲电机有限公司(以下简称"株洲电机")坐落于湖南省株洲市,是中国中车旗下一级核心子公司,也是国家首批"双百行动"改革企业、中国中车创建世界一流示范企业。株洲电机主要从事轨道交通装备用牵引电机与牵引变压器、风力发电机、高效节能电机及特种变压器的开发、制造、销售和服务,是中国高速动车组(包括复兴号、和谐号等)、大功率机车、城轨车辆、磁悬浮牵引电机和牵引变压器的专业化科研与制造基地,处于轨道交通牵引动力领域龙头地位;是我国风力发电机、电力、冶金、石油、国防、电动汽车等高效节能电机产品的专业化研制基地。株洲电机产品覆盖全国31个省、市、自治区,并延伸到欧洲、北美等20多个国家和地区。公司注册资本13.42亿元,净资产23.36亿元,总资产74.21亿元。2019年销售收入81亿元,净利润5.5亿元。

一、基于企业核心竞争力提升的"四位一体"精益管理体系构建的实施背景

(一)是实现高质量发展的必然路径

十九大以来,国家经济形势已经发生深刻变化,我国经济已由高速增长阶段转向高质量发展阶段,党的十九大政府工作报告指出,"国有企业要通过改革创新,走在高质量发展前列"。高质量发展是创新成为第一动力、协调成为内生特点、绿色成为普遍形态、开放成为必由之路、共享成为根本目的的发展。企业只有坚持质量第一、效益优先,倡导和践行先进的管理理念和管理方法,推行精益管理,构建精益管理体系,与上游供应商和下游客户实现高效协同、开放共享,才能走上高质量发展之路。

(二)是提升经营品质的必然选择

无论是国际市场还是国内市场,竞争都日益激烈,市场对企业的要求越来越苛刻。企业一方面要面对多品种、小批量、定制化、交期紧的客户需求,另一方面又要承受产品持续降价、原材料和人工等要素成本不断增加的双重压力。只有推行精益管理,向管理要发展,向管理要效率,向管理要效益,从市场开拓、产品设计到售后服务全流程、全价值链开展优化改善,改变传统的生产组织模式,建立更具柔性化的制造系统,以客户需求为导向,开展拉动式、节拍化、准时化、自动化生产,建立合作共赢的供应链,开展模块化、标准化设计,才能交付高品质、低成本的产品,有效提升企业经营品质。

(三)是实现战略愿景的必然要求

株洲电机确定了创精益企业、创百亿企业、创学习型企业,专业化、集团化、国际化的"三创三化"战略愿景,搭建了"总部+事业部"型集团化组织架构,构建了"小总部、大业务"模式。各产业单元精益推进不系统,方法路径不明晰,精益管理水平和推进力度参差不齐。构建"四位一体"精益管理体系,从总部层面统一精益推进思路和工作标准,是促进各产业单元管理水平齐头并进,实现"三创三化"战略愿景的必然要求。

二、基于企业核心竞争力提升的"四位一体"精益管理体系构建的内涵

株洲电机"四位一体"精益管理体系，以价值增值为核心，基于高效、协同的精益管理系统论和方法论，强化管理流程的逻辑性、管理要素的完整性和可执行性，实现资源的高效配置和利用，提高运营效率和效益，通过精益理念的全面植入和精益生态的全方位打造，培育具有高壁垒的管理核心能力，为客户创造价值，推动企业可持续发展。

"四位一体"精益管理体系的构建，建立健全组织保障和精益人才育成机制；从"点"出发，导入精益理念，推广应用精益工具方法，夯实精益基础；从"点"到"线"，以模拟线、工位制节拍化流水线、物料和供应商分级分类管理策略、物资品类管理、供应链信息化平台、模块化和标准化设计、研发过程节拍化和知识管理为核心，推进精益生产、精益供应链和精益研发，稳固精益支柱；从"线"到"面"，开展精益工厂"七大任务"和"六要素"管理，推行层级职责会议，实现精益运营管理；从"面"到"体"，建设基于价值增值的流程体系，搭建精益运营评价体系，建立战略联盟，创造精益文化，打造精益企业，实现供应商、企业和客户互利共赢。

三、基于企业核心竞争力提升的"四位一体"精益管理体系构建的主要做法

（一）建立精益推进机制

1. 建立长效的常态化工作机制

充分发挥"一把手工程"作用，总经理亲自挂帅，建立精益领导组、推进组、实施组三级推进组织，落实各层各级的主体责任，建立接口清晰、责任明确、同心协作的组织保障机制。同时，建立年初策划、过程跟踪、季度考评、半年小结、自评整改、年度评价的闭环工作机制，与各单位签订年度精益管理目标责任状，加强对各单位精益工作的推动和督导，确保各项工作有效落实。

2. 建立正负激励结合的奖惩机制

开展双维度评价，横向对标行业领先企业，纵向对比自身历史水平，正向激励与负向激励相结合，将精益管理推进成效作为评优评先、职位升迁、奖励发放的重要考评依据，充分激发全员推行精益管理的积极性和主动性。

3. 强化精益人才育成

开发建立精益课程库，借助精益实训道场，对不同岗位、不同层级的员工分批次开展培训。通过开展国内外标杆企业对标学习，举办精益管理主题论坛和交流研讨会等多种形式育成精益人才，建立精益人才培养长效机制，畅通人才成长通道，打造专业、高效的精益人才梯队。

（二）从"点"出发，夯实精益基础

1. 导入精益理念

株洲电机利用报刊、内部网页、宣传橱窗等传播精益知识，通过精益生产概论培训、精益专题讲座等形式在公司内部宣贯精益理念，让全员对精益产生初步认识。

2. 应用5S和目视化管理

株洲电机引入基础的5S管理和目视化管理工具，以打造五星级生产现场为目标，建立现场管理标准，规范现场管理要素，开展定品、定置、定量"三定管理"，明确放置物品的名称、位置和数量，同时粘贴标识标牌进行目视化管理。株洲电机以"现场就是市场"的理念持续维持高水平的现场管理，在充分总结5S与目视化管理推行经验的基础上，编制了覆盖生产区域各类要素的《目视化管理实施细则》，并正式形成公司现场管理的企业标准。通过推行5S和目视化管理，管理者一眼就能发现现场是否存在异常，员工形成了持续维持作业现场的素养，现场整洁有序，企业形象全面改观。

3. 开展全员改善

精益管理强调的是全员参与的持续改善，改善提案鼓励员工从身边着手，寻找日常工作中的问题并开展点对点的改善，对其改善的对象、改善的形式和改善的成效没有严格的规定，旨在搭建一个普适的全员改善平台。株洲电机定期组织改善提案申报和优秀改善提案评选，通过提案发布会交流分享优秀改善提案成果，编制《优秀改善提案成果汇编手册》，将改善成果进行固化。公司年均改善提案数量达2000余条，累计产生的经济效益达8000余万元，形成了全员参与精益改善的氛围。

4. 应用TPM（全员生产维护）

株洲电机以追求设备全寿命周期价值最大与成本最优为方针，建立设备维护保养现场执行标准，构建涵盖设备全寿命周期管理的设备管理体系。引入TPM"六源清除"改善机制，围绕设备现场的污染源、清扫困难源、故障源、缺陷源、浪费源、危险源六个方面，致力于从问题源头开展分析与改善。积极开展"我的设备"素描大赛、TPM知识竞赛、TPM示范线建设，现场设备管理规范性显著提升，设备维修成本大幅降低。公司累计获得全国TnPM（全面规范化生产维护）管理创新一等奖、中国设备管理TnPM推进成果二等奖等23项全国性TPM表彰。

（三）从"点"到"线"，稳固精益支柱

1. 系统推进精益生产

（1）建设工位制节拍化流水线

在导入精益理念和精益改善工具，员工对精益有了一定认知后，株洲电机开始探索从传统的离散型集群式推动式大批量作业模式向工位制节拍化拉动式单件连续流生产模式转型。

①节拍和工位设计：工位制节拍化生产以工位为作业组织单元，按照节拍化均衡生产的方式，以流水式作业组织生产。工位制节拍化生产是以丰田拉动式生产为指导，以保证生产节拍为目标，通过运用精益生产的工具方法，达到提高效率、提升品质、稳定作业、有序生产的管理效果。为此，株洲电机统计了各产品类别的未来最大年度需求数量，开展帕雷托分析（PQ分析），分析了各产品类别的工艺特性，开展产品工艺流程相似性分析（PR分析）。通过开展PQ分析和PR分析，针对未来订单需求量大的产品确定采用专用生产线进行生产；将工艺相似的小订单产品放在工艺相近生产线进行混线生产，实现柔性化生产。

以市场预测为依据，根据电机制造工艺流程、工序作业内容和作业时间，明确各工位的作业内容、人员数量、物料工具和工装设备等。同时，运用作业山积图、工序能力表等工具，对员工的作业进行平衡，使员工能在一个节拍内完成规定的工作内容，确保每个工位的作业内容都能在节拍时间内完成，从而实现生产线的连续生产。

②生产线布局设计：株洲电机根据厂房大小、位置、生产流程以及工艺布局要按生产流程做到布置合理、紧凑，有利于生产操作，并能保证对生产过程进行有效管理的原则，通过使用系统布置设计（SLP）、价值流分析（VSM）、物流分析图、三维建模仿真分析等工艺布局规划工具对动车电机生产线工艺布局进行了设计。设置了人员和物料进入生产区域的通道、物流路线，确定了工位设备、物料、工装工具等存放区域。

③物流系统设计：株洲电机开展了具有高度自动化管理能力的立体仓库的建设。自动化立体仓库由1台巷道堆垛机和1套巷道设备构成，包含1套集成化的货物储存系统、货物存取和传送系统、控制和管理系统，采用3排、27列、4层结构布局，共324个货位。通过给每一种物料分配条码，扫码获取来料信息后录入控制和管理系统，在传送系统的作用下自动储存在立体库货位。

日生产计划和工序作业计划通过SAP（企业管理解决方案）系统下达到生产车间，由计划排程产生的单件流工序作业任务驱动具体物料配送需求，包括物料名称、数量和送达时间。物流人员采用小火车、叉车等转运工具从高架和自动化立体仓库转运物料到线边料架。转运物料的物料盒外形尺寸标准化，内部根据不同工位所需物料的规格尺寸进行个性化设计，既能避免装错零部件，又能一眼看出工位所需物料是否齐套。通过设计使用储运一体化物料盒，建立物流配送规则，按照产线生产节拍实现准时化套餐式齐套配送。

在动车电机定子生产线内部工位与工位之间的半成品流转采用全AGV智能配送方案，串联嵌线、耐压检测、并头、相间耐压、焊中性环、绝缘绑扎等工序，实现生产过程的自动化串接。根据各工序作业顺序和循环工作时间，运用智能调度算法，合理规划AGV小车最优路线，实现高效智能配送。

④生产组织策划：株洲电机采取产品交付计划、主生产计划、工序作业计划和物料需求计划一体化联动排产，推行"6周锁定+2周滚动+1月预排"计划管理模式，提高信息透明度，促进信息快速共享，减少部门壁垒，提高排产效率以及计划的严肃性、准确性。同时，采用削峰填谷的策略，实现均衡生产，提高计划的可执行性与指导性。量化需求的不确定性和供应的不确定性，提前规划风险应对措施，基于历史数据合理设定安全库存，预防临时变更和加班赶工带来的大量管理成本。

（2）开展新产品模拟线建设

在项目执行过程中，各类管理流程、信息流存在孤岛及各部门进度与项目计划脱节的现象，大量的问题在实物生产过程中才被发现，造成生产周期滞后及生产成本浪费，进而发生大量的设计变更、工艺变更和批量性的质量问题。模拟线是管理文件流、图纸流、信息流向现场实物流转换的衔接点，是生产线进行节拍式生产的管理标准。通过对工位"人、机、料、法、环、测""六要素"内容进行模拟仿真运行，提前暴露并解决问题，从而有效验证和规范量产前的各种准备情况，对发生的异常进行有效拉动和处置预防。

株洲电机从模拟策划、模拟启动、模拟准备、模拟推演、模拟评估和模拟验证等六大阶段着手开展模拟线建设。模拟策划阶段应用精益思想和方法，对项目进行构思、设计，编制模拟线实施方案。模拟启动阶段识别"三新"（新材料、新结构、新工艺）项点，编制试制工艺方案，明确模拟执行计划，确定模拟内容。模拟准备阶段明确生产工位"六要素"配置要求及所需开展的具体工作。模拟推演阶段对工位"六要素"进行方案实施、点检，通过推移演练发现问题、瓶颈和实施难点。模拟评估阶段对模拟推演的过程进行总结，对产生的各类问题进行风险评估、分析和整改。模拟验证阶段根据试制计划开展试制，将试制过程中遇到的异常问题反馈给相关部门，对模拟生产线"六要素"项点进行实物验证。最终将验证合格的"六要素"标准文件输出给生产流水线，完成模拟生产线向实物生产线的转换。

在模拟线建设过程中，株洲电机将模拟线建设的内容、过程、方法、标准及输出形式通过SAP系统加以固化，使技术准备、生产准备和管理准备的过程高效化、规范化、标准化。通过开展模拟线建设，缩短了试制周期，保证在进入量产阶段能平稳、均衡地组织生产，提高节拍兑现率。

2. 体系化建设精益供应链

株洲电机以客户订单为导向，与供应商建立同步协作、快速响应机制，提高供应链的响应速度与运行效率，提升物料质量，降低采购成本和原材料库存成本，实现物料的高质量准时化供应。

(1) 建立物资分类、供应商分级标准和管理策略

建立一般型、杠杆型、瓶颈型、战略型物资分类标准，交易级、伙伴级、战略级供应商分级标准，从产品质量水平、交付履约水平、成本水平和服务水平四个维度搭建供应商绩效评价指标体系。根据物资类别和供应商绩效评价结果确定与供应商的合作方式，同时明确不同级别供应商的结算方式和结算周期，从机制上激发供应商自主提升竞争力。

(2) 开展物资品类管理

从紧固件、绝缘加工件等型号繁杂的物资品类入手，通过简统化、标准化设计进行设计统型，降低物资品种复杂度。推进同品类供应商资质互通和良性竞争，扩大战略供应商和核心供应商的供应范围和供应规模，提升采购聚合度和主动权，降低采购成本。通过开展磁钢、紧固件等品类的设计统型和供方整合，新能源汽车电机紧固件由187种减少到46种，接线座由35种减少到8种，实现采购降本1900余万元。

(3) 建设供应链信息化平台

兼顾各产业单元集采和分采需求，融入统一化的供应链流程体系，建设SRM、WMS等供应链专业化信息系统，搭建集团化供应链信息化管控平台，实现采购订单下达、物料采购进展、发票结算、物料仓储和出入库、库存管控等采购、仓储、配送全过程高效动态管理。

3. 稳步推进精益研发

株洲电机聚焦效益目标"122"（设计成本降低10%、产品开发周期缩短20%、产品质量损失降低20%），开展标准化、系列化、模块化设计，快速推出新产品，精准满足客户需求，奠定市场领先地位。

(1) 推进模块化设计和三维设计

遵循标准化思想和简统化原则，合理划分产品模块、划定模块组合的约束关系，建立零部件模块化库和参数谱系表，推进模块及其接口的标准化，实现产品的组装式研发。推广质量可靠并已得到充分验证的标准件、通用件、模块件，形成规模效应，降低产品质量风险和采购成本。

(2) 搭建知识管理平台

搭建涵盖设计规范、设计图纸和技术参数的知识管理平台，丰富和完善产品全寿命周期知识体系，根据研发过程实时自动推送知识经验，提升设计效率和质量。

(3) 推行研发过程节拍化

按照全要素、全周期项目管理要求，科学核定不同类型产品各设计阶段的研发周期。应用精益工具、方法，推行研发流程节拍化、研发过程目视化、研发产品模块化、研发输出标准化、异常处置高效化，实现研发过程精益管理。

(四) 从"线"到"面"，实现精益运营

1. 强化精益工厂"七大任务"和"六要素"管理

株洲电机改变现场管理模式，从原有的制度管理、班组管理向工位"七大任务""六要素"表单管理转变，形成统计、诊断、对策、评价的PDCA循环，主要围绕安全、品质、成本、人事、生产、设备和环境七个方面展开。

安全方面，根据海因里希法则从控制物的不安全状态和人的不安全行为两个方面防止事故的发生。通过绘制工位安全管理地图，对工位内危险源进行识别，作出防范对策要领，并进行点检。定期进行危险预知演练，开展"吓一跳"提案和"一日安全员"活动。品质方面，严格执行"三不原则"（不接受不良品、不制造不良品、不流出不良品），开工前针对每个工位质量"六要素"

进行评价，确保现场的质量"六要素"保持在受控状态。编制图示化的动作要领书，指导员工实行标准化作业，针对发现的质量问题开展QC课题改善。成本方面，充分识别生产现场等待的浪费、搬运的浪费、加工本身的浪费、库存的浪费、生产过剩的浪费、不良的浪费、无效动作的浪费等七大浪费并加以改善，建立原材料、辅料等的标准定额，目视化工位成本控制情况并实施动态管理。人事方面，建设精益道场开展人才育成，提升员工作业技能。生产方面，通过SAP下达当日生产计划，运用生产实绩表明确工位当日生产任务以及生产任务的计划开工时间和计划完工时间。同时在生产线建立安东系统，迅速暴露反映生产线出现的问题，拉动职能部门快速解决异常。设备方面，开展计划保全和自主保全，提高员工操作和维修技能。制定清扫、润滑标准，建立点检评价机制。环境方面，持续开展5S、三定管理、形迹管理和红牌作战活动。

2. 推行层级职责会议

株洲电机搭建了从T1—T4层层分解，从T4—T1层层支撑、层层验证的精益工厂指标体系，T1层级为工厂指标，T2层级为部门指标，T3层级为产线指标，T4层级为工位指标。为有效进行指标化控制，工厂将已分解的指标逐级建立可视化分层看板系统，实施动态监控与管理，重点关注并驱动指标达成（见表1）。

表1　T1—T4质量指标分解

区域（层）	指标	指标计算公式	目标值	单位	责任主体
T4	内部质量损失率	核定期内部质量损失成本/核定期产值	/	%	事业部
	一次交验合格率	核定期内交验合格的总产品台数/核定期内产品总数×100%	/	%	事业部
T3	内部质量损失率	核定期内部质量损失成本/核定期产值	/	%	事业部质量部门
	一次交验合格率	核定期内交验合格的总产品台数/核定期内产品总数×100%	/	%	事业部质量部门
T2	产品质量缺陷数	核定期内产品质量缺陷数	/	件	产线（车间）负责人
	一次交验合格率	核定期内交验合格的总产品台数/核定期内产品总数×100%	/	%	产线（车间）负责人
T1	产品质量缺陷数	核定期内产品质量缺陷数	/	件	工位长
	一次试验合格率	核定期内一次试验合格的总产品台数/核定期内产品总数×100%	/	%	工位长

同时，株洲电机建立了每日层级职责会议制度，各层级层会主要围绕安全、质量、交付、成本、存货指标、快速问题解决、改善、决策、领导辅导、技能和培训、计划等主题进行流程回顾和改善。T1层级为工厂的最低层级，以班组为单位，由班组长与组员召开会议，关注作业过程是否按要求执行到位，并推动全员参与质量和交付计划改善。T2层级会议由主管与班组长召开，关注是否按价值流有效拉动各部门改善提升。T3层级会议由部门经理与下属主管召开，T4层级会议

由工厂厂长和各部门经理召开。T3或T4层级会议，关注团队决策、职责履行和管理担当，强调各自做好各自的事情，关注团队能力提升以及组织架构和流程的改善。各级管理者每日对运营过程的现状进行扫描，快速暴露运营全过程存在的问题，查找运营绩效指标现状与目标之间的差距，驱动问题的逐级上报与及时解决，实现指标的日常监控与管理改善，推动工厂安全、质量、交付、成本和存货等绩效指标的持续改进。

（五）从"面"到"体"，打造精益企业

完成精益工厂建设后，株洲电机以客户需求为导向，建立从市场开拓到售后服务的端到端的管理主线，优化全价值链业务流程，构建精益运营评价体系，实施战略联盟，积极打造供应商、企业、客户多方共赢的精益生态系统。

1. 建设基于价值增值的流程体系

围绕战略、运营和管理支持，建立战略价值链、运营价值链和管理支持链三条核心价值链。战略价值链建立战略规划与制定、战略解码、战略监控、战略评价的闭环管理体系；运营价值链是基本的增值活动，包含营销、设计、采购、生产、交付、售后等环节，是公司价值实现的实际载体；管理支持链主要为战略价值链和运营价值链提供资源支持与服务。总部聚焦战略实现、体系建设，从顶层规划，建立了13个业务域、50个业务模块、346条流程；产业单元进一步强化业务实现和项目管理，建立了事业部级的流程体系，包括22个业务域、79个业务模块、258条端到端的管理流程。

在建设完流程体系后，开展了流程机制建设。一是编制了流程标准作业指导书，明确流程角色、时限、输入、输出和流程KPI等11项管理要素，通过明确流程活动的执行角色、时限、输入和输出，实现管理工位化、工位节拍化。二是围绕项目团队组建、项目卡片制作、流程现状建模、痛点问题识别与分析、优化目标设置、优化方案设计、流程文件设计和项目成果实施八大标准步骤，提炼业务流程优化方法，编制《业务流程优化项目指导手册》。

2. 构建精益运营评价体系

（1）建立精益运营指标体系

从战略经营、产品经营、生产运营三大维度，基于全流程、全价值链建立精益运营指标体系，指标向上承接公司战略、客户需求、经营业绩等目标，向下落实到项目产品线及工位，通过梳理各项活动中的管理项点、管理对象和管理目的，发掘管理的价值并体现在可度量的指标上，对管理价值创造过程中的增值活动进行反映和评价。

（2）推进精益运营指标与组织绩效深度融合

株洲电机将精益运营指标固化到组织绩效KPI指标库，将精益工作完成情况纳入各单位GS进行管理，通过战略绩效、年度经营绩效、季度绩效落实考评。同时优化指标评价机制，建立"考核指标+对标指标"组合考评模式。考核指标综合考虑市场现状和发展趋势、对标目标、年度目标等数据，以持续稳定增长为原则；对标指标以历史值、行业平均值、先进标杆值等做参考，注重各项战略能力的打造与提升，同时突出指标改善导向，补短板、提质量、增效益，提升系统改善力。

精益运营必须由碎片式单项管理工作向系统性运营提升工程转变，株洲电机将精益运营指标层层分解，落实到具体的管理活动、责任部门和负责人，最后通过专项指标提升来体现。以企业组织效能提升为例，效能提升会体现在人均营业收入提升、人均创利提升、流程制度优化、两金（应收账款和存贷）压降等方面，公司将两金压降指标分解成两金周转率提升和两金总额压降两个一级指标上；往下分解为存货周转率、应收账款周转率和存货、应收账款总额、一年以上两金总额等二级指标；再往下分解到原材料周转率、在制品周转率、产成品周转率等三级指标。每一级指标对应不同的责任主体，实现指标层层分解，责任级级落实。

（3）强化考评结果应用

将指标考评结果直接运用在任期、年度、季度组织绩效上，绩效结果与各单位工资总额、管理团队薪酬、评优评先和职务升迁等挂钩，同时打通组织绩效到岗位绩效的关联关系，推动组织目标和责任向个体有效传递，提高考评激励约束力。

3. 建立战略联盟

针对价值高的核心物料和对提升产品质量、缩短交付周期有重大影响的杠杆物料，立足于追求技术、成本、速度、质量、安全总体价值最大化，从技术合作、新产品开发、品质攻关、量价合约、市场开发等维度与核心供应商建立战略联盟，通过框架合作协议、框架采购协议、帮扶培育等方法稳定产品供应和产品质量，形成稳固的供应链结构，实现优势互补、风险共担和利益共享。采取循环取货（Milk Run）和供应商管理库存（VMI）相结合，创新采购物流模式，通过供应商管理系统（SRM）与供应商共享生产计划、库存信息和物料需求信息，有效降低企业和供应商的库存，实现双赢。通过组织铸件供应商参与产品早期设计，开展浇注仿真分析和铸件缺陷分析，在设计初期充分考虑优化模具和浇注工艺难度，提升铸件的工艺可行性和一次交验合格率，减少供方内部浪费，实现双赢。

（六）创造精益改善文化

1. 营造浓厚的精益文化氛围

株洲电机采取党政工团联动，通过开展"精益之路 你我同行"主题征文、精益通用知识考试、"先进操作法"和"向精益献策"劳动竞赛，举办精益管理主题论坛等精益主题活动，营造浓厚的精益文化氛围。

2. 创造以人为本的精益人本文化

每一位员工既是精益管理的对象、载体和参与者，同时也是精益管理的主体和实施者。株洲电机大力推进精益人本文化建设，把精益之道作为核心价值观的重要组成部分，融入企业品牌形象建设中，外化于行；落实到员工的行为规范中，内化于心；渗透到企业经营的全过程中，根植于魂。通过开展减少员工弯腰、搬运等动作浪费，降低劳动强度，将精益管理成果与员工共享，让员工真信、真干、真为，在体验成就感的同时因精益而获益，真正做到以人为本，实现由"精英推动"向"全员改善"转变，由"要我改善"向"我要改善"迈进。

3. 强化精益文化输出

株洲电机在轨道交通领域探索实践精益管理，培养"精益+专业"的综合管理人才，总结提炼可输出、可平移、可复制、可推广的精益管理体系，建立目视化细则等企业标准，将精益管理从轨道交通领域推广应用到工业电机、新能源汽车电机和风力发电机等领域，实现精益人才输出、精益管理输出和精益文化输出，努力将精益管理打造成企业管理的"金名片"。

四、基于企业核心竞争力提升的"四位一体"精益管理体系构建的实施效果

（一）相得益彰——现场助力订单获取

现场是企业管理水平的缩影，是客户对企业最直观的感受，是赢得市场的前沿阵地。株洲电机将精益理念融入生产现场，坚持现场、现物、现实"三现主义"，将所有的管理问题都集中在现场加以研判并解决。从厂房规划、工艺布局着手，精准把握作业现场每一个细节，现场物料工装的摆放、产品的整体设计等都按照五星级标准,打造了工业旅游级制造现场,让莅临公司的企业都能留下深刻的美好印象,赢得了客户的广泛认可和信任。通过高水平的现场管理有效助力市场订单获取,株洲电机用行动践行了"现场就是市场"的理念。

(二)颠覆变革——制造优势大幅提升

株洲电机颠覆传统的生产组织模式,在动车、机车、城轨、风电等主产品线及大多数零部件生产线全面实施工位制节拍化生产方式,不断优化工艺布局,完善工艺流程,推行标准作业,加强节拍管控,项目订单交付能力、产品质量保证能力、成本管控能力和客户体验等方面持续提升。

在不增加人员、设备、厂房的情况下,牵引电机月度产能由600余台提升至880台,生产效率提升46%。线圈车间线圈制作合格率由98.2%提高至99.24%,年节约成本187万元,作业人员由257人减少至229人。工业驱动事业部建立了三条适用于大、中、小型工业电机的嵌线、叠压、装配产线,实现了由集群式作业向工位制节拍化流水线生产模式的转变,在制品数量平均降低33.4%,作业面积利用率平均提升20.7%。包头公司风电总装车间锁定"品质、效率、效益"目标,生产效率提升15%,物料准时齐套率由65.5%提升至92.8%,产品一次校验合格率达99.8%,优等品率达100%。

(三)突飞猛进——财务指标显著改善

株洲电机以与供应商、客户实现共赢为目标,以精益思想"价值、价值流、流动、拉动、尽善尽美"五大原则为指引,锁定品质、安全、效率、效益目标,全面深入推进精益管理,企业运营管理水平和经营品质显著提升。一是企业实现了规模化发展,从2015年销售收入65亿元、净利润3.3亿元,到2019年销售收入81亿元、净利润5.5亿元,收入、利润分别保持5.5%和10.7%的复合增长率,2020年销售收入预计破百亿,净利润也将同比增长。二是盈利能力稳步提升,公司成本费用占营业收入比逐年下降,销售净利率稳步提升,2019年公司整体成本费用占收入比同比下降1个百分点,销售净利率6.8%,领先于行业平均水平;近5年来,公司净资产收益率维持在20%左右,高于中车集团平均值约14个百分点,处于行业领先水平。三是运营效能持续提升,2019年末公司总资产周转次数1.01,流动资产周转次数1.34,分别同比提升2.7%和7.7%;两金压降成果显著,2020年上半年,在营业收入增幅15.5%的前提下,两金总额较上年同期下降了12.7%,应收账款周转率和存货周转率同比均大幅提升。

(四)创新引领——示范领跑作用突显

株洲电机遵循"最佳实践—体系标准—平移推广"的工作思路,从实践出发,打破传统的集群式作业生产组织模式,融合创新了以"工位制节拍化流水线生产"为核心的工位化管理、标准化作业、平准化生产、准时化物流、拉动式生产的精益制造模式。围绕节拍设计、工位设计、生产线布局、物流系统设计和生产组织策划,落实精益工厂"七大任务"和"六要素"管控标准,编制了制造单元《生产运营指导手册》,指导建设从物料投放到产品交付全过程的精益产品线。将工位制节拍化连续流水线、精益工厂建设经验从轨道交通领域推广应用到工业电机、新能源汽车电机和风力发电机等领域,形成可输出、可平移、可复制、可推广的精益生产模式,建成工位制节拍化连续流产线10条、精益工厂4个。

主　创　人:赵忠胜、成　龙
参与创造人:肖　林、荣　军、郑　涛、谭　曦、黄　孟、何俊涌、
　　　　　　彭　泽、徐　涛、刘鼎森、徐紫凌、欧阳敏

军工国企高质量发展经济运行动态监测预警系统设计与实施

中国航发南方工业有限公司

中国航发南方工业有限公司（以下简称"南方公司"）始建于1951年，隶属于中国航空发动机集团有限公司（以下简称"集团"）。公司为国有大型军工企业，主要研制生产航空发动机、航空转包生产、燃气轮机、光机电产品等。曾获得全国优秀企业金马奖、国家质量奖、中国知名企业、国庆阅兵装备保障工作做出突出贡献单位等多种荣誉称号。公司目前总资产139亿元，年产值近70亿元，营业收入58.49亿元，利润总额4.5亿元，在岗员工6560人，研究生及以上学历438人，享受政府津贴14人。

公司于1954年8月研制出新中国第一台航空发动机，毛主席为此亲笔签署嘉勉信。此后，公司相继成功研制出我国第一枚空空导弹、第一台重型摩托车发动机、第一台地面燃气轮机、第一台涡桨发动机等产品，在涡轴、涡桨、涡扇、活塞发动机及辅助动力装置领域处于国内领先地位，现已发展成为我国中小型航空发动机研制生产基地。

公司坚持"航空为本、军民融合、创新驱动、开放合作"的总体思路，坚定不移走自主发展的产业化、市场化、国际化道路，全力发展领先的核心技术体系，大力推进与湖南省、株洲市地方政府等的战略合作，全面推进制造强省建设，汇聚起公司高质量发展的不竭动力，致力成为世界一流的中小型航空发动机供应商。

一、军工国企高质量发展经济运行动态监测预警系统设计与实施的背景

（一）是落实国家发展新战略的需要

进入新时代，国内外环境的深刻变化，"创新驱动""军民融合"等国家战略的深入实施，以及中国军队的新军事变革，给南方公司这样的军工国企带来了重大机遇和挑战：一方面，公司肩负着党中央、习总书记的殷切期望，担当着打赢航空发动机翻身仗的历史重任，使命光荣，责任重大，前景广阔。另一方面，军工集团传统军工行业分工配套的垄断格局已经逐渐打破，国家加大军民融合力度，降低武器装备许可准入门槛，诸多优势的民营企业，必然成为强有力的竞争对手。新时代需要抓住新机遇，迎接新挑战，迈上新台阶，推动新发展。

（二）是适应市场竞争与风险的需要

军工企业从较为封闭的市场逐步走入竞争市场，南方公司的经营机制也在发生变化，面临的市场竞争风险前所未有，公司要生存、要发展，就必须了解其自身的生产经营状况是否正常，财务状况是否良好，市场竞争力是否增强，公司能否可持续发展。对于投资者、债权人和经营者来说，如何确保公司经济运行的安全性，是始终关注的核心事宜之一，所考虑的重要因素就是风险，同时基于实现收益与风险对称的原则，必然会对有效期间经营发展风险指数予以高度重视，并迫切期望建立一套适合本企业的有效的经济运行风险监测与危机预警系统，及早诊断危机信号，并采取相应措施，阻断风险，将危机消灭在萌芽阶段。

（三）是实现企业高质量发展的需要

2019年，推动制造业高质量发展的要求，从国家至企业层层传递。南方公司经济运行管控中还存在着一些制约高质量发展的突出问题：缺乏统一规范的分析数据，统计数据认知与分析存在偏差；分析与经营需求匹配度不高，缺乏自上而下和结合经营板块需求的分类分层的多维度指标管理系统；过程纠偏管控模式有待加强，应对措施的监控实施和效果评估不够；缺乏经济运行监控的信息化手段，难以系统完整实时地统计各类经济活动等。因此，南方公司结合自身特点和实际情况，建立起全新的经济运行管理方式，推动管理创新，提高经营管控效能，实现公司高质量发展。

二、军工国企高质量发展经济运行动态监测预警系统设计与实施的内涵

构建南方公司高质量发展经济运行动态监测预警系统，是对公司经济运行进行总体的、综合的、全面的、系统的分析判断。通过明确监测对象和目的，依据新发展理念，结合目前南方公司自身经济运行的特点，在现有的统计和财务指标、业务指标的基础上，筛选出反映其经济运行"关键点"的监测项指数，构成分类指数和综合指数，包括2个综合指数（即经济运行综合指数、综合能力指数）、11个维度（即经营效益、经济总量、产业规模、风险指数、创新发展、财务绩效、条件建设、社会资源、技术提升、质量改进、管理提效）以及57个监测项指标。这些指数可以监测南方公司经济运行的总体和局部态势是否健康，对经济运行可能出现的"危险点"做出预计，发出警报，对南方公司经济运行状态进行严格系统的监测和预警，科学反映经济运行所处的状态，以促使公司按照客观规律的要求持续健康高质量发展。

系统不是孤立存在的常规性报告或统计，而是与业务活动紧密关联，围绕经营管理目标，实现监测过程、诊断异常、预警风险和支撑决策的重要管理工具。其作用为针对过程监控确认经营活动在预定轨道上，其目的是确保经营目标的实现，防控风险，促进管理能力的提升。

三、军工国企高质量发展经济运行动态监测预警系统设计与实施的做法

（一）找准高质量发展的关键，设计系统要素

关于南方公司高质量发展的研究，关键是解决如何衡量和评价高质量发展的问题，即指标系统如何建立。其以新发展理念的2个综合类别、11个维度为基准，诠释了南方公司高质量发展的内涵，明确了新系统设计定位。

新系统包括管控制度设计、指标体系重构、经营预警分析监控模板、各业务专项分析模板、专项业务管理闭环、绩效考核等。其输入为依据发展规划制定的经营计划、核心业务领域、重要项目、能力建设等。其手段为通过指标设计、数据测量、监控及预警进行关联性分析。其结果提供三个输出：一是公司动态经济运行态势展示；二是针对发现问题进行专项业务管理闭环或提出专项管理提升措施；三是针对全年各单位对预警问题的按时闭环率和结果进行统计，应用于绩效考核。

指标体系构成分为综合指数、分类指数和监测项指数三层。优化和改善主要体现为：一是指标系统设置更科学，指标管理系统的层次、结构更趋合理，能从不同角度和层面反映经济活动，具有一定的宽度、广度和关联度。二是与经济发展趋势结合更紧密，所选指标的变化对总体经济发展有重要作用，在经济总量活动中居于重要地位，不仅能反映经济活动的现状而且能够综合反映经济的发展趋势。三是指标具有引导公司高质量发展的导向性，指标管理系统能充分发挥导向和引领作用，可以引导公司经济运行朝着高质量的方向发展。

（二）聚焦综合模拟监测预警，防范经营风险

常用的宏观监测预警方法有景气循环法、综合模拟监测预警法、状态空间法。公司经济运行监测预警采用综合模拟监测预警法。

综合模拟监测预警法将指标进行分类分层，计算出单个指标的临界点，将每个指标划分为良好、正常、预警区域。根据单个指标的预警情况，进行模拟打分，最终根据综合评分，计算预警指数，在此基础上，基于数理统计原理，确定预警指数临界点，构建经济预警信号灯。

1. 选取监测项指标

依据统计事实，通过数学经验方法统筹选择与企业当前经济运行密切相关的若干监测指标。各监测项指数为其实际值和基准值的比值，即实际值/基准值。对于成本费用占营业收入比率、亏损、存货、应收款项等逆向指标，其监测项指数为基准值/实际值。经济运行综合指数方面共选取30个监测项指标，综合能力指数方面共选取27个监测项指标。

2. 确定监测项指标的基准值

对监测项指标进行监测指数模型的构建（包含当期值和基准值的模型），并确定其基准值。

监测项的基准值确定思路：属于集团考核指标的监测项，以集团经营业绩考核要求作为衡量标准，参照年度目标值、历史数据值以及横向值（行业均值等）得出基准值。对于其他指标，以历史数据值以及横向值（行业均值等）为衡量标准，通过专家头脑风暴赋予权重，得出基准值。由于基准值是通过年度目标值、历史数据值、行业均值等来确定，因此应用时每年度进行一次修正。

3. 计算分类、综合指数值

结合南方公司经济运行特点，通过专家讨论将57个监测项分为11个分类维度、2个综合指数，权重分配由专家头脑风暴讨论确定。

监测项指数＝该指标实际值/基准值
分类指数＝类（监测项指数×权重）
综合指数＝合（分类指数×权重）

4. 设置预警区间

通过评价方法及公式核算，参照集团公司经营信息管理系统标准，将南方公司经济运行状况划分为健康和预警两个区域。

（1）健康区域。观察期检测值在相应基准值上下10%（即指数在90%~110%之间）为正常区间，指数高于110%为良好区间，这两个区间均为南方公司经济运行的健康区间。

（2）预警区域。观察期监测值低于相应监测项基准值10%的区间（即指数低于90%），为南方公司经济运行需要预警的区域。

5. 预警问题和对策

按预警区间的划分，依据所计算的指数值，对企业经济运行的状态、动向等进行监测、预警、评价、提出对策等。

（三）搭建"6+5"维度体系，强化指标管控

构建南方公司高质量发展经济运行动态监测预警系统，与现有、传统的经济分析工作有很大不同，关键之一就是指标系统如何建立。经济运行动态监测预警指标系统的设计必须适应新时代南方公司高质量发展的需要，建立突出新发展理念和符合南方公司经济运行特点的指标体系，从不同角度反映公司经济运行情况。为此，从经营和能力两个方面分别设计了6个经济维度（经营效益、经济总量、产业规模、风险指数、创新发展、财务绩效）和5个能力维度（条件建设、社会资源、技术提升、质量改进、管理提效），搭建了"6+5"模式的11个维度指标体系。

1. 设计经济维度指数指标，落实发展理念

高质量发展就是贯彻五大发展理念（创新、协调、绿色、开放、共享）的发展，就是实现质量更高、效益更好、结构更优的发展。2019年4月国资委修订了《中央企业负责人经营业绩考核办法》，调整了考核指标。主要变化一是把利润总额考核指标调整为净利润。二是增加了创新产品贡献率（也就是新产品收入占比）、核心收入占比、科技人员占比、全员劳动生产率、重大任务和关键技术攻关几项考核指标。这些考核指标的变化传达出国资委对我们的要求就是进一步增强自主创新能力，加快科技成果转化，聚焦主业服务好国家战略，夯实高质量发展的基础。因此，经济运行综合指数增加了反映新发展理念的创新驱动、财务绩效等高质量发展指标，由30个监测项分别构成6个经济维度分类指数，分类指数最终构成经济运行综合指数，权重分配由专家头脑风暴讨论确定。经济运行综合指数的高低可以判断南方公司经济运行总体态势是否正常。

2. 构建南方公司综合能力维度指数，打造"五力模型"

2019年，为了解决能力资源与快速增长的科研生产任务之间的矛盾，南方公司坚持向条件建设、社会资源、技术提升、质量改进、管理提效五个方面要能力，制定下发实施方案，成立了五个方面工作小组，推动对外释放能力、对内提升能力，全面提高公司科研生产水平，推动南方公司经济运行高质量发展。为此，我们准确把握公司内部主要矛盾的新变化，选取具有南方公司特点的五个方面能力指标，包括条件建设、社会资源、技术提升、质量改进、管理提效等5个维度指数指标及27个监测项，最终构成综合能力指数，通过解决公司内部主要矛盾进而谋划发展，不断提高公司科研生产水平，满足公司高质量发展需求。

（四）变革运行组织结构流程，信息驱动管控

目前传统的分析方式及手段已远远不能适应网络经济条件下公司对经济运行分析的要求，公司内部蕴含着越来越多的信息，经济运行动态监测预警系统通过较为复杂的数学模型和大量的计算过程，通过动态的信息化平台建立，流程及业务用信息平台实现，制度嵌入其中，由传统转变为快速敏捷，在平台功能上划分为三个层面（领导层、执行层、管控层），通过统计、分析、监测、预警、预测后，实现经营信息数据可视化管理。为使系统优化改善得以顺利实施，公司修编了《南方公司经济运行管理办法》《南方公司经济运行管理考核办法》《南方公司统计工作管理办法》等制度，以信息流驱动为主线，确定了管理组织结构，进一步优化了业务监督管控流程，重点将问题、措施及实施过程有机结合成一个整体，同时，与绩效考核相结合，增强经营分析及预警工作推力，使其真正成为推动管理提升的常态化工作。

在实际执行中，按月、季度、年度发布《公司月度经济运行简报》《公司季度经济运行分析报告》，强化经营过程控制，促使企业管理改进、目标实现。

（五）选取监测预警案例分析，确保系统效果

1. "十三五"时期南方公司经济运行监测和分析

"十三五"时期是公司经济发展很不平凡的五年，规模、效益、增速等指标更趋匹配，产业结构发生积极转变，增长动力稳步转换，中高速增长平台基本确立，为迈向高质量发展创造了更多有利条件。在这期间，面对纷繁复杂的内外部经济环境，公司仍存在许多亟待发展的地方，所以，有必要监测"十三五"期间公司经济安全的状况，以便我们在接下来的"十四五"时期更加有针对性地加强各领域的发展。

运用经济运行综合指数指标体系，把2016年至2020年（预测）的指标均值作为"十三五"期间各指标的监测值（详见表1、表2）。

表1 "十三五"期间各指标监测值

综合指数	分类指数及权重	监测项指数	2016	2017	2018	2019	2020（预测）	"十三五"时期	监测结果
经济运行综合指数	经营效益(25)	利润总额	95%	108%	111%	108%	109%	106%	良好
		归母净利润	91%	108%	115%	105%	107%	105%	良好
		经济增加值	82%	78%	130%	80%	100%	94%	正常
		期末应收款项	89%	85%	90%	82%	90%	87%	预警
		期末存货	70%	75%	80%	62%	80%	73%	预警
		成本费用占营业收入比率	101%	100%	102%	98%	101%	100%	良好
		全员劳动生产率	106%	118%	118%	112%	110%	113%	良好
	经济总量(15)	工业总产值	115%	117%	116%	115%	116%	116%	良好
		增加值	117%	131%	109%	102%	107%	113%	良好
		军品合同	147%	126%	111%	117%	119%	124%	良好
	产业规模(15)	营业收入	109%	89%	124%	106%	108%	107%	良好
		军品收入	136%	101%	117%	107%	108%	114%	良好
		民品收入	64%	48%	101%	79%	80%	74%	预警
		国际化经营（万美元）	97%	88%	98%	89%	90%	92%	正常
	风险指数(20)	亏损情况	80%	96%	88%	90%	100%	91%	正常
		带息负债规模	90%	97%	89%	102%	104%	96%	正常
		经营活动现金净流量	1%	-30%	-22%	298%	88%	67%	预警
	创新发展(15)	核心收入占比	101%	104%	102%	107%	102%	103%	良好
		创新产品贡献率	88%	90%	92%	96%	93%	92%	正常
		科研费	129%	115%	105%	76%	91%	103%	良好
		科技人员占比	80%	82%	85%	89%	100%	87%	预警
		科技成果	76%	102%	72%	89%	100%	88%	预警
		专利申报数	86%	95%	84%	82%	98%	89%	预警
	财务绩效(10)	净资产收益率	90%	83%	105%	98%	102%	96%	正常
		总资产报酬率	85%	90%	88%	89%	90%	88%	预警
		资本保值增值率	100%	102%	97%	96%	102%	99%	正常
		资产负债率	101%	139%	100%	102.00%	105%	109%	良好
		流动资产周转率	92%	91%	88%	82%	85%	88%	预警
		成本费用利润率	85%	87%	86%	82%	88%	86%	预警
		营业收入增长率	82%	87%	83%	97%	101%	90%	正常

表2 "十三五"期间公司经济安全总体状况

项　目		"十三五"时期	健康区域		预警区域
			良好	正常	
经济运行综合指数		97.5		★	
分类指数	经营效益	96.82		★	
	经济总量	118.44	★		
	产业规模	99.61	★		
	风险指数	85.59			★
	创新发展	94.35		★	
	财务绩效	93.2		★	

从监测结果来看，"十三五"期间公司经济安全总得分为97.5分，处于正常状态。其中，创新指数、经营效益指数、财务绩效指数处于正常状态；总量指数、产业指数处于良好状态；风险指数处于预警状态。

从单个监测项指标来看，共有30个监测项指标，其中12项良好；8项正常；10项处在预警区间，分别是存货、应收款项、民品收入、经营活动现金净流量、科技人员占比、科技成果、专利申报数、总资产报酬率、流动资产周转率、成本费用利润率。

2. 南方公司经济安全存在的问题及对策预警

从"十三五"监测的结果来看，处于不安全或者轻度不安全状态的指标主要集中在核心技术能力、资产运营效益、高端人才不足等方面。

问题一：核心技术能力和结构调整优化任重道远。

由于军工企业机制体制的特殊性，长期以来南方公司航空发动机产品从研发、加工、总装及配套几乎都由公司独立完成，形成了橄榄型结构，这种封闭的结构造成了技术基础和自主创新能力不强，技术水平和产业结构存在明显的短板，高薪武器装备的研制和生产能力相对薄弱。

问题二：资产运营效益未达高质量发展要求。

南方公司仍保留着为军队计划生产武器装备的主格调。受军工行业特殊性的影响，军品生产多不以营利为目的，军工企业的营利能力低于央企的平均水平，两金（存货和应收款项）占用高居不下，运营效率较低，资产营利能力较差，与国际先进航空制造业存在差距，未达到高质量发展的要求。

问题三：高端人才不足制约发展。

近年来南方公司人力资源发展状况一直在持续优化改善，但是科技人员占比不高，人均产出效率不及行业水平，远低于发达国家。高端创新人才不足是制约南方公司创新发展的瓶颈。

面对深刻变化的国内外经济环境，影响公司经济安全的不确定因素还在增加。扬汤止沸，不如釜底抽薪，公司依据系统监测结果的问题显示，深挖问题背后的根源，制定了相关对策，确保公司的经济运行安全。

对策一：加快建立"小核心、大协作"的军品科研生产新体系。

按照中国航发的战略部署，南方公司坚持聚焦航空主业，进行了产业结构的调整，逐步实现核心能力与一般能力的分离，降低保军成本，确立核心能力范围和专业发展方向，提升产品核心件、关键件和重要件的制造水平，打造核心竞争力，并利用市场逐步将低附加值零部件进行转包，建立"小核心、大协作"的"哑铃型"军品科研生产新体系。

对策二：实施创新驱动转变经济增长动力。

提高自主创新能力，是公司发展战略的核心。军工企业普遍具有较强的创新能力，为推动国家科技进步和创新做出了重要贡献。南方公司瞄准世界科技前沿，率先将增长方式向主要依靠科技进步转变，加快实施国家战略需求的重大科技项目，着眼企业自身发展需求，加大研究和开发力度，提高企业核心竞争力。

对策三：建立多层次人才培养体系培养高素质人才队伍。

结合新时代的发展需求，制定适应转型升级需要的人才战略，打造满足国防武器装备建设需求、适应市场经济环境的人才队伍。以建立多层次人才培养为目标，打造一支综合素质高、专业技能强、具有开拓创新精神的人才队伍。

通过运用系统监测预警结果，科学决策，客观公正实施绩效考核，对各单位问题闭环率进行绩效考核，将问题、措施及实施过程有机结合，使绩效考核成为推动管理提升的常态化工作。

四、军工国企高质量发展经济运行动态监测预警系统设计与实施的效果

（一）公司经济效益稳步提升，成效获得认可

2018年、2019年连续两年经营业绩考核被集团评为"优秀"，连续5年获评湖南企业100强。经济总量平稳增长，经济效益稳步提升，经济运行呈现稳中有进、进中提质的高质量发展态势。截至2019年末，公司实现总产值68.7亿元，平均增长率为16.72%，实现营业收入58.4亿元，平均增长率为8.25%，且产值和收入屡创历史新高。

（二）"五力"明显提升，能力与任务基本匹配

2019年是公司"十三五"的关键年，科研生产任务持续增长，任务量同比增长22.34%，任务工时同比增幅23.27%，商品工时同比增幅24.58%，人均工时增量平均增幅19.37%。公司条件建设步伐加快，及时补充了关键能力瓶颈，产能已明显提升；军民融合深度推进，零件外包速度加快，有效提升了研制加工能力；有效推动技术攻关，工艺成熟度和加工效率明显提升，产品制造符合性得到提升，制造周期缩短30%以上，确保了航机关键件配套；质量指标控制有效，各项质量指标明显改善，质量水平得到提升；全力推动中国航发运营管理系统（AEOS）建设，管理效能提升明显。公司持续向五个方面要能力，有效保障了年度科研生产任务完成，目前能力增长与任务完成增长基本匹配。

（三）有效规避经营风险推动企业长远发展

公司运用经济运行动态监测预警系统依据数据信息平台进行风险管理，全面分析形成公司风险的各种因素，找出风险问题的成因，将风险对企业可能造成的损失控制在最小范围内。数据来源真实、可靠、及时，得出的监测结果具有指导意义和参考价值，通过强化核心业务领域、重要项目的监测预警，全年共提出整改建议94条，实施完成94条，其中，公司经济运行审计项目获国家级奖项1个，省级奖项3个，集团级奖项2个。经济运行动态监测预警广度和深度进一步拓展，经营风险防范建设深入推进，形成多层次全方位辨识风险事项，全员风险意识进一步提高。

（四）形成崇尚效率与质量的公司文化氛围

公司推动经济运行动态监测预警系统应用与实施，牢固树立"质量第一，效率优先"的理念，将以往粗放型高速增长，转变为主要依靠技术进步、改善管理和提高劳动者素质实现的集约型增长，提高发展"质"的含金量。在2019年10月1日国庆阅兵式上，公司以高质量的航空发动机

武器装备配装飞机，圆满完成阅兵装备保障任务，赢得了用户的赞誉和认可，获得了"支援保障先进单位""阅兵装备保障服务标兵"等荣誉。同时，通过全员范围内的宣传和教育，积极推动员工观念的转变，让员工充分认识到提升效率与质量的高度重要性，进而将持续改善效率与质量的精神和理念贯彻到自己所从事的工作中，持续提升效率与质量已成为公司上下的共同信念，形成了崇尚效率与质量的文化氛围。

（五）应用示范新型经营管控模式逐步建立

南方公司努力适应当前的集团发展形势，契合自身经济发展特征建立经济运行动态监测预警系统。围绕示范应用，设计后的新系统已经运行近两年，其间已开展监测预警30余次，在公司各级次的成员单位（分、子公司）中推广应用，取得了较好的评价，起到了示范引领作用，是有效、有活力、调控有度的新型经营管控工作模式。同时，公司运行管控的新方式以及取得的成效，受到了中国航发集团和湖南省政府的高度评价和认可，2018年、2019年连续两年被集团评为"统计与经济运行工作先进单位"。

经济运行动态监测预警管理系统有效地保障了公司经济运行安全，为企业经济运行高质量发展夯实了基础。企业的经济建设与高质量发展已成为必然趋势。南方公司构建经济运行动态监测预警系统，强化经营分析与预警工作，提升公司经济运行质量，优化工作模式，在先进管理方式的支持下，优化管理形式与机制，必将进一步推动南方公司经济运行高质量发展。

主 创 人：闫福全、马 丽
参与创造人：杨志利、王 刚、杨 武、袁健松、柴丹凤、黄志红、
邓文珺、戴琳琳、王 雍、高雷雷、单世湘

面向新能源客车市场的全流程精益化运营体系构建

中车时代电动汽车股份有限公司

中车时代电动汽车股份有限公司（以下简称"中车电动"）是中国中车整合国内外优质资源，传承高铁基因，于2007年成立的国内第一家专门从事新能源商用车及其关键零部件研发、制造和销售的整车企业。它将世界领先的轨道交通电传动及控制技术成功应用于新能源汽车领域，已成为中国新能源汽车行业的领导品牌之一。公司用一颗环保的心，生产零排放、亲和环境的新能源汽车，成为继高铁之后中国中车的产业新名片，先后获得"最受欢迎电动客车品牌奖""十大新能源客车品牌""优秀节能与新能源企业"等荣誉，是行业标杆单位。

公司本部位于湖南省株洲市，下辖3家子公司、8家分公司，有客户274家。在常德、无锡、宁波、石家庄、重庆及广州等多地投资生产基地，具备年产1万台以上的新能源客车产能。公司2019年度销售7068台车，居全国新能源客车行业市场第3位，较2018年提升2个名次，实现销售收入50.1亿元。

一、面向新能源客车市场的全流程精益化运营体系构建的背景

（一）是适应新能源客车市场生态环境发展的需要

随着我国经济的快速发展，从人口众多、绿色出行、安全环保等方面考虑，新能源汽车因其具备广阔的发展空间和市场需求，加之主要以清洁和可再生能源等作为动力来源，具备清洁、绿色及节能等特点，愈发得到政府、社会和企业的重视。近年来，新能源客车市场一方面在"十城千辆""蓝天保卫战""交通强国发展纲要""新能源汽车补贴延长"以及各地方政府的政策性引导和支持下，获得了巨大的市场机会；另一方面，随着新能源客车销售补贴的逐年下降，市场保有量的逐步缩减，加之宏观经济下行，地方政府"钱荒"使得国内新能源客车市场从2018年起，销售总量逐年下滑，企业生存艰难。新能源车企在政策影响和市场需求快速变化的生态环境下，要实现新的发展，必须建立一套与之适应的内部运营体系作为支撑。

（二）是满足新能源客车行业客户高定制化需求的需要

随着环境友好和百姓出行需求的增长，新能源客车已成为我国公路客运的首选产品。不同地域和不同客户营运特点的多样性，决定了新能源客车产品的高定制化率。各整车企业为应对运营公司的个性化需求，根据客户的运营线路、客流、工况、功能等需求定制适应性产品，根据运营里程量身定制最佳的电量配置，根据客户财务情况定制成本最优的金融服务方案，根据客户属地化售后服务需求定制维护和支持方案。

高定制化意味着产品技术、工艺的多样化，订单呈现少台量、多批次，生产组织模式需适应快速换型。中车电动洞悉客户潜在需求，了解客户核心关切，面向新能源客车市场，创建全流程精益化的运营体系，旨在为客户解决在产品选型、融资方案、适应性配置等各方面个性化需求的同时，在内部协同产供销研全链条，挖掘降本项点、驱动内部价值链快速流动，降低订单成本和缩短订单交付周期，有效应对行业高定制化需求。

（三）是消除内部短板，实现高质量发展的需要

面对复杂多变的国内外市场环境，新能源汽车补贴退坡及市场需求下滑的经营形势，贯彻落实中车集团提出的"打造经济效益优、带动作用大、规模超百亿的支柱业务"产业定位和发展目标，打造高质量中车新支柱产业，需要中车电动人在困境中发力，清晰地认识和改善自身的短板，坚持攻坚克难，自主创新，寻找出一条适合自身的清晰的发展路径。

中车电动从内部寻找解决方案，以客户需求为中心，对标行业标杆，分析各环节业务管理能力之间的差距。技术方面：客户需求分析与产品规划能力不足，影响产品的领先性、适销性及对市场的支撑。营销方面：注重关系营销，技术营销能力严重不足，影响优质客户获取和订单的完美履行。制造方面：过程中高、精、细实现能力不足，与客户对中车高端品牌的产品期望有差距。质量方面：质量全过程的策划与管控能力不足，导致产品实物质量水平不高。借鉴标杆企业在客车整车及相关产品方面的经验和教训，分析根源，立足自身特点，发挥央企优势，打造一套高效率的精益化的内部运营体系，是中车电动在复杂开放的市场竞争领域内实现未来高质量发展的必然选择。

二、面向新能源客车市场的全流程精益化运营体系构建的内涵

基于新能源客车市场的行业特点，构建新的运作章法，以客户价值为中心，以满足客户需求为目标，贯标中车集团精益管理标准和"6621"运营管理模式，以精益的核心思想"全员参与，持续改善"贯穿整个业务流，构建新能源客车市场的全流程精益化运营体系，实施全流程精益管理工作，探索面向新能源客车市场的全流程精益化运营体系。打造精益绩效体系，牵引持续改善；推进全价值链精益运作策略，满足客户需求；建立全员改善机制，夯实管理基础；信息化支撑运营体系高效落地。实现全流程快速响应、持续改善、高效协同，对外充分挖掘市场和客户需求，对内驱动内部价值链快速流动，以提高应对新能源客车市场变化的能力。

三、面向新能源客车市场的全流程精益化运营体系构建的做法

（一）顶层规划全流程精益化运营实施框架

外部环境及客户需求的变化造成供需矛盾逐步突显，公司应对政策和市场变化能力急需提升，在中车"6621"运营管理体系思想的指导下，结合公司面临的问题，将管理工作前移，根据客车行业特点，构建新的运作章法，以客户价值为中心，将精益的理念贯穿其中，构建面向新能源客车市场的全流程精益化运营体系。

全流程精益化的运营企业框架由四个层面组成。一是全面构建精益绩效体系，牵引全流程、全员持续改善提升；二是以推进全价值链精益运作策略，构建以精益营销、精益研发、精益制造、精益供应链及TQM（全面质量管理）为载体的全流程、全系统的精益运营管理体系；三是建立以问题为导向的全员改善机制，持续发现问题，解决问题，固化标准，夯实管理基础；四是以信息化支撑面向新能源客车市场全流程精益运营体系高效落地。

（二）构建精益绩效体系，牵引全员持续改善

构建精益绩效体系，强化指标牵引。紧密围绕公司经营目标达成，优化组织绩效和考核体系，实行责任状与部门、个人工资总额和绩效考核挂钩，构建起全员服务经营、全员贡献价值、全员改善指标的绩效体系。

一是基于战略导向，确定阶段性规划目标和年度绩效指标，构建一、二级指标库系统，创新组织绩效管控模式，通过端到端流程体系将目标落实到部门甚至岗位。同时持续优化组织绩效管理体系，以"三改一减一增"为总的工作思路，坚定量考核与定性考核相结合、全员收入与公

司效益挂钩的原则,敦本务实、客观公正,全面准确地评价各部门(单位)的工作业绩,促进组织绩效的改善与提升。

二是将高质量目标转化为重点工作,进行项目化管理,建立经营管理的"作战室"和"仪表盘"系统,实施过程控制,建立可视化的目标动态管理模式,将项目分层级、分类别,由各专业组逐级进行项目管理和专项辅导,推进项目进度和质量,经营层随时了解公司重点工作进展,及时调度纠偏,保证目标绩效的达成。

三是持续对标标杆管理优秀模式,学习牵引绩效提升方向,不断学习,接近或超越标杆,引领公司迈向卓越。

(三)推进全价值链精益运作策略,提升整体运营能力

1. 技术协同营销,精准识别客户需求

以客户为中心,实现产供销研高效协同,从订单线着手,结合流程再造方法论,从规范营销活动开始,以技术营销的手段实施有效的客户拜访计划,精确把握客户需求,前置技术接口、配置确认、验证方案等工作,提升服务客户定制化能力,提升客户认知价值、适应敏捷市场需求的营销能力,打造了适应高定制化新能源客车行业需求、具有中车电动特色的营销精益管理策略。技术协同营销的主要措施有:

订单立项标准化与持续优化。以客户具体订单推动主业务流程落地,增强获单及盈利能力,规范和拉通"意向客户收集—客户关系搭建—客户深度交流—标前评审—投议标—中标后二次降本策划"等关键节点的流程操作及信息流管理。

建立顾问式销售团队。由技术、工艺、质量、集采等组织成立的技术团队实行协同营销,深入了解和解析客户定制化的需求,形成满足客户的专业配置与设计方案,同时开展订单降本和风险管控工作。

建立控制点前移机制。针对不可避免的指定与自带物资,协同采购、计划、生产、质量等部门建立控制点前移机制,做好出口管控与入口管控;同时建立与客户的沟通协调机制,提前预防由于质量异常造成的风险。

2. 推进精益研发,提高产品开发成功率

目标:精准识别"三新"(新产品、新技术、新工艺)发展趋势和客户需求,提升开发成功率及设计一次通过率,实现预研一代、开发一代、应用一代的良性循环。

策略:建立持续改善和提升的精益研发体系,在产品定义前端,运用三化设计、过程管理等工具,针对领先性产品、适销产品、中高端产品进行技术路线的确定和功能配置的开发。

2019年精益研发的成效:整车产品公告当年转销率由2018年的20%提升至50%以上,公司主型产品实现千辆以上销售;单批次订单由技术变更3.7项降低至1.27项以内,设计节拍由1天1单提升至1天1.5单。

3. 打造精益工厂,提升订单完美履行率

生产制造层面旨在打造精益工厂,实现制造过程高质量、高效率、短交期、低成本,全面提升订单完美履行率。全面贯彻中车集团"6621"运营管理体系,以中车集团精益车间建设标准为指导,结合新能源客车行业特点,构建适合中车电动精益制造框架,通过工位制节拍化生产线建设、效率三级巡视与改善实施提升产品实现、工厂运营及组织能力。

(1)全流程深化工位制节拍化生产模式

一是生产现场,以精益车间建设为抓手,坚定地贯彻工位制节拍化生产线建设。以工位为作

业组织单元,按照节拍化均衡生产的方式,以流水式作业组织生产。2019年株洲制造本部设计产能为日产12台/天,通过改善达到日产36台/天。系统电控车间运用价值流,持续改善缩短Leading time(前置时间),产线节拍由642秒降至500秒,人员配备由18人降至14人;通过进行产线线平衡分析及优化,线平衡率由74.8%提升至92.6%。各子公司以精益示范线建设为抓手,开展工位制节拍化生产方式的建设,现已全面迈开精益制造的步伐。

二是持续深化工位制建设,以现场工位为基准点,驱动实现设计、工艺、仓储、质量管理、成本管理全流程工位化建设,快速拉动现场问题的解决。设计方面,按工位节拍化切分整个设计流程,提升设计效率,实现设计节拍1天/单;工艺方面,实现工艺策划工位化、工艺BOM(物料清单)工位化、作业指导书工位化;物流仓储方面推行SPS(成套零部件供应),实现仓储管理工位化、物料分拣工位化、物料配送工位化;成本方面,将班组成本核算细化为工位成本核算,统计每个工位的物料、工时、费用,并设定控制和下降目标。

(2)推行"效率和质量三级改善"的方式

结合行业产品批量小、定制化特征明显的特点,在中车集团模拟线基础上进行拓展延伸,推行"效率和质量三级改善"的方式,从"产前模拟准备、产中组织、产后分析改善"三个方面开展工作,将生产线的关注点聚焦在效率、质量两大核心指标上,从而逐步打造精益车间系统,最终实现为企业创造更大价值。

产前模拟准备工作。首先是投产前6天,由工艺、质量等部门根据技术协议、图纸、BOM、工艺文件等信息进行订单审核,识别变化点、瓶颈工序与过往质量问题;其次是投产前5天,制定应对策略,针对变化点和过往质量问题,制定应对措施,优化工艺方法或改进工装,明确作业控制点等;再次是投产前3天,将相关工艺方案、质量标准对员工交底,落实到具体作业人员,采取TWI(督导人员训练)教导方式落实作业要领;最后是投产前1天,由车间管理层到现场抽查员工掌握情况,确保员工掌握标准。

产中组织技术、工艺、质量、IE及生产人员成立跟线小组,跟踪批量头三台整车生产全过程,由跟线小组成员全程跟线,首台发现问题,第二台改善和控制,第三台稳定,根据实际情况合理调整作业标准,确保质量、效率最优,如作业有调整,及时更新作业组合票。

产后对所有异常情况进行统计分析,统计周度/月度各工位问题数、周度/月度各工位影响时间。按问题难度分车间级、专业级、专项级进行改善,并实时跟踪项目进度直至问题关闭。

4. 深化精益供应链,提升物料齐套率

通过采购、供应、仓储、工艺、技术、订单、生产协同改善,缩短物料采购周期,降低来料不良率,提升物料齐套率,有效保证产线连续生产。一是进行内部流程的优化,强化产前准备,缩短采购周期,降低指定和瓶颈物料缺料风险;二是外部改善:对TOP10瓶颈物料质量、交期供应商进行专项改善,并在供应商推进精益生产线建设,2019年仪表台、玻璃等交付周期缩短2天以上,铝合金风道等7种瓶颈物料不良率降幅达到40%;三是不断开展内部工装、配送工具的优化改善;四是通过实物看板等达到工位物料可视化,拉动分拣与配送实现双循环,用于水蜘蛛的循环配送,解决了切线换产的柔性化需求,提高了效率。

5. 推行全过程"质量门",提升产品质量

在质量管控方面,全过程实施TQM管理,实现高质量的产品交付。一是建立以质量策划和过程控制为关键点的质量控制体系。如:在意向订单环节,即设定质量门,对客户需求进行识别和管控。二是建立从客户需求识别、产品设计到产品交付的全过程质量改善系统。

2019年重点实施全过程"质量门"管控，深度融合中车质量管理体系、卓越绩效模式、IATF16949（汽车行业质量管理体系）等国际国内先进管理标准要求，创建了基于大数据的全过程"质量门"管控模式。

全面应用信息化技术，建立了包括顾客需求、设计开发、供应商管理、生产运营、售后服务过程的数据平台，实现全过程的数据收集和分析，为产品及过程绩效监控与改善提供决策依据。在产品实现过程中，基于风险分析结果设置一系列质量控制点作为质量门，用于监控和预防产品实现过程中目标结果的重大偏离。四大关键质量门，贯穿核心业务全过程。

（四）建立基于现场问题改善机制，彻底关闭现场问题

根据制造班组级现场作业问题、产品研发小组级问题、营销低质量订单及丢单问题、售后现场问题，建立基于现场问题导向的改善机制，以精益改善项目为抓手，通过指标驱动，促进跨部门协同改善，确保持续发现问题、关闭问题，以提升公司整体效率效益，促进公司品质发展。

1. 聚焦四类现场问题

（1）制造班组级现场作业问题改善：针对现场各班组发生的异常、作业效率低、质量精度低、浪费大及可制造性差等问题，进行专项分析、改善。

（2）产品研发小组级问题改善：针对设计错误、设计变更、工艺不合理等导致技术、营销、采购、生产、售后、客户等全链条的技术问题和因其他部门原因造成设计进度滞后和质量低的问题，进行专项分析、改善。

（3）营销低质量订单及丢单问题改善：针对营销低毛利订单及A、B类重点意向订单丢单问题，重点分析从接触客户到投标前的工作组织方式中存在的问题，并进行改善。

（4）售后现场问题改善：针对售后现场产生的或客户反馈的技术、质量、制造、物料等的问题，进行专项分析、改善。

2. 建立问题关闭和运行机制

现场问题立项改善，以项目为抓手，从问题收集、识别优先级、立项管理、过程实施、结项关闭及成果推广进行全过程管理。

（五）主流程信息化，支撑全流程精益运营体系落地

建立了从顾客需求识别、产品研发、生产运营到售后服务等内部管理过程的数据收集、存储、分析信息化平台和管理机制，以满足客车行业"高度个性化定制"的需求，支撑全流程精益运营体系落地。

1. 客户关系管理信息化

结合主流程再造，完善CRM（客户关系管理）功能，集成配置器、售后CRM系统，最终达到全生命周期客户关系管理。

在CRM系统中新增目标管理、合同管理、指标管理、统计分析、应收管理模块，并对客户档案、客户活动、意向订单管理模块进行升级。通过目标管理，支撑区域、个人及目标市场的指标分析，支撑结果和过程的指标分析；通过客户档案，支撑客户需求分析、信用评价、营销活动策划、市场目标确定；通过合同管理，支撑收入确认、回款确认、售后活动成本处置；通过配置器，支撑配置选择、核价、产品规划及配置开发；通过客户活动，支撑售前、售中、售后多维度（客户、业务员、车型、时间）数据查询。

2. 研发设计管理信息化

打造支持新能源汽车扩能—智能化工厂的研发业务流程的数字化PLM（产品生命周期管理）

平台，针对产品研发设计全生命周期进行有效管理。

支撑技术中心快速响应订单需求，提高模块的复用性，实现协同设计，提升设计质量；缩短从车型创意到数字化样机的转化周期；支撑研发项目从立项到结项的全过程目视化管控；实现超级BOM的应用，结构化、多层级BOM的管理，支撑配置器的应用；实现工艺文件参数的结构化支撑下游生产制造。

3. 全面质量管理信息化

为全面规范化、电子化、自动化进行全面质量信息采集，实现质量信息管理、质量过程控制、质量分析与决策，对现有全面质量管理相关流程进行信息化。

搭建质量策划管理、质量信息采集、来料质量管理、制造质量管理、研试质量管理、售后质量管理、质量改进管理、综合质量分析等功能模块，实现来料过程、研试类过程、制造类过程、售后过程质量数据的监控与预防，降低不合格品率，减少制造问题，提升产品质量，为研试与下批产品的设计与制造提供参考数据；客观、准确地评价与管理供应商，科学地定制供应商评价模型，最终提升产品质量，避免问题重复发生。

（六）强化体系构建组织策划，保障达成项目成效

1. 坚持"一把手工程"，全流程实施精益管理

为确保全流程精益运营体系构建工作的顺利推进，公司提出了要打造精益企业的战略目标，全流程推进精益运营管理工作；坚持"一把手工程"，成立由总经理担任组长的精益运营管理组织机构，自上而下全面统筹规划推进精益运营管理，全流程、逐级次落实管理责任；聚拢一批优秀精益人才，组建成立精益运营管理专家团队，研究全流程精益化运营推行方法和标准。

2. 管理责任层层落实，过程督查持续强化

为确保精益运营管理工作高效、高质量推进，公司年初组织开展全流程精益化运营管理调研、精益运营规划方案制订、精益运营管理立项，确定各部门精益管理工作目标、计划，落实责任；年中实施双周辅导一轮精益运营项目的机制，跟踪项目推行进度，协调处理相关问题，有效推进精益运营工作；年末组织总结全年工作成果，策划来年工作方向，建立精益运营评价体系，组织精益运营管理专家开展内部审核评价，严格进行年度工作考核评价，持续优化方案。

3. 持续优化精益管理制度，运营体系有效运转

制定《精益管理推进管理办法》《精益管理项目管理办法》《关于成立中车电动精益管理专家组的通知》《精益管理组织架构》《精益管理项目辅导计划》，确保精益管理项目有效推进。

4. 夯实精益改善文化，营造"比学赶帮超"改善氛围

一是坚持开展对标管理工作，建立追标、达标及超标文化；二是开展各类自主改善活动，如改善提案、QC（质量控制）项目、员工自主编制OPL教程（单点教程）、微课程开发，不断消除现场浪费，提升员工能力，形成了"事事可改善，人人都改善"的良好氛围；三是持续开展精益学习交流，管理认识和能力不断提升，如"3+1"精益道场培训、精益特训、班组为中心的改善活动、总部机制管理输出及供应商精益管理输出等。

四、面向新能源客车市场的全流程精益化运营体系构建的成效

（一）完成精益运营体系构建，有效适应新能源客车市场生产环境

通过建立精益运营体系框架，首先，明确各个板块的提升目标和策略，形成具体流程，并将各个子板块体系提升工作形成项目化管理推进。其次，各环节基于高效协同运营，开展管理提升，营销端实施技术营销，精准把握客户需求；研发端推进精益研发，提高产品开发成功率；制造端

打造精益工厂，提升订单完美履行率；供应端持续深化精益供应链，提升物料齐套率；推行全过程"质量门"，实现产品高质量交付，公司平均首次故障里程提升了41%，2019年质量损失率与2014年相比下降83%。再次，基于问题导向，建立持续改善机制。最后，通过信息化不断固化管理流程，支撑全流程精益化运营体系落地。全流程精益化运营体系框架的构建，推动公司管理能力上升到了一个新台阶，持续实现降本增效，满足客户小批量、高定制化、短交期需求，有效适应新能源客车市场生产环境。

（二）细分市场排名跻身前三，持续助力海外市场获单

面对新能源客车市场下滑15%左右引发竞争压力陡增的复杂局面，在市场存量下滑、国补下降、红海竞争等不利形势下，公司实施全流程精益化运营体系，推动产供研销一体化运作，技术、金融与采购团队工作前移，快速精准识别客户需求，稳定了销售规模，且市场表现逆势上扬。全年实现销售收入50.15亿元，整车对外销售7068台，较上年度5278台提升了33.91%。客户结构不断优化，全年实现新增客户64家，老客户持续购买占比达66.7%。公司新能源客车2019年市场占有率为8.76%，市场排名从2018年位列第五快速提升到行业前三。同时将全流程精益化运营体系复制推广至海外业务板块，通过技术、金融等多部门合作，2019年在中车电动海外市场取得较好的市场业绩，先后取得了新西兰、沙特及法国等市场的批量订单，为后续不断扩大在海外的知名度和影响力奠定基础。

（三）取得良好社会效益，获得外部高度认可

推行面向新能源客车市场的全流程精益化运营体系以来，公司在管理工具、技术方法的深入研究和实效运用上，实现创新成果的固化及知识的积累和推广，涌现了大量高质量的管理提升项目，如技术营销、持续提升的精益研发系统、关键行为项目化及问题管理等管理创新，推动公司管理能力上升到了一个新台阶。全流程精益化运营管理体系的运用得到高度好评，并横向推广复制至供应商实施。

1. 社会高度认可

自2019年以来，面向客户具体订单推动实施企业管理创新，通过客户调研了解客户需求、提前策划订单工作，对技术、质量、工艺、交期、采购展开异常识别等管理动作，将各项订单工作任务前置，有效减少下单后异常，实现了技术从客户调研至订单下线全流程跟进，提前识别并整改异常项，做到订单状态综合把控，确保各节点统筹安排，提升客户满意度，如烟台、太原等订单获得客户高度认可，客户董事长亲自点赞；同时质量稳定性和安全可靠性得到持续改善，客户满意度综合提高近10%，企业品牌进一步得到大众认可，取得了良好的社会效益。

2. 横向推广复制至供应商

新能源客车市场的全流程精益化运营体系构建起来后，将部分成果横向推广至供应商实施。如向车架厂家湖南昌龙汽车附件推广实施精益设计、精益供应链和精益制造工作成果，使昌龙车架日供应能力由20台提升至40台，产品质量和成本大幅下降，在保供的同时，实现了供应商降本增效。另外还有扶手、舱门等供应商也引入公司精益研发和精益制造等管理模式，有效地提升了效率效益。

主　创　人：刘凌、赵云
参与创造人：孟祥欣、陈龙富、刘金平、张晶蔚、杨轩、周莉、周鲔伟

架空输电线路带电作业智能化精益管理创新与实践

国网湖南省电力有限公司输电检修分公司

国网湖南省电力有限公司（以下简称"湖南公司"）输电检修分公司（以下简称"输检公司"）是国内首家省级输电运维检修专业公司，主要负责500千伏及以上超特高压交直流输电线路运维检修工作，所辖线路横跨湘黔，纵贯湘粤。运维线路工75回，回长7591千米，其中±800千伏直流线路4回，±500千伏直流线路1回，500千伏交流线路64回；运维接地极线路2回，回长183千米；线路途经19个地级市（含广东3个、贵州2个），沿线共设12个巡检站，7个应急站。

湖南公司输检公司服务湖南经济快速发展，坚持"能带不停"原则，提升带电作业能力，内在提升电网供电能力，外在提升优质服务水平。历时7年，探索架空输电线路带电作业智能化管理路径，取得了很好效果，使湖南省输电带电作业水平跃居国内领先水平。

一、架空输电线路带电作业智能化精益管理创新与实践的背景

（一）是实现社会经济发展的需要

带电作业是在高压电气设备上不停电进行检修、测试的一种作业方法，大力开展带电作业工作，可确保电网安全，减少停电时间，提高供电可靠性，是国民经济发展和建设和谐社会的必然要求，对维护社会和谐稳定、提升国网公司服务社会经济发展、履行社会责任的能力具有重要意义。以正负800千伏祁韶特高压线路为例，正负800千伏祁韶特高压直流输电工程是外来清洁电能入湘大动脉，起于甘肃酒泉，止于湖南湘潭，供电量约占全省用电总量的12%，仅2020年前4个月就为我省输入电量近60亿千瓦时。该线路一旦投运，很难停电检修，当设备出现故障时，带电作业可保障在持续供电的情况下对设备进行维护和检修。据统计，50%的停电原因是设备检修造成的；而随着社会对供电可靠性、服务质量、用电依赖的不断增强，社会生产和居民生活均要求不间断供电，为国民经济的发展提供不间断的电能供应是电网公司必须履行的社会责任，发展和推行带电作业已成为社会和经济发展的必然要求。

（二）是满足电网发展态势的需要

随着社会经济的发展，社会生产和居民生活均要求更高的供电可靠性。由于湖南湘东主电网结构为不完全双环网，南部主电网仍是单环网，电网结构不够坚强，在优先安排基建、电厂送出、杆迁线路停电的情况下，线路停电检修安排困难，影响了供电可靠性。而供电可靠性是考核供电系统电能质量的重要指标，反映了电力工业对国民经济电能需求的满足程度；只有高可靠性供电才能为电力企业提供更好的效益，并降低客户投诉风险。带电作业是停电检修的可替代方式，可有效减少停电时间，提高供电可靠性，架起了客户与电网间的桥梁。同时，供电线路每实施一次带电作业，可增加供售电量，产生巨大的经济效益。以特高压输电线路为例，每实施一次带电作业，按减少停电12小时计算，满功率运行时可避免8000万千瓦时供电量损失。推进架空输电线路带电作业智能化精益管理，将在最低资源损耗下实现带电作业效益最大化。

(三) 是带电作业模式变革的需要

近年来，国网公司设备部提出了输电专业"三个转变"的要求，其中之一就是"线路检修向智能辅助带电作业检修模式转变"，制定了《国家电网公司架空输电线路带电作业专业水平提升三年行动计划》，重点对智能辅助带电作业机器人应用、无人机应用、智能装置研发、信息系统开发等提出了明确要求。现阶段，输电带电作业仍为劳动密集型作业，专业管理仍简单粗放，信息获取主要依靠电话、现场勘查、人工传达等传统方式，缺乏规范化和信息化管理手段，难以适应人工智能、物联网等先进技术发展需要，基于大云物移智技术实现带电作业精益管理升级成为发展检修核心技术的必然要求。随着雅中至江西特高压、华中特高压环网等工程的建设完成，输检公司运维的输电线路将达到1.1万公里。在输电线路外部运行环境日趋复杂，全社会对供电可靠性要求不断提高，内部专业管理更趋精益化的背景下，实现带电作业模式变革，是应对电网迅猛发展，实现运检提质增效的必然趋势。

二、架空输电线路带电作业智能化精益管理创新与实践的内涵

架空输电线路带电作业智能化精益管理的内涵是：以"建设国网一流能源互联网企业"为战略目标，以推动线路检修向带电作业检修模式转变为主线，紧密结合湖南电网实际，结合社会、电网和专业发展的新要求，通过建立健全组织架构、推进智能平台建设、细化管理工作流程和强化工作保障措施等建设架空输电线路带电作业智能化管理体系，推动带电作业装备管理可视化、作业审批线上化、现场管控智能化，促进带电作业安全、持续、创新发展，全力支撑湖南公司创建国网一流能源互联网企业。

三、架空输电线路带电作业智能化精益管理创新与实践的主要做法

(一) 建立健全组织架构

1. 研究典型管理模式

按国家电网公司"三集五大"体系要求，各公司在带电作业管理上均按电压等级划归职责，在检修公司下设立输电检修中心，负责500千伏及以上电压电压等级输电线路带电作业业务；各地市公司设置带电作业班，负责110千伏~220千伏带电作业业务。在未进行调整前，湖南公司与其他公司一样，在所辖14个地市公司均设输电带电检修班。此种模式有利于属地单位及时处理带电作业业务，但分散式管理模式的弊端逐渐显现：层级多、链条长、效率低、专业化管理难以到位，现场安全难以保证，科技创新力度不够，不能很好地适应专业发展要求。

2. 设立专业管理架构

湖南公司组织研讨带电作业专业发展和管理思路，深刻认识到当前管理模式下资源分散、管理链条冗长的问题，明确了带电作业集约管理的目标：建立1个中心，创新1个平台。

建立1个中心。所有单位取消输电带电作业班，全部集中到输检公司进行管理。输检公司成立带电作业中心，内设安生部、研发部、综合管理部和4个带电作业班组，将全省110千伏及以上输电带电作业人员、业务、装备与实训场地统一管理，实现带电作业专业化集中运作。

创新1个平台。打造湖南省智能带电作业技术与装备（机器人）重点实验室，该实验室以带电作业中心为依托单位，负责重大科技项目攻关，下设智能技术研究室、智能装备研究室和电力机器人研究室3个研究室，其中：智能技术研究室主要负责智能化带电作业技术研究，涵盖带电作业基础理论、作业方法、智能传感技术在带电作业领域的应用、带电作业智能现场监控及安全预警系统等；智能装备研究室，主要负责智能化带电作业装备的相关技术研究，涵盖新型材料在带电作业领域的应用及工器具研制、成套装备研发等；电力机器人研究室主要负责带电巡视、检

测及检修作业机器人研发，涵盖结构设计、智能传感技术、智能控制技术等。各研究室以博士为牵头人，配备专兼职研究员，对各研究领域开展重大技术攻关活动。

3. 建立协同工作机制

开发智能辅助带电作业检修管控指挥系统，以智能辅助带电作业检修管控指挥系统为平台载体，建成"专业部门统管、输检公司负责、专业平台支撑"的工作机制，实现现场可视化和管理智慧化。

专业部门统管。设备部作业专业管理归口管理部门，负责带电作业专业与计划管理，指导、检查、考核带电作业工作，组织技术研究攻关。输检公司直管。输检公司负责公司输电带电作业的生产、科研，协助国网公司和公司开展带电作业实训和实操授课，负责500千伏及以上线路带电作业需求申报，负责公司范围内110千伏及以上输电设备带电作业现场实施。创新平台支撑。省重点实验室根据《国网公司架空输电线路带电作业专业水平提升三年行动计划》的要求，围绕"带电作业关键技术、智能机器人技术、智能安全预警技术"三个稳定的学科研究方向开展课题研究，研制智能辅助带电作业系统。

（二）推进智能平台建设

1. 明确平台建设思路

围绕"线路检修向智能辅助的带电作业检修模式转变"的要求，立足带电作业现状，梳理线路作业管控和管理业务需求，开发智能辅助带电作业检修管控指挥系统，包括检修作业管控子系统、检修管理信息子系统、远程诊断指挥中心，实现检修管理规范化、信息化、流程化和检修作业智能化、可视化、互动化。系统包括检修管控子系统、检修管理信息子系统和远程诊断指挥中心三大块。检修作业管控子系统，包括系列智能装置、无人机辅助作业装置、带电作业机器人、检修作业管控装置和检修作业管控子系统。检修管理信息子系统，包括检修管理信息子系统和移动客户终端。远程诊断指挥中心，包括远程指挥大厅、远程诊断指挥装置、检修作业与管理全景展示。

2. 明确平台整体架构

该系统总体架构分为感知层、网络层、平台层和应用层。

感知层。实时感知各类终端设备监测数据，现场管控装置对下通过适配多类型协议，汇聚各类采集终端数据，通过装置内的C/S端软件应用，进行边缘计算和就地分析；对上与终端接入平台双向互联，完成远程与作业现场协同，同时具备C/S端单独应用、现场计算等功能。

网络层。利用无线专网通道将检修作业管控装置和终端接入平台，将数据上传至管理信息区，实现数据的可靠、安全传输。

平台层。与数据中台进行数据交互，包括数据中台线路基础数据、气象六要素数据及三维点云数据。与现场管理装置进行实时数据交互，通过终端接入平台接入现场实时监测的人体特征数据、安全位置信息、视频数据、图像数据等。数据计算与存储，对接入的数据进行分析计算、算法模型配置等，对各类数据进行分类存储。

应用层。通过检修作业管控子系统建设，智能辅助带电作业检修管控指挥系统提供B/S端、C/S端、移动端多终端业务应用，业务应用主要围绕带电作业全生命周期业务，提供数据管理、作业方案制订、作业现场管控、成果管理、统计分析等方面应用。

3. 明确平台业务架构

作业管控子系统。采用C/S架构，主要包括基础数据管理、作业准备、人体体征监测预警装置管控、安全监测预警装置管控、作业管控指挥装置管控、作业辅助无人机管控、带电作业机器人管控、运行类在线监测装置管控、可视化通信、统计分析、系统设置等11大功能模块。

信息管理子系统。信息管理子系统采用B/S架构，主要包括基础数据管理、人员管理、装备工器具管理、检修策略管理、现场作业管控、人机作业管控、科技创新管理、统计分析展示、信息推送和系统维护等10大模块。建立规范化的文件模板、表格、格式44份，实现管理规范化；所有资料全部电子化，建立台账数据表21个，实现资料信息化；通过工作流引擎，建立审批流程15项，实现工作流程化；通过设置管理目标值，实现管理工作12个事项监测预警；通过系统数据清洗转换，实现8个事项统计分析。移动终端主要包括数据查询、统计分析、作业管理、监控预警、个人中心等5大功能模块。

远程诊断指挥中心。远程诊断指挥中心配置展示大屏、多媒体设备、工作台设备和服务器，搭载智能辅助带电作业检修管控指挥系统，实现基础数据处理、检修策略分析、现场监控预警、远程诊断指挥及运检数据展示。

（三）细化管理工作流程

1. 装备管理可视化

装备台账管理可视。系统定制《带电作业装备暨出入库台账》模板，建立带电作业装备工器具台账，授权人员录入或批量导入生产类与培训类装备工器具相关台账信息，供授权人员维护、查询、下载等应用或其他模块调用；设置带电作业装备标准化需求台账，当台账内装备少于需求量时，系统自动生成《带电作业装备购置计划需求表》，实现装备购置计划及档案全过程管控功能。

装备维护保养可视。系统定制《带电作业装备与工器具维护保养记录表》，建立带电作业装备维护保养记录，授权人员录入或批量导入和更新装备工器具维护保养记录相关信息数据。当维护保养周期超过装备使用年限或装备无法维护保养时，进入装备报废流程，系统定制《报废工具清单》，实现装备报废。

装备试验监测预警可视。系统定制《带电作业装备与工器具试验计划与执行表》，录入或系统采集《带电作业装备与工器具试验计划与执行表》中的"计划试验时间"，设置3个时间点，采集"试验执行时间"并计算比对，分别发送提醒、预警、警告信息。

装备与库房管理可视。系统定制《带电库房台账》，通过录入或采集《带电库房台账》中的"标准温湿度区段数据"，设置3组温湿度正负偏差值，采集库房内"实时温湿度数据"并计算比对，实现对库房环境情况监控进行预警。

2. 作业审批线上化

项目计划线上管理。年度计划线上编审。系统定制《带电作业年度计划表》模板，设置应用人员权限表，授权应用人员在内网电脑端、指挥中心、现场管控装置和手机端下载、录入、查询；通过采集《带电作业年度计划与执行表》中的"计划完成时间"与"实际完成时间"进行比对，根据比对值发送短信后自动保存。月周计划线上编审。系统定制《带电作业月计划表》《带电作业周计划表》模板，设置应用人员权限表，授权应用人员在内网电脑端和手机端下载、录入、查询。应急许可线上审批。系统定制《带电作业应急申请单》模板，设置应用人员权限表，授权应用人员在内网电脑端和手机端审批、下载、录入、查询。

前期资料线上收集。作业资料线上提交。建立《运维单位带电作业项目提交资料目录清单》，系统采集《带电作业项目提交资料目录清单》中的资料提交"截止日期"，设置提醒、预警、警告3个周期，系统采集《带电作业项目提交资料目录清单》中的"提交时间"和"附件"并记录附件数量，与清单中的"附件总数"对比，分别发送提醒、预警、警告信息。现场查勘线上授权。根据资料目录清单中的资料，授权人员判断是否需要到现场查勘；系统采集《带电作业项目提交资料目录清单》中的查勘计划完成日期，设置计划完成日期前2天（可设置）为查勘提醒时间，设置计划完成日期前1天为查勘预警时间，超出计划完成日期为警告时间。

检修策略线上判断。带电作业线上判断。系统定制《带电作业诊断》模板，采集能否带电作业的判断数据（安全距离、力学校核——内部设置距离和力学计算公式），设置判断依据，得出结论。若否，则终止流程并自动反馈信息至授权人员；若能，则召开会商会。系统定制《带电作业检修策略结论》模板，会商会后，授权相关人员录入、维护。作业方案线上生成。建立《带电作业方案》模板，规范数据格式和数据采集方式；系统推送方案模板，由工作负责人填写录入后，在内部流转审批手续。工作票卡线上编审。建立《带电作业票卡》模板，规范数据格式和数据采集方式；系统推送工作票、卡模板，由工作负责人填写录入后，在内部流转审批手续。作业信息线上推送。系统提取作业信息发布平台信息，将当天作业的地理位置、线路杆塔编号、工作时间和工作任务以短信方式推送至管理人员。

3. 现场管控智能化

作业前准备。作业审批流程结束后，系统记录为作业计划开工时间"××月××日××时××分带电作业开始"，系统定制《运维准备内容清单与执行记录表》《作业准备内容清单与执行记录表》模板，设置应用人员权限表。作业中管控。作业时，智能装置接入系统中，实现对作业现场全过程管控。智能装置包括人体体征监测预警、安全监测预警、作业管控指挥。人体体征监测预警装置实现人员心率、血压实时监测，超过设定值则进行预警。安全监测预警装置建立安全保护区的三维电子围栏、作业人员形体模型，通过人体模型感应点的北斗卫星定位，监测作业人员与电子围栏的安全距离，超过设定值则进行预警。作业管控指挥装置配置无人机和球形摄像头，通过北斗定位无人机位置，建立无人机安全保护区三维电子围栏，对无人机与三维电子围栏距离进行监测，不让无人机进入安全保护区；通过摄像头对作业现场情况进行监视，实现摄像照片传输、作业现场实时管控和远程诊断指挥。

作业管控装置包括嵌入式数据采集、存储、软件应用、数据传输等4个功能区。建立局域网络，采用Wi-Fi或电台传输的形式，实现与智能装置、无人机辅助作业系列装置、线路运行系列装置的数据交互；对现场收集到的数据信息进行处理，对前端智能装置数据信息进行计算，及时将异常报警信息在终端界面展示，并发送给现场作业人员；通过APN专网或4G、5G网络，将现场采集的数据信息发送至远程管控平台；通过前端装置管控软件，实现对检修作业智能装置、无人机辅助作业装置、带电作业机器人及线路运行系列装置的实时管控。作业后终结。系统设置《带电作业验收申请表》和《带电作业竣工验收单》，发起验收终结，完成审批流程，实现带电作业验收终结。

（四）强化工作保障措施

1. 强化专业人才保障

加大人员补充。通过校园招聘、校企联合培养或外部引进等方式招聘新员工，以补充公司发展所需人才。加大智能带电作业相关专业本科、研究生、博士生的引进力度，争取湖南公司对公司人才贮备的支持，招聘到适合公司的专业人才。重点本科及以上学历的学生主要补充专业管理、专业技术和关键生产岗位，一般本科毕业学生主要补充生产一线和综合管理岗位。加强人才培养。

以"线路检修向智能辅助带电作业检修模式转变"为指引方向,大力开展检修人员岗位培训,根据业务需求,因人而异,科学制订培训方案,分阶段实施,加强培训督导,迅速提升检修人员的业务能力。强化培养激励。编制《国网湖南输电检修公司人才发展及科技创新激励方案》,对照"行业标杆、专业引领"目标要求,明确激励原则和目标,按人才发展激励、科技创新激励、职业导师激励和处罚措施四个方面分别确定不同的激励约束措施,从而全面提升公司带电作业人才队伍建设水平。

2. 强化仪器设备保障

建设实训基地。建设500千伏、220千伏、110千伏、35千伏、10千伏实训线路及各电压等级升压站,拥有110千伏和220千伏实训变电站各1座。500kV耐张及紧凑型杆塔、110~220千伏双回共杆、110千伏钢管杆、电缆终端钢管塔等特殊型杆塔,另模拟线路可带全电压。采用单回、双回、多回路设计;各种实验升压装置齐全。升压站的成套升压装置系统主要由开关柜、柱式调压器、升压变压器、快速保护装置、控制柜和手动操作台等组成。建设科研设施。已建成大型仿真计算工作站和10千伏高压试验室,建立110~1000千伏输电线路带电作业仿真平台,配备3D打印机、大吨位拉力试验机、预防性试验设备、工器具加工成套设备,可确保工器具的自主设计、加工和试验。升压系统设快速保护装置、高压保护电阻及过流保护。

3. 强化资金计划保障

2013年至今,公司带电作业团队持续进行攻关,每年从国网公司、湖南省政府和公司争取各类项目资金逾1000万,为工作的开展提供充足资金保障。

四、架空输电线路带电作业智能化精益管理创新与实践的效果

(一)提升专业管理能力

带电作业智能化精益管理系统投入应用以来,推动带电作业装备管理可视化、作业审批线上化、现场管控智能化,从而替代低附加值重复劳动,让员工更加专注于运营管理,进一步释放业务价值,支撑工作效率和工作质量的提升,实现带电作业办公场地、库房、工器具等资源共享,形成输变电全口径电压等级带电作业业务统一管理的专业管理体制。以项目研究为载体,有效锻炼和发掘技能与科研专家、促进人才队伍梯队的形成,2013年至今,已承担开展国网公司输电带电作业资质认证培训56期,培训学员1617人次,制作带电作业教学片30余部,累计为全国培养带电作业技能人才逾10000名,成为我国带电作业高技能人才培养的摇篮。在带电作业专业领域共培育出全国五一劳动奖章获得者、全国带电作业标准委员会委员、中国电机工程学会带电作业专委会委员、湖南省政府特殊津贴专家、各级别劳模、工匠、优秀专家、技术带头人、技术能手等40余人次,显著提高了带电作业行业的综合实力和竞争能力,进一步提升了带电作业管理水平。

(二)提高社会效益

通过实现带电作业智能化管理,促进湖南省乃至全国带电作业技术水平的飞速发展,实现了带电作业"更加安全、更有效率、更省人力",坚持"能带不停"的原则,实现特高压带电作业的常态化开展,有效减少停电检修,增加了销售电量,促进企业经济效益提高。2015年至今,已安全开展带电作业3397次(等电位作业663次),实现了带电作业安全与质量"零事故"和精益化指标100%完成,减少停电拉闸次数。以宾金线为例,该线路将四川的水电输送到东部地区,线路符合800兆瓦,停电检修每次作业至少需4小时,采用带电作业方式可减少电量损失约3200万千瓦时。2014年至今,项目团队共开展特高压带电作业32次,多供电量10.24亿千瓦时,相当于节约标准煤41.37万吨，减排二氧化碳、二氧化硫和氮氧化物分别约102.1万吨、3.07万吨、1.54万吨，同时也减少了粉尘的排放，对减少雾霾和保护生态环境发挥了积极作用，创造了显著的生态效益，保障了清洁能源的持续供给，有效减少了停电时间和停电次数，提高了供电可靠性和供电服务水平，提升了用户满意度，对电网企业履行社会责任、保障社会生产用电和居民生活用电、提升品牌形象发挥了重要作用。

（三）打造带电作业领先技术品牌

团队致力于研发智能辅助带电作业关键技术，攻克智能装置、管理信息系统等核心技术，打造了行业技术领先品牌。2019年9月，该系统获国网公司第五届"青创赛"银奖，受邀参加国家电网有限公司泛在电力物联网论坛暨第五届"青创赛"成果交易展，作为展厅四个重点汇报项目之一向上级领导进行了重点展示汇报。工业和信息化部、国务院国资委、共青团中央和国家电网有限公司有关领导对该系统给予了高度肯定。近年来，作业团队完成了世界首次斜拉法更换特高压绝缘子和全国首次接地极线路带电作业，组织制定《国网湖南省电力有限公司输电线路带电作业实施细则》《110千伏及以上输电线路带电作业现场操作规程》和申请制定《输电线路智能辅助带电作业安全监测预警系统技术导则》行业标准，带电作业中心先后被中国电力设备管理协会授予"全国输配电带电作业技术中心"，被国网公司授予"带电巡检与智能作业技术国网公司实验室"等荣誉，保持了带电作业领先地位，树立了湖南带电作业品牌，打造了带电作业行业标杆，进一步巩固了团队在全国带电作业领域的权威性和影响力，翻开了湖南带电作业创新发展的新篇章。

项目团队以国网湖南输电检修公司为平台，秉承"您安心用电，我带电作业"的服务理念，展示"保万家灯火，守电网平安"的带电作业风采，获得中央电视台、国网公司、地方等媒体的广泛宣传和报道，在社会塑造了"不停电"的公司良好形象。

主　创　人：汪志刚、段启平
参与创造人：顾　苏、乔晓光、邓志勇、全武生、黄　勇、杨　琪、
　　　　　　毛　盾、袁　丹、刘兰兰、杨开平

大型军工企业适应复杂系统的精益管理模式创建

江南工业集团有限公司

江南工业集团有限公司（以下简称"江南工业"）位于湖南省湘潭市，是国家"一五"期间苏联援建的156个重点项目之一，隶属于中国兵器工业集团有限公司。公司源于1890年创立的汉阳兵工厂，后以株洲二八二厂、湖湘煤矿、湘潭三六四厂、汉阳七六八厂为基础组建而成，成立于1952年，经过60多年的发展，占地6.26平方公里，资产总额38亿元，拥有员工2803人，其中各类专业技术人员1051人，下设12个职能部门、2个研究所、5个分厂、5个中心、1个分公司、4个控（参）股子公司，并相继在长沙国家级高新技术开发区、公司本部建立了产品研发中心和制造基地，是具有国防科技工业科研、生产双重资质的国家重点保军企业。公司产品以空地导弹、水中兵器等弹箭产品为主，随着产品的换代升级，江南工业在生产运营中进行了精益生产、智能化弹药生产等技术升级和管理模式的不断探索实践，已初显成效，先后获得"国家科学技术进步奖特等奖"、"高技术武器装备发展建设工程突出贡献奖"、陆航"技术支援保障先进单位"等荣誉。

一、大型军工企业适应复杂系统的精益管理模式创建的背景

（一）是贯彻落实"履行强军首责"的责任需要

随着我国国防和军队改革的深入推进，我军逐渐实现机械化、信息化作战模式向全域机动、立体攻防模式转变，为满足部队全疆域、快速机动、精确打击的作战要求，根据兵器集团"保持贯彻落实党中央决策部署的战略定力，聚焦主责主业、强化科技引领，全面推动集团公司高质量发展"的总体规划，江南工业积极推进精益管理体系化建设，运用精益理念、方法和工具指导生产运营，以满足军队高精尖武器需要与交付任务指数式增长的需求，以实际行动贯彻落实"履行强军首责"的要求。

（二）是推进企业"高质量发展"的战略需要

随着江南工业的不断发展壮大，企业生产运营取得了巨大突破，然而日常生产运营中也不断出现各种问题，如何实现发展质量第一、效益优先，实现经济发展质量变革、效率变革、动力变革，提高全要素生产率，不断增强企业经济创新力和竞争力，向精益管理提出了更深层次的要求。因此，进行精益管控模式的全面构建，强化需求牵引，坚持问题导向，落实精准要求，有效利用各业务系统融合、改善企业运营，坚持提升发展质量，聚焦成本、质量、效率等关键指标的改善，是持续打造具有竞争力的供应链，推进企业高质量发展的内在需求。

（三）是企业提质增效、健康发展的改革需要

江南工业作为老牌国有军工企业，其所固有的"军工骄子、国家宠儿"等陈旧思想观念，以及"只求规模，不计成本，不讲效率"的粗放型传统经营理念与方式，严重影响了市场机遇下企业高效转型升级的脚步。在原有精益生产的基础上，推动企业经营管理从产品链向管理链延伸，促进各业务系统融合，提升企业技术、组织、人员、流程等核心竞争力，对现代武器装备研制生产的技术方向、研制手段、生产管控进行系统性的体系架构改善提升，提质增效，形成增强型精

益管理体系，是推动企业由任务能力型向体系效能型转型升级、健康发展的自身需求。

二、大型军工企业适应复杂系统的精益管理模式创建的内涵

江南工业以保障生产交付、提升管理水平为目标，运用复杂适应系统理论（复杂适应系统中具有大量独立的自适应决策子系统，子系统具有强主动性、学习性和自适应性，大量的子系统决策结果构成主体决策环境并影响主体决策）中"自适应主体"的概念，进行了"一个思维、三个机制、两大抓手"的实质性推进演绎，形成了江南特色的"132精益管理模式"，利用系统自适应重塑企业创新，实现准时交付、管理提升、高质量发展。其具体含义是：

一个新的企业管理思维，即"市场导向、客户导向"的系统思维。将企业的管理由"利润导向"、决定论和线性思维为主的机械思维转变为"市场导向"为主的系统思维，对内表现为"客户导向"思维，即为流程的实施者、下道工序接收者提供便捷服务。

三个新的企业工作机制，即三层组织机制、三层计划机制、三层考核机制，改革企业中的组织机构、业务流程，同时利用其自组织性实现企业精益管理中各业务系统间的协同合作。

两大企业管理提升抓手，即以精益生产线建设为抓手，综合疏通生产曲点，提高管理水平和生产效率；以改进与创新为抓手，对企业经营活动、业务活动、基础活动进行分级改善，提高企业竞争力，实现创新提升与企业适应性相统一。

三、大型军工企业适应复杂系统的精益管理模式创建的主要做法

（一）建立组织体系，精确明晰企业工作责权

1. 设立组织领导，确保系统实施

构建党、政、工齐抓共管、立体推进的工作格局，确保精益管理模式构建目标的如期达成。江南工业集团成立由董事长亲自挂帅，主管项目、技术、生产和财务的副总经理分别为项目负责人、技术负责人、生产负责人、经济负责人的项目结构；并成立专门领导小组，负责模式构建的全面领导和组织协同；同时从各单位抽调精干人员组建专门机构负责归口管理：全面负责精益管理模式构建的顶层策划，建立财务、质量、技术、生产等各主体内的模型，确定关键绩效改善指标并进行推进。

2. 分层落实责任，确保目标达成

为了确保精益管理模式构建工作与日常生产经营工作有机融合、相互促进、产生实效，江南工业整合系统内外各方面的资源，实行本部（1个）、分厂（部门、中心、研究所25个）、一线班组（64个）三级责任管理，明确精益管理模式构建工作实施过程中各类各级人员的责权与角色，将责任层层分解落实，细化落实"从总部部门抓起，坚持上下联动抓精益"。同时将精益管理模式构建工作目标纳入各单位年度经济责任书进行全面考核，考核结果与各级负责人的月度履职和年度绩效挂钩，考核结果按各级负责人年度绩效的30%权重考核兑现。

（二）革新管理思维，精心提升企业管理认知

1. 引入理论，树立系统新思维

江南工业原有的管理方式是注重局部推进忽视系统集成、简单照搬忽视实际结合的"封闭孤岛式生产"，管理中因缺乏协调引起的问题和故障不时中断生产经营的运行过程。

思想上，精益管理模式构建引入复杂适应系统理论指导，首先让中层干部管理层充分考虑公司内部各系统之间的关系，充分考虑企业外部政治经济环境等，即"市场导向"为主的系统思维。为此，依托公司党建学习平台，对中层领导干部进行集中授课，包括外聘专家授课、主管领导讲业务等，对精益生产、生产线建设、生产与采购等进行知识普及、经验交流。多级课程的引导，

提高了管理层对企业的系统性、整体性管理的认知水平，从而以发展、动态的眼光处理企业内部各业务系统的配合与协作。

在内部执行上，生产和管理业务两线并行，注入"客户导向"意识，即为流程的实施者、下道工序接收者提供高质量的服务。为此要求各业务主管单位在制订本业务实施计划时充分考虑实施单位的可操作性，通过意见征集、指标设置、反馈沟通，形成具有可操作、可衡量、可评价的有效实施计划。

2. 融入标准，建立指导新《规范》

江南工业根据上级集团提出的"全价值链推进"工作要求，结合本单位实际，制定《公司精益管理实施与评价规范》。通过《规范》的制定实施，为各业务提供指导标准，也为精益管理工作检查评价提供工作标准。

《规范》从目标牵引、领导践行、管理协同等8个维度建立25个要项、45个要点，基本涵盖公司研发、制造、交付、企业管理等全价值链环节。对标先进兵器制造企业，每个评价要点设置1—5级评价标准，可供判断该项业务管理水平在行业中所处的阶段，也为中长期管理思路提供参照，成为精益管理指导业务推进的有效工具。

3. 创新原则，建立有机新体系

江南工业依托《规范》，对25个要项进行责任明确，根据业务"谁主管、谁负责、体系化推进"的原则将责任分解到11个业务单位，作为该要项的主管单位，指导该项业务的工作推进和考核，业务相关单位为配合单位，形成以该业务牵头的业务子系统。业务子系统内将要点指标和精益工具作为辅助业务开展的手段，对原业务进行细致化，提出业务精益改善指标，不做独立的精益要求，以避免工作中令出多门、相互冲突的情况的发生。将精益思维融入要项子系统，促进其内的人才、执行标准、改善机制等的自我完善，间接作用于其他系统的完善提升。最终，多业务系统联合提升，江南工业生产运营各业务线系统形成有机结合、体系化推进，相互支撑，相互促进。

4. 重铸模式，确立联动新方式

根据《规范》的要点内容和11个业务主管单位的划分，精益管理组织模式由原本的精益管理部门一把管到底优化创新为各业务线系统管理、推进、实施，避免大量人力物力的需求和工作重复进行，实现"精益管理部门抓总、抓牵头部门，牵头部门主抓、抓实施单位，牵头部门出意见、精益管理部门抓考核"的总分总模式。1个精益管理部门抓总，11个牵头部门主抓各业务线系统的策划、推进，针对切实问题有的放矢地开展改善活动，关键绩效指标改善成效非常明显。最后由牵头部门出具业务线考核意见，精益管理部综合评价，执行考核奖罚。

（三）建立三层管理机制，精细优化企业管理流程

1. 建立组织机制，实现组织保障

江南工业基于自身实际，在推进实施精益管理模式建设项目时建立了三层组织机制：精益管理部门进行公司级工作组织、规划；各业务线系统主管部门进行本业务线系统的组织、督导、融入；各实施单位进行业务工作分解、落实。

江南工业依据自身实际结合复杂适应系统理论的自组织特性，对7个部门、中心和10余项业务进行调整、重组，将关联度高的职能进行合并，考核权分离，企业管理结构呈现扁平化趋势，同时结合调整修订了《部门职责》《精益管理职责》《精益管理办法》等文件，完成了"132精益管理模式"的三层组织机制的构建，为三层计划机制的落实提供了组织保障。

2. 建立计划机制，实现业务融合

江南工业不断优化创新，建立了符合自身实际的三层计划机制，将精益管理工作融入企业的日常管理中，围绕生产经营目标协同改善、系统地落地见实效。

（1）加强公司全系统顶层策划。为解决原生产模式中计划不具体、实现手段不清晰、资源断层等问题，真正自上而下地化解积弊、"系统谋划"，江南工业充分考虑内部生产、转型、外部政治经济变化等因素，从全局的角度，统筹考虑公司内外部各要素，自上而下新订/修订了公司制度建设、工程项目、持续改善活动、班组建设等管理办法，规范了各项业务在精益思维下的工作制度与流程，对企业生产经营的各方面、各层次、各要素统筹规划，集中有效资源，高效快捷地实现目标；企业自上而下开展全面策划，最终落实到经营改善活动（研发、采购、生产、销售主线经营活动）、支援改善活动（精益人才、精益财务、信息化建设等辅助性经营活动）、基础改善活动［班组建设、5S及目视化、TPM（全员生产维护）等基础保障活动］中去，从而形成《公司精益工作计划》。

（2）凸显业务线系统计划融合。江南工业进行顶层策划后，更加注重整体性、复杂性，凸显业务线系统计划融合，结合公司顶层策划自主提出改善，制定《各业务线工作计划》。通过三级计划体系的逐级分解，将公司指令转变成保生产、提效益、可落地的实施对策。2015—2019年，在引入复杂适应系统理论规划精益管理后，分解任务数呈翻倍增长至平稳有降趋势，任务完成率稳步提升，以更详细的计划和"解决一个固化一个"的方式推进成效，使得计划有的放矢、业务融合，实现了公司抓面提规划、业务抓线定指标、单位抓点见成效。

一是将各业务线系统专干人员组建为专门的计划工作队伍，实现包含经营改善活动、支援改善活动、基础改善活动各业务环节，发展战略规划、创新机制构建等10个模块的改善活动计划均由企业中直接管理推进的人员制定，充分符合业务所在实施单位现状和未来发展，避免了以往"闭门造车"式的任务制定。

二是各业务线系统人员充分基于精益工具方法进行决策，通过引入数学模型、精益工具确定改善活动具体目标：运用数学模型研究产量和成本来测算某些零（部）件的经济生产批量，编制年度生产、采购计划；运用确定性静态库存模型进行存货管理，存货指标稳中有降；运用价值流分析开展流程改善，识别瓶颈爆破点；运用SMDE（快速换模）技术进行模具改造、建设生产线等，使得任务目标确定依据科学、符合实际。

三是各业务系统推广和应用信息化管理手段，从产品链延伸至管理链，各业务系统人员初步运用MES、ERP、PDM（产品数据管理）、CAPP（工艺信息集成系统）等信息化系统推动目标策划、计划实施、改善实现，推进技术融合、产品融合、业务融合，从而推动以信息化带动工业化、以工业化促进信息化的两化融合逐步实现，为达成智能制造奠定基础。

（3）落实工作实施方案。在实施方案制订上，要求各实施单位根据各业务系统确定的工作计划，基于5W2H法制订具体的《精益改善实施方案》，并落地实施。通过5W2H法的运用，各改善活动的具体执行人员能够准确、清晰地明白工作任务，提高工作效率，同时形成条理化，避免工作疏漏，使改善活动得以落地、改善目标得以实现。

3. 建立考核机制，实现目标导向

按精细化管控原则，建立了三层考核机制：精益管理部门牵头组织公司级督导考核并组织改善；各业务线系统主管部门督导本业务线系统改善活动的进行与考核；分厂、中心实施对一线班组的检查与考核。同时细化考核细则、健全考核标准，月度、季度、半年度、年度考核常态化；

组织飞行检查，项目检查形成工作合力；建立考核结果通报、督促整改、检查指导机制，完善考核体系；策划实施经验交流、专项改善活动等，实现精益管理工作有督导、有考核、有整改、有评价，实现以流程为中心的精益管理，充分发挥目标导向作用。

（四）坚持两大抓手，精准重塑企业管理效能

通过《规范》形成的业务子系统，在三层组织、三层计划、三层考核机制下有了良好的运行，业务措施最终落脚在生产线建设和各级改善活动两大贯穿生产经营首末的重点经营工作。

1. 以精益生产线改造与建设为抓手，提高管理水平和生产效率

江南工业针对多品种、小批量生产的现状，立足市场、结合实际，推进能力结构调整，对企业主要产品的产品簇展开梳理，提升核心制造能力。一是根据连续三年订货量动态评估、产品工艺相似程度，对主要产品进行比重划分，优先对重点产品系列的瓶颈集中点、质量控制点、先进设备更新点等进行自主式升级改造，旨在理直生产曲点。二是对多工艺、跨单位、特种工艺等涉及核心制造能力提升、建设投资型进行项目升级建设，化瓶颈为领先工序，带动整线提升。

（1）机加生产线优化生产布局、重构生产单元，提升零部件加工能力，稳定产品质量。运用价值流图分析，对环节中暴露出的在制品积压多、工序间转运效率低等增值缓慢环节，由分厂单位提出改造需求及初步改造意向方案，精益管理部门、规划部门联合评估后，组织工艺、质量、安全等技术人员开展方案优化设计、评审、建设。2017—2019 年，按照"专、精、特、优"的发展要求，以发动机、战斗部、舵机、仓段、线管、总装总调等为制造"小核心"，强化能力建设，建成精益生产线 5 条。

江南工业通过工艺改进、工序分析，进行生产线建设、优化，将原本已无法满足生产交付的机群式、离散型布局的生产方式变革为适应多品种、变批量、柔性化、自动化生产的单元式布局。通过柔性排产，生产周期缩短 30%，产能稳步提升；通过工艺改善，实现少人化；通过人机工程研究，实现自动化操作，物流路径优化、减少 10 个百分点，产品一次交检合格率提升到 95%以上。

（2）火工生产线构建专业柔性生产，提升生产效率，提高本质安全度。对多工种跨生产单位的生产线改造项目，主要由公司规划部门结合生产单位能力建设需求提出，除产能提升外，围绕提升生产线"四化"精益水平，进行扩能方案研究，提出工位产能分析、物流路径研究、人机配置等均衡化生产理念，并开展防错研究，以满足专业化、高效能、柔性、安全的生产需求。建成基于安全布局优化的压药生产线，基于多品种、小批量、轮换生产的舵机总装生产线，基于应用先进制造技术和信息化手段的发动机壳体生产线，基于低碳环保的自动化电镀生产线。

特种工艺以火工品生产过程的安全、质量、效率保障同步提升改造最有代表性。火工生产区承担着企业各类火药产品压制的生产任务，其厂房、设备、人员配置设计与产品容置量安全系数有着密切关系，必须经专项系统设计、多方审查验证才能进行产能提升改造。随着军队需求数量的急剧增长，火工产品生产能力形成瓶颈。江南工业一是对火工区厂房、设备、布局、工艺等进行分析研究，重点通过现场 5S 和目视化管理、作业标准化、TPM 管理、快速换模等工具的运用，实现火工生产线由"多人单机"向"单人多机"转变，换产效率和生产效率得到提升。二是柔性化布局与专用盛具设计实现了生产现场定量、定员控制，实现产品搬运次数减少 75%，工序间物流减少 80%，设备生产效率提高 30%以上。通过减少火工品移动量、移动频率和振幅，降低安全风险。三是运用高清摄像头、人体红外感应器、门机联锁等装置，使得危险场所人员始终处于受控状态，消除安全隐患，提高生产线的本质安全度。

(3) 运用智能化手段，推进两化融合，推动体系效能转型。江南工业在生产线建设和改造中，积极运用智能化手段，进行企业产品生产持续优化。采用全抱全胀式夹具，解决薄壁件自动装夹和加工变形的难题；通过激光在线测量与刀具自动补偿，实现零件加工精准定位；通过自动上料与桁架系统，实现无人值守与流线化式工件自动转移；通过运用焊接机器人进行组对、装夹、焊接、焊缝质量检查、工件参数输出等复杂作业，实现数字化控制、复杂焊接作业智能化生产。将工业技术与信息技术融合，同时将信息技术应用到企业研发、生产、管理、营销等各个环节，促进企业业务在创新和管理上升级，推动企业由任务能力型向体系效能型转型升级。

2. 以改进与创新为抓手，改善关键绩效指标，提高企业竞争力

改进和创新是创新驱动发展战略的重要内容，江南工业以管理、技术为切入点，双线并行，制订了《管理改进与管理创新工作管理办法》《持续改善活动管理办法》《公司科技创新奖励办法》等，规范指导各类改善活动的开展。以经营改善、支援改善、基础改善三个层级，开展合理化建议、管理改善、管理创新、小微创新、科技创新、"九降三改一杜绝"等活动实现关键绩效指标持续改善，提高企业竞争力。江南工业广泛开展改善活动，每年开展改善课题300多项，其中公司领导主持改善课题9个，中层领导主持改善课题100余个；技术带头人、科室主任等人员主持改善课题100余项，基层员工不仅参与100余项改善项目，还以人均两条合理化建议的形式立足岗位，发现问题，提出改善措施。

(1) 强化目标牵引，开展经营改善活动。对涉及公司层或业务层的经营改善活动，围绕强化对研发、采购、制造、销售的目标牵引，通过责任书立项纳入部门年度重点工作，要求业务牵头单位以发展的眼光开展谋划布局。加大以科学技术进步奖、管理创新成果奖等可往外部申报的公司级以上奖项的宣贯和奖励力度，吸引业务线专家人才研究学习，推动本业向前发展。通过强化目标牵引，江南工业广泛开展加快精益生产线建设、物资集中采购力度、精益服务体系建设等各项经营改善活动，质量、效率、成本、安全等目标得以实现。

(2) 聚焦关键指标，推进支援改善活动。对人员建设、财务管理、信息化建设等辅助经营活动，开展支援改善活动。一是管理类开展精益改善课题，结合中层领导干部培养，要求中层领导每年组织开展1个以上改善课题，二级主管至少参与1个改善课题。通过逐年课题改善，完善人才分层分类培训与管理机制，改善企业各级各类人员的绩效考核评价体系，打通青年科技人才快速成长通道；推进资金集中管理，进一步压控两金占用、优化结构，实现非正常存货零增长等。二是技术类开展工艺优化和小微创新。对成系列、产品式集中工艺优化由工艺技术研究所组织开展，实现工艺技术的成套更新完善。对生产、检验等执行单位在生产运行过程中的自我探索、创新探索，提高产品质量保障能力、加工效率、加工技术方法等自发性行为，以小微创新形式进行改善。每年开展工艺项目与小微创新项目60余个，且呈逐年增长趋势，技术骨干的参与积极性切实得到提高。工艺总管部门与生产单位同步改善，推动了研发—工艺—制造的协同，实现工艺技术系统的自我完善。

(3) 提升现场管理，落实基础改善活动。加强企业的坚实基础（生产与管理一线）的改善，是经营改善和支援改善活动开展的基石。江南工业一是大力推行合理化建议改善活动，所有人员均可提出对本岗、本业及其他所有促进公司健康发展的改善建议，通过自提自改、其他单位审核改进、公司组织立项建议等形式，推动了各项管理、技术基础的修复完善。二是落实班组建设、5S及目视化、设备TPM等见实效，以各项基础改善活动提升现场管理水平，创造良好的生产条件。各项基础改善活动的持续开展，使得生产现场人机料法环等各要素得到有效控制和监测，现

场管理水平稳步提升。

（五）优化管理流程，精致实现企业长效机制

1. 畅通职业发展，加强人才队伍建设

江南工业积极畅通员工职业发展通道，激励员工努力奋进，将精益管理模式建设创新不断实践下去，实现自身价值。企业根据各类人才特点，实行人才分层分类培训与管理机制，制订了企业科技带头人、关键技能带头人、内设机构负责人等各级各类人员的绩效考核评价体系。同时不断选拔业绩好、能力强的管理、技术人员进入高层次人才队伍序列；对科研技术岗位序列进行细分拓展，强化业绩导向和能力导向，树立员工职业生涯"标尺"；增设破格、跨级等途径，开通青年科技人才快速成长通道，系统推进科技人才队伍的年轻化，实现"人尽其才""人人成才"。几年来，江南工业先后培养出中央企业技术能手2名，中国兵器科技带头人4名，中国兵器关键技能带头人4名，中国兵器技术能手5名，享受国务院特殊津贴专家6名；有正高级职称54人，副高级职称178人，高级技师53人，技师213人，"高级工"以上技能工1165人。

2. 深化培训宣传，培育精益文化

江南工业深化培训宣传，培育精益文化，持续提升精益人才队伍业务素质。一是持续组织开展精益理念、方法、工具的培训工作，重点做好对标学习，落实好精益管理培训计划。二是持续开展各项精益管理改善活动，引导广大员工积极参与，通过形式多样的评比表彰、参观交流、案例分享、主题月活动等，鼓励员工立足岗位、发挥智慧，共同参与企业的改善提升活动，逐步把精益理念融入日常工作之中。三是加强集团内外跨界交流，利用咨询顾问、集团专家等进行培训授课，同时组织实战激发改善，并对优秀成果进行表彰、展示、宣传，提高员工的荣誉感，以建立久久为功、持续改善、臻于至善的精益文化，推动全员精益管理走深走实。

四、大型军工企业适应复杂系统的精益管理模式创建的实施效果

（一）制造能力得到提升，核心主业进一步突出

江南工业通过对自身组织结构和生产模式的分析，结合复杂适应系统理论的应用探索，形成具有江南特色的"132精益管理模式"，层次清晰、结构分明，在体系建设、生产转型、结构调整的工作实践中，整合优化生产线区域布局，聚焦主责主业，实现"集中力量办大事"，推进军工能力建设。通过柔性化总装生产线、零部件生产线建设，物流模式、生产布局单元式优化，实现连续化生产，使得生产由断点工序向生产单元及连续生产线转变；技术上改善重要工艺143项，突破关键工序产能瓶颈25个，技术变革10余项，企业核心制造能力全面提升，以充足的产能全面增强主业保障能力和客户信任度。2017—2020年四年间，企业主要产品订货量逐年同比增长值为37.8%、100%、59.6%。

（二）制度流程不断优化，管理水平持续升级

江南工业通过"132精益管理模式"建设，紧抓业务融合、协同改善，形成具有指导评价意义的《公司精益管理实施与评价规范》，同时围绕管理制度化、制度流程化、流程表单化、表单信息化，从企业目标实现和发展服务的角度，开展了管理制度、业务流程的梳理与流程再造。2016—2019年期间，对26项业务流程进行优化，累计新订/修订制度文件159项，实现了制度减少1/3，管理流程缩短1/3，会议减少1/3。通过精益管理模式建设、生产线建设推进、精益改善活动落地实施，企业管理水平显著提高，逐步由任务能力型向体系效能型转型升级。目前，江南工业精益管理模式建设的经验做法，已推广到本部所有参（控）股公司和分（子）公司，并多次与兵器集团内外企业进行经验交流，具有较强的可借鉴性。

(三) 经济运行质量实现跨越式发展

五年来,通过实施"132精益管理模式"建设,江南工业的主营业务收入、利润总额、员工收入等各项经济指标持续增长。2019年经济指标显示,主营业务收入由2015年的14.16亿元增加到31.93亿元,改善度达125.49%;考核利润由2015年的0.65亿元增加到1.4亿元,改善度达115.38%;成本费用率由2015年的98.56%下降到93.23%,改善度达5.41%;EVA(经济增加值)值由2015年的0.67亿元增加到2.92亿元,改善度达335.82%;全员劳动生产率由2015年的11.05万元/人·年增加到21.9万元/人·年,改善度达90.43%。

主 创 人:王 玮、林 海
参与创造人:佐齐生、袁 圆、胡 丹、胡 亮、彭 芳、王 沛、颜钦武、陈艳露、曾庆亭

航空装备制造企业高效协同的财务精益管控体系建设

中国航发南方工业有限公司

中国航发南方工业有限公司（以下简称"中国航发南方"）始建于1951年，隶属于中国航空发动机集团有限公司，代号331厂，是国家"一五"期间156个重点建设项目之一、国家首批试点的57家企业集团之一和新中国早期六大航空企业之一。主要研制生产航空发动机、航空转包生产、燃气轮机、光机电产品等。

公司于1954年8月研制出新中国第一台航空发动机，毛泽东为此亲笔签署嘉勉信。此后，公司相继成功研制出我国第一枚空空导弹、第一台重型摩托车发动机、第一台地面燃气轮机、第一台涡桨发动机等产品，先后研制生产了活塞、涡喷、涡桨、涡轴、涡扇和辅助动力装置共6大类别40多个型号的产品，现已发展成为我国中小型航空发动机研制生产基地。

2019年末，公司总资产139亿元，实现经营收入58.42亿元，经济增加值1.32亿元，利润总额4.01亿元。公司有3个控股子公司，4个分公司，14个直属生产中心。公司现有财务人员115人，设有总会计师，总部财务管理部为公司财务管理和定额、工时、价格管理的主管部门。

一、航空装备制造企业高效协同的财务精益管控体系建设的实施背景

（一）是落实国家战略部署，快速响应和满足国防科研生产的需要

2016年党中央做出组建中国航空发动机集团有限公司的决策，要求中国航发集团肩负起制造国防装备的重任，加快航空发动机和燃气轮机的自主研发和制造生产。为促进中央企业深入实施转型升级，走内涵式发展道路，国资委在中央企业全面开展管理提升和技术创新活动，提出"强化向管理要效益理念，切实加强基础管理"的工作要求。面对新时代的历史使命，如何对接发展战略，快速响应和满足国防科研生产需要，提升财务管理体系的运营支撑能力，对中国航发南方财务管理提出了更高的要求和新的课题。

（二）是优化企业财务资源配置，提高管理效率的需要

中国航发南方除总部和分子公司设有会计机构配备会计人员外，14个生产中心和4个业务部门也设有独立的会计，生产中心还配备了定额人员。生产中心、业务部门会计业务具有高度的相似性、重复性，这种分散的组织形式在公司资源配置上造成了浪费，导致财务工作执行效率不高。财务精益管控体系的建立，将各单位会计人员、定额人员集中管理，从事大量同质化、专业化、标准化的通用性业务，能够有效提高企业资源配置的整合优化，通过资源集中整合后的集约化作业形成规模效应，充分发挥财务管理协同效应，降低运营成本、提高运营效率和响应速度，以便集中优质力量从事与战略目标、生产经营结合紧密的个性化业务。

（三）是适应企业管理变革要求，提升财务管理能力的需要

对照公司变革创新、管理提升要求，公司财务管理工作还存在着亟待解决的问题。（1）成本管理不精细。管理层级多、环节多，管理目标与角度存在差异，信息传递效率不高，影响数据的真实性与完整性，不能高效落实公司管理意图。（2）定额价格管理落后。公司产品具有小批量、多品种的特点，型号多，管理复杂，再加上外包零件图号多，公司价格及工时定额管理工作任务

重，难度大。（3）财务信息建设共享不足。公司信息化建设按部门线条纵向管理，跨业务协同与信息共享明显不足，存在"信息孤岛"，横向缺乏联系，纵向缺乏延续，ERP系统中实物形态的物料流动不能直接转换为价值形态的资金活动，未能实现物流、工作流、信息流、资金流的实时反应，导致信息系统中数据多头输入，冗余存储，影响成本核算数据的抽取和准确性。（4）人员素质有待提升。目前生产中心定额和会计人员基本是从工人转职到定额和会计岗位，年龄结构偏大；从事定额管理的13人中仅2人有本科学历。财务管理部定额工时及价格管理人员均无工程技术专业背景，人才队伍结构与素质亟须优化。

二、航空装备制造企业高效协同的财务精益管控体系建设的内涵

中国航发南方财务管理团队聚焦发展战略，开展高效协同的财务精益管控体系建设，以提升财务管控能力、实现财务共享为目标，以优化业务流程为主线，以机构整合为契机，以信息技术为支撑，以人力资源为保障，规范业务标准，整合财务机构，优化人员配置，搭建财务共享信息平台，对大量分散式的具有共享效益的财务业务，通过实施系统性的流程整合，形成专业化、规范化、标准化、集约化的会计工厂化作业，为内外部客户提供优质、高效的专业服务，持续提升财务管理效率，支撑公司发展战略的实施。

三、航空装备制造企业高效协同的财务精益管控体系建设的主要做法

（一）统筹策划，确定财务精益管控整体框架

1. 明确财务精益管控目标、职能定位

根据航空发动机制造业品种多、流程长的主要特点，结合会计结算与核算的职能，中国航发南方确定以建立高效协同的财务精益管控体系为主要目标，以财务会计专业技术为立生之本，以信息质量为生存命脉，以资产效率为发展根基，建立会计信息共享服务中心，促进财务管理转型升级。

为实现上述目标，公司财务管理部设计财务精益管控模式，强化财务服务和管理会计职能，一是通过系统性的流程再造和整合，使公司同质化的会计处理流程更为明晰、简洁和标准，促进公司相关业务的价值整合再造；二是建立和完善财务数据中心，提供高度集成、客观的财务信息和优质的专业化服务；三是从财务专业角度对经济业务进行审视，协助业务部门规范经济业务，规避经营风险。

2. 明确财务精益管控模式的建设重点和业务选择原则

财务精益管控是财务运营模式的转型。针对公司生产中心众多、业务流程长、物料数量级庞大等情况，经过整体策划，明确业务标准是基础，流程高效是核心，组织架构是平台，信息技术是支撑，人力资源是保障。因此中国航发南方把业务标准、组织架构、业务流程、信息系统、人力资源五个要素作为财务精益管控模式的建设重点，从点、线、面全方位多角度实施精益管理。其中对财务业务的选取进行了专门研究，根据先易后难的原则，从以下五个方面实施精益管控共享整合：一是能满足公司层面会计质量管控需求的业务，例如会计核算标准的制定、会计语言的规范等；二是具有专业化标准的业务，例如各分子公司的会计核算、报表编制；三是资金信用管理；四是大量同质的业务，例如采购挂账、费用报销等财务结算和会计核算；五是具有普遍性的业务，例如各生产中心的成本会计报表、工时定额报表、各类成本管理分析报表等。

3. 明确财务精益管控建设的实施步骤

中国航发南方按照"整体构思，分步实施，逐步完善"的实施方案，边设计、边推进、边调整，有效防范实施过程中的财务风险、变革风险和技术风险，切实做到"平稳过渡，有效衔接，充分磨合"，有效地完成财务精益管控的模式创新、流程创新和技术创新。

（1）建立业务标准。公司及所属单位虽然遵从统一的会计准则和会计制度，但根据自身的业务运用的会计政策与会计估计不一致，导致会计核算政策具有自身的特点，因此公司把财务精益管控建设初期的首要任务定位于统一会计核算标准、规范会计语言、建立统一的基础数据库。

（2）重构业务组织。针对成本管理较粗放、定额价格管理落后的问题，公司下决心重点进行组织机构重塑，将中心会计、定额人员收编到财务管理部，同时强化定额价格管理，设立价格管理二级机构。

（3）优化业务流程。开展业务流程梳理，开展业务整合。根据财务精益管控同质化、普遍性、标准化的原则，公司选取财务报销、各生产中心的成本管理、工时定额管理等业务进行集中管控，打造会计标准化工厂作业。

（4）提升技术手段。财务信息系统作为公司信息系统中的一部分，主要通过浪潮会计系统、ERP基本疏通了与经营管理业务域的信息流，但还存在"信息孤岛"壁垒。公司从建立财务主数据管理系统入手，以预算管理系统、材料核算系统、网上报账系统为突破口，建立财务信息与其他业务信息的接口，实现核算层与业务系统、管理层与核算、业务系统、各系统之间的高度集成，为实现财务精益管控提供强有力的技术支撑。

（5）培养人才队伍。为进一步强化财务管理工作，匹配军品价格、科研经费管理、巡视审计的新要求，开展员工岗位交流，举办财务管理项目技能竞赛，发现人才，促进岗位成才，培养管理会计人才。

（二）重塑组织架构，奠定精益管控组织基础

1. 营造推进财务精益管控的组织环境

财务精益管控服务模式的推出使得各生产中心原有的工作方式和行为习惯发生较大变化。公司开展一系列的形势教育，使得内部对财务精益管控服务模式和目标定位的理解逐步清晰和明了。各单位对集中管控实施过程中的种种问题抱有开放和宽容的态度，能积极应对和加以解决。

2. 变革中心会计定额人员管理模式

将生产中心会计人员、工时定额人员收编到财务管理部成本价格处，增设1名副处长，增加价格管理岗、工时定额岗编制，工时定额岗定为工程技术序列。机构调整后，对成本、价格、工时的整体管控能力显著提升，有利于财务系统人员的总体规划和培养。但同时发现存在一些问题，如：成本价格处人员编制过多，管理幅度较大，容易造成管理不到位；实行派驻制容易造成新的工作壁垒，造成财务人员开展工作不顺畅；部分人员绩效分配水平较之前差距较大，造成积极性受挫。财务管理部积极协调各生产中心和人力资源部，根据实际情况，制订切实可行的实施方案，重新明确岗位职责，合理划分岗位绩效，做实职能调整，做到岗位与绩效匹配。

3. 深化定额、价格机构改革

调整管理职能后，经过近一年时间的运行，发现成本价格处工作职责涉入成本、科研、定额工时、价格管理，范围广、业务复杂、人员职数较多，管理幅度较大，导致成本价格日常管控难度极大。财务管理部开展充分调研，从管理范畴和目标差异、管理领域和侧重点区别、集团要求和行业内通行做法等方面进行分析，建议在财务管理部下设立价格管理二级机构，管理公司价格和工时定额，有利于聚焦公司关注重点和管理瓶颈，优化管理流程，提升管理水平和质量。

2019年12月7日，公司经理办公会决策通过新设价格管理处，处内设置岗位职数21名，设置价格管理岗、工时定额岗、车间定额岗、标准定额成本岗等职务，并对岗位职责进行了细化，对价格管理岗、工时定额岗的职数进行了相应调整。

(三) 稳步推进，完善财务精益管控业务流程

1. 规范业务标准，统一会计核算系统

(1) 制定核算标准手册。为进一步规范会计科目核算内容，为经营决策提供有效支撑，重新修订完善《南方公司会计核算办法》，下发《会计核算标准手册》，明确86个一级会计科目定义、科目设置要求、核算内容和范围、核算方法、明细科目及辅助核算设置说明、对应报表项目、特殊说明等情况。

(2) 规范财务会计语言。财务主数据的统一管理，是沟通财务系统与各个业务系统之间的"桥梁"，是保证各个系统信息的互联互通，打破"信息孤岛"壁垒的基础，对企业财务信息系统的建设和规划有着重要的意义。① 新增现金流量模块。该模块能自动获取现金流量数据，准确性高，增强了现金流量项目的查询、统计、分析功能，不仅提高信息披露数据质量，而且为银企互联提供技术支撑。② 建立往来单位类别定义。在财务主数据系统中，对往来单位进行类别定义，不仅提高工作效率、减少人为差错，还能为网上报账平台、预算管理数据、关联交易报表信息共享提供基础。③ 建立供应商（客户）唯一识别代码。公司总部往来单位在浪潮财务软件中显示有1271户，将往来单位重新按类别进行梳理，在财务主数据系统中，将统一社会信用码定义往来单位的唯一标识，建立往来单位税号、公司名称、银行账户、银行名称等账户信息，规范了采购、销售、财务核算环节中往来单位的信息，不仅避免往来单位重复，也作为与发票管理系统、合同管理系统、网上报账平台、资金管理系统等系统信息共享的唯一标识。④ 财务主数据与ERP系统的映射定义。为了加强财务主数据系统与ERP系统的集成，采用映射定义方式，统一双方数据，为基础数据转换提供支撑。

(3) 建立全级次财务核算体系。全面推广使用浪潮GS管理系统，统一会计信息标准和软件，按照"纵向逐级集中、横向内外整合"原则，以浪潮GS集中核算系统为工具，提炼、梳理并整合海量财务数据，构建凭证数据、科目账务数据、报表和评价指标数据三个层次的数据仓库，逐步建立起"数据共享、上下贯通"的财务集中数据库，实现公司总部和分子公司的"一套账"管理。数据仓库对于使用者仅提供只读功能，用户不能更新"现有"组织信息，仅可访问提取有用的信息。财务数据库最终为财务分析服务，透过财务大数据挖掘背后的业务原因，指出问题，找出对策，落实责任，到期考核。

2. 再造业务流程，实现管控与服务并重

(1) 开展资金集中管理。为满足战略发展需要，规范资金筹集与运用，公司开展资金集中管理，以公司整体效益最大化为目标，将所属单位的资金收支、筹资等资金调度活动全部纳入统一计划管理，以提高资金的统筹效应。各分子公司基本户和一般户原则上不超过2个（含），银行账户开立必须报公司批准。所属单位每月24日报送资金计划，内容和格式有统一的模板规定，要求各单位确保资金收支计划报送的及时性和准确性，减少不必要的资金头寸占用，提高资金使用效率。公司统一申请办理整体授信，全面推行带息负债平均余额及年末带息负债余额双管控，并结合各分子公司特点，对贷款实行分类管理、重点监控。

(2) 打造会计标准作业工厂。针对大量和同质的业务，例如采购、费用报销的财务结算和会计核算业务，打造成会计标准化作业工厂，按同类业务环节归并后组织开展，使得作业扁平化；同时由于对业务流程和规则进行标准化整合，消除冗余环节，分配到每个作业的时间减少，使得会计工厂化规模效益得以呈现。实施会计工厂化管理后，公司将员工分为管理支持层和作业处理层，管理支持层关注流程、标准和客户，负责建立作业规范，重点开展管理会计工作，例如，全

面预算管控，深化成本工程推进，压控"两金"等；作业处理层关注作业标准和效率提高，使得整体的人员配置效率得以提升。① 报销业务会计工厂化作业。公司按照"单一化岗位、标准化作业、批量化处理、精益化管理"的会计工厂化特点，将分散到各处室、各生产中心、业务部门的报销业务进行集中处理，主要涉及各项管理费用、职工福利费、培训费等，形成作业处理层，专业化处理报销业务，关注作业标准，大大提高工作效率。② 材料采购核算会计工厂化作业。通过对 SAP（企业管理解决方案）系统中的材料模块、财务系统进行不断开发、优化、升级，经过财务数据中心集成发票校验系统、合同系统，对数据进行传递、清洗、抽取与整合，实现采购入库、耗用会计核算自动化，实现会计工厂化作业，推动财务核算精细化管理。③ 成本报表会计工厂化作业。开发浪潮系统定额工时报表功能，编制转批生产机型标准成本，完善成本基础数据，持续优化浪潮系统中的车间成本报表，实现自动抓取采购、耗用业务数据，作为生产单元的成本中心实现工时定额报表、材料成本报表会计工厂化作业，促进采购、仓储物流环节价值流、信息流同步共享。

（四）建设信息平台，助力精益管控落地

信息化环境是财务精益管控体系建设的重要支撑。公司财务管理按照统筹规划、急用先行、业务驱动、效用为先的原则，推动支撑财务精益管控的信息化平台建设，推动业务流程显性化、标准化和数据化，不断提升财务管理效率。

1. 深度关联 ERP 系统

制定工作计划，按照业务模块分步实施，将业务系统作为财务核算层各系统的前端输入系统，实现 ERP 业务数据与财务核算数据融合，简化流程，提高数据的真实性、准确性。

（1）集成发票管理系统与 ERP 系统。通过与内外部供应商结算信息的协同和发票自动采集，实现采购增值税电子发票信息集中网上认证，改进财务人员检核手段。开发完善 ERP 系统的材料入库发票预制模块，增加发票号码、发票代码填写框，完成其与发票管理系统的集成，自动检索发票，实现业务系统自动采集发票结构化数据（开票金额、税额、税率、运杂费等重要字段），实现智能区分运杂费，实现进项税转出额自动计算。

（2）集成合同管理系统与 ERP 系统。扩展了 ERP 系统材料入库模块与合同管理系统的集成，除自动获取合同编号、合同标的、合同名称、对方合同主体、合同承办时间、供应商选择方式、承办部门、承办人、合同金额等合同要素信息，查看合同文本外，还增加了自动查询已报销金额、已付款金额等合同执行情况信息。

（3）集成会计核算系统与 ERP 系统。通过会计核算科目和项目进行映射定义的方式，完成其与会计核算系统的集成，经过数据转换，自动生成会计凭证；同时，会计凭证信息反写入材料入库系统，核销材料入库，实现采购、仓储物流环节价值流、信息流同步共享。

2. 开发网上报销和银企互联

（1）全面实现网上报销，规范业务审批流程。利用浪潮网上报账平台提供的多种格式报销单、借款单、收款单、付款单等表单，根据公司的业务流程，重新定制开发，固化各项报销业务的审批、业务流程，全面实现公司各项报销业务的网上处理，规范业务审批流程。会计凭证机制生成、资金网银支付，达到用信息流动代替人工跑路，大大提高了工作效率。

（2）集成银企互联系统，实现资金管理实时监控。通过网上报账平台与银企互联系统集成，实现资金计划网上审批、凭证自动生成、资金网银支付，银企对账由手工对账逐步到半自动对账再升级为全自动对账，大幅提升工作效率。开发现金流量模块，自动抓取分析，解决人为判断现金流量项目的差异问题。开发浪潮往来账龄管理系统，实现应收账款、应付账款、预付账款、预收账款、其他应收款、其他应付款科目账龄自动生成，解决长期以来往来账龄不准确的问题，提升工作质量和效率。

3. 打通多系统壁垒

通过网上报账系统、会计核算系统、预算管理系统、ERP 系统、合同系统、发票管理系统等多系统的集成，实现对经营管理、研发制造、技术改造等费用的有效控制。通过查询预算执行情况的功能、预算分析功能，财务人员、业务部门领导和员工都能方便地查询预算执行情况，达到预算执行监控、分析的可视化。在网上报销业务的流程中，可实时查看、调用发票和合同信息，通过会计核算系统，网上报账业务在自动生成会计凭证时，将收付款金额回写合同管理系统，生成已结算金额，对合同执行情况进行核销，同时将凭证号回写发票管理系统，避免发票重复使用，达到对发票和合同有效管控的目的。

4. 建立财务数据中心

在信息技术驱动下，现代企业财务管理发展方向是建立财务数据中心。公司按照"纵向逐级集中、横向内外整合"模式，以浪潮 GS 集中核算系统为平台，逐步建立起全级次单位"数据共享、上下贯通"的财务数据中心。一是利用条码识别、影像采集系统进行信息搜集和整理，实现对财务和业务的审核、控制。二是将内部财务、业务数据转变为数字化信息，上传到财务数据中心，实现信息的沟通和传递。三是从 SAP 系统大量的数据中高效地筛选出有用的数据，在财务数据中心做好数据字典与浪潮财务系统中关联信息的映射，展开实时维护与更新管理工作。财务数据中心高效准确处理庞杂的数据，实现会计信息资源的整合，根据业务和数据汇总性质分为凭证数据、科目账务数据、报表和评价指标数据三个层次。

（五）优化人员配置，打造高素质的财务管理团队

按照公司财务会计人员集中化、专业化的管理要求，开展岗位交流。

1. 开展员工岗位交流，做到人岗匹配

随着军队改革的推进，对军品价格、科研经费管理要求越来越高，同时巡视、审计成为常态，军品价格、科研经费成为审计审查的重点，对财务管理工作提出了更高的要求。为进一步强化财务管理工作，匹配军品价格、科研经费管理、巡视审计的新要求，制订员工岗位交流工作方案，明确指导思想，坚持人岗匹配、风险控制、整体流程优化的原则，按照个人报名和部门推荐相结合的方式，有条不紊地开展员工岗位交流。

业务部门会计人员到财务管理部集中办公后，部分单位提出后续工作的困难，财务管理部积极梳理内部流程和协调相关部门，提出解决方案，并做出相关承诺，各主管会计将全力对接业务，及时开具发票、进行会计处理、提供往来清单、积极配合对账和进行财务结算，确保各项业务正常开展。

2. 培育管理会计人才，提升综合能力

为提高公司财会从业人员专业技能水平和执业能力，打造高素质财务管理队伍，全面提升财务管控能力，公司举办了财务管理项目技能竞赛，组织公司总部、分子公司 50 余名会计人员参加了竞赛。通过竞赛营造公司财会人员良好的业务学习氛围，发现新人才、挖掘新骨干，做好公司财会后备人才的发掘和培养工作。

财务精益管控实施后，传统的日常财务结算、报销、会计核算等业务进行集中和专业化处理，使总部财务人员面临着业务转型的新机遇，有更多的精力聚焦于战略性、策划性和个性化的管理

会计工作。财务管理部针对人员构成的特点，分作业处理层和管理支持层进行差异化管理，通过"导、推、激"结合的方式，以流程梳理、系统开发、吸纳整合等项目制工作，培养员工组织、协调和专业综合能力，挖掘、培养和提升员工的能力，让员工体验到工作的成就感。

四、航空装备制造企业高效协同的财务精益管控体系建设的实施效果

（一）完善了财务管理体系

财务精益管控完成了公司财务组织结构扁平化改造，统一了会计语言，制定了核算标准，简化了业务流程，完善了财务管理体系。机构整合和人岗匹配后，加大了定额定价力量，定额人员思想站位普遍提高，消除中心本位主义，更加客观准确地反映直属中心定额水平。会计工厂化作业处理，重在"理账"，从量的方面进行事后核算和反映，具备综合能力的人员置换出来后形成管理支持层，更多地履行管理会计职能，重在"理财"，从质的方面开展事前预测和决策，事中控制和事后分析总结，更好地参与管控公司生产经营活动，真实、准确、完整地反映公司财务状况和经营成果，为企业战略目标的实现提供强有力的信息保障。

（二）提高了财务管理效率

财务精益管控把传统的财务结算和会计核算变成"会计工厂化"运营，优化了业务流程，管理效率大幅提高，单笔费用报销时间由原来的3~4天缩短为1天以内，流程顺畅的单据在30分钟内完成付款，以每年1.2万笔的报销凭证计算，可以节约时间167天，机制凭证比例已达32%。大量判断标准和规则被直接固化到系统中，由系统替代人工判断，财务信息整体质量明显提升。

（三）促进了业财融合

实施财务精益管控不仅是财务业务的调整，也会影响周边业务部门既定工作流程、行为习惯和信息系统。例如，为实现采购资金结算和税务处理的共享，建立发票协同平台，推动了公司内、外采购链和销售链的协同整合，实现业务信息到财务信息的自动转换，促使财务人员、业务人员相互转变管理视角，从更宽的范围、更全面的角度审视业务和财务，以一体化管理为总体目标，推动财务作业流程优化，乃至前端业务流程的整合和再造，促进业财一体化融合。

（四）实现了企业经济效益

中国航发南方实施财务精益管控，狠抓"现金为王"，通过资金集中管理，不断提高资金资源统筹效率。公司年末带息负债规模逐年下降，由2016年末的18.2亿元下降到2019年末的10.89亿元，财务费用由2016年的8622.89万元下降到2019年的4198.38万元，下降环比分别为32.07%、22.59%、7.41%，实现公司整体效益最大化，有力地促进了公司的快速发展。2019年公司实现营业收入58.42亿元，实现EVA 1.32亿元，实现利润总额4.01亿元，均创历史新高，呈现持续健康发展的良好势头。

主　创　人：韦　英、林　莉
参与创造人：严建华、彭　钢、王　雍、杨　旭、张志宏、易燕菁、
　　　　　　韦　俊、程燕冰、刘可航

基于可控成本领先的精细化管理

五矿铜业（湖南）有限公司

五矿铜业（湖南）有限公司（以下简称"铜业公司"或"公司"）成立于2013年10月，位于湖南省衡阳市常宁市水口山镇，占地面积1296亩，注册资本10.83亿元，现有资产总额44亿元，产权性质为国有独资。公司有职能部室8个，生产单位3个，辅助生产中心2个，在册员工590人。拥有年处理含铜、金、银、硫物料55万吨能力，年产一级阴极铜10万吨，并综合回收金、银、硒、镍、铋等多种稀贵金属和硫酸，属有色金属冶炼行业。

公司是中国五矿集团所属国有大型企业一类骨干企业，湖南有色控股集团有限公司（以下简称"湖南有色"）直管企业，国家高新技术企业，第一批国家工信部工业产品生态设计试点企业，是中国五矿2009年入主湖南有色、进行产业结构调整和区域布局、实施铜铅锌联合冶炼产业集群运作的开篇之作，填补了湖南省有色金属铜冶炼的空白。

一、基于可控成本领先的精细化管理的背景

（一）是提升资源循环利用、生态绿色发展的需要

公司成立初期，资源综合利用率较低，资源综合回收利用水平不高，金属铜冶炼回收率为96.5%，金冶炼回收率为95%，银冶炼回收率为93%。铜冶炼中间物料、尾矿和熔炼渣中的有价金属难以实现综合回收，冶炼过程中金属铜损失较高，使制造成本上升；同时，可循环利用率低，造成资源浪费，环境治理成本高。推行精细化成本管理，实施可控成本领先是落实科学发展观，着力打造资源节约型、环境友好型的现代化企业的迫切需要。

（二）是实现公司战略发展的需要

2018年，湖南有色推行精细管理战略，这是着眼企业未来长期发展而做出的重大决策部署，是指导企业各项经营管理活动的目标和方向，是湖南有色经营发展的全局性、系统性和长期性策略。湖南有色董事长提出"现代企业的标志就是精细化管理产品成本降到最低，企业竞争最终是成本竞争"。深入全面贯彻落实湖南有色战略要求，铜业公司与之相应的重要任务就是大力推行精细化成本管理，实施可控成本优先战略，并作为企业战略规划，以最小的投入获得最大利润，提升企业价值创造的能力，以实现公司高质量发展。

（三）是解决成本管理存在问题的需要

企业内部成本管理水平的高低是影响企业盈利的一个主要的因素。对于冶炼加工型企业来说，最重要的创效途径之一是最大限度地降低成本。公司投产初期，基础薄弱，管理较为粗放，成本管理水平不高，多数员工没有形成成本效益观念，不计成本保产量，生产现场跑、冒、滴、漏现象随处可见，效益流失严重。连续几年有色金属产品加工费利润空间大幅压缩，企业面临非常严峻的成本考验。面对成本居高不下、运营效率低严重制约企业发展的局面，企业必须调整和转变成本管控的工作思路，树立精细化管理理念，大力推进精细成本管理，促进管理模式创新，夯实成本价格管理基础。

（四）是促进全面预算目标落地的需要

铜业公司对标行业先进企业，以高目标引领为原则制定了三年滚动规划。为实现2021年完全成本预算目标，在当前的市场经营形势下，公司须以产品全价值链管理为对象，以精细管理为主要手段，将完全成本细化分解至各专业、各单元，依托全员、全级次、全过程的成本管理系统强化主体责任，从采购、生产、销售端各个环节深度挖潜，实现经营规模与效益稳步增长。通过精细化管理，放大成本管理格局，创新和提升管理思路，以更广阔的管理会计思维，挖掘财务活动的潜在价值，更有利于推进实施低成本战略，达成铜业公司预算目标。

二、基于可控成本领先的精细化管理的内涵

铜业公司实施可控成本领先的精细化管理的内涵是以推动企业高质量可持续发展为使命，以经济效益最大化为目标，以市场价格为导向，以行业先进水平为标杆，构建起全员、全过程、全方位的多层次的成本管控体系。通过顶层设计成本精细化管理体系，明确整体思路和目标；以年度预算目标为基础，将目标成本分解细化，形成公司、分厂、工段、班组纵向四级和横向职能部门联动的全级次成本管控；精打细算，加强营销精细化管控，提升营销效益；强化产品制造过程中的管控，成本管控延伸至最基层班组；搭建起信息平台，依托信息技术提升成本精细管理；加强可控成本的精细管理保障体系建设。以精准、细致的成本管理方式促进管理创新，充分挖掘成本管控的潜力，增强成本管控的力度，以实现降本控费的目的，提升市场竞争力，达到"提质、降本、增效、强基"的内涵式发展效果，实现企业的质量效益可持续发展。

三、基于可控成本领先的精细化管理的主要做法

（一）顶层设计成本精细化管理体系，明确整体思路和目标

1. 组建有力的领导与工作组织机构

成立由公司董事长任组长，副总经理、财务总监任副组长，各专业线主要领导为成员的领导小组，领导小组下设成本精细化管理工作组，由副总经理、财务总监任主任，各职能部门和生产单位主要负责人为成员，明确领导小组和工作组的职责，形成各部门、各单位各负其责、协调配合、齐抓共管，一级抓一级、层层抓落实的领导体制和工作格局。

2. 明确成本精细化管控体系的指导思想、原则和目标

指导思想：以降本增效为核心，以管理中的薄弱环节和突出问题为重点，以行业对标为手段，通过细化成本管理单元，完善激励约束机制，形成持续有效的全员成本管理体系，不断提升成本精细化管理水平，向管理要效益，提升企业核心竞争力。

原则：以"效益导向、全面覆盖、约束与激励相结合"为原则。

目标：2021年产品完全加工成本3678元/吨，成本水平处于行业前列。

（二）分解细化目标成本，推行全级次成本管控

以年度预算目标为导向，推行纵向四级、横向职能部门联动的全级次成本管控，按成本责任主体将成本管理由原至职能部门、生产单位，扩展下沉至工段、班组层级。在公司年度预算指标下达后，铜业公司按照责任主体层级，将预算指标逐级细化分解，预算控制逐层落实，预算责任逐级延伸，预算指标管控细化到执行各工序、班组和关键的管理岗位，使成本管理控制可从公司穿透到底层，落实到个人，促进公司成本管理的精细化、精益化。

（三）精打细算，加强营销精细化管控

1. 原料采购效益精细化管理

为推进原料精益管理，提升采购成本管控能力，公司对原料采购进行严格的采购前效益测算，

执行"一单一议"策略,力争实现采购效益最大化。公司在陆续制定出国内铜精矿、金(银)精矿、硫精矿等生产原料采购测算模型的情况下,又创新性地设计了进口矿TC绝对值模型,根据每一批次进口矿中的金属元素和其他杂质,结合物理化学性质,综合评估TC/RC值、金、银、砷、内外盘价差等对进口矿绝对价差的影响,以及制酸(含污酸)成本、环保(除砷)成本、运杂费成本和副产品收益等因素,通过比价、比质、比成本,科学认定毛利值,取得测算结论指导采购业务计价条款约定,杜绝了以往进口矿"唯TC/RC论"的简单评判模式,扩大了原料采购效益。

2. 优化销售策略,提升效益

公司主产品通过长散结合、期现结合、合理预售等方式做优升水。全年主产品销售升水同比大幅增加,平均销售升水较上年度增加93元/吨,优于市场创效近476万元。优化调整销售区域渠道,加大省内、湖北和江西等中部销售区开拓力度;调整产品委运和自提结构比例,减少销售运费支出,年平均运输单价122元/吨,较上年度下降11.92%。

3. 集成化物资采购成本管控

推进"物资采购阳光平台"集中采购,招标范围基本达到全覆盖,做到货比三家,多方询价对比,合理确定采购对象;减少流通环节,改善采购渠道,新增供应商180家,不断拓展厂家直供渠道,在保证质量的同时有效地降低中间成本。如生产主要辅材石英石、石英砂全年采购3.6万吨,通过厂家直供,采购价格较上年度下降21元/吨,减少采购成本75万元。同时采购前主动核对库存,对于有较多库存的,积极和生产单位联系,减少采购或暂缓采购,以减少资金占用,获得最大的经济效益。

(四)对生产制造过程实行精细化管控

班组是生产的最前线,是生产现场管理的基础,也是企业效益的源头。班组现场成本控制是影响企业效益的主要因素。铜业公司细化成本核算单元,成本管理由公司到分厂、分厂到工序、工序到班组、班组到组员纵向到底、横向到边落实落细,将成本管理延伸至基层班组,在班组推行开展班组经济核算,以"定、算、析、策、效"为核算管理内容,构成行之有效的班组成本核算体系,落实班组精细化管理,强化制造过程的管理效果,降低生产制造过程中每个环节的成本。

1. "定"

创新成本指标管理体系。成本反映企业经济活动中投入和产出的关系,不仅包括传统成本的内涵,还包括物耗、产量、质量、技术、环保等综合性的价值管理工作,它可以反映企业劳动生产率的高低,原料和劳动力的消耗情况,设备利用率、作业率、回收率等技术指标的高低。

围绕安全、优质、高产、高效、低耗的班组经济核算目标,按照"干什么、管什么、算什么"的要求,形成财务指标、管理指标、技经指标三大班组经济核算指标体系。按最优原则,以初设、预算、行业水平、历史最优指标进行对标,制定科学、合理的定额指标。管理指标涵盖产量、质量、安全环保、设备使用、工时等指标;经济技术指标涵盖回收率、直收率、废品损失率等指标;财务指标涵盖辅材消耗、备品备件消耗、燃料、动力消耗、可控费用等指标。公司共28个班组,根据工艺流程特点和关键成本要素对成本指标进行解剖,一个一个厂,一个一个班组,一个一个要素,按照"双对标"逐个分析每项成本费用,先谈解决办法,再定考核指标,制订了10大项63个小项改善措施,编制出涵盖生产、质量、安环、经济技术指标、物耗、费用在内的24项核算内容指标,形成完整的产品全成本要素指标核算体系。

2. "算"

创新核算方式,强化过程管控,实施日动态跟踪。利用MES(生产管理系统)和EAS(财务业务一体化信息化系统）平台，建立成本管理报表和成本日报制度，各生产单位、职能部门对每一笔发生的归口管理成本费用支出进行归集，统计登记台账，使每项成本费用消耗有出处、明细、原因、具体负责人，及时掌握公司真实的成本支出情况。生产单位通过每日填报物料、动力等成本项目的消耗台账，及时发现生产中的成本消耗异常情况并进行及时处置，实施有效的生产预控，避免成本浪费。同时避免了会计上因结算滞后导致的成本核算不匹配的问题，为准确分析成本构成及异动情况打好基础。

3. "析"

强化成本管理活动分析，建立生产单位成本管理例会制度，定期对各项成本管理情况进行有效的分析，形成多层次、多形式的分析体系，包括同比、环比、预算比、对标分析、因素分析、综合和专题分析、全面与重点分析、班组与班组对比分析等内容的各种对比分析方式。每月由公司财务牵头，会同相关职能部门深入生产单位，仔细剖析月度单位成本消耗情况，对各生产环节的技术指标进行敏感性分析，及时发现问题，寻找差距，提出了控制环节和控制要点，优化操作，补短板。总结成本管理过程中的成功经验及消除浪费等方面好的做法，从而提高成本管理水平，实现降低成本的目的。

4. "策"

通过开展班组经济核算，形成系统有效的成本管理分析，及时、准确地找出生产"短板"，针对成本形成过程及成本动因，精准施策。通过采取技术创新优化经济指标、工艺创新提高工艺水平和设备利用率、工作流程和管理创新实现全程优化等方式，达到降本控费的目的。

5. "效"

创新绩效考核模式，充分发挥经济杠杆作用，激发和调动员工参与成本管理的积极性和创造性。一方面将成本考核指标由原来的单一的直冶费转换为产品全成本要素的完全加工成本，做到成本要素管控全覆盖；另一方面加大成本指标考核比重，由原来的20%提高至45%，通过成本目标管理效果与员工薪酬挂钩考核，引导和激励班组横向与先进水平比差距，纵向与自身比进步，创造更大效益，发挥更大潜能，逐步形成"人人讲成本，人人算成本"的良好局面，提高降本增效管理效果，做到个人保班组、班组保分厂、分厂保公司的良好态势。

（五）搭建信息平台，依托信息技术提升成本精细管理。

公司基于现有的MES系统和EAS系统，实现财务业务实时融合和成本精细化管理。2018年，铜业公司财务管理EAS系统项目完成验收，通过与MES系统有机融合，搭建业财一体化管控平台。通过生产制造成本管理驾驶舱与辅助决策支持系统，对各种物料、能源、作业的量和价进行可视化和智能化管理，提高管理决策的科学性和及时性，以持续改进生产绩效，降低生产成本，提升企业效益。

利用信息化手段实现了监督方式的创新，满足生产、业务、财务数据无缝对接，业财内部信息共享，使企业内部各级管理人员高效、全面、及时地获取所需要的信息，不断扩大监督范围和视角，全面控制企业管理各环节，提高生产制造的数字化管理水平，从而为企业生产管理和制造成本管控提供支持，并基于管理平台和综合信息提升了所在管理岗位的成本精细管理行为。

（六）精细管理实施保障体系建设

建立起权责清晰、管理规范的制度化管理体系。2020年，铜业公司对接上级制度，优化管理流程，各单位对管理制度进行"立、改、删"，加强管理流程梳理和设计，实现管理流程再造。梳理明确管理决策事项638项，形成《决策事项及流程清单》《核心管控事项清单》《"三重一大"

决策事项清单》；建立健全各项制度221项，形成《铜业公司制度汇编》，通过制度固化公司管理要求，有效支撑各业务精细化管理工作高效有序开展。

秉承"员工培训就是资源开发"的理念，创建并推进"铜业课堂"学习培训，锤炼和升华"铜业工匠"精神，提高员工理论水平和实际操作技能。进一步优化了现有的人力资源管理体系，形成三大系列（管理系列、技术系列、操作系列）职位体系，培养创新型和实用型人才，推广普及先进的创新理念技术和工作方法，带动专业技术技能素质水平的整体提高，为公司精细化管理工作的开展发挥重要作用。

四、基于可控成本领先的精细化管理的实施效果

（一）经济效益稳步增长，市场竞争力增强

通过基于可控成本精细化管理的推进与实施，铜业公司各项成本管控指标得到大幅改善，取得了显著的经济效益。公司从2016年投产以来，持续出现经营性亏损。2019年全年实现收入54.67亿元，当期实现经营利润323万元，实现扭亏为盈的突破；主要产品产量创历史最好成绩并突破设计产能，主要技术经济指标都有了显著提升，均优于初设指标，并达到同行业较高水平；完全加工成本显著下降，全年主要产品完全成本4881元/吨，较前期降幅达32.2%，完成三年规划设定的2019年目标。经营品质得以提升，薪酬与效益增长同向匹配，两金占用下降，资产质量、周转效率改善显著，产品品质和管理品质提升，成本管控能力不断强化，从根本上改善了铜业公司向好的盈利能力，提升了公司的市场竞争力。

（二）管理效率有效提升

在全体员工中树立"成本"和"效益"意识，精细化管理理念深入人心，人员效益显著提升，2018年全员劳动生产率为725万元/人·年，2019年全员劳动生产率为791万元/人·年，净增66万元/人·年，增幅为9.1%。

推进可控成本领先精细化管理，公司成本管理模式发生改变，已构建起全员参与、全要素分析、全过程管控的成本精细化管理总框架。"班组经济核算"体系的建立与员工考评激励体系的创新，促使内部运营效率大幅提升，公司成本费用利润率从2018年的-9.58%提升到2019年的0.16%，节约费用6000多万元。

（三）企业的社会效益逐步凸显，行业地位得到提升

公司进入国家工信部能效"领跑者"行列，被工信部列入《铜冶炼行业规范条件企业名录》，被评为湖南省质量信用等级AAA级企业，企业影响力进一步提升，行业地位得到提高。铜业公司为湖南省内衡阳电缆、湘潭电机、金龙国际铜业、长铜铜业等一大批厂家提供安全、优质、可靠的产品供应，缓解了省铜市场供需的矛盾，降低了需求企业的运行成本，促进省铜工业持续协调健康发展。

随着公司盈利能力增强、行业竞争力提升，中国五矿和湖南有色启动实施扩能项目建设，投资预计达52亿元。项目投资势必带动水口山工业园社会基础设施的持续改善，作为国家级循环化改造示范试点园区，每年可获上亿元的国家政策资金支持来实施基础设施建设，可吸引更多的上下游产业落户水口山工业园，有效地促进了当地社会经济发展。

（四）示范生态效益明显

公司通过精细化管理、效益型生产，打造绿色铜业。着力实施了工业厂房环境治理、大气环境治理、水环境治理、固体废置物处置等环保项目，提高了减量化、资源利用化的水平，达到环保特别限值排放标准。金属铜、金、银冶炼回收率较原来分别提升了1.38%、1.1%、0.8%，每年

综合回收创效在5000万元以上；工业尾渣减量化取得重大突破，月产出量由过去的4000吨下降至1500吨左右，处置费用每年下降3000多万元。公司成为工信部第一批"工业产品绿色设计示范企业"，获得CNAS（中国合格评定国家认可委员会）认证证书。国家科技部立项，铜业公司参与的固废治理专项"铜铅锌综合冶炼基地多源固废协同利用集成示范"项目进展顺利。

主 创 人：闫 友、颜 喜
参与创造人：欧阳亮、罗雪飞、阳小丽、章长青、徐 飞

县级烟草企业农村服务站高质量运营管理和实践

湖南省烟草公司岳阳县公司

湖南省烟草公司岳阳县公司（以下简称"岳阳县烟草"）成立于1986年9月，内设办公室、财务室、纪检监察室、综合室、客户服务分部、专卖监督管理股6个股室，全局现有职工85人，其中在岗职工58人，离退休27人。负责岳阳县辖区内卷烟市场监管、卷烟经营、客户服务、营销网络建设工作，服务和管理3353户卷烟零售户。2019年，岳阳县烟草全年销售卷烟25715箱；省外烟销售6906箱，同比增长6.69%，占比25.13%；单箱均价32249元，同比增长12.20%，实现销售收入8.29亿元，上缴国地两税3552.82万元。岳阳县烟草先后被评为全国"烟草行业县级烟草专卖局（分公司）标兵单位"、"全国文明单位"、省级"文明卫生单位"、省级"消费维权先进单位"。

公田烟草基层服务站（以下简称"公田服务站"）内设办公场所和驻站人员生活场所，包括办事大厅、小型会议室、"636"展示区等区域。站内现有5名工作人员，其中党员3名。公田服务站地处岳阳县公田镇晏冲村饶竹组，服务公田、毛田、月田、张谷英、杨林、柏祥6个乡镇，辖区内共有人口26万，区域面积1039.38平方公里，在网经营零售户950名，占全县零售户的28%。公田服务站是为满足农村偏远乡镇零售户需要而成立的集服务、管理于一体的烟草基层服务站。

一、县级烟草企业农村服务站高质量运营管理和实践的背景

（一）是农村卷烟市场发展的迫切需要

近年来，烟草行业上下对农村卷烟市场十分关注，无论是网建工作还是规范经营工作，都把农村卷烟市场提到了至关重要的位置。城镇化推进速度不断加快，农村流动人口增加，农村居民收入和消费水平不断提高，农村市场作为稳定卷烟消费的一个重要着力点具有较大潜力。虽然目前农村卷烟市场整体水平相对较低，但农村卷烟市场仍存在后发优势，具有追赶城市卷烟市场、实现跨越式发展的可能。岳阳县作为一个传统的内陆农业大县，农村人口占全县人口的70%，农村是卷烟销售的主战场（占卷烟销售量的70%以上）。卷烟零售毛利率与规范经营是目前的工作重点，如何在农村卷烟市场中不断提升销售结构、提高零售户盈利水平、严守规范经营红线、营造良好的卷烟营销环境，是当前急需改进的方向。

（二）是基层烟草高质量发展的迫切需要

作为烟草行业的基层单位，提升营销网络建设水平，提高客户服务工作质量，夯实规范经营工作基础是当前的重点工作。基层服务站的设立在烟草行业与偏远农村零售户间架起了沟通联系的桥梁，加强了服务客户、监管市场等职责的履行，使农村卷烟市场环境对比过去有了很大改观，市场逐步趋于稳定规范，农村零售户对烟草行业的满意度有了一定程度提升，但距离基层烟草高质量发展的要求还有一定差距。建设高质量的基层服务站有利于满足农村烟草零售户自身发展的需要，进一步提质终端；有利于满足消费者需求，营造高质量卷烟消费体验；有利于满足农村卷烟市场发展需要，推动岳阳县烟草高质量发展。

（三）是解决当前企业工作难点的迫切需要

由于农村独特的自然环境和条件，使得岳阳县农村卷烟市场目前仍存在着服务难到位、市场

难监管、结构难提升等问题，亟待岳阳县烟草进一步解决。农村基层烟草服务站既是行业政策的宣传者，又是服务市场、监管市场的排头兵。作为基层县级局延伸服务农村"最后一公里"的桥头堡，农村基层烟草服务站"麻雀虽小，五脏俱全"，各项职能的发挥为"服务客户""监管市场""培育品牌"，提供了坚实的基础，通过开展县级烟草企业农村服务站高质量运营管理和实践，可以将服务重心由城关向农村延伸，为农村零售户提供零距离接触与全方位服务，实现延伸客户服务的目标。

二、县级烟草企业农村服务站高质量运营管理和实践的内涵

岳阳县烟草以"坚持新发展理念，加快建设现代化烟草经济体系"为指导，以系统化管理模式创建为主要思路，突出"重心下移、着眼基层、突出服务、加强基础"，由管理为主模式向便民服务模式转变，打造"服务客户、监管市场、培育品牌"为主要职能的一站式服务站所。通过党建工作标准化，为农村服务站高质量运营定好"风向标"；以科学、规范、效率为理念进行组织建设，为农村服务站制度生根当好"压舱石"；丰富农村零售户活动载体，构建信息化平台，发掘服务效率提升"动力源"；以零售终端建设为抓手，从交流学习、宣传引导、检查监督层层推进，练好服务客户"硬功夫"。有效解决基层服务站辐射乡镇零售户活动开展少、零售户毛利率低、证件办理时间长、零售户户均购进卷烟规格数低、人均查获真烟量低五个问题。聚焦客我关系点，提升客户满意度；聚焦专销协同点，加强零售户规范经营；聚焦制度建设点，明确责任分工，形成一套适应当前高质量发展要求的基层服务站运行模式，积极探索基层服务站的各项功能发挥，从而实现岳阳县烟草高质量发展的目的。

三、县级烟草企业农村服务站高质量运营管理和实践的主要做法

（一）党建工作标准化，突出党建引领

1. 完善党建工作责任清单，落实主体责任

公田服务站参照党支部标准化、规范化建设目标，着力推进公田服务站组织建设、队伍建设、制度建设。服务站人员每周理论学习不少于半天，不断强化政治理论学习，组织汇编党建相关制度和工作标准，并上墙张贴，从服务客户、监管市场、培育品牌等业务工作实际出发，将业务工作与公田服务站党建工作进行有机结合，确保公田服务站党建工作高标准、高质量。

2. 建立健全党群活动中心，实现党建引领

拓宽组建模式，搭建党群活动平台。针对农村零售户分散的特点，把党群活动中心建在公田服务站内。在公田服务站投入资金，建成一个涵盖党群活动、为民服务、和谐共建等服务内容的党群活动中心，为公田服务站辐射范围内的党员、零售户、消费者提供开放式的活动场所，实现区域统筹共建，为公田服务站辐射范围内党员群众提供一站式服务。同时将岳阳县卷烟零售户中的先进典型、先进事例，通过上墙宣传、会议学习等方式进行广泛宣传、充分展示，使党员先锋模范作用深入人心。

3. 树立党员客户示范标杆，注入红色力量

树立公田服务站党员标杆，不断加强党建考核结果的运用，与季度目标考评和党员双百积分相结合，与优秀党员评比相结合，发挥示范引领的作用；强化组织生活会，用好批评与自我批评、主题教育活动自我检视等，采取"挂单销号"制，将公田服务站党员问题清单张贴于党群活动中心，实现日结日清、月结月清，同时接受零售户的监督，督促站所人员不断发现问题、解决问题、改进工作，持续推动公田服务站更好更快发展。

以县级局党总支、党支部协同推进为依托，创建党员零售户示范店、悬挂"党员示范店"牌

區、签订《党员零售户卷烟经营承诺书》等方式，引导党员客户亮明身份搞经营，增强自身的荣誉感和使命感，在规范经营、市场监督、服务质量、品牌培育、店面形象等方面发挥先锋模范作用，并组织优秀党员客户为普通党员上党课，为其他零售户传授经营技巧。

4. 打造扶贫帮困服务阵地，落实精准扶贫

严格落实"党建+扶贫帮困"活动，通过思想上关心、精神上激励、生活上关爱、物资上帮扶、创业上扶持等举措，帮助扶贫户增收致富。一是重点对贫困乡镇、贫困人员实行证件办理主动上门，全方位指导贫困户、低收入人员进行卷烟经营，开展贫困客户一对一服务，手把手地指导其掌握卷烟购进、卷烟陈列、卷烟销售技巧等；二是针对贫困客户、偏远客户定期开展"送法下乡""送书入户"等活动，将烟草相关法律法规、卷烟经营知识等以宣传手册、视频解说的方式进行宣传指导，做到切实转变其思想，提升其经营能力，实现"思想脱贫""技能脱贫"；三是为贫困零售户发放"金叶医疗卡"，根据零售户疾病情况，积极向县公司争取金叶医疗补助，帮助因病致贫、因病返贫的零售户解决医疗费用问题；四是组织站所大学生帮贫困学子免费补课，重点培养其自主学习能力，打造良好学习习惯，提高贫困学子的学习能力。同时，依托市公司"芙蓉学子"助学活动，为贫困大学生提供学费援助，解决其后顾之忧。

(二) 组织建设规范化，筑牢制度保障

1. 科学设置组织结构，实现定人定岗定责

合理设置人员，改善人员结构。公田服务站由岳阳县烟草统一领导，费用包干核算，实行财务报账制。以职责为导向，以制度为准绳，建立健全基层服务站各岗位工作职责及工作流程，进一步明晰规章制度，不断加强职能整合，充分完善站所体制机制建设，做到权责分明，分工明确。

将专卖工作的市场监管与行政许可两大职能和营销的市场服务职能整合到基层服务站，由基层服务站全面负责辖区的市场管服工作，基层服务站人员身兼客户服务、专卖许可证办理、市场监管等一线工作职责，在客户走访过程中，宣传专卖法律法规、进行市场监管，减少市场监管和服务过程中的重复与交叉现象。

实行基层服务站长负责制，全面协调基层服务站辖区内的工作开展，科学调度，合理安排，充分发挥团队协同作战能力。同时借助政府职能部门的配合，在公田服务站配备一名公安联络员、一名市场监督管理局人员，充分发挥队伍职能整合优势，全方位对公田服务站辖区市场开展客户服务、品牌培育、市场监管、无证户取缔、专卖稽查等市场清整、服务活动，提升公田服务站效能。

融合专卖和营销的市场管理制度，将专卖管理中的证件管理与营销中的货源投放管理有机结合，增强市场管理的一致性和协调性。建立与邮政、高速交警等政府职能部门的信息互动和反馈制度，大幅提升市场检查频次，建立"一小时快速打击圈"，严厉打击"假私非"卷烟，强化对市场动态的把控能力，提高打击精度，提升市场净化率。

通过站所人员职能整合，公田服务站站所人员服务、监管客户数由原先的237.5户/人下降到190户/人，客户走访检查、监管服务次数较之前有大幅提升。

2. 打通线上线下流程，服务至"最后一公里"

积极推行线上不见面审批制度，切实提高便民服务效率。通过上门走访宣传、办证窗口面对面、"先锋乐享"公众号平台等多种渠道积极向广大群众大力宣传推广烟草在线审批流程，让办事群众知晓"外网受理、内网办理、公开透明、网上告知"系列服务流程。实现网上办理许可证资料提交、零售户需求反馈、市场异常信息举报等事项，做到许可证申请、客户服务事项"应上尽上、在线办理"。真正让数据"跑腿"，让申请人少跑甚至不跑腿。

针对偏远零售户年纪偏大，线上办理流程学习难度较大的实际情况，实行线下服务站"代办制"。在公田服务站辐射乡镇范围内实行"许可证代办"制度，将许可证办理职能下沉至公田服务站，延伸服务触角，零售户仅需向基层服务站驻站人员递交资料，驻站人员按照规范要求将需准备资料收齐后，能当场办好的就当场办好，不能当场办好的由零售户通过线上提交许可证资料方式完善资料，当好服务零售户的"办事员"，切实减少零售户往返时间，提高工作效率。

3. 不断强化队伍建设，提升站所人员素质

始终秉持以客户服务为中心的服务宗旨，以高质量发展为建设目标，以加强基层队伍建设为抓手，抓住职业道德建设这一根本，抓住业务素质提升这一核心，抓住监督管理这一职能，多管齐下，从思想上转变员工观念。加强基层服务站员工的职业道德学习，加强企业文化和岗位业务技能学习，同时严格考核细则，强化考核导向作用，注重引导，积极营造"学习型、服务型、责任型"的站所团队文化氛围，增强员工的使命感和责任感。

丰富员工内训制度，打造学习型团队。开展"月末加油站""员工小讲堂""经验大家谈"等活动，学习交流零售户指导技巧、零售户交流心得、市场监管、办证注意事项等相关业务内容，倡导"人人上讲台""人人当老师"，培养站所人员在工作中形成主动思考、主动学习的良好习惯，提升提炼归纳、总结分析的能力，不断提升基层服务站人员业务素质。充分发挥"师带徒"的传帮带作用，通过日常工作专业指导、客户服务现场指导、工作难点专项指导等方式多方位进行经验传授，形成站所人员快速成长的良好生态。

加强精神文明建设，打造服务型团队。以"青年文明示范岗""青年文明号"等先进集体为载体，组织站所员工组建"公田烟草服务站青年志愿小分队"，结合工作实际和岗位特点开展和参与精益改善、志愿服务等各项活动，不断提升站所人员服务意识、服务水平和服务质量。

创新站所周会制度，打造责任型团队。每周一基层服务站所有人员召开周例会，由站长布置该周工作任务、划出工作重点、明确工作职责，把责任细分、任务细分，每周定期检查工作完成进度，通过PDCA（计划、执行、检查、处理）循环，形成工作闭环，梳理问题和漏洞，切实促进工作落实、责任落实。

（三）平台建设立体化，提升服务效率

1. 丰富客户活动场所，突出便捷便利

公田服务站内设置零售户活动场所，建立零售户活动场所管理制度，规范化建设、管理、使用活动场地。借助诚信自律互助小组灵活设置活动场地，按照"就近选地、参与便捷、使用便利、形式多样"的原则，选取空间大的零售户进行经营场所或家中、村组活动中心、家族祠堂、乡政府等单位的附属活动场地等，以"五公里生活圈"为标准，在零售户门店较为集中的区域设置活动场所，满足零售户开展会议活动、学习交流、经验分享、品牌文化宣传的需要。项目开展期间，公田服务站所辖乡镇共计新增零售户活动场所38个，基本实现公田服务站辐射乡镇范围内零售户全覆盖，大幅提升了零售户参与活动的积极性。

2. 建设综合服务平台，突出高效服务

设置综合信息系统。公田服务站由于距离县局机关较远，由日常工作流程产生的路途往返时间很大程度上阻碍了工作效率的提升，而线上审批流程可以较好地解决这一问题。为此，公田服务站积极开展"工作创新、流程优化"活动，建立综合信息系统，深入分析零售户实际需求，科学设置综合信息系统内容，涵盖零售户信息维护、需求登记、违规行为登记、办证须知、办证申请、办证资料上传、市场异常信息反馈、烟草法律法规以及诚信自律互助小组相关信息，通过增

加视频会议端口,简化会议流程,线上及时布置工作任务,使站所人员减少路途时间,大幅提升工作效率。

设置综合服务平台客户操作端软件。设立信息更新提醒模块,定期将零售户每次订购的货源信息、每月档位变化信息、销售分析等以软件通知的形式,自动推送至零售户 App 终端,构建"营销数据库—站所人员—零售户终端"三者互通模式,通过明晰的数据对比、销售情况对比、品规盈利情况对比,不断提升站所人员卷烟经营指导的针对性和有效性,将相同档位、相同商圈的优秀零售户订购卷烟、经营卷烟经验进行及时推送,不断提升零售户经营能力。

设立"客户—烟草"互动窗口,零售户可以通过此方式在线咨询站所人员,形成"烟草相关事用烟草专门平台"的模式,加强了站所人员与零售户之间的黏性,提高客我信息交流互动的时效性,也解决了因岗位变动导致零售户无法及时联系相应站所人员的情况,提升服务水平和工作效率。

3. 打造品牌培育阵地,突出科学引导

建立品牌培育展示区。设立品牌培育陈列柜台、真假烟对比陈列柜台、工业公司文化宣传柜台,利用新品陈列、文化展板、宣传手册等方式,让零售户直观感受品牌培育的魅力,加强品牌培育效果,提升零售户品牌培育能力、品牌推介能力。

持续拓宽品牌组合宽度。通过持续深入零售户进行经营指导工作,由点到面、积少成多,逐步解决零售户进行经营品牌宽度窄、卷烟消费集中单一的问题。针对公田服务站辐射乡镇"老少边穷"的特性,找准品牌培育切入点,通过调研以及大量的数据分析,设定"一镇一品牌、一村一特色、一店一主题"的营销策略,做到成功一个、维护一个,再发展下一个,逐步向周边区域市场发展,步步为营,优结构、促效益,抢抓机遇,乘势而上,营造良好的品牌培育环境。

开展精准经营指导。零售户卷烟订足率反映了卷烟销售的品牌宽度以及零售户经营能力水平,是反映卷烟销售水平的重要指标,为此岳阳县烟草以"找差距、补短板、抓落实"为指导,使品牌培育从传统的品牌推介会、进店宣传等方式,向数据为支撑、订足率指标为导向的方式转变,实现提升卷烟销售结构、增强零售户经营能力、提升客户满意度的总体目标。

(四)终端建设多元化,发挥站所效能

1. 确立"首善"标准,终端建设再提质

在公田服务站辐射范围内选取 3~5 户经营形象好、经营能力强、守法诚信经营的零售户作为"首善终端"进行建设。发挥首善标准的引领作用,以点带面,现身说法,对思想陈旧不愿改变经营理念的零售户,召集到首善终端客户参观,给零售户终端陈列、品牌培育十分重要的直观体会。

制定终端陈列标准,原则上 10 档以下零售户零包陈列品规不少于 8 个;11—15 档零售户零包陈列品规不少于 15 个;16—20 档零售户零包陈列品规不少于 25 个;21—26 档零售户零包陈列品规不少于 40 个;27 档及以上零售户零包陈列品规不少于 50 个。同时积极开展品牌陈列竞赛活动,选取一、二、三等奖各 1、2、3 名,并予以物质奖励,提升零售户参与终端陈列的热情。

在公田服务站辐射乡镇全面开展终端提质工作,根据商圈、业态、店面的不同情况,以"巩固一批、维护一批、改造一批、提升一批"为主要思路,按照"集镇—公路沿线—村组客户"顺序一体推进,对终端形象好、客户满意度高的集镇、村组,定期组织全体客户经理开展现场会、讲评会,发挥标杆引领作用,找准工作短板,明确努力方向,营造"比学赶超"的良好氛围,规划好、建设好、维护好偏远农村零售终端,一体化协同推进卷烟销售网络建设。

2. 开展客户交流学习,经营技巧再提升

牢牢抓住集中培训、零售户经验分享、线上交流三个载体,通过开设"大、小、微"三级课堂，积极搭建零售户技能提升"充电站"，进一步提升零售户赢利水平。积极开展零售户问卷调查，按照"缺什么、补什么"的原则，精准掌握零售户培训需求，系统分析零售户经营过程中急需的知识，广泛征求意见建议，制定切实可行的培训计划和实施方案，努力为零售户提供实用、好用的卷烟经营技巧。

以诚信自律互助小组为单位，借助公田服务站的零售户活动场所，积极搭建交流培训平台，开设集中培训"大课堂"，围绕终端陈列、云POS系统应用、品牌文化宣贯等内容进行现场授课，定期组织零售户进行卷烟经营培训，全面提高零售户经营能力和赢利水平。用好零售户经验分享"小课堂"，将"首善终端"客户作为经验分享主体，邀请首善终端客户介绍好经验、好做法，带动并鼓励其他零售户进行对标，充分发挥首善标准的先锋引领作用，引导零售户拓宽经营思路、转变营销理念，进一步推动零售户共同进步、抱团赢利。充分利用微信群、QQ群等，通过图文展示、视频播放、在线交流等方式，打造线上"微课堂"，做到既有理论讲解，又有案例解析，让零售户能够一目了然，便于理解和学习，营造"比学赶超"的良好氛围。

（五）价格自律常态化，提升盈利水平

1. 加强宣传引导，做好明码标价工作

岳阳县烟草与岳阳县物价部门进行沟通，对卷烟价格定价相关内容进行咨询，共同制定《岳阳县卷烟零售诚信经营明码标价通知书》。公田服务站人员走访市场，宣传明码标价，倡导有序竞争、公平竞争，及时更换标价签，做到规范整洁。严格执行卷烟零售明码标价。将行业行为转变为政府行为，由物价部门协同监督。岳阳县烟草就市局下发的新价格标签向物价部门备案，并进行批量盖章，以增加明码标价的合法性和权威性。

2. 强化价格监督，切实提升客户盈利率

在价格监督上，诚信自律互助小组长组织组员按时监督组内卷烟条包价格执行情况，小组之间常态化开展交叉检查，确保诚信自律互助小组持续优化。同时专销联动每月对零售户进行价格监督专项检查，将检查情况反馈至诚信自律互助小组，由诚信自律互助小组将此纳入成员打分卡附加项中，对连续3个月价格执行到位的零售户予以加分，对交叉检查中发现的价格不到位情况予以扣分，并对价格不到位的零售户依据小组内章程公约进行违约处罚。

在违约制约上，鼓励因地制宜、各显神通，在农村小组支持交纳诚信押金的方式，以达到约束和激励组员的作用。目前公田服务站辐射乡镇58个农村诚信自律互助小组中采取交纳诚信押金方式的小组有47个，占农村小组数的81.03%。利用诚信自律互助小组之间开展的交叉价格检查，并公布于小组微信群，督促组员按照零售指导价销售。

在交流互助上，架起了沟通的桥梁，搭建了共赢的平台，零售户盈利水平显著提升，真正实现了从源头治理，零售户从不敢降价、不能降价到如今的不想降价。零售户实现了自主管理、自我监督、自我维护，形成了"人人争当监督员、户户争当情报员、个个争当市管员"的浓厚氛围。在优化终端陈列、推进品牌宣传、加强规范经营、实现条包同价等方面也取得了长足进步。

四、县级烟草企业农村服务站高质量运营管理和实践的成效

（一）完善体制机制，促进管理效益提升

公田服务站集党建、专卖、营销工作于一体，创新人员和组织的关系，打破了业务条线的局限，建设综合服务平台软件终端，搭建客我一体的管理服务平台，建立客户服务、专销协同、品牌培育"三大阵地"，拓宽了基层服务站所的服务内涵，打造"共建、共营、共享"的卷烟终端生态共同体。2019年，公田服务站共计开展零售户培训交流活动78次，办理专卖零售许可证121

户，为578户零售户提供上门服务，具体成效如下：

1. 零售户活动户均参加次数提升

2019年12月对公田服务站辐射乡镇零售户活动户均参加次数进行统计检查的结果显示，零售户活动户均参加次数由0.48次/户提升到1.52次/户。

2. 办证时长缩短

随机选取2019年新办证零售户中的10户调查办证时长，对比原办证平均时长，总体办理时长与资料收集与送达时长由14.8日下降到8日，缩短40%以上。

3. 人均查获真烟量提升

通过调取专卖系统数据，人均查获真烟量由5.67万支/人上升到6.70万支/人，同比上升18.2%。

4. 零售户户均购进卷烟规格数提升。零售户户均购进卷烟规格由40.17个提升到49.83个，同比提升24.05%。

（二）经济效益稳步提升

1. 零售户毛利率提高

通过项目实施，卷烟终端零售价格执行率明显改善，零售户单品规毛利率显著提升。公田服务站辐射乡镇零售户综合毛利率由2017年的6.58%上升到2019年的12.17%，增幅达84.95%。

2. 零售户全年卷烟获利增长

项目开展期间，公田服务站辐射乡镇零售户卷烟毛利额均有明显增长，可计算其毛利增长值作为本次项目获得的经济效益。公田服务站辐射乡镇零售户户均月毛利额从2017年的826.32元增长到2019年的2643.89元，零售户年毛利额从2017年的9915.84元增长到2019年的31726.68元，户均毛利额增长21810.84元，公田服务站辐射乡镇950户零售户毛利总额增长2072.03万元。

3. 岳阳县烟草年化主营业务销售总额增长

公田服务站运行模式在全县推广后，2017—2019年岳阳县烟草主营业务销售总额有明显增长，从2017年的6.45亿元增长到2019年的8.29亿元，主营业务销售总额增长值达1.84亿元。

（三）社会效益显著

1. 客我关系改善

2019年公田服务站卷烟零售户总体满意度为98.68%，与2017年客户满意度87.54%相比，上升12.73%。岳阳县烟草对950户零售户的调查结果显示，零售户认为服务站功能发挥充分的占比由15.9%提升到76.4%，客我关系得到明显改善。

2. 贫困零售户收入提升

岳阳县烟草为公田服务站辐射乡镇贫困户办理许可证共计18户。选取白沙（精品）、白沙（硬）、白沙（软）、芙蓉王（硬）、利群（新版）等主要销售品规卷烟销售情况，对该18户三个月卷烟销售情况进行统计，发现该18户贫困零售户在卷烟经营上收入增长约1060元/月·户。

主 创 人：周小红、吴 超
参与创造人：张三望、陶 明、董永进、周 勇、罗 浩、汤 锐、
　　　　　　刘诗瑶、夏 忠、罗 伟

基于"产业融合"的烟叶产业高质量发展管理创新

湖南省烟草公司湘西自治州公司

湖南省烟草公司湘西自治州公司（以下简称"湘西烟草"）组建于1984年5月，是湖南省烟草公司的全资子公司。公司性质为全民所有制，属于商品流通行业，负责维护全州烟草市场秩序，并组织全州烟叶种植、收购、调拨及卷烟、雪茄烟的销售。现下辖17个机关职能科室、金凤凰商贸有限公司及7个县局（分公司），有在岗职工700余人，总资产12.71亿元。2019年全州系统累计实现主营业务收入42.18亿元，实现利税总额12.75亿元，其中利润总额6.5亿元。2019年全州共收购烟叶27.6万担，实现烟农总收入4.14亿元，共销售卷烟9.58万箱，销售收入（含税）29.83亿元。

近年来，湘西烟草狠抓烟叶生产管理，树立"互联网+"思维，以精益管理为理念，探索出一套较为科学规范的烟叶生产管理体系，积极实施基于"产业融合"高质量发展的管理创新，夯实烟叶生产发展的基础，主动对接大农业产业融合，构建高质量发展的企业管理体系，烟叶产业和粮油安全保障进一步走强，区域内精准扶贫工作和产业经济发展正持续向好。

一、基于"产业融合"的烟叶产业高质量发展管理创新的实施背景

（一）是湘西大农业"产业融合"高质量发展的需要

产业融合是推动烟草农业高质量发展的关键。对于烟叶生产者而言，产业融合可以解决人多地少导致单纯烟草农业生产效率很难提高的根本矛盾；对于消费者而言，产业融合能更好地满足人民日益增长的美好生活需要。目前我国农村产业融合仍处于起步阶段，发展面临诸多问题和挑战。湘西烟区突出表现在以下几个方面：一是产业融合面临明显的要素瓶颈。湘西山区旱土资源相对较多，稻田面积较为紧缺。烟叶和粮油生产基地、初加工设施用地和仓储用地等能集中利用的土地资源紧张，同时限于部分留守高龄劳动力耕种的需求，土地流转较为困难；年轻劳动力外出打工较多，耕地较为分散，因此农业生产专业化服务体系缺乏，具备完整农业服务能力的合作社较少，同时农用机具购买成本高，生产性融资困难；产业融合方面的专业型人才和复合型人才缺乏，留在产区的农民文化素质和技能水平普遍偏低等。二是湘西山区目前已有产业较为单一，产业融合度不深，农业产业链短、附加值偏低，其中烟叶、茶叶和水果产业相对较有优势。三是新型农业经营主体的带动作用有待加强。新型农业经营主体是产业融合的"火车头"，但湘西新型农业经营主体发展仍处于成长阶段，市场竞争力偏弱，新型农业经营主体发展空间受限。扶持和培养湘西新型农业经营主体，强化专业化合作社建设，促进湘西以烟为主，大农业"产业融合"高质量发展，成为湘西州产业高质量发展的必然选择和需求。

（二）是湘西烟草稳定生产规模、保障工业企业高质量烟叶的需要

烟叶生产是烟草产业发展的基础，其稳定性发展状况直接影响行业的发展。近年来，随着政策导向和社会经济发展，烟叶计划调减、烟区"漂移"、烟田"退让"和烟农种烟积极性"回落"等因素交织，加之全国烟叶库存持续高位、烟叶消耗下降等压力叠加，湘西烟叶产业和其他主产烟区一样，传统优势地位面临严峻挑战，持续稳定发展遭遇瓶颈。同时，受连年自然灾害、病害

频发、烟田流失、其他经济作物产业迅猛发展和劳动力产业间大规模转移等因素的影响，湘西烟叶产业遭遇"在哪里种烟、什么人种烟"的发展瓶颈，生产规模急剧下滑，种植面积跌至2019年的1.052万公顷，较2013年2.007万公顷（历史最高年）减少0.955万公顷，下降幅度高达48%，走到了历史低谷。

烟草行业提出稳增长、提结构、促转型的高质量发展目标，是烟草行业"稳定期"高质量发展的核心需要。湘西烟草结合自身烟叶产业发展面临的困局，基于"产业融合"高质量发展的管理创新，实现烟叶生产面积恢复发展到19.13万亩，各项标准化技术措施、设施建设、促烟政策全面落实。富有山地烟叶特色的湘西烟叶，是我国"白沙""芙蓉王""中华""利群"等知名卷烟品牌的重要原料，但近年来由于种植规模下滑，生产出来的烟叶无法满足工业客户的需求。湘西寻求烟叶生产管理破局的创新举措，是符合烟草行业稳定烟叶生产大局，保障卷烟工业烟叶风格、数量和质量的需求，稳定保障烟草经济持续发展的积极有益的探索与实践。

（三）是助力湘西精准扶贫和保障粮油安全的需要

2013年，习近平总书记在湘西州十八洞村首次提出"实事求是、因地制宜、分类指导、精准扶贫"。湘西州自然条件较差，灾害易发、贫困面广、基础设施建设滞后、贫困程度深，常规的经济发展手段和脱贫方式难以有效带动其发展。利用大农业高质量发展，增强农业产业造血功能，强化脱贫人口自身能力，已成为脱贫攻坚的重要任务。湘西州急需一些收益稳定、投资强度大、产前产中产后一体化组织的龙头产业，进而带动一部分文化层次较低的贫困人群获得技术培训和综合产业收益。

湘西烟草立足行业优势，将市场稳定、价格稳定的烟叶作为支柱农业产业来发展，优先鼓励有经验、有技术的贫困户发展烟叶种植。结合湘西州精准扶贫需求，合理布局烟叶生产区域，培训贫困户成为职业烟农，从生产资料、技术服务和烟叶收购各环节精准施策，将烟叶生产打造成助力精准扶贫的一项稳定的政策和一个产业扶贫标杆。

国家高度重视粮油安全生产。适宜于湘西州生态条件，满足以烟为主，兼顾粮油种植业整体利益的耕作制度，是湘西州以烟为主的大农业"产业融合"高质量发展的主线条。一方面可以保证国家粮食安全战略的实现，另一方面也可以稳定和发展烟叶生产，为整个产区可持续发展提供支撑。

二、基于"产业融合"的烟叶产业高质量发展管理创新的内涵

以维护国家利益、消费者利益为导向，以地理信息系统、大数据分析和数据库建设等新一代信息技术为手段，以烟草精益生产思想为指导，按照"产业融合、管理先行、生态优先、利益共享"的总体策略，以"以烟为主，产业协同"为管理创新运行目标，根据"整体规划、分步实施、重点突破、效益驱动"的原则完善新型烟叶生产管理创新。通过建立基于"产业融合"的烟叶产业高质量发展管理创新和政策体系，构建了烟区土地流转平台，科学合理地理顺职业烟农评价和动态管理体系，制定了融合大农业多种作物协同发展的耕作制度，推动了市场化运作的烟草合作社及其与大农业合作社联盟的形成，从而有力地保证了烟叶稳定生产能力、提升了烟区职业烟农的素质和经济效益，也保证了烟区生态环境质量和产出能力持续增强。

三、基于"产业融合"的烟叶产业高质量发展管理创新的主要做法

（一）创新烟叶生产管理和政策体系

1. 编制总体发展顶层设计

湖南省烟草公司湘西自治州公司协助州政府相关部门联合制定《基于"产业融合"烟叶高质

量发展规划》，明确烟区产业融合发展的主体、目标及定位。强化管理运营主体内容和职责，建立土地流转平台、职业烟农队伍、新型合作社和相应种植制度，实现良好的规模应用效果，推动烟草及大农业产业高质量发展。

2. 组织管理机构设置

一是成立湘西州烟叶高质量发展建设领导小组，推进烟叶和大农业"产业融合"协同高质量发展，加强各农业产业融合发展和管理创新工作的统筹协调。领导小组下设办公室，办公室设在湘西自治州烟草公司，负责领导小组日常工作。二是推动成立烟叶高质量发展协同工作办公室。在县政府的领导下，由县烟草局牵头，推动县、镇两级财政、国土、农业农村、质检、生态环保等相关管理部门间的联动合作，做好项目规划及工作部署。三是成立湘西州烟叶高质量发展建设工作组，下设专项工作小组。

3. 建立组织机构的协调机制

（1）做好两方面关系的协调工作。一是公司内部各个层级之间的关系协调，严格按照组织管理机构人员分工，明确各人员的岗位职责，落实好各个阶段的工作安排；二是公司与对外相关协作单位之间的关系协调，通过与外协单位签订协议等方式在项目实施过程中提供技术服务、调查分析、成果总结等保障性支持。

（2）定期汇报工作进度。湘西州烟草公司监管各部门信息，及时向州政府和省烟草公司汇报，协调解决实施过程中存在的问题，对各阶段取得的工作成果进行总结，统筹安排下阶段建设整体协同工作，争取获得州政府和省烟草公司相关部门的支持。

4. 制定烟叶高质量发展的相关政策

烟叶生产作为传统农业生产，在种植规模、农户种植意愿、比较收益等方面与现在的发展趋势和产业间平衡发展之间存在一定的矛盾和冲突，已有的配套产业政策体系不适合产业发展，同时作为国家支柱产业需要相关政策的扶持。围绕推进烟叶高质量发展，湘西烟草公司在政府有关部门支持下已制定了一系列产业扶持政策、资金政策、人才政策，推动相关政策体系的落地和实行。

（二）探索优化土地流转形式

以烟叶产值（总农业产值）增长为目标，以民生改善为约束条件，以农村建设发展为基础，优化现有土地流转形式，完善现代烟草农业经营模式，提出保证最优土地流转形式正常运行的政策框架、技术支撑体系和保障体系。

通过探索和优化土地流转形式，制定土地流转政策，从而稳定种植制度、土地流转价格，保障烟叶和大农业生产基本农田稳定持续规模化供应。

1. 搭建土地流转平台

一是做好土地流转宣传。宣传国家土地流转政策，做到依法依规流转土地。核心区土地经营户以留守老人为主，因缺劳力，多数农户愿意转让土地经营权。二是核定土地流转面积。与国土部门衔接，测绘丘块面积，依据土地经营户承包面积与其对接，确定土地到户面积，减少争议。三是组建土地流转中心。由政府引导、村委会牵头，组建土地流转服务中心，建立土地流转档案，组织烟农户与土地经营户签订土地流转合同。

2. 明确土地流转中各方角色的定位和分工

政府：县级人民政府主要负责指导、登记和备案工作；指导农村土地承包经营权流转、合同管理和下级人民政府土地承包管理部门以及从事农村土地承包经营权流转服务的中介组织的工作；

整合国家、省、市州粮油补贴政策，出台县级烟稻轮作引导政策。乡镇人民政府主要负责指导、备案、登记造册、变更手续、保存文件和解决纠纷。

烟草公司：主要负责种植区域土地特征值调查、数据库建设、固化耕作制度、划定轮作片区、制定"烟稻"轮作补贴政策、跟进配套基础设施建设、指导参与土地流转服务中心运转。

承包方与受让方：承包方是指土地承包经营权拥有者，受让方则指土地流转接收方。承包方与受让方在政府和烟草公司指导下，主要解决基于签订合同的意思自治、农地用途管理、收益和纠纷解决方面的权利和义务问题。

（三）建立职业烟农准入及管理体系

1. 构建职业烟农准入评价体系

明确新型职业烟农准入条件，建立种植准入制度。把以烟叶生产为主要职业，以种烟收入为家庭主要经济来源，有文化、懂技术、会经营、善管理、守诚信的烟农定为职业烟农，依据职业烟农个人及家庭禀赋、职业培训、生产技术执行、诚信经营和管理能力等五大方面，提取客观和主观指标数据，构建多维度职业烟农评价赋权指标体系，按照一定的区分度，对职业烟农分级管理。

2. 建立职业烟农动态管理制度

为引导烟农职业化发展，需从差异化扶持、系统化培训、机械化作业以及烟农合作社建设上采取合理措施，进行烟农动态化管理制度建设。

3. 制定职业烟农队伍激励措施

打造职业烟农队伍是国家烟草专卖局稳定烟叶种植的重大战略措施，通过各项扶持政策，让职业烟农获得比外出打工更高的收入，且通过稳定收购价格，补贴生产投入，让种烟的成本收益优于其他经济作物种植，通过养老保险、医疗保险、教育基金等方面的资助，同时解决烟农职业归属感和荣誉感，从而吸引年富力强的农民长期种植烟叶，保证产量，提高烟叶质量。

（四）建立市场化导向的新型烟叶合作社运行方式

1. 优化合作社运行方式

依据烟区实际情况，构建合作社完善组织架构和专业化服务方式，建立专业化服务队，指导合作社实施土地流转和指导合作社财务管理工作，并对烟叶合作社运行效果进行评价。

2. 创新合作社经营方式

创新合作社经营方式主要是通过同时实现市场化运作以及专业化管理两个方面来体现的，此经营管理方式有助于有效地破解合作社建设品质不高的难题。市场化运作主要体现在四个方面：主体市场化、资产市场化、技术服务市场化和生产服务市场化。①主体市场化指的是入股或接受技术指导和生产服务的全体烟农参与，依据合作社章程，在烟草公司的指导下依法成立烟叶合作社；②资本市场化指的是采用资本入股、托管、租赁、生产设施入股等方式管理合作社资金和生产资料，并依照约定合理分配收益；③技术服务市场化是指合作社成立育苗、烘烤等技术服务队，按照烟草公司明确的技术服务标准，制定统一的服务价格，开展市场化技术服务；④生产服务市场化是指合作社组建机耕、植保等机械服务队和成立盖膜、假植、移栽、打顶、采摘、分级等生产服务队，按照烟草公司明确的技术服务标准，制定统一的服务价格，开展市场化技术服务。

3. 细分烟叶合作社职能

参与土地流转组织工作，获得规模经营效益。在土地流转服务中心指导下，依据烟草公司制定的"烟稻"轮作片区，参与土地流转组织工作，并按照自身的服务能力组建分片区的技术和生产服务队伍。如每个划定的片区固定一组机耕和植保服务队,负责该片区整地起垄和植保服务;每个烤房群确定一组烘烤服务队;每100亩烟叶确定一支生产服务队。在不高于市场服务价格的基础上,合作社只能在大规模土地流转后,通过规模经营获得合理收益。

4. 扩充合作社新功能

增强自身竞争力,拓展与新兴经济组织的合作领域。市场竞争力的不断提升是烟叶合作社发展的保证。在土地流转的过程中,必然会兴起种粮大户、粮油合作社等新兴经济体。第一,合作社积极利用政府和烟草公司给予的政策优惠和生产资料获得更多的资本投入运营;第二,合作社创新发展方式,积极与粮油合作社构建联社,结合一二三产业联动,设施机具共有共享,实现合作共赢;第三,合作社完善内部的相关规章制度、实施细则,这样社员才能有规可循,严格按照规章办事,还能够提高内部办事效率;第四,扩大生产活动的参与主体以及拓展融资渠道等。烟叶合作社把竞争转变为共同协作以谋求更好的发展,通过完善利益共享机制,拓展产业链内的合作领域,实现农工贸一体化经营。

(五) 完善土地资源管理与耕作制度优化配置

1. 建立烟田档案规划

利用GIS(地理信息系统)技术建立田块档案(包含地块编号、土壤养分状况、土地利用类型、灌溉条件、土地流转档案,年度种植情况等),优化产区规划。政府主导、烟草引导、合作社实施,将宜烟区域分成烟叶生产区和稻田生产区,通过烟田与稻田轮作置换,为职业烟农提供生产物质基础。

2. 制定烟农管理体系

以烟农技术服务为单位,按户建立档案,将烟农种植申请、土地流转合同及土地流转备案证明复印件、长期合作协议、流转公示照片等资料整理归档,同时收集烟农田块地址、田块数量、田块面积、土壤类型等基础信息,建立烟农生产基础信息库,并在烟田电子地图中进行标识,实现流转田块基础信息和"烟稻"隔年轮作情况的可视化管理。每年根据烟农土地流转和轮作情况,由烟农进行申报,经烟站核定上报公司抽查核实后,对基础信息进行统一调整。

3. 推广新型复种制度

调研"烟叶—水稻"轮作、"烟叶—红薯"套种、"烟叶—大头菜"套种、"烟叶—油菜"套种等不同耕作制度及其产量、产值、农业生产资料投入和农业劳动时间投入,计算并比较经济效益和环境效益,为下一步耕作制度优化提供理论支撑。基于体系综合效益表现、间作增产优势和物种相互作用规律等,提出单项优化措施并形成基于养分资源管理的综合优化措施,在田间验证并分析其综合效益。

4. 优化耕作制度布局

(1) 编制新区"烟稻"轮作及后茬作物种植规划;(2) 编制新区职业烟农实施方案,建立准入制度;(3) 对接土地流转中心,与职业烟农商谈种植制度,签订合作协议;(4) 逐步引入职业烟农,固化种植制度;(5) 对接种粮大户,签订合作协议,探索并固化返租形式,确保形成长期的烟田—稻田轮作制度。

四、基于"产业融合"的烟叶产业高质量发展管理创新的实施效果

(一) 管理效益

1. 土地流转平台构建完成

通过土地流转服务平台建设,有力地规避了流转过程中不规范、权责利不清、农业生产不稳定、土地抛荒等问题，保障了土地承包方的稳定收益。土地流转后，推进烟叶生产基地建设、基本农田土地平整、水源工程建设和全程机械化试点等工作，烟叶生产条件明显改善，也为大农业生产奠定了物质基础。截至2020年，对万坪镇核心区域中的杉木村、和平村、上坪村、下坪村、兴隆居委会等8个村（居）委会进行基本烟田档案建档工作，建档面积6000亩左右，流转周期暂定4年，土地流转租金不高于每亩300元/年。

2. 职业烟农队伍基本形成

自2017年以来从镇外引进优质种烟大户10户左右，规模均为50~100亩，通过优质大户示范带动产生连锁效应以及烟站的教育培训、技术指导等方式，鼓励引导本地农户发展烟叶。烟农从2016年的23户、702亩烟田发展到2020年的68户、3925亩烟田。其中2019年培育职业烟农42户、2200亩烟田，户均收入达到22万元以上，2020年拟计划扩大职业烟农到60户、3000亩烟田，职业烟农占比逐年增加，职业烟农队伍基本形成。

3. 新型烟叶合作社运行方式形成

万坪新区依托专业合作社、镇村干部和专业技术人员，组建育苗、机耕、烘烤、分级等11支专业服务队，为烟农提供全方位、全过程支持，每亩节约成本600元左右。一是专业化机耕服务。组建机耕服务队2支，年机耕服务面积2500亩以上，主要负责烟田翻耕和起垄服务，并按每环节60元/亩收取机耕服务费，较市场价低20元/亩，减少成本25%左右。二是专业化育苗服务。组建育苗服务队2支，年育烟苗500余万株、供应面积4500亩，对育苗过程全权负责，确保苗足、苗壮。三是专业化烘烤服务。组建烘烤服务队4支，年服务烘烤任务4000亩烟叶，统一采收标准，全面执行"黄、亮、软"烘烤工艺，全权负责装炕后的烘烤质量，按400元/炕标准收取服务费。经测算，专业化烘烤每炕烟节约用工成本500元左右。四是专业化分级服务。组建分级服务队3支，可完成7000~9000担烟叶分级任务，特别是引进了专业人员20名，通过签订长期协议，确保分级队伍人员固定、素质专业，有力地保障了烟叶分级纯度及质量。

（二）生态效益

1. 降低了病虫害危害及生态保护

烟稻油等作物的病害属于土传病害，其病原菌和一些虫卵寄宿在土壤中。病原菌有一定的寄主，如果连续种植同一种作物，必然会引起病害的流行和爆发。实行烟稻油轮作，改变了寄主，病原菌的繁殖受到限制，降低了病害的危害程度；水旱交替状态使土壤环境发生较大的变化，使水生杂草在种烟季节因缺水而干枯死亡，烟田杂草因长期渍水而消亡。同时烟草的部分根、茎、叶残留于土壤中，其中的烟碱对水稻的病虫害具有杀灭作用。此外，烟稻油轮作对赤星病、蛙眼病等其他病害也能起到减少初侵染源、降低危害程度的作用。

2. 改善了耕地土壤质量

农作物对土壤养分具有选择性，烟草是喜钾作物，生长过程中要求吸收更多的钾元素，而对氮、磷的吸收相对较少；水稻在生长过程则对氮、磷吸收较多，对钾吸收较少。实行烟稻油轮作可以均衡吸收土壤养分，避免作物对某一元素过度吸收造成养分失调。烟稻油轮作属于水旱轮作范畴，干湿交替的环境有利于土壤团粒结构的形成，能明显改善孔隙和滞水特征；通过冬翻晒垡，改善土壤透气环境，好气性微生物活动增强，有机质分解加快，还原物质在土壤中的积累，能降低对作物根系生长造成的伤害；通过烟稻油轮作，烟草较深的根系能打破犁底层，起到疏松土壤、加厚耕层的作用。

(三)经济效益

1. 凸显规模化效益,扩大烟叶生产规模

2016年以来在永顺县万坪镇建立试验区,全面推行"职业烟农+合作社+烟草公司"的现代烟草农业组织方式,突出市场化导向。万坪镇烟叶生产在全县"稳规模"巨大压力的背景下成功实现逆势增长,烟叶生产规模从2016年的702亩、收购1517担,发展到2020年的3925亩、预计收购量超1万担,面积和收购量增长率均超过100%,提升了户均种植规模,"万坪新区"已实现烟叶规模化种植。

2. 烟农收入稳步增长,提升产业融合效益

万坪镇积极从外乡及外县引进优质种烟大户10户,种植规模50~100亩,通过示范带动,产生连锁效应。烟农户数从2016年的23户702亩发展到2020年的68户3925亩;烟叶生产从2016年的户均30.5亩、户均收入7.02万元、亩产值2300.23元,发展到2019年的户均55.2亩、户均收入18.02万元、亩产值3261.47元,增长比例分别为80.98%、156.7%、41.79%。同时实行套种连作,提高复种指数。在保障烟叶质量的前提下,大力发展烟后经济作物,进一步提高耕地复种指数。一是"烟叶—红薯"套种。秋红薯在7月底套种移栽,11月中上旬采收,按平均每亩栽4000株计算,亩产达3500斤,每亩增值1150元。二是"烟叶—大头菜"套种。大头菜在10月中下旬移栽,次年1—2月份采收,按平均每亩栽2000株计算,亩产达3000斤,每亩增值1400元。三是"烟叶—油菜"连作。油菜在烟叶采烤后进行撒播,次年5月份采收,亩产达300斤,每亩增值450元。同时,"烟叶—油菜"连作增加了油菜种植面积,带动20户发展养蜂产业,户均年增收5万元以上。通过主业保收辅业增收思路,烟农收入稳步增长。

3. 烟叶质量逐年改进,满足工业客户需求

烟草公司与当地政府通过制定"烟稻"轮作规划,将流转土地进行耕作布局区划,并进行烟地水稻的返租置换,通过推广用地与养地相结合的"烟稻"隔年轮作栽培制度,缓解了因根茎性病害持续扩大对烟叶生产的影响,实现保育性耕地质量恢复提升。万坪镇2016年上等烟收购539.74担,占比35.58%;2019年上等烟收购4578担,占比75.35%。上等烟比重逐年增加,烟叶等级结构逐年优化,既符合高质量发展要求,又很好地满足了工业客户的需求,万坪已成为湖南中烟对口基地单元示范园区。

(四)社会效益

1. 减少贫困人口,助力精准扶贫

万坪镇自2016年以来积极发展精准扶贫户种植烟叶,通过提供政策引导、教育培训、技术支持等举措帮助扶贫户提高收入,烟农贫困户从2016年的3户72亩发展到2019年的14户664亩,分别占当年烟农户数的13%、21%,扶贫户成为烟叶生产发展的主力军。同时通过职业烟农队伍建设,部分精准扶贫户成为职业烟农,2019年有6户精准扶贫户成为职业烟农,至2019年万坪共发展41户贫困户种植烟叶1679亩,通过种植烤烟带动41户、194人脱贫,人均增加收入8955元,脱贫率达100%。

2. 增加就业岗位,提升产业专业化服务能力

万坪镇依托烟叶规模化发展需要,在2017年成立万坪镇鹏飞烟叶种植专业合作社,合作社通过与当地农户签订就业协议,为烟农开展机耕、育苗、烘烤、分级等服务。合作社现有专业服务队12支、150人,均签订长期服务协议,还招收了符合岗位要求的季节性用工300人,为当地解决了450人的就业问题。同时烤烟种植大户还为该地200名贫困户和易扶搬迁户提供大田生产劳

动岗位，年劳务用工费 400 多万元，为将脱贫攻坚工作推向纵深做出了贡献。

（五）烟叶高质量发展标准体系逐步完善及应用示范

围绕示范应用，目前已完成"四个环节"的工作：创新土地流转做法、职业烟农队伍建设、适宜耕作制度规划、新型市场化合作社建设，出台了加快大农业产业融合发展和合作社资金运转管理实施细则等标准体系。

截至 2020 年，湘西烟草基于"产业融合"高质量发展烟叶生产已在永顺县推广应用 0.6 万亩，同时该土地流转做法被湘西州龙山县、保靖县、凤凰县等现场观摩和借鉴，职业烟农队伍建设经验在全州推广应用，结合当地具体生态和土地资源现状，部分县市也在借鉴耕作制度优化，提升当地大农业产业融合和烟叶高质量发展水平。湖南省内主要植烟市也派出烟叶生产和政府有关部门人员前来交流学习。该管理创新三年内将逐步实现从万坪新区到各个市县的全面应用。

主　创　人：瞿红兵、周米良
参与创造人：陈明刚、张一扬、阳　蓉、向剑明、张　胜、周　刚、
　　　　　　吴小森、梁　磊、刘建明、吉中韬

市级电网工程投产质量提升管理体系创新与实践

国网湖南省电力有限公司张家界供电分公司

国网湖南省电力有限公司张家界供电分公司(以下简称"张家界公司")成立于1996年3月,系国网湖南省电力有限公司下属分公司,担负为张家界市提供优质可靠电能供应的职责。公司现有14个部室、8个业务支撑机构、3家县级供电企业、1家集体企业,全口径用工2508人,管辖35千伏及以上变电站50座、变电容量200.47万千伏安,35千伏及以上输电线路93条、共计1942.07公里,10千伏配电线路264条、共计7947公里,承担±800千伏锦苏线、复奉线288公里的属地协同管理责任。

近年随着社会经济发展,电网建设和升级改造任务异常繁重,大量电力设备入网,对电网投产质量提升工作带来严峻考验。如因质量管控不严,造成设备带病运行或重复停电,会严重影响电网安全和供电可靠性,造成供电服务等社会舆论事件。为更好地践行"人民电业为人民"的企业宗旨,公司创新电网投产管理体系,提升电网投产质量,减少设备故障停电,提升公司供电服务水平,提升客户用电体验。

一、市级电网工程投产质量提升管理体系创新与实践的实施背景

(一)是应对电网发展不平衡不充分矛盾的必然要求

习近平总书记在党的十九大报告中明确指出,新时代我国社会主要矛盾是人民日益增长的美好生活需要和不平衡不充分的发展之间的矛盾。张家界电网也面临这样的发展矛盾,无论是与省内其他经济发达地区电网相比较,还是张家界偏远山区与市、县城区电网相比较,均存在电网发展不平衡、不充分的矛盾。随着社会生产方式、人民生活理念及消费观念的巨大转变,客户的用电需求和对供电质量的要求快速提高。为坚持以人民为中心的发展理念,不断满足客户用电需求,张家界公司启动了电网建设三年行动计划和向配网开战"两降一控"专项行动,将极大地改变张家界作为国家5A级旅游城市存在的地区电网结构薄弱、供电可靠性差等历史现状,但与此同时,也势必带来大量的电网投产验收工作。面对新时代新矛盾,公司积极创新电网工程投产管理手段,确保电网工程投产质量,提升电网安全可靠性和供电可靠性,打造张家界精优级市级电网,不断满足人民群众的用电需求。

(二)是应对电网升级改造及小水电关停的迫切要求

2019—2021年,国网湖南电力实施电网建设"三年行动计划",预估投资1008亿元,相当于重建一个湖南电网,其中张家界计划投资30多亿元,投资和建设规模大。同时,张家界地区面临黔张常、张吉怀高铁快速建设,大鲵自然保护区小水电关停、电网建设攻坚行动等重点工作任务。截至2019年底,张家界关停退出的86座水电站已全部停止发电,倒逼电网规划和电网建设加速推进,电网投产验收任务异常繁重。大规模电网建设,必然带来大量电网设备入网,给公司设备验收、运维检修等工作带来严峻考验。如因质量管控不严,造成设备带病运行或重复停运检修,将会影响公司电网安全、可靠供电,引发供电服务等社会舆论事件。如何统筹公司各专业、各部门资源,确保电网投产体系高效运转,提升设备投产质量,提供电网供电可靠性,更好地服务人

民群众和社会经济发展，显得尤为重要。

（三）人民群众对供电可靠性提出新要求

张家界公司承担着张家界市两区两县的电力保障任务，电网规模较小，但供电的政治影响力和社会影响力不容小觑。随着张家界电网的快速发展，大量新工程、新设备进入公司系统，对电网投产质量管理工作提出了新的、更高的要求。一旦发生大、中型电网事件或大面积停电，将对当地政府、学校、医院、银行、索道、酒店、工业园区等重要客户产生较大影响，引发供电服务投诉和社会舆论事件，给社会稳定或经济发展带来负面影响。只有不断提升电网投产质量，提升设备供电可靠性，才能确保张家界作为世界知名旅游国际城市的供电安全，才能不断提升人民群众生活用电的幸福指数。

二、市级电网工程投产质量提升管理体系创新与实践的内涵

市级电网质量提升投产管理体系创新与实践课题项目的内涵，是以习近平新时代中国特色社会主义思想为指导，以"具有中国特色国际领先的能源互联网企业"战略目标为引领，以"人民电业为人民"为服务宗旨，以为客户提供可靠优质供电为目标，打造张家界精优市级电网。通过创新"四全四体"电网工程投产体系（全方位管理体系、全过程执行体系、全环节监督体系、全流程考评体系），促进电网投产实现高质量提升，促进供电优质服务水平、经营效益实现可持续发展，人民群众电力获得感不断增强。

三、市级电网工程投产质量提升管理体系创新与实践的主要做法

（一）构建全方位电网投产管理体系

公司构建了新的电网投产网络体系，在规划设计、设备采购、入厂监造、出厂验收、到货验收、中间验收、竣工验收等全过程环节链条中，进一步整合发展、设计、物资、建设、运检、营销、信通、调控等部门资源，采用检测、检查和资料核查等多维度工作方式和手段，监督电网投产管理制度、技术标准、反事故措施等要求落地。搭建电网投产智能管控平台，整合基建质量管控系统、电子商务系统、技术监督系统、供应商评价系统等资源，实现设备质量全方位管控。完善电网投产工作网络，明确年度电网投产重点任务，细化部门职责和分工，加强电网投产业务和质量管理培训，打通部门之间的专业壁垒，优化管理流程，压缩工作链条，提升质量管控效率，多维度评估电网设备健康状况、运行风险和安全水平，协调解决电网投产设备质量问题，确保电网设备安全、可靠、稳定运行。

1. 构建电网投产工作网络，为质量提升提供组织保障

健全组织机构：组建电网投产领导小组、电网投产工作小组、电网投产网络体系。

健全网络专家：健全各级部门和单位专家成员，涵盖16个专业，涉及发展、设计、物资、建设、运检、营销、调控等部门，实现电网投产工作全专业、全部门覆盖。

优化机构职责分工，职责分工分为以下三级：

电网投产领导小组：贯彻落实国家、行业及国网公司各级电网投产方针政策、法律法规、规程规定、制度标准等；批准年度电网投产计划，落实电网投产专项费用；审批电网投产工作考核评比结果；协调解决公司电网投产工作中的重大问题。

电网投产工作小组：在领导小组的领导下，负责公司电网投产日常管理工作；归口管理公司电网投产工作，指导公司各级电网投产组织体系建设和日常管理。

电网投产工作网络：负责年度电网投产活动的具体实施以及新投电网设备的台账维护；负责重大问题的提出及监督报告的编制；负责技术监督预警单、重大问题挂牌督办单的编制和发布。

2. 理清电网投产工作职责，为质量提升提供制度保障

根据年度基建项目里程碑工作计划，公司出台了一系列相关管理制度，编写了《国网张家界供电公司关于进一步提升基建工程工作质量的指导意见》等管理规定，发布了电网投产精益化管理实施工作方案，编制电网投产工作责任表，对可研设计、设备采购、出厂验收、中间验收、竣工验收、启动验收等环节监督实行专人负责制和终身负责制。

3. 明确电网投产工作重点，为质量提升提供目标保障

全面清理年度电网建设项目，有针对性地编制电网设备投产里程碑年度重点工作计划，开展人员培训和技术储备，设定专业管理目标，强化关键环节投产管理。理顺验收制度，固化机制流程，明确验收职责，规范验收标准，狠抓整改闭环，确保新建工程投产质量，打造一批优质、示范电网工程项目，要求110千伏及以上电压等级的新建变电站优质工程创建率达到100%。计划编制环节，主要根据新建工程里程碑计划，编制公司全过程电网投产年度工作计划，要求全部工程进度务必按里程碑节点完成，工程进度完成率达到100%。规划设计环节，重点开展可研报告、设计资料的编制、评审、批复，要求重点工程项目的规划设计差错率为零。入厂监造环节，重点对照技术规范书、设计图纸、工艺文件，开展设备入厂监造和现场抽查，涵盖设备采购、设备制造阶段，要求主变、组合电器、开关柜等主设备实现监造全覆盖。出厂验收环节，重点对重要设备和重要试验项目开展设备出厂验收，进行旁站见证、质量抽检和资料查阅，出具验收纪要，要求35千伏及以上电网项目出厂验收做到全覆盖。到货验收环节，重点对主变、组合电器、开关等重要设备到货组织到货验收、现场检查、材质抽检和资料查阅，要求厂家、施工、业主、监理、运输部门全部到场，验收情况全部落实签字确认。中间验收环节，重点在设备安装、设备调试阶段开展过程检查，主要方式为查阅资料、现场检查、质量抽检、旁站监督，要求35千伏及以上工程中间验收率达到100%。竣工验收环节，重点开展工程竣工验收，主要方式为查阅竣工资料、现场检查、查看生产管理信息系统，要求工程启动前全部竣工验收问题整改率达到100%。运维检修环节，重点对投运后的设备进行巡视、检修，主要方式为查阅资料和巡视记录。总结评价阶段，重点对电网投产工作情况进行总结评价。

4. 提升电网投产工作质效，为质量提升提供机制保障

创新电网投产管理培训机制，提升网络工作人员的业务水平。由公司技术监督办公室牵头，组织开展了多轮次管理培训，包括规划、电气设备性能、化学、热工、保护与控制、自动化、金属、计量、信通等多个专业，重点对国网公司通用管理制度、电网投产管理业务流程、重点验收标准等内容进行培训学习，规范电网投产管理，提升投产质量。创新培训方式，确保培训实效。通过"走出去""引进来"相结合的方式，近两年选派258人次输电、变电、配电专业人员送培设备厂家或省公司培训中心培训学习，增强人员技术水平和业务能力。结合现场，积极开展电网投产验收交流协作，确保电网投产管理水平持续提升。通过开展全专业、全过程培训及现场实践，提升人员管理能力和技术水平，借助省内区域协同平台，交流电网投产质量不断提升。通过在湖南省内首次试点220千伏组合电器同频同相交流耐压试验技术，掌握新的试验原理及试验方法，为电网投产质量提升工作打下坚实基础。

（二）强化全过程电网投产执行体系

1. 加强可研设计把关，筑牢工程源头关

由地市公司运检部牵头，以检修公司业务室专责及班组骨干力量为主，组成柔性专家团队，深度参与各类新改扩建工程前期审查工作，从项目源头进行严格管控，提出设计环节易出现问题

的整改意见,将运检专业最新的专业重点管控要求及时传达到规划、设计、建设、物资部门,从源头上强化设备质量管控。对于主变、开关柜、组合电器等主设备的出厂验收,均安排地市公司级专家库人员参加,重点工程的关键主设备邀请省公司级专家参加,同时按全过程技术监督精益化管理实施细则内容,编写主变、组合电器和开关柜的入厂监造报告模板和标准化验收卡。验收人员对设备进行全面验收,对相关试验全过程旁站见证,确保出厂验收落到实处,避免因施工环节返厂整改耽误工期,也确保了工程质量及进度。

2. 加强出厂验收把关,控好产品入网关

组建精干验收队伍,对变压器、组合电器、开关柜进行出厂监造,依据《电网投产标准化验收卡》进行验收,重点检查项目包括开关柜耐压、局放试验、绝缘件的局放检测、金属材质检测、主回路电阻、互感器励磁特性、触头对中、开关机械特性等项目;主变的工频耐压、长时感应耐压及局部放电、金属材质检测等;组合电器的工频耐压试验、单个绝缘件的局放检测等。为确保验收工作顺利、高效,验收小组提前通过物资监造方与厂家进行沟通,确定好验收流程和项目安排、重点验收项目以及需要厂家预先准备的相关注意事项,严格按照技术协议、变电五通在内的技术文件,开展全过程验收工作,通过加强出厂验收把关,堵塞出厂问题累计达289项。

3. 加强到货验收把关,打造设备抽检关

与厂家签订技术协议时,提前向厂家提供电网投产标准化验收卡,对容易疏漏的设备材质做出详细规定。设备及材料的到货抽检,由地市公司物资检测中心牵头,试验仪器配置全面,检测流程标准,检测手段全面,检测规程执行最新规范,确保发现设备缺陷的诊断准确率最大化。改变以往检测由各个基层班组自行完成,存在设备配置不足、测试手段单一、技术水平良莠不齐、无法统一监管的缺点,以满足设备入网检测越来越高的工作要求。主设备到货后,协同建设、施工、监理等单位,同步开展设备到货验收工作,特别是全过程参与主设备开箱及冲撞记录检查等工作,确保设备厂内验收发现问题第一时间得到整改。通过验收,加强到货验收把关,堵塞到货问题累计达69项。发现35千伏汨湖变主变到货油质不合格,220千伏立功桥变520组合电器出线套管发错型号等系列问题,均协调整改到位。

4. 加强安装调试把关,提升工程质量关

对新改扩变电站主接地网敷设、组合电器设备封盖前检查、35千伏、10千伏母线桥隐蔽前检查等隐蔽工程全程派专人旁站;重点旁站变电站接地电阻及主接地网检测工作,派人参与试验过程和检查试验结果,确保试验过程和试验数据满足要求。深入开展电网投产中间验收,发现220千伏立功桥、110千伏高云变、35千伏汨湖变等基建验收各类问题652项,同步开展金属检测、主变油色谱分析等工作,提前发现基建施工环节存在的问题和不足,为后续工程整改提供依据。积极参与工程预验收、竣工验收工作,发现各类问题175项,特别是发现站内钢构架未打排水孔、未灌浆、喷漆层厚度不足,配网出线电缆交叉等问题,确保工程投运后设备安全可靠运行。对于110千伏组合电器设备、35千伏充气柜、预制舱构架等首台首套新入网设备,为确保设备质量和顺利投产,公司安排专人全过程介入跟班验收和设备投产,现场开展新建智能变电站设备运维和倒闸操作培训,充分吸取220千伏立功桥变、110千伏高云变等验收投产好的经验做法,分析智能站与常规站之间存在的差异,指导基层班组拟写投运操作票,确保设备成功送电。通过加强安装调试把关,堵塞问题累计326项。通过深入开展110千伏阳胡坪变跟班验收工作,发现组合电器间距过小、连接筒内腔镀层工艺不良等诸多问题,及时下发技术监督预警单,要求责任单位整改到位。

5. 加强竣工验收把关，抓实工程验收关

按照一次、二次、土建、计量、信息、方式等专业组成专业验收工作小组，一方面根据施工进度表，跟进大型试验、隐蔽工程旁站见证工作，另一方面对现场试验抽查、保护调试、设备材料结构检查、消缺整改情况进行验收。竣工验收阶段，建立日报、周报汇报机制，专业验收小组发现的可能影响送电的问题，第一时间报送各专业部门审核定性，通过技术监督预警单，报送专业负责人决策跟进。由验收负责人收集各验收小组的验收问题，当天进行验收进度报送，编写验收问题日报表，每周报送验收周报，对可能影响送电的重点问题，要求当天报送公司运检部，并汇报公司分管建设、分管生产的领导，进行工作跟踪和督导。通过加强竣工验收把关，整改问题累计1683项。

6. 加强运维检修把关，把好设备检验关

新设备投运后，公司继续加强设备投产质量管理，对新投设备在投运24小时后全面开展红外测温。对于新投运主变，严格开展投运后1天、4天、10天、30天的油色谱跟踪分析，及时掌握新投运主变的健康运行水平，综合评估设备健康运行水平。为确保新投运主变的安全稳定运行，严格落实新投主变化学监督工作要求，严格把关试验周期，要求当天油样当天试验。取油及试验过程，严格按照"五通"规定进行标准化作业，根据规程要求进行操作，对试验数据进行准确分析和判断，综合评估设备投运后的运行质量。电网建设工程验收是一项系统工程，涉及输电、变电、配电、计量、信通等多个专业，覆盖建设、运检、调控、信通、营销、物资等多个部门，并涉及与设计、施工、厂家、监理等外部单位的沟通协调。公司针对电网工程数量多、任务重、时间紧、专业人手不足等问题，建立了柔性验收专家团队，安排技术骨干全过程参与竣工验收、运维检修等监督工作，收口验收发现问题，跟踪问题闭环情况，建立与项目管理部门和施工单位的无缝对接。明确验收职责，压缩管理层级，提高协同效率，强化发展部、物资部、建设部、运检部等多部门工作联动协作，实现新投设备质量监督"有序、有力、有效"，确保设备高标准、高质量投产。通过加强运维检修把关，累计检出问题113项。

（三）创建全环节电网投产监督体系

1. 创新电网投产质量提升监督方式，强化技术监督手段应用

根据公司各部门、人员变化情况，每年年初及时调整公司技术监督工作网络。年初编制出台技术监督工作方案和重点工作任务清单，根据技术监督年度工作计划，有序开展技术监督工作。加强规划设计、出厂验收、中间验收、竣工验收等重点环节的监督把关。强化部门合力，协同开展现场技术监督活动。协同发展部、设计院，把好设计选型关口，做好技术协议签订。协同物资部，把好物资质量关，强化出厂验收、物资抽检、质量问题约谈力度。协同建设部，把好工程质量关，加强跟班验收和部门协同，建立技术监督专责与业主项目部经理的沟通合作机制，不定期会同业主项目经理开展现场监督，确保问题早发现、早处理，确保施工质量，避免返工延期。突出全过程技术监督，狠抓专项技术监督。围绕电气设备性能专项、金属专项、土建专项，深入开展重点专项监督活动。细化年度工作计划，将具体监督项目细化到各部门、单位及责任人，明确工作要求，纳入月度绩效进行考评。强化同物资、建设等部门的沟通协调，将专项监督要求融合到相关部门业务工作中，避免专项监督成为专业部门的额外负担，提升电网投产技术监督水平。

2. 创建电网投产质量提升监督机制，强化动态验收模式应用

张家界公司建立了全环节质量监督工作机制和管理方案，严格加强物资招标、物资采购、设备监造、物资抽检等管理工作。安装调试、设备验收环节，组织专业人员提前介入把关，建立日

汇报、周管控动态工作模式，全面梳理验收问题，对可能影响送电的问题，当天按要求上报对口部门，审核后逐级上报处理。按照计划送电时间倒排工程进度节点，全面主动介入设备安装调试，将过程中产生的记录数据作为竣工验收的重要依据，督促施工单位提高现场施工质量，提高试验数据的可信度和对比性，为以后的设备运行维护工作提供有力的技术保障。通过验收专家组全程有效管控，促使各专业、各部门有序协同，保证工程如期进行。针对竣工验收时间短、验收设备繁多、验收内容复杂、验收质量无法保障等问题，电网投产验收工作采取"动态验收+过程监督"工作模式，公司运检部协调各相关部门、单位，不定期开展技术监督中间验收和跟班验收，对重要工程、重点阶段，成立跟班验收工作小组，建立"日通报、周总结"工作机制，对基建工程全过程验收执行情况、现场关键工序、关键工艺、质量关键点、反措执行和质量通病等内容，进行动态管控和过程监督，实现闭环跟踪管理。

3. 筑牢电网投产质量提升监督防线，强化调控新投体系应用

构建调度新投体系，确保设备质量分层分级把关到位，筑牢设备送电前最后一道防线。调度方式计划、继电保护、自动化、调度控制专业全面介入，以《电力系统新设备启动调度流程》为技术蓝本和业务指南，支撑设备安全入网。调控中心建立了设备入网启动流程图，提前开展电网分析，明确三种方式下的系统短路电流、潮流分布、无功分布变化，并以电网风险预控卡的形式落实负荷转移、方式调整、继保策略，确保投产试运行方案实施过程中电网风险最小化。公司调控中心严控一次设备交接试验、二次设备整组试验、远动信号联调对点工作，以上述三个条件作为启动调度基础必备条件进行管控，公司运检部综合评估设备投运条件，协同调控中心和项目建设部门综合下达新设备投产结论，严防设备带病入网，把好入网最后一道关口。

（四）强化全流程电网投产考评体系

1. 建立电网投产考评制度，强化质量提升工作奖惩

针对电网投产管理，公司出台了一系列行之有效的考评制度，印发了《国网张家界供电公司技术监督工作质效考核管理办法》《国网张家界供电公司关于印发安全工作奖惩实施方案的通知》等工作奖惩制度，提高全体员工对电网投产管理的重视度和参与度，推动该项工作的有效落地。公司成立了以分管基建和分管生产的领导为组长，以电网投产工作小组为成员的考核小组，对电网投产实施效果进行综合评价。

2. 压实电网投产部门责任，明确质量终身负责制

以落实工作责任制为抓手，突出质量终身负责制。以工程项目经理组织验收为重要手段，以供应商评价作为厂家质量约束力的有力武器，确保设备投产质量，据此制定相应的管理指标体系，进而推动考评体系的有效运转。建立"谁牵头，谁负责"的责任考核体系。可研设计环节，要求运检各专业确认设计方案，结合精评、反措、全过程投产管理及其他规程规范，提出完善意见，发展部和设计院对规划设计质量负主责，签字方负副责。出厂验收环节，要求结合技术协议、精评、反措、全过程投产管理等规程规范开展出厂验收，检查组部件、材料、安装结构、试验项目是否符合技术要求，出厂试验结果应合格，订货合同或协议中明确增加的试验项目应进行，对抽检项目进行抽检，对发现的问题进行留档上报，该环节物资部和运维单位负主责，其他参与单位负副责。到货验收环节，要求运检单位提出需参加到货验收的设备清单，并在开工前向建设管理单位提交，建设管理单位在验收前5个工作日通知运检单位，运检部选派相关专业技术人员参与，建设部和物资部负主责，其他参与单位负副责。安装调试环节，要求进行隐蔽工程、旁站试验见证，施工方应完成需验收内容的施工单位三级自检及监理初检，设备安装调试阶段影响电气安装

的问题未整改完成前，不得进行后续安装工作，该环节建设部负主责，其他参与单位负副责。竣工验收环节，要求认真开展验收准备，开展竣工（预）验收、验收缺陷整改及复验，该环节建设部和运检部共同负主责，其他参与单位负副责。启动验收阶段，要求工程完成启动、调试、试运行后，验收组提出移交意见。由启委会决定办理工程向生产运行单位移交。办理设备移交手续前，由建设管理单位和运维单位共同确认工程遗留问题，形成工程遗留问题记录，落实责任单位及整改计划，运维单位跟踪复验；做好设备移交和工程资料清单。新设备投运后1年内发生的因建设质量问题导致的设备故障或异常事件，由建设管理单位组织处理。该环节建设部和运检部负主责，其他参与单位负副责。

四、市级电网工程投产质量提升管理体系创新与实践的成效

（一）实现电网投产管理体系创建目标，管理成效显著增强

通过创新电网投产体系，张家界公司基本实现电网投产质量提升管理体系创建目标。建立了完善的电网投产工作网络，构建了完备的电网投产执行体系，创建了全环节电网投产监督体系，建立了全流程电网投产考评体系，公司各部门协同力和合力增强。自2019年以来，工程质量问题的发现率和整改率居全省前列。公司组织开展规划可研、工程设计、设备验收、竣工验收等电网投产专项活动127项，发现质量问题683项，发现10千伏电缆抽检不合格等重大问题25项，发布预警单58份、重大问题督办单6期。张家界公司电气设备性能、配网、输电线路等多个专业，获评湖南电力技术监督优胜专业和优秀项目。2020年半年度，公司设备管理指标排名同比进步6名，电网运行水平和供电可靠性逐年提升，电网投产管理成效增强。

（二）实现供电可靠性稳步提升，企业经济效益显著提升

截至2019年底，公司设备故障率同比降低13.6%，重复停电率同比降低15.8%，停电时户数同比降低0.98小时/户，台区停电时户数同比下降33.1%，配网跳闸率同比下降26.2%。公司高质量完成6座新改扩建变电站投产工作，高标准完成城农网改造任务，户均配变容量提升至1.74千伏安/户。张家界电网可用系数同比提高7.32%，供电可靠性同比提高0.95%，全年减少故障停电105次，公司售电量同比增加6.73%，全员企业劳动生产率同比提高3.34%。张家界电网供电能力日益增强，企业经济效益显著提升。

（三）实现电网高质量投产目标，企业社会效益得到提高

通过深入实践电网投产管理体系，新入网设备质量明显提高，电网建设各阶段问题数量呈现下降趋势，严重问题基本清零。2019年，设备安全运行水平进一步提高，人民群众电力获得感进一步增强，设备故障停电率同比下降13.6%，客户满意度同比提高7.25%，客户停电投诉率同比降低17.9%。与此同时，湖南省委省政府、张家界市委市政府有关领导多次指导张家界地区小水电退出、电网建设、扶贫攻坚、电力迁改、城农网改造等工作，为公司发展提供坚强保障。公司电网建设工作，得到各级政府和广大人民群众的充分肯定和有力支持。

主　创　人：李　毅、胡亚军
参与创造人：黎　辉、周　清、吴　丹、滕　飞、卓家全

产业发展与管理提升

产业发展与管理探索

大型建筑企业机电工程装配化管理体系构建

中建五局第三建设有限公司

中建五局第三建设有限公司（以下简称"中建五局三公司"）成立于1971年，注册资本15亿元，拥有建筑工程施工总承包特级、市政公用工程施工总承包特级资质，位列中国建筑集团号码公司前三名、湖南省建筑企业前三强。设有中南、天津、重庆、四川、西北、广东、湖北七大区域分公司，市政、安装、钢结构、中建科技湖南有限公司四大专业分公司，一个建筑设计研究院；下设兰州、贵州、齐鲁三大城市公司和河南区域经理部。国内市场布局为"四纵一横一片"，海外市场布局重点紧跟"一带一路"国家，经营范围覆盖东南亚、中亚、北非等区域，在埃及、缅甸等国家有在施项目。

目前，中建五局三公司业务范围以商品住宅、公用工程、基础设施业务为主，同时涵盖投融资、海外、机电安装、钢结构、装配式建筑等业务。在升级发展模式、深化战略驱动的助推下，中建五局三公司逐步实现由单一的承包商向投资商、承包商、运营商"三商一体"升级，累计获得鲁班奖19项、国家优质工程奖12项、中国土木工程詹天佑奖及优秀住宅小区奖3项、全国市政金杯示范工程2项、全国用户满意工程奖8项、中国钢结构金奖8项、全国优秀焊接工程奖（钢结构）14项、中国安装工程优质奖5项，其他全国级、省部级最高工程质量奖项200余项。2019年，中建五局三公司承接额超900亿元，完成营业收入超350亿元。

一、大型建筑企业机电工程装配化管理体系构建的背景

（一）是解决传统建筑机电安装施工问题的需要

随着社会的快速发展和环境形势的日益严峻，安装行业长久以来粗放式的生产组织模式迫切需要改变。传统建筑机电安装施工周期较长，环境条件影响施工作业，不同专业之间存在交叉施工，进而在施工过程中极易发生返工、误工等现象，在施工过程中会产生一定的噪声污染、建筑垃圾等问题。

装配式施工能够在预制工厂对多数机电管线构件进行预制，减少现场安装施工的工作量；施工场地占用面积小，有效控制了施工带来的污染问题，提高了安装的工程质量。装配式机电技术相比于传统的机电安装施工具有优质、安全、高效、节约、环保五大显著优势，这与建筑工业化升级发展新发展理念不谋而合，故以装配式机电技术为核心，提升企业差异化核心竞争力，是建筑企业当前重要的发展方向。

当前，我国装配式建筑主体结构施工仍处于起步阶段，装配式建筑机电安装施工的成功案例更少。在装配式机电技术的探索和实施过程中，也面临着各种新的问题与挑战，如目前装配式机电技术应用均处于起步阶段，普及率不足；企业投入的研发力度不够，缺少相应的计价文件支撑……这些都需要建筑企业去探索和推动。因此，坚持新发展理念，积极探索机电工程装配化，加快规范化、标准化建设，挖掘其"优质、安全、高效、节约、环保"等显著优势，提高建筑企业行业竞争能力，势在必行。

(二) 是建筑企业适应环境变化的需要

自 1999 年国务院发布的《转发建设部等八部门关于推进住宅产业现代化提高住房质量若干意见的通知》至今，装配式建筑在我国开始引起重视并逐步推广的时间已有 21 年。

为加快推进装配式建筑发展，2016 年国务院出台《大力发展装配式建筑的指导意见》，2017 年湖南省人民政府下发《湖南省人民政府办公厅关于加快推进装配式建筑发展的实施意见》。随着我国城镇化程度的逐步提高，建筑产业现代化进程也在加速发展。装配式建筑便是实现产业现代化的重要路径。

随着新基建的大力推进和发展，在 5G 时代，将会实现 5G 网络对工程机械设备的远程操控，切实解决工程机械领域人员安全难以保障、企业成本居高不下的难题。时代的发展促进建筑业的发展，装配式建筑是建筑业发展、建筑企业实现转型升级的必经之路。

随着建筑工业化发展的持续升温，中央和地方政府相继出台多项政策，大力推动装配式建筑发展。国家战略形势迫切需要建筑企业加强对机电工程装配化管理体系的构建，提倡低碳建造工艺、推广新技术和新材料，探索装配式机电技术，加快建筑工业化、自动化、数字化、智能化升级转型，全面助推建筑行业高质量可持续发展。

(三) 是满足市场主体的实际需求

当前，我国建筑机电行业出现了一系列的问题，比如浪费资源，不同程度的环境污染，工程效率低以及施工安全得不到保障等。机电工程装配化管理体系的构建能助推建筑企业实现高质量可持续发展，满足安装行业转型升级的目标。

机电安装工程装配化施工通过"工厂预制"和"现场装配"，符合低碳环保、安全施工、文明管理等建筑领域的施工目标和新发展理念，其构建的管理体系满足安装行业、建筑企业、业主、劳动者等主体的发展需求。

通过发展装配式建筑，可以把农民工从传统的体力劳动中解放出来，参与工业化生产，促成真正的农民向市民的角色转型；有利于促进新型城镇化的发展，同时满足我国新生代工人逐步成为现代化产业工人的需要；随着建筑业的不断发展，市场需求更趋多样化和个性化，要求提升节能、环保等理念。

二、大型建筑企业机电工程装配化管理体系构建的内涵

装配式建筑是以工厂预制化生产、现场装配式安装为模式，以标准化设计、工厂化生产、装配化施工、一体化装修和信息化管理为特征，整合研发设计、生产制造、现场装配等各个业务领域，实现建筑产品节能、环保、全周期价值最大化的可持续发展的新型建筑生产方式。装配式机电是装配式建筑施工中的一个重要的环节。

在行业升级变革的大背景下，中建五局三公司以新发展理念为指引，适应建筑行业机械化、自动化、智能化的发展趋势，积极延伸装配式建筑产业链，以科技创新为核心推动"建造"到"制造"，再到"智造"，积极推进快速建造、绿色建造、智慧建造，完善企业全产业链布局，构建"差异化"竞争力，驱动企业创新升级。

三、大型建筑企业机电工程装配化管理体系构建的主要做法

(一) 明确机电工程装配化管理体系构建的整体思路

在装配式引领建筑业建造方式变革的当下，装配式机电所体现的"优质、安全、高效、节约、环保"等显著优势，正在成为建筑企业市场竞争力的重要组成部分。中建五局三公司立足延伸装配化产业链条，致力于推动建筑工业化、数字化、智能化升级，以科技创新为核心，打造了全省首个装配式机电工厂、中建集团唯一的机电装配式产品——"中建奇配"，大力实施装配化机电"一三三"模式，即"搭建一个平台，持续打造'全产业链、标准化设计、品牌'三大核心竞争力，做强'质量、产能、内控'三大支撑"，以打造差异化竞争力，引领企业高质量转型发展；以推动安装行业转型升级步伐为目标，积极探索构建机电工程装配化管理体系，加快建造方式转变。

（二）搭建"一"个平台——装配式机电工厂

为了补足装配式建筑全产业链关键的一环，为机电工程提供创新研发、设计咨询、产品制作、装配施工、运维管理等服务，中建五局三公司始终致力于用技术解决行业痛点，结合数字化、信息化、互联网技术来推动传统建筑业升级，以搭建装配式技术研发平台为手段，大力推进建筑工业化升级。

奋楫潮头，先手为强。中建五局三公司敏锐地感知行业升级变革的方向，投资建设了湖南省首个、业内领先、执行"6S"标准管理的现代化装配式机电工厂，由此诞生了中建集团唯一的机电装配式品牌——"中建奇配"。工厂于2018年3月开始建设，同年7月正式投产，分为装配式机电车间、成品支架车间、办公宿舍楼三栋单体。

装配式机电车间作为工厂创新的支撑，配置了装配式机电生产工艺的全套流水线设备；为装配式机电技术研发提供经济保障，投建成品支架车间，车间内部配置U型钢及管廊托臂等全套流水线设备。

（三）持续打造"三"大核心竞争力

1. 探索标准管理流程，提升全产业链竞争力

当前，装配式施工已逐渐延伸到复杂的设备机房，并面临着质量标准不一、难以形成大规模工业化生产、受施工人员技术水平影响较大等问题。中建五局三公司将装配式机电工厂定义为硬件平台，而把"BIM+装配式机电技术"定为支撑基础，摸索出具有业内创新意义的"DPTAI"成套管理模式，为客户提供了模块化设计、工业化生产、物流化运输、装配化施工、信息化管理的一揽子服务。并对以下五个方面的管理流程进行升级改造：

"D"即设计模块化管理。面对建筑行业管理模式的改革，施工单位在设计深化方面，提前介入设计阶段。中建五局三公司成立机电专业设计院，整合资源，加强设计人才培养，以此将装配式机电形成建筑信息模型产品，为客户提供增值服务。工厂建立了一系列BIM模块族库，创造出参数化标准模块技术，即某种设备型号有与之对应的模块形式，建模时直接从族库中选择相应的标准模块，即可实现快速标准化建模和全专业建模。为提高标准化水平，工厂固化了大型设备集采供应商，其设备接口与企业族库模块一一对应。设计模块化则主要分为模块构件族库、全专业建模、标准构件分解、数字化图纸设计和运输吊装设计五个环节。

"P"即生产工业化管理。工厂引进了多类高科技机械设备，极大地提高了生产效率。构件出厂前，质检员给每个构件贴上身份二维码，二维码包含构件安装位置等信息，直观反映到手机上，方便后期现场组装。工厂也提供了驻厂监造条件，方便监理业主随时远程监造生产过程和进度。工厂对照鲁班奖标准，制定了对每件产品工序、车间和出厂进行三层验收签字的严格检验标准，产品的切割、坡口、组对、焊接及热处理、油漆喷涂等，均采用自动化、机械化的方式进行，全部在工厂内完成，在保障安全、质量、环保上有显著优势。

"T"即运输物流化管理，是"中建奇配"提供一揽子服务的有效保障。装配式机电工厂与专业的物流公司合作，采用RFID射频技术，构件出厂至项目的运输全过程，均可实时进行查询，以

保障构件运输及时送达。材料运输过程中，技术人员利用物流信息平台不断更新材料状态，进场后在平台核对材料清单；在构件生产完成后将其进行编码，按照安装顺序依次搬运至运输车上，并按照提前规划路线行驶，实现了高效运输。

"A"即施工装配化管理，是"中建奇配"的核心优势，也是其"高效"特质的关键所在。管理人员带领装配工人在工地现场按既定的运输路线进行运输吊装，利用叉车、电动葫芦、升降车等工机具快速组装这些在工厂中预制完成的泵组模块构件，且构件与构件之间通过二维码扫描精准定位、法兰螺栓连接，较传统模式提高装配效率75%以上。

"I"即信息化管理。厂房充分依托信息化手段构筑产品保障力，在机房装配过程中，通过手机载入BIM模型方便管控，实现了模型轻量化。工厂安装有多个监控摄像头，业主、监理等相关单位可以实施远程监造；同时安装现场配备临时摄像头，工厂远程监控装配过程，实现双向监管。机房实物进行交付时，借助工厂特有的BIM信息化管理协同平台实现了带信息模型、产品"档案"的同步交付。

2. 引领装配式智能化标准机房建设，提升标准化设计竞争力

一是完善平面深化设计管理。装配式机房实施通常是在设计院完成所有图纸后，对机房布置进行深化设计。深化设计过程中往往会发现机房空间设置不合理，部分机房要么设置过大导致空间浪费，要么设置过小导致设备管线过于密集，检修空间不足。装配式智能化标准机房建造技术就是不局限于设计图纸，只将机房与建筑制冷量、流量等用户需求相匹配，从模型设计出发，建立全专业的模型及数据分析，对建筑进行全专业信息化建模，出具机房整体可视化的数据模型。

二是完善机房模块分类管理。在机房标准化的前提下，将机房内部所有构件进行标准化划分，将传统的现场施工前置为工厂预制，将现场优秀工人吸收培养为工厂自有员工，实现建筑机电工业化生产。主要实施方法是将空调机房分为"标准模块+管线构件+误差综合补偿段"三大类。标准化机房以智能化泵组模块为基础，融合了泵组、组合式空调器、冷水机组等模块，附加智能化功能。管线构件为接通三者的连接管段，从形式和尺寸上进行了统一，随管径的变化同比放大缩小。从运输便利、装配快捷、综合成本等方面考虑分为单向、双向、三向、四向四大类，共30种常用类别。

针对装配式机电实施过程中信息收集、深化建模、生产加工、运输变形、装配等阶段存在的误差，工厂制定了自己的材料验收标准，并与多家设备厂家达成战略合作协议，将信息收集及材料尺寸误差降到了最低；此外，工厂统一了建模标准和建模形式，完善设备阀部件族库，对建模误差进行了有效的控制。

可调参数标准模块化装配式机房综合误差控制技术创新点在于提出并设置了综合误差补偿段，在装配大部分构件后反馈的综合误差补偿段的详细尺寸，通过二次出图、工厂预制综合误差补偿段的方式将多种误差集中补偿。工厂管理以计件加分包的管理模式，通过批量化的生产模式、通用化的产品构件、智能化的设备，彻底改变传统的建造模式。

3. 运营装配式机电产品，提升品牌竞争力

随着中建五局三公司装配式机电技术的深入应用，技术品牌的打造是其构建差异化竞争力的关键所在。"中建奇配"是中建集团首个注册的机电装配式品牌，其品牌设计图由绿、蓝、红三色结合，象征着绿色、希望和激情；整体形似中建集团的"中"的汉字造型，也似张臂腾飞的人；"奇"表示出奇制胜、奇思妙想，产品理念为"创新驱动 装配未来"。

"中建奇配"前期的产品主要分为两大类：

一是"中建奇配"支架系列产品，包含抗震支架、成品支架、管廊支架、支架钢板等，其作为装配式机电技术的支架装配补充，提高了机电整体装配率；同时，工厂具备完善的成品支吊架及抗震支吊生产线，引进了U型钢成型机、自动焊接机器人、等离子切割机等高科技设备，支架无须切割焊接，安装方便，大幅度提高了工效，改善了安全文明施工效果。

二是"中建奇配"装配式机电产品，包括空调机房、给水机房、消防泵房等。产品包含"信息收集、深化设计、标准化建模、分解出图、材料准备、切割破口、组对焊接、现场复测、出厂检测、物流化运输、装配化施工、误差综合补偿、交付验收" 13个阶段，为项目提供了"模块化设计、工业化生产、物流化运输、装配化施工和信息化管理"的一揽子服务。

适应市场需求，中建五局三公司持续在"中建奇配"系列支架、"中建奇配"装配式机电产品的基础上进行迭代升级，发展了第三代"中建奇配"产品——智能化泵组模块。智能化泵组模块是在标准化的基础上进行的功能拓展，将强电、群控系统集成进标准化模块内，实现了水泵震动、水泵渗水、水泵运行环境温湿度、水温、水压、能耗监测、电机温度、故障报警等检测功能，能实现恒温、恒湿、远程控制、水质在线分析、水泵自动调频节能降耗等控制功能。公司自主研发了人机触控界面和操控系统，在极大地压缩机房面积的同时，延长设备使用寿命，便于检测及运营维护。目前，该技术已在合肥地铁、郑州地铁投入使用，日前被鉴定为国际先进水平。

(四) 做强质量、产能、内控"三"大支撑

1. 加强规范化、标准化建设，做强质量支撑

投产近两年的时间中，中建五局三公司装配式机电工厂先后开辟了轨道交通、基础设施、厂房场馆、医院、区域能源等领域，在合作领域不断拓展的同时，与设计、材料等单位的交流也进一步深入，多方加大联动力度，提升产品质量，共同致力于装配式机电技术的升级发展。

在产品设计阶段，通过与设计院的沟通交流，进一步完善了装配式机房的设计方案，如在马栏山北区能源站装配式机房设计和应用调研阶段，湖南中机国际工程设计研究院对装配式机电工厂进行实地调研交流后，对装配式机房设计图纸提出了可行性建议，为打造全国首个装配式机电能源站出谋划策。

在BIM建模过程中，装配式机电工厂建立的装配式机房BIM模型和设计院原有的传统机房模型在机房管线排布、空间布局等多方面存在着诸多不同，双方探讨BIM模型优化的过程，也是装配式机电技术与传统安装工艺间碰撞交融的过程。

在产品采购过程中，装配式机电工厂依托中建五局集采资源，择选优质集采供应商，定制弯头、螺栓、无缝钢管等配件，按照装配式机电技术的要求，固化弯头、螺栓等产品规格，进一步缩小误差，培育了一批优质的装配式机电定制产品供应商。

2. 完善激励举措，做强产能支撑

为了持续提高工厂的效益，促进装配式机电板块的可持续发展，工厂按照公司统一的经营理念和管理模式运作，遵照国家有关劳动人事管理政策和中建五局三公司其他有关规章制度，按车间生产实际情况，特制订计件/计时双行薪资方案。按照各司其职、各尽所能、按劳分配原则，坚持工资增长幅度与车间经济效益增长幅度同步，员工平均实际收入增长幅度与车间劳动生产率增长幅度相适应的原则。以员工岗位责任、劳动态度、劳动技能等指标综合考核员工绩效，适当向经营风险大、责任重大、技术含量高、有定量工作指标和领头作用的岗位倾斜。

工厂计件工资方案原则：因事设岗、因岗定资（岗位基础工资）、因效（益）定奖（绩效奖工资），按照劳动者在单位时间内完成的合格产品的数量来计算工资，在体现按劳分配的基础上充

分调动不同岗位员工的积极性和创造性。比如工资构成：计件工资＝岗位平日计件基本工资+岗位绩效工资（绩效工资基数*绩效考核系数）。工人在原计件工资的基础上，增加职务津贴来区分员工不同岗、不同技术及所负责任的工资差别，工厂员工的奖金激励采取"利润×20％"的计价方式，大大提升了员工的工作积极性。

3. 完善验收制度，做强内控支撑

装配式机电工厂是集标准化设备、工业化生产及装配化施工于一体的全产业链工厂，在原材料的管控上，工厂通过调研、座谈、典型分析等多种方式，深刻地剖析了材料成本管理现状，并且明确了工厂的材料成本管理的指导思想和目标，为提升工厂的管理效益、增强物资管理的规范性，制定了一系列的管理标准。

一是树立科学管理理念。装配式机电工厂秉承诚信、创新、超越、共赢的企业精神，坚持"以信为本、以和为贵"的"信·和"文化，树立正确的价值管理观念，在拼搏进取、专业敬业、严格规范的思想基础上，树立"材料成本"意识与观念，增强全体人员的成本意识。由工厂物资管理员牵头，凝聚全员力量，构建全体人员的物资管理机制，相互监督约束，做好材料的管理工作，创造质量与效益相结合的全面成本管理环境。

二是强化科技创新管理。ERP是专门针对工厂量身定做的一款物资管理的软件，有效地提高了工作效率，清晰地记录了材料的每一笔进销存，为工厂的材料管理带来了极大的便利。根据工厂组建的BIM模型让厂家提供相契合的材料及设备，优选供应商，设定自己的材料验收标准，实现融合高效的长期合作伙伴关系，并对进场材料实时管控，层层管理。建立"工人—车间主任—厂长"的多级检验管理制度，对于不符合标准要求及超量的材料予以退回，坚持材料管理标准，构建标准货架，将不同类别的物资建立标识标牌，堆码整齐，保证材料的利用率，减少损耗。定期检查剩余材料，加强剩余物资的管理与有效利用等都是材料管控的关键部分，对检验合格的物资进行规范化管理。

（五）构建保障体系

一是组织保障。2018年，中建五局成立建筑设计院，随后，相继组建了市政、公路、工程创新研究院，并对各专业公司设计资源进行整合，成立了机电安装等6个专业设计分院，由上而下搭建装配式机电技术组织保障。中建五局三公司工程部负责装配式机电工厂的日常经营管理，分公司技术线条领导进行具体分管。装配式机电工厂建立以厂长为核心，包含生产经理、商务经理与技术经理的管理决策层，负责确定装配式机电技术的产品定位与未来的发展趋势，对成本目标、年度成本总目标及月度分目标、技术升级等重大创新创效进行立项审批。

二是人才保障。装配式机电工厂以"BIM+装配式机电技术"为核心，成为中建五局三公司装配式机电和BIM技术人才的"孵化"基地。工厂联合中建五局、中建五局三公司机电安装设计人才，组建科研团队，负责装配式机电的技术升级和产品研发，其自主打造的可调参数标准模块化装配式机电建造技术获评国际先进水平；同时，工厂定期组织开展装配式机电和BIM技术培训，为中建五局三公司输送了大批技术人才。在工厂形成的"设计+加工+销售"的产销一体化服务模式下，培养了一批装配化机电产品营销人员和品牌公关人员。

三是科研投入和经费。中建五局三公司与市政西北院、中机国际工程设计研究院、长沙轨道集团、常州轨道集团、重庆大学等单位建立技术合作，开展了针对装配式机电的系列研发。并与长沙轨道交通集团、北京中设光环境科技研究院有限公司联合成立装配式机电技术联合研发基地，与中国安装协会、湖南省安装协会联合成立了建筑机电智慧建造技术研发应用基地。

四是制度保障。根据装配式机电工厂的运营实践和管理经验,中建五局三公司编制了《装配式机电工厂"6S"管理制度》《装配式机电工厂安全生产制度》《装配式机电工厂标准化生产体系》;为了提高产能,工厂制定了工人计件薪资方案和营销人员销售额激励制度。

四、大型建筑企业机电工程装配化管理体系构建的效果

(一)提升了社会效益

对安装行业而言,生产工业化改变了长久以来粗放式的生产组织模式,推行标准化、精细化、信息化管理,为行业建立标准化管理体系提供了指引;机械化、工业化生产和装配化施工大幅提升了劳动效率,优化了劳动力结构;

对建筑企业而言,助力"快速建造、绿色建造、智慧建造",完善了企业机电安装装配化施工全产业链,有效打通了机电工程装配式的上下游产业链。同时,"中建奇配"的应用达到"四节"的效果,即节能30%、节材20%、节时50%、节地20%;

对业主而言,为业主单位和客户提供了"设计模块化、生产工业化、运输物流化、施工装配化和管理信息化"的一揽子服务模式,为市场发展提供了个性化、多样化的机电产品和建造服务;

对劳动者而言,改善了施工现场工人作业的环境,减少了火灾隐患,进一步保障了工人的安全,减轻了工人的劳动强度,培育了更多的新时代产业工人。

(二)提升了经济效益

一是工期缩短带来了效益。在设计阶段,通过BIM将标准模块参数化,出图效率比传统提高3倍;装配式机电工厂采用机械化、自动化方式进行模块预制加工,现场安装通过法兰连接即可,现场从工作面移交到安装完成的时间,至少可以压缩至传统方式的三分之一及以下。如马栏山能源站项目,相对传统工艺赶工可节省工工期50天,按照功能区域可产生经济效益350万元以上;按照德国工业4.0标准打造的世界一流智慧工厂——比亚迪项目由于装配式机电技术的引入,使得安装工期由传统安装方式的60天压缩到15天,保证项目提前投产,产生效益280万元;湖南长沙地铁4号线累计装配式机电面积近2000平方米,安装工期只用了7天,比传统方式施工节约1.5个月,产生效益约120万元。

二是降低了运维损耗。以马栏山能源站为例,可将20年使用寿命延长至50年左右,每年可减少运维费用15万元,可降低项目水流损失15%左右,按20年估算,累计节约能耗约500万元。另外,工厂研发的模块化装配式机电技术目前已在20多个项目中应用,助力项目平均创效超200万,如应用该技术后,汇景发展环球中心工程创效266万元,中南大学湘雅医院教学科研楼工程创效207万元,滨州京东黄河三角洲云计算大数据产业基地工程创效210万元,年创效超2000万元。

三是促进了市场经济效益的提升。在"中建奇配"的助力下,截至目前,中建五局三公司参与长沙地铁1到6号线、合计15个机电合同段的建设;累计承接了27个轨道机电工程,承接额近40亿元,累计承建车站147站146区间、5座车辆段、5个停车场,系统机电里程超200公里,轨道机电业绩创中建集团之"最"。因"中建奇配"装配式机电已促成佛山禅城医院、武汉华侨城等60余个项目的承接,累计机电合同额超百亿元。

(三)提升了生态效益

工厂自投入生产以来,对比传统加工方式,节约了钢材近50吨,材料耗损率降低到3%;装配式机电工厂设有4台移动式焊接烟尘净化器,通过风机产生的负压气流实现混合烟气的过滤分离,烟尘得到100%过滤,真正做到了机电安装全过程"零烟尘"排放;模块化装配采取的"搭积木"式的安装方式，实现了现场"零焊接"，在改善工厂和施工环境的同时，最大限度地保证现场施工安全，提高了工人的幸福指数，满足了人们对美好生活的向往。

（四）提升了示范效益

中建五局三公司装配式机电工厂投产不到两年，"中建奇配"在11个省、21个市迅速布点，持续推动装配式机电技术深入融合轨道交通、区域能源等民生领域，补足了民生项目机电安装装配式施工短板，高效推进长沙地铁4号线、马栏山北区能源站等多个民生工程建设。其中，抗震、成品支吊架在长沙蓝月谷智能制造产业园、淮安博览会、西安高新区4所学校等70多个项目中广泛推广，装配式机房在长沙智能终端产业园、湘雅医院、长沙地铁4号线等30多个项目中得以应用。

工厂与长沙轨道交通集团、北京中设光环境科技研究院有限公司成立装配式机电技术联合研发基地，获得中国安装协会首次授牌"建筑机电智慧建造技术研发应用基地"，工厂研发的两项科技成果获得中国安装协会科技进步奖，累计斩获5项省级工法、6项发明专利、50余项实用新型专利，研发的"装配式智能化标准机房机电建造技术"经鉴定总体达到国际先进水平。其研发的"中建奇配"装配式机电产品吸引了行业内100余家单位和专家团前来观摩交流，获得了省、市领导和专家的充分肯定和一致好评。

2019年，中建五局三公司作为湖南省企业唯一代表参与《机电工程新技术（2019版）》审定，又代表湖南省安装企业在中国安装协会"BIM应用与智慧建造"大会上作了先进经验交流；2020年3月，中建五局三公司当选为湖南省安装行业协会副会长单位，8月承办了湖南省装配式机电技术交流观摩活动。

主　创　人：陈　勇、唐艳明
参与创造人：覃　波、杨广贤、曹泽峰、黄水龙、李湖辉、王礼杰、
　　　　　　罗艳云、周　璇、胡　伟、陈　红

基于人类命运共同体理念的基层医健共生价值链经营模型的管理创新与实践

湖南天劲制药有限责任公司

湖南天劲制药有限责任公司（以下简称"天劲制药"）成立于1993年，是一家国有控股混合所有制中成药制造企业。公司主要从事中成药品、保健品及食品的研发、生产及销售，并以仿生学原理，采用现代生物技术和现代加工工艺，从动物药材原料中提取有益成分配以中医经典处方形成了鲜明的产品特色。公司现有员工251人，设六部一室两中心，各省办平台（核心客户）业务人员5000余人。公司拥有6条口服液自动化生产线，口服液年产量可达4亿支，目前已形成以经营第三终端为主，以湘粤鄂豫川赣苏浙为核心市场、辐射全国31省市的销售网络，合作诊所达到15万多家。2019年实现营业收入14273万元，净利润2018万元，同比增长16.78%。

天劲制药为湖南省高新技术企业、长沙市农业产业化龙头企业、湖南省国资委文明企业、中国医药物资协会常务理事单位、湖南省《食品药品放心工程》药品安全共建战略合作单位、长沙市活性多肽提取与应用工程中心，天劲牌强骨生血口服液上榜"最受消费者欢迎的补髓生血药""2019—2020中国家庭常备药上榜品牌"和"基层医生最认可的儿科品牌30强"。

一、基于人类命运共同体理念的基层医健共生价值链经营模型的管理创新与实践的背景

（一）是企业突围脱困和转型升级的现实选择和迫切需要

天劲制药在经历短暂的快速发展之后，又在快速变化和激烈的市场竞争形势下出现断崖式下滑，产品单一、管理落后等问题凸显，经营难以为继。严峻的现实要求企业改革创新，在自身资源十分匮乏的情况下整合更多的市场资源以支持企业恢复生机。因此，从战略高度提出清晰的价值主张，并进行组织管理模式创新至为关键。这样，打破组织边界、重新定义厂商关系、重构消费者关系、建立和保持广泛协作的共生价值链经营管理模式成为企业改变现状的迫切需要。

（二）是适应医药行业发展新趋势的客观需要

医改新政加快了医药行业的分化和演化，市场竞争愈演愈烈，传统营销方式不再有效。天劲制药在第一、第二终端渠道的生存空间急剧萎缩，第三终端则普遍存在实力小、技术弱、装备差、盈利薄和经营落后的问题。在新的形势下，单纯的营销创新不足以应对激烈的市场竞争，医药企业必须更新观念，把握政策导向和发展趋势，善于从产业链高度和价值链的深度进行系统改造，甚至需要跨行业进行资源整合，建立企业命运共同体，将"为顾客创造价值"作为在动态不确定环境下唯一"确定"的价值集合点，对市场和行业的变化迅速做出变革和调整，将协同合作、跨界融合、共生共创作为组织进化重要的路径选择。

（三）是适应外部环境变化增强企业核心竞争力的必然选择

中国经济新常态意味着中国市场从"增量狂欢"进入"存量博弈"时代，技术的进步推动了顾客在产品、服务需求以及工作生活方式等各个方面的改变，同时新生市场人口呈现出个体价值崛起、自我意识增强的特点，新一代员工为生存而劳动的原始动力消失，思想工作的难度增加，企业管理面临缺认同、缺人才、缺客源、缺市场、缺标准、缺结果、缺利润等诸多痛点，不确定

性成为企业最大的挑战。互联互通并伴随网状协同的新合作逻辑不断演化，使企业把独立创造价值当作目标变得越来越艰难，共生共创成为时代新的主题。在网状连接的庞大市场空间中，打造基层医健共生价值链经营模型，企业内部构建开放而富有弹性的组织机制，企业外部构建更加融合而具多利性的以顾客为导向的价值共同体，成为数字时代的底层管理逻辑。

（四）是人类命运共同体理念在企业可持续发展中的创新实践

"人类命运共同体"是21世纪首先由中国共产党提出并经习近平总书记不断充实和推动的一种解决当前国际难题的国际关系新理念、新思路、新战略。这一理念同样可以应用于企业去解决当前面临的一系列困难和挑战。面对顾客参与价值创造、移动互联互通的冲击以及跨界打劫等全新竞争形式，封闭、孤立的传统组织管理模式开始无法适应环境，企业需要改变固有的思维模式，将传统的价值创造模式转变为命运共同体合作创造模式。天劲制药响应"健康中国"国家战略，进行基层医健共生价值链组织管理创新，以共生协作、共创共赢作为组织设计理念，建立平台化、生态化的共生组织，发展与多方相关利益主体的命运共同体，强化与利益相关主体的协同合作和共创共享，无限贴近消费者，正是人类命运共同体理念在企业处理组织关系和竞争关系、进行组织管理创新的具体实践。

二、基于人类命运共同体理念的基层医健共生价值链经营模型的管理创新与实践的内涵

基于人类命运共同体理念的基层医健共生价值链经营模型的管理创新与实践的内涵就是从利他共生的理念出发，坚持以人为本的管理理念，运用互联网新思维和精益管理的理论、方法和工具，大力引进PAT、MES、ERP、CRM等现代化管理系统，并将国学智慧与现代管理进行融合创新，实现优秀传统文化与现代管理对接与融合，以客户为中心、以价值为导向驱动各经营要素紧密连接，建立平台化、生态化的跨界连接的赋能型企业组织，完善企业利益链、管理链、服务链、文化链共同作用的网络生态机制，形成一种平台共建、资源共享、价值交互、各取所需的共生模式，产生出"连、锁、融、通"的共生能量，进行共生共创共享式经营，推动群体在共同进化和共同受益中不断进步，实现永续发展。共生价值链经营模型结构见图1。

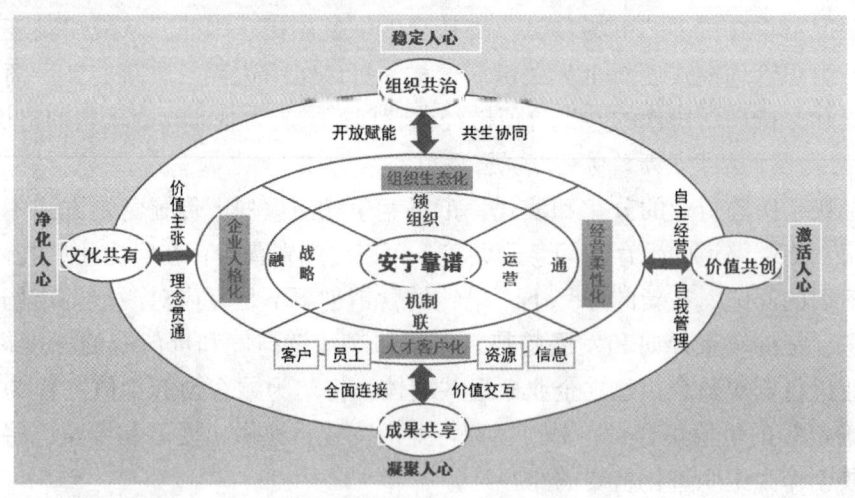

图1 基层医健共生价值链经营模型图

共生价值链经营模型始终坚持"安宁靠谱"的品牌梦想和事业追求，始终贯彻诚为心根、利他共生的核心理念演绎生命共同体。内部体现为"三园共梦"，外部体现为"共生共赢"，战略定位于"小大尖长"，组织架构搭建"生态平台"和"共生部落"，经营方针总结出"连、锁、融、通"，经营形成产业链一体化协同发展机制和价值链共生合作创造机制，实践注重"开放赋能"

和"共同成长"。

企业保持战略定力，从实际出发，尊重市场规律，追求有效规模，坚持聚焦深耕，实施"尖品战略"，致力打造一剑封喉的"尖刀产品"，改造传统企业组织形态和传统经销关系，打破组织边界建立"共生生态组织"，进行"产品子化、组织柔化、经营虚化、管理简化、营销尖化"的"五化"经营，开展"定心、定位、定向、定法、定标"的"五定"管理，实现企业内部市场化，使内部沟通融入外部沟通，外部活动内化成内部的运营。

三、基于人类命运共同体理念的基层医健共生价值链经营模型的管理创新与实践的主要做法

（一）制定以"小大尖长"为总体战略的发展思路

"小大尖长"总体发展战略即小领域，大健康，尖营销，长制造。企业致力于通过中医药改善国人气血和骨健康，涵盖老年病、慢性病、多发病及滋补养生，以"小领域"为事业范畴，以"大健康"为发展方向，以"尖营销"为经营关键，以"长制造"为产业支撑，坚持技术立企、品牌强企、人才兴企、资本旺企的工作方针，打造气血和骨健康领域的医药龙头企业。

小领域：立足自身优势，事业领域聚焦于基层医疗的市场机会，产品和服务专注于气血与骨健康这一细分领域建立独特优势。经营中采取共生合作、业务外包等方式，充分运用互联网、数字化新技术，连接更广泛的资源，把公司做小（轻公司），把市场做大。

大健康：竞争领域瞄准大健康和大消费。产品上，由药品向食品延伸，由治疗向保健养生、健康服务延伸；营销上，将信息化手段和快销品营销的某些理念和方法引入到药品营销，实现市场由泛众市场到窄众市场的跨越；业态上由医药制造业、医药商业向基层医疗终端服务、大健康品牌运营发展。

尖营销：信息互联和万物互联使单一产品形成规模销售成为可能。天劲制药通过"五聚焦"实施以培养具有卓越销售战斗力的"销售湘军"和黄金大单品品牌为核心目标的"尖品战略"。"五聚焦"包括：聚焦细分领域、聚焦"尖刀产品"的战略大单品运营、聚焦无边界核心竞争力、聚焦产品型社群经营、聚焦工商一体化运作。具体由四个层面工作构成：尖刀产品打造品牌，尖叫产品汇聚粉丝，尖兵团队控销市场，指尖营销挪移乾坤。

长制造：建立药食相辅相成、剂型全能覆盖的长线制造能力，形成迅速响应市场需求变化的能力，由制造向智造转型，追求基业长青和永续经营。

（二）明确以价值创造为核心的"五化"经营体系

未来企业的生存和发展，取决于能否提供个性化产品和持续深度的服务。企业鉴于主营产品虽有一定的独家优势，但产品单一、剂型单一、资源单薄的现实，通过行业洞察及对客户需求的分析，结合自身战略发展需求，围绕价值交互和资源链接，确定"产品子化、组织柔化、经营虚化、管理简化、营销尖化"的"五化"企业核心经营体系。

第一，产品子化——产品人格化。奉行"以需为天，产品如子"的理念，立足中成药制造，聚焦核心产品，视品质为生命，发挥独家优势，致力于打造"补髓生血中成药的国家名片"。为严把品质关，先后在湖南、湖北、甘肃等地合作打造多个药材基地，从源头保证产品品质。高度重视产研学合作，同科研院所建立战略合作关系。

第二，组织柔化——建立企业对动态不确定性及时且持续做出调整的能力。以"文化共有、组织共治、价值共创、成果共享"为目标，战略上，转变经营理念，明确经营的本质是经营人心，解决好使命型战略定位问题；组织上，将上述"四共主张"作为设计理念贯穿于组织设计的全过程，以提高自主经营意识和共生协同能力为核心，建立组织成员和利益相关方信息互通、资源共

享、价值共创、共生协同的命运共同体关系，着力构建组织边界网络化、管理层级扁平化、组织结构柔性化和组织环境全球化的共生生态组织。

第三，经营虚化——以激发员工和客户的自主自动为核心，实施内部虚拟核算，外部虚拟代理，开放组织边界，进行跨界连接，融合线上虚拟空间，重构厂商关系、竞争关系和消费者关系，同组织网络中各成员实现互为主体、资源共通、价值共创、成果共享，进而实现单个组织无法实现的更高水平经营。例如联合湘雅医院、湖南中医药大学、北京HIGOG商学院、金华国旅等共同升级天劲商学院，共同举办系列培训和学术活动，为基层医生和客户赋能。

第四，管理简化——牢牢把握管理服从和服务于经营的本质，优化管理流程，激发员工自主自动的潜能，在发展中解决问题，用经营把管理变简单。为实现管理简化，企业导入阿米巴经营模式，划小经营核算单位，并借助移动互联网和"云技术"弥补阿米巴的不足，培养普通员工经营者意识和自动自发热情，实现自主经营、自我管理。与组织柔化和经营虚化相适应，管理简化追求精益生产和精细管理。企业在自动化改造的基础上不断提升精益生产水平，近年投资近2亿元推进智能化、自动化技术改造，加强工业化和信息化管理与建设，完成两化融合贯标，进一步推进降本增效；全面落实4R运营管控，优化管理流程，着力建设可复制且能持续创新的管理体系，提升制度执行力。

第五，营销尖化——以品牌建设为中心，运用"点聚焦、微创新、尖兵队、指尖神"四个方法舞活营销龙头。通过聚焦核心产品实施以培育黄金大单品品牌为主要目标的"尖品战略"，推进把控销售向精准营销的转型；以学术服务为核心，建立专业化、职业化的药品销售服务和销售管理团队，增强市场服务能力；运用移动互联网信息技术和数字化营销工具，打通线上、线下和社群"三度空间"，加强同客户和消费者的连接互动，创新传播手段，加强客情管理，降低营销成本，提高营销绩效。通过营销尖化四个方法的系统运用，市场营销的有效动作更加流程化、生动化、实效化，形成了以"两战两训两班六会一游"为主体，外加"KT板上墙"和"天劲好习惯"为辅助的有效动作体系。

"五化"企业核心经营体系应用人类命运共同体理念着力打造企业"事业共同体"和"命运共同体"，响应"健康中国2030规划"和分级诊疗改革要求，以产品子化为切入点，以组织柔化为立足点，以经营虚化为中心点，以管理简化为支撑点，以营销尖化为侧重点，从产业链（上游企业—生产企业—经销商—基层医生—消费者）和价值链（采购—生产—销售—售后服务）上进行双重融合，构建共生价值链以推进企业品牌建设和企业转型发展。

（三）构筑基层医健共生生态经营平台

企业瞄准基层医健的实际需求以及未来大健康社会趋势的发展方向，站在体系和构架层面对企业进行统筹规划，以综合营销平台、研发中心、天劲商学院、智慧医馆、样板诊所云体验馆的建设为重点，进行企业基层医健共生生态经营平台的建设。

基层医健共生生态经营的核心是"天劲智慧医馆计划"，按照共生连接的方式进行资源整合，从产品、装备、技术、远程、运营和文化六个方向为现有的诊所、卫生室等基层医疗网点进行生态化、智能化、专业化、便利化赋能，运用互联网技术改造目标基层医疗网点，使基层的医疗网点能够远程对接高端医疗资源，进行远程学习、培训、观摩、咨询和治疗援助，平台化共享产品的物流配送和整体方案服务，标准化低投入甚至免费配置现代医疗设备，规范化设计统一的网点包装和品牌形象，生态集成化放大其服务功能，提升专业水平，打造个性特色，使其实现由以治疗为中心向以健康为中心的运营转型，线上线下双线融合建立快捷反应机制，有效服务社群社区、基层百姓，为患者、亚健康及乐活人群提供家门口可及、优质、便利、价格合理的诊疗、急救、慢病康复、疾病综合管理、预防保健服务和家庭医生服务。

通过试点建立标准、形成模式以后，在全国进行复制，前向可拉动各医药制造商进行适宜产品加盟，裂变建立天劲营销平台，改造供应链，带动产品研发创新，推进产研学合作，加强研发平台的建设；后向提升为目标客户和基层网点的服务和运营管理，从而建立起体系化运作的基层医健服务运营生态。

（四）建立以效率提升为核心的"五定"管理体系

共生经营发展战略的核心理念是"诚为心根，利他共生"，由此核心理念出发，形成了"利他"的价值链管理和"共生"的利益链管理，并建立了利益链、管理链、服务链和文化链的"四链同力"经营机制，确立了连（开放组织）、锁（价值驱动）、融（文化引领）、通（共生协同）的"四力并驱"经营纲领，创造出厂商均衡分工、市场双跨连动、四商一体并向、关键因素转化的"四法活市"经营策略，制定了文质合一、统分合一、数理合一、知行合一的"四维合一"经营方针和管理法则，实行"定心、定位、定向、定法、定标"五定核心的管理制度，实现从"买卖关系"到"服务关系"的转型，以确保组织效率的提高和经营效益的实现。

第一，"定心"管理——本质是确立经营哲学，即建立以人为本和以价值导向为核心的文化管理制度，解决经营原点、战略管控和文化品格问题，从文化顶层设计解决好义与利的关系。企业从文化高度首先确定经营原点，继而形成一系列战略管控制度。企业出了问题，根子上一定是文化出了问题，文化的问题又归根是人的问题。全世界人的问题，永远只有两个：动力和能力。动力和能力问题最终要从文化上解决。其万能解决方案：天时、地利、人和。"天时"要求遵循规律选择正确的道路，"地利"要求结合实际选择合适的客户、产品和服务，"人和"要求顺应人性采取科学的方法。为此，企业将"诚为心根，利他共生"作为经营的原点，由此出发，"以客户价值成长为核心"顺理成章地成为战略控制的核心，从而明确了企业共同愿景和企业使命，形成了相应的企业治理法则和制度性文件，同时，企业以党建铸企业之魂，推进党建同生产经营深度融合，以党建引领企业高质量发展。

第二，"定位"管理——本质是战略管理，即建立以品质控制为核心的一系列规范化管理制度，解决企业、产品、品牌在消费者、内部员工和外部员工中的"心智占位问题"。企业致力于在消费者中树立"安宁靠谱"的品牌形象，为内部员工打造"三园梦想"平台，同外部员工坚定"共生协同"的信仰，企业内控制度力求与这三个层面的认知相匹配，确立了"认知两个生命、坚持三重原则、做到四全管理"的质量管理方针，形成了以质量为核心的一系列规范化管理制度，通过确定一套价值观念体系，结合规范化管理制度来引导员工的意志行为选择。

第三，"定向"管理——本质是流程管理，即建立以组织原则和运营流程管控为重点的组织管理制度，解决商业模式和运营流程管控问题。为确保"小领域、大健康、尖营销、长制造"总体战略的实施，确立了五项组织原则，即内心认可的共生合作原则；目标紧锁的合伙原则；使命捆绑的团队奋斗原则；午餐不免费原则；民主集中原则。同时，确立了七项运营法则，即必须贯彻一致理念；能力要能复制；财务不能有亲人；产品要有品牌；价格要有底线；制度要有底线；主营业务必须突出。依据这样的组织和运营原则，不断优化工作流程和业务流程管理制度，完善党组织、董事会、经理层议事规则及业务和职能部门的流程管控制度体系。

第四，"定法"管理——本质是机制管理，即建立以"牵引、激励、约束、竞争淘汰"四大机制为核心的运营管控体系，解决战略实施和团队执行力的机制保障问题。天劲制药从"以创造者为本"的人才理念出发，依据"战略—组织—人才"的组织力"金三角"原理，建立战略执行的拉力、压力、推动力和控制力体系，核心是通过培养高素质人才以成就企业发展。

第五，"定标"管理——本质是标准管理，即建立以发展目标为指引、以规则秩序为保障的标准化制度体系，解决管理可复制和可持续发展问题。企业可持续发展既需要目标体系的引领，又需要规则和标准的保证，确保技术、经验不断得到积累、总结、优化和提升，不会因为人员的流动而流失，达到管理可复制、发展能持续。企业将建设一流共生生态型组织文化、培育气血与骨健康领域第一品牌、打造"三园"基业长青企业、成就30万业内杰出人才"四个坐标"作为长远的目标指引，按照GMB管理的要求，不断总结和沉淀技术标准、管理标准和工作标准三大标准体系，绵绵用力，久久为功，持续夯实企业发展基础。

（五）建立"第二生产线"培养人才，探索共生协作和尖品战略指引下的基层医生培训赋能模式

基层医疗肩负着广大民众的日常保健及诊疗，以个体诊所和卫生室、基层医疗服务站及中心、乡镇和社区医院等构成的医药第三终端是医疗系统中重要的一环，也是天劲制药共生价值链中重要的一环。新的市场形势下，单一的主体无法提供持续深度的服务，必须构建共生生态合作共赢，必须在培养高素质员工队伍的同时在培养全科医生、发展特色专业服务上做出努力，必须有深厚的文化和专业的技术双驱推进。为此，天劲携手名医名校共建企业"第二生产线——天劲商学院"，重视吸收西医长处，更着力传播中医文化和发展中医中药，践行"诚为心根，利他共生"的经营理念，以"安宁靠谱"为事业追求和品牌梦想，提出了"以技强医，以药助医，生态重生，社群共生"的"尖品战略"主张，建立共生协作和"尖品战略"下的基层医生培训赋能模式，帮助更多的基层医生从"全科"发展"特长"，从"独侠"变成"将军"，从"民医"走向"名医"，从"孤岛"进入"共生"，助推中国基层医疗的振兴，共创基层医健服务品牌，为"健康中国"事业贡献一份力量。模式如下：

一是走下去，以客情关系管理为主的"圆桌会"基层医生培训赋能模式。其基本形式有：专科诊疗技术辅导、基层终端营运指导、基层诊疗从医分享、尖品学术推广及发布会等。天劲制药邀请医疗专家走下去，以县为单位，为当地基层医生客户提供一个可以相互沟通交流、学习以及体验的场所，围绕客情关系来开展交流、赋能等"小而精"、接地气的活动。

二是请上来，以三甲医院一线临床专家授业为主体的"基层医生适宜技术"培训赋能模式。其基本形式有名家讲座、专家案例诊断、《医人当关》趣味纠误、《寻找湖湘基层名医》权威评选活动等。基层医生培训以天劲商学院为主导，经由企业经销商邀请当地优秀基层医生来到企业，甄选基层医生适宜课程，进行为期四天的纯医疗技艺学习。截至2019年，企业已举办74期基层医生培训，培训基层医生近两万名。另外，企业分期举办"运营管理班"和"特色创新诊疗班"作为培训升级版，满足基层医生对运营管理、特色创新、团队建设等方面的需求，并举办主题学术高峰论坛，实时分享当下最新学术成果。"气血及骨健康高峰论坛""海峡两岸过敏性疾病高峰论坛"等千人盛会让基层医者也能有机会接触了解前沿医疗资讯及成果。

三是互动连接，开展持续学习和惠及更多渴望学习的基层医生在线培训赋能模式。搭建网络培训平台，开启天劲空中讲堂，"元福时空""尹勇老师说中医"等系列课程，自开播起，互动频繁、人气高企；天劲制药传播健康、分享日常养护的微信公众号、小程序的粉丝众多；通过营销主题活动在线互动、健康养生在线咨询以及升级改版中的企业App等，多维度在线传播及分享，让更多的基层医生有一个便捷的学习平台。

（六）完善企业全供应链信息化服务

天劲制药依托国家振兴中药大政方针，基于国际制药技术标准设计，围绕共生价值链经营模型，创新集成了具有完全自主知识产权的先进制药技术，采用先进的生产过程自动化控制技术、中药复杂物质体系的过程分析技术（PAT）、基于MES和ERP的生产数据信息管理技术、中药制药过程知识管理系统（PKS），以赋能团队和客户经营为目标的CRM系统等，采用大数据、云计算实现企业智能管理与决策，建立集设备互联、协同优化、预测预警和精准执行于一体的中药智能制造全供应链管理系统。

企业全供应链信息化服务，以共生经营理念为基石，通过分布式控制系统（DCS）和仓库管理系统（WCS）的应用提高生产效率，降低运营成本；自动化带来的精细化控制，促进了中药制药标准化生产，减少了误操作的发生率，降低了生产过程残次品率，提高了有效成分转移率，降低了能源费用率；通过企业资源计划（ERP）、生产制造执行系统（MES）、仓库管理系统（WMS）的应用，建立标准化的企业流程管理和生产、仓储物流系统的信息化管理，有效避免了在采购、生产和销售过程中因信息孤岛造成的延误和浪费，降低了企业运营成本；通过过程分析技术（PAT）和数据采集与监视系统（SCADA）对质量数据的实时监控和采集，以及通过生产过程知识管理系统（PKS）对数据的实时分析和反馈，建立国际领先的生产反馈控制模式，实现生产过程操作的实时偏差管理与放行控制，保证生产过程质量稳定，提升了产品质量均一性。通过客户关系管理系统（CRM）帮助企业识别、发展、服务客户，提高客户满意度和忠诚度，实现共生共赢。

四、基于人类命运共同体理念的基层医健共生价值链经营模型的管理创新与实践的效果

共生价值链经营模型创新了传统药企的经营模式，在经营理念、管理创新、品牌培育、企业核心竞争力打造、基层医疗业态创新等方面取得了一系列新成果，对推动中医药产业发展具有借鉴启发意义。

（一）创新了传统药企的经营模式，实现了组织方式和价值创造模式的创新

1. 天劲制药根据行业发展趋势进行战略转型，制定"小大尖长"的总体发展战略，改变了过去全渠道开发的经营模式，转而聚焦基层医疗，实施业务下沉，力出一孔，利出一孔，围绕第三终端的转型要求和服务需求，在产业链和价值链上同步进行共生协作和价值创新，提供技术、产品、学术、培训、运营等一系列赋能服务，使市场营销的一系列活动成为"有源之水"，市场销售保持了高于行业均值两倍速度的增长。

2. "五化经营"打破企业组织边界，克服了企业资源单薄、盈利结构单一等不足，把企业所处环境中的各种相关资源集合到价值创造的方向上，凝聚更加广泛的智慧形成强有力的助推动力，使产业链更加融合而具有多利性，吸引了大批医药经销商及基层医疗团队的加盟，共同把产品和服务做得更深入、更贴近消费者，形成了以经营第三终端为主，以湘粤鄂豫川赣江浙为核心市场、辐射全国31个省市及342个地级市的销售网络，合作诊所达到15万多家。

（二）解决了管理上的诸多痛点，提升了管理水平和管理效率

1. "五定管理"较好地解决了缺认同的背后缺文化、缺市场的背后缺思路、缺人才的背后缺机制、缺客源的背后缺管理、缺标准的背后缺执行、缺结果的背后缺运营、缺利润的背后缺优势等管理痛点，营造出"创业乐园、成长校园和精神家园"式的合作氛围，提高了企业员工及经销商、基层医疗团队的积极性，激发员工的集体荣誉感和自主能动性，员工之间互相推诿的现象少了，企业的向心力、凝聚力、战斗力明显提升。共生价值链经营模式使费销比一直控制在15%左

右，远低于行业25%~35%的水平，主营产品销售毛利率也从24%提升到54%。

2."连、锁、融、通"四种共生能力的建设以文化和技术的双驱动力，提升了整体管理效率。2019年投资1.4亿元进行中成药生产线智能化改造，工业化和信息化两化融合管理体系贯标认证的通过，使企业在硬件和软件建设上取得长足进步，不仅大幅度降低了工业能耗和生产损耗，也使管理效能的提升得到了技术的支持，如中药生产耗损最大的包装材料，损耗就减少至原来的十分之一左右。

（三）提升了品牌知名度，提高了企业的经济效益及社会效益

1."尖品战略"的贯彻执行，使公司集中资源将一个鲜为人知的中成药培育成湖南省第六个单品底价过亿的黄金大单品，产品的市场抽检合格率保持100%，天劲牌强骨生血口服液被中国医药协会和中国药品学会授牌"最受消费者欢迎的补髓生血药"，并被录入"2019—2020中国家庭常备药上榜品牌"，在"315品质在线评选"中上榜"基层医生最认可的儿科品牌30强"。

2. 共生价值链经营重构了厂商与经销商、终端客户和消费者的关系，将过去单一的"买卖关系"转变为共生协同的"服务关系"，客户满意度明显提高，29个省市的经销商都组建了专销天劲产品的医药公司或专销团队，同天劲合作的"金牌级"基层医生增加到1000多人，销售收入呈现持续增长趋势，复合增长率达到30%以上，经营净利润从之前的亏损提升到2018万元，强骨生血按市场零售价进行统计的销售规模突破10亿元，经济效益明显提升。

3. 共生价值链经营通过产业链整合和跨界融合，着力打造利益相关方的价值共同体和命运共同体，勇担社会责任，创造了良好的社会效益。首先，在服务社会方面，忠实践行"人类命运共同体"理念和"健康中国"国家战略，为社会提供高质量的产品，创出品牌，回报社会：助力基层医疗事业发展，举办"基层医生培训班""天劲总裁班""天劲好讲师"和"天劲学术经理"等各类培训，培养各类基层医疗服务和经营管理人才3万多人次；坚持文化自信，传播中医文化，冠名第52期《医人当关》栏目，趣味解惑百姓养生常遇的常识问题；开展"红色文化之旅"和"沙漠徒步"活动，锤炼新时代革命奋斗精神；赞助并冠名"全国健身气功马王堆导引术"交流大会，助力社区健身运动；以各省办平台为主导持续开展义诊、培训、游学、读书等活动，深入社区传播文化，为城市文明创建、和谐社会的打造贡献力量。其次，在公益事业方面，基层医生培训以半公益的方式进行，免费培训定点扶贫点的基层医生，与"寻找湖湘基层名医"公益活动战略合作，助力基层医疗事业发展；与基层医生合作建立"天劲爱心援助站"700余家，免费送药帮助贫困人群；举办山西运城"天劲苹果节"，支持当地扶贫。第三，在吸纳就业方面，随着业务的发展，公司本部增加了170多人的就业，通过组建医药销售公司和支持经销商、基层医生创业，直接和间接吸纳3000多人就业。

（四）响应"健康中国"国家战略，进行了供给侧改革和基层医健创新的有益探索

为了响应"健康中国2030规划"和"中国制造2025"，顺迎"小病在基层，大病到医院，康复回基层，健康进家庭"的新格局，湖南天劲制药依托共生价值链经营在基层医疗市场建立的优势，针对基层医疗的短板及迫切需求，制定了发展新阶段由服务型制造商向基层医健服务运营商转型的新战略。战略的核心是"一基双翼"，即以基层新型共生诊所建设和复制为主体，以共生销售平台和产学研共生研发平台的打造为两翼，深化供给侧改革，构筑企业新的发展高地。近两年来，企业已进行了技术、产品、产业、业务四个方面的融合，建立了一个升级版的共生价值链。首先，天劲制药联合长沙市发改委打造了"企业技术中心"创新平台；其次，响应国家大健康计划——"863肽计划"，联合长沙市科学技术局打造了"活性多肽提取与应用工程中心"平台，布

局大健康；同时天劲制药通过两化融合贯标，同多所高校建立了产学研战略合作，"天劲智慧共生诊所"计划也步入试点阶段。

中药企业被列为主导未来医药业态的三大重点制药企业之一，是中医药龙头企业发展腾飞的重要机遇。在此前提下，天劲制药准确把握国家政策导向、产业发展趋势和消费者的需求，实施向基层医健服务运营商的新战略转型，共生价值链经营模型既成为天劲制药转型可依托的优势，也势必不断完善并发挥该成果的效能，进一步促进企业可持续发展，为推动中药行业的变革发展做出更大贡献。

主　创　人：陈福元
参与创造人：刘　艳、许必祥、苏雪萍、周　波、陈　军、吴　淼、代巧鹰、贺　静、张　双、肖　巧

烟叶复烤企业基于产业链"大工艺"理念的生产管理体系构建

湖南烟叶复烤有限公司

湖南烟叶复烤有限公司（以下简称"湖南复烤"）于2011年8月经国家烟草专卖局、中国烟草总公司批准成立，同年10月正式运作。湖南复烤实行董事会授权下的总经理负责制，现有股东19家，注册资本22.88亿元，由中国烟草总公司湖南省公司控股管理。经营模式为"一个法人、两点生产加工"，本级设8个部门，下辖郴州、永州两家复烤厂，现在册员工624人，其中在岗员工426人，离退休人员198人。所属复烤厂先后于2015年和2017年完成易地技改，现拥有3条打叶复烤生产线，年设计加工能力180万担，应用了20余项新技术、新工艺，技术装备达到了国内一流、国际先进水平。2016—2019年，累计完成加工投料34.65万吨，客户遍布全国24家省级卷烟工业企业。2019年结算原烟8.6万吨，实现营业收入3.8亿元，利税8868万元，其中利润3262万元，税金5606万元。先后通过质量、环境、职业健康安全管理体系认证、CNAS实验室认可、美国菲莫烟草公司SPP体系认证和打叶复烤加工过程（IPV）标准认证、国家AAAA级标准化良好行为企业认证，郴州复烤厂A线被确定为全国烟草行业8条打叶复烤示范线之一。湖南复烤先后荣获"全国工人先锋号""全省优秀打叶复烤企业""省级文明单位""市级文明单位""市基层党的建设示范点"等各级荣誉称号30余项。

一、烟叶复烤企业基于产业链"大工艺"理念生产管理体系构建的背景

（一）是贯彻落实国家高质量发展战略的需要

习近平总书记在党的十九大报告中指出："我国经济已由高速增长阶段转向高质量发展阶段。"高质量发展是能够更好满足人民日益增长的美好生活需要的发展，是体现新发展理念的发展，涉及发展方式、经济结构、增长动力等诸多方面的系统性重大变革。作为我国经济中重要组成部分的烟草行业，努力推动高质量发展不仅是大势所趋，更是落点所在。一方面，复烤企业作为烟草产业链上的一个重要环节，属加工服务型企业，主要依靠微薄的复烤加工费来组织生产经营，维持正常运转。当前复烤企业面临着烟叶资源持续减少、成本管控压力不断加大等困境，赢利能力差，自身无"造血"功能，要有效破解这些瓶颈，就必须走高质量发展道路。另一方面，构建基于烟叶产业链的"大工艺"理念生产管理体系，是贯彻落实行业新发展理念的体现，更是贯彻落实国家高质量发展战略的体现。

（二）是烟草行业卷烟工艺前移的需要

按照国家烟草专卖局"十三五"规划要求，卷烟工业企业要以品牌为导向，深化卷烟生产"大工艺"理念，着力开展制丝、打叶复烤、再造烟叶等重大专项的系统性和联动性研究，建立"大工艺"技术体系，实现卷烟生产全流程整体最优。作为卷烟生产加工"第一车间"，长期以来复烤企业生产经营管理方式较为粗放落后，难以满足卷烟工艺前移的要求。复烤企业必须积极转型升级管理模式，以区域加工中心为依托，主动承接制丝环节前移需求，重点实现规模化、均质化、纯净化、信息化和提质保香的"四化一保"技术应用，最终形成卷烟工业品牌专属的打叶复

烤工艺技术体系。因此，协助卷烟工业企业将质量控制点前移到原料生产环节，建立基于烟叶产业链的"大工艺"生产管理技术体系具有重要意义。

（三）是湖南复烤生存和可持续发展的需要

当前烟草行业发展已处于高位运行，存在行业发展不平衡、烟叶库存总量维持高位、产能结构整体过剩的情况。2019年国家烟草专卖局下发了《关于贯彻高质量发展实施意见制订复烤产能压缩方案的函》，在行业烟叶"控总量、守红线"政策下，2016—2018年湖南省烟叶收购量分别为333万担、312万担、257万担，烟叶资源持续减少，形成了僧多粥少的局面。在国家烟草专卖局大力推进均质化加工、构建以重点品牌为核心的区域加工中心形势下，各卷烟工业企业自主选择加工点的市场化改革持续深入。同时，复烤企业为适应卷烟工业企业不断提升加工规模化、均质化、纯净化的要求，选叶量、多等级配方和在线提纯势必增加，造成复烤企业成本的增加。因此，湖南复烤同时面临烟叶资源减少、省内外复烤企业激烈竞争、工业自主选择权增加、企业自身生产成本日益上涨等多重压力。在此背景下，如何通过构建生产管理体系来提高产品质量、降低加工成本、提高企业竞争力，成为企业目前的现实需要。

二、烟叶复烤企业基于产业链"大工艺"理念生产管理体系构建的内涵

基于烟叶产业链的"大工艺"理念生产管理体系构建是优化资源配置方式、健全烟叶原料保障体系、提高卷烟原料保障能力的必然要求，是烟草行业全面深化改革的重要内容。要坚持以服务品牌发展为核心、以满足卷烟品牌原料加工需求为导向，深化工商协同互动，紧密对接卷烟生产"大工艺"理念和制丝工艺前移趋势，聚焦重点品牌原料加工核心质量要求，落实好均质化加工推进任务，建立贯穿工商烟叶产业链的生产管理体系，着力增强打叶复烤装备技术水平和工艺实现能力，拓展复烤加工、卷烟工业融合的广度和深度，实现专业化对接、特色化服务和定制化生产，提高工商烟叶流通环节全要素生产率，创新复烤加工模式，推进模块配方和均质化加工，提高烟叶资源利用率，推动卷烟工艺前移有效落地，充分发挥打叶复烤企业作为卷烟加工"第一车间"的重要作用。

三、烟叶复烤企业基于产业链"大工艺"理念生产管理体系构建的主要做法

（一）以产业链"大工艺"理念为依托，健全管理体系

1. 构建适应"大工艺"理念生产管理体系的全局性顶层设计

（1）设立体系构建组织机构。成立基于烟叶产业链"大工艺"理念生产管理体系构建领导小组，明确湖南复烤基于烟叶产业链"大工艺"理念的生产管理体系目标、设计、规划了一套适应企业自身实际的生产管理体系。通过对生产过程整体优化，改进技术，消除无效劳动与浪费，有效利用资源，降低成本和改善质量，达到用最少的投入实现最大产出的目的。

（2）全面优化升级企业战略。为贯彻落实基于烟叶产业链"大工艺"理念生产管理体系构建的要求，更好地发挥复烤加工环节在烟叶供给侧结构性改革中的潜力作用，进一步提升重点品牌原料供给保障水平，湖南复烤将全省烟叶质量评价中心、湖南烟叶价值提升中心、全省烟叶仓储调剂中心扩充至湖南复烤发展战略的三个中心，即华南地区的现代复烤加工中心、现代复烤技术中心、现代烟叶储运中心。

2. 构建适应"大工艺"理念生产管理体系的服务型企业文化

以烟叶产业链"大工艺"理念为"根"，派生出以"依托大资源，巩固大市场，服务大品牌，成就大企业"为发展愿景的企业文化。抓好企业文化宣贯，充分利用各类宣传阵地，印制《员工手册》派发给每位员工，在LED屏滚动播放企业文化宣传片，悬挂企业文化宣传标语和宣传画

等,将企业文化宣传融入日常。组织企业文化主题活动,如"青年论坛""身边榜样宣讲""经典诵读""主题征文""标语征集"等活动,促进企业文化进一步落地生根,潜移默化改造员工思想意识,使员工在思想上逐渐完成从"要我遵守"到"我要遵守"的升华,在行动上实现从"要我做"到"我要做"的跨越,形成具有强大凝聚力和向心力的湖南复烤服务型企业文化体系。

3. 构建适应"大工艺"理念生产管理体系多维度的人才队伍

(1) 人力资源改革促优化。第二轮人力资源体系建设以高层次、高技能人才建设为重点,统筹抓好管理型人才、技术型人才、技能型人才等的协同发展,完善人才发展的体制机制,建立规模适度、结构优化、素质优良、能力突出、效能显著的人才队伍。经过前期调研、意见征集、修改完善、职代会审议、党组研究、省局批准等程序,第二轮人力资源体系建设于2018年底顺利完成,干部交流力度进一步加大,人力资源潜能进一步激发。

(2) 技术技能人才促引领。技术(技能)人才结构不断优化,发挥高端专业技术人才的引领作用。持续开展"以师带徒"人才培养活动,充分发挥资深专业技术人才及老技术工人"传帮带"的优势,加快专业技术、技能人才的成长步伐。举办了第二届打叶复烤操作工技能竞赛和烟机维修技能竞赛;在郴州复烤厂创建了全省系统首家技师工作室,充分发挥技师的引领作用。强化队伍保障,以"三个中心"建设为契机,加快补齐感官评吸、数理统计、化学分析、信息技术等方向人才缺口,着重培养烟叶评级师、工艺工程师、质量工程师、烟叶配方师等专业技术人才,从根本上强化人才队伍对湖南烟叶价值提升的支撑作用。

(3) 全员素质提升促推动。扎实开展"全员素质提升年"活动,进一步完善了《专业技术技能管理考核方法》,畅通能上能下的动态聘任机制。持续加强培训体系建设,深化日常岗位培训体系建设,进一步完善课程体系,出台《兼职培训师管理办法》等制度,并选拔聘任一批优秀兼职培训师,采取"培训+授课+培训项目开发"的方式,进一步提升综合能力。全面推进行业网络培训平台运用,每人每年网络培训学时不低于80学时;加强职业技能鉴定,积极组织资格证书复核申报,抓好打叶复烤、烟机维修、烟叶评级的技能鉴定申报,确保烟机维修、打叶复烤、烟叶分级三线持证上岗率分别达到70%以上;完善员工职业发展通道,以公司第二轮人力资源体系优化为平台,搭建员工成长平台,让员工实现管理、技术职称及职业技能等多条路径发展。突出业绩导向,将50%绩效工资按业绩贡献分配,进一步强化绩效工资的激励性作用。

(4) 基层班组建设促活力。班组是企业管理中最基础的一级管理组织,是企业组织生产经营活动的基本单位。全面加强班组建设,实现班组管理的科学化、制度化、规范化,是实现企业基于产业链"大工艺"理念生产管理体系构建的一项重要工作。

一是建立和完善各项管理制度。制定质量管理、目标管理、考勤管理等各项管理制度,明确班组内的工作职责、任务、作业程序等。使班组的基础工作做到内容指标化、工作要求标准化、工作步骤程序化、工作考核数据化、工作管理系统化。

二是推行共同管理的机制。将班组建设工作真正纳入企业行为,要求党、政、工、团同心协力,齐抓共管,提高组织者和参与者对班组建设与管理工作重要性的认识,做到统一领导、分工辅助、归口管理、专业指导,把管理的触角伸到每一个班组,把责任细化到每一个员工,以促进企业管理工作。

三是强化精益生产的管控。引导全员参与TPM(全员生产维修),持续推进8S(整理、整顿、清扫、清洁、素养、安全、节约、学习)管理。对照标准,建立8S及目视化管理、TPM管理行为规则,按照年度计划、月度实施、对标检查、考核奖惩、持续改善的工作思路扎实推进各项工作执行到位。

（二）以品牌保障为核心，密切工商合作对接

1. 工商携手共建重点品牌原料区域集中加工中心

依据"以品牌主导、以复烤主体、共建共享"的原则，湖南复烤从仓储设施配备、装备技术改造、生产加工安排、人力资源投入等方面加大生产要素配套，优先满足原料存储、优先安排分选作业、优先计划加工排产，推动了工业、商业烟叶产业链烟叶资源、人才、技术等资源要素向湖南复烤集中，有序推进了烟叶跨区流动，将省内烟叶流动水平提升至46%，省际流动水平提升至12%，稳定了湖南复烤的市场占有率。山东中烟"泰山"品牌、贵州中烟"贵烟"品牌、广东中烟"双喜"品牌、江西中烟"金圣"品牌原料区域加工中心和河南中烟"黄金叶"原料定制化加工基地落户湖南。2019年完成了广东"双喜"、浙江"利群"、贵州"贵烟"、江苏"南京"等10个重点品牌共计6.10万吨的均质化加工任务。

2. 工商协同打造"产学研"一体化原料研究联合实验室

湖南复烤联合郑州烟草研究院、重点品牌卷烟工业企业技术中心、长沙理工大学、湖南农业大学成立了"产学研"一体化原料研究联合实验室。实验室实行专家管理委员会领导下的实验室主任负责制，实验室成员由各方共同派员组成，建立了互派人员短期工作交流的长效机制，立足卷烟生产"大工艺"理念，针对打叶复烤、仓储醇化的技术薄弱环节和短板，以研究课题和专项工作的形式共同开展创新合作，创新成果归合作方共有。2019年，实验室完成了《烤烟中非烟物质控制技术规程》《打叶复烤加工服务能力评价》等4项行业标准化研究成果，推动了卷烟生产工艺紧密协同的打叶复烤工艺技术体系建设。

（三）以加工需求为导向，增强工艺实现能力

1. 搭建工艺管理体系

工艺技术管理的核心在于控制产品质量的稳定性、提高原材料的利用率以及降低能耗，达到"稳定、优质、高效、低耗、安全"的生产目标。

（1）以区域加工中心建设要求为"第一标尺"。按照区域加工中心建设要求，主动对接卷烟工业企业技术中心，实行"一品牌一手册"，制定重点品牌原料加工专属工艺技术标准、生产管理标准和岗位操作标准，形成了与制丝加工整体协同的打叶复烤生产管控标准体系。

（2）以打造模块加工技术体系为"第一目标"。紧密对接卷烟工艺控制前移趋势，深入实施模块配打，加工比例达到80%以上，具备大模块、多等级加工实现能力，模块数量和规模与卷烟品牌规格结构协调适应。

（3）以建立质量异常预警机制和质量追溯体系为"第一抓手"。依托MES系统建设，将MES与中控系统、高架库系统和逐箱标定系统相结合，建立工艺质量及设备运行异常预警机制，统一过程数据传递规则，完善以批次管理为主线的质量追溯体系。

（4）以提升全流程杂物控制水平为"第一保障"。加强入库原烟含杂水平监测和分选环节控杂，研究静电除杂辊及光电智能除杂等新型除杂工艺，开展人机结合杂物控制课题研究，有针对性地建立起设备剔杂和人工除杂相互补充的多级除杂工艺体系。

2. 工艺设备技术升级

2018年以来，湖南复烤被烟草行业列为商业模式特色化、模块化打叶复烤示范线的承担单位，同时深度参与"模块化配方""均质化加工""智能化制造"和"提质增效"四项关键技术的研究工作。

(1) 明确研究思路。根据国家烟草专卖局《打叶复烤技术升级重大专项实施方案》确定的研究内容，在充分听取郑州烟草研究院、天昌国际、常德芙蓉等行业相关单位专家意见的基础上，将郴州复烤厂示范线分解成《南岭丘陵生态区焦甜醇甜香型烟叶打叶复烤加工特性研究》《提升打叶复烤均质化加工水平的关键技术研究与应用》《打叶复烤在线智能管控技术研究与应用》和《基于"均质化重点品牌"的打叶复烤提质增效技术研究》，并分别完成科技项目立项，制订开展方案，确定了研究重点、技术路线、考核指标和时间要求。

(2) 健全保障机制。一是成立了示范线建设工作领导机构，统一思想认识，统筹协调企业内外部各方面力量，通过"项目+团队+人才"的方式推进项目研究。二是制定了重大专项实施方案和实施细则，实行工作清单制和定期督导通报制，细化工作考核办法，强化考核措施，将项目年度评估结果与目标考核挂钩。三是明确了奖励机制，对在示范线创建中涌现出来的优秀团队和个人给予奖励，充分调动项目建设人员的积极性和创造性，有效发挥中坚骨干的示范引领作用。

(3) 壮大研究力量。积极与行业内外的企业、院校达成合作共识，共同组建研究团队。一是在行业内，由郑州烟草研究院把关总体设计的同时，与上海烟草、广东中烟、贵州中烟、广西中烟等多家卷烟工业企业开展基于烟叶产业链"大工艺"生产技术研究。二是在行业外，引入高校专家团队，在工艺配方等方面达成合作意向，借助高等院校在实验方法设计、实验数据分析方面的优势，共同构建打叶复烤技术升级重大专项合作平台。

3. 工艺规范标准化建设

近年来湖南复烤逐步构建起以技术标准为核心的企业标准体系建设，所属复烤厂先后通过4A级标准化良好行为企业认证，为企业生产管理提供强有力的标准支持。

(1) 积极参与烟草行业标准制修订。齐聚技术力量开展了非烟物质、均质化加工等创新项目研究，确保标准更具先进性、科学性和适用性。湖南复烤正参与的烟草行业标准制修订项目共4项，包括《烤烟中非烟物质控制技术规程》《打叶烟叶质量要求》《打叶复烤均质化加工技术规程》《打叶复烤加工服务能力评价办法》。截至目前，湖南复烤参与的烟草行业标准制修订项目已累计7项，推动湖南复烤由"制造"向"标准"的转变。

(2) 深入开展企业标准化建设工作。组织开展质量管理体系修订，完成体系转版工作。目前湖南复烤有本级管理标准和技术标准193个、工作标准132个。湖南复烤将科技创新成果、精益成果和QC小组成果及时纳入企业标准，不断完善技术标准内容。近年来新增了《SEW减速机拉拔器操作规程》《均质化加工操作规程》《挑选工艺标准》等多项技术标准，修订了《叶含梗检测机操作规程》等3项技术标准，有力促进了技术成果转化为现实生产力。

(四) 以关键指标为抓手，创新企业管理方式

1. 补齐短板，扎实开展对标管理

湖南复烤深挖对标潜力，对照行业指标，实行标杆管理，对比先进找出差距，制订改进措施，切实改进生产工艺、提高产品质量、降低生产成本。

(1) 建立对标指标体系，实现标杆驱动。依据中国烟叶公司下发的打叶复烤企业对标指标文件要求，湖南复烤将对标指标分为质量指标、设备指标、成本指标、过程管控、队伍建设五大类，并通过基层调研和征求意见后，建立并发布对标指标，明确指标统计口径和计算公式，确保对标的科学性和一致性。

(2) 统计分析查摆问题，实现定期分析。根据对标管理办法，对照先进指标，分季度、半年、年度对自身生产经营和管理状况进行全面深入分析。为强化指标的监控，加大了生产期间的对标

分析频次，由每季改为每月定期监控对标指标变化情况，以查找差距，及时形成并公布对标分析报告。

（3）建立指标短板台账，实现销号制。按照查找出的差距和分析出的问题原因，建立短板指标台账，制订有针对性的改进措施，重点要控制成本费用和能耗，实行短板销号制。针对短板制订切实可行的改进方案和实施计划，将改进措施分解落实到部门和员工，编制指标改善一览表，确保补齐短板。

（4）强化对标结果运用，实现考核评价。定期总结在开展对标指标工作过程中行之有效的措施、方法和经验，并将对标指标管理工作纳入各单位、部门绩效考核内容中，与目标管理、薪酬绩效管理挂钩，并以打叶复烤重大升级和示范线建设为契机，对发生异动的指标建立检测预警机制，定期开展分析会诊，并对会诊结果进行分析整改。

2. 聚焦质量，树立湖南复烤品牌

以烟叶质量管理为核心，适应定制化加工需求，推动质量评价由追求产品合格率向追求客户满意度转变。

（1）构筑"质量第一、客户至上"的企业质量理念。建立了质量督查机制，定期对两厂加工质量、现场管理、设备管理进行检查考评，每年邀请行业专家对两厂质量管理情况进行集中会诊，参与行业工艺质量抽检统一排名，重点关注均质化加工、自然出片率、非烟物质控制、质量综合合格率等重要指标，实行月度考核通报、年终兑现奖惩。建立公司—烤厂—班组三级质量分析体系，及时总结前一个生产周期质量工作优点及不足，在车间班组宣传栏设立质量管理专栏，定期发布企业质量改进成果，每月开展"金质班组""工匠之星"评选并在看板中展示，不断提升员工的质量意识和荣誉感。

（2）推行"专属化、定制化"的个性化质量管控体系。按照"一品牌一策略"原则建立了各品牌专属质量控制标准体系，制定并下发了《重点品牌工艺质量管理办法》《清洁生产管理办法》，从工艺设计和技术升级入手，扎实推进清洁生产，落实生产信息看板管理和卫生区域划片包干制，采取关键工序参数化控制，精准设计加工参数，运用在线智能质控和在线质量检测技术，完成了打叶复烤生产管控由经验控制向数字化控制的转变，在10家重点品牌不同模块加工应用中，能有效满足不同客户的差异化需求。

（3）构建"失责必追、有功必赏"的质量考核与激励体系。牢固树立"将客户的资产当作自己的资产来经营"的加工服务理念，坚持零缺陷提升产品质量，构建质量考核与激励体系。依据《工作质量事故事件处理办法》《质量事故考核办法》《所属复烤厂绩效考核办法》，将不合格品产出纳入年度绩效考核体系，对质量事故实行行政问责和经济处分相结合并层层追责。制定了《科技项目管理办法》《QC活动小组管理办法》，积极引导全员参与改进，开展问题诊断、课题攻关、项目研究，对改进质量缺陷、提升产品价值的集体和个人进行表彰奖励。

3. 智能财会，构建财务共享中心

湖南复烤为适应行业布局调整，在新一轮基于烟叶产业链"大工艺"理念的产业升级变革中进一步提升竞争力，优化资源配置，科学合理控制成本费用，实现财务工作由记账会计向财务管理转型升级。湖南复烤建立财务共享中心，集成与核算相关的业务系统，利用信息技术，打通湖南复烤内外部数据，从专业财务角度为业务部门和财务部门提供各类服务，实现业务与财务之间的数据无缝集成，实现核算的自动化、标准化、规范化，提高财务核算效率，规范业务操作和内部管理，深入推进管理创新；成立了专门委员会合理统筹谋划财务预算，优化预算控制体系，实现以业务事项为"横",组织层级为"纵"的横纵结合预算控制体系。2019年以"全面预算"和"定额预算"为主要抓手,制订了《全面预算管理办法》《预算定额管理实施细则》等一系列规章制度,实行变动成本费用写实记录,做好预算执行期间动态分析,及时修正调整定额标准;进一步规范财务规范基础,制订财务规范化达标方案,加强财务人员教育培训和财经纪律意识培养。

4. 紧盯关键,深入挖掘能耗潜力

建立健全能源管理考核工作机制,制定了《湖南烟叶复烤有限公司2020年生产能耗考核方案》,成立部门、班组、岗位三级能源管理网络,量化分解节能指标,运用能源管理系统对生产蒸汽、天然气、水及电的使用情况进行实时监控和大数据分析,实行常态化监督和考核。针对能耗较高的重难点问题,开展叶片复烤机超声波雾化技术的开发应用、热风润叶机"虹霓"技术引进和应用、节能型打叶风分网鼓技术引进和应用等科研攻关工作,从而使生产蒸汽能耗减低了25%以上,打叶工艺段装机功率下降40%以上。

四、烟叶复烤企业基于产业链"大工艺"理念生产管理体系构建的实施效果

(一) 管理效益

一是生产加工水平持续提升。聚焦卷烟大工艺前移需求,紧盯关键指标、关键工序、关键环节,在均质化加工创先争优、操作规范性评价、深化加工过程考核等方面取得新的突破。生产现场井然有序、干净整洁,均质化加工、设备管理等指标均达到行业先进水平,管理效率效益和产品质量比往年均有较大的进步。

二是客户服务水平持续提升。丰富了客户服务的手段和措施,加大了服务创新力度,构建了快速响应客户需求的客户服务体系。2019年烤季共收集了有关基础设施、生产组织、现场管理、工艺技术、质量指标等方面的客户共性需求15项、个性需求54项,开展客户反馈问题整改34项,客户满意率达95.74%。

三是企业管理水平持续提升。建立了新的管理模式,完善了质量管控体系,提高了管理效率和质量。技术创新水平大幅提升,突破了重大专项和示范线建设的关键技术瓶颈。进一步完善了定额标准体系建设,建立了动态优化定额标准机制,生产性成本费用实行定额管理,非生产性支出有较大幅度的压缩。

(二) 经济效益

近年来,湖南复烤顺应烟叶产业链"大工艺"发展趋势,积极对接卷烟工业企业,开拓业务市场。在全国烟叶资源减少的情况下,共与24家客户网签加工意向9.72万吨,同比逆势增加0.64万吨,占全省调拨总量的68.85%。2020年上半年,湖南复烤累计加工投料5.22万吨,同比增加50.03%,产出成品3.48万吨,自然出片率66.67%,同比提高2.07个百分点。实现营业收入25875万元,同比增加1475万元,增幅6.05%;利税11603万元,其中利润总额8106万元,税金3497万元。担原烟加工成本104.58元,同比减少117.72元,其中担烟能耗16.68元,同比减少6.78元;担烟包装物9.38元,同比减少6.69元;担烟职工薪酬23.78元,同比减少41.35元;担烟制造费用54.74元,同比减少62.90元。

(三) 社会效益

1. 烟叶价值有效提升

湖南复烤依托湖南产区烟叶资源和重点卷烟品牌区域加工中心优势,以模块配方质量属性为基础,从横向和纵向两个方面着手做大集中了加工品牌模块的体量,建立了与之配套的原料接收仓储、选叶需求模式、分类集中备料的规模化生产保障体系。通过对打叶复烤关键工序工艺技术

的协同优化，构建了基于品牌配方模块质量属性的专属打叶复烤工艺技术，同时建立了贯穿农商工全供应链的原烟产品质量管理体系，推动质量评价由追求等级合格率向追求客户满意度转变。通过做好高端原料定制化生产、烟叶收购专业化分级环节的质量管控，提高了工业企业调拨原料等级符合度，降低了原烟中的杂物含量；通过推行食品级纯净化加工模式，建立起了设备剔杂、人工除杂相互补充的多级除杂工艺体系，全面提升客户烟叶价值。

2. 加工中心稳步构建

湖南复烤紧紧抓住国家烟草专卖局大力推进区域性复烤加工中心建设这一历史性机遇，坚持加工服务为本和重点品牌导向，持续深化了与各中烟公司的合作。坚持以均质化加工为突破口，科学制定了批次加工指标和均质化加工方案，推动了加工模块批次内、不同模块批次间、同一模块年度的均匀性、一致性，保障模块在外观质量、感官质量、理化指标的均衡统一，在充分掌握各中烟公司客户需求的基础上，用优质的服务和可靠的质量赢得了客户信赖。山东中烟"泰山"品牌、贵州中烟"贵烟"品牌、江西中烟"金圣"品牌、广东中烟"双喜"品牌原料区域加工中心和河南中烟"黄金叶"原料定制化加工基地已分别在郴州复烤厂和永州复烤厂挂牌成立，同时，浙江中烟、江苏中烟已达成建设区域化加工中心合作意向，重点品牌区域加工中心建设取得新突破。

3. 创新成果广泛应用

湖南复烤生产管理体系构建以来，特别是实施流程优化改进后，先后有云南烟叶复烤有限责任公司麒麟复烤厂、常德芙蓉复烤厂、湘西鹤盛原烟发展有限公司、广西伊灵烟叶复烤有限公司、广东韶关复烤厂到湖南复烤来交流考察。《伺服控制技术在液压打包的应用》科技成果，目前已在浏阳天福复烤有限公司、山东烟叶复烤有限公司诸城复烤厂、山东烟叶复烤有限公司沂水复烤厂、山东瑞博斯烟草有限公司、红塔烟草（集团）有限责任公司玉溪卷烟厂、云南烟叶复烤有限责任公司师宗复烤厂等23家企业推广应用；复烤机超声波雾化技术到浏阳天福复烤有限公司、湘西鹤盛原烟发展有限公司、广东韶关复烤厂等多家打叶复烤企业推广应用。同时，湖南复烤也积极与郑州烟草研究院等相关科研院所和昆明船舶制造公司等设备厂家探索研究，进一步优化了高密度装框、碎烟自动回掺等设备，完善了相关工艺技术标准。

4. 扶贫车间成效显著

2018年，湖南复烤联合劳务承揽公司挂牌成立了扶贫车间，将25%的工作岗位面向贫困人口招聘，每年吸纳永州经开区周边贫困人口就业约200人，年人均增加收入超过2万元，为脱贫致富做出了实实在在的贡献。同时，湖南复烤多次组织党员志愿者和科技骨干到周边乡村开展"科技扶贫""科技周""全国科普日"等活动，重点面向贫困户发放种植技术、养殖技术等科普宣传资料600余份，并结合当地烟草产业园建设和现代烟草农业建设经验与种植农户就标准化建设、现代化种植技术、现代化产供销体系等进行交流探讨，传播脱贫致富经验和思路，为当地脱贫攻坚工作贡献复烤力量。

（四）生态效益

1. 有效降低各项排放，助力蓝天保卫战

2019年，化学需氧量排放4.68吨，较上年同比下降27.67%，较2015年下降42.65%；氨氮排放0.84吨，较上年同比下降68.18%，较2015年下降69.57%；二氧化硫排放49.5吨，较上年同比下降14.95%，较2015年下降44.19%；工业增加值综合能耗510.33千克标准煤/万元，较上年同比下降24.50%，较2015年下降4.88%，各项排放指标完成良好。

2. 强化废弃物管理，提高回收利用水平

2019年，共燃烧废弃烟梗12347吨，按烟叶发热量2700大卡/吨计算，节约燃煤4440余吨，减少二氧化碳排放116吨，减少二氧化硫排放38吨，减少氮氧化物排放33吨。同时，企业针对有利用价值的废弃烟梗，委托所在地市烟草公司销售到广东国润和广东中烟2100吨，处理40目以下烟灰到肥料厂用于制作有机肥料1000吨，有效提高了残次废弃烟草制品的回收利用率，绿色清洁生产成效明显。

主　创　人：彭艳玲
参与创造人：宋智勇、郑宇睿、陈　渝、马　丽、陈壮宇、刘华友、
　　　　　　李叶春、胡　孟、罗仙华、尹　凡

世界级轨道交通装备制造产业集群的协同供应链体系构建与实施

中车株洲电力机车有限公司

中车株洲电力机车有限公司（以下简称"株机公司"）是中国中车核心子公司、湖南千亿轨道交通产业集群龙头企业。自1936年创建以来，始终保持快速健康发展，创造了中国轨道交通装备领域的诸多纪录。株机公司业务集中在电力机车、城轨车辆、动车组、轨道工程车、磁浮列车、储能式电车等新技术公共交通车辆、重要零部件、专有技术延伸产品、维保及机电总包服务等领域。销售收入自2009年突破百亿大关后，已牢牢站稳两百亿平台。株机公司总资产291亿元，在国内外设有21家子公司，致力于成为全球领先的轨道交通系统解决方案供应商。

株机公司作为中国装备"走出去"的代表作，自1997年实现中国电力机车整车出口零的突破以来，先后在22个国家获得近60个项目订单，累计金额约600亿元，近7年订单总额超470亿元，产品覆盖世界六大洲，推动对外交流和合作向纵深发展。为扩大产业优势，增强产业链韧性，形成集产品研发、生产制造和运营维保、物流配套于一体的全产业链，株机公司从2015年起，为寻求质量更高、规模更大、协同更强的产业业态，构建并实施了打造千亿级轨道交通装备制造产业集群的协同供应链体系，产业链集群已形成更强创新力、更高附加值态势。

一、世界级轨道交通装备制造产业集群的协同供应链体系构建与实施的背景

（一）是应对国际复杂竞争环境的需要

世界经济在深度调整，增长乏力，贸易保护主义和单边主义盛行，地缘政治风险上升，叠加新冠肺炎疫情的不利影响，外部环境不确定因素增多，制造业受欧美国家"围堵""断供"和"卡脖子"事件时有发生，供应链安全提升到了国家战略高度。同时，受发达国家"再工业化""制造业回归"和发展中国家低成本竞争的"双向挤压"，制造业国际竞争环境日趋严峻。

轨道交通行业兼并重组频繁，阿尔斯通与庞巴迪合并、西屋收购GE铁路业务、日立兼并安萨尔多等，行业强强联合趋势日益增强，企业间、行业间、产业链间的竞争逐渐转为产业集群、产业网络和产业生态系统竞争。制造业企业仅仅依赖做大做强模式已适应不了当前激烈的竞争态势，迫切需要整合资源形成联盟，构建创新驱动、开放兼容的轨道交通装备产业集群供应链。

（二）是落实国家宏观战略的需要

党的十八大以来，党中央多次提出要培育若干世界级先进制造业集群。党的十九大报告指出，加快建设制造强国，加快发展先进制造业，加快培育若干世界级先进制造业集群，促进我国产业迈向全球价值链中高端。习近平总书记在2018年中央经济工作会议中强调，要"注重利用技术创新和规模效应形成新的竞争优势，培育和发展新的产业集群"。

轨道交通装备具有涉及学科广、技术含量高、产业链条长的特点，具备打造成世界级先进轨道交通装备产业集群的基础，而供应链就像这一庞大产业集群的纽带，不可或缺。逆水行舟、不进则退。株机公司要保持国际竞争优势，必须以产业链思维创新管理模式，将加快供应链创新发展作为落实高质量发展的重要举措、供给侧结构性改革的重要抓手。

（三）是实现企业持续健康发展的需要

目前，株机公司已在国内8个城市建立了8家造修基地，在土耳其、马来西亚、南非、印度、奥地利等国家建立了5家造修基地，成为中车境外基地布局最多的子公司。境内外的产业布局客观上要求株机公司必须建立全球化的供应链体系，必须加强全球供应链建设，必须提升供应链的竞争能力。

当前株机公司面临着客户个性化需求多、产品质量要求高、订单批量小、交付周期短等变化，而两金压降、采购周期长、仓储成本高等诸多压力给供应体系提出了更高的要求。要适应当前市场形势的变化，迫切需要建立机车、城轨、动车组、新产业在一定总量下的柔性制造能力，加强柔性化、协同化供应能力建设。尤其是株机公司强力推动智能智造转型升级，要求供应链必须要配套制造模式，加强供应链体系在信息化、智能化建设，以及设计协同、计划协同、制造协同等方面的基础能力提升。

二、世界级轨道交通装备制造产业集群的协同供应链体系构建与实施的内涵

以打造湖南株洲千亿规模轨道交通装备产业集群为目标，以产业链思维、多方协同、实现互利共赢为牵引，通过推进落实供应链战略响应株机公司"发展电力机车、城轨车辆、动车组三大主营业务和孵化磁浮产业、超级电容、维保服务等新兴产业"的"3+X"产业战略和"立足湖南株洲田心，实现华南、华中、西南、华东四大区域布局，推进东盟、土耳其、南非等海外基地建设，稳步进军海外"的"1+Y"市场布局战略，引导形成强韧的产业链、创建开放的技术创新联盟、实施价值链整合及增值等外部创新措施，打造面向"市场+制造"的"柔性+协同"供应平台及数字化、智能化建设等内部保障机制，推进国内、海外交通装备产业集群形成合作共享、多赢互惠的协同供应链生态圈，实现以信息化、数字化驱动供应链体系中信息流、资金流、产品流的整合畅通，达到供应成本、响应速度的系统最优，提升企业经营效率和效益，增强企业综合竞争力。

三、世界级轨道交通装备制造产业集群的协同供应链体系构建与实施的主要做法

（一）以产业链思维聚焦构建供应链顶层设计

株机公司从企业发展战略和产业协同的高度来对供应链进行全局性谋划，针对产业链发展确定了三个重点：一是"一体"引领。即以整车制造为引领主题，拓展干线轨道交通、区域轨道交通和城市轨道交通的谱系化运载装备，汇集国际、国内两个市场需求，带动产业集群整体发展。二是"两核"带动。即以"核心零部件"和"关键零部件"为两大发展核心，掌握核心部件的自主研发与创新关键技术，拓展核心系统应用与发展。三是"三向"联动。即以株机公司为"链主"地位引领"向上游布局、向中游聚集、向下游延伸"。如图1所示。

在供应链策略实施运用上，侧重从产业面和市场面两个维度聚焦发力。从产业方面，依据"3+X"战略，打造柔性化、协同化供应链，不仅要满足产品种类相对较少、技术方案稳定、产业链稳定的电力机车项目所需的经济型供应链，强调以成本为导向，保持高水平产能利用率、库存周转率；还要满足市场个性化定制、设计变更多、交货期短的城轨车辆、动车组、新兴产业项目所需的响应型供应链，追求供应的快速响应、灵活敏捷，总体上实现全谱系产品的大规模定制。

从市场布局方面，依据"1+Y"战略，进行供应链布局，公司的产品和服务走到哪里，供应链就跟到哪里。通过率先打造湖南轨道交通产业集群，再依次推进珠三角、长三角轨道交通产业集群，马来西亚、南非、土耳其、欧洲轨道交通产业集群，实现供应链的复制、优化，形成全球供应链，推动国内乃至全球轨道交通产业高质量发展。

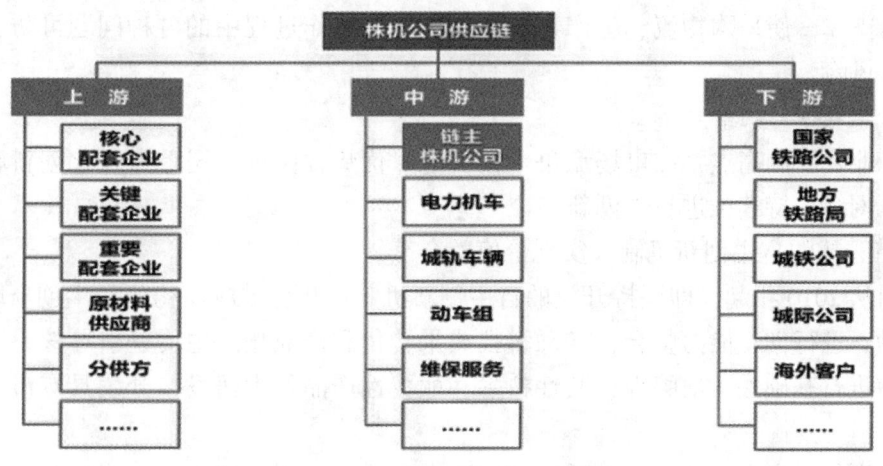

图 1 株机公司供应链

(二)实施协同发展机制,建立株洲产业集群命运共同体

1. 创建一体化全产业链

为增强企业的运营、抗风险能力,提高供应稳定性,株机公司发挥龙头企业带动作用,打造具有战略性和全局性的株洲产业联盟,推行联盟企业"大兵团作战",实施从整车到部件、从市场开拓到项目执行的协同发展机制,形成集轨道交通产品研发、生产制造、营运维保、物流配套于一体的全产业链条,建立集群命运共同体,建设统一共享的生态圈。

株机公司重点选取主业突出、技术领先、管理先进、绩效优秀、资源配置能力强的企业,同时着重培养一批成长快、质量好、可塑性强、可实现从"低附加值产品"向"关键核心产业"转变的企业,构建产业联盟,本地配套率达70%以上,可提供全寿命周期系统解决方案,只需"一杯咖啡的时间",就能将一台机车的部件配套齐全,产业集聚度在全国乃至全世界都首屈一指。

其中,以中车株洲所、中车株洲电机为核心配套,提供牵引传动、智能控制、安全装备、牵引电机及变压器等核心部件及服务;以联诚集团、九方装备、天力锻业等为关键配套,提供风机、冷却塔、减振器、刮雨器、贯通道、车轴、结构件等;以其他本地中小企业为重要配套,提供零部件和原材料;株洲中车物流提供基础设施及物流配套。

2. 实施全方位联盟策略

株机公司与联盟企业为实现长期、稳定、相互信任的联盟关系,共同建立、制定了一套"五定、四协同、一透明"的长效沟通机制。"五定"即定人员、定部门、定机制、定目标、定期走访客户;"四协同"即市场营销协同、项目执行协同、技术质量协同、售后服务协同;"一透明"即信息透明。

商用中低速磁浮车辆研发,为株机公司联合国防科大、中车株洲所、中车株洲电机、联诚集团等共同营销、设计,推动了产学研有机结合和新兴产业的发展,达到供应链的高效运行。

株机公司与联盟企业真正实现VMI(供应商管理的库存)。一方面,将供应商生产线建在公司生产园区内,或者供应商距离公司3小时运输半径,并通过信息系统互联互通,达到需求拉动透明、生产信息透明、库存信息透明,实践"用信息替代库存",使供应商能更好地安排生产计划,提升了物流绩效,提高了整体供应链处理、响应速度,保证了互动双赢。一方面,依托株洲中车物流基地仓储资源,打造株洲地区VMI业务管理中心,其向联盟企业提供仓储、集散货、包装发运、代采购等综合物流服务,不仅降低各企业的物流成本、库存成本,更为各企业未来的快速发展提供空间与支撑，使采购物流、生产物流和销售物流运作过程中的各种问题可防、可控，大幅降低企业经营风险。

3. 强化开放式创新联盟

为抢占产业发展制高点，在市场竞争中占有绝对优势，株机公司重点强化创新联盟，创建开放的技术创新网络，持续推进自主创新。

（1）坚持开放的自主创新机制，实现价值整合

株机公司从2010年起，即坚持开放的自主创新机制，联合供应商构建技术创新联盟，实施供应商创新激励，进行创新能力整合，推动科技成果转化和产业化。主要是引导核心子系统及关键零部件供应商进行基础性、前瞻性、共性技术和颠覆性产品技术研发，开发具有市场竞争力的高水平产品。

目前，株洲轨道交通产业集群在转向架、受电弓、电气系统集成、变流及其控制、车载控制与诊断技术、电力电子器件技术等关键核心技术方面国际领先。如拥有世界最大功率电力机车、全球唯一储能式超级电容电车、国内实现商业运营的首列中低速磁悬浮列车、国内唯一8英寸大功率IGBT芯片及模块封装生产线、国内第一高速永磁同步牵引电机及系统等。

（2）打造国家先进轨道交通装备创新中心，形成集聚效应

2018年，株机公司牵头，联合中车株洲所、中车株洲电机、中车株洲投资控股3家中车在湘核心企业，株洲国投、株洲高科等株洲市国有平台公司，清华大学等科研院校，联诚控股、九方装备等民营企业，以及深圳麦格米特等上市公司，组建了株洲国创轨道科技有限公司。2019年其被认定为国家先进轨道交通装备创新中心，成为全国第十家、湖南省及非省会城市第一家、轨道交通行业唯一一家国家级创新中心。

创新中心实现了科研人才和设备共享共建，形成跨界融合、协同创新的局面。一方面，拥有行业顶尖创新领军人才、搭建人才集聚高地，如组建了刘友梅、丁荣军、田红旗等8名院士领衔，高水平、多层次的近万人轨道交通装备产业创新人才队伍。一方面，拥有行业高端创新机构资源、打造创新交流阵地，通过联盟的辐射作用汇聚行业资源，解决了创新资源要素在产业链各环节上的多头部署和分散投入的问题，如拥有5个国家级工程研究中心、11个国家重点实验室/国家工程实验室、近20个国家认定企业技术中心/国家技术创新示范企业。

（三）实施系统整合机制，打造柔性+协同的供应平台

以客户需求为导向，以提高质量和效率为目标，株机公司供应链上下游实施全面整合机制，"千军万马、步调一致"，运用并行工程和价值工程，将产品开发、制造过程设计和供应链设计同步考虑，实现内部需求与外部保障协调统一，打造柔性+协同供应平台，达到快速市场响应、可控产品成本与高质量生产的平衡，配合企业全谱系产品的大规模定制。

1. 创建从源头提升供应链效率的"四化"研发平台

株机公司自2017年开始，从复制原平台进行修改向"搭积木"式的正向研发转变，逐步创建从源头提升供应链效率的"四化"研发平台。"四化"即简统化、模块化、标准化、平台化，内涵是通过对产品零部件或零部件接口通用、简化，对产品的性能、功能进行划分和整合，从而对系统和部件进行规范化和固化，最终实现产品系列（或产品族）共享资源。

"四化"研发平台，强化了工艺、制造、市场的一体化建设，增强了企业内、外供应链系统的联动效率。通过对图样结构树的按组件打包反映、按图纸与制造单元匹配对应的优化调整、模块的合理划分，降低了产品复杂度和设计变更幅度，减小了生产制造的变化度，提升了产品交付能

力；同时通过对市场需求进行充分的超前预判和考虑，既满足市场灵活性要求，又满足用户多样性特征需求，还能满足由其衍生出的便于检修、维护、使用等要求。

截至2019年，株机公司已有简统成果489项、模块节点871个，并在长沙地铁5号线、洛阳地铁1号线、平西府工程车等项目上进行运用验证，同时建设了城轨B型车平台、ZER3工程车平台、ZER4工程车平台、系列化中国标准A型地铁等产品平台。

2. 打造供应链绩效导向的分类分级优质供应商平台

株机公司一直坚持"重选择、重管理"的工作原则，通过选择优秀供应商、发展战略供应商、培育主力供应商、淘汰劣质供应商，打造优质的供应商平台，提升交付、质量、成本等供应绩效，达到"始于颜值、成于细节、终于品质"的目标。

首先是重评估、选择、开发，强化对供应商的前端管理。第一，对供应商QCDST（质量、成本、交付、服务、技术）进行科学、全面、系统评估，以评估结果为支撑，实施"战略供应商、优选供应商、备选供应商"的分级。第二，将战略、优选类供应商纳入供应商池，并实施供应商整合，集中供应优势，再细分并生成按公司产品类别、服务客户区域的供应商平台，当供应商池资源不足时，触动战略寻源、开发，并严格把关。第三，在新项目启动阶段，采购、研发、项目、营销、质量等各部门统一认识，强化"首发命中率"，一次性从供应商池中选对供应商，避免因选错供应商带来的资源投入更多、花费时间更长、试错成本高、更换供应商代价大等问题。

其次是重管理、培育，强化对供应商的关系维护和能力提升。第一，对不同级别供应商群体，采用不同管理策略，战略供应商向战略联盟发展，打造"风险同担、利益共享、互助互利、共同发展"的关系；优选供应商，坚持"先督促后帮助"，培育其保持良好的供应业绩；备选供应商则依据公司的实际需要逐步予以淘汰。第二，在管理过程中，供应链管理部门扮演跨职能团队的领导者角色，组织协调实施供应商帮扶、培育，充分发挥设计优化、生产流程改进、制造工艺完善、质量系统提高的职能；科学运用目标管理手段，调度供应商资源，激发其自我持续提升能力。第三，坚持以问题为导向，对供应商实施黑名单、清退、暂停供货、降低采购份额、专项审查、交班、考核、约谈等，督促供应商持续提升能力。

3. 推动满足大规模定制的敏捷型采购品类战略

为优化供求关系，让供应商成为公司的有机延伸，降低牛鞭效应，从而增强企业柔性供应和大规模定制能力，株机公司推行敏捷型采购品类层级管理，建立相应的管理机制，针对不同品类，匹配不同的管理团队，强化产品采购特性分析、市场研究、风险评估及防范应急能力。

一是不同品类选择相适宜的采购策略。如系统集成件采取战略协议采购、早期介入研发、齐套性管理、适度威胁等策略；工业设计产品采取供应商能力（生产、设计）评估、供应商联合研发、战略寻源、供应商帮扶培育等策略；机加工件采取本地化等策略；电气连接件采取品类整合、简统化、模块化、国产化、供应商整合等策略；通用件采取品类整合、简统化、供应商整合等策略；标准件采取单一产品标准化、组合件模块化等策略；原材料采取中车集团集中采购策略，增加规模效益。

二是在采购策略的基础上细分成本策略，并逐步扩大设计优化、生产工艺优化、交易方式优化、定价方式优化等降低采购成本的比例，以增强逐年持续降成能力。如新产品、新工艺、新材料，采用价值分析法与价值工程法，早期供应商参与，尽早选择最优设计；系统部件，要充分了解市场信息，采取价格与成本分析、目标成本法、谈判等；通用产品，采取平台化采购、以量换价策略，并伴随供应商整合、发挥批量供应优势；机械加工件，根据产品加工工艺特性和复杂程度进行细分，提炼影响产品成本的关键要素，建立公式模型，实施公式化定价等。

4. 推进满足"株机智造"的智能化物流体系管理

一是推进物流管理标准化、精益化。引入供应链共享包装理念，推进循环共享包装和储运一体化工装的应用与实施，并向供应商延伸。通过工装器具通用化、标准化、模块化的设计与应用，业务流程标准化，实现形迹化的配送模式，提升齐套目视化的检索效率，减少二次转运、二次包装的作业环节及所带来的质量风险。

二是推进物流管理智能化。通过智能立体库、智能AGV小车、智能播种墙、智能拣选小车、RFID标签等设备应用与实施，自动完成入库、拣选、出库任务，实现智能化、专业化、高效率的现代化作业模式。通过物流信息系统WMS与ERP、MES、设备等管理系统相结合，对物流信息进行采集、分类、传递、汇总、识别、跟踪、查询等一系列处理活动，达到对货物流动过程的控制，实现了以运行调度指挥、智能资源管理、作业执行与监控、智能决策支持四大业务为核心的智能物流体系建设，促成采购、生产、存储、配送、销售、交付以及售后等各环节的信息集成。

三是依托株洲中车物流，提升物流业务运营集约化和专业化水平，发挥整合效益。如按照"大田心"区域物流的理念，以物流基地为中心，对外整合物流基地及周边仓储资源，对内不断提高园区场地利用率，通过整合"三厂一所"（株机公司、中车株洲电机、中车株洲车辆、中车株洲所）分散的仓库，采用专业化存储方式，加强库存管理与监控等，减少仓库面积30%以上；同时可以实现人、机、料的有效利用，提高资源利用率，物流人员减少20%以上，物流设备利用率提升30%以上。

（四）实施互联互通机制，发展数字供应链

设计供应链IT系统全景图，通过系统将流程固化，以金蝶EAS为核心平台，全面联通设计TC系统、物流WMS系统及生产MES系统，构建四层架构的数字化、智能化系统，即战略规划层、决策分析层、管理监控层、业务执行层。以数据为中心，面向不同对象拉通供应链全流程数据流，消除信息孤岛，提升运作效率和效果。

1. 构建自动化的采购作业系统

在业务执行层，通过数据分析与自动化技术，建立需求计划系统、采购执行管理、供应商信息管理、仓储与物流信息系统等的数据协作机制，提升采购业务效率，释放人力资源。

一是部署订单自动运算系统、标准价格平台、合同管理系统，实现系统根据生产计划与实时库存等信息自动产生采购订单、系统根据历史价格等价格库实现自动定价等功能，从而实现采购计划、采购订单、采购价格、采购合同、采购入库、采购结算等全过程的贯通。

二是部署供应商门户系统，构建基于大数据的电子交易平台，实现了订单、合同、备货、交货、发货、到货、发票、库存等信息数据的无缝对接，达到了公司与供应商之间的信息透明，强化了整个供应链环节的过程管控，保证供应链信息流、资金流、产品流的通畅运行。

总体上，通过数据共享、供应链信息闭环管理，与供应链上下游共同打造需求协同、供应协同、生产协同、物流协同、资金协同的供应链协同环境。

2. 构建多视角的供应链运营监控系统

在管理监控层，通过制定各级数据监控指标，结合系统数据自动处理结果生成各项指标报告，对供应链的质量、成本、交期、效率、效益等运行状况进行健康诊断，让各业务角色以清晰的视角，全方位了解业务状态并制定或调整行动方案。

3. 打造基于大数据的决策支持系统

在决策分析层，通过部署发展云计算、大数据、业务智能（BI）与人工智能（AI）等先进技术，充分运用数据与信息共享的优势，提高对供应链业务风险的识别与应对能力，基于对数据的可靠分析与提炼进行辅助决策。

4. 打造基于认知技术的供应链资源整合规划系统

在战略规划层，通过部署发展认知技术，以机器学习、数据挖掘等关键技术驱动供应链资源的整合与自动规划，创造性地实现认知分析与预测，打造信息共享、协作共赢的供应链管理信息化模型。

（五）探索产业集群裂变模式，形成全球供应链

1. 从湖南复制到国内，做大做强产业集群

在株洲成为湖南轨道交通产业集群的集聚地时，依托国内基地，株机公司将产业集群模式复制到珠三角、长三角，打造了当地的产业集群，带领了轨道交通企业的腾飞。

株机公司仅在珠三角的广东地区，就成功培育了广东克诺尔、广州时代电气、广州国联、广州鼎汉、深圳恒之源、广东标顶、广东骏发、深圳通业等供应商，产品涵盖制动、牵引、乘客信息系统、空调系统、照明系统、风源、电抗器、LCU等关键核心部件。优秀的供应链造就了广州轨道交通产业的高速发展，也使公司受益，近三年来获取广州市城轨交通车辆订单总额超过298亿元。

株机公司在长三角的一级配套企业有100余家，辐射了门系统、制动系统、传动部件、内装系统等关键产品，优异的产品平台和售后服务助推公司占领上海、宁波、无锡等城轨车辆市场，目前为上海提供的城轨车辆超过2000节。

2. 从国内升级到海外，打造世界级产业集群

根据海外市场布局，株机公司推进与"一带一路"沿线国家互联互通，促进产业抱团发展，建立本地化的供应链体系，打造海外产业集群。

依托海外基地，对于大部件，株机公司联合产业链上下游企业"抱团出海"，如联合中车株洲所、中车株洲电机、联诚集团在南非成立南非中车株洲联合有限公司；组织国内空调、门系统、乘客信息系统、照明系统等供应商与马来西亚、土耳其的当地企业合作，完善当地产业链。对于中、小部件，公司派驻临时项目团队，包括国际业务、采购、技术等人员，负责当地供应商的寻源开发、采购等，带动了电缆、橡胶、工业紧固件等一大批相关产业发展。

依托欧洲子公司，充分利用欧洲供应商资源，建立欧洲采购平台，打造欧洲产业集群，供应商达70余家，为公司全球战略的实现提供强有力的支持。

（六）构筑供应链支撑体系，夯实基础管理

1. 拉动内部供应链协同的组织保障

株机公司成立了采购与供应链管理委员会，是供应链管理重大事项的决策、协调和监管机构，由供应链管理中心牵头，研发、项目管理、质量安全、工艺、客服、物流、生产、营销、财务、审计等各支持部门组成的跨部门多职能团队。

2. 保持供应链有效运转的体制保障

一是4级架构制度支撑。第1级为国家法律法规、行业标准体系，第2级为中车集团级管理标准、供应链管理制度，第3级为公司级组织手册、质量手册、业务流程、规章制度、程序文件、管理规章，第4级为部门级规章制度、实施细则，实现了制度流程一体化。

二是资金管理机制。为维系供应链健康发展，株机公司根据业务部门的月度资金支付需求，

按照资金预算月度例会机制，实施付款，确保了资金计划贴合采购业务需求，满足重点领域资金支付，达到到期账款"零拖欠"。同时，通过有效控制库存资金、合理配置现金与票据支付结构、利用云信及承兑等支付形式，保持现金流健康循环。

三是风险管理机制。株机公司通过推行全面风险管理机制、重大项目风险管理机制、风险应急机制、内部控制评价机制等，建立了成熟的供应链风险、内控管理体系，能够贯穿采购业务全过程，不断提高风险预警和防范能力。

3. 满足供应链发展需要的人才保障

株机公司致力于培养和打造职业化、专业化的具有全球视野和采购能力的供应链管理团队，作为充足的"内脑"资源。主要通过设置多维度路线，培养领军型、智力型、技术型、操作型的梯次化人才。

4. 实施内外供应链评价的履职保障

一是构建基于"四维度"（KPI、GS、责任、执规）的内部供应链绩效考评体系和基于"四会"（绩效发布会、绩效评审会、绩效沟通会、现场会）的全方位沟通反馈体系，贯彻自上而下的目标分解和自下而上的执行，促进公司内部各部门的协同。

二是构建以QCDS（质量、成本、交付、服务）为主的外部供应链基本评价体系和以创新贡献、配合改进度、法律安全、可持续发展为主的拓展评价体系，为供应商分类分级、关系管理提供支撑。

四、世界级轨道交通装备制造产业集群的协同供应链体系构建与实施的效果

（一）促进产业集群的高质量发展

株机公司产业集群龙头社会效益显著，带动了湖南轨道交通装备行业在2015年实现千亿产值，拉动20多个配套产业、300余家企业快速成长，提供近8万人就业岗位，持续保持良好发展态势，2019年已达1250亿产值，本地配套率达70%以上。株洲轨道交通装备产业集群以百亿企业为龙头、十亿企业为支撑、科技型中小微企业为基础，目前已涵盖3家百亿级、1家过50亿、3家过20亿、2家过10亿元的龙头骨干企业和300家以上科技型中小微企业；它是全国第一个、目前也是唯一一个拥有千亿产值的集群。在全球，株洲是轨道交通产品谱系最全的产业集群，2019年9月成功中标全国唯一一个"轨道交通装备先进制造业集群"项目。

2019年，株洲轨道交通零部件、配套件等产品占全国总需求的35%。根据德国SCI研究报告，湖南轨道产业集群生产的轨道交通电传动系统、网络控制系统、轨道交通车辆牵引电机和牵引变压器等核心零部件的国内外市场占有率居第一位，产品出口70多个国家和地区，实现全球六大洲全覆盖。

（二）具备全球竞争力的项目执行效率

株机公司以轨道交通装备制造产业集群为平台，通过供应链上下游有效的协调统一，打破沟通壁垒、时间壁垒、流程壁垒、资源壁垒，实现了全面优化管理，及时响应外界条件的变化，柔性供应能力逐步增强。尤其是新冠疫情暴发前期，协调亚、非、欧资源，保障了充足的防疫物资，同时协同供应链上下游积极复工复产，达到40%的供应商与公司同步复工。

株机公司近3年机车、城轨、动车、新产业多项目并举，年均在制项目40多个，新产品开发项目10多个，年交付车辆总数远超规划产能并持续上升。株机公司在协同供应链体系的支撑下，保障项目的高效执行，如株机公司南非机车项目仅用8个月，土耳其地铁车辆仅用6个月就完成了交付，较国外先进企业18~36个月的交付周期大幅缩短，在行业中跑出了"株机速度"。

（三）提升成本控制导向的企业经营效益

一是协同供应链的实施，促进供需精准匹配，实现资源整合和流程优化，降低运营成本。近3年在销售额逐年增长并牢牢站稳200亿平台的情况下，原材料存货金额在逐年下降，具体如图2所示。

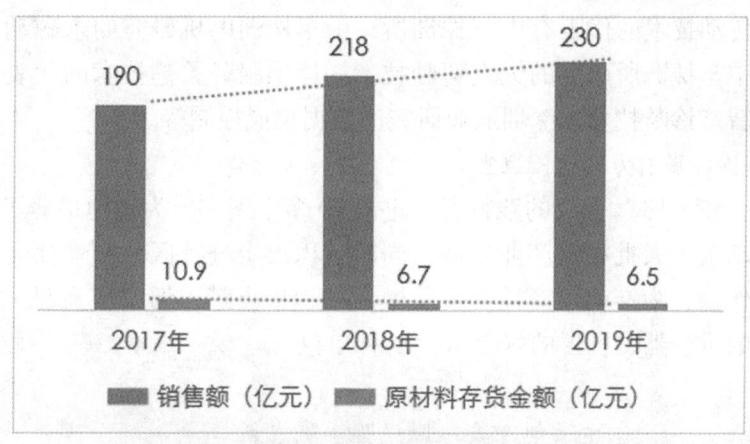

图2 2017—2019年株机公司销售额、原材料存货金额情况

二是降低采购成本已成为株机公司利润的重要来源。一方面，供应商通过自身优化每年降本1%；另一方面，通过供应链上下游协同，设计优化、制造优化对降本的贡献率逐年增加，从2017年的54%提升到2019年的72%，可持续降成能力得到提升。

（四）支撑世界级产业集群的国际化布局

株机公司产品已出口全球20多个国家和地区，在土耳其、南非、马来西亚等国建有制造基地，构建了本地化营销、本地化采购、本地化制造、本地化服务、本地化用工的"五本模式"。

株机公司在土耳其、马来西亚、南非当地开展了本地化供应链的建设，培育了当地轨道交通装备配套企业达120余家，带动产业集群300余家，构建了国内国外联动的供应链体系，为株机公司进入更多国际市场提供了"模板"。

（五）助推公司业绩的可持续增长

协同供应链体系的构建保障了生产制造的高效运行、企业效益的提升及成本的有效管控，为株机公司的市场拓展、产品研发、国际化经营提供了重要支撑，助推公司订单获取能力持续上升，具体如图3所示。

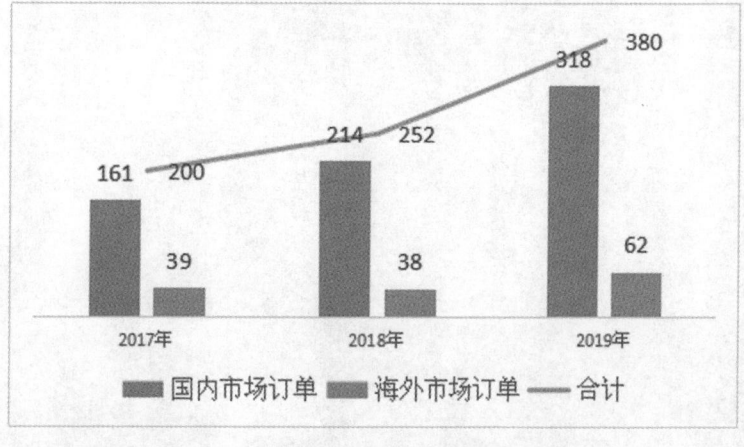

图3 2017—2019年株机公司订单获取金额（亿元）

（六）实现价值链驱动的供应商创新贡献

近年来，供应商关键前瞻技术对公司整车市场做出了较大贡献，实现了四大关键技术路线。其中，绿色节能技术的代表有中车株洲所、联诚集团研究的高效能轻量化新材料，中车株洲电机、石家庄国祥研究的精准隔音降噪技术，中车株洲控股子公司宁波新能源公司研究的新能源混合动力等；高效能牵引传动技术的代表有中车株洲所、中车株洲电机研究的永磁动力及控制；智能化关键技术的代表有中车株洲所研究的无人驾驶技术；运维服务关键技术的代表有中车株洲所、北京纵横研究的远程智能诊断技术，深圳通业研究的数据集成控制等。

（七）保持具有国际影响力的责任担当

株机公司是"一带一路"倡议的践行者，进入20多个国家，为当地培养了大量的轨道交通技术和管理人才，带动了一大批相关产业发展；同时，积极走进社区、奉献社会，在社区共建及城市赈灾等方面积极作为，为推动经济社会发展做出了积极贡献，切实担当起了文化的传译者、人才的孵化器、产业的推进器、社区的好邻居"四种角色"。

主　创　人：傅成骏、陈志新

参与创造人：周　莉、李　姝、齐　然、钟　源、宾　炼、李希宁、马淑娟、李卫华、陆　跃、聂　馨

新能源汽车部件企业初创期目标成本管理模式的创新

中车株洲电机有限公司

中车株洲电机有限公司（以下简称"株洲电机"）坐落于湖南省株洲市，是中国中车旗下一级核心子公司之一，2019年成为国家首批"双百行动"改革试点企业之一。株洲电机坚守"打造世界一流通用机电集团公司"发展定位，持续推进"三创三化"战略愿景，建立并拥有国际一流的电机工程研究中心、国家风电技术研究中心电机研究室、国家级检测试验站、电气绝缘电力设备国家重点实验室、院士工作站、博士后科研工作站，并荣膺"国家技术创新示范企业""国家认定企业技术中心""湖南省两化融合示范企业"等称号。

新能源汽车驱动事业部是株洲电机下属专注于新能源汽车驱动系统研发、试验、生产的核心机构，2018年经湖南省科技厅批准，正式成立湖南省唯一一家新能源汽车电机工程技术研究中心，拥有多年新能源汽车驱动系统研发经验。配置产供销研资源，在补贴不断退坡、国内外竞争不断加剧等形势下，事业部一方面大力开拓市场、满足市场开发产品，以系列化的产品技术平台为客户提供定制化产品方案，"另起炉灶"，建立并完善快速响应、专业化程度高的战略供应链，同时以提高产品盈利能力为目的实施目标成本管理，满足市场对产品高性价比的要求，在总部大力支持和事业部员工努力下，2019年事业部销售收入较2018年增长71%，产品毛利率提高20个百分点，推动了株洲电机新能源汽车电机战略产业的发展，为努力打造新能源汽车"中国中车"金名片发挥了积极作用。

一、新能源汽车部件企业初创期目标成本管理模式创新的实施背景

（一）是应对全球白热化市场竞争的需要

在应对全球大气污染治理、促进绿色消费与节能减排达成共识之下，各国纷纷制定新能源汽车发展战略并积极布局市场，加之5G技术让车联网、大数据、无人驾驶等新技术迅猛发展，国内数百家传统电机企业以及相关企业纷纷涌入新能源汽车赛道。2016年国内新能源汽车产销量分别达到50万辆、80万套，预计2020年新能源电机电控产能将超过280万套，供大于求、产品质量差异缩小导致电驱动企业之间竞争激烈，70%以上动力电机企业亏损，追求企业规模经济是大多数新能源汽配企业的主要盈利模式。株洲电机在分析自身优劣势后，确定提升技术和品牌的同时，在市场价格一定的基础上，以目标成本管理打造企业成本优势，从而适应不断升级的新能源汽车市场。

（二）是遵从国家产业战略引导和高质量经济发展的需要

新能源汽车是国家"十三五"重点发展的七大战略产业之一，《汽车产业中长期发展规划》提出，乘用车新车平均燃料消耗量2020年和2025年要分别降到5.0升/百公里、4.0升/百公里；在未来十年，新能源汽车产业必须要在关键技术上取得重要突破，全产业链上实现安全可控，基本形成新型产业生态。新能源汽车产业在国家战略层面的重视将为新能源汽车零部件产业的发展提供有利条件。

2020年新冠疫情对全球经济产生深远影响，国家发改委明确了新基建创新化、数字化、智能

化、绿色化的新型发展理念，要求通过转型升级传统基础设施，进而形成智能交通基础设施、智慧能源基础设施等融合基础设施，新能源汽车和充电桩是新基建的重要内容。国务院发布《蓝天保卫战三年行动计划》，各部委及各级人民政府以2020年为重要时间节点，纷纷加大新能源汽车推广应用力度及产销规划布局。为促进新能源汽车消费，国家自2021年1月1日至2022年12月31日对购置的新能源汽车免征车辆购置税。在投资、消费、市场等多政策叠加刺激下，新能源汽车迎来了加快发展的又一个风口。

中国经济已由高速增长阶段转向高质量发展阶段，国有企业是中国特色社会主义经济的"顶梁柱"。株洲电机作为国有大型企业，在多元化产业发展过程中，要摒弃追求规模和速度的"情节"，转而追求效益和成长。增长动力的转变将提升公司市场竞争力和可持续发展能力，推动公司为肩负建设社会主义现代化强国的重任发挥积极作用。

（三）是落实株洲电机"十三五"战略发展的需要

株洲电机确定2020年发展目标为销售规模100亿元，新产业收入占总收入的50%，实现全价值链增值。随着销售规模不断扩大，原有收入结构和产品结构由轨道交通产业内产品主导转向市场产品主导，市场的竞争态势由产品竞争逐步转化为价格、质量和服务竞争以及整个株洲电机价值链的竞争。为落实战略，在市场价格既定的基础上，株洲电机需要整合作业流程和价值链，以提升株洲电机的核心竞争力。株洲电机长期在既定行业发展，市场竞争不够充分，新能源电机行业属于完全竞争市场，通过打造成本竞争力进而大力改革，建立高效的管理体系和灵活的市场经营机制，有利于新能源汽车驱动业务发展，可进一步吸引外部战略投资者，放大国有资本功能，提高国有资本配置和运行效率，进一步提升株洲电机新能源汽车电机业务在市场和技术端的核心竞争力。

二、新能源汽车部件企业初创期目标成本管理模式的创新内涵

本项目以市场价格为先导，以价值链分析和成本动因分析为手段，分析株洲电机内部乃至整个价值链的成本动因和成本信息，从而制定相应的成本管理战略和竞争战略，以全面预算和项目管理为主要手段，深入到作业层次，不断减少或消除不增值作业来降低成本，实现株洲电机总成本最优。

通过从无到有近三年的初创期摸索，基本建立了围绕市场价格和目标成本，内外因素有机结合，产品价值链各环节协同参与的成本管理流程制度和做法，形成一套适合株洲电机实际需要的成本管理体系。

三、新能源汽车部件企业初创期目标成本管理模式的创新主要做法

（一）健全管理战略，实现目标举措

1. 选择、确定成本竞争战略

确定株洲电机新能源汽车板块竞争战略是目标成本管理的起点。株洲电机在分析自身所处行业竞争环境和自身优劣势后，确定新能源汽车电机板块实施技术差异化战略和成本领先战略，新能源汽车电机板块以核心技术和特色产品赢得市场，凭产品差异占领市场的同时，需以较低的成本维持产品差异性。

2. 培训员工，更新成本观念

目标成本管理下，价值链成本优化与传统成本管理模式有着本质区别，且实施涉及面广，协同推广难度大，株洲电机利用例会、党建活动、工会品牌建设等形式转变员工成本管理观念，并通过全面预算、绩效管理等予以强化和保障。

(1) 战略导向观念。目标成本管理作为现代成本管理模式,要求以株洲电机战略为指导,并与战略相匹配,逐步形成株洲电机在市场中的核心竞争力。

(2) 成本效益观念。强化成本管理,"产出(效益)"大于"投入(成本)",是决策项目或产品是否可做的重要依据。

(3) 成本动因控制观念。以源头追溯成本发生和变动的原因,通过成本动因的分析和控制,实现成本优化的目标。

(4) 价值链成本管理。必须放眼于株洲电机整个价值链,既要关注株洲电机内部价值链全过程,还要协同行业上下游价值链,从而实现目标成本。

(5) 全生命周期成本管理理念。基于客户角度衡量产品价值,是真正为客户创造价值的核心,必须将物流仓储、安装调试、维护保养、废弃处置等付出代价纳入总成本范围内,通过有效控制,使得客户购买成本、使用成本、废弃成本等最低。

(6) 产品优生观念。设计阶段决定了60%~80%的成本,新能源汽车电机更新迭代快,必须设计制造出经济型的产品,才能为市场所接受。

3. 规划利润和制定成本预算目标

成本优化实质为管理逐步精细化、精益化的过程,基于战略发展的目标成本管理体系的建立和实施必须遵循市场客观规律。株洲电机采取"总体部署、分步实施"的原则,根据新能源汽车电机板块财务战略和本量利分析,确定该板块1~3年内止损、保本和盈利的目标,在制定最优经营性固定成本预算后,确定细分业务综合毛利率、综合边际贡献,形成批量产品分阶段的成本目标,并通过年度预算管理和制度机制予以落实。

4. 制订目标成本实施计划

在成本目标清晰明确的基础上,株洲电机梳理内外部价值链的成本动因,确定了内部价值链管理和内外部价值管理两条主线,通过实践中解放思想,大胆创新,以目标倒逼思维和管理模式、作业方式的不断调整,形成全价值链环节参与的年度成本管理计划。

5. 开展目标成本管理评价

(1) 对标目标成本,开展产品全生命周期成本规划、分析。

(2) 建立以边际贡献为主的项目业绩评价体系,对内外部价值链成本管理进行量化评估,提升株洲电机价值创造能力。

(3) 实施成本优化奖励方案。株洲电机年初给各部门下达成本KPI指标并进行季度分解,成本组每月跟踪进展,更新数据,并对成果进行计算统计,每季度组织召开成本优化评审会,采用PDCA工作法对各部门KPI指标达成情况进行公开评审,并依托建立的成本优化奖惩管理办法。对于达成目标的部门给予奖励,对于未达标的部门根据考核结果采取相应措施,推动全员参与成本优化工作。

(二) 全面预算管理管控目标成本管理的全过程

1. 强化预算责任管理

根据成本性质和管控重点,各项成本均进行业务使用部门、归口审核部门以及财务三级审核程序,各级预算责任主体制定降本措施,完善定额标准,制定责任到人、使用到项目的预算执行计划,并组织执行。

2. 制定和分解目标成本管理的全面预算目标

全面预算分为两个维度,即年度预算和季度预算目标以及项目成本目标,按项目分析费用的成本动因，编制零基预算、弹性预算，严格按业务匹配资源，坚持"费用追加要增量效益"原则，严控不合理、不经济的业务支出。

3. 跟进产出目标予以匹配资源

项目申报目标成本时，即要测算实施需要新增或改造的设备、工装工具等资源需求计划，经专业评审、财务审核后予以确认（并纳入事业部年度投资预算体系中），授权责任人组织实施。资源既是项目开展的必要保障，也是项目成果核算的"投入量"。

4. 运行集成业务和项目的制造资源信息化平台

以现代汽车企业为标准，在SAP系统实现业务数据快速传输基础上，一年间完成了适应多品种短周期快配送的MES（制造执行系统）、WMS（仓储管理系统）信息化平台，2020年搭建SRM（供应商关系管理）、质量等业务模块，不断打通SAP、MES、OA系统等接口，既满足了成本管理空间范围的覆盖，又能实现对重点项目的过程信息透明可追溯，数据的及时反映便于目标成本管理的分析、评价。

（三）以目标成本为导向，实施内部价值链成本管理

运用产品的生命周期分析方法，将产品设计、采购、工艺、制造等价值活动联系起来，做好成本计划、协调、监督和控制等工作，形成有机整体，有效地实施成本控制。

1. 分析战略层次成本动因，控制战略性支出

根据成本动因的影响程度和可控性，株洲电机将其分为两个层次：第一是战略层次的成本动因，如技术多样性、税负、规模等，研究表明战略成本动因对产品成本的影响约占85%；第二是经营性成本动因，体现为微观层次的与株洲电机具体市场作业有关的成本动因，如生产数量、批次等。

事业部成立之初，基于战略角度有针对性地分析成本动因，规划产业布局、新项目营销网络、售后布点、固定资产投资方式、供应链资源等，以深入寻求最优成本的途径。2020年借混改契机，选择在产业集群高、产业政策优的区域注册成立混改新株洲电机，事业部已经形成了轻资产、低运营成本的经营管理架构。

2. 研发设计成本

新能源纯电动汽车电机作为传统发动机功能的替代，其性能直接决定了电动汽车的爬坡、加速、最高速度等主要性能指标，电机的技术、制造水平直接影响整车的性能和成本。为响应未来电机技术的发展，应对剧增的成本压力，株洲电机将"产品优生"理念与技术进步有机结合起来，形成成本和性能符合市场要求的产品。株洲电机围绕以下四方面开展设计优化工作：

一是产品轻量化与集成化设计。提高电机系统的效率，降低能耗损失，利用高度的集成达到轻量化来进一步降低能耗。对于大空间、高性能要求的乘用车电机实现与电控、齿轮箱等进行二合一、三合一的集成。而对于部分商用车和物流车则通过对轮边电机的技术研发，也实现了深度的集成化和轻量化。永磁体用量由 $8.14g/Nm$ 减少到 $3.77g/Nm$，铜用量减少10%，在提高电机电磁转矩的同时大大减少材料成本。

二是设计智能化。株洲电机自主开发的电机计算工具EMDS，支持多种永磁转子拓扑结构，可输出单点、变频特性、效率Map等，效率Map有限元计算时间由1~2天缩短为1小时以内，大幅缩短设计周期。

三是"三化"产品设计。在进行新产品研发的过程中，根据用户的需求，通过研发、改善，衍生出一系列相关的产品，既保证了产品研发周期、降低成本、提高产品可靠性，又有满足客户

多样化需求等方面的独特优势，提高了企业的竞争力。

2019年通过平台化、模块化、标准化产品设计形成了五个序列化平台，可满足不同客户的定制化、短周期需求，减少产品端盖、机座等模具的开发，缩短30天以上设计周期，单个项目至少节约成本100万元；归并、优选、简化现有的产品品种、规格和型号，选择能最大限度覆盖产品或零部件使用范围、具有共同物理特性或典型结构的对象，将现有的相近多品种压缩或归并为一种的通用化，是"多成一"的通用化。

通过"三化"，不仅可以大大减少设计工作量，提高设计质量，减少产品开发的风险，缩短产品的研制周期，而且减少物料多品种可满足较多的设计需求，提高每个品种产品的生产批量，有助于规模采购，提高质量的稳定性，降低仓储、售后维护管理成本。

3. 专业供应链降低供需成本

现代企业的竞争是产业链的竞争，在激烈的市场竞争下，新能源汽车电机对产品成本极其敏感，株洲电机另辟蹊径、另起炉灶，通过客户推荐等方式快速引入汽车行业合格供应商，并进行技术辅导，在物资采购、运输、储存等环节不断优化其价值构成，满足了产业战略发展需求。主要采取以下措施：一是与供应商组成战略联盟。二是供应商参与产品设计。三是杠杆采购。通过实施杠杆采购，波形弹簧价格降低80%，紧固件价格降低20%，接头价格降低24%。四是集中采购。把分散执行的采购需求集中起来共同委托给供应商进行。五是精益物流方式。优化运输方案，根据不同距离、不同重量优选合适的运输方式，2019年运输降本45%；通过对包装方案革新，逐步推行纸质包装，2019年降本20%。

4. 资源配置准时制生产方式

多品种、小批量是株洲电机新能源汽车电机板块目前生产的常态，株洲电机以精益思维为指导，以设备工装的合理布局配置合生产流程为抓手，不断降低生产等待时间、拆解物料包装、重复无效动作等，以"缩短内部物流、拉近实物距离"为设计理念，对现场工艺布局进行反复调整，以提高单位产出。

一是推行工位节拍化。为适应新能源汽车小批量多品种与大批量共存的产品交付需求，事业部确定了商用车小批量多品种生产模式与乘用车大批量共存的柔性生产管理模式，目前建设了4条新能源汽车电机生产线，每条产线均由定子生产线、转子生产线及组装生产线、试验站四部分组成，其中批产整条线生产节拍13~20分钟，年生产2.5万台新能源汽车驱动电机。

通过自动化实现柔性化和高效率生产。自动化生产能够极大地提高生产效率，缩短产品生产周期，为产品抢占市场提供时间保证，大幅减少劳动力的消耗和使用，从而帮助株洲电机降低生产成本，提高经济效益。同时，自动化技术采用的是标准化生产，能够减少和降低生产过程中由于人的不确定性因素所导致的原材料消耗，减少废弃物的产生。

二是核定标准材料定额。通过对定子、转子、组装三个工区由小及微、"聚沙成塔"的努力，以工艺过程的革新降低材料损耗和大幅提高工作效率（见图1）。

三是全面质量管理。株洲电机将质量上升为株洲电机文化，并体现于员工行为中，注重质量的事前预防，加大了检验试验台、产品防护、检测工具等投入，对工量具、作业环境等生产要素进行严格控制；开展QC小组活动，预防质量问题，改进质量状况；采用首件评审、全检、设备防呆防错等措施，监视和测量产品的质量特性。

（四）整合资源，实施外部价值链成本管理

外部价值链是将株洲电机作为一个整体考虑，成本管理范围为投料到最终消费者之间的所有

序号	优化创新项点	成效
1	机绕绕组由槽楔优化为槽盖纸	成本降低11%
2	定子扣片优化为焊缝结构	效率提高28%
3	优化线圈端部绑扎	效率提高7%
4	定子中心环优化为利用星点焊接分支路焊接	成本降低45%，效率提高16%
5	定子线缆引出优化为本线引出	电磁线成本减低9%
6	转子磁钢楔紧块优化为注塑	成本降低99%
7	端盖O型圈密封优化为密封胶密封	节省O型圈成本
8	塑封非标旋变优化为标准机绕型旋变	成本降低34%
9	测温元件由PT100优化为NTC	成本降低76%
10	引接线由单根去漆皮优化为星点焊直接压接	效率提高99%，减少人员

图1 工艺优化示例

价值形成和转移环节所构成的价值活动。

进入前的价值链成本管理。价值链分析帮助株洲电机了解掌握价值链的利润和分配情况，明晰株洲电机以及自己所处的相对地位，从而做出正确决策。

进入后的成本优势打造。基于全生命周期理念，密切关注行业价值链中株洲电机与供应商和客户的垂直联系，考虑如何利用上、下游价值链资源进一步降低成本，或调整株洲电机在行业价值链中的位置及业务范围，协同开发产品和市场，以取得成本优势。

四、新能源汽车部件企业初创期目标成本管理模式创新的实施效果

随着业务发展不断深入，株洲电机目标成本管理系统成本控制效果初步显现，推动了株洲电机战略不断落地。2019年，株洲电机新能源汽车电机板块销售收入较2018年增长71%，毛利率提升20个百分点，成本费用占收入比下降11%，两金周转率提高0.12个百分点。

（一）经济效益

株洲电机突破了传统成本管理视野局限，围绕目标成本开展价值链成本管理，梳理了相关流程，整合了管理职能（见图2）。

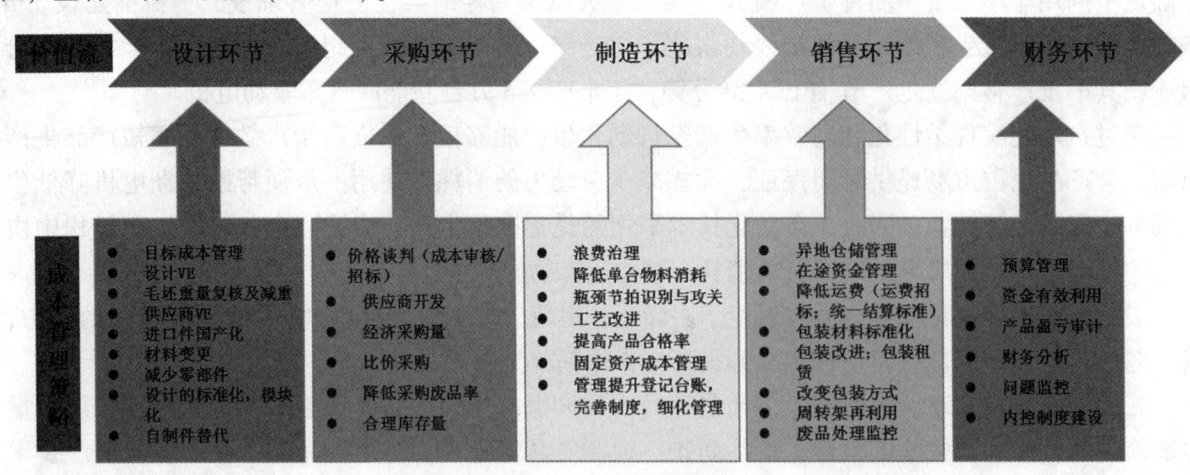

图2 目标成本管理流程制度

1. 调整资产管理模式，减少了资产占用成本

事业部开展清查处置工作，通过优化流程、调整营销模式等方式，按流程规范处置资产，每月召开3个月以上两金专项清理会，不断推进内源融资的常态化管理。

（1）回收积压应收账款。分析制约因素，开展应收账款专项治理，降低货款回收风险，通过明确组织责任、设定奖惩办法等方式调动营销人员的清欠积极性，2019—2020年共计收回一年以上积压账款70余万元。

（2）科学确定存货控制目标。在强力推动存货信息流和实物流同步的基础上，分解存货控制目标至年度、月度，其中月度控制目标与市场和生产需求量保持弹性浮动，制定存货归口和日常管理二级管理机制，优化存货检查、分析、预警和考评流程。

2. 设计成本管理得到改善，从源头控制成本

事业部设计成本主要解决功能剩余、材料设计规格超高和加工精度设计过高的问题。目前设计部门非常重视这些项点的设计方案，梳理成本导向，不断改进工作计划，并下达降成本指标，稳步推行，确保完成公司下达的年度降成本工作目标。2019年通过设计优化降本达到事业部降本总额的50%。

3. 以精益管理为思维，开展现场成本控制

事业部分析采购、工艺、生产、物流等各环节的成本动因，识别和减少非增值作业，从而降低成本。

4. 实施采购三个JIT，实现供应链的增值

事业部对材料采购成本、采购相关的物流成本以及持续成本的动因进行分析，整合分散于车间、采购、原材料仓储、成品仓储配送的职能，实行三个JIT（即JIT采购、JIT原料配送、JIT成品分拨物流），利用信息化搭建采购平台，统一管理、统一配置，实现信息共享，以订单信息流为中心，带动物流、商流和资金流的运转，同时实现规模采购，实现供应链的增值。2019年降成本达到400余万元。

（二）综合效益

1. 促进技术差异化战略实现

通过与客户、控制器厂、变速箱厂联合开发产品，充分发挥自身优势；通过与下游供应链联合设计，将设计工作前置化，解放设计固化思维，从设计前沿降低成本，促使株洲电机新能源汽车电机技术水平处于行业领先地位。

2. 销售模式调整升级

在目标利润和成本的战略思维基础上，确定与大客户、政府进行重组、新设等战略联盟，从提供产品转变为提供"产品+服务"的系统解决方案，提升株洲电机价值。

3. 支持产品销售价格决策

成本事前核算、规划，事后通过作业成本管理系统真实反映，响应速度更快，预算成本和目标成本落地计划支持株洲电机定价和盈利决策。

4. 目标成本促进自动化、数字化制造能力

通过不断改进，建立"采购—材料—库房—定子—转子—组装—包装"完整的内部价值链流程，以MES、WMS、SAP、SRM等多系统集成实现业务流、实物流、信息流同步，物料拉动生产，自动叫料以及保证工艺路径的实时性，价值链间周期更短，价值影响更大，在不断解决问题的过程中提高效率效益，接近并达到目标成本。

5. 培养人才

近三年的实践中，株洲电机参与人员通过目标成本管理培训、运用，专业、组织等综合能力得到极大提高。

6. 形成适应初创期产业发展的目标成本管理体系

以成本是否达成目标为检验标准，培育共同价值观的形成，不断规范管理流程和工作标准，搭建了适应市场要求、具有自身特色的成本管理机制。

7. 提升信息技术水平

目标成本规划、计划、实施、分析、评价等运行于多门户，对信息的颗粒度和集成要求高，株洲电机积极响应体系要求，开发了支撑系统，促进了信息建设的深入开发。

主 创 人：卢雄文、范庆锋

参与创造人：黄永芳、于 冰、谢先毅、沈 超、旷长青、于 怡、曾力耕、单红艳、尤 磊、成 毅

清洁能源企业集约化生产运维管理体系构建

华能湖南清洁能源分公司

华能湖南清洁能源分公司（以下简称"华能湖南清能公司"）于2014年6月26日挂牌成立。负责在湖南境内的水电、风电、光伏等清洁能源项目开发、建设与经营管理。目前，华能湖南清能公司下设综合部、经营部、项目部及运维部四个部门，员工共计146人。华能湖南清能公司已投运装机容量为42.08万千瓦，其中湘祁水电装机容量8万千瓦，苏宝顶风电装机容量15万千瓦，桂东风电装机容量8.4万千瓦，梅桥风电装机容量4.18万千瓦，连坪风电装机容量6.5万千瓦。已开工装机容量为16.7万千瓦，其中北湖风电装机容量10万千瓦，回龙圩风电装机容量5万千瓦，梅桥风电二期装机容量1.7万千瓦。预计还有一批风电、光伏项目投产，总装机容量将达百万千瓦。项目分布在永州、邵阳、怀化、郴州、湘潭等地市。

一、清洁能源企业集约化生产运维管理体系构建的背景

（一）集约化生产运维管理体系构建是贯彻落实国家能源安全战略的需求

党的十九大以来，习近平总书记提出"四个革命、一个合作"能源安全战略，明确指出要推进能源生产和消费革命，构建清洁低碳、安全高效的能源体系，为我国能源转型发展指明了方向。湖南区域目前清洁能源项目不断上马，导致电力供应大于需求，清洁能源消纳越来越困难，风电企业弃风形势越来越严峻。同时，电力市场改革带来新能源标杆上网电价退坡，导致清洁能源企业盈利越来越困难，尤其是步入平价上网阶段，将会明显降低新风电场建设预期，影响到清洁能源在能源结构中的占比。构建集约化的清洁能源生产运维管理体系，将明显提升生产运维效率，降低运营成本，提升清洁能源企业市场竞争力，为风电基建市场注入活力，不断推动国家能源生产和消费转型。

（二）集约化生产运维管理体系构建是助力集团公司创建世界一流企业的需求

华能集团公司作为中央大型骨干能源企业，在2019年工作会上提出了要"力争3年、确保5年内进入具有较强全球竞争力的世界一流企业行列"。当前，创建世界一流企业进入关键期、攻坚期，集约化生产运维管理体系构建创新是大力实施创新驱动发展战略，抢占引领发展的科技制高点，解决清洁能源企业的重大关键核心技术和"卡脖子"问题的关键；是加快推进管理创新和体制机制创新，坚决破解与高质量发展不相适应的沉疴弊病，提升管理效率，激发广大干部职工的积极性和创造性的关键；是推进"六个新提升""两大突破"战略任务，加快创建具有全球竞争力的世界一流企业的关键。

（三）集约化生产运维管理体系构建是解决清洁能源自身特点所带来的新问题的需要

清洁能源企业自身特点是场（站）点多面广、距离管理本部遥远、人员结构年轻，所辖水电站、风电场分布在省内各地市，平均距离超过200公里，人员平均年龄为29岁。人员分散、资金分散以及管理分散对企业的管理提出了新问题。由于场（站）多建设在远离城市的山区，交通不便，生活枯燥贫乏，信息闭塞，人员离职率高，导致队伍稳定问题突出。场（站）周边环境复杂，需协调的问题多，协调难度大，政策性强。华能湖南清洁能源分公司作为中央企业，场（站）除

承担发电任务外，还承担防汛、航运、扶贫等诸多社会责任。水电站建设周期长，一次性投资大，风电场经营受电价退坡、电力消纳困难、政策补贴退坡等因素影响大。通过集约化生产运维管理体系构建，实现组织机构、人员、资金的集约化管理，是清洁能源企业集中优势破解难题，实现高质量发展的关键。

二、清洁能源企业集约化生产运维管理体系构建的内涵

清洁能源企业集约化生产运维管理的内涵是：以国家"四个革命、一个合作"能源安全战略为导向，以集约化管理理论为指导，以促进清洁能源企业高质量发展为目标，通过明确集约化生产运维管理体系构建的工作思路及实践路径，搭建集约化平台，统筹湖南区域清洁能源电站生产运维管理，打造全能型人才队伍，为集约化管理提供人才保障，推行"表单化"班组管理，规范场（站）安全生产日常管理以及实行流程化设备管理，增强设备管控能力等一系列工作，提炼出了一套适合清洁能源企业的集约化生产运维管理体系，确立了新能源发电项目区域集控中心的建设原则，填补了华能系统新能源发电项目区域集控中心建设标准的空白，为清洁能源企业在生产运维管理方面提供了新的方案，达到了提升清洁能源企业管理水平和市场竞争力的目的。

三、清洁能源企业集约化生产运维管理体系构建的主要做法

（一）明确集约化生产运维管理体系构建的工作思路及实践路径

华能湖南清能公司下辖运维部，运维部辖各场（站），由于华能湖南清能公司处于新能源产业发展阶段，场（站）内生产运维人员结构年轻，各场（站）距离长沙本部平均超过200公里。这决定了清洁能源企业具有点多面广的特点，导致采用分散管理模式下管理流程繁杂、生产运维标准不统一，不利于集中力量解决共性问题。因此，华能湖南清能公司明确了必须采用集约化生产运维管理体系，同时明确了构建的工作思路及实践路径就是先搭建起软硬件平台，再打造专业化队伍，然后通过标准化的表单和流程管理，确保生产运维工作的高效统一。

（二）搭建集约化平台，统筹湖南区域清洁能源电站生产运维管理

1. 建立集约化生产运维制度标准

华能湖南清能公司加强制度标准建设，组织编制了华能集团公司《新能源项目区域集控中心建设标准（试行）》，确立了新能源发电项目区域集控中心的建设原则，规定了新能源发电项目区域集控中心的建设目标、功能要求、系统结构、建设规模、电源要求、安全防护、硬件设备、软件要求、采集存储、建筑要求等内容，为区域集控中心的建设标准提供了遵循。

2. 建立集约化党建模式

随着信息化建设发展和集约化管理提升，湖南清洁能源集约化生产管理对管理模式、技术要求、运行方式等提出了新要求。清洁能源企业生产运维党支部的显著特点就是党员职工人数少、工作地点分散、时间难以统一、人员难以集中，党员管理难度大，对新时期如何加强支部建设，充分发挥党组织的核心作用、支部战斗堡垒作用和党员先锋模范作用提出了新课题。对如何打造契合清洁能源运维特点的党建品牌、充分发挥党支部的引领作用提出了新任务。如果采用以各风场、水电站为单位建立党支部的老模式，会造成党支部组织力减弱。为此，华能湖南清能公司优化党组织设置，成立运维党支部，在各场（站）设立党小组，依靠互联网技术发挥党组织战斗堡垒作用。

首先，建立与业务管理层级相匹配的党组织，部门和党支部对应，各风场、水电站和党小组对应，管理层级更加合理，便于党建推动中心工作。其次，充分利用互联网技术，通过学习强国平台、微信群、视频会议等形式开展党员教育、党的工作会议等组织生活。再次，逐步打造形成具有清洁能源运维特点的支部"五小"党建品牌，通过"党员示范岗"示范带头，组织党员开展

以"安全生产、节能减排、降本增效、遵纪守规、爱岗敬业"为主要内容的党员示范行动，搭建党员示范岗、党员责任区、党员先锋队等形式多样的载体和平台。每个党小组均成立了党员示范岗和党员责任区，每月评比，并将评比结果张榜公布，在月度绩效考核中进行激励。激活党小组干事创业的积极性、主动性，为安全生产、提质增效、推进党建与中心工作深度融合，促进公司高质量发展做出了积极贡献。

3. 建设"1+N"集约化平台

"1+N"即1个集控中心+N个场（站）的生产运行调度模式。由集控中心监管分散在湖南各地的水电站、风电场。对所辖水电站、风电场以及后续的光伏电站生产运行管理、调度管理、报表管理等内容实施集中调度管理。

集控中心集控系统将众多机组厂家的不同数据结构、不同通信模式、不同控制模式整合到统一、规范化的平台中，创造性地整合各机组厂家通信协议，并建立集中统一的数据库，从而可以十分方便地掌握各场（站）的具体情况，全方位的沟通变得及时、顺畅、透明，为管理工作创造了有利条件。通过对所有场（站）的有关数据进行集中收集、整理，利用已开发的各种应用软件进行技术、经济等方面的统计、分析，为运行维护、故障处理、备品备件采购、检修安排、运营指标制定等工作提供科学参考，为区域检修集中化管理提供依据。这也便于更加客观地对不同场（站）运营状况进行评估、考核，推广先进经验，固化标准流程，全面促进提高各场（站）的运营管理水平。

安全防护方面，按照"安全分区、网络专用、横向隔离、纵向加密"网络安全防护要求，系统分为生产控制大区和管理信息大区。生产监控系统平台为经过电网认证的国产Linux操作系统，网络设备均为国产设备，网络安全防护能力突出。

智慧运维能力不断提升。风场、水电站均位于生活条件艰苦、海拔相对较高的偏远地区，每个场（站）安装的机组监控系统、升压站综合自动化系统、现场视频监控系统以及功率预测系统又分属不同的厂商，各自为政，独立运行，给场（站）的运行维护带来极大的不便，同时也增加了场（站）的生产运营成本。为解决此种问题，华能湖南清能公司联合相关科技公司，以风电远程监控系统为基础，结合水电控制特点，研发了一套清洁能源远程集中监控系统（RCMS2.0），将风电机组控制、水电机组控制在同一平台下进行监控，提高了生产管理信息化水平。在此基础上，通过搭建"大型数据化智能风电场关键技术"平台，建设智慧风场，通过数字化智能风电场运维技术、风机实时在线预警技术，分析比较气象条件、大小风水时段、定巡周期、时间条件、人员能力数量、物资准备情况，制订效益最高、成本最低的检修计划和检修方案，为超前预控、效益检修提供决策依据。

（三）打造全能型人才队伍，为集约化管理提供人才保障

1. 通过"运维一体化"能力建设，建立了多支"运维一体化"人才队伍

"运维一体化"即现场生产人员既懂运行也懂维护，对运维人员的能力要求概括为"专一、会二、懂三"。"专一"要求精通自己的专业技能或专业方向，并取得集团公司技术监督专业上岗证。"会二"即在有专业特长的基础上，能熟练掌握集控运行知识。"懂三"即一是懂得自己的岗位目标及职责。"运维一体化"要求员工要同时掌握运行技能和一定的维护技能，运行技能为员工必备技能。场（站）设置正、副场（站）长2人，运维班长2人，运维员2~4人。场（站）长负责安全管理、综合管理、党群管理等，运维班长负责安全管理、设备管理、技术管理等。二是懂得华能的安全管理标准。运维人员应熟练掌握安全生产责任制落实标准和本质安全体系文件，

并按照标准开展生产运维工作。三是懂得以表单形式管理运维工作。在"运维一体化"模式下，运维部承担了传统场（站）运行部门和维护部门两个部门的工作任务，工作内容多，现场实行两班倒，交接班内容多，为使工作任务分配清晰明确，保证班组交接班工作有序进行，运维部每周将场（站）工作量化成周工作清单，将交接班工作量化成交接班工作清单，严格闭环控制。

为加快推进"集约化管理、远程集控、无人值班、少人值守、运维一体"的能力建设，实现控制成本、提升管理、稳定队伍、增强企业核心竞争力目标，2018年华能湖南清能公司开展了"运维一体化"能力建设，打造了一支一专多能的运维合一队伍。一是强化制度建设，从体系构建标准化、标志标识标准化、设备维护标准化、作业流程标准化、人员行为标准化共五个方面入手，全面梳理公司管理制度、技术标准、作业标准等内容，制定、修编"场（站）本质安全体系"等制度80余个，规范"现场警示标牌"等标志标识5大类，完善设备维护、作业等标准流程11项，基本形成统一规范、上下衔接、层次清晰的运维制度体系。二是狠抓教育培训，组织专业技术带头人、专工从设备结构、原理等方面对生产人员进行专业技术授课，开展《电气二次设备主要功能介绍》《风电机务设备技术培训》《远动设备原理及常见故障处理》《水电机组运行》等10项专业技术培训。通过开展技术讲座、厂家培训、现场培训等多种方式强化教育培训。三是大力加强自主维护能力建设，设立自主维护示范集电线路（苏宝顶#5集电线路、桂东#3集电线路），编制《集电线路、箱变、风机自主维护实施细则》，开展风机设备自主维护。

2. 通过"全能值班"能力建设，建立了一支"全能值班员"队伍

针对集控运行对人员的高要求，以及公司人员年轻化等特点，华能湖南清能公司"全能值班"能力建设工作主要按四个阶段实施。第一阶段是自主编制培训教材，以理论和实际相结合的方式，编制了《风电培训教材》和《水电培训教材》，对各系统逐项讲解，并配以图片形成感官认识，两本教材作为理论培训基础，帮助生产人员跨专业学习风电、水电知识。第二阶段是开展风电一体化培训，以结对互助的形式，组成五个风电集控班，每班两人，实行四班三倒一培训，两人分属不同风电场，每月开展技术问答、事故预想、技术讲课，每月组织技术考试，对培训情况进行评估，各班轮流到风场开展跟班实习，掌握风场现场一次系统、风机设备、箱变、集电线路、站用电系统等设备结构、工作原理。第三阶段是开展风水一体化培训，优先选拔学习能力强的人员跨专业学习，并到相应场（站）跟班培训，在各班均有全能值班员的基础上，打破集控中心风、水独立值班的局面，实行混合排班，实现风、水一体化值班，以点带面，促进全员"全能值班"培训。第四阶段是建立"全能值班"上岗资格认证体系，集控中心实施持证上岗，每名人员必须通过相应专业考试且合格后，才能从事集控运行工作。集控班长和集控值班员岗位要求见表1。

表1 集控班长和集控值班员岗位要求

岗位	岗位要求
集控班长	具有电网调度受令资格，具有水轮机值班员、电气值班员和风力发电运行检修员高级工资格证，具有全能值班员资质
集控值班员	具有电网调度受令资格，具有水轮机值班员、电气值班员或风力发电运行检修员中级工资格证，具有全能值班员资质

（四）推行"表单化"班组管理，规范场站安全生产日常管理

1. 形成覆盖安全生产管理的周工作清单

每周五各场（站）按照周工作清单，对两票管理、安全检查、安全学习、发电运行、定期工

作、设备维护、技术监督、党建等工作进行总结,并对下周工作进行安排部署。

2. 编制覆盖班组各项工作的交接班记录表

各场(站)由于交通不便,均实行大倒班方式,每轮交接班时间间隔较长。华能湖南清能公司对交接班全流程进行了细化明确,并通过交接班记录表反映交接班过程。

(1) 做好交接班准备。班际交接班是指集控电厂运维班之间的交接班。要求接班班组返场前一日,交班班组做好交班准备工作,技术员将分管的技术管理和缺陷管理情况、安全员将分管的安全管理情况向运维班长汇报,运维班长确认本轮班各项安全生产任务已完成,对工作任务未完成的责任人提出考核意见,并按照《班际交接班记录》格式将本轮班安全管理、检修维护管理、技术管理、运行管理、班组管理、党建等各项工作完成情况录入班际交接班记录。

(2) 开展生产文明整理。接班班组返场后第 1 日,对设备进行清洁工作,主要包括站内主设备间、继保室、中控室环境卫生及生活区环境卫生。

(3) 开展安全教育。接班班组返厂后第 2 日 8:00—9:30,由交班班组根据安监室下发的学习计划,开展安全学习,并做好学习记录。

(4) 组织技术培训。接班班组返厂后第 2 日 9:30—10:30,交班班组根据公司年度培训计划开展技术培训工作。每月开展一次,一般安排在当月上、中旬。

(5) 党小组管理。接班班组返厂后第 2 日 9:30—10:30,由党小组组长组织召开党小组会,开展党小组学习,研究部署各项工作,培养入党积极分子,分析职工思想情况等。每月组织一次,一般安排在当月中、下旬。

(6) 进行业务考试。接班班组返厂后第 2 日 10:30—12:00,集控电厂培训员根据本月培训内容组织开展技术培训考试,集控电厂负责人负责监考,每月组织一次,一般安排在当月中、下旬。也可根据具体情况开展安规考试、技术监督模拟考试等其他考试,一般安排在当月上、中旬。

(7) 开展接班检查。接班班组返厂后第 2 日 14:00—17:00,查阅生产信息,熟悉现场设备运行工况、设备缺陷、检修及操作等情况,对工器具、钥匙、图纸规程、记录台账、备品单进行清点,确认无误后,双方分别在《交接班记录清单》见证点上签字。技术员主要负责对检修维护、技术管理等工作开展接班检查,安全员主要负责对安全管理工作开展接班检查,运维班长主要对设备状态、日志、台账记录、党建工作进行接班检查,对于重要缺陷和隐患,接班人员必须到现场进行查看。

(8) 进行岗位对口交底。接班人员查看日志、记录、报表及检修交代,进行对口交接。

(9) 召开班际交接班会。集控电厂负责人于接班班组返场后第 3 日 8:00 组织召开交接班会,全体人员参加。

(五) 实行流程化设备管理,增强设备管控能力

1. 明确工作职责

集控中心启用后,对集控中心和场(站)各自职责进行了明确,集控中心主要负责运行管理、统计报表管理、调度管理和集控设备管理,场(站)主要负责现场安全管理、设备管理、技术管理、物资管理、综合管理和党群管理。

2. 实行设备分级

根据设备"统一管理、分级操作"原则,将场(站)设备划分为三级。根据调度规程规定,各场(站)发电机组、主变压器、出线设备、110kV 母线、电网调度管辖的继电保护及安全自动装置、调度自动化及通信设备、计量装置等为一级设备,其状态改变分别由湖南省电力调控中心

委托场（站）隶属地区调控中心根据电力系统要求管辖调度。不属于调度管辖但其状态直接影响场（站）发电系统工况的设备为二级设备，其状态改变前应得到集控中心当班运行值长许可。其他不影响发电系统工况的厂用电系统、排水系统、生活区供水系统、厂内用电设备、生活区配电系统等为三级设备，其状态根据场（站）生产、生活需求，由各场（站）自行管理。

3. 确定调度管理范围

场（站）设备按照操作调度要求进行分级管理。一级设备是未经电网值班调度员同意任何人员不得擅自改变现场设备状态的设备，集控中心在得到电网调控机构许可授权指令后负责按照指令要求对设备进行调度和相关操作；二级设备是未经集控中心当班运行值长同意任何人员不得擅自改变现场设备状态的设备；三级设备是未经集控场（站）运维班长同意任何人员不得擅自改变现场设备状态的设备。

4. 优化"两票"管理流程

"两票三制"管理作为电力行业安全生产管理的核心和关键，在原有场（站）分散管理模式下，"两票"办理各场（站）与集控中心各成一套，管理上脱节，流程不一致现象较为普遍，难以统一管理。因此，优化"两票"管理流程，提高"两票"办理的规范化和标准化，是实现集约化管理的必经之路。

华能湖南清能公司根据不同级别的设备管理的要求制定了相应的工作流程。当工作影响场（站）一级设备运行时，按照场（站）一级设备的工作票执行流程执行；场（站）工作票终结后，及时将设备异动后的资料、图纸报送集控中心备案；场（站）运维班长向集控当班值班员报备内容包括工作票编号、工作负责人、工作内容、主要安全措施、许可开工时间、工作终结时间等。当操作影响一级设备运行时，按照一级设备的操作票执行流程执行；需集控当班值班员远程配合的操作，必须由场（站）运维班长按照操作票逐项发令，场（站）运维班长负责现场监视、状态确认与反馈，集控当班值班员应按照场（站）运维班长指令逐项操作并核对；场（站）运维班长向集控当班值班员报备内容包括操作票编号、操作任务、需要操作的断路器、隔离开关、接地刀闸等。

四、清洁能源企业集约化生产运维管理的效果

（一）管理效益大幅提升

1. 人员技能水平不断提升

经过华能湖南清能公司统一组织的认证考试，20人取得公司风水电全能值班员岗位资格认证。运维部青年骨干撰写的20多篇论文在多个期刊、会议上发表、获奖。人才培养成绩斐然。

2. 应急管理能力大幅提升

通过集约化的管理建设，华能湖南清能公司应急管理能力也有显著提升。在2020年初，为确保安全生产不受影响，公司及时启动传染病专项预案一级预警响应。通过集约化平台加强了人员管理、物资保障、防控宣传等工作，全面开展员工情况摸底排查以及上报工作，确保疫情防控信息准确；组织编制公司疫情防控手册，开展预防宣传，确保员工正确、科学地开展预防工作；组织开展口罩、测温计及消毒用品等物资采购工作，为疫情防控战斗提供坚实的物资保障；组织各级人员坚守岗位，全力保障电力供应，集控中心、场（站）封闭式管理55天，确保了安全生产工作可控在控，实现了疫情防控"零"目标，经受住了疫情的严峻考验。

（二）经济效益不断提高

华能湖南清能公司实行集约化管理后，每个场（站）节约用工人数8人，按照公司现有场（站）规模，一年节约成本约800万元，集约化管理的经济效益不断显现。随着投产风场数量持续增加，经济效益会更加明显。近年来，华能湖南清能公司所属桂东风场、苏宝顶风场各项发电指标均处于省内先进水平，利用小时数连续4年超湖南省统调平均200小时以上，风机可利用率连续4年达99%以上。桂东风场获得2017年度全国风电场生产运行统计指标对标及竞赛（华中地区湖南省）AAA级荣誉，展现出良好的发展势头。

（三）社会效益突出

华能湖南清能公司在集约化管理后，集中资金及各场（站）力量点对点对口扶贫。先后在祁阳县唐家岭村和幸福村、桂东县秋里村、汝城县南洞乡、溆浦县低庄镇和洞口县毓兰镇通过建设蔬菜大棚、兴修饮水工程、建设入户水泥路面、修建水利灌溉工程等方式，推进扶贫项目共计7项，落实扶贫资金100余万元。出色地完成了各项脱贫攻坚任务，确保了扶贫援助项目实施和资金管理的规范实施，深入践行了华能三色文化，积极履行了企业社会责任，具有突出的社会效益。

（四）生态效益成果明显

华能湖南清能公司实行集约化管理后，环保水保工作得以常态化、高质量地开展。以场（站）为单位每月开展风电场所在属地的景区生活垃圾清理、义务除草和植树等活动。对苏宝顶风场生态环境、水土流失等采取了系统的保护和恢复措施，累计投入环保资金14631.75万元，苏宝顶风场被评为湖南省"十三五"环保水保示范性风电场。桂东风电与地方政府联合成立爱鸟护鸟站，积极采取措施保护鸟类迁徙、维护生态平衡，得到地方政府高度评价。专项投入530余万元对所属风场进场道路进行生态修复，风场环境得到进一步提升。

（五）示范效应得到彰显

《新能源项目区域集控中心建设标准（试行）》于2019年6月13日由华能集团公司正式下发并实施。"华能湖南新能源集中控制系统"项目被评为第六届全国电力行业设备管理创新成果优秀奖，系统建设和标准建设在清洁能源企业中具有较强的可复制性。集控中心的操作系统、网络设备均为国产设备，网络安全防护能力全方位提升，在公安部组织的"HY2019"网络安全攻防演练中未出现防护漏洞，在区域集控中心网络安全防护上具有良好的示范推广效应。

通过集约化的党建管理，开展"三融三创"主题实践活动，打造具有清洁能源企业运维特点的"五小"品牌。华能湖南清能公司的政治建设、组织生活、党员教育、服务群众等党建工作不断得到强化，党员示范岗、创新工作室、党员责任区、党员先锋队、专项课题攻关小组等平台和载体丰富多样，党支部战斗堡垒作用在推动安全生产重点工作、完成急难险重任务、破解生产经营难题、落实提质增效和改革发展中得到充分发挥。2019年，华能湖南清能公司运维党支部作为集团公司"红旗党支部"在全系统内树立了标杆，同时，作为省直工委"示范党支部"在全省获得推广。在党建引领下，华能湖南清能公司科技不断创新，设备集约化管理更加智慧，人力资源的集约化配置更加优化，现场员工轮休时间更加科学，生产在山区、生活在都市的"都市场（站）"已成雏形，员工的幸福指数不断提升，并获得了"集团公司职工小家""湖南省模范职工之家"等荣誉称号。党组织"把方向、管大局、保落实"的领导作用在实践中也不断得到提升，安全生产、经营效益工作呈现高质量发展的良好态势，基层基础不断得到夯实。

主　创　人：傅启阳、郝明波

参与创造人：柳　晓、李　选、吴建文、胡照宇、刘胜先、郑新建、朱　峰、杨　阳

基于邮政全业务协同的惠农生态圈建设

中国邮政集团有限公司湖南省分公司

中国邮政集团有限公司湖南省分公司（以下简称"湖南邮政"）是中国邮政集团有限公司下属省级分支机构，下辖14个市州分公司、90个县（市）分公司、2674个邮政营业网点，拥有企业员工25611名、遍布城乡的综合便民服务站点3.7万个，依法授权经营各项邮政业务，承担邮政普遍服务义务，受政府委托提供邮政特殊服务，对竞争性邮政业务实行商业化运营。2019年，企业实现业务收入92.32亿元，排全国第8位，增幅7.58%，实现经营利润1.09亿元。近年来，湖南邮政全面深入落实精准扶贫战略和服务乡村振兴战略，积极探索电子商务服务三农新模式，深度参与惠农合作，为新型农业经营主体提供金融、寄递、农资和文化等邮政综合服务，帮助其解决"融资难、流通难"痛点，彰显国企担当，实现源头获客，构建了基于邮政全业务协同的惠农生态圈，为中国邮政农村电商发展起到了开路先锋作用。

一、基于邮政全业务协同的惠农生态圈建设的背景

（一）是落实中央战略部署的需要

党和国家高度重视三农工作，中央一号文件连续17年聚焦三农工作，始终把解决好三农问题作为全党工作重中之重。2020年的一号文件明确提出，"有效开发农村市场，扩大电子商务进农村覆盖面，支持供销合作社、邮政快递企业等延伸乡村物流服务网络，加强村级电商服务站点建设，推动农产品进城、工业品下乡双向流通"。湖南邮政主动服务三农，大力开展惠农合作项目，助农增收致富，是落实党和国家部署要求的实际行动，是彰显央企政治责任，服从党和国家重大战略安排的政治担当。

（二）是服务农村新型经营主体的需要

新型农业经营主体在各级政府的大力扶持推动下蓬勃发展，但仍然普遍面临融资难和流通难问题。一方面，由于农业产业的特点缺乏抵押物、质押物，农业抵押质押的范围较窄；家庭农场相对其他经营主体来说规模比较小，信用贷款获得难度比较大，导致家庭农场在融资方面面临困难较大。另一方面，农产品流通在产、供、销等流通环节存在堵点，突出表现在农产品供需信息不对称，农产品流通过程中的损耗率较高，部分农产品流通"最初一公里"比较难等问题。湖南邮政构建惠农生态圈，充分发挥"三流合一"和全业务协同的优势，为农民合作社、家庭农场等新型农业经营主体提供集金融、寄递和电商为一体的综合服务方案，能切实解决农业产前、产中和产后的融资难、流通难问题，是践行"人民邮政为人民"初心使命的行动自觉，也是促进企业的社会效益与经济效益双丰收的有力举措。

（三）是推动企业转型发展的需要

随着我国农业农村经济的不断发展，农村微观经济主体活力不断激发，为各个行业的转型发展带来了机遇和挑战。一方面，以合作社、家庭农场为代表的新型农业经营主体日益显示出勃勃生机与发展潜力，这为中国邮政的二次崛起带来了难得的发展机遇。邮政开展惠农合作项目，可以充分发挥全专业协同优势，为农户、合作社提供金融、物流、宣传、销售一站式综合解决方案。

另一方面，随着各相关企业纷纷布局农村市场，竞争尤为激烈，邮政在农村市场的优势面临威胁。阿里巴巴战略投资汇通达共建农村商业新生态，拼多多、云集等平台大力拓展三线以下市场，京东大力发展农村电商、农村金融和生鲜寄递。中国邮政要扎根农村，占据主导地位，就要进一步适应农村市场的变化，通过板块协同、业务联动，实现邮政整体利益的最大化。打造基于邮政全业务协同的惠农生态圈，是激发协同势能，加快转型发展，锐意改革创新的有力抓手。

二、基于邮政全业务协同的惠农生态圈建设的内涵

基于中央战略部署要求，聚焦农村新型经营主体之"痛"，着眼邮政企业转型发展之"迫"，充分发挥线上线下渠道优势、百年邮政品牌优势、物流优势、扎根农村优势和专业协同优势，深度参与农产品供应链产前、产中、产后环节，为农民合作社、家庭农场、涉农企业等客群，提供金融、寄递、电商和文化等综合服务，帮助拓宽农产品销售渠道，解决融资难和流通难两大痛点，彰显国企担当，实现企业政治责任、社会责任和经济效益有机融合，推动邮政业务源头获客，打造惠农生态圈。

依托县、乡、村三级服务中心，构建邮政惠农服务体系；通过构建县乡村三级物流体系，打通"最初一公里"和"最后一公里"障碍；通过协同邮政全业务，以金融"生产信贷"为敲门砖嵌入农业生产投入环节，以邮务"农技指导"为黏合剂满足产中环节多维需求，为新型农业经营主体提供"线上线下销售+仓储寄递+综合金融+品牌传播"产后综合解决方案，破解融资难、流通难问题，实现金融和寄递的源头获客；通过借力政府资源，为惠农生态圈建设注入"强心剂"。

三、基于邮政全业务协同的惠农生态圈建设的主要做法

（一）总体思路

1. 总体规划

整合内外资源，构建县乡村三级惠农服务体系和物流体系，聚焦农民合作社、家庭农场、农户等一类主体，提供金融、寄递、电商和文化等一体化服务，衍生"电商+金融""电商+渠道""电商+寄递""电商+文旅"一系列场景，切实解决农村经营主体融资难、流通难问题，打造邮政全业务协同的惠农生态圈。

2. 建设原则

一是坚持政企合作原则。以开放合作的心态，积极对接政府、社会平台、农村合作社等机构，合力推动惠农工作。

二是坚持协同推进原则。汇聚"一个中国邮政"的协同力量，通过板块协同、业务联动、各司其职，切入农产品供应链各环节，实现源头获客。

三是坚持社会效益和经济效益并重原则。以"扶贫助农"为主题，持续开展惠农工作，在提升邮政品牌形象的同时获得企业效益。

3. 运营模式

一是采用"生产信贷+农资预售"方式，为新型农业经营主体发放各类三农贷款，提供化肥、农药等产品和附加服务。

二是采用"农技指导+意外保险+工资代发"方式，为新型农业经营主体提供农技指导与培训，提供简易险等保险产品服务。

三是采用"线上线下销售+仓储寄递+综合金融+品牌传播"方式，为新型农业经营主体拓宽销售渠道，优化寄递体验，提供综合金融服务，传播农品品牌。

（二）依托县、乡、村三级服务中心，构建惠农服务体系

按照国家实施的发展农村电子商务战略，湖南邮政大力对接国家电子商务进农村综合示范县创建工作。从2015年开始，湖南邮政先后与14个市（州）签署战略合作协议，全面承接了8个国家级电子商务进农村示范县创建工作，参与了33个县电子商务进农村工作，全省建成县级电商公共服务中心68个，镇级电商服务中心1600个，村级电商公共服务站12008个，综合便民服务站点37000个。依托县、乡、村三级服务中心，搭建了以县级电商公共服务中心为枢纽，覆盖乡、村的三级惠农服务体系。

依托县级电商公共服务中心，全方位开展人才培训、创业孵化、运营支撑、产品展示等服务，帮助有意愿、有能力的农村创业者创建电商服务站点，增强就业创收的能力。依托乡镇电商公共服务中心，为村级站点提供站点孵化、培训指导、金融保险、邮件收投、物流中转、商品批发、农产品销售等七大服务，拓宽站点服务深度和广度。依托村级电商公共服务站点，为农村居民提供代购代卖、代收代缴、金融保险、邮件代收代投、培训指导、农技农资等六大服务，引导村民挖掘和组织本地农特产品，利用微信朋友圈、开设线上店铺等销售渠道，开展惠农项目。全省"邮乐购"电商服务站点实体店对贫困农户产品实行上限最高价收购，农产品收购均价比正常农户高出20%，超过100万贫困户因此增收。

麻阳是全国最大的冰糖橙生产基地，占全国冰糖橙产量的1/4。由于冰糖橙产量大，长期受到物流不畅、销售渠道少的困扰，造成农户冰糖橙产品长期积压，损失较大。麻阳县分公司积极开展县、乡、村三级电商服务体系建设，建成标准的县级电商公共服务中心1个，乡镇电商服务中心15个和优质的村级电商服务站点30个，为19家冰糖橙专业合作社、176个小型家庭农场提供电商、微商销售培训，为他们提供寄递、金融、仓储、办公场地等服务。针对个人农户，通过送电商知识、培训下乡进村，给老百姓电商启蒙，鼓励其在外工作的子女利用各种线上线下手段进行销售，形成子女负责销售，父母负责种植和打包，邮政为他们提供金融和寄递服务的新模式。2017—2019年，麻阳冰糖橙项目揽收590万件，实现收入3675万元；金融总资产从10.5亿元增长到18亿元，年均增幅达24%。

（三）以服务体系为基础构建物流支撑体系，提升惠农项目发展能力

湖南邮政通过加大资金投入，持续增强全省农村地区的配送能力，形成了以"省—市—县—支局—站点"为节点，覆盖全省广大农村地区的物流服务体系。目前，湖南邮政建成县级物流仓配中心113个，乡镇物流中转站2668个，村级配送揽投站12300个；拥有邮政支局（所）2674个，其中82%在乡镇；省内邮路1976条，总里程达到16.9万公里。近两年来，通过农村投递体制改革，新增投递车辆4003台，投入"私车公助"车辆1795台，农村电商发展专用车辆199台，农村地区投递段道基本覆盖全省所有贫困地区乡镇和村组，并在8237个邮乐购店开办了包裹投递和收寄业务，有效破解了农产品进城"最初一公里"和工业品下乡"最后一公里"等物流难题，并实现了省内互寄"次日递"，为农村电商发展打通了快捷的绿色通道。

湖南邮政结合邮政管理局全面整治快递末端违规收费，推进快递进村。由省邮政管理局牵头，湖南邮政与省内11家快递企业签订了邮政快递合作"下乡进村"框架协议。邮快双方以邮政普遍服务网络为基础，以市或县为单位，结合地方实际，将快递服务延伸到乡镇和建制村；邮政利用现有农村服务平台（乡镇邮政普遍服务营业场所、邮乐购站点、村级邮政服务站点），为快递企业办理快件收投业务；利用县级生产处理场地、县以下邮运和投递网络，为当地快递企业处理和运送农村地区快件。通过邮快合作，补齐农村地区快递短板，解决农村快递末端配送问题。汉寿县

邮政分公司整合中通、申通、圆通、韵达、百世汇通、天天快递、快捷速递、优速快递8家快递企业，依托邮政县乡村邮路和256个村级站点，叠加包裹代收投业务，实现投递到村。三年来，累计代投包裹130万件。

（四）联动"金融+电商+寄递+文传"，构建全业务协同体系

1. 以金融信贷为"敲门砖"，打开市场

一是项目引导，打造特色产业。邮银协同，引导各县域拟定140个项目，支持县域打造特色产业，累计向省内新型农业经营主体和涉农小微企业投放近10亿元。在信贷规模分配方面对于三农、小微企业贷款给予专项额度支撑，充分满足三农、小微企业投放需求。在贷款定价方面，全面让利，持续推进三农及小微企业优惠力度，降低企业融资成本，扶持乡村振兴及私营经济发展。

二是推进信用村建设，拓宽获客渠道。邮银双方发挥自身在资金、服务、产品、人才等方面的独特优势，携手组队走访，着力推进建设农村信用体系。银行做好业务指导，邮政协助搜集行政村、客户信息，分村为果农建档立卡，编制可视化、数据化的金融地图，开展整村授信，实现批量开发。将信用良好、有贷款需求的村屯、农户评定为信用村、信用户，悬挂信用村牌匾，发放信用证。农户凭借信用证可以享受小额、无担保、信用贷款，不仅解决了农户贷款难、担保难的问题，也为农村信用体系建设、普惠金融扎根农村奠定了基础。

三是创新产品，满足金融需求。邮银联动，充分挖掘新型农业经营主体信贷需求，匹配并创新金融服务产品，推出惠农合作专属贷款产品，提供贷款增额、贷款期限延长、贷款利率降低、免担保等优惠政策。在各产业环节切入"政贷通""商贷通""农贷通"以及与邮乐合作的"掌柜贷"、支付结算端的二维码收款等新型金融服务。

针对炎陵黄桃项目，湖南邮政联手邮储银行，推出了支持黄桃产业发展的特色信贷产品——"黄桃贷"，全面满足炎陵县内从事黄桃育苗、种植、销售等黄桃系列产业链的农户、商户和企业的资金需求。该信贷产品可根据种植面积、种植数量、销售总量、资产负债率，发放流动资金贷款；向资产信用条件好的农户发放小额农贷；向有种植技能和偿还能力的贫困户发放扶贫贷款；向资金需求量大、还款来源有保障的农户、商户和企业发放担保抵押贷款，充分满足不同类型客户的需求。邮政公司在银行的指导下全力组织推广，积极参与黄桃产业链各主体客户的走访，协助邮政银行完成贷前营销、贷中调查，同步做好了绿卡开办、商户收单、微信绑卡等基础营销动作，有效实现了源头获客。

2. 以农技送培为"黏合剂"，增强互动

一是以农技为切入，提供优质农资服务。开展送培下乡活动。充分发挥邮政渠道优势和配送优势，结合农资公司的技术优势，深入田间地头开展生产和管理技术指导。联合金大地、土博士等厂家下乡，开展农技指导与培训，促进农资销售。开展送科技下乡活动。湖南邮政在水稻田产区推广"统防统治"，联合农资公司提供无人机"飞防"服务，全省"飞防"服务稻田面积超1.2万亩，带动农药销售3万桶。开展示范基地建设活动。通过联合农技站、农资公司，为合作社和家庭农场提供测土配方服务，并提供一对一农技指导、农资供应，打造高产示范基地。

二是挖掘客户需求，提供意外保险服务。开展团体意外险服务。针对农业合作社、家庭农场团体成员对意外伤害、医疗保障需求较大的特点，推出一般意外伤害、公共交通意外伤害、短期用工保险、意外医疗、住院医疗、重大疾病、住院津贴等全方位的团体保险产品。开展个人意外险服务。根据客户面临的不同风险特征，推出基础保障、特色保障、养老保障相结合的产品组合，提升农民合作社、家庭农场成员自身抗风险以及资产保值增值和养老保障能力。开展惠农扶贫赠

送保险服务。针对农民合作社、家庭农场中建档立卡的贫困户，组织开展惠农扶贫赠送保险工作。2019年，湖南邮政依托3000个邮乐购站点为10万名新型农业主体农业生产人员提供12种人身意外保险。

三是深度开发客户，提供工资代发业务。以农技下乡为契机，通过开展农技培训和农技服务，重点挖掘合作社、家庭农场有效需求，建立良好的客情关系，有针对性地推广邮政工资代发等金融服务，为其提供金融综合服务。

3. 以综合服务为"助推器"，增值变现

(1) 协同平台，拓宽销售渠道

一是推行"邮政+电商+合作社（农户）"模式。在农特产品规模化产区，积极对接农户、贫困户，联合合作社，运用邮乐网、邮三湘及社会电商平台，联动寄递，在贫困地区充分挖掘地方特色产品，做到农产品进城的品牌化、规模化销售，助力产业扶贫。湖南邮政全面参与十八洞村猕猴桃产业发展，成功签订了千亩十八洞村猕猴桃电商销售协议，2019年实现十八洞村猕猴桃销售额425万元，占十八洞村猕猴桃零售总量的87%，为十八洞村225户村民带来人均分红达2000元，同比上年翻了近一倍。

二是推行"基地直采+联合运营"模式。在名优农特产品具备一定规模产量且便于物流组织的贫困地区实行"基地直采"模式，采取包山包园的方式，与当地农户、合作社合作建立长期稳定的产销对接关系。同时与社会电商联合运营，在特色农产品区域开展规模农产品供应链服务的合作，邮政提供仓储、设备、寄递、品牌背书等服务；社会电商负责订单、运营管理、部分资金等；双方互为供应链，共享销售资源、渠道资源和销售利润，共同做大惠农项目。怀化市分公司全面切入麻阳冰糖橙供应链体系，2019年麻阳冰糖橙累计销售25.6万件，实现销售额570.8万元。

三是开展消费扶贫。由各市县邮政主动对接政府，积极承担消费扶贫工作，利用邮乐平台帮助地方政府搭建消费扶贫馆，承载政府、企事业单位针对对口扶贫地区农产品的工会节日采购、食堂定向采购等活动，为扶贫农产品销售建立长期稳定的供销关系，拓宽销售渠道，帮助贫困户增收。益阳市邮政分公司积极对接益阳市政府，成为益阳市消费扶贫工作联席会议成员单位，并承接了全市消费扶贫项目。益阳邮政前后实施了"土味进家""桃江十八栋""竹乡臻品"等区域品牌活动，策划了大栗港菜籽油、桃江冬笋、安化黑茶等惠农项目，带动农产品销售额1100余万元。

四是拓展线下销售。与周边省份对接开展"集订分送"配售，实现整车运递降低成本；与社会电商开展"抛单"销售，撒网扩面形成口碑；与水果连锁店、大型商场开展"裸果"零售，提升高额收益，同时为后续同城业务奠定合作基础；与政府和企业食堂达成配送意向，实现"餐果"直供，开拓政务市场。

(2) 协同寄递，畅通上行网络

为更好地对标竞争对手，提升邮政服务质量、缩短时限、降低成本、减少客户投诉，达到"当日收寄当日赶发"和"邻省次日递、全国3日达"的预期目标，湖南邮政通过"一包装""两前置""三保障"组合拳，提升邮政寄递服务品质。

"一包装"，对农产品包装箱进行改良，采用了三重保险加固（外包装5层加厚，箱内定制泡沫托盘、单果覆网眼泡膜）。此举解决了静态正向强压（100公斤）和瞬间高空（5米）抛压破损问题，有效降低了果品在运输过程中的损耗。央视农业频道还专门对湖南邮政黄桃包装箱的改良包装进行报道。

"两前置",针对全省重点农产品项目,在全县农产品主产区、县城主集散地、电商主发货地三个关键区域,布设社会合作代收点,并提供周边上门接件、代封装打包、代录入电子信息等服务,全面实现收寄端前置;科学测算往年流量及流向,在主产区增设临时直发点,组开至长沙、广州以及周边省会城市的"够量直达""串行直达"邮路,缩短产品进入县、市分公司的盘驳时间,实现发运端前置。

"三保障",为果农合作社、电商收发点增配热敏打印机,优化作业流程,并提供微信电子信息代录入服务,确保信息数据保障;成立品控小组,制定品控流程,组织员工入驻每一个收寄点,对产品的重量、成色、软硬程度等进行分类挑拣,确保农产品品质;增加主动客服人员,实行24小时轮班值守,对产品邮件进行全程跟单、实时预警、快速响应,并提供快速理赔服务,保证异常邮件及时处理,确保客服质量。

(3) 协同金融,打造金融场景

一是开展"五走三会"。通过走访政府、电商基地合作社、村支书、果农、销售渠道,召开金融产说会、丰收座谈会、理财峰会,打造金融服务场景。通过分片区对种植户、合作社、家庭农场进行登门走访,建立微信群,发放宣传单,填写走访登记表,捆绑微信支付,签订揽收协议,把握资金回笼高峰期,联动相关部门,策划各类活动,促进资金揽收。

二是开展"送培下乡"。通过送培下乡、传播知识,宣传业务、提供服务,让农户了解和学会结算设备的使用方法;鼓励农户使用微信方式进行收款,在果园、基地现场指导客户使用二维码扫码付款;方便果农、菜农储蓄,把销售款通过邮政金融流动服务车送到邮储网点进行办理,开展回款揽收"一揽子"行动方案。

三是完善金融环境。联动邮储银行,对专业合作社、家庭农场等新型农业主体,提供公司账户开户、销售资金结算、货款质押、仓单质押、收购资金代付、员工工资代发等对公金融服务;完善农村地区网点、物理机具、助农取款点的布放和优化,改善用卡、现金支取等交易结算环境,为农民合作社、家庭农场成员提供银行卡开户、销售收款、现金管理、投资理财等个人金融服务。

(4) 协同文传,传播农品品牌

一是组织会展路演。株洲市邮政分公司承办黄桃电商新闻发布会,策划一年一度"黄桃大会",参与省委组织的"湖南农品产销对接会",打造一县一品精品农品,联合邮乐平台助推炎陵黄桃入围农业部票选的"我最喜欢的名优农产品"前五名;湘西州邮政分公司联合政府共同举办首届湘西猕猴桃网销节;邵阳市邮政分公司联合政府共同推广"邵阳红"公用品牌;郴州永兴县邮政分公司联合当地政府举办冰激凌红薯产品推介会;常德市邮政分公司联合市人社局共同举办了第二届"最强电商"创业大赛。通过多种形式提升邮政农产品品牌影响力。

二是创新文化产品。如以炎陵风景明信片的形式,印上防伪溯源二维码,为黄桃制作"本产地溯源卡",成为"炎陵黄桃"的身份证;为电商平台定制"炎陵黄桃满意度调查明信片"3万枚;与炎帝陵景区合作"美丽家乡邮我出力"项目;为农业局和旅游局制作"农旅融合"体验卡100万张;为炎帝陵制作"古代神话邮册"500册,首日封500套、个性化邮票500版;策划"腾讯朋友圈"线上宣传黄桃项目。与宣传部合作开发制作"把美丽炎陵寄出去"炎陵风光及特产明信片,将炎陵地方文化、特色旅游信息等搭载上黄桃包裹寄往全国。为十八洞村猕猴桃制作明信片,免费设计印制了价值120万元的十八洞村猕猴桃广告明信片,作为十八洞村猕猴桃官方唯一防伪标识,得到社会各界的一致好评。通过这些载体,把湖南农特产品"寄出去",在带动销售的同时极大地促进了当地文化旅游的发展。

（五）借力政府，获取能力建设、业务发展支持，提升邮政惠农品牌影响力

一是持续开展"邮政919扶贫助农电商节"。湖南邮政连续三年联合省农业农村厅、商务厅、扶贫办等多个部门共同举办"邮政919扶贫助农电商节"，并由省委宣传部主持召开新闻发布会。借助"919"全国性活动，联合政府共同推进"一市一品""一县一品"打造、"电商扶贫特产专区"建设、农产品产销对接、物流体系建设等工作，帮助贫困户增收脱贫，助力脱贫攻坚。

二是开展"百千万惠民工程"。2019年，湖南邮政联合湖南省商务厅等10部门下发了《湖南省多渠道拓宽贫困地区农产品营销渠道实施方案》。湖南邮政推出了"百千万惠民工程"，即组织300款以上扶贫农特产品，对接3000家以上机关和企事业单位，让贫困地区农产品进入千家万户。

三是对接央广传媒。湖南邮政积极对接省委宣传部，针对湖南地区的湘西古丈毛尖、株洲炎陵黄桃、怀化麻阳冰糖橙、邵阳新宁脐橙、永州江永香柚五种名优农产品，成功在"CCTV国家品牌计划—广告精准扶贫"的宣传片中植入"邮乐地方馆"的二维码，担任产品的承载方和官方销售渠道的角色，全面提升了邮政品牌影响力。

四、基于邮政全业务协同的惠农生态圈建设的实施效果

（一）积极解决农村新型经营主体的困难

一是积极解决"融资难"问题。通过创新惠农合作专属贷款产品，扩大信贷服务范围，为农村新型经营主体提供优惠贷款，助力农户、合作社做大做强；通过为农民合作社、家庭农场提供开办个人账户、个人结算对公账户、对公结算、代发社员分红、代发雇工工资、手机银行、信用卡、理财等服务，为其提供便捷金融服务。2019年，湖南邮政累计发放各类三农贷款235亿元。

二是积极解决"流通难"问题。通过完善县、乡、村三级惠农体系和物流配送体系，实现了"村村通快递"和"寄递不出村"；通过拓宽销售渠道，强化了农产品产销一体化运作，建立了稳定的产销关系，拓展了销售渠道，为农户、合作社注入了"强心剂"。2019年，湖南邮政实现农产品销售额2亿元，打造了万单扶贫农产品项目56个，销售额4500万元，惠及4.27万贫困人口。

（二）提升了企业的直接效益和协同效益

一是带来了直接效益。2015年以来，通过开展惠农合作项目，湖南邮政累计打造了农产品项目110个，打造了炎陵黄桃、麻阳冰糖橙等多个销售额过千万的项目，累计实现农产品销售额15亿余元。

二是带来了协同效益。通过惠农合作，实现金融、寄递、文传联动发展，提升了企业管理水平和管理效率，带来了协同效益的提升。金融业务，2019年开展培训活动1600余场，培训10万人次，累计发放各类三农贷款235亿元，代发资金8200万元，带动金融总资产新增99.97亿元；寄递业务，2019年带动包裹1000万件；邮务业务，2019年为新型农业经营主体提供化肥、农药等农资5600吨，实现销售收入2100万元；销售简易险3160万元；实现农产品线上销售4800万元，线下销售1.52亿元。

（三）树立了政府认可、农户满意、社会赞誉的良好形象

一是政府认可。湖南邮政目前已获得政府补贴8400万元；怀化通过麻阳冰糖橙项目获得政府补助资金340万元；炎陵县政府无偿提供4000平方米仓库，助力株洲邮政炎陵黄桃项目，给予邮政80万元专项资金用于分拣转运设备更新以及5年共100万元的双向物流运营现金补助；汉寿邮政以全国电子商务进农村综合示范县创建为切入，由政府出资建设，面积3500平方米，交由汉寿邮政运营，政府按3万元/点的标准给予乡镇电商公共服务中心补贴，按1万元/点的标准给予村

级电商服务站补贴。

二是农户满意。通过开展惠农项目,增强了农村经营主体的创收能力,累计为全省近5万农民创业者提供了电商运营支撑服务,免费培训各类农业电商经营主体近10万人次,成功孵化各类涉农电商企业300多家;有效助推了当地产业发展,其中十八洞村猕猴桃实现品牌溢价1~1.8元/斤,"邵阳红"系列品牌产品实现销售额1860万元。

三是社会赞誉。国内主流媒体新华社、人民网、《湖南日报》、湖南卫视等30余家媒体对邮政开展惠农合作助力精准扶贫进行了专题报道,产生了较大的社会影响,助推湖南邮政"扶贫助农"品牌影响力持续提升。

主　创　人:唐成文、宋丽华
参与创造人:蒋少华、王先辉、刘海江、曾　俊、周剑祎

党建引领企业管理战略升级

五矿铜业（湖南）有限公司

五矿铜业（湖南）有限公司（以下简称"五矿铜业"或"公司"）成立于2013年10月，位于湖南省衡阳市常宁市水口山镇，占地面积1296亩，注册资本10.83亿元，现有资产总额44亿元，产权性质为国有独资，在册员工590人。拥有年处理含铜、金、银、硫物料55万吨的能力，年产一级阴极铜10万吨，并综合回收金、银、硒、镍、铋等多种稀贵金属和硫酸。属有色金属冶炼行业。

公司是中国五矿集团所属国有大型企业一类骨干企业，湖南有色控股集团有限公司（以下简称"湖南有色"）直管企业，国家高新技术企业，第一批国家工信部工业产品生态设计试点企业。目前正在运营的金铜一期项目，是中国五矿2009年入主湖南有色、进行产业结构调整和区域布局、实施铜铅锌联合冶炼产业集群运作的开篇之作，填补了湖南省有色金属大品种铜冶炼的空白。

一、党建引领企业管理战略升级的实施背景

（一）打通"最后一公里"，急需解决思想和意识问题

五矿铜业目前运营的金铜一期项目，规模相对不大，铜精矿等主要原料较高程度依赖进口，企业所处的地理位置，决定了其相对较高的运输成本。由于职工主要来源于水口山集团的关破或改制单位精简安置人员，真正从事较大规模铜冶炼、铜电解操作和管理经验的少之又少，加上员工培训严重不足，专业水平和岗位操作技能适应不了工业化量产工作需要，各大专院校招聘的专业技术人员，也处于重要学习成长过程。由于首任经营班子运作管理出现明显偏差，导致2016—2018年累计亏损5亿余元。连年大幅亏损，给职工内心信念造成了较大负面影响，"10万吨铜冶炼没办法盈利"的悲观情绪迅速在企业内部蔓延开来。企业全面盈利，亟待打通"最后一公里"，落实党建"六个引领"，实现管理战略升级。

（二）"存量做优"精益管理，迫切需要提升引领定力

国内铜冶炼产能近几年大幅增长，2018年总产量达到873万吨，增速9.1%；2019年产量增长至920万吨，增速5.4%。产能的迅速增长、房地产及汽车消费转弱的影响，加上以国内销售为主，对阴极铜产品形成了一定的竞争压力。国内产能迅速扩张，使本就资源不足的国内铜精矿供应更趋紧张。五矿铜业初设原料进口矿占比43.5%，而实际投产以来进口矿占比90%以上，原料结构变化对效益影响较大。外购铜精矿加工费（TC/RC）对效益的影响比较直接，2016—2018年铜加工费从97.17美元/吨下行至83.1美元/吨，2019年实际跌至65美元/吨。按照五矿铜业现有的规模和工艺，加工费下跌20美元，就意味着年利润将减少1亿元，处于盈亏平衡线以下。由于一期考虑二期的先行投入较大，折旧费用和财务费用均高于行业平均水平，企业刚性成本费用居高不下。五矿铜业通过党建引领，全面提质增效，实现一期项目"存量做优"的精益管理，成为客观需要和历史必然。

（三）绿色循环经济，必须咬定高质量的"增量崛起"

企业运营初期，资源综合利用率较低，铜金属回收率只有96.5%，金金属回收率95%，银金

属回收率93%，铜冶炼中间物料、尾矿和熔炼渣中的有价金属难以实现综合回收，造成制造成本上升，可循环利用率低。五矿铜业面临的内部和外部经济发展环境变化，使五矿集团对投资控制形成紧缩趋势。企业原计划"利用集团海外铜资源优势，大干快上实现规模型效益"的金铜二期（20万吨）目标，短期内难以落实。为此，五矿铜业对标行业先进企业制定了三年滚动规划，为实现2021年完全成本达到行业优良水平，提出了具体行动方案。企业党组织全面加强党的建设，坚持党组织"管方向、把大局、保落实"的方针，正确理解和全面贯彻党和国家关于"中国经济从高速增长阶段转向高质量发展阶段"的战略判断与战略决策，以党建质量促进企业管理创新，确保一期项目存量做优后应获效益完全达标，为顺利推进"十四五"期间高质量发展的"增量崛起"奠定坚实的基础。这一任务，成为党建引领新时代战略升级的必修课。

二、党建引领企业管理战略升级的内涵

企业党建引领的管理战略升级，首要内涵就是要解决"人"的问题。企业的生产力和竞争力是靠人，而不是物，且主要体现在决策力、判断力和文化力。

习近平总书记在全国国有企业改革座谈会上指出：只有不断加强基层党的建设，全面落实从严治党责任，创新党组织发挥作用的途径和方式，发挥党建引领的金钥匙作用，才能把政治优势、思想优势、组织优势厚植为企业发展优势，为高质量发展提供坚强保证。

五矿铜业重新定位和升级发展战略，就是要放弃"跑步前进"的思维，切实以问题为导向，进一步强化党建引领，落实党建与生产经营管理工作的深度融合，在涉及价值理念、组织架构、战略定位、流程再造、基础管理、科研技改、品牌打造、文化培育、社会效益等多个方面全线出击，全面推进精细化管理，在"存量做优、一期盈利"的同时，奔着起步就为高质量、好效益的目标，为"十四五"期间实施"增量崛起"打下坚实的基础。

三、党建引领企业管理战略升级的主要做法

（一）坚持思想引领，创新理论指引人

企业管理，人的因素是关键，思想观念的转变更是首当其冲，而党建引领，无疑是解决人的因素的一把金钥匙。五矿铜业新班子上任以来主抓的第一件事，就是破解思想观念顽疾，努力营造风清气正、担当奉献、干事创业的浓烈氛围，实现对人的思想指引和行为指引。

1. 创新理念破解思想难题

2018年，当时的五矿铜业通过上下一致努力，已经实现了达标达产，技术经济指标达到同行业平均水平，但效益仍然没有大的起色，企业徘徊在盈亏平衡点边缘。面对"10万吨铜冶炼没办法盈利"的消极情绪，党委班子坚持认为年底一定能够实现盈利。班子成员分别展开调研，组织职能部门和生产厂算大账、算细账、抠成本、定指标、想举措，通过各种大小会议进行宣贯，讲清楚五矿铜业具体止损点和盈利点，并通过翔实的生产经营数据形成支撑，算出了大家的信心和勇气。领导班子精诚团结，以身作则，教育引导中层以上管理人员，"1%的责任，100%的担当"，要求全体职工从"抱筐扫地"开始做起，坚决破除"推诿塞责、管理粗放"的陋习，营造担当奉献的浓烈氛围。

2. 强化责任树牢绩效理念

一是领导班子团结一心，有无私的敬业精神和改变公司面貌、做强企业实力的强烈愿望。班子成员节假日和双休日也坚守在公司处理工作，遇到问题，靠前指挥，现场协调处理，以实际行动诠释"一天也不耽误，一天也不懈怠"的企业精神，有效提高了工作效率。二是进一步压实契约化管理，将公司与各二级单位共同研讨的新指标纳入各单位的《绩效考核任务书》，严格考核

兑现。党委突出管干部的职能，对中层管理人员实行月度、年中、年度考核，考核指标全面承接湖南有色绩效考核指标及公司年度预算目标。树立以业绩和结果为导向的绩效观，促成了"工作看业绩、岗位靠能力、收入凭结果"的正向追求。同时，经过利弊分析，公开所有员工包括中层人员的工资明细，借此倒逼中层人员的担当意识，促进各单位合理二次分配，促使全员注重绩效提升，从而坚定"工资是大家干出来"的意识理念，真正让效益意识深入人心。三是硬考核、广公开、筑同心，破解"上热中温下冷"的执行力怪圈。四是建体系、勤辅导、干在前，破解管理团队中"管理粗线条、遇事怕担责"的工作陋习。通过迅速调整工作思路，整章建制，用制度说话，规范管理，改预算倒推法为完成进度与年度目标差额分析法，调整原料结构，提高国内矿和硫精矿的采购量，组织效益型生产，打通了全面盈利的"最后一公里"。

3. 抓实方法引领流程再造

一是聚焦生态安全环保、基础管理、市场运营、成本管理、科技创新、机制创新、能力效率和党的建设八大"提升工程"的流程再造，推行"党员一年做成一件事"建功行动和党员联系带动群众的"1+N"工作法，持续落实党委抓工作规范、支部抓"五化"建设、党员抓量化积分的"三位一体"党建工作体系，突出基本组织、基本制度、基本队伍的"三基建设"，将党建工作主体责任，由党委向支部、支部向党员纵向延伸。二是积极探索构建"党建+"工作体系，做到思想论与方法论相结合，推动党建与生产经营深度融合，党委创新运用的"四个问题工作法"被中宣部选中。党委要求的生产经营"两稳两降两优"、安全生产"四个严于"、成本管理"四必算"、企业管理"两会"模式等，找到了党建工作有效指导生产经营的金钥匙。立足于弘扬正能量，突出身边典型事例和先锋模范人物宣传，增强党建工作的亲和力和引领力，着力践行"企业有地位、员工有尊严、日子有奔头"的企业使命，使广大党员和职工群众获得了更多的荣誉感、归属感、获得感、幸福感，进一步坚定了干事创业的强大合力。

(二) 搭建平台引路，岗位成才激励人

五矿铜业坚持以党建引领搭建员工成长成才的平台，在激活人力资源作为"第一资源"方面做足文章。

1. 引凤筑巢集聚内外贤才

为满足公司用人需求，出台系列制度激活"第一资源"，推进职业技能鉴定和职位评聘工作。采取"走出去""请进来"等方式，积极组织技术交流和专业培训，大兴人才强企战略。通过五矿平台，积极"引凤筑巢"，引进了部分关键核心人才，解决企业技术瓶颈问题。2018年以来，五矿铜业已成功引进高级管理和专业技术人才15人，有的已经成长为主要高管人员或专家型技术人才。贯彻落实"员工培训就是资源开发"的理念，创建并推进"铜业课堂"学习培训，锤炼和升华"铜业工匠"精神，提高员工的理论水平和实际操作技能，有效突破了火法精炼环节一直不达产、不达标、运行成本高的技术壁垒。

2. 搭建平台激励岗位成才

为了发挥党员骨干敢挑大梁、敢打硬仗的优势，党委坚持"把党员培养成骨干、把骨干培养成党员"的总体指导原则，为基层党员骨干搭建技术提升和干事创业平台，激发了员工学技术、练本领、重应用的热情。2019年，火法冶炼系统的党员骨干勇挑底吹炉各项指标改善的重担，使底吹炉作业率同比提升了6个百分点，转炉炉寿大幅提高，由2018年的平均102炉次提高到2019年的132炉次，2020年成功突破185炉次，处于行业领先水平。转炉渣由6.5%降至3.5%；在1#阳极炉检修的情况下，成功开创单台阳极炉生产17天的先河，保证了正常产量。根据生产协同创效工作需要，着力提高火法熔炼生产对原料的适应性，年投入下料量67万吨，达到历史最好水平；国内矿的使用比例由4%提高到23%左右，综合回收金、银等有价金属增长较大，年度阳极铜产量同比增加2万吨，加工成本同比降低586元/吨，阳极板合格率由上年的97.79%提高到98.78%。特别是阳极板加工成本控制方面，有6个月提前达到了三年规划中预算的2020年指标，富氧底吹炉生产优势得到充分体现。

过去，近在咫尺的水口山硫精矿因1%的含砷问题不能解决，公司只能舍近求远外购。经组织全力技术攻关，公司成功攻克了这一难题，每年可处理硫精矿90000吨，全年增利4000多万元。

（三）稳控电解生产，标杆形象照亮人

根据铜电解生产特点和精细化管理实际，五矿铜业党委坚持从作风引领的高度，引导电解人建树标杆形象，着力解决电解生产中的工艺技术难题，确保了电解生产指标不断刷新纪录，照亮了铜业人精细管理的目标方向，为企业外来参观接访，提供了良好的口碑与形象展示。

1. 着力解决净液工艺缺陷

五矿铜业电解净液采用的是行业运用尚未成熟的旋流电积工艺，实际运行能力不足，阴极铜质量不稳定，直流电耗高于同行业水平60~70千瓦时/吨，严重影响电解产能潜力的充分发挥。为彻底解决电解净液工艺缺陷，企业投资3948万元实施技术改造。项目2019年1月25日获湖南有色批复，2020年5月建成投运，彻底解决电解净液能力不足的问题，使电流密度稳步提升到320安培/平方米，实现直流电耗310千瓦时/吨，年内目标300千瓦时/吨，确保更好地提高阴极铜质量并降低电耗。

2. 不断刷新生产控制指标

通过外销硫酸合格品（黑酸）对电解液系统的砷、镍、残胶等杂质进行开路，电解液成分逐步改善，对生产的影响降至最低，2019年产出阴极铜10.66万吨，超出了设计产能。实施净液工序技改后，净液处理能力得到根本性改善，电效96%以上，A级铜合格率达到98%。加强槽面操作管理，消除上部粒子，保证短路率在0.3%以内，电效提高至96%以上。消除包边，调整各工位定位锥，每块阴极板装槽调整对正，保证A级铜品级率97%以上。2020年4月，A级铜品级率实际已突破98%。

3. 完美拿下三大机组维保课题

电解厂三大机组是专利技术设备，原来一直委外维修，维修费高昂，及时性得不到保证。企业内部技术人员和维修工硬生生地啃下了厚厚的全英文资料和图纸，成功替代中外合资的专业维修团队，每年仅人工费就节约199万元。该事迹被衡阳电视台拍成视频短片《硬核》，并在学习强国上发布，展示五矿铜业维修队伍的硬实力。

（四）拓展目标引领，探索市场历练人

五矿铜业党委，坚持用"四必算"方法论和决胜市场的素质提升为引领，大力加强对供销系统党员骨干的教育培养和风险警示，并利用铜业课堂等形式，外请专家对营销人员的专业素养和市场研判能力展开培训，整个营销系统形成了比较成熟而行之有效的立体思路，市场的路子也因业务素养和人脉的提升越走越宽。

1. 围绕采购降本增效

进一步加大与大型矿业公司的长单合作力度。2019年进口铜精矿实现加权平均加工费78.27美元，高于全年现货市场平均加工费65美元；进口原料物流成本较2018年降低344万元，柜内袋货和散货的堆存成本降低123万元。结合国家税收优惠政策，进一步压降物流运输成本，2019年运费+港口费平均较上年降低6.8%。完成基地协同铜原料和物料采购铜金属量1561吨，成为效益型生产重要的补充原料。进一步规范招投标管理，全年累计节约资金1762万元。

2. 运作点价和套保创效

过去，外购原料没有对其中含金、银物料进行测算，亏赚全凭经验。从2019年起，每一单外购原料开始创建效益模型，扎实执行了"每单必算"。根据阳极泥的生产周期建立新的金、银保值体系，当月采购的原料金、银可用下月销售的产品金、银进行价格对冲。铜锁比价高于市场平均比价170元/吨，实现优于市场的结构性减亏860万元。阳极泥销售较预算提高效益4907万元。套期保值研究机制从无到有，每周定期召开套保会议集体研究决策，捕捉市场机会，每月创效200万元以上。

3. 扩大主产品升水空间

"火炬牌"阴极铜是五矿集团在国内唯一的自主阴极铜品牌。通过对销售区域和销售半径的调整，最大程度降低销售费用、提升销售效益。同时，抓住不同时期市场升水变化特点，加大现货运营，进一步做优增效空间。在尚未完成上期所注册的情况下，五矿铜业的阴极铜产品仍然实现了加权平均销售升水89.98元/吨，远高于市场基准升水的60元/吨，优于市场创效近199万元。

（五）加强体系引领，倡导制度规范人

坚持建立健全规章制度，构建"大监督"管理机制，加强和完善体系引领，不断巩固形成制度约束人、规范人的管理提升局面。

1. 推进完善制度体系建设

根据中国五矿、湖南有色有关要求，按照权责匹配、差异管控原则，进一步完善制度体系，提升企业管理水平。对制度进行全面梳理，明确"立、改、废"工作清单，对221个管理制度重新进行更新，确保统一在湖南有色制度框架内。对《决策事项及流程清单》《核心管控事项清单》《"三重一大"决策事项清单》进行梳理，承接湖南有色决策事项及流程520项，新增118项。

2. 打造成本精细化管理体系

借助金蝶EAS系统建设，启动班组经济日核算工作，搭建起班组核算信息网络化六大管理体系。按照"人人账本、天天绩效"模式，出台成本管理、领料管理等制度，建立责任成本、费用管理台账、报表，每天即时监控成本、费用当期发生情况，做到事前管控、事中总结、事后评价。主要成本指标与各班组指标挂钩，挂钩比例20%，切实形成闭环运行。

3. 突出金属平衡管理

金属平衡是造成五矿铜业过去亏损的重要原因之一，2016—2018年三年累计亏损了4000多吨金属含量，价值数亿元。为此，公司专门派人入驻黄埔港，对进口矿从装卸、装箱、取样、化验全流程进行监督。每个月对来自南美、非洲的30余家进口矿品质进行分析排序和淘汰；对国产矿检斤、取样、化验各环节检测结果，全部执行五矿铜业的检测结果；送货车辆早晨八点以前不准进厂，下午五点以后不准出厂，有效堵塞金属平衡管理漏洞，年减损价值1500万元以上。

4. 加强能源和质量体系打造

加强能源检查与考核，全年能耗节约1491万元，各项单位产品能耗指标达到GB21248-2014标准先进值要求，成功申报国家工信部能效"领跑者"行列。年内获得CNAS（中国合格评定国家认可委员会）认证证书，通过了中国矿冶检测机构联盟能力认证；被评为湖南省质量信用等级AAA级企业。2019年5月，五矿铜业获得职业健康与安全管理体系认证证书，全年化学检测报出结果准确率99%以上，及时率100%，检斤准确率99%以上。在中国矿冶机构检测联盟组织的分析比对循环中，获得满意评价结果证书。

5. 落实"大监督"机制

坚持健全党委全面监督、纪委专责监督、部门职能监督、支部日常监督、党员民主监督的"大监督"机制，加强对制度执行的监督，加大对企业关键岗位、重点领域的监督，突出"三重一大"决策、物资购销、工程招标等重点环节的监督，严查侵吞挥霍国有资产、利益输送等违规违纪问题，重点整治不作为、慢作为、乱作为和"微腐败"现象，着力健全长效监督管理机制。

（六）推动成果共享，分配保障成就人

1. 打好"宽带薪酬+差异化薪酬"组合拳

修订新的《薪酬管理办法》，建立了与职位体系相配套的宽带薪酬，"以岗定薪、以能定薪、以绩定薪"，实现薪酬与岗位价值、员工个人价值挂钩。同时，采用积分制对员工的薪酬标准进行动态管理，员工的绩效考核结果、奖惩、违规违纪或履职缺失等情况直接影响员工账户积分，员工的薪酬随个人账户积分在不同的薪档上下浮动。员工通过自身努力提高工作业绩、提升个人能力，从而提升工资，突出了业绩导向和结果导向。在实行宽带薪酬的基础上，对供销中心实行差异化薪酬，采取内部模拟利润的模式进行考核，供销中心全体员工的收入与其完成的内部利润挂钩，通过薪酬的激励约束作用提高员工工作积极性，建立了员工收入"能增能减"的分配制度。

2. 实行中管契约化管理和后备干部培养

2019年3月，对公司中层管理人员实行"全体起立"，采取笔试+面试的形式重新竞争上岗，实行"两年一聘"；签订契约化绩效考核任务书，实行"一年一签""一年一考核"，并结合末位淘汰制度，对考核处于末位的予以降薪或免职，建立了干部"能上能下"管理机制。加大对年轻干部和关键岗位专业技术人才的培养力度，让德才兼备、业绩突出、群众公认的干部脱颖而出。

3. 努力分享成果并维护职工正当权益

坚持落实以人为本的理念，在企业效益出现转机的时候，及时分享管理成果。2019年一季度通过工会，以提高餐补标准的形式，体现了企业效益的普惠福利。对那些特殊困难群体，采取一事一议的办法，提供力所能及的支持和帮助，让职工群众感受到企业大家庭的温暖。走好群众路线，做好群众工作，取得了职工群众的理解信任。

（七）抓好典型引领，把握舆论鼓舞人

1. 加大内外宣传力度

五矿铜业党委坚持从把握舆论导向出发，坚持宣传和弘扬正能量，宣传生产经营管理过程中的典型事例和模范人物，企业微信公众号采取"每周一课、每周一学、每周一闻"等形式进行宣贯，及时宣传推介各单位各部门的好做法、好经验、好典型，着力营造"善向好的学、敢与强的比"的争先比拼氛围。完善《公司新闻宣传工作管理办法》，形成了季度宣传例会和优稿评选机制。2019年度累计在外部地市级以上各类刊物和宣传载体上刊发文稿73篇，起到了良好的鼓劲加油和舆论引导作用，宣传工作整体水平迈入湖南有色前列，充分展示了企业文化影响力。

2. 积极探索和构建企业文化

党委认真宣贯中国五矿"一天也不耽误，一天也不懈怠"的企业精神和湖南有色"守正创新，和合共赢"的发展理念，按照湖南有色党委"一主多元"的要求，积极探讨和构建企业文化，从最初的"两突破、一守住"项目建设理念，到"同心、同向、同力、同治、同享"的五同目标，再到"荣誉、责任、超越"的管理理念，"勇于担当、乐于奉献"的创业精神，"1%的责任，100%的担当"的工作作风，公司企业文化体系初步形成。

3. 积极开展政研课题研究和举办文体活动

公司党委提炼的《发挥党支部在基层单位的示范引领作用，提升基层党建和思想政治工作制度化、规范化、标准化》党建政研课题，成功获评中国五矿党建政研优秀课题。聚焦脱贫攻坚，开展了对口扶贫工作，多次组织到湖南省花垣县梳子山村看望扶贫对象，送去慰问。适时组织职工运动会、篮球赛、羽毛球赛、演讲比赛、迎新晚会等文体活动，展示了公司上下团结奋进、积极向上的精神面貌。

（八）升级品牌管理，依托平台实现新拓展

1. 大力提升基地联合创效新动能

继续深入推进铜铅锌联合冶炼示范基地建设，进一步实现园区企业"物料互转、渣料互用、公辅共享、环保同治"，推动落实国家产业发展方向。2019年着重加大了水口山硫精矿、园区协同物料以及国内铜精矿的采购和处理力度。阳极泥含金增长32.6%，阳极泥含银增长33.2%，效益增加明显。

2. 升级五矿有色金属品牌管理新形象

充分利用享誉海内外的湖南有色"火炬牌""水口山"等知名品牌优势，推进火炬牌阴极铜在上海有色金属期货交易所注册，使产品获取更为广泛的套期保值服务，实现阴极铜稳定的升水销售活力，成功打造了知名质量品牌形象。

3. 依托集团平台实现新拓展

中国五矿集团公司打造"八个一流产业"，有色冶炼是核心产业之一，铜金属属于鼓励发展的大金属品种，集团公司在海外拥有大量铜资源优势。湖南有色全力打造"一基七业"。"一基"即铜铅锌产业基地，也是"七业"中重点发展产业。五矿铜业在做优一期的基础上，近两年来对五矿投资平台战略管理和择机实施20万吨铜二期项目，深入开展了专题研究，从资源到资金、从装备到工艺、从技术到管理，均积累了大量的资料和相关数据，同时也为适时推进产业链纵向延伸、开发多品种智能制造的铜合金产品做好了铺垫。

四、党建引领企业管理战略升级的实施效果

（一）经济效益明显，企业扭亏为盈并步入良性轨道

自2018年经营班子调整以来，五矿铜业的生产经营管理进一步改善。2019年累计产出阴极铜10.66万吨，超出产能设计值，累计完全成本4881元/吨，优于计划指标，年内完成营业收入54.6亿元，利润323万元，实现了投产以来首次年度整体盈利。通过管理战略提升，企业先后创造或取得了"全国首例单台阳极炉生产模式""污酸渣减量化工艺技术突破""电解机器人机组维保技术突破""底吹炉搭配处理复杂原料"等一批创新成果，大大增强了企业的抗风险能力，助推金铜一期项目迈上了全面达标、稳健盈利新征途。2020年，在外部新冠病毒疫情严重影响的情况下，企业仍然保持了生产经营指标的稳步向好发展趋势，连续8个月完成月度产量目标任务，同比减少潜亏1.1亿元，各项技术经济指标和利润指标超预期步入良性轨道。

（二）党建引领精彩纷呈，企业管理创新升级卓有成效

1. 党的建设与生产经营实现了"双融合"

公司党委以"不忘初心、牢记使命"作为出发点和落脚点，坚持完善落实党的建设，按照"管业务、管人、管党建相统一"的原则，坚持将党的建设与生产经营工作深度融合、党建考核与业绩考核全面融合，推行"党员积分制"，把党员的先锋模范作用体现在日常、发挥在经常。

2. "五同"目标理念得到更好贯彻落实

一是"同心"坚持了思想政治工作生命线地位。精心提炼的党建政研课题,成功获评中国五矿优秀政研课题;"四个问题工作方法",被中宣部选中并作为推广典范。二是方向"同向",全面落实了晒成本、晒费用、晒指标的行动。三是执行"同力",确保步调一致。四是目标"同治",推进了八大"提升工程",并针对主题教育12个调研专题汇总的问题跟踪整改。五是价值"同享",积极开展主题活动,切实提高和保障了员工福利待遇;开展了花垣县梳子山村扶贫,积极参与了衡阳市群众志愿者公益活动。"企业有地位,员工有尊严,日子有奔头"的使命,得到了有效体现。

3. 职工队伍稳定乐业的正向态势日趋改善

建立新职位体系,打通了管理、技术、操作三条员工晋升通道。年度职工平均收入增长8%的目标得到实现,员工队伍稳定乐业的态势和干事创业、精细管理、共享红利的氛围得以不断改善和巩固。

(三)企业创新成果突出,产生的社会效益明显

1. 重大成效展示了管理战略升级的新趋势

污酸渣减量化技术攻关并取得重大突破,污酸渣月产出量由过去的4000吨下降到1500吨左右;2018年下半年投资1000余万元加装尾气电除雾装置,达到了限值排放要求;和多家院校、科研机构参与的国家级固废治理专项《铜铅锌综合冶炼基地多源固废协同利用集成示范》,充分利用铜铅锌联合冶炼优势,资源化、无害化处理铜烟灰,产生了较大的经济价值和社会效益。

2. 安环工作"三零"指标凸显了人本理念

有效贯彻落实了党中央"五大发展理念",完善了安全生产责任体系,推行了一线班前集体安全宣誓活动;"三项"岗位人员持证上岗率100%;废水、废气、噪声、地下水、土壤均未出现超标等异常情况,稳妥实现"三零"目标,较好地承担了社会责任,为和谐企地工农关系打下了较好基础。

3. 高质量发展具备了基础条件

经过2019年的探索实践,阳极铜、阴极铜、硫酸产量均创历史最好水平,混合精矿处理量、阳极铜、阴极铜超过初设值,主要技术经济指标大幅提升并刷新纪录,工艺控制手段及各项指标日趋完善和稳定,部分指标甚至处于行业领先水平。五矿铜业从大型铜冶炼的"门外汉",逐渐成长为独具匠心的"精炼兵"。尤其是底吹炉搭配处理复杂原料的协同创效和精细化管理转型实践,使推进落实高质量发展目标具备了基础条件,也为进一步增产创效提供了有力保障,增添了完成新目标新任务的内在动能。

主 创 人:闫 友、刘国文
参与创造人:宋亦龙、王锦鸿、欧阳林、颜 喜、王鹏鹄、徐 飞、冯世峰、李 斌

大型轨道交通装备企业新能源商用车产业价值监控体系构建

中车株洲电力机车研究所有限公司

中车株洲电力机车研究所有限公司（以下简称"株洲所"）始创于1959年，前身是铁道部株洲电力机车研究所，是中国中车股份有限公司一级全资子公司，是中国轨道交通装备事业的开拓者和领跑者。目前员工达到1.75万，包括1位中国工程院院士，近百位教授级高级工程师，155位博士，近1500名硕士研究生。株洲所始终坚持以科技为先导，以创新为旗帜，促进产业快速成长，已形成"电气传动与自动化、高分子复合材料应用、新能源装备、电力电子（基础）器件"四大产业板块，十一大业务主体，旗下拥有3家上市公司、8个国家级科技创新平台、2个企业博士后科研工作站，并拥有5个海外技术研发中心、12家境外分（子）公司，2019年实现销售收入301亿元。

一、新能源商用车产业价值监控体系构建的背景

（一）是掌握产业价值动态的需要

科技的飞速发展和国际局势的复杂多变，使企业面临的外部不确定性环境已成为常态，企业价值受到资本市场、公司管理层、核心员工、公司治理、技术创新等因素的影响越来越大。识别和掌握企业价值动态变得尤为重要，如何有效结合企业内外部信息，促进产业内部自身和外部资本有效结合，成为株洲所面临的难点。企业价值评估主流方法一般为成本法、市场法、收益法等，传统的方法只是通过企业历史财务指标来进行评估，而忽略战略等因素。单纯依靠传统的财务指标不能全面反映企业价值和管理现状，需进行战略驱动因素的深度分析。

（二）是提供科学管理决策的需要

伴随着资本市场的迅速发展，公司管理层仅仅依赖财务指标判断企业的好坏，往往比较片面，会低估企业价值。株洲所拥有传统轨道交通的制造产业，也有符合国家战略的新兴产业如新能源汽车、半导体产业，同时还有部分低效产业。目前株洲所还未建立起价值动态管理和动态反馈的机制体系，管理层无法掌握其价值状态，导致无法准确地抓住资本市场时机，进行资本运作时机的决策。通过对产业价值的监控，可针对特定产业，例如充分嫁接资本市场的要素进行快速补充，实现最大化的溢价退出，或者通过资本运作，联合外部基金等投资者，运作上市等。同时公司管理层也不能较好地从价值创造的角度判断企业运营的好坏和对子公司负责人的考核评判。

（三）是从"管企业"转向"管资本"的需要

新一轮国企改革，要求国资委由"管企业"为主向"管资本"为主转变，由管实物形态的国有资产向管价值形态的国有资本转变。根据党的十九大报告以及中央经济工作会议有关国有经济改革与发展的精神，要"做强做优做大"的是"国有资本"，而不是"国有企业"，表明国企要大力推进从"管企业"到"管资本"的改革，这既是国有经济发展的新方向，也是国资国企改革思路的突破。这意味着企业需要针对其自身价值进行管理，对产业价值的管理不足，可能会出现国有资产流失的问题，也不便于资本化、证券化等。开展产业价值的管理，是推动以"管资本"为

主的深化改革的需要，是实现增强企业活力、促进企业发展和资本最大化保值增值目标的需要。

二、新能源商用车产业价值监控体系构建的内涵

基于战略和财务驱动因素的产业价值监控体系不同于传统的资产评估手段，是从价值链的整体角度出发，在基于自由现金流折现法的基础上，考虑战略因素进行有机结合。其中财务指标分析包括偿债能力、盈利能力、营运能力和发展能力；战略要素分析包括内部流程、顾客维度、成长维度等。对于公司的新能源商用车加以模型运用和分析，通过外部资本市场、行业竞争分析、品牌影响、内部激励、人员机构等，综合分析战略影响因素，形成了产业价值监控的管理维度基础。

新能源商用车产业价值监控体系，通过战略和财务两个维度的融合，在战略方面，细化战略布局、市场规模预测、行业需求分析、竞争对手分析等要素；在财务方面，综合历史回顾、行业对标、未来趋势、财务成本指标等要素，进行敏感性分析和价值识别，提出具体的改善举措实现价值创造，并最终形成科学可行的价值监控体系和价值提升机制。

三、新能源商用车产业价值监控体系构建的主要做法

（一）顶层设计，构建产业价值监控体系框架

基于DCF（贴现现金流）基础，结合新能源商用车自身的情况和行业特点以及资本市场关注的项点，分别梳理出财务和战略的因素，深挖梳理出评估的指标和行业数据。通过价值监控理论原则，形成模型框架、体系性文件和计算程序。

1. 利用层次法，建立准则层和指标层

完整梳理考虑基于新能源商用车行业特点的战略驱动因素指标和财务因素指标；分别建立相应的准则层，并在其下建立对应具体的指标层。

2. 筛选准则层和指标层作为评估项点

根据评分人的职务、层级情况赋予权重，对各指标进行评分，筛选新能源商用车产业评估的指标。

3. 计算战略因素和财务因素系数

构建矩阵并赋值分析，构建五年的新能源商用车行业对比，形成矩阵数值，最终得到战略系数和财务系数的终值。

4. 考虑战略因素的产业价值提升建议和监控机制

考虑战略因素的计算系数后，结合DCF折现值进行修正，最终得出相应的产业价值，同时结合产业价值提出战略规划和财务建议，形成价值评估和价值监控的管理工具。

（二）建立指标体系，进行产业价值分析

1. 建立指标体系，确定评价要素

根据战略和财务维度，梳理出33个一级指标和31个二级指标。例如针对产业形态，可以分解为行业门槛、市场需求、行业成长性、行业盈利水平、行业运营效率和竞争态势。其中行业盈利水平包括行业平均毛利率、行业平均净利率、行业平均净资产收益率。结合行业特点、行业内外部环境以及公司战略，最终筛选出适应该行业和企业特点的评价维度，并给相应维度赋予分值。

2. 进行系数的系统性修正

运用层次分析法，计算其指标层评分结果、指标历年评价结果、准则层权重集、历年加权，针对准则层进行权重计算，以及进行数据的一致性检测。针对各指标层进行打分。参考资产评估基础测算数据，选取标杆企业并进行计算。

3. 计算无财务杠杆风险系数 β

根据新能源商用车产业企业特征，以福田汽车、安凯客车、曙光股份、中通客车、宇通客车、亚星客车、金龙客车、比亚迪几家单位作为参考，计算其 β。

4. 针对价值创造的深度分析

公司销售收入变化由各类产品的销量以及平均售价决定，而产品销量受市场总需求、市场份额共同影响。公司可从区域、客户群以及产品品类等维度对市场需求与市场份额进行分析。产品定价策略对销售收入的影响具有不确定性，公司可通过分析产品的需求价格弹性进行判断。

产品生产成本是生产制造型公司销售成本的重要组成部分。公司可分析单位产品所耗的主要原材料以及直接人工在产品成本中的占比，确定成本控制重点。公司制定合理的制造费用分摊方式，提高产品生产成本信息的真实准确性，以利于产品结构和产品定价的优化，提高资源配置的有效性。

销售费用率反映公司营销策略的有效性，公司可对销售费用进行专项分析，计算各类产品的销售边际贡献和销售投入回报率，评估不同产品的营销投入效率。公司还可对销售边际贡献进行要素分解，分析不同市场营销方案对公司经营利润的影响。

管理费用率反映公司职能设置的合理性以及工作流程的有效性。公司可在作业成本法的基础上，将管理费用分摊至主要作业活动之中，深入分析各项业务成本构成，及时发现成本较高的管理环节，通过优化管理流程提高管理效率。

资本结构体现了公司财务风险的高低。公司不同来源的资本均需承担成本，最优资本结构下可以达到公司价值的最大化。

资产配置包括对银行资产端的管理，与资金筹集对负债端的管理相互驱动，形成资金资产的联动机制。

(三) 结果应用与持续改进

1. 敏感性分析应用

运用产业价值监控体系进行敏感性分析，可以形成价值提升建议如下：

提升企业的资产效率：当净营运资产下降时，如存货占收入比、应收账款占收入比等下降时，企业每年产生的经营性现金净流入将有效增加，并带来企业价值显著增加。

优化企业的资本结构：企业资本结构的变动会影响企业股权与债券的成本产生，而资本结构、股权成本与债券成本会影响企业的加权平均资金成本，进而影响企业的价值，企业需要根据自身的负债水平与能力等因素，综合确定一个合理的资本结构。

2. 股权结构对比应用

价值提升建议：时代电动拥有中车集团的支持，在部分股权转让至中车集团后，将继续发挥央企背景优势，积极探索，借助深化改革时机，借鉴宇通公司做法，开展国企混改，适当进行员工股权激励，更大程度上激发国企员工动力。

3. 市场布局方面

价值提升建议：(1) 扩大产能。异地建厂申请资质困难，收购当地有资质企业成为首选。新能源商用车产业要提升行业地位，需要不断扩大产能。(2) 构建网络。建立好销售网络和服务网点，增强客户黏性。(3) 资金保障。新能源商用车产业未来需要建立可持续的融资渠道。

4. 战略管理方面

价值提升建议：(1) 关注竞争对手的战略布局。要研究竞争对手的企业属性特质，以及追踪战略布局，采取积极应对策略，对大方向进行把握。(2) 进一步细化企业战略。企业价值评估需要对未来的收入、成本费用、投融资、现金流量等各个方面进行具体、详细的预测，特别是五到十年的数据。目前的中长期战略规划没有这么细致，主要关注产业发展、规模与利润等关联指标，企业价值评估可以对战略进一步明确与细化，也促使战略的达成更加数据化、系统化。设置里程碑节点，建立量化、系统、全面的考核。(3) 长期盈利、企业价值纳入考核。目前考核的方式主要基于短期的收入、利润等一些指标，对长期盈利、战略布局、企业价值等因素涉及很少。在企业价值评估过程中，可以基于企业的长期利益、整体价值设置一些里程碑节点，通过对里程碑节点各项指标的达成情况建立量化的、系统的、全面的考核方法。(4) 重点投入具有长期盈利价值的，适当退出低效产业。注重长期的创造价值，从长远看是不能盈利的、不能创造价值的，就不能再进行资源投入、甚至需要退出，而倾向能获得长期盈利价值的投入。

5. 财务能力方面

价值提升建议：(1) 增加企业长期盈利能力：通过企业价值测算过程可以看出，企业的长期盈利能力对企业的价值具有决定性影响，且盈利能力的提升，如销售毛利率、销售净利率等指标的提升，能带来企业价值成倍的提升。(2) 提升企业的资产效率：当净营运资产下降时，如存货占收入比、应收占款占收入比等下降时，企业每年产生的经营性现金净流入将有效增加，并带来企业价值显著增加。(3) 优化企业的资本结构：企业的资本结构的变动会影响企业股权与债券的成本产生，而资本结构、股权成本与债券成本会影响企业的加权平均资金成本，进而影响企业的价值，企业需要根据自身的负债水平与能力等因素，综合确定一个合理的资本结构。

四、新能源商用车产业价值监控体系构建的实施效果

通过战略与财务因素的产业价值监控体系建设与实施，并不断完善与优化，取得了瞩目的建设效果。

(一) 建立了一套产业价值提升管理体系

该体系的构建，为株洲所下属子企业提供了一个较为完备的价值提升的管理工具，通过对企业的内部因素和外部竞争对手的企业属性特质、战略布局、市场情况等的系统分析，为企业更好地制定应对策略提供支撑。与此同时，更重要的是可以通过该体系在某段时间内，结合外部资本市场的情况和公司战略，针对某个业务或产业的一些指标，快速提升其价值，对产业进行资本运作，例如剥离、重组或者上市等措施，以此来实现价值的最大化，从而实现保值增值的"赚钱"+"值钱"目的。对于株洲所战略性优化结构的产业，实行择机退出原则。通过实施，针对价值关键驱动因素进行提升，实现了四个产业的溢价退出，为公司获得了经济上的利益。

该项目的实施，有利于对长期盈利、战略布局、产业价值等因素做出考量。基于该体系，子公司设置产业的长期利益、整体价值的里程碑节点，通过对里程碑节点各项指标的达成情况建立量化的、系统的、全面的考核方法。对于未来不能盈利的、不能创造价值的，则采取不能进行资源投入甚至需要退出的管理原则，有效地为产业寻找更佳的发展路径，聚焦更多长期价值项目。目前试点单位通过对体系的实施，很好地实现了对产业价值的掌握，有利于管理层在投资方向、风险防范、资本市场结合等方面进行科学的决策。一方面，株洲所实现了从"管资产"到"管资本"的转变；另一方面，促进了国企深化改革，为株洲所高质量发展提供发展动力。

(二) 提高了管理效能，大幅降低咨询费用成本

利用该体系，株洲所下属子企业可以单独针对某项产业或者具体业务，结合外部环境及资本市场等战略因素，进行较为完整的估算测算。企业的管理层可以根据体系的输出结果，定期掌握

价值的动态变化。

项目的实施可以为企业节约大量的咨询成本。目前株洲所已经形成了通用模板，团队只需要根据产业特点，进行模型的输入和调整，就可得到结合实际的产业价值提升建议和定期监控趋势。项目的实施为株洲所节约近千万的咨询成本。

（三）实现经济效益，助力打造行业龙头领先者地位

通过试点实施，中车时代电动为解决产能瓶颈，采用价值监控建议，与行业上下游企业开展战略合作，实施资本运作，战略布局产能场地，并购一汽无锡客车公司、常德大汉汽车，突破产能瓶颈。2019年，中车新能源商用车产业全年实现销售收入超过50亿元，中车电动6米以上新能源客车销量达6663辆，逆市增长11.81%，截至2019年12月整车累计销量40000多台，电驱动系统累计140000套，居行业第三名。同时，资产负债率不断降低，产品批量服务全国各省、直辖市、自治区，并相继突破白俄罗斯、新西兰、法国、马来西亚、匈牙利市场，系统产品进入北美。未来将持续跟踪价值动态，及时围绕战略进行调整，提升产业价值。

此外，该体系还应用到株洲所半导体产业，公司拥有国内首条、全球第二条8英寸IGBT芯片线，全系列高压晶闸管市场占有率已进入世界前三，同时，已打入新能源汽车、高压电网、工业等市场。在实施过程中，根据价值监控建议，经营管理能力不断改善，并由事业部改组为公司，已经具备独立资本运作基础。未来将与行业上下游进行深度合作，以资本为纽带，实现更大的市场占有率和企业价值。

主　创　人：王卫安、黄　蓉
参与创造人：段世彦、童亦凡、陈龙富、刘君华、刘三春、孙　珊、江　龙、高　晋、杨孝杰、何伯钧

基于"六种力量"定位引领的融合党建模式构建

中建信和地产有限公司

中建信和地产有限公司（以下简称"信和地产"）成立于2003年6月，是中建五局整合集团内全部房地产资源而成立，是驻湘央企中建五局旗下房地产业务的唯一运营平台。公司业务结构"1+3"即"1"是主营地产开发，"3"是"物业服务、商业运营、园林施工"三大专业公司。公司共有员工2995人，构建了6+3+N战略布局，业务拓展至湖南、北京、天津、重庆、广东、山东、江西、广西等7省17座城市，从区域化经营迈向全国性房企。

2017年开始，推进由房地产开发商到城市运营服务商"一商两翼"的转型升级。主要经济指标保持高位增长，不仅经营规模、销售额连续5年位居湖南省地产行业前列，成为湖南本土首个销售额破百亿的房企，连续四年蝉联"中国中部房地产品牌价值TOP10"，并在2019年实现投资额、销售额、回款额、营业收入四项指标突破百亿，提前完成"十三五"规划目标。

公司持续打造"名企、名品、名人"，荣获三个"百强"，中建信和地产获评中房协中国房地产百强企业，旗下中建物业公司获"中国物业服务百强企业"，信和园林公司作为湖南省首家园林行业国家高新技术企业，获得了"中国生态园林百强企业"，长沙中建芙蓉和苑、中建江山壹号获评国家"广厦奖"并涌现了获全国五一劳动奖章、地产经理人100强、中国房地产品牌贡献人物等先进典型数十人。

一、基于"六种力量"定位引领的融合党建模式构建的背景

（一）是贯彻落实国有企业担当好"六种力量"的需要

习近平总书记在全国国有企业党的建设工作会议上强调，国有企业党建必须具备"六种力量"。这既是新时代中国特色社会主义建设的发展要求，更是坚持党委"把方向、管大局、保落实"，坚持全面从严治党，推进党建责任制落实的需要。

（二）是破解党建与业务"两张皮"问题的需要

部分企业存在党建工作流于形式、党建工作与中心工作相互脱节等问题，这影响了党建工作与中心工作的同频共振，形成了国有企业党的领导和公司治理"一脚深""一脚浅""两张皮"的现象，客观上淡化弱化虚化了企业党组织在企业管理中的作用。

要解决这一问题，就要把党的建设放进企业管理的每一个环节，要让党组织真正发挥在企业内部的政治功能和组织力作用，把我党的优良传统变为企业发展和长久经营的动力。党建工作，做实了就是生产力，做细了就是凝聚力，做强了就是竞争力，"高质量党建"才能引领国企"高质量发展"。

（三）是党建引领生产经营同心同向促价值创造的需要

党建和企业生产经营的目标一致，都是为促进企业发展、建设一流企业；工作对象是一致的，都是企业最核心的要素——人。党建在企业生产经营中，主要是调节组织和员工的思想和行为，强根铸魂、凝聚人心、鼓舞士气，真正发挥"把方向、管大局、保落实"的作用。

从这个意义上讲，党组织领导力越强、党建作用发挥越充分，员工的积极性和创造性就越高，

为企业创造的价值就越高,相关方获得感就越强。

二、基于"六种力量"定位引领的融合党建模式构建的内涵

（一）融合党建模式内涵

信和地产党委基于国企担当"六种力量"的定位,坚持企业党建工作同经营生产目标相融、过程相融、结果相融"三个相融"融进去,按照组织同步建立、干部同步配备、制度同步完善、工作同步考核"四个同步"合起来,构建"一个格局、六个力"的融合党建新模式。

夯实七个抓手,通过干部队伍的企业支撑力,"三基"工作的组织执行力,"3+1"践诺的示范引领力,"打铁行动"的政治免疫力,幸福"6+1"工程的同频共振力,传播信和好声音的影响凝聚力,形成全面从严治党的企业引领发展保障大格局,党建工作同企业经营生产同心同向,双双实现高质量发展。

（二）融合党建模式图

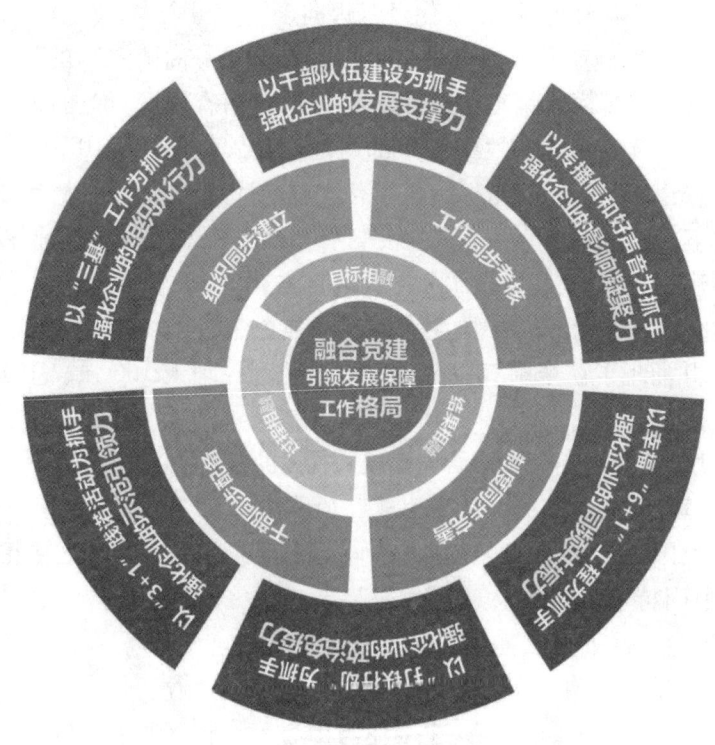

三、基于"六种力量"定位引领的融合党建模式构建的主要做法

（一）以落实全面从严治党主体责任为抓手,夯实企业引领发展保障工作格局

1. 党政"一肩挑"

信和地产从公司、分公司、项目各级组织层面,实现了党组织书记与行政主要工作负责人"一肩挑",将党建工作的地位、作用、运行机制嵌入公司治理结构,抓好源头融入,制定"三重一大"决策制度实施细则,发布党委前置研究事项清单。将党建工作124项内容以《党建工作任务书》形式逐层签订,党建工作过程融入生产经营各环节,落实党建工作责任年度考核,做好结果相融。领导干部牢固树立"自己的第一身份是共产党员,第一职责是为党工作""抓好党建是最大政绩,抓不好党建是失职,不抓党建是渎职"的理念,以上率下、真抓实干,真正实现党政"一肩挑",既履行好改革发展稳定的责任,又履行好管党治党的责任。

2. 形成合力抓

以《中国共产党国有企业基层组织工作条例》《党委落实全面从严治党主体责任规定》《党委书记抓基层党建工作述职评议考核办法》为遵循，认真执行集团"三细则一手册"，通过签订《全面从严治党"一岗双责"责任书》，书记亲自上手抓、专职书记全力配合抓、班子成员一岗双责抓，形成"工作内容明确、过程督导到位、追责促进履责，一级抓一级、层层抓落实"的责任网络，真正把党建工作抓深入、抓具体、抓实在。

3. 下沉一级抓

通过下发《落实领导班子党建工作联点"六个一"制度》，要求两级领导班子开展联系基层"六个一"活动——对标检索"三基"工作完善，参加一次党组织生活；对标检索党建责任制落实，组织一次督导检查；对标检索班子建设队伍建设，开展一轮谈心谈话；对标检索协同攻坚主题年工作推进，解决一批难点卡点问题；对标检索文化践行品牌建设，创建一个党群奖项；对标检索组织学习成果共享，撰写一篇调研报告。充分发挥以点带面和示范引导作用，辐射带动基层党建工作规范提升，努力将联系点建成示范点，促价值创造；同时，做好过程督办，制作"党建联点一本通"，要求领导认真记录到联系点调研的时间、内容、解决的问题和联系点工作开展情况，公司党委进行不定期抽查，确保联点工作切实落到实处。

4. 比学赶超抓

年初细化责任、量化指标，下发"两书一表一单"——《党建责任书》《全面从严治党"一岗双责"责任书》《年度量化指标考核表》《二级机构规定动作任务清单》，工作全覆盖、无遗漏。抓两头、促中间，发挥示范党支部的引领作用，如"绿心"党支部从园林专业特色出发，根据苗木培育和大树健康生长的原理，创造性地提出"育树工作法"——党员队伍好为其枝、始终做到枝繁叶茂，作用发挥好为其冠、始终做到绿荫如盖，支部班子好为其干、始终做到坚强有力，制度建设好为其根、始终做到根深本固，为企业之"树"培基固本、炼干强枝，促进花繁叶茂、基业长青；公司下属9家二级单位，每家单位都有一个示范支部或创建示范党支部，通过示范作用，后进赶先进、中间争先进、先进更前进，为企业生产经营提供坚实的政治基础和组织保障。

（二）以干部队伍建设为抓手，强化企业的发展支撑力

1. 坚持正确用人导向，把好标准程序

落实"对党忠诚、勇于创新、治企有方、兴企有为、清正廉洁"20字方针，做到"三有"，让想干事的有舞台、让干成事的有回报、让干错事的有处罚，打造忠诚（想干事）、担当（干成事）、干净（不出事）的高素质干部人才队伍，按照《公司领导干部管理办法》，加强公司党委管理范围干部的任职资格、选拔任用、考核评价、薪酬福利、职业发展、轮岗交流、日常监督、调整退出的全生命周期规范管理。

2. 坚持落实以人为本，做好"选、用、育、留"

贯彻落实好《关于加强中央企业企业家队伍建设的指导意见》，加强领导干部队伍培养，以人才盘点为基础、以人力规划为依据、抬高进口、校招为主、社招为辅，选到选够合适的人；适才适岗、竞聘上岗、晒人力资源价值指数，多措并举用好人才；人才是"干"出来的、人才是"带"出来的、人才是"逼"出来的、人才是"育"出来的，培养员工成才；完善三级架构、事业平台留人，考核覆盖全员、待遇公平留人，关爱无所不在、感情氛围留人。

3. 坚持严管厚爱并重，用好精准激励

治国治军治企之要，在于赏罚分明，正负激励，不能"大水漫灌"而要"精准滴灌"，强化

党委主体责任，完善经常性谈心谈话制度，班子主要领导同班子成员每季度不少于一次。用好考核指挥棒，完善二级单位及项目的党建目标和经验目标考核制度。

（三）以"三基"工作为抓手，强化企业的组织执行力

1. 完善基本组织

落实《中国共产党支部工作条例》要求，通过"月度上报+动态更新"的方式，在党组织设置时效性和合规性上下功夫，通过EXCEL表的方式建立党组织动态数据库，做到流程规范、程序合法、结果有效；同时，自觉贯彻落实新出台的《中国共产党国有企业基层组织工作条例（试行）》，建强党的组织，夯实"两个基础"，践行"六个力量"。通过"每月抽查+实时监控"相结合的考核方式，按照局《"不忘初心、牢记使命"主题教育集中整治软弱涣散基层党组织实施方案》的要求，精准施策整顿提升软弱涣散基层党组织，全方位筑牢基层党组织战斗堡垒、提升基层党组织战斗力。

2. 强化基本制度

一方面，构建"定性明责、量化履责、从严问责"的党建工作责任体系：针对各级党组织和专兼职党务工作者，以《党建工作责任制考核评价实施细则》为准则开展一年两次的考核，进行经营业绩奖（领导班子）和专兼职津贴（专兼职党务工作者）的正负激励；针对普通党员，下发《党员积分制管理实施细则》，运用"日常工作积分制、工作创新加分制、工作失误减分制、关键工作'一票否决'制"的动态积分管理办法进行百分量化考评；针对领导干部，通过"党建联点六个一"夯实基层联点工作。另一方面，为各二级机构制作涵盖党纪工团规定动作的任务清单，列出了"做什么""怎么做""留什么"的要点，简洁明了、方便操作，确保基层党建各项工作落地落实。

3. 提升基本队伍

开展党务干部"提质"计划，分领域、分层次对全司党务干部进行培训，打造一支优良的党务干部。一是加强教育培训提高党务干部的政治业务素质，创新打造三大课堂——政治理论培训课堂、履职能力培训课堂和经验交流共享课堂；二是加强为广大党务干部队伍建设服务力度，在工作上关心，给予展示自我的良好机会；在生活上关心，提升幸福感和归属感；三是加强管理力度，建立健全党务干部队伍建设的长效机制，把考核结果和选拔任用干部紧密结合起来，切实走出党务干部能上不能下的"怪圈"，真正使党务干部成为政治上的明白人、党建工作的内行人、职工群众的贴心人，竭力把建设高素质党务干部队伍的工作落到实处。

（四）以"3+1"践诺活动为抓手，强化企业的示范引领力

1. 亮党员身份

"一名党员就是一个标杆，一个支部就是一座堡垒"，信和地产下发《开展党员"3+1"践诺活动的通知》，在全体党员中开展党员"3+1"践诺行动，真正让党员平常时候看得出、关键时刻站得出、危急关头豁得出，让党的向心力、战斗力更强，实现党建与生产经营的同频共振。如株洲公司党支部组建技艺高超的党员"快枪队"，带领全体员工以扎实业绩履行了"四快"——开得快、建得快、卖得快、回得快，在公司内部和株洲同行业以"江湾速度"树立了一个全新高度的"信和标杆"。

2. 增党性教育

按照局"领导较真、员工认真"第五次思想文化建设的要求，突出党员干部的党性教育，发扬"实事求是、较真认真"的工作作风。在学习设置上，公司结合领导干部和普通党员的不同特

点，分级分类打造"党性提升计划"。针对普通党员，通过"每月一主题"的形式发布学习内容，把对党忠诚作为重点，深入开展理想信念教育、党的宗旨教育、党规党纪教育、党史国史教育和革命传统教育，并与个人工作实际有机结合，实现党性教育与工作实践有机统一；针对领导干部，聚焦企业重点、难点和卡点，把党性教育和落实总书记重要指示批示、国家重大方针政策、应对房地产形势和解决企业当前问题有机契合。通过增强党性教育，打造一支忠诚、担当和干净的队伍，真正确保他们想干事、干成事和不出事。

3. 显价值创造

党员"3+1"践诺的"3"是指政治承诺、岗位承诺和服务承诺，"1"是指个性承诺。具体来说，政治承诺是对公司全体党员的统一要求，包括政治能力的第一要求、学习强国的积分要求、党员学习笔记的要求和参加组织生活的要求，将党员"两学一做"常态化；岗位承诺是履职尽责，针对经营生产与本岗位相对应相关联的重点、难点、痛点，主动认领任务；服务承诺是要求党员反对形式主义、官僚主义，向群众承诺做1至2件实事，从"小切口"入手解决"大问题"，给基层减负，为一线赋能；个性承诺是鼓励党员通过"拿个证、看本书、健下身、顾好家"的方式，持续提升幸福感、获得感和安全感。

4. 强管控闭环

一是强化"审核人"履责，确保科学定诺，党员填写公开承诺书，本级组织的部门负责人、分管领导和党组织对党员承诺事项进行审议，并建立承诺台账；二是做好"承诺卡"上桌上墙，予以公开，承诺内容要在党小组会、党员大会上进行通报，并在党员桌上和支部公示栏上进行公示；三是"进度表"跟踪，确保过程督诺，每季度对照进度表交流在践诺中取得的成绩、遇到的困难和改进举措；四是填写"履诺单"，确保顺利履诺，党员年底将自己承诺事项完成情况向所在支部进行汇报；五是把好"评议关"，做实年度民主评议党员，落实结果导向。

（五）以"打铁行动"为抓手，强化企业的政治免疫力

1. 聚焦责任压实，确保铁肩有担当

对标对表政治、思想、纪律、作风、组织、体系、制度、能力、团队等九个建设，落实局二级单位纪委主责、三级单位纪检领导小组主控、四级项目纪检/廉政监督员主干的纪检组织体系建设，结合公司实际完善《"一岗双责"责任状》《全面从严治党纪检领导小组履职责任书》，压实领导干部的一岗双责和纪检干部的履职责任。严格按照《公司党建责任制检查考核办法》和《中建信和地产纪检系统奖惩实施细则》的规定，加大对专兼职纪检人员的检查考核与评优。

2. 聚焦预防为先，确保铁头有觉悟

发布公司岗位禁令（2020版），分类开展超英廉洁文化示范点建设。重点抓好专业公司、区域标杆项目及关键部门的示范点创建工作，全方位营造廉洁氛围。做好日常廉政谈话，继续按照"三必谈、三必讲"的要求，将谈话提醒常态化。持续开展"风清地产五个一"特色品牌工作：开办一个"风清地产"微课堂、举办一次纪检监督业务培训、征集一批"岗位禁令"文化成果、举办一次供方廉洁座谈会、开展一次反面典型警示教育。

3. 聚焦监督为重，确保铁身无漏洞

抓好党内监督、政治监督、"14457"日常监督、专项监督、巡察监督、两个专项斗争、四个专项治理和结果应用等八大监督。将监督成果转化为发展成果，抓实整改"后半篇文章"，始终推动纪检工作与生产经营工作深度融合，为公司高质量发展提供监督力量。

4. 聚焦以案促改，确保铁拳有震慑

提高纪检巡察审计工作质量，提高发现问题的精准度。用好"第一种形态"，落实好"三必谈"制度，建立三级提醒谈话制度，一级管一级。提升案件查办工作质量，提升执纪问责工作质量，严肃处理违纪违法行为。加强结果运用，做好干部任职廉洁意见回复与结果运用，防止"带病提拔"。加强系统内外反面案例警示教育，督促全员履职尽责。

5. 聚焦体系建设，确保铁军有作为

以中建集团纪检信息化系统录入维护和《纪检工作记录本》为抓手，加强日常工作交底与督促，推动基础数据归集的常态化，为项目基层减负。抓好党内法纪法规的学习与应用；开展"牵手"行动，全过程交底培训帮扶基层纪检工作开展，纠偏与考核并重；检索对标"忠诚、坚定、善思、能写、会说、实干"的工作能力总要求，打造斗争精神强、履职能力优的纪检队伍；物色政治坚定、品德过硬、潜质优秀的年轻人充实队伍，畅通纪检干部职业发展通道。

（六）以幸福"6+1"工程为抓手，强化企业的同频共振力

1. 列好六项规定动作

下发《中建信和地产工会关于开展幸福"6+1"品牌工作的通知》，持续提升职工幸福指数，主要包括组织关爱、技能比武、职业辅导、心理疏导、休假体验和团队建设六个方面的内容，其中：组织关爱建立"五日"——成长日、阳光日、亲子日、同心日和感恩日，为不同重点人群的关爱"把脉开方"；职业辅导实施"双导师带徒+重点培训+座谈交流+轮岗锻炼+职业生涯规划管理"等培养模式；劳动竞赛围绕"协同攻坚"过程中的痛点、难点、卡点，组织一线职工解决一线问题；心理疏导，两级机关、项目超英爱心疏导室全覆盖；休假体验，年初结合工作节奏制订休假计划，有计划性、系统性、均衡性地落实员工休假；团队建设，通过春秋游、文体活动等团队拓展活动，进一步提升团队的凝聚力和向心力。

2. 逐一销项管理

制定幸福信和"6+1"工程表单，明确工会工作的四个维度——做什么，什么时候做，谁来做和费用支出标准。做什么：工会工作内容即为6项规定动作和1项自选动作；什么时候做：不同工作内容规定时间节点、次数要求；谁来做：增强公司工会统筹部署、减轻基层工会工作压力，同时发挥各级工会组织的主观能动性，明确不同事项由不同层级的工会牵头组织；费用支出标准：费用支出来源、人均费用标准、费用支出形式、竞赛奖励范围等均一一明确。

3. 紧贴需求创新

信和地产抓牢以客户为中心的工会工作内核动力，紧贴需求、创新形式，不断发现、解决员工工作生活中的揪心事，既有"锦上添花"，更多"雪中送炭"。三折加班零食机工会关爱"不打烊"，信和小食代食堂服务围着员工"口味""习惯"走，抗疫工间操工会战"疫"进行时，防疫复工两手抓，职工活动室一站式服务瑜伽、健身、跑步等爱好者。

4. 聚统战群团合力

结合单位实际打造青年志愿服务工程，利用好"立树苗"志愿服务活动履行社会责任，帮助五局对口扶贫点栗树庙村圆满实现脱贫攻坚目标。如商管公司团支部以中建·梅澜坊项目为载体，打造"湖畔"青年之家，获得湖南省级示范性青年之家授牌。同时，深入学习贯彻习近平总书记关于加强和改进统一战线工作的重要思想，坚持长期交流、深度交往，逐步拓宽工作局面，公司2019年承办"青春同心，湖湘同行"海峡两岸暨香港、澳门大学生暑期湖南实习计划中建万怡酒店见面会，促进湘港澳台四地青年间的深厚友谊，传播湖湘文化正能量。

5. 年度评估改进

年底通过"问卷星"平台开展职工幸福满意度调查，了解基层员工的工作、生活状态，寻找影响员工幸福感的直接动因和深层次矛盾，补短板，抓落实，为次年各工会分会制定幸福信和"6+1"中的自选动作提供决策依据。如2019年机关工会制订健康行动计划，重庆区域工会打造信和小食代，园林公司工会同心圆家书关爱计划等，收获一大批员工家属粉丝。

（七）以传播信和好声音为抓手，强化企业的影响凝聚力

1. 坚持一种工作理念

信和地产始终坚持"宣传也是生产力"的工作理念，通过官方网站、微信和抖音等传统或新兴媒体渠道，讲好信和小故事、传播信和好声音，不断发挥宣传工作统一思想、凝聚力量、塑造品牌、提升形象的重要作用，为企业创造价值。

2. 强化一支宣传队伍

认真抓好通讯员队伍建设，要求广大通讯员做到"四勤"：一是脑勤，即多动脑、多观察、多思考，紧扣中心大局，紧贴发展脉搏，在知上情、知下情、知民情上下功夫，与企业发展同频共振；二是眼勤，即善于观察、善于学习，做到多积累、多运用，全方位、多角度发现企业发展过程中的亮点和闪光点；三是脚勤，通过深入基层、深入走访采写，认真掌握第一手资料，在平凡的工作、生活中提炼、挖掘宣传素材；四是手勤，即勤于练笔，对发掘到的宣传素材及时整理撰写，通过多练、多写、多发稿，及时把企业发展过程中的新思路、新做法、新经验、新成果宣传出去，为企业改革发展营造良好的舆论氛围。

3. 确保一次全面覆盖

公司倾力打造红色文化"三进"党建品牌，为公司的高质量发展注入"红色"强引擎：一是打造红色文化进房地产销售卖场，做足"市"。有效干预顾客深入挖掘楼盘文化特质，提高品牌价值，实现红色文化与经营业务深度融合。二是打造红色文化进商业运营商场，做大"市"。既成为当地居民生活营商的好家园，又提升了城市文明水平，最终赢得社会效益与经济效益的双丰收。三是打造红色文化进中建物业小区，做好"市"。利用物业平台、结合社区工作，通过打造红色组织、红色细胞、红色宣传、红色公益、红色文化等五个方面的基本内涵，提升小区治理能力，体现国有企业的责任和担当。

4. 探索一系列主题策划

着力把控正确舆论导向，紧紧围绕企业生产经营和高质量发展中心任务，结合公司宣传节点，加强先期介入，坚持"一月一策划，一月一主题"，提前制定具体宣传策划方案，开办"五好地产""建证力量·红色基石""建证匠心·红色先锋"常设专栏，围绕3月"雷锋月"、5月"劳模月"、6月"司庆月"、7月"红色月"、10月"国庆月"等专题，先后推出"云办公""防疫复工""逐梦十七载 信和正青春""协同攻坚""六个专项建行动"等专题系列报道，利用媒体矩阵进行广泛宣传。做到专题栏目设置到位、系列报道到位、特色亮点推介到位，及时推介公司"好声音"、树立公司"好形象"。

5. 建设一个中央厨房

探索运用中央厨房的宣传思路，在素材采集、稿件编写和对外发布等方面进行创新优化，不断提升宣传工作质效。一是原料及时收集，以年初发布的企业年度重点宣传稿件清单为依据，提前谋划，明确稿件素材的篇幅、内容、时间等信息，形成党群部牵头抓总、各部门分工负责的宣传格局。二是成品及时推送，在稿件成品出台基础上，扩大与各级媒体平台的合作，根据报纸、

杂志、网站、客户端、微信等不同媒体平台调性，选择恰当的报道手法和形式，使各类宣传稿件及时有效对外发布，达到全方位、立体化的宣传效果。三是两端良性互动，着力平衡供给和需求两端。在需求端要求广大通讯员培养宣传工作敏锐性，在供给端要求广大通讯员紧扣时下重点和热点，满足媒体和受众对宣传稿件的个性化需求。

四、基于六种力量定位引领的融合党建模式构建的实施效果

（一）融合党建模式获评国企党建"最佳案例"，彰显品牌创优

1. 党建工作得肯定

信和地产在中建五局党建责任制考核中连续两年位居前列，是中建五局连续两年考核综合评价为优秀的唯一一家单位。党群工作部绩效考核为优秀部门，部门负责人被评为信和标兵，纪检监督工作部被评为公司年度先进集体。

2. 党建模式得推广

信和地产党委以融合党建理念为指引，充分发挥党建引领的核心作用，不断夯实抓手。公司融合党建品牌成果入选由《国企党建》杂志社主办的首届国有企业党的建设论坛的最佳案例，刊发在中建五局《情况简报》第46期，并被中建五局2020年第1期《管理之窗》转载，2020年5月14日，中国新闻网也进行了报道；2020年8月，该成果在中建五局党务培训班上做了专题经验交流。

3. 党建影响得扩大

信和地产充分发挥党建带工建、党建带团建的作用，先后荣获"全国工人先锋号""湖南省示范性青年之家""湖南省直先进基层党支部""湖南省直机关示范党支部""重庆市青年文明号""常德市青年文明号""长沙市青年文明号""长沙市五四红旗团支部""中建五局示范党支部"等荣誉称号。

（二）助力企业在湖湘"首破百亿"，彰显价值创造

1. 发展规模跃上新平台

在融合党建的指引下，信和地产用3年时间，销售规模实现从50亿元提升到150亿元以上的快速跳涨。2019年末销售额较"十三五"期初增幅达到198%，相当于再造一个信和地产。2017年销售额首破100亿元，成为湖南首家销售规模突破百亿的地产企业。2019年，销售额、投资额、回款额、营业收入、利润额较"十三五"初，分别同比提升244%、211%、233%、308%、168%，实现了"四个过百亿"的历史性突破，提前完成"十三五"规划的主要指标和"一最两跨"的战略目标。

2. 声誉地位登上新高度

2019年获得国家级奖项19项、省部级奖项39项，不仅成为湖南省首家获评中房协AAA级最高信用等级的单位，晋级中房协中国房地产百强企业、2019中国房地产百强之星、"2019中国房地产企业品牌价值TOP100"第60强、中国物业服务百强企业、中国生态园林百强企业等，项目层面还获得多项国际国内大奖，江山壹号获房地产行业最高综合性大奖"广厦奖"，常德生态智慧城与壹号府分别摘得"全球人居环境规划设计奖""全球人居环境示范住区"奖项，市场地位与影响力显著提升。

（三）带动企业管理深化"放管服"，彰显效率提升

1. 进一步提升了人均效能

融合党建模式推动信和地产整体管理水平迈上了新的台阶，劳动生产率不断提升，产品质量

持续优化，企业盈利能力和抗风险能力也得到增强。公司人力资源价值指数大幅提高，2019年全司人均利润80万元，同比提升16%；地产板块人均在建面积为9820平方米/人，高于行业优秀水平（5000平方米/人）近一倍。全年新增中、高级职称证40本、注册类证书7本、执业资格证书14本，公司整体持证率同比提升14%。

2. 进一步加快了运营效率

2019年完成交楼入伙面积165万平方米，平均提前6个月，公司项目开发实现了拿地后平均1个月内开工、7个月开盘、2年6个月交房的标准周期。其中，常德公园府项目拿地后5个月实现首开；南宁邕和府实现拿地即开工、5个月样板房开放、6个月开盘的广西新速度；株洲江湾壹号二期开工到交楼入伙用时24个月，较原责任目标提前11个月；长沙嘉和城和宁乡亮月湖两个项目在长沙市率先实现"交房即交证"。

主　创　人：张金玉、赵伯足
参与创造人：赵丹丹、何麒麟、邱山林、李爱芬、杨　睿

"双驱双超"经营管理体系的构建与实施

湖南华菱涟源钢铁有限公司

湖南华菱涟源钢铁有限公司（以下简称"涟钢"）成立于1958年，是湖南华菱钢铁股份有限公司全资子公司。公司性质为国有控股有限责任公司，属于钢铁制造行业，位于湖南省娄底市。

涟钢是亚洲最大的高端中薄规格热处理板材生产基地、中南地区重要的精品钢材生产基地。2019年钢产量960万吨，在岗职工9000多人，销售收入407亿元，利润28.8亿元，上缴税金18.27亿元。涟钢拥有从炼焦、烧结、冶炼到轧钢全流程工艺装备，核心技术国际领先。产品广泛应用于港珠澳大桥、三峡工程等国家重点建设工程及"复兴号"动车等国家名片、大国重器。涟钢具有良好的社会美誉度和公众诚信度，先后荣获"全国质量奖""全国质量效益型先进企业""全国钢铁工业先进集体"等荣誉称号。

一、"双驱双超"经营管理体系构建与实施的背景

（一）是适应国家高质量发展的客观要求

我国经济发展进入新常态后，由高速增长向中高速增长转变。推进供给侧结构性改革和高质量发展是以习近平同志为核心的党中央做出的重大战略判断和战略部署。我国钢铁行业经历多年的粗放式发展，产能已处于严重过剩状态，市场竞争激烈，效益不断下滑，宝武等钢铁巨头通过规模效应、技术优势，高举高打、抢占市场。涟钢地处内陆腹地，两头在外，物流劣势明显。随着经济增长的不断下行和钢材需求强度的持续下降，市场竞争将更加激烈。为了赢得竞争，涟钢必须"提质增效、扩优补短"，补齐产品档次、创新能力、装备水平、绿色发展、智能制造等短板，深入推进质量效益型战略落地，加快企业高质量转型发展。

（二）是突破涟钢发展瓶颈的实际需要

经过多年的不懈努力，涟钢取得了辉煌的业绩，但与一流企业相比，仍然存在差距和不足，主要表现在：

1. "科技是第一生产力，创新是第一动力"的管理理念落实不够。品种升级不快，抗市场波动的能力不强；创新体系建设水平不能满足生产水平快速攀升、高难度品种迅速拓展的新要求。

2. 服务意识和服务能力不强，产品交付矛盾突出，按期兑现能力有较大欠缺，影响市场销售和客户开拓。

3. 战略定位不清晰，"塔尖"品种和销量不足，高盈利产品占比不高。对市场布局的方向和满足客户需求的方式缺乏系统思考和规划。

解决这些问题，需要从管理理念落地、服务意识提升、战略定位创新、客户需求满足等方面探索新的经营管理体系，提升企业管理水平。

（三）是涟钢持续快速成长的自发追求

涟钢是承载湖南工业发展历史的企业。老一代涟钢人生产出了湖南省第一炉铁水、第一支棒材、第一卷板材。随着涟钢由小到大、由弱到强，"建百年新涟钢""打造具有一流产品、一流技术、一流竞争力的优钢综合服务商"成为新一代涟钢人的奋斗目标。

接下来的几年，涟钢将充分发挥"超薄、高强"特色，致力于成为国内特色精品板材基地；力争通过3~5年的努力，建设成为产品高端、差异化优势明显、竞争与营利能力强、信息自动化程度高、环境友好、运行高效的一流钢铁企业。

为实现新的中长期目标，需要探索新的经营管理体系，挖掘内外驱动动力和市场支撑要素，推动涟钢持续快速发展。

二、"双驱双超"经营管理体系构建与实施的内涵

（一）"双驱双超"经营管理体系的理论依据和核心

企业核心竞争力的本质是通过满足消费者现存需求和潜在需求而占有消费者的能力。涟钢"双驱双超"经营管理体系的核心就是以超越目标客户期望获得客户忠诚。即在识别目标客户的基础上，通过需求驱动和创新驱动，用超越客户期望的产品和服务满足客户需求，获得目标客户的忠诚，最终实现企业的高质量发展。

（二）"双驱双超"经营管理体系的内涵阐释

涟钢"双驱双超"经营管理体系植根于涟钢"科技是第一生产力"理念和"服务型制造"企业的定位，以"质量效益型"战略为引领，锁定下游行业的龙头企业作为目标客户，坚持质量第一、效益优先，走精品、差异化发展道路；以"需求驱动"和"创新驱动"双驱为动力，瞄准高端需求定制研发，聚焦重点专项产品，打造细分市场隐形冠军；以"超期质量"和"超期服务"双超为目标，深度挖掘客户期望，从为客户提供更多附加价值入手，主动帮助客户提升产品质量、降低产品成本，以先入、独特优势构筑客户对涟钢产品和服务的依赖，锁定客户忠诚；通过管理体系的运行、优化，提升企业的核心竞争能力，实现"成为具有一流产品、一流技术、一流竞争力的综合服务商"的企业愿景。

三、"双驱双超"经营管理体系构建与实施的主要做法

（一）化虚为实，将"科技是第一生产力"理念真正落地

涟钢认识到"不能用思想让思想落地"，仅仅通过理念的宣贯还无法让全体员工认同、实践"科技是第一生产力"理念，更无法对企业产生实际的价值。

涟钢将理念落实到经营管理中，通过平台建设、科研投入、制度规范、绩效激励等手段，将涟钢建设成为真正的科技创新型企业。

涟钢建立了国家博士后科研工作站、院士专家工作站以及湖南省高强结构及工程机械用钢工程技术研究中心等创新研发平台。研发人员中拥有国家及省部专项津贴获得者7人、在站博士后3人、博士20人，中、高级职称员工占54%。

涟钢将销售收入的5%投入科研，支撑高端产品的研发。2019年投入金额超过20亿元，开展新工艺、新技术、新材料的研究应用。研发过程按照《涟钢技术研发管理办法》规范实施，定期收集客户需求，制订开发计划，成立专项项目组，以技术专家为组长，领导销售、技术、生产、质量人员共同开展研发工作。研发成果分四个阶段逐步评审、验收，最终转化为客户认可的产品。

涟钢切实加大对研发人员的奖励力度。2019年新产品研发奖励超过1000万元，极大地提升了研发人员的积极性和创造性，推动企业技术实力从量的积累到质的转变。

（二）打破制造业重产品不重服务的传统，将涟钢定位为"服务型制造"企业，实现了由制造商向服务商的转变

涟钢研究发现，制造应该包括生产和服务两部分，服务处于价值的高端，生产加工环节处于低端，价值增长的潜力已转移到下游服务活动中，服务将成为企业效益新的增长点。涟钢萃取

"基于制造的服务"和"面向服务的制造"理念的先进经验，把自己定位为"服务型制造"企业，落实"服务型制造"理念。

在价值实现上，涟钢由供应钢材产品转变为提供具有丰富服务内涵的产品和依托产品的服务；在营销方式上，由产品推销转向通过有效挖掘下游行业深度需求，实现个性化生产和服务；在运作模式上，强调主动性服务，主动发现顾客需求，展开针对性服务。

涟钢整合管理、技术资源，推进以销定产策略，实施按订单组织生产模式；优化专业流程，建立以销售市场为引导，以产品研发为基础，以稳定生产为保障的产销研一体化体系，实现了由制造商向服务商的转变。

(三) 实施质量效益型战略，走精品、差异化发展道路

涟钢曾经历过举步维艰的困难时期。除供需关系恶化、市场竞争激烈外，战略不明晰也是主要原因之一。涟钢应用PEST宏观环境分析、SWOT分析等战略管理工具，进行了战略创新。主要包括四个部分：战略定位创新、战略路径创新、战略市场创新和战略产品创新。

战略定位创新：瞄准下游行业标杆客户，打造"优钢企业"，坚持走高端、精品、特色、差异化发展之路。

战略路径创新：坚持质量第一、效益优先，以质量效益为中心，以质取胜不拼价格。

战略市场创新：紧盯下游高端用钢需求，用高端产品吸引高端客户，抢占高端细分市场。

战略产品创新：产品瞄准更薄、更轻、更强目标，持续开展产品研发，提升客户的附加价值，推动产品由粗向精、由低端向高端大步跨越。

基于战略创新成果，涟钢从产品结构调整、质量目标和品牌建设、产线工艺和装备改进、信息自动化和智能制造等几个维度，制定了质量效益型战略，战略方向从提产量转变为提质量，做深做精板材，做强做优棒材，成为行业特色产品的领跑者。

2019年涟钢的薄规格工程机械用钢、薄规格耐磨钢和锯片钢三类产品国内市场占有率第一，薄规格工程机械用钢国内市场占有率达70%以上。定制研发的高端产品，累计50余个获国家冶金产品"市场开拓奖""金杯奖"和"卓越产品奖"，战略创新成果斐然。

(四) 围绕高端客户，以"需求驱动"和"创新驱动"双驱构建企业的核心竞争力

涟钢在以往的发展中，将"满足市场普遍需要"作为产品生产和技术研发的重点。随着钢铁市场产能过剩，同质化竞争日趋激烈，包括涟钢在内的大部分钢铁企业效益不断下滑。

差异化是钢铁业实现突围的必然选择，钢铁企业必须做优、做精，进行差异化竞争才能生存。

涟钢将目标客户锁定在下游行业标杆上，围绕高端客户，以"需求驱动"和"创新驱动"为动力，着力构建紧跟钢铁前沿领先技术和产业链发展方向的超强研发体系，聚焦客户需求，着力产品质量提升和重大专项产品开发，实现了创新链与产业链的无缝对接。

1. "需求驱动"的前提是准确获取、转化客户期望，涟钢通过四个步骤实现

第1步：全面收集客户的声音

涟钢通过客户市场调查、客户现场走访、客户下游调研、业务监控等多渠道收集客户的需求及对涟钢运营的反馈。

第2步：将客户的声音转化为客户的期望

涟钢着眼于企业与客户的互动与双赢，对收集到的客户声音，进行系统的分析整理，将选择客户价值、提供客户价值、传播客户价值、交付客户价值四个相互关联的管理流程有序联结，形成完整的客户期望。

第3步：将客户期望转化为质量和服务关键要求

对于客户期望，涟钢将其转化为产品质量的关键参数和"保姆式"服务的关键要求，纳入涟钢的运营管理体系中，完成了从虚到实的管控。

第4步：通过技术攻关，实现客户期望到产品的转化

涟钢以创新为核心、以先进技术为支撑，对客户期望所转化的质量要求进行技术攻关，制造出超越顾客要求的产品。

如某大型机械企业的起重机吊臂材料因为要求强度高，一直依靠进口，不仅成本高，其供货周期也严重制约企业的生产。涟钢积极与客户沟通，满足客户个性化需求，攻克生产工艺过程控制的各种难题，最终成功试制出薄规格高强钢产品。涟钢与客户的携手合作，既实现了涟钢工程机械用钢品牌的建立，也促进了客户用材的国产化，填补了国内产品空白，从而加快了工程机械用钢的国产化进程。

2. "创新驱动"必须落实到生产经营的关键环节，涟钢主要从创新人才、创新机制、创新体系、创新氛围、创新平台五个方面进行

（1）培养创新人才，产教融合

创新人才是满足创新需求，并持续推进创新，特别是颠覆性创新的关键保障。

涟钢建立了培训管理制度，制订了年度培训计划，分管理、技术、技能、业务四个类别，按集中培训、各单位自培、送外培训三类培训方式，通过调研培训需求、制订培训计划、组织实施培训、培训效果评价四个环节有效实施分层、分类培训。

涟钢还实施"精英计划""名匠工程"，选拔培养青年技术骨干、优秀年轻干部、高技能人才。并且从2012年起每年开展前沿技术培训，外聘北京科技大学、钢研总院及东北大学专家来涟钢开展专题讲座，拓宽技术人员的视野，提升研发能力。

（2）建立创新机制，无惧失败

对长期、重大、具有颠覆性且不确定性较大的创新项目来说，应该允许创新的失败，并且应建立创新机制保障创新的顺利进行。

涟钢允许创新失败不是口号，而是落实到行动中。认为创新失败并非坏事，"吃一堑，长一智"，失败也是财富。涟钢通过正向激励引导员工积极进行创新，对创新成果给予高额奖励。通过正向激励，涟钢的创新取得了丰硕成果，耐磨钢突破四个世界之最：规格最薄、级别最高、耐磨性最好、成型性最高。工程机械钢板"总体达到国际先进水平，在薄规格板形质量控制技术方面达到国际领先水平"。

（3）构建创新体系，形成协同

创新体系是协同完成某些高难度创新的组织保障。某些创新，特别是一些原创、重大、颠覆性的创新，仅靠企业自身单打独斗难以完成，需要其他组织协同才能完成。

涟钢建立了以市场为导向，以技术中心为龙头，以博士后工作站、院士专家工作站等技术平台为辅助，与国内重点科研院所相结合的产学研创新体系。产学研的高度结合，为涟钢高端产品开发、降本增效做出了巨大贡献。与钢铁研究总院院士团队开展的取向硅钢研究，不到一年时间就打破湖南不能生产高端电工钢的历史。

（4）营造创新氛围，冲破藩篱

创新氛围是营造"破旧立新"创新环境，形成"勇于创新"文化的保障。

涟钢的管理者具有"不创新不行，创新慢了也不行"的危机意识，以实际行动营造创新、挑

战、颠覆传统的氛围,将重大、颠覆性创新作为企业的重大事项,突出创新的地位和作用。此外涟钢还坚持推动耗时很长、难度很高的创新项目,以此告诉全体员工:涟钢是一个以创新为动力的企业,也是一个通过创新提升竞争力的企业,还是一个以创新为荣的企业。

(5)打造创新平台,引凤筑巢

创新平台是企业不断明确创新愿景和目标,留住人才、推动创新项目落地的保障。

涟钢敢为国企之先,以"20万元保底年薪加一套288平方米精装修复式住宅"的待遇,引进高端专业人才,组建创新团队;对引进的人才,涟钢积极打造创新平台,设立以高端人才名字命名的工作室,配备研发人员,为他们发挥才能提供良好的舞台。

高端技术人才的到来为涟钢的技术创新和进步发挥了巨大作用。2018年某博士作为板材技术带头人不仅培养出一批板材技术人员,还带领团队完成了高强钢全流程板形攻关、2250粗轧模型改造提速、换品规轧制设定精度提升等一系列技术攻关课题。仅2250粗轧轧制节奏平均提升10秒,每年累计降低轧制成本2500万元。

(五)以"超期质量"和"超期服务"双超为目标,使客户对涟钢的产品和服务产生依赖,锁定客户忠诚

涟钢以前没有建立完善的客户服务平台,顾客满意度徘徊在80%左右,质量异议和客户抱怨时有发生。

通过市场实践发现,影响客户满意程度的因素和不满意程度的因素是动态的、有差异的。企业提供的产品或服务即使在客观上有再优秀的品质,但它如果在客户期望之内,也不能为客户带来满意感,它至多只能消除客户的不满意感,类似于赫兹伯格的双因素激励理论(激励保健理论)。

涟钢通过满足客户三个层面的需求实现产品和服务超越顾客期望:

第一层面,制造"保健性"的产品及服务,满足客户所提出的产品和服务要求,消除顾客的不满意感,尽量靠近消费者的心理预期。

第二层面,制造超越顾客期望的产品及服务,通过现场技术服务、定制研发等手段使产品或服务超越顾客心理预期,实现顾客满意。

涟钢组建以博士等高端人才为主体的"服务团队",做到现场驻点快速响应、技术难题快速解决、个性产品快速定制,把贴心服务送到客户身边。客户有什么问题,"涟钢保姆团"就会第一时间响应。在自卸车标杆企业,涟钢客户服务团队在现场调研后建议客户使用高强耐磨钢,结果给整个自卸车行业带来了产品升级换代的革命。

第三层面,建立企业与客户的利益联结,拓展企业产品和服务领域,通过先期介入客户的设计研发、材料使用等手段,从更深层次上满足客户的主导需求,使客户永久处于超越其期望的惊喜之中,进而实现顾客忠诚。

涟钢引入了供应商先期介入服务(EVI)机制。EVI指的是材料制造商介入下游客户的早期研发阶段,充分了解客户对原材料性能的要求,从而为他们提供更好的材料和更个性化的服务。

涟钢服务团队在我国某知名企业现场,通过对其产品的分析,提出用材强度等级升级建议,帮助企业实现车厢减重30%并增加了有效载荷,大幅降低油耗和轮胎磨损,提高单车次装载量,这一技术升级方案,给客户带来了可观的经济效益。同时,涟钢还针对该客户需求开展了极限薄规格的品种开发,迅速成为该企业高强车厢结构用钢的主要供应商,供货量最高时占其总采购量的70%以上。

（六）更新企业愿景，并通过体系的改进实现

涟钢将企业愿景"创建精品板材基地"更新为"成为具有一流产品、一流技术、一流竞争力的优钢综合服务商"，通过"双驱双超"经营管理体系的不断固化、实施、完善，最终实现"核心产品质量水平国际一流，核心技术研发水平国际一流，核心竞争能力国际一流"的宏伟目标。

（七）管理体系运行的组织、人才、财务、制度保障

1. 强力组织支撑

多年来，涟钢从内生机制上主动做好"双驱双超"经营管理体系的运行工作，成立了经营质量改进工作领导小组，稳步提升企业管理。

领导小组由党委书记、总经理担任组长，企业管理与战略规划部、生产管理部、质量部、技术中心、人力资源部、财务部、各生产厂等单位主要领导担任组员。各单位在领导小组的指挥下全力做好经营管理体系的运行和改善工作。

2. 大量人才投入

人才是最本质的生产力，"重视人才、厚待人才、礼遇人才"，是涟钢近年来打造高质量发展优质企业的重要举措。为提升经营管理体系的运作实效，涟钢投入管理、技术等多方面的人才，其中直接投入管理人才417人，技术人才1869人；间接投入的质量员、生产人员3000多人。

为使投入人员能够满足工作要求，涟钢进行了大规模的管理和技术培训，2019年各类培训达到7000多人次。

3. 财务资源保障

涟钢近3年来直接投入26亿多元，引入国际先进的洁净钢生产平台，高起点、全流程、大规模持续推进脱胎换骨式的技术改造，实现了工艺装备大型化、现代化、自动化。同时加大技术研发、质量改进等费用的投入，2019年的新产品开发费达14亿元，质量改进费6亿元以上。

4. 制度体系建立

涟钢建立了以中长期战略规划为蓝图、年度商业计划为落地、年度管理报告为监控、多体系审核为保障、战略绩效管理为导向、全员绩效管理为支撑的"一体六环"卓越绩效改进系统，并形成管理制度，以保证"双驱双超"经营管理体系运行。

绩效改进系统以质量、测量、能源、环境和职业健康安全管理等体系为基础框架，实施战略地图、精益生产、标准化等管理方法，开展项目制、合理化建议、质量月等各类改善活动，通过体系审核、客户满意度评价、标准化检查、组织及经理人绩效评价等手段，查漏补缺、系统优化，持续改进经营业绩。

四、"双驱双超"经营管理体系构建与实施的效果

涟钢"双驱双超"经营管理体系实施后，涟钢的管理效益、经济效益、社会效益、生态效益持续增高，并推动了行业和地域的发展。

（一）管理效率效果双提升，精益生产水平再上新台阶

实施"双驱双超"经营管理体系以来，涟钢钢产量连续四年大幅增长，2019年达到960万吨，生产效率快速提升。

2019年全员劳动生产率从2018年的299.4万元/人·年提升为2019年的358.2万元/人·年，增长了19.64%。万元产值能耗从2018年的1.276吨标煤下降为2019年的1.252吨标煤，下降了1.88%。

（二）经济效益大幅提升，盈利能力不断增强

涟钢销售收入连续创历史最好水平。从2017年的288.88亿元跃升为2019年的407亿元，利润从25.2亿元增加到28.81亿元。

涟钢的资产负债率从92.71%的高位下降为59.14%，规避了财务风险；流动资产周转率从2.72次增长为6.42次，资金利用效率大幅提升。涟钢纳税金额居娄底市首位，2019年达到18亿元。

（三）社会效益显著，推动科学技术进步和人民生活水平提升

《人民日报》指出涟钢生产的D6A最薄2.75mm，X32最薄3.0mm，为国内最薄产品，打破国外垄断，推进该系列产品国内技术的进步，打牢中国工业的基石，为提高我国冶金产品的影响力做出了重要贡献。

涟钢累计获得国家科学技术进步二等奖项目3个，国家科学技术进步二等奖提名2个，省部级科技进步奖项目22个。主持或参与了多个国家和省级示范技术的研究与推广工作，成功开发出高品质减量化耐磨钢板等产品，达到国际最高级别水平，推动了钢铁行业的科技进步。

（四）绿色、智造融合发展，生态钢城与城市和谐共生

涟钢开发出多种具有高强、耐磨、耐蚀特性的高精尖绿色产品，搭建了高端板材制造智能化数字化平台；工业废渣全部在线监控并100%回收利用，全年外排废水合格率达到100%；厂区环境大幅改善，2019年PM10、二氧化硫、二氧化氮指标均优于环境空气质量二级标准。先后获得全国绿化先进集体、湖南省"绿色工厂"等荣誉称号，更为汽车行业的安全轻量化、降低油耗、减少尾气排放做出了贡献。

（五）通过示范效应，推动行业和地域发展，树立"湖南制造"的良好形象

涟钢参与制定8项国家标准，带动了钢铁行业整体质量水平提升；获得"名牌产品"等政府质量奖励，品牌形象取得了社会各界的广泛认同；携手娄底市打造了占地4500余亩的薄板深加工产业园，促进了区域特色产业发展；参与复兴号、大兴机场、港珠澳大桥等众多国家重点工程和大国重器建设，树立了"湖南制造"的良好形象。

主　创　人：肖尊湖、成沛祥
参与创造人：汪庆祝、李光辉、黄兆军、彭明耀、卢定宇、郑　庆、刘建新、刘卫东、肖锡华、张红民

民营建筑企业品牌资产管理创新

湖南省沙坪建设有限公司

湖南省沙坪建设有限公司（以下简称"沙坪建设"）创立于 1963 年，是一家以建筑施工、投资运营、产业链服务为主业，集装配式建筑研发制造、工程设计、装饰装修、建筑机械设备供应等于一体的现代民营企业集团。公司注册资金 16 亿元，控股 10 余家子公司和 1 家上市企业，全产业规模逾 300 亿元。公司具备施工总承包特级、房地产开发一级、工程设计甲级资质，是国家装配式建筑产业基地、国家高新技术企业、全国建筑业成长性 100 强企业、湖南省著名商标，位居湖南民营建筑强企第 1 位、湖南百强民企第 23 位，是"建筑湘军"的重要力量。

一、民营建筑企业品牌资产管理创新实施的背景

（一）是加快建筑业持续健康发展的客观要求

我国经济发展进入新时代，其基本特征就是我国经济已由高速增长阶段转向高质量发展阶段。2017 年国务院印发引领建筑业发展的纲领性文件《关于促进建筑业持续健康发展的意见》；2019 年住房和城乡建设部发布《关于完善质量保障体系提升建筑工程品质的指导意见》，提出进一步完善质量保障体系的总体要求和重点任务，提升建筑工程品质，用高质量铸就中国建造品牌。建筑业面临着前所未有的机遇和挑战，品牌资产管理日益成为建筑业持续健康发展的客观要求。

作为湖南成立时间较早的本土民营建筑企业，沙坪建设自成立至今，始终坚持"责任、进取、坚持"的核心价值观，自力更生、产业报国，企业市场影响力和品牌符号响彻三湘。近年来，随着建筑行业市场的有序化、规范化、集中化发展，企业竞争更是多维度的竞争，企业品牌及品牌所覆盖的业绩、速度、规模、管理等实力越来越被市场和客户所看重，品牌资产如何管理和创新，一方面需要助力企业生产经营，在激烈的市场厮杀中突出重围，一方面要不忘初心、永葆匠心，坚定不移地践行品质发展和优质服务，坚守质量底线、品牌底线，保持沙坪品牌的独特魅力。

（二）是提升民营建筑企业发展质量的内在需要

建筑业作为国民经济支柱产业，改革开放以来为国民经济的高速发展做出了巨大贡献，但我国建筑业一直没有摆脱依靠规模增长的粗放式发展，虽规模迅速扩大，但是大而不强。建筑行业准入门槛不高，属于劳动密集型产业。建筑行业尤其是中小型民营建筑企业经营无序、抗风险能力低、管理粗放，造成低价竞争、偷工减料、安全质量事故频发的行业乱象，建筑行业普遍社会声誉较差。因此，建筑行业急需优化产业机构，转向高质量、高专业度、高级人才方向发展。

高品质发展的首要要求就是工程品质和企业品牌。目前，公司的主要业务仍集中在房建、市政设施领域，承接超高层、超大型、标志性项目较少，与央企国企领军企业在业务承揽、管理创新、人才吸纳等方面存在较大差距。企业在市场、人才、技术上的升级转型压力依然存在。从 20 世纪 90 年代完成企业改制以来，沙坪建设持续实施品牌战略工程，从战略高度对企业进行组织变革，提升组织创造力、竞争力；从管理维度进行信誉建设，坚持诚信经营、品牌兴企，在经营管理中更加注重创新品格。公司以企业战略和品牌战略双效推动企业核心竞争力的提升，实实在在推动了企业高速、高质量发展。

(三) 是传承工匠精神打造精工产品的根本途径

李克强总理2016年3月在政府工作报告中提出："鼓励企业开展个性化定制、柔性化生产，培育精益求精的工匠精神，增品种、提品质、创品牌。"随着企业战略实施落地，沙坪建设要走得更远、走得更好，必须探索一条符合企业实际的现代企业管理模式，必须把品牌建设和品牌资产管理摆在更加突出的位置，让"沙坪建设"的老字号、老品牌焕发新活力，留住"匠心沙坪"的历史记忆，加快推动新形势下的品牌资产管理和创新发展，以高标准品牌推动高质量发展。

互联网时代，工匠精神不仅体现了对产品精心打造、精工制作的追求，还要求不断吸纳最前沿技术，创造出新成果。沙坪建设秉承"让建筑更有价值"的使命，始终守护企业品牌，加大资金、人才投入，加强新技术、新工艺、新设备的研发应用，形成了一批以鲁班奖、国优工程为代表的精工产品，精心打造了"匠心沙坪"的良好品牌。反过来，好的品牌又可以支撑、反哺产品管理。公司建立了项目安全文明施工、技术质量、售后服务等各个领域的品牌标准，并以此形成了作业规范，促进线条联动，协调作战，增强整个团队的凝聚力，合力保障项目安全、质量、工期、成本目标的实现，切实提升企业综合履约能力，为打造更安全更有价值的建筑产品提供了重要保障。

二、民营建筑企业品牌资产管理创新的内涵

现代品牌理论认为，品牌是一个以消费者为中心的概念。品牌资产是一种无形资产，它是品牌知名度、品质认知度、品牌联想度以及品牌忠诚度等各种要素的集合体。品牌资产的价值关键体现在差异化的竞争优势上。该创新成果以品牌战略及管理创新理论为指导，通过品牌建设和品牌输出不断提升企业经营效益和综合实力。一是加强品牌战略管理，通过细分企业在行业中所占据的品牌定位，稳固既有优势市场，精准寻求机会型市场。基于品牌宣传的逻辑，加强内外部品牌传播效果，更新市场和客户对沙坪建设的固有品牌定位，实现品牌与产业双升级。二是优化品牌顶层设计，为品牌建设提供保障，为品牌管理注入新活力。基于品牌"服务社会、服务业主、服务员工"的理念，提高品牌价值感知，积极与市场、生产、党工团等线条协同发声，达到全面提升品牌形象的目的。三是完善品牌传播矩阵，精准宣传，有的放矢，以品牌活动为生产经营助推升级。打造与生产经营接轨、与业务拓展绑定、与管理提升协同、与企业文化相融的品牌传播体系。

三、沙坪建设品牌资产管理创新的主要做法

作为湖南本土知名的建筑强企，沙坪建设以"责任、进取、坚持"为核心价值观，加强品牌资产管理和创效，主要思路是"明战略、强保障、拓渠道、优服务"。

(一) 明战略：企业战略与品牌战略"双轮驱动"

一是树立战略先行的发展理念。企业要发展，战略必先行。对于企业而言，比盈利更重要的是对赛道的选择，而赛道就是"战略"。沙坪建设将企业战略制定作为关乎生存的头等大事，在详细分析现状、资源能力和核心竞争力的基础上，明确了"传承工匠精神、打造百年沙坪"的发展理念，坚持以"让建筑更有价值"作为行业使命，以"打造全国一流的工程总承包企业"为发展目标，以战略引领产业、资本、组织、人才变革，整合内部产业优势、完善区域综合布局、激发组织创造活力，形成长久的、核心的竞争优势，确保企业在存量经济的时代走得更长远。这个战略定位是一种基于现实研判和发展路径的主动选择，是保证品牌战略正确方向、正确路径的核心要素和基本考量。

二是加强品牌战略的顶层设计和规划。近年来，公司立足自身实际，加强开门问策。一方面，

通过客户回访、市场调研、机会分析、政策研判等，系统分析自身的技术、能力、市场等资源优势，研究细分市场、专业领域和客户需求，了解竞争对手的品牌状况、行业标杆企业的品牌特性，制定了《"十四五"品牌发展纲要》，为沙坪品牌的创新发展描画蓝图。另一方面，通过东道品牌、博志成、博华等管理咨询机构，重新梳理品牌架构，定义品牌策略，形成品牌传播的理念、价值导向等基础性要素，确立差异化品牌定位。在此基础上，沙坪建设在品牌建设和品牌资产管理上，形成了以共同价值观为内核，以"匠心沙坪、奋斗沙坪、进取沙坪"为内涵，以"全国一流的工程总承包品牌"为目标的品牌发展战略。根据这个品牌发展战略，公司将重点以"忠诚度、知名度、认知度、联想度"为基本维度，大力开发品牌资产，以最大限度地激发品牌活力，创造品牌价值和利润。

三是确定品牌建设的发力方向和路径。为落实企业总体发展战略，公司明确了"产品品牌、服务品牌、企业品牌"三线并重的品牌发展路线，以精工品质创工程品牌、以客户为中心创服务品牌、以诚信经营创企业品牌。沙坪的品牌在品质上的最高体现是国家级的工程质量标准，公司承建房屋建筑、市政地铁、水利水电、公路工程、海外工程等重大工程千余项，质量合格率100%，优良率达95%以上，优秀的产品品质构筑了品牌价值最坚实的基础，也打造了传承工匠精神的榜样品牌。落实"区域拓展、整体提升"的年度主题、"做强主业、做精专业"的产业主题，召开品牌研讨会，升级完善VI系统，搭建"宣传片、官网、融媒体"的媒介矩阵，为品牌视觉定调、为品牌符号发声。对企业文化进行重塑升级，将"工匠精神、劳模精神、奋斗精神"融入核心价值观，将"工作好、学习好、身体好"上升为员工行为文化的约束性要求。精准选择区域、客户，举办项目观摩、业务交流、行业研讨等活动，开展区域品牌会、专业博览会、产品推介会、客户联谊会等互动活动，提升品牌知名度，助力市场拓展和品牌传播。

（二）强保障：夯实支撑体系优化环境提升质量

一是加强组织领导。强化一把手品牌建设意识，公司成立品牌建设工作领导小组，由董事长任组长，副总裁任副组长，领导小组下设办公室，统筹协调和推进公司品牌建设与发展。公司品牌建设和管理工作由品牌总监具体负责，明确总部部门负责人、分公司负责人的品牌责任制，将品牌建设的职责落实到各品牌单元。整合总部、分公司、产业链上的品牌岗位和人力资源，负责产品品牌的形象策划和设计，负责品牌建设和危机公关处理，负责自媒体和融媒体推广。

二是完善制度机制。为确保形成长效的品牌管理机制，公司制定了品牌管理的一系列制度。在企业品牌层面，形成了《品牌管理办法》《品牌推广活动管理办法》《品牌统一规划管理办法》《危机公关应急管理办法》等一系列制度；项目安全文明施工方面，形成了VI标准手册、非生产区域布置VI手册、《施工现场标准化管理图集》、《项目品牌建设激励办法》等制度；在品牌渠道和载体方面，形成了《融媒体中心建设规划》《通讯员激励管理办法》《宣传品管理办法》《品牌制作工作指引》等制度。体系完备的品牌制度，夯实了品牌管理的基础。针对行业转型升级加快推进、企业业务工作点多面广、从业员工数量多结构复杂等实际情况，沙坪建设通过构建"上中下、面线点"全方位立体结合的方式，织密品牌组织架构，筑牢品牌堡垒，让企业品牌的肌体活起来、动起来。

三是强化绩效考核。品牌建设工作有目标任务、有绩效考核。将品牌建设工作纳入业绩考核体系，制定了相应的激励约束措施。从关键绩效指标、重点工作指标、责任指标以及执规指标等四个维度对品牌管理绩效体系进行重新梳理。在公司总部层面，将重大品牌舆情作为考核红线的扣分项纳入年度绩效目标考核责任状，确保品牌管理效果。在分公司层面，将年度品牌活动策划及区域社会性荣誉获得作为重点考核指标，纳入分公司总经理年度绩效，建立从策划、组织到传播的系统考核激励机制，全面覆盖总部、分公司、部门、岗位。

四是确保经费投入。公司年度预算单列品牌建设专项资金，以2020年为例，包括安全文明施工、企业品牌视觉、职工文化活动、社会公益事业等方面的常规性品牌建设资金预算高达2000万元。品牌专项由品牌建设工作领导小组评审确定，对品牌输出方案、执行计划、资金需求进行评估和决策。对意义重大、影响深远的品牌活动，如捐资助学、扶贫帮困、抗灾救灾、公益捐助等大额资金专项，均由董事长亲自审批。对创优创奖、观摩研讨、推树典型、文化体育活动等重要专项品牌活动，资金足额及时保障，提供有力支持。

五是加大人力保障。通过引进、培养、轮岗等措施，公司建设了一支具有较强品牌意识、专业品牌知识、精通品牌运营、熟悉市场规则的高素质品牌队伍，为品牌建设提供智力支撑。同时，充分发挥高等院校、职业学校、社会培训机构的作用，吸纳高素质品牌建设人才。积极发挥公司在所有在建项目成立的150余人的品牌专员队伍的支撑作用，为项目品牌建设工作提供支持、指导、服务。

（三）拓渠道：构建全方位立体式品牌传播体系

一是打造强有力的自媒体平台。开发运营了沙坪建设官网、沙坪建设微博、沙坪建设微信公众号、"V沙坪"抖音号，开发了"微沙坪"小程序、"沙坪会"客户俱乐部等特色型品牌平台。对吉祥巷城中村改造、军民融合产业园智慧工地、花垣碧桂园项目流动党支部、聚恒总部基地项目工会等品牌项目、品牌事件进行提炼包装，在抖音、公众号上传短视频。目前，公司公众号阅读量、抖音号粉丝数均超10000+，粉丝经济、流量大咖，正在助力企业品牌的强劲发展。同时，通过官网、官微、画册、宣传片、小程序等渠道，打造"沙坪奋斗者""沙坪匠人"等主题传播栏目品牌，做大访问流量、塑造企业品牌。加强榜样塑造，对公司培养出来的全国劳动模范、行业工匠等进行榜样宣传，赋予沙坪人群体以"符号价值"，打造"人物品牌"。唱响企业司歌，"经风历雨雪，情撒脚手架。我们沙坪人，筑起千万家……"用音乐的形式讲述沙坪故事、诠释沙坪精神，公司的"精神品牌"走进每个项目、每个职工。

二是加大品牌故事的渲染和传播。公司坚持以技术领先、产品差异化和市场专一化作为个性化品牌建设的抓手，打造一个品牌要素齐全、给人留下美好印象和回味的完美品牌。弘坤·花样汇，是公司承建的50万方大型城市综合体，获得了鲁班奖、国家优质工程奖、广厦奖、全国建筑工程装饰奖4个国家顶尖大奖。项目从最初的一块荒草地，到现在集高端住宅、精品公寓、商业综合体、国际化酒店于一体，辐射梅溪湖，打造"精致社区邻里中心"商业新模式，见证了一个城市从荒芜走向兴荣的发展变化。公司承建的军民融合产业园智慧工地，人脸识别系统、数字项目平台App、施工质量管理系统、施工安全管理系统、塔吊安全监控管理系统等技术多维度、全方位地守护项目，确保做到质量安全万无一失。这种形象生动的"品牌叙事"，巧妙地传递品牌信息，增进与密切目标受众的情感交流，实现品牌与目标受众的心灵共鸣。

三是聚焦社会公益和企业责任。在2020年抗击新冠肺炎疫情期间，组织强有力的品牌传播力量，对公司援建"长沙小汤山"——长沙市第一医院、捐资抗疫等进行立体式传播，公司抗疫得到了湖南省委、省政府的表彰感谢。公司在扶贫助学、抗洪救灾等社会公益事业上积极贡献力量，如在高校开设沙坪宏志班、设立沙坪奖学金，"沙坪志愿者服务队"积极参与社会公益事业，创立湖南省第一家公益性众创空间。

四是打造沙坪特色品牌活动。为落实"三好员工"理念，公司创立了"健跑""悦读""奋斗者"三个品牌活动，每年举行员工马拉松比赛，开展"读书会"，开设"沙坪奋斗者"故事征集讲评。依托国家级装配式建筑产业基地、全国示范职工之家、省级BIM技术中心等平台，扩大了沙坪品牌的"朋友圈"，塑造了更为多样化、个性化、品质化的企业标签，帮助公司品牌从更多同业品牌中脱颖而出。围绕国庆90周年、建党99周年、文明创建等主题，开展了特色庆祝活动。抖音号单次点击量超过10万人次。

（四）优服务：打造"客户中心服务至上"企业品牌

一是提升服务站位。在产品同质化竞争的行业大势中，终极的竞争实质上是服务的竞争、品牌的竞争。面对建筑行业"放管服""营改增"等变局向纵深推进，以及所辐射的细分行业专业化趋势，如何实现服务单元间的高效协同，是打造沙坪服务品牌的重要课题。一方面，抓内部管理提质提效，向企业内部管控进行扩展，把企业管理做细做精。例如企业通过强化施工策划和组织，打造项目履约品牌；加强项目预算管控，控制项目成本，打造盈利能力更强的商务管控品牌；通过常态化的内部培训，形成覆盖各个职级、工种、项目的培训体系，打造员工培训品牌。另一方面，做好服务，促进外部大协同。在建筑施工领域，业主、施工、监理、供应商、分包商、银行等是一个相互关联的协同体，因此，公司努力打通上下游、内外部的业务单元，形成大协同生态圈，从而提高整个生态链的数据传递与使用的效率，极大地提升了品牌效应。

二是推动服务靠前。公司确定了"全力服务市场、全程服务业主、全心服务员工"的"三全"服务理念，努力打造服务品牌。从公司中高级管理者到总部、分公司各个服务单元，全员都将"服务"摆在首位，强调首问服务、首办服务。公司制定了《规范化服务手册》和操作规程，公司市场、工程、商务、人力、技术、财务等各个线条都设置了服务先锋岗，推行"为您服务"承诺制。总部技术、商务、工程管理人员深入项目部，围绕技术难题攻关、重要生产节点等关键问题，靠前服务、一线指导。各分公司、各项目部积极开展"服务创效"活动，组织开展职能型岗位人员的服务礼仪、服务技能培训，不断完善服务规范和标准，让客户体验和感受到更方便、更快捷、更优质的专业服务，营造良好的企业营商环境。

四、沙坪建设品牌资产管理创新实施效果

（一）提升了企业管理效率和经济效益

近三年，公司年新增合同额稳定在100亿元以上，预计到2020年可以实现增长率超过50%，人均收入、人均净利润均有明显增值，全员劳动生产率到2020年预计增长20%以上。目前，沙坪建设在业务承揽、施工履约、工程质量等方面，均有了长足的进步，已经成为湖南民营建筑企业的重要品牌。

通过品牌整合发力，公司将品牌融入市场拓展、生产履约、内部管理各个领域、各个环节，促进了生产经营中心工作，新增合同规模、收入规模、利润规模上均实现了较大增长。近三年来，公司资产质量与核心竞争力不断优化与增强，盈利能力实现大幅增长。2020年克服经济下行、新冠肺炎疫情影响，前8个月实现新增合同额近100亿元，较上年同期增长50%，主要经济指标与上年同期相比进步明显。自营、市政、EPC（工程总承包）等在业务总量中的占比与上年同期相比有较大幅度提升，项目品质高、发展后劲足。公司品牌建设围绕"促发展、促履约"主题，聚焦企业重点难点，打造以品牌阵地为圆心、重大项目为半径、营销生产全覆盖的同心圆品牌矩阵，成功推进了与复地、碧桂园、恒大、金科、龙湖等龙头企业的合作，打造精品建筑产品。

（二）提升了企业社会效益和美誉度

沙坪建设通过实施品牌战略，积极履行社会责任，在社会公益捐赠、积极纳税、提供就业岗位、品牌形象等方面获得社会肯定。近十年间，为汶川地震、印尼海啸、抗洪抢险、新冠肺炎疫情等捐款过千万元，实现社会直接就业近50多万人，年贡献税收过6亿元，实现社会扶贫、帮困、助学、救灾等爱心捐赠过亿元。特别是在今年抗击新冠肺炎疫情期间，公司紧急援建长沙市第一医院，发起爱心捐赠向疫情重灾区捐赠善款300余万元，为抗击疫情做出了重大贡献。公司积极落实结对帮扶开福区沙坪街道贫困居民，连续多年开展"慈善一日捐""义务献血"等社会公益活动，用实际行动温暖人心，社会影响力不断扩大。公司各自媒体平台近三年主题推文2000余篇，推图500余张，聚集粉丝量3万余人，年度点击量过50万次，单篇阅读量最高超过3万次。新媒体运营合作单位年度统计分析数据报告显示，"沙坪建设""弘坤企业""弘坤会"三个公众号的运营活跃度、粉丝活跃度、行业影响力均名列省内行业前三。经过多年来的努力，沙坪建设赢得了社会的赞誉和肯定，先后获得"全国建筑业成长性100强企业""湖南省著名商标""省级重合同守信企业""省A级信用纳税单位""省A级纳税信用等级"等荣誉称号。

(三) 提升了企业生态效益

随着人们对建筑生态效益方面的要求日益提高，生态效益日益成为新时期品牌资产管理的重要目标。沙坪建设打造了一批以鲁班奖、国优工程为代表的精品工程，形成了一批以国家科技进步奖、工艺工法为代表的技术创新成果，取得了一批以国家装配式建筑产业基地、高新技术企业为代表的产业创新平台。公司积极投入"蓝天保卫战"，在施工过程中融入节能、环保、绿色的理念，加大了对装配式建筑的技术应用。公司装配式建筑采用智能制造技术生产预制部品部件，实现节能70%，节材20%，减少建筑垃圾80%，减少用工量50%。通过信息化贯穿全流程的生产方式，施工工期与传统建筑方式相比可节省30%以上。着力降低施工期的扬尘、烟气、噪声、废水、土方、建筑业固废以及生活垃圾的排放，对于较为敏感的环境功能区内的建设项目，特别注意降低相关污染的排放，消除施工期的负面影响，实现更高水平的绿色生态效益。

主　创　人：陈建武、谢美航
参与创造人：许泽群、李　可、杨国桥、吴　丹、李帅军、缪宏嘉

基于国家标准方法创新的软件造价成本管控体系构建

中国移动通信集团湖南有限公司

中国移动通信集团湖南有限公司（以下简称"湖南移动"）成立于 1999 年 8 月 7 日，2002 年 7 月在香港和纽约上市，为湖南省第一家在境外上市的通信运营企业。湖南移动在湖南地区网络规模最大、客户数量最多、品牌价值位居最前列，公司性质为外商独资企业，在省内 14 个市州设有分公司，下辖湖南中移通信技术工程有限公司。自成立以来，湖南移动在省委、省政府和集团公司的正确领导下，在社会各界的大力支持下，加强党建引领，牢固树立和贯彻落实新发展理念，坚持创新驱动，聚焦价值提升，为保持健康发展良好态势、促进地区经济平稳发展做出了积极贡献。公司先后荣获"全国五一劳动奖状""全国模范职工之家""全国用户满意企业"等多项荣誉称号。

湖南移动作为湖南省内最大一家专注于移动通信发展的运营商，主要负责湖南省内移动通信网络建设和运营管理，主要经营移动话音、数据、IP 电话和多媒体业务。2019 年湖南移动主营收入接近 227 亿元，总利润超 32 亿元，全省员工总数约为 1.5 万人。

一、基于国家标准方法创新的软件造价成本管控体系构建的实施背景

（一）是国家软件产业发展的需要

随着国家"新基建"战略的推动，5G、人工智能、工业互联网、物联网等产业的发展进入了快车道，这些产业的发展离不开软件的应用，软件价值评估近年来得到了国家行业主管部门的高度重视。

2019 年 6 月 28 日，"2019 年全球软件产业发展高峰论坛"开幕式上，工信部苗圩部长发表演讲时指出"推广软件价值评估规范，完善软件价值评估机制，引导各地积极开展软件成本度量标准的试点"，工业和信息化部将优化产业环境，推动软件产业发展。

（二）是集团软件项目造价成本管控的需要

随着 2019 年 7 月国家标准《软件工程–软件开发成本度量规范》正式应用，集团公司内审、信技、网络、计划建设等专业线条围绕软件开发全生命周期过程中发现的问题，纷纷提出了相关工作要求。

集团公司内审部发现，2018 年软件开发计价审计项目在明确软件开发计价评估模型及其使用要求、设计和建立评估模型、运用评估模型等方面需要改进，要求从风险防控角度推动专业部门联动整改。

2019 年，集团公司信息技术中心、网络部相继发文明确软件造价成本管控模型建设相关要求。集团公司计划建设部组织编制了项目类软件开发度量评估及应用指导文件，要求各单位结合自身情况优化项目软件度量评估方法，不断提升软件开发项目投资管控的科学合理性。

（三）是湖南移动解决自身软件项目问题的需要

湖南移动梳理软件项目全流程过程，发现需求、计划、评估、采购环节存在四大"痛点"，评估本身操作复杂，评估过程存在风险。

一是需求部门对于软件项目需求的描述不规范，存在功能重复、描述不准确等问题，软件开发效率、质量难以保证。

二是计划部门对于软件项目预算是否合理心里没底。客观上，软件成本难以预估，导致项目预算无据可依。

三是评估部门对于软件项目造价成本不知如何科学评估，难以对软件规模科学、客观地度量。

四是采购部门对于软件项目采购无准确的定价标准，难以确保成交价格合理。只有准确度量软件开发成本，才能告别过去"拍脑袋、纯砍价"的采购方式。

二、基于国家标准方法创新的软件造价成本管控体系构建的内涵

湖南移动围绕"低成本高效率软件成本管控"的精益管理目标，依据标准方法建立了一套特有的软件造价评估标准，做到从制度、组织、质量和支撑等四个方面保障管控标准化，强调有机高效、协同、创新，促进了评估能力内化、评估手段信息化，实现了经济效益、管理效益、风控效益三个提升，形成了基于国家标准方法创新的软件造价成本管控体系框架（如图1），构建了低成本、高效率"内化型"的软件造价评估能力。该体系具备科学性、权威性、可操作性特点，能适应移动通信行业软件评估项目集中建设、涉及金额巨大、评估风险突出的特点。

图1 湖南移动软件造价成本管控体系框架

三、基于国家标准方法创新的软件造价成本管控体系构建的主要做法

（一）创新标准方法，保障评估科学

2010年以前，湖南移动软件项目评估主要采用工作分解结构法（WBS）等方法，这些方法侧重于以开发过程来评价开发商软件开发工作量，因其提供的工作量包含详细设计和代码编写、调试等可见性低的活动的工作量，对客户不透明，甲乙双方视角不一，方法缺乏统一的评判标准，在技术澄清和商务谈判中，双方难以在短时间内达成一致，有的项目即使谈完了，双方还是不清楚实际"值多少钱"、谈判得到的结果是否合理。

为确保软件项目评估科学性和提升采购工作效率，湖南移动优化创新一套软件造价评估标准。该标准是基于ISO国际标准功能点法（IFPUG-FPA）和集团业务支撑网原子功能点法两种评估方法不断创新优化形成，两种方法分别能很好地适用于"交钥匙"工程项目、框架协议类新业务开发两种典型的软件项目需求。通过对规范的项目需求进行评估，可以科学、客观地计算出软件开发项目工作量。

1. 基于国家标准功能点法创新

2013年以来，功能点法陆续被纳入行业标准和国家标准（GB/T 36964-2018）。湖南移动借助

IFPUG-FPA，从软件实现的功能出发，将复杂的软件结构抽象成功能点，通过客观、严谨的转换规则算出工作量。

一方面，考虑用户的功能需求，将所有功能需求归结为人机交互功能（事务处理）和数据功能两类。对数据存储功能的转换，分析内部逻辑文件（ILF）和外部接口文件（EIF）的数量及其复杂度，其中复杂度主要是根据文件的数据元素类型（DETs）和记录元素类型（FTRs）来判断，具体的规则严格遵照 IFPUG-FPA 的一套规则来操作。对事物处理功能的转换，则分析外部输入（EI）、外部输出（EO）和外部查询（EQ）的数量及其复杂度，其中复杂度主要根据处理过程涉及的数据元素类型（DETs）和引用文件类型（RETs）来判断，具体的计算过程 IFPUG-FPA 也提供了详细的规则指引。通过层层剖析最终将软件实现的各项功能转换成了标准"功能点"。另一方面，用包含性能、质量、交互性因子等的 14 个通用系统特征来衡量系统非功能性需求方面的情况，并对之前计算得到的"功能点"起到整体的调节作用。结合两方面的因素后，最终可以算出实际考虑的功能点数，并将其转换成工作量，即开发成本，因此，不再是过去"拍脑袋"的估算方式了，可谓真正地打开了软件造价的黑匣子。

这些年来，湖南移动通过不断实践发现，通信行业软件定制开发有很多自身特点，比如二次开发项目多，软件开发复用程度高，但是在 ISO 国际标准、行业标准、国家标准中并没有明确定义这几种情况。因此，湖南移动在通用评估标准基础上，对功能点法标准模型做了一些优化和创新，建立功能点合并模型、功能优化模型、开发复用度模型，确保评估更准确、更客观，同时进一步降低软件开发造价。具体如下：一是创新功能点合并模型。合并核减标准功能点数量，以降低软件造价。针对原标准功能点出现频次最高的增、删、改、查功能点，合并为改、查两种功能点。如某项目人员管理模块，功能点法标准规定增加人员、删除人员、修改人员和查询人员要算四个基本功能，评估组识别后认为增加、删除人员本质上和修改人员是一样的，所以把这三个功能合并为一个。二是创新功能优化模型。从软件需求角度核减功能点数值，以降低软件造价。针对扩容项目中出现较多的优化类功能需求，在标准功能点基础上创新了修改完善类开发类型，给予标准功能点数值乘以 0.6 的系数调整。如某项目考核管理模块，因在前期此模块已具备一定功能，本期主要是修改完善，针对这部分功能定义为修改类，最终这部分功能点在标准的基础上按 0.6 系数折算。三是创新开发复用模型。从软件开发重用角度核减功能点数值，以降低软件造价。针对软件开发复用情况，在标准功能点基础上创新出软件开发复用系数，按复用情况的高、中、低程度分别给予标准功能点数值乘以 0.1、0.2、0.4 的系数调整。如某报表要求按年月日或按省、市、县统计，如果基础数据类似，虽然要开发多个不同界面和报表，但评估识别后认为开发需求类似，最终把很多类似报表设为高度复用，给予 0.1 的系数，对于中度复用和低度复用分别给予 0.2 和 0.4 的系数折算。

2. 基于集团公司业务支撑网原子功能点法创新

2013 年，集团公司发布《中国移动业务支撑网需求管理办法 V3.0》规范。原集团推荐的原子功能点方法描述较简单，并存在对部分系统适应性不足、评估规则不易把握、评估维度不够丰富等缺陷。2014 年开始，湖南移动重新制定了标准，新标准增加公用和专用功能点属性、拓展功能类型并详细定义、补充应用场景案例、引入开发复用度与满意度评估维度，并降低标准取值，实现评估场景化、具体化、精细化，确保评估更准确、更客观，同时进一步降低软件开发造价。具体如下：一是增加功能点属性。首次将 B 域、O 域、M 域的评估标准进行整合，通过增加公用、专用属性来区分适用范围。公用评估标准，适用于所有专业的通用功能，如页面、报表等；专用评估标准，适用于某些专业的特殊功能，如 BOSS 系统的酬金科目等。二是扩展功能类型。将已开发功能沉淀，通过对比新功能与前期功能的相似度，避免类型功能重复开发工作量。复用度分为新功能、修改完善、低度复用、中度复用、高度复用，具体工作量值=标准值×复用度系数。三是提倡满意度。引入需求开发满意度指标，以最直观的方式提升厂商支撑力度。依托满意度，对工作最终值进行线性打折（低于6分清0）。

功能点法和原子功能点法相辅相成，互相补充，分别对应湖南移动不同的需求应用场景，共同形成为其自有的一套软件造价评估标准。为保障操作性和规范性，针对功能点法、原子功能点法分别建立《湖南移动工作量评估功能点法应用操作规范 V2.0》和《湖南移动工作量评估原子功能点法标准 V1.0》等操作规范和标准。

（二）建立章程制度，促进流程规范

为确保评估标准运用规范、准确、有效，湖南移动积极开展建章立制工作。通过制度明确软件造价评估中各方角色职责，明确评估标准对应的管理流程。

为确保内外部沟通一致，先后印发《中国移动通信集团湖南有限公司 IT 支撑项目定制软件开发工作量评估管理细则》《湖南移动 IT 支撑项目定制软件开发工作量评估专家管理办法》等两项制度，制定定制软件开发需求规格说明书、业务功能清单汇总表、工作量评估明细表、月度需求开发工作量初评明细表、软件开发工作量审核表等八类模板，全方面指导工作执行。

对于"交钥匙"工程的定制软件开发项目，采用功能点法评估管理流程，从需求规格说明书入手，经初评组初评形成工作量评估明细表，再经复审组复审后，形成软件开发工作量审核表签字盖章，作为采购谈判上限；对于框架协议类新业务需求，采用原子功能点法评估管理流程，每季度从月度需求开发工作量初评明细表入手，经初评组初评形成工作量评估明细表，再经复审组复审后，形成季度需求开发工作量审核表汇总签字盖章，作为采购结算依据。

（三）变革评估组织，强化评估协同

为了提升软件开发质量和软件开发工作量评估效率，湖南移动自2009年开始就明确由信息安全管理部（当时部门名称为信息系统部）专门人员牵头全公司 IT 支撑系统软件开发评估管理工作。2012 年，引入功能点评估方法，开始进行工作量评估体系研究；2014 年，湖南移动重点从人员入手，建立评估专家机制。通过自愿和各部门推荐，筛选确定 15 名评估专家，并报人力资源部备案。

随着应用软件在 IT 系统中所占比例的日趋扩大，软件开发工作量评估工作复杂且工作量大，需要投入大量精力和时间，评估支撑力量（包含人员数量和能力）愈发不足；另外，随着新形势下嵌入式风险防控的机制建设，湖南移动把需求和工作量评估过程纳入 A 类廉洁风险点，因此，这些因素使得评估组织变革的需求日益强烈、迫切。

1. 创新初评复审评估机制

为了增强评估力量和降低评估廉洁风险，创造性提出"初评复审"两级评估机制，得到了公司领导支持。在"初评复审"两级评估机制中，一是湖南移动继续明确信息安全管理部作为工作量评估管理牵头部门，以确保组织管理有力。该部门负责工作量评估的总体管理，包括建立制度、优化流程、开展研究、组织培训、支撑开发等。二是为保证两级评估机制落地，信息安全管理部做好组织规划，打破组织边界，组建了包含各部门内部评估力量的初评组、跨部门的复审组，以及事后开展廉洁风险"回头看"、检查评估环节合规性的督查组，以保证评估独立性、客观性，从而实现保障有力，风险降低。三是明确信息安全管理部为复审的牵头组织单位，软件开发管理部门为初评的责任单位。

2. 完全自主的能力内化

为提升评估人员能力，湖南移动信息安全管理部在公司内组织各专业跨部门的技术骨干进行专项培训，持证上岗，培养了98名软件造价成本管控专家，并获得工信部认可的"软件工程造价师"资质证书。这些人员经各部门审核把关、人力资源部备案后，一并纳入系统建立软件造价评估专家库，形成了跨部门跨专业条线评估团队。为提高专家评估积极性，湖南移动又提供资源保障，发放人工成本奖励和人才积分激励。实际评估工作中，围绕项目组建"1+1+N"评估团队，由1个牵头部门和1个需求部门与N个跨专业跨部门评估人员组成，相关经过培训认证的评估人员全部从专家库中随机抽取，这些专家绝大多数来自负责业务支撑系统、网管支撑系统、管理信息系统的开发管理部门和与业务相关的市场、政企部门以及内部审计部门。通过项目评估实践的方式把标准、方法落实到了软件开发的源头环节，即需求分析环节，也给湖南移动内部审计部门开展软件开发审计，从而降低项目廉洁风险管理提供了条件。

(四) 强化纵深协同，保障评估质量

过去，对于大部分软件项目来说，软件开发团队在启动软件需求分析之前都无法获取明确的需求。如电子政务项目需求"通过将现有手工业务转变为软件支撑的电子流工作方式，提升工作效率需求，并对现有的业务模式进行合理优化"，只给出了该项目的简单定位。又如客服机器人项目需求"当前维护人员在线上无法接通时，系统在'在线客服'的界面上提供专用的客服机器人，机器人可以自动与用户进行对话。对话的形式为'问—答'模式，机器人针对用户提出的问题，在客服处理的问题库中自动搜索类似的解决方案，如果搜寻到，则将内容展现给用户，可以作为服务向导提示用户解决问题"，该需求描述简单、模糊。如何对这类要求进行细化并将其转变为相应的软件需求规格，是摆在开发团队面前的首要问题。此外，需求分析缺乏统一的评审标准，部门内需求分析人员和业务人员、业务人员与技术开发人员对业务需求的理解不一致，也导致项目执行过程中需求的频繁变更。

针对以上软件项目需求描述不规范，存在功能重复、描述不准确等问题，湖南移动建立的软件造价成本管控体系贯穿需求立项、采购环节，通过"需求不规范不评估""未完成评估不采购"，以降低项目建设成本，提升软件项目质量。在需求立项阶段，需求不规范不接受评估，通过规范需求文档制作，准确定义开发需求，提前细化文档，确保能准确测算项目预算而达到可接受评估程度；在采购阶段，未完成评估不进行采购，通过初评和复审，准确评估开发工作量，准确测算项目建设成本，以提高对项目采购的议价管控能力。

湖南移动从纵向深入和横向协同两方面入手，强化标准化文档，发挥两级评估联动作用。

1. 纵向文档标准化、规范化

湖南移动基于标准方法统一需求规范和评估模板，并在软件开发全流程贯彻执行。需求部门人员组织各开发商编写需求标准文档，明确需求的系统边界、清晰的功能结构图、规范的系统功能性描述，并且需求功能细化至可开发程度。每年在需求准备阶段，软件开发商从功能点视角细化和自查软件开发需求规格说明书，并提交给湖南移动需求部门。实际评估操作中，为了使评估人员能清晰了解功能，制定了需求功能清单表，一一对应到需求规格说明书，包含多级功能名称、对应需求书目录、功能描述、功能复用情况、需求出处等。在此表基础上，根据标准方法将功能分拆成标准功能点，形成功能点初评明细表。

2. 横向需求和评估协同

一是在采购申请阶段，评估组织管理部门对提交的需求规格书再次开展合规性审查，判断是否符合标准方法要求，通过强化需求编写和审查管理，促使需求部门提需求时考虑需更深入细致，开发商在软件开发过程中目的性更强，从而建立起各方基于需求的强协同纽带。二是评估组织管理部门组织复审组，由项目技术组成员和随机抽取的评估专家组成，在功能点初评明细的基础上，依据评估标准，联合审核事务性功能和数据性功能是否分类合理、是否存在功能点拆分过细、功能复杂度是否合适、可复用功能是否核减，进一步逐功能点详细审核、修订、确认，所有确认记录留痕，形成复审明细，汇总明细表中数据后生成工作量审核表，评估组成员和领导做最后确认签字，环环相扣，提升评估质量。

例如，某能力提升项目，涉及14个模块，在初评环节，具备评估专家和项目经理双重身份的需求部门人员对每个模块需求理解且评估方法熟悉，把好了评估的第一道关。在复审环节，信息安全管理部做好评估专家的组织安排，讨论分析评估合理性，项目总体评估质量大幅度提升，得到需求部门和采购部门的一致好评。

通过标准化文档管理和"初评复审"两级评估，加强了湖南移动内评估组织的协同合作，大大降低了软件造价成本管控中技术人员与业务人员交流中的认知瓶颈，从而提升了评估质量，使得软件造价成本管控结果更易为各方人员所接受。

（五）应用支撑手段，提升评估效率

国际功能点用户组织（IFPUG）发布的功能点具有很高的权威性和科学性，但也存在着理论性强、抽象概括程度高、不易操作的问题。

1. 流程信息化管理

为了评估规范、高效，湖南移动加强信息化智能管理，开展文档优化、电子化管理开发和工具集开发，推动评估效率提升。一是制定功能点计数估算模板，在模板内嵌入功能点规则公式，自动计算，减少人工操作。为提升评估文档协同效率，整合初评复审评估模板，形成可追溯、可审计的数据文档。二是建立了项目类软件开发评估电子化的管理流程，全程在线把控。对于定制软件项目评估管理流程，从软件开发管理部门提交需求文档开始，到采购谈判、办公会决策结束，其中包含采购申请流程、工作量初评、复审流程等三个子流程。三是针对新参与湖南移动软件系统建设的开发商以及公司内新加入的评估人员对功能点理论操作不太熟悉，专门编写功能点估算实施细则及操作规程以指导功能点应用操作，使得评估复杂规则简单化、抽象描述情景化、应用场景具体化。随着评估需求增加，湖南移动又持续积累各类系统、厂商的工作量参数库，确定人天和功能点转换参数、调整因子系数等，开发形成本省特点的工作量评估参数标准集，不断增厚评估价值。另外，湖南移动提升自身管理要求，开展全量复审新业务类软件需求，该项工作涉及日常需求，每季度需求数量较大，仅BOSS系统实时需求每月就达到200个至300个，对需求的审核工作繁杂。为解决这一难题，湖南移动从开发商上报需求原子功能点工作量开始，到采购中心处理订单结束，开发工作量初评、复审流程等两个子流程。工作量在线初评复审流程，将需求的工作量初评、复审融入需求管理全流程。在初评过程中，实时、在线实现需求按原子功能点标准拆分及得到初步审核；在复审环节，将初评的每个需求同时定期、在线派发多名评估专家，评估专家在原子功能点法基础上，结合软件复用度、满意度情况，利用DELPHI（德尔菲法）/加权平均法确认最终复审工作量。该管理流程在线执行，直观、全过程公开、多节点分级审核，既能较好地评估需求，又大大降低了评估风险。基于历史大数据的信息化智能支撑取得一定成效，评估平均用时 10 个工作日，较体系建立前节约 45%，软件采购周期平均缩短 2 周，开发周期大大缩短。

2. 需求智能查重

为减少资源浪费，开发需求智能查重工具，建立需求及功能点清单历史资料库，通过文件方式检测功能项（点）的重复率，辅助人工审核。至 2020 年 5 月，已数据沉淀三年项目需求数据，累计 183765 条已审核的需求功能项清单记录，350832 条已验证的功能点明细记录。

未来，计划建立企业级的功能点关系图谱，当功能点发生变更时，自动搜索和分析变更的影响范围，改善目前功能点变更分析的高成本和不完整的问题，并可以建立需求文档完整性自动分析的能力，当同类系统的需求提交时，自动度量需求中描述的功能点是否完整，并给出补充建议，确保项目需求描述的完整性，降低项目后期需求变更的成本。

3. 工作量智能识别

应用满足行业标准的功能点法，其实影响操作便利性的最大症结是如何识别功能点，如果能利用技术解决这一难题，那么功能点法评估工作效率将会大幅提升。湖南移动除加强信息化智能管理以外，在智能分析方面并不满足目前的成果，计划在三年时间内，通过智能化研究和应用，把评估工作提升为智能化功能点辅助评估。在前期建立的软件管理基础设施和历史数据的基础上，尝试利用自然语言处理、数据挖掘、深度学习等人工智能技术建立功能点辅助评估模型，以降低人工分析需求说明书的工作量，并系统性地提高功能点识别、评估效率。

四、基于国家标准方法创新的软件造价成本管控体系构建的实施效果

（一）节约成本，避免重复建设

基于国家标准方法创新的软件造价成本管控体系创建实践实现降本增效，自 2017 年以来，三年累计节约 42000 余万元，每年平均节约 14000 余万元。在 2018 年管控体系正式建立前，评估核减率为 12.01%；体系建立后，评估核减率为 37.76%，节省率提升 25.75%。

基于国家标准方法创新的软件造价成本管控体系创建实践，破解重复建设难题，在需求提出阶段，通过需求查重工具查出疑似重复需求，然后人工在线识别、剔重，有效防止重复建设，节省成本。

（二）解决多环节管理难题，提升软件项目工程质量

软件造价成本管控体系贯穿软件开发的上下游环节，解决了多年来涉及软件项目管理过程中需求、计划、评估、采购环节的痛点以及涉及验收、后评估环节的难点问题，加强了精细化管理，使得软件质量更可控，提升了软件项目工程质量。

为确保评估规范、合理，在项目管理过程中，针对过去需求描述简单、模糊，缺乏统一的评审标准的问题形成软件开发需求规格说明书明确了系统边界，提供清晰的功能结构图，规范系统功能性描述（明确范围和描述粒度），软件开发效率和质量大大提升。

（三）廉洁风险防控

软件造价成本管控体系实践能降低工作量评估偏移引发的软件采购廉洁风险。统一采用国家标准的功能点法以及集团规范标准的原子功能点法评估工作量，降低自由裁量权；实施软件开发管理部门与评估牵头部门的评审分离两级负责制，做到双节点双层级，从机制上防范单一节点风险；评估过程透明，各类评估文档在线留存，评估数据有依据，评估结果可追溯、可审计。初评、复审等关键环节做到嵌入式廉洁风险防控；培训技术骨干获得"软件工程造价师"认证证书，基本覆盖所有涉及软件开发管理的专业，保障评估质量；工作量评估结果作为采购商务谈判的上限

和参考。同时后续商务谈判也可以进一步降低采购的风险。

整个采购流程，技术和商务环节有机结合，共同发挥作用，从机制上降低了廉洁风险。

（四）人员评估服务能力提升

软件造价成本管控体系实践证明，评估人员能准确理解客户需求、准确评估开发成本，具有项目的整体管控能力，评估服务能力明显提升。在ICT（信息和通信技术）项目需求方案阶段，评估队伍具备能力向ICT项目提供评估支撑服务，具备ICT软件开发项目管控能力，从而提升项目的质量和产品竞争力。在ICT项目开发阶段，能加快软件开发速度，提高软件开发质量，提高项目交付质量。

软件造价成本管控体系实践加速了人员技能储备，培养自有专家团队评估，提升了软件评估的自主权和控制权，推动了数字化人才的转型。在拓展评估人员核心能力、提升自主评估能力的基础上，集中专家力量开展技术攻关、课题研究，不断增强自有评估人员解决评估难题的能力，提高评估质量和效率，降低软件开发成本支出，进一步降本增效，为业务发展发挥更大作用。

主 创 人：张云龙、王 钋
参与创造人：李 湘、刘威威

以促进企业高质量发展为目标的"三重一大"决策体系建设

湖南大唐先一科技有限公司

湖南大唐先一科技有限公司（以下简称"先一公司"）成立于2004年12月，由大唐华银电力股份有限公司全额投资，注册资本7500万元。下辖湖南大唐节能科技有限公司，共有员工近800人，在北京、西安、广州等地设置分支机构。

公司以信息技术为主、多元化经营，主要业务包括发电侧IT整体解决方案，数字燃料IT解决方案，电网IT解决方案，智慧能源IT解决方案，实时数据库、大数据分析平台、安全隔离网闸、数据采集装置、智能变电站网关机、态势感知装置等通用产品，节能环保服务解决方案等，其中实时数据库、厂级监控系统（SIS）、大数据平台等产品已成为国内知名品牌。业务范围覆盖中国大唐集团有限公司本部及40多家分（子）公司、近千家基层企业；外部市场涉及湖南省工信厅、湖南省发改委等政府机关及南方电网、粤电集团、神华集团、华润集团等60多家企业。

先一公司已获得软件企业、高新技术企业、美国软件协会CMMI5级、ISO9001：2008质量管理体系、信息系统集成及服务二级资质、运行维护服务能力成熟度二级资质等认证，获软件著作权99项，专利91项（其中发明专利13项），省部级以上科技奖70项，金奖4项，牵头编写了1项行业标准、4项集团标准、1项地方标准，已具备较强技术实力与服务能力。

一、以促进企业高质量发展为目标的"三重一大"决策体系建设的背景

（一）"三重一大"决策体系建设是依法治企与科学管理的需要

在新的历史起点上，积极探索"三重一大"决策体系，对于国有企业加强企业管理工作，有效推进国有企业决策科学化、民主化、规范化，有效预防和惩治腐败，从而使国有企业更好地承担政治、经济、社会三大责任，保证我国经济安全和社会稳定和谐，具有十分重要的作用。

通过"三重一大"决策体系建设创新，将"三重一大"决策事项、决策主体、决策程序进行规范化、标准化、信息化管理，才能提升国有企业现代化治理和全面依法治企水平、规避防范重大决策风险。"三重一大"决策体系的实施对国有企业发展起到了保驾护航的重要作用。

（二）"三重一大"决策体系建设是解决企业目前存在问题的需要

一是有利于解决"三重一大"决策结果监管落实很难完整贯穿的问题。电力企业投资巨大、产业多态、遍布全球，基于人工管理的"三重一大"决策执行过程，难免存在应付了事现象或纰漏，出现"三重一大"决策结果落实不到位或选择性落实的问题，事前、事中、事后很难完整贯穿，导致企业经营风险。

二是有利于解决"三重一大"决策线下处理效率低、不规范、易泄密问题。"三重一大"决策涉及调查研究、决策咨询、合法性审查、领导沟通、会前告知、集体决策、执行决策等阶段，在线下进行合法性审查及会议告知时，在关键人员出差或遇特殊情况等时，易导致处理时间滞后，效率低；班子成员的表决意见和理由形成会议记录时，不同的人员处理的模板及表述不统一，格式不规范，易造成查阅不便；许多资料文档采取传统的手写及纸质文档，容易出现资料丢失、决

策内容篡改、资料泄密等违规现象，严重干扰企业"三重一大"决策和执行，造成重大经济损失。

（三）"三重一大"决策体系建设是规避企业决策过程风险的需要

随着我国经济高速腾飞，企业也在不断发展壮大，存在一定的"三重一大"决策风险。一是国有企业存在的违规决策，个人或者少数人说了算的问题；二是国有企业反腐倡廉建设需要一个比较具体的、有操作性的体系；三是当前国有企业的经济性质、产权形式、管理模式和经营方式，确实需要"三重一大"决策体系这样一种约束性条件来配套；四是"三重一大"决策是国有企业贯彻民主集中制原则的重要体现，是促进国有企业决策科学化、民主化的重要举措，也是推进惩治和预防腐败体系建设的重要内容。

通过将"三重一大"决策体系贯彻到生产、经营、技术、市场等所有环节，渗透到企业各项决策过程，做到事前多吹风、事中多提示、事后促反省，让企业更好地规避决策风险，促进企业可持续高质量发展。

二、以促进企业高质量发展为目标的"三重一大"决策体系建设的内涵

以促进企业高质量发展为目标的"三重一大"决策体系建设的内涵是：以《关于进一步推进国有企业贯彻落实"三重一大"决策制度的意见》（中办发〔2010〕17号）为指引，以民主、科学、依法决策为导向，以精益管理理论为依据，通过建立"三重一大"决策制度与科学管理的体系、健全"三重一大"决策组织与决策流程体系、搭建"三重一大"决策运行平台支撑、线上管理体系、构建"三重一大"决策会议的自动化管控、构建"三重一大"决策体系的闭环管理与自我优化等一系列工作，进一步建立健全"三重一大"权力监督体系，促进企业正确行使权力，防范廉政风险，达到"三重一大"决策体系自我更新、自我优化升级、助推企业高质量发展的目的。

三、以促进企业高质量发展为目标的"三重一大"决策体系建设的主要做法

（一）建立"三重一大"决策制度与科学管理的体系

为保障企业管理工作的顺利开展，作为关键要素的制度体系和流程的建设尤为重要，按照中央关于凡属重大决策、重要人事任免、重大项目安排和大额度资金运作事项必须由领导班子集体做出决定的要求，以明确决策范围、规范决策程序、强化监督检查和责任追究为重点，在制度系统建设中秉承民主化、专业化、科学化的原则开展。

1. 以制度体系的建设加强和创新企业管理

在制度体系建设过程中，充分考虑企业现状，引入 PDCA 全面质量管理理念，采用信息化、数字化管理手段，实现"三重一大"制度的全生命周期的管理。按照国资委提供的"三重一大"目录结构以及编码规则，制定规范的事项清单、明确清单的管控模式及组织部门以及业务管理流程，并引入版本管理的概念，以适应企业多变的管理理念，一体推进坚持和巩固制度、完善和发展制度、遵守和执行制度。

2. 以数字化平台的建设加强制度的管理

"三重一大"数字化平台建立制度的规范化、流程化管理体系，从制度的编制到制度的执行落实，均在平台中进行体现，严格按照制度流程体系，实现制度的在线审批。决策制度与事项清单、决策会议等业务模块有机结合，为其他业务模块提供支撑依据，最终形成符合本企业的"三重一大"制度管理体系。

3. 以监督预警机制的建设落实制度的管理

加强对"三重一大"制度的监控、预警机制的建设，对决策事项、纠偏机制、责任追究机制的实施进行监督等。在建设的过程中，充分发挥纪检监察、内部审计、党内巡视等专职监督部门

的骨干力量，以各业务职能部门为依托，以专项检查、内部审计和民主监督等多种监督方式相结合，通过有领导、有组织、有协调，全过程、全方位、全员参与，形成多方监督网络，构建"大监督"工作格局，促进企业决策的科学性。

（二）健全"三重一大"决策组织与决策流程体系

1. 改进完善"三重一大"决策支撑组织体系

一是通过建立"战略与投资管理委员会""审计与风险管理委员会""招标采购领导小组""人才评价领导小组"等专业决策支撑组织，在议题意见征集过程中提供专业的意见和建议，从而保证决策的正确，既按经济规律办事，又有效地规避风险，更好地适应市场经济发展的要求。

二是将对决策支撑组织的意见征集工作全面的融入议题的线上审批过程，加强业务相关部门、法律审计部门及委员会的沟通协作，极大地缩短了会前议题材料准备的时间，节约了大量人力成本。

2. 完善落实党组织发挥领导作用的企业治理结构

习近平总书记在全国国企党建工作会议上指出："国有企业党组织发挥领导核心和政治核心作用，归结到一点，就是把方向、管大局、保落实。重大经营管理事项必须经党组织研究讨论后，再由董事会或经理层作出决定。"习总书记这些要求，为建设中国特色现代国有企业制度、正确处理加强党的领导和完善公司治理关系提供了根本指引。

一是按照"把方向"的要求，党委站在政治高度参与重大事项议题的研究，比如研究讨论重大投资或拟上重要项目是否符合国家现行政策；研究讨论大额度资金的使用的合法合规性；按照"党管干部"的原则，研究讨论重要干部任免是否符合选人用人标准和流程，把好德才兼备关。二是按照"管大局"的要求，明确需要党委研究讨论的议题范围是部分而不是全部，不干涉企业日常经营管理活动，不以党委会代替董事会、经理层的决策会议。三是按照"保落实"的要求，在"两个一以贯之""五大发展理念"等具有深远影响的问题上，党委不仅参与研究决定的过程，还参与督办执行的过程，以确保研究决定的事项得以真正落到实处。

3. 全面推行标准化的议题审批及上会流程

首先，全面打通"三重一大"与专业系统的议题推送通道，业务部门可在各自专业系统将需要决策的议题自动推送至"三重一大"决策运行系统，减少重复劳动，提升工作效率。

其次，依据议题须全面充分论证的办事宗旨，充分发挥专业部门和专业委员会的审查职能，线上就能完成材料审批和问题整改流程，会前议题论证已十分充分、材料齐全，开会侧重集体决策即可，会议效率提升20%以上。

4. 严格执行会议决议与落实情况的一体化管理流程

首先，在会后即将议题决议分解成若干督办任务，指定具体落实部门，通过建立督办任务看板，让监督责任主体可以实时掌握任务的执行动态，达到全方位监管的目的。

其次，借助信息化手段，自动形成决议与执行的差异情况分析表，对于执行不到位的情况，及时催办，确保企业的各项决策得到坚决有效的贯彻落实。

（五）搭建"三重一大"决策运行平台支撑线上管理体系

结合信息化、数字化、表单化的特点，建设"三重一大"决策运行平台，通过信息化手段规范"三重一大"决策的流转、审核、管理、运行的过程管理，从"三重一大"的议题信息、议题材料、审核、审批意见、决策意见、会议纪要到督查督办全过程业务实现全流程、全要素、全方位的线上信息化管控。

在议题生成环节，企业先根据《"三重一大"决策事项目录》以及企业自身的"三重一大"制度，编制规定必须集体决策的事项，同时明确了哪些事项需要进行法律审核、各事项对应的决策主体、各事项决策会议及顺序，确保决策人、执行人、督办和监督人能够对决策事项进行了解和研究。然后在录入议题时，要求明确议题是否需要通过多部门专业审查、是否需要听取意见等。

在会前准备环节，先是通过会议预通知功能，通知企业各部门及时提报议题；议题提报进系统后，议题提报部门的领导、分管领导、公司领导等决策人都要对议题内容、相关资料进行阅知和审核，如果议题没有审核完成或审核通过，将无法进入决策会议。通过这一环节，既提高了上会议题的质量，又提高了决策会议效率，为科学民主决策提供了可靠保证。

在决策会议环节，系统通过不同会议类型自动关联决策主体，同时通过权限管理，可以对每个"三重一大"决策事项的内容的可阅进行管理，会议管理人员除了会议纪要，同时需要对每个上会议题进行详细的决议录入，从而保障了每一个决策议题决策过程完整的数据链，做到每一个决策议题的决策全过程可查。

在决策执行环节，企业从系统中可根据"三重一大"决策会议的决议，以督办任务下发的形式，对决策议题进行管控，实现"一事一督办"。从督办任务的产生到执行完成，所有过程均需按节点在系统中提供相应的材料，较好地保证了重大决策的有效执行。

通过"三重一大"的事前、事中、事后管控，全面建成了企业"三重一大"决策和运行监管系统，实现了决策事项、治理主体和决策程序的清单化、标准化、规范化，确保了动态掌握企业"三重一大"决策运行整体情况，同时，实现了与财务、产权、投资、督办等管理系统的有机衔接，推动形成"三重一大"决策与业务工作的联动工作机制，达到了业务数据与"三重一大"决策数据的共享与连通。

（六）构建"三重一大"决策会议的自动化管控

1. 智能感知技术为"三重一大"决策会议提供智能应用

利用先进的信息技术、互联网技术、图像识别、语义识别、系统集成等技术，建立"三重一大"决策体系智能应用。根据发起会议的不同类型、不同需求可以自动触发相关的协同流程，会议过程互动通过二维码、人脸识别签到，议程展示及座位自动排序推送，议题决策资料同屏，互动圈阅等；会议纪要智能识别，自然语言方式记录会议纪要，完成后仅需简单核对提交即可完成会议纪要的编制；决议转办，快速实现会议纪要与决议的生成，并产生督办、公文、档案等；在督办环节可以根据配置的成文模板自动形成发文，高效正式地监督督办任务的进展。

2. 智能会议室为"三重一大"决策会议提供自动化管控

智能会议室是使用基于移动互联网的无纸化会议交互系统、现代通信技术、音频技术、视频技术、软件技术，为"三重一大"决策会议现场自动化管控提供支持，"三重一大"决策会议现场采用的智能会议室技术措施，实现一键预订/通知，开会更有序；扫脸签到开门，开会更安全；无线投屏，开会更高效；智能扫码，投票更简洁；语音识别，会后更自动。通过"三重一大"决策会议现场采用的智能会议室技术自动记录产生的会议文件和数据，实现"三重一大"决策会议现场的无纸化、会议签到自动化、投票表决一键化、纪要生成即时化、决议转办条目化，辅助"三重一大"科学决策，提高会前、会中、会后工作效率和自动化、智能化管控水平。

（七）建立"三重一大"决策体系的闭环管理与自我优化

1. PDCA理论为"三重一大"决策闭环管理与自我优化提供解决思路

美国质量管理专家戴明博士于20世纪20年代提出的PDCA闭环管理理论，为解决"三重一大"决策闭环管理与自我优化提供了解决思路。按PDCA循环管理思想，企业通过执行"三重一大"的事前准备、事中管理、事后督查催办、优化改进，建立起企业"三重一大"决策闭环管理体系，促进体系自我更新、自我优化升级。

2. 多举措促进"三重一大"决策体系闭环管理与自我优化

企业"三重一大"决策协同管控模式，主要是在业务流程设计和管理上实现PDCA的闭环管理思想和体系自我优化改进。

根据"三重一大"决策体系闭环管理原理，通过闭环管理总结经验教训，评价体系的合理性，促进体系自我改进。

（1）制度层面：严格执行《国有企业贯彻落实"三重一大"集体决策制度的实施意见》，结合企业实际制定《重大事项集体决策制度实施细则》和《重大事项集体决策制度监督办法》，对领导班子集体决策的内容、程序、方法、监督、考核等事项做出严格规定，整章建制，搭建企业管理框架。

（2）流程层面：建立责权明晰的跨单位、跨部门、跨层级的业务工作流程，定义各流程环节的关键控制点，实现从事前准备的议题或议案条目化、事中管理的会议决策表格化、事后督查督办的指标化到体系评价优化改进的自动化。每一个业务流程都实现PDCA闭环，尤其是精心设计流程的结束标志和质量评估标准，达到业务有效性、流程完整性和操作简便性的和谐统一。

（3）决策主体层面：确定权力归属，划清权力边界，厘清权力清单，保证依照法定权限和程序行使职权、履行职责，坚持集体领导和个人分工负责相结合，严格执行领导班子议事决策规则，加强对主要领导干部和关键岗位干部的监督，完善领导班子内部监督机制，防止个人专断、搞"一言堂"。

（4）信息化平台层面：建设数字化"三重一大"决策平台，实现决策主体、事前准备、事中管理、事后监督、知识经验库的全面线上管理，固化关键节点和控制规则，严格规范"三重一大"决策步骤流程，使"三重一大"决策全过程在阳光下运行。统一存储和管理"三重一大"业务流转过程中产生的业务信息，经过整理和积累，形成业务管理知识体系，促进业务管理效率和水平的持续提高。

通过从制度层面、流程层面、决策主体层面和信息化平台层面采取的举措，促进、保证了"三重一大"决策体系闭环管理和自我优化是一个螺旋式上升的过程，使其周而复始运转并符合内在规律。随着"三重一大"事项管理数据和知识的不断积累，通过PDCA管理，充分利用以往的历史数据，结合管理人员的工作经验，实现"三重一大"相关管理制度、工作标准、工作程序的逐步优化和完善，促进体系自我更新、自我优化升级。

四、以促进企业高质量发展为目标的"三重一大"决策体系建设的效果

（一）促进企业数字化转型，实现"三重一大"决策数字化管理

通过信息化技术将企业的"三重一大"决策制度、实施细则、公司章程等文件进行数字化处理，建立决策资料库并形成决策咨询库。实现制度全周期管理、决策咨询库、议题全流程管控、智能会议室管理，完整的支撑决策过程，实现决策的精益化管理，对提升执行监控力度，保证决策正确，有效地规避风险，减少决策失误造成的经济损失，达到强化企业经营管理和资产使用效益的目的。

（二）规避企业廉政风险，提高了企业决策科学性和规范性

利用信息化手段实现"三重一大"事项决策制度、规则、清单、程序的在线监管，根据授权

原则，为掌握企业"三重一大"决策制度执行情况提供决策信息服务，为监督企业贯彻落实"三重一大"决策制度提供工作平台，同时，探索开展和财务、产权、投资、督办等业务的有机衔接，推动形成"三重一大"决策与业务工作的联动工作机制，建立和完善了企业风控合规管理规章制度体系，形成以"岗位为点、以程序为线、以制度为面"的企业廉政风险防控机制，有效防范和消除企业决策廉政风险。为推进廉洁企业建设，维护企业风清气正的政治生态，发挥了巨大功能和效应。

（三）增加企业经济效益，促进了企业经营目标如期达成

通过"三重一大"决策体系建设，达到了强化企业经营管理和提高资产使用效益的目的，显著提高了企业的经济效益。"三重一大"决策体系建设前后主要经济效益指标对比如下表所示：

序号	指标名称	计量单位	申报前一年实际（2019年）	与2018年相比		
				2018年实际完成	增减数额	增减百分比
1	销售（营业）收入	万元	35089.12	33994.13	1094.99	3.22
2	利润总额	万元	5538.03	5375.97	162.06	3.01
3	净资产收益率	%	19.92	18.62	1.3	6.98
4	总资产报酬率	%	6130.08	5651.6	478.48	8.47
5	销售（营业）利润率	%	15.78	15.81	-0.03	-0.19
6	资本保值增值率	%	81.88	118.17	-36.29	-30.71
7	全员劳动生产率	万元/人·年	43.86	45.33	-1.47	-3.24
8	流动资产周转率	%	72.29	59.25	13.04	22.01
9	资产负债率	%	58.88	57.63	1.25	2.17
10	万元产值能耗	吨标煤	—	—	—	—

主　创　人：刘文哲、江　军

参与创造人：陈湘军、张　驰、李志金、罗仁强、江冠华、喻敏华、张文雄、陈海明、张　敏、张　博

绿色发展与社会责任

建筑企业以节能技术推动转型升级发展的管理创新

伟大集团节能房股份有限公司

伟大集团是一家以城乡一体化小镇建设为主营，集金融、投资、地产开发、节能建筑、工程建设、策划营销、现代农业、文化体育、旅游养老、商贸管理于一体，产融结合的大型现代企业集团，连续多年入选湖南省百强企业，为湖南省人民政府拟上市培育企业。

伟大集团节能房股份有限公司（以下简称"伟大节能房公司"）是集团旗下专业从事节能建筑、节能材料设计、研发、生产、施工的现代化科技型民营企业，是国家级高新技术企业、新三板挂牌企业（证券代码：872950）、湖南省两型示范单位。公司成立于2013年，位于株洲市渌口区青龙湾。2019年初，公司收购了伟大集团建设股份有限公司，目前，公司拥有员工400余人，2019年总产值超过10亿元，上交税费2100多万元。公司拥有建筑工程施工总承包一级资质、古建筑专业承包一级资质及市政工程、公路工程等多项专业承包二级资质和工程设计建筑行业（建筑工程）甲级资质。

作为国内最早从事被动式超低能耗节能建筑的企业之一，伟大节能房公司一直以来致力于把以德国为主的全球化节能技术进行创新运用来推动企业从传统建筑领域向节能建筑领域转型升级。通过创新管理手段，引导和促进企业在被动式节能技术的基础上，创新开发先进节能技术的设计、应用，并实现产业化发展，使伟大节能房公司成为国内建造被动式超低能耗建筑（又称被动房）数量最多、类型最丰富的全产业链发展的节能建筑企业。扩大了市场、提升了效益、创立了品牌，公司也脱胎换骨，跃升为在新三板挂牌的国家高新技术企业，各项经营管理机制实现更新，为公司的可持续发展开辟了一片蓝海。

一、建筑企业以节能技术推动转型升级发展的管理创新的背景

（一）是建筑企业突破发展瓶颈、转变发展方式的需要

近年来，随着市场经济形势的变化，国家加大了对房地产业的宏观调控力度，固定资产投资规模减小、新建工程数量减少和建筑行业利润率降低等问题逐渐凸显，建筑企业目前的产业结构、生产方式以及配套制度不适用于当前社会经济环境的矛盾日趋突出，表现在我国建筑企业总体上属于传统的劳动密集型，粗放式的生产方式未得到明显改变，生产效率低、资源浪费高、工作条件差、环境污染大等问题仍然严重。加之产能过剩、环保要求提高、人力成本不断上升等因素的影响，建筑企业突破发展瓶颈、推动技术进步、转变发展方式的变革已迫在眉睫。

（二）是顺应建筑节能发展趋势、创造新需求引领新市场的需要

传统建筑市场的产能过剩以及人民群众对更高质量生活的追求，给建筑企业对新型建筑领域的探索带来了驱动力，掌握新技术、创造新需求、引领新市场成为建筑企业抢占市场高地、实现可持续发展的最大愿景。参照国内现状和国外先进国家经验，开发应用建筑节能技术将是未来建筑发展的必然趋势。

目前，我国建筑能耗已占全社会总能耗的30%以上，尤其我国建筑98%以上是传统的高能耗建筑，单位面积耗能是发达国家的2~3倍。伴随着建筑能耗扩大的还有污染物排放的迅速增加，

据统计，我国建筑用能对全国温室气体排放的"贡献率"已达25%，中国的主要污染物排放量均居世界第一位。另外，建筑过程中的扬尘、噪声等问题也让城市居民深受困扰，传统建筑对环境的污染已经成为影响人民生活和社会发展的重要问题。

在解决传统建筑的这些"痛点"上，欧洲发达国家根据中国窑洞的原理，发明了一种叫作"被动房"的超低能耗建筑，其技术特点就是利用建筑本身的特性，在没有"主动"制热制冷的情况下，建筑室内一年四季可以保持舒适宜居的恒温、恒湿、恒氧、恒静、恒洁。

这种本质上近似于"道法自然"的新型建筑节能技术于10年前进入中国，立即引起了业界的重视。其优异的能效性和舒适性，使被动房被誉为代表未来建筑发展方向的"百年建筑"。

在德国能源署和国家住建部的技术支持下，伟大节能房公司率先在中国夏热冬冷地区开始被动式节能技术的研发和应用，同时利用自身力量进行了技术创新，建造了一批被称为"中国之最""世界之最"的被动房项目，为新型节能建筑产品走向市场进行了探路拓荒。

（三）是提升企业管理水平、打造新型核心竞争力的需要

建筑企业以发展节能技术为突破口推动企业转型升级，需要一套将企业的技术进步、满足用户的新需求与企业的高质量发展结合起来的一体化管理模式。这种管理上的创新，无疑将极大地提高建筑企业的管理水平，深化企业管理的内涵。

伟大节能房公司同样存在大多数建筑企业面临的困境以及管理上的弊端，在推动企业发展、实现转型升级的同时，刷新管理模式、丰富管理手段、提升管理水平，已经是一个非常重要且迫切的课题。

与一般的建筑产品不同，被动房不仅仅是一种节能建筑，更是多种建筑节能技术的集成。将被动房产品打造出来，考验的不仅仅是设计、施工能力，还要考验多个建筑节能分系统、多家产业链供应商的组织管理能力。从某种意义上说，被动房建设企业的核心竞争力就是多个系统的整合能力，就是一体化的管理能力。因此，在管理上不断寻求创新，是企业持续强化自身核心竞争力的必要之举。

二、建筑企业以节能技术推动转型升级发展的管理创新的内涵

随着国家"坚持绿色发展，必须坚持节约资源和保护环境"基本国策的提出，以及人民群众对更高品质生活的追求，将国内外先进的节能环保技术进行吸收消化和推广并造福于国人，是每个有责任感的企业的崇高选择。伟大节能房公司以节能减排、创造绿色生态环境为宗旨，以创造新价值引领新市场为追求，以企业转型升级、可持续发展为目标，通过创新优化管理手段，积极促进被动式节能技术的消化吸收和创新改良，并不断地在项目的实施中验证管理效果、优化管理机制，使管理也成为企业核心竞争力的一部分，并有力地促进了企业的转型升级发展。以管理创新促进技术创新的举措必将打开企业发展的大门，引导企业开启伟大之路。

三、建筑企业以节能技术推动转型升级发展的管理创新的做法

（一）树立向节能建筑领域转型发展的战略理念并制定战略规划

1. 居安思危

立足本地，面向全国，从株洲市第一栋标志性建筑株洲邮电大楼开始，以天台山庄、房地产大厦、山水国际、株洲市民中心等为代表的成百上千个公建、民建项目，记录了企业一段时间以来的辉煌。在传统建筑效益尚稳中有升之时，企业敏锐地意识到国家经济发展趋势的变化和旧的发展模式的局限。通过对行业发展的展望和对人民群众新需求的摸索，结合对国际上建筑新技术的多方调研，企业果断决定建筑业务向节能建筑领域转型，选择了与德国能源署和国家住建部合

作，引进被动式节能建筑技术，专门从事被动式节能建筑技术的本土化研发和应用。

2. 理念灌输

企业向节能建筑领域转型，对于多年从事传统建筑业务的很多员工来说并不容易接受。伟大节能房公司加强形势任务教育，组织各层级、各部门员工进行座谈，一方面学习中共中央、国务院印发的《关于进一步加强城市规划建设管理工作的若干意见》和"十三五"规划提出的"坚持绿色发展，着力改善生态环境"等有关政策，另一方面宣讲企业的任务目标和发展愿景，激发员工的紧迫感和使命感，鼓励员工投身到节能减排、绿色发展的事业当中。

伟大节能房公司还专门设立了官方网站和微信公众号，对被动式节能技术知识和节能产业政策信息进行宣传报道，同时组织全体员工开展问卷调查和征文活动，积极听取员工对发展节能建筑、创新节能技术的意见和建议。通过一系列理念推广工作，员工能够认清形势、统一思想、明确责任，树立了发展科技节能建筑的新理念，坚定了推广科技节能技术的信心。

3. 制定规划

转型工作启动一段时间后，随着节能技术应用的逐步成熟和被动房市场的逐渐打开，伟大节能房公司于2015年制定了《节能产业发展规划》，用以指导企业的发展。

短期目标：用5年左右的时间，在2020年之前，实现完成被动房技术、装配式建筑技术、BIM技术综合应用示范工程目标，完全掌握三项技术的融合应用，并理顺上下游产业链关系。

中期目标：在10年之内，到2025年末之前，综合使用科技节能技术的项目达到50%，公司具备承接房屋、工建、市政等大型工程项目的实力，实现公司上市。

长期目标：将科技节能技术综合应用打造成公司的核心竞争力，建立和完善产业链体系，向集约型发展模式转变，实现全国连锁，成为行业的标准制定者和应用引领者。

从目前来看，短期目标已经实现，中期目标有望提前到2022年实现。

（二）打造以节能技术推动转型升级发展的组织体系和业务板块

1. 建立组织体系

伟大集团董事会主席、总裁邓天骧亲自担任伟大节能房公司董事长，并组建了以总经理为首的管理团队，团队成员包括公司的核心领导层。同时建立了以公司总部、项目部、分公司条块结合的管理模式，明确了职责与分工，切实加强了对技术创新、管理配套、转型升级的决策、组织、指导、协调、信息、服务等工作的领导。

2. 完善业务板块

被动房业务链包含市场开发、产品设计、施工、分系统配套、售后服务等。伟大节能房公司利用集团产业优势，积极整合业务板块，形成完善的业务链。

（1）为完善设计队伍，节能房公司收购了有着30多年历史的株洲市城乡设计院，将一支有扎实功底的设计团队纳入节能建筑技术的引进和创新。目前这支队伍有员工35人，其中高级工程师3人、工程师6人，国家一、二级注册建筑师4人，注册结构师3人，注册给排水师1人，注册电气师1人，注册暖通师1人，注册被动房设计师6人，BIM技术工程师3人。

（2）为完善施工队伍，伟大节能房公司收购了伟大集团建设股份有限公司。该公司为伟大集团建筑业务主要实施单位，现有高级工程师19人，工程师118人，国家一、二级注册建筑师53人，各类工程技术人员209人。同时，该公司具有国家建筑工程施工总承包一级资质，古建筑专业承包一级资质，市政工程、公路工程等多项专业承包二级资质和工程设计建筑行业（建筑工程）甲级资质，具有完成高难度节能建筑项目施工建设能力。

(3) 为补充节能分系统，伟大节能房公司收购了株洲市同德门窗厂，通过对原有生产技术、设备的改造和熟练技术工人的再培训，充实了被动节能房门窗生产和安装施工技术团队。

(4) 为加强营销与售后力量，伟大节能房公司将科技节能技术和产品的策划、推广、营销工作委托给了实力雄厚的伟大营销策划公司，将售后服务委托给了服务精良的伟大物业管理公司，完善了科技节能技术开发应用和产品服务体系。

(三) 建立节能建筑设计施工一体化管理体系并制定全面措施

以被动式超低能耗建筑为代表的节能建筑在注重多个节能系统有机集成的基础上，还要重点考虑断热桥和气密性，对设计和施工的紧密配合提出了更高要求。伟大节能房公司在进入被动式节能建筑领域伊始，便全力打造设计施工一体化管理体系，制定了一系列配套措施。

1. 积极实施节能建筑工程EPC模式

EPC模式即工程总承包，是工程建设方对工程建设项目的设计、采购、施工、试运行等实行全过程或若干阶段的承包。伟大节能房公司对EPC总包项目从投标、设计、技术管理、采购、成本控制、施工管理等环节制定了严格而完善的跟踪与控制流程，做到每个过程可控、每个环节有人担责，既互相支持，又互相监督。

为进一步细化管理，伟大节能房公司还有意识地将部分节能工程进一步分包，让更专业的队伍参与项目建设，保证工程质量，提高工作效率。

2. 大力推动设计技术人员与施工管理人员交叉培训

节能房公司将设计技术人员和施工管理人员的培训工作放在重要位置，尤其注重对两类人员进行交叉培训：让设计师深入项目工地现场，仔细了解节能技术的施工工法，及时处理施工中的技术问题；同时也让项目管理人员系统学习被动式节能建筑的设计理念，加深对节能建筑施工中各项特殊处理重要性的认识，更好地加强施工管理，抓好施工质量。

目前，伟大节能房公司还有意识地专门抽调一批年轻有为的项目经理和工程技术管理人员，进行被动节能技术、装配式建筑技术和BIM技术的培训，使其成为一专多能的科技节能技术创新管理人才，这样的人才1个可顶2~3个人使用，为全面实现设计施工一体化管理机制进行人才储备。

公司同时调整配套激励机制，对能熟练运用节能房技术、装配式建筑技术和BIM技术，一人能顶两个以上岗位的，给予岗位技术奖励；对提出合理化建议确实产生了经济效益的，发给合理化建议奖；对取得科研成果和申报专利技术的有功人员发给科技创新奖。

3. 严格执行设计师和项目责任人负责制

为保证工程质量和全过程可控，伟大节能房公司在EPC工程中严格执行设计师和项目责任人负责制。设计人员要对自己设计的项目跟踪到竣工验收，项目责任人要跟踪到售后服务和回访回修，哪个环节出了问题都要追责问责。这样可以明确责任主体，对项目的进度、费用、质量、安全等关键要素的把控更加具体，确保了组织协调的高效和项目目标的达成。

4. 积极推进装配式技术、BIM技术与被动式节能技术的融合

伟大节能房公司在原有被动式节能技术的基础上，引入装配式技术并深度应用建筑信息模型技术，不仅仅是在节能技术上的创新，同时也是对企业管理能力和管理手段有意识的锻炼和提升。

装配式建筑技术把传统的建筑工人围着产品转的现场浇筑生产方法转变为工厂化生产建筑配件、现场组装房屋的生产方式，大大提高了劳动生产率，降低了工人的劳动强度，能加快施工进度，提高工程质量，减少施工现场的扬沙扬尘、污水和噪声。

BIM技术是在计算机辅助设计（CAD）等技术基础上发展起来的多维建筑模型信息集成管理技术，是提高行业信息化水平、推进智慧城市建设、促进传统建筑产业转型升级的基础性技术。

目前，伟大节能房公司已在所有工程项目的设计中使用BIM技术，并将装配式技术与被动式技术结合，在节能房公司办公楼和洛阳市"城市书屋"项目中进行了实践，摸索出了一条将技术创新落实应用的管理方法和途径。

（四）布局产业链，构建、升级稳定高效的管理创新支撑平台

企业管理的核心是对人财物、产供销的把控，要达到既定的管理目标，离不开各个供应平台的有效支撑。为做好以节能技术推动转型升级的管理创新，伟大节能房公司重点打造了以下几个平台。

1. 技术设计平台

伟大节能房公司成立了"伟大集团被动式节能建筑设计研究院"，专业从事被动式超低能耗建筑的研发和设计。几年来，该研究院参与了几乎所有的伟大被动房的设计工作，为节能房公司的项目实施发挥了关键作用。

与此同时，节能房公司还注重联合外部技术力量进行技术创新，重点提升设计水平。公司成立不久，便联合加拿大FFS、澳洲Metrix、华南理工大学、加拿大贝思设计、土人设计、湖南大学设计研究院、株洲城乡设计院、伟大咨询营销公司等多家战略科研、规划设计单位，统一挂牌成立"中国节能建筑国际研究设计机构"，组建专家团队，打造涵盖各个专业领域的技术研发实力，负责规划建筑节能设计方案的评估与审定。2019年，伟大节能房与湖南科技大学联合成立"湖南省智慧建造装配式被动房工程技术研究中心"，重点开拓装配式被动房的智慧建造工程技术研究。研究中心吸纳了各专业人员18人，其中博士研究生13人、硕士研究生5人、教授4人、副教授及讲师14人。目前，该研究中心已被湖南省科技厅列入"2019年度湖南创新型省份建设专项创新平台"立项名单。

2. 融资平台

伟大集团旗下湖南伟大股权投资基金管理有限公司是湖南省首家获批的私募股权投资基金管理公司，伟大节能房公司依托伟大基金搭建了多渠道、低成本的融资渠道，为科技节能技术管理创新提供低风险、高稳定的资金支持。一是以节能建筑项目为单位成立项目公司，对外进行融资或股份合作，如2013年3月为双银大厦项目融资5000万元，2014年4月为青龙湾被动节能房项目融资5000万元；二是参股商业银行，目前伟大集团已成为三湘银行创始股东；三是与有较大规模、追求长期回报的大资本拥有者合作；四是以危房改造、旧城拆迁、经适房、廉租房、被动装配式节能项目、两型示范项目等国家政策扶持的项目为平台，积极运作筹划，寻求融资政策的支持。

3. 核心材料及设备供应平台

被动式节能建筑的关键材料设备包括门窗幕墙系统、内外墙保温系统和新风系统等。伟大节能房公司采取收购、委托生产、定制、战略合作等方式打造节能材料设备供应平台，整合完善自身可控的节能技术产业链。2012年收购株洲市同德门窗幕墙有限公司，与丹麦温格润门窗和德国维卡门窗战略合作，引进节能门窗幕墙的研发生产技术。2015年9月与北欧化工巴斯夫战略合作，由对方提供原材料，自主研发生产出导热系数仅为0.030的石墨聚苯板。2015年10月与森德（中国）暖通设备有限公司签订代理协议，在湖南独家代理森德被动式节能建筑新风系统。与江苏卧牛山保温防水有限公司、堡密特建筑材料（苏州）有限公司、哈尔滨森鹰窗业股份有限公司、中

山市万德福电子热控科技有限公司建立战略合作伙伴关系。至此，伟大节能房公司已建立独有的节能材料设备供应平台。

另外，伟大节能房公司还参股组建了装配式建筑 PC 构件生产企业——湖南国信伟大建筑工业有限公司，并与湘潭远大住宅工业有限公司建立战略合作伙伴关系，解决了装配式建筑构件生产供应的难题，为节能技术的推进节约了时间、降低了成本、把控了供材的质量，为节能技术的产业化运用提供了坚实保证。

4. 节能技术人才平台

从 2015 年 3 月开始，伟大节能房公司和国家住建部科技推广中心、德国能源署、省内外科研院校以及节能建筑关键厂商紧密合作，在株洲市青龙湾田园国际小镇打造了节能建筑专业培训基地。至今已相继举办培训 9 次，参加学习的人员来自北京、福建、江苏、山东、四川、青海、内蒙古、天津、辽宁等地共计 1200 多人次，为本企业及全国节能行业培养了大批专业性人才。伟大节能房公司通过送外委培、考试考核，获得 PHI 被动房设计师认证 6 人，注册结构师 3 人，一级建筑师 2 人，为节能建筑技术发展提供了人才支撑。

（五）在节能技术的创新应用过程中升级完善管理机制

在其他企业尚观望犹豫、国内被动房市场还处于萌芽之际，伟大集团便主动将被动式技术应用到自己的开发项目中，同时积极在本地公建、商业项目中进行推广，取得了一定的成果。这些举动一方面验证了被动式节能技术在实际项目中的优异效果，同时也让伟大节能房公司在实践中完善了管理机制，丰富了管理经验，提升了管理能力。

1. 德国之家是伟大节能房公司的首个被动式超低能耗住宅项目，同时也是国内夏热冬冷地区首个被动房居住建筑项目。伟大节能房公司在这个项目的实施中，完全掌握了被动式节能建筑设计施工一体化管理的整个流程，建立了自己的产业链供应商网络，摸索出一套被动房产品销售、宣传推介、客户告知及售后服务等方面的管理模式，培养了一支节能技术设计、施工管理人才队伍，使伟大节能房公司的被动式建筑建造、经营能力走向成熟。

2. 株洲市民中心是伟大被动房引起业界人士广泛关注的一项大型工程，建筑面积 6.23 万平方米，被誉为目前世界上最大的单体被动式公共建筑，其大面积的玻璃幕墙和玻璃穹顶也是世界上被动式建筑所仅见。项目展现出的不俗的 EPC 管理能力使得施工中面临的种种技术难题得以完美解决。

3. 神龙湾假日养生酒店是株洲市炎陵县神农谷国家森林公园内一家旅游酒店，距离伟大节能房公司本部 170 多公里，是伟大节能房公司承建的国内最大的既有建筑被动式改造项目。该项目的实施，使公司在既有建筑改造技术设计、施工管理、远程管理、质量监控等方面摸索出了一套可供借鉴的经验，为伟大节能房在全国市场的开拓打下了良好的基础。

4. 伟大节能房公司办公楼是公司创新节能建筑技术，首次将"被动式"+"装配式"建筑技术落地实施的项目，也是南方地区首个"装配式"+"被动式"办公建筑。该项目成功地解决了伟大节能房与装配式构件厂家进行合作的管理课题，打通了管理流程，为装配式建筑应用被动式节能技术走出了一条路径。

四、建筑企业以节能技术推动转型升级发展的管理创新的实施效果

（一）获得转型升级发展新动能，企业经济效益大幅提升

伟大集团在几十年的历程中，有过辉煌，也有过改革的阵痛，唯有"以创新求发展"的理念使企业得以不断克服困难，走向成功。在传统建筑行业面临发展的瓶颈、企业亟须找寻新的发展

方向时,以节能技术的整合运用和管理创新来推动转型升级,成为伟大集团谋求新发展的突破口。应运而生的伟大节能房股份有限公司把握了机遇、付出了努力,在短短几年间通过不断的管理创新,使被动式节能技术从刚刚出土的幼苗逐渐被浇灌培养成参天大树,成为国内在该领域的佼佼者。公司的经济效益也得到大幅提升,据统计,伟大节能房公司共建造各种被动式节能建筑面积近15万平方米,因采用节能技术获得的新增效益超过2.8亿元。向节能建筑领域发展,通过管理创新带动节能技术创新,不仅为企业做大做强赋了新的发展动能,也为伟大集团践行"城乡一体化伟大特色小镇"全国发展战略提供了有力的支撑。

(二)为人民提供了更高品质的建筑产品,创造了新的社会需求

被动式节能建筑可以在比常规普通建筑节约能耗90%的基础上实现室内恒温、恒湿、恒氧、恒静、恒洁,冬暖夏凉、宁静清洁、防霾防潮,具备无比优越的高能效和高舒适度特点,对居住和使用者的身体健康也大有裨益,是人们梦寐以求的"好房子"。通过对一系列伟大节能房项目的调研,凡是入住过节能房的人员,95%以上持"非常认可"态度,许多人建议尽可能多地建设节能房建筑或将现有建筑改造成节能房建筑。

被动式节能建筑为房地产市场带来了更高品质的选择,不仅为消费者创造了包括节能、经济、宜居和健康上的新价值,还创造了巨大的生态效益。据估算,一套180平方米的被动房,一年节省的碳排放相当于为地球新建了十亩森林,因省电能而减少的粉尘排放量也是个极其可观的数字。因此,坚持不懈地发展建筑节能技术也展现了伟大节能房对社会的责任担当。

(三)扩大市场占有,示范效应明显,带动了产业共同发展

伟大节能房公司通过全球性节能技术的创新运用,迅速占领了北、上、广、深等高端市场,扩大了市场占用,为公司的连锁规模化发展打下了坚实基础。一批项目相继被评为"国家住建部被动式低能耗建筑示范项目""湖南省级建筑业新技术应用示范工程""湖南省绿色低能耗建筑技术应用示范工程",公司也被评为"2019年度湖南省两型示范单位"。良好的社会效应、生态效应也引来了包括中央电视台在内的国家及省市多家媒体的宣传报道,伟大节能房公司成为国内在被动式节能建筑领域的代表性企业,在第十四届北京国际住博会上一举获得了最高奖项"中国明日之家"的殊荣。

伟大节能房公司的建设成就和越来越响亮的企业品牌引得业界内外纷纷前来学习取经。2019年,公司共接待了2100余人前来考察参观;2020年上半年,在受疫情影响的情况下,仍接待了56批346人次。不少企业主动前来洽谈合作,一批企业在伟大节能房公司的影响和带动下,积极投入被动式节能建筑的市场开拓、节能技术分系统的研发。

(四)企业技术设计能力得到质的提升,成为行业的标准制定者

伟大节能房公司因在国内最早投入被动式节能建筑技术的研究和实践,并完成了国内数量最多、类型最齐全的被动式建筑的设计建造,因此在技术设计能力上得到质的提升,积累了丰富的经验,企业也从产业的创新者一跃而成为产业的引领者,得到了业界的重视和认可。伟大节能房公司被选为"中国被动房产业技术创新联盟副理事长单位",主编或参编了一系列被动式节能建筑设计或评价标准,包括《寒冷地区被动式超低能耗居住建筑节能设计标准图集》《湖南省被动式超低能耗居住建筑节能设计标准》《深圳市超低能耗建筑技术导则》等,并在国内多个省市协会或行业论坛进行技术交流。

(五)培养壮大了节能技术人才队伍

2020年初,伟大集团被动式节能建筑设计研究院年仅30多岁的院长苏业炜被评为"2019年

度伟大集团劳动模范",成为伟大节能房公司研发设计团队走向成熟、工作成绩被企业认可的一个写照。在伟大节能房公司不断创新的管理机制的促进下,年轻的节能技术研发团队不断成长、硕果累累,共获得技术专利9项(另有10余项待审批中),共有6人获得了被动房领域国际承认的PHI被动房设计师证书,有3人获得了注册结构师职称,有2人获得了一级建筑师职称。另外,在施工管理领域,有近20名项目负责人可承接被动房项目管理,另有50多人可参与被动房施工的其他管理。伟大节能房公司的多项管理举措为节能技术的进一步推广和普及提供了人才保障。

伟大集团节能房股份有限公司有一支追求理想、不甘寂寞的创新探索团队,他们尝试以创新管理机制促进节能技术创新和成果应用,同时又以节能技术创新驱动管理方法创新,促进管理效率提高和管理水平提升,形成良性互促循环。

主 创 人:邓天骥、吴致远
参与创造人:刘冀宣、黄腾飞、苏业炜、文 辉、吴海平、易柯欣、
李雪光、李 建

社会责任公益项目品牌化管理创新

国网湖南省电力有限公司

国网湖南省电力有限公司（以下简称"国网湖南电力"）是国家电网有限公司的全资子公司，以建设和运营电网为核心业务，担负着保障湖南省电力可靠供应的重大责任。目前，公司设23个职能部门，下设14个市（州）供电公司、102个县级供电公司，用工总量7.2万人。拥有35千伏及以上变电容量1.23亿千伏安、线路5.71万公里。供电范围覆盖全省14个市（州）117个县（市、区），营业区面积占全省总面积的96%，营业区人口占全省总人口的98%。公司资产总额1087.33亿元，售电量1479.02亿千瓦时。

2011年，国网湖南电力以"让爱'留守'电亮山村"为主题主旨，在怀化成立"爸爸妈妈团"，借助电力行业专长，动员广大青年员工，链接企业内外资源，争取留守儿童问题相关方的理解、支持和参与，形成市县两级志愿者管理网络，以扶贫助教行动切实改善留守儿童生活条件和教育生态，帮助留守儿童疏导排解心理问题、增强社会交往能力和安全自护能力。9年来，从物质到精神、从教育到文化，全方位关爱、帮助留守儿童800余名，先后荣获湖南企业社会责任十佳公益项目、湖南省第三届青年志愿服务项目大赛金奖、湖南省第四届社会公益组织青年创投大赛银奖等荣誉。主创的"儿童三防"系列电力童话剧，得到《光明日报》《中国青年报》等媒体关注，有效引导留守儿童这一弱势群体正确、理性面对成长历程中的困难和问题，起到了良好示范效应。

一、社会责任公益项目品牌化管理创新的实施背景

（一）是贯彻国家脱贫攻坚战略的要求

留守儿童是指父母双方外出务工或一方外出务工另一方无监护能力、不满16周岁的未成年人。农村留守儿童问题是我国在城市化进程中产生的一个社会问题。党和国家高度关注留守儿童成长，将关爱留守儿童纳入精准扶贫工作重要环节，陆续出台了一系列关爱留守儿童的法规和措施。2013年习近平总书记在湖南湘西考察扶贫工作时，首次提出分类指导、精准扶贫，并提出教育扶贫思路。同年，教育部等五部门印发了《关于加强义务教育阶段农村留守儿童关爱和教育工作的意见》，对政府、学校、家庭、社会关爱农村留守儿童的职责进行了定位，提出了"政府主导、统筹规划，家校联动、形成合力，社会参与、共同关爱"的基本原则。2016年，国务院印发的《关于加强农村留守儿童关爱保护工作的意见》指出，做好农村留守儿童关爱保护工作关系到全面建成小康社会大局，政府要支持公益慈善类社会组织、志愿服务组织等社会力量为农村留守儿童提供专业服务。党的十九大报告也明确要求："健全农村留守儿童和妇女、老年人关爱服务体系。"2020年是脱贫攻坚决战决胜、全面收官之年，做好农村留守儿童关爱保护工作，教育引导留守儿童树立正确的世界观、人生观、价值观，关系着儿童成长、国家前途，更关系着全面建成小康社会和中国梦的实现，是决胜脱贫攻坚工作的重中之重。

（二）是维护社会健康稳定发展的需要

湖南是劳务输出大省，也是全国五个农村留守儿童最集中的区域之一。在2018年民政部公布

的数据中，全国31个省（自治区、直辖市）共有农村留守儿童697万余人，其中湖南省留守儿童总数70万余人，占全国农村留守儿童总数的10.1%，排名第三。数据显示，超过10%的农村留守儿童一年中难见一次父母，甚至分别有3.9%和8.5%的农村父亲和母亲一年也不与孩子联系一次。

庞大的留守儿童队伍，带来突出的综合性社会问题。中国青少年研究中心发布的调查显示，农村留守儿童遭受意外伤害的比例为49.2%，比非留守儿童高7.9个百分点。近年来关于农村留守儿童池塘溺亡、火灾丧生、农药中毒、触电身亡、被拐卖等新闻也是层出不穷。此外，缺乏健康的成长环境，也让部分留守儿童偏离了正常的成长轨道，存在学业表现较差、学习兴趣不足、社会支持较弱、情感缺失、心理健康问题突出、易受不良团伙影响等问题。调查显示，20.4%的留守儿童自评学习成绩偏下，而不想学习和对学习不感兴趣的留守儿童比非留守儿童分别高5.6和3.2个百分点；留守儿童犯罪占未成年人犯罪的70%，且有逐年上升的趋势。这些问题背后折射的，正是家庭和社会对留守儿童关怀与教养的不足。

（三）是履行电网公司责任担当的需要

对中央企业而言，履行社会责任是义不容辞的使命，也是社会各界对央企的普遍期望。国家电网作为关系国民经济命脉和国家能源安全的特大型国有重点骨干企业，一直以来自觉承担着解决社会重要问题，参与社会重大活动，努力实现经济、社会、环境综合价值最大化的职责使命，以"国民经济保障者，能源革命践行者，美好生活服务者"为战略定位，在满足人民美好生活需要、促进社会文明进步方面勇挑重担、积极作为，大力推进助学、助老、助残等爱心活动，多次被评为"中华慈善奖"最具爱心捐赠企业。实施"爸爸妈妈团"公益项目，并开展品牌化管理创新，正符合国家电网公司的企业性质和一贯倡导。

（四）公益项目未来发展的必然要求

2011年以前，国网湖南电力开展的多为事件性公益活动，结合具体的事件或需求，单独策划、开展，缺乏系统性的长期规划，操作割裂分散。这种盲目、无计划的公益行为，没有对受众的深入研究，很多只是授之以鱼的单纯给予，既难以持久，也难以将公益做深做透，真正深入人心、取得实效。我们在实践中逐渐认识到，一个公正无私、影响广泛、认可度高、执行力强的公益品牌，可以获得更多的社会支持与发展资源，让公益项目更具有活力、更有生命力、更富价值感、更加可持续，这也是一个公益项目要想长期坚持下去的必然发展方向。

所以，国网湖南电力鼓励各市州公司结合所在区域公益资源，打造具有独立性、规范性、稳定性和长期性的优势公益项目，在进一步强化公益管理、持续优化公益项目运作模式的基础上，逐步向品牌化发展方面开拓，持续提升公益项目的知名度与公益活动的影响力。"爸爸妈妈团"项目正是在这种背景下起步的。位于贫困山区的怀化市是湖南省农民工劳务输出大市，留守儿童超过20万，在怀化市试点打造"爸爸妈妈团"公益品牌，从物质到精神、从教育到文化全方位关爱留守儿童，是国网湖南电力针对贫困儿童身心健康发力、为贫困家庭和社会解决问题的有益尝试，也是精准扶贫的具体抓手。

二、社会责任公益项目品牌化管理创新的内涵

"爸爸妈妈团"社会责任公益项目坚持专业化管理、品牌化打造，组建市县两级团队，打造机制保障体系，利用电力行业优势与专业专长，链接企业内外资源，聚焦留守儿童身心健康问题，以孩子的需求为出发点，以责任与爱为创新驱动力，联合各方共同为孩子健康成长给予身体关爱、情感关怀、兴趣关注，从物质到精神、从教育到文化，全方位关心、帮助留守儿童。

社会责任品牌化管理通过对"要素分析、内涵确定、深入调研、了解诉求、创新驱动、协同推进，提升影响、彰显形象，评价业绩、总结改进"等各关键环节的循环改进、闭环管理，实现了"品牌构建、品牌定位、品牌实施、品牌传播、品牌提升"等五大流程的全过程管控，以品牌带动项目、以项目提升品牌，极大提升了"爸爸妈妈团"公益品牌的社会知名度、社会影响度、社会贡献度和社会信任度，为解决留守儿童社会问题做出了有益探索和创新实践，也彰显了国家电网的央企责任表率形象。

三、社会责任公益项目品牌化管理创新的主要做法

（一）品牌构建：要素分析、内涵确定

品牌并不是一个物质实体，但人们对品牌的感知要通过品牌的有形物质载体来实现。一个完整的品牌，含有显性要素、隐形要素等诸多讯息，"爸爸妈妈团"在品牌构建上，力求将这些讯息最大限度地整合起来，确保品牌形象的完整可信赖。

显性要素，是外在的、具象的、可直接给受众带来感觉上的冲击的认知。一是确定品牌名称。结合留守儿童对亲情的渴求，鼓励团队成员在与留守儿童的交往中，致力于承担起"爸爸妈妈"的角色，努力弥补他们的情感缺失。经反复讨论，最终项目品牌名确定为"爸爸妈妈团"。二是设计品牌标识。发动团队成员与孩子们一起动手设计"爸爸妈妈团"标识，最终确定标识采用国网球体，以代表三湘四水的经纬线为底纹，主图造型为爸爸、妈妈和孩子三人牵手向前欢快奔跑，配以铁塔展现电力元素。品牌名称和品牌标识的确定，充分考虑了可记忆性、有意义性、可适应性、可保护性，既体现了品牌特性、简洁明了、易记易写，又切合需求、有针对性。

隐形要素，是内在的、体现品牌核心价值的部分。一是明确了品牌主旨。以"让爱'留守'电亮山村"为统一的活动主题，确保了品牌活动的思路延续、风格统一、目标一致。二是明确了品牌特征。"爸爸妈妈团"是根植于责任央企这片沃土的公益团体，品牌特征应包括非营利性、公益性、责任性、创新性等诸多方面，在活动开展中必须结合电力行业专长和成员个人特长，链接企业内外资源，最大限度提升社会知名度、公信度、满意度和公益产品美誉度，从而达到以品牌带动、聚合各方之力，实现品牌长期、健康发展的目的。三是制定了品牌管理规范。出台了国网湖南电力对外捐赠管理办法，明确了对外捐赠管理流程，规定实施对外捐赠项目应当通过依法成立的接受捐赠的慈善机构、其他公益性机构或政府部门进行，确保了项目资金的规范使用；加强项目可行性研究、实施过程跟踪和后评估管理，项目完成后3个月内出具项目总结报告；每年向国家电网公司提交"爸爸妈妈团"捐赠申请，累计获批捐赠资金57万元，加上团队自筹资金，有力保障了项目经费。

（二）品牌定位：深入调研、了解诉求

只有确定了服务对象的真正需求，才能确保品牌定位精准。为此，"爸爸妈妈团"的成员深入孩子们中间，和他们交朋友；与孩子们的监护人沟通，侧面了解孩子情况；与学校交流，掌握孩子日常表现；和当地政府联系，寻求对活动的支持和帮助。通过一段时间的深入调研，我们发现，生活上的贫困已不是留守儿童问题的主因，问题主要在于以下四个方面：一是父母角色缺位，大多采取"物质+放任"的方式来补偿，忽视了对孩子心理层面和思想道德层面的关心，导致正处于身心发展转折期的留守儿童容易受到不良诱惑影响；二是监护人重养轻教，祖父母一辈的监护人文化水平不高、自身精力有限，只能维持孩子的温饱，很少关注孩子的心理和精神需求，留守儿童无法得到正确的思想认识及价值观上的引导，容易产生认识、价值上的偏离和个性、心理发展的异常；三是家庭关系破碎，因为长期分离而导致的长期亲情缺失，可能导致留守儿童对社会、集体、他人的不信任感，甚至产生仇视他人、仇视社会的倾向；四是孩子爱好专长无法被挖掘，

农村学校师资力量不强，大多只有必修课，孩子即使有体育、美术、音乐等方面的爱好、专长，也无法得到培养，这无形中减少了留守儿童的很多未来发展可能。

通过分析我们得出结论：虽然留守儿童的健康状况和生活条件仍需改善，但不能单纯地把关爱留守儿童等同于物质上的扶贫。问题的根源既然涉及孩子、父母、祖父母、学校甚至政府等多个方面，就必须充分分析各方核心诉求、优势资源和不足之处，才能在项目推进中找准目标方向、调动各方资源、实现优势互补，共同解决问题。

表1 留守儿童问题相关方核心诉求、优势资源、不足分析表

留守儿童问题相关方	核心诉求	优势资源	不足
留守儿童	获得关心关爱，健康快乐成长	核心关键对象	健康成长需要外部关怀帮助
监护人（父母）	维持家庭收入，修复亲子关系	亲缘关系、赚取家庭开支的主力	无法对孩子开展日常陪护，不能及时满足孩子情感需求
监护人（隔代长辈或亲戚）	弥补监管缺失，提供健康检查、医疗服务	日常陪护、生活照顾	难以承担起孩子成长过程中的教育职责
学校（老师）	加强留守儿童监管与教育	教育引导、教学资源	课程较少，无法满足孩子兴趣爱好，无法发掘、培养其特长
地方政府	保障留守儿童权益，维护社会和谐稳定	政策支持、专业指导	无法对孩子开展日常陪护，不能及时满足孩子情感需求
供电企业	履行社会责任，提升品牌形象和企业核心竞争力	对外捐赠资金支撑、电力专长、强有力的组织动员能力	缺乏对帮扶对象需求的深入了解
其他公益组织	实现资源共享，帮助更多人群	专业人员和专业技能	需求点多面广，导致缺乏足够的时间、人员、精力
媒体	获得宣传素材，扩大影响力	发挥舆论监督作用，提供品牌推广平台	主动挖掘不够，"来料加工"居多
"爸爸妈妈团"成员	实现自身价值，获得自我提升	时间、精力和专业特长	亟待完善机制、有效组织

所以，"爸爸妈妈团"在成立之初就鲜明定位：关注留守儿童心理健康，用爱抚慰心灵、教育丰富头脑，切实改善留守儿童生活状态和教育生态，培养孩子们课本以外的多种特长，实现从"授人以鱼"到"授人以渔"的转变，从物质到精神、从教育到文化全方位关爱留守儿童，让缺失亲情的孩子感受到"父母"关怀、家庭温暖，健康、快乐地成长。

（三）品牌实施：创新驱动、协同推进

在品牌实施过程中，以孩子的需求为出发点，以责任与爱为创新驱动力，联合各方共同为孩子健康成长提供助力。

1. 身体关爱

健康体检。我们邀请专业体检团队走进乡村，为留守儿童和照顾他们的空巢老人提供免费体检机会，了解孩子及家人的健康状况并对症帮扶。

营养餐行动。结合体检发现的儿童健康问题，定期为留守儿童提供牛奶、面包、鸡蛋等爱心早餐，购买营养食材。组织公司内部厨师到学校食堂为留守儿童改善午餐伙食，所有食材均就地从留守儿童家中采购，也为孩子家庭增加了收入。

暖脚计划。2011年"爸爸妈妈团"第一次去芷江梨溪口学校时，很多孩子家里仍不富裕，穿的还是露脚指头的塑料拖鞋。所以我们开展了暖脚计划，每年冬天快到的时候，为孩子们送去新鞋。

2. 情感关怀

"关爱周计划"。在帮扶中我们发现，和生活贫穷比起来，对孩子影响更大的是缺少父母的陪伴。所以我们通过结对帮扶手册，在获得留守儿童父母允许的情况下开展"关爱周计划"。选取部分假期无法与父母团聚的孩子，到彼此结对的"爸爸妈妈团"成员家里过寒、暑假，通过一周时间的朝夕相处，爱心"爸爸妈妈"和孩子们体验不一样的假期生活；撰写"爸爸妈妈关爱成长日记"，拉近彼此之间的距离，让他们感受到父母般的爱与温暖，帮助他们走出孤独和忧郁。

亲情连线。一是提前了解父母和留守儿童的心愿，联系在外打工或长期未回家的父母，为父母拍摄"我想对你说"系列视频，给父母发去孩子"我想对你画"系列照片，让父母和孩子们相互表达出平时不敢说、不好意思说的心里话，消除疏于联系的父母和孩子之间的隔阂。二是经过充分调研，在留守儿童父母工作允许的情况下，在寒、暑假先后赞助17名父母回到家乡陪伴孩子一段时间，圆孩子们一个团聚梦。三是邀请93岁抗战老兵加入"爸爸妈妈团"，给孩子们讲抗战故事，和孩子们一起去芷江受降坊等地参观学习，既进行了爱国主义教育，又在抗战老兵和留守儿童之间搭建起爱的桥梁，满足了彼此的情感需求。

3. 兴趣关注

建立"电力爱心教室"。与当地政府、学校联系，与县团委、县志愿者协会合作，选点留守儿童集中的湖南省怀化市麻阳苗族自治县舒家村乡长坡山村教学点，挂牌成立"电力爱心教室"，除捐赠教学用电脑、书籍、文具等用品外，还用心布置了用电小贴士、科普小漫画上墙，既美化了环境，又潜移默化教育孩子们安全、科学用电；定期在教室开展"电力知识小课堂""安全用电我最棒""我是小小烘焙师"等教学活动，为孩子们提供课外知识学习场地。

组建"编外教师团"。充分利用企业人力资源优势，面向全企业征集、组织有音体美特长且愿意参加支援活动的员工，利用开学第一课、节假日支教、网课教学等方式，为孩子们开办第二课堂，向学生讲解安全、科学用电知识，教孩子们唱歌、跳舞、画画、打乒乓球等，既挖掘和培养留守儿童多元兴趣爱好，又逐渐深入孩子的内心，用关心和爱与其建立更为紧密的联系。

自创"电力童话剧"。我们意识到，每个孩子都有一个童话梦，都有成为主角的梦想和被爱的需要。所以，我们和孩子们一起创作童话剧，把安全用电常识、亲子感恩教育、防拐卖知识融入剧本，让孩子作为主角，通过孩子们喜闻乐见的讲故事、演故事的方式，令他们在玩乐中接受德智教育。目前已有《睡美人与国网王子》《跳跳兔找爸爸》《兔宝宝回家》等3出童话剧在5所乡村小学上演。通过小演员团队的童话剧表演，一些不自信的孩子开始主动表现自己，成绩也得到好转，顺利升入初中部，有的喜欢恶作剧的孩子完全融入表演角色，刻苦练习，从经常被批评的对象变成了经常被夸奖的优等生，有的没能入选的孩子会在练习时间趴在窗口偷偷学习，在课后询问老师能否加入小演员团队。

开展课外活动。开展"童趣运动会"，让孩子们有机会一展跟"编外教师"们学到的乒乓球、羽毛球等技能；"爸爸妈妈团"成员承担起家长的角色，与结对的孩子一起奋勇争先、勇夺胜利。

开展"情暖童心 书送未来"活动,向社会募集课外书籍2000余册,极大丰富了孩子们的课外生活。

4. 机制保障

为保障项目有效实施,我们还要求所有爱心爸爸妈妈与结对的留守儿童,建立起一对一档案和联系卡,既有留守儿童年龄、爱好、身高(是否达标)、病史、需求等各项内容,又有孩子家人、学校的联系方式等相关资料。爱心"爸爸妈妈"们通过电话、微信、QQ等"互联网+传统"联系模式,加强了与孩子、学校、家长之间的沟通联系,能够针对每位留守儿童的个性化需求,开展心理疏导、常态沟通等工作,也促进形成了以学生为中心的关爱网络,对留守儿童所缺乏的家庭教育和关怀进行补偿。

(四)品牌传播:提升影响、彰显形象

针对"爸爸妈妈团"公益项目,公司积极争取政府支持、协同公益组织、联动社会媒体,大力开展品牌传播,极大提升了"爸爸妈妈团"公益品牌的影响力和美誉度,彰显了公司央企责任表率形象。

争取政府支持,开展官方传播。定期与政府主管部门沟通,主动汇报工作,征求政府意见,争取工作支持,合作开展公益活动,增加项目的权威性。积极参加湖南省青年志愿服务项目大赛和公益创投项目大赛,增加"爸爸妈妈团"品牌知名度,彰显企业形象,提升"国家电网"品牌影响力。

协同公益组织,加强人际传播。加强与文明办、网信办等部门的沟通,在当地有影响力的公众号和自媒体上发布爱心公益活动信息。与怀化市志愿者协会密切合作,寻求更加专业的指导和配合。针对团队多为兼职志愿者的情况,制定志愿者培训方案,通过请进来讲、走出去学的方式,邀请怀化市志愿者协会等知名志愿组织的人员定期进行志愿服务基本技能培训,提升志愿者服务素质,增强服务本领。九年来,探索出了一套成熟的帮扶活动体系,促进项目开展更加规范,项目成效更加突出。

联动社会媒体,强化品牌传播。通过报纸、网络、电视媒体,全方位传播"爸爸妈妈团"社会责任公益项目实施意义、成效。全面把握传统媒体和新媒体融合发展的特点,充分运用"一网两微"(公司网站、微博、微信)等公司媒体,深度挖掘宣传公益项目中的感人故事、成果成效,产生广泛影响,进一步树立企业良好的责任形象。

(五)品牌提升:评价业绩、总结改进

九年来,"爸爸妈妈团"项目一直专注于对留守儿童的用心陪伴和共同成长,志愿服务时间长、服务对象专一专注、跟踪回访记录翔实,累积了大量案例素材和数据资料,这些都是我们做好项目质量控制和评估改进的基础。

建立留守儿童信息数据库。数据库的建立和维护,实现了信息共享,能最大限度减少沟通成本,提高服务效率。数据库随时更新,不断完善、补充留守儿童资料和个案跟进情况,能够更好地服务留守儿童,改进志愿服务方式方法,妥善管理和帮助特殊案例留守儿童。

做好过程评估和结果评估。实行"项目看板制",分进度看板、问题看板、成效看板,按月评价本月"爸爸妈妈团"活动开展情况和成效,对留守儿童心理状态、健康状态和志愿者活动体验、成长收获进行小结、评估;每年12月底撰写"爸爸妈妈团"年度总结,回顾公益项目实施过程中存在的问题、取得的成绩。志愿服务内容纳入公司绩效管理,每个分队的服务时间和质效,作为志愿者年度绩效考评内容,有效激发成员积极性。

持续提升改进项目。在效果评估的基础上，对项目进行经验提炼和改进提升，包括制定项目志愿者管理办法，进一步完善"编外教师团"培训辅导等，确保公益项目持续改进、品牌管理更加有效。

四、社会责任公益项目品牌化管理创新的实施效果

（一）有效解决关爱缺失问题，帮促留守儿童健康成长

帮扶对象小丹，在"爸爸妈妈团"九年不间断的关爱、帮助下，以优异的成绩考上重点高中和湖南师范大学师范类专业，现在的梦想是成为一名老师，像爱心"爸爸妈妈"们一样去帮助别人；之前没有兴趣爱好的小银，在"编外老师"的指导下爱上了画画，成为班级黑板报的主编；厌恶妈妈的"跳跳兔"小刚，开始主动尝试给妈妈打电话；因为家庭困难而感到自卑、心思不在学习上的小洪，现在的成绩稳定在了班级前五；性格内向、最初总是显得"冷漠"的小瑜，每当"爸爸妈妈"们来到学校，总是最快出来迎接的那一个；还有更多没有点名的留守儿童，都在"爸爸妈妈团"的帮助下，开始学会关心他人感受，学会主动与人分享快乐，主动倾诉烦恼，主动参加团体活动。

"爸爸妈妈团"项目实施九年来，以品牌带动项目、以项目提升品牌，已成长为拥有1个市公司总队、13支县公司分队，300余名志愿者的省内知名公益品牌，累计投入资金近百万元，志愿服务时长近3万个小时，有效改善了帮扶地留守儿童的教育生态，为800余名留守儿童创造了更加良好、更有温度的学习成长环境，促进了留守儿童群体在德智体各方面均衡发展。

（二）有效解决社会热点问题，树立央企责任表率形象

"爸爸妈妈团"项目致力于解决留守儿童关爱缺失、教育缺失等"老大难"社会问题，持之以恒地开展了一系列卓有成效的活动，促进了帮扶地留守儿童群体的身心健康，提供了企业参与社会治理的有益思路和可行方案，是可复制、可推广、可借鉴的公益项目示范标杆。目前"爸爸妈妈团"正在全湖南电力系统开展品牌化管理创新实践，将试点成功的怀化模式，推广到全省14个市州供电公司，既造福全省留守儿童，又通过与政府等留守儿童问题相关方的品牌共建、责任共担、成果共享，树立央企的责任表率形象，争取各方对企业决策和活动的利益认同、情感认同和价值认同。

社会认可度的提升，也为企业带来了诸多荣誉。国网湖南电力先后荣获全国文明单位、全国"五一劳动奖状"、国家电网公司文明单位、湖南省文明标兵单位等多项殊荣。

（三）有效解决思想认识问题，增强员工队伍责任意识

在"爸爸妈妈团"公益项目品牌化打造的过程中，不仅净化了参与者的心灵、提振了队伍自豪感，也在公司内部引起连带效应，唤醒了仁爱之心、良善之德，从而蔚成风气，有力强化了全员履责意识，同时增强了员工对企业的自豪感、归属感和忠诚度，强化了员工维护公司发展的责任心，在企业内部营造出弘扬主旋律、传播正能量的浓厚氛围，实现了"企业对员工负责、员工对社会负责"。

公益平台也是员工的自我展示平台，员工在开展公益活动的同时也实现了自我价值。团队成员向其枚被评为全国劳动模范，李亚玲被评为国网公司服务之星，蒋叶子被评为国家电网公司青年志愿服务优秀个人，多名成员荣获省、市"青年岗位能手""优秀共青团干""优秀共青团员"等荣誉。

（四）有效解决品牌传播问题，提升企业知名度和美誉度

电网企业的自然垄断属性，为公司发展带来了"两个不对称"的问题：公司贡献与社会价值

认知的不对称，公司付出与社会认同的不对称。要消除公众对公司存在的误解和刻板化印象，树立可靠可信赖的企业形象，强化品牌传播、讲好"国网故事"是有效途径。但以往很多宣传企业化痕迹过重，难以得到外部关注，往往达不到宣传效果。

"爸爸妈妈团"九年如一日的关爱行动，赢得了社会各界广泛认可，在系统内外为企业塑造了良好口碑，企业也获得更多的政府正面关注和媒体正面宣传。"爸爸妈妈团"相关事迹先后获得《光明日报》（头版）、新华社、《中国青年报》、《湖南日报》、湖南卫视、湖南经视、湖南人民广播电台等数十家主流媒体关注，发布相关报道200余篇，《大山里的童话》《乡村教学点来了"爸爸妈妈团"》《"爸爸妈妈团"十年：只为孩子们的笑容》等重量级报道点击量累计超过1000万次。"爸爸妈妈团"公益项目先后荣获湖南企业社会责任十佳公益项目、湖南省青年志愿服务大赛金奖、湖南省青年创投大赛银奖。2020年8月，国家知识产权局正式通过"爸爸妈妈团"公益品牌商标注册，企业知名度和社会美誉度得到极大提升。

主　创　人：周幼宏、崔先迤
参与创造人：张德鸣、袁小晴、蒋叶子、周　颖、佘万程、侯建明、
　　　　　　范才华、陈　阳、肖英琪

省级电力环保智慧监管体系构建

国网湖南省电力有限公司电力科学研究院

国网湖南省电力有限公司电力科学研究院（以下简称"湖南电科院"）为国网湖南省电力有限公司（以下简称"湖南电力"）直属单位，也是湖南省经济信息委员会认定的电力企业技术中心。主要从事电力生产试验、科学研究、技术服务等工作，拥有高效清洁火力发电技术湖南省重点实验室、国网公司电力设施噪声与振动实验室、国网公司配电网智能化应用及关键设备联合实验室、湖南省环境保护电磁环境与噪声控制工程技术中心等多个省部级实验室或科研机构。近年来，湖南电科院紧密围绕对全省环保专业开展系统性技术监督和技术支撑等中心工作，2019年初率先提出了"电力环保智慧监管"体系构想，并深入开展专项研究，尝试建立起以环保、优质、高效为目标的电力环保智慧监管新模式，2020年初步建成了电力环保智慧监管平台，取得较好的运行效果。

一、省级电力环保智慧监管体系构建的实施背景

（一）是全面积极响应国家宏观政策，确保各项政策要求充分落实落地的客观需要

党的十九大报告首次提出，将污染防治攻坚战作为决胜全面建成小康社会的三大攻坚战之一，明确要求坚持全民共治、源头防治，持续实施大气污染防治行动，坚决打赢蓝天保卫战。2018年，国务院正式颁布《打赢蓝天保卫战三年行动计划》，要求各级地方政府健全法律法规体系，完善环境经济政策，加强基础能力建设，调整优化产业结构，强化区域联防联控，严格环境执法督察，明确落实各方责任，动员全社会广泛参与。

湖南省政府结合省内客观实际，制定了聚焦大气、水、土壤三大领域，突出长株潭区域大气同治、洞庭湖水环境整治、湘江流域重金属（土壤）治理三大重点，强化转型发展、污染治理、生态保护三大举措，加强组织领导、政策支持和科技支撑的基本工作思路。在主要任务中明确要求，要在促进产业结构调整，优化调整能源结构，严控污染物排放增量下实力、出实招，尤其在工业企业提标升级改造、加强生态环境监测以及强化环境监管执法等领域要全力推进。

（二）是持续健全政府环境治理监管体系，保障监管模式与手段不断创新的客观需要

2020年中共中央办公厅、国务院办公厅明确了"构建党委领导、政府主导、企业主体、社会组织和公众共同参与"的现代环境治理体系，要求以"创新环境治理模式，坚持多方共治"为基本原则，明晰政府、企业、公众等各类主体权责，畅通参与渠道，形成全社会共同推进环境治理的良好格局。现代环境治理监管体系，要求强化监测能力建设，不断完善生态环境监测技术体系，全面提高监测自动化、标准化、信息化水平。

现有监管体系多采用"末端监管"或"离线监管"的传统模式，存在过程管控手段缺失、人力物力消耗大、监管精准度差等诸多弊端与不足。从目前现状来看，发电企业和工业企业两大监管群体均存在一定问题。发电企业方面，生产工艺流程控制自动化、透明化程度不高，给环保监管带来了客观困难；为维护电网安全稳定运行，环保监管必须与电力生产结合开展；节能减排形势严峻，需从源头上减少污染物生成。工业企业方面，随着经济发展，企业数量快速增长，点多

面广,监管难度大,完全依靠人工难以完成有效监管;极个别企业故意躲避监管,采取夜间生产、偷产偷排、改换线路等方式伪造环保数据,增加了监管难度;缺乏有效技术指导和统一监管,环保投入大,监管效果差,给企业带来了较大经济负担。针对上述问题,势必要鼎新革故,建立起一套全新监管理念,并以此为基础拿出一系列管理、技术上的革新手段,全方位、多层级地提供一整套解决方案。

(三) 是自觉主动履行央企使命担当,促进政企联动工作机制有效运行的客观需要

作为负责任的中央直属企业,国家电网有限公司积极响应党中央号召,从自身行业优势和技术实力出发,与各级地方政府密切汇报沟通,加强协同联系,有效促进政企良性互动,实现优势互补,力图实现合作、政策、品牌"三个叠加"。尤其是提高新能源利用水平、创新清洁能源利用方式,推动新能源更高质量、更加可持续发展,以绿色低碳高效的充足电能,全力推动能源低碳发展和生态文明建设,切实履行电力行业环保社会责任。

2019年,国网公司总部印发《关于落实助力打赢蓝天保卫战三年行动计划的通知》,要求全系统上下立足大气污染防治与生态环境保护,充分发挥电网基础平台作用,不断深化再电气化进程,促进能源生产和消费侧清洁低碳转型,推动公司、行业和社会绿色可持续发展,为坚决打赢蓝天保卫战和服务生态文明建设贡献国网力量。

(四) 是顺应绿色经济时代发展需求,全面推进工业生态环保转型升级的客观需要

随着污染防治攻坚战的全面打响,湖南省政府采取了一系列行之有效的措施开展大力整治。在"铁腕治污"过程中,机械、化工、电子等行业的一些重排污企业被勒令停业整顿,甚至永久关停,众多中小型国有或私营企业都深刻经历着转型升级的"阵痛期"。这也是亟须建立起科学、合理、有效环保监管体系的原动力。从基本面上看,湖南省工业企业量大面广,但"散乱污"企业侵占了省内环境容量,不利于湖南经济长期可持续健康发展,必须快速识别、厘清和清除高污染企业,引进高质量的优质项目,加快"腾笼换鸟",实现经济转型。基于此,对污染严重、整改无望的企业"切一刀"是非常必要的,但也要有效避免对污染重灾区的行业进行全盘"一刀切"。

为实现上述初衷,势必要求建立起一套缜密、合理、长效的监管体系,这就需要具备一定经济技术实力、专业水平较高的科研类企业深度参与支撑。在此背景下,作为国民经济支柱、掌握大量用电客户核心数据的电力企业责无旁贷,湖南电科院作为湖南电力的主要技术支撑力量,以大数据治理、综合分析与深度价值挖掘为基本工作思路,凭借电力专业门类齐全、人才当量密度大、知识储备深等自身优势,在环境监管体系搭建这一命题上做出了广泛且大量的尝试,取得了较大的科研成效,为电力环保智慧监管平台的最终建成奠定了坚实的理论与实践基础。

二、省级电力环保智慧监管体系构建的内涵

省级电力环保智慧监管体系以生态文明建设为导向,以服务企业、行业、政府和社会为宗旨,创新建立"四位一体"服务思路;以"环保、优质、高效"为目标,以电力在线监测等现代信息技术为支撑,建成电力环保智慧监管平台;引入全过程监控方式,借鉴非介入式和多维信息融合等现代化信息技术,成功拓展丰富电力环保监测手段;科学制定环保监管实施细则等一系列技术规范和标准,有效构建电力环保指标体系;基于环保电价全过程监管和环保违规远程执法,激励企业主动履行环保职责,有力推动环保监管的高效闭环。

省级电力环保智慧监管体系的构建目的,是充分实现环保设施运行全过程监管和环保远程执法,促进企业可持续绿色发展,提高环境保护效益和效率,从技术和管理两方面双管齐下协助政府部门朝建立更科学、更高效、更透明的监管模式工作目标迈进。

三、省级电力环保智慧监管体系构建的主要做法

（一）提出电力大数据+环保多维立体监管理念和管理思路，建成省级电力环保智慧监管平台

为规范和加强节能减排设施建设和运行监督管理，降低各类气态污染物排放水平，切实改善大气环境质量，湖南公司凭借自身在环保专业的科研技术实力，与省政府各部门尤其是省生态环境厅保持常态化联系，联合探索并建立了针对省内主要发电企业和重污染工业企业的有效在线实时监测模式，以电力数据中台为核心，紧密围绕全过程实时监督、环保电价计算、污染物与能耗监测、环保设施性能分析、工业企业用电监控、停限产辅助分析、昼夜负荷不平衡分析、非介入式用电监控等核心功能，逐渐摸索出以电力环保智慧监管模式，深化政企联动合作，为湖南各发电企业和工业企业量身打造"绿色KPI"。

湖南电科院深入分析当前环保监管模式与环保政策要求之间的主要矛盾，创新提出了电力大数据+环保多维立体监管理念。针对发电企业工艺流程不透明、节能减排形势严峻，工业企业点多面广、环保投入效费比低等突出问题，以电网及其物联网基础设施为信息纽带，以源端发电企业和荷端工业企业为监管重点，运用电网公司大数据技术优势，按照"电网监测"与"政府监管"相结合的原则，联合企业主体和监管主体各方深度参与，构建多维度、全方位、高效可靠的电力大数据+环保监管体系。通过体系的深化应用，促进源端环保技术提升和节能减排，从源头上减少污染物排放，促进荷端深度融入环保监管闭环流程，提升企业环保治理积极性。通过省级电力环保智慧监管平台的构建，横向打通数据壁垒，纵向贯穿各个层级。以守护碧水蓝天为战略目标，支撑政府、服务企业、回馈社会，助力打好打赢污染防治攻坚战。

支撑政府环保监管。为政府监管提供数据汇集中心、业务运转中心、分析预测中心和决策支持中心。通过环保电价的实时在线考核与结算，推动煤电节能减排升级改造行动计划等措施的实施，促进全省煤电清洁高效发展、煤炭消费总量控制。通过大量机组的实时运行数据，为能监办等政府部门建立辅助服务评价应用体系，对一次调频、二次调频等运行性能进行评价、分析及诊断，为政府监管部门决策提供科学、公平、公正的数据支持。通过信息公示、政策法规通知要求等多种方式进行环保监管工作信息的单方传递、宣贯与通知。对政府监管部门提出的各项政策、法规、制度、要求给予建议和意见反馈，帮助监管部门完善管理要求，更好地保障企业自身的经营外部环境。

服务企业转型升级。为发电企业提供网源参数、环保自动优化、设备故障检测及诊断等服务，提高发电企业经济效益，将发电企业对重要参数的优化和主要设备的控制由原来的"事后控制"方式转化为"实时监控，提前预警"的方式。基于电力大数据，实现对发电企业设备的性能监测及分析、设备故障诊断及趋势预警、远程指导等功能，形成互联网+电力技术服务业务形态，实现由常规的"机器化控制"向"智能化控制"的转变。定期向电网提供发电厂设备的运行状态评估、性能评价等信息，实现自动上报发电厂主要设备异常或故障等信息、自动接收智能电网调度信息、自动调整生产运行的功能，在电网异常时自动调整运行方式，增强火电机组的调控能力，有效促进网源协调发展。

回馈社会绿色发展。通过监管平台的激励效应，充分保障清洁能源消纳，积极回应人民群众所想、所盼、所急，大力推进生态文明建设，不断满足人民日益增长的优美生态环境需要。加快构建生态文明体系，全面推动绿色发展，有效防范生态环境风险，加快推进生态文明体制改革落地见效，提高环境治理水平，为社会的全面健康绿色发展贡献坚强动力。

以电力大数据+环保多维立体监管理念和管理思路为引领，湖南电科院依托湖南省电力公司企

业中台，采用物联网、云计算、大数据挖掘等前沿技术，建成了省级电力环保智慧监管平台。平台包含发电企业和工业企业两大板块，实现了全过程实时监督、环保电价计算、污染物与能耗监测、环保设施性能分析、工业企业用电监控、停限产辅助分析、昼夜负荷不平衡分析、非介入式用电监控等九大功能。平台实现了全省16家发电企业、43台发电机组环保数据的全量采集、环保设备运行全过程的实时监控和环保电价的在线计算，形成监管分析全场景化、监督服务全方位覆盖，实现了5000多家重点排污工业企业用电情况实时在线监控，协助政府部门实时在线评估企业停限产等应急响应情况，节约人力资源，提高执法效率。

（二）以需求为导向创新监测技术，拓展电力环保监管模式

1. 创新发电企业运行全过程监控方法

大型燃煤发电机组具有鲜明的宽广工质热力学状态跨度、高流量和大热流密度、设备超大规模化等特点，系统、过程和单元设备不同层次上能量的转换和能量品质耗散的非线性尺度效应非常明显，发电过程能耗与环境、资源、负荷之间存在强烈的依变关系。针对大型燃煤发电机组的上述特点，创新性地构建了火电机组信息化在线监测平台，实现了对火电机组的全过程管控，研究了适用于复杂多变外部条件的节能诊断与优化理论方法，形成了融混杂数据预处理、复杂热力系统建模、能耗决策规则与知识提取、实际可达优化目标值确定、能耗离线分析与在线诊断应用框架于一体的大型燃煤发电机组节能诊断与优化的创新方法学体系。厂级监控信息系统作为一种以优化机组运行、提高运行经济性为主要目标的信息系统，已在发电企业厂级管理方面发挥了重要作用。

2. 引入非介入式信息化在线监测方法

湖南电科院调研走访各行业大中小型工业企业，在充分了解各行业主要生产流程、排污方式和治污手段的基础上，深入分析了全省工业企业环保监管的重点和难点问题。一是中小型污染企业点多面广，依靠定期巡检和群众举报等传统手段难以有效监管；二是各行业环保要求不一，在全行业部署污染物检测、视频监控等监管方式成本巨大；三是部分企业抵触情绪较大，难以解决有效监管和促进生产之间的天然矛盾。湖南电科院组织精兵强将全力攻关，开发了工业企业非介入式环保监管技术以解决上述难题。该技术仅需在工业企业厂区供电入口处安装非介入式环保监测终端，通过终端采集企业用电负荷电压、电流波形，利用智能算法对总负荷电流波形进行分解和辨识，实现了厂区内负荷设备种类、启停时刻、功率能耗以及运行状态的非介入式感知。利用非介入式环保监管技术，在无须停产施工、不影响企业生产的前提下，实现了工业企业排污生产设备和主要治污设施的运行监测。通过对负荷数据中的瞬态、稳态特征分析，可精准辨识线路中运行的用电负荷类型，使企业私改用电线路、私接用电设备以躲避监管的情况无处遁形。

3. 创新主站平台多维信息融合监测方法

电力环保智慧监管平台主站依托省电力公司企业中台（Ⅲ、Ⅳ区）、数据平台（互联网区）和现有业务系统（D5000），实现发电企业环保数据和工业企业电能监测数据的采集、存储、分析挖掘和业务展示等功能。

通过发电企业和敏感工业企业监控数据的统一调度、使用，以监控末端排污、实现全过程监管和环保电价精细化核算，依托湖南数据中台构建数据规范统一、分析灵活智能的数据仓库及计算引擎，支撑大数据实施监测、海量历史数据挖掘分析、在线数据统计等场景应用，支撑环保全过程监控和环保电价在线结算，实现污染重点监控工业企业用电远程监管。

(三) 以业务为核心设计指标体系，分层分级实现监督管理

为规范和加强全省燃煤发电企业的环保监督管理，明确环保电价和环保设施全过程监管内容，湖南电科院协助省生态环境厅制定《湖南省燃煤发电机组环保电价及环保设施运行监管实施细则》，分别构建脱硫设施运行判别指标体系（融合增压风机电流，浆液循环泵电流，脱硫塔pH值，脱硫设施进出口SO_2、O_2浓度，脱硫效率，石灰石供浆量等脱硫关键运行参数）、脱硝设施运行判别指标体系[融合进出口NO_X、O_2浓度，脱硝效率，脱硝还原剂流量，稀释风机（稀释水泵）的电流或运行信号，脱硝入口烟气温度，脱硝氨逃逸等脱硝关键运行参数]、除尘设施运行判别指标体系（融合电场的二次电流、二次电压、进出口差压等除尘关键运行参数）和能耗监测指标体系（融合机组负荷、厂用电率、总燃料量、煤质参数、制粉系统和锅炉三大风机系统关键运行参数），从而实现了企业环保设施性能的综合量化分析。

为规范和加强工业企业生产及环保设施运行的监督管理，减少二氧化硫、氮氧化物、烟粉尘、污废水等污染物排放，编制《湖南省工业企业生产环保设施运行监管实施细则》。细则规范了工业企业对于环保监管终端的安装和运行维护职责，明确了湖南电力的技术支撑定位。研究制定了工业企业环保运行考核规则，根据工业企业主要生产设备及环保设施运行数据核定企业每季度违规作业时段、违规时长、昼夜不平衡度等电力环保指标。按照企业环保主体责任制的指导原则，对环保监管终端运维不力、电力环保指标异常的工业企业进行公示和考核。通过监管技术的创新和监管措施的完善，构建了科学、合理、完整的全周期工业企业环保监管指标体系。

(四) 以平台为依托强化监管制度，助推环保监管流程闭环

1. 环保电价激励

环保电价政策是通过价格杠杆影响生产者和消费者行为，从而引导生产者或消费者朝着节能环保方向努力的价格政策。环保电价政策包括燃煤发电企业二氧化硫、氮氧化物、粉尘减排和超低排放的电价支持政策，行业差别化电价政策和居民阶梯电价政策等。环保电价政策在节能减排和环境保护方面发挥的作用主要体现在促进行业转型升级、发电企业污染减排、消费行为改变等方面，目前已经取得了很好效果。

监管平台的建立与投运，为湖南省内统调燃煤发电机组环保电价在线核算的实现提供了良好的技术平台。通过在线判别环保设施运行状态和污染物排放达标情况，科学核准各机组脱硫、脱硝、除尘和超低排放电价的考核额度，有效地促进了发电企业污染减排。在环保电价政策的激励下，发电企业实施脱硫、脱硝及除尘设施改造的积极性明显提高，有效促进了减排目标的实现。

2. 环保违规执法

通过前述环保治理全过程监督，实现环保违规现象的快速精准识别、企业申诉线上处理和考核结果自动发布等功能，有效缩短环保违规行政执法处理周期，显著提升执法流程运转效率，成功实现环保违规执法线上闭环。

一是综合运用非介入式环保监测终端和企业智能电表数据，通过电力环保监管平台对企业环保设施和生产设备用电量进行24小时实时监控。根据每家企业的停/限产负载率阈值和环保设施正常用电量阈值比对分析企业用电异常情况，在监测到企业用电数据异常时立即发起预警处置流程，将监察任务自动指派辖区负责人移动终端中，定时通知和督促执法人员到现场进行执法，将执法文书和现场证据实时上传，快速、有效地查处企业不正常运行防治污染设施的违法行为，做到快速反应、联动执法、处罚到位。

二是利用企业昼夜用电负荷不平衡判断方式，精准分析夜间生产型企业环保设施运行情况。

根据污水、废气直排"散乱污"企业"白天不生产，晚上偷偷干"的生产用电特征，对全省企业的昼夜用电数据进行全面分析比对，找准偷排企业的用电特征及昼夜用电负荷差异，自动将昼夜用电负荷不平衡度大于1.5倍的企业列入重点监控企业名单，解决了此类企业难以锁定监测的问题，为生态环境部门对违法行为进行精准打击提供科学依据。

本项目成果深入应用后，改变了以往发电企业环保监管中仅基于污染物排放达标率的粗放式"末端"模式，缺乏精益化管理的被动局面。省级电力环保智慧监管体系广泛适用于燃煤发电企业，在充分考虑现场环保设施运行过程状态的情况下，真实反映发电企业环保设施运行状态和污染物排放的实时情况，由此提升重点污染源环保监管水平，确保污染物排放监测数据可靠性，进而促进各企业环保设施运维水平。从实际成效来看，本项目对于指导企业环保设施运维具有极其深远的现实意义和提升价值，有效实现了过程监管数据向高质量、高可靠性目标和管理模式从传统依靠现场设备和人力监管向远程在线智能监管两个层次的转变。

四、省级电力环保智慧监管体系构建的实施效果

（一）创新优化环保监管模式，分级分类实施管控，彰显优质管理效益

体系通过物联网、云计算、大数据等一系列技术手段对发电企业和工业企业两大受监管群体现有监管模式有效进行了迭代升级，为全省各级生态环境部门和各类企业提供了高质量的环保数据共享平台、环保技术交流纽带和环保监管职能助手，进一步推动了生态环境治理体系和治理能力现代化。

发电企业方面，基于电力大数据挖掘的常规机组环保绿色性能在线评价技术，在线评价常规机组涉网调节动态性能，并为发电企业环保设施升级改造监督和深度调峰调频监管提供技术支持；工业企业方面，通过对各行业工业企业排污生产设备和治污设施海量负荷数据的深入分析，提炼工业设备的负荷指纹特征，实现了工业设备启停时刻、运行状态的精准判别，大幅降低了跨行业工业环保监管成本。

从实际看，通过强化运用全过程监管手段，实现了全省16家发电企业和5000多家重点排污工业企业全覆盖，完成了对环保数据的全量采集和环保设备运行实时监控，对全省43台发电机组子站、20000多个环保监测点、576个脱硫脱硝除尘子系统、231个环保过程辅助设施系统进行在线监管，实现了监督分析全场景化和监督服务全方位化，初步建成了省级电力环保智慧监管平台。试运行至今，月均识别污染物超排事件92起，在线发布环保故障预警36次，成效显著，基本符合体系建立时有力提升环保监测管理水平的预期。

（二）环保监管流程高效闭环，促进低碳转型升级，体现广泛社会效益

国家和省级政府大力改善优化环保监管形式，并提出了一系列行之有效的改进方案与措施，力求打通生态环境保护"最后一公里"。体系建成后，积极促进了省内政府监管部门全面、准确、及时地掌握全省燃煤发电机组和工业企业能源消耗和污染物排放情况，为节能减排相关政策的制定提供了有力的数据支撑。通过对燃煤发电企业环保设施和环保电价的全过程监督及工业企业重点排污和治污设备用电情况的监督，有效避免了企业窜改污染物排放数据和偷排情况，确保了国家和湖南省相关政策的落实，实现了环保监管流程的高效闭环。通过提高环保标准，引领技术改革创新，优化政府营商环境，促进经济绿色低碳转型发展，确保最终打赢污染防治攻坚战，人民享受幸福健康生活。

项目实施后，实现了省级环保电价精细化考核和环保设施全过程监督，有效助力污染防治攻坚战，守住蓝天保卫战防线，切实履行国企社会责任，支撑社会经济的可持续发展。相关成果获

得省委省政府主要领导多次批示肯定。

(三) 深度挖掘数据应用潜力，电力环保多维监管，取得可观经济效益

为保障监管平台真正取得实效，湖南电力下文正式成立了电力环保智慧监测中心，下设监测、保障、分析三个技术组，开展全天候实时监控。截至目前，已完成对全省16家统调火力发电企业43台火电机组的全过程在线监管，对5400多家重点排污企业用电数据开展实时采集和动态监管，共发布各类环保电价模拟测算报表49条，监测各电厂脱硫脱硝排放不合格小时数38小时，除尘排放不合格小时数29小时，超低排放不合格小时数46小时，为生态环境部门实现精准考核提供了有力数据支撑。

根据测算，利用现有环保监管体系框架开展实时有效监管，将对全省范围内数量众多的发电企业的环保电价补贴整体分配情况产生极其重大的影响。以湖南省为例，2019年湖南公司全额支付的环保电费补贴总量高达24.1亿元人民币，按现有政策发电企业因超标排放扣减3%的环保电价计算，即涉及金额7200万元人民币的环保电价补贴的核定与分配，可为政府有理有据地节约不菲的日常管理成本。若将体系推广至全国，所取得的经济效益将更为可观。

(四) 鲜明数据驱动绿色发展，畅通政企联动机制，形成示范引领效益

以平台建设为契机，将极大强化各级生态环境部门、电力企业与受监管企业之间的良性工作互动，形成电网数据全面支撑、环保政策实时监管、企业治污规范有序的三方联动机制，确保政府、电网和企业之间有效对接。监管平台可以充分发挥电力公司专业优势，面向企业提供电能质量分析、综合能源改造等配套用能服务，以环保监管为抓手提高企业绿色发展效率效益。而政府则可以利用大数据模型监督企业用电情况，快速识别并及时预警企业生产设备和环保设施异常运行状况，有力提升环保监管快速响应能力。

体系建成将全面实现生态环境部门与电力企业"三个叠加"：一是合作叠加，以基础设施建设、科创产业合作等领域为抓手，建立沟通协调机制，实现双方的优劣互补；二是资源叠加，基于政府环保政策，积极引导人才、科技等相关资源的有效聚合，激发创新内生动力，提升合作边际价值；三是品牌叠加，推动环保"绿水青山"理念和国网"人民电业为人民"宗旨深度融合，从而产生"1+1>2"的品牌叠加放大示范引领效应。

电力环保智慧监管体系的构建，将有效利用电力大数据分析，形成政企联动平台，有效实现数据共享，为全省企业环境治理责任体系的创建奠定坚实的基础。通过全天候、全过程对企业治污设施及对应关键生产设施运行状态进行监管，督促企业对政府提出的停产、限产、错峰生产指令作出精准反应。通过线上监管、手机App运用和远程督查等方式，减少现场工作量和工作频次，实现了严格监管和优质服务的深度融合。总之，以连接环保部门、电力企业和受监管企业的监管纽带和数据共享平台为依托的电力环保智慧监管体系，具有极强的示范引领效益。

主　创　人：周　舟
参与创造人：周卫华、皮　奥、车　垚、陈骏星淑、陈思铭、刘蛟蛟、
　　　　　　万　涛、朱晓星、宾谊沅、王志杰

省级电网企业基于社会责任的服务升级管理创新

国网湖南省电力有限公司供电服务中心（计量中心）

国网湖南省电力有限公司供电服务中心（计量中心）（以下简称"中心"）作为国网湖南省电力有限公司（以下简称"国网湖南电力"）的直属单位，是国家电网有限公司（以下简称"国网公司"）最早一家集电能计量器具全寿命周期管理、电力客户服务业务运营、电动汽车、用电市场分析与开拓于一身的省级营销业务支撑机构。下设综合、党建两个职能部门和营销运营、供电服务管控、市场、计量检定、技术质检、营销稽查、数据、客户关系管理八个业务部门。

中心直接管理的资产总额超过 4.2 亿元，每年计量的上网电量超过 1200 亿千瓦时；承担了全省 95598 客户诉求管控、供电服务监督指挥、线上线下客户服务渠道运营、服务策略研究等服务工作，直接或间接服务的人口超过 6500 万；拥有国际先进的"五线一库一平台"智能检定仓储系统，年检定检测能力为 720 万只，仓储能力为 108 万只；拥有国网首个智能微断实验室和全省规模第二的电波暗室，与其余 21 个先进实验室一起构成了国内首个智能电气量测与应用技术省级重点实验室群。

一、省级电网企业基于社会责任的服务升级管理创新的背景

（一）是为更好彰显电网企业社会责任，保障党和国家根本利益的需要

省级电网企业作为国家实施能源发展战略的重要力量、能源产业链上的关键环节，对国民经济协调发展发挥着基础性的作用；作为关系国家能源安全和国民经济命脉、服务地方发展的国有独资企业，是党和国家事业的重要组成部分，在发挥公有制经济的控制力、影响力、带动力等方面发挥着重要作用。同时，省级电网企业资产规模巨大，主营业务与广大人民群众的切身利益息息相关，其社会责任履职到位与否，直接影响到社会主义和谐社会构建，关系到全面小康社会的实现。省级电网企业在履行社会责任过程中，仍存在保障公众知情权、参与权、监督权方面透明度不够等问题，因此必须要坚定不移地基于社会责任开展服务升级及管理创新，服务党和国家重大战略落地。

（二）是为更好体现电网企业公用事业属性，满足人民对美好生活向往的需要

2020年，国家电网公司提出了"建设具有中国特色国际领先的能源互联网企业"的战略部署，指出电网企业作为公共事业单位，必须要秉承"人民电业为人民"的企业宗旨，深入贯彻"五位一体"发展理念，坚决服务人民、服务国家、服务合作伙伴，以公司的发展来助推员工成长、客户满意、政府放心，将公司利益、行业利益、社会利益协调统一，实现"为美好生活充电、为美丽中国赋能"。当前省级电网企业在服务客户过程中，仍存在服务资源分散、服务手段单一、客户诉求响应速度慢等管理问题，影响到政府及客户对企业的评价，因此必须要基于社会责任开展服务升级及管理创新，提升服务政府、服务企业、服务客户的能力。

（三）是为更好诠释电网企业不断进取精神，破除内部管理短板，助推企业持续发展的需要

国家电网公司始终秉承"以客户为中心，专业专注，持续改善"的企业核心价值观，大力弘扬"努力超越、追求卓越"的企业精神，坚持不断开展自我革新，大力提倡通过机构变革、管理

创新、技术创新来推动服务转型升级，以满足人民群众日益增长的服务需要。目前，国网湖南电力仍存在管理资源分散、专业多头管理、精益化程度不高、横向协同不足、信息传递不畅等内部管理问题，管理不到位造成线路频繁跳闸、低电压难治理、故障抢修慢、客户办电难等服务问题，影响到企业的口碑与形象，因此必须要基于社会责任开展服务升级及管理创新，破除企业管理短板，激发企业内生动力，实现持续健康发展。

二、省级电网企业基于社会责任的服务升级管理创新的内涵

省级电网企业基于社会责任的服务升级管理创新的内涵是：坚持国家电网公司"建设具有中国特色国际领先的能源互联网企业"战略引领，聚焦"社会责任"在国网湖南电力的精准落地，从内外两个视角，全面梳理省级电网企业在内部管理、社会履责方面存在的问题，通过内部组织机构变革，成立以社会履责为核心的国网湖南省供电服务中心（计量中心），推动企业管理由部门"职能化"管理向"平台化"管理转型，服务由专业导向的"专业服务"向客户导向的"透明服务"升级，进一步完善企业内控管理，赢得利益相关方的广泛理解支持，实现企业、利益相关方、社会、生态四方共赢。

三、省级电网企业基于社会责任的服务升级管理创新的主要做法

（一）明确工作思路及目标

整体思路：聚焦国网湖南电力"六大利益相关方"（政府、客户、公众、媒体、伙伴、员工），从保障利益相关方"三权"（知情权、保障权、监督权）的角度出发，围绕"社会履责"开展企业内部组织机构变革，通过成立"一个中心"，打造"五个平台"，增强智能化手段应用，强化人才、制度、投入保障，建立起业务管控高效严密、信息披露公开透明、效率效益持续提升、社会履责坚实有力的"透明服务"工作体系，带动管理转型与服务升级，全面彰显省级电网企业在社会履责方面的示范效应。

工作目标：依托"透明服务"，实现企业发展与政府同向、客户同心、公众同频、媒体同步、伙伴同拍、员工同力的"六同"工作目标。

（二）围绕"社会履责"开展企业内部组织机构变革，推动管理转型升级

2017年，国网湖南电力先试先行，在国网系统率先将原国网湖南计量中心和国网湖南客户服务中心的业务、机构和人员重新整合，成立了以供电服务、计量管理、社会履责于一身的省级电网企业二级机构——国网湖南供电服务中心（计量中心）。该中心立足"计量精准、服务高效、管控严密、支撑有力"的发展目标，打造"五个平台"（营销全业务监控平台、供电服务管控平台、计量生产公信平台、营销技术创新平台、"旗帜领航"工作平台），构建起协同高效、立体覆盖的营销服务工作体系，推动管理模式由"职能化"管理向"平台化"管理转型升级。

营销业务监控平台致力于增强电网企业的内控管理，推动营销业务管控模式由封闭碎片化向透明集中化转型升级，通过营销全业务、全指标、全过程在线监控、在线指挥和科学决策，配合实施"精益高效诊断工程"，让电网企业对营销业务的监管过程更为公开透明。

供电服务管控平台以提升服务管控能力为目标，一方面通过优化核心资源、强化智能技术、完善协同机制，让客户诉求全过程处理更为公开、透明；另一方面通过拓展客户服务渠道、强化客户需求研究，提升企业多元化服务能力，增强客户服务感知。

计量生产业务平台致力于彰显计量"公平公正、科学准确"的品牌价值，通过构建基于生产自动化系统的智能生产体系、基于CNAS认证的资产质量管理体系、基于外部监督的公信责任体系，推动设备升级、产能升级、管理升级、责任升级，让电网企业的计量器具检定配送与质量管

控工作在阳光下进行。

营销技术创新平台致力于发挥中心科研优势，突出"智能计量、智能检测、智能用电、节能环保"四个研究方向，充分调动中心人才、技术、设备等资源，通过加强校企合作，不断提升中心在营销新型技术研究、节能环保等方面的创新能力，主动服务于人民美好生活、行业发展、基层单位、生态环境。

"旗帜领航"工作平台坚持党建与业务融合，充分发挥党建在组织领导、运行管理、制度建设、过程监督、责任落实、绩效考核等方面的示范引领，通过开展"党建+"、联学联创等活动，激发员工干事创业的热情与争先创优的动力。

(三) 立足"五个平台"开展"透明服务"，推动服务升级

五个平台的建立，是通过把内部彼此分离的部门职能和外部资源进一步整合，具有更广泛的承载力，可容纳巨大的客户需求流量，使需求与供给有更为现实的对应能力，促使打破部门隔阂，解决内部协调不畅问题，提高管理效率；同时通过建立起"透明服务"理念，保障对外信息披露的效果，进一步提升利益相关方的知情权、保障权、监督权，促使企业内部生产经营与对外服务的过程更为公开透明，更适合于履行社会责任。

1. 立足营销业务监控平台，对外展示企业运营信息，做到管理过程"自愿透明"

一是自愿透明展示运营信息。充分应用大数据技术，汇聚营销全业务过程数据信息，搭建计量表计安装运行、抄表核算、电价执行、台区线损、电费账务等业务实时监控场景，通过指标看板实时展示各单位经营指标、业务异常数据情况，支持在统一公开透明的环境下开展各基层供电单位运营情况评价，让社会公众、监管部门通过指标看板，便可知晓企业生产经营状况。二是自愿透明披露企业管理短板。中心对指标落后、客户投诉较多、业务异常集中爆发的基层供电单位，深入现场组织开展覆盖营销全业务、全流程、全环节的业务诊断，并通过向公司内部及政府监管部门输出诊断报告，披露其生产经营管理方面的问题短板，让其在"透明"的环境里自觉接受监管，并不断改进管理。

2. 立足供电服务管控平台，全面推动服务提质，做到服务过程"应该透明"

一是做到供电服务监督指挥过程应该透明。在全省78家市、县供电服务监督指挥中心基础上，中心层面成立省级供电服务监督指挥中心，编制统一的供电服务监督指挥标准，督促各单位对客户高度关注的线路（台区）停电、客户投诉、低电压、故障抢修、业扩报装五类业务重点监控，对存在问题统一在线派发工单进行调度、指挥，并及时向客户反馈问题处置进展情况，确保全过程"公开透明"。二是做到客户诉求处置过程应该透明。中心一方面通过95598省远程工作站统筹由国网公司转派的各类95598工单处理，并严格执行对工单回复结果"一工单一审核"、客户回访等工作制度，确保客户对处置结果满意。另一方面通过成立供电服务社会监督及合理化建议办公室，主动承接红网"百姓呼声"栏目客户留言，动态监测公司95598网站，"24小时不打烊"回复微信公众号客户留言，集中审核国家能监办转交工单，全方位解决客户用电诉求问题。三是做到让线上客户服务过程应该透明。实施"互联网+"服务战略，开展"网上国网"、微信公众号线上服务渠道建设运营，通过线上开展"不见面办电"，显著提升客户办电效率，并支持客户对办电进度在线查询，确保知情权。依托线上服务平台开放企业优惠政策扫码、临时用电扫码、报修轨迹可视化等查询功能，进一步提升客户参与度；开展低压客户报装线上回访、报修质量在线评价，自觉接受客户监督。四是做到重点客户服务过程应该透明。针对重要工业园区重点客户，以"走进去""请进来"的形式开展面向客户服务。一方面通过智能化开展客户用电分析，掌握重点

客户个性化用电需求，走进客户开展各类定制服务，包括打通客户办电绿色通道、组织开展大客户直购电、"扩需增发"电力市场专场交易等。另一方面通过设立公众开放日活动，将重点客户"请进来"至中心基地参观交流，直接向客户展示电网企业服务工作开展情况，让客户与企业的心灵距离更加贴近。

3. 立足计量生产业务平台，致力于提升表计计量的企业公信力，做到检定检测"必须透明"

一是做到表计检定过程必须透明。中心作为国网湖南电力的"秤杆子"，标准确定直接影响到全省2500余万块电表的计量精准度和可靠性。为此中心按照社会履责"必须透明"要求，严格遵照《中华人民共和国计量法实施细则》规定，落实检定、测试人员所必须具备的专业资质，开展计量标准器具量值溯源，主动申请省质监局在中心设立质监站，自觉接受监督，推动表计检定过程"透明化"管理，全面增强企业的公信力。在"3·15"消费者权益日期间，联合湖南经视、湖南省质监局，共同策划《新闻大求真》节目，锁定客户对电能计量问题的聚焦点和矛盾集中点，邀请人大代表、供应商、公众走进中心参与智能电表检定环节，主动发声破解社会公众对智能电表的疑虑。二是做到计量器具质量检测过程必须透明。中心一方面利用网络新闻、展板画册、微信公众号等媒体平台，向公众发布电能表计产品质量全过程管控标准及流程，邀请客户走进中心，参与监督智能电能表运行前抽检把关、运行中状态监控、拆回后报废处理等业务实施过程，感受电网企业对于计量器具质量管理的科学性、严谨性、规范性，增强企业的公信力；另一方面编制《计量器具质量分析年报》，对中心合作供应商的供货质量进行全方位评价和公布，同时邀请供应商现场参观电能计量器具招标检测，实地观摩关键设备质量检测试验过程，并对供应商现场提出的疑问进行详细解答，提高供应商在提升设备质量方面的参与度，帮助供应商深入了解自身不足、产品缺陷及改进空间，共同改善设备质量问题。

4. 立足营销技术创新平台，服务生态文明社会建设，做到技术支撑"持续透明"

一是通过技术支撑让政府对企业环保工作的监管持续透明。通过开展7×24小时客户用电能耗监测，为"电力技术+环保监管"战略提供用电数据分析等技术支撑，判断企业是否具有偷排、漏排情况，支撑政府环保职能部门开展高能耗、高污染企业治理，让环保举措实施不力的企业直接暴露在大众监管下，以实际行动助力政府企业打赢"蓝天保卫战"。二是通过技术支撑让企业用能监测服务工作持续透明。增强智能电表HPLC高速载波通信技术应用，全面提升数据采集频度及准度，助力全天候监测客户设备用能情况，每月向客户提供能效分析报告。报告从能效管理、生产经营辅助、经济性收益、设备治理等各方面为客户提供全方位、专业化的用能诊断分析，并上门为客户开展智能代运维等服务，实现人—设备—环境—服务的智能感知与协同，过程更为透明。三是通过技术支撑让节能服务持续透明。针对客户用电信息查询不方便所造成的用电计划性不强、电能浪费问题，中心基于"互联网+服务"技术推出用电信息在线查询服务，利用掌上电力App，支持客户实时查询每日用电情况，并根据用电信息及时调整不良用电习惯，达到节约用电目的。

5. 立足"旗帜领航"党建平台，服务员工发展，做到队伍建设"公开透明"

一是借助"党建+"工程激发员工干事创业。实施"党建+双降"（降投诉、降线损）"党建+匠心""党建+先锋""党建+提质""党建+清风"等五项工程，推动党建工作和队伍建设深度融合，为员工职业发展、干事创业建平台、搭舞台、设擂台，实现在统一的平台上历练队伍，在干事中增长才干，在竞赛中磨炼本领，在比拼中发现人才。二是借助联学联创平台推动员工互促共进。针对员工成长不平衡不充分、争先创优意识不强等方面问题，积极创新党建工作模式，开展跨行业、跨单位党组织间的"联学联创"，让双方党员在相互学习、相互促进的透明环境里开展组织共建、技术共学、业务共创、短板共治，实现共同成长。

(四) 增强"透明服务"智能化手段应用

探索物联网、互联网+、大数据、工业4.0等先进技术在计量管理、客户服务、业务监控、党建管理等领域的创新应用，不断增强智能化管理手段，全面提高管理效率，提升"透明服务"效果。

智能化计量管理。一是建成国际领先的智能表计检定生产线。中心建成了智能化、自动化的"五线一库一平台"（单相电能表智能检定线、三相电能表智能检定线、低压电流互感器智能检定线、用电信息采集终端智能检测线、智能电能表通信模块智能检测线、智能立体库房、MDS计量生产调试平台），消除人为因素对表计检定的干扰，开启了电能表检定的新纪元。二是强化仿真技术在表计检定过程中的应用。通过在生产流水线的54个摄像头和三维仿真软件，实现了检定环境的实时监控、检定过程的实时仿真、检定质量的实时监测，确保电能表质量提升。三是开展智能化表计配送。通过对全省各地客户用电负荷增长开展大数据分析，精准研判各地区客户用电装表申请需求，"最优化"制订表计检定配送计划，开展智能表计配送。四是建立电能计量资产全寿命周期管理系统，全面实现计量资产库存预警、需求预测、生产计划智能排产等功能，对每一件计量资产开展全寿命周期监控。五是开展区块链技术在计量检定信息公开工作中的应用，将表计检定信息在互联网上向公众开放查询，最大化保障客户的知情权、监督权。

智能化客户服务。一是智能化开展客户诉求分析。建立客户投诉大数据分析模型，将客户投诉分析维度拓展至40余个，从投诉频度、投诉类型、客户特征等维度实现客户投诉深度分析。二是智能化监测网络舆情。开发客户诉求智能监测工具，智能监测红网（湖南省委、省政府重点新闻网站和综合网站）等网站的网络舆情，实时掌握利益相关方核心关注点。三是应用大数据技术开展客户画像，深度剖析客户群体属性特征、服务需求特性、用电行为、用电习惯及敏感特征等信息，应用大数据分析技术，构建客户360精准画像体系，智能识别感知客户行为特征，开展"千人千面"差异化定制服务。四是基于微服务理念搭建新一代供电指挥平台，全面贯通移动作业、微信公众号、业扩办电全流程、电网一张图、用采系统、短信平台、统一车辆等15套系统数据，实现客户办电全过程监控、配网抢修轨迹实时跟踪、服务信息实时交互。

智能化监控稽查。针对营销服务数据分散、基层单位现场点多面广、数据价值挖掘深度不够等问题，建成营销数据中台，全面打通专业数据壁垒，汇聚全省2600余万用电客户业扩报装、自动抄表、电价执行、电费核算等业务过程数据信息及用电表计计量信息，实现数据资源的融通共享。基于数据中台打造各类营销监控稽查工作场景，建立各类业务异常数据分析模型，通过智能化的业务异常研判，实现线上对报装用电、营业计量、抄表收费、反窃查违等电网企业营销业务全程监控，并调度现场稽查，做到风险事前防控、过程事中管控、问题事后排查，大大提升了企业内部管控的工作效率。

智能化党建管理。通过党建数据与人资系统、营销业务系统数据融合应用，搭建智慧党建平台，将"党建+"、联学联创等活动纳入平台管理，常态检阅活动成效。如运用党员画像功能，开展党员履职情况全要素评价、党员发展全周期管理，实现"党员发展一个不落下"；每月对党员活动参与情况、政治学习情况、能力成长情况进行智慧评价，实时展示党建带队伍素质建设成效。

(五) 增强"透明服务"工作保障

1. 增强人才保障

一是配优配齐人员队伍。中心现有职工134人，大学本科及以上学历占比97.5%，副高及以上职称人员占比53%。拥有国家青年千人计划1人、国家优秀青年基金获得者1人、国网公司系统专家12人、湖南新世纪"121工程"人员1人，研究人员共70人。二是不断完善培训机制。中心一方面建立"透明服务"社会责任管理培训资源库，并在中心网站开设专栏，加强对全员"透明服务"社会责任管理知识的普及，培养一支"能懂、能讲、会做"的"透明服务"社会履责员工队伍。另一方面鼓励青年员工立足岗位成长成才，制订员工培养计划，实施"师带徒"制度，推动新进员工"1+1"轮岗培训计划（市州公司轮岗1年和中心业务部室轮岗1年）。搭建拓展视野平台，组织青年员工到湖南大学、ABB、威胜等高校或企业学习新经验、新技术、新方法，开阔青年眼界，更新创新思路，着力建立一支政治过硬、业务精湛的员工队伍。

2. 增强制度保障

一是运用标准化制度分析工具，对现有制度进行对标分析，汇总形成《国网湖南供电服务中心制度分析报告》，从"透明服务"社会责任管理视角不断完善和提升中心的制度体系，先后完善了计量检定配送、营销业务监控稽查、客户诉求处理、供电服务指挥调度、科技创新、联学联创等工作管理制度及作业规范标准。二是围绕社会履责，建立社会责任工作简报机制，加强对"透明服务"社会责任管理工作的过程化管控，按月更新、及时反馈社会责任工作进展，明确工作开展所需的资源支持，进行资源协同调配，充分保障工作的有序开展。三是将社会履责情况纳入内部绩效评价。以"透明服务"各项业务工作的关键时间节点或里程碑事件为基础，提取形成可量化、可评价的绩效评价指标，每月针对进行中的管理举措和实践项目实施绩效考核；加强与外部利益相关方的沟通，主动接受外部监督，定期开展利益相关方评价调查，将利益相关方诉求和社会期望转化为日常工作要求，通过外部评价促进内部管理水平提升。

3. 增强投入保障

资金投入方面，中心成立三年来合计投入资金6亿元以上，其中用于各类营销信息化、智能化平台、智能电表更换等研发、改造投入达4.5亿元，先后研发了供电服务指挥调度平台、两率一损管控平台、计量资产MDS管理系统等智能业务系统，显著提升了供电服务指挥、营销监控稽查、计量资产管理的工作效率。累计投入科技研发经费1.25亿元，承担开发国家级创新项目1项、省级科技创新项目5项、公司内部创新项目52项；投入教育培训经费近1000万元，开展各类业务培训600余场。在硬件投入方面，中心先后投入建设国际领先的"五线一库一平台"智能流水检定线及仓储平台、基于企业数据中台的营销业务可视化展示窗口（大屏），资产总额达4.2亿元。场地建设方面，中心办公园区占地面积达42亩；目前中心二期建设工程已纳入国网公司项目储备，预计在2021年可动工建设，届时可增加中心生产实验用房1.6万平方米。

四、省级电网企业基于社会责任的服务升级管理创新的实施效果

（一）全面实现"六同"目标

与政府同向。近年来中心工作成果获得政府相关职能部门高度评价，先后荣获湖南省"质量检验诚信示范单位"、"计量检定信得过单位"、"市场品质服务满意单位"、湖南省政府"依法办事示范窗口单位"、湖南省直机关"文明标兵单位"等荣誉。疫情期间中心开展的"电力数据看复工"研究、服务"一般工商业电价再降5%"等国家重大决策部署落地的一系列工作得到了省市领导的高度肯定。与客户同心。2019年，国网湖南电力收到社会各界表扬3280件，业务处理及时率、抢修到达现场及时率均超过99.95%，客户满意率达到99.16%。95598所涉及国网湖南电力的客户投诉总量下降695笔，同比下降51.23%；客户诉求一次解决率提高5.29%。中心通过跟踪督办大客户服务及重点项目服务，协调解决用电问题27个，促进12个重点项目提前送电，指导大客户安全用电，实现减少大客户停电612小时，全面兑现了供电服务承诺。与公众同频。两年

来中心累计接待"透明服务"社会责任参观交流35次，累计接待人数达2000余人次，有效推动了"透明服务"社会责任管理的推广和传播。与伙伴同拍。《计量器具质量分析年报》在供应商层面广受欢迎，供应商对中心精准检测能力、精益管理措施及公平公正合作理念给予高度认可。与员工同力。近年来中心先后涌现出一批政治素质过硬、服务理念优秀、技能本领高超的专业干部、技术工匠，3人被评为国网公司优秀共产党员，7人被评为国家电网级专家人才，8人获得省公司劳模称号，2人获得省公司工匠称号。与媒体同步。中心与湖南电视台、《潇湘晨报》、红网、新华网等媒体建立起良好的合作关系，实现了第一时间获取信息、第一时间给予回应、第一时间处理问题、第一时间纠正偏差，"电能表快转"等一系列公众高度关注的敏感问题得到澄清，为媒企合作树立了良好的示范效应。

（二）电力营商环境不断优化

中心在助力国网湖南电力优化电力营商环境方面积极作为，工作成效获得省委省政府高度评价。截至2020年6月，国网湖南电力供电的高、低压客户平均接电时长较上年同期分别再压缩35.83%、24.44%，报装接电速度位于国网前列；业扩投诉较同期减少89.36%，长沙市作为中西部地区唯一城市跻身全国营商环境十强。利用"三省""三零"政策服务高压、小微企业以及零散居民客户22.18万户，为客户节约报装费用20.32亿元。

（三）生态环境不断优化

中心先后助力基层单位开展郴州嘉禾坦塘铸造工业园中频炉改造、全电韶山、岳阳锚地岸电等一批效益良好、前景广阔的以电代煤、以电代油等示范项目，实现公司电量增长、客户降本增效、社会节能减排的多方共赢，2016年以来完成替代电量253.44亿千瓦时，减少二氧化碳等排放2641万吨。配合株洲市政府开展环保工作治理，完成100余户高污染企业环保设备开启状况监测，并及时进行反馈，为政府治污提供第一手材料，工作效果得到株洲市政府点名表扬。指导企业客户开展科学合理用电，帮助客户节约电费成本2500万元。

（四）经济效益持续提升

2019年，国网湖南电力的经营效益取得了历史突破性成绩。全年完成售电量1479.02亿千瓦时，增长8.01%，增速列国网系统第6位；市场占有率89.56%，提升0.47个百分点；业扩净增用户144.24万户，净增容量2043.23万千伏安，增长3.41%；应收电费981.13亿元，连续11年实现"双结零"；售电均价664.25元/千千瓦时，剔除政策性影响，提高3.18元/千千瓦时；完成3万余个线损异常台区整治，台区线损率4.53%，下降0.98个百分点，少损电量约3亿千瓦时。

（五）示范效应明显增强

国网层面，国网湖南电力成立国网湖南供电服务中心（计量中心），开启平台化管理、推行"透明服务"的工作做法，得到了国网公司高度认可，并作为"湖南经验"在国网系统广泛推广。2019年以来17家省级电网企业来中心参观学习，26家省级电网企业参照"湖南模式"设立了省级的营销服务中心，推动传统营销服务向数字化、智能化的高质量、差异化服务转型。社会层面，中心获批国网首批社会责任示范基地，不仅提升了内部管理效率，而且收获了来自湖南省质监局、各大院校、省级主流媒体等主要利益相关方的广泛点赞。

主　创　人：周　纲、卿　曦
参与创造人：彭远豪、刘小平、马　斌、江　榕、石　矿、冯秋辉、
　　　　　　唐　运、袁恩杰、刘治国、罗　勋

县域城乡生活垃圾综合治理模式构建与运营

航天凯天环保科技股份有限公司

航天凯天环保科技股份有限公司（以下简称"航天凯天环保"）为中国航天科工集团有限公司（以下简称"中国航天科工"）旗下国有控股子公司。航天凯天环保作为湖南省环保产业的龙头企业，所属环保工程、技术研究和试验发展行业，是一家集环境规划、环保产品研发设计、装备制造、工程安装、环保设施运营为一体的绿色生态环境综合服务商。公司以"产业为基础、技术为支撑、环境服务为龙头、体系为保障、资本为驱动"开展环保业务，结合综合环境治理模式，打造绿色生态环保智慧城市、绿色生态工业园区、绿色生态美丽乡村和绿色生态低碳智慧家庭，是国家环境保护部（现生态环境部）授予的首批17家环境服务试点单位及"AAA"级环保信誉企业。公司注册资本5.6亿元，现有员工1600余人，截至2019年末，公司总资产50亿元，2019年实现营收20.52亿元。

航天凯天环保以"做百年企业，创世界品牌"为愿景，以科技能力创新、商业模式创新和管理创新为统领，充分发挥航天科工的人才优势、技术优势、资本优势和产业协同优势，打造成集大资本、大平台、高技术的绿色生态环境综合服务商，为推进生态文明、建设美丽中国做出积极贡献。

一、县域城乡生活垃圾综合治理模式构建与运营的实施背景

（一）落实国家农村人居环境改善需求

资料显示，我国仍有40%的建制村垃圾处理设施缺失，农村垃圾处理率仅为40%左右。在"垃圾围城、垃圾围村"的背景下，城乡生活垃圾处理已经成为我们必须直面的一大问题。为此，国家出台相关政策来抓好农村人居环境改善。2015年住房城乡建设部等十部门联合印发《关于全面推进农村垃圾治理的指导意见》，明确提出了到2020年90%以上村庄的生活垃圾得到处理的目标；2017年2月，原环境保护部、财政部联合印发《全国农村环境综合整治"十三五"规划》，要求建立健全农村环保长效机制，引导、示范和带动全国更多建制村开展环境综合整治；2018年2月，中共中央办公厅、国务院办公厅印发的《农村人居环境整治三年行动方案》提出，要统筹考虑生活垃圾和农业生产废弃物利用、处理，建立健全符合农村实际、方式多样的生活垃圾收运处置体系，重点整治垃圾山、垃圾围村、垃圾围坝、工业污染"上山下乡"。

（二）解决洪江市生活垃圾处理难题，促进旅游业发展

洪江隶属于怀化市，位于湖南省西南部、云贵高原东部边缘的雪峰山区，旅游资源丰富，原来一直为湖南省贫困区县之一，2018年4月湖南省政府同意洪江市脱贫摘帽。洪江市原有生活垃圾处理方式采用传统的"村收集、乡转运、县处理"模式，对农村尤其是雪峰山区偏远农村地区，生活垃圾处理存在收集难、转运远、运营成本高等问题，同时还存在运输安全及运输过程中垃圾遗漏造成二次污染等问题，由此对洪江市的旅游业发展也造成一定的负面影响。因此，洪江市急需解决生活垃圾处理带来的痛点。

（三）航天凯天环保紧抓政策机遇，破局县域生活垃圾处理

国家农村人居环境整治需求给环保治理企业带来了发展机遇，针对县域农村生活垃圾量少、分散的特点，航天凯天环保打破传统的处理模式，积极开展商业模式创新，针对洪江地域特点，探索农村尤其是偏远农村生活垃圾分开处理的可行方案，以有效解决洪江生活垃圾处理目前存在的诸多问题，并产生了良好的经济效益、生态效益和社会效益。

二、县域城乡生活垃圾综合治理模式构建与运营的内涵

县域城乡生活垃圾综合治理模式——"洪江模式"是航天凯天环保在湖南省洪江市实施的解决县域城乡生活垃圾无害化处理问题，尤其是有效解决含农村、山区、旅游景区等在内的县域垃圾处理问题的一体化新模式，对解决长期困扰政府的垃圾处理难题提供了新思路、新方案。

结合洪江市原来一直属于湖南省贫困区县以及部分地区位于雪峰山区等特点，航天凯天环保因地制宜，有针对性地与地方扶贫结合，为当地提供就业岗位，聘用本村贫困人员为乡村保洁员，给予相应费用补贴，在解决生活垃圾综合治理问题的同时，解决部分人员的就业问题；创新治理技术和设备，为"洪江模式"提供整体解决方案；建设智慧环保信息平台，实现了环卫人员、车辆、收集路线等方面的安全、高效优化配置，促进"洪江模式"安全、高效运营。通过以上几方面的探索，形成了县域尤其是含农村、山区、旅游景区等在内的县域城乡生活垃圾综合治理的"洪江模式"。

该模式的构建改善了县域尤其是含农村、山区、旅游景区等在内的县域城乡生活垃圾治理效果，真正实现了城乡垃圾的无害化处理和低成本运营，为有效破解"垃圾围城、垃圾围村"的城乡生活垃圾处理难题，提供了可以复制推广的新方案，同时也推动了企业的可持续高质量发展。

三、县域城乡生活垃圾综合治理模式构建与运营的主要做法

（一）实地调研全市城乡垃圾现状，为洪江项目把脉问诊

洪江市东西狭长105公里，多山地、丘陵并兼有河谷平原相连特色，实地调研全市城乡垃圾现状，有助于航天凯天环保帮助政府因地制宜地对城乡生活垃圾污染治理的关键问题和需求进行识别，找准城乡生活垃圾污染治理的痛点、堵点、难点，并提出切实可行的解决方案。

从2017年12月至2018年3月，公司组织洪江项目技术调研小组多次对洪江市区域内20个乡镇城乡生活垃圾污染及处置现状进行深入调研。同时，也详细分析了洪江市城乡生活垃圾产生的源头，掌握洪江市城乡生活垃圾的特性，进一步研究洪江市城乡生活垃圾产生的时空分布特性，为未来几年洪江市城乡垃圾处理设施需求发展趋势的预测提供了可循的依据，进而也使城乡垃圾处理收运体系规划发展方向更加明确、更具有针对性。

通过对洪江市城乡生活垃圾处置现状的全面实地调研，最终确立该市垃圾城乡环卫一体化治理核心方向为三点：一是垃圾分类及资源化利用；二是城区环卫自动化、智能化；三是城区填埋场集约化，山区乡镇环保型焚烧炉分散化。

（二）顶层设计县域生活垃圾"1+N"无害化处理方案

通过对洪江全市区域城乡生活垃圾情况及处理设施进行调研与规划设计，科学分析域内城区及各乡镇的生活垃圾处理需求，合理配置各处理设施的设计处理能力及其服务范围，航天凯天环保根据洪江市生活垃圾处理的实际需求，提出了"1+N"城乡生活垃圾一体化处置整体实施方案。即1：提供科学系统规划各类垃圾协同处理的一体化解决方案，根据实际情况在洪江市建立一个集中调度中心，实现全县域生活垃圾清扫、收集、转运和处理处置一体化。N：在偏远乡镇建设N个处理点，依托公司小型生活垃圾无害化处理设备等先进核心技术及装备支撑，实现分散式的就

地无害化处理处置，彻底解决乡转运的运输费用等问题，最终打造整个县市城乡生活垃圾整体打包处置全新服务模式。

（三）成立项目公司，依托项目开展县域城乡生活垃圾综合治理

在洪江市区域生活垃圾综合治理中，由航天凯天环保和洪江市城市建设投资公司合资成立洪江市生活垃圾治理项目公司——洪江凯天环保科技有限公司。项目公司成立后，本合同项下航天凯天环保的投融资、项目建设、运营维护、项目移交、接收政府付费等权利和义务由项目公司承继，并通过政府方和项目公司另行签订项目合同的承继协议。项目公司明确了双方职责分工，政府主要负责履行政府职能、制定规范标准、提供政策支持以及基础设施及公共服务价格和质量的监管，保障公共利益。社会资本主要负责资金、技术、组建专业队伍，洪江凯天环保科技有限公司作为环境综合治理的投资及实施主体，推动区域环境治理。监控平台等政府投资项目，政府以购买服务方式签署委托经营合同，根据绩效评估支付服务费。政府、企业形成"利益共享、风险共担、全程合作"的公私合营合作伙伴关系。

（四）有效结合扶贫，提供就业岗位，在解决生活垃圾综合治理问题的同时，解决部分人员的就业问题

"洪江模式"根据当地农村贫困人员及垃圾清扫、收集、转运情况，聘用本村贫困人员为乡村兼职的保洁员，每村配备4~5名，提供保洁所需工具，每人支付500元/月的工资，负责村里的垃圾清扫、保洁与维护。这样既解决了农村垃圾问题，又为当地提供了就业岗位。

（五）创新治理技术和设备，为县域生活垃圾综合治理提供支撑

1. 从源头上宣传引导垃圾分类分选处理

垃圾分类是对垃圾收集处置传统方式的改革，是对垃圾进行有效处置的一种科学管理方法，也是实现垃圾减量化和资源化的重要途径和手段。

为引导居民自觉开展生活垃圾分类，实现生活垃圾的无害化、资源化、减量化，减少生活垃圾对周遭生存环境的影响，"洪江模式"结合两部委印发的《生活垃圾分类制度实施方案》以及洪江市的实际情况，以乡镇及周边农村为单位，广泛组织开展生活垃圾分类培训。同时，通过微信公众号、制定垃圾分类手册等进行宣传推广，引导城乡居民自觉开展生活垃圾分类工作。

根据洪江市城区与各乡镇及村的实际情况，对垃圾进行分类及分选，采用机械和人工分选相结合的工艺，将塑料、金属、橡胶、玻璃和纤维物等可以回收利用的部分分选出来回收利用，灰渣等筛下物进行综合利用，其他不能回收利用的部分再进行无害化处理。对城乡生活垃圾的分类及分选处理，便于对垃圾进行分类处置，减轻回收利用及处理处置的负担，提高垃圾处理效率。

2. 城乡生活垃圾收运收集转运体系建设

城区各收集点的垃圾收集后由人力车或电动车先送至城区的收集站，再运至城区中转站进行压缩，经减量化与回收分选后将不可回收的垃圾运至洪江市生活垃圾填埋场填埋。

各乡镇镇区和农村收集点的垃圾按照所在乡镇所属的转运系统分区运至各自所属的中转站，在中转站进行分选压缩；不可回收的垃圾运至各乡镇的处理点进行就地无害化处置。

城乡生活垃圾收集转运全部由集中调度中心统一调度指挥，并制定规范的城乡生活垃圾收运收集转运体系基本流程。

所有可回收垃圾由政府成立的环保合作社不定期回收，煤渣灰分等则根据当地实际情况进行制砖、坑填或筑路等综合利用。

3. 压缩转运站及焚烧站因地制宜、科学选址

生活垃圾转运站依据国家有关的法律、标准、规范和要求选择场址，同时结合洪江实际情况，因地制宜地综合考虑各设施的服务半径、防护距离、运输距离、交通、土地利用状况、工程地质、水文地质、气象条件、基础设施状况、公众意见等因素，做到在环境、社会及经济上充分可行。

为了选取最佳的转运站场所，确保生活垃圾对人体健康危害和对环境影响最小、建设成本最低、公众接受程度最高，有关部门在已开展的前期准备工作中，按照上述选址原则及要求，曾先后在洪江市境内选择了多个预选场址，并派出地质、水文等专家对各个预选场地进行了现场踏勘。根据现场踏勘情况以及所掌握的相关资料，因地制宜、科学合理地确定垃圾压缩转运站的选址。

垃圾焚烧站的选址勘测共涉及9个乡镇，分别为群峰乡、湾溪乡、塘湾镇、洗马乡、铁山乡、沙湾乡、龙船塘瑶族乡、深渡苗族乡、熟坪乡。对原垃圾焚烧站选址不合适的铁山乡进行了另行选址；在群峰乡、塘湾镇、铁山乡、沙湾乡4个乡镇已有焚烧站原址上改建环保型垃圾焚烧站；在龙船塘瑶族乡、深渡苗族乡、熟坪乡、洗马乡、湾溪乡5个乡规划新建环保型垃圾焚烧站，解决山区长距离垃圾转运的危险问题和高额运费问题。

4. 建设适合农村垃圾处理的小型垃圾无害化处理站

针对农村生活垃圾通常采用的"村收集、乡转运、县处理"模式存在的偏远农村地区的生活垃圾收集难、转运远、运营成本高的问题，航天凯天环保在现有技术基础上，成功研发设计了针对农村地区的小型化生活垃圾环保无害化处理站，实现了偏远乡镇生活垃圾就地无害化环保焚烧处理，运输距离短，运营成本低。它可一键式开关机，经久耐用，可运营15年以上；其高温湍流二燃室技术将有效遏制二噁英生成；急冷降温技术能防止二噁英二次生成；烟气经过深度处理并实现达标排放；有机垃圾裂解热解充分，减量化达95%以上，真正实现农村垃圾无害化、减量化、资源化运营。

项目分散式无害化生活垃圾处理站产品及相关技术已获得发明专利15项、实用新型专利2项。在湖南省科技厅组织召开的"中小型生活垃圾热解气化与烟气净化系统研究及产业化示范"项目科技成果评价会上，来自湖南大学、中南大学、湖南农业大学、湖南省环境监测中心等高校及科研院所的专家对于这款产品给出了这样的评价："第三方检测报告表明，经处理后的烟气中的颗粒物、氮氧化物、二氧化硫、氯化氢、一氧化碳和二噁英等污染物排放指标均远远优于《生活垃圾焚烧污染控制标准》（GB 18485-2014）的排放标准。并且此项成果进行了产业化应用，用户反映良好。"与会专家均表示高度认可，建议进一步加大市场推广应用。这意味着，航天凯天环保自主研发的低成本无害化就地处理农村生活垃圾工作站填补了国内中小规模垃圾无害化处理技术空白，达到行业领先水平，具有广阔的市场应用前景。

（六）构建智慧环保信息平台，实现资源的高效优化配置及全流程的可视化远程实时管理

"洪江模式"构建了智慧环保信息平台，对垃圾清扫实行机械化，垃圾分级由车辆转运，实现垃圾运输中途不落地，全程车辆密闭环保运输。所有的车辆配置北斗定位系统，环卫设施配置信息化管理系统，由信息化管理中心智能分析调度。根据垃圾城乡一体化的进程、社区及村居民垃圾分类习惯的养成，以及环卫收费市场的培育情况，最终实现垃圾分类收集设施（家庭、社会垃圾箱）终端智能化。

同时，依托物联网技术与移动互联网技术对环卫管理所涉及的车辆、人员、垃圾房、中转房、焚烧厂等进行全过程实时管理，合理设计规划环卫管理模式，提升环卫作业质量，降低运营成本，对接智慧城市网络，采用大数据分析与云服务，实现环卫云服务。

通过智慧环保信息平台，实现了环卫人员、车辆、收集路线等方面的安全、高效优化配置，并实现了收集、压缩、转运、处理处置全流程的可视化远程实时管理，使项目公司及政府监管单位能够及时掌握全域生活垃圾各流程的运行情况，为整个县域城乡生活垃圾综合治理及运营管理提供保障。

（七）创新收付费机制，为城乡生活垃圾综合治理提供经费保障

根据我国垃圾处理的市场情况，以及在国家层面本类型项目进行政企合作的契机下，本项目采取政府招商方式选择投资人，授予其在当地成立的项目公司垃圾处理项目特许经营权，再由项目公司完成该项目的投资、建设和运营。特许经营期间，政府实施监管职责，特许经营期满后项目公司无偿将其特许经营的项目移交政府。

由洪江市人民政府向项目公司支付的垃圾处理服务费，具体由市财政按月支付给项目公司。垃圾处理服务费，一部分来自向居民征收的垃圾处理费（包含在自来水费中代收），该部分费用应建立专项账户用于项目公司垃圾处理服务费的支付；另外的不足部分来自洪江市政府财政拨付的资金。对项目公司的政府补贴纳入政府财政预算，并报同级人大或其常委会批准，人大出具审议通过的将该项目按协议约定的垃圾处理费列入年度财政支出预算的相关文件。政府以该项目或项目公司为载体申请取得的各项资金和财政补贴补助等，以专款专用的原则按协议约定安排给项目公司。在建设期取得的，可冲减项目总投资，降低付费单价；在运营期取得的，可抵减当期应支付的垃圾处理费。

四、县域城乡生活垃圾综合治理模式构建与运营的实施效果

针对农村垃圾处理目前运输成本高、转运模式复杂的问题，结合县域尤其是含农村、山区、旅游景区等在内的县域城乡生活垃圾综合治理的特点，航天凯天环保通过深入的调研分析以及专业的技术设备和手段，最终成功打造了可复制的县域城乡生活垃圾综合治理"1+N"洪江模式。

（一）经济效益

对企业而言，"洪江模式"的实施不仅解决了县域城乡生活垃圾无害化处理问题，尤其有效破解了含农村、山区、旅游景区等在内的县域存在的垃圾处理难题，还大幅提高了航天凯天环保在城乡生活垃圾无害化处理领域的技术水平，全面提高了公司在城乡生活垃圾、环境污染综合治理上的市场占有率和影响力。"洪江模式"共投资约1.04亿元，预计为公司创造利润3500万元。

对政府而言，"洪江模式"改变了传统的垃圾处理模式，对农村及偏远地区垃圾进行就地无害化处理，不仅有效解决了长期困扰政府的难题，而且每年还可以为洪江市节省垃圾运转费等运营支出费用约300万元。同时，项目实施使区域环境质量得到有效改善，有助于营造良好的景观旅游氛围，增加旅游景观魅力和吸引力，促进当地旅游业的持续快速发展。

（二）生态效益

洪江县域城乡生活垃圾综合治理是洪江市政府建设生态洪江、宜居洪江的一项重大民生工程，具有良好的生态效益。"洪江模式"通过城乡生活垃圾的综合治理，使该地区的环境得到改善，切实提高了城市及农村人居环境质量，全面提升了城乡生活质量和幸福指数。

（三）管理效益

"洪江模式"生产管理、物资管理、财务管理、人事管理等因地制宜，多层次并存。通过实地调研、科学合理顶层规划及选址、建设智慧环保信息平台等举措，将洪江市区、周边乡镇、农村及偏远山区的人、财、物三方面以最大限度的合理性结合起来、组织起来、调动起来，以尽可能少的时间完成最大限度的工作，以尽可能少的开支为企业、为政府、为社会创造最大限度的效益，

具有良好的管理效益。

(四) 社会效益

"洪江模式"全过程对洪江区域城乡生活垃圾进行综合治理，促进了洪江市城乡生活垃圾问题的有效解决。"洪江模式"中，农村及偏远地区生活垃圾的清扫、收集、维护等工作，聘用当地贫困人员兼职开展，为当地提供了就业岗位，有利于提升贫困人员的生活水平。

同时，"洪江模式"致力于整体解决县域城乡生活垃圾无害化处理问题，有效破解了县域尤其是含农村、山区、旅游景区等在内的县域"垃圾围城、垃圾围村"的城乡生活垃圾处理难题，得到住建部、生态环境部、省市等各级政府及部门的高度认可；同时还获得央视七套《聚焦三农》栏目、新华社、湖南卫视新闻联播等的密集关注，并被 E20 环境服务平台及中国固废网评定为 2019 年度固废细分领域领跑及单项能力领跑企业、生活垃圾专业服务领域领先企业。

主　创　人：彭超峰、田小飞
参与创造人：邓　静、鄢　敏、钟红敏、李　振、陈昌元、周　游、
　　　　　　叶　兰、邱　沛

绿色工厂智能化管理体系的构建

株洲中车时代电气股份有限公司

株洲中车时代电气股份有限公司（以下简称"时代电气"）是中国中车旗下股份制企业，成立于2005年9月，总部位于湖南省株洲市。主营业务为研发、制造轨道交通牵引变流装置、城市智能交通、半导体功率器件、工业变流、光伏发电、海洋装备等产品，其主导产品轨道交通牵引传动和控制系统，是中国高铁"金名片"的核心动力支撑。2019年平均在职员工8200人（含外籍员工），资产总额323.49亿元，实现销售收入163亿元，其中海外收入7.2亿元，利润总额29.3亿元，销售利润率17.97%，年科技研发投入16.9亿元。时代电气在轨道交通电气系统市场长期处于国内第一、国际领先的地位。

时代电气以驱动绿色交通和能源持续发展、为社会提供安全、便捷的核心动力为企业使命。自2017年开展绿色工厂建设以来，全面考量、审时度势，确定了以智能化为主导的体系建设方向，2019年底分别通过湖南省绿色工厂、中车集团绿色工厂的评价认证，达成主要建设目标。

一、绿色工厂智能化管理体系构建的背景

绿水青山就是金山银山，这是习近平总书记提出的国家建设理念与方略，如何将这一崇高信念贯彻到我们的实际工作之中，是该创新课题的主要目标。

（一）外部环境的总体趋势

党的十八大以来，习近平关于生态文明建设的许多论述，人民群众已是耳熟能详，绿色低碳循环发展模式，已成为人类共同目标。中车集团确立了"以轨道交通装备为核心、多元发展、跨国经营，打造受人尊敬的国际化公司"的战略目标。时代电气提供绿色产品、实施绿色制造，既是履行企业责任，也是实现集团目标的重要途径。

当前，轨道交通市场需求已发生重大变迁，产品的智能化、绿色节能已成为市场追求的主导方向。市场供应主体也已全面开放，国际竞争日趋激烈，西门子、庞巴迪、三菱、英飞凌等国际知名企业，在同类产品的绿色制造方面，与时代电气构成激烈竞争态势，时代电气急需奋起直追。

（二）内部环境的迫切需求

时代电气的集团化管理模式，缺乏一以贯之的纵向管理深度。其原有的扁平化管理模式，是实现快速成长的有效管理策略。然而，绿色工厂建设是一个自上而下的政策执行动作，因扁平化管理模式的纵深管理路径不畅，难以形成有效合力，导致绿色工厂建设工作推进困难，急需一个全新的补充组织形式。

时代电气的传统宣传培训方式，已难以满足绿色工厂人才培养的需求。作为高端制造企业，脱胎于科研体质，各个专业分工特别细微，对于传统宣传培训方式，许多员工往往置之案头、无暇顾及。这在绿色工厂建设推进过程中形成了工作阻力，需要建立新的宣传培训方式。

绿色工厂建设投资与效益之间存在矛盾。绿色工厂建设需要投入大量资金，将直接影响股东的权益。与传统建设方案相比较，绿色工厂建设会出现一个"增量成本"问题，"增量成本"与"节约效益"之间存在一个最佳匹配关系。这就急需财务、业务、管理等相关专家积极介入，共同

化解投入与效益之间的矛盾。

时代电气自身的节能减排压力巨大。仅2017年，时代电气水电及燃气能源消耗折标15000余吨标准煤，能耗费用达8500万元。该项成本常年高居不下，且增长过快，约占销售额的0.5%，与标杆企业相比尚有很大差距。企业自身有通过绿色工厂建设实施节能降本的内在需求。

（三）内外环境的融合需要

我国经济进入高质量发展阶段后，对节能工作提出了更高要求，用能单位迫切需要通过数字化手段、信息化技术深挖细挖节能潜力，智能化成为深化节能工作的重要推动力。而我国现行的绿色工厂评价标准，停留在原有的单纯"节能减排"措施上，缺乏相应的智能化评价指标。例如时代电气通过"智能制造与智能仓储的提质升级"，提高了生产效率、降低了物料能源消耗，但在绿色工厂评价标准中没有相应的绩效激励。

此外，现有的绿色工厂评价标准，许多是由国外引进、翻译而来，同时考虑了全国的平均发展水平，可以说是一个基本的、最低限度的标准，难以满足企业诸多生产场景的个性化需求。孤立地、片面地执行规范、标准，必然与实际需求相背离，导致执行过程中受到人为抵制。这就需要以内部实际需求为根本，与外部标准要求相融合，用满足标准、高于标准的尺度，来全面衡量、思考绿色工厂建设方案。

二、绿色工厂智能化管理体系构建的内涵

绿色工厂智能化管理体系的内涵，是依托反馈控制、黄金圈法则、量本利分析法（业财融合）等管理工具，将绿色工厂建设贯穿于产品概念、产品规划、产品设计、产品制造、产品供应链及产品售后服务全过程，充分采用智能化技术，进行全面绿色节能思考并付诸实施，解决绿色工厂建设中的实际问题，以提高资源利用率、降低环境负面影响，实现企业经济效益与社会效益双赢。

简单地说，就是利用智能化的技术手段，通过管理体系的构建，在满足GB/T 36132-2018《绿色工厂评价通则》关于基础设施、管理体系、能源与资源投入、产品、环境排放等五项规范要求的前提下，实施绿色工厂建设方案再优化，寻求贯彻政策彻底、使用功能良好、建设费用与运行费用经济的建设路径，从而实现绿色、节能、环保目标，为社会、股东、客户创造价值。

三、绿色工厂智能化管理体系构建的主要做法

（一）顶层设计

1. 基本思路设计

绿色工厂智能化管理体系构建顶层设计的思路是，运用反馈控制原理、黄金圈法则、量本利分析法等管理学工具，利用智能化技术手段，超标准实施绿色工厂建设中的各项要求，贯彻全生命周期理念，实现全局性的绿色制造一体化。

反馈控制原理是一个开放式的复杂的系统，是依靠各类信息对系统加以控制的管理方法。

黄金圈法则是群体为实现共同目标而驱使群体共同努力的有效工具。在绿色工厂建设工作中，各方的利益诉求千差万别，各项配合、协调工作太多、难度太大。黄金圈法则注重激发群体的共同认知，便于内部意见的集中统一，从而使各项配合、协调工作事半功倍。

量本利分析法，是将财务成本核算方法融入绿色工厂建设之中，主要是针对增量成本构成属性分析，并与获得的收益（一般是节约获益）进行比照，测算增量成本的收回时间等参数，从而为绿色工厂建设方案提供经济合理性选项，也就是通常所说的业财融合的一种。

2. 主要目标设计

顶层设计的目标是通过管理体系的搭建，在实现绿色工厂标准相关的用地集约化、原料无害化、生产洁净化、废物资源化、能源低碳化、资源能源利用高效化等目标的基础上，进一步实现稳定现有绿色产品市场、占领新的绿色产品市场，实施节能降耗、降本增效，强化全生命周期绿色制造理念，将绿色与智能化经营理念贯穿企业发展的全过程。

3. 战略规划编制

2016年，在"十三五"规划滚动修编中，时代电气将该项目纳入"十三五"规划之中，利用三到四年时间，完成绿色工厂智能化管理体系的搭建，在公司本部（株洲地区）实施一系列与绿色工厂建设相关的绿色与智能化项目，完成绿色工厂相关申报认证工作。后续将继续将该项目纳入时代电气"十四五"规划之中，五年内在全公司范围内（含异地下属单元）实施。同时，向中车株洲所、中车集团、湖南省推广，打造轨道交通装备制造业的绿色工厂建设标杆企业。

（二）保障体系的确立

1. 组织机构保障

成立领导小组。具体职责是：贯彻执行国家、地方、上级主管部门的有关绿色工厂建设的政策、法律法规及决定；将绿色工厂建设工作纳入公司战略规划和年度工作计划，部署公司绿色工厂建设工作任务，监督绿色工厂建设工作完成情况；决定年度绿色工厂建设工作重大问题，为公司绿色工厂建设工作提供人力、物力、财力的支持和保障。

成立工作小组。具体职责是：归口公司绿色工厂建设工作，健全绿色工厂管理体系工作；负责公司年度绿色工厂建设工作计划的编制，任务指标的下达与分解落实；负责公司各部门（单元）的绿色工厂建设工作考核；贯彻落实绿色工厂管理体系领导小组的决定，按要求贯彻落实国家、地方、上级主管部门的绿色工厂建设工作方针、政策、法律法规、标准。

组建虚拟事业部。基于时代电气现有的集团化管理模式，补充组建多元化虚拟事业部，以达成纵深管控目标。组织形式如表1所示。

表1 多元化虚拟事业部组织机构分工表

组织机构名称	主要工作职责	输出成果
虚拟事业部（以行政保障部为基础设立）	宣传绿色工厂建设相关政策、知识、要求、目标，组织各方探讨相关建议	最终绿色方案确定
产品市场导向规划组（以规划部为基础设立）	寻求绿色产品市场，论证其市场开拓的可行性	产品开发建议书
产品设计组（以技术中心为基础设立）	依托绿色理念，对产品及制造工艺进行设计	零部件及加工、组装工艺图
供应链组（以采购中心为基础设立）	依托绿色理念，组织采购	绿色的配套外购件及服务
产品制造、产品售后服务及回收组（以制造及售后为基础设立）	依托绿色理念，进行制造、组装及售后服务	为客户提供绿色产品及服务
工程建设小组（以施工建设组织为基础）	提出、介绍施工方案，对强制性条款进行解释、说明，对其他各方提出的修改建议拿出具体施工组织方案、措施，对无法施行的项点做出解释说明	较合理的施工方案及难点的解决措施

续表

组织机构名称	主要工作职责	输出成果
业财融合小组（以财务、审计组织为基础）	归集各类增量成本，确定合理分摊方法，计算各种假设方案的增量成本、节约效益、收回投资额度、时间	各类假设方案的经济指标计算结果、排序名单
工程使用单位小组（以使用单位组织为基础）	提出工程使用的个性化需求、必须保障的功能项点、个性化需求的设计方案（含工艺、材料等涉及成本的各个项点）	符合强制性标准、符合经济性的妥协方案

2. 人才筹划保障

自身人才培养方面，主要是针对现有职能部门归口管理专员、下属单元专兼人员，同时抽调各业务单位退居二线的相关专家，采用精准培训方式，培训合格后按专业和经验进行分工。基于绿色工厂建设涉及范围广、人员多、需要得到广泛支持的特点，采取多批次、小规模的培训方式。

外援专家支持方面，主要是聘请了外部第三方专业咨询团队，对公司的绿色工厂建设、评价认证、节能评估等给出专业咨询意见。例如，为了给下属能耗大户半导体事业部节能降本，时代电气聘请了多位半导体行业知名的台湾籍专家、设计院资深高工进行节能诊断，提出了许多行业特有的节能建议措施。

3. 制度管控保障

对时代电气原有分散独立运行的各项管理体系，包括质量管理体系、EHS（环境、健康、安全）管理体系、能源管理体系、社会责任报告制度等制度文件进行整合，弥补了原有缺失环节和漏洞，删减重叠、无效部分，理顺相互矛盾、逻辑混乱条款，使管理体系衔接流畅、协调一致。同时解决了扁平化管理与纵深管理之间的矛盾，实施了产品全生命周期绿色制造的覆盖。

4. 经费支持保障

绿色工厂建设需要大量资金，时代电气在"十三五"规划修编及"十四五"规划编制中，为此设置了专项资金池，用于绿色工厂基础设施建设。此外，时代电气每年还将设备更新改造资金和大修资金中的5%，用于实施节能项目和推广节能"四新"技术。这些资金全部纳入全面预算之中，可以直达使用单元。

奖励资金（或荣誉名额）的来源，主要是各相关领导专项奖励资金（或名额）。奖励机制主要以绩效考核形式为主，由虚拟事业部输出绩效考核结果交由实体事业部进行考核。鉴于虚拟事业部大多为各方专家组成，且多以自愿形式参加，一般以奖励为主。

（三）重点绿色创新项目的实施

1. 实施绿色节能产品导向战略

时代电气围绕绿色交通驱动核心，实施绿色节能产品导向战略规划，开发出一系列绿色节能产品，提供轨道交通整车、新能源等企业绿色制造系统解决方案。绿色节能产品的战略规划，不仅提升了企业的高端品牌形象，同时也使企业与客户获得了可观的经济效益。较为典型的绿色节能产品技术有：

（1）永磁同步牵引系统技术。永磁同步电机具有高效率、高功率密度、强过载能力等优点。近年来时代电气先后完成了永磁同步牵引系统设计、制造工艺与控制策略研究，产品成功地运用在客车、地铁、动车等车辆上。例如长沙地铁1号线列车配套运用的DC1500V永磁牵引系统，经第三方检测，在相同工况条件下，相比异步牵引系统节能 30%，每列车每年可节约电费约 30 余万元。

（2）再生制动能量回收技术。通过列车的再生制动、逆变回馈和储能等措施实现列车动能的二次利用。时代电气将再生能量回馈装置广泛应用于各类机车、城轨车辆牵引系统中，显著减轻车辆重量，减少车载设备，降低车辆能耗。例如已大批量运用于机车市场的 TGA6C 型牵引变流器，经过实测，集成的再生制动功能可有效为用户节约电能 28%以上，每列车每年可节约电费 170 余万元。

（3）新能源核心部件及系统。近年来，时代电气重点布局新能源产业，如光伏、风电、电动汽车、智能电网等，积极为新能源企业提供核心零部件，如 IGBT 与 SiC 等功率半导体器件、传感器等，以及提供系统解决方案，如牵引传动系统、网络控制系统、供电系统、乘用车电驱动系统等。通过提供核心技术、产品和系统解决方案，时代电气为我国的新能源产业发展以及生态文明建设、产业转型升级等国家战略做出了重大贡献，同时企业产值也在飞速增长。

2. 绿色工厂智能基础设施建设

时代电气是当前世界轨道交通电传动及控制系统生产能力最大的制造基地，与之配套服务的检测试验中心拥有一批覆盖领域广泛的国家级重点实验室，提供各类传动控制系统产品的测试认证服务。为承接"中国制造 2025"战略，时代电气进行了智能制造、智能仓储、智能检测、智慧园区等各项基础设施的全面提质升级改造，极大地提高了生产效率。产品一次交检合格率由 85%提升至 95%，生产及时交付率由 90%提升至 98%，人均劳动产值提升 20%。此外，物耗比、存货周转天数、质量损失率等指标的下降，有效地降低了资源、能源的消耗。主要措施有：

（1）智能制造。2017 年，时代电气将原有生产任务最为繁重的电机控制器产品组装线、模块组装线，全面改造为智能制造生产线，改变了以往以订单为单位、班组团队集中生产的模式，借助工业 4.0 技术，实现全制程在线化、智能化生产。根据工艺条件分类，对原有的人工工序一部分进行了全自动改造，如涂覆、IGBT 封装紧固等；一部分进行了半自动改造，如静置货柜、电容组件搬运等，实现工装自动切换、物料自动供给等功能，形成人工、半自动与全自动相结合的柔性混流（可兼容 80%的产品）生产线。利用信息化数据，实时监控工厂运营状态，实现大数据的自动化分析与管理，例如物料追溯、过程 SPC（统计过程控制）等；通过生产、物料、工序等要素的智能化执行，例如自适应控制、分散控制等方式，实现制造过程的柔性化、傻瓜化、无纸化。

（2）智能仓储。时代电气进行了一系列自动化仓储物流改造，效率提升明显。例如实施自动化立库，实现货到人拣选模式，拣选周期由 180 秒降至 83 秒；采用物料入库到配送全过程的产线化工位化管理，提升拣选效率约 30%并有效控制库存；采用 DPS 电子标签快速拣选和防呆防错，实现物料配送多频次小批量工位化配送需求，化"孤岛式"作业为"流水式"作业，质检周期由 581 秒降至 125 秒。

（3）智能检测。时代电气依照 CNAS、CMA 相关认证标准，建立了实验室信息化管理系统，并结合大数据技术进行了一系列自动化升级改造，规范了检验业务流程、设备管理、方法库等，大大提升了检测业务工作效率。例如将子系统数量多、独立分散的牵引传动试验系统，开发为集控制、测试等六大系统于一体的整体试验平台，实现了试验流程的全自动化。通过数字化管理平台，实现了试验大纲的自动生成、试验控制系统智能调用、试验平台的自动控制、试验数据的自动化采集、试验报告的自动生成等全流程的自动化，通过大数据管理实现了业务效率全面提升，并建立了一套轻便快捷的检测试验移动 App，大大提升了工作效率。

（4）智慧园区。2019年时代电气启动了电动能源智能化系统建设，核心工作是建立公司级能源管理平台。对公司原有基于纸质化办公的能源计量、能耗设备管理、能源费用管理，进行了全面信息化改造，建立依托网络资源数字化的能源管理平台，实现企业园区能源管理业务数字化处理。此外，该项目整合原有的配电网监控、楼宇控制，突破一般的能源管理平台"只监不控"的局限性，通过数据分析指引能耗设备自动节能经济运行，实现智慧能源理念。

时代电气正计划打造"智慧园区"工程，将所有辅助生产办公的自动化功能，如门禁、停车场、广播、视频监控等集成一起，以数据采集分析、智能控制为核心，建立智能化园区综合管理平台，打造集中的监控系统与操作展示平台，通过企业园区综合管理建设安全、智能、高效、物联、节能的智慧型企业生产园区。

3. 超标准实施资源节约改造

依托业财融合的强大技术力量，时代电气实施多项超过国家标准的改造，每年持续投入大量资金与人力，因地制宜采用各种新型技术，降低了自身的运营成本，取得了良好的经济效益。

（1）光伏发电。时代电气本部田心工业园建设了2MW分布式屋顶光伏电站，年发电量约150万度。该电站选择了用电量较大的辅助生产动力负荷（空压机、照明等），最终实现了全年发电完全消纳，无反向上网电量，提高了发电使用率。并采用了自主研发的逆变系统，运用了零电压穿越、电流谐波等一系列技术，保证电能输出质量，实现智能柔性并网。该项工程投资约2000万元，获国家补助资金约1300万元，形成电费收益约110万元/年。

（2）余热回收。时代电气本部三座洁净厂房全年同时需要冷源和热源，且热源品质要求不高，具备良好的余热利用条件。IGBT器件厂建设过程中，对冷冻机、空压机设置冷却水余热回收转换，用于洁净新风再热处理。之后又对双极器件厂房空压机进行热回收改造，利用空压机余热加热锅炉回水。新建的碳化硅器件厂房采用新型的热回收冷冻机组，减去了中间转换环节。根据统计，三项措施的增量投资成本共计约320万元，每年减少天然气消耗30余万立方米，节约费用约93.9万元。

（3）中水回用。根据中车关于中水回用率的统一要求，时代电气进行了两方面的中水回用改造。一是空调箱冷凝水回收。对公司本部工艺性和舒适性空调箱，通过安装回收管道、水泵，将夏季产生的冷凝水回收至空调附属冷却塔，每年可节约冷却塔用水3万余吨。二是纯水系统浓水回收。对公司本部半导体器件与电子产品生产所需的纯水系统，设置了浓水回用装置。将纯水制取产生的浓废水收集，通过反渗透工艺处理达到自来水标准，回用为纯水原水。因回用装置处理要求不高，可将更换的RO反渗透膜进行二次利用。根据统计，两项改造的增量投资成本共计约120万元，每年节约自来水约15万吨，节约水费约60万元。

（4）热泵采暖。时代电气本部基于热回收冷冻机组的逆向思维，对双极器件厂房改造增加了冷回收空气源热泵机组，作为冷冻机、锅炉、热回收系统的补充冷热源。该项改造工作属于行业内首创，效果非常显著，新增改造成本100万元，每年可节约天然气15万方、电力10万度、费用约55万元。沈阳分公司在当地政府部门的扶持下，建设了水源热泵空调机组，通过抽取恒温的地下水与热泵机组换热后，回灌到含水地下层，这样可吸取地下水的能量，且不会对地下水资源造成不良影响。相比锅炉每年可减少天然气用量20余万方，节约费用约62万元，而增量投资成本仅为200万元。

（四）产品全生命周期的流程再造

依托时代电气的产业特征，以全生命周期理念为基础，通过绿色工厂智能化管理体系的构建，在产品全生命周期各主要环节重新打造了一套绿色工厂管理体系流程，实现了企业经济效益与社会效益的双赢目标。绿色工厂管理体系流程主要环节包括：

1. 设计开发环节

时代电气建立了涵盖产品全生命周期的数据信息管理系统，包括产品研发与客户需求输入的 PLM 系统，物料、客户、供应商信息相关的 BPS（业务流程系统）系统，零部件、产品批次号序列号相关的 ERP/MES 系统等。借助以质量追溯为目的的产品信息平台，建立了覆盖产品全生命周期的资源环境影响数据库，如限用物质数据库、废旧产品回收利用数据库等，在此基础上利用生命周期评价方法和工具，提出产品绿色设计和绿色制造的改进方案。

时代电气通过在产品设计文件中加入节能环保专篇，将环境因素纳入产品研发设计过程中，把产品的环境影响降到最低程度，同时实现产品的减量化、轻量化和低碳节能。例如牵引变流器设计采用铝合金铆接柜体，在保证结构强度的基础上，重量相对于钢结构降低 30% 以上。

2. 原料选用环节

时代电气建立了一系列绿色的采购标准制度，对有毒有害物质实施有效管控，优先选用绿色环保材料。例如建立了《新物料开发流程》，在物料选型阶段，明确要求关注物料 EHS 要求，选用低毒、废弃后易回收利用的绿色环保物料和原材料。此外，公司还组织开展禁限用物质的标准研究工作，建立了专门的《禁限用物质验证规范》，有针对性地开展第三方禁限用物质的检测、报告收集和审核工作，建立了禁限用物质台账。

时代电气建立了一套绿色的供应商管理体系，实施供应链绿色管理。依据采购电子商务平台配套管理细则，建立了网上采购门户，搭建了绿色采购管理平台，实现了 SRM 平台网上招投标功能。

3. 生产制造环节

时代电气在产品工艺路线选择上，考虑绿色设计与绿色制造一体化，力求产品在全生命周期中最大限度降低资源消耗，减少污染物产生和排放。公司主要产品如整流管、晶闸管、牵引变流器等均编制了《生态设计产品评价报告》等文件，满足绿色产品评价要求。同时通过集成供应链管理与智能制造，降低呆滞库存，降低产品残次率，提升生产效率，达到减少原料、资源消耗的目的。

时代电气在绿色制造技术创新方面，积极研究新材料与新工艺的应用，以达到减少有害环境的目的。例如半导体事业部按照《电子信息产品污染控制管理办法》限制和禁止使用的有毒有害物质的要求，对 IGBT 模块封装实现无铅焊材应用和替代。制造中心涂覆工序用自动涂覆环保材料 CST-8018 替代原有含苯系物手工涂覆材料 SC123CF，降低了产品对环境的影响，同时提高了产品质量并降低了产品成本。

4. 回收利用环节

时代电气在牵引变流器产品的研制、生产过程中采用易回收、可拆解的设计方案，方便零部件的回收再利用。在公司各地设立的牵引变流器产品检修基地、大修车间，其工序基本为拆卸、零部件检测、组装、整体检测，零部件经拆卸检测合格后继续使用，实现了资源最大程度利用。

此外，时代电气落实各生产车间主体责任，建设了物料回收利用体系。例如在大功率半导体器件的研制和生产过程中，需要使用大量的钼片，由于材料和工艺上的各种原因，造成数量可观的管芯报废。公司通过回收半导体器件生产中报废管芯的钼片，替代部分原生材料，实现资源的循环利用，并节约大量成本。

四、绿色工厂智能化管理体系构建的实施效果

绿色工厂智慧化管理体系构建，既是一种依托智能手段的解决方案，更是一种依靠各种专业技术解决问题的创新理念，因此，其实施过程及成果，当然也是多元性的。

（一）社会效益突出

就社会整体效益而言，时代电气节能减排取得突出成绩。2019年与上年相比，万元产值综合能耗下降1%，万元产值二氧化碳排放量下降16%，万元产值废气污染物、废水污染物、危废排放量均下降了20%以上，极大地降低了能源消耗，减少了对环境污染。时代电气销售输出的相关绿色节能环保产品，为国家在交通运输、冶炼、矿山等领域节省了大量能源。仅以永磁牵引系统为例，2019年约为客户节约能耗资金约8亿元。此外，还为其他企业的绿色工厂建设（如整车企业）提供了重要保障。

接受体系培训的97名骨干人员，以及300余人的体系建设队伍，在完成本职工作的基础上，广泛宣传了绿色工厂建设意义，以及实施智能化管理的相关经验，为社会文化氛围提供了正能量。

（二）经济效益显著

通过绿色工厂智慧化管理体系构建，时代电气赢得了社会和客户的尊重，企业经济效益不断提高。2017至2019年，企业总资产连年递增，分别达到266.49亿元、290.34亿元、323.49亿元，年均增长10.19%。其利润总额分别为28.74亿元、29.67亿元、31.27亿元，年均增长10.19%。

以绿色工厂建设为中心，不断实施节能减排、降本增效管理创新工作。2017年以来，每年将设备固定资产投入的5%用于节能技改，取得了显著的经济效益。三年来共投入节能技改资金500余万元，加上固定资产投资选用节能方案产生的1000万元增量成本，共计获得综合节约效益3400余万元，其中获得国家节能财政补贴990万元。

（三）示范效益明显

内部方面，2019年时代电气将历年来实施的各项节能降本措施汇编为样本范例，总结为7大类措施，在全公司范围内（包括各异地分公司）进行推广，取得了显著的经济效益。全年投入节能改造资金280万元，年节约能耗量约200吨标煤，年节约能源费用约650万元，实现了6%的降本率。

外部方面，株洲九方铸造股份有限公司是一个高能耗、高污染企业，在该理念的指引下，放弃迁往偏远地区的规划，选择在主城区选址建厂。新建的1.8万平方米的厂房，全部采用超过现有国家、行业的标准建设，实现了智能铸造、绿色生产的目标，开创了用先进技术、先进管理换绿色的产业升级新路径。去除改造升级的增量成本，依然节约搬迁等综合费用1240万元，年节约运行成本443万元。项目已经在株洲市、中车集团推广，取到了良好的经济效益。

（四）管理效率提升

通过该项实践与创新，对时代电气原有的分散独立运行的各项绿色工厂管理体系（包括EHS管理体系、能源管理体系）进行整合，弥补了管理漏洞，去除了重叠项点，理顺了管理逻辑关系。同时，促进了相关体系（质量管理体系、集中采购管理体系）的修订与提升，并与绿色工厂建设理念相融合。公司运营管理体系更加完善，有效减轻了业务单元的管理负担，提高了管理工作效率。2019年，人均劳动生产率提高到198.78万元/年，远远高于国内同行业水平。

主　创　人：刘可安、吴正平
参与创造人：彭淼淼、谭永能、齐晓武、唐　旺、胡文波、陈　东、
　　　　　　姚中红、陈碧华、贺　平、孙煌星、彭　静

分布式光伏能源调控管理体系构建

国网湖南省电力有限公司常德供电分公司

国网湖南省电力有限公司常德供电分公司（以下简称"常德公司"），是国家电网湖南省电力有限公司直属的大型供电企业，供电范围覆盖常德市2区、6县、1市（县级）、4管理区、1国家级经开区和1国家级高新区，而且是5大直流、华中电力南送湖南、湖南电力西电东送的重要输电通道。常德公司现设15个职能部室、10个业务支撑机构、1个集体企业和11个县级供电公司。公司现服务客户230万户，有在职员工5013人；拥有35千伏及以上变电站144座，各电压等级供电线路1111条，总长度2.7万多公里；资产总额65.22亿元，2019年销售收入60.89亿元，全员劳动生产率80.29万元/人·年。常德公司先后被授予"全国文明单位""全国一流供电企业""全国五一劳动奖状"等荣誉称号。

截至2019年末，常德电网发电设备装机容量116.53万千瓦，其中新能源59.89万千瓦，占比51.4%。根据国家发改委分布式发电管理暂行办法（〔2013〕1381号），分布式发电是指在用户所在场地或附近建设安装，运行方式以用户侧自发自用为主、多用电量上网，且在配电网系统平衡调节为特征的发电设施。湖南省境内水资源、秸秆等资源丰富，光伏、生物质能等分布式能源发展潜力巨大。常德市地形以平原为主，年均日照1688.4小时，在湖南省属于日照较为丰富的地区。

一、分布式光伏能源调控管理体系构建的实施背景

（一）是全面落实国家、湖南省发展战略的需要

国家出台的"十三五"规划纲要中强调，"加快发展中东部及南方地区分散式风电、分布式光伏发电"。国家发展和改革委员会出台的能源发展"十三五"规划强调，"2020年，太阳能发电规模达到1.1亿千瓦以上，其中分布式光伏6000万千瓦"。湖南省"十三五"太阳能发展规划中明确提出，"到2020年，全省分布式光伏电站装机容量达到150万千瓦以上"。

为实现国家、湖南省发展战略中分布式光伏能源的相关目标，加快分布式光伏能源的大规模开发和利用，减少弃光率，电网企业必须建立起科学规范的分布式光伏能源调控管理体系与之相适应。

（二）是破解分布式光伏能源增长和配网发展不平衡难题的需要

一方面，在国家有关政策的鼓励和扶持下，分布式光伏电源呈现出"点多面广、局部高密度并网"的高速发展态势。截至2019年底，我国分布式光伏装机容量达6263万千瓦，较上年增长24%。湖南省分布式光伏装机已达到217.4万千瓦，远超2020年我省规划目标"150万千瓦以上"。常德市分布式光伏装机容量33.68万千瓦，处于全省前列，较上年增长21%。另一方面，由于人民生活水平不断提升，用电负荷不断攀升，湖南省各地市配网发展却相对较慢，普遍存在夏季、冬季用电高峰期10千伏线路重过载现象。以常德市城区配网为例，2019年夏季用电高峰期，重过载线路有26条，占总线路的11.30%。每年为解决各地市配网线路重过载问题，国网湖南省电力有限公司都要投入巨额网改资金，而且网改从立项到完工周期较长。为解决分布式电源和配

网发展不平衡难题，需要优化从分布式电源规划到并网运行后的管理流程，做好分布式光伏合理布局，强化分布式光伏能源调控工作，实现分布式电源与配网、负荷和谐发展。

（三）是提升配网安全和分布式光伏能源精益调控管理的需要

随着分布式电源装机不断增加，以及大量并网接入点涌现，对配电网电力平衡、电压控制、电能质量、运行方式安排等提出了更高要求和新的挑战。例如分布式电源发电量具有不确定性和波动性，增加了电网电力平衡的压力；运行方式安排方面，分布式光伏的接入使得配网合环、电网检修管理更加复杂，给配网运行和人员安全带来更多风险；负荷预测精度方面，分布式电源缺乏有效的监测和预测手段，增加了负荷预测的难度。传统的各自为政的分布式电源调控管理模式很难解决上述问题，必须采取精益化的分布式电源调控管理。

二、分布式光伏能源调控管理体系构建的内涵

以服务国家"优化能源供给结构，提高能源利用效率，建设清洁低碳、安全高效的现代能源体系"和国网公司"人民电业为人民"宗旨为导向，以分布式光伏能源与配网和谐发展为主线，以配网调控专业主动和全过程参与分布式光伏能源各个管理流程为基础，通过建立健全分布式光伏能源调控管理长效机制、优化分布式光伏能源管理流程和配套服务、创建完善的分布式光伏能源培训体系等管理措施，辅助开展科学评估地市电网对分布式光伏能源的承载力、调控云平台精准预测分布式光伏能源发电功率、创新分布式光伏能源运行数据的实时采集方式等技术支撑措施，从而构建常德市乃至湖南省分布式光伏能源调控管理新体系，达到提升湖南省配网安全水平，促进全省清洁能源的消纳，提高企业经济、管理和社会生态效益的目的。

三、分布式光伏能源调控管理体系构建的主要做法

（一）建立健全分布式光伏能源调控管理长效机制

1. 强化组织结构

建立省、市、县三级和同一层级多专业协作的分布式电源调控管理网络，强化组织保障，实现各级、各专业管理职责明确、权界清晰。

（1）建立省、市、县三级管理层次。省级分布式电源调控管理以省调控中心为牵头部门，具体日常管理处室为水调及新能源处，主要负责全省分布式电源调控管理规章的制定、省和市级电网分布式电源承载力评估等工作的牵头实施，主要提供对市公司分布式电源管理的技术服务和业务指导。

市级分布式电源调控管理以地市公司供指中心为基础，主要负责市、县两级分布式电源调控管理实施细则的制定、市和县级电网分布式电源承载力评估等相关工作，提供对县级分布式电源管理的业务指导，负责参与直管的配网分布式电源从规划到并网运行后的各个管理环节。

县级分布式电源调控管理以各县公司供指中心为基础，主要负责市级分布式电源调控管理实施细则的落实，负责参与所辖配网分布式电源从规划到并网运行后的各个管理环节。

（2）同一层级的多专业协作管理。分布式电源管理涉及规划、营销、运检、调控等多专业工作，通过配网调控专业的主动作为，全过程参与从规划到并网运行后的各个管理环节，使各流程联系更加紧密、工作更加高效。

2. 完善规章制度

常德公司深入调研省内外配网分布式电源管理现状，出台《常德电网分布式电源并网调度服务手册》《常德电网分布式电源并网调度协议示范模板》等文件，明确了涉及分布式电源管理的市、县级层面营销、运检、供指专业职责。

常德公司还根据自身电网特点及分布式电源的实际运行情况开展探索创新，解决了分布式电源调度运行管理中的诸多实际问题，取得了较丰富的经验，建立了分布式电源调度运行管理制度，涵盖分布式电源并网和调试管理、分布式电源运行管理、分布式电源检修管理、分布式电源继电保护及安全自动化装置管理、分布式电源通信运行和调度自动化管理等内容，规范和明确了分布式电源调度运行管理各个环节的要求，促进了分布式电源的蓬勃发展，保障了电网的安全稳定运行。

3. 构建多部门协同的监督考核体系

为保证分布式电源调控管理机制的顺利运转，建立了配网分布式电源管理的内外部考核评价体系。

内部考核：常德公司各单位、部门将内部各专业参与分布式电源管理中关键环节的工作成绩，纳入本单位、部门内部年、季、月考核。

外部考核：根据与分布式电源客户签订的调度协议和发用电合同，常德公司组织营销、配网调控等专业，每年、季、月对分布式电源客户进行考核。

（二）科学评估地市电网对分布式光伏能源的承载力

各地市供电公司开展分布式电源承载力测算，编制各地区电网分布式电源消纳能力分析报告，提前考虑分布式电源电力电量消纳，指导分布式电源项目立项和选址，科学规划并网点，避免在消纳困难区域集中大量并网分布式电源，并对不满足要求的方案提出相关的整改建议。

一是以《DL/T2041-2019 分布式电源接入电网承载力评估导则》为依据，开展地区电网对分布式电源承载力的计算。以常德公司为例，共有 12 个 220 千伏供电区，结合行政区域划分，将其划分为 6 个区域，即"武陵区、鼎城区、德山区""汉寿县、西洞庭区、西湖区""桃源县""石门县、临澧县、澧县""津市市""安乡县"，开展分布式电源承载力测算。

二是根据分布式电源接入电网承载力测算结果，结合各地区现有分布式电源并网情况，形成分布式电源接入指导意见，报政府相关部门，定期公布各供电区域、各电压等级母线分布式电源可接纳容量。

三是根据分布式电源接入电网承载力测算结果，常德公司对短路电流、电压偏差、谐波校核不通过的区域，组织发策、运检等部门研究解决方案。例如，针对短路电流超标的问题，通过加装电抗器等整改措施，增强电网对分布式电源的消纳能力。再如在分布式电源较为集中的地区装设电能质量采集装置，以便获得相关检测数据，对分布式电源引起的谐波问题进行有效的管控。

常德公司通过在常德市范围内开展分布式光伏的电网承载力测算，最终形成评估报告，报请政府能源主管部门审定，主动沟通，推动政府建立以电网承载力指标管控分布式光伏规模布局的工作机制，引导分布式光伏工作均衡有序发展。

（三）创新分布式光伏能源运行数据的实时采集方式

分布式电源信息采集是通过信息采集装置对分布式电源运行信息进行采集，并利用有线、无线等通信方式，将信息传输至调度端，从而实现调度端分布式电源运行监视、数据应用的过程。

国网湖南省电力有限公司近几年来，革新传统的用电信息采集系统采集模式，针对大量点多面广的分布式电源在内的非统调电源，选择了无线传输模式，按照投资小、易维护、利实施、安全高效的原则，建立起全省 14 个地市的基于 4G 的 GPRS 加密无线传输方式全口径电源数据采集平台。

根据《电力监控系统安全防护规定》（国家发展改革委 2014 年第 14 号令），使用公用通信网络采集数据,必须采取足够的安全防护措施。国网湖南省电力有限公司通过非统调电源侧带加密芯片的数据采集装置对数据进行加密等措施,满足了电力监控系统的安全防护要求。

通过全口径电源数据采集技术,每分钟采集非统调电源的有功、无功等数据,不仅集中解决了大量非统调电源数据缺失的问题,而且为电网仿真建模及安全稳定校核提供了更加准确的数据支撑。目前常德公司含分布式光伏能源在内的所有非统调电源共计40.86万千瓦,均实现了数据采集。

(四)调控云平台精准预测分布式光伏能源发电功率

大规模分布式电源的接入,给电网安全稳定、电力平衡、无功调节、电能质量等方面带来重大影响。建设分布式电源功率预测系统,实现分布式电源功率的准确预测,是应对上述问题的重要措施之一。

电力调度部门可根据分布式电源功率预测及时调整调度计划、优化方式安排、实施精准负荷控制,缓解分布式电源发电出力波动性、随机性对电网运行的影响,提升含高比例分布式电源电网的安全稳定水平,减少备用容量,提高电网运行经济性,促进分布式电源更大规模的发展。

国网湖南省电力有限公司高度重视分布式电源功率预测工作,开展了基于调控云平台的分布式电源功率预测系统建设,采用省调集中预测模式,可供省、地市及场站三级使用,即在省调统一建设分布式电源功率预测系统,实现分布式电源的运行监测和功率预测。地市公司可通过专有工作站访问省调的主站系统,实现本地区分布式电源预测数据的查看,或由省调主站将相关监测、预测数据通过调度数据网下发至地调,在地调系统中开展相关应用及展示。场站也可通过专有工作站访问省调的主站系统,实现本站分布式电源预测数据的查看。

国网湖南省电力有限公司、常德公司通过依托调控云的模型数据云平台,实现对分布式电源模型台账的在线维护校验及管理;依托调控云的实时数据云平台,实现对接入地区调度自动化系统的场站数据向云端汇集;依托调控云的运行数据平台,实现分布式电源功率预测、实际出力、光资源等运行数据的接入融合,采用多元数据融合建模技术,有效地提升了湖南分布式电源功率预测精度,实现了对湖南全网分布式光伏实测出力的监测,并在此基础上,实现了湖南全网分布式光伏发电功率短期和超短期预测。

2019年,常德公司通过每天开展对分布式光伏实测出力监测,以及对分布式光伏发电功率短期预测,累计预测准确率达90.86%,极大地促进了光伏等分布式清洁能源的消纳,并且有效压降了分布式电源发电的不确定性,减轻了电网电力平衡压力,提升了配网安全水平。

(五)深化分布式光伏能源管理流程和配套服务

常德公司按照国网、省公司关于分布式电源并网服务工作相关要求,在做好分布式电源并网调度协议签订、调试验收、投产并网、运行管理等规定动作的基础上,对配网分布式电源专业管理进行拓展深化,重点突出配网调控专业全面参与分布式电源从规划到运行管理过程中各环节的工作,进一步深化分布式电源专业管理流程。

1. 创新和固化配网调控专业主动参与分布式电源管理的六个重点环节机制

(1)前期规划。根据配网实际运行情况和年度运行方式,配网调控专业主动向市公司发策部、经研所(又称常德市能源规划中心)提供重过载线路、供电线径过长产生低电压等配网薄弱环节和供电瓶颈问题,按轻重缓急提出分布式电源规划建议,争取发策部、经研所在分布式电源规划时优先布点和时间安排方面的支持,为分布式电源服务配网运行打下基础。

(2)接入系统方案编审。提供相关线路参数等,配合对分布式电源的潮流计算等,分析对线路、配网运行的影响，并通过参与接入方案的评审，把关和落实调控专业意见。

以常德公司大北互光伏分布式电源为例，常德供指中心配网调控员通过现场了解该电源附近的线路走向，以及环网柜位置、操作是否方便、备用间隔数目等情况，在接入系统方案编审时，明确提出分布式电源的投入应减轻附近重过载线路压力，改善长距离线路电压问题。当时，方案中有两条供选择的接入线路，10千伏永电线和10千伏永纺线。通过分析比较，上年夏季用电高峰期，永电线最大负荷电流为375.2A，负载率为92%；永纺线最大负荷电流为350A，负载率为77.5%。从减轻线路负荷和低电压压力方面来看，接入永电线最为理想；同时，永电线、永纺线又可通过三升电子环网柜互倒，故最终选择将该光伏项目接入永电线线路。

由于光伏等分布式电源接入成本由供电企业承担，常德公司如果按就近原则，应将大北互光伏分布式电源接入10千伏永纺线，只需花费约10万元。而接入10千伏永电线，则需花费约18万元。两相比较，虽然多花费8万余元，但是如果通过投入网改资金来解决10千伏永电线过载问题，则需约50万元。根据近两年来永电线负载率运行数据，夏季用电高峰期负载率均未超过80%，成效收益明显。

（3）签订并网协议。通过与项目业主（或电力用户）签订并网协议，明确双方的义务责任、并网条件及要求、调度管理（运行、检修、管辖范围划分等）、技术管理（运行方式、继电保护及安全自动装置、调度自动化等）、事故处理、违约责任以及其他特殊要求等内容。

（4）并网验收与调试。参与对分布式电源项目的并网验收与调试，并制订完善的投产方案，确保分布式电源项目安全并网。

（5）调控运行管理。通过强化设备操作管理、人员培训、定期走访等机制，全面和深入管控分布式电源的调控安全风险。

（6）定期总结。除了定期（按月或季）汇总本单位各专业情况，供指中心配网调控专业还主动向配网运检专业收集分布式电源运行情况，利用周、月度生产和营销例会，向市公司领导、各单位和部门通报分布式电源对配网运行的影响，以及运行管理中存在的问题。年底时，总结全年分布式电源相关情况，为下一年配网运行方式及分布式电源相关规划工作提供基础资料。

通过以上工作流程，进一步明确和完善分布式电源管理中的调控专业职责，使得分布式电源管理各项流程更高效。

2. 深化分布式电源管理两个重点环节的配套服务

对于分布式电源管理流程中"并网投运"和"并网验收与调试"这两项重点工作和环节，国网湖南电力有限公司结合省、市实际情况，颁布了《分布式电源并网验收技术规范》，明确了分布式电源并网验收的各项技术要求和标准。此外，国网湖南电力有限公司积极组织市、县开展分布式电源涉网保护配置和定值配合等内容的专题研究，不断总结分布式电源并网调试及验收管理经验，规范二次验收工作，确保并网验收管理工作无死角。

常德公司配网调控专业在国网、省公司相关规定基础上，深化配套服务工作，专门编写了《常德电网分布式电源并网调度服务手册》，明确服务流程，提升了分布式电源并网流程的规范性和透明度，简化了分布式电源业主单位参与的环节，明确了报资要求，实现了"一张图"看懂并网流程，促进市、县各级调控中心，以及调控中心内部方式、自动化、调控等各专业的服务工作规范、高效开展。

（1）"并网投运"重点环节。以流程图形式按时间节点明确发电企业（项目业主）应完成的工作、电网调度机构应完成的配套服务工作，以流程强管理，以流程促服务。

（2）"并网验收与调试"重点环节按照并网前验收和并网后验收两个阶段，细化、明确相关工作要求。

并网前验收与调试应具备以下条件：一是基本条件，例如分布式电源项目按服务手册规定应当提交的项目相关资料、技术文件。二是验收条件，例如并网前本单位工程调试已通过，具备工程调试报告和验收报告；关口计量和发电量计量装置安装已完成；购售电、供用电和调度方面的合同和协议已签订完毕等。三是调试条件，例如所需调试的设备或分系统的构筑物和设备安装工程已完成，设备安装记录、监理报告、施工记录等资料齐全；应具有调度下达的设备命名、远动信息表、保护定值单、受令人资质等相关文件；场地环境、设备满足调试要求等。

并网后验收应具备的条件：一是并网测试验收条件，例如分布式电源项目应在并网调试运行后6个月内向电网调度机构提供有关电源并网特性测试和无功补偿特性试验的监测报告等。二是商业运营验收条件，例如并网工程验收合格报告、项目工程质检合格报告等。

3. 四大举措抓好分布式电源管理"调控运行管理"环节

常德公司从分布式电源相关的设备、人员、资料等方面着手，采取四大举措强化分布式电源安全管理，提升配网安全运行水平。

一是加强配网分布式电源检修工作的规范管理。常德公司配网调控专业将分布式电源设备检修工作的管理纳入OMS（企业管理信息系统）中开展，以系统中规范的流程来管控好分布式电源检修的安全风险。配网调控专业还每月对检修计划的执行情况进行统计和考核。

二是强化分布式电源用户设备操作管理。重点对于涉及分布式电源用户与常德公司分界设备的操作，常德公司配网调控专业都主动协调分布式电源用户、配网运检专业，规范各自分工和协作，确保操作人员和设备安全。

三是规范分布式电源设备异动及一次接线图管理。常德公司配网调控专业每年编制纸质配网一次接线图，而且定期组织配调人员到现场巡视和核查，确保配调、运维、现场三方相符，为顺利开展分布式电源调控业务提供真实准确的图纸资料。

四是逐一走访分布式电源大用户，现场收资和交流。每年年初都要结合市经委下达的重要用户名单，对包括分布式电源用户在内的重要用户逐一走访，除勘察现场设备外，还填写重要用户联系函，落实联系人、联系方式等，收集客户对配网调控业务的意见和建议，解答用户各类问题，践行优质服务理念。

（六）创建完善的分布式光伏能源培训体系

1. 强化新进业务人员持证上岗培训

常德公司明确分布式电源场站新进运行值班人员应参加由调控机构组织的调控运行技术培训，凡与调控机构值班调控员直接进行调控业务联系的新进运行值班人员，还需取得所属调控机构颁发的《调度对象运行值班合格证书》，方能进行调控业务联系。对于新进配网调控员，常德公司也要求全部经过培训，通过考试合格持证后方可上岗。

2. 多举措做好业务人员日常工作培训

（1）对分布式电源场站主动上门送培。常德公司配网调控人员上门前首先梳理出与客户日常调度业务中存在的问题和需注意的事项；其次，上门后再进行1~2小时交流和专题培训；最后，将培训内容整理归类，并打印成册，留给场站人员备用。

（2）对业务人员推行现场跟班培训。常德公司配网调控专业每年都安排配网调控员到较大的分布式电源场站进行1~2周的现场实习和值班。还组织分布式电源场站运行值班人员到配网调控班跟班学习，深化配网调控人员与分布式电源场站值班人员的相互沟通和业务交流。

（3）加强配网调控专业培训。常德公司编制了分布式光伏能源场站培训资料，常态化开展调控业务培训。以"问—答"形式分别从技术和管理两个维度，对分布式光伏能源场站调控相关知识进行了讲解，每年组织开展不少于两次业务培训考试，不断提升调控人员业务素质和专业技能。

3. 培训模式多样化

（1）定期举办分布式电源业务培训班。请上级或本单位专家就电网基本情况、分布式电源管理文件、电网操作管理、异常和事故处理的原则、联系汇报程序、检修申请流程、自动化、保护相关知识等几个方面进行授课，提升分布式电源场站运行值班人员的技术水平。

（2）常态建立分布式光伏能源微信群。由常德公司配网调控专业人员牵头建立分布式光伏能源微信群，随时可将省、市公司相关工作要求和培训课件上传到微信群。分布式光伏能源运行人员在学习培训课件和实际工作中遇到问题，可随时在微信群以文字或语音形式提问，调控专业人员会及时解答。

四、分布式光伏能源调控管理体系构建的实施效果

（一）光伏能源消纳成效显著

近几年，常德公司在国网湖南省电力有限公司的指导下，从管理和技术措施上提高了常德市分布式光伏能源的消纳，效果显著。2019年，常德市分布式光伏能源发电量约为8.76亿千瓦时，同比增长31%；常德电网弃光电量0.13亿千瓦时，同比下降33%，实现分布式光伏能源消纳"一升一降"。

（二）管理水平明显提升

近三年来，常德公司通过持续改进完善，进一步优化了国网公司关于分布式电源管理的流程，完善了调控专业等配套服务，提升了各流程的效率，极大地助力了常德市光伏等分布式电源的建设和投产工作，提升了常德公司和国网湖南省电力有限公司配网安全水平。2018年，国网湖南省电力有限公司分布式电源相关工作做法入选国家电网典型经验库。2019年，常德公司分布式电源管理流程中前期规划、接入系统方案编审、并网协议签订等所有环节，均100%在规定时限内完成，其中"并网验收与调试"环节，完成时间同比缩短1/3以上，比国网规定工作期限缩短5个工作日。3年来，未发生一起与分布式电源相关的配网安全事件。

（三）经济效益显著提高

通过将光伏等分布式电源精准接入配电网线重过载线路，一是减小了用电高峰时期，线路过负荷导致的设备故障停电或临时限电的损失电量。2019年，常德公司借助分布式光伏能源，减少线路故障或限电损失电量10.03万千瓦时，增收电费约6万元。二是降低了线路重载率，延长了线路、开关等设备的健康使用年限。以常德城市配网为例，2019年夏季用电高峰期，重过载线路26条，同比下降42%，除部分线路改造、负荷切改等因素，光伏等分布式电源接入也是一个很重要因素。三是节约了为消除配电线路"用电瓶颈"的网改建设资金。根据财务部门测算，仅常德市城区配网范围内，每年就可节约130余万元。

（四）社会生态效益得到彰显

通过分布式光伏能源调控管理体系的构建，常德公司降低了线路过负荷导致的设备故障停电或临时限电风险，增强了对客户供电的持续性和可靠性。2019年，常德公司城网、农网供电可靠率均达99.8%以上。而且通过分布式光伏能源的接入，缓解或解决了配电网供电薄弱点"长期低电压"用户5.96万户。近年来"6·30光伏"等分布式电源投产项目，常德公司均100%按期完成，赢得了客户的称赞，并在《湖南日报》、红网、《常德日报》等省、市媒体上宣传报道，树立了良好的社会形象。

常德公司还专门针对光伏扶贫项目，采取优先验收、优先并网等措施，助力扶贫光伏建设；同时加大贫困地区农村电网改造工作力度，为光伏扶贫项目接网和并网运行提供保障。截至2019年底，常德公司完成扶贫光伏项目累计容量达1.16万千瓦，年累计上网电量301.26万千瓦时。

通过分布式光伏能源的持续建设和投产，优化了常德电网能源结构，促进了节能减排，改善了生态环境。近3年来，常德市分布式光伏能源累计发电量达16亿千瓦时，相当于节约火电燃煤72万吨，减排烟尘600吨、二氧化硫0.36万吨、氮氧化物0.29万吨、二氧化碳118吨。

主 创 人：唐伟斌、胡斌奇
参与创造人：刘正谊、黄定疆、陈　浩、张鹏飞、曹　伟、王阳光、
邓小亮、宋　芳、滕　琦、姚　境

基于天敌昆虫的"烟草+大农业"绿色防控体系构建与应用

湖南省烟草公司长沙市公司

湖南省烟草公司长沙市公司（以下简称"长沙烟草"）成立于1984年7月，是湖南省烟草专卖局（公司）的全资子公司，公司性质为全民所有制，属于商品流通行业，依法监管全市烟草市场，主要负责组织全市烟叶生产种植、收购、调拨和卷烟、雪茄烟的销售。公司下辖长、望、浏、宁4个县级局（分公司）、5个区局（分公司），拥有1家五星级酒店（神农大酒店）、2家三星级酒店（金叶神农大酒店、北京潇湘大厦）和湖南636连锁管理有限公司、湖南省长株潭烟草物流有限责任公司等主业投资企业。

企业现有主业从业人员700余人，"两烟"生产经营规模包含卷烟零售户3.98万户、烟农0.3万户，资产总额48.5亿元。2019年销售卷烟31.87万箱，销售烟叶27.09万担，实现销售收入115.68亿元，增幅7.5%；实现税利35.72亿元，增幅8.75%，其中税收（含所得税）24.33亿元，增幅4.47%，利润15.48亿元，增幅19.21%。企业多次被湖南省政府授予"烟叶生产先进单位""卷烟打假工作特殊贡献奖""纳税50强企业"称号，连续6年保持全省"文明标兵单位"称号，连续多年被湖南省烟草专卖局评为工作目标考核一等奖，连续9年获全省烟草系统QC成果一等奖。

一、基于天敌昆虫的"烟草+大农业"绿色防控体系构建与应用的实施背景

（一）绿色防控是贯彻绿色发展理念、落实国家生态文明建设整体战略的具体举措

党的十八大以来，以习近平同志为核心的党中央高度重视生态文明建设和绿色发展。党的十八大站在历史和全局的战略高度，把生态文明建设纳入"五位一体"总体布局和"四个全面"战略布局，使生态文明建设的战略地位更加明确。习近平总书记多次强调，绿水青山就是金山银山，保护生态环境就是保护生产力，改善生态环境就是发展生产力。党的十八届五中全会鲜明地提出了创新、协调、绿色、开放、共享的新发展理念，强调坚持绿色发展，必须坚持节约资源和保护环境的基本国策。农作物病虫害绿色防控属于资源节约型和环境友好型技术，能够显著减少农药及其废弃物造成的面源污染，有效降低农业发展中的资源环境代价，实现绿色发展、循环发展、低碳发展，有助于保护农业生态环境，为推进国家生态文明建设做出积极贡献。

（二）绿色防控是减少化学农药使用、推进现代农业发展的有效手段

我国农作物病虫害主要依赖化学农药防治，农药过度使用导致有害生物抗性增强、农作物农药残留超标和环境污染加重等系列问题。为解决过度依赖化学农药防治问题，自2006年以来，我国提出了"公共植保、绿色植保"新理念，开启了农作物病虫害绿色防控的新征程。2011年，农业部印发《关于推进农作物病虫害绿色防控的意见》，随后将绿色防控作为推进现代植保体系建设、实施农药和化肥"双减行动"的重要内容。2015年，农业部制定《到2020年农药使用量零增长行动方案》。2017年，中共中央办公厅、国务院办公厅印发《关于创新体制机制推进农业绿色发展的意见》。推广应用生物防治、物理防治等绿色防控技术，大力推进农药减量控害，是解决

过度依赖化学农药防治问题，走产出高效、产品安全、资源节约、环境友好的现代农业发展之路的必然选择。

(三) 绿色防控是提升农产品安全水平、满足人民幸福生活需求的必然要求

民以食为天，食以安为先。习近平总书记反复强调，保障国家粮食安全是一个永恒的课题。当前，我国粮食安全主要存在两个突出问题：一是粮食供不应求的问题。我国是世界上最大的粮食进口国之一，2018年我国粮食进口总量为1.08亿吨，其中大豆8803万吨、其他谷物共计2046万吨。二是食品安全问题。我国农作物病虫害防治过度依赖化学农药，导致部分农作物中的农药残留超标，影响了食品安全和人民的身体健康。通过大规模推广农作物病虫害绿色防控技术、落实农药减量控害行动，一方面可以有效解决农作物标准化生产过程中的病虫害防治难题，减轻病虫危害损失，促进农民增产增收，保障粮食丰收和主要农产品的有效供给；另一方面能够显著降低化学农药的使用量，避免农产品中的农药残留超标，提升农产品质量安全水平，保障食品安全和人民的身体健康。

(四) 绿色防控是烟草企业勇担社会责任、践行责任烟草的具体体现

2016年，国家烟草专卖局启动实施烟草绿色防控重大专项，明确要把实施"烟草+大农业"绿色防控作为推进生态文明建设的有力抓手，作为践行责任烟草的具体体现。烟叶生产作为大农业的重要组成部分，有必要积极转变发展方式，全面落实绿色发展理念。开展烟草病虫害绿色防控技术攻关，构建以生态调控、生物防治、物理防治等为主要措施的烟稻轮作区"烟草+大农业"病虫害绿色防控体系，努力提升烟区农作物生产安全、农产品质量安全及生态环境安全，将烟草农业建设成为我国现代农业绿色发展的典范，是践行责任烟草、引领农业绿色发展的时代担当。

二、基于天敌昆虫的"烟草+大农业"绿色防控体系构建与应用的内涵

近年来，长沙烟草认真贯彻落实中央决策部署，牢固树立新发展理念，坚持以绿色发展为导向，以"统筹规划、因地制宜、集成创新、稳步推进"为总体思路，以天敌控害为核心，以生态安全为目标，构建了基于天敌昆虫的"烟草+大农业"绿色防控体系并大规模推广应用，取得了良好的经济、生态和社会效益，为湖南烟稻轮作区农业绿色防控提供了典型样本。

一是创新集成了烟稻轮作区烟草病虫害绿色防控技术体系——"两蜂两虫一诱一纸一制剂"，引领了全省烟草绿色防控技术体系建设。

二是创新了农业绿色防控的宣贯服务模式，建立了"线上+线下""课堂+现场"的分层分类宣贯模式，构建了"单元组织、片区管理、网格实施"的技术指导模式，完善了"合作社提供服务、农民购买服务、烟草补贴烟农"的专业化服务运行机制，搭建了"烟草+大农业"的信息化交互平台。

三是创新了农业绿色防控组织推广模式，打造了"政产学研用"五位一体的绿色防控技术研究与推广应用平台，构建了"烟草+大农业"绿色防控协同推进机制，建立了技术落地"333"机制和"以点带面、以面带全"的示范推广模式。

四是创新了农业绿色防控的制度体系，推动技术标准化、工作流程化、管理规范化向纵深发展。

三、基于天敌昆虫的"烟草+大农业"绿色防控体系构建与应用的主要做法

(一) 突出目标引领，明确工作思路

1. 总体思路

坚持新发展理念，严格落实农业农村部、烟草行业绿色防控重大专项部署，以"统筹规划、

因地制宜、集成创新、稳步推进"为总体思路，围绕"技术系统化、服务专业化、管理精益化"，开展绿色防控技术攻关，形成"以农业防治为基础，病虫情报为依据，生物、物理防治为重点，化学防治为补充"的绿色防控技术体系，构建"烟草+大农业"病虫害绿色防控新模式，实现烟叶生产产业链绿色防控综合技术全覆盖，保障烟区农产品质量和生态环境安全，使"烟草+大农业"绿色防控成为农业绿色发展的典范，成为生态文明建设的排头兵。

2. 基本原则

（1）遵循轻简、规范、标准的原则。通过技术开发和组装配套的规范化和标准化，不断提高绿色防控技术的先进性、实用性和可操作性，实现复杂技术的轻简化，降低防治成本，减少劳动力投入，确保绿色防控的投入产出比最优。

（2）遵循病虫害综合治理（IPM）原则。以生物防治、健康栽培、生态调控、理化诱控和精准施药等为基础，控制病虫发生为害，最大限度地减少化学农药使用，保障农产品质量安全。

（3）遵循多方协同、多元推广原则。坚持"政府领导、烟草主力、合作社主抓"，整合植保部门、烟草企业和科研院所等各方资源，加强政、企、研、农协同配合，加大资金投入力度，建立多元化推广机制，推动绿色防控技术推广应用。

3. 工作目标

全面取得绿色防控理论层面、技术层面、应用层面和产业层面的突破，构建烟稻轮作区"烟草+大农业"绿色防控模式，提升农作物生产安全、农产品质量安全和烟区生态安全。

（1）确保推广面积落实。到2019年，全市烟叶生产绿色防控示范区面积不低于植烟面积的80%，天敌昆虫和生物农药防治病虫害技术实现100%全覆盖。大农业作物绿色防控示范区面积不低于植烟面积的70%，天敌昆虫推广面积不低于植烟面积的110%。

（2）减少化学农药用量。烟叶生产核心示范区化学农药用量较2015年减少75%以上，辐射区化学农药用量较2015年减少65%以上；防治蚜虫、烟青虫/斜纹夜蛾、病毒病的单项靶标示范区的化学农药零使用。蔬菜、水果和茶叶等大农业作物示范区的化学农药用量较2015年减少30%以上。

（3）提升质量安全水平。烟叶生产核心示范区和辐射区的烟叶农药残留不超限；大农业作物示范区的化学农药残留有效降低。

（4）提高防控综合效益。烟叶生产核心示范区、辐射区的病虫害损失率分别低于3%、5%，大农业作物示范区的病虫害损失率同比非示范区降低5个百分点；持续合理降低绿色防控技术成本，确保"烟草+大农业"病虫害绿色防控的经济、社会和生态等综合效益最优。

（二）创新技术体系，强化科技支撑

1. 建立产学研用协同创新机制

密切跟踪国内外绿色防控最新技术动态，协同行业内外技术专家组等技术力量，加强与省内外科研院所交流合作，搭建技术交流合作平台，形成创新资源共享机制，在技术研发、集成组装、模式构建等方面协同推进。

2. 构建"两蜂两虫"天敌昆虫立体防控技术体系

围绕天敌昆虫应用开展关键技术研发，建立了"两蜂两虫"天敌昆虫应用技术体系，即烟蚜茧蜂/异色瓢虫防治蚜虫、赤眼蜂/蠋蝽防治烟青虫/斜纹夜蛾。自主建设蚜茧蜂、蠋蝽和异色瓢虫等天敌昆虫保种扩繁基地3个，与湖南省林业科学院共建赤眼蜂扩繁基地1个，具备了4种天敌保种、扩繁、包装、释放和防效调查的全程服务能力。

3. 集成烟稻轮作区病虫害绿色防控体系

以"两蜂两虫"天敌昆虫为基础，持续创新以天敌昆虫立体防治虫害、以生物菌剂替代化学药剂防治病害的绿色防控技术，明确了多种病虫害绿色防控技术的防治效果，通过将最新的绿色防控技术进行集成组装，形成了烟稻轮作区烟草病虫害绿色防控体系——"两蜂两虫一诱一纸一制剂"。即农业防治+烟蚜茧蜂/异色瓢虫（防治烟蚜）+赤眼蜂/蠋蝽（防治烟青虫/斜纹夜蛾）+性/食诱剂（防治鳞翅目害虫成虫）+病毒检测试纸+病毒制剂（预防病毒病）。制定并发布了湖南省地方标准《烟草主要病虫害绿色防控技术规程》（DB 43/T 1209-2019），该项创新成果2017年6月1日通过湖南省农学会的成果评价，居国内领先水平。

（三）构建保障体系，夯实工作基础

1. 完善工作机制，强化组织保障

联合地方各级政府和科研院所，打造"政产学研用"五位一体的绿色防控技术研究与推广应用平台。加强与当地农业农村主管部门的协调，积极推动烟草与大农业绿色防控有效对接，联合各级植保部门建立"烟草+大农业"绿色防控协同机制。成立绿色防控重大专项工作领导小组、技术研发组和推广应用组，明确工作职责与任务分工。各小组各司其职、各负其责，确保重大专项稳步推进。

2. 加大资金投入，强化经费保障

坚持以烟草部门为投入主体，建立涵盖"技术研发、宣传培训、推广应用"全过程的绿色防控经费保障机制。近年来，长沙烟草累计投入绿色防控相关经费1600余万元。其中，累计投入设施建设费用300万元，主要用于天敌昆虫保种扩繁中心建设；投入科研经费500余万元，配套开展绿色防控技术科研攻关项目14个，其中国家局项目2个、省局项目7个、市局项目5个；累计投入培训宣传费用200余万元，主要用于开展绿色防控技术的培训与宣传，制作宣传资料和技术手册等；累计投入推广费用600余万元，主要用于天敌保种扩繁、绿色防控物资采购与补贴、示范区与辐射区建设等。

3. 加强队伍建设，强化人才保障

联合中国烟草总公司青州烟草研究所、湖南省植保植检站和湖南农业大学专家教授，建立绿色防控技术专家团队。依托长沙烟草植保技术团队，联合市县植保植检站，按照每5000亩配备1名专业技术人员的标准，组建了一支涵盖省、市、县三级20人左右的绿色防控技术研发与指导队伍，负责"烟草+大农业"绿色防控的技术指导与培训工作。以产区分公司、烟叶基地单元为主体，按照每1500亩配备1名技术服务人员的标准，整合合作社、烟农等社会力量，组建了一支60余人的懂技术、操作能力强的绿色防控技术服务队伍。

（四）创新宣贯模式，营造良好氛围

1. 多渠道开展政策宣传

面向烟草和大农业系统，创新宣传方式，加大宣传力度，搭建"线上+线下"的宣传平台，精心制作绿色防控专题科普宣传片和宣传折页，开设绿色防控微信公众号，及时推送绿色防控知识。充分利用新闻媒体、网络平台、企业报刊等宣传途径，通过悬挂横幅、张贴墙报、微信推送、发放绿色防控资料和科普活动等方式，向烟农、果农、菜农和农业从业人员宣传普及绿色防控政策及相关知识。市县两级植保植检站与烟草部门紧密配合，累计牵头主办绿色防控技术大型推广活动14期；在人民网、学习强国、湖南都市频道、《长沙晚报》、烟草行业网站等媒体上累计发布宣传报道100余篇。

2. 多形式开展技术培训

重点围绕绿色防控工作的重大意义、技术原理和操作方法等内容，坚持分层分类开展宣贯培训，针对烟农、果农、菜农和各级农业从业人员的不同需求，创新利用烟站课堂、烟农夜校、网上课堂、视频直播和技术下乡等方式，优化培训课件，丰富培训内容，注重授课技巧，提升培训效果。加大对农业合作社、农技人员和农民的培训引导，进一步提升农业技术人员和农民的绿色防控意识，鼓励引导农民熟练掌握、广泛应用绿色防控技术，自觉减少农药使用。近年来，累计举办绿色防控技术培训300余场次，参训人员超过2万余人次，印制发放《农药残留管控手册》《天敌昆虫使用技术》等技术手册8000余份。

（五）创新服务模式，提高工作效能

1. 建立健全服务体系

建立市、县、站三级绿色防控技术推广服务体系，完善"单元组织、片区管理、网格实施"的技术指导服务模式，着力提升面向烟农、果农、菜农和农业从业人员的技术服务能力水平。建立绿色防控联点联户工作制度，扎实开展关键环节技术指导。坚持定点调查和面上普查相结合，认真研究、分析病虫害发生发展动态，及时发布病虫害情报，指导农户科学防控病虫害。

2. 大力推进专业化植保

依托植保专业合作社和烟农专业合作社，积极推进农作物病虫害专业化统防统治。积极争取政府、烟草等各方政策资源，对合作社采购植保机械、开展专业化植保进行适当补贴，鼓励支持开展无人机植保服务。在地方政府部门的牵头领导下，加强对农民专业合作社的技术指导，组建技术过硬的植保专业团队，优化规范专业化服务流程，严格控制专业化服务成本。推行市场化运行、差异化收费，完善"合作社提供服务、农民购买服务、烟草补贴农民"的运行机制，提升合作社专业化服务、市场化运作、规范化管理水平。目前，扣除专业化植保补贴，合作社开展无人机植保服务的收费标准仅为10元/亩·次左右，同比传统植保成本可降低70%以上，作业效率可提升20倍以上。

3. 深度融入"互联网+"

深入开展"互联网+绿色防控"研究与应用，搭建"烟草+大农业"绿色防控信息化交互平台，实现绿色防控信息资源的实时共享。建立湖南烟草病虫害预测预报系统，收集湖南烟区病虫害历史和近年的田间调查数据，加以标准化处理，根据数理统计原理，分析气象因子与病虫害种群变动之间的内在联系，运用多元线性回归构建湖南烟区主要病虫害的预测模型，利用气象资料和病虫害的调查数据预报未来病虫害危害程度和发生趋势，及时掌握烟区主要病虫害发生发展动态，适时为"烟草+大农业"病虫害的监测和防治提供科学依据和决策支持。建立全省"烟草+大农业"绿色防控微信公众号平台，实现信息可查询、疑难可解答、措施可优化，切实为烟农、果农、菜农和茶农解难题、服好务。依托烟叶物资管理系统，制定到户的农药供应套餐，分户建立农药使用台账，严格管控化学农药的采购和使用。

（六）创新推广模式，推动技术落地

1. 建立绿色防控技术推广落地"333"机制

一是三类补贴机制，即"化学农药零补贴、生物农药部分补贴、物理防治全额补贴"。二是"三主体+三挂钩"的工作考核机制，即"烟农为实施主体、投入补贴与防控技术落实挂钩""合作社为服务主体、合作社服务外包费用与技术服务质量挂钩""烟草为监督主体、烟叶计划安排与烟叶质量安全管理挂钩"，其中，农民合作社负责绿色防控技术的具体实施，具体包括性/食诱剂诱捕器插放、诱芯更换和诱捕器回收，烟蚜茧蜂、蠋蝽、赤眼蜂和瓢虫等天敌的田间释放等工作，烟草部门分别按6元、2元和1元/亩的标准配套烟蚜茧蜂、性/食诱剂、蠋蝽/赤眼蜂和瓢虫的推广补贴。三是"三位一体"经费保障机制，即"烟农自行负担+烟草适当补贴+争取政府支持"。

2. 建立"烟草+大农业"协同推进机制

加强与当地农业农村主管部门的协调，积极推动烟草与大农业绿色防控有效对接，加大与水果、茶叶、水稻、蔬菜等作物绿色防控的联动，推进长沙烟区全时空绿色防控。完善技术推广工作模式，将绿色防控与农业精益生产结合起来，推行专业化服务、精益化管理，高标准建立示范区和辐射区，全面推行专业化植保，推进农业生产降本增效，提高农民的积极性。加强农药精准施用技术应用及安全控制管理，最大限度地降低农药使用量。设立固定观测点，实时监测病虫害发生，做好预测预报，开展防治效果评估和烟叶农药残留专项监测，跟踪检验绿色防控实施效果。

3. 建立"以点带面、以面带全"的示范推广模式

积极打造"烟草+"绿色防控重大专项推广示范工程，扎实推进"烟草+大农业"示范区与辐射区建设。以"三深两高"、生态调控等农业防治技术为基础，预测预报为依据，靶标病虫害为主线，在浏阳、宁乡烟区建设烟草绿色防控核心示范区和辐射区，核心示范区主推"两蜂两虫一诱一纸一制剂"为核心的绿色防控技术，辐射区主推"以性诱剂为主、赤眼蜂/蠋蝽为辅"的烟青虫/斜纹夜蛾绿色防控技术、"以蚜茧蜂为主、异色瓢虫为辅"的烟蚜绿色防控技术、"以源头控制为主、病毒免疫诱抗剂为辅"的病毒病绿色防控技术。2019年，在长沙浏阳、宁乡建设烟草绿色防控核心示范区2个、辐射区6个，"烟蚜茧蜂防治蚜虫技术"实现长沙烟区全覆盖，防治蚜虫化学农药实现零使用。配合省农业农村厅，重点围绕水稻、水果、蔬菜和茶叶等大农业作物，分别设立蚜茧蜂、赤眼蜂、异色瓢虫和蠋蝽推广示范区4个，建立烟稻轮作区全程绿色防控示范区1个，推广面积超过10万亩。

4. 推动"烟草+大农业"绿色生产模式的构建

坚持绿色发展方向，全面推行稻草还田、生石灰溶田、冬翻冻坯和增施饼肥等土壤改良技术，100%推广加厚地膜及回收，倡导实行合理轮作、做好田间卫生管理，加大农药使用监管力度，努力构建以"烟田轮作、土壤保育、绿色防控、地膜回收、节水节肥"等为重点的绿色生产技术体系，持续推动农业生产向产出高效、产品安全、资源节约、环境友好的方向转变，保护烟区自然生态环境，保障农产品质量安全。

（七）优化制度体系，提升规范水平

1. 完善标准体系

强化标准引领作用，坚持把绿色防控纳入农业标准化生产全过程。围绕现代农业高质量发展需要，修订完善绿色防控技术标准体系，及时将绿色防控的先进生产技术、科研成果和成熟的经营、管理经验固化为标准，推动"烟草+大农业"绿色防控标准化和规范化。制定并发布《烟草主要病虫害绿色防控技术规程》等湖南省地方标准2项，制定《烟区环境保护》《烟叶生产中农药残留监测与处理方法》《烟叶产品安全控制指标》《烟叶农药残留控制技术规程》《烤烟农药合理使用规范》《烤烟病虫害综合防治技术规程》《烟草病虫害预测预报规程》《烟蚜茧蜂防治烟蚜技术规程》等长沙烟草企业标准15项。编制《农药残留管控手册》和《天敌昆虫使用技术》等技术手册。积极推进绿色防控技术通俗化，组织编写绿色防控技术顺口溜30余条。

2. 优化工作流程

理顺政、企、社、农四方关系与职责,建立"政府宣传发动、农户精准预约、烟草按需供应、合作社专业服务"的推广工作流程。围绕技术体系优化,建立"技术研发—效果验证—持续改进"的技术创新工作流程,优化4种天敌扩繁工艺,完善配套设施,优化人员配置,明确岗位职责,强化现场管理,提升工作效率。

3. 健全管理制度

完善20余项管理制度。制订完善"烟草+大农业"病虫害预测预报制度,出台《长沙烟草病虫害预测预报网络建设工作方案》;建立"烟草+大农业"病虫害预测预报协同工作制度,推动病虫害精准预测、有效防控;制定天敌昆虫保种扩繁中心日常管理办法,推动操作规范上墙;修订完善烟叶质量管理办法,建立烟叶质量安全管控责任追溯制;优化烟用物资管理制度,修订《烟叶物资管理办法》,制定《烟叶生产农用物资管理实施细则》,严格管控烟用农药采购供应;优化"烟草+大农业"绿色防控投入政策,实行差异化补贴办法,将绿色防控补贴与关键技术落实进行挂钩,引导督促烟农和合作社严格落实绿色防控技术;建立健全农药残留专项监测与绿色防控效果评价制度,制定工作考核细则,将绿色防控工作纳入产区分公司和相关工作人员的业绩考核指标范围。

四、基于天敌昆虫的"烟草+大农业"绿色防控体系构建与应用的实施效果

(一)取得了显著的经济效益

该项成果立足长沙,辐射全省。2017—2019年,"基于天敌昆虫的'烟草+大农业'绿色防控体系"在长沙、郴州、永州等地的蔬菜、果树、茶叶和烟叶等作物上累计推广应用面积达125万亩,有效控制了病虫危害,提高了农产品质量安全,为当地农民节约病虫害防治成本5000余万元,为当地政府增加税收2000余万元,综合经济效益超过7000万元。

(二)取得了良好的生态效益

通过该项成果的推广应用,防治农作物虫害的化学农药使用量大幅度降低,农药减量控害的效果极为显著。近4年中,该成果推广区域内用于防治烟草虫害的化学农药使用量累计减少约80%,减少化学农药用量15吨左右;用于防治蔬菜、果树和茶叶等作物虫害的化学农药使用量累计减少约30%,减少化学农药用量12吨左右。化学农药的减量施用减少了烟稻轮作区土壤和环境的污染,对烟稻轮作区生态环境的保护具有重要意义。推广应用区域内生态环境得到改善,绿色防控示范区域内生物多样性指数较传统化学农药防控区生物多样性指数增加15%以上,天敌昆虫种类和数量均分别比化学农药防控区增加4.7%和28.2%。

(三)取得了明显的社会效益

项目开展以来,长沙烟草牵头主办"烟草+大农业"绿色防控技术推广活动14期,参与活动的农民累计达到2万余人次,免费为烟农、果农、茶农和菜农供应烟蚜茧蜂、蠋蝽、赤眼蜂和异色瓢虫等天敌昆虫10亿余头,防治效果得到了推广区农民的充分认可,提高了广大农民对于绿色防控的认识,极大地调动了农民参与绿色防控的积极性。人民网、湖南卫视、长沙电视台、红网、郴州电视台和永州电视台等媒体先后参与活动并报道,全面提升了湖南农业绿色防控的形象与影响力,央媒人民网以"湖南投放害虫天敌,形成烟草+大农业绿色防控机制"为标题,首次对湖南"烟草+大农业"绿色防控工作进行了专题报道。

(四)取得了很好的示范效应

项目成果自2014年起在长沙推广应用,最初在2万多亩烤烟田里撑起"保护伞",2016年起

"烟蚜茧蜂防治蚜虫技术"实现长沙烟区全覆盖，防治蚜虫化学农药实现零使用，同年开始免费服务大农业，推广面积不断扩大。2019年，长沙烟区推广面积超过18万亩，其中大农业推广面积首次突破10万亩，超过植烟面积的120%。目前，"烟草+大农业"绿色防控已成为农业绿色发展的典范，示范带动了烟稻轮作区的大农业绿色生产，为保障烟稻轮作区农产品质量、支撑烟稻轮作区生态文明建设、助力打好污染防治攻坚战做出了积极贡献。

（五）提升了企业的管理水平

通过项目的开展，实现了"技术系统化、服务专业化、管理精益化"，推动了绿色防控技术标准化和通俗化，将绿色防控技术创新及时固化为标准，制定并发布《烟草主要病虫害绿色防控技术规程》等湖南省地方标准2项、《烟蚜茧蜂防治烟蚜技术规程》等长沙烟草企业标准15项，组织编写绿色防控技术顺口溜30余条；搭建了"政产学研用"五位一体的绿色防控技术研究与推广应用平台，建立了"烟草+大农业"协同推进机制、技术落地"333"机制和示范推广工作机制，全面提升了长沙烟草的绿色防控精益化管理水平。

主　创　人：何命军、曾维爱
参与创造人：谢鹏飞、翟争光、蔡海林、李　帆、黄松青、伍绍龙、
　　　　　　刘天波、谭　琳、陈　金、彭孟祥

政企协同推进市级电力企业行业扶贫管理实践

国网湖南省电力有限公司邵阳供电分公司

国网湖南省电力有限公司邵阳供电分公司（以下简称"公司"）是国网湖南省电力有限公司的全资子公司，以建设、运营电网和供电服务为核心业务。截至2019年底，公司有在职全民职工3884人，供电服务员工1581人，集体职工343人；供电范围覆盖邵阳7县、2市、3区，营业区域面积2.08万平方公里，供区总人口828万人，居全省第一。供电客户279.64万户，2019年完成售电量81.98亿千瓦时，其中低压居民客户255.99万户，完成售电量36.63亿千瓦时。所辖范围内有贫困市县8个，贫困村1074个，贫困人口110余万人。

公司共承担驻村扶贫点22个，"一托二"帮扶村2个，其中省公司驻村新邵坪上镇小河村，市公司驻村洞口县大屋乡青山村，县（市）公司驻村18个，共派出扶贫工作队20个、驻村队员51名，扶贫户数2343户，贫困人数9022人。

一、政企协同推进市级电力企业行业扶贫管理实践的背景

（一）是落实国家大政方针的必然要求

党的十九大提出要决战决胜脱贫攻坚，全面建成小康社会，到2020年实现我国现行标准下的农村贫困人口全部脱贫，贫困地区基本公共服务主要领域指标接近全国平均水平，农村贫困人口生活水平明显提高。国家电网公司坚决贯彻党中央、国务院脱贫攻坚决策部署，把开展电力扶贫作为重大政治任务，要求大力推进贫困地区电气化提升工程、光伏扶贫项目接网工程等，实现动力电源全面覆盖，低电压问题基本消除，扶贫点全部脱贫摘帽，架起供电服务、精准扶贫、为民服务的"连心桥"。坚决落实上级各项决策部署，在服务党和国家大局中当排头、做表率，是公司义不容辞的政治责任，也是践行"六个力量"的必然要求。

（二）是企业履行社会责任的本质要求

邵阳市地处湘西南，以丘陵、山地地貌为主，自古交通不便，属区域性"老少边穷"地区，共有8个贫困市县，其中3个为国家扶贫工作重点县（邵阳县、隆回县、城步县）、1个为深度贫困县（城步县）；有1074个贫困村，其中深度贫困村66个。2015年全市建档立卡贫困人口1141030人。贫困县、贫困村、贫困人口分别约占全省的六分之一，是湖南省脱贫攻坚任务最为艰巨的几个地市之一。作为关系国计民生的公共事业企业，立足行业担当解决好发展不平衡不充分的问题，不断满足人民日益增长的美好生活需要，促进社会文明进步，是公司发展的初心和使命。市、县一级供电公司是服务农村建设的中坚力量，与人民群众生产生活密切相关，更是新农村建设的直接参与者和"先行官"，利用行业优势为贫困地区人民群众改善基础设施、发展特色产业、解决教育与就业问题，增强贫困地区的"造血"功能，从根子上阻断贫困代际传递，实现乡村振兴，是公司履行社会责任的本质要求。

（三）是推动经济社会发展、履行经济责任的重要途径

随着国家乡村振兴战略的稳步实施和扶贫攻坚的逐步深化，邵阳地区农村经济发展迅速，2019年全市乡村居民生活用电量达23.36亿千瓦时，同比增长13.3%，增速比全社会用电量增速

高 4.3 个百分点，比全省乡村居民生活用电量增速高 1.8 个百分点，"十三五"以来年均增长 16.6%。随着 2019 年底 5 个贫困县陆续摘帽，182 个贫困村出列，13.05 万贫困人口脱贫，"十三五"末至"十四五"期间，邵阳市农村经济将持续保持快速稳定增长。由于历史欠账等原因，邵阳地区配网设备陈旧落后，户均容量低，配电重过载及低电压问题突出，供电可靠性和供电质量仍然有较大的提升空间，对贫困地区产业发展形成关键性制约。公司作为国有重点骨干企业，坚决贯彻"四个革命、一个合作"能源安全新战略，主动适应能源变革趋势，加快推进电网跨越升级，积极推动乡村电气化进程，为经济社会发展提供安全、可靠、清洁、经济、可持续的电力供应，是我们履行经济责任的重要途径。

二、政企协同推进市级电力企业行业扶贫管理实践的内涵

公司以习近平新时代中国特色社会主义思想为指导，贯彻落实党的十九届四中全会"坚决打赢脱贫攻坚战，巩固脱贫攻坚成果，建立解决相对贫困的长效机制"的重大部署，以全面完成"打赢脱贫攻坚战，精准扶贫精准脱贫"政治任务为目标，以电力行业扶贫为主线，充分发挥国有企业的"六个力量"作用，重点围绕"两不愁、三保障"，坚持"扶贫先扶志，扶贫必扶智"，通过构建高效协同的管理体系、提升贫困村供电能力和质量、服务光伏扶贫和易地扶贫搬迁重点项目、创新开展"教育+就业"扶贫、拓展延伸扶贫途径、建立健全保障机制等措施构建具有电力行业特色的扶贫体系，巩固贫困村产业发展，确保造血式扶贫，推动当地经济可持续发展，为助力全面打赢脱贫攻坚战、服务乡村振兴贡献国网力量。

三、政企协同推进市级电力企业行业扶贫管理实践的主要做法

（一）构建高效协同的管理体系

1. 高度重视，提高组织机构级别

公司市、县两级分别成立脱贫攻坚领导小组，实行党政一把手"双组长"制，专题研究部署公司脱贫攻坚政策的落实和工作推进。在企业内部成立了省内首家扶贫工作办公室，提高管理级别，较公司各部门高半级，由公司党委书记分管、三级职员协管，副总师任办公室主任，负责归口调度全公司电力扶贫领域相关工作。安排 2 名科级干部和 2 名专职人员全面负责公司扶贫的综合协调工作开展，抓好扶贫工作日常管理，建立统一的协同作战工作体系。各县公司由党政一把手负总责，亲自部署、亲自督办脱贫攻坚相关工作，确保扶贫工作各项任务顺利推进、落实有力。

2. 政企协同，加入脱贫攻坚指挥部

公司主动对接政府"脱贫攻坚战"工作部署，邵阳市政府成立脱贫攻坚战指挥部，邵阳供电公司党委书记为市脱贫攻坚战指挥部的重要成员。公司扶贫办主动对接市扶贫领导小组、市扶贫办，形成定期汇报机制，每月初公司扶贫办主任采取"点对点"的方式，向扶贫领导小组组长汇报扶贫工作，及时掌握贫困县、贫困村的脱贫攻坚时间节点及工作安排。主动对接各级地方党委政府 18 次，征求各级扶贫办对公司电力扶贫开发的意见和建议 10 次，研究改进电力扶贫开发工作。

3. 统筹协同，搭建脱贫攻坚管理平台

形成常态沟通协调机制。公司一把手亲自把关，按月向市委市政府主要领导报送电力经济运行专报，汇报扶贫工作进展。定期召开扶贫专题会议 32 次，研究扶贫工作落实，协调解决扶贫工作中的重大问题。及时总结服务脱贫攻坚典型工作经验，按月出台扶贫工作简报 36 期，通报扶贫工作开展情况，传达各级政府、公司党委对扶贫工作的要求。在内网门户系统建立"脱贫攻坚"栏目，将各级各位领导、各单位、各专业脱贫攻坚执行情况比一比、赛一赛，推动各单位、各位结对帮扶责任人全面落实脱贫攻坚任务。

4. 明确任务，构建科学管理系统

联合各地政府研究扶贫措施，出台了12个县（市、区）的电力扶贫工作实施方案。公司扶贫领导小组根据邵阳市扶贫办及省公司的部署，研究讨论确定公司扶贫目标：贫困县乡村农网供电质量得到极大改善；抓好光伏扶贫项目服务，为贫困户创造源源不断的阳光财富；落实易地扶贫搬迁项目接电，做好优惠减免；多途径服务脱贫攻坚，为扶贫贡献国网力量。根据公司目标，公司将行业扶贫工作分解为提升供电质量、服务重点扶贫项目、"教育+就业"扶贫、其他扶贫4个模块，每个模块又包含若干子模块。由扶贫领导小组办公室统筹协调，相关部门和各县公司分工合作、高效协同，共同构造扶贫管理体系，负责专业内部事情。

（二）提升贫困村供电能力和质量

1. 政企协同，促请政府出台强有力的支持性政策

为营造良好的农网改造环境，公司多次主动对接各级人民政府，提请湖南省电力公司与邵阳市人民政府第一批签订了电网建设战略合作协议，促请政府出台农网改造支持政策，2019—2022年4年投资70亿元建设邵阳电网，将农村电网改造特别是贫困村的农改纳入未来4年电网建设计划，积极推进乡村电气化，助力脱贫攻坚。指导督促所属县公司对接各级党委政府，争取最大支持，以国家级重点贫困县隆回县为例，县人民政府年度预算安排电力设施建设专项资金1000万元，用于解决变电站征地拆迁补偿差额、权证审批办理费用补差等专项费用。农网改造中，对行政村、乡镇（街道）拨付工作经费；对供电企业按建成变电站等级进行奖励。其他各县（市）均出台了强有力的支持性政策，全力推进贫困村电网改造项目，充分配合贫困村光伏发电项目落地实施。

2. 规划设计集约化管理

随着农村电力需求的迅速增长、用电结构和用电特性的较大变化，农村用户对供电可靠性和电压质量提出了更高的要求。公司促成政府脱贫攻坚信息系统、省能源局农网改造项目管理系统与公司配电网规划设计一体化平台深度融合，对规划设计进行集约化管理。

（1）预测农村生活用电规划。公司通过整合用户用电采集系统、配电网大数据分析应用平台等八大系统，考虑农村地区用电需求差异性，运用基于大数据的户均电器法来进行农村负荷预测，适应电气化发展。通过负荷调研数据分析，得出户内电器使用同时率、户间负荷同时率、村间负荷同时率，考虑需用系数法计算出用户现状负荷。然后预测近中期和远期各档用户电器的保有量，判断出同时率的发展趋势，预测出近、终期同时率，最后计算得到村、乡镇（供电所）近中期和远期负荷。综合预测出最终的负荷，指导后续差异化规划技术原则的制定，以便于下一步开展目标网架导线截面、户均配变容量和变电站建设规模选择，适应不同农村地区的经济发展需求。

（2）积极对接扶贫产业规划。根据邵阳市政府提出的"一县一特""一村一品"的发展思路，针对城步奶业、隆回金银花、新邵玉竹、洞口柑橘、新宁脐橙等"一县一特"的特色产业，深入分析用电需求特性，契合产业发展特点，科学编制配电网规划设计方案。针对小河村生态茶叶、青山村竹炭、清水村香菇、富阳村水稻等"一村一品"的特色产业，公司主动作为，在配电网前期需求阶段组织设计人员、供电所人员与当地乡镇、村组干部联合开展现场勘测，重点围绕设计关键路径、配变布点进行深入沟通交流。

3. 摸排整改低电压问题

公司利用电能信息采集系统，深化大数据分析，对全市1074个贫困村全量用户持续开展电压

检测，结合从政府扶贫管理系统收集的用电问题，精准定位低电压台区、低电压用户，按照"先运维后建设"的原则，统筹农维、大修、技改、基建等资金渠道，制定低电压整改措施。公司全员参与共同奋战，领导班子分片挂点，亲自督导协调进度，深入施工现场进行督导、调度；项目部门强化履职，创新"三控一调"的管理理念，牵头负责工程建设安全、质量、进度全过程管理；供指中心、物资部、安监部等部门齐抓共管，推进项目建设。

（1）狠抓安全管控。一是狠抓施工单位"三类人"（工作票签发人、工作票把关人、工作负责人）培训。每轮施工匹配后，公司组织施工单位"三类人"开展安全培训。2019年共举办培训班9期，培训860人次。二是建立单项工程安全责任体系，压实业主项目部、现场安质员、施工单位的安全职责。三是强化过程督查，配电部安排3人专门负责现场抽查，全年共抽查现场700多个。四是推行安全监督管理日报卡，指导现场安质员和稽查人员全面履职，确保施工现场安全。

（2）深抓质量管控。一是修改完善了《国网邵阳供电公司配电网工程工艺质量指导书》，用于指导现场施工。二是推行样板台区建设制度，每个施工小队必须先建设一个样板台区，验收合格后才允许全面开工。三是按批次工程开展施工工艺质量评比竞赛，奖优罚劣，当前完成2019年以前所有项目的质量评比工作。四是推行质量监督管理日报卡，加强事中检查，避免事后整改。

（3）严抓进度管控。一是早开工，高效完成施工匹配、物资匹配、集中签约及开工报审办理，统一开工时间。二是细管控，设专人督促建设进度，统筹分析停电计划，做好属地矛盾协调，及时分析工程进展情况，对进度滞后的进行纠偏，确保工程进度。三是严考核，通过约谈、通报、绩效考核、施工单位履约评价等方式督促工程建设，2019年共约谈施工单位8次。

（4）积极协调矛盾。组织供电所做好属地协调工作，及时处理好施工矛盾，定期向县、乡政府报告农网改造进展情况，做到一般性矛盾三天内协调有结果，重大问题一周内处理有进展，为顺利施工创造条件。

（三）大力服务重点扶贫项目

1. 积极高效服务光伏扶贫项目

以扶贫为目的，在具备光照条件的贫困地区，建设光伏电站。光伏发电属可再生能源，清洁环保，收益稳定持续，符合精准扶贫和能源发展战略。公司积极服务光伏扶贫，协助光伏电站提高收益。

（1）高效接入项目。联合市发改委、扶贫办、村委、项目施工方多次召开接入研讨会，出台《邵阳市光伏扶贫项目建设指导意见》，加快推进光伏扶贫并网进程。开辟"绿色通道"，设立光伏扶贫专用基建项目包12个，优先保障光伏扶贫项目接网工程资金（投资金额3311万元），主动对接服务光伏客户，有效压缩业扩流程时限，全省第一家实现配套电网工程与光伏扶贫项目主体工程同步建成。加强10kV接入线路运维监控，确保光伏发电无弃光，应纳尽纳、就地消纳。加大光伏扶贫项目电价政策宣传，确保相关工作人员、窗口人员及项目业主熟知政策要求。及时建立光伏扶贫台账，共接入647户光伏扶贫客户，并网容量达7.79万千瓦。

（2）提升结算效率。公司致力于全面提升结算效率，让贫困户及早受益，2018年开始着手理清光伏扶贫开票、结算流程，协同扶贫办、财政局、村委、光伏扶贫结转机构合力出台《关于加快邵阳市光伏扶贫结算工作的通知》，年底前提前完成年度结算清算。2019年，公司大力加快光伏扶贫结算进度，为客户提供便捷，减少客户开票麻烦，遵循客户意愿，征求扶贫办意见后，与客户签订结算周期协议，按照约定的结算周期，结算光伏扶贫上网电费。2020年，公司探寻出上网电费在结转机构结算的新模式，极大地简化了开票结算流程，确保光伏扶贫客户上网电费及补贴按月结算到位。截至 2020 年 4 月底，为社会提供清洁能源 1.24 亿千瓦时，减少二氧化碳排放 3.63 万吨，为 5.8 万贫困户增收阳光财富 6906.69 万元。

(3) 加强发电监控及异常治理。光伏扶贫电站普遍存在运维不到位的问题，导致光伏电站产生的效益低下。公司及时发现这一问题，主动介入光伏扶贫电站的运维管理过程。安排专人每周通过用电信息采集系统对光伏扶贫发电情况进行远程监控，全面排查发电能力异常问题；每周五对本周发电量进行统计，通过一周的数据，测算出年化发电利用小时数，根据省能源局提供的年发电利用小时数参考值，将小于 0.5 倍参考值和大于 2 倍参考值的电站纳入发电异常范围，发电量为零的电站作为重点观察对象；安排专人现场整改电网侧异常问题，对发现的属公司产权范围的设备问题及时下发工单，现场运维人员核实、整改消缺，形成异常工单闭环管理；对延伸发现的属客户产权范围内的问题，及时向政府扶贫办和光伏扶贫客户报告，指导帮助客户尽快整改消缺。截至 2020 年 4 月，累计发现光伏扶贫故障 96 个，建立故障台账，及时处理电网侧故障 4 个，告知并指导光伏扶贫客户处理好的电站侧故障 88 个，仍在处理的电站侧故障 4 个。将故障异常发现时间大大提前，迅速响应处理，为贫困户减少损失电量 32 万余千瓦时，减少损失 28 万余元。

(4) 加强与客户、政府及相关部门的联系。每月向客户告知光伏电站月结算情况，每季度向地方政府、扶贫办和发改委（能源局）报送光伏电站结算情况。对发电和结算中出现的各类非公司所属问题，及时向各级政府书面汇报，积极争取支持，及时促请协调解决问题。让贫困群众及时受益，提高群众对扶贫的满意度，防范舆情风险。

2. 积极服务易地扶贫搬迁项目

2016 年邵阳市全面启动实施农村危房改造，制订全市扶贫搬迁三年行动计划，邵阳公司紧跟政府决策部署，有序推进易地扶贫搬迁电力配套工作。

(1) 推进电网工程。承诺"新房子建到哪里，电力供应就送到哪里"，主动与各级政府、扶贫办、易地联席办等沟通对接，建立月度沟通机制。组织相关专业部门提前深入搬迁建房现场，第一时间掌握易地扶贫搬迁项目用电需求，提前将安置点供电项目纳入配网规划，谋划配电网前期工作，快速调配项目资金，倾力服务跟踪施工进度。建立周管控机制，每周对易地搬迁重点工程情况进行汇总，协调各专业部门高效协作、横向联动。及时沟通解决配套工程建设过程中存在的问题，组织人员全面核查，以书面、会议等形式及时通报发现的问题，对相关责任人加大考核和惩处力度。通过调整运行方式、转移用电负荷、安装临时用电等方式，加快变压器安装、架线和立杆等工作，确保易地扶贫搬迁配套电网建设与主体工程同步建成。

(2) 简化业扩报装。推出易地扶贫搬迁用电报装、受理的"一站式"服务，开辟"绿色通道"，安排专人紧密跟踪工程进度，提前上门对易地扶贫搬迁户的信息进行统计，简化客户业务办理流程，做好节点管控，缩短办理时限，第一时间完成进户线和电表安装等各项工作，提高搬迁客户业扩报装效率。总投资 1612.34 万元，建设通电工程 68 处，2019 年提前完成政府要求的全部供电任务。2018 年以来，公司对易地扶贫搬迁户实行用电报装免费制，为 8034 户贫困户节省了 723.1 万元的用电报装费用。

(3) 不折不扣落实优惠电价政策。为确保优惠电价政策应享尽享，切实减轻贫困户用电负担，公司组织专项工作小队对易地扶贫搬迁户开展"一户一表"核查工作，并对其进行了户号匹配，及时掌握搬迁入住情况，建立好台账。凡是符合易地扶贫搬迁户生活用电优惠电价政策的贫困户，生活用电按一档电价执行，不收取阶梯电费，每月每户免收 10 千瓦时电费，月用电量不足 10 千瓦时，按实际用电量免收，将减免的电价优惠全部返还至搬迁户电费账户中。截至 2020 年 4 月底，为贫困户节省33.9万元电费，惠及贫困户1.84万户、6.98万人。

(四) 创新开展"教育+就业"扶贫

公司为更好地发挥行业优势，从"就业根子"上解决贫困问题，创新开展"教育+就业"扶贫，实现"一人就业、全家脱贫"，有效阻断贫困代际传递。

1. 定向培养供电服务职工

公司依托所属长沙电力职业技术学院（以下简称"电力职院"），以"招生即招工，入校即入企"的现代学徒制改革为主要方略，面向邵阳市建档立卡贫困家庭，定向培养供电服务职工，实施"教育+就业"精准扶贫。

(1) 政企联动宣传。公司积极与各级扶贫办、教育局、学校、村委沟通对接，宣传解释公司"教育+就业"扶贫思路，获得一致认可。市扶贫办和教育局在其官方网站上将公司的该项扶贫政策进行权威发布、刊登宣传，各级学校、村委会更是主动提出要深入了解考生信息，宣传供电服务职工定向培养工作，与公司一同与潜在考生当面谈话，征询考生以及家长意见，精准开展摸底统计。

(2) 招生定向培养。与有意向的拟录取考生签订为期三年的"定向培养协议"，安排岗位技能骨干担任定向委培生的企业导师，采取校企联合培养模式，推进工学交替机制，在学院教师指导下，系统学习与自身岗位相关的基础理论知识，夯实理论功底，获得持续发展的职业素养以及终身学习能力。提供企业实习岗位，最大限度消除知识的"时间差"。为每一名考生安排公司高技能人才作为企业导师，逐步提升其与自身岗位相关的技能水平，更好地传承工匠技艺、企业优秀经验，掌握企业急需的技能。同时多措并举为贫困生提供学习生活保障，减免建档立卡贫困家庭委培生全部住宿费和20%的学费，年发放助学金7000元/人。

(3) "零距离就业"。组建由公司人资专家、技能专家、教育专家组成的考核团队，依据专业教学标准、行业标准、企业岗位技能要求，对培养生进行毕业考核，考核合格后分配至户籍地所在供电所从事农村电力工作。培育出公司新一代"会干活、留得住、懂乡音、讲奉献"的高素质乡镇供电服务人才队伍，持续优化乡镇产业电力保障，深度服务地方经济建设发展。2019年培养招生建档立卡贫困户考生38人，截至2020年3月底，取得考生名单共计2470人，其中有报名意向考生753人。近2年来，由11个供电所提供委培生勤工助学岗位12个，发放勤工助学补助8万余元。

2. 提供劳务用工岗位

公司结合电网工程施工、护线巡线和捐赠项目实施等劳务需求，为贫困户提供电力项目用工岗位。逐户逐人精准核对务工现状，主动了解贫困劳动力务工需求和意愿，为建档立卡贫困家庭劳动力提供就业机会；开展技能扶贫专项行动，通过举办免费培训班、送培下乡等，分批分次对务工人员进行上岗前培训。截至2020年3月底，解决农民工线路巡线、施工、保洁、公益性岗位等劳务用工198人。

(五) 拓展延伸扶贫内容

公司致力于发挥行业优势，大力开展行业扶贫，结合驻村帮扶村实际，发展扶贫车间，捐赠扶贫项目，搭建扶贫产品销售平台，培育贫困村的"造血"功能。

1. 因地制宜发展加工业

公司驻点帮扶村洞口县大屋瑶族乡青山村竹资源丰富。公司主动联合乡政府，实地勘察，因地制宜，研讨出发展竹炭加工业的方案，多次上门做工作，鼓励在广州开外贸公司的村民回乡办厂，生产竹炭和提炼竹油，成功投资兴办竹制品加工厂，与韩国收购商签订了每月30吨竹炭的购销合同。公司以10万元扶贫专项资金入股，采取按股分红，利益风险同担，所得收入作为村集体收入，带动全村群众全年增收 4 万余元。

2. 全力实施对外捐赠项目

公司各扶贫点驻村队根据村里实际情况，围绕"两不愁、三保障"，遵循有助于贫困村、贫困户稳定脱贫，杜绝形象工程的原则，向贫困村捐赠扶贫项目。遵循"肥水不流外人田"的原则，在村委的大力支持下，选用本村有能力、有劳动力的村民，优先考虑贫困户，承接简单而又力所能及的项目，比如车间建设、水泥硬化。一方面保证项目正常实施，另一方面为村民增加收入，确保资金不流出本村。项目完成后，移交给村委会，村委会用项目收益或其他公共收益的一部分作为运维资金，对项目进行运维。

3. 积极搭建扶贫产品平台

在公司食堂向员工展示驻点村农产品目录及样品，鼓励员工通过"以购代捐""以买代帮"等方式购买贫困县乡村农产品。依托国家电网的微信公众号及电商平台，开辟互联网渠道，指导驻村工作队帮助驻点帮扶村成立农村专业合作社，注册产品商标，加强与大型农业企业和连锁超市的合作，建立"企业+电商+合作社+农户"的农业发展模式，助推优质农产品上线电商平台，实施"扶贫农产品进食堂云售卖"，公司党委书记亲自上线推销驻点村特色农产品，让扶贫村民依靠双手实现脱贫致富。

（六）建立健全保障机制

1. 加强绩效体系建设

公司为进一步提高驻村扶贫工作队员的待遇，大力加强绩效激励措施，充分调动队员的工作积极性，全力保障驻村工作。一是确保薪酬待遇。帮扶期间，驻村帮扶人员的人事、工资等关系维持不变，职务、岗位等予以保留，月度绩效工资按派出单位同层级岗位平均标准水平发放，年度绩效工资按年度考核结果发放；派驻异地的驻村帮扶人员实行流动积分激励，流动积分等于基础积分与地区系数、时间系数的乘积。连续工作满一年的基础积分为 1.3 分，艰苦边远地区一至二类地区系数分别为 0.8、0.9，其他地区系数为 0.8；帮扶工作满一年，时间系数为 1.0，超出 1 年或不足 1 年的，按照实际月份折算。二是明确补助发放标准。生活补助按照 700 元/月、上年度月平均工资 5.59%高者为标准发放；通信补贴在原执行标准基础上每人每月增加 100 元；伙食补助按照 100 元/天的标准补贴伙食费，补贴天数按实际驻村天数执行。三是畅通职业发展通道。把脱贫攻坚战场作为培养干部的重要阵地，强化基层扶贫力量，在扶贫工作期间表现优秀的驻村帮扶人员按照规定予以表彰；符合条件的，在职务晋升、职员评选、岗位竞聘时，同等条件下优先考虑。

2. 构建扶贫工作制度体系

为健全管理制度，建立适应脱贫攻坚新形势的工作机制，公司按照扶贫办牵头，各专业部门各司其职、协同推进的原则，研究制定了《关于进一步加强扶贫攻坚工作管理的通知》《国网邵阳供电公司扶贫村电网改造管理要求》《国网邵阳供电公司光伏扶贫管理工作要求》《国网邵阳供电公司驻村帮扶工作要求》《国网邵阳供电公司精准扶贫工作指导书》（三册），进一步明确了营销部等 11 个扶贫相关部门和各县公司的职责，规范扶贫"三大工程"的工作流程。编制了《国网邵阳供电公司脱贫攻坚应知应会知识要点汇编》，进一步夯实公司员工扶贫理论知识基础，提高公司开展脱贫攻坚工作的能力和水平。

3. 加强脱贫攻坚队伍建设

为保障行业驻村帮扶成效，建立高度统一、协同作战的扶贫队伍建设体系，一是组建优秀驻村帮扶工作队伍。组织选拔"政治素养高、工作能力强"的20名党员干部担任驻村第一书记，其中省、市公司扶贫点分别选派1名三级职员和1名五级职员驻村扶贫。精心挑选31名部门负责人、班组长和经验丰富的队员驻村开展扶贫工作。二是不断提升队伍综合素质。组织20个村的驻村工作队参加省、市公司举办的书记培训13期，驻村期间累计提拔任用5人，其中提拔三级职员1人（相当于副处级）、副科级1人、五级职员1人（相当于副科级）、县公司中层管理人员2人。全面激励驻村帮扶人员扎实开展工作，提升扶贫工作实效。三是培育建设务实村支部。以"两学一做"学习教育为契机，集中力量整治村支部软弱涣散问题，选优配强村级班子，扎实开展村级换届选举，配备政治思想好、工作能力强、群众威信高的村支"两委"班子。

四、政企协同推进市级电力企业行业扶贫管理实践的成效

（一）贫困村供电质量切实提高

"十三五"期间，公司农网改造累计投资34.36亿元，共完成314个自供区村、462个中心村、626个贫困村的电网改造升级任务，完成433个光伏扶贫接网工程、168处易地扶贫搬迁配套电网工程，所辖贫困村供电可靠率由99.45%提高至99.82%，综合电压合格率由98.29%提高至99.76%，农网户均配变容量由1.14千伏安/户提升至1.73千伏安/户，多次代表省公司迎接国家发改委、国网公司、省发改委的检查验收，屡获好评。为助力脱贫攻坚、乡村振兴、实现富民强市发展战略奠定了坚实基础。

（二）贫困村经济水平切实提升

3年来，公司通过用电减免，为1.8万余户贫困户节省757万元；通过光伏扶贫，为5.8万余贫困户增收阳光财富6906.69万元；通过光伏有效监控，为96户光伏扶贫客户减少损失28万余元；通过公司搭建产业和消费扶贫，为4000余户驻点村村民创造增收3560万余元。公司扶贫点小河村、花竹村、青山村、三牛村等22个村已实现脱贫出列，2017年脱贫出列4个村，2018年脱贫出列15个村，2019年脱贫出列3个村，累计精准脱贫2021户7966人，公司扶贫工作多次获省委领导肯定和嘉奖。老百姓的直接经济收入大幅提高，极大地改变了贫困地区人民群众的生活生产状态和精神面貌，对促进社会进步、民族团结和谐、国家长治久安发挥了重要作用。

（三）企业管理效益切实加强

公司立足于行业，着力于行业扶贫，打造扶贫管理新模式，在农网、光伏、易地等扶贫方面成效显著，具有可推广价值。"教育+就业"扶贫更是为公司培育出新一代"会干活、留得住、懂乡音、讲奉献"的高素质乡镇供电服务人才队伍，将高度符合乡镇农业产业供电服务需求的中高技术人才填充到乡镇，大大提升了乡镇供电所服务能力，深度服务地方经济建设发展。

（四）生态环境质量切实改善

光伏扶贫电站作为清洁可再生能源，普遍建设在屋顶、山坡等地方，将贫困村的土地利用率提高了30%，在土地资源日益紧张的今天，充分发挥每一寸土地的利用价值，为社会提供清洁能源1.24亿千瓦时，减少二氧化碳排放3.63万吨，为改善邵阳地区生态环境做出了积极贡献。在助力贫困村产业发展的同时，有效提高了当地居民健康生活水平，实现环境效益和经济效益双丰收。

主　创　人：李　韬、唐谟懿
参与创造人：林　峰、王日中、谢历冰、谢志勇、马　丽、唐福顺、
　　　　　　周　良、万　鹏、陈　铮、肖群艳

自主创新与研发管理

大型钢铁企业耐磨钢产品开发与应用的管理创新

湖南华菱涟源钢铁有限公司

湖南华菱涟源钢铁有限公司（以下简称"华菱涟钢"）是华菱集团旗下的核心钢铁企业，是中南地区重要的精品钢材生产基地，目前年产钢能力1000万吨。2019年华菱涟钢实现营业收入407.43亿元，利润总额288.08亿元，上缴税费18.27亿元。华菱涟钢始终关注安全、环保、品种、质量、效率、效益，为客户提供优质的钢铁产品与技术服务，扎实推进质量效益型战略，根据市场与地域特色探索出一条高质量发展之路。近年来投入将近20亿元，建成亚洲最大的年产50万吨规模的高端薄规格热处理板基地，初步形成以VAMA基板、汽车用钢、硅钢、工程机械用钢、高强耐磨钢、中高碳工具钢等为主导的产品体系，其中薄规格耐磨钢板、工程机械用钢、中高碳锯片钢、热成型钢国内市场占有率排名第一。形成了以高强、超薄为特色的产品结构，差异化产品结构初步形成。华菱涟钢薄规格耐磨钢板经行业专家鉴定整体达到国际领先水平，国内市场占有率排名第一，达到70%以上。耐磨钢开发与市场拓展已成为华菱涟钢管理创新的缩影。

一、大型钢铁企业耐磨钢产品开发与应用的管理创新的背景

（一）原有的大众化产品路线不能适应企业发展需要

随着国内工业体系的完善和发展，国内钢铁产能快速扩张，2019年全年国内粗钢产量达到9.96亿吨，超过全球产量的53%，年底拟建在建产能估计在1亿吨以上。虽然年内钢材库存基本正常，但钢材供大于求的趋势早已明朗，年内钢材价格总体上下跌，钢协统计的数据是同比下跌4%~5%。与此同时，大宗原材料尤其是铁矿石的涨价推高了钢材成本，国际上铁矿石主要集中在三大矿业集团，国内的焦煤资源集中在四家煤企。2019年公司进口铁矿石10.5亿吨，进口依存度在60%以上，进口矿石均价超过95美金，同比上升35%。焦煤价格全年保持在900元/吨以上，行业利润大幅缩水。受制于供销两头受压的局面，钢铁行业在2015年更是出现了全行业亏损的局面。因此，随着国内钢厂经营压力增大和竞争加剧，一定会加快钢厂的优胜劣汰，也在事实上增强中国钢铁工业的国际竞争力。对于钢铁企业，如何辨识需求、开发产品、稳定质量、拓展市场和建立品牌，是提升企业经营质量的必然选择。

（二）环保政策对钢铁产品提出了轻量化和绿色化要求

近年来城市雾霾天气频发，人们在穹顶之下无处躲藏，打好"蓝天保卫战"成为政府工作的重点。湖南省长沙市下发《关于进一步推广使用新型智能环保渣土车的通知》和《新型智能环保渣土车推广使用工作实施方案》，要求自2017年3月1日起，在长沙市城区内一律使用新型智能环保渣土车。随着国民经济的快速发展，我国资源和能源的限制逐渐凸显，自卸车逐渐向轻量化和绿色化方向发展，普通结构钢和常规耐磨钢已不能满足轻量化自卸车发展的需求。新型高品质耐磨钢正逐步得到推广，作为直接决定自卸车安全性和车厢寿命的核心材料，要求高的强韧性和耐磨性能，同时对焊接、成型、疲劳和机加工等应用性能提出了更高的要求。

（三）是响应国家新材料发展战略推动湖南工程机械行业快速发展的需要

开发高品质耐磨钢可打破国外企业对该类产品的垄断，推动自卸车轻量化进程；可以减少能

源消耗，为我国的"蓝天白云"事业做出贡献，产生良好的经济效益和社会效益。该类高强、高韧、高耐磨的自卸车车厢用高品质耐磨钢，国内研究较少，目前世界上仅瑞典SSAB等少数企业能够生产这类耐磨钢，其系列产品为HARDOX悍达耐磨钢板，由于其高韧性、良好的折弯和焊接性能，被广泛用于自卸车车厢上，国内市场轻量化自卸车用耐磨钢几乎被瑞典SSAB垄断，而且供货周期长（6个月以上），售价高（15000元/吨以上），严重制约了我国轻量化自卸车的发展，国产化需求十分迫切。耐磨钢板因相对于普通钢板有更高的强度和硬度而具备更好的抗磨损性能，是一种可以广泛应用的高技术钢材。耐磨钢板应用于工程车辆，可以大幅度提高车辆使用寿命，并通过钢板减薄实现车辆的轻量化。

通过对国家政策、市场需求、技术标准进行深入的研究后，公司一致认为华菱涟钢紧靠长沙，三一重工、中联等制造企业不断发展壮大，对高强绿色钢铁材料的需要持续增大，预判耐磨钢板具备广阔的市场前景，因此把耐磨钢板的开发与市场推广作为调整产品结构的重要举措，并以此来提升技术、管理水平和品牌形象。华菱涟钢的耐磨钢质量提升和品牌培育就是在这一产业背景下提出来的，华菱涟钢的目标是在细分市场上做精品，凭借管理创新和技术创新拓宽发展道路。

二、大型钢铁企业耐磨钢产品开发与应用的管理创新的内涵

为满足市场需要，华菱涟钢制订并推行了"质量效益型"战略，进行产品结构调整，以促进企业的高质量发展。即通过科学决策，制定以耐磨钢等高端产品开发为核心的中长期发展规划；通过完善研发管理流程，加强产品研发各部门的相互协作；建立以集成产品开发模式组建项目团队，缩短新产品研发周期，促进产品结构优化；在产品开发过程中加强工艺技术研究组织机构，将共性的质量问题归集到工艺技术研究团队集中力量研究，产品研究团队负责工艺技术集成，使产品研发由多因子"试错法"变为单因子"验证法"，为产品质量提升提供技术保障。深化客户服务体系建设，不断满足客户需要，为用户创造价值。通过完善人才培养机制，采取内引外联等多种形式，着力打造高素质技术团队；通过建立行之有效的绩效管理制度，激发技术人员创新动力。华菱涟钢以产品为龙头，以工艺技术为保障，在市场、研发、品种、生产和服务等各个方面全面发力，提升体系能力，实现管理创新，在较短的时间内达到预期目标，在耐磨钢这个细分市场上取得最大的市场份额，为企业的高质量发展提供了保障，也为传统制造业转型升级提供了一个成功范例。

三、大型钢铁企业耐磨钢产品开发与应用的管理创新的主要做法

近年来，湖南省内企业加大了水泥泵车、渣土车、自卸车等工程车辆的开发力度，高级别的耐磨钢材的需求量稳步增长。为此华菱涟钢根据自身装备和技术优势，加大了耐磨钢板的开发力度，在较短的时间内推出了系列化的产品，得到了客户的高度认可。耐磨钢系列产品已成为华菱涟钢一张响亮的名片，目前年产量已达20万吨左右，为公司带来巨大的经济效益和社会效益。为推动耐磨钢系列产品的开发和应用，华菱涟钢采取以下举措：

（一）整体规划科学决策，制定产品长远发展规划

耐磨钢板广泛应用于工程车辆，相对于原有普通钢板，可以大幅度提高车辆使用寿命，并通过钢板减薄实现车辆的轻量化。华菱涟钢对国家政策、市场需求、技术标准做深入的研究后，预判耐磨钢板具备广阔的市场前景。华菱涟钢在2017年成立以公司主要领导为主任的耐磨钢推进委员会，该委员会集中销售、技术、生产、财务、法务、质量等部门的力量规划了耐磨钢的产品发展战略：以区域需求量最大的湖南市场为中心辐射全国的市场策略，高中低档产品搭配的产品系列化策略，产学研用团队协同的研发策略，目标是在3年内使华菱涟钢耐磨钢成为国内的主流产

品，6年内在国内高端耐磨钢市场上占有率过半，并在行业内取得竞争优势。为了应对市场局势变化的需要，企业的战略重心也发生了两次重大的转变，即：由最初的"以生产为中心"逐步转变为"以产品销售为中心"，进而发展为"以产品为中心"，企业由此开始真正迎来了"新产品开发时代"。

（二）完善技术研发管理流程，实现高效研发流程再造

公司在产品研发过程中提出了"在IPD（集成产品开发模式）流程中要把技术开发和产品开发完全分离，并分别建立和完善流程"的思想，从技术战略和规划流程、技术开发和产品开发有机结合的角度完善IPD流程，建立技术开发流程，建立公司的技术战略和规划流程，技术开发先行，减少产品开发过程中质量的不稳定性，实现技术开发和产品开发的有机结合。好的产品离不开好的基础平台，技术开发和产品开发应该建立不同的技术开发体系，技术开发注重公司基础技术研究，突破技术难题，负责公司的战略和基础技术储备，负责公司关键技术和核心技术的积累和提升，为产品开发搭建好平台，建立了完善的技术开发体系，领先于产品开发。改变了以前"试错法"式的产品开发带来的人力、物力等资源的浪费，提升了产品开发的效率和质量。华菱涟钢从2011年以来，由项目管理办公室牵头制定了技术开发流程、技术战略和规范流程，完善了IPD流程，严格把技术开发和产品开发分离开来，成立专门的技术开发团队，包括铁前工艺所、炼钢工艺所、热轧工艺所、冷轧工艺所，原来的产品开发设计所（热轧产品所、冷轧产品所、硅钢产品所）保持不变。技术开发团队负责做好公司的技术发展规划和研究计划，确定和研究公司未来的技术发展方向。产品开发更多的是集成和综合应用技术平台技术，根据开发的流程，根据市场的需要进行产品的快速设计，把技术快速形成产品推向市场，缩短开发周期，降低技术风险，保障技术指标、质量要求、成本要求等。在整个产品研发和推广过程中将开发过程细分为产品预研、技术预研、产品开发、技术开发四大类别，运用项目管理体系分别进行管理。并且遵循"生产一代、试制一代、预研一代、构思一代"的原则，快速形成有梯度的系列化产品，产品系列基本可以满足今后10年内耐磨钢市场的需求。同时根据不同行业、不同使用工况的需求，细分耐磨钢的品种系列和质量规格要求，有序推出新品，积极引导下游客户的转型升级需求。耐磨钢板的开发应用，体现了华菱涟钢立足长远，实现从满足用户需求转变到引导下游客户的材料选型，也是华菱涟钢"从钢铁到材料，从制造到服务"经营理念的具体体现。

（三）加强新品研发过程科学管控，通过IPD运营减风险提效率

集成产品开发模式按照矩阵式管理模式运行，建立了跨部门沟通和协作的文化。从2011年以来，华菱涟钢在IPD模式下建立了许多跨部门的业务团队，如整合开发管理团队、市场策划团队、技术开发团队、产品开发团队等，产品开发团队是其中最核心的团队。该团队包括市场策划、销售、质量、财务、制造、开发、采购和技术服务等各部门成员。所有的这些团队构成新产品开发过程中的项目团队，由产品开发团队经理带领，共同完成由整合开发管理团队下达的新产品开发任务。项目结构的组织构架是矩阵式管理模式。具体做法是由公司领导和职能部门领导一起确定产品开发团队和经理，经理带领产品开发团队一起完成项目任务。职能部门领导的职责发生转变，不再以职能干预具体项目上的事情，而是注重负责管理本部门的人员，包括对本部门的人力资源进行规划和组织对其能力进行培养，因此工作中心转变为建设本部门的管理体系，而将项目的管理权移交给项目经理。在这种模式下，职能部门不再是产品开发的主导者，职能主管不用再指挥和决策产品开发项目中的各项工作，由于职能化壁垒造成的沟通、协调和决策的低效问题也不复存在了。通过推行矩阵式管理，各职能部门领导负责提供能够胜任的项目团队成员，与项目经理

一起组成跨部门的核心团队，共同对产品开发的成败负责。项目团队成员代表相应职能部门履行部门职责，负责充分利用相应的资源和能力，去完成所在职能领域与产品开发相关的所有活动，并且将产品开发的任务在所在职能领域的外围组进行分配和管理。在运行过程中，公司领导担任耐磨钢IPD项目的经理，参与IPD的推动实施，通过多种形式在企业内部进行宣贯，通过一些载体持续扭转所有员工的观念和行为习惯，在人、财、物等多方面对推动过程中存在的困难和障碍给予强有力的支持。从制度上明确了矩阵式的IPD项目管理组织构架，从流程上规范了IPD团队在项目管理过程中职责履行的控制节点，从事件考核和指标考核的角度强化了项目管理的矩阵模式，从IPD推行的组织构架、团队职能的保障方面完善了IPD的流程。

具体到耐磨钢系列产品，对耐磨钢新产品设计开发实施APQP产品开发管理，对新产品研发进程进行科学控制。新产品研发划分为M0、M1、M2、M3四个阶段。其中M0阶段为产品研发策划阶段，从产品开发启动、产品市场调研、技术要求分析、知识产权分析等各个方面做可行性分析，组成APQP项目小组，确定钢种研究项目。M1阶段为设计开发和单炉试制阶段，由APQP小组进行产品设计、研究及单炉试制，对重点难点问题组织专题攻关。M2阶段为现场进行小批量工业性生产试制阶段，梳理出质量管控和效率提升要点，为批量生产做准备。M3阶段为在现场进行大批量工业性生产和市场推广应用阶段。每完成一个研制阶段，由产品开发管理人员组织专家按体系要求进行节点评审，只有通过节点评审后才能进入下一个阶段的研制，这样有效地控制了研制风险，保障了新产品质量的可控。目前华菱涟钢22MnB5、30MnB5、37MnB5、NM400、NM300TP、NM450、NM500、65Mn等产品已经完成M0—M3全流程，实现批量生产，在研的耐磨钢新品中，NM360等产品正处于M0阶段，NM600进入M1阶段，NM450SP处于M2阶段、NM550进入M3阶段。

（四）打造产品客户服务体系，为用户创造价值

在客户端建立EVI（用户先期介入）和CTS（客户技术服务）"两条腿"的服务体系。一方面通过技术服务在客户端帮助客户解决客户现场的生产、质量、成本等各方面的难题，稳固和客户的长期合作关系。另一方面将客户的需求和相关信息带回产品研发端，形成公司产品持续改进的PDCA良性循环。针对耐磨钢的使用范围广、品种规格繁杂，以及相关的结构设计、焊接、冲压的技术要求复杂的特点，华菱涟钢技术中心组建了产品应用技术室，专职从事包含耐磨钢在内的用户方产品使用技术开发，并突出以EVI（用户先期介入）和CTS（客户技术服务）为特色。针对自卸车企业，在设计阶段即进行EVI先期介入，与车企、业主进行深度接触，了解自卸车对钢材性能的要求，以便于组织力量进行个性化研发或平衡生产资源。为应对华菱涟钢在车辆结构设计技术方面的不足，华菱涟钢与中汽研汉阳车辆研究所建立了协作关系。在供货阶段，协调计划、生产、质检、销售等各方面力量，对供货过程进行监控，确保按期完成供货合同。在钢板售后阶段，组织研发、销售等方面力量进行CTS技术服务，对用户进行沟通、走访，协助解决用户在使用中存在的问题。华菱涟钢在三一重工、中联重科、中集集团等单位有派驻的CTS人员。华菱涟钢在提供钢板的同时，更注重应用技术研发，为客户省钱省事，为后续的市场推广和产品应用创造有利条件。

（五）完善产品开发体系管理，加强全过程风险管控

在产品开发过程中建立完整的风险管控体系和流程，项目经理组织项目组成员在产品开发的概念阶段识别出项目管理过程中可能存在的风险。对市场环节、技术环节、制造环节、采购环节、客服环节、管理环节的风险都制订了项目风险评估的方法，并按照方法对风险进行分析和评估。

主要采用的方法是根据"风险发生概率*风险影响程度"来对项目管理风险做定性评估。根据企业以往的数值来定义和评判风险的可接受程度和等级。在完成风险分析和评估后，制定了相应的风险应对措施和预案，做到有备无患。对已识别的风险，列表进行专项管理，明确风险负责人、风险大小、风险措施、风险概率、风险影响等，并在项目的执行过程中对风险的上述内容进行跟踪，直到风险消除或者项目结束。

在耐磨钢的推广应用中根据细分市场的特点，以多样化的功能性材料替代普通材料，以国产材料替代进口材料，所以，公司面对的是一个下游用户快速升级换代而使用经验尚比较缺乏的市场，其中蕴含风险。华菱涟钢积极应对，强化风险管控。由市场部、法务部等部门牵头研究下游用户技术标准和国家法制法规的准入条件，对产品准入范围进行风险分级管控；由质量部和生产部制定严格的技术标准并强化制造过程的标准化作业，严把生产过程质量管控关；由技术中心对用户使用中暴露的技术问题作机理分析，特别是针对耐磨钢容易出现开裂和性能波动等质量缺陷做专题研究并优化工艺技术措施，加强内部保密体系建设和用户信息管理，维持竞争优势等。华菱涟钢的上述举措，有效管控了产品的各种风险，并实现了对市场的快速响应。

（六）加强绩效管理，鼓励开拓创新

为推动新产品的研发应用，促进技术团队和管理团队的成长，华菱涟钢由企划部、财务部、人力资源部组织实施 IPD 项目制，将产品开发推广绩效方案与年度组织绩效方案有机地结合起来。华菱涟钢每年制订了品种钢开发激励与考核办法，根据新产品开发的产量、质量、创效完成情况实行激励与考核，每年用于新产品开发奖励的资金超过 600 万元。通过绩效分析与评价，对个人与团队绩效进行多维度的考核，充分激励并引导员工积极开拓，大胆创新，提升个人与团队的综合素质和业务能力，打造一支高水平、高绩效、高效率的管理团队和研发团队。

（七）加强保障能力和体系建设，实现研发资源整合

1. 人才保障能力

坚持把培养人才作为第一位的经营目标。华菱涟钢积极招聘、引进高水平技术人才，如从宝钢、武钢高薪引进了数名有丰富工作经验的博士从事产品开发和技术管理工作，并用心培养，其中有博士学位的研发人员 15 名。公司为他们建立团队和打造创新平台，并提供优越的生活条件，解决后顾之忧，如为博士提供近 300 平方米的免费别墅。为加速人才成长，华菱涟钢建有院士工作站和博士后流动站，并将优秀科技人员推到科研、生产第一线。在耐磨钢的开发和生产中，共有 9 位博士及其团队参与其中，多个博士团队在基础理论、材料设计、分析测试、炼钢连铸轧钢热处理焊接等过程工艺技术等方面有突出贡献。实现了人才在实战中成长，产品推动公司经营进步。

2. 资源保障能力

为应对专业跨度大的问题，积极引入外来资源，发挥高校、研究院所和用户的技术优势，实行产学研用（企业、高校、研究机构、用户）联合研发，公司近年来和湖南大学、中南大学、钢铁研究总院、三一重工、中汽研汉阳车辆研究所等单位建立协作研发关系，每年在高强耐磨钢技术开发上投入资金 500 多万元。参与了国家"十三五"重点研发计划《煤炭采运用高耐磨性钢板及应用》，主持湖南省重点研发计划《高品质耐磨钢开发及其在轻量化自卸车上的推广应用》和湖南省创新创业技术投资项目《基于新一代 TMCP 技术的薄规格高强钢产业化》，充分利用国家和省级重点研发项目、对外协作单位的技术资源来加快耐磨钢产品研发和市场推广进程。先后解决了钢种成分设计、力学性能波动、连铸板坯质量缺陷、热轧板形稳定性、焊接开裂等关键工艺技

术难题，确保了内部研发和生产的稳顺。

3. 制度体系保障

耐磨钢开发以IPD项目制形式实行集成开发，在公司产品总体发展规划的指引下，每年制定了《品种钢开发及工艺研究工作计划》《技术开发项目计划》《品种钢开发激励与考核计划》等制度并按月检查落实，保障项目各项目标的实现。并且通过耐磨钢IPD项目的运行形成了《新产品研发节点评审管理办法》《华菱涟钢产品用户技术服务（CTS）管理办法》《华菱涟钢CTS（客户技术服务）工作指南》《华菱涟钢产品送样试用流程及管理制度》《技术中心体系管理制度》《技术中心测量体系管理制度》等管理制度。

四、大型钢铁企业耐磨钢产品开发与应用的管理创新的效果

（一）高效的管理效益

耐磨钢是华菱涟钢重点开发的系列化高端产品，有力地推动了企业管理制度的创新。客户至上、质量第一的市场思维得到贯彻，按照体系思维执行新产品研发的M0—M3步骤已形成制度，生产过程的标准化得到体现，研销产用团队协同机制已经成熟运行，IPD项目制在华菱涟钢高端中高碳产品、硅钢产品开发上得到广泛的推广与应用，相关的实验室建设和用户技术开发有力地促进了更多的产品开发及其市场推广。华菱涟钢在研发效率、生产装备的自动化智能化水平、质量管控、资金利用效率等诸多指标方面都名列国内钢铁企业前三。华菱涟钢整体的管理能力和品牌影响力获得较大提升，2019年，尽管国内钢铁行业宏观经营环境并不理想，但华菱涟钢出现逆势增长：粗钢产量952万吨，比上年增长77万吨；钢铁主业利润28.8亿元，吨钢利润率进入国内先进行列。

（二）良好的经济效益

在短短几年间，华菱涟钢的耐磨钢板从无到有并迅速成长壮大，获得了行业的一致认可，华菱涟钢也成为国内耐磨钢板的主流供应商。其中NM400、NM450、NM500获得中钢协产品质量最高奖"特优质量奖"，"自卸车轻量化用超薄规格耐磨钢"获得行业最高奖励"市场开拓奖"，超薄规格耐磨钢的生产和研发经行业专家鉴定为整体国际领先。2019年，华菱涟钢耐磨钢实现销量18万吨，实现产值11亿元，利润1.8亿元以上。产品的系列化实现高中低档全系列覆盖，其中高端产品国内市场占有率接近50%。华菱涟钢继续积极进取，与耐磨钢产品的领先企业瑞典SSAB、宝钢进行竞争。其中混凝土搅拌车用超薄规格NM300TP 2017年底完成M0、M1阶段开发，2018年完成M2阶段开发（当年试制150吨）并完成用户技术开发和产品试用及评价，2019年上半年完成M3阶段开发并解决一系列关键技术问题，2019年实现量产，当年产量超过1.8万吨，2020年1—6月生产超过3万吨。华菱涟钢生产的NM300TP已经成为国内主要搅拌车企业三一重工、星马汽车、中集集团等的首选材料，市场占有率超过60%；在自卸车用超薄规格NM400—NM500上成为中国重汽、中集集团、新宏昌等国内主要自卸车厂家的战略供应商，市场占有率达到70%以上。华菱涟钢在耐磨钢这个细分市场上成为国内市场上的领跑者。

（三）显著的社会效益和生态效益

华菱涟钢系列耐磨钢的开发和推广，打破了瑞典SSAB等国外钢厂在该类产品上的垄断，实现替代进口。耐磨钢的国产化也事实上大幅度降低了材料的成本和实现了钢材使用技术的提升。国内工程车辆整体的设计制造和用材水平得以提升，车辆的成本实现大幅度降低，有力地增强了工程车辆的国际竞争力。华菱涟钢的耐磨钢为国内工程机械行业的技术进步和转型升级做出了巨大的贡献。

耐磨钢的推广应用可以大幅度延长工程车辆的使用寿命并实现车辆的轻量化，提升我国工程车辆制造水平，满足了国内日趋严格的公路运输法规要求，同时实现了节能减排。

（四）积极的示范效应

通过耐磨钢系列产品开发，华菱涟钢耐磨钢产品共申请专利12项，参与了国家重点研发计划项目"煤炭采运用高耐磨性钢板"，主持湖南省重点研发计划"高品质耐磨钢开发及其在轻量化自卸车上的推广应用"和湖南省创新创业技术投资项目"基于新一代TMCP技术的薄规格高强钢产业化"。"极限薄规格高强度低合金耐磨钢板研制开发与工业化应用"获得娄底市科技进步一等奖，"自卸车轻量化用耐磨钢系列产品的开发及应用"获得湖南省冶金科技进步奖一等奖，耐磨钢研制方法获得国家创新方法大赛二等奖，"高品质工程机械用钢板关键制造技术集成创新与应用"和"高效减量化精炼关键技术研发和应用"分别获得2018年湖南省科技进步二等奖和三等奖，"工程机械用超高强度调质结构钢板关键制造技术与应用"和"超薄规格高强韧耐磨钢系列产品开发与应用"分别获得中国钢铁工业协会冶金科学技术二等奖和三等奖。这一系列成果，带动了华菱涟钢热处理线的建设和热处理产品的发展，有力地促进了华菱涟钢的技术进步。华菱涟钢以优秀的经营业绩和进取精神获得广泛好评，发挥了国有企业"顶梁柱"和"压舱石"作用，为全省经济发展做出了特殊贡献，得到省委主要领导的高度好评。

主 创 人：肖尊湖、成沛祥

参与创造人：严立新、李光辉、汪庆祝、邓必荣、郑　庆、梁　亮、
李国仓、卢定宇、郑　忠、邓中秋

新能源客车车体高端制造的工艺管理创新

中车时代电动汽车股份有限公司

中车时代电动汽车股份有限公司（以下简称"中车电动"）成立于2007年，位于湖南省株洲市国家高新技术开发区栗雨工业园，是中国中车集团整合国内外优质资源成立的国内第一家专业从事电动汽车研发与制造的高新技术企业，将世界领先的轨道交通电气传动及控制技术成功应用于新能源汽车领域，并打造了新能源汽车从IGBT元器件到驱动电机、电池管理系统等关键零部件以及动力系统平台和整车制造的新能源汽车的全产业链平台，产品广泛应用于公交、公路、团体、旅游、城市物流等领域。中车电动用一颗环保的心，生产零排放、亲和环境的新能源汽车，成为继高铁之后，中国中车的产业新名片。

自2017年起，中车电动销售收入迈进50亿元大关，截至2019年底，车辆投放规模全国领先，累计投放新能源整车43000台，电驱动系统及关键零部件140000套，产品批量服务湖南、广东、北京、上海、河北、山西、广西、云南、海南、贵州等20多个省市，并相继突破白俄罗斯、新西兰、法国等国际市场，电驱动系统产品进入北美。2019年新能源城市客车销量为6657辆，细分市场排名前三，市场占有率接近8%。

一、新能源客车车体高端制造工艺管理创新的实施背景

（一）是响应国家政策及企业高质量发展要求的需要

《交通强国建设纲要》提出："强化载运工具质量治理，保障运输装备安全。"新能源客车是一种重要的公共交通载运工具，在国民交通运输行业中的占比逐步增大，而车体作为整车的一个关键总成，其制造工艺管理是否到位，一方面将间接影响运输装备安全，成为整车全生命周期可靠性的不稳定因素之一；另一方面将影响乘客观感、乘坐舒适性及公共交通运营机构的运维成本等，直接影响公共交通服务品质。

企业是高质量发展的关键主体之一，国有企业更要走在高质量发展的前列。2018年习近平总书记视察中车齐车集团有限公司时做出重要指示："装备制造业是国之重器，是实体经济的重要组成部分。国家要提高竞争力，要靠实体经济。"随后，中共中车集团党委下发《关于深入贯彻落实习近平总书记重要指示精神推动中国中车实现高质量发展的决定》，指出要坚持绿色和谐，着力为中车高质量发展创造良好环境，特别提到要加快新能源汽车等绿色产品技术研发。推进高端制造工艺管理创新是助力企业高质量发展的现实需要。

（二）是配合企业高端制造战略及集团化管控的需要

新能源客车制造从原材料和外购件的投入至整车装配检测完毕，其间必须经过多条生产线，采用多级综合工艺，焊装、涂装、总装（底盘、电气、内外饰）三种基本工艺在客车车体制造中的具体应用，形成了车身骨架制造、车身蒙皮制造、车身构件冲压成型、车身焊接、金属构件磷化和车身喷涂、底盘和车身装配等客车制造工艺，针对车体制造的工艺管理创新对于推动新能源客车实现高端制造极为重要，直接影响着整车制造水平的高下。

目前，中车电动在株洲、常德、无锡、宁波、重庆、石家庄及广州7地投资生产基地，具备1

万台的新能源客车年产能。正在建设常德二期及重庆基地，2020年末，拥有覆盖全国南北东西中部的7个整车及关键部件制造基地，达到2万台的新能源客车年产能。随着企业多基地战略布局的实施及集团化管控进程的推进，以工艺管理创新作为切入点，提升各基地工艺管理水平势在必行。

（三）是满足市场客户需求及社会生态效益的需要

新型城镇化机遇催生了新能源客车市场的蓬勃发展，同时带来了市场开放挑战，也对企业满足市场客户需求提出了更高要求，需要从产品端对于生产运营过程中企业及客户可能因车体工艺品质问题所产生的制造、售后、运维等成本进行前置控制，推动企业研发设计、经营管理、生产制造、售后服务等核心业务的深度融合，降低企业、客户在生产、运维方面的质量损失，提高产品使用寿命，切实维护市场客户利益。

新能源客车企业在推进两型社会建设的进程中发挥着积极作用，实施新能源客车车体高端制造工艺管理创新，在满足市场及客户日益增长的高品质需求的前提下，通过优化客车车体设计结构、降低生产制造过程及车辆营运过程中的能耗，减少资源消耗以及碳排放，助力资源节约型、环境友好型社会的建设。

二、新能源客车车体高端制造工艺管理创新的内涵

以提升新能源客车车体高端制造工艺水平为出发点，以工艺管理实践为抓手，基于全流程方法及持续改善理论，打破传统的工艺管理模式，聚焦工艺管理体系、工艺管理手段以及工艺管理流程的创新，实施涵盖新产品研发、制造、市场运营的工艺全流程管理模式。通过顶层设计，确定工艺管理创新的范围及目标；成立领导组和工作组，建立工艺管理创新组织保障及实施原则；消除工艺管理盲区，实施全流程工艺策划；突破单向工艺管理方式，推行以问题为导向的双向工艺管理手段；构建信息化平台，实现集团化的工艺管理；再造工艺管理体系，形成常态化管理制度与持续改善机制，促进新能源客车车体高端制造的工艺管理创新，实现新能源客车车体的高端制造及整车产品的高质量发展。

三、新能源客车车体高端制造工艺管理创新的主要做法

（一）顶层设计，确定工艺管理创新的范围及目标

1. 工艺管理创新的范围

主要从工艺管理流程创新、工艺管理手段创新、工艺管理体系创新三个方面着手，实施新能源客车车体高端制造的工艺管理创新活动。

2. 工艺管理创新的目标

（1）构建全流程的工艺管理体系。

（2）实现信息化、集团化的工艺管理机制。

（3）强化工艺创新研究和创新成果的落地实施，让企业和客户共享工艺管理创新带来的收益。

（二）成立领导组和工作组，明确工艺管理创新组织保障及实施原则

1. 总体负责、分工合作的组织保障

考虑到管理实施涉及的部门多、流程杂，为此成立了以公司总经理及总工程师为首的管理实施领导组，负责整体工作的组织领导、管理策划，确保资源分配和整体进度受控；同时组建以设计、工艺、制造、质量、售后、标准化、信息化为业务分工的专项工作组，囊括多职能、跨业务部门的专业人员，从研发设计、经营管理、生产制造、售后服务全流程进行分工合作，确保各项具体措施和流程的有效落地。

2. 分阶段、多专项的团队保障

策划阶段（2018年2—3月），调研诊断和团队组建，制订课题研究目标、节点计划及分项方案。

实施阶段（2018年4—12月），开展新能源客车车体高端制造工艺管理创新的实施。

总结及优化阶段（2019年1—4月），全面优化、总结各项工艺管理创新成果及管理机制，实现整车工艺管理体系再造。

综上，基于具体任务、职责分工和总体目标，组建了如表1所示的专项团队。

表1 专项团队分工及职责

序号	专项团队分工	工作职责及目标
1	管理实施领导组	整体工作的组织领导、管理策划、统筹安排、资源协调、技术指导，以及专项工作的监督、检查和推进
2	工艺管理专项组	工艺管理制度制定，工艺管理流程梳理，工艺管理体系策划、实施、检查及改善
3	工艺研究专项组	客车车体基础工艺研究，工艺路线优化、改进，工装设备保障
4	技术设计专项组	客车车体设计结构改进
5	生产制造专项组	工艺方案的验证及工艺创新成果批量应用
6	售后服务专项组	工艺研究成果应用效果反馈及售后数据收集
7	标准化专项组	不同级别工艺标准的建立
8	信息化专项组	信息化平台的建设

3. 持续改善PDCA循环的实施原则

以"中车Q"质量体系、"IATF 16949"质量管理体系及"中车12项工艺标准"作为理论支撑，运用持续改善思路，以PDCA循环作为工艺管理创新实施的原则。

P——充分策划：工艺管理创新的范围和目标的构建。

D——过程实施：工艺策划的前置、全流程工艺策划的梳理、工艺管理对工艺创新的引导、工艺创新成果的落地实施。

C——应用验证：工艺管理创新成果的应用及管理机制落地。

A——总结优化：创新成果标准化，整车工艺管理体系再造。

（三）消除工艺管理盲区，实施全流程工艺策划

针对现有工艺管理中工艺策划存在的"盲区"，如：产品在开发、决策、设计阶段无工艺部门的介入、针对不同产品未开展差异化的工艺策划等，基于"中车12项工艺标准"以及"同步工程"思路，从产品开发设计、过程开发设计、样车制造、小批量生产、正式量产、市场运营进行全流程的工艺策划。瞄准客车订单小批量、多品种特点，以及不同客户的个性化需求，开展工艺策划时分区分级、精准施策，为客户量身打造工艺方案，制定经济、合理的生产工艺路线，以最短交期交付超出客户预期的满意产品。

1. 同步工程思路在工艺策划中的应用

工艺设计人员在产品开发阶段提前介入，对产品的可制造性进行工艺可研分析，重点关注新产品变化点和客户需求，点检前期类似问题点，通过提前熟悉产品结构特点，对于具体工艺方案

策划和实施要素展开分析，充分考虑现有人员技能水平、设备加工能力、物料备货情况、工艺文件完善性、场地需求等，在生产前进行充分调研和准备，点检和闭环前期类似问题，实现产品与工艺设计的同步并行，推动后续制造过程的顺利开展，进一步保障产品的合格交付。

2. 全面统筹开展工艺全流程策划

统筹开展工艺策划，包括梳理前期类似或相同问题闭环情况，新产品变化点工艺性分析，制定初始工艺路线、工艺文件编制计划、梳理工装样板检具清单，策划工艺试验或验证技术，人员技能要求和培训计划等内容，工艺策划过程以契合"中车Q"质量管理体系、"IATF 16949"质量管理体系内涵为要求。

工艺策划的目的是指导现场生产，其输入是产品设计说明书和技术图纸，输出是产品试制/小批量/量产工艺方案，通过会议或系统签审发布，下发到制造和质量管理部门，作为生产和检验的依据。

开展工艺全流程策划，一是识别工艺风险点和变化点，进行前期预防，结合企业所有订单车型采用"1+N"的生产管理模式，进一步降低生产风险点；二是根据不同地区车型分级分区施策，实现资源合理应用；三是优化生产工艺全流程，促进整车制造效益的最大化。通过开发应用自动化、智能化设备和系统，降低劳动强度，提高劳动效率，单台车所需工时在原有的基础上约降低30%。通过原材料的定尺采购、自动下料设备的引进、套排料系统的开发和应用，减少了原材料的浪费，提高了零部件的制作精度。

3. 深化汽车质量五大工具在工艺策划中的应用

汽车质量五大工具——MSA/SPC/FMEA/PPAP/APQP，其中，测量系统分析（MSA）、统计过程控制（SPC）、潜在失效机理及后果分析（DFMEA/PFMEA）为客车生产工艺策划的常用工具。测量系统分析，主要对测量工具的稳定性、重复性、再现性分析，对于计数型数值，需对检验人员进行Kappa分析。过程控制适用于大批量生产，虽然客车产品呈现少批量、多品种特点，但是过程控制原理及方法仍能借鉴及应用。而潜在失效机理及后果分析较为常用。通过FMEA小组讨论的SOD值，对照措施优先级（AP）表进行优先级判定，确定适当的措施来改进预防和/或探测控制，从而降低潜在失效风险。根据FMEA分析结果，制订详细控制计划，进而根据控制计划，最终输出现场标准作业指导书。

（四）突破单向工艺管理方式，推行以问题为导向的双向工艺管理手段

传统的单向工艺管理以产品开发要求为导向，开展工艺管理活动。双向工艺管理方式不仅考虑产品开发要求，同时还以制造、市场运营问题为导向，有利于提高企业的产品创新能力及市场竞争力。为了有效提高双向工艺管理创新成果的转化水平，公司建立了以设计开发问题、生产制造问题、市场运营问题为导向的工艺管理机制，引导创新成果的落地实施。

1. 建立问题导向工艺管理机制

针对设计开发、生产制造、市场运营反馈的工艺问题，工艺部门进行分类梳理，有针对性地制定对策。

（1）针对车身锈蚀问题，开展防腐工艺的创新与应用

客车车身材料、结构繁杂及所处运营环境复杂，导致客车腐蚀防不胜防。综合考虑车身各部位所处环境及车辆运行的复杂路况，从材料选型、设计结构、防腐工艺、施工过程、安装运输、使用环境、运营维护等全方位管控，全面保障车辆运行安全。

防腐材料优化及应用。为满足市场需求，提高防腐性，引入高防腐材料（如镀锌板、铝合金、

不锈钢、玻璃钢），推出了不同材料间的组合结构车身，如铝蒙皮车身、玻璃钢蒙皮车身、不锈钢车身等。而零部件和标准件选型参考高铁防腐要求，优选不锈钢、铝合金、环保达克罗处理、镀锌等高耐蚀材料或工艺。此外，在表面防腐涂料上也进行了优化，可根据需求选用不同档次的防腐涂料。例如：应对沿海、高寒地区的腐蚀环境，底盘区域由传统的阻尼胶升级为底盘装甲。

防腐结构优化及应用。重点对底盘和轮罩结构进行优化改善。采用"引流""整形""隔挡""密封"等手法，消除积泥、储水结构，改善车身所处的腐蚀环境，提高防腐性能。在总装安装作业破坏车身漆膜的作业，采用胶粘、蘑菇扣或复合连接等安装方式，减少漆膜破坏；也可从结构上进行优化，实现免安装或安装工作前置至焊装进行，避免总装自攻钉固定，破坏电泳漆膜，造成锈蚀和漏水风险。

防腐工艺方案优化及应用。针对不同地区及环境腐蚀程度的不同，制订相应的防腐工艺方案。在传统的底、中、面配套防腐体系基础上，创建可裁剪的底漆+胶密封+防腐漆+底盘装甲+防腐蜡（内腔和外表面）的底盘防腐配套方案及特殊部位特殊处理的密封防腐方案（如轮罩全密封防腐、裙边防腐胶），同时搭配不同性能等级的涂装材料，来满足不同使用环境和不同客户的需求。因地施策，做到客车防腐能力不欠保护也不过保护的恰到好处，实现降本增效。按使用环境和防腐要求的不同划分为四个腐蚀等级，将防腐工艺方案与之对应，形成客车四级防腐体系，精确指导不同订单防腐工艺方案的实施。

防腐全流程管控。车体材料和防腐涂料从入厂、运输、仓储、加工、应用过程进行层层监控，确保车体防腐效果。车身防腐层形成后，规范后续的施工、运输过程要求，避免造成防护层损伤。遵循生产工艺全流程思想，全方位考虑车体全生命周期的防腐控制，完善过程控制工艺文件（如《车体钢材应用过程防锈工艺规范》《客车整车防腐设计及工艺通用规范》等），保障车体全生命周期内的安全可靠性。

（2）针对线束布置问题，优化线束布置工艺，提高线束布置美观度，降低信号干扰现象

针对客车车体电气部分线束布置不规范、美观度差、质量可靠性低、电气部件安装不规范等问题，从整车电气工艺开发全流程进行全要素梳理，从规范设计工艺、开发应用新材料、夯实生产制造标准化、方便线束安装调试及售后维护等层面着力提升车体管路线束布置的可靠性、规范性及美观度。

整车电气架构及线束走向布局的精益化。在整车电气的通用化方面，建立了新的电气原理架构，通过配电方式、CAN总线网络拓扑结构的优化、电气BOM的结构树模块化，达到整车配电的通用化，提升通信和设计的效率与质量。在线束走向布局的标准化、模块化方面，如统一将仪表台区域的线束调整为仪表线束及左右前围线束，以适应不同车型的快速设计。顶棚线束的标准化线夹、底盘区域管线夹的标准化应用，通过模块化的组合方式适用不同车型管线分册布置，节约布置空间的效果。

管线固定、防护及安装接口的精益化。在管线固定方式及防护的模块化及标准化方面，通过统一整车管线支架型式、按区域位置统一管线固定方式，达到不同车型应用的通用化；通过整车管线过孔标准、管线固定件及过孔防护物料型谱的建立，在提升设计的模块化及标准化的同时提升整车管线布置质量。在零部件的安装及接口标准化方面，通过优化整车高压箱的线束接口，以将外置充电座集成至高压箱内的方式，在节省成本的同时提升线束布置的观感质量。

管路线束工艺规范的标准化。以目视化管线布置工艺文件为载体指导现场生产的管线布置一致性，完成线束布置通用规范、线束防护密封、线束固定、失效案例等文件现场指导操作培训。

通过管路线束工艺研究成果的推广应用，形成《整车管线开孔及防护选型》《整车管线紧固件技术条件》《通用线束布置连接工艺规范》《通用过孔防护密封工艺规范》等技术标准。整车封板开孔种类减少38%，开发6种共计26项规格的管线防护橡胶件，开发管线固定件扎带类6种、塑料类3种。从设计开发、工艺规划到生产标准等方面来提高公司整车线束布置的规范性、可靠性及观感质量，极大地提升了公司产品质量及客户满意度。

（3）针对油漆开裂问题，改进车体表面微观不平度

车身微观不平将直接影响涂装刮灰及漆面质量，追根溯源，对车体制作工艺过程进行全流程升级，在设计、制件、新工艺及装备应用等层面推动车身微观不平度的改善，可杜绝表面油漆及玻璃钢开裂问题。

制件工艺的升级与应用。引进先进的自动化下料设备、自动套排料系统及机器人焊接工作站，零部件下料精度可达±0.2毫米，小件制件精度可达±0.5毫米。根据原材料的抗拉强度、断裂延伸率等属性，建立数学模型，得出型材最小弯曲半径，再结合自动弯弧设备技术参数，解决了弧杆件成型过程中常见的"缩颈"问题，将制件精度控制在0.5毫米以内。

骨架焊接时"反变形工艺"的应用。为了实现整车的轻量化，公司生产的车身骨架大多选用高强度钢，骨架焊接时面临的最大问题就是焊接变形。为了保证焊接后车身骨架的精度，工艺人员经过反复试验验证总结出一套"反变形工艺"方法，即根据焊接变形后变形的方向及变形量的幅度大小，在焊接之前进行反变形工艺处理，以此确保工件在焊接后处于正常尺寸范围或者便于调节的误差内，不仅提升了焊接工作效率，也增强了骨架的焊接精度和稳定性，为实现车身表面的高平整度打下坚实基础。

蒙皮热涨拉及电阻点焊工艺的应用。侧围蒙皮、顶盖蒙皮均采用整体式结构设计和辊压成型工艺，与车身骨架焊接前通过热涨拉设备对蒙皮进行热涨拉处理，焊接时为减少焊接变形量，引入单面电阻点焊工艺，大大提升了蒙皮的平整度，使得涂装刮灰量降低50%左右，焊装蒙皮安装时平整度的提升，促进了车体微观不平度的改善。

涂装机器人智能精细打磨工艺系统的开发与应用。客车个性化需求多，图案复杂，且客车较常规汽车工艺加入了刮灰和图案工序，既增加了喷涂次数，也增加了漆面不平整的风险。打磨不仅能够清除底材表面的颗粒、粗糙和不平整，还能改善涂层间的附着力和漆膜的目视效果。为保证漆面的平整度，在每个涂层喷涂前均进行精细的打磨，整套流程需要4~6次精细打磨。为提升精细打磨的效率和质量，公司联合中车集团旗下其他单位开发了客车行业内首例智能打磨机器人系统并得以应用，机器人精细打磨设备和智能系统的应用，提高了打磨质量并降低了生产成本，保证了车身微观不平度的进一步提升，大幅增强车身表面各涂层的性能，杜绝了表面油漆及玻璃钢开裂。

2. 建立工艺创新、成果转化激励机制

为激励工艺人员开展工艺创新活动，有效地将创新成果进行转化，为企业创造经济效益，在现有的相关管理规定的基础上，联合企业人力资源部编制了《工艺创新与成果转化等级评定规则》《工艺创新与成果转化等级奖励办法》等制度文件，对工艺创新活动实行积分制管理。

（五）构建信息化平台，实现集团化的工艺管理

基于企业集团化发展的趋势，结合新能源客车车体高端制造工艺管理创新工作的要求，通过对现有管理系统的二次开发，实现了工艺文件、工艺创新成果、工艺通知单、工艺改善、工艺流程的信息化管理，建立了工艺总体数据库。打通客车产品从样件到量产的生产工艺全流程，使整

车工艺平台得到新建,所有分子公司执行统一的工艺标准、工艺文件、工艺要求、工艺规范、工艺定额,各分子公司的工艺创新成果、工艺改善经验实现资源共享,在企业集团化管理进程中率先推动工艺管理的先试先行,为企业的集团化管控提供了良好的工艺制度保障。

(六) 再造工艺管理体系,形成常态化管理制度与持续改善机制

基于工艺管理体系创新的需求,对新能源客车整车工艺管理体系进行再造,推动工艺管理标准化,保证产品制造的一致性。

从产品开发设计、过程开发设计、样车制造、小批量生产、正式量产、市场运营全流程层面出发,完善并发布12项工艺管理标准,并在此基础上形成产品工艺开发裁剪表1套(3项)、工艺体系表单模板1套(共计54项)、工艺基础标准5项、工艺技术标准1套(包括240余份工艺作业指导书)、工艺装备标准4项、规章制度(管理办法)8项。

对工艺管理创新成果的总结固化与推广应用,形成了常态化的管理制度与持续改善机制,保障了客车车体生产制造过程的一致性与可追溯性,为新能源客车车体的安全运行注入了强心剂。

四、新能源客车车体高端制造的工艺管理创新实施的效果

(一) 增强工艺策划及管控能力,提升了企业工艺管理水平

设计、工艺、制造、质量、售后、标准化等多部门联动,从工艺全流程角度出发,进行全流程策划,细化了工艺管理环节,提前识别工艺风险点、变化点,使制造工时得到降低,材料利用率、一次交检合格率得到提升。通过信息化平台的建立,中车电动实现了集团化的工艺管理。

1. 制造工时、材料利用率、一次交检合格率得到改善

工艺策划由原来的只针对生产开展转变为全流程的工艺策划,这种工艺管理手段的创新改变,提高了工艺管理的精细化水平,企业三大主销车型系列产品的制造工时降低25%~31%,材料利用率提高15%~22%、一次交检合格率提高13%~19%,推动了企业精益化生产水平的提升。

2. 工艺管理率先实现集团化管理

截至2020年末,公司形成了覆盖全国东西南北中部的7个整车及关键部件制造基地,集团化管理的需求迫在眉睫。工艺管理先试先行,率先完成集团化管理的建设,给企业的集团化管控提供统一的工艺制度保障,为企业新能源汽车产业规模的快速发展打好了基础。

(二) 实现客户与企业的双赢,取得了明显的经济效益

以工艺品质问题为导向开展车体工艺管理创新,提高了车体的可靠性,减少了车体骨架锈蚀、车体管线布置质量、表面油漆及玻璃钢开裂等售后问题,提高了车辆营运全时率,降低了客户的运营成本和企业的售后维护成本。

1. 车体售后平均故障发生率、营运车辆全时率、客户运营故障成本得到改善

售后服务由被动"救火"变成主动"排雷",车体售后平均故障发生率降低了47%,提高了车辆运营的全时率,避免了因车体故障导致的"趴窝"现象,客户运营故障成本降低53%。

2. 减少了企业在车体售后维保方面的投入

以往在车体全生命周期内,因产品自身质量问题导致的维护费用都是由生产企业承担,车体售后问题带来的售后维护费用占据企业客车产品售后维护费用中的较大比例,给企业造成了一定的经济损失和品牌负面影响。通过对客车车体全生命周期工艺关键问题进行针对性分析研究与验证,提出了一系列切实可行的工艺改进和预防措施,车体售后问题得到改善,车体售后平均维保费用减少50%以上。

(三)提升产品客户满意度,取得了较好的社会效益

1. 客户和乘客的满意度稳步提升

实施新能源客车车体高端制造的工艺管理创新以来,客车车体质量稳定性和安全可靠性得到持续改善,客户满意度综合提高近10%,企业品牌进一步得到大众认可,取得了良好的社会效益。

2. 工艺创新成果得到集团及同行业的认可,工艺管理经验得到推广

通过常态化的工艺管理制度与持续改善机制,工艺创新成果得到深入转化和落实,截至目前共获得各类专利5项、输出论文3篇。实施过程中同行业不少客车企业专门派来工艺管理团队进行交流和调研,公司的工艺管理创新经验和成果在行业内得到推广。

(四)助力两型社会建设,取得了良好的生态效益

通过创新工艺管理模式,工艺创新活动得到激发,多项工艺创新成果获得应用。资源节约方面:单台客车所需工时在原有的基础上降低30%,材料利用率提升10%~20%,原子灰刮灰量降低50%;环境保护方面:单台客车车体降重12%,整车能耗Ekg(单位载质量能量消耗量)下降10%,年排放减少120吨,相当于每年植树500棵,为建设资源节约型、环境友好型的两型社会起到标杆示范作用,工艺管理创新带来的生态效益明显。

主 创 人:刘 凌、汪 伟
参与创造人:杨 浩、匡小月、李 璐、李荣康、伍豪杰、曹祖军、袁正军、罗小龙

基于设计全过程的航空发动机数据管理体系构建

中国航发湖南动力机械研究所

中国航发湖南动力机械研究所（以下简称"动研所"）隶属于中国航空发动机集团有限公司，1968年由中央军委批准成立，是我国唯一的集型号研制和预先研究于一体的中小型航空发动机及直升机传动系统研究、发展基地。动研所占地1300余亩，包含仿真设计办公区、协同应用办公区和试验区三个功能区，总资产约60亿元。现有职工2500余人，其中中国工程院院士1人，国家级、省部级专家60余人，享受国务院特殊津贴专家50余人，硕士及博士1100余人，已形成一支专业基本配套、结构比较合理、具有较强研发实力的科技人才队伍。"十三五"期间，动研所高度重视信息化和数字化建设，并在设计、制造、试验和信息化管理等领域取得了显著进步，建设的高性能计算平台，具备万亿网格模型的计算能力，形成了服务于设计、仿真的集群平台；初步形成基于成熟度的设计制造一体化并行协同研制模式，全面开展厂所协同设计制造平台的应用；建设试验综合信息管理系统，实现数据管理平台的实际应用；自主构建了一体化的综合管控平台，包含近30个功能模块、近300个子流程，覆盖研究所核心业务的管理。全所已逐步形成两地三区（功能区）和多类型网络即涉密网（含园区网和航发网）、试验网、商密网及互联网等并存且以涉密网络为主的网络格局，基本满足研究所现阶段科研生产和信息化发展的需要。

一、基于设计全过程的航空发动机数据管理体系构建的实施背景

（一）是落实党中央加快航空发动机自主研发指示的迫切需要

航空发动机是飞机的心脏，其单位重量投入产出比远高于飞机、计算机、汽车和船舶，其发展水平是一个国家工业基础和科技水平的集中体现，也是国家安全和大国地位的重要战略保障。西方国家在航空发动机领域对中国持续进行严密的技术封锁，目前中国的航空发动机技术与国际先进水平仍存在较大的差距，使得中国在国际竞争中处于被动地位。习近平总书记在中国航发集团成立时做出重要指示，中国要加快实现航空发动机及燃气轮机的自主研发和制造生产。航空发动机设计全过程是设计—制造—试验的持续迭代过程，其本质是数据的不断产生、验证和修改过程。航空发动机具有设计周期长、技术难度高、研制团队庞大的特点，需要应用数字技术来提升全设计过程的数据采集、存储、管理和挖掘与分析能力，从而加快航空发动机的自主研发和制造进程。

（二）是实现世界一流航空发动机产品正向研发的迫切需要

世界一流的航空发动机企业的外在表现是一流成熟的产品，其背后是以一流的融合技术与管理体系作为支撑。中国航发集团大力推进中国航发运营管理体系建设（AEOS），全面打造集团统一的高效研发管理体系，提升研发质量和效率、降低研发成本。相比于世界一流发动机产品，中国航发在技术深度上存在明显差距，如国外某先进发动机整机技术需求条数约4万条，中国航发某涡桨发动机整机技术需求条数仅0.2万余条。波音公司在20世纪80年代即建成全公司统一的产品研发数据中心，有效提高了产品竞争力和公司业绩。在数据挖掘与分析方面，波音、罗罗、普惠、GE等公司积极应用大数据技术挖掘其历史积累的丰富数据库并实时分析处理高通量的发动

机试验和监测数据，以提高其产品竞争力并使自身远离竞争。中国航空发动机事业正处于以新一代信息技术为核心的科技革命和产业变革的孕育兴起时期。为贯彻落实《中国制造 2025》，中国航发集团高度重视数字化规划，以充分发挥新一代信息技术的使能作用，加快信息技术在航空发动机技术研究、产品设计、制造、试验、服务和企业运营管理等领域的应用，促进形成航空发动机自主创新研发体系，基本实现发动机自主创新战略转型，助力中国航发发展成为世界一流航空发动机企业。

（三）是动研所强化核心竞争力的迫切需要

随着军民融合持续发展和军品竞争性采购的深入推进，越来越多的民用航空发动机公司进入小发领域并与动研所开展项目竞争。动研所面临以下竞争态势：用户采购体系发生变化，培养竞争局面的意图越发明显；民参军热情高涨，给固有科研体系造成较大冲击；航空产业大发展，各类企业和资本蜂拥而至。面对日趋激烈的竞争环境，动研所明确提出"形成核心技术、卓越产品、优质服务、高效管理和一流人才五位一体的企业核心竞争力，加速推进世界一流中小型航空动力机械研究所建设"的发展目标。然而，动研所尚未实现数字化协同研制全业务链贯通，存在如下问题：现有的产品数据管理系统、试验信息管理系统尚未实现集成；试车台数字化采集能力不足、仿真计算能力尚不能满足大网格、联合仿真等复杂的计算需求；尚未建立统一的产品研发数据中心。面对用户需求迫切与研制周期较长的矛盾、竞争性发动机项目研发投入模式发生重大转变、任务增长与资源不匹配的矛盾，动研所从加强航空发动机设计全过程数据管理能力着手，挖掘数据价值，提升自主研发能力，加快型号研制进度，降低研发成本，最终实现提高核心技术竞争力的目的。

二、基于设计全过程的航空发动机数据管理体系构建的内涵

在大数据时代，数据是企业的核心资产，数据采集、管理和挖掘分析能力是企业的核心竞争力。大数据研究分析发现，20%的结构化数据将产生 80%的价值。动研所经过 50 余年的发展积累了海量数据，涉及航空发动机设计/仿真、制造、试验等领域，其中试验数据大部分为结构化数据，具有重大挖掘价值。航空发动机自主研发能力是以人才队伍、硬件基础、数据库、计算软件、规范和流程等作为支撑，其核心是数据。为强化数据管理能力，提升自主研发能力，动研所需强化大数据基础技术能力建设，提升数据采集、储存和管理能力；同时加快大数据挖掘与分析技术应用，挖掘数据潜在价值，打破国外技术封锁。

为加快实现航空发动机自主研发和制造，动研所以精益研发管理理念为指导，依托 AEOS 体系建设，结合研究所现有信息化建设成果，充分考虑当前航空发动机全设计过程中数据管理遇到的种种问题，参考大数据技术的主要框架，从数据采集、存储、管理、挖掘与分析等方面开展产品研发数据中心建设、大数据技术研究和应用、知识管理系统和设计体系集成平台建设等，搭建了一套航空发动机设计全过程数据管理体系，最终实现了降低研发成本、提升创新成果产出、加快型号研制进度的目的。

三、基于设计全过程的航空发动机数据管理体系构建的主要做法

（一）分析现状，统一数据管理体系构建思路

1. 梳理现状，明确亟待整改的问题

项目组对研究所 2014—2016 年历次开展的网络问卷调查表、意见征集表进行汇总，通过关键词搜索等方式对员工反映较多的数据管理问题进行了统计分析，再与主要研发部门员工代表开展研讨进行补充，发现主要存在如下问题：

(1) 对产品研发数据不重视，缺乏统一的产品研发数据中心，数据管理分散。

(2) 当前仿真计算能力较弱，工作站分散在各部门，存在模型精度较低、计算速度缓慢、缺乏对千万级网格模型的计算能力等问题。

(3) 传感器测点少，缺乏足够的监测参数，试验过程记录依靠人工填写，数据传递依靠光盘刻录，试车台数字化程度较低。

2. 以问题为出发点，确定总体建设思路

动研所以问题为出发点，明确数据管理体系构建的总体建设思路。

(1) 前期筹划：由体系建设部牵头开展需求分析和方案论证，明确当前航空发动机设计全过程中数据管理存在的问题，并进行方案论证工作。

(2) 数据管理体系构建思路：由科学技术委员会（简称"科技委"）牵头，技术部门和技术支持部门配合，参考大数据技术架构，开展数据采集、存储和管理能力，数据挖掘与分析能力和知识管理及共享能力的建设工作，具体如下：

1) 组织架构建设：以精益研发管理理念为指导，建立数据管理委员会，提升中层管理人员的素养，为体系构建提供组织保障。

2) 数据采集能力建设：打造数字化试车台，提高试验器数据采集能力；推进试验信息化建设，解决试验过程中数据人工记录、试验器完好率较低等问题；建立高性能计算平台，提升仿真计算能力和仿真数据存储能力。

3) 数据存储和管理能力：建立全所统一的试验数据中心，为试验数据存储和共享提供技术保障；优化试验信息管理系统，提高试验数据管理能力；开展仿真方法研究，提升仿真技术并强化对高性能计算平台的利用效率；整合数字化资源，建立产品研发数据中心，提升设计全过程的数据管理能力。

4) 数据挖掘与分析能力建设：组建能力提升团队，研究数据挖掘与分析技术，提升自主设计能力。

5) 知识管理及共享能力：推行智慧化知识管理，通过IT平台实现知识共享。

(3) 持续优化：数据管理体系建设坚持"边建设、边验证、边应用、边完善"的指导原则，通过定期开展意见收集和问卷调查方式获得各部门的反馈意见，再进行动态调整。

3. 明确建设目标，搭建数据管理体系架构

航空发动机设计全过程数据管理体系的目标是提升动研所核心竞争力，其应用范围包含产生各类图表、视频、文字等数据的航空发动机设计/仿真、制造、试验过程，涉及发动机整机、部件、强度、机械、传动系统等多个专业。数据管理团队运用系统工程理论，参考大数据技术框架，结合研究所实际情况搭建了一套包含数据管理委员会、产品研发数据中心、大数据技术应用、知识管理系统和门户系统的数据管理体系架构。

(1) 数据管理委员会：为数据管理体系的实施提供组织保障和人员支持。

(2) 产品研发数据中心：包含数据采集的硬件、数据库、软件及管理系统，是动研所开展数据采集、存储和管理的基础。

(3) 大数据技术应用：组织能力提升课题和"铸心"先锋团队，在设计全过程中不断应用大数据技术，提炼数据价值。

(4) 知识管理系统：对数据中发掘出的知识进行共享、技术成熟度评价、培育，实现知识的闭环管理。

（5）门户系统：实现产品研发数据中心、大数据技术应用、知识管理系统的推广和应用，使设计人员能轻松地查询和利用设计全过程数据。

（二）优化组织结构，为数据管理提供体制保障

1. 成立数据管理委员会，健全组织制度

2018年，动研所成立了以所长为主任、科技委主管所领导任副主任的数据管理委员会，数据管理委员会下设数据管理办公室（挂靠科技委），科技委是研究所数据管理体系的归口管理部门。动研所规定了研发部门、技术支持部门的职责和管理工作程序，并将数据管理成效列入部门年度综合绩效考核范围，明确了各部门职责和权益，改变了以往分散管理的方式，提高了数据管理效率和知识成果的应用效果，为数据管理体系建设提供了组织和制度保障。

2. 树立精益研发管理理念，培育数据管理人才

随着航空发动机试验测试能力的不断增强和数值仿真技术的逐渐成熟，动研所航空发动机设计全过程数据量开始爆发式增长，现有数据管理能力已不能适应全设计过程数据快速处理与分析的需要。

动研所高度重视数据管理能力建设，大力开展管理人员年轻化、专业化建设，大量引入80后硕士、博士进入中层管理队伍，在管理人员中植入数据元素；邀请高校学者举办讲座30余次，提升设计人员数据处理能力，并树立全样思维、容错思维、相关思维等大数据思维；实现提高设计全过程数据管理能力的目的。

（三）推进试验信息化建设，增强试验数据采集能力

1. 建设数字化试车台，扩展数据采集能力

试车台是航空发动机全设计过程的主要数据产生和采集平台。动研所以满足国家武器装备和民用航空器发展对动力需求为首要目标，在近3年内将新建几十个试车台。新建试车台将充分借鉴已有使用经验，重点加强健康诊断、自动化和智能化能力建设。动研所明确要求在新试车台建设中应在阀门前后、流场变化剧烈位置、关键设备进出口处等布置各类传感器监测试车台运行状态，为试车台健康诊断、自动化和智能化控制提供数据支持。

2019年，动研所组织总师对在建的数十个试车台技改方案进行设计再审查工作，其重点是试车台自动化和智能化建设内容，本轮审查工作起到了统一各试车台设计思想的效果，为后续方案的优化确定了方向和基础。

2. 开发试车台维保管理系统，推进试车台信息化建设

动研所借助工业物联网技术，自主开发了具备状态在线监测的试车台维保管理系统，实现了试验区内所有试车台之间信息的互联互通和试车台维保的有效管理。该系统通过对采集数据的统计分析，获得设备闲置率、维修频次和故障率等信息，并与历史数据进行对比，实现试车台维保工作的闭环管理。同时为保证各试车台维保数据的有效采集，开发了试验过程管理软件，其具有设备台账统计、试验卡片、试验过程记录输入和保存的功能，试验前后一键化自检功能，异常故障报警等功能。该软件基本包含了设计人员在试车台的主要工作内容，将各专业分散的作业环节经过精炼后进行高效融合，减少了以往重复的纸质流程，实现了无纸化、数字化、规范化试验的目标。

基于试车台维保管理系统，2018年相比2017年：试车台维护保养操作细则的执行率提升35.2%；试车台总体完好率从70.2%提升到91.3%，改善21.1%；维修周期缩短35%。试车台总体完好率的提升，有力地支撑了发动机研发项目的顺利进行。

（四）完善试验信息管理系统，增强试验数据管理能力

1. 开展数据规范化管理，建立试验数据中心

动研所按照"统一管理、高效利用"的原则，开展试验数据中心建设工作。

（1）梳理试验数据类型，明确数据管理的内容。航空发动机的试验数据是多元的，数据管理系统应包含与试验状态有关的试验数据，数据类型涵盖试验数据、数组、文本、图片、视频等多种形式，主要内容包含试验任务信息、试验件信息、试车台和测试能力信息、试验标准、试验测试数据、试验分析数据等。

（2）编制数据结构化模板，提供标准化模型。结构化数据也称作行数据，主要通过关系型数据库进行存储和管理。结构化数据的存储和排列很有规律，适合于历史试验数据的存储和分析。针对各试验专业的情况，动研所组织编制了各专业的数据结构化模板数百份，为数据入库提供了标准化模型。

（3）整合数据子库建设需求，搭建所级试验数据中心。信息化部整合各研究部试验数据结构、功能需求，在试验信息管理系统上搭建了各专业试验信息管理门户，包括所级及整机、压气机、燃烧室、涡轮等9个专业门户，实现不同专业对试验数据的个性化访问与管理。

所级门户将各门户需要积累、共享的数据进行汇总显示，并提供数据的借阅操作，对数据的使用提供权限控制，便于专业人员使用数据。各专业门户可单独进行管理。

2. 持续优化试验信息管理系统，提高试验数据管理能力

2017—2019年，信息化部根据各研究部收集的使用建议对试验信息管理系统进行了两轮升级。升级至3.0版后，系统可实现不同专业、不同权限人员对内外场试验数据的集中存储、查询、统计、简单分析功能，完善和优化试验数据结构化、参数化、层次化的功能；基本具有通过虚拟三维样机快速、直观和形象地展现发动机整机模型和涡轮部件模型各种试验状态的实时变化功能，并能对异常数据进行预警。3.0版系统通过与质量管理系统、资产管理系统和产品数据管理系统的集成，实现了试验故障信息、试验资源信息和试验件技术状态等信息的共享。

（五）建立协同仿真平台，强化仿真协同管理能力

1. 搭建高性能计算平台，提供有效的仿真资源系统

2019年前，动研所在仿真计算能力方面存在以下问题：（1）仿真计算硬件资源计算规模较小，仅能完成单个1000万网格左右的计算任务。（2）计算工作站仅有数十台，单台设备每年仅能完成120个百万级网格规模的计算任务。（3）缺少统一的仿真中心，部门内、部门之间仿真数据共享度低。为此，设计人员不得不通过简化三维结构模型、降低网格精细度、使用精度较低但计算量较小的计算模型等方式来适应计算能力不足的现状。

2019年上半年，高性能计算平台一期投入使用，使得计算能力提升10倍以上，每年产生的仿真数据可达PB级，并具有对1亿网格模型的计算能力。2020年初，高性能计算平台二期投入使用，仿真计算能力比2016年提升50倍以上，为仿真方法研究提供了坚实的硬件基础。高性能计算平台可支持上百用户同时登录，具有多种商用计算软件的交互、可视化图形操作功能，实现了对研发工具、系统和资源的有效集成，打通了部门间的信息孤岛，形成了统一的仿真研发环境。

2. 开展仿真方法研究，支撑型号研制及发展

在研发体系建设中，仿真团队系统地梳理了仿真流程、标准、规范、工具、模板，减少了人为因素对仿真结果的干扰，提高了仿真结果的可重复性。在仿真技术树梳理中，仿真团队对历史数据和经验进行总结，梳理了仿真能力建设中的各项技术族和技术点。

2017—2019年，动研所组建了多支所级仿真先锋团队，提升仿真设计能力。其中"信心"仿真校验与验证先锋团队成员涉及发动机总体、压气机、燃烧室、涡轮等多个研发部门，团队结合所内建成的高性能计算平台，校核仿真计算方法、验证仿真模型精度，提升了发动机仿真计算能力。团队应用仿真方法在发动机整机、部件和传动系统型号研制攻关中均起到显著效果，其研究成果可加速型号的研制进度，大幅降低研发成本。

在型号攻关中，针对某涡轴发动机性能达标困难的问题，总体专业选取其中性能具有代表性的某发动机，在样机最大连续状态下分别对压气机、涡轮性能进行了综合评估。通过整机仿真对问题进行了初步定位：涡轮部件的差异是造成发动机性能差别的主要因素。在涡轮专业仿真中发现叶尖间隙是影响涡轮效率的显性原因，通过改变涡轮机匣选材，仿真匹配评估出涡轮效率比改进前提高了1.72%。贯彻涡轮机匣选材改进措施后，整机性能达标率由20%提高到90%以上。

（六）建立产品研发数据中心，实现数据统一管理

1. 完善流程、规范，提升非结构化数据管理能力

动研所积极响应中国航发集团AEOS体系建设的要求，遵循"顶层牵引、分工协同""突出重点、试点先行"的思路开展研发体系建设。以"领导主推、专家主建、全员参与"为行动方针，各研发部门纷纷建立体系建设团队。研发体系建设周期长，在实施中坚持"边建设、边验证、边应用、边完善"，2018年完善各类技术文件模板近千份、规范数百份，并保持不断更新的态势以适应最新要求。经过两年多的努力，研发体系基本规范了航空发动机设计全过程中的主要设计活动，使得数据可以依托流程在相关人员间顺畅流动，又可在流程中不断优化、完善并产生新的数据，有力地提升了非结构化数据的管理能力。

为激励员工积极归档文件图样，动研所从2017年开始全面推广量化管理制度。根据产品数据管理系统上归档文件的页数、图样的关键要素量来计量工作量，以工作量的多少决定设计人员的部分绩效。随着产品数据管理系统中文件、图样等非结构化数据的不断积累，新入所员工通过参考设计流程并结合产品数据管理系统查询历史数据的工作方式，对新员工快速融入团队、完成设计工作起到了显著的促进作用。

2. 依托研发体系建设，建立产品研发数据中心

动研所依托研发体系建设，在部分型号研制中开展设计体系集成平台（简称"集成平台"）试点工作。集成平台通过门户系统将项目管理系统、知识管理系统、高性能试验平台、产品数据管理系统、材料数据库及试验信息管理系统等整合在一起，建立了面向全体研发人员的产品研发数据中心，实现了用户统一管理，避免用户在不同系统间切换。集成平台通过对工具软件的集成、对设计模型的参数化驱动，以及对设计过程的模板化封装，实现工具、知识、数据的有机整合，将设计方法、理论和经验公式、引导界面集成一体的设计模板。通过设计方法的导引，规范仿真流程，提供自动化设计的支持，使设计人员可以准确、快速地进行设计工作。

（七）应用大数据挖掘与分析技术，增强核心技术竞争力

1. 开展能力提升课题研究，激发研究所创新活力

动研所积极响应集团"12345"战略体系建设要求，以创新驱动、人才强企战略为指导思想，以提升"核心技术"为原则，以党建"铸心"工程为依托，开展能力提升工作，组织建立先锋团队，提升数据挖掘与分析能力，挖掘数据潜在价值。

2017—2019年，科技委批准立项所级和部门级能力提升课题近200项，成立先锋团队150余支。能力提升课题充分激发了青年员工的研究热情和工作活力，先锋团队加强了部门间技术交流

和思想融合,为多学科高技术的研发和应用提供了人员保障。

2. 应用数据挖掘与分析技术,实现研发过程降本增效

通过能力提升课题、先锋团队等形式,在全所范围内开展数据挖掘与分析技术研究,提升数据分析能力。

(1) 开展数据批处理技术研究,节省人力成本。为高效处理试验数据,设计人员编制了各类数据批处理软件,以提高数据分析速度,快速获得有用信息。如《整机试车燃烧室试验数据的处理分析软件设计》采用VBA语言编写了可在EXCEL上运行的数据批处理程序,将以往依靠人工从数十万行数据中挑选有效数据的工作方式转变成使用程序自动挑选、剔除多余数据和生成图表的操作,将以往需要8小时的数据处理工作减少到10分钟内完成,并大大降低了人为因素导致的误差;依托某发动机零件试验报告自动生成软件,可在试验结束15分钟内生成试验报告;某冷效试验数据批处理软件应用VBA技术编程,实现5分钟内处理500张红外热像仪照片数据等。这些数据批处理软件实现了数据处理由人工向自动的转变,每年可节省数据处理工时1.6万小时,节省人力成本约180余万元。

(2) 应用数据标准化处理方法,实现数据处理规范化。涡流器流量试验方法研究课题应用不确定度评定方法和数据标准化方法对近3年涡流器流量试验历史数据进行分析,确定了试验的主要不确定度因素来源,给出了试验结果的扩展不确定度,实现试验效率提高38%,试验精度提升1倍的效果。通过优化试验方法、试验装置,涡流器流量试验技术成熟度由5级提升到7级。

(3) 探索数据分析技术,为发动机设计提供有力工具。大数据分析的主要方法包括神经网络、聚类分析、主因子分析、决策树分析、关联分析等。在能力提升课题中,设计人员不断尝试在设计全过程运用数据分析技术来提升研发能力。如通过DOE(试验设计)与类神经网络相结合,开展Z型环冷却结构参数优化设计工作;采用聚类统计的方法进行VOF(连续流体体积法)+DPM(离散粒子法)的耦合计算,对喷嘴雾化仿真模型进行优化。

贫油熄火仿真预测方法研究课题利用前期积累的大量试验数据建立贫油预测模型,再在全包线范围内对包括三型发动机燃烧室试验件进行贫熄试验,并将预测结果和试验结果进行对比分析,验证贫熄预测模型的准确性、通用性。课题成果将贫油熄火预测技术成熟度由之前的2级提升到3级。

(4) 共享和使用试验数据,实现仿真和试验的融合。基于试验数据中心,实现试验数据可视化和对比分析。在试验数据规范化的基础上实现试验数据的有效共享和设计数据、仿真数据的交互,设计人员可将试验数据与设计数据、数值仿真数据进行对比,以校核仿真软件。

3. 挖掘数据潜在价值,提升自主设计能力

航空发动机是结构极为复杂的热力机械,是多学科综合集成的高科技产品。在航空发动机复杂问题分析中,设计人员通过应用大数据分析方法,使用相关思维分析各变量因素,而不再深陷于各变量因素间的因果关系,可有效降低复杂问题的分析难度,提高解决问题的速度和质量。

燃烧室出口温度场测量及数据分析课题通过构建燃烧室出口温度场数据分析体系,应用联机分析处理技术、主成分分析法、聚类分析法、故障树分析法、三轴分析法等多种分析方法对设计数据进行分析,最终建立起一套适用于燃烧室出口温度场分析的工具,有效提升了燃烧室出口温度场设计能力。

4. 推行智慧化知识管理,通过IT平台实现知识共享

知识的发展可分为数据、信息、经验、知识和核心知识五个层级。动研所通过对经验、知识

和核心知识进行管理，为技改、型号项目选择、技术发展决策等提供支撑。

动研所在门户系统上集成了一系列知识库，以加强知识共享能力。目前，已建立的专利数据库、科技论文自建库、试验件管理数据库、故障案例数据库中包含论文1200余篇、专利数据近1000项、试验件信息3000余条和故障案例300余条。为更好地推动知识的发展和应用，动研所借鉴体系建设中的技术成熟度评价方法，将知识分为9级，建立了知识成熟度评价模型。动研所将知识库、技术树、能力提升课题紧密结合：知识库中的知识/技术/数据，可为技术树的更新和成长提供支持；能力提升课题从技术树中进行选题；能力提升课题的成果（知识）又不断融入知识库，从而实现知识管理的闭环管理。

四、基于设计全过程的航空发动机数据管理体系构建的实施效果

（一）提高工作效率，降低研发成本

动研所通过提高数据处理能力、创新工作方法等方式，实现了提升工作效率、降低研发成本的效果，每年可为研究所节省研发成本约750余万元，具体情况如下。

某涡流器流量试验方法经过优化后，因试验效率提高38%、试验方法优化，2018年节省试验时数239小时，2019年节省试验时数341小时，年均节省试验成本230余万元。某燃油雾化试车台，通过自主开发PDPA（相位多普勒粒子分析仪）试验后处理方法，使雾化油雾场试验效率提高近4倍，操作人员从4人减少到2人，年均减少试验成本120万元。通过各类数据批处理软件的发明及应用和试验信息管理系统对试验数据传递流程的优化，每年可节省人力20人，年均节省人力成本400余万元。

（二）加快型号研制进度，增强核心技术竞争力

数字化建设提高了实物资源的信息化水平，提高了试车台维保效率，试车台完好率提升21.1%，为型号研制提供了试验资源保障；协同仿真平台提高仿真计算能力50倍，加快了型号研制进度，增强了型号攻关能力。

动研所在多型竞争性发动机研发中实现了两年内完成核心机点火试验的里程碑节点，取得型号研制速度提升1倍以上的效果。在民用和军用涡轴/涡桨发动机研发中，部分关键技术指标取得较大进步。如燃烧室出口温度场指标由0.35~0.40降低至0.30以内，为发动机安全性、可靠性、寿命及排放性能进步做出了重要贡献。近3年来，动研所在小推力涡扇发动机、起动机、涡桨发动机和小型涡喷发动机等对外竞争项目中取得了成功，有力地维护了研究所中小型航空发动机国家队的品牌形象。

（三）建立规范化数据管理体系，提升数据管理能力

动研所运用规范化管理理念，开发了大量的数据批处理软件，建立了数据管理的标准化流程，形成了一系列数据处理和应用规范。在试验数据中心的建立中，9个专业编制了试验数据管理标准化流程文件；在仿真计算能力建设中，仿真团队建立了包含网格划分、仿真计算流程、高性能仿真平台使用和仿真数据后处理等相关规范；在试验数据批处理中，各专业开发相关数据处理软件，提高数据处理速度。以上流程、规范和软件，可在同类或相近行业的军工科研院所进行推广和应用。

主 创 人：高 洁、江立军

参与创造人：谭 威、黄章芳、陈 盛、邬 俊、徐俊恩、付 猛、
吴丹阳、乔有慰、李元星、赵 昊

面向差异化需求的"漏斗型"研制工程管理

中航飞机起落架有限责任公司

中航飞机起落架有限责任公司(以下简称"中航起")隶属航空工业集团,是2007年经国防科工局批复,由原陕西燎原航空机械制造公司和湖南湘陵机械厂进行起落架专业化整合成立的企业,是飞机起落架专业化系统供应商,国家重点保留军品科研生产能力单位。中航起承担国内主要飞机起落架的研制生产工作,同时还承接大量的国际转包生产业务。多年来,中航起吸收和消化了美国军用标准、道格拉斯工艺规范、波音公司工艺规范、俄罗斯苏X飞机起落架的成套工艺标准,进行了大规模的技术改造,制造工艺、加工技术、各种检测手段不断完善,是目前国内最大规模的起落架研制单位。

中航起本部位于长沙,主要制造中心在长沙厂区和汉中厂区。现有职工3200余人,拥有专业技术人员1441人,拥有国家级和省部级专家多人,构成中航起核心技术团队。先后通过了"中国新时代质量体系认证中心"的各类质量体系认证;无损检测、热处理、表面处理等4项特殊过程认证并得到保持,拥有专利147项,具备国内一流的起落架液压产品设计制造、超高强度材料起落架加工技术和现代飞机起落架研制和生产能力。

一、面向差异化需求的"漏斗型"研制工程管理实施的背景

(一)设计需求多标准、差异化给起落架专业化发展带来了挑战和机遇

中航起以打造飞机起落架系统"集成研发、制造、试验、服务"四位一体,具备国际竞争力的起落架系统专业化供应商为战略目标。中航起目前是起落架行业的主力军,是各型军用飞机起落架的主要配套厂商,面向全行业配套,在起落架专业化发展的道路上,中航起对外面临各大主机用户、多个设计所,在不同标准、不同来源、不同要求等各种差异化需求输入的客观情况下,内部面临设计管理、技术管理和产品制造过程管理复杂性急剧上升,管理运行整体效率提升受到制约的局面。

多设计来源的现状给中航起专业化发展带来很大的挑战,同时也给进一步巩固专业化发展优势带来了机遇。中航起贯彻强军首责,谋求高质量发展,以不断创新的理念应对和解决这些问题,推动解决起落架行业面临的问题,提高中航起的设计和制造管理效率,推动整个行业资源协调共享和提高,提高行业整体效率。

(二)新产品研制快节奏迭代对中航起技术进步提出了更高要求

随着国家飞机型号的更新换代及航空产业的蓬勃发展,新型飞机种类不断增加,对起落架产品的重量、可靠性及寿命等方面的要求也不断提高,导致起落架产品的研制处于快节奏的更新迭代状态。中航起目前承制产品有40多种,新品研制数量达25个。新品研制能力成为中航起战略定位中的重要方面,对新品研制的响应速度、制造周期及成本控制方面提出了更高的要求。

在物理制造"刚性"周期一定的情况下,设计、工艺等研发阶段工作的相对"柔性"周期将成为新品研制周期缩短的主要关注点,敏捷灵活的设计标准与规范处理能力,高度标准化的工艺准备工作,基于网络与信息技术的平台化应用,可以在新品研制过程中发挥重要作用。

(三) 设计需求多标准、差异化要求提升新品研制工作效率

现代飞机研发过程中，不同机型、不同设计主机单位的管理模式有所不同。在产品设计方面，中航起以外提供设计数据的产品数量占80%以上，上述产品采用不同的设计、工艺标准及构型管理模式，形成了众多不同类型的接口文件，管理思维差异较大，不具有统一性。制造端在承接产品任务时需重新消化大量差异化的管理与专业技术文件，机型间各类标准与资源重用性大大降低，一套人马及设备资源需要应对各种不同标准机型产品，人力资源需求大，设备共用性低，研制工作复杂性大大提高，管理成本急剧增加。为保障产品及时交付，必须在生产管理效率方面进行快速提升。

(四) 多项目需求设计标准差异化的研制积累了知识工程经验

主机单位产品类型各不相同，中航起在设计规范、构型管理、工艺规范、生产制造以及信息化平台等方面拥有大量的知识积累，形成了满足中航起实际情况的起落架专业设计规范、工艺规范、技术管理规范和生产制造典型工艺。在此基础上，中航起抓住快速发展的机遇，成立专业团队总结经验、梳理流程，集众家之长实施"面向差异化需求的'漏斗型'研制工程管理"建设，以解决中航起面临的爆发式的产品数量及研制周期压力，进一步提升起落架制造领域的核心竞争力。

二、面向差异化需求的"漏斗型"研制工程管理的内涵

本成果围绕多标准差异化设计输入的现状带来的战略、生产经营管理及技术发展等方面的问题，运用系统工程思维方式，对产品涉及的全部研制过程进行流程梳理，提出了"面向差异化需求的'漏斗型'研制工程管理"理念，旨在解决面对用户多标准输入时，提高中航起自身的应对能力，在管理、技术等方面开展相关工作，提升产品研制效率。一是通过中航起设计标准和工艺标准的行业化推广应用推进起落架系统的标准统一；二是通过全面梳理各主机构型管理规范，制定起落架统一的制造构型管理规范，实现产品制造过程的数据规范和统一，及制造数据源传递到制造端应用；三是应用信息技术集成设计系统、产品数据和制造管理系统，将多设计来源业务管理模式在信息化系统中定制和应用，降低多设计输入对制造端带来的影响，提升产品研制过程中的规范性、可靠性；四是通过定期回顾及跟踪"漏斗型"管理方法的运行情况，建立与外部互通共享和内部业务改进为保障的长效机制，并在新产品中不断应用此做法。

三、面向差异化需求的"漏斗型"研制工程管理的主要做法

(一) 聚焦客户需求和效率提升，系统策划总体方案

1. 多标准差异化需求对产品研制的影响

(1) 分散的产品设计，导致设计、工艺工作协同效果差。

(2) 制造过程控制体系要同时考虑多规范、多产品和多技术状态，产品研制组织和技术状态控制复杂度急剧上升。

(3) 制造资源在适应和满足多样化设计要求时难度大、成本高。

通过以上分析，中航起需制定一套解决多样化设计标准需求输入的管理模式，减少设计前端标准差异影响，提高统一数据源管理与应用水平，提升产品研制效率。

2. 构建"多样化—同标准"方法

面对多设计标准的研制挑战，基于产品研制进度需要有较成熟的业务及信息技术能力储备，中航起制订了"面向差异化需求的'漏斗型'研制工程管理"实施计划，由技术主管、管理创新主管领导，设计部门、工艺部门、信息化部门及管理创新部门组成工作团队，以目标为牵引、业

务为驱动、问题为导向，分类施策。运用流程管理思维将产品研制过程划分为设计、工艺与制造三个阶段，每个阶段之间边界清晰，接口明确。设计阶段考虑开放性，工艺阶段考虑统一性，制造阶段考虑唯一性。

在设计阶段，将中航起过往产品制造过程中形成的典型工艺规范向设计端推送，让设计选用，使得产品设计工艺性更好；同时将中航起自主设计规范通用化，通过对自主设计标准与制造工艺技术的通用性扩展，提升中航起与外部设计单位之间的协同设计效率。

在工艺阶段，通过对制造构型管理的完善，统一消化制造构型的差异，在工艺准备全过程实现工艺标准化作业，通过工艺阶段的标准化工作，形成唯一的产品数据源。

在制造阶段，将工艺阶段的唯一数据源按需传递到制造单元，形成唯一标准格式的产品制造指令，进行产品生产，有效保障制造现场的标准化作业。

利用网络技术、信息技术进行现有平台的改造及完善，将以上业务模式平台化，实现在系统中进行业务边界规划、流程优化、数据共享，保障产品研制过程中业务流、信息流与实物流的一致性，提升产品研制协同效率。

3. 制订计划，分步实施

项目开始后，中航起成立相关组织开展相关工作，副总经理、总设计师、副总设计师、制造、销售、质量等相关人员按需参与，成员组成涵盖了产品全生命周期的构型管理相关业务，保证了该模式建设的业务全面性。

通过制定明确的目标，组建全业务覆盖的专业团队，制订明确可行的工作计划。中航起在面向多标准设计差异化需求产品研制管理推进过程中，阶段性工作效果明显。具体的工作阶段如下：

2017年，主要开展工艺规范、设计规范的内部梳理工作，形成标准。

2018年，主要开展规范的推广应用工作，并对已有规范持续完善；开展外部构型差异专项梳理工作，形成外部构型差异分析表，提出中航起制造构型管理标准，在涵盖所有外部构型的同时，考虑制造端的应用情况，形成标准规范。

2019年，在规范形成的基础上，对已有平台进行改造以满足业务需求，提高研制协同效率。

（二）加强工艺设计协同，为设计端提供高效支撑

为确保中航起工艺规范满足新型飞机起落架制造需求，中航起总结自身的科研生产经验，积极参与各主机研究所新研产品研制，参与新材料、新工艺、新技术的应用研究，编制适宜于不同时期机型的工艺规范及设计规范。将这些工艺规范在新产品的设计工作中加以应用，可以增加设计工作中已有成熟规范的应用，减少工艺准备工作中对设计信息的消化时间；同时，制造端应用成熟的工艺规范，可以减少加工难度，提升产品质量，缩短制造周期。

1. 研究形成起落架工艺规范

中航起承担了国内大部分起落架的生产制造，不同的主机厂所有其各自的制造工艺规范（Q/J11系列标准、Q/6S系列标准、XPS工艺规范、XCPS工艺规范等），还存在HB、GJB等多套标准体系的执行，同时还得兼顾转包产品使用工艺（PCS规范、BAC规范）的执行。基于中航起生产实际，通过对不同标准进行消化、设备改造及工艺技术攻关，制定了一套满足各工艺标准（规范）要求的典型工艺规程，从而降低各标准差异在执行过程中的风险，确保满足产品工艺技术要求。

中航起通过参与TC18钛合金、A-100钢、300M等新材料研制，开展TC18钛合金、A-100钢、300M等材料在起落架上的应用工艺研究，掌握了TC18钛合金真空电子束焊接、A-100钢、

300M 等机加、热处理、表面处理、超音速火焰喷涂等制造工艺，并参与相关工艺标准的制定，为各主机所 X 系列产品提供技术支撑。形成的比较典型的关键技术项目有：A-100 钢的机械加工技术、TC18 钛合金高效加工技术、超高强度钢零件的真空热处理及大型零件变形控制技术、超音速火焰喷涂碳化钨技术、高速火焰喷涂技术成为替代镀铬的一种方法、小孔挤压强化技术等。

为及时总结以上新技术、新材料、新工艺应用研究及生产经验，同时解决老旧规范不能适应新时期生产实际带来的负面影响，总结编制了满足新型飞机起落架设计及研制要求的系列工艺规范。

为方便各主机所设计产品的使用，及时将新材料、新工艺、新技术的应用成果纳入中航起企业标准体系，制定典型工艺规范，同时为解决老旧规范不能适应新时期生产实际带来的负面影响，总结编制了满足新型飞机起落架设计及研制要求的 LPS 系列规范，该套规范目前已在中航起自主设计产品（某项目起落架等）、某主机厂项目起落架、某所设计产品（部分工艺）上使用。

2. 完善主机—起落架协同设计规范

作为与主机配套的起落架系统供应商，立足于起落架系统产品本身，梳理系统级、子系统级和部件级等不同层面产品的需求模板和主机顶层协调活动，与国内各主机所开展系统的联合研制，各主机所在系统研制过程中流程和规范均存在一定的差异；通过制定相关的操作指南及体系化培训、团队建设等长效机制培养设计队伍。将人才培养与项目推进机制相结合，夯实基本知识、基本理论、基本技能；发挥主观能动性，鼓励跨专业交流。为了规范统一研制过程，提高研发质量和效率，采取了下列措施：

一是规范化需求定义，制定《起落架系统需求模板》《起落架系统联合定义指南》《起落架系统技术要求模板》《起落架系统工作说明模板》等与主机联合定义相关规范文件，保证了起落架系统设计过程中与主机数据传递的规范性，达到标准、高效地实现与主机设计工作交流的目标。

二是梳理整合各主机研发过程要求，制定了起落架系统研发过程相关流程、输出物、评审要求、文件模板、验证规范，规范和统一了各型号的研制过程，提升了研发质量和效率，有效地进行了知识的沉淀。

三是逐步将中航起设计标准提升为集团标准和行业标准，促进起落架专业的知识共享和技术提升，目前已完成《支柱式起落架设计要求》《小车式起落架设计要求》《飞机起落架收放作动筒规范》《起落架减震支柱用 D 形密封装置》等 9 份行业标准的编制。

四是在项目建设过程中，新编《基于并行协同设计平台的骨架模型建模规定》《模型着色一般要求》《成品件的建模要求》《辅材的建模要求》《通用的建模要求》等设计规范文件，控制所有设计过程中的模型设计、属性定义、标准库的规范化管理，定制满足主机单位标准的研发设计需求参数模板、技术协调流程。

3. 建立设计通用标准库

依托并行设计平台建立通用的标准库，帮助设计师实现产品 MBD（基于全三维模型方法的数字化产品定义）定义的标准化和规范化。标准库主要包括标准件库、材料库、模板库、注释库等。目前在系统中已完成材料库（100 种）、注释库（20 条）、标准件库（50 类）等标准库的建设。

通过标准件库的建立，实现标准件系列和规格的精简优化，以便于标准件的备料和供应保障，减少标准件准备周期和成本；通过材料库的建立，实现材料标准和规格的精简优化，缩短材料准备周期，减少不必要的库存积压成本；通过模板库和注释库的建立，实现产品涉及规范定义的规范化和统一化，减少设计错误，统一工艺要求，缩短工艺准备时间。

(三) 完善制造构型管理规范，为制造端提供有效指导

1. 梳理形成中航起构型管理方法

在过去的10年中，中航起前后接触并掌握了当前主流构型管理需求。由于起落架承制的多来源，产品管理模式不同，A所X产品以三维数模为载体，基于信息化平台进行批架次组织生产的构型管理模式，通过"模块+技术单"的形式对模块进行架次有效性控制；A所Y产品全面基于信息化平台以模块化配置的架次对整机进行有效性管理；B所X产品和C所X产品也采用了各自的构型模式。各家设计构型模式在向制造端执行过程中，普遍存在着构型管理体系文件/要求滞后、基线外单据过多甚至没有建立基于产品的基线、构型标识不规范、构型控制不到位以及由于信息化手段不足引起的工艺管理信息收集困难、纪实信息生成不准确等问题。构型纪实、构型验证和审核验证环节中，其本质还是沿用传统模式下的构型管理机制，现有的构型管理方法往往是通过对研制过程中的文件、产品和记录的逐项检查，以及对各种程序、流程和操作系统的评估，来检验产品的设计是否满足性能和功能要求，以及产品的状态是否已被准确地记录在文件之中。

针对上述问题，通过专业理论学习、技术交流、基于信息化平台业务实施等形式，提升全寿命周期构型管理知识。中航起通过产品数据管理系统建立产品BOM，并以之为主线建立产品制造各环节及其相关零组件的关联，进行产品的制造构型管理和控制，规范了制造视图结构组织和定义，优化及固化了协同单据流程，重新构建设计状态变更的执行和贯彻反馈流程及生产单据闭环协同流程，明确工艺会签方式，固化签署、更改、BOM等多维度统计报表要素。不仅可以高效实时地记录和反映产品的构型状态变化过程，而且可以基于反馈的数据和要素进行大数据统计和分析，促进产品研制流程的追溯和调整，实现对产品的需求到产品的设计、制造、符合性证明、交付、客服和使用的全过程高效管控。

中航起在制造端围绕模块进行管理、通过配置和调整、严格落实有效性来控制整个制造过程的技术状态。在制造端表现为起落架产品的技术状态由模块确定，对组成产品的模块开展相关的技术状态定义、控制、审核和纪实等活动；模块的技术状态则由其构型下的零部件确定，通过从模块到所属零件技术管理工作传递实现按照架次管理全机的技术状态，即特定架次技术状态由符合条件的所有模块技术状态组成，从而形成在制造端统一执行所面对的多标准差异的构型管理模式。

2. 健全研制过程全生命周期构型管理制度

按照构型管理的范围及功能，起落架的构型管理包括构型管理计划、构型标识、构型控制、构型纪实和构型审核五个方面。中航起通过制造构型管理体系建设形成相关制度，使制造构型管理工作规范化、可视化并有追溯性，保证了制造数据的畅通运行、有效管理、过程纪实。

新编《制造构型管理》，规范中航起工艺过程中从接收数据到分工分发，以及车间工艺现场工艺准备等一系列的数据及工作流程。包括接收产品图样、构建工艺化结构，为纸质流程到电子化流程的转变提供了规范，将不同设计构型管控要求转化为统一的制造构型控制体系，保证制造端在统一要求下开展工作。

修订《工艺路线分工管理规定》《专用工艺装备管理规定》《基于产品数据管理平台装配/制造/特种大纲管理规定》《技术询问单管理规定》《设计更改贯彻》等文件，统一基于产品数据管理平台的流程建设，为构型标识、构型控制提供有力支撑。

通过规范的建立，形成高效、规范的技术工作流程和工作准则，实现项目的高效、高质量研

制，缩短研制周期，减少研发迭代次数，提升研制效率。

3. 统一制造数据源标准结构

统一数据源标准结构的主要工作是将产品结构、零部件属性、分工信息、定额及制造指令与架次有效性准确匹配后服务于制造端。通过业务梳理，中航起形成了数据源标准结构，提出了制造端对数据的管理和使用要求。

对按照制造构型管理的产品，根据架次查询相应的单一制造数据，按照排产任务调用工艺文件供制造使用。此时被使用的制造指令上自动标记架次有效性，以便制造现场按需生产。同时，相关部门根据各自的业务需求，可以自定义查询报表模板，从数据管理平台中调用相关数据生成所需（全面/部分的）工作报表。

通过以上工作开展，中航起优化了数据分工与发放、设计更改贯彻、工艺编制等核心流程近10个，减少流程节点达30%。优化企业分工模板3个、生产单据模板6大类、工艺模板4大类、设计标准库3大类、属性模板2大类。

通过工艺端对产品架次有效性的高效控制，制造端接收数据模式相同，数据格式一致，制造指令标准，极大地提高了生产人员对产品数据的阅读效率，没有多余的"产品数据管理"辨识过程，在制造端形成了"单标准"作业环境。

（四）搭建集成化的信息化平台，提升研制过程的协同效率

中航起搭建了产品数据管理平台，定制了各种接口以满足不同设计标准的数据管理要求，在平台中实现了数据接收、构型解析、产品分工、数据分发、生产单据管理等功能，具有较丰富的平台实施经验。按照设计、工艺及构型管理业务提出的需求，中航起在设计端开展了与外部设计单位协同设计平台的定制，建设中航起内部的统一数据管理中心，并将各产品数据按照统一标准格式传输到制造端；按照业务边界划分，进行了系统功能定制及接口开发，保证了业务的一体化流转。

1. 基于网络条件的并行协同设计平台建设

利用航空工业集团内网以及商密网环境，完成中航起与外部设计单位（A所、B所、C所等）之间的并行协同设计平台建设，共用成熟度管理标准、设计标准库、建模规范及零件属性库，实现中航起内部设计、工艺人员与外部单位的同系统并行协同设计，在首次设计与设计更改阶段提高工作效率，缩短沟通周期。

2. 完善统一数据管理平台

在中航起内部建设统一数据管控平台，将接收到的设计数据按照产品代号导入系统中，系统按照不同的设计标准在后台自动解析数据，数据解析后按照统一的模式提供设计数据查询功能。在此基础上，工艺人员分别开展路线分工、材料定额、工艺编制、生产单据、设计更改、工装申请等工作。即，自设计数据解析之后，所有的工艺工作都按照统一的、标准化的模式进行。

3. 推进唯一制造数据源在生产制造系统中的应用

梳理流程及业务表单，明确各业务系统的业务管理及数据交互清单，统一设计、工艺工作所产生的标准化数据，通过系统集成总线，将统一数据管理平台中的数据传递到计划、生产、供应、管理、质量等业务单元，开展"唯一数据源"数据共享与应用，缩短制造端对数据的"甄别"时间，提高研制效率。

（五）定期回顾与跟踪评价，形成持续改进机制

在项目实施后应用的同时，中航起组织专门的团队，从协同设计、工艺规范选用、制造构型

完备性、统一数据源应用等方面进行持续评价。对外主要通过参与设计、参与标准制定、标准推广、给予专业经验支持等手段让外部输入的标准趋同；对内通过建立消化和转化多标准的业务管理文件和技术管理文件，形成成熟的业务过程并固化，以此保障对未来新型号继续推广适用，形成稳定的体系保障。

对于在评价之后反映出来的不利方面，中航起从整体业务的层面进行问题分析，杜绝顶层架构的弱项，保持顶层架构的完整性，然后再分析细节层面的问题，注意解决完善，以保持"多样化—同标准"的持续有效。

四、面向差异化需求的"漏斗型"研制工程管理的实施效果

（一）有效降低了产品研制的复杂性，提升了型号研制过程的管理效率

通过该模式的应用，有效减少了设计标准差异，原有的型号研制在设计、工艺阶段的"串行"方式变成"并行"方式，由以前的制造端向研发端"要数据"变成由研发端向制造端"送数据"。这些工作方式的改变引导型号研制管理更"精准"，主要表现在：

工艺人员提前介入设计工作，减少设计、工艺过程的流程反复及设计更改数量；设计、工艺工作的产品策划更充分、更合理，大大降低制造难度；工艺规范在设计端的应用，可以最大限度地利用现有工艺加工基础、设备资源及库存原材料资源，降低加工难度。

将不同设计来源对技术状态的管控要求分解到对制造数据的管理形式上，自动提取架次管理信息到结构化工艺表单中，解放工艺人员对不同架次管理信息/要求的考量，其只需完成制造指令编制任务，而不需要考虑架次有效性等信息，极大提高了制造指令的编制效率。

唯一数据源服务于制造端，标准化唯一的产品数据自动提取物料需求清单，工具、工装需求清单，制造指令清单及检验标准清单。供应部门根据物料需求清单备料，生产保障部门根据工具、工装需求清单准备工具、工装，制造端人员根据供需分解后的制造指令按供需加工，检验人员按分解的工序检验要求进行产品检验。生产准备工作较之前更明确，准备周期较之前缩短了1/10。

现场问题处理更迅捷，通过系统化的管理，研制过程中的所有问题都在系统中有明确记录，问题的产生可追溯，能够快速查找问题原因并及时解决，解决完的问题在系统中形成记录，可供统计分析以减少同类问题的发生概率。现场问题显性化展示，处理过程透明，处理周期明显缩短。

以上业务都是产品研制过程中的重要环节，各个环节都得到了相应的提升，整体上有效提高了型号研制的效率。

（二）促进了企业整体经济效益提升

通过贯穿全研制过程的属性化设置，实现信息的互通和共享，基于属性的统计分析和业务流程系统管理能及时发现研制过程风险，有效地提升研制过程中精细化管控能力。设计过程规范，提升与主机的协同质量，减少研发过程迭代，缩短研发周期。

在X型号飞机起落架研制过程中，通过该模式的应用，较之前的设计阶段周期缩短了1/3，在工艺准备阶段由原来的60天缩短到40天，显著缩短了研制周期；在设计研制任务成3倍增长的情况下，研发人员数量增加不超过10%，既完成了设计研制任务，减少了人工成本，同时自主设计型号占比进一步提高；有效控制了研发费用的增长，在研项目投入的研发与技术人员平均成本降低17.9%，增加经济效益610万元，推动中航起总体效益的提升。

（三）推动起落架行业整体共享协同发展

通过项目的实施，中航起充分吸收消化起落架各类输入要求，从设计阶段、工艺阶段、制造阶段逐步形成适应多样化需求的产品研制体系；同时以丰富的起落架专业沉淀为支撑，加强与输

入端的密切交互，面向全行业进行反向输出，影响并逐步主导起落架设计、工艺、制造、试验等过程，与不同参与者采取多种工作或合作方式相结合，提高起落架行业整体效率，推动整个行业同向协同发展。

主　创　人：孟清河、张家付
参与创造人：刘　磊、王　曦、叶　鹏、路红伟、傅碧华、彭嘉熙、肖细军、汪亚峰、刘冀平、朱小刚

基于数字化转型的航空发动机科研试验台运维管理体系构建

中国航发湖南动力机械研究所

中国航发湖南动力机械研究所（以下简称"动研所"）隶属中国航空发动机集团有限公司，1968年由中央军委批准成立，是我国唯一的集型号研制和预先研究于一体的中小型航空发动机及直升机传动系统研究、发展基地。动研所占地1300余亩，总资产约60亿元。现有职工2500余人，其中中国工程院院士1人，国家级、省部级专家60余人，享受国务院特殊津贴专家50余人，硕士及博士1100余人，已形成一支专业基本配套、结构比较合理、具有较强研发实力的科技人才队伍，拥有完备的试验台110台套。动研所设有博士后科研工作站、国家级院士工作站，是硕士、博士学位培养授权单位。建所50余年来，成功研制了"玉龙"发动机等40余型号的航空发动机、地面燃气轮机和直升机传动系统产品，包括：我国第一型取得中国民航总局型号合格证的涡桨发动机、我国第一型严格按国军标要求成功自主研制并已交付使用的先进涡扇发动机、我国目前最先进并装备部队实现产品系列化发展的燃气涡轮起动机、我国第一型完全自主研制且拥有自主知识产权的先进涡轴发动机，以及我国输入转速最高、传动比最大、寿命最长、达到国际先进水平的直升机减速传动系统。

一、基于数字化转型的航空发动机科研试验台运维管理体系构建的实施背景

（一）是落实国家对航空发动机自主研发战略决策的需要

航空发动机是航空飞行器的"心脏"，在所有动力机械中，航空发动机结构最复杂、工作条件也最为苛刻，被列为世界十大高技术产品之一，体现了一个国家的综合科技水平，被誉为"工业皇冠上的明珠"，其单位重量投入产出比远高于飞机、计算机、汽车和船舶，其发展水平是一个国家综合国力、工业基础和科技水平的集中体现，也是国家安全和大国地位的重要战略保障。发达国家在航空发动机核心技术方面对外进行严密封锁，自主研发是我国航空发动机研制的必然选择。航空发动机具有研制周期长、技术难度大、耗费资金多等特点，而且其内部的气动、热力和结构特性非常复杂，因此在设计过程中不可能把发动机实际工作中可能遇到的所有复杂情况都考虑进去，试验是重要的验证需求符合性和设计合理性的手段，是产品研发过程的关键环节。航空发动机试验台是由众多单元系统组成并消耗一定的水电油气、具有特定功能的设备集群，在试验中具有决定性作用，对于支撑航空发动机自主研发工作的开展至关重要。

（二）是建设一流航空发动机科研院所和可持续发展的需要

中国航空发动机集团公司（以下简称"集团公司"）的战略框架体系明确提出了中国航发运营管理系统（AEOS）建设的重要任务。AEOS建设是集团公司落实习近平总书记指示要求的重大决策，是一场没有退路的管理变革，也是一项复杂、庞大的系统性、基础性工作。

航空发动机科研院所除了坚持自主研发体系建设，提升产品的核心竞争力，为了应对繁重的科研试验任务和落实成本工程考核要求，还必须在集团公司AEOS建设的指引下寻找新的突破口

和价值来源，逐步开展业务和管理数字化转型，向数字化、自动化、智能化的智慧院所转变。

为实现信息流、价值流与实物流等多维度、全方位的统一管理，需航空发动机科研院所将业务进行纵向整合与深度集成，深入挖掘和实时分析试验台综合效率数据，聚焦试验台的可靠性，重视试验台全生命周期的影响和管理。这样既可提升科研试验台的安全性，也可提升实物资产的价值，从而进一步提升服务保障科研任务的能力，为科研院所持续创造更多服务机会，同时也是建设一流航空发动机科研院所的必经之路。

（三）是提升动研所航空发动机科研试验台管理的需要

动研所试验台的特点是在全所固定资产当中占比较大，均为非标设备，国内数量极少，建设周期较长，功能、性能和具体组成各不相同，但分布在不同的试验区。试验台要求使用寿命较长，一旦开展试验工作周期非常紧。因此，试验台运维管理的好坏事关科研试验进展甚至型号研制成败，动研所迫切需要提升试验台运维管理水平。在传统的管理模式下，动研所在试验台管理方面做了大量的工作，单个试验台信息化程度较高。此前，动研所自主开发了固定资产管理系统，实现了固定资产的购置、维修、调配、处置等环节的信息化管理；建立试验数字化试验业务平台，为科研生产工作提供有力支撑。但使用传统手段开展科研试验台管理很难查看管理动态进展，科研院所的试验台维保工作容易流于形式，同类故障反复发生，很难从历史故障中吸取经验教训。此外，动研所的试验台实物资产正快速增加，但在维保管理、备件管理、故障管理以及相关数据与业务的融合等方面的管理薄弱环节依然存在，迫切需要对试验台进行管理提升，特别是需要对试验台运维管理进行数字化转型。

二、基于数字化转型的航空发动机科研试验台运维管理体系构建的内涵

动研所贯彻集团公司 AEOS 体系建设理念，以流程为牵引，以数据为核心，以组织为保证，以 IT 为手段，重新梳理试验台的维护保养、备品备件及故障等设备管理的业务流程，在原有试验综合信息管理系统、固定资产管理系统和物资供应管理系统的基础上，进行纵向整合与深度集成，运用信息技术并结合先进的设备管理方法，搭建了试验设备管理系统平台，将试验台设备数据与业务闭环融合，实现了试验台运维数字化管理，打通了试验台的信息流和价值流，为推动动研所跻身世界一流航空发动机研究所奠定了基础。

三、基于数字化转型的航空发动机科研试验台运维管理体系构建的主要做法

（一）统一试验台管理思路，明确数字化转型总体框架

1. 对接集团公司 AEOS 体系，统一试验台管理思路

中国航发集团公司在建成世界一流航空发动机集团的道路上，部署的战略体系当中，居五大工程之首的就是推进 AEOS 体系建设。这其中的产品研发体系和生产制造体系又直接影响着集团公司的主业——航空发动机研制。航空发动机试验台管理属于生产制造体系的范畴。生产制造体系是关于科研生产运营业务流程的建立、运行、控制和持续改进的一整套管理规范，为科研生产业务流程提供了从体系架构到流程设计以及方法论的支撑。生产制造体系建设的主要内容是设计科研生产业务流程，制定科研生产流程运行规则，融入科研生产方法工具，充分利用信息化手段，规范科研生产业务运行，指导员工持续改进工作。

生产制造体系建设对试验台管理的主要指导思想有全员参与试验台管理、对试验台现场进行精益管理、流程驱动试验台相关业务、用最佳实践来指导试验台管理实践、由单个试验台小业务单元的自我管理促成科研院所试验台整体业务的自主管理，以此来实现和持续提升集团公司的主价值链和综合绩效。

2. 明确试验台管理提升目标，构建数字化转型总体框架

在明确试验台管理思路的基础上，为了达到最大限度地保障和提升试验台全寿命周期的价值目标，动研所重新整合了组织构架并调整了试验台的管理职能，采取综合管理、现场管理、安全管理、体系管理等多部门联动管理，实现了试验台归口管理、分类管理和使用管理的三级管控机制。根据集团AEOS生产制造体系指南，结合动研所实际情况，组织编制了研究所级的试验台现场管理指南和试验台管理实施细则，进一步梳理和规范了动研所试验台管理制度体系、流程规范和作业标准。

为了构建试验台管理的总体框架，动研所遵循24字方针："问题清晰、目标统一、多方学习、梳理流程、完善体系、边建边用。""问题清晰"是指立足现状，找准真正的问题所在，不得含糊不清；"目标统一"是指面对众多问题，甄别出问题的轻重缓急，把重点的紧急的问题作为突破口，要求统一思想，一致行动；"多方学习"是指不光向内部专家学习，也向集团公司兄弟单位和其他行业学习，吸取他们的经验教训；"梳理流程"是指针对试验台运维的维保、维修、备件购置等重要环节按AEOS管理体系对流程的要求进行全面的细化、优化、合理化并相对固化流程标准；"完善体系"是指针对试验台运维管理体系，反复讨论，不断完善，力争得到主要相关人员的认可；"边建边用"是指搭建运维管理体系和开发信息系统后第一时间安排验证、试用甚至使用，让试验台主要使用部门一道参与、一道发现问题，一旦出现问题，立即着手改进。

（二）优化试验台运维管理流程，规范维护维修管理

1. 梳理试验台维保工作流程，落实试验前预防性维修管理

梳理维保手册编制工作，奠定结构化基础。动研所试验台的分系统较多，组成复杂，没有哪两个设备的维护保养标准和要求是相同的。为了将试验台各个分系统的维保要求快速落地，整理和编制试验台全部的维保要求和规范显得较为重要。为了把保管归档的试验台设备维保资料变为试验台现场可直接操作的规范，动研所从三年前就已经全面启动试验台维保手册和规范的专项整理和编制工作，每个试验台现已将各个分系统、全部的设备维护保养要求和操作规范梳理成一本手册，并根据试验台的实际不断更新和完善。

统一维保要求格式，方便信息化管理。为了对100余本试验台维保手册的内容进行数字化、结构化的管理，动研所在对试验设备维保标准要求文件查看、征求试验设备相关人员的意见后，总结提炼出试验设备维保标准要求格式模板，编制出一套可将全部试验台维保手册内容进行统一管理的表单，该维保格式基本涵盖各种维保工作内容、标准要求和消耗备件辅材等，为将全部试验台的维保工作纳入信息化管理提供了便利条件。

梳理维保流程与逻辑，规范维保过程。试验台维保的主要过程包括维保规范制订、维保计划编制、维保实施及维保效果评价等环节。动研所在此基础上明确和规范了每个环节的输入、输出要求、活动描述、格式表单、交付物等内容。值得一提的是，动研所将维保工作的每一个流程、每一个环节的工作都落实到具体的责任人，实现了自动生成试验台年度全部维保计划的功能，并动态提醒和监督具体的维保工作计划。有没有做或有没有做到位，借助信息化手段均可及时找到责任人追责。此外，动研所还在维保流程中纳入试验台备件信息。如维保时试验台备件被消耗时，系统会自动计算分析当前库存，低于最低库存数量时系统自动将其纳入备件不足管理，自动将各个车台备件不足的信息推送给物资管理系统，这样供应采购部门可根据各试验台备件需求第一时间做采购备件准备。按此要求和做法可对试验台维保过程进行全面的管控。

加强维保过程监督，进行动态评价。考虑到维保过程的特殊性，动研所在维保数字化的构建

阶段就采取了一系列的监督或评价措施。试验台的维保过程运用审批流程进行管理，每一项维保活动均需要有人校核，消耗了备件辅料的需要如实记录，发现了设备问题或故障的也应及时反馈，等等。维保活动均需要详细地记录具体日期和时间，方便利用试验台现场监控系统进行反查核实。此外，按要求开展维保工作的试验台或部位也不应当频繁出现故障。

2. 统一试验台运行过程监控，掌握试验中设备的实时状态

前期动研所已经投入大量资金建成了TDM（试验数据管理系统）系统，该系统实现了试验数据的结构化管理，为数据的有效利用提供了基础保障。动研所试验台都在试验区，与园区网物理隔离，通过整合、研判试验台设备参数，实现了办公区监控试验台运行状态参数和运行时数的实时管理。通过整合试验台的资产属性，可以动态掌握试验台的维护、维修、停用、在用和报废等状态。再结合试验台的类别属性，可以动态查询和展示各个试验台的实时运行状态。动研所将全所各个试验台的试验设备状态进行了统一的管理，实现了对试验设备状态的在线监测，将设备运行状态关键参数、历史数据及变化趋势与设备正常使用的参数限制值进行对比，可及时提醒设备异常情况。

3. 优化试验台设备排故流程，规范试验后的故障管理

加强试验台维修类型管理，减少故障或缩短排故时间。航空发动机试验台多为复杂系统，一旦出现故障，会给科研生产工作带来较大影响。动研所除做好预防性维修、预测性维修工作，以尽量少出故障外，同时针对事后故障，规范了动研所自行维修的流程，简化了外委维修的审批流程，减少了试验台故障排除的等待时间。

建立特征参数评价标准或模型，提取共性故障现象。试验台历史故障信息对试验台的建设、改造、使用和维护有着不可或缺的作用。动研所加强了对试验台历史故障信息的收集与整理，对故障原因进行分析，对同类故障的共性特征现象进行了归类，从而初步建立了典型试验台特征参数评价标准和故障模型，其中较常见的是设备特征参数的上下限报警值，较为复杂的是同一故障对应多个故障现象的关联关系。

落实日常点检工作，动态掌握试验台重要特征参数。通过自主维护和日常点检、由设备专门检查团队巡检、例行检查活动甚至实时在线监测重要的试验台设备特征参数，并结合前面初步建立的试验台特征参数评价标准或故障模型，分析与判断是否存在试验台设备隐患和缺陷。如机械故障会以不同的振动频率与频谱图体现出来，结合振动评价标准或故障模型可得出设备潜在故障的原因。润滑油是旋转设备的"血液"，通过定期采集油样进行试验分析或在设备润滑油路中增加油液监测传感器在线监测等技术分析，可得出润滑油或设备的使用状态。

记录排故过程信息，总结并形成故障知识库。试验台的故障信息需被完整记录下来，特别是形成故障的重要原因、经过验证的排故措施等，都十分重要。动研所把试验台的每一个故障现象、排故过程及排故效果都进行了结构化、规范化处理，按统一格式要求从排故的流程中自动提取数据，自动搜集分类故障信息。该类信息动态、完整地被保存起来并形成知识库十分必要，可方便后续随时调用与举一反三。

优化试验台设备排故流程，验证试验台维修管理效果。试验台设备排故的流程本质上是一个闭环管理的过程。输入的是故障现象，输出的是故障排除的效果，这其中包含故障现象分析、判断故障类型、确定故障解决途径，内部排故时涉及无备件的还需启动紧急采购程序等，又由在输入输出过程中形成的故障数据知识库将输出输入闭环起来。这其中的关键做法是将试验台设备排故的过程信息完整准确地存留下来进行比对。经过动研所较长一段时间运行，试验台排故的流程逐步得到了优化并显示出积极的效果。

（三）获取试验台状态信息，奠定数据基础

1. 制定试验台管理工作的数据标准

动研所按照"规范统一、高效利用"的原则，结合试验台全生命周期的管理过程和新研型号航空发动机的试验要求，组织设计、仿真、试验、测试、标准化和信息化等各部门试验业务相关的专家作为标准编制团队，综合考虑航空发动机整机、压气机、燃烧室、涡轮和系统等不同专业的试验特点，制定了一系列试验台数据管理标准，明确了试验设备参数符号的命名方式，并综合考虑型号研制的不同阶段及军民用产品的不同种类，制定了试验台及子系统命名标准规范，为试验台设备数据的采集分析和统一管理提供了有力支撑。

2. 获取试验台设备动态典型特征参数

近年来，在技术改造信息化专项经费的支持下，动研所逐步开展了试验台信息化管理工作，建立适应当前工作需求的试验台统一的数据源，初步对试验台结构化和非结构化数据进行统一搜集和集中管理。实现了试验台维护和使用过程所需信息规范记录，也实现了包含全部类型试验台数据采集和统一格式入库，将试验台的设备数据科学、有序地管理起来，以方便试验及相关数据的利用。从数以万计的数据当中将具体试验台典型特征参数——正确地表达出来是一项有难度也有挑战性的工作。动研所得益于前期扎实的工作和先见之明，提前考虑和解决了试验台设备数据结构化问题。

3. 融合试验台设备资产的台账数据

动研所自行开发的固定资产信息管理系统实现了重点对试验台设备的基本属性和基本状态进行动态数据管理。通过访问该系统，可以动态掌握试验台的维修、停用、在用和报废等状态。在此基础上搭建新的数据模型，自动收集、整合试验台维修故障与备件购置数据，实时补充更新试验台故障数据库和备件数据库。

（四）搭建试验台管理信息系统，闭环管理设备数据

1. 利用自主开发软件平台构建试验台运维管理系统架构

为了节约大量的资金投入，动研所尽可能利用现有系统数据及平台，实行了自主开发，通过与TDM系统集成开发，实现动态获取试验设备使用状态及运行时数等关键数据，再结合动研所实际采取"边建边用、逐步完善"的总体方针，按照优先级，集中力量优先解决主要问题，逐步完善系统。在此基础上，打通了TDM系统、门户系统、科研项目管理系统、固定资产管理系统和物资供应系统的数据交互和共享，搭建了试验台维护保养功能模块、备件管理模块、故障管理模块及试验现场管理模块等，实现了试验台数字化的运维管理。

2. 实现试验台设备和系统之间的互联互通

动研所借助工业互联网技术，实现设备和系统之间的互联互通，搭建统一的信息化管理系统，对采集的数据进行分析，在线监测设备状态，并通过将分析数据和历史数据进行对比，建立优质服务型试验台运维体系。

动研所通过定义统一的数据传输协议，将设备端的测试系统与管理端的试验数据管理系统进行集成，实现了设备和系统之间的数据实时传递，能够实时、准确记录设备的主要特征参数，并经综合分析处理后得到设备开机时间、运行时间及使用状态（如停机、试验、维保、故障等）等数据，也为在系统中进行统一管理打下基础。

3. 建立试验台设备统一管理信息化系统

根据系统建设之初的需求，动研所仅设计实现试验设备的维护保养管理，选取两个样板车台的系统数据试运行，接下来逐步扩大到全所九个典型车台推广使用，直到现在覆盖全所试验部门

的所有车台，逐步推进。在设备的维保信息管理方面，对全所试验设备年度维保计划进行管理，实现了维护提醒、维护跟踪、维护验收与记录存档等；通过将维护保养手册、点检及巡检的工作要求内容细化到系统中对应的设备，实现了维护、保养、点检等工作的自动提醒，并能给出操作细则提示，使相关领导和管理部门对执行情况一目了然；通过对设备的备件信息进行统一管理，实现了全所设备的备件库存、分类、消耗和借用等情况的汇总查看，结合设置的最低备件库存数量，可对备件补充情况进行自动提醒。经过三年的应用和不断改进，达到如今系统涵盖了试验状态数据管理、试验维保数据管理、试验现场管理、备件辅料数据管理、故障数据管理、试验台资产台账管理、统计分析及决策等主要业务功能。实时准确的量化数据，为试验台管理人员实施监管、及时有效掌握试验台的使用情况、方便及时调配资源、量化考核提供基础数据支撑，并通过统计分析及辅助决策功能，为领导提供决策分析依据。

4. 挖掘数据价值，提升试验台管理工作质量

通过对设备实时采集数据的监测和分析，能够得出设备的闲置率、维修频次、维护频次和故障率等信息，并与系统中的历史数据进行对比，从而实现试验台运维工作的闭环管理，比如：利用维保阶段收集和汇总的试验台故障信息，可以帮助试验台在新建或适应性改造的过程中提前规避可能存在的风险，避免选择故障率较高或者质量问题较多的设备型号和品牌；依据设备故障发生的部位和频度等信息，可以指导动研所优化改进维保规范和使用说明书；等等。通过闭环管理，深入挖掘了试验台管理过程中数据的价值，进一步提升了试验台运维工作的质量。

（五）建立试验台管理组织和制度体系，强化试验台全面保障

1. 确定科学合理的组织职责，提供人员支撑条件

试验台全生命周期中的规划、设计、建设、应用和运维阶段涉及不同的专业和业务域，动研所在组织机构的调整过程中，将研究所的发展计划部门作为试验台规划的负责部门，发动机试验研究部门作为试验台设计和应用的负责部门，资产建设与管理部门作为试验台建设、运维管理的负责部门，动力能源管理部门作为试验台设备技术管理部门。通过明确各个阶段的责任主体，使整个管理体系在运转过程中责权明确，并在此基础上确立了资产建设与管理部门作为试验台管理的归口部门，避免了各部门分散管理，简化了管理流程，提高了管理效率。另外，动研所成立由试验台管理部门、技术部门和使用部门、安全质量监督部门、信息化部门人员组成的管理提升团队，负责推进试验台管理提升工作。

2. 建立体系化规章制度，规范试验台全周期管理

动研所依据业务架构和职责分工，引用国家、国防、集团相关法律法规，搭建了体系化的规章制度。通过《动研所固定资产投资管理办法》对试验台项目的立项、可研、初设、实施、验收等全流程进行了规范；通过《动研所物资采购管理办法》对试验台项目所需物资采购流程及要求进行了规范；通过《动研所外包管理办法》对试验台运维外包流程及要求进行了规范；通过《动研所合同管理办法》对试验台物资采购及外包等合同的订立、审批、履约等方面进行了规范；通过《动研所固定资产管理办法》对试验台的使用、维修、清查、处置等方面进行了规范；通过《动研所设备管理实施细则》对试验台的日常管理进行了规范；通过分管部门编制的相关标准对试验台的基础管理和设备技术管理进行了规范；通过各试验部门的操作标准和表单进一步规范了试验台使用和维护人员的日常培训工作。试验台运维管理过程中依据制度、流程和规范产生的主要数据由管理信息系统自动统计形成。

3. 加强试验台资产清查工作，实现试验台资产规范管理

试验台作为一项重要的固定资产，以折旧方式随着科研生产逐步转入动研所成本，其管理水平直接影响动研所的运营与发展。为使其发挥应有作用，产生最大价值，动研所建立了固定资产管理制度，建立了固定资产数据库，规范了固定资产管理流程，对试验台固定资产的购置申请、验收上账、资产变更、资产维修、资产调剂和资产处置等全过程进行了动态化的管理。除此之外，动研所每半年组织对试验台实物资产进行一次全面清查，适时摸清家底，掌握资产使用及完好情况，确保试验台资产要素齐全和账实相符。

四、基于数字化转型的航空发动机科研试验台运维管理体系构建的实施效果

（一）建立试验台数字化管理体系，有效提升试验台管理能力

动研所在搭建新的组织架构和优化试验台管理流程的基础上，自主开发的科研试验台运维管理体系改变了传统做法，将试验台管理业务进行了数字化管理，为各级管理层提供实时、准确的决策数据支持，极大地提升了动研所的综合管理效率，降低了管理成本。同时，自主构建运营管控平台为动研所培养了一支强有力的信息化开发团队，实现了管控业务应用系统的自主开发和运维保障，极大地提高了试验台管理信息化支撑能力。

基于自主开发的试验台信息化管理系统，动研所目前共计建立试验台年度重要维保计划2475项。2019年相比2018年，试验台维护保养操作细则的执行率提升35.2%；试验台利用率提升27.1%，冲突率降低40.5%；试验台总体完好率从70.2%提升到91.3%；维修周期缩短15%。由于加强了试验设备的维保工作，设备及时得到相应的维护，有力地促进了设备完好率的提升。

（二）实现试验台规范化管理，提升固定资产管理价值

动研所自主开发的试验台管理平台通过在线实时管理试验台的安全、环保、消防、计量、维保、故障等方面的规范或数据，进一步提升了试验台的安全性、可靠性和经济性，为开展科研试验任务留出了更多的时间。实现了试验台设备管理水平的提升，动研所各管理层可动态掌握试验台的状态，及时发现相关问题，从而快速响应和决策，促进了核心国有资产保值升值。

动研所近两年逐步把全生命周期管理体系应用到试验台的设计改造和维护中，为现代化试验台实现通用性、自动化、智能化提供了硬件保障。试验台使用统一的设备备件库、标准和品牌，增强了维护性和操作性，备件库存降低了50%，动研所试验台维修次数呈现下降趋势。

动研所的试验台管理体系同样也适用于其他有重要实物资产的科研院所和企业，采用这种将实物资产管理与价值管理相结合的做法，同样可提升固定资产的价值。

（三）保障试验任务出色完成，促进经济效益和社会效益提升

动研所在集团业绩考核中连续两年名列榜首，并先后获得"建军90周年阅兵演习装备保障先进单位"、国家"高技术武器装备发展建设工程突出贡献奖""国防科技创新团队"等奖项和荣誉称号，多次集体立功和受嘉奖，在提升经济效益的同时，社会效益也得到有效提升。

尽管动研所的试验台运维管理已经踏上了数字化转型的道路，但仍在完善当中，有些数据利用仍不充分，后续将深入对接物资供应系统、深入分析试验台故障信息等，不断挖掘试验台数据的价值。

主　创　人：高　洁、李海平
参与创造人：杨　飞、黄生勤、周彬潇、乔有慰、彭小勇、龙合良、董德伟、曾培能、成盛多、陶建军

大型军工企业基于业财融合的科研经费管理体系建设

江麓机电集团有限公司

江麓机电集团有限公司(以下简称"江麓集团")始建于1958年,地处湖南省湘潭市,其前身是创建于19世纪的汉阳兵工厂。江麓集团是中国兵器工业集团有限公司(以下简称"兵器集团")旗下的国有独资企业,是国家大型一类骨干企业、国家重点保军企业、国家技术创新示范企业、湖南省高新技术企业。经过60余年的发展,江麓集团已成为集特种车辆、综合传动装置、电器电控和建筑工程机械等装备研发、制造和进出口业务于一体的国家大型综合性机械制造集团和产研基地,具有较强的核心竞争力和可持续发展能力,为我国国防建设事业和经济社会发展做出了重大贡献。

2019年,江麓集团资产总额达35亿元,实现营业收入33亿元,利润首次突破2亿元大关,在研科研项目121个,发生研发支出1.5亿元。年末从业人员3000余人,其中科技人员近500人,财务人员60余人,财务部门内设项目科等科室,其中项目科负责与科研部门直接对接科研经费管理工作。

一、大型军工企业基于业财融合的科研经费管理体系建设的背景

(一)是履行强军首责核心使命,打造世界一流防务集团的需要

党的十九大明确了新时代"三步走"的强军目标,到21世纪中叶要把人民军队全面建成世界一流军队。兵器集团作为维护国家国防安全的战略性团队,其定位要与军队现代化建设的进程相一致,加快构建有效支撑世界一流军队建设的先进兵器工业体系,成为世界一流的防务集团是目前的重中之重。江麓集团作为兵器集团的一员,有践行强军首责和为国防建设服务的责任。要助力兵器集团打造成为世界一流防务集团,江麓集团必须紧跟兵器集团发展步伐,克服科研项目管理粗放、研发效率较低、科技创新活力不足等短板,积极构建基于业财融合的科研经费管理体系,不断提高科研项目精细化管理水平,优化资源配置,充分利用有限的科研经费,激发科技创新活力,提高科技创新水平。

(二)是提高企业市场竞争力,实现可持续发展的需要

江麓集团虽然在产品研发、科技创新等方面取得了一系列显著成就,但是随着军民融合发展上升为国家战略,不同所有制的优质企业进入军事装备领域,加剧了军品市场竞争。由于长期的行业垄断、缺乏适度竞争等原因,军工企业面对新形势、新挑战,已逐渐暴露出科研项目管理方面的不足,而军工企业的科研经费管理水平是反映军工企业科研项目管理水平的重要标志之一。因此,要适应装备竞争性采购和武器装备价格改革的发展大势,江麓集团必须优化科研经费管理体系建设的工具和手段,规范和加强公司科研经费管理,提高科研经费运行质量,缩短科研产品的更新换代周期,促进科研项目开发效率和成果转化率提升,增强企业市场竞争力,为公司可持续发展奠定良好的基础。

(三)是加速财会工作转型,促进企业高质量发展的需要

近年来,随着创新驱动发展战略的深入实施,国家不断加大对科技创新的投入力度,江麓集

团承研的科研项目快速增长且复杂多样,这对公司的科研经费管理水平提出了更高的要求。面对科研经费基础管理较薄弱、信息传递不及时、业务与财务脱节、预算执行偏差较大等问题,如何做好科研经费管理工作,保证公司科研任务完成,实现高质量发展,已成为江麓集团经营管理的重要任务。

加强财务管理与监督是做好科研经费管理的保证,并且财务管理与监督应贯穿于科研经费管理的始终,科研项目从申报、实施到验收的全过程都必须有专业的财务人员参与,科研经费财务管理由事后管理转变为事前、事中、事后全过程跟踪管理已迫在眉睫。因此,只有建立全面、系统、规范的基于业财融合的科研经费管理体系,助推业务与财务深度融合,才能高效准确地整合与分析科研数据,为公司科研相关决策提供精准的依据,才能控制科研经费使用,优化内部资源配置,促进公司高质量发展。

二、大型军工企业基于业财融合的科研经费管理体系建设的内涵

业财融合是财务、业务、信息技术的三位一体,其通过业务管理和价值记录的连接和分析,促进价值流和业务流的无缝衔接,实现价值反映、业务活动和资源统筹的闭环管理。基于业财融合的科研经费管理体系建设的内涵,是以业财融合理念为指导,以精益管理为抓手,以信息化系统为手段,以组织、人力、资金和制度为保障,着力于科研经费的全过程管控。围绕促进财会工作转型、提高科研经费管理水平和科技创新能力、促进企业可持续和高质量发展的目的,江麓集团外聘和自主开发信息化管理工具,提高科研经费管理水平;加强财务前端介入力度,提高科研经费预算合理性;强化过程控制,减少科研经费预算执行偏差;开展结题评估工作,促进科研经费管理规范化;全方位完善保障体系,助力科研经费管理提质增效。

三、大型军工企业基于业财融合的科研经费管理体系建设的主要做法

(一)利用信息化管理工具,提升科研经费管理水平

1. 构建科研项目管理平台,推进科研经费管理可视化

业财融合离不开数据的支持,及时精准的生产经营决策亦需要公司将财务数据与研发、生产等业务领域的数据进行有机结合和分析。为了更好地利用信息化手段开展科研项目管控工作,提高数据传递速度和共享程度,助推科研领域的业财融合向纵深发展,江麓集团研发管理部、信息中心及财务会计部通力协作,并外聘专业单位进行个性化开发,经过几年的准备和测试运行,科研项目管理平台已正式上线运行。

该科研项目管理平台囊括科研项目经费预算、实施计划、完成情况及经费使用情况等相关信息,加快了科研项目数据传递的效率和准确性,这不仅有利于对科研经费使用情况进行系统的查询,还能对预算执行进行跟踪管理,使科研项目技术负责人和财务负责人对科研经费预算编制和执行情况有更直观的了解,推进了科研经费管理可视化,有利于尽早发现经费管理与使用过程中出现的问题,并针对存在的问题及时采取措施,降低管理成本,提高科研经费管理水平。

2. 上线资金预算管理系统,强化科研经费管控

江麓集团的资金预算管理系统于2018年正式上线运行,该系统上线前,公司一直由财务人员手工管控资金预算,但因公司分支机构和预算管理层级较多、业务结构较为复杂,手工管控难以确保精准、实时掌控数据流。资金预算管理系统上线后,江麓集团的财务共享服务平台整合了业务申请系统、费用报销系统、资金管理系统和预算管理系统等模块,可以将资金预算数据导入平台,摆脱了手工管控资金预算的方式,报账、付款情况也可以通过该系统实时跟踪。在此背景下,江麓集团的全部科研报账、付款业务皆由业务人员在财务共享服务平台上提交相应单据,财务人

员按照公司制度规定严格审批，对于不符合要求的单据予以驳回，对于符合规定的单据审批通过后系统自动生成财务凭证。公司利用信息化手段在科研费用报销或付款之时就可通过预算审批、资金控制和预算预警，实现对科研业务进行管控，加强了事前和事中控制，实现了"关口前移"和"三流"（业务流、资金流、信息流）的高度统一，确保了科研经费的安全和有效使用。

在资金支付审批方面，江麓集团精细化审批权限设置，对不同业务性质和金额的资金支付，根据分类分级设置审批边界和权限实行线上规范操作，既控制了风险，又简化了审批程序。

3. 自主开发信息化模块，提高科研经费管理效率

在开展基于业财融合的科研经费管理体系建设前，江麓集团科研项目基础财务数据主要通过"金算盘"等财务软件或者EXCEL电子表格获取。但是由于重大科研项目研究周期较长，而"金算盘"的财务账套一般不跨年延续使用，导致科研项目历年发生的研发支出数据无法在金算盘软件中一次性调取，影响了财务人员掌握、比较和分析数据的效率。另外，由于江麓集团采取的是二级核算的财务核算体制，一些未在金算盘软件中体现的科研数据如工时、材料费明细等一般分散在各个生产单位的电子表格中，靠人工去按月汇总不仅工作量庞大，而且容易出错。

鉴于江麓集团科研经费财务管理的实际需要，财务会计部联合信息中心，共同开发了科研项目基础财务数据信息化模块，该模块不仅涵盖了材料费、工资及劳务费等13个科研成本明细科目，还涵盖了科研项目工时、材料费明细等重要基础数据。通过该模块，财务人员不仅可以实时获取科研项目历年的研发费用实际数和工时数，也可以按月将各二级单位的科研材料费明细逐一导入，等到验收审计需要相关资料时再一键导出即可。这不仅极大地提高了财务人员的工作效率，也提高了数据的准确性。

（二）加强前端介入力度，提高科研经费预算合理性

科研经费预算编制是科研经费管理与使用的首要任务。一直以来，江麓集团的科研经费预算编制主要由技术部门负责，科研人员极少与财务人员就科研经费预算编制事宜进行沟通，预算编报存在"拍脑袋"的情况，预算管理流于形式。究其原因，主要是公司缺乏一套完整、科学的科研目标成本体系来指导科研经费预算编报，这导致在实际工作中，经常出现科研项目经费预算偏差大，又或是预算费用分解科目不科学，严重影响科研项目后续的过程执行和最终的财务验收。

江麓集团现在的科研项目经费预算编制是以科研产品目标成本为依据。在项目申报阶段，财务会计部全力配合科研部门开展相关的测算和分析工作，根据客户需求、竞争情况进行成本估算，制定项目目标成本，指导后续报价和成本预算编制。尤其是在竞争性采购和定价机制调整的情况下，项目成本成为科研单位取得科研项目的重要因素之一，因此有必要在项目申报时制定合理的目标成本，在目标成本内进行项目研究和预算编制，通过目标成本约束后续方案设计过程，在设计环节不断分解目标成本，各责任主体在分解目标成本内开展详细设计方案，超过目标成本的方案设计需要进行方案调整或目标成本调整，从而使目标成本预算影响详细方案设计和方案选择，避免成本预算单纯是根据业务方案被动和事后编制。在目标成本内，项目预算与业务方案联动，随着业务方案的不断细化，项目预算编制不断优化和调整，确保预算准确性。

此外，科研部门联合财务部门，加大了对科研项目预算数据的分析力度，对于同类科研项目预算数据进行总结分类，建立了相应的信息库，为今后类似科研项目的预算编报提供有效的数据支撑。财务部门通过加强与业务部门的协同工作，强化了前端管控，增强了科研经费预算编制的科学性和准确性，提高了科研经费管控水平。

(三) 强化过程控制，提高科研经费管理效益

1. 夯实费用归集基础工作，提高科研经费核算准确性

粗放的科研项目核算方式严重影响了费用归集的准确性，江麓集团通过科学界定科研项目经费范围和标准、制定科研项目编码、严格科研费用审批等手段，强化科研项目费用归集基础工作，提高科研项目核算的准确性。

一是科学界定科研项目经费范围和标准。军工科研经费的分类较多，各归口管理部门的经费管理要求又各有差异，承研单位必须按照军工科研经费的来源严格遵守各经费主管部门的管理制度及规定。如果缺乏统一的标准，就会加大公司实际操作中的难度；如果对政策理解出现偏差，将会导致在预算编制和执行中出现错误。为防范此类错误，江麓集团下发文件，对比列举了不同归口管理部门的标准和要求，加深了科研人员和财务人员对科研项目经费计价范围和标准的理解。

二是制定科研项目编码。原来的技术通知、生产计划、结算单据等通常未注明完整的科研项目名称，一般根据图号来判断所属科研项目。随着科研项目数量的快速增长，科研产品图号越来越多，且存在科研产品借用正常产品图号投产、同一大图号下的不同组别分属于不同的科研项目等特殊情况，根据图号归集费用容易出现漏进、多进或串项的情况。因此，江麓集团财务会计部针对每个科研项目制定唯一的编码，并要求业务部门从技术通知到生产计划再到结算单据都注明科研项目编码，财务人员根据科研项目编码归集费用，以减少漏进、错进现象的发生。

三是严格科研费用审批。江麓集团根据上级相关文件要求及科研项目预算，严格科研费用审批。要求业务部门领导在审批科研费用报销单据时对报销事项的真实性、合法性、准确性负责，把好科研费用报销审批的第一关。同时，财务部门严格督促业务部门及时按计划节点完成科研费用报销，并且严格审核标准，对于没有填写科研项目编码的科研费用和超定额领用的材料费用等不规范情况不予审批通过，杜绝漏进、错进、违规报销等现象。

2. 加强经费使用动态监督，减少科研经费预算执行偏差

在科研项目实施过程中，江麓集团的科研人员原只关注项目的开展进度，不太关注项目的财务执行情况，只有在被要求上报经费使用情况报告或是验收审计前才会引起重视。而财务人员仅是单纯地对发生的科研费用进行归集，无法充分发挥全面预算管理在预测预警、分析评价等方面的作用，造成研发费用实际支出与预算之间存在较大偏差。为纠正预算执行偏差，提高科研经费管理水平与使用效益，近几年江麓集团采取了一系列措施，加强了财务对科研经费的过程控制。

一是建立科研经费预算预警机制。研发管理部会同财务会计部对所有实施中的科研项目制定每一期间的预警标准，并对科研项目经费的使用情况进行定期跟踪了解和监督检查，及时掌握科研项目执行情况和经费使用情况，确保科研经费合理使用。当经费支出达到预警标准时，则对相应项目负责人发出通知，项目负责人接到预警通知后，需对报表中的实际发生数进行检查，如发现归集的实际数与预算数之间出现较大的差异，项目负责人需对差异出具分析报告，并及时改进。

二是建立科研经费例会制度。江麓集团根据自身的实际情况，建立了科研项目经费月例会制度。每个月由研发管理部组织财务会计部和其他相关部门召开一次例会，把科研项目进展情况、科研项目经费使用情况、科研项目目标成本压降情况等搬到台面上来，确保信息的畅通，使科研经费管理工作常常有沟通，处处有落实，减少科研经费预算执行偏差。

三是设置科研项目财务负责人。针对财务人员对科研支出的具体内容不甚了解，且难以持续关注并参与到项目实施的全过程等问题，江麓集团在科研项目团队中设置了项目财务负责人角色，使其从项目论证立项到财务验收全流程介入经费管理工作。项目财务负责人的职责不仅是进行项

目成本核算、编制各类报表、准备审计工作，还要代表公司的决策机构对项目经费使用效率进行指导和监控。

（四）开展结题评估工作，促进科研经费管理规范化

在科研项目验收审计时，公司相关人员原来大都是持应付的态度，只盼望着审计赶紧过关，不会去利用这个机会查漏补缺。验收结题后，相关业务人员会把对应的资料归档，大家的关注点都转移到尚未结题的其他科研项目，没有用联系和发展的眼光看问题，不能更好地总结经验教训，提升科研经费管理水平。

现在江麓集团高度重视科研项目的验收审计工作，积极抓住与财务、技术等方面的专家交流请教的机会，对专家们提出的意见和建议，结合公司的实际情况进行采纳和吸收。每个科研项目验收结题后，公司都会组织业务人员和财务人员开展结题评估工作并形成评估报告。报告不仅包含科研项目的研究成果完成情况、经费使用情况等，还会总结预算编制、执行以及项目验收时遇到的问题。不仅可作为以后类似科研项目经费预算编制的指导性材料，使评估结果与后续科研项目的申报工作挂钩，还可以重点研究存在的问题并在后续工作中逐步改进。通过不断地总结经验教训，江麓集团加快了前进的步伐，科研经费管控工作走上了规范化的轨道。

（五）全方位完善保障体系，助力科研经费管理提质增效

1. 持续优化组织机构，明确科研经费管理责权利

科研项目管理是一项复杂的系统工程，要确保科研项目顺利进行、科研经费规范使用，合理的组织机构是前提。江麓集团针对军工企业科研工作的特点，结合自身实际情况，在原"四师系统"的基础上，新增加了科研项目会计师系统。会计师系统负责对经费支出进行成本归集和相关财务业务，及时向项目负责人反馈相关信息，提出经费管理、使用建议，指导项目组科学编制经费预算，合理使用科研经费。

江麓集团遵循"按级负责，分工管理"的原则，明确了科研经费管理责任主体。研发管理部是科研项目经费管理和使用的主要管理部门，负责组织建立公司科研经费管理和使用体系；财务会计部负责科研项目经费使用过程的监督指导；相关科研部门是科研项目经费使用管理的责任主体，负责按审批下达后的预算合理规范使用本部门科研经费；审计部会同财务会计部、研发管理部每半年对项目经费使用的合规性、合理性进行一次检查，发现问题，总结经验，促进科研经费管理水平提高，防止违规违法使用科研经费；等等。通过明确责任主体，江麓集团形成了各部门高度配合的科研经费预算、执行全过程管控团队，促进了科研经费管理科学、持续、长效、可控。

2. 加强人才队伍建设，提升经费管理内生动力

江麓集团始终贯彻"事业吸引人、政策激励人、岗位造就人、培训提高人、情感留住人"的人才工作思路，积极采取措施抓好科技人才、创新型管理人才和精益管理人才的培养，助力科研经费管理水平持续提升。

一是加大宣传力度，提高员工科研经费管控意识。面对科研人员经费管理意识薄弱的问题，江麓集团充分利用江麓报、公司广播、公司内外网站、公司微信公众号等媒体平台，加大科研经费管理制度在科研技术人员及管理人员中的宣贯力度，提高相关人员的管控意识，为科研经费预算编制以及科研经费管理与使用奠定理论基础。

二是加强学习培训，提高员工科研经费管控能力。针对科研经费管理人才缺乏的状况，江麓集团通过下发《集团公司精益研发工作指导意见》等文件、举办"领导干部上讲台"公开课和专题培训班、开展科研劳动竞赛和技能比武活动等途径助力人才培养。

三是健全激励机制，激发员工科研热情和潜能。为加强公司人才队伍建设，引导和鼓励广大员工岗位成才，江麓集团设计并出台了《技术职务聘任办法》《管理人员职务评聘管理办法》等管理制度，为技术、管理等不同岗位设立了各自的职务发展通道，对全体员工实行全方位考评制度，打造了员工职业化发展机制。江麓集团采取项目负责人制，每年年初对项目负责人上一年度的表现进行综合评价，其中一项评价指标即为科研财务管理人员对项目负责人的经费使用情况进行打分，最后再根据综合评价结果进行项目专项考核，对表现优异的技术人员破格提拔和晋升技术职称，且每年对取得的重大科技成果按等级给予5000~30000元的奖励。以上举措大大增强了广大技术人员的自觉性、事业心，充分调动了他们的积极性和创造性。

3. 积极争取政策优惠，充盈科研项目现金流

科研项目经费是保证项目活动得以顺利开展的物质基础。目前我国军工企业科研项目投入大多采取立项审批制，由企业向军方或国家相关部委申请立项，经军方或国家相关部委批准后，根据研制任务分批拨付科研经费，不足部分由企业自行筹集资金解决。2017—2019年，江麓集团的自筹研发资金投入以8%左右的增长率逐年递增，到2019年已超过1亿元，这就对公司的现金流提出了更高的要求。为保证现金流充盈，江麓集团充分利用国家和各级政府的研发优惠政策，为科研项目的顺利开展提供充足的物质基础。

一是充分利用国家科研税收优惠政策。根据现有的研发相关税收优惠政策，江麓集团符合条件的主要是高新技术企业所得税税率减免和研究开发费用税前加计扣除政策。江麓集团财务会计部全力配合研发管理部进行每三年一次的高新技术企业认定工作，为公司争取高新技术企业资格，以享受减按15%（一般情况下为25%）的税率缴纳企业所得税的优惠政策。同时，公司着力推进各部门协同工作，改变了研发费用加计扣除税收优惠工作由财务部门"单打独斗"的局面，出色地完成了研发费用加计扣除工作。

二是多方位争取补贴资金。江麓集团财务会计部积极配合各业务部门，最大限度地争取国家、省、市及集团公司补贴资金。2017—2019年，争取到兵器集团"技能大师"建设经费60多万元，争取到各级政府补助400多万元，其中包含2018年度湖南省企业研发财政奖补资金80多万元。

4. 建立健全制度体系，形成科研经费管理长效机制

为切实提高科研经费管理水平，保证科研经费的高效、规范使用，江麓集团在认真贯彻落实国防科技工业局和兵器集团相关规定和制度的基础上，结合自身科研经费管理中遇到的实际问题，对原有的科研业务流程和管理制度进行了全面梳理，陆续新（修）订了《科研项目经费管理办法》等20多项与科研经费相关的管理制度和业务流程。同时对《科研项目核算管理办法》等10余项相关的财务管理办法进行了修订。

江麓集团通过不断地完善科研经费相关管理制度和业务流程，进一步明确了科研经费管理各环节的规范和标准，让事事有标准可循，人人按规范做事，形成了科研经费管理长效机制。

四、大型军工企业基于业财融合的科研经费管理体系建设的成效

（一）加速了财务工作转型，促进了各部门协同工作

加速了江麓集团财务人员由核算会计向管理会计转型的进程，财务人员从科研经费预算编制到成本费用归集，再到科研项目验收，最后到项目结题评估，真正做到了全过程管控，提高了为生产经营服务的质量。

彻底改变了过去科研项目经费管理中业务部门只关注总量、财务部门只负责核算不参与预算和过程管控的脱节现象，做到了事前主动谋划，执行过程中精细核算、统筹管理，促进了各科研

相关部门之间的沟通交流，充分发挥了"五师系统"在科研项目管理过程中的作用，控制和优化了科研项目成本，提高了科研项目风险控制能力，各部门之间的协同工作也达到了新的高度。

（二）促进了科研管理水平持续提升，经济效益明显

自管理创新项目实施以来，科研项目数量、研发费用总额、获得国拨资金金额以及新产品收入都出现了较大幅度的增长。2017—2019 年，公司科研项目数量年平均增长率为 16%，研究开发费用总额年平均增长率为 38%，获得国拨资金金额年平均增长率为 76%。

一方面，通过基于业财融合的科研经费管理体系建设，江麓集团科研项目管控水平显著提升，项目承接研制能力明显增强，为争取更多的科研项目以及国拨资金奠定了基础。另一方面，江麓集团通过充分利用研发税收优惠政策和积极争取补贴资金，为加大科研自筹资金投入创造了难得的条件，充盈了科研现金流。2017—2019 年度研发费用加计扣除应纳税所得额分别为 3800 万元、6400 万元、7300 万元，共计为公司节约企业所得税 4000 多万元。

随着管理创新项目的推进，江麓集团科研项目研发效率明显提升，研发周期明显缩短，技术创新成果不断涌现。2017—2019 年，多项科研项目成果转化为生产力，得到了部队的批量订货。近三年新产品销售收入累计近 30 亿元，且新产品收入呈逐年增长趋势，这充分说明江麓集团的创新能力和科研产品生产能力在逐步提升，公司呈稳健发展态势。

（三）提升了政治占位，增强了企业的社会效益

江麓集团始终牢记自身作为军工企业的责任和使命，主动适应经济发展和武器装备建设的新形势，狠抓重点科研和关键技术研究，深入推进基于业财融合的科研经费管理体系建设，在新产品研发、工艺优化与创新、信息化建设与数字化工程、技术保障等方面取得了突出成绩，完成了一批具有较高技术水平的科研项目，并顺利通过了项目验收审计。其中，多个科研项目获得科技奖项。

江麓集团通过基于业财融合的科研经费管理体系，有力保障了科研项目研制任务的顺利完成，在军械装备研究和生产领域展现了新作为，圆满完成了各项军事演习、国际军事比赛和阅兵保障等重大任务，并取得了优异的成绩，为国家的安全保障做出了重大贡献。例如，出色完成了"中国人民解放军建军 90 周年阅兵""国际军事比赛""装甲与反装甲日"等重大政治任务，高质量完成了党和国家交给的神圣使命，受到了陆装、空装、兵器集团的充分肯定与表扬，为工厂赢得了荣誉。

主　创　人：阎维琳、刘岳名
参与创造人：苏　强、谭永耀、王闽军、欧阳惠明、祝　倩、曾　真、
　　　　　　谢　晖、丁　卉、熊　旺、申　思

中小民营医药企业项目开发的管理创新

湖南欧亚药业有限公司

湖南欧亚药业有限公司（以下简称"欧亚药业"）成立于2007年11月22日，主要从事生物医药原料药及中间体的研发与生产，是一家集科研开发、产品制造和个性化营销于一体的生物医药高新技术企业。目前有在职员工80余名，拥有超20人的专业研发团队，企业一直致力于肿瘤、心脑血管、乙肝、曲坦类产品中间体等几大系列产品的研发和生产，部分产品市场占比超过60%。

在激烈的市场竞争背景下，欧亚药业一直非常重视产品研发，每年研发投入均占销售收入的8%左右。欧亚药业拥有自己的技术研发中心，大型仪器设备先进，科研技术力量雄厚，测试条件较为成熟，现已拥有发明授权18项，并有多项新申请发明专利已获得受理。

欧亚药业按照"调整创新，跨越发展"的总体要求，始终秉承"以人品创造企业，以品质创造未来"的企业理念，发扬"爱岗敬业求卓越，实干奉献争一流"的企业精神，开拓出一条"特色治企、专业强企、品牌利企、文化兴企"的发展之路。欧亚药业将着力于进一步建立完善现代企业管理模式和高效的制药企业决策管理机制，充分发挥员工积极性，力争把欧亚药业打造成为中国医药原料药市场的一流品牌。

一、中小民营医药企业项目开发管理创新的背景

（一）是贯彻国家《"健康中国2030"规划纲要》的需要

国家"十三五"规划全面提出"健康中国战略"，而作为健康行业的医药板块，无疑是大行业中需要率先变革转型的先驱模块。近年来，国家不断密集出台相关医药政策：仿制药质量和疗效一致性评价、MAH（药品上市许可人制度）试点、创新药品优先审评、原辅料关联审评、"4+7"带量采购试点。系列医药政策的改革推行，也明确了国家促进药品创新、提高药品质量疗效、降低药品价格的决心。

《"健康中国2030"规划纲要》指出：要坚持以人民为中心的发展思想，牢固树立和贯彻落实创新、协调、绿色、开放、共享的发展理念，坚持正确的卫生与健康工作方针，坚持健康优先、改革创新、科学发展、公平公正的原则，以提高人民健康水平为核心，以体制机制改革创新为动力，从广泛的健康影响因素入手，以普及健康生活、优化健康服务、完善健康保障、建设健康环境、发展健康产业为重点。

纲要在促进医药产业发展方面还指出：要完善政、产、学、研、用协同创新体系，推动医药创新和转型升级。加强专利药、中药新药、新型制剂、高端医疗器械等创新能力建设，推动治疗重大疾病的专利到期药物实现仿制上市。医药企业在产品开发上必须依托政策要求，把握国家政策方向，进行管理创新，才能在产业变革发展中实现弯道超车。

（二）是解决民营医药企业发展的痛点、难点的需要

一直以来，中国药品开发同质化严重，低水平重复，是医药行业的一块心病。近年来国家多次发布药品过度重复目录，旨在警示企业调整产品结构，更新产品目录，合理选择项目。从2014年公布的94个重复药品目录数量，到2016年的200多个，目录中产品数量的大幅度增长透露出

两个问题：一是企业热衷于普药的"低水平、同质化"生产和销售，无心新药开发；二是国家的创新药品扶持政策没有实质性推进，研发环境依然不成熟。

原料药原本是我国医药产业优势所在，在20世纪90年代，伴随着全球产业转移，我国原料药以成本、规模取胜，迅速在国际市场占有一席之地，同时也率先进行境外认证，开始了国际化之旅。然而在过去的近30年中，我国原料药尽管在大宗传统品种上占有大多数市场份额，成为全球原料药生产供应基地，但是被欧美等高端市场认可并拿到注册认证的企业却并不多。要想拿到高端市场认证资格，不仅要有符合高端市场认证要求的各种文件，更要有符合CGMP标准的生产线，最后还要通过严格的现场检查才能获得资格。这对于大多数原料药企业来说，是一笔不小的投入，一般的中小企业根本承担不起。由于大部分重复低水平原料药产能过剩，出口和内销均竞争激烈，且产品同质化严重，价格就成了唯一的竞争手段，大宗原料药的利润基本维持在4%左右，中小规模企业生存压力巨大。

新药研发的投资大、周期长、失败率高，医药企业，特别是民营医药企业由于自身资金和规模的局限性，无法承担如此大的风险，而不能介入新药的独立开发。对于这部分企业而言，企业产品结构的构建和项目管理创新的方向无疑是和企业的发展、存亡直接相连的，没有选到好的有竞争力的品种，没有快速推进实现产业化，就会在残酷的同质化市场中被逐步淘汰。所以必须在管理上求变，通过企业项目管理思路的创新，引领企业走出困局，解决发展难题。

（三）是解决患者用药、振兴民族医药的需要

我国是目前世界上发展最快的医药国之一，现已成长为制药大国，但制药大国不等于制药强国，老百姓的用药问题一直存在：一边是廉价救命药的停产短缺，一边又是高价药的同质化激烈竞争，产能浪费；中国患者使用新药平均要比欧美患者晚5~7年，国内低水平仿制药与原研存在巨大差距，药品安全无效不能救病治病，对患者造成极大的伤害；国内大品种市场被原研企业占据，国内民营企业只能瓜分不到30%的市场份额。没有上市药品的充足市场支撑，企业也不会有更多的资金投入研发，这无疑进一步拉开了与欧美制药企业的差距，民族医药的发展进一步受到压制。

要改变现状，不仅要有国家政策的引导支持，更多地需要医药企业寻求管理的创新，合理布局产品，避免扎堆的低水平仿制，精准实施品种立项，创新管理，提高研发效率，更加经济有效地完成产品研究注册审批。只有占据行业主导的民营药企得到长足稳定发展，患者用药难的问题才能解决，中国民族医药才能崛起，中国才能真正成为医药强国。

二、中小民营医药企业项目开发管理创新的内涵

欧亚药业以管理创新推动技术创新为战略方向，坚持不盲从市场，力争引领市场的原则，以加快仿制研发、工艺创新和关键技术开发，推动首仿、特色化学原料药、关键医药中间体创制为目标，通过优化企业项目架构与体系，提高人才队伍素质，引入科学有效的项目创新管理理念与工具，推进校企合作与第三方科研机构合作，合理配置研发资源与产业化进程分工，提升技术创新效率及产品产业化成功率，完成企业研发管理的跨越发展，推动企业持续转型升级，促进地方经济发展。

三、中小民营医药企业项目开发管理创新的主要做法

（一）优化企业管理架构与体系，提高人才队伍素质

1. 优化管理架构与体系

医药项目开发管理是涉及多个层级，关联5个大部门（研发、质量、生产、物供、商务），并可能涉及外部合作、审批的复杂工作，而各个部门除去对项目开发管理的支持性工作，还要承担

日常工作，建立一个清晰的工作流程，明确分工、高效沟通是顺利完成开发项目的保障。

企业原先的组织架构中质量人员全部归属于生产质量部门，参与研发项目的人员不能固定，对研发项目的支持不能延续，生产模块没有固定的转移放大团队，项目衔接的针对性不强，对后期商业化生产可能带来隐患。为优化推行落实项目开发管理创新工作，欧亚药业组建由研发部牵头，质量部、生产部、商务部主要负责人参与的项目管理创新小组，在企业范围内组织推行项目创新管理工作，对项目开发流程、企业架构进行针对性调整。

企业专门梳理制定了新版项目管理规程，对项目执行过程全流程进行详细规定，同时对重点注册项目流程进行单独规定，要求涉及部门落实流程培训；根据项目管理流程的新要求，更好地保障项目的延续性与稳定性，对部门架构进行调整，抽提出专门的质量研发组和中试放大组服务于项目开发，并对现有人才进行盘点归类，进一步优化组织。

2. 引进专业技能人才，加强人才培养

加强对技能人才的引进和培养，不仅是推动企业高质量发展的现实需要，也是厚植技能人才成长土壤、营造尊重技能人才氛围的必然要求。必须更新观念，做好人才盘点与团队建设，重视对技能人才的引进和培养，从而为企业转型升级提供可靠支撑。

企业实施人才盘点的操作流程如下：第一步，基于战略目标，规划未来人才需求。这一步的核心目的是识别未来3~5年的战略对人才的需求，同时也是评估3~5年的实施战略是否可行的过程。首先，结合未来1~3年战略要求，判断现有的组织架构和角色分工是否需要做调整、哪些角色至关重要，明确组织架构、关键角色以及对人的需求。其次，结合战略和组织架构的要求，评估当前的人才数量、质量存在哪些差距，是否可以满足未来业务的需求。

第二步，界定关键战略岗位。在关键战略岗位识别中，需要确定哪些岗位对战略实现的重要影响力。关键战略岗位通常占企业职位总数的15%~20%，对于关键岗位的识别，需要考察岗位价值和对战略实现的贡献，企业采取的做法是：凡在关键业务价值流程上的岗位，通常从总经理层面往下看四个职位层级；对于非关键业务价值流程创造上的支持岗位，通常从总经理层面往下看三个层级。

第三步，建立人才盘点胜任力评估标准。在实施人才盘点前，首先解决人才标准问题，确定满足什么样的标准才能算是高潜力人才，识别高潜力人才是人才盘点的核心。人才盘点标准都将随着企业战略目标进行动态的调整，人才标准至少应包含高管层领导力模型、总监/经理层核心胜任力和通用胜任力模型。

第四步，做好人才盘点前期准备工作。包括明确人才盘点项目中各角色的工作职责；做好人才盘点前期信息整理。

通过对现有人才盘点分析后，发现组织中缺少的部分岗位技能人才，如果该部分人员的短缺可能对后期的企业规模扩展和项目全面铺开形成制约，企业应通过招聘及自主培养方式进行人员补充。对各部门人员提出梯队建设要求，从人员数量、人员结构、人员能力方面进行多维度评价与计划。利用科学的盘点分析进行组织的进一步人才规划服务，至少要完成以下目标：第一，为招聘决策服务；第二，为能力发展服务；第三，为留人、激励人服务。

(二) 引入先进项目管理理念，推行项目执行过程的模板化

1. 引入先进项目管理理念

针对企业项目开展类型与重点，强化了产品开发项目的管理理念："以目标为导向，以计划为基础，以控制为手段，以客户为中心。"

"以目标为导向"强调的是按项目进行管理就必须明确任务的目标及其约束;"以计划为基础"强调的是目标的实现首先必须是基于事先的有效计划;"以控制为手段"强调的是实现目标的过程中必须加强动态的过程监控手段;"以客户为中心"强调了项目管理的交付成果必须满足客户的需求。

在目标导向上,企业对项目进行注册与非注册目标分类分级管理,不同类型级别项目匹配其合适的资源,避免不必要的资源浪费,保障集中资源于重要项目。在"以客户为中心"的理念上,企业针对使用客户的标准进行更加详尽的调研,在客户的不同使用阶段提供匹配的服务,并提前为下一阶段的供货与服务做好相应的技术储备与生产。

2. 推行项目执行过程的模板化

(1) 文本的模板化

在项目管理的环节中,首先要达到的模板化是文本上的模板化,特别是在跨部门工作中尤为重要。当企业多从需求部门角度设计确认好资料转移的模板时,项目在流转过程中才会更加顺畅,对各个重点事项有统一的模板文本可以参照执行,这样不同组别、不同项目、不同人员才会逐渐达成相似的转移成果。

文本上的模板化是企业对立项、验收报告材料、项目跟踪材料、审批材料、转移材料等主要关系项目流转、运行的材料进行模板约束,使得项目参与人员能够顺畅地参与到项目的各环节活动中。

(2) 执行方式的一致性

当在统一的模板模式下工作时,项目人员的重要活动有明确的参照,可以保障项目的主体开发过程不会偏离原有的设计方向。与此同时,企业开展的下一步工作是进行另一部分不易模板化工作的培训引导,主要包括日常基础要求与常见问题的处理方式,此时岗位的基础培训与引导将发挥重要作用,在长期的执行引导中形成一致性。

企业对岗位的基础培训集中于岗位的SOP(标准操作规程)的制定与优化培训,更多结合实操进行不断的确认优化。岗位文件的制定经历"由上至下"而又"由下至上"的过程:岗位操作的主体内容由部门管理人员与基层管理人员一同制定审核,做出试行版本,试行版本并不是确认版。试行版本马上投入基层岗位的试用之中,在此阶段,每一个岗位操作者都是规程的测试者和审核者,经过实操的确认,基层管理者汇总此过程的岗位反馈,再一次讨论确认,形成签字执行版。执行版本不会一成不变,经历持续的实施执行过程后,需要完善修订的内容通过升级换版形式完成,以保障SOP的实用性与时效性。

基础文件的引导工作是一个循序渐进的过程,而让岗位操作者更多地参与岗位文件的制定是快速引导员工进入一致性状态的好方法。

(3) 思维理念的统一化

医药行业的法律法规相对其他行业来说是非常之多,而长期的人才培养的最终目的是保障团队人员在懂医药法规与指导原则要求的基础上,能够统一执行项目研究过程,实现产品开发、注册审批到商业化生产的成功,法律法规与原则的经常宣导、交流、解读,针对法令要求的落地培训是保障理念统一的重要手段。

企业定期开展近期医药政策的分享讨论,对重点医药政策或法律法规进行专场交流培训:《药品管理法》《药品生产质量管理规范》这类制药的基本法是企业长期、周期性培训交流的主要内容;ICH指南、药品新注册分类及申报资料要求则是研发部门重要的交流主题,只有从理念上统一思想,再用统一的思想指导行动,才能实现管理创新引导促进技术创新。

3. 项目过程分析解决问题的工具引入

项目管理过程中，人员既有的经验会对项目的推行产生重要的影响，但是当项目处于重要阶段或出现问题时，引入项目管理工具能够帮助企业更加科学地分析问题、制订方案、准确实施。

可以将PDCA循环引入医药项目管理，以发挥重要作用：在做工作分解时可以采用WBS进行工作模块分解，化繁为简；进行要因分析时可以使用因果图工具；在方案制订时又可以使用6W2H法，确保方案的科学、可落实。每一项工作，都可以看作一个PDCA循环，都需要计划、实施、检查结果，并进一步改进，同时进入下一个循环，在日积月累的逐渐改善中，才可能会有质的飞跃，才可能完善每一项工作，真正将产品做到极致。

4. 变弱矩阵为强矩阵，快速调动项目资源

企业之前的项目管理矩阵为弱矩阵，这种形式与职能组织非常相似，除了正式授权项目经理，使其负责项目活动的协调以外，职能经理负责项目部分的管理；项目经理基本执行经理的职责。变为强矩阵之后，这种方式能营造出项目团队的"感觉"。项目经理管理项目各方面，包括：制订整体计划，安排各技术专家工作时间和工作内容；权衡参与项目的各职能人员的工作安排，并对主要的项目决定拥有最后发言权。在强矩阵组织结构中，在项目期内，项目经理对项目的把控权要超过职能经理，在这种组织结构中，项目的各项资源可以牢固地把控在项目经理的手中，从而使项目更容易获取组织资源，更有利于项目的成功。

(三) 强化信息分析，严把立项关

1. 药品信息全面分析，各专业各尽其责

为保障项目的产业化成功，能够上市获得充分市场，在立项前期的信息分析尤为重要，各个专业需要针对产品进行充分的调研分析：注册部门需要调研产品的国内外上市信息、临床信息、原研信息、产品的一致性评价进展信息；商务部门要调研产品的制剂、原料药、起始物料的供应市场信息、产品的进出口数据、产品的国家集中采购信息；工艺技术部门要调研产品的技术现状，分析适合产业化的路线，分析专利情况，确认产品或路线是否侵权；安全环保部门还要分析产品可能引发的安全隐患与环保设施或技术需求。只有各专业进行充分研判后，项目的立项选择成功率才有保障，从而避免出现项目执行期的失败中止或项目上市后的无人问津。加强立项信息分析后，企业整体立项项目中止率降低15%，意味着企业15%的研发资源可以节约出来投入到更加有意义的项目中去，为整体效率进一步提升提供支持。

2. 前瞻性评估，严审立项

近几年医药政策的发布密度与强度一直居高不下，对于医药企业的立项选择无疑带来更多的难题。对于项目的立项评估，企业需要从医药政策面进行前瞻，国家有限制趋势的品类与方式不要贸然涉及，国家有提倡与鼓励的重点领域要及早介入。另外，医药也隶属于化工板块，对于安全环保的政策也应有前瞻性考虑，产品的符合性应该着眼于行业10年的规范性要求，而不能只关注当下。只有在立项选择上能切合法规与市场的未来趋势，产品的市场化才能大概率获得成功，才能算完成有效的技术创新。

(四) 加大技术合作，实行模块外包

在项目创新管理过程中，企业新立项目实现与本土院校长沙学院合作，将产品的部分小试开发与质谱检测模块委托学校开展，技术放大与产业化在欧亚药业进行；在原料药注册项目中与中科院苏州药物研究所达成研发全面合作，由苏州药研所完成单个产品的验证批前全部研发工作；在基因毒性杂质研究模块，与南京明捷生物医药检测有限公司进行委托合作。不同形式的技术合

作的开展，能够在项目推进与项目储备方面迅速铺开，对特殊模块的外包合作能够节省企业的设备和人员投入，同时让专业人做专业事，保障各模块的快速进展。

企业的基因毒性杂质研究模块，采用技术协商加合同委托的形式完成合作：一是通过合同签订和技术协商确认研究的主要内容条款与目标，对实验周期与实验过程的规范性要求进行约束；二是对物料的来源去向及记录采用台账单据流转，委托过程实施审计核查；三是对验收成果报告进行多级审核确认，对数据图谱进行专项核查。通过以上措施保障委托事项执行的合法性、规范性，同时保障整体项目推进的顺畅。实施技术外包合作后，单项目周期平均减少2个月，产品质量开发效率提升20%，多个项目顺利完成转移。

（五）灵活的项目激励，提升项目人员的内动力

企业项目创新管理的重要一环在项目的验收上，通过验收方式的调整改变提升项目人员的动力：一是在各项目的目标设定时，与项目人员进行整体时间计划的合理性确认，经确认的计划为企业与项目组人员双方认可的承诺；二是改变以往只有终点验收的方式，对于周期性长的大项目约定好各项目的阶段里程碑，在里程碑事项完成时，及时兑现该部分奖励，在验收时按照对应的节点进行发放；三是对项目验收的标准与系数进行优化，对缩短周期、超出预期目标的项目增加奖励系数，超出的进行相应的扣除，通过验收的系数激励调动项目成员的积极性。通过项目验收过程管理的优化，真正赋予项目人员责任感，并调动人员积极性，在项目过程中充分发挥各个组员的主观能动性，促进项目的保质保量达成。该项措施实施后，企业项目执行的延后率降低了50%，20%的项目或提前完成计划任务，或超额完成目标，项目人员平均效率提升30%以上。

四、中小民营医药企业项目开发管理创新的效果

（一）促成企业项目管理流程规范化，团队成长迅速

1. 流程的规范化带来项目的稳定性

企业建立了项目的管理规程，明确了各参与部门的责任与义务，明确项目各节点的要求，项目人员结合项目的开发状态，稳步推进，一步步优化，在团队磨合的过程中不断摸索，最终向既定的目标靠近。流程化运行后，公司同等项目人员可以承担超出50%的项目工作，项目计划目标达成率由50%提升至70%。

2. 项目创新管理引领团队健康快速成长

项目管理的创新释放了项目成员的活力，将项目的主动权交到项目人员手中，项目团队逐渐形成合力，并不断提升团队境界。

第一重境界：完成任务。能够有效配置资源，使资源得到最大限度的共用和复用。

第二重境界：成就感和自我价值。能够重新激发团队成员潜能，帮助团队成员自我实现。

第三重境界：团结协作优质高效地完成任务。能够全面提高绩效，并在有限的时间内大幅缩短与目标的距离，实现绩效的最大化。

第四重境界：个人实现成长和团队的发展。这也是最高境界，能够真正使团队可持续发展。

每一个项目的结束都能够让项目参与人员收获成果与成长，在达成企业既定目标的同时完成团队的打造与蜕变，团队不断提升境界，个人与团队形成协同效应。企业年度完成两个新项目组的培养组建，完成超过20名技术人员的培训培养，实现岗位技术员技术考核优秀率超过30%。

（二）企业项目效率提升，成果凸显

1. 项目总体开展数、完成率提升

企业对执行项目管理创新近几年的项目情况进行汇总分析后发现，项目总体趋势为：在同等

人员编制的情况下，年度项目立项数量、完成数量、完成质量均明显提升，管理创新激发了技术创新的活力。2018年与2019年运行情况对比如下：

对比项	2018年	2019年
运行项目总数	15	25
年度验收数量	6	12
产业化前阶段	2	5
产业化阶段	2	4
中止项目数	5	4

2. 创新项目增多，亮点项目增多

企业创新项目2018年为5个，2019年开展数量增加一倍，达到10个，项目质量与亮点也同步增多。2019年"国家一类肿瘤新药——盐酸安罗替尼原料研发生产"项目参加当年的创客中国比赛，入选"长沙市最具投资价值20强"项目，并作为湖南省"5个100"重大产品创新项目通过产业化验收；同年完成6个新药定制项目，全部完成订单及时交付，多个项目有望在近年报产上市，并形成更大规模销售。项目管理创新工作的成果逐渐在技术创新方面得到体现，技术创新的质量明显提升。

（三）企业项目收益提升

企业近三年研发投入持续维持在营业收入的6%以上，2018年研发投入占营业收入比例达到6.98%，2019年研发投入占营业收入比例达到9.04%。企业营业收入持续增长，2019年与2018年相比，收入增长率达到25.55%，其中高新品种增加收入1528.55万元，为主要的收入增长点，也凸显出创新驱动带来的快速增长。

（四）企业社会效益提升，持续发展

1. 提供高品质的产品与服务

企业经过项目管理的创新，带动了技术创新效率的提升，更快更好地完成了多个药品项目的开发，为客户提供了高品质的产品与服务。作为医药产业链中的关键原料环节，以更加稳定及高品质的产品为药品的质量提供保障。

2. 创造品牌

实施管理创新后，企业项目的持续产业化成功为企业打响品牌，进一步拓展企业的客户群，为企业占有市场带来更大的机会。企业于2019年8月8日出资注册全资子公司"湖南润星制药有限公司"，新的子公司将继续扩大产业化规模，形成中部地区重要的原料药生产基地，为国内一流制剂生产商提供优质原料药。

3. 回报社会

企业的持续发展壮大，研发实力的不断提升，将助力公司参与更多与国内制药巨头的品种合作，会带来后续更多的创新药合作项目。企业将助力新产品的快速上市，发挥企业的技术优势，进一步降低药品生产成本，为老百姓提供质优价廉的好药。

主　创　人：林开朝、莫国宁
参与创造人：黄　艳、田家林、童　明、张建国、张　彤、张　瑜、
　　　　　　龚　双、刘　叶、李彩花、陈　健

应急管理与风险防控

跨国企业应对重大公共突发事件的应急防控体系构建

中车株洲电力机车研究所有限公司

中车株洲电力机车研究所有限公司（以下简称"中车株洲所"）创立于1959年，前身是铁道部株洲电力机车研究所，现为中国中车股份有限公司核心一级子公司。中车株洲所现有14家全资及控股一级子公司，全级次全资及控股子公司69家，参股28家，涉及轨道交通、汽车、风力发电、光伏、船舶、工程机械、深海装备等多个领域。公司总资产513亿元，净资产300亿元，员工人数1.8万人，拥有9个国家级科技创新平台、2个企业博士后科研工作站，并拥有5个海外技术研发中心，形成了"电气传动与自动化、高分子复合材料应用、新能源装备、电力电子（基础）器件"4大产业板块。2019年公司实现销售收入301.8亿元。

中车株洲所2019年拥有11家境外子公司，境外子公司总资产71亿元，境外员工达5000人；海外主要经营业务区域分布在德国、英国和澳大利亚，其中，德国BOGE主营汽车零部件，英国SMD主营工业机器人，DYNEX公司主营电子器件。2019年公司实现海外收入72亿元，海外新签订单14亿美元。

创新不止，领跑不息。中车株洲所正坚定不移地向着"十三五"确定的宏伟目标稳步迈进，矢志成为"技术引领、行业一流、跨界经营，高端、高效、高质量"的国际化产业集团。

一、跨国企业应对重大公共突发事件的应急防控体系构建的背景

（一）是落实国家政策的需要

在人类的生活中时刻伴随着各类自然灾害。2020年，一场来势汹汹的新型冠状肺炎更是给大家共同的记忆里留下了深刻一笔。以习近平同志为核心的党中央高度重视疫情防控工作，强调要以民为本、生命至上，始终本着公开、透明、负责任的态度，以实际行动践行人类命运共同体理念和负责任的大国担当，为世界人民健康福祉以及全球公共卫生安全做出贡献。企业是社会的细胞，必须落实社会责任，承担社会职能，履行公共义务，特别是在社会主义经济体制之下，企业在公共应急、卫生健康、环境保护、安全生产等领域负有不可推卸的责任。

（二）是企业生存和发展的需要

伴随着现代工业的发展，生产过程中存在着巨大能量和有害物质，一旦发生重大安全事故，往往会造成惨重的人身伤亡、财产损失和环境破坏。如：1984年印度博帕尔市的美国联合碳化物（印度）有限公司发生氰化物泄漏，造成2.5万人直接致死，55万人间接致死，另外有20多万人永久残废的人间惨剧；1986年在乌克兰发生的切尔诺贝利核子反应堆事故，能量相当于广岛原子弹爆炸的400倍以上；2015年8月天津市滨海新区天津港的瑞海公司危险品仓库发生火灾爆炸事故，爆炸总能量约为450吨TNT当量。这些突发事件在经济发展和建设过程中时有发生，在社会各个领域时有上演，任何一次重大突发事件都会对社会和企业造成重大影响。由于自然或人为、技术等原因，当事故和灾害不可能完全避免的时候，建立重大事故应急救援体系，组织及时有效的应急救援行动，已成为企业抵御事故风险或控制灾害蔓延、降低危害后果的关键甚至是唯一手段。

（三）现有的应急体系亟待升级

近年来发生的地震、洪涝、火灾、疫病等各类灾害，给我们带来深刻教训的同时，也对企业纵深推进新时代应急管理工作提出了新要求。目前我国绝大部分企业对防范和控制重特大公共事件的发生认识不足，对完善应急救援体系，提高应对灾难能力的积极性不高，应急准备、应急投入、应急响应等机制建设没有落到实处。具体表现在：预案不符合标准要求，存在内容、处置程序和方案繁琐难懂，职责不明，分工不清，企业内部以及企业与社会衔接性不够等诸多问题；大多数企业在应急救援方面没有专项投入，既不建队伍，也不准备应急救援装备，更不加强安全知识和应急处置能力的培训，使企业自救能力严重不足，实战能力弱等。党的十八大以来，党中央、国务院高度重视应急管理工作，习近平总书记曾多次在不同场合就应急管理工作发表重要讲话或做出重要指示。面对突如其来的新冠肺炎疫情，2020年2月3日，习近平总书记强调：要针对这次疫情应对中暴露出来的短板和不足，健全国家应急管理体系，提高处理急难险重任务的能力，进一步明确了下一步应急管理体系建设的努力方向，也为持续完善和健全应急管理体系提供了根本遵循。

二、跨国企业应对重大公共突发事件的应急防控体系构建的内涵

以国家突发事件应急体系建设规划为指引，从"体系建设""制度建设""能力建设""机制建设"四个方面综合考虑建立覆盖企业各领域的应急防控体系；通过加强企业内外协同、行业领域协同、政府企业协同、国内国际协同、应急应战协同，形成专业齐全、功能完备、支撑有效的应急技术支持体系；通过推进应急管理工作规范化、标准化、信息化建设，建立以防为先、以控为核、以治为要的应急防控机制，推动应急管理水平上台阶，最大限度地减少重大公共突发事件对企业造成的损失，为企业高质量发展和国际化发展提供坚实的安全保障。

三、跨国企业应对重大公共突发事件的应急防控体系构建的主要做法

（一）坚持党的领导，充分发挥集中决策的制度优势

推进应急管理体系和能力现代化，党的领导是根本。我国在疫情防控上取得的重大战略性成果，中国人民在疫情防控中展现的中国力量、中国精神、中国效率，展现的负责任大国形象，得到国际社会高度赞誉，在疫情防控斗争中，展现了中国的政治优势、制度优势、组织优势、密切联系群众优势，体现了统一领导、统一指挥、统一号令、团结一心的优势，党的集中统一领导发挥了核心领导作用。

自新冠肺炎疫情暴发以来，中车株洲所第一时间响应国家、省、市各级地方政府以及上级集团的要求，在公司党委的统一领导下，建立健全了疫情防控组织机构，总部层面成立了疫情防控指挥中心，组建了13个疫情防控专项工作组，形成了总部统一指挥、企业全面负责、职能部门监管、专业小组推动、员工全面参与的网格化防控组织体系，进一步强化了各级应对突发事件的主体意识、主体责任、主体作用，并且各支力量拧成一股绳，各司其职、有机衔接，保证了整个疫情防控工作系统反应灵敏、上下联动、高效运行。

（二）整章建制，搭建科学完备的疫情防控制度体系

为确保各级责任压实到位，各项工作部署到位，各项措施落实到位，中车株洲所不断健全制度体系，不断强化工作方案，全面加强组织领导，确保施策更加科学、把控更加全面、数据更加准确、流程更加顺畅，为夺取防疫攻坚战的最终胜利奠定了坚实的基础。

1. 制定应急预案

一是中车株洲所建立了新冠病毒防控总体应急预案，对应急的组织、职责、行动、措施、保

障等基本要求和程序进行了明确，确保了应急工作的统一领导、统一指挥、快速响应和协调一致；二是结合各阶段防控的重点编制了《紧急撤离应急预案》《物资短缺应急预案》《疑似病例处置应急预案》等一系列专项应急预案和现场处置预案，进一步明确了各类突发事件应对工作由谁来做、做什么、依据什么做、利用什么资源做、依靠什么力量做等问题；三是配套完善了重点工作研究部署、日常工作推进、异常问题快速解决的工作措施方案，保证了疫情防控工作运行有力、扎实有效，形成了一套反应迅速、运行有效的应急救援预案体系。

2. 建立管理标准

为让全体员工迅速掌握疫情防控相关知识，指导员工正确规范地开展防疫工作，中车株洲所采取了两项措施：一是对防疫的各项工作做出相关的管理规定，并制订有效的解决方案，如《中车株洲所工厂外活动防疫指南》《中车株洲所防疫消毒安全指南》《境外员工疫情应急处置与救助指南》《售后服务人员新型冠状病毒防控检修作业指南》等4个指南；二是广泛参考借鉴国家现行的标准、规范和要求，结合防疫工作中现行的方法、措施和经验，组织编制了《中车株洲所员工作业防疫标准》《相关方管理防疫标准》《外派员工驻地公共区域活动防疫标准》等3个标准。这些规范的颁布与实施，保障了整个疫情防控有据可依、有章可循、科学有效，搭建了一套完整规范、简明统一的应急操作体系。

3. 完善管理制度

在疫情防控过程中为及时解决已经发生或容易发生的问题，确保各项措施得到有效实施，同时把防疫过程中已形成的好的经验、好的传统、好的措施进行总结提炼，以便有效地继承和发扬。中车株洲所相继配套制定了《作业人员疫情防控制度》《重点场所疫情防控制度》《相关方疫情防控制度》等17项管理制度和办法，形成《防疫工作自查表》《异常人员统计表》《密切接触人员统计表》等15类表单，不断地规范、监督、指导疫情防控工作的执行和有效实施，构筑了一套要求明确、流程清晰的应急制度体系。

4. 明确管理要求

随着时间的推移，疫情防控的环境、条件、结构、形式都会发生新的变化，针对这些变化，中车株洲所又相继发布了各项通知、文件、通报40余份，发布疫情信息简报84期，及时观察、监督、检验各类措施的实际作用和效果，及时对防疫过程中出现的问题、短板、隐患进行整改和厘正，确保了防控工作的正确和高效开展，形成了一套反应及时、管控严格的应急监管体系。

（三）科学施策，建立高效协同的立体式应急防控工作机制

1. 企业内外协同

（1）内部协同：一是随着中车株洲所第一例确诊病例的出现，并且确诊人员不断增加（13例），"内防扩散"成为当务之急。中车株洲所对于已经感染的确诊人员和排查出的密切接触人员全部绘制出形迹可寻、源头可溯的轨迹图，统一进行隔离控制，斩断每一条可能传播的途径，消除每一个可能存在的传染源，最终将传染的"概率清零"，到最后干净利落地"全部清零"。二是春节假期结束，各地人员陆续返城，"外防输入"成为主要战场。中车株洲所疫情防控指挥部迅速行动，一夜之间将800余名"四类人员"名单全部具体到小区和门牌，一周之内将18000余人每天的行为轨迹、健康状况全部实现打卡登记，真正做到早发现、早报告、早隔离、早处置，严严实实织好全员"防控网"。三是创建了"五报告、五不得、一杜绝"的工作机制，落实防控措施。"五报告"：员工及同住人员健康状态要报告，异地返回要报告，出入发热门诊要报告，异常情况要报告，厂外住宿、交通和用餐情况要报告，全面掌握员工的现状和动态；"五不得"：不得外出

(不离开居住城市、生活区域)、不得扎堆、不得聚餐、不得串岗（门）、不得隐瞒，全面规范员工行为和纪律；"一杜绝"：杜绝不戴口罩与他人接触和与不戴口罩的他人接触，避免相互传染。四是推行"五个一律"，严控传播风险。对所有密切接触者一律实施定点隔离观察，对出现异常症状的高危人员一律实施核酸筛查，对高风险地区人员一律暂停返程，对其他异地返程人员（非四类）一律实施居家办公，对所有上岗人员全部实行复岗审批，坚决遏制疫情发生。五是创建"沉浸式"包保工作法，集团公司领导包保到定点单位，单位领导包保到部门和生产车间，部门领导包保到生产班组，基层管理人员包保到作业工位，作业人员包保到作业区域，逐级压实疫情防控责任，切实做到监管无死角、无盲区、无漏洞。

（2）外部协同：为做好疫情期间外部相关方的管理，中车株洲所按照统一指挥、统一部署、统一标准、统一管控的原则，针对不同类型的相关方，创建了"4321"的防控模式，确保行动快、应对准、措施细、防控实。"4"即4个确认：一是确认人员行为轨迹。复工前中车株洲所对所有到现场作业的相关方人员进行了全面的摸底，对作业人员复工前14天的行为轨迹、有无新冠肺炎接触史等进行全面排查，详细记录相关方人员近期居住旅行史、户籍所在地、现居住地址、居住方式、同住人员信息、乘坐交通工具等信息。二是确认人员健康状态。所有相关方人员都要通过疫情防控信息系统，每天填写本人的健康状况，家属或同住人员的健康情况，全部建档立卡，做到一人一档、一日一报。三是确认疫情风险告知。相关方人员作业前，业务发包部门必须如实告知作业场所内的疫情防控要求和安全注意事项，作业过程中存在的危险源和疫情控制措施，发生事故和疫情后的应急处置要求，疫情安全告知均须相关方现场作业人员签字确认。四是确认疫情安全培训。相关方人员在进入现场前必须接受发包单位安全管理人员的安全疫情培训，学习公司的相关疫情防控制度、安全规程，掌握必要的疫情防控常识、劳动纪律和其他安全规定，培训结束后开展闭卷考试，经考试合格后才能领取出入厂证件。确保相关方人员具备必要的安全和防疫知识，严格遵守各项安全和疫情防控要求。"3"即3级监督：一是发包单位定期对相关方作业现场进行抽查监督；二是发包部门指派专人对相关方作业现场进行监督；三是激励全体员工抓拍相关方的违章行为与现场隐患，对员工通过手机App提报的相关方现场隐患实行100~200元/条的奖励，通过三级监督检查及时发现、纠正相关方作业过程中出现的风险和隐患，确保相关方作业全过程处于有序可控状态。"2"即2个承诺：发包单位与相关方及所有作业人员签订两个承诺书（即《相关方安全和疫情管理承诺书》《外来人员安全和疫情承诺书》），明确公司安全和疫情管理要求，明确相关方单位与个人的安全和疫情防控责任，做到责任清晰、要求明确。"1"即1个评价：定期对相关方的疫情防控措施和执行进行综合评定，将评定结果作为后续是否继续业务合作的一个必要输入。

2. 国内国际协同

（1）中车株洲所现有境外企业（机构）29家，分布在26个国家和地区，共有境外员工5000余人。一是及时汇总掌握国际组织及境外企业（机构）和项目所在国颁布的疫情防控法律法规和政策措施，深入分析对生产经营造成的影响及可能引发的法律合规风险，为企业决策和制定应对预案提供法律支撑。二是指导境外企业（机构）加强合规管理，做好体温监测、场所消杀等工作，认真履行员工告知、定期报告等义务，依法依规开展疫情防控各项工作。三是在保证医疗及防护物资产品质量符合标准、价格合理的前提下，向公司的境外企业捐赠口罩、测温枪、防护服等常用物资，统一委托国药集团和中国医药负责组织实施，以确保采购产品质量，符合进口国相关要求。四是将国内抗击疫情取得的经验和发布的标准制度进行翻译，编辑成册进行宣传和教育，要求落实戴口罩、测体温、勤洗手、不聚集、分时分餐、定期消毒、远程办公等日常措施，有效防止人员相互传染。五是加强已有疫情防控经验的宣讲，在妥善处理好风俗习惯差异、社会人文差异等情况下，对外籍员工提出合理的防控建议，以身边事教育身边人，使他们从意识上和行为上能够接受，切实做到群防群控、联防联控。

（2）中车株洲所外派从事售后服务人员76人，分布在11个国家和地区，其中有22人在疫情严重的地区。一是成立境外疫情防控专项工作领导小组和工作小组，责成一名领导专项负责，将工作分解到具体人，分解到具体任务，层层压实责任，对每个境外机构做到境内有责任人、境外有负责人。二是深入研判、全面分析境内外疫情防控的差异性，重点针对政府防控措施的差异、风俗习惯的差异、救治方式的差异、企业用工来源国家的差异、生产组织方式的差异，科学制定境外疫情防控措施和应急预案，做到一国一策、一地一策、一区域一策。三是按照"地域相近、工作相通、资源互补"的原则，人员较少的境外单位主动与人员较多的境外单位和业主方"结对子"，互通有无，资源和信息共享，建立联防联控体系，做到守望相助。四是积极寻求业主方加大营区生活设施的管理和投入，确保水电连续供应以及生活区环境满足卫生及防疫要求，为疫情期间场区内人员提供良好的住宿条件，做好员工防控物资和生活物资的采购和储备，重点防控地区确保储备30天用量。五是强化和当地领使馆、合作伙伴、华人华侨机构的沟通联系，确保发生紧急情况时能够得到支持和帮助。六是做好员工身体健康状态和行为轨迹监控，安排具有心理咨询经验的人"一对一"进行心理疏导和安抚，使员工能够以积极乐观的心态面对困难、应对挑战、战胜疫情。七是建立对外派人员及其家属的安抚机制，对员工及其家属进行必要的慰问，为境外员工提供各类强有力支持，做好他们的坚强后盾。八是定期开展境外服务机构现场视频检查，重点督促做好对办公区、宿舍、食堂等公共区域，电梯、空调、通勤车辆等易交叉感染环节的清洁和消杀。九是通过视频组织开展一批文体活动、一批才艺展示、一批培训活动，降低压力，增强团队凝聚力。

3. 政府企业协同

（1）标准联合制定。为持续、权威、清晰地发布疫情信息和管控措施，国家、地方政府制定出台了一系列疫情防控工作的文件、制度、办法指导疫情防控工作，但各级对疫情应急政策的差异化尤为明显，往往面临诸多困难需要解决，有些制度很难在企业100%落地执行。为此，政府部门在企业设立专门的联络员，上门传达文件、征求意见、倾听诉求、解决问题。企业则对照文件条款进行逐一梳理，尽可能在人员保障、物资保障、措施保障等方面形成统一意见，有效避免措施与现场脱节、企业与政府对立、制度与执行"两张皮"等现象。

（2）工作联合推进。政府与企业建立联动机制，群策群力，联防联控，共抗疫情。每次有新的重要通知文件，政府部门都会组织召开专题部署会，迅速组建由政府领导、企业办、社区网格员等组成的网格队伍到企业了解情况、跟踪动态、关注问题，引导企业做好预防措施，共同防控。企业按照要求迅速组织各方力量，科学制定防控预案，严格落实责任措施，全面开展排查治理，精准施策，不留死角，不留隐患，共同维持维稳疫情防控工作。

（3）资源联合共享。疫情初期，在全国物资紧缺情况下，企业的采购渠道很难持续供应，大面积复工后，可能会面临防疫物资供应不足导致停工的风险。企业与政府建立一对一联络员制度，每天将现场防疫物资需求进行汇总上报，政府部门多方联系物资生产企业直接采购，根据全市企业开工率和每日实际需求量，向企业分配资源，通过集中管理、统一调拨、统一配送，确保了疫情防疫物资零中断。

(四) 严矩树规，确保疫情各项防控措施强力落地

1. 以"三铁"(铁的纪律、铁的手腕、铁的心肠)的态度，严肃疫情防控纪律

疫情初期，为减少人员流动，防止疫情输入风险，公司规定疫情高风险区人员暂不返回。但地处湖北襄阳公司的代某，在疫情期间私自驾车返回株洲，并且隐瞒个人居住地址，谎报行程信息，造成严重不良影响。依据公司纪律处分规定，给予代某留司察看一年的行政处分。虽然最后调查代某本人健康，回程也没有发生疫情传染，但他已经触碰了疫情防控的红线。同时按照"一案双查"既要追究直接责任，又要追究领导责任，他的主管领导也受到了相应的处罚。通过对代某案例的从严问责，切实把疫情防控的各项纪律立了起来，各项要求严了起来。后续凡是发现对上级要求不重视、不落实，在疫情防控中不担当、不作为、慢作为、假作为，作风漂浮、擅离职守、消极应对，以及瞒报、漏报、迟报重要信息的，都坚持失责必问、问责必严，为疫情防控提供了坚强的纪律保障。

2. 以"三好"(开好三级会议、做好三项检查、管好三个阶段)为抓手，落地防控措施

"三级例会"(T1、T2、T3层级会议)：T1层级会议每天上午由公司领导主持，各部门部长和防疫指挥中心核心人员参加，重点对上级精神、组织领导、工作目标等进行全面传达和部署，重点关注共性和重大影响问题的解决。T2层级会议由车间主任主持，各工段、班组长参加，每天对班组员工的去向、返程、隔离、健康等情况进行全面核实，对当天防疫工作进行再部署、再强调，重点关注阶段目标的达成和异常问题的跟踪解决。T3层级会议每天由班组长主持，班组全体人员参加，全面落实体温测量、岗位消毒、环境清扫、作业防护等工作，把各项防疫措施落实落细。"三项检查"(日常检查、专项检查、联合检查)：日常检查每天由各班班组长对员工的安全行为、防护穿戴、环境清洁、隔离措施、工作记录等情况进行检查，对员工疫情知识、防控要求、应急处置的掌握情况进行问询，对问题进行上报，保证现场问题当天发现、当天通报、当天整改。专项检查由防疫指挥中心组织专家小组对各企业的重点场所、重点部位、重点人群进行点对点的检查，对检查中发现的问题进行一对一的交流，切实做到一点一策、一事一策，有针对性地解决防控难题，堵住防控漏洞。联合检查由公司党政领导带队每周分片赴各企业进行检查，重点关注疫情的组织保障、物资保障，研究完善措施，解决突出矛盾，构建强势氛围，切实做到一企一策、一区域一策，全面提升防控能力。"三个阶段"(开工前、作业中、工作后)：开工前要求各班组就当天的疫情防控工作进行部署，针对作业内容和人员开展危险识别和风险评估工作，并制定相应的防控措施；作业中要求岗位员工对疫情防控措施进行点检，对防控措施的有效性进行确认；作业后班组成员对疫情防控工作进行总结，提出改进措施。

四、跨国企业应对重大公共突发事件的应急防控体系构建的实施效果

(一) 应急防控能力全面提升

一是强化了应急指挥中心建设和管理。大大提升了应对复杂性突发事件的能力，加强了应急管理的统筹协调，减少了应急职责的分散、重叠、碎片化，重构了企业应对重大公共突发事件和灾害的中枢神经系统。

二是应急防控和制度体系进一步完善。梳理和重构了应急管理的制度体系，理顺了信息报告、应急保障、现场处置在应急管理体系中的定位、作用和相互关系，提高了应急管理体系的条理性和可操作性，使应急管理进一步专业化、标准化、系统化。

三是提高了企业整体应急防控能力。疫情发生后，借助红外高精人体测温仪等科技手段，实现快速检测和无接触检测；通过开发健康登记App、电子化登记流程，提升信息统计上报的及时

性和准确性；借助网络平台开展线上培训、视频会议、视频巡检、远程办公等，大大提高了管理效率，应对突发事件的能力明显增强。

（二）经济效益和管理效益成绩斐然

一是快速复工复产，取得良好的经济效益。对疫情防控措施及复工条件进行细致评估后，2月10日当天就有7000余名员工返回岗位；4月8日武汉解封后，所有企业全部恢复生产，产能一季度为65%，二季度为80%，三季度为100%，快速提升；2020年一季度实现营业收入44亿元，二季度累计完成134亿元（同比增长10%），全年收入预计可达到330亿元，中车株洲所已成为中国中车和地方政府稳定经济的"排头兵"。

二是提升了企业整体应急管理水平。通过本次疫情防控，公司进一步建立健全了应急管控体系，建立了一套横向协同、上下联动的管控工作机制，输出了一系列可复制、可平移、可运用的管理经验，并且迅速在中车株洲所下属10个业务主体、69个子公司、26个分公司得到推广。同时对境外企业也发挥了借鉴作用，中车株洲所29家境外企业（机构）5000名外籍员工目前仅有2人感染，远远低于所在国家的感染率，取得了良好的管理成效。

（三）政治效益和社会效益成效显著

一是党组织发挥了主心骨和定盘星作用。疫情期间，中车株洲所党员干部全部自觉取消春节假期，党政主要领导时刻跟踪疫情蔓延形势和防控工作进展，分片包保到基层单位指导疫情防控工作，带队深入基层进行检查和慰问关怀，帮助一线解决存在的困难问题，以责任和担当筑起了疫情防控堤坝，党组织的战斗堡垒作用和党员的先锋模范作用在实战中得到彰显，不忘初心、牢记使命主体教育成果得到重要检验，让全体员工坚信在党的坚强领导下一定能战胜一切艰难险阻，以高质量党建引领企业高质量发展。

二是取得良好的社会效益。在疫情防控战中，中车株洲所积极参与政府的防控排查工作，配合疾控机构及时规范开展健康监测，指导员工规范做好个人防护，快速有效地阻断疫情的感染传播，得到了地方政府和中国中车的高度评价和认可，上级领导多次致电进行表扬和肯定，新闻媒体多次进行专题报道，树立了良好的企业形象，取得了良好的社会效益。

（四）与境外企业的交流融合更加紧密

中车株洲所在这场抗疫过程中，境内外员工携手并肩、相互交流、相互交融，分享疫情防控经验、共享疫情防控信息、同享疫情防控方案，既拉近了人心，也增进了互信。在国外疫情出现的时候，中车株洲所立即组织起来，伸出援手，捐献各类防疫物资，第一时间向境外企业提供力所能及的帮助，帮助他们渡过难关。这种患难与共、守望相助的情怀，既体现了对境外企业的责任和担当，也赢得了境外企业员工的高度赞扬，加强了与境外企业的交流融合。目前，在全球疫情持续蔓延的环境下，中车株洲所绝大部分境外企业的疫情得到有效控制，产能已经恢复到80%以上，中车株洲所也成功地向着"建设国际化一流企业"的目标迈进！

主 创 人：胡文波、李绍春
参与创造人：康广亮、刘懿莉、龙绮云、张 栋、何红明、李许峰、
徐 翔、何丽萍、陈 艳、邹 偈

大型军工企业应急管理机制的系统构建

江麓机电集团有限公司

江麓机电集团有限公司（以下简称江麓集团）是国有大型一类骨干企业，国家重点保军企业、高新技术企业。江麓集团始建于1958年，地处湖南湘潭，现占地面积3000亩，总资产40亿元，职工3200多人，各类设备5000多台（套），具有较强的综合机加、总装总调及检测试验等综合制造能力，是我国中轻型坦克装甲车辆、坦克装甲车辆中轻型综合传动装置、数字化电气电控装置的研制生产基地。近年来，在党中央、兵器工业集团党组的正确领导和省市地方政府的大力支持下，江麓集团坚持稳中求进工作总基调，以履行强军首责、推动高质量发展为工作主线，生产经营总体形势稳中有进、逐年向好，2019年，江麓集团实现主营业务收入33亿元，利润2.2亿元，蝉联"湖南省企业100强"和"制造业企业100强"。

2020年，新冠肺炎疫情发生后，江麓集团坚决贯彻落实党中央和集团公司决策部署，高度重视、立即响应，依托系统化的应急管理机制，团结动员全体干部职工奋力投身疫情防控阻击战、总体战，统筹抓好复工复产与疫情防控工作，取得了疫情防控和生产经营的阶段性胜利。其中，江麓集团在疫情防控工作中展现出的极快的响应速度与极强的动员能力，为江麓集团疫情防控工作的顺利开展奠定了坚实基础，提供了强劲动能，应急管理机制得到生动实践与全面检验。

一、大型军工企业应急管理机制系统构建的背景

2020年初，新冠肺炎疫情全面暴发。江麓集团作为大型军工企业，肩负着服务国防与军队现代化建设、服务社会经济发展的光荣使命，在疫情暴发后，必须坚决履行好以下三个方面的责任和义务，发挥好应有的作用。

（一）履行好社会责任

大型军工企业是体现国家意志和部队需求的企业，是国有经济的骨干和支柱，在深入践行军民融合发展战略，支撑、引导和带动经济社会发展，发挥军工企业的控制力、影响力、带动力方面，有着不可替代的作用，也是国家应对突发事件的可靠力量和抵御社会政治风险的重要保证。这一特殊地位决定了军工企业在承担盈利、保军功能的同时，还要承担更多的社会责任。江麓集团是大型军工企业，全面贯彻党中央决策部署，努力克服新冠肺炎疫情带来的不利影响，积极履行好社会责任，维护好社会经济秩序，促进社会和谐发展，是党领导下的军工企业为党分忧、为党尽责、为人民服务的忠诚担当。

（二）维护好职工群众身体健康与生命安全

新冠病毒潜伏期长，传播面广，病死率较高。江麓集团始终把职工群众的身体健康和生命安全摆在首位，面对疫情威胁，必须快速采取有效措施，坚决防范和遏制疫情传播，切实维护好职工群众的身体健康和生命安全。

（三）恢复企业正常生产经营秩序

对于军工企业来说，如期优质完成好军品生产任务就是"天职"。疫情暴发初期，正值春节放假期间，江麓集团将近70%的职工正分散在全国各地，返潭返厂受到严格的限制。同时，全国各配套厂家绝大部分处于停工停产状态，公路、铁路等常规物流运输几乎停滞，原材料、外购外协配套件的产出、回厂均非常困难。江麓集团面临着一无员工二无配套的尴尬境地，军品生产较平时进度明显滞后，合同无法如期履约，经济利益受损，部队演训用装需求失去保障。在确保安全稳定的前提下，尽快召集员工回厂，逐步恢复正常的生产经营秩序，加快军品产出，追赶计划进度，是江麓集团的当务之急。

因此，江麓集团必须快速做出有效应对，建立健全高效灵敏的应急管理机制，广泛动员和组织多方力量，有序应对突发公共卫生事件，防范和遏制疫情传播，维护好职工群众身体健康和生命安全，引导和带动社会经济复苏，完成生产经营任务，履行强军首责。

二、大型军工企业应急管理机制系统构建的内涵与具体做法

（一）大型军工企业应急管理机制系统构建的内涵

面对疫情带来的严重威胁，江麓集团根据疫情防控形势任务，结合军工企业社会地位高、文化底蕴深、组织力强、执行力强以及军工企业员工纪律意识强、奉献意识强等特点和优势，创新建立健全以"1+3+6"为基本模型的应急管理机制并推进落实。"1"代表组织原则，"3"代表工作主线/思路，"6"代表主要措施。"1+3+6"模型的基本概念就是，在突发公共卫生事件发生时，军工企业坚持党的领导，贯彻落实党中央、国务院以及省市地方政府决策部署，围绕维护人民群众生命安全与身体健康、履行强军首责、履行社会责任三大工作主线精准施策，利用军工企业特点和优势，采取统一指挥调度、启动应急预案、整合系统资源、企地联防联控、落实文化引领、强化双向激励六个方面的应急管理措施，牢牢掌控疫情防控总体方向，科学部署重点工作，挖掘和凝聚各方力量，有效应对疫情冲击，提高管理效率，实现既定目标，达到预期效果，形成长效机制。

（二）大型军工企业应急管理机制系统构建的具体做法

1. 坚持党的领导，统一指挥调度

江麓集团坚持在党的领导下开展疫情防控工作，充分发挥党的政治优势、组织优势、密切联系群众优势，强化组织领导，压实领导责任，加强顶层设计，团结带领广大职工群众保持抗疫信心，强化抗疫担当，为江麓集团应急管理机制的高效运转提供坚强的组织保障。

（1）强化党委领导核心作用。江麓集团党委坚持"把方向、管大局、保落实"，从1月26日开始，先后多次组织召开党委（扩大）会议，深入学习领会习近平总书记关于疫情防控的系列重要讲话和指示批示精神，传达贯彻落实党中央、国务院系列决策部署，系统研究布置疫情防控工作，及时调整工作重心，出台一系列重点举措，明确重点工作清单，细化阶段工作目标，层层压实管理责任，为疫情防控工作的有序开展提供科学有力指导。各党组织书记作为第一责任人，加强指导监督，及时解决困难，引导员工群众坚定信心，自觉做好疫情防控，确保防控工作有力有序推进。落实各级党组织主体责任，发挥组织协调优势，以分党委、党总支、党支部、党小组为单位实行分片包干制，分别负责分厂、部门、车间、班组的疫情防控工作，及时准确把握疫情，科学合理组织生产。发挥党支部战斗堡垒作用和党员先锋模范作用，强化党小组、班组管理，组建党员先锋队、党员突击队21支，优先承担急难险重任务，让党旗在疫情防控一线高高飘扬。

（2）建立健全两级领导机构。为了加强疫情防控工作的统一指挥调度，压实工作责任，有效防止不同责任主体在疫情防控工作中可能出现的不作为、乱作为现象，江麓集团坚持全厂一盘棋，成立了以董事长、总经理、监事会主席为组长，专职党委副书记为副组长，其他江麓集团领导为成员的疫情防控工作领导小组。领导小组下设领导小组办公室，专职党委副书记、分管安全副总

经理任主任，各二级单位党政一把手为成员。同时下设三个专业小组，围绕医疗与救护、预防保健与疫情报告、物资安全保障组等分工协作，强化专业指导。各二级单位均建立了由党政一把手为组长的疫情防控工作领导机构，负责疫情防控工作的执行落实与防疫工作信息的采集梳理。

（3）压实领导责任。各单位党政一把手对本单位疫情防控工作负总责，定期组织各单位一把手汇报疫情防控工作情况。这就要求各单位一把手必须全面了解本单位实际情况，亲自布置、亲自管理、亲自抓落实，不能当"甩手掌柜"，从而压实工作责任，有效提高各单位一把手责任意识、担当意识与主观能动性，促进各单位防疫工作的落地落实。

2. 启动应急模式，进行科学预案

为有效预防、及时控制和消除疫情危害，指导和规范新冠肺炎的应急处置工作，最大限度地减少疫情对员工健康造成的危害，保障员工身体健康与生命安全，维护江麓集团正常的生产经营秩序，依据《中华人民共和国传染病防治法》《国家突发公共卫生事件应急预案》等，以及省、市、区卫生行政有关法律、法规，结合江麓集团实际，制定并启动了《新型冠状病毒感染的肺炎疫情防控专项应急预案》（以下简称《预案》）。

（1）应急组织及其职责。领导小组负责在卫生行政部门领导下，指挥、组织、协调江麓集团新冠肺炎疫情的应急处理工作，监督落实各项具体工作，协调社区的应急处理工作。医疗救护专家小组负责甄别临床诊断、医学观察病例，对医学观察病例及其他疑似症状病例进行初步鉴诊及处理，与上级专家组保持密切联系，必要时请求会诊；负责指导培训工作；负责病人的现场抢救、运送、诊断、治疗，在专家组的指导下排查可疑病人，联系转送确诊病人。预防保健与疫情报告小组负责江麓集团新冠肺炎疫情防控相关情况的报告；在市、区疾控中心的指导下，进行现场流行病学调查处理（包括对有关人员采取观察和隔离措施，采集病人和环境标本，环境和物品的卫生学处理等），负责预防、控制新冠肺炎感染，加强疾病和健康监测；开展员工或社区居民的健康教育工作，普及新冠肺炎疫情防控应急知识和技能。物资安全保障组负责物资供应、后勤保障；制订防护用品、物资供应计划，并保证全部物资符合标准、运转正常、证件齐全。

（2）预防与预警措施。一是有效控制职工聚集聚会、出行出差，降低感染风险。疫情期间，一律不安排员工去重点疫情区域出差。二是配备足量防疫口罩、体温计、消毒药品、洗手液等防疫物资，做好人员个体防护、对各场所及时采取消毒措施，加强人员体温检测。三是对外出职工和业务往来人员进行审核，密切掌握人员日常动态，原则上不接待重点疫情区域的来访人员，做好日常体温检测和相关防范工作。同时按照中央、地方各级人民政府卫生行政部门的统一规定和要求，组织开展职工新冠肺炎感染的主动监测（包括疫情监测、主要症状监测等），密切关注政府、新闻媒体公开发布的预警信息，及时、准确、客观、全面地向相关单位、部门和员工通报新冠肺炎疫情预警信息和应对措施，保障各项工作顺利开展。各单位实施疫情防范信息日报机制，每日收集汇总和核实疫情防范信息和人员动态，按相关要求向人力资源部和安全环保部报送，确保病例的"早发现、早报告、早隔离、早诊断、早治疗"。

（3）疫情分级分类。职工中未发现新冠肺炎病例（包括疑似病例、确诊病例和无症状感染者）和可疑人员为一般情况级；出现发热、咳嗽、咽痛、乏力、腹泻和腹痛等症状人员或有重点疫情区域旅居史、接触史人员为出现可疑人员级；出现1例新冠肺炎病例（含疑似病例、确诊病例、无症状感染者）并且尚未发现续发病例为出现单个病例级；发现2例及以上确诊病例或无症状感染者，且病例间存在因密切接触导致的人际传播或因共同暴露感染可能性的为出现聚集性疫情级；14天内职工出现2例及以上感染来源不明的散发病例，或聚集性疫情起数较多且规模较大，呈持续传播态势为出现传播疫情级。

（4）应急处置程序。一是《预案》启动机制。《预案》根据国家、省、市、县人民政府卫生主管部门预警要求，直接由领导小组启动，或内部出现新冠肺炎病例，向疫情报告小组报告后，由疫情报告小组向领导小组提请启动预案。二是《预案》响应机制。《预案》启动命令下达后，领导小组办公室主任筹备召集首次应急会议，由领导小组组长主持召开，领导小组及办公室成员参加。领导小组组长根据应急工作需要，召开后续的应急会议，研究解决应急处置有关问题。领导小组办公室根据疫情防控工作进展情况，及时召开各相关职能部门参加的会议，落实领导小组决定的工作事项。三是应急处置措施。内部未出现新冠疫情时，积极开展预防预警工作；建立信息报告工作机制；落实对人员外出限制；采购、接受、分配新冠病毒应急处理所需的相关防护物品；开展针对性的健康教育、个人防护技能和应急知识、技能的培训工作；采取错峰上下班，食堂分餐配送方式等减少人员聚集；开展重点场所、重点人群和重点环节的隐患排查工作；做好安全保卫工作，及时发现并处理公共卫生安全隐患。若发现新冠疫情可疑人员，立即安排隔离，或根据实际情况及时送医。若出现新冠肺炎病例，配合市、区疾控中心，对发生的新冠病毒开展流行病学调查，协助相关部门对新冠肺炎患者、疑似患者采取隔离、医学观察等措施，按要求做好密切接触者的管理，根据情况采取集中或居家隔离，严格落实消毒等疫点处置措施。若发现新冠肺炎患者、疑似患者，立即拨打120急救电话，送至指定医院检测、确诊和治疗。同时，按照信息报送要求，将情况报送至疫情防控领导小组办公室，并对密切接触人员进行排查和统计，采取隔离措施，隔离时间不少于14天。

（5）应急结束标志。疫情结束后，领导小组应组织各组成员对突发公共卫生事件的处理情况进行评估。评估内容主要包括事件概况、现场调查处理概况、病人救治情况、所采取措施的效果评价、应急处理过程中存在的问题和取得的经验及改进建议。

（6）后期处置工作。在新冠病毒的预防、报告、调查、控制和处理过程中，有玩忽职守、失职、渎职等行为的，情节严重者依据《突发公共卫生事件应急条例》及有关法律法规追究当事人的责任；对情节较轻的进行批评教育。

3. 强化资源整合，全面复工复产

（1）整合系统资源，构建支持保障体系。一是整合人力资源。加强人员配备，根据各群体特点和优势，组织建立以安全环保部、武装保卫部、民兵队伍为主，党员干部、业务骨干作为突击力量，工会、团员青年、志愿者为辅的应急处置专职队伍。二是整合资金资源。在依法依规的前提下，通过企业年度安措费用、党费、工会工作经费等多种渠道，积极筹措抗疫资金800万元。三是整合物资资源。通过请求省市各级政府、集团公司协调采购，采购部门固有渠道采购，领导员工个人资源采购等多种方式，协调采购口罩7万只、消毒液1500公斤、医用酒精800公斤、洗手液600瓶。四是整合信息资源。以强化信息共享实现信息资源的高度集中，通过微信平台、Office Anywhere网络智能办公系统等线上工具进行学习教育、政策宣贯、沟通协调以及基础数据的反馈报送，确保信息互联互通。同时对接市大数据服务中心，精准识别和接收职工家属异常情况，缩小疫情防控工作重点区域，降低成本、提高实效。

（2）强化排查管控，推动全面复工复产。在稳住企业基本盘的前提下，江麓集团积极履行社会责任，发挥辐射带动作用，印发实施《复产复工后的疫情防控和安全生产工作方案》，从指导思想、工作原则、组织领导、工作措施等方面提出具体要求，推动全面复工复产，快速恢复企业正常生产经营秩序。一是成立专项领导机构，配备专门人员负责本单位复产复工后疫情防控和安全生产工作，层层压实疫情防控和安全生产责任，责任落实做到"横向到边、纵向到底"。二是落实防控措施。复工复产前认真组织员工学习了解疫情防控知识，提高员工个人防范能力。前期采购到的口罩、消毒液、洗手液、防护服、测温枪等防控物资，各单位安排专人负责尽快发放到位，满足合理使用需求。按照属地原则，对本单位的工作场所和公共区域进行全面、定期消毒，不留死角、不留盲区。严格复工上岗人员行程信息与接触史审查，所有人员进入必须检测体温，严禁外来无关人员、异常人员、无关车辆进入，要求全体员工做好佩戴口罩、勤洗手等个人防控措施，控制会议频次和参会人员，不组织 50 人以上的大型会议或培训，避免人员直接接触和人员聚集。三是开展复产复工前安全检查，对本单位的设备设施、重点场所和部位、危险物品使用场所、水气电及人员精神状态等进行全面检查，提前下发设备开机试运行的检查通知，发现隐患排查整改，严禁"带病"复产复工。四是加强领导干部带班值班，保持 24 小时通信畅通。明确紧急突发事件信息报告机构，建立值班及突发事件信息报告制度。五是抓好排产组织。聚焦重点任务，明确复产复工步骤，加强内外沟通协调，确保重点任务按合同履约。

（3）集中优势资源，全力完成转产研制。2月12日，兵器工业集团下达给江麓集团一项特殊的紧急生产任务，即30天内研制生产10台口罩机、5台压条机。口罩机、压条机对江麓集团来说是从未涉足过的领域，无产品、无技术、无经验，面临着一系列的实际困难。但疫情面前，人民需要什么，国企就生产什么。江麓集团当即立下"军令状"，全力以赴完成好紧急转产研制任务。一是集中内部资源强推落实。接到任务后，江麓集团上下高度重视，不惜代价、不计成本、分秒必争，以战时状态、战时机制、战时思维、战时方法，统一计划、统一推进，调动全厂优势资源，全力以赴突击开展研制工作，从任务领受到启动实施零时差。技术部门组织两级科技带头人、专业技术骨干20人成立了口罩机、压条机专项研制团队，围绕技术难题开展技术攻关。工艺总体室牵头策划，打破常规，组织各专业室以最快速度完成工艺，3天完成工艺流程、定额、机加、钣焊、特种等工艺设计2000余份，提前与相关生产单位关键技能人才、技能大师提前沟通技术难点，为试制生产顺利进行争取了宝贵时间。生产单位接到任务后，车间立即分解作业计划，与技术部门沟通消化图纸工艺，并组织生产突击。所有需预热设备保持加工状态待命，产品一旦到位立即投入生产。技术、检验人员全力服务生产一线，灵活调整工作模式，把工作地点从办公室搬到了机床边，以最快的效率解决现场问题、完成工序检验。兵器集团首席技师、省百优工匠、江麓集团技能带头人等数十名先进技能人才主动承担难度和复杂程度较高的零件加工，破解瓶颈难点，确保了生产进度。生产指挥系统每天召开口罩机专项生产协调会，检查当天任务完成情况和问题解决落实情况。各单位组织1000余名员工全力以赴、加快产出。设计、工艺、计划、生产组织无缝衔接，大幅缩短了研制周期。截至2月19日，江麓集团398项/26218件自制件全部完成，开始进入装配，仅用7天时间就完成了口罩机、压条机自制件生产的第一阶段目标。二是吸收外部资源补短板弱项。口罩机、压条机研制，是一项系统工程，电子元器件多，控制耦合系统复杂，调试技术难度大，是口罩机、压条机研制的最大瓶颈。江麓集团提前研判"两机"研制的难点窄口，创造性提出联合生产工作思路，组织专业团队先后三次前往广州、东莞、深圳等地，到设备生产厂家实地了解口罩机、压条机的生产过程，掌握了设备制造的第一手资料和宝贵的实践经验，牵头完成了与两家企业技术协议、生产合同的签订，建立了战略合作关系，实现了强强联合、优势互补。同时全力协调地方政府、对口厂家联系紧缺配套资源，为口罩机、压条机研制生产任务的圆满完成提供了坚强保障。

3月1日，在接到任务17天后，江麓集团研制生产的口罩机、压条机成功发往北京、湘潭等地抗疫一线，为抗疫物资生产贡献力量。

4. 坚持企地协同，维护社区安宁

在疫情期间，加强社区防疫工作管控，维护好企业周边社区的安全稳定形势，确保职工家属及社区其他群众身体健康和生命安全，对企业能否复工复产、能否开展生产经营工作，具有决定性的作用。江麓集团积极履行社会责任，主动对接社区、街道，统筹人力、物资和资金，共同抓好疫情防控工作。

（1）抓好企地联防联控。加强与地方政府沟通联系，邀请湘潭市委办、市商务局干部到企业担任驻企联络员，指导帮助企业做好防疫监督和信息收集工作。重启社区、退休人员管理组织机构，发挥原社会工作部、老干办职能，主动对接社区、街道，建立日常联系报备机制，广泛开展宣传教育，编印下发《疫情防控工作告知书》3500份、《防控知识手册》350份，充分利用微信、电话等形式，加强政策措施宣传解读，广泛宣传疫情防护知识，帮助员工及家属科学认识疫情，提高自我保护意识和能力，积极配合地方政府、医疗机构关于疫情防控方面的各项措施和要求。正确引导社会舆论，教育广大员工家属不造谣、不传谣、不信谣，保持员工家属队伍稳定。

（2）严格控制人员流动。江麓集团严格要求全体员工在疫情期间尽量避免走亲访友、聚餐娱乐，江麓集团所属的运动场、体育馆、俱乐部等多个公共场所已一律按照地方政府要求暂停开放。农贸市场等生活必需品购买场所也按政府要求定时开放，严格管控人流量，在满足职工群众生活所需的同时，确保了安全稳定。

（3）落实政府扶持政策。江麓集团积极响应党中央、省委省政府、省总工会安排部署，引导广大职工积极消费、繁荣市场、稳定就业。先后为全体职工每人发放300元新冠肺炎疫情防控特别慰问消费券以及1000元"和包支付"电子消费券，消费券总金额400余万元，有效促进了湘潭市特别是江麓集团周边片区的商贸经济发展，提高了职工家属生活水平。为租赁了江麓集团九华基地闲置厂房的凌云集团等多家单位减免租金600余万元，充分彰显了积极履行社会责任的央企担当。

5. 落实文化引领，凝聚共识合力

疫情防控工作中，江麓集团坚持文化引领，将军工企业特有的政治文化、兵工文化、企业文化作为立航定向的有力推手，把强有力的思想宣传工作贯穿于疫情防控和复工复产工作全过程，鼓舞广大干部职工抗疫斗志，坚定抗疫信心，强化抗疫担当，对疫情防控工作取得阶段性胜利发挥了关键作用。

（1）弘扬人民兵工精神。2月18日，江麓集团召开"众志成城、共克时艰，坚决打赢疫情防控阻击战和生产经营攻坚战"专题党课，大力弘扬"自力更生、艰苦奋斗、开拓进取、无私奉献"的人民兵工精神，积极宣传"中国的保尔"吴运铎、"工人发明家"倪志福、"独臂总师"祝榆生等老一辈兵工英模，用故事吸引人、感染人、激励人，促进红色基因融入血液，推进兵工精神薪火相传，激发创先争优的工作斗志，坚定树立军工人高度的政治责任感、历史使命感、现实紧迫感，时刻保持战时状态，坚信必胜的信念，在做好疫情防控的前提下，紧盯全年目标，奋力推进江麓集团科技创新与管理创新、装备质量提升、核心能力建设、军民融合发展、体制机制改革和全面从严治党等各项工作。

（2）弘扬江麓铁骑精神。江麓集团紧紧围绕统筹推进疫情防控和复工复产、履行强军首责、服务经济发展等主线，着力选先进树典型，大力宣扬"铁骑文化"，利用江麓集团内网、微信公众号、电视台、报纸、宣传栏等十余个宣传阵地，发表文章、报道500余篇，深入挖掘、生动讲好江麓故事，浓墨重彩地宣传江麓集团取得的成绩和广大干部职工做出的积极贡献，努力营造担当进取、艰苦奋斗的大干氛围，动员广大干部职工积极投身疫情防控和生产经营一线工作中。同时大力加强对外宣传，向学习强国、《中国日报》、搜狐网、红网、《湖南工人报》、今日头条等主流媒体报送江麓集团抗疫工作先进事迹、先进个人新闻报道100余篇，营造了团结抗疫、和谐发展的积极社会舆论，凝聚了社会共识和力量，提升了企业社会地位，也切实增强了广大职工的荣誉感、责任感，激发了抗疫工作热情。

6. 强化双向激励，确保执行落实

江麓集团一手抓表彰奖励，一手抓检查考核，实现双向激励，有效推动了各项应急管理措施的落地落实。

（1）实行无客观考核。无客观考核就是不考虑客观原因，只看结果、不看过程的一种特殊考核方式，未完成既定目标，责任主体承担直接责任，其他相关单位和人员承担连带责任，不考虑客观因素，不豁免任何相关单位和人员。江麓集团在疫情防控工作中坚定推行无客观考核，一旦出现工作不到位、疏漏、差错等情况，从严从重对所有涉及的单位进行考核。各单位形成利益共同体，互相补位、互相支撑，未出现互相推诿、踢皮球等情况，提高了工作实效。

（2）强化监督检查。江麓集团成立了以专职党委副书记为组长的新冠肺炎疫情防控工作监督检查领导小组，组织人员每日对各单位防疫工作开展情况进行全面检查，重点检查各单位学习贯彻党中央、国务院、省市地方政府、集团公司党组指示精神和工作要求的情况，组织机构设置情况、落实江麓集团疫情防控措施情况、信息报送情况、防疫物资配发使用情况，确保疫情防控工作组织到位、落实到位。检查采取"飞行检查"模式，检查前不通知、不打招呼。对工作开展不力的单位严格进行考核，对有关领导干部进行提醒谈话或诫勉谈话，问题严重的严肃问责。同时将领导干部在疫情防控工作的实际表现，视同领导干部在政治素质、宗旨意识、全局观念、担当精神的重要体现，纳入领导人员考核范围；将各单位疫情防控和工作表现，纳入江麓集团党建工作责任制考核范围，对疫情防控工作落实不力、隐瞒不报、失职渎职的，严肃追责问责。疫情期间，共开展防疫专项督促检查30余次，组织下发整改通报4次、处理通报5次，考核22人次，累计考核金额6700元，确保了江麓集团各项防疫工作落到实处。

（3）强化表彰奖励。江麓集团把表彰奖励作为激励先进、激发热情的重要举措，在全力做好疫情防控一线员工关怀慰问工作的前提下，及时对疫情防控阻击战中表现突出的单位和个人进行表彰、奖励，评选出先进单位10个、先进个人50名并给予专项奖励，为各二级单位防疫信息填报人员、各出入口测体温人员、各单位卫生消毒人员按日发放抗疫津贴，共计发放180余万元。广大职工群众抗疫工作主动性明显增强，责任心显著提升。

三、大型军工企业应急管理机制系统构建的成效

（一）形成了显著的社会效应

抗疫大考中，江麓集团坚持党的领导不动摇，深入贯彻落实党中央和省市地方政府决策部署，扎实开展疫情防控工作，出色履行社会责任，把社会责任理念和要求全面融入企业发展战略、企业生产经营和企业文化，圆满完成口罩机、压条机转产研制，取得了疫情防控和生产经营的阶段性胜利。多位省市领导来江麓集团调研考察疫情防控与复工复产工作，对江麓集团在疫情防控工作中的有效应对和担当作为给予了高度的肯定，相关事迹被中共中央办公厅、国务院办公厅、国资委等上级部门通报，并获得了中共中央领导的批示，同时也在红网、学习强国、澎湃新闻、腾讯网、搜狐网、网易等多家主流媒体上进行了广泛报道，经验做法得到宣传推广，引起了强烈反

响,江麓集团品牌形象和社会影响力明显提升。

(二) 恢复了企业生产经营秩序

通过应急管理机制的推进落实,江麓集团生产经营秩序加快恢复。2月10日,江麓集团复工第一天复工率达到85%;2月22日,除湖北地区员工外全面复工,复工率超过90%,成为湘潭市率先完成复工复产达产的大型企业。在湘潭市疫情形势最为紧张的1—4月份,江麓集团科研生产经营各项任务按序时进度稳步推进,军品合同如期履约,累计完成主营业务收入11亿元,完成全年预算目标的35%;累计实现补贴前利润总额7700万元,同比增加1100万元,实现了逆势上扬。

(三) 维护了职工生命财产安全

江麓集团准确把握疫情防控总体形势,严格落实疫情防控各项措施,织严织密厂区、社区疫情防控网络,有效阻隔和遏制了疫情在职工家属群体中的传播。迄今为止,江麓集团2万余名职工及家属中未发现一例确诊或疑似病例,职工群众生产安全和身体健康得到切实保障。

(四) 形成了应急管理长效机制

江麓集团在疫情防控工作中逐步建立健全大型军工企业应急管理机制并付诸实践,积累了应急管理经验,提高了应急管理水平,形成了长效机制,是江麓集团发展质量的重大提升。

主 创 人：黄帅丹、彭建安
参与创造人：张利文、陈 仪、肖任贤、周泽江、谢颂华、徐文峰、
周 建、彭运泽、李雅竹

应对重大突发公共卫生事件的企业后勤应急保障体系构建与实践

国网湖南省电力有限公司

国网湖南省电力有限公司（以下简称"国网湖南电力"）是国家电网有限公司（以下简称"国网公司"）的全资子公司，现设职能部门23个，下辖市（州）供电公司14家，县供电公司102家，用工总量7.2万人，供电范围涵盖全省14个市（州），营业区面积占全省的96%，供电人口占全省的98%。截至2019年末，湖南公司资产总额1087.33亿元，拥有35千伏及以上变电容量1.23亿千伏安、线路5.71万公里。湖南电网发电设备装机容量4740.6万千瓦，湖南电网发电量完成1442.83亿千瓦时，完成售电量1479.02亿千瓦时，营业收入876.14亿元，实现利税30.75亿元，电费回收率100%，综合线损率7.8%；全年最高负荷3017万千瓦，最大日用电量5.88亿千瓦时。

新冠肺炎疫情防控期间，国网湖南电力切实履行央企的社会责任，深入开展应对重大突发公共卫生事件的后勤应急保障体系构建与实践研究，通过设立组织机构、完善规章制度、建立长效机制，着力打造"防、控、战、保"多维度的后勤应急保障体系，全面提升了后勤应急保障能力，为各级地方政府机关、医疗机构、防疫物资生产企业及广大居民的持续供电提供了有力的后勤保障，为公司和社会防疫做出了突出贡献。

一、应对重大突发公共卫生事件的企业后勤应急保障体系构建与实践背景

（一）是适应企业新时代发展战略的需要

国网公司作为关系国民经济命脉和国家能源安全的特大型国有重点骨干企业，为适应新时代发展，提出了"建设具有中国特色国际领先的能源互联网企业"的发展战略。新的形势和任务对构建与企业发展相匹配的后勤应急保障体系提出了新的更高要求。后勤应急保障体系作为企业发展战略的重要组成部分，对助力战略实施、支撑战略落地至关重要。贯彻落实好国网公司战略部署，转变发展方式、优化资源配置、强化服务保障，构建"理念先进、体系完整、标准规范、专业高效、服务发展"的应对重大突发公共卫生事件的后勤应急保障体系，践行新时期后勤应急保障工作的新定位、新目标，制定、实施科学统一的后勤应急保障标准，是推动后勤应急保障工作创新升级、保障公司和电网发展的必然要求。

（二）是应对重大突发公共卫生事件的需要

继2003年SARS病毒暴发以及2009年H1N1禽流感的发生，2020年初暴发的新冠肺炎病毒，是来势更凶猛、感染范围最广、防控难度最大的一次重大突发公共卫生事件，对国民的健康、生命安全和经济社会发展带来了前所未有的巨大伤害和冲击。国网湖南电力承担着全省7000万居民的电力安全保障和可持续电力供应的使命，新冠肺炎疫情期间还承担着保障全省122家定点医院、353家发热门诊、50家防疫用品生产企业的可靠用电的重大责任，地位举足轻重。近年来，国网湖南电力不断改进应对重大突发公共卫生事件的相应措施，增加投入、健全制度，但对重大突发公共卫生事件的影响范围、严重程度考虑不足，暴露出应急管理意识不强、预案体系不完善、企

地对接不畅通、基础投入不匹配、体系运转不高效等问题。加强应对重大突发公共卫生事件后勤保障组织体系、标准制度体系和应急支援体系的研究具有十分重要的意义，建立完善的应对重大突发公共卫生事件的后勤应急保障体系势在必行。

（三）是保障企业正常生产经营秩序的需要

重大突发公共卫生事件的发生，具有突发性、公共性、复杂性和可持续性，造成的危害巨大。如果企业后勤应急保障跟不上、应对不及时、控制能力不足，都将增加经济损失，对员工生命健康安全更是带来严重危害。电网企业在应对重大突发公共卫生事件的过程中，既要保障人民群众和重要用户安全可靠供电，又要满足有关新增用电需要，同时还要防止重大突发公共卫生事件在本企业蔓延，全力保障员工生命安全和身体健康。面对新冠肺炎疫情类重大突发公共卫生事件的发生，国网湖南电力积极解决费用投入不足、保障资源缺乏等问题，全力提升与政府、行业和社会力量的应急协同响应能力，形成更为系统完善的社会应急、助力复工复产的措施方案等，构建应急保障更精准、队伍更专业、协同更高效的后勤应急保障体系，确保企业防范和快速处置重大突发公共卫生事件，最大限度地减少对员工身心健康造成的危害和经济损失，保证企业正常生产经营秩序。

二、应对重大突发公共卫生事件的企业后勤应急保障体系构建与实践的内涵

国网湖南电力创新重大突发公共卫生事件后勤应急保障工作思路，确立工作目标，分析重大突发公共卫生事件潜在的风险及相关影响因素，制定应对措施，构建应对重大突发公共卫生事件的后勤应急保障体系。对内加强各专业间、各层级间、各单位间的全方位应急协同，全面整合后勤应急保障资源；对外加强政府部门、社会、战略合作伙伴协同，实现资源共享、联防联控。建立后勤应急组织体系，实现后勤应急保障管控一体化、指挥一体化和资源一体化；实施应急准备、应急响应与处置、善后恢复全过程管控，实现重大突发公共卫生事件的有效应对。健全后勤应急保障标准制度体系，规范工作流程，推动后勤应急保障工作由传统的分散式、条线化、人工化管理向集约化、系统化、智慧化管理转变。助力后勤应急保障更精准、队伍更专业、协同更高效，全面提升重大突发公共卫生事件的后勤应急保障快速处置能力，为生产经营持续稳定提供有效保障。

三、应对重大突发公共卫生事件的企业后勤应急保障体系构建与实践的主要做法

（一）加强顶层设计，明确体系构建总体思路

1. 明确体系建设基本原则

坚持以人为本。遵循政策法规，预防和应急并重、常态和非常态结合，构建完善后勤应急保障体系，主动为基层一线和广大职工提供靠前保障、主动保障、精确保障，确保员工身心健康与生命安全。坚持科学规划。搭建多层次、系统性、可操作性的后勤应急保障体系，规范重大突发公共卫生事件的各项后勤应急保障工作，落实各项要求，强化后勤应急保障体系建设。坚持责任担当。推进社会共建、联防联控，建立信息、人员、物资等各类资源的共享机制，实现企业与社会的相互协同、相互支撑、相互保障。坚持因地制宜。结合属地自然环境特征、经济发展情况、医疗水平等要素，制定适合于自身实际的后勤应急保障体系。

2. 制定体系建设工作目标

围绕政府、社会关注焦点，以解决后勤应急保障中存在的困难和问题为出发点，高效应对重大突发公共卫生事件，实现"四早"（早发现、早预防、早隔离、早控制），减少突发事件对企业员工身心健康造成的危害，保证企业正常生产经营秩序。有效规范重大突发公共卫生事件后勤应

急保障工作，统筹后勤各项保障资源，建立高效联动、内外结合、快速反应的重大突发事件后勤应急保障机制。不断提升企业防范和应对重大突发公共卫生事件的能力，正确、精准、快速处置可能发生的疫情蔓延及危害事件。

3. 策划体系建设核心要素

针对后勤应急保障体系的全要素、全过程开展策划，明确体系的构成和建设内容：一是后勤应急保障组织体系，明确各级后勤应急组织机构及应急队伍建设要求；二是后勤应急保障制度体系，健全覆盖公司后勤系统的后勤应急保障规章制度以及技术标准；三是后勤应急保障物资储备体系，实施各类应急物资的充分储备；四是后勤应急保障预案体系，健全各类各级后勤应急保障预案；五是后勤应急保障培训演练体系，开展后勤应急培训与演练；六是后勤应急保障能力评价体系，持续提高突发事件后勤应急保障能力。

（二）强化组织领导，建立运转高效的保障机构

建立后勤应急保障一体化组织体系，以实现后勤应急保障由分散自我保障向集约高效保障转变，确保后勤应急保障工作有序开展。

1. 建立三级联动应急组织机构

建立三级联动的后勤应急保障组织机构，统筹内外部后勤资源，确保重大突发公共卫生事件的后勤应急保障有效实施，实现"职责明确、组织有序、指挥得力、分级负责、上下联动"的保障功能。国网湖南电力通过组建省、市、县高效协同的三级联动组织机构，将14个市（州）、31家二级单位的后勤力量上下贯通、形成合力。

按照"统一领导，协调合作"的原则，成立由公司主要负责人任组长、公司分管负责人及各职能部门负责人组成的工作领导小组，负责重大突发公共卫生事件处置的研究、决策和部署。领导小组下设办公室，主要负责组织落实重大突发公共卫生事件防控各项措施，对接省级卫生健康部门，建立联防联控机制，统筹医疗资源和物资等后勤保障供给，组建医疗专家团队，指导所属各单位组建后勤应急保障指挥机构，并在地方政府应急指挥机构和国网湖南电力应急指挥机构的领导下，具体负责属地的应对工作。

2. 建立分级分类后勤应急保障队伍

国网湖南电力统筹建立省、市、县三级供电企业应急后勤人力资源网络，形成以属地单位为主、支援单位为辅的后勤保障应急队伍架构，实现三级队伍横向和纵向联动、专家队伍协同配合，有效实施后勤应急保障。

建立后勤应急保障队伍。省、市和县公司分层级建立由医疗卫生、疾病预防控制、交通运输、安全保卫、后勤保障等相关专业技术人员组成的应急队伍。重点加强专业技能、应急预案和处置流程的培训，使其掌握突发公共卫生事件应急处理相关知识，增强队伍的应急救治和现场处置能力。成立应急专家组。根据突发事件严重程度，各单位应急专家组由卫生行政部门和专业医疗机构等单位的专家组成，主要负责提出应对疫情建议，协助各单位完成传染源隔离、现场消毒处理、疫情防控措施制定、事件原因分析等工作。

在2020年应对新冠肺炎疫情中，国网湖南电力共成立31支、1700余人的后勤应急保障队伍，在疫情防控中落实各项疫情防控工作部署，服从应急指挥机构统一指挥和上级单位专项预案指挥机构的指导。

(三) 整合内外资源,做好应急保障的先期准备

1. 健全应急预案,明确应对保障措施

国网湖南电力根据新冠肺炎疫情不同阶段的特点和对物资储备、专业人员、医疗设施设备的需求,研究分析应急预警、响应、处置、结束的流程,并根据电力营销、电网调度、电网建设、设备运检等各专业特点制定专项后勤应急保障预案。预案广泛征求公司专业人员、基层单位和外界专家意见,充分与政府部门沟通,保证与政府应急预案的有机衔接,增强重大突发公共卫生事件后勤应急保障预案的针对性、方便性、指导性和可操作性。各市(州)、县公司按照省公司总体应急预案,结合地域差异化特点、经济条件等实际情况制定科学合理、便于落实的后勤应急保障预案,基本形成了电网企业"横向到边、纵向到底、上下对应、内外衔接"的分级分类的重大突发公共卫生事件后勤应急保障预案体系。

2. 多方筹措物资,统筹资源共享调配

按照"省公司管总、各单位主导"的原则,国网湖南电力所属各单位以"日清单"统计、"周缺口"管控物资采购,明确物资的存量及消耗速度,预估物资缺口,全面掌握疫情防控物资情况,便于统筹调配,以解决各级单位电力调度、电网建设、运行检修、营销服务等核心岗位防护物资短缺问题。

多措并举"寻源"。在省公司层面,加强与各大防疫物资生产企业、供货方协调,积极寻找电商、直销厂家、代理商等供应渠道和采购平台,建立更加宽广的物资供给面。在所属各级单位层面,加强物资采购信息交流,互通有无,发动员工群策群力,采取"广撒网、深集粮"的方式,通过电话、QQ群、微信等方式寻找货源。积极与属地政府、卫生疾控部门沟通、协调,争取防疫物资,全力确保防疫物资筹措到位。物资运输"高效"。制订应急物资运输方案,明确责任人和职能职责,建立应急物资统筹调度机制,通过国网车辆管理平台统筹调配运输车辆。积极协调交通管理部门,开通运输"绿色通道",解决应急物资运输通行问题,确保应急物资及时安全运抵一线。物资管理"智能"。在公司后勤管理信息系统中设置物资信息公开模块,明确应急物资分类、物资名称、型号、存放地点、采购日期、有效期、使用联系人、联系方式等信息,各级后勤应急机构可及时掌握辖区内及周边单位应急物资情况,实现三级后勤应急保障物资资源整合、管理信息互通共享。物资分配"精准"。根据工作性质、地区风险等级、工作环境等要素,制定《应急物资调拨使用指南》,明确不同层级、不同工种、不同环境下各类人员的物资种类和配额,实现应急物资的差异化、精准化配给。密切关注疫情发展,科学、合理预测国内外供需形势,留足防疫物资储备的"提前量"。科学合理"节流"。在重点保障一线员工和防疫保电人员物资需求的基础上,指导员工合理节约使用口罩。建立防疫物资筹措、使用正向激励机制,引导基层自力更生、物尽其用,避免过度防护增加不必要的防疫物资消耗。

新冠肺炎疫情期间,国网湖南电力累计采购和发放各类口罩900万余只、酒精9万余升、消毒液15万升、测温枪5154把,共调用车辆1097台次,用于防疫物资采购和运输,切实为广大员工生命安全和身体健康布好"隔离带"、穿上"防护衣"。

3. 深化地企合作,建立协同保障机制

构建社会机构应急保障协作机制,加强与政府、医院和其他公共卫生防控机构合作,建立与医疗机构、综合超市(商场)、医疗器械生产企业等社会机构的合作关系,构建相互支援、互相配合的协同机制,充分利用外部资源共同应对重大突发公共卫生事件后勤应急保障工作。与外部医疗机构开通应急医疗保障绿色通道,确保如发生疑似、确诊病例能及时得到检测、治疗;与大型

综合超市做好协调，实施生活物资的协议储备；与医疗器械公司深化合作，确保医疗防护设备持续供应不断链。通过内外协同，将社会机构的资源作为公司应急保障的补充，为后勤应急保障保驾护航。

（四）注重全面协同，实现应急保障的快速响应

1. 信息共享，提升响应速度

建立以实时疫情监控、响应上级单位及地方政府应急指挥、内部检测排查为核心的信息收集渠道，为应急指挥机构提供信息支撑和决策依据。通过建立与其他专业部门的沟通和信息共享机制，及时获取公司系统疫情排查的信息，实现应急信息融合及突发情况的信息联动，确保公司对重大突发公共卫生事件的严防严控。

后勤应急保障小组根据应急指挥机构发布的疫情信息，针对重大突发公共卫生事件，按照应急预案及相关标准制度要求，及时开展后勤应急保障响应与准备，实施"上下联动、区域协作、快速响应"，提升后勤应急响应速度。

2. 加强协调，实施专业指导

建立应急协调机制。每天由公司领导小组办公室进行工作会商，由应急领导小组及时传达政府、上级单位有关决策部署，并根据内外部形势和公司系统疫情防控实际，适时组织视频会议，调度公司各单位疫情防控工作，解决基层提出的重大问题。加强专业知识指导。加强对所属各单位的专业防疫知识的指导，提高员工疫情防控意识和技能，提升科学防控的水平。新冠疫情中，后勤部门及时组织疫情防控部门编制《新型冠状病毒防控知识手册》《新冠肺炎疫情常态化防控指南》等工具书，普及新冠病毒及个人防护、工作场所防护相关知识，指导所属单位正确开展疫情防控工作。

3. 多措并举，实施精准防控

（1）精准疫情摸排。疫情摸排作为疫情防控第一道关口，是打赢疫情防控阻击战的关键。公司所属各单位提高认识、强化措施、快速行动、及时反馈，全面掌握基础资料信息，精准摸排底数，为打赢疫情防控阻击战提供坚实保障。强化措施，全面摸排各类人员情况。按照属地管理原则，公司系统实行网格化管理模式，对四类人员实行拉网式摸排，做到摸排全覆盖、无空白、无盲区。逐一建档立卷，逐个登记备案，逐项审核确认，确保底数清、情况明。精准统计，扎实开展基础数据汇总。健全重点人员数据库的登记、更新、筛查机制，针对新冠疫情建立疫区或非疫区来湘的重点人员信息台账并每日更新，根据台账信息，将重点人员、同乘同车人员等信息反复筛查比对、分类梳理，为疫情防控提供科学的决策依据。

（2）精密实施保障。一是统筹安排一线防疫人员饮水就餐、防暑防蚊、车辆通勤、消杀防护等事宜。加大物资供应力度，优先满足一线防疫人员需求，调配安排住宿，保证一线防疫人员能在工作后调整休息，及时恢复体力精力。安排志愿者或专门人员，为有困难的一线防疫人员家庭提供照料老人、孩子等帮助，消除后顾之忧。二是做好疫情防控期间的公务用车管理。因通信抢险、生产经营需要、参加各种会议以及异地交流领导往返其工作地和住宿地等可使用公务车辆，降低员工工作出行风险，确保员工身体健康与安全。三是实施员工关爱。针对本次疫情留鄂员工，实时掌握员工返湘计划和身体状况，聘请专业的心理辅导师为滞留在湖北的员工远程进行心理疏导和缓解居家隔离压力与焦虑。针对援鄂供电保障队精心编制援鄂供电保障队返湘休整方案，配齐配足所需防疫物品，做好公司支援湖北供电保障队返湘休整的服务保障工作。为隔离观察员工的家庭提供代买服务，解决隔离观察员工"菜篮子"及其他生活问题。

(3) 精细开展宣传。加强疫情防控宣传。疫情期间，后勤人员全部进入"战时"状态，宣传、劝导职工及家属做好防护措施。在主要道路悬挂横幅，在显眼位置张贴宣传画，安排宣传车每日在家属区广播疫情防控音频。组织党员干部上门给民众派发疫情防控宣传单，并通过协同办公系统向员工发送疫情防控手机提醒短信等一系列措施，使员工、家属对新冠肺炎知识以及防控重视程度显著提升。积极开展报道宣传。广泛征集新闻稿件、提供新闻素材，开展后勤疫情防控对外宣传。国网湖南电力31家单位在国家级媒体发布各类抗"疫"宣传稿件23篇，在省级媒体发布48篇。

4. 履行责任，助力联防联控

(1) 加强供电后勤保障。电力是防控疫情的重要保障。国网湖南电力全力以赴保障电网可靠供电，重点对医院、政府卫生部门、监测点等医疗机构和疫情防控医药研制及生产、医疗物资生产企业开启"保电"模式，加强重点区段的部位监测和用电安全检查，确保疫情防控期间电力可靠供应。后勤部门为一线保电人员提供充分的后勤伴随保障，将后勤应急保障方案纳入重点单位的保电应急方案中，保证保电人员的衣、食、住、行，确保保电工作的顺利完成。

(2) 有力支援疫区防控。充分发挥国网系统资源共享、互济互助的优势。本次新冠疫情发生以来，国网湖南电力坚持"抗疫一盘棋、国网一家亲"的理念，所属各单位坚决服从大局需要，竭尽全力为湖北抗击疫情提供有力支援。一是物资支援，公司向湖北武汉、荆州、松滋市等供电公司捐赠价值约30万元的口罩、酒精、防护服等医疗防疫物品和各类生活物资。二是人员支援，组建援鄂供电保障队，落实国家电网"一盘棋"要求，调派6台应急发电车、21名保电人员驰援湖北抗疫一线协助执行供电保障。后勤部门紧急调配口罩、测温枪、隔离服和护目镜等防疫物资，迅速组织完成支援湖北抗击疫情供电保障队的住宿安排、人员用餐、车辆调配等各项准备工作，先后转运各类生活、防疫物资6.8吨到湖北保电现场。

(3) 携手社会联防联控。与地方政府、社会机构、社区建立联动机制，在做好内部防控的同时，携手开展联防联控，切实履行作为社会公民的责任。以郴州公司为例，按照属地政府新冠肺炎疫情防控推广的网格式社区管理安排，后勤部门组织成立联防联控小分队，协同社区对责任小区进行管理，严格落实社区疫情防控12条措施。协助社区完善住户电子台账，每日更新重点监测人员数据，及时准确向有关部门反馈信息；协助物业每天对小区电梯、楼道、设备设施等公共区域进行消杀工作。

(五) 立足精准保障，助力企业全面复工复产

按照科学、合理、适度、管用的原则制定针对性措施，提高疫情防控的科学性和准确性，确保员工生命安全和身体健康，确保公司安全稳定局面，为公司复工复产有序推进提供有力支撑。

1. 精准保障员工复工复产

全面复查复工人员状况。复查范围包括主业职工、供电服务员工、集体工、劳务派遣人员、社会化用工等所有用工形式人员情况，做好健康检查关和筛选上岗关，确保疫情形势清、人员底数清。推行错峰上下班。疫情期间按照"最小化""三分之一""二分之一"模式有序复工返岗，按周合理排定每名职工的上下班时间，实行错峰上下班等弹性工作制，避免集中上下班造成拥堵聚集。全面保障餐饮安全。加强餐厅的消毒和管理，严格把关，落实落细各项饮食防护举措。在疫情解除前，鼓励员工回家就餐，确需在食堂就餐的人员，采取提前报餐和分批分餐制，最大限度减少人员聚集，确保用餐环境的绝对安全。全面落实保障措施。办公区域所有人员须佩戴口罩，并经体温检测正常后，方可进入办公场所。严格公共区域消杀管理，在重要出入口放置洗手消毒

液，大厅、楼道、电梯、会议室等公共区域定期安排人员消毒。

2. 精准保障用电服务复工复产

为确保复工复产人员防疫安全，加强对营业厅、营业网点等场所业务办理区域台面、等候区座椅、自助缴费设备等的清洁和消毒。设置体温测试点，专人负责来访人员或者客户的测温和身份证登记，合理控制人员流量，引导来访人员在等候时保持有效间距，对办理业务的客户进行分区隔离，做好防护措施。多渠道推行非接触式业务办理，引导企业和居民通过互联网、"网上国网"App等线上方式办理相关业务，减少交叉感染的风险，切实保障疫情期间客户办电安全。

3. 精准保障电网检修复工复产

加强电网检修服务保障人员在开展生产抢修、入户服务、重要用电保护等工作的疫情防护管理。根据作业区域的风险程度，按照一般性防护、加强性防护和严密性防护，为作业人员配齐必要的防护保障用品，特别是对政府集中隔离、治疗场所等高风险区域开展临时拉电或保电作业的，配置相应的防护服等"重型装备"。为确保一线员工高标准开展检修和消缺工作，针对设备运维、变电站、线路运检工作特点，研究制定《电网检修后勤应急保障防控方案》，并主动提供靠前保障和伴随保障服务，为电网检修复工复产提供强力支撑保障。

4. 精准保障电网建设复工复产

电网建设关系国计民生，在抗击疫情的关键时期，公司一手抓防控、一手抓生产，实现疫情防控和电网建设"两手抓、两促进、两不误"，为经济社会发展注入一剂"强心针"。后勤部门在从严压实各级防疫职责、落实防疫管控措施等方面筑牢防线，为工程项目开复工提供后勤支撑保障。

医疗队驻点实施重点保障。充分发挥后勤专业优势，配合建设、设备等专业部门，编制各专业防控方案，派遣医务人员进驻建设项目医疗服务站（点），对公司17个重点建设项目进行现场防疫指导和全过程巡查。派驻专门的疫情防控联络员驻守工程项目，负责工地现场的疫情防控工作。各市（州）公司通过促请政府卫生部门或合作医疗机构，组建医疗团队进入项目现场进行防疫指导。严格压实各级职责。按照"谁用工、谁管理、谁负责"的原则，实行"一项目一方案"，全面把好"三关"（健康检查关、筛选上岗关、安全生产关），做到"三到位"（物资供应保障到位、防范措施到位、监管责任到位），建立"三位一体"（建设、监理、施工单位）的防疫责任体系。加强沟通汇报，争取政府为电网项目复工提供政策、防疫物资及医疗支撑。严格落实防控措施。严格落实电网建设疫情防控12条硬性措施，做好开复工准备期间的物资调配、人员集结和排查、防疫培训，加强项目现场各区域防疫工作检查，严格复工项目"五查"（查物资准备、查测温登记、查报备隔离、查工具消毒、查防控措施）。对生活区和作业区实行封闭式管理，定期安排专人对现场各区域进行清洁消毒工作。

四、应对重大突发公共卫生事件的企业后勤应急保障体系构建与实践的效果

（一）健全了后勤应急保障长效机制

通过健全重大突发公共卫生事件后勤应急保障体系，从组织体系、制度体系、预案体系、物资储备体系、评价体系、应急演练体系等各方面全面提升了重大突发公共卫生事件的后勤应急保障能力。为湖南公司的后勤应急保障体系的整体建设提供了样板，以此为参照健全了各类后勤应急保障的长效机制，全面夯实了应急保障基础，实现了高效运行。

建立了后勤应急保障体系的持续改进机制，深入开展应急保障能力评价工作，持续查找后勤应急保障工作中存在的问题和不足，总结后勤应急保障工作突发事件的经验和教训，依据评估结论分析薄弱环节，有针对性地制定改进提升策略并组织整改，保障应急机制的常态化运转，持续提高突发事件后勤应急保障水平。

（二）助力电网企业全面履行社会责任

面对疫情，湖南公司主动担当，努力成为防控疫情的行动者、抗击疫情的保障者、经济社会发展的助推者，在统筹做好疫情防控和经济社会发展的总体战中，充分发挥了央企抗击疫情主力军作用。后勤应急保障体系的构建，为日夜战斗在应急、防控、保电一线的员工提供了强有力的支撑，保证了全省7000万人在疫情期间的可靠供电。公司日均投入2800余人、800余台车、20余台发电车，保障全省122家定点医院、353家发热门诊、50家防控用品生产企业可靠用电。同时，开辟办电绿色通道，对防疫物资生产类企业实施"三零"（零上门、零审批、零投资）服务，并免收高可靠性费用，努力为客户减少办电成本，降低企业成本，加快企业复工复产速度。充分发挥了央企"大国重器"和"顶梁柱"作用，为湖南省社会经济发展、民生保障、社会稳定等方面做出了巨大贡献。

（三）保障电网企业的安全稳定运营

后勤应急保障体系的构建为应对重大突发公共卫生事件提供了规范的、标准的、强有力的后勤保障，确保电网安全稳定和可靠运营。新冠疫情发生以来，公司快速、精准地实施后勤应急保障防控措施，为一线员工提供靠前保障、主动保障和精确保障，为公司在复工返岗、重点工程、重大保电等各类工作中提供坚强后盾。疫情暴发以来，湖南公司在国网公司内第一个完成全面复工。至3月10日，公司计划内的176项电网工程项目全面复工，复工率100%，复工人员到位率100%；公司电网小型基建和生产辅助技改大修项目复工62项，复工率100%，复工人员到位率100%。保证了生产经营任务的完成，上半年售电量718.88亿千瓦时，供电可靠性100%，实现连续安全生产14362天。

（四）提升防范和快速处置突发公共卫生事件的能力

通过构建重大突发公共卫生事件后勤应急保障体系，建立迅速、有序、高效的后勤应急保障体系和运行机制，实现了组织结构更清晰、岗位职责更明确、保障内容更细化、保障流程更顺畅、保障实施更有序、后勤应急保障体系和运作机制运行更平稳，使更精益、更清晰的技术要求和管理要求有效落地，避免了在防疫工作中的人为决策干预和经验式做法可能带来的漏洞和风险，全面提升了后勤应急保障在应对重大突发公共卫生事件时的快速处置能力。

主 创 人：唐 华、黄建波
参与创造人：刘 崎、罗智英、武卫红、李 昂、彭峰华、杨志伟、
彭召文、徐筱林、欧春来、张翠珍

全球化企业外汇资金风险管理体系的构建

株洲时代新材料科技股份有限公司

株洲时代新材料科技股份有限公司（以下简称"时代新材"）是由中国中车旗下株洲电力机车研究所有限公司（以下简称"株洲所"）实际控制的国内A股上市企业，是中国中车、株洲所的新材料产业发展平台。

时代新材以高分子材料的研究及工程化推广应用为核心，致力于从事轨道交通、风力发电、汽车、高性能高分子材料等产业领域系列产品的研制、生产与销售。时代新材全球化事业发轫于1994年与美国GE的首次合作，以国际贸易的途径开始全球化战略的实施；"十二五"开始在战略上明确定位于立足国内保地位，面向全球谋发展，以"国际贸易+资本运作"的方式积极拓展海外市场，先后成功并购澳大利亚Delkor公司及德国BOGE公司，目前已经在中国、德国、法国、日本、澳大利亚、斯洛伐克、巴西、墨西哥等国家建立了12个海外研发和制造基地。时代新材目前在全球轨道交通弹性元件产品领域规模第一，在风力发电领域为风电叶片规模国内第二的风电叶片制造商，在全球汽车减振领域规模排名第三。

一、全球化企业实施外汇资金风险管理体系构建的背景

（一）是适应公司国际化战略发展的需求

中国中车是全球规模领先、品种齐全、技术一流的轨道交通装备供应商，跻身世界500强，产品出口到105个国家和地区，基本覆盖"一带一路"沿线国家和主要发达国家。为积极响应国家宏观政策要求及中国中车"专有技术延伸、跨行业发展，国际化经营"战略诉求，时代新材积极实施海外市场拓展及海外并购，加快公司国际化布局，于2014年斥资2.9亿欧元整体收购ZF集团旗下的橡胶与塑料业务，海外销售及海外资产比重显著增加。涉汇业务和涉汇金额比重越来越大，外汇资金规模占比过半，且80%在境外。国际化业务从单纯以美元、欧元为主结算的产品出口方式，拓展到在境外投资建厂、参与本地化项目运营、接受新兴市场国家当地货币结算，经营活动对于外汇资金风险的暴露程度随之不断扩大，急需提高重视，凝聚共识，把战略规划、市场经营、财务管理协调起来，探索搭建适应公司国际化战略下的外汇资金风险管理体系，以整合全球资源、防控风险。

（二）是应对日趋复杂的外汇环境的需要

2015年"8·11"汇改以来，人民币汇率不再盯住单一美元，以更能反映市场供求关系的汇率变动机制，在市场化与国际化的道路上迈出重要一步。近几年国际地缘政治冲突不断，世界主要经济体货币政策大幅调整，汇改后一段时间内人民币汇率突破了持续十年的兑美元升值通道，人民币汇率频繁上演过山车行情，2016、2017年连续两年波幅超过7%，汇率双向波动加剧对企业汇兑损益的影响。简单放任式的汇率管理方式，在发生外汇市场"黑天鹅"事件或管理不到位时，企业均可能会面临大额汇兑损失。汇兑损益已经成为公司财务费用构成中不可忽视的一部分，外汇风险已成为全球化企业普遍面临的重大问题。中国企业需要应对外汇市场新常态，加强企业外汇风险管理。

(三) 是提升全球化企业整体资金效益的需要

企业如何有效规避汇率风险，减少汇率波动对其跨国经营活动产生不利影响，如何有效利用外汇新规，扩展公司外汇资金管控的广度和深度，对于企业的可持续发展具有重要意义。在这样的背景下，公司积极探索进行跨国经营业务外汇风险管理体系的构建和尝试多种外汇风险管理手段和方法，实施全球统一的经营战略，充分发挥协同效应，致力于打造全方位、多层级的资源整合体系和风险防御体系，实现全球资源的统筹配置，以提高集团内部资金运营效率，降低资金成本、防控风险，实现公司整体外部资金效益最大化。

二、全球化企业外汇资金风险管理体系构建的内涵

公司外汇资金风险管理的目标是尽量以低成本方式降低或消除汇率波动对企业利润和现金流的不确定影响，实现公司核心经营业务战略目标。公司外汇资金风险管理重点聚焦在外汇汇率和外汇流动性两大类风险，对常规化的风险结合信息化手段从流程上进行日常预防，对风险较大的专项实施全生命周期管理，对一般风险和重大风险分级应对，并制定公司外汇风险管理策略和制度，建立公司外汇风险管理体系和常态化机制，全面指导时代新材的外汇风险管理活动。

公司外汇资金风险管理体系的构建，是以"控风险、降成本"为战略目标，以风险管理理论为指导，通过风险识别、风险评估、策略决策、风险控制与缓解的过程实施，对公司整体层面和特定时期或重大项目进行外汇资金风险管理；夯实顶层设计，从组织、制度、流程三方面健全外汇资金风险管理组织体系；制定外汇资金风险应对策略及管控手段，保证操作层面将战略规划、市场运营和财务管理协同起来；充分利用商业银行成熟和安全的资金结算系统，以现代互联网信息技术、财务信息化处理工具为依托，搭建全球资金信息平台，实现外汇资金集中管理；实施全生命周期项目风险管理，强化整体最优方案设计，以此构建系统的外汇资金风险防控能力。

三、全球化企业外汇资金风险管理体系构建的主要做法

(一) 加强顶层设计，健全外汇资金风险管理组织体系

1. 组织层面

为构建系统的外汇资金风险管理能力，公司全面梳理外汇资金风险管理组织体系，建立了跨公司、跨部门协同的外汇资金风险管理组织体系，明确外汇资金风险业务的决策层级，从业务层面、专业层面和监督层面构建起外汇资金风险管理三道防线，打造系统的风险防御能力。

公司外汇资金风险管理的组织机构分为决策层、管理层和执行层三个层次。决策层为公司总部董事会，是外汇资金风险管理的最高决策机构，负责确定外汇资金风险管理战略目标，批准集团公司风险管理委员会上报的外汇管理总体方案，批准重大外汇管理实施方案。

管理层为风险管理委员会，由总部财务、运营、战略等多职能部门组成，负责外汇资金风险战略目标的拟定，外汇资金风险管理的制度建设和组织工作，外汇资金风险管理标准的制定，风险管理方案的执行推进和监督，外汇风险管理战略的实施，外汇资金风险具体方案的研究，主要货币汇率资料的收集，分析研究汇率变动趋势，了解本企业相关交易国别、币种、汇率情况，编制外汇风险敞口信息表。

执行层为各业务部门和二级单位，负责具体方案的执行和实施，风险敞口信息的收集和上报，风险敞口限额以下的外汇风险管理。

2. 操作层面

结合集团管控模式将部分外汇管理操作的实际权力下放至海外子公司，确保外汇风险管理具体工作的有效进行，并以制度的形式明确总部外汇风险管理委员会与海外子公司之间的关系，系

统、完善地规定总部与海外子公司在外汇风险管理工作上的职责分工，实时监控、预测在各地外汇风险管理工作中可能出现的问题，加强引导，使总部与海外子公司形成合力，积极运用各种避险工具，将外汇风险管理工作融入整个业务流程之中，共同为整个公司创造价值。

为保证各项管理责任落实到位，公司制定了《外汇资金风险管理办法》《外汇风险内控指南》和《境外资金集中管理办法》，为执行层进行外汇资金风险管理提供操作指引。

3. 流程层面

建立完整的从识别、计量到分析和处置的外汇风险管理程序，划定部门责任，提供方法指引，建立评价机制，将外汇资金风险管理工作融入不同层级、不同部门的职能管理和业务流程中。

（二）强化策略指引，促进战略、业务和财务协同

随着公司涉汇业务比重大幅提升，涉汇项目周期拉长，涉汇工作人员数量加大，公司逐步将外汇风险管理工作融入整个业务流程之中，寓风险管理思维于业务经营活动，寓风险管理决策于业务经营决策。公司风险管理委员会收集企业外汇信息，识别定义公司外汇风险，评估风险轻重缓急，根据公司风险偏好，制定公司外汇风险管理策略，并结合业务流程和部门职能，向全公司范围提供外汇风险管理措施指引，促进战略规划、市场运营和财务管理协同，确保公司外汇风险管理思路在操作层面落地。

1. 识别外汇资金风险

识别公司面临的外汇风险，重点收集企业重大外汇项目业务数据，多职能线掌握企业进出口业务现状及未来计划，全面收集企业外汇资金信息、外币资产负债配置信息、海外业务经营信息、全球外汇行情信息等，综合分析识别定义企业所面临的外汇风险。

时代新材外汇风险管理委员会于每年初收集信息，结合外汇市场分析数据，实施风险评价，综合判断出企业当年所面临的外汇风险，向公司管理层汇报；工作小组定期（每个季度）或不定期（重要业务驱动或外部环境重大变化时）更新风险变化情况，修正前期评价。

2. 制定外汇风险管理策略

由于汇率风险具有二重性，企业要研究和正确认识风险和收益的关系，在机遇和风险中寻求平衡点，明确企业整体风险偏好。结合风险偏好和企业发展战略，选择使用相应的风险管理工具，制定公司个性化的外汇风险管理策略。

可接受：处于这个象限的汇率风险，公司的应对策略是可以接受一定的风险敞口。公司每年有大概100万港元的出口业务，占收入比重很小，且港元汇率波动相对较小，公司对其管理策略为收到后即期结汇。

转移：处于这个象限的汇率风险，由于其发生可能性很高，公司的应对策略是付出一定的成本减少不确定性。比如印度项目客户提出要使用卢比结算，由于卢比属汇率管制货币且贬值预期较强，公司的意见是牺牲一部分利润，改为使用美元或欧元结算。

小心管理：处于这个象限的汇率风险，由于其发生后的影响程度很大，公司要做好防范安排。比如公司持有的大额欧元贷款，虽然根据趋势预测欧元汇率在正常情况下难以回到借款时的汇率高位，但由于贷款本金过大，一旦汇率发生意料之外的波动，将引发巨额汇兑损失。为降低汇率风险，公司2018年做出了主动减少外汇敞口的避险措施。

规避：处于这个象限的汇率风险双高，公司应尽量避免。比如前面提到的印度项目，如果客户坚持使用卢比结算，公司的策略是避免发生该类业务，或者将其业务量控制在一定额度以内。

3. 制定外汇风险管理措施使用指引

时代新材外汇风险管理委员会和专家组以风险管理理论为基础，在公司整体外汇风险管理策略背景下，制定了外汇风险管理措施及其使用指引，指导各部门在涉汇业务环节实施正确的风险控制手段。

（1）财务措施。主要是运用衍生金融工具来对冲基础合同外汇风险的避险措施。时代新材对于无法通过业务规划避免或者无法实现自然对冲管理的汇率风险，通常使用衍生金融工具开展风险对冲，根据自身情况和国资监管要求，主要使用外汇远期、外汇期权、外汇掉期及其一般组合。

经过为期几年对衍生金融工具的大量分析，时代新材制定了使用衍生金融工具的原则：

第一，应在外币计价的经营业务决策时同步决策，将套期保值成本纳入经营业务总成本考量。

第二，衍生金融工具并不一定是解决外汇风险的最优办法。衍生金融工具标准化程度、市场化程度较高，一般可用于对冲几乎所有基础合同的外汇风险。但是由于其专业性要求较高，如果运用不当，反而会增加外汇风险。

第三，金融衍生工具合约汇率的设定应符合成本效益原则：在使用金融衍生品所需增加成本和付出的机会成本之间选取成本最优者。期限过长的衍生品价格中会隐含过多的不确定性风险，套期保值成本过高，可能反而会加重企业的财务负担；期限较短的衍生品流动性和价格较好，但是不能锁定未来的不确定性。

第四，对于收款期限较长的风险敞口，可以采用无本金交易滚动对冲的方式，将敞口期限分割成多个连续的期间，依次锁定汇率、平仓结算，使整体锁汇期间大致匹配汇率风险敞口期间，在全部金融衍生工具合约到期后汇算整个期间套期保值的全成本，纳入经营项目成本对标。

（2）经营措施。指运用市场地位优势、运用合同条款设置来规避或转嫁合同外汇风险的避险措施。常见的避险措施有结算币种选择、设置汇率调整机制、结算时点选择等。

第一，"8·11"汇改以后，人民币双向波动加大，为减少汇率波动对出口业务盈利能力的过大影响，公司海外市场部推动海外客户改用人民币结算。

第二，公司海外市场部要求，对除美元、欧元计价的外币销售合同，其他币种计价的合同内一律需要设置汇率调整机制条款，确保合同基本利润得到保障。当通过与交易对手的合同条款谈判来规避汇率风险不可行时，应寻求向供应链另一侧的上游或下游转嫁外汇风险。

第三，公司进行外币融资时，应主动进行外币资产和负债的配置管理，主动按照成本效益原则制定外汇风险管理方案，将融资成本与外汇风险管理成本统一考量。

时代新材2015年需要筹集3000万欧元资金支持BOGE经营，国内融资人民币成本太高，国内筹集欧元资金外汇风险太大，BOGE在欧洲没有融资能力。为不增加公司汇率敞口风险同时降低财务费用负担，时代新材将融资方案设计为：在香港设立子公司，在认真研究会计准则并取得审计师的同意后，设定其记账本位币为欧元，再通过内保外贷安排在香港借入长期限欧元资金融通给BOGE使用。融资主体记账本位币与长期融资币种相匹配，帮助时代新材自然规避难以对冲的长期限外币债务汇率风险，为境外经营提供了无汇率风险低成本资金保障。

（3）管理措施。是指公司运用内部管理协调职能手段，通过集团内部跨国资金交易轧差、外汇匹配、融资匹配等方式对冲集团合并层面外汇风险的外汇避险措施。该手段的避险成本低，需要以集团公司外汇风险管理制度和流程作为支撑，建立起管理协调机制。

选择优质商业银行外汇资金结算系统，为公司提供全方位的外汇资金集团结算服务与数据信息；选择优质商业银行金融服务，为公司提供及时动态的外汇市场资讯。以现代互联网信息技术、财务信息化处理工具为依托，实现对集团内部境内外外汇资金账户信息、交易信息、敞口信息、融资信息等信息集成处理，在总部层面统筹实施风险对冲管理。

（4）战略措施。指通过竞争战略选择及调整、供应链的全球布局及其调整等长期影响企业全局的战略性手段来管理外汇风险的外汇避险措施。公司管理层在公司的中长期发展规划中重视外汇风险、布局管控措施，可长期发挥避险作用。

第一，企业可通过提高产品的技术壁垒，增强产品的品牌影响力，避免单纯的成本和价格竞争，改善企业在国际市场的谈判能力，来规避外汇风险。

第二，企业也可通过分散出口销售市场，分散进口采购渠道，在出口目标国或软货币国组织生产制造，垂直整合海外供应商或客户，来分散或对冲外汇风险。

第三，企业对外投资时，需要评估国别外汇风险，制定子公司合理的资本结构，对子公司资金运营做出顶层安排，既保障其正常经营，又确保不产生过高的汇率风险。

（三）搭建全球资金信息平台，实现外汇资金集中管理

分布在全球的工厂无外部融资渠道，当境外子公司出现流动性不足时，需要由中国境内及时为其提供外汇资金补给，保证生产经营正常开展，防范发生资金链断裂。在我国过去的外汇管制机制和外汇出入境的管理方式下，中资跨国企业缺乏为境外子公司提供资金融通的渠道，境外富余的外汇存量资金也由于没有渠道，无法为境内主体所运用，资金资源和资金需求由于外汇的跨境管制而无法匹配，加上缺乏集成全球外汇资金信息的平台和缺乏实施全球外汇资金风险集中管理的经验，会导致外汇资金资源浪费甚至加重企业外汇资金风险。

公司通过建立全球外汇资金一体化管理平台，在国内集中管理全球各地的外汇资金，实现资源集中共享和自由调配，通过内部外汇匹配、融资匹配等方式对冲合并层面外汇风险，解决企业外汇资金汇率风险问题和流动性问题。

1. 确定全球外汇资金集中管理的思路

经过政策和方法研究，决定公司全球外汇资金集中管理的思路可以概括为一个平台、两个主账户、三个资金池和四个能力。一个平台：全球一体化的资金管理平台；两个主账户：建立在境内的国内资金主账户和国际资金主账户；三个资金池：总部层面建立一级资金池、在欧洲区域BOGE建立二级欧洲资金池、在香港公司建立二级香港资金池；四个能力：全球资金管控能力、全球资源获取能力、全球资源配置能力、全球资源整合能力。

2. 确立全球资金集中管理的具体模式

时代新材结合自身组织架构、外汇资金规模和分布以及集团总部资金管理职能定位，选择以资金池模式为载体来搭建外汇资金集中管理平台，既保证成员企业资金管理的独立性、灵活性，又能整合集团资金资源实现规模效应。充分利用商业银行成熟和安全的资金结算系统，以现代互联网信息技术、财务信息化处理工具为依托，通过不同现金池产品的运用搭配，公司在全球范围内构建起以时代新材株洲总部为主办企业，境内外子公司为成员企业，资金主账户设立在境内，子账户分布在全球的全球外汇资金管理平台，实施三个资金池二级组织结构的资金集中管理模式。

通过该平台，实现了三大功能集中：

一是创新跨国公司账户体系，实现账户集中管理。借助于银行现金管理系统，通过搭建集团账户网银体系，将境内外子公司银行账户纳入资金平台，总部实施统一管理。跨境资金池主账户建立在境内，账户可控度高，银行信息传递顺畅。集团总部可动态监测成员公司资金流量和流向，可以及时掌握集团整体资金状况。

二是便利跨国公司资金融通，实现资金集中管理。通过搭建跨境资金池，打破以往境内外资金流动困难甚至割裂的局面，集团境内、外资金可以实现双向流通、自由划转，规避了境外子公司资金链断裂引发的破产风险。同时，集团总部通过资金池可灵活实施跨法人主体的资金归集、调剂余缺，有效降低集团资金占用、提高外汇流动性风险应对能力。

三是优化跨国公司融资平台，实现融资集中管理。整合公司优质资源，依托中车品牌评级，实施集中融资策略，全球范围获取资源，进行多币种资产负债匹配，最大限度降低资金成本，降低企业外汇风险，提升抵御金融风险能力。

3. 开展全球外汇资金集中管控

（1）集中规划管理账户开立。选择与全球现金管理服务上具有系统和经验优势的银行开展纵深合作。加强对下属企业银行选择的指导和规范，并通过总部直接联系银行为下属企业提供开户及加入集团资金管理平台的现金管理服务。子公司银行账户从开立初的账户用途、开立时的账户设置、开立后的资金流动均被纳入资金平台统一规划和管理，实现了账户全生命周期管理和资金动态全过程监控。

（2）开展差异化资金管控。为保证经营正常进行，资金池运行对不同成员企业采取不同集权程度的控制策略，适当分权的采用目标余额归集，即由成员企业根据日常结算量及资金存量情况设定账户余额，超过余额部分归集到主账户，不足余额部分由主账户下拨填补；高度集权的实现零余额归集，即成员企业账户资金全部归集到主账户，根据日常支付需求配置"日间透支额度"，实现日终集团资金全额全口径归集，强化集团总部对境外成员企业的管理和支持，以实现集团最广泛的金融资源的全球共享。

（3）推行跨时区资金自动归集。为保证资金跨境归集的稳定性，控制流程风险，以及规避欧洲和中国的时差问题，公司选用自动归集模式。经过和银行、国家外汇管理局的多次沟通，时代新材制定了资金跨境自动归集（或下拨）的业务模式和流程方案。时代新材对欧洲资金池实施每周一次的扫款，银行系统根据设定的目标余额自动进行资金划扫，将盈余资金归集到公司在境内的国际外汇主账户，同时保证欧洲资金池有充足的营运资金。跨时区资金自动化归集的成功运用，既提高了公司资金集中效率，更提升了境外子公司对总部资金集中管理工具的认可程度。

（四）实施全生命周期风险管理，确保项目整体成本可控

外汇资金风险管理在进出口项目和专项投融资项目中都不可能脱离项目管理过程。对于这些专项活动，公司逐一识别业务链上具体环节的外汇风险，结合风险评估和应对策略，制定了涉汇业务生命周期外汇风险管理流程，用以引导相关部门在各自职能范围内按照统一的管理理念和管理策略分步骤实施风险管理措施，达到有效控制涉汇业务全生命周期外汇风险成本的目的，满足涉汇项目成本控制目标。

1. 进出口业务生命周期外汇风险管理

海外销售部门、进口采购部门、财务中心等进出口业务相关部门应在进出口业务有关环节识别外汇风险，实施正确的风险管理措施。

（1）市场进入：企业在客户开拓和供应链的全球布局等长期影响企业全局外汇风险的战略选择时应主动规避和管理外汇风险。公司可通过分散出口销售市场、分散进口采购渠道，在出口目标国组织生产制造等，来分散和对冲外汇风险。在开拓海外市场时，应充分考量其国家政治经济金融环境及货币政策，如确需进入高风险地区时，应加强公司管理层和上下相关部门对外汇风险的重视和认知，保持上下意见一致，确保外汇风险管理的全过程策略一致。

（2）业务谈判：业务部门在业务谈判时，收款币种一般应优先选择人民币或美元等硬通货货币，付款币种可选择软通货或人民币。在定价时充分考虑结算货币的风险波动率，预留部分外汇风险对价，使合同基本利润得到适当保障。

（3）签订合同：如未能使用人民币结算，应运用合同条款设置来规避或转嫁合同外汇风险。可在合同内设置汇率调整机制、结算时点调整等条款，进行汇率波动过大时的风险分担安排，乃至还可以在条款里要求对方承担企业所有套期保值的费用。

（4）交易结算：如果企业具备足够市场影响力，可根据市场汇率走势和企业资金状况约定提前结算或延后结算货款，规避不利于自己的外汇风险。大多数情况下，一般使用衍生金融工具交易来对冲基础合同外汇风险。

时代新材一般运用外汇远期合约管理进出口业务外汇风险敞口，以达成项目利润率的汇率和业务币种一年内汇率波动上下区间为参考汇率，分比例、分档位、分期限设定远期合约目标汇率，与银行交易远期合约。

2. 外币融资业务全生命周期外汇风险管理

为确保外币融资项目的成功实施和成本可控，应在决策阶段、交割阶段、贷款存续、贷款到期四个阶段实施全生命周期的外汇风险管理。

（1）决策阶段。本阶段是外币融资业务全生命周期外汇风险管理的起点和基础，风险控制点在于选择的融资币种是否能规避外汇风险，应优先考虑融资币种与融资主体本位币相匹配，与未来还款来源币种相匹配，最大程度实现汇率风险的自然对冲。当无法实现自然对冲的融资安排时，应尽量选择非高风险货币及弱于自身本位币的币种，降低外汇风险暴露，同时启动对整个融资业务全生命周期制定外汇风险管理策略。

（2）交割阶段。本阶段的主要外汇风险在于当融资资金来源币种与交易币种存在错配时，企业在交易阶段将面临大额集中换汇的风险敞口，特别是交割币种为新兴市场货币或外汇管制货币，可能会影响交割时效及交易成本。应通过将换汇金额拆分、选择外汇能力突出的银行交易、挂单及竞价相结合的方式控制交易节奏，确保按时提供交割资金并支付到位。

（3）贷款存续期间。当融资币种与公司本位币不一致时，或者与公司外币资产负债不匹配时，币种的错配会产生巨大的外汇风险。外汇风险主管部门应根据已制定的外汇风险管理工作机制，持续、动态跟踪管理外币融资的外汇风险，于初始融资时、内外部环境重大变化前或者外部市场发生重大变化后，根据企业风险偏好和外汇风险敞口预算限额，及时制定有针对性的风险管理方案提交外汇风险专家组讨论并报公司风险管理委员会审议决策。

（4）贷款到期阶段。本阶段的主要外汇风险在于还款来源与融资币种不一致所带来的兑换风险，如购汇汇率过高，其产生的汇兑损失将加大融资成本，管理策略为使用金融衍生品对冲汇率风险。

四、全球化企业外汇资金风险管理体系构建的主要成果

（一）实现外汇资金风险的有效控制，提升外汇资金运营效益

时代新材从实践中摸索出一套适合中资企业的涉汇业务全生命周期外汇风险管理流程，通过合理配置资产负债，统一公司跨职能线风险管理理念和管控策略，多种外汇风险措施并举，时代新材外汇敞口风险得到有效控制。财务报表中的汇兑损益金额由2017年的大额汇兑损失转为2018年收益2596万元、2019年收益547万元，汇兑损益对财务报表影响降低。五年期欧元融资节约利息支出超过2.5亿元，实现汇兑收益超过1亿元；集中融资在香港贷款3000万欧元低成本资金调

配到欧洲使用，较本地化融资减少利息支出超过1000万元。外汇资源运用有效降低了公司财务成本，提升了资金运营效益。

（二）实现跨国集团资金集中管控，提升跨国公司抗风险能力

通过建立全球化资金集中管理平台，公司外汇资金集中率超过50%，有效加强了对海外资金的监管，防范资本流失风险。利用全球资金管理平台，公司可整体实施余缺调剂，实现快速跨境放款，能够实现一周内履行完毕内外部所需审批手续并放款至海外子公司账户，确保海外子公司的运营资金安全，也规避流动资金不足所可能引发的其他重大风险。通过资金统筹管理，集团内部对冲掉部分敞口风险、兑换风险、利率浮动风险，提高了公司抵御市场风险和金融风险的能力。

（三）为公司国际化经营提供了外汇风险管理人才保障

通过建设外汇资金风险管理体系的一系列研究和实践工作，公司外汇资金风险管理人才队伍得到快速提升，培养了一批既有外汇资金业务实操能力又具备外汇战略风险管理意识的综合型国际化风险管理人才，其中50%的相关人员被选入专家组参与公司国际化经营战略制定及重大涉外项目风险管理方案的制订，为公司国际化经营提供高质量服务。

（四）为中资跨国企业外汇资金风险管理体系的搭建提供了借鉴

中国在资本项目上的外汇管制尚未完全放开，中资企业也缺乏开展跨国外汇资金风险管理的经验。在国家外汇政策不断放开的大背景下，通过建设外汇资金风险管理体系，公司探索出一条适用于总部设立在境内的中资跨国企业实施全球化外汇资金风险管理的途径。通过识别和建立涉汇业务风险控制体系和流程，公司具备了外汇风险防范能力；通过建立全球外汇资金管理平台，公司具备了全球资金管控能力和全球资源获取能力，满足了公司在国际化进程中对全球外汇资金风险管理的战略性需求。

公司已经构建的外汇资金风险管理体系，不仅为公司当前的进出口业务保驾护航，更为后续跨国经营可能面临的外汇风险提供了决策指引。

主　创　人：黄蕴洁、陈　钰
参与创造人：蒋灿霞、麻帅杰、凌　奕、徐忆帆、唐灵芝、陈松林

大型军工企业基于风险防控的"六维"安全管理模式构建

江麓机电集团有限公司

江麓机电集团有限公司(以下简称"江麓集团")始建于1958年,前身是创建于19世纪的汉阳兵工厂,是中国兵器工业集团有限公司所属国有大型一类骨干企业,是国家重点保军企业、高新技术企业、技术创新示范企业、湖南省创新型企业、湖南省文明单位。创建有"国家认定企业技术中心""博士后科研工作站","江麓"商标是中国驰名商标。江麓集团占地面积150多万平方米,总资产30多亿元,职工3000多人,其中工程技术人员500多人,各类设备5000多台(套),具有较强的精密机加、大型机加、自动焊接、切割钣冲、有色精铸、热表处理、总装及检测试验等综合制造能力。是中国兵器集团有限公司旗下唯一同时为陆、海、空三军提供配套武器装备的子集团。江麓集团以"零容忍"的态度对待生产安全事故,以铁的担当尽责、以铁的手腕治患、以铁的心肠问责、以铁的办法治本,始终保持安全生产高压态势,积极推进安全生产管理体系创新,以安全管理人才队伍为基本保障,逐步形成了基于风险防控的安全管理体系,奠定了企业安全平稳发展的主基调。

一、基于风险防控的"六维"安全管理模式构建的实施背景

(一)安全风险防控是企业适应社会和谐发展的需要

国有企业自当以"国"为先,主动做好国家政策的拥护者、执行者、传播者。2016年9月,《中共中央国务院关于推进安全生产领域改革发展的意见》印发实施。意见中提出的加快落实安全生产责任制,坚持党政同责、一岗双责、齐抓共管、失职追责,健全安全生产责任体系,为全面推进安全生产工作提供了方向性、制度化的顶层设计。江麓作为国有大型军工企业,一方面要为国家的国防事业和发展战略做好长期稳定的高质量武器装备输出,扮演好保家卫国的"后勤兵"角色;另一方面也要履行社会职责,自觉回馈社会,与周边环境和谐共生,为促进社会可持续发展做贡献,彰显国有企业的社会担当,扮演好众多生产经营单位的"领头兵"角色。

(二)安全风险防控是推动企业高质量发展的需要

武器装备的国际竞争压力逐年提升,以及近年来国内"民参军"兴起,对传统的军工企业造成了巨大的冲击,高质量的武器装备成为提升军工企业核心竞争力的一把金钥匙。江麓集团积极响应兵器工业集团履行强军首责,打造高质量武器装备的号召,决心做大做强。安全稳定的生产环境,不仅是企业健康发展、提升核心竞争力的保障,而且安全生产标准化工作直接与武器装备承制资格挂钩,是关系到军工企业生死存亡的基础。2018年,兵器工业集团公司提出安全生产标准化与日常安全管理深度融合的目标,一方面是检验兵器集团各下属单位安全生产标准化运用的成果,另一方面是为了持续推进安全生产标准化落实、落地。在全面推动安全生产标准化与日常安全管理深度融合的形势下,安全管理的全过程把控也势在必行。

(三)安全风险防控是提升员工归属感、营造良性生态环境的需要

一是安全发展已成为一种社会共识。习近平新时代社会主义思想突出了以人为本的安全发展

理念，安全需求作为个体生存的基本需求之一，是员工能够安心工作的保障，安全管理体系的长效运行是企业的立足之本。二是企业的生产安全事故成本越来越大。全国近几年发生的重大、特别重大生产安全事故表明，事故对企业造成的损失是巨大的。三是员工对安全的期望值越来越高。员工拒绝违章指挥、拒绝强令冒险作业的意识越来越强，安全意识也普遍提升了，一个健全的安全管理体系，必须能让员工自主识别生产过程中的安全风险，并以思维导向自觉决定"为"与"不为"，自觉采取风险防控措施，规避不安全行为，更好地为企业生产经营服务，从而构建员工贡献企业、企业回馈员工的良性企业生态。因此，需要不断探索建立一套比较完整的能够规避风险的安全管理体系，确保公司在较长时间内的安全平稳。

二、基于风险防控的"六维"安全管理模式构建的内涵

安全风险防控是安全管理的重要组成部分，安全风险广泛存在于企业生产经营的全过程，是生产安全事故的源头。根据事故致因理论，事故是从风险到隐患再演变成事故的一个连锁反应的过程，安全风险防控不到位必然会演变成隐患甚至导致生产安全事故的发生，因此，预防事故的发生，最重要的是要切断风险转变成事故的过程。对安全生产管理的全过程进行风险分析，落实风险防控措施，是确保安全管理体系持续有效运行的关键。江麓集团立足安全风险防控为主线的六个维度安全管理体系构建，从强化教育、压实责任、全面排查、专项整治、健全体制、考核激励六个维度（"六维"），实现从意识到措施再到绩效的逐级升华，并以常态化的安全生产标准化为主体脉络串联六个维度形成良性循环，形成长效运行的安全管理模式。

三、基于风险防控的"六维"安全管理模式构建的主要做法

江麓集团在安全管理过程中以人为基本出发点，坚持安全第一、预防为主的原则，把安全管理的中心落实到"预防"上面，从六个维度有序推进安全风险防控，实现公司安全管理水平的稳步提升，具体做法如下：

（一）强化教育，培育风险防控意识

1. 合理规划，满足不同层级培训需求

一是内部培训。每年科学制订并分步实施包括公司领导、中层领导干部、科研项目负责人、安全管理人员在内的各个层级的安全培训计划。根据各层级人员的职责与分工不同明确培训内容，公司董事长、主管安全的副总经理每年至少要完成一次安全授课，从出勤率、考试合格率、培训课时等多个方面保障培训效果。

二是外部培训。以《个人安全培训档案》为出发点，制订合理的外部培训计划，不断满足各岗位安全技能的需求。组织每三年一次的安全标准化知识培训班，聘请兵器工业集团标准化专家授课，常年保持安全管理人员持证上岗率100%；派遣专业组参加安全生产标准化知识培训，组织专业组成员参加兵器工业集团下属子集团的安全生产标准化实习评审；加强与周边企业的交流学习。2019年，组织安全管理骨干参加由湘潭市应急管理局组织的针对韶峰水泥、省建三公司等企业的风险防控与隐患排查治理（双预防）体系的现场会，积累了丰富的风险防控工作经验。

2. 创新形式，提升安全培训效果

江麓集团紧密结合自身的生产经营实际创新安全教育培训，通过培养培训师资，开发培训课程等举措，充分挖掘了公司内部的教育培训资源，使课件制作、培训组织、培训效果评价等工作更加规范化，提高了安全教育培训效果。一方面，对于常态化的安全培训，鼓励分厂（车间）、班组制作符合自身实际的安全培训课件，挑选优秀的课件录制成光碟，确保培训的及时性。另一方面，由安全环保部牵头，组织各分厂专（兼）职安全员制定安全管理知识题库，每次培训都结合

岗位特点，确保培训的针对性与实效性。在培训组织实施过程中，由各单位自行组织，安全环保部牵头对各单位的培训课件、人员考勤、培训效果进行综合打分评比，评选出综合评分较高的单位进行奖励，提升了整体安全培训效果。

3. 立足班组，激发全员风险防控意识

江麓集团将班组作为安全管理的基础单元强化风险防控。一是加强事故警示。以生产安全事故为基本素材，并结合员工的日常违章表现，制作生产安全事故警示教育片，各生产单位集中组织观看20余场，累计观看达3000余人次。二是推行标准化示范班组建设。在123个生产班组中评选出2个安全生产标准化示范班组，并组织各生产单位领导、班组长参加示范班组现场会，观摩电炉班淬火工艺改善成果的演示。电炉班结合多年的淬火工作经验，提出了在工件间隙中增加石棉的安全改善方案，经现场对比演示，工艺改善后淬火过程的火势明显减小，彰显了火灾风险防控的显著效果。三是在各个生产班组广泛开展危险预知训练（KYT）活动。制定《班组KYT活动管理办法》，规定各生产班组每月至少开展一次KYT活动，以某一项作业活动为危险因素辨识对象，充分考虑"四新"给生产过程危险因素造成的影响，及时掌握班组危险因素的实时动态并跟进防范措施，遏制生产安全事故的发生。

4. 应急演练，锤炼风险防控技能

江麓集团针对下属各二级单位存在的主要安全风险及事故规律，制订合理的应急演练计划，并根据各时间段的气候特点，明确各级各类演练的频次及时间节点。其中现场处置方案演练至少每半年组织一次，以班组为基本单元自行组织，演练不限形式，并以演练方案、参演人员培训、演练过程记录、演练效果评估资料作为演练档案，不断总结和强化，锤炼员工风险防控能力。

(二) 压实责任，明确风险防控职责

1. 建立"责任清单"，构建安全生产责任体系

建立责任清单，安全生产主体责任与企业组织机构紧密结合，落实到具体的单位及部门。一是全面梳理国家法律法规、部门规章、省市地方行政法规和集团公司安全工作部署要求，逐项明确上述公司应履行的安全生产责任及对应未履行到位的罚则，建立健全公司法定安全生产主体责任清单。二是将公司年度安全生产工作任务及集团公司的"一企一清单"进行分解细化，将全部内容列入各级安全生产责任书中。三是对各二级单位和负有安全生产管理责任的部门，制定对应的"一部一清单"，明确各单位、各部门的安全生产主体责任。

2. 签订安全生产责任书，明确各级安全职责

江麓集团一方面由董事长代表公司向湘潭市安委办、兵器工业集团公司签订《安全生产责任状》。一方面根据兵器工业集团公司下达的安全生产专项任务及工作指标，结合各业务主管的业务范围及各二级单位的安全生产相关职能，将年度安全生产工作目标进行了逐一分解，董事长与领导班子成员、总经理与二级单位一把手签订年度《安全生产责任书》。明确了各级各类人员的安全生产职责及考核指标，包括发生轻伤事故，从一线员工到单位一把手的逐级责任考核；发生重伤及以上事故，从一线员工到公司领导的逐级责任考核。

3. 建立岗位风险清单，压实风险防控权责

根据各岗位的特点，建立从法人代表、公司领导、管理人员到一线员工的安全生产风险清单，明确各个岗位的安全风险，把落实岗位安全风险防控作为履行岗位安全职责的重要指标，通过安全生产履职情况自查、安全生产标准化自查、生产现场检查等方式，检验安全风险防控措施的落实情况，确保安全风险可防可控。

（三）全面排查，发现风险防控漏洞

1. 多维度检查，提高检查广度

一是公司领导带队检查。根据年度安全检查计划，江麓集团领导班子成员亲自带队，采用"四不两直"检查形式，每季度至少组织一次对业务联系单位的安全生产检查。二是节前检查。逢节必查，这是江麓集团安全检查的惯例，抓住员工在节假日前后思想松懈的心理特点，先后组织元旦节前、春节前、五一节前、中秋节前、国庆节前等节前安全检查共10余次。三是专项安全检查。结合事故隐患分布规律及季节性气候特点，先后组织安全用电、吊索具、事故易发环节、相关方、特种设备的专项安全检查。四是重点领域跟踪检查。针对公司内的危险作业场所、危险作业岗位（设备）、特殊作业进行重点检查，明确了公司级、分厂（车间）级、班组级的三级检查频次，加强重点防控。

2. 标准化自查，提高检查深度

江麓集团推行安全生产标准化季度自查、年度自评相结合，推进安标建设与日常安全管理相融合。其中，日常对标检查以各单位为检查主体，公司各专业组负责检查指导和考核。自查内容覆盖分厂、车间以及班组各岗位操作人员。安全生产标准化季度自查、年度自评以各安全标准化专业组为检查主体，严格对照考评标准对生产现场安全管理、设备设施、安全防护、作业环境等方面进行检查。通过标准化自查，查找更深层次的意识缺失导致的安全风险。

3. 创新检查形式，提高检查实效

一是组织外部交叉检查。江麓集团充分利用兵器工业集团的平台优势，每年不定期与江南工业集团自主联系的安全生产"两江会诊"，以不同的检查视角，做到安全风险防控的全面把关。二是自主内部交叉检查。在内部各生产单位之间开展安全交叉检查和安全环保部牵头"飞行检查"，突破固定场所、固定检查人员"当局者迷"的思维局限性，让"旁观者清"的视野发现更深层次的风险防控漏洞。

（四）专项整治，落实风险防控措施

1. 规划厂区基础设施建设

一是长期规划。"十三五"期间，江麓集团提出了"四线一面"建设的宏伟构想，在五年内完成综合传动生产线、电气装配生产线、车体总装生产线、车体焊接生产线的建设，实现作业环境、设备设施、工艺布局、安全设施的全面升级。明确了电机产品浸漆场所、特种车辆成品库房、特种车辆零部件喷涂场所、特种车辆枪炮试验弹药库房等8个场所的安全改造计划，截至2019年底，已完成了其中6个场所的安全升级改造，消除了基础设施方面的安全风险。

二是中期规划。江麓集团在2019年确定了30项安全措施计划。先后投资800多万元完成了24处员工休息场所的改造，锻造公司新建的员工休息室，将员工休息区域与作业区域彻底分隔，避免了作业区的噪声干扰员工休息，保障了员工的职业健康要求。

三是短期规划。江麓集团坚持在每季度第一个星期召开安委会专题会议。会议期间，安委会成员就主管业务范围的安全、环保存在的问题在会上展开讨论，协商解决方案，并由安委会主任确定下一季度的安全生产重点工作，由具体的业务主管部门负责督促跟进，一般以一个季度为整改时间节点，在下一季度的安委会上进行专题汇报。2019年确定了27项安全生产重点工作，已100%整改完成。

2. 推进设备设施改造

一是强化源头把关。严格执行设备设施"三同时"评审，通过对设备采购、安装、试运行、

验收的全过程把关，防止不符合安全要求的设备流入生产现场。二是进行安全改造。对于生产现场的陈旧设备进行安全设施改造升级。2019年，江麓集团先后投入800余万元对40余台数控机加设备安装了安全联锁装置，对12台锻造设备安装了光幕联锁和双手控制安全装置，并完成了30余台剪切设备急停装置的修复。三是引进安全预警机制。2019年，江麓集团先后投资100余万元，针对车体焊接生产线、标准节焊接生产线的164处丙烷终端供气点安装了可燃气体泄漏报警装置和阻火器，有效防范了火灾、爆炸事故的风险。

3. 引进信息化动态监管

江麓集团针对危险作业场所、危险作业岗位（设备）、特殊工种采用信息化技术进行重点监管。一是视频监控。2019年，投入400多万元对36个危险作业场所及岗位安装了视频监控，实现了视频监控全角度、无盲区全覆盖；对厂区各个路口安装摄像头，全天候监控厂区车辆超速、超载等违章行为。二是强化特殊工种动态监管。利用中国应急管理部官网的《特种作业资格证》查询平台和湖南省特种设备作业人员考核管理平台，验证其证件的有效性，强化了源头把关。在企业内部推行"上岗证"制度，持有效的《特种作业资格证》和《上岗证》才能上岗，四年一换证，在换证期间，公司组织对其《特种作业资格证》进行核查，对于无有效证件的人员，取消其从事相应岗位的资格。

4. 推行精益管理

一是推行安全生产合理化建议活动。江麓集团在公司范围内开展以安全环保为主题的合理化建议征集活动，鼓励员工提交安全生产、环境保护改善方面的合理化建议。二是推行安全环保精益改善项目。2019年推行了《综合传动装置滤芯清洗安全环保改进》精益改善项目，对综合传动装置滤芯清洗场所进行改造升级，自主设计的煤油收集和净化装置，有效抑制了滤芯清洗过程的煤油汽化挥发，节约了成本，降低了环境和安全风险。三是鼓励各生产单位自主精益改善。员工从现场安全角度出发，自主参与并实施精益安全改善案例。

5. 推行目视化管理

一是风险告知。江麓集团在全公司范围内开展安全风险辨识评估活动，对辨识出的安全风险按照红、橙、黄、绿分为四级，建立风险分级管控台账，绘制安全风险"四色"分布图，在各个生产单位醒目位置张贴，以看板的形式履行风险告知。二是安全警示。根据各个场所存在的安全风险及事故隐患类别，张贴相应的安全警示标识。

（五）健全体制，固化风险防控效果

1. 从风险角度出发，健全安全管理制度

江麓集团制定了《安全生产风险评估与控制管理制度》《危险作业场所视频监控管理制度》《安全生产信息化、信息报送和举报管理制度》等管理制度，将安全生产风险辨识、防控的要求及职责固化为制度文本。并先后以《安全生产责任制》为根本，将风险防控渗入到涉及教育培训、隐患排查治理、劳动防护、特种设备、危险作业审批监管、考核奖惩及信息化建设等各个层面的安全生产管理制度中，进一步健全了公司的制度防控体系，建立了基于风险防控的长效运行机制。

2. 完善安全操作规程，推进标准化作业

江麓集团自主编制《安全操作规程汇编》，严格按照相关标准要求，由安全环保部牵头，联合工艺部门、技能岗位代表，对2016年制定的安全操作规程进行了全面修订。修订后的《安全操作规程》包括危险因素辨识、作业程序和方法、应急处置等重点内容。特别是作业程序和方法的环节，以危险因素辨识为基础，结合相关的安全标准，用标准化作业替代传统的经验主导的习惯性作业。新修订的《安全操作规程汇编》包括138项岗位安全操作规程和96项设备安全操作规程，覆盖全部生产岗位、全部检验（试验）过程、全设备种类。

江麓集团针对坦克驾驶员、电焊工、高处作业、天车工等重点风险岗位的生产危险性特点，组织编制了安全操作"十不准"以行为约束引领自主风险防控，降低安全风险，提高安全生产管理的有效性。

（六）考核激励，提升风险防控绩效

1. 设立专项奖励，完善激励机制

2019年，江麓集团制定《质量与安全工作年度奖惩办法（试行）》，设立了100万元的年度安全生产奖励基金，奖励的主要对象为未发生重伤以上及有严重影响的生产安全事故的单位和个人、公司各级安全管理人员以及安全生产标准化专业组成员，明确奖励和扣罚的标准，建立奖优罚劣的激励机制。100万安全奖励于2020年初100%兑现，极大地激发了员工对待安全生产工作的热情，促使员工安全意识提升，从根本上规范人的安全行为，确保安全生产。

2. 一般隐患日常考核，重点领域专项考核

江麓集团一贯坚持将考核作为安全管理的常规手段，激励员工自觉遵守安全操作规程、规避安全风险、杜绝生产安全事故。2019年，针对现场"三违"行为、隐患整改不及时、现场安全管理不到位等隐患问题实行严格考核，全年累计处罚达到了5.5万元，涉及考核人员140余人次。加强对动火作业、有限空间作业、相关方管理三大领域的安全监管，特别是在相关方管理方面，严格落实安全管理机构综合监管、危险作业审批监管、业务单位日常监管、属地单位重点监管的四层安全监管机制，严厉打击以包代管、以罚代管、安全生产主体责任不落实的行为，强化业务牵头单位的责任追究，确保其全面履职。

3. 内部综合评比，强化安全管理队伍建设

江麓集团在2019年推行综合评分机制，以安全生产月为契机，对各单位宣传发动、教育培训、演讲比赛、应急演练、合理化建议等具体活动进行打分，并对综合评分排名前三的安全管理人员给予奖励。安标领导小组办公室根据季度自查和年度自评情况，组织对各自评专业组、各二级单位安全生产标准化履职情况提出考核建议。对安标建设中重复出现的问题，从严、从重进行考核和责任追究。安标领导小组办公室每季度对各单位安全生产标准化自查情况进行排名，对排名前三位的单位各奖励2000元，对排名末两位的单位各处以1000元的罚款；每季度对公司安全生产标准化专业组自查工作情况进行排名，排名前二位的专业组各奖励2000元。

四、基于风险防控的"六维"安全管理模式构建的实施效果

（一）助推了企业高质量发展

一是企业影响力明显增强。江麓集团多次受到湘潭市政府、湘潭市应急管理局表彰，被市创卫办推荐为创建国家卫生城市示范性企业，吸引了政府及地方企业代表来厂参观交流。并荣获湘潭市2019年度安全生产工作优秀单位、兵器工业集团2018—2019年度安全生产先进单位。

二是企业经济效益明显提高。进一步遏制了生产安全事故，江麓集团已连续10年未发生重伤及以上生产安全事故，轻伤事故率一直控制在4‰以内，且呈现逐年递减的良性发展趋势。基于此，江麓集团的经济效益也呈直线增长趋势。2019年，江麓集团完成主营业务收入29.6亿元，同比增加40.35%；实现考核利润2.2亿元，首次突破2亿元利润大关，获评兵器工业集团2019年度经营效益突出贡献一等奖，公司效益稳步增长，经济结构、运行质量不断优化，保持了军品合同100%履约，高质量完成了"国际军事比赛—2019"参赛装备改造整治任务，圆满完成了国庆

70周年阅兵装备保障任务。

（二）改善了企业安全管理现状

一是厂区基础设施建设已初具成效。已经建成并投入使用的综合传动生产线、车体焊接生产线、车体总装生产线，新设备占有率达70%以上；厂区废旧房屋已基本拆除，新工房占有率达到86.4%；园林式工厂已基本建成，厂区植被覆盖率达到60%以上。

二是事故隐患排查治理效果明显。近年来，各类事故隐患明显减少，重大事故隐患基本归零，一般事故隐患整改完成率达到100%，"三违"行为发生率逐年递减。

三是设备设施安全性能明显改善。江麓集团拥有各类设备设施3000多台套，其中新设备占有率达到95%以上，并将于"十四五"期间实现100%翻新，设备安全装置完好率100%，危险场所视频监控覆盖率100%。

（三）培育了企业安全文化

一是增强了员工自主安全意识。近年来，员工自觉参与生产现场危险因素分析和事故隐患排查。2019年，员工自主排查发现的事故隐患占年度事故隐患总数的24%，比2018年增长2.5%；因员工违章行为导致的事故隐患数下降5%。

二是提高了员工参与安全管理的热情。员工利用微信平台、美篇、新闻媒介等媒介发布国家有关安全生产的相关政策信息、自觉发布身边的安全生产事件，安全生产相关宣传稿件比2018年同比增长4.4%；安全方面的合理化建议达160余条，同比增长7.9%。

三是提升了安全管理人才队伍素养。江麓集团鼓励员工报考国家注册安全工程师，取得注册安全工程师执业资格的员工，一线员工直接调入管理岗位，管理岗位优先提拔晋升，2019年有不同层次共20名员工报考国家注册安全工程师。

江麓集团将继续遵循以人为本的安全发展理念，以安全生产标准化为主要抓手，基于风险思维，不断完善安全管理体系，持续加大安全军工的创建力度，坚守发展绝不能以牺牲人的生命为代价的安全红线，自觉履职、全面履职、加快科技兴安，确保公司稳定健康发展，进一步确保强军首责的全面履行，持续为国家的国防事业输入高质量的武器装备。

主　创　人：陈建华、张宗宁

参与创造人：周　建、吴小平、徐文峰、丁　超、刘春武、尹年初、张学礼、卢　飞、郭　昕、史　雪

省级电网企业混合所有制改革实施中法律风险防范体系建设

国网湖南省电力有限公司

国网湖南省电力有限公司（以下简称"国网湖南电力"）成立于1992年12月，是国家电网有限公司的全资子公司，以建设和运营电网为核心业务，担负着保障湖南省电力可靠供应的重大责任。截至2019年末，国网湖南电力资产总额1087.33亿元，资产负债率69.28%，全年完成售电量1479.02亿千瓦时，营业收入876.14亿元，电网基建投资199.03亿元，创历史新高，投产110千伏及以上线路1928公里，变电容量1439.5万千伏安。湖南电网最高负荷达3017万千瓦。

近年来，国网湖南电力持续加强"三全五依"法治企业建设，全面推动各项改革任务落地见效，深入开展法律风险防范，积极化解改革法律风险，加快构建法律风险防范体系，为改革发展提供了坚强法治保障。交易中心增资扩股方案获得批复并正式进场挂牌。省内交易合同电量447.9亿千瓦时，同比增长9.2%，发电侧电价每千瓦时降幅实现翻番，增量配电试点前三批中标13个项目，10个实现实体化运作，成立综合能源公司和电动汽车公司，推动混改在新能源业务领域落地。公司连续4年获省科学技术一等奖，获1项QC国际大赛金奖，获全国电力建设科学技术进步一等奖，获评全国"七五"普法中期先进集体。

一、省级电网企业混合所有制改革实施中法律风险防范体系建设的背景

（一）是落实国企改革要求打破体制机制的需要

党的十八届三中、四中全会作出全面深化改革和全面推进依法治国的重大战略部署。深化国有企业改革是落实中央全面深化改革战略部署的重要一环，而混合所有制改革则是国企改革的重要突破口。中央深化国有企业改革促使电网企业打破固有管理模式和体制机制，完善现代企业制度，健全企业法人治理结构，促进国有企业转换经营机制，放大国有资本功能，实现国有资产保值增值，严防国有资产流失。电网企业作为关系国家安全、国民经济命脉的重要行业和关键领域，放开竞争性业务，开展混合所有制改革，允许非国有资本平等进入，有利于实现国有资本和非国有资本深层次的融合，提高国有资本效率，增强国有经济的活力和影响力，促进经济社会持续健康发展。

（二）是建设法治企业保障改革依法推进的需要

近年来，国务院国资委深入推进法治央企建设，要求不断提升央企依法经营管理水平，不断增强法律风险识别和防范能力，为改革发展提供坚强法治保障。国家电网公司既是深化改革的重要主体，又是法治央企排头兵，改革越是进入深水区，越要强调依法合规，越需要开展法律风险防范。国网湖南电力在混合所有制改革实施中，不断建立健全法律风险防范体系，既是为了实现混改稳步推进，也是落实中央法治企业建设的要求。

（三）是企业依法合规运营的内在需要

随着依法治国的深入推进，全社会法治意识、维权意识越来越强，各级政府不断优化营商环境，加大对投资、环保、财税、金融、电价执行、市场交易、供电服务等领域的监管力度，对企

业运营的规范性、透明度不断提出新的要求。必须坚持以依法合规经营、防范系统风险为底线，不断提高运用法治思维和法治方式深化改革、推动发展、维护稳定的能力。在改革发展过程中始终把法律风险防控放在首位，不断完善法律风险防控机制，把法治要求嵌入到公司运营的各环节，着重管好管住重点领域、关键环节和重点人员。

二、省级电网企业混合所有制改革实施中法律风险防范体系建设的内涵

全面落实中央和国家电网公司改革及法治企业建设工作部署，以依法合规、稳步推进为原则，以"强体系、抓制度、树理念"为工作方向，坚持融入中心、服务大局，通过组织梳理省级电网企业混改实施中的共性风险和分析研究不同业务领域的个性法律风险，建立健全混改法律体系，统筹开展混改合规管理，借鉴国内外案例开展混改风险防范等主要做法，构建依法防控、依规防控和依案防控的法律风险防范体系，实现推进混改成效显著，法治保障能力和治理能力迈上新台阶，品牌效益和经济效益得到提升。

三、省级电网企业混合所有制改革实施中法律风险防范体系建设的主要做法

（一）组织梳理混改实施中的共性法律风险

1. 国有资产流失法律风险

国有企业混改不可避免地要发生国有资产交易行为，如电力交易中心的增资扩股，增量配电的股权评估等，交易价格、交易程序如不合理，则可能导致国有资产流失；再加上部分企业存在国有资产监督不到位的情况，更加剧了混改实施中的国有资产流失风险。如串通资产评估等专业机构，出现在民营企业参股或者员工持股的时候对国有资产高值低估，或者民营资本参股时对投资的非货币资本低值高估，又或者在民营资本参股后采取利益输送等形式转移收益等情形，使混改初心沦为极少数人的私心，这些必然导致国有资产流失。

除以上"显性"风险外，在混改过程中还可能产生"隐性"的国有资产流失风险，如混改后公司运行过程中，通过违规关联交易，泄露客户用电信息、接线施工方案等商业秘密，设置不合理的方案开展员工股权激励等方式攫取个人利益，极大地损害国有资本，阻碍电网企业健康发展，这是国企混改中需重点关注的法律风险。

2. 国有资产交易行为法律风险

国有资产交易行为的法律效力是国企改革成败的关键，加强对国资交易行为的法律风险管控是确保混改有效实施的重要保障。部分国有资产交易行为未按规定经有权机构审批、交易行为未按规定在产权交易机构中公开进行、交易流程不符合国资监管要求、交易文件及其交割流于形式等情形，不仅增加了各方的争议，且导致整个交易行为在不同层面产生瑕疵，甚至可能被法院认定为无效，也就意味着改革的失败。造成上述风险，既有企业主观上合规意识不足的原因，也有客观层面原因，如股权结构复杂、历史遗留问题堆积等，一些多年历史遗留的"僵尸"企业本身都无法理清来龙去脉，资产由谁监管无法得知，更无法完全按照国资监管机构的规定完成审批和授权程序。

3. 公司治理法律风险

根据《国务院关于国有企业发展混合所有制经济的意见》（国发〔2015〕54号）等规定，混合所有制企业要规范企业股东（大）会、董事会、经理层、监事会和党组织的权责关系，按章程行权，形成定位清晰、权责对等、运转协调、制衡有效的法人治理结构。但现实中，作为公司"宪法"的公司章程往往被国企股东和高级管理人员所忽略，例如部分混改企业对公司特殊性的考虑不足，不加思考地套用格式章程，使得公司高管人员在某些重大事件发生时无法依据章程操作,出现公司决策困难或公司僵局。

(二) 分析研究电网企业混改不同领域法律风险

1. 增量配电领域混改法律风险

一是参与各方市场地位不平等导致违背改革要求和精神的风险。目前我国法律和增量配电相关政策性文件,都未对不同所有制的资本所附有的权力边界进行明确划分,导致电网企业凭借长期的政策和资源倾斜以及长期累积的资金及技术优势,一定程度上形成了市场垄断地位,电网企业在增量配电项目中具有相对更大甚至绝对的话语权。《关于进一步推进增量配电业务改革的通知》(发改经体〔2019〕27 号)出台后,电网企业参股比例虽然被动降低,但电网企业在实质上控制增量配电项目公司的情况并未改变。在进行增量配电项目公司治理制度设计时,电网企业存在将自身运营管理制度直接适用于增量配电项目公司的惯性,倾向于从出资人的角色和功能拓展到项目公司运营管理全流程,一定程度上违背了通过国企混改实现打破固有体制机制的目的和政策精神。

二是融合发展动力不足的风险。虽然《增量配电业务配电区域划分实施办法(试行)》(发改能源规〔2018〕424 号)就涉及电网企业存量资产的项目,明确了四种处置方式,但由于政策文件的操作性不强,导致电网企业的存量资产处置裹足不前,增量配电项目融合发展的活力难以释放。如电网企业对未控股、参股的增量配电公司进行信息封锁,导致增量配电项目业主难以获取接入系统所必备的电网信息,无法开展配电网接入系统规划设计。

三是招标环节不规范可能引发的法律风险。《有序放开配电网业务管理办法》(发改经体〔2016〕2120 号)明确要求,通过市场竞争确定投资主体,但在实际操作中仍然存在业主招标不规范,未有效落实公平竞争要求的问题,引发法律风险。部分地方政府在试点项目的招标环节设置前置条件,人为干预招标结果,违反公平竞争原则。相关不合规的招投标程序存在因违反法律、行政法规等规定,被认定为违法甚至无效的风险,相应责任主体将面临行政处罚乃至刑事打击的严重后果。

2. 综合能源领域混改法律风险

一是企业自主性不足的风险。综合能源公司往往存在延续纯国有企业和国有绝对控股公司经营管理模式的倾向,出现以行政命令方式实施经营管理问题,忽视了企业自主性。行政式指令管控模式下,混改公司本身的决策独立性丧失,企业治理能力现代化无从谈起,内部合规、风控也将逐步沦为虚设,这种"裸奔"状态下所面临的风险是全方位的,暴露概率是极大的。

二是管理机制及企业文化融合困难。管理理念、机制和企业文化的融合是混改企业整合的一个重要内容,直接关系到混改成功与否。目前的综合能源公司大多是从电网企业集团的子公司发展而来的,由于电网企业对于传统主业的管理模式、管理思路都较为成熟、清晰,因此电网企业也存在将传统的管理模式套用在综合能源服务业务上的倾向,从而导致与市场竞争性企业通常的管理模式有所不同,可能引发一系列公司治理和经营管理中的冲突。

3. 电力交易中心混改法律风险

一是法人治理结构不健全。《国家发展改革委、国家能源局关于推进电力交易机构规范化建设的通知》(发改经体〔2018〕1246 号)规定:"电力交易机构应体现多方代表性,股东应来自各类交易主体,非电网企业资本股比应不低于 20%,鼓励按照非电网企业资本占股 50%左右完善股权结构。"但实务中,如何完善公司法人治理机构、保护中小股东的合法权益,目前仍没有切实可行的政策依据,因此实践层面往往存在法人治理结构不健全、中小股东参与积极性不高等问题。

二是制度层面未进行深化改革。有国企混改成果的调研报告显示，部分电网企业在混合所有制改革过程中存在"懒政"的情况，只注重在资本层面的混合，注重股权层面的改革，但在公司实际运营管理中并未做出制度化变革。由于不同所有制资本的地位不平等，混改过程中控制权的博弈不充分，导致电网企业对于电力交易机构的决策和经营管理具有更大的控制权，部分电力交易中心虽然在股权上实现了混合所有制，但实际运营中往往还保留纯国有企业的制度特点，在公司内部管理制度层面并未实现真正的改革。

（三）落实依法防控，建立健全混改法律体系

1. 完善立法，指导和保障国有企业混改

为保障国企改革的进一步深化推行，防范因适用法律、法规、政策依据错误导致国企改制风险的产生，国网湖南电力积极建议有关部门就电力行业混改有关法律规定进行统一修订或出台相关政策文件，从法律层面提供坚实的改革保障，通过有针对性地制定或完善法律，促使加快形成依法治企的法制化机制，确保混改主体能充分参与市场竞争。

2. 健全具有可操作性的监管政策体系

电网企业混改相较于一般国有企业混改而言，具有行业特殊性和改革目标的差异性，因此有必要在我国当前国有企业混合所有制改革"1+N"顶层设计政策体系框架下，针对电力行业进一步构建和完善具有可操作性的指导政策体系。

一是内容上，建立一套科学合理、公开透明的国有资产评估、评价体系，加强了混改的信息披露，完善进场交易制度。实现混改工作的科学化考核，落实混改涉及的民事、行政、刑事等法律责任的协同、衔接。将混改要求和各主体的任务目标进一步明细化、具体化，明晰电网企业在推进混改过程中的多层次任务目标、工作底线以及权责。

二是层级上，强化中央对于国企混改的顶层设计与战略引领，关注各中央直属部门、各级地方政府、国网各公司在各自职责范围内围绕中央部署制定的具体实施政策，落实条块结合和政策间的相互协调。

三是方式上，保持政策体系稳定，以具有法律约束力的法规、部门规章、公司章程为统领，结合实践需求、不同电力领域特征和混改进展，制定差异化的工作目标和任务要求；允许部分地区、部分公司在合法授权的基础上先行先试，加强创新和开拓意识，对于形成的好做法、好经验，加快总结转化，及时提升为具有更大范围约束力的政策，实现政策体系不断更新的时效性。

3. 建立长效机制，严防国有资产流失

混合所有制改革过程中的国有资产流失问题，一直是关注的焦点，也是混合所有制改革必须克服的重大障碍。"防范国有资产流失"不代表可以不作为，而是要更加"积极有为"；也不代表改革政策要一味地向国有资本倾斜，不是对国有主体给予特殊、不平衡的保护，而是要在防止国有资产流失的基础上尽可能保护交易安全、促进市场交易，通过合理高效运营增进国有资产价值，建立长效机制，防范国有资产流失。

一是强化企业内部各项监督检查机制。建立公司内部董事会、经营层重大决策、重大事项终身责任追究制度及责任倒查机制，进一步加强财务监督、审计监督、监事会监督、纪检巡视监督等各类监督的执行力度，多管齐下，织牢内部风险防范体系。

二是将监管制度嵌进具体业务环节，并规范每个环节的操作要求。完善内控合规是加强国有资产保护的重要支撑，其关键是要事先建立分类可执行的操作规程，并通过业务流程、线上审批设置等方式确保不打折扣地实施。

三是严明党纪政纪。明确维护国有资产保值增值的政治责任和使命担当，以对党、对人民和对历史负责任的态度扎实开展各项混改实施工作，在混改中严明政治纪律和政治规矩，绝不能因个人或少数群体的私利影响混改大局，侵犯国有资产的合法权益。

四是确立业务流程和工作标准。严格程序保障，既追求实体效果，也必须按照法定的程序、方式开展各环节工作，不违法减少法定程序，不逆流程操作，不歪曲正当程序的执行标准。落实法律责任承担，严格相应的处罚惩戒机制和奖励评价机制。

（四）落实依规防控，统筹开展混改合规管理

随着国际竞争局势日益复杂，企业在参与国际国内市场竞争时，合规管控面临着前所未有的挑战，电网企业在推进混合所有制改革的过程中更加需要注重合规管理，建立有效的合规管理体系，防范和化解改革中的违规风险。

1. 梳理国内外合规管理要求和合规风险

对照境内外法律法规、监管要求、商业惯例、行业准则、道德规范等外部监管要求汇总形成《电网企业混合所有制改革政策及法律文件汇编》，结合混改企业以公司章程为核心的内部规章制度和企业业务范围，识别各业务领域的合规管理要求，确保混改企业设立、变更、股改、运营等各环节均依法合规，为具体业务活动提供明确的合规指引，同时还编制了《关于增量配电投资业务全流程合规指南》等更具有针对性的内部合规指引。梳理完善公司合规风险库，对于可能引发违规事件的合规风险，或者可能导致混改不能完成或承担严重法律责任、产生重大经济损失或重大负面影响的合规风险，纳入合规底线清单管理。针对重大合规风险点开展重点审查，降低违规行为发生的可能性，避免出现系统性、根本性的不利后果。

2. 搭建合规管理组织架构

将混改公司董事会设定成合规管理体系建设的决策机构，负责批准合规战略规划、基本制度和年度报告，负责推动完善合规管理体系，研究决定合规重大事项等。将监事会设定成公司决策程序和董事、高级管理人员合规履职情况的监督机构，对重大合规风险负有主要责任的董事、高级管理人员提出罢免建议等。将经理层设定为根据董事会决定的合规执行机构，建立健全合规管理组织架构，批准合规管理具体制度制定，批准合规管理计划，确保合规制度得到有效执行，及时制止和纠正不合规经营行为，按照权限对违规人员进行责任追究或提出处理建议。设立合规管理委员会，由董事长或总经理担任主任，分管法律、审计、财务或纪检的副职担任副主任，负责合规管理的组织领导和统筹协调，负责研究决定合规管理重大事项或提出意见建议，指导、监督和评价合规管理工作等。设立合规管理部门，作为合规管理委员会办公室负责合规管理委员会日常工作，组织、协调和监督合规管理工作，为其他部门提供合规支持。

3. 提示合规重点业务领域

国网湖南电力整理归纳十大合规管理重点业务，为混改公司合规管理提供方向。安全环保方面，严格执行国家安全生产、职业卫生和环境保护、水土保持等法律法规，完善生产规范和安全环保制度，加强监督检查，及时发现并整改违规问题。投资并购方面，围绕企业经营发展目标，遵循改革政策要求，在实施企业改革、投融资，以及其他投资并购工作中做好合规调查、论证、审查等工作，规范相关合同的签订和履行，有效防控合规风险，确保国有资产保值增值。施工建设方面，健全电网建设前期、施工、验收等各环节管理制度，严格落实工程建设管理要求，严防工程转包和违规分包，确保建设质量。招标采购方面，健全招标采购制度，强化制度执行，严禁应招未招、虚假招标，强化依法合规招标；完善对供应商在招标采购中失信行为处理机制。优质

服务方面，严格遵守国家公开无歧视供电服务监管要求，加强供电服务体系建设，确保达到法定电能质量和服务质量；严格落实供电协议要求，全面遵循客户服务承诺；严格落实反垄断、反不正当竞争等要求。电力交易方面，严格遵守和执行国家调度要求和市场交易规则，建立健全自律诚信体系，全面规范电力交易，强化落实"三公"调度。财务税收方面，健全完善财务内部控制体系，严格执行财务事项操作和审批流程，严守财经纪律，强化依法纳税意识，严格遵守税收法律法规和政策规定。劳动用工方面，严格遵守劳动用工法律法规，健全完善劳动用工合同管理制度，严防各种违规劳务分包，确保公司依法合规用工。知识产权方面，加强对商业秘密、专利和商标等知识产权的保护；依法规范使用他人知识产权，防止侵权行为。网络安全与数据管理方面，依法保护业务数据与客户信息安全，做好相关网络与信息系统的安全防护，防范因网络攻击、网络侵入，以及违规数据处理、数据泄露等导致的合规风险。

(五) 落实依案防控，借鉴国内外案例开展混改风险防范

1. 精准识别和应对重大、敏感风险

除开法律法规体系的完善，混改企业自身也应当注重强化规范运作，重视重大、敏感风险的精准识别与应对。只有混改企业在实践层面落实和执行法律法规及合规管控政策，才能真正有效地防范和减少风险。

在当今国际格局不确定性加强和疫情影响下，混改企业面临的法律风险本身更加多样和复杂，特别是发生极端风险的可能性增加。混改企业应当进一步增强对重大、敏感风险的识别能力，做到及时纠偏；更加重视细节，强化执行；加强企业内部各类监督的协同和外部信息披露，自觉接受外部监督，共同提高对可能危及国有资产安全、造成国有资产流失以及侵害国有资本权益的风险事项的识别能力和应对能力。

2. 建立有效的法人治理结构，提升抗击风险能力

"混资本"环节完成后，企业作为市场化主体要更加积极有为地参与市场竞争，其中重点是按照现代企业管理授权的要求建立有效的法人治理结构，这既是混改法律风险防范体系中的重要内容，也是值得混改企业反复研究的重要问题。

公司治理结构要结合所处的市场环境、政治制度、文化背景来综合确定，近年国内大热的短视频平台抖音，致力于塑造国际公司的形象，在境外设立了同类型平台"Tik Tok"，但近期 Tik Tok 被指涉嫌危害美国国家安全，被要求强制出售，抖音"国际公司"的定位受到严峻挑战。显而易见，Tik Tok 事件与中兴通讯事件本质上是类似的，也揭示了当今国际竞争格局下，企业不可能单纯地以某个标签去纠正强国偏见，从务实角度出发，企业应当结合所开展的业务和所应遵守的法律法规构建风险管控体系。进一步而言，企业应当将其发展战略与国家、社会需要紧密结合，不宜为了标签化而背离发展的根基。

公司治理层面和定位上的轻微矛盾，会通过管理机制、激励制度、决策模式、企业文化等通道迅速反馈至业务层面，涌现大量个案，造成的影响可能成指数级增加，混改企业需要高度重视。由此，混改企业公司章程的制定、修改和完善变得尤为重要。在章程基础上，还应当结合公司章程中对于公司治理机构的设置和权限，制定符合公司要求的议事和工作规则，议事和工作规则包括股东议事规则、董事会议事规则、监事会议事规则和经理工作细则等方面。通过各项规则的制定和贯彻执行，混改企业的内部治理得以明确、有序，混改企业的定位得以清晰，这有助于从整体上提升风险抗击能力。

3. 梳理业务模式和风险要点，建立案防流程和规范

混改企业形成良好的治理体系离不开各种类型股东的共同努力，在这一治理体系之下，应当逐步建立以业务为依托、以风险为对象的案防流程及操作规范：

（1）从业务出发，按照具体公司所属电力领域的不同方面，分类梳理各项业务的特征、流程和要求；

（2）从同类业务的不同案例中，分析共性风险及特殊风险，对于共性风险提出归并；

（3）在具体案例中深入讨论特定情形下的特殊法律风险，形成专门处置意见，分类归并；

（4）以上述分析所得的风险为对象，形成法律风险处置流程，并固化为具体制度；

（5）将流程细化为可计量的具体操作步骤，通过办公系统等方式图示化，杜绝逆流程操作；

（6）形成案件防控定期会商和周期总结机制，会商或总结成果提交决策层，并及时反馈至业务部门。

四、省级电网企业混合所有制改革实施中法律风险防范体系建设的实施效果

（一）依法合规推进混改成效显著

近年来，国网湖南电力以法律风险防范体系建设为重要保障，加快混改步伐，在各级政府和园区企业的支持下，牵头组织联合体中标湘潭经开区、益阳高新区、衡阳白沙洲等13个增量配电混改项目，其中益阳高新区等10个项目，公司已成功设立并取得电力业务许可证，实现实体化运作。成立综合能源服务公司，同步在14个地市建立分支机构，积极主动开展混改，分步实施股权结构调整、增资扩股、引入非国有资本投资主体参股等改革，建立现代企业制度，充分发挥公司技术手段、商业模式和客户资源优势，业务向分布式能源开发利用、工农业和交通领域电能替代、南方集中供暖（冷）、社会节能、系统内节能与电能替代、电动汽车充电设施建设、家庭电气化与智能家居等新兴重点领域扩展。电力交易中心混改在省政府推动下，国网湖南电力按照持股比例对交易机构实施增资扩股，引入发电企业、售电公司、电力用户等市场主体，实现股权多元化。目前首轮混改已基本完成，引入11家外部股东，充分调动各方积极性、发挥相应技术和业务优势，为市场主体提供规范、可靠、高效、优质的电力交易服务。

（二）法治保障能力和治理能力迈上新台阶

国网湖南电力在推进各项改革的过程中，扎实推进法治企业建设，开展广泛深入的法律风险防范，致力于提升法治保障能力和治理能力，依法防控、依规防控和依案防控的法律风险防范体系初显成效。在改革中梳理各类各层级政策文件和法律法规63项，组织改革相关法律课题研究7项，涉及公司治理、法人结构、改革风险防范等方面，参与改革相关重大决策合法性审核67次，出具相关法律意见书43份，编制改革流程指引6份，制定下发相关指导意见4份。推动完善各级改革主体法人治理结构设置，明确党组织设置和议事规则，厘清股东会、董事会、监事会和经理层的权责界限。法律风险防范体系的建立使改革更加注重履行法定程序，更加依法合规稳步推进，有效地防范违规违法操作，避免国有资产流失。

（三）经济效益和品牌效益得到提升

电力市场建设不断深化，协助政府部门建立了完善的电力中长期交易机制，配合组建市场管理委员会，累计成交市场电量943亿千瓦时，合计释放改革红利17亿元。综合能源储能站实现充放电量5126万千瓦时，获取可开发风力资源83万千瓦，新增电能替代电量15.5亿千瓦时。全年新签综合能源项目合同43个，合同总额10.41亿元，同比增长178%。全额消纳新能源光伏扶贫电量6.8亿千瓦时，结算收益3.8亿元。智慧能源综合服务平台正式上线运行，实现能效分析与

诊断、空调用能优化控制等多个场景应用，成功上线步步高集团能效管理平台，完成 20 家门店、约 550 个数据采集点安装调试。完成 7552 个转供电基站信息核查、229 个基站改造，率先在国网系统内打造与移动通信合作共赢的项目典范。增量配电项目实现收入 1797.35 万元，其中售电收入 1669.95 万元，湘潭经开区增量配电项目获评国家电网公司典型示范项目，公司管控模式入选国网公司典型经验，改革成效得到国家能源局检查组的高度认可。主办 2019 年湖南节博会，积极参与湖南省工业节能绿色发展联盟筹建工作，获得社会各界一致好评。

主 创 人：刘　辉、徐　鑫
参与创造人：杨立古、蔡莹若、吴立环、刘晓宇、马晓飞、高志军、
　　　　　　邓仲笳、王虎松、廖潇竹、谭　珂

人力资源与绩效管理

大型钢管企业基于战略解码的多层次绩效管理体系构建

衡阳华菱钢管有限公司

衡阳华菱钢管有限公司（以下简称"衡钢"）隶属湖南华菱钢铁股份有限公司，成立于1958年，位于湖南省衡阳市蒸湘区。公司经过60余年的发展，现已成为全球无缝钢管生产机组全、先进机型多、产品规格齐的企业之一，拥有150万吨钢管生产能力，是一家具有全球影响力的专业化无缝钢管生产企业。现能生产直径24～800mm、壁厚3.5～200mm的各类规格、品种的无缝钢管，打造了油气用管、压力容器用管、机械加工用管三大拳头产品系列和具有自主知识产权的HS产品系列，在国内外享有较高声誉，产品广泛应用于国内外石油、石化、锅炉、发电、机械、煤炭、化工、核电等行业。

近年来，衡钢陆续启动"钢厂智能化建设""智慧衡钢"信息系统建设，推进互联网、大数据、云计算机、人工智能和工业生产现场的深度融合，提升企业管理创新能力和绩效，形成了"生产一代、储备一代、研制一代"的产品创新格局，初步实现"引领行业发展方向、引领行业产品标准、引领行业市场定位"的企业目标，企业核心竞争力和市场影响力得到显著提升。

一、基于战略解码的多层次绩效管理体系构建的背景

（一）是应对激烈市场竞争的需要

无缝钢管是工业的"血管"，在我国工业领域有着广泛的应用，发挥着不可替代的重要作用。但同时，我国无缝钢管行业发展面临产能过剩、市场竞争激烈、环保压力大、内部管理粗放、业务职能独立、流程重叠等诸多压力和挑战。2017年以来，无缝钢管行业陆续新建了多条生产线，2019年底新增产能超过600万吨。钢管企业要想提高市场竞争力，必须顺应趋势，统筹规划，加快管理理念和方法的迭代升级，实现跨企业、跨部门的资源高效配置，不断提升组织绩效。衡钢作为无缝钢管行业头部企业，面临的挑战越来越大，一方面必须通过技术和创新手段，提高组织效能，从内部挖潜增效，降低成本，保障生存能力；另一方面，必须通过提高中高端产品的生产和加工能力，持续改进产品质量，产品结构由低端向中高端调整，规避低端市场的恶性竞争，防范市场无序竞争的风险。因此，推进企业管理变革和绩效提升，是衡钢应对激烈的市场竞争的必然要求。

（二）是实现企业高质量发展的必由之路

在管理环境日益复杂和多变的情况下，企业战略管理能否有效促进预期目标与业绩的实现，不仅取决于有效的战略制定和选择，更取决于有力的战略执行和控制。构建"何处竞争""何时竞争""如何竞争"三位一体的战略闭环管理体系，解决战略制定与企业经营匹配性问题，实现共同愿景，战略驱动是企业高质量发展的具体形式。而战略目标的实现必须依赖企业各个部门以至各个员工的一致努力。在行业与企业转型的双重背景下，衡钢需要通过有效的符合自身特点的绩效管理引领，打造一支国际化、高技能、复合型的人才队伍，并通过绩效反馈持续性地筛选出符合企业战略的人才，才能满足自身的成长需要。因此衡钢转型的关键时期对绩效考核的应用与反馈提出了更高要求，此时推动绩效管理优化显得尤为迫切。基于战略解码的绩效管理体系构建既是实现衡钢战略目标的现实需要，更是推进企业转型升级，实现内涵式发展，打造"百年衡钢"

的必由之路。

（三）是企业提升管理水平的需要

衡钢自身管理水平的提升需要衡钢基于战略发展做绩效考核进行支撑，这包括内部运营管理考核、技术研发管理考核、市场营销管理考核等方面，任何一点的短板都会制约衡钢战略的实现。人力资源的战略开发将为企业的发展提供人才支撑，内部运营管理是为衡钢持续有力的运行提供动力。衡钢的战略愿景是通过中长期的不懈努力，成为具有国际一流市场影响力和竞争能力的国际化先进无缝钢管企业。衡钢必须通过绩效管理创新，尽可能提高管理效率，提升管理水平，杜绝成本浪费，挖掘内在潜力，加快企业发展。

二、基于战略解码的多层次绩效管理体系构建的内涵

衡钢基于战略解码的多层次绩效管理体系是以助力实现企业高质量发展为核心，通过制定并实施中长期发展规划和三年滚动战略规划，以"三个有机融合"为主要手段，即"绩效考评运行体系上与商业计划执行计划项目绩效有机融合""绩效考核指标体系上预算分解值与奋斗目标有机融合""绩效结果运用上组织绩效和个人绩效有机融合"，坚持以正激励为主、考核为辅，按效计酬、按绩计酬，深入推行项目制，集中力量解决原有绩效评价体系中压力不够和动力不足的核心问题，充分发挥绩效考核"指挥棒"的引导作用，强调"绩效导向"，即员工工资增长必须依靠内部挖潜创效、产品结构调整和效益的增长来实现，真正激发企业活力，强身健体，大幅提高市场竞争力。

基于公司总体战略目标，衡钢对年度战略性工作任务进行解码，建立多层次的战略绩效管理体系。在实践过程中，创新性地提出"合理动态调整"策略和"渐进稳妥化"方法，以积极应对剧烈变化的市场环境；建立"红旗黄牌"制度，将考核结果纳入中层管理人员评价体系，依据考核结果予以奖励和任用，为衡钢遴选出适应当下转型的人才；搭建便捷、准确、高效的信息化绩效管理平台，开展绩效辅导和绩效培训，帮助组织、团队、个人实现绩效提升。

三、基于战略解码的多层次绩效管理体系构建的主要做法

（一）重视顶层设计，明确战略绩效体系构建目标及路径

1. 高度重视顶层设计，厘定绩效管理体系构建目标

为持续不断提高各单位和员工的工作绩效，确保公司整体战略目标的实现，衡钢借鉴国内外同行绩效管理模式，有针对性地确立了实行绩效管理的目标，即通过绩效管理创新，全面、科学、公正、准确地评价工作业绩，充分调动员工积极性，激发潜能，提升绩效，将个人特别是"关键少数"创造的价值与公司的经营战略紧密相连，以公司战略目标为导向，兼顾年度重点工作，将组织绩效指标层层分解，突出业绩导向、价值贡献，制定明确、可行的考核指标体系，实现共同成长、共创共赢。

衡钢为保证绩效管理有序深入推进，专门成立绩效管理领导小组，明确职责分工，确保各项工作和重点任务落到实处。通过建立绩效管理组织架构，强化绩效考核严肃性、完整性和有效性，保证公司长期发展战略和短期经营目标转变为可实施、可管理的内部过程和活动。

绩效管理领导小组以总经理为组长，负责审批以下方案：公司年度关键绩效指标；中层以上管理人员绩效计划书；各部门组织绩效考核和薪酬分配方案。各职能部门，包括企业管理和人力资源部、市场投资规划部、财务部、生产管理中心、设备能源部、技术中心等为绩效管理领导小组成员单位，负责绩效管理的日常工作，并根据公司管理和决策的需要，组织编制和修订公司绩效管理发展规划。绩效管理领导小组办公室（设企业管理和人力资源部）负责战略绩效方案的具体设

计、办法制定、绩效分析、评价组织等工作的综合管理，每年9月份启动年度绩效办法的编制。

2. 战略目标实施路径和目标分解

战略绩效管理是指对企业的发展战略制定实施过程及其结果采取一定的方法进行考核评价，并辅以相应激励机制的一种绩效管理方法。基于对衡钢内外部环境的分析，公司明确了以"4321"战略思想推动企业高质量发展，即以建设"开拓进取、引领行业、智慧高效、美丽昌盛"的四个新衡钢为主要任务，以"引领行业发展方向、引领行业产品标准、引领行业市场定位"的三个引领为方向，以"务实和创新"两个文化基因为核心，成就"世界一流专业化无缝钢管企业"共同愿景。

衡钢高质量发展战略规划提出坚持走专业化、高端化、国际化的差异化发展战略，通过实现"三个引领"，打造衡钢三个核心竞争力"衡钢技术、衡钢标准、衡钢品牌"，做精做强钢管主业，促进衡钢全方位、深层次管理变革，实现企业管理高效率、运营低成本、产品高品质、整体绿色发展，最终以高质量发展将衡钢建设成为具有国际一流竞争力的无缝钢管企业。

衡钢推行差异化竞争战略，在2017—2019年战略周期内，铁、钢、管年产量要逐年提高（具体数字略），以纯净钢为动力源推进产品结构持续向中高端调整，高端产品达到总销量的一半以上，高端客户数量达40个以上，销售收入、利润、出口比等指标均列入核心战略指标。国际化运营能力和营销服务水平达到同行业先进水平，能够为全球客户提供无缝钢管仓储、配送、加工、修复等"一站式"服务。综合能耗与环保水平进入国家先进行列。智能制造成为无缝钢管行业标杆。人才队伍素质进一步提升，与国际接轨。

3. 推行战略闭环，细化战略分解部署

衡钢将企业闭环管理应用于战略管理，构建一套战略闭环管理体系，具体做法是将战略制定和战略执行与业务流程有机串联结合，解决战略制定与企业经营的匹配性问题，更有效地将战略转化为可操作的行动，实施以"五年规划""三年滚动规划""年度商业计划"相结合的三轨并行规划。"五年规划"是指引，衡钢制定了《"十三五"发展规划》；"三年滚动规划"是行动纲领，2017—2019年，衡钢制定了《三年振兴发展规划》，2018年衡钢提前完成了三年规划目标，制定了《2019—2021年高质量发展规划》；"年度商业计划"是年度执行指南，衡钢每年9月启动下年度商业计划编写，下一年6月启动战略制定与调整，管理报告和战略审计贯彻第二年度，第二年底启动战略绩效评价和经理人评价。以此类推，循环反复。

在战略策略部署上，衡钢构建了三大战略支撑体系。

一是深入构建以"零库存"管理为核心的精益生产体系。按照"零库存"的要求，消除浪费，降低库存，构建准时化、均衡化、标准化的大规模定制化制造体系，生产系统狠抓现场标准化作业，严格工艺纪律的督查落实，确保实现成材率高于90%、一次检验合格率高于98%、万元产值责任异议损失低于3.2元，特大质量异议和一级质量事故0起。

二是深入构建以集成产品研发（IPD）为基础的销研产一体化体系。以项目制打破部门墙，创新资源配置机制，充分运用集成产品开发的理念，集中优势兵力打"歼灭战"，落实差异化竞争策略，努力打造衡钢在高端产品、市场、客户的差异化竞争优势。

三是深入构建以"小分队"为基本组织架构的营销服务体系。确立"稳定周边，面向全国，走向世界"的市场定位，建立13个营销业务单元，实行"小分队"作战，打造精干高效的营销队伍，推行快速反应的精准营销服务，合理规划营销渠道，科学调配营销资源，杜绝一切内耗，建立点面结合、良性互动的渠道网络，使各业务单元形成最大的市场开拓合力。同时，创新营销布局,力推高端客户认证,优化海外市场布局。充分发挥营销龙头作用,驱动企业高质量发展。

(二) 多层次的绩效管理体系重构

1. 建立基于战略解码的组织绩效管理体系

基于战略解码的组织绩效管理体系是公司战略规划落地实施的载体,通过战略解码将公司战略目标通过年度商业计划进行自上而下的分解落实及自下而上的确认实施,建立和完善激励与约束机制,促进企业发展,落实责任,防范经营风险,充分调动全体员工的积极性与创造性,支撑企业长远发展。战略解码是通过可视化的方式,将企业的战略转化为全体员工可理解、可执行的行为的过程。

具体操作上,衡钢基于战略解码的组织绩效管理体系以战略发展目标为起点,经过战略目标解读、绩效指标库构建、挑选KPI构建战略指标体系、制定年度绩效管理办法、开展绩效分析与评价、提出战略调整建议等6个步骤,构成战略绩效管理的全部过程。战略绩效对公司的战略制定、战略执行、重大项目实施进行评价,引导公司战略有效落地,为战略调整提供依据,也是公司高管及中层管理人员评价的重要依据。通过绩效评价办法将公司的组织绩效落实到公司高管团队及各单位领导班子,为高管及中层管理人员的业绩评价提供可量化、定性的依据。

公司层面的组织绩效指标。公司将主要生产经营目标或当年度重点工作关注的业绩指标,单列为公司一级指标,各部门除与本部门工作密切相关的业绩指标挂钩外,也以一定权重与公司一级指标进行挂钩考核。一级指标主要包含产量、销量、利润(毛利)、合同清交、营运资金等指标。将质量、安全指标作为否决性指标单列,与人均200元/月的工资直接挂钩,再根据质量考核办法、安全环保考核办法单项考核。

二级部门的考核指标上,按组织的战略作用,细化分级分类,采用成本中心(各主体分厂和辅助部门)、利润中心(营销、采购、技术中心)、管理中心(各管理部门)三类的分类方法对绩效考核指标体系进行了精简。精简后,公司绩效考核条块清晰,各板块绩效考核的目标一致性得到加强。三类考核体系中,成本中心主抓产量和成本,利润中心凸显销量和毛利,管理中心除与公司一级绩效指标挂钩外,突出考核与职能职责对接的量化指标,特别是部门主管费用,强调管理效率的提升。具体来看,为了在价值链上充分体现以客户为中心的原则,对各板块设置不同的KPI指标(原则上不超过5个):

(1) 成本中心指标4个:总成本、产量、订单准时清交、设备稳定运行。

(2) 利润中心指标3个:销售单元"销量+销售毛利+回款";采购部"辅料成本降低率+备品备件按时到货率+普指对标";技术中心"新产品重点产品销量+销售毛利+钢管金属料消耗"。

(3) 管理中心指标2~4个:公司一级指标占比、各部门重点工作。

公司层面增加设置月度效益工资。为强化组织绩效的效益导向,从2019年起,衡钢在公司层面面向全体员工,单独设置月度效益工资,采取定额(600元/人)并与月度利润指标完成情况挂钩考核的方式,让员工共享发展成果。

通过推动绩效评估体系向战略绩效转型,公司绩效评估体系从以月度指标体系为主、年度指标体系为辅转变为月度指标体系与年度指标体系并重。

2. 落实年度商业计划,引入融合项目绩效的考评运作体系

衡钢根据"三年脱险脱困振兴计划(2017—2019年)"和年度商业计划,将商业计划与全面预算实施同步推进,绩效考核指标与商业计划执行计划指标考核并轨,使得绩效考评运作体系的内涵更为丰富。

2017年商业计划执行计划实现对企业挖潜创效全覆盖,按商业计划分解的25个公司级挖潜创效项目共75项指标,涵盖了公司生产经营的各个维度,对部门组织绩效考核有重要的辅助参考价值,是部门组织绩效考核体系的有益补充。

2018年根据年度重点工作分解为24个公司级项目、84个子项目,2019年分解为26个公司级项目、89个子项目。项目确定的原则,其一是目标一致性,即项目指标设定与年度商业计划的目标相同,并重点突出利润指标,如毛利、成本的概念;其二是全面覆盖,所有项目都有公司高层牵头开展,项目的所有指标覆盖了各二级单位的中层管理人员和技术序列骨干;其三是指标先进性,所有指标均是根据同行先进水平和自身历史最好水平而综合设定的。

在运行过程中,衡钢加大了对商业计划项目完成情况的跟踪督查,健全以绩效论英雄的奖惩分明的评价和考核机制,强化责任追究。衡钢运用"强激励、硬约束"的奖惩机制调动员工的积极性,并传递一定压力,促使大家勇于担当,切实完成目标任务。

商业计划项目评价结果与项目负责人及责任中层的业绩评价直接挂钩。配套出台《挖潜创效项目管理和奖励办法》,实行以正激励为主的激励政策。以直接创效额作为奖励金额的依据,以完成年度预算指标作为奖励的必要条件,并在此基础上设置起奖基数。项目指标达到起奖基数,给予直接创效额的2%~5%作为基本奖励。超过项目指标或对应的直接创效额目标的,按超额创效部分的2%~4%给予超额奖励。奖励按月计提,季度累计结算兑现。实现月度效益目标,当月计提80%的月度基本奖励;超额完成月度效益目标,超额奖励按50%的比例计入当月奖励。对完成年度绩效指标的,除按项目奖励办法进行项目激励外,另奖励责任人一个月薪酬(年度本人实得月均薪酬)。对未完成年度绩效指标计划值的95%的中管给予降职、免职处理。公司高管未完成年度绩效指标计划值的95%的,公司将向集团提出给予降职、免职的建议。

通过商业计划项目的实施,2017年增效总额在10.5亿元以上,2018年、2019年连续两年增效突破12亿元,为实现年度利润目标提供了强有力的支撑和保障。

(三)坚持适时适度动态调整,同步推行绩效考核稳妥化

1. 建立并完善绩效考核动态调整机制

在绩效管理领导小组的推动下,衡钢绩效管理形成了有自身特色的动态调整机制。一方面,根据外部市场变化,及时修订降成本、营销创新、高效产品等各方面的单项考核条款;另一方面,根据阶段性目标调整,快速响应,及时配套新产品、新客户开发、降成本、营销创新等专项激励措施。适时适度的动态调整,有效消除了年度预算偏离市场实际情况的影响,确保公司效益与员工收入紧密挂钩,实现有效激励、及时激励。同时针对不同时期的重点工作实施激励。2016年,公司撤销销售公司、国贸公司,成立销售总公司,同步实施了营销系统绩效考核体系变革,各营销业务单元的工资费用与销量和毛利挂钩按单价计提,并根据市场情况的变化,在合理范围内及时调整计提单价。从2018年起,衡钢根据实际需要设定了关于生产经营层面7个方面的中期总体目标,简称"53198",即管理效率提升30%,库存下降30%,劳动生产率提高30%,交货期加快30%,质量损失降低30%,总成本费用压降10%,准时交货率达到98%。按此目标,衡钢对公司及各二级部门2018—2020年相关考核指标体系做了年度任务分解和调整。从2018年起,按年度商业计划提出的提高钢产量的行动计划,创新性地将管产量考核指标从一级指标中去除,并加大一级指标与各部门挂钩考核的权重,从而实现钢产量指标在更大范围、更大力度的联动考核。

2. 持续推行绩效考核稳妥化

2016年实行了"推墙入海,直面市场"的绩效总体方略,全员收入与效益挂钩。因市场形势

极度严峻，2016年出现大面积的"保底"，该年度方案未起到应有的激励效果。为快速扭转不利局面，2017年开始持续推行绩效考核稳妥化。绩效考核稳妥化是衡钢在近几年实际工作中取得的重要经验之一。突出进一步稳妥化和效益导向，在维持基本工资不变的基础上，与绩效考核挂钩的浮动工资部分更加关注效益和效率，考核指标紧盯各部门对公司效益的核心贡献。通过逐步健全与绩效考核稳妥化相适应的配套体制机制，逐步实现了绩效管理体系的稳妥化，基本达到以绩效为导向，适应市场变化，充分调动员工积极性的设计目标。

（1）在考核指标体系中，更多地引入评价性指标，或增加指标的评价性权重，努力控制单纯的指标量化打分带来的巨大波动。在部分指标，如成本、费用控制等波动较大的考核指标上引入累计考核制。

（2）科学、合理地设置指标考核办法，对短期波动较大的指标加长指标考核周期，对年度或季度完成的指标采取累计考核方式。

（3）内部培养专门人才，强化公司绩效分析和绩效评估的专业能力，为绩效改进提供人力支撑。

（四）强化绩效考核结果应用，促进绩效管理能力持续提升

绩效管理是一个闭环管理系统，包括绩效计划、绩效实施、绩效评估、绩效反馈与应用。绩效反馈与应用是绩效管理的目的与核心，激励优秀员工，促进低绩效员工不断改进绩效是绩效管理的意义所在。衡钢在过去的一段时间疏于考核结果应用，为强化战略绩效的实施效果，体现绩效管理的激励约束作用，激发中层管理人员、技术序列人员的作为意识，衡钢实施了中层及技术序列人员月度绩效考核挂旗挂牌机制，强化了绩效结果的反馈和应用。

1. 绩效辅导和改进相连互通，促进绩效管理PDCA不断提升

对个人绩效进行绩效辅导，对项目绩效和组织绩效分级并全面地进行统计分析，总结优劣势，分级形成具体报表，初步形成点、线、面结合的绩效统计分析工作规范。在此基础上，辅以中层和技术序列的个人绩效辅导和系统培训，打通个人、项目和组织绩效改进的相连互通，促进绩效管理PDCA不断提升。

通过个人、项目和组织绩效改进的相连互通，助力企业高质量发展的战略目标。通过分级报表，厘清个人、项目、组织绩效的关键性指标的关联，抓住主要问题，分情况采取措施，如对指标进行纠偏，对实施过程进行改进等。进而固化绩效管理模式，并制定下一轮绩效指标。这种模式化运作形成无数个绩效管理PDCA循环，不断促进绩效指标的高质量完成，为衡钢高质量转型发展的顺利落实奠定基础。

2. 建立红旗黄牌机制，强化绩效结果反馈与应用

根据中层管理人员、技术序列人员的岗位职责和年度任务目标要求，设置其相对应的挂钩绩效考核指标，实行月度考核。中层管理人员、技术序列绩效指标完成情况，由公司职能部门负责进行考评，并根据考评结果分别颁予红旗和黄牌。以绩效指标计划值为基准"任务值"，绩效指标设有"任务值"和"目标值"，达到"目标值"授予红旗，未完成"任务值"则挂黄牌。月度个人绩效指标得红旗加1分，挂黄牌减1分，有多项指标的，按多个指标得分情况累加，并将得分结果纳入中层管理人员的月度综合考评。

按照"指标可量化、过程全透明、体系要科学"的原则整体设计中层管理人员日常考评体系，重点挂钩绩效考核指标，实行按月兑现，及时对绩效考核结果进行反馈及应用。绩效指标连续三次挂黄牌者（有多项指标的，挂牌比例高于50%时），指标责任人应写出书面分析报告。绩效指

标连续四次出现黄牌者,公司将对其进行诚勉谈话。对非市场原因不能完成指标的中层管理人员将进行动态调整,绩效指标的落实由各部门行政一把手负责督促检查。例如2019年衡钢下发了《2019年中层管理人员绩效指标挂钩汇总表》,设定指标164个,确保了人人肩上有指标,经过考评,全体中层总共挂红旗948枚,红旗率为48.17%,挂黄牌634个,黄牌率为32.21%。年度内中层管理人员挂旗挂牌情况作为他们年度业绩的重要依据,由公司组织部进行整理后提供给考评小组。2017年至2019年,共经济考核45人次,诚勉谈话12人次,动态调整8人次。以红旗黄牌形式张榜公布中层完成绩效指标情况,让员工群众对每位中层业绩做到心中有数。2017年因业绩等原因淘汰中层管理人员12人,2018年淘汰6人,2019年淘汰11人。另外,挂旗挂牌考核直接影响中层的个人绩效得分,中层及技术序列的工资中有50%的收入与绩效得分直接挂钩。

(五) 合理配置资源,强化多方面保障

1. 坚持绩效管理制度化、流程化,完善绩效体系制度保障

为了固化绩效管理流程,使绩效管理工作公平持续开展,衡钢全面推行绩效管理制度化。依据《衡钢绩效管理制度》和《衡钢绩效管理制度实施细则》,制定了《年度绩效考核与薪酬分配办法》《中层管理人员绩效评价管理办法》和《一般管理人员绩效评价管理办法》,明确了考核内容、评价方式、评价程序、周期以及评价结果应用,实现了绩效考核全覆盖。

2. 自主开发绩效考核信息系统,提供信息化平台保障

为了推动战略绩效管理落地,克服绩效评价带来的统计核算量大幅增加的弊端,提高绩效管理效率,衡钢自主开发了《衡钢绩效管理信息系统》。在系统设计中,将各考核指标数据进行标准化处理后,按生产模块、营销模块、管理职能模块等功能模块分类,导入系统的不同模块中,再根据不同的部门设置个性化的评价因子,系统自动测算并展示评价结果,摒弃了原来纸质核算的繁琐低效,将过程差错率降为零。同时系统支持流程化的管理机制,对绩效的计划、监控、评价、反馈全流程进行管理。通过灵活设置部门考核机制,自定义设置考核指标和权重值,灵活方便地实现组织绩效考核指标的动态调整,有效提高了工作效率。目前,系统平台已实现了月度、季度、年度三种时间维度的绩效考评汇总统计,并可以将结果导出为EXCEL文件或数据库文件,用于进一步的绩效分析评价。

使用该系统后,绩效指标分解和日常监控工作效率明显提升,绩效考核结果发布所需时间从原来的8个工作日压缩到2个工作日,绩效管理人员从繁杂的日常绩效考评数据中解放出来,公司专职或主要从事绩效管理的人员精简70%以上;各二级部门可通过系统实时查看到本部门所有绩效考核相关数据,为后续的工资发放及绩效分析的及时性、准确性提供了充足保障。

3. 系统性绩效宣贯和培训,提供人力资源保障

着眼中高层综合素质提升,发挥"火车头"的带动作用。联合国内著名高校开办中高层管理素质提升综合研修班。从管理思想、管理理念、管理手段等方面进行系统的培训,内容涵盖企业战略的制定与选择、创新管理思维、专项管理、依法治企、智能制造及互联网技术等前沿知识。同时发挥其在公司内部的"传帮带"作用,开设"中层论坛",开展中高层论文撰写、评比、宣传和定期授课工作。

启动班段长轮训,夯实基层管理。分7期对326名基层班段长进行培训,就如何做好"兵头将尾"开展专题培训。梳问题、给方法、解困惑,将问题显性化,将方法明确化。开出改善行动的"药方",跟踪落实执行情况,激发了基层管理活力。

搭建员工"学知识,提技术"平台,提升员工技术技能。实行线上学习与线下集合的方式,

大范围开展员工应知应会培训、考试。推出员工网上学习答题，员工可随时进行在线学习、考试，推动培训以课堂集中教学为主的高成本培训方式向信息化、大众化、不受时空限制的低成本化转变。每年度开展员工"岗位状元、技能能手"竞赛和"衡钢工匠"评选，让员工一展身手，对优秀员工给予应有的荣誉与奖励。

四、基于战略解码的多层次绩效管理体系构建的实施效果

通过基于战略解码的绩效管理创新，衡钢将战略意图具体化，将领导和员工能量聚焦，将组织意志真正转换为执行力，更将战略转换为每个组织和每个员工的日常活动，对实现战略愿景，提高企业经济效益、管理效率、社会效益具有突出作用。

（一）企业经济效益持续大幅提升

绩效考核激励模式的转变，极大地激发了员工队伍的整体活力，为衡钢取得经济效益提升提供了强大的内生动力。

2017—2019年，公司累计完成利润13.44亿元，累计比三年振兴计划累加值高10.84亿元，比每年年度商业计划累加值高2.34亿元。钢管销量指标在三年中均超额完成业绩目标，其中2017年超目标26万吨，2018年超目标5万吨，2019年创历史最好纪录。

2019年，衡钢主业销售收入达106亿元，铁、钢、管产量分别达到117万吨、171万吨、152万吨，各项指标均创历史新高。内部运营能力实现持续提升，铁、钢、管日产、月产屡破历史纪录；在制品库存持续下降；资产负债率压缩9个百分点；代表产品转型升级方向的新产品、重点产品销量累计突破63万吨，累计创效超10亿元，近三年年均增长30%以上。

（二）企业管理效率显著提高

通过实施基于战略解码的绩效考核管理创新，强化供销联动，加快市场响应，结构优化明显。抓住石油行业复苏机遇，携手"四桶油"护航国家能源安全，成为其主力供应商。在高端客户方面，市场份额激增，影响力持续扩大。技术研发成效显著，重点品种销研产一体化项目2018年实现销量14万吨，2019年快速提升至近20万吨。起重机臂架管、旋挖钻杆管等产品日益系列化、高端化。强化管控，持续挖潜，吨管工序成本同比持续降低，近三年均实现比预算下降40元以上。劳动生产率显著提升，2019年人均产钢达到551吨/人，较2018年大幅提升28%。精简管理班组，"兵少将多"的局面一去不复返，班组数三年净减191个，减少40.9%。人力资源开发工作效果显著，促进管理模式转变，通过"三线"发力，中高层管理、基层管理、普通员工的思想、理念有了很大转变，管理工作逐渐向科学性与艺术性相结合的管理靠拢。

（三）企业社会效益成绩斐然

2019年以来，接待国内同行和上下游客商针对绩效管理的访问交流活动共计10余次，形成了良好的示范效应；陆续开展厂庆60周年系列活动和社区文化活动，传承务实创新基因，共建"四个新衡钢"。180生产线成为行业首个国家级智能制造试点示范项目，自动堆垛打包称重、智能外表检测等改造有序进行。隆重举办"无缝钢管智能制造与绿色发展"论坛，与行业专家、金融机构、大客户代表共享学术盛宴。员工收入大幅增长，文化生活日益丰富，社区实现提质改造，各方汇聚奋进力量，员工自豪感显著增强、幸福指数快速提升。

主 创 人：凌仲秋、刘 锋
参与创造人：丁 炜、欧 军、李秦龙、杨 成、蒋 创、李 康、李 伟

基于岗位经验萃取的青年干部培训体系建设

中共国网湖南省电力有限公司党校（管理培训中心）

中共国网湖南省电力公司党校（以下简称"公司党校"）系湖南省电力公司直属二级单位，成立于2015年，服务于公司干部、骨干、党员培训。公司党校坐落于长沙市宁乡市灰汤镇，现占地面积426亩，建筑面积5.2万平方米，固定资产原值1.7亿元。中心下设办公室、党委组织部、财务资产部、党委党建部、纪委办公室等5个职能部门，以及管理培训部、后勤保障部两个业务部门。现有在职员工68人，劳务派遣职工12人，外包后勤保障用工185人。现已挂牌"国网领导力中心湖南分部""国网党校党建研究分中心""国网党校党性教育现场教学基地"。2017年被授予"国家电网公司文明单位（2014—2016年度）""全国职工书屋示范点""全国模范职工之家"；2018年被授予湖南省直机关"双文明先进单位""湖南省文明单位"等荣誉称号；2019年被授予国网系统党校"建设国内一流企业党校示范单位"等荣誉。

一、基于岗位经验萃取的青年干部培训体系建设的实施背景

（一）培养青年干部人才是新时代新形势的必然要求

习近平总书记在党的十九大报告中提出："广大青年要坚定理想信念，志存高远，脚踏实地，勇做时代的弄潮儿，在实现中国梦的生动实践中放飞青春梦想，在为人民利益的不懈奋斗中书写人生华章。"2019年3月，习近平在中央党校（国家行政学院）中青年干部培训班开班式上发表重要讲话：培养选拔优秀年轻干部是一件大事，关乎党的命运、国家的命运、民族的命运、人民的福祉，是百年大计。广大干部特别是年轻干部要在常学常新中加强理论修养，在真学真信中坚定理想信念，在学思践悟中牢记初心使命，在细照笃行中不断修炼自我，在知行合一中主动担当作为，保持对党的忠诚心、对人民的感恩心、对事业的进取心、对法纪的敬畏心，做到信念坚、政治强、本领高、作风硬。对当代青年成长提出明确要求，为新时代打造理想坚定的青年一代指明了方向。

（二）提升青年干部人才价值是培养工作的最终目标

随着经济社会的高速发展，我国电力发展进入转方式、调结构、换动力的关键时期，对企业员工应对新形势的能力和素质要求越来越高。青年干部具备较高的素质基础，敢于尝试，不惧挫折，学习力强，应对新事物速度快，能够为企业带来无限生机和活力，推动公司持续健康发展。电力企业越来越重视青年干部的培养工作，投入了极大人力、物力和高关注度，取得了一定的成效。培养成效从单纯的帮助员工更新知识技能拓展为增加知识、改变工作行为习惯、提升个人和组织绩效等多方面。优化青年干部培养模式，促进培养效果的转化、内化和学习迁移，迫在眉睫。

（三）突出岗位经验实践是青年干部培养的优化路径

多年来，党校基于自身特色积极引入情景模拟、实训课堂、案例教学、翻转课堂、"训战一体化"等多种教学方式，切实提升青年干部解决实际问题的能力，促使其有效掌握管理方法和工具，更好地实现从"管理自我"到"管理和发展他人"的转变。需要关注的是培训内容的高精准度是提升人才培养项目价值的首要手段，强调"内容为王"开展青年干部人才培养。一是促进青年干

部通过对自己的经验进行梳理，将模糊的经验慢慢地清晰呈现，此过程不仅能提升青年干部的分析能力、概括能力和总结能力，并且能帮助青年干部站在一个更高的角度对自己进行评价与思考，迅速提升自己。二是有效利用党校资源丰富、体系完整的优势，沉淀各维度优秀组织经验，为青年干部人才培养提供更多的宝贵知识经验，激发员工自主提升。

二、基于岗位经验萃取的青年干部培训体系建设的内涵

贯彻落实《2018—2022年国网湖南电力干部教育培训规划》要求，坚持"党校姓党"，践行问题导向，紧贴公司改革创新发展实践和青年干部特点，以因材施教、因需培养为牵引，以青年干部人才价值提升为目标，以"实践—反思总结—再实践"为指导思想，以"岗位经验萃取应用"为主线，以"反思促发展"激发成就动机贯穿全程，强化"积累知识—沉淀经验—掌握技能—提升能力—落实绩效"行为转化模式。

创新"知、强、促、提"四步学习循环流程；开展"多维度培训考核"提升培训质量管理；培养"岗位经验萃取"专业队伍，实施"名师名课名作"工程优化培训资源环境；建立"湖南电力案例集（线上线下版）"，形成随时随地学习的资源库；建立"基于岗位经验萃取的青年干部培训体系"，推广岗位经验萃取的实践经验，推动管理创新出效益和成果。

三、基于岗位经验萃取的青年干部培训体系建设的主要做法

（一）明确两个核心，创新青年干部人才培养模式

1. 基于岗位经验萃取做实青年干部培养内容

青年干部人才培养的最终目的是通过人员能力提升创造价值，提升组织绩效。出于成人学习动机的趋利性，明确青年干部培养内容的精准度提升是培养工作的核心所在。基于岗位经验萃取的学习内容设计将以"岗位核心任务"为依据，萃取在提升"岗位工作质效"中最有效的经验方法，从而提供最能够帮助学员的培养内容。同时关注青年干部通过个体对体验的观察和思考阶段、个体对经验进行抽象和概括形成概念的阶段、个体在新情境中检验所形成的观念的适应性阶段三个递进思维能力提升层级，基于对自身岗位经验的反思性学习，看到问题所在；通过问题的发现开展相应学习，促进青年干部人才的自主学习。

2. 基于经验反思应用做优青年干部培养方式

反思性学习不能一蹴而就，党校在深入研究青年干部的特质、学习特点以及学习资源后，创新反思性学习的"知、强、促、提"四步学习循环流程，做优青年干部培养方式。第一步盘点知方向。帮助青年干部认清自我，知其不足，打破舒适区，培养反思性学习的自主性；同时让所设计的学习内容与青年干部所在岗位现阶段要求的能力相符。第二步培训强能力。根据发展需要设定前后连续、由浅入深的知识学习内容和动态课程，通过层层递进、步步深入的学习—反思的过程，使青年干部循序渐进掌握知识能力。将经验萃取纳入实景案例开发中，实现在学习中体验真实工作，在实际案例场景中触发学习的目的。第三步转化促应用。根据他人经验和自身经验萃取，结合青年干部自身面临的挑战和难题，通过行动学习、辩论赛等学习方式，通过独立的思考掌握知识，并将原有的知识融会贯通，产生知识迁移，提高能力。第四步管理提业绩。自我反思自己在学习中发现问题、探索问题、分析问题、解决问题的过程。同时通过标准化项目管理和跟进，保障培训后岗位经验的应用。在此过程中，充分考虑并结合学员的习惯特性开发湖南特色案例，学自身边用于自身，实现经验的本地化。

（二）设计萃取模式，沉淀最优岗位经验

1. 基于青年员工特性设计"岗位经验萃取三步法"

通过对现有组织经验萃取理论的学习、试用后，根据青年员工学习需求与岗位需求的平衡要求设计相应萃取方法和辅导方法。第一步：萃取高度相关的组织和岗位需求点。制作关于萃取对象的岗位核心工作任务清单和能力项清单，根据公司发展目标和岗位本职要求确定重要性排序，找到最重要而又最"痛"的点，初步锁定萃取点，确保经验萃取成果符合业务需求。第二步，设计萃取五线谱，保障岗位经验完整性和有效性。设计包含流程线、情境线、问题线、决策线和结果线的五线谱萃取经验。从流程线确定完成任务的几个关键环节；从情境线确定在每个环节里的多个核心情境；从问题线提出在相应的情境中碰到的挑战或问题；从决策线找到经验拥有者是如何面对并解决问题的；从结果线展示本次处理方式后的结果，从而客观评估方法的有效性。第三步，结构化展示萃取经验，推动学习应用。通过提炼关键字、梳理核心逻辑、视觉化呈现等步骤将包括岗位的工作职责、工作场景、工作流程、工作经验、常犯错误等内容，按照一定格式汇总成为岗位操作手册、案例集等多种呈现方式。

2. 建立"双教练"模式，提升岗位经验萃取质量

针对以上每一个步骤，湖南电力采用"上级教练"和"同伴教练"的方法，帮助青年干部有效萃取岗位经验。上级教练，即直接上级做教练的方式，从上级的角度，就青年干部所在岗位的岗位职责、场景等，结合上级经验，对青年干部进行指导，从而帮助青年干部更加精准地理解和把握所在岗位。同伴教练，即同事或学习同伴做教练的方式，一是共同学习岗位经验萃取步骤的关键点，相互交流和促进；二是从同伴的角度，从日常工作中相互协作方面出发，围绕对方所在岗位进行反馈。

（三）优化四步学习，促进学习效果转化

1. 盘点知方向，基于需求提升岗位经验萃取精准度

遵循以需求为导向的工作原则，从组织、岗位、个人多个层面开展前期需求盘点工作，以此作为后期项目设计的依据，也为培训效果转化落地奠定坚实的基础。在组织层面，通过战略体系分解、目标制定、人力资源规划等工作明确对不同人群的定位、职责，为整体发展提供框架。在岗位层面，通过职责分解、工作分析、任务分析等工作明确标准，为培养工作提供标尺。在个人层面，通过众评、专评、自评、观测活动四大盘点模块，依托党校领导力研究发展中心，对学员的价值观、综合素质、履职能力、领导力和工作作风等多个方面进行测评，并建立领导力发展档案，档案包含能力素质、个性特质、价值观、企业忠诚度和发展潜能等内容，以其结果贯穿项目，为培训项目设计、实施提供指向明确的培训内容、方式、辅助资料等，加强两者之间的对应性。主要做法如下：

一是基于岗位工作质效要求设计培训标准。基于公司战略需求、部门职责、岗位要求，汇聚各级专家的建议，以科学的胜任能力模型、专业技术层级标准为技术，勾勒出青年干部所在各岗位竞争能力标准。确定核心能力及次要相关能力，区别不同级别、不同岗位、不同专业员工的能力差异，继而可以用清晰的行为或任务来定义各项能力，明确培训的内容及标准，为后期培训项目提供内容依据。

二是基于岗位经验与能力现状差距设计培训项目全流程。在培训前，根据青年干部需求调研结果、人员分析结果等优化学习内容，同时运用"360"测评开展"众评"，让青年干部能够得知外在"形象"，明确不同类别他人眼中的自己，找到自身在工作环境中需要提升之处。运用"述

职述能会""无领导小组讨论""评价中心"等开展"专评"工作，由公司组织部相关人员、党校测评师、公司各专业专家共同组织，全面考察学员履职能力。

三是基于岗位经验开发标准化课程。通过科学的课程开发理论、方法、流程、工具和步骤，整理、提炼岗位经验的隐性知识与技能，并将之显性化开发成为专属学习课程。采用SAM敏捷迭代课程开发技术提供课程开发模板，由授课讲师在实际授课前完成，特别注意课件需要满足"一听就能懂，从来没想到，再也忘不了，用了真有效"的成果标准。同时，依托公司各重点项目，开展案例萃取工作坊，开发《案例撰写指引》，有效提取青年干部的岗位优秀经验，形成教学案例，服务于培训。

2. 培训强能力，基于精准培训提升素质与能力

从企业现状出发，认真分析青年干部的成长特点、价值观、职业观，以"强化理论及实操培训、发掘并培养高素质青年干部"为导向，教育引导干部加强党性修养、筑牢信仰之基，加强政德修养、打牢从政之基，严守纪律规矩、夯实廉政之基，健全基本知识体系、强化能力之基。紧贴企业改革创新发展实践和青年干部特点，确定青年干部"素质培养、人才盘点、实践交流"三位一体的培训模式，将政治素养、领导素质、综合素能作为基础课程体系，紧跟年度发展重点动态调整青年干部培养课程，增强干部培养的系统性、科学性、针对性，实现长期基础要求与短期发展要求统一。主要做法如下：

一是动态调整课程设置开发，实现培训内容随需而变。青年干部培训课程动态调整如下：2018年设置政治素养提升聚焦锤炼党性、提升政治修养；公司形势与战略分析聚焦形势分析、提升履职意识；领导力提升与发展聚焦领导力发展、提升管理素养；专业管理能力提升聚焦专业管理，强化履职能力四大教学模块。教育引导干部加强党性修养、提升政德修养、严守纪律规矩、提升履职能力。2019年则设三大模块、十大专题，包括政治素养（含时事政治、原著导读、党性修养、党建实训四个专题）、领导素质（含领导力提升、管理学基础、管理能力提升三个专题）、综合素能（含公司战略、专业管理、形势分析三个专题），同时辅之以形式多样的文体活动、拓展训练、读书分享和第二课堂内容（音乐鉴赏、健康管理、阳光心态、国学智慧、职场礼仪等），设置红色教育实践、公司内部先进单位实践两大模块，增强党性教育，筑牢信仰之基，推动知行合一。

二是推动案例教学方式，实现培训内容应时应景。案例教学将学员置于核心地位，代入到具体业务环境中，将实际中真实的情景加以典型化处理，以供学员思考分析和决断，从而通过独立研究和相互讨论的方式来提高学员分析问题和解决问题的能力。现已逐步形成课前预习、情况重现及研讨、形成解决方案的三步案例教学方法，并在内部讲师授课过程中推广。

三是岗位经验"两带来一带走"，实现培训效果应需而用。在培训项目中，坚持课前"两带来"，课后"一带走"的设计思路。在课前收集问题和经验，为课程形式设计提供素材，强化课程现场问题解决能力，整理成案例集。结合前期岗位经验萃取和教学案例开发工作，开发形成以业务为导向的工作手册，将有效实现青年干部岗位经验品牌化，并形成标准岗位工作应用指导，帮助员工提升岗位技能。

3. 转化促应用，基于情景式学习提升培训转化率

在培训实施阶段，以掌握知识技能和灵活应用实践为核心，一方面通过线下集中培养，汲取知识、提升能力，另一方面通过线上心得分享、互动交流，将有限的课堂学习扩展成为随时随地求知无障碍模式。同时结合课堂积分制，激励学员积极参与回答互动，营造线上线下无缝连接的

活跃氛围。线下通过打造一个鲜活的主题场景，贯穿团队建设、学习转化和组织研讨三阶梯式培训过程。

4. 经验成业绩，基于六步骤提升实践有效性

反思学习的核心是能够从他人和自身的过往经验中进行总结、提炼，然后应用。在青年干部培养设计和实施中，以"总结分享"帮助青年干部凝练经验，结合自身经验更好地提升培训效果，以"学练测论辅比"六个步骤，结合"全程考核"，从知到行，配合线下学习，聚焦所学内容促进行为改变，再次形成自我岗位经验，助力培训效果有效提升。

学：通过丰富的内容和形式，保证持续学习的效果。学前预习、学中吸收、学后测验和讨论，高效提升学习效果。

练：学习前就要进行练习，练习后给出批阅和反馈，实现学习转化。

测：学习后，可对学员进行测试，检验学习成果。同时根据学员测试情况，即时提供反馈给员工，更好地帮助员工理解应用。

论：获取新知和解决疑问是学习的重要目的。在学习的过程中，学员可以随时随地在线上进行提问，构建良性互动的学习社群。依托学习内容选取跟自身工作紧密相关的现实问题，结合所学的理论和工具，制订行动计划，在培训后开展实践并总结，形成学习案例、学习心得，在不同的公众平台进行分享展示。这可帮助青年干部在总结中反思，在反思中提升。

辅：结合线上导师，自评他评，学习效果一目了然。结合个人行动计划，激励学员进行持续学习。

比：融入游戏化学习元素，让学习充满挑战和乐趣。例如通过积分排名，让学习充满竞争力和趣味性；引入徽章系统，根据不同的学习内容设置，完成特定学习任务或达到特定条件可以获得徽章，营造比学赶帮的学习氛围。

"全程考核"通过小组评价与个人评价相结合、定性评价与定量评价相结合、观察与事实记录相结合的立体考核方式，从考试成绩、作业完成情况、考勤纪律三个方面对青年干部学习态度进行检视，帮助青年干部固化、检视学习内容。考试采取定量评分，对知识性学习进行评估，帮助青年干部完成知识学习，完成"知"的前提。"作业完成情况"以书面形式完成的论文、案例、学习心得等作业的完成情况采取定量评分，其余项目根据学员的个性化表现进行关键事项记录加分。对"知"之后的"反思过程"、"反思"之后的"行动实践"进行评估，帮助青年干部完成"知—行—思—总结"的过程。通过四步学习循环，培训运营效率得到了明显提高，青年干部的学习效果也得到了明显提升。

（四）建立岗位经验库，提升定制培养体验

党校一直强调并坚持案例教学，从最开始的固有案例到开发案例，从通用案例到湖南特色案例，逐步实现了案例教学的本地化。一是岗位经验案例教学化。本地化案例教学将学员置于核心地位，代入到具体业务环境中，在分析与决策过程中提升管理能力和业务能力。二是岗位经验案例随身册。根据当年工作重点，选择10~15个常用岗位经验形成随身册，通过电子和纸质方式下发，让青年干部人才能够随时学。三是岗位经验案例研讨会。从湖南电力大量实际资料中筛选出典型事例，针对课程内容加工整理、浓缩而形成供学员思考分析和决断的案例。

（五）培养专业队伍，助力培养项目有效实施

1. 培养教学管理专业队伍，提升培训管理能力

秉承培训工作要具有前瞻性、实操性的要求，强调"打铁还需自身硬"的原则，开展教学管

理人员能力提升工作。充分利用各重点项目培训成果，采用复盘等"体验式"学习方式，以提高培训质量管理为核心目标，采取追根溯源的思考方式，梳理工作问题，以编制管理人员组织、岗位能力要求和管理人员能力评估方法等工作项为学习内容，使每一位学员在理论学习中思考如何更有效地提高培训需求的准确性，在实践中掌握如何更有效地提高培训计划的针对性。在对教学管理人员开展的能力提升培训中，融入项目管理的理念、思维、方法和工具，帮助教学管理人员提升对培训和教学项目的管理能力。同时，采用同伴教练的方式，由经验丰富的教学管理人员辅导新的教学管理人员，从而达到培训管理经验的分享和传承。

2. 开展"名师"工程，提升课程教学质量

建设满足新时期党校教育培训、智库建设需要的三支培训师队伍。拓宽专职培训师来源渠道，坚持严格的政治标准和业务标准，注重从高等学校引进党建理论专业毕业生，从公司系统引进符合党校教育培训要求的优秀人才。通过挂职培养锻炼、培训合作交流、重大课题攻关等方式，着力打造一支政治强、素质高、业务精、作风正，结构合理、相对稳定的复合型师资队伍。积极引导内部优秀专职培训师从"经验型"向"复合型""管理型""研究型"转变。充分挖掘外部培训师优势，形成包含项目策划、课程开发和课题研究在内的多元化、共享化合作方式，带动专职培训师和内部兼职培训师能力提升。

（六）完善管理机制，保障培养体系落地

1. 开展"名课"工程

强化问题导向和实践导向，注重关切学员关心的热点难点问题。开展工作交流和党性分析活动，重视运用网络信息技术，将"互联网+"运用到智慧教学，逐步开发实现互动式培训教学、虚拟化教学、OMO线上线下融合教学、自动跟踪及课件制作功能。充分发挥党性实训教育基地、廉政警示基地作用。综合应用讲授式、研讨式、案例式、情景式和现场体验式等方式开展青年干部培训工作。紧紧围绕做精做实党校要求，充分利用湖南丰富的红色资源，打造领导力发展、红色教育、基层党建研究、职工职业发展和党风廉政建设等名课体系。针对红色资源中心，打造红色线路、红色文化故事等红色教育品牌。

2. 开展"名作"工程

坚持将研究成果应用于课程开发，不断优化完善自研发课程，持续打造精品课程，持续开展让经验"走出去"活动。创办党校"红相里"研究平台，持续发布系列专题智力库成果。打造"求是讲坛"学习品牌，以党校名师团队为依托，开展名师名家每月开讲，组织开展公司党委重要精神、重大决策的基层巡讲活动，增强管理穿透力。依托党建云平台、领导人员在线学习平台、网络大学等各类学习平台，让名作成果多渠道入脑入心，指导实践。

在建设"名师名课名作"过程中，"名师"是基础环节。为此，湖南电力采用"传帮带"的做法，由经验丰富的内部专职培训师组成导师队伍，对新的内训师进行辅导和培养。专兼职培训师的授课技能得到了极大的提升。

四、基于岗位经验萃取的青年干部培训体系建设的实施效果

（一）助力干部队伍素质持续明显提升

搭建湖南电力培训案例库，包含人资管理、财务管理、规划管理、建设管理、检修管理、营销管理、党群管理、行政管理、法律管理、审计管理、宣传管理、科技管理、综合管理等13类优秀工作案例37个，通过对这些优秀案例进行再次提炼，形成管理他人、管理业务、管理自我三大模块及可直接用于案例教学的7个"大案例"。这将有力促进公司案例教学工作大步发展，使青年

干部的素质在基于岗位经验萃取的青年干部培训中得到持续且明显的提升，主要反映在干部工作作风、干部队伍素质、干部学习能力三个方面。一是工作作风明显改观。33项改革任务高效推进，梳理292个历史遗留问题，完成销号188个，公司领导干部破难题、解难题的锐气和能力显著增强，干部工作作风明显改观，干部测评综合满意度稳步增长。二是干部学习能力显著提升。通过基于岗位经验萃取的青年干部培训，一改以往"单向"的学习模式，极大地激发了青年干部的积极性和参与度，同时提升了其经验萃取、反思总结、不断更新迭代的能力，以及开放心态、接受新事物、适应变革和创新思维的能力。干部学习能力的提升，将强有力地促进组织能力提升，从而使企业更加适应乃至引领未来电力行业的发展和进步。

（二）青年干部履职能力显著增强

2018—2019年公司党校通过经验萃取编制教学案例，开展案例教学。2018年承办全省各类干部培训班20期、1690人次；2019年承办全省各类干部培训班13期、1067人次，培训满意率达100%。融合了自身岗位经验的案例教学，充分考量了企业特点、岗位性质等，有的放矢全面提高青年干部能力素质，提升了干部队伍战斗力。

（三）创新知识管理体系与打造学习型组织

促进企业知识管理体系的完善和创新，形成以互联网平台等现代学习管理平台为手段，结合新型学习技术，打造创新型知识管理体系。让企业内部的信息、知识、经验等通过获得、创造、分享、整合、记录、存取、更新、创新等过程，不断地回馈到知识系统内，形成永不间断的累积个人、团队与组织的知识系统，成为企业智慧的循环。

通过充分发挥青年干部的创造性思维能力，从而建立了一种有机的、高度柔性的、扁平的、符合人性的、具有持续学习能力的、可持续发展的学习型组织形态，有力支撑湖南电力改革创新发展。

主　创　人：梁玉荣、胡　南
参与创造人：张叶军、易　锐、张有玲、黄　淑、杨一璜、阮泽武、廖上云、欧阳洋、曾　妍、黄燕娇

高端装备配套企业高绩效营销体系构建

株洲中车时代电气股份有限公司

株洲中车时代电气股份有限公司（以下简称"中车时代电气"）是中国中车旗下股份制企业，其母公司和前身——中车株洲电力机车研究所有限公司创立于1959年。2006年，公司在香港联合交易所成功上市，2015年荣膺第二届"中国质量奖"。2019年实现营业收入163亿元。

作为中国电气化铁路装备事业的开拓者之一，中车时代电气肩负振兴高端装备产业的使命与责任，致力于被誉为列车"心脏"和"大脑"的牵引传动和控制系统自主研发及产业化，持续领跑轨道交通市场。中车时代电气秉承"双高双效"高速牵引管理模式，坚持同心多元化发展战略，坚持自主创新，拥有十大核心技术并向强相关产业延伸，围绕技术与市场，形成了"基础器件+装置与系统+整机与工程"的完整产业链结构，产业涉及高铁、机车、城轨、轨道工程机械、通信信号、大功率半导体、传感器等多个领域，业务遍及全球多个国家与地区。

一、高端装备配套企业高绩效营销体系构建的实施背景

（一）是落实新型基础设施建设国家战略的需要

新型基础设施建设是以新发展理念为引领，以技术创新为驱动，以信息网络为基础，面向高质量发展需要，提供数字转型、智能升级、融合创新等服务的基础设施体系，包含交通网、物联网、能源网的三网建设。轨道交通装备是交通网与物联网的两网交汇产业，拥有巨大的发展与升级空间。作为轨道交通重大装备配套企业，构建高绩效的营销体系，有利于准确把握行业发展方向，深刻理解客户和公众对产品与服务的需求，为更安全、更环保、更节能、更智慧的新一代复兴号高速动车组、时速600公里高速磁浮列车、川藏线高海拔列车等提供更优的解决方案，为实现"人民对美好生活的向往"的迫切需求，为践行"交通强国"战略贡献核心力量。

（二）是加快轨道交通高端装备走出去的需要

随着我国轨道交通产业不断壮大和升级，特别是高速铁路已经成为"中国制造"和中国高端产品出口的一张靓丽名片。国家大力推进制造强国政策，实施"一带一路""高铁外交"等战略，为轨道交通装备产业"走出去"提供了强力支撑。当前，轨道交通高端装备出口已遍布全球数十个国家。在国际环境发生深刻复杂变化的背景下，我国轨道交通装备"走出去"面临着政治、文化、知识产权、法律等多方面的障碍。技术路线差异性、需求多样性、环境适应性等多方面要求，给轨道交通装备企业资源投入带来巨大的挑战。作为产业链中的核心配套企业，中车时代电气探索构建高绩效营销体系，以核心产品带动配套产品出口，系统性提升公司国际竞争力，创造与传播客户价值，有利于实现海外市场的扩张。

（三）是促进企业高质量发展的需要

国有企业改革是党中央实施做强做大国有企业方针的重大战略步骤。党的十九大报告中明确指出，要"推动国有资本做强做优做大……培育具有全球竞争力的世界一流企业"。中车时代电气所服务的行业具有多品种、小批量、高质量、短交期、定制化的特征。构建高绩效的营销体系，有利于明晰业务边界，集中优质资源，实现基于市场需求的产品开发，推动供给侧改革。同时，作为首批次入选的"双百企业"，公司致力于高质量的经营与发展。通过探索外部响应敏捷、内部

资源平衡的高绩效营销体系,有利于把握复杂环境下的市场变化,优化配置内部资源,提高企业经营效益,促进企业高质量发展。

二、高端装备配套企业高绩效营销体系构建的内涵

高端装备配套产品的购买主要由团队负责,且购买者、使用者、收益者与购买决策关系人一般情况下是不一致的,这就要求配套企业的营销必须重点考量工业产品营销的特点——重视相关信息在对购买行为有影响的群体(人员)中间的传递和作用。中车时代电气以现代营销学、工业品营销、大订单营销理论为指导,构建高端装备配套企业高绩效营销体系:通过专业化的产业经济技术研究、广泛性的市场调研、数据化的决策分析,做实调查研究,支持客户甄别;通过构建立体式的沟通方案、专业化的营销队伍、体验式的沟通方式,做宽客户沟通界面,挖掘客户需求;通过提供全方位解决方案、全生命周期服务保障,做厚客户服务层次,强化客户信任与依赖;通过客户体验典型案例的收集、整理与传播,推广示范作用,传播品牌影响力,做广价值传播渠道,提升客户资产价值,从而形成从客户甄别到客户沟通、客户服务、客户提升的有效循环。

三、高端装备配套企业高绩效营销体系构建的主要做法

(一)做实调查研究,数据化分析支持客户甄别

高绩效营销体系的起点是做实调查研究,选准方向、选对客户、选择市场细分,即客户甄别,选择为谁服务。

1. 专业的产业经济技术研究,把握行业发展趋势

公司在集团化的管理模式下,强化产业经济技术研究对企业战略决策的支持。建立了产业经济技术研究部门,开展产业经济技术研究,准确把握行业发展趋势。一是明确涉及宏观、中观、微观的分析角度。宏观上分析国际、国内的政治变化和社会、经济、文化等发展环境分析,公司每隔两年开展一期"大视·大势"专业论坛,国内外诸多知名学者先后受邀,为公司中高层解构国家重要战略规划,解读交通强国、能源发展等纲要。中观主要关注国际、国内行业发展趋势及市场需求,以及产品终端客户的市场需求。研究轨道交通行业的发展形势、铁路投资规模,其信息来源主要包括铁路投资规划、行业研究报告、前沿技术研究等,公司每隔两年组织一次"战略发展嘉宾论坛",就公司业已选择的细分行业做深度研讨。微观层面对直接客户、细分领域的个别产品供求趋势进行分析预测。中车时代电气的企业配套市场主要市场需求来源于直接配套客户如轨道交通各大主机厂、铁路局的订单需求,聚焦于拥有稳定合作关系的直接客户及可能的潜在客户需求研究,包括内部情报、客户反馈互动、数据收集等。二是建立结构化的研究模型。定义了一级、二级、三级研究目录,研究对象内容定义了关键字段(如轨道交通、能源、汽车、半导体等),以方便企业内部检索应用;建立了产业经济技术研究报告标准化模板,指导研究人员结构化开展研究与报告工作。三是建立企业内部研究与外部咨询机构研究的双重渠道。公司建立由具备专业技术背景的技术人才和有产业经营实战经验的职业经理人组建的内部研究团队,并通过绩效评价体系牵引内部研究团队开展有价值的研究工作。公司同时注重与外部专业咨询机构的合作,每年安排一定的经费委托开展相关的产业研究。

2. 广泛的市场调查研究,寻找自身定位

中车时代电气提出"从用户中来到用户中去""人人都是产品经理"的营销工作理念,鼓励开展最广泛的市场调查研究工作。一是流程有序保障。借鉴成功企业的先进做法,在公司"市场与销售"流程领域中,建立"管理市场、管理销售、管理信息与情报"等业务组件,开发了《市场调研与需求分析管理流程》,规范公司市场调研场景与维度、审视细分市场框架;建立《线索和

商机管理流程》，明确公司线索和商机管理的要求，包括生成、分发和跟踪管理线索与机会点；建立《销售合作伙伴和联盟信息管理流程》，对竞争对手、客户、合作伙伴的动态进行收集、分析、共享与应用。二是团队有力组织。对于涉及营销职能的部门和组织要求每年必须有规划的进行一定数量的调查研究，输出调查研究结果，并于每年10月份召开专题会议，发布调查研究结果。三是个人广泛参与。公司每年开展市场调研报告、竞争对手分析报告评审汇报及评比工作，鼓励员工开展信息收集分析。对于职业发展通道处于营销贸易序列的员工，在职级晋升时，必须能举证有成效的市场调研报告；对于其他职业发展通道（工程技术、专业管理、能工巧匠）的员工，如果在公司合理化建议平台提出有洞见性的营销建议，职级晋升时可获得相应加分。四是调研过程的有序管理。公司的调研过程按八大步骤进行管理，包括设定调研问题、确定调研内容、制订调研计划、搜集信息、分析信息、出具调研报告、进行调研情况研讨、做出营销决策。

基于这些制度性的安排，公司每年产生市场调研报告达100多份，收集市场营销建议近500条，这些调研工作为公司进入供电、矿卡、机器人等新兴市场，推广机车自动驾驶、电子开关过分相、3C装置等新产品发挥了重要作用。

3. 数据化管理调研过程成果，实现客户甄别

通过专业的产业经济技术研究、广泛的市场调研，公司积累了宝贵的信息资产。将这些资产数据化管理起来，并支持公司甄别客户，是做实调查研究工作的关键。公司建立了情报管理信息系统，能基于企业内部定义的算法，实现基于关键字段的分析；建立了客户关系管理系统（CRM），能对线索进行数据化管理，促进基于线索的商机项目立项；建立了企业战略绩效管理系统（EPM），能反馈基于充分调研后的战略绩效数据。

在数据化调研成果的工作基础上，中车时代电气建立了技术同心，应用场景多元的客户群体，主要客户群体包括铁总公司及其下属路局公司、机车、动车、客车主机厂、城市地铁业主、矿山、工程机械公司等。在进一步对客户群体进行分析后，公司甄选的客户集中在集团化运营、决策链条长、利益相关方广、产品流通频率高、采购量大、忠诚度相对较高的高端装备行业。

（二）做宽客户沟通界面，立体式客户关系挖掘用户需求

高绩效营销体系的成功关键是做宽沟通界面，选准差异化特点，选择怎样为客户服务的实施路径。根据市场营销学的理论，汲取企业的实践经验，在大客户营销过程中，中车时代电气建立了大客户营销"4321"法则，即40%精力建立关系，获取信任；30%精力深度沟通，挖掘用户需求；20%精力整合资源，提供解决方案；10%精力追踪流程，促成销售落单。在做宽客户沟通界面，挖掘客户需求方面的主要实践包含以下三个方面。

1. 实施立体式的客户沟通方案，洞见客户核心需求

营销部门并不能独自洞见客户核心需求，营销必须和其他部门紧密合作，形成一个有效的内部的公司价值链，并与其他公司合作，在营销系统中创建一个外部价值传递网络，共同服务顾客。中车时代电气实施关系营销、咨询营销、价值链营销、技术营销、服务营销"五位一体"的营销策略组合。在此策略组合下，一是实施网状对接的客户沟通方案并与年度经营计划"四同步"，即同步谋划、同步制定、同步实施与同步检查。客户关系建立的阶段模型主要有三种，即单点对接（直接由销售对接采购）、对位对接（销售对接采购，财务对接财务，技术对接技术，高层对接高层）和网状对接（即双方一起参与决策和方案的制定）。中车时代电气通过清晰定义产品线和配置资源，为主要战略客户设立专门的技术服务团队、产品方案解决团队、现场交付安装协作团队，真正做到了网状对接。二是在网状对接的沟通方案中，规划建立多层级职责清晰的沟通要素，如

制订高层对接年度互访计划、新技术交流年度研讨，新产品首台（套）发布等。高层把握双赢的合作方向，业务层建立最普遍的客户关系。三是建立多部门协作、规范统一的立体式客户沟通机制，在与客户的技术交流、质量交流、售后服务交流中，将客户现实需求或隐性需求纳入报告范畴，并在营销信息系统进行管理；对公司集团层面的专业管理部门，建立与客户交流的KPI指标，牵引管理部门主动向客户学习，主动向客户报告管理实践，输出公司的管理文化。四是发挥党建引领和组织优势，中车时代电气搭建党建联建共建平台，以高质量党建引领国企高质量发展，推进党的建设与企业生产经营工作深度融合。结合工作实际，与主要客户开展涵盖组织联建、业务联动、资源联享、人才联育、文体联谊的"五联"活动，有效地促进了联建相关方的党建经验互鉴、技术交流互动、企业文化互融，全方面拉动供应商、中车时代电气、客户之间的资源整合，促进协同发展，提升合作共赢效力、增添高质量发展动力。

2. 建设专业化的营销队伍，挖掘客户需求

高绩效的营销体系建设，离不开专业化的营销队伍建设。中车时代电气致力于打造营销正规军。一是注重营销队伍的专业背景，公司优先在技术研究、产品开发一线选拔营销人才，具有专业技术背景的人才占了营销队伍的半数以上。二是注重营销人才的个人能力发展，中车时代电气在清晰定义营销人员职责（管理业务过程、管理营销业绩、管理资源、管理团队、管理自我）的基础上，对高绩效营销人员能力进行画像，对营销人才全面实施评价，打造个人能力"护照"，画出学习成长地图，匹配学习资源。如为促进营销人员对公司产品与方案的理解，增强推广力，定期开展营销人员轮训、考核、演练。三是提倡团队学习，通过行动学习等方法定期开展市场研讨活动，分析、掌握客户项目或订单信息、关键决策人及倾向、决策风格与流程、客户战略与规划等。通过这些有意义的研讨，进一步明晰了客户需求，同时也为建设高绩效营销队伍提供成长途径。

3. 探讨体验式沟通方法，强化客户互动

为使企业产品或服务可以在竞争中脱颖而出，吸引顾客对企业的关注，公司在工业产品领域探索推行客户体验。一是通过虚拟仿真等技术，构建用户"看得懂"的产品或方案建议，如建设VR体验舱，介绍列车自动驾驶解决方案；建设虚拟城市交通生活圈，介绍公司以城际列车、地铁列车、新能源公交汽车、智轨列车等组合的智慧交通解决方案。二是建设生产过程展示长廊，构建用户"看得到"的交付承诺。中车时代电气因地制宜，在变流器制造车间，打造融入客户关切的展示长廊，客户通过亲临现场，可以看得到公司质量、交期、成本等"交付承诺"，当前还在规划建设线上体验中心，打造全球轨道交通动力商城。三是举办"中车开放日""车迷进企业"等公众开放活动，培养未来客户资产。以新产品网络征名等，强化与公众链接。这些以客户的感官、情感、思考、行动、关联等维度重新定义、设计的营销思考方式，有利于公司以顾客沟通为中心，以顾客需求为导向，进一步了解客户的具体需要和细节要求，从而开发出更加适应客户和社会的优质产品，实现企业的独立与创新，树立企业良好的公众形象。

（三）做厚客户服务层次，强化客户信任与依赖

以产品为载体，涉及产品生产过程中的技术交流与确认、生产进程的通报、交货期的承诺、货物运输配送的方式以及相关知识的转移等都是具有顾客价值的。只有不折不扣的关注和服务客户价值，依据客户公司以及客户经办人员的个性化需求，提供附加的服务，才能进一步强化客户的信任。将客户信任转化为对企业品牌的认可，使客户的满意度转化为客户的购买热情，才能获取业绩增长的持续保障。为此，中车时代电气致力于成为"全球轨道交通全面解决方案的提供者"，做高端装备配套企业的服务典范。

1. 提供一揽子客户解决方案建议，满足客户诉求

依托公司在牵引变流技术、网络控制技术、计算机应用技术等方面的核心技术研发能力，以及产品制造能力和项目组织管理能力，中车时代电气建立了面向客户的产品—技术—营销协同机制，通过产品集成开发（IPD）的运行模式，实现客户需求的快速响应，提供一揽子解决方案建议，甚至是个性化地定制开发方案。一是从解决方案的功能考量，中车时代电气充分识别功能的需求强度，依次将方案功能划分为生产功能型、生产安全型、生产效率型、生产辅助型，根据客户需求层次，定方案和配置，不做"过度方案"，不做"过度推销"。二是从解决方案的成本考量，中车时代电气不仅考虑客户的购买成本，而且考虑客户的使用成本；不仅考虑内部的制造成本，而且考虑外部的社会成本。总之，要从产品全寿命周期的总成本着眼，缩小客户愿意支付的价格与所耗成本之间的差距，并在内部建立全流程的目标成本管控体系。三是从客户长期竞争力与可持续发展考量，为客户提供面向近期的"产品+解决方案"项目实施意见，面向中长期的"技术+场景"需求解析报告，以及面向未来的"市场+服务"的战略合作构想。

在此过程中，由营销、技术、产品组成的项目团队都是直接对接客户及具体项目，提供全方位的咨询和交流服务，深入了解客户诉求，达成解决方案上的一致性，并提供差异化的服务体验。其服务渠道伴随着销售渠道深入客户一线，为客户甚至是为客户的客户提供使用保障。

2. 强化内部能力建设，创造超客户期待的透明化服务

客户对供应商在产品提供的基础上，衍生出了对管理能力精进的需求。作为高端装备配套企业，中车时代电气始终把客户的需求和满足客户需求的能力建设放在第一位，其服务体系包含战略服务管理、服务系统开发、服务交付、服务持续性、能力和可用性管理、事件解决和预防等与服务直接相关的过程。客户希望通过合作，不仅仅获得产品，还要获得竞争能力，在这一点上，双方的价值主张是具有一致性的。以订单生产交付流程为例，从需求评审、订单评估、技术规范确认、生产进程管控到物流配送、收验货等各个环节，中车时代电气始终把客户的需求放在第一位，借助 MIS、PLM、SAP、EPPM 等信息系统，做到过程透明化，及时向客户通报项目进度，减少顾客焦虑。再以产品交付为例，针对重要客户——主机厂，公司设计个性化的物流方案。依据主机厂客户的生产流程，将变流器、列供柜、充电机等大部件产品，按照客户生产要求，以直送件的方式将交付产品直接送到客户指定车间、指定工位上，实现客户方零库存管理，提高客户实物库存空间利用率，提高中转效率，满足客户供应链管理要求。树立了行业服务标杆，公司因此多次被客户授予"优秀供应商"。

3. 兑现产品全生命周期管理承诺

中车时代电气建立了以价值为导向的售后服务管理体系，以及端到端的产品服务生命周期模型、服务目录、服务标准等，从装车调试、批量交车、上线包保服务、日常质保服务、后生命周期服务等各阶段践行全生命周期的服务保障承诺，让客户无后顾之忧。

中车时代电气致力打造24小时"绿荫服务"品牌，以客户为中心，围绕"服务标准化、检修精细化"目标，以远程支持能力和综合保障能力建设为主线，搭建MRO服务保障系统平台，实现从部件、产品到整车的精准配置，进行"一车一档、一物一档"履历管理、质量追溯和预防性维修。

建设遍布国内辐射全球的多元化服务站点共计258个，国内大型检修基地6个，可及时提供优质的售后服务。其中国内服务点247个，服务人员700余人，设有办事处10个，分布在主机厂、路局、机务段、车辆段、地铁公司等地。国外共设立海外办事处3个、服务站点11个，服务人员17人，分布在欧洲、美洲、非洲、东南亚等地。

（四）做广价值传播渠道，提升客户资产价值

做广价值传播渠道，提升客户资产价值，是中车时代电气高绩效营销体系建设的最后一个阶段。公司将客户甄别、客户沟通、客户服务三个阶段所沉淀的信息、客户满意和信任度视为重要资产，进行总结提炼和显性化，形成从客户甄别到客户沟通、客户服务、客户资产提升的有效循环。一是注重客户体验典型案例的收集、整理与传播，在示范作用项目进入关键里程碑时，策划传播活动。比如：在产品样车上线初期邀请客户进行试乘试用体验，以客户资源积极"蹭热点"传播品牌；在产品投运时，收集客户体验撰写销售软文；对产生重大社会影响的项目进行大力宣传，如京雄铁路开通时通过微信客户端、微博企业号进行宣传。二是注重借助行业有影响力事件传播品牌影响。如公司有计划地开展新技术交流会、产品发布会、战略高峰论坛、学术研究会议，参与展览展会、与高校联合技术开发等，邀请业内专家、领导深入了解公司产品，形成具有说服力、认可度高的产品形象。三是注重与媒体互动，通过更广泛的更便捷的方式扩大品牌影响力。根据公司经营重点，结合时政热点，参与"辉煌中国""超级工程""湘约一带一路""龙行天下"等专题报道或访谈，获得较好的传播效果。

在客户甄别、客户沟通、客户服务、客户资产提升的体系建设中，中车时代电气同时建立各个环节的绩效评价指标，以观察体系运行效能，反映变化趋势，对标行业标杆，不断完善高绩效营销体系建设。

四、高端装备配套企业高绩效营销体系构建的实施效果

（一）支撑了产业同心多元化战略发展

中车时代电气通过构建高绩效营销体系，带动公司同心多元化产业发展。中车时代电气从铁路牵引变流与网络供应商，逐步转变为提供电气屏柜、信息化产品、通信信号产品、新型铁路供电、屏蔽门、IGBT等同心多元化产品系列全面解决方案服务商，提升了公司产品在铁路市场覆盖率，推动新型基础设施建设落实。近三年来，公司营业收入从150亿元提高到163亿元，年均销售收入增长超过5亿元。

（二）提升了需求转换率与客户忠诚度

通过高绩效营销体系构建，探索客户甄别、客户沟通、客户服务到客户价值创造等营销活动的实践及推广应用，近三年来，公司市场需求到订单的转换率从2017年的41%提升到2019年的56%；客户忠诚度由95%提升至97%，直接促进了公司高质量发展。

（三）实现了企业可持续的低成本运营

以客户价值为导向，通过高绩效营销体系构建，在公司销售额持续增长的情况下，企业营销费用从2018年的11.52亿元降至2019年的11.21亿元，降幅为2%，达到低成本可持续发展。

（四）加快了轨道交通装备"走出去"步伐

中车时代电气所构建的高绩效营销体系已多次应用于海外市场项目的分析和投标活动中。通过细分海外市场战略，根据海外项目技术参数、应用边界，构建和完善各种轨道交通装备技术平台和产品平台，以快速响应海外应用需求。连续获取南非、德国、奥地利、捷克、澳大利亚、泰国等多个国家的订单，累计在手执行海外项目近20个，提升了中国制造影响力，打造了高端制造的"金名片"，助力高端装备"走出去"。

主 创 人：颜长奇、李鹏

参与创造人：贺楚梅、谢志勇、肖金华、秦方方、蒋云富、杨秋良、李　锐

建筑施工企业劳务实名制管理平台的开发与应用

湖南建工集团有限公司

湖南建工集团成立于1952年7月，是一家具有勘察设计、工程投资、施工运营、建筑科学研究、高等职业教育、建筑安装、路桥施工、水利水电施工、新能源建设、工程设备制造、房地产开发、对外工程承包、劳务合作、进出口贸易、城市综合运营等综合实力的大型千亿级国有企业集团。集团连续15年入选"中国企业500强""中国承包商80强""工程设计企业60强"，连续18年荣获97项中国建设工程鲁班奖。

集团成立60余年来，完成了国内外许多大型复杂的工业与民用建筑、道路桥梁、市政工程等设计、施工任务，先后承建贺龙体育场、黄花机场新航站楼扩建工程、长沙火车站、重庆大剧院、中国国家博物馆改扩建工程等经典精品，有1000余项工程分别荣获省优质工程、省芙蓉奖、国家优质工程银质奖、全国建筑装饰工程奖、詹天佑奖等。

目前，集团正进一步深化改革，努力打造"一体两翼"发展新格局，以具有强大竞争优势的房建施工板块和投资开发板块为主体，以具备相当竞争能力且市场前景广阔的专业建筑及建筑服务业务和海外业务为两翼，努力将集团打造为市场竞争力强、资产规模大、管理先进、技术含量高、跨行业和专业经营，集项目科研、教育、投资、设计、建设、运营、维护于一体的总承包集成服务商，并实现主营业务整体上市，成为具有较强核心竞争力和国际竞争力的湖南省内建筑业龙头企业及国内建筑业先锋企业，最终成为具有全球竞争力的世界一流企业，实现进军"世界500强"目标，为国家经济和社会发展做出新的更大的贡献。

一、建筑施工企业劳务实名制管理平台开发应用的背景

（一）是贯彻落实国家关于保障农民工合法权益的需要

住建部、人社部《建筑工人实名制管理办法（试行）》中指出："建筑企业应承担施工现场建筑工人实名制管理职责，制定本企业建筑工人实名制管理制度，配备专（兼）职建筑工人实名制管理人员，通过信息化手段将相关数据实时、准确、完整上传至相关部门的建筑工人实名制管理平台。""全面实行建筑业农民工实名制管理制度，坚持建筑企业与农民工先签订劳动合同后进场施工。"

国务院第724号文《保障农民工工资支付条例》中指出："农民工有按时足额获得工资的权利。任何单位和个人不得拖欠农民工工资。"

由此可见，以信息化的手段建立劳务实名制管理平台，实现劳务实名作业管理、记录和追溯，实现对劳动力资源、施工过程和质量监控与追溯的实时化、精细化、智能化管理，提升工程建设技术和管理水平，符合国家关于保障农民工工资合法权益的需要。

（二）是解决建筑企业劳务用工管理痛点、难点的需要

随着我国工业化和城市现代化的进程不断加快，在各个城市涌现了大量的建筑劳务人员，推动着城市建筑工程的稳步提升，也慢慢变成我国城镇化中的核心内容。由于在传统建筑行业中的管理人员和劳务人员之间的断层现象，出现了管理人员和劳务人员缺乏有效沟通的问题，而且外

来务工人员较为分散，工作记录不连续，缺乏有效的信息搜集和整理，建筑企业用工信息不明确，企业在雇佣劳务人员时存在诸多顾虑，在很大程度上抑制了建筑行业的有序发展。与此同时，政府部门也缺乏足够的平台用于了解企业与劳务人员工资纠纷的数据和具体信息，无法做到提前预防，因此在某种程度上无法解决拖欠农民工工资等问题，影响了社会经济的稳定发展。相关主管部门对于个别劳务人员恶意讨薪和部分企业拖欠农民工工资缺乏科学和有效的管理体系，没有做到全面的信息记录，影响了整个管理部门的政策制定。为了从根本上解决现阶段建筑行业面临的劳务问题，需要建立科学的管理体系，从而保证社会的和谐发展，保护建筑企业和劳务人员的切身利益。

（三）是促进企业高质量发展的需要

在党的十九大报告中习近平总书记指出，"我国经济已由高速增长阶段转向高质量发展阶段，这是党中央对新时代我国经济发展特征的重大判断。"将高质量发展要义与建筑业的行业特征结合，从迫切需要解决的环节出发，探寻切实可行的新动能，就需要找到关键支撑和发展方向。承接国家战略从行业出发，建筑业高质量发展的新动能，体现在"三大支撑"和"五大方向"。三大支撑即"绿色引擎、信息驱动、数字赋能"。其中，数字赋能是指通过数据驱动柔性生产，使组织模式更灵活，供应链更透明，运营更简化，平台更整合，生产过程更具预测性以及人机物互联互通。五大方向即建筑业高质量发展的一个系统性工程，体现在"生产力增强、产业链整合、高品质提升、创新型改良以及数字化转型"。其中，数字化转型即企业离散的数据被集合起来，筛选分析，反过来再对组织和流程进行改进优化，激发数字活力和组织动力。

为顺应发展要求，湖南建工集团始终注重向管理要效益，在2002年和2006年先后经过了两轮信息化改革，在办公自动化、管理流程系统化方面取得了一定的效果。近年来，随着信息化技术的发展，数字建造时代已经到来，湖南建工看到了加快企业信息化新的契机。建立建筑企业劳务实名制管理平台，实时展现企业所属项目分布、人员分布；考勤设备、实名制认证、班组配置以及动态考勤落实情况；建立人员信息库，按照性别、年龄、学历、工种、技能证书五个维度统计企业劳动力资源分布情况；建立综合信用考评制度，择优推荐劳务用工；建立档案信息库，工程项目、人员花名册、工资支付、考勤、合同资料一键导出。从而，辅助企业科学决策，助力建筑业转型升级。

二、建筑施工企业劳务实名制管理平台开发应用的内涵

建筑施工企业劳务实名制管理平台，以《全面保障农民工工资支付条例》和《劳务实名制管理办法（试行）》为导向，通过物联网、互联网、面部特征识别等新一代信息技术为支撑，建立了一套完善的建筑工人实名制管理机制。通过"基于特征脸算法的人证信息核验，保障建筑工人信息的准确性；运用物联网技术进行工人考勤的实时上报，实现建筑项目实名制管理向重考勤轻计工轻核算方向的变革；应用大数据技术，建立企业建筑工人档案库，实现工程项目人力资源的集中调配；挖掘和分析建筑企业实名制管理平台数据，实现企业建筑工人实名制的动态监管"等一系列做法，开发设计建筑施工企业劳务实名制管理平台，实现了建筑企业劳务实名制的精细化、智能化、集约化管理，增强企业的核心竞争力，推动企业转型升级和高质量发展。

在建筑企业实名制管理平台中从系统的可扩展性、开放性等多个角度出发，采用H层体系设计构架进行系统设计，各层采用组件结构设计。通过将程序划分为不同的应用层次，大大地提高系统的可维护性和可扩展性。系统是基于B/S模式开发的H层架构体系软件，包括数据层、业务层和表示层。

数据访问层在 H 层体系结构中是数据处理的基础，主要职责是完成对数据库的管理和访问，完成对数据库中数据的检索和更新，同时快速接收服务器对数据操作的请求，并快速给出反馈。运行结果交给 web 服务器，然后由服务器进行相应处理，最后返回给用户的浏览器端。

应用层的工作方式是接受请求然后做出响应。通常工作步骤是用户发送请求后，业务逻辑层接受请求，然后给出响应的程序处理响应，紧接着连接到特定的数据库，根据数据库查询语言发送数据操作申请，数据库反馈回来的相关操作结果，能够提供给 web 服务器，然后根据返回的数据操作结果，web 服务器做出相应的响应，最后将处理结果返回到客户的终端浏览器。通常在业务逻辑层中包含多个子模块，其又可以分为很多个处理程序，不同的处理程序对应相应的业务。业务逻辑层能够将表示层和数据层之间形成一个统一的调用接口，从而使得程序的运行更加流畅和标准。

展示层能够为用户和应用提供交互的接口，其主要功能是完成用户和应用之间的对话交流。客户端一般是表示层所在的位置，通常用户只要在其客户端安装浏览器，就可以通过其同服务器完成连接。然后从浏览器向服务器发送服务请求，应用验证用户的身份后，服务器再通过相应的协议将数据传输到浏览器上，用户即可通过浏览器进行数据访问。

三、建筑施工企业劳务实名制管理平台开发应用的主要做法

（一）建立企业级劳务实名制管理机制和政策体系

1. 以结果为导向的专项工作目标

为贯彻落实湖南省根治拖欠农民工工资工作领导小组会议精神，扎实做好根治拖欠农民工工资工作，切实维护农民工的合法权益，根据《湖南省人民政府办公厅关于全面治理拖欠农民工工资问题的实施意见》（湘政办发〔2016〕66 号）和《湖南省国资委关于进一步做好根治拖欠农民工工资工作的通知》（湘国资考核〔2019〕151 号）等文件精神，结合湖南建工集团实际制定了《湖南建工集团根治拖欠农民工工资工作专项整改方案》。

方案明确了以推进建筑项目工人实名制管理为基础，以湖南省治欠保支夏季行动"三查两清零"（查欠薪隐患、查历史积案、查政府和国有企业投资项目工资支付情况，实现政府投资项目、国有企业投资项目欠薪清零）为契机，全面落实根治拖欠农民工工资各项制度措施，规范工资支付行为，加大责任追究力度，确保不发生因欠薪引发群体性、极端性事件，确保实现项目无欠薪，促进集团根治拖欠农民工工资工作取得明显成效。

2. 明确责任主体，成立专项工作小组

成立了以集团董事长为组长的专项工作小组，并要求各单位要切实加强对做好根治拖欠农民工工资工作的组织领导，各级党组织要将根治欠薪工作列入重要议事日程，及时研究处置欠薪问题，确保重点、难点问题妥善解决；要完善目标责任制度，强化企业主体责任，各单位主要负责人牵头负责，主动担当作为，切实把根治拖欠农民工工资工作责任扛在肩上；要明确责任部门及责任人，配备专门工作人员，分解落实工作任务，层层传导压实责任，严格落实责任追究，确保责任落实到位；要建立健全工作协调机制，加强与各级政府监管部门的协调沟通，积极配合相关部门的检查督查，确保根治欠薪工作的顺利开展；要制定符合本单位实际的具体整改方案，明确时间表、路线图，并严格按照时间节点完成各阶段整改任务，切实把根治拖欠农民工工资工作落实到位，确保在 2020 年底前全面完成治欠任务。

3. 严格责任追究，突出整改实效

专项工作方案要求各单位对整改过程中发现的问题要敢于动真碰硬，完善责任考核机制。要

把整改情况纳入对各级单位（部门）的年度绩效考核，纳入各单位领导班子的年度考核；纳入审计部门的年度专项审计；纳入"不忘初心，牢记使命"主题教育整改内容。

要加大责任追究力度，对整改不到位或工资支付主体责任不落实的，对因欠薪引发群体性事件、极端事件的，对行政监管部门和集团交办、督办、督查的案件办理不力或因重大过失给企业造成不良影响的，要约谈单位主要负责人及相关责任人，严格责任追究，典型问题要公开通报。对涉嫌构成拒不支付劳动报酬犯罪的，移送司法机关依法处置。

（二）融合物联网互联网技术搭建建筑企业劳务实名制管理平台

1. 基于特征脸算法的人证信息核验

人脸识别主要分为基于人脸局部特征的方法、基于主成分分析（PCA）的方法、基于线性判别分析（LDA）的方法以及基于独立成分分析（ICA）的方法。本研究采用从主成分分析方法中推导出的特征脸方法进行人脸识别，该方法通过计算训练样本图像集的协方差矩阵得到人脸的特征向量，选取一定数目的特征向量组成一个特征脸空间，在进行人脸识别时将人脸图像投影到这个空间中，并比较其在特征脸空间中的位置，采用欧式距离来确定图像间的相似度，从而识别出人脸。

2. 物联网技术下的建筑工人信息识别及考勤上报

本项目选用技术为TCP/IP协议，在一定程度上参考了OSI的体系结构模型，从下到上分别是物理层、数据链路层、网络层、运输层、会话层、表示层和应用层。TCP/IP协议是一个开放的协议标准，所有人都可以免费应用，并且是独立于硬件和操作系统的；不区分网络硬件，在局域网、广域网和互联网中都被广泛使用；使用统一的网络地址分配的方案，网络中的每台电脑都具有唯一的IP地址；是一个标准的高层协议，拥有极高的可靠性，可以为用户提供可靠的服务。

在建筑企业劳务实名制管理平台的开发与应用中，通过在局域网内应用TCP/IP技术，通过本地化的消息队列服务，实现了通道闸机、身份证阅读器的快速对接，以及考勤数据的快速化交互。

3. 互联网技术的应用

本项目前端开发采用最新技术vue架构，后台开发采用java、.net、php等语言，数据库采用oracle等数据库，移动开发支持iOS、Android版本，实现网页端、手机端和大屏端，通信采用Web Service技术，软件组件或应用程序能够通过标准的HTTP协议进行通信。

4. 大数据技术的应用

大数据技术包括数据的采集、数据预处理、分布式存储、NoSQL数据库、数据仓库、机器学习、并行计算、可视化等。通过无法在一定时间范围内用常规软件工具进行捕捉、管理和处理的数据集合，让新的处理模式具有更强的决策力、洞察发现力和流程优化能力，从而形成海量、高增长率和多样化的信息资产。

本项目采用了大数据技术，通过项目级劳务实名制管理平台收集工人基本信息、项目信息、考勤信息等颗粒级数据，基于平台内嵌的算法规则，统一汇集至企业级劳务实名制监管平台，实现企业级劳务用工的集中管控。

（三）应用建筑企业劳务实名制管理平台，推动企业劳务用工方式的变革

1. 强化组织，设置劳资管理专岗

以建筑企业劳务实名制信息化管理平台将《湖南省建设工程施工项目部和现场监理部关键岗位人员配备管理办法》，转换为标准算法规则，通过录入建筑规模、工程合同额，平台自动判定项目关键岗位人员配置合理性。实时推送至建筑企业，对岗位人员配置不达标的项目进行预警提醒。

并依据住建部、人社部《建筑工人实名制管理办法（试行）》要求，设立项目劳资专员，同时在劳务实名制动态监管平台中担任系统管理员。

劳资专员（系统管理员）主要岗位职能：对项目的劳务实名制落实实施整体负责；负责建筑工人实名制信息录入及核对；协助劳务人员及班组办理合同手续；负责班组及建筑工人退场考核评价；负责监督建筑工人实名制考勤。

2. 人证核验，确保实名制数据真实有效

基于人脸识别技术，建立人证核验机制，班组/建筑工人进场时，由项目劳资管理专员负责核实相应人员基本信息，并通过身份证读卡器读取人员基本信息，录入项目级劳务实名制管理平台。平台通过内嵌的人脸比对算法，自动比对身份证与人员图像照片，比对成功，予以办理合同及银行卡；否则，一律予以清退处理。同时，平台根据建立的数据档案库，获取建筑工人进场教育培训记录，若一年内有现场施工作业记录或进行了进场安全教育；同时完成了合同签订和银行卡办理，则及时给予 1 年进场有效期。若只进行了安全教育，未签订合同或办理银行卡，则给予 7 天的有效进场时间。针对没有进场安全教育记录的工人，不予进入施工现场。

3. 重考勤轻计工轻核算的变革

当前，建筑劳务工人的工资结算方式大都以完成工时或工作量进行判断。在实际管理过程中，对于劳务人员的工时计量是由包工头单方面记录，再加上工程项目阶段性结算方式的特点，往往存在信息上报不完整、不及时的问题，从而导致劳务工人无法按时足额领取工资。

根据住建部、人社部《建筑工人实名制管理办法（试行）》要求，在项目签订承包合同以后，及时设立工资专用账户，专门用于建筑工人的工资支付，不得挪用。

同时，绝大多数工程项目均安装了生物识别系统，但这并不等于实名制管理系统。接入生物识别设备，也仅仅只是记录了建筑工人进出场行为状态，并不能保障劳务工人的工资发放。平台通过对不同班组、人员设定不同的工时运算机制，自动计算劳务工人现场生产的有效工时，结合劳务人员实名制登记的合同信息，可实现按天、周、月、年不同维度汇总工人工资。从而保障了实名制管理数据的准确性、时效性。

针对工人工资支付，严格落实工资专用账户制度，根据实名制考勤计算的有效工资，由劳资管理专员核对后，交由预算部门审核比对，项目负责人审批通过以后，交由劳资管理专员按照合同核实发放。

4. 面向项目的人力资源集中调度

劳务实名制动态监管平台，建立了大数据服务体系，根据班组实时考勤状态，当某个工种连续两天加班超过 10 工日，系统则会自动判断该项目该工种需要调配人员；或者项目根据自身进度需要，主动发起劳动力资源申请，平台自动根据班组或人员信用等级、空闲状态，经企业级管理员后台审核后，将推送优质资源至项目管理员。

5. 建立诚信体系，辅助项目择优录用

近年来，在政府监管的大力驱动下，建筑市场劳务用工制度已逐步规范了起来，但由于建筑工人队伍整体庞大、松散，大部分劳务工人文化水平低，接受学习和培训的意识也极小，导致整个行业用工水平整体较低，违规操作、违规进入等事故问题层出不穷。

建筑施工企业劳务实名制管理平台，建立完善的人员考核机制，所有进场人员必须有教育记录才允许进场。在班组或劳务工人退场的时候，项目劳资管理专员会根据该班组或人员在用工期间的表现，进行诚信评分。当人员下次进场的时候，优先推荐信用等级较高的人员进场作业；对信用等级较低的人员，一律实行劝退处理。

（四）通过挖掘和分析建筑施工企业劳务实名制平台数据，实现企业劳务用工的动态监管

1. 多类别数据标准化转译，实现政企双重监管

当前劳务实名制建设过程，经常需要满足多个系统的数据需求。例如智慧工地、建筑工人实名制管理平台、各地州市的监管平台等。数据对接工作量非常大，而项目管理人员中缺乏信息化管理人员，导致数据对接难度高、成功率低。建筑企业实名制管理平台通过研发了一套集成多协议标准SDK开发包，能够适配当前主流的通信协议（Modbus、BACnet、OPC、LonWorks等）数据转译，同时将功能内嵌进项目级管理平台中，项目管理人员只需要输入项目在对应平台的唯一标识码，即可简洁、快速完成数据对接，满足多方监管需求。

2. 行业级大数据挖掘和分析，助力企业劳务用工监管比对

建筑施工企业劳务实名制管理平台，通过将企业劳务用工划分为实名认证、合同签订、安全教育、工资发放、关键岗位、班组配置六项关键考核指标，基于平台内嵌的算法规则，进行指标量化评定。并基于项目端实名制管理平台收集的人员籍贯、年龄、性别、学历、技能证书等基础信息，对本企业建筑工人配置进行量化评定。依托行业级实名制管理大数据技术，将企业级监管指标与行业级综合水平进行比对，从而实现辅助企业实名制动态考核，及时发现监管短板，查漏补缺，辅助企业劳务用工高质量发展。

四、建筑施工企业劳务实名制管理平台开发与应用的效果

（一）提升企业信息化管理水平

企业信息化就是充分利用电子信息技术，不断扩大信息技术在企业经营中的应用和服务，提高信息资源的共享程度。本平台在70余个项目、10余家建筑施工企业中进行试点应用，从目前的情况来看，平台的使用大大提高了企业信息化管理水平。

1. 规范了企业用工制度

完善项目部管理组织架构：（1）项目部必须成立劳务管理领导小组，由项目经理作为劳务管理工作的第一责任人。（2）根据项目所使用的劳务人员数量设置兼职或专职劳务管理员。（3）专职劳务管理员的薪酬不应低于项目责任工程师的薪酬标准，兼职劳务管理员的薪酬应在原岗位基础上给予一定提高，以充分调动劳务管理员的工作积极性。（4）劳务分包合同中必须明确约定各分包队伍设置一名以上专职劳务管理员，配合项目部劳务管理员进行日常劳务管理。

规范日常劳务管理行为：（1）确保施工现场是封闭式管理。劳务工人只能经由出入口的闸机人脸识别进出施工现场，确保考勤真实、有效。（2）由项目部劳务管理人员将平台中的考勤记录每周导出一次，由各分包队伍的专职劳务管理员配合，组织劳务人员对考勤记录进行签字确认。（3）分包队伍专职劳务管理员按月向项目部提交经劳务人员本人签字认可的工资发放表及有效的影像资料，项目部对其所提交的资料进行审核，并留存备案。

2. 提高了数据真实性，有助于建筑企业精准管控

建筑企业实名制管理平台基于物联网技术，匹配身份证阅读器和人脸识别一体机。所有人员基础身份信息均通过身份证直接获得，同时在人脸识别一体机上进行了身份证照片与人脸照片的比对成功后，才能准予办理人员进场手续。人员进出现场，通过比对人员照片，实时记录人员进出场照片、时间。从而保障了实名制管理数据的准确性。

3. 简化实名制管理流程，减少人工管理成本

在企业劳务用工管理过程中，采用建筑企业实名制管理平台较传统的企业项目用工管理有着

明显的优势。在该管理平台中，一分钟即可完成一个工人的进场手续的办理，人员的出勤记录通过考勤设备实时记录。同时，平台支持微信小程序，个人、项目、企业有不同的应用权限，可快速查看出勤情况记录。

（二）提升企业经济效益

国家统计局数据显示，2019年我国建筑业总产值达到24.8万亿元，共有建筑企业103814个、从业人员5427.37万人，若今后1%的企业采用该劳务实名制管理平台，通过该平台提供的精细化管理工具，进行企业项目用工管理，控制项目人员管理成本，预计每名工人的管理成本将减少100元/月，根据现有建筑市场运行情况，整个建筑行业每年将至少减少1亿元的人员管理成本。

具体来说，收入来源主要包括产品销售收入和配套项目技术服务收入。其中产品销售收入方面，建筑施工企业劳务实名制管理平台产品定价10万元一套，根据近几年建筑工人实名制及相关政策的支持及推动，预计2020年可销售建筑企业实名制管理平台产品50套，实现销售额500万元。配套项目技术服务收入是指项目工程咨询、方案、设计、施工、运维等技术服务。建筑企业实名制管理平台的推广将推动智慧工地的实施落地。根据2019年配套工程技术收入，保守估计2020年承接相关配套项目工程技术服务2000万元。

（三）社会效益显著

2020年国务院发布《保障农民工工资支付条例》，5月1日起正式施行，规定人工费用拨付周期不得超过一个月；未订立劳动合同、用工实名登记的人员，不得进入项目现场施工。建筑工人实名制管理落地之后，建筑企业将通过信息平台自行招揽工人，这也意味着长期活跃于建筑劳务市场的劳务企业，即将失去用武之地。截至目前，国内已有7个省市发文明确取消劳务资质，到2020年，这项政策将逐渐推广到全国。劳务实名制管理正在逐渐落地，越来越多的省份开始大面积推广建筑行业劳务实名制。截至目前，平台已应用于十余个省市的87个项目中，涉及房建、道路、隧道、机场等不同类型的工程。

主 创 人：陈 浩
参与创造人：石 拓、易绍兴、聂 雷、刘志鹏、袁千惠、黄阳龙、
宋 伟、黄 洵、罗 吕、郑朝龄

市级供电企业农村基层员工心理健康管控体系构建

国网湖南省电力有限公司娄底供电分公司

国网娄底供电公司（以下简称"娄底供电公司"）属国家大型供电企业。2019年末，全口径用工总量3756人，共有职能部门15个，业务支撑机构9个，县级供电企业4个。全市35千伏及以上变电站101座，总容量705万千伏安；35千伏及以上输电线路233条，总长度2992千米；10千伏配网主干线538条，总长度14305千米；10千伏配电变压器14198台，总容量332万千伏安；农村户均容量1.55千伏安/户。近三年，娄底供电公司荣获"全国五一劳动奖状""全国一流供电企业""全国文明单位""全国模范职工之家""全国精神文明建设工作先进单位""全国厂务公开民主管理先进单位""全国实施用户满意工程先进单位（用户满意企业）""国网公司首批先进集体"等多项荣誉。

一、市级供电企业农村基层员工心理健康管控体系构建的实施背景

（一）是贯彻落实国家"心理健康"工作的需要

2016年8月26日，中共中央政治局审议通过《"健康中国2030"规划纲要》，提出"促进心理健康"，其工作要点主要体现在针对所有人群的心理健康素养提升和针对重点人群的心理行为干预与服务上。这势必要加强心理健康服务体系建设和规范化管控。

2019年两会提及心理健康提案。国民心理健康问题成为和谐社会的抓手，两会代表就心理健康提出了最新的提案。湖南省政府印发《湖南省贯彻落实〈"健康中国2030"规划纲要〉实施方案》，率先提出"企业健康发展，心理健康领头"的思路，先行先试，积极推进心理关爱工程试点工程，积极落实心理健康服务。

娄底供电公司属国家大型供电企业，全口径用工总量3756人，开展员工心理健康管理工作既是企业政治站位的体现，也是提升企业管理水平的新途径。

（二）是实现国网公司"世界一流"目标的需要

在"健康中国"的大背景下，2019—2021年，是国家电网公司建设"世界一流"能源互联网企业的战略突破期，"强队伍"是公司做大做强的核心力量。建立健全心理关爱工程服务体系是顺势而为，是加强社会心理服务体系建设的分支，以实现"客户满意、员工幸福、组织健康、企业发展"的最终目标。构建"员工幸福、队伍健康、企业发展"的心理关爱工程势在必行。

（三）是提高企业凝聚力及员工身心健康的需求

伴随电力企业规模化、集团化、市场化运作，企业凝聚力成为国企核心竞争力之一。柔性化管理是现代企业管理模式的发展趋势，开展员工心理健康项目、建立完善的管控体制是国网公司"以人为本"企业理念的体现。

随着社会与企业的经济和信息技术的迅猛发展，社会竞争和对个人能力的挑战日趋激烈，人们承受着前所未有的生存与发展的压力。娄底供电公司全口径用工总量3756人，其中农村基层电力员工1450人，占比38.60%，乡（镇）供电营业所是电力公司面对民众服务的群体，其工作人员服务质量的高低直接关系着广大电力客户用电获得感。电力企业由于其本身的特殊性，面临安

全生产、服务质量双重压力。乡（镇）供电营业所的农网配电营业人员从事农村电网运行、抄表收费、客户服务等工作，处于工作链条最末端，工作环境单一、恶劣，为各类文件制度、业绩指标的实践者，同时因为客户的服务压力，面临的服务风险相对集中。而部分基层员工因受体制、身份、工作内容、家庭等因素影响，容易出现焦虑、抱怨、推诿等不良情绪，导致执行力退化、效率降低，随之而来的差错追责又极易伤害工作积极性，从而造成恶性循环。故而本创新成果选取这部分员工作为心理健康管理发展的先行军。

二、市级供电企业农村基层员工心理健康管控体系构建的内涵

围绕构建员工心理健康管控体系目标，坚持以客户为中心，以问题为导向，本着"鼓舞人心、激发人心、温暖人心"的创新管理理念，以员工提高幸福感、提升凝聚力为目标，积极探索推进心理健康管控工作，构建"心理健康体检，心理健康课程，心理健康管理，心理健康服务"体系，编织一张企业关爱员工健康的"心灵网"，保持队伍的积极斗志和思想统一，营造一种人文关怀与心理关爱的管理氛围，展示新时代国家电网"以人为本"的品牌形象。通过健全组织管理体系，明确建设思想和目标；构建多维心理评估模型，系统评估诊断，掌握员工身心状态，深挖产生心理问题根源；定制差异化心理健康课程，提升员工情绪管理能力；建立常态疏导体系，提供及时有效的心理辅导和帮助；完善关爱保障措施，固化员工心理健康管理。

三、市级供电企业农村基层员工心理健康管控体系构建的主要做法

（一）健全组织管理体系，明确建设思想和目标

1. 组织机构

公司成立农村基层员工心理健康管控体系建设领导小组，全面负责组织领导，研究决定重大决策，安排部署重大活动，指挥、协调有关重要事项，制定《国网娄底供电公司员工心理健康管控体系建设方案》《国网娄底供电公司员工心理健康管控体系建设里程碑计划》等配套制度。农村基层员工心理健康管控体系建设领导小组下设课程研发小组、体系实施小组、建设宣传小组。

2. 指导思想

以习近平新时代中国特色社会主义思想和党的十九大精神为引领，深入落实国网公司和省公司"关心关爱基层员工"的决策，坚持以客户为中心，坚持创新管理理念，以打造主动发力的基层队伍为基础，以科学心理检测、评估方法为载体，结合电网农村基层员工实际工作、生活状况，以问题解决为导向，全力推进员工心理健康管控体系落地，培育自尊自信、包容友爱、积极向上的员工心态，激发价值感，增强幸福感，提升企业归属感，展示新时代国家电网"以人为本"的品牌形象。

3. 工作目标

用三年时间（2018—2020年）初步构建"心理健康体检，心理健康课程，心理健康管理，心理健康服务"这一架构清晰、课程丰富、涵盖基层电力员工日常心理健康问题、实效明显的农村基层员工心理健康管控体系。

2018年，以国网双峰供电公司为试点，实现试点单位全体农村基层电力员工心理健康体检数据的收集、建模、数据分析，寻找产生消极情绪与心理问题的主要原因，结合问题与电网实际工作情况研发心理健康课程，初步规范心理健康体检流程，打造心理健康课程。

2019年，总结试点经验，向国网娄底供电公司全面推广，通过"一对一咨询""组合式培训""走访式调研""解压干预室"开展心理健康管理工作，初步建立电力农村基层员工心理健康管控

体系。

2020年，总结推广经验，落实心理健康服务体系。针对前期总结的员工产生心理问题的主要原因，修编管理制度，搭建问题解决通道，全面推进电力农村基层员工心理健康管控体系。

（二）建立多维度心理评估模型，全面掌握员工心理状态

1. 建立员工档案，把脉员工心理健康状态

据国网娄底供电公司2017年投诉数据统计，全年营销服务类投诉216件，其中服务意识类86件，人员规范类64件，而双峰供电公司（县级）87件，占比40.28%，在娄底供电公司服务管控排名落后，且同业对标在娄底公司4个县级供电公司中排名倒数第一，所以2018年选择国网双峰供电公司为试点单位。收集双峰供电公司全口径245名在职员工档案，具体内容包括：员工基础档案、员工教育背景、员工工作经历、员工培训经历、员工获奖情况、专业资格证书、员工家庭情况，全面了解了双峰供电公司全口径员工的基础信息，对参检人员有了全面了解。

2. 开展心理测评，全面了解员工心理特点

通过心理健康症状自评量表、心理压力量表、汉密顿抑郁量表等专业心理量表对员工心理状态开展测评，将员工心理特征数量化，了解员工特质，为合理的岗位分配和职业发展指导提供数据支撑和评判依据。从感觉、情感、思维、意识、行为、生活习惯等多方位测评员工心理状态，个性化解读量表，出具建议。

通过数据分析，根据测评得分情况，对参检的245名农村基层员工心理画像进行分级，分为A、B、C、D四类别，A类界定为心理健康人员，B类界定为心理亚健康人员，C类界定为中度心理问题人员，D类为重度心理问题人员。又根据其业务分工不同，选择不同岗位的10名农村基层员工为重点活动对象。

3. 系统评估诊断，深挖产生心理问题根源

通过心理测试和深度访谈，心理服务团队成员从工作感知、工作压力、家庭状况等维度对员工心理进行全面、系统的评估诊断，寻找影响员工心理健康的根源问题。数据显示导致员工心态失衡的主要原因如下：

（1）组织归属：电力农村基层员工由于工作性质多年埋头服务农村用电客户，企业文化吸收、公司相关制度文件传达等信息相对闭塞缓慢，自身容易边缘化，在其心理上与企业管理有距离，融合度不够，无法以主人翁心态主动作为、主动发力，抱持观望、坐等靠的心理居多，占比为41.7%。

（2）职业通道：闭塞的工作环境，重复、单一性的工作内容，基层员工职业成长通道狭窄，晋级、升职基本都是到班组长、供电所长即一键暂停。职业天花板的困惑，造成部分有能力、有想法、有担当的员工失去原始动力及工作乐趣，裹足不前。此部分原因占比为32.8%。

（3）家庭环境：良好的婚姻关系、家人及亲戚的和睦关系也是影响员工主观幸福感和生活生产状态的原因之一。但电力农村基层员工属于电力服务工作的末端，加之娄底地区农村电力设施落后，所辖片区地广人稀，员工工作压力大，加班较多，往往存在家庭不理解的情况。此部分原因占比达28.6%。

（4）经济收入：电力农村基层员工工作涉及面广，工作压力大，但经济收入相对较低。收入对个人幸福感有一定影响，占比达21.7%。

（三）定制差异化心理健康课程，提升员工情绪管理能力

娄底供电公司自2018年3月启动农村基层员工心理健康管控工程，通过"心理专业+技术专

业"全链条贯通式培训、走访座谈式培训、沙盘沙龙疗愈式培训、面对面心连心体验式培训等方式，进供电所，进客户家庭，进村支委，进员工家庭，进班组，将光与爱射进员工心里，激发员工潜能，提升企业向心力。

订制差异化课程，无缝对接农村电力员工日常工作实际，主要课程有"企业健康学堂""心理解忧学堂""家庭教育学堂"。

1. 企业健康学堂

集中培训。2019年度举办了8次培训课，例如培训课《看见方能遇见》《阳光课堂》等，主题多从看到意识层、感知觉察、压力疏导、情绪管理、三观构建等方面出发，对员工进行心理教育和疏导，邀请优秀供电服务职工讲解服务沟通技巧、投诉预警管理及投诉处理能力，通过将部分优秀员工多年的工作经验和服务技巧推广至全员，使员工看待供电服务的思维和视野得到拓展，树立积极主动服务意识，掌握情绪压力舒缓方法和技巧，以提升供电服务质量管理。

点对点培训。点对点上门服务协助农村基层电力员工，培养观察客户、倾听客户、认可客户、重视客户情绪的意识和能力，学会换位思考设身处地为客户解决问题，通过现场实际工作培养员工业务能力与沟通技巧。例如2019年6月，青三供电所三塘铺镇供电营业厅收到用户预交电费后无法开票的投诉，用户质疑供电公司做不到让客户满意。营业班班长程序化处理，未能得到客户认可，后台区经理再次协调无果。青三供电所副所长带队上门拜访客户，在其自身专业知识过硬的基础上，运用"开始十分钟，投缘关系""触摸客户心理，寻找平衡点"等心理学技巧，最终与客户达成共识。

2. 心理解忧学堂

线上体验。建立微信群，开设公众号，创建线上直播课堂，录制线上微小课，开展心理咨询师驻场辅导、内训师个体疏导，为员工提供远程、在线及面咨等多种咨询服务，为基层员工提供及时有效的心理辅导和帮助。

线下沙龙。2018—2019年度每月底举办一次线下沙龙，主要以倾听员工在工作、生活中遇到的职业压力、客户投诉、个人情感、家庭婚姻等为主。

案例分享。案例分享不拘于形式，基于双峰供电公司已搭建心理咨询平台，各供电服务职工相互之间建立起更加密切的互助关系，遇到难点、困惑，供电服务职工积极抛出问题，寻求更多的解决意见及方法，通过互助，吸收成功的经验，将知识点充分融合落地，形成典型案例。同时将多种案例汇集，通过案例集、现场、微信等多渠道向更多的员工传递有针对性的经验，并聆听专家对案例分享难点问题的解答，引发"心"思考，紧扣基层，形成基层与精英切磋案例、互相成长的擂台赛。

3. 家庭教育学堂

走访员工家庭。2018—2019年度公司领导层走访26户供电服务职工家庭，此举加强了供电服务员工与领导层之间的联系，供电服务职工真心感受到领导层的关爱，领导层更能掌握实际的问题与数据，从而制定有效的解决方案。领导层通过力所能及的帮助为他们排忧解难，让他们感受到被关注、被关心，从而驱散员工的负面情绪，激发对工作的热情。

"心种子"电力职工子女卓越成长营。针对子女教育的普遍问题开展"心种子"职工子女成长系列活动，帮助孩子与父母建立同理心，培养孩子的梦想与上进心，彻底解决员工的后顾之忧。"心种子"组织全公司员工子女参加NLP青少年心灵成长夏令营和冬令营，点燃孩子心中梦想的种子，传教孩子拥有心理专业NLP（神经语言程序学）技术，使他们懂得感恩、尊重与接纳，激发其内在潜意识和能量，构筑美好的未来蓝图。

（四）建立常态的疏导体系，提供及时有效的心理辅导和帮助

1. 一对一咨询，专业辅导重点员工

对接专业心理健康咨询机构，根据电力农村基层员工心理评估数据，对于评定为C、D类员工免费开放"线上+线下"一对一咨询，运用催眠疗法、海灵格家排、萨提亚家庭疗愈、NLP技术等针对心理问题严重的员工建立个案，通过专业心理咨询师指导干预，有针对性地解决心理问题。三年共辅导100余名基层员工，其中68名员工进入B、A类。

2. 组合式培训，提升员工心理素质

关注员工的全面发展与成长，从多维度提供帮助，主要通过"心解读""心疗愈""心辅导"等方式关注员工内心世界，提升员工心理素质。

"心解读"倾听员工的心声。通过与基层供电职工面对面沟通、心贴心交流，摸清摸准员工的所思、所想、所虑，了解掌握供电服务职工在想什么、做什么、盼什么；集思广益开门纳谏，征求职工对优质服务工作的意见和建议；查找亮点，搜集基层工作中的典型人和事及先进经验。通过"心解读"面对面反映的问题，将问题整理成册，做好每一项记录。

"心疗愈"疏导员工的压力。一是"集中处理共同问题"。以自我评价及他人评价的方式催化成员自我意识、提高自我价值肯定。二是"处理成员的情绪"。通过与活动对象的家庭成员、同事、典型客户的交流等，让成员委屈得到宣泄。三是"希望大家都能做内心富足的那个自己"。激发成员自信心，内心自我肯定。四是"真情相拥"。一分钟带着爱的拥抱，让夫妻间感受到爱、同事间感受到温暖、朋友间感受到力量，巩固活动成效。9个月的"心疗愈"，成功帮助37名基层供电职工认识自我，肯定自我，平静自我，提升自我。

"心辅导"提高员工的服务意识。举办提升意识、强化沟通的主题培训课，从认识情绪与压力、压力疏导、情绪管理等方面，对员工进行心理教育和疏导，并讲解服务沟通技巧、投诉预警管理及投诉处理能力，提升员工应对技巧和服务技能。

3. 走访式调研，与农村基层电力员工实现共情

走进员工工作辖区。定期了解员工工作中遇到的困难，以"传、帮、带"的方式，帮助员工提高业务技能，解决实际问题。

走进辖区村支两委。2019年度娄底供电公司三次主动走访覆盖范围内的村支两委，向他们询问当前用电方面存在的实际困难，诚邀村支书作为各村安全用电宣传员，利用村支书架起供电企业与用户的连心桥，确保优质服务落到实处。

4. 解压干预室，快速释放员工压力

很多员工觉得心理咨询、心理培训等服务很抽象，无法快速看到心理服务给自己带来的好处，因此持观望态度。根据实际需求和场地条件，娄底公司构建员工解压干预室，建立员工心理关爱室，通过心理咨询、危机干预、业务培训/沙盘辅导、音乐放松情绪等方式来缓解压力、振奋精神、快速恢复元气，提升工作效能。引导员工掌握自我调节和解决问题的积极方法，避免心理健康风险扩大，排除心理危机；帮助存在心理困扰的员工解决实际心理和情绪问题，提升自我的认知，拓展问题解决思路，实现自我成长。

5. 疗愈式沙盘游戏，提升团队凝聚力

定期开展的"一沙一世界"主题式沙盘游戏，针对不同参与人员的心理特征量身定制。如针对新进青年员工定制主题"人生百态"，激励青年员工拼搏奋进；针对基层管理群体定制主题

"美好家园",寻找生活本源,认识团队协作的力量。无止境的创意配合1200个意义不同的物件,小小的沙盘放大展现出团队合作中的所有细节,帮助团队及每个人更好地定位"大我"与"小我",使团队合作更加高效化、紧密化,同时也激发出团队成员更多的凝聚力、创新力与活力。

(五)完善关爱保障措施,固化员工心理健康管理

1. 拓展员工职业发展通道

一是印发《农村基层电力职工职业发展通道建设指导意见》等相关管理制度,拓展农村基层电力员工职业发展空间,加强其归属感与成就感;二是构建专属农村基层电力员工岗位序列和工匠序列"双通道"职业发展体系,提供管理与业务双向通道,管理岗位最高通向市农电服务公司正职级,技术岗位最高通向供电服务特级工匠。促进农村基层电力员工立足岗位,创新创效。

2. 稳步提升员工薪酬待遇

针对农村基层电力员工建立月度、季度、年度考核激励机制,绩效评定为优秀者,工资在原有基础上乘以系数1.2。逐年稳步提升农村基层电力员工薪酬待遇,配套出台各级岗位序列和工匠序列工资体系标准,如供电服务一级工匠年度平均薪酬水平位于市农电服务公司正职级和副职级之间。

3. 关爱走进员工家庭

通过亲子成长营赋能职工子女梦想、拼搏、学习动力。通过两性课程改善夫妻关系。开展职工家属定期电网工作环境参观交流,家属逐渐由起初的不愿理解配偶加班多、任务重等抱怨情绪转化为以对方为荣的夫妇相处模式。

四、市级供电企业农村基层员工心理健康管控体系构建的实施效果

(一)管理效益

及时疏导员工不良情绪,提升员工自我情绪管理能力,避免因压力过大带来工作效率低下等问题。领导层全面掌握不同层级员工的心理动态,预防心理危机事件发生;为及时有效开展心理咨询、危机干预等工作提供人员、工具和场所保障。伴随着员工心理健康管控体系的全面建立,员工的心理健康体检数据明显好转,娄底公司的企业管理水平和效率显著提高。

(二)经济效益

2019年,累计完成售电量87.53亿千瓦时,同比增长4.7%;营销服务类投诉14件,同比2018年的248件减少94.5%;同期线损合格率由年初的69.72%提升到89.00%;实时欠费率由4月初的8.88%直降到1.63%。同业对标双峰供电公司在娄底供电公司排名由倒数第一上升至第一,电费自然回收率每月都呈上升趋势,6月为93.41%,排名全省第七、全市第一,打了一个漂亮的翻身仗。

(三)社会效益

娄底供电公司的员工心理关爱工程创新,为其他公司提供了可借鉴的力量,同时给广大用电客户带来了更贴心便捷的服务,解决了很多遗留难题。

客户满意度调查结果好评率显著提高,满意率由2019年初的79%提升到年底的92%。品牌满意率由2019年初的85%提升到年底的95%。

娄底供电公司为群众提供多种心声表达途径,接收、听取群众用电反馈和建议,致力于解决台区管理员的工作困惑,同时给客户提供更优质的服务,将爱的电流输送到客户的心里。

2020年,娄底供电公司农村基层电力员工心理健康管控体系已经全面建立,形成了一套专业体检、课程全面、常态管理、服务落实的管控体系。随着体系的建立,创新项目活动的范围越来

越广，深入村支两委、小区社群，活动对象从原来的农村基层电力员工逐步扩大至员工家庭、企业退休职工等，累计参与人员 2000 余人。

主　创　人：熊　音、杨学伟
参与创造人：郭　玮、李梦琳、欧阳敏艳、梁志尧、罗佑锋、程　剑、
　　　　　　张淞雷、胡　京、陈小丹、梁竞之

大型综合发电公司以提质增效为目标的集约型经营管理

五凌电力有限公司

五凌电力有限公司（以下简称"五凌电力"）成立于1995年，属于国家电力投资集团公司二级单位，是以水电开发为基础，水、火、风、光等多种电源并举，立足于可持续发展的大型国有清洁能源开发企业。公司注册资本87.5亿元，资产总额497.5亿元，净资产129.58亿元，资产负债率71.3%。近五年公司累计盈利超70亿元，持续保持较高盈利水平。目前公司已拥有14个直管水电厂、5个分公司（事业部）、62个全资和控股子公司，1个代管公司（黔东公司），员工总数2400余人。

截至2019年底，五凌电力在运总装机容量780.7万千瓦，其中水电486.07万千瓦，火电120万千瓦，风电、光伏等新能源174.63万千瓦，水电装机容量位居湖南电力市场第一，产业分布在湘、黔、新、宁、甘等13个省（市）。

一、大型综合发电公司以提质增效为目标的集约型经营管理的背景

（一）是贯彻落实国家电力体制改革的需要

五凌电力是国内最早进行流域水电梯级开发的两家公司之一，是经国务院授权开发沅水流域的试点企业。进入20世纪后，随着我国电力体制改革的不断深入，厂网分离，国家能源结构逐步调整，清洁低碳可再生能源成为主旋律，各能源投资企业积极争抢风电、光伏等优质资源，开启了跑马圈地、跨省区发展的新历程。国家积极推进供给侧结构性改革，通过去杠杆、降低负债率，防范系统性金融风险，导致企业的融资难度加大，项目投资受到制约。随着我国电力产能的过剩，电量、电价竞争上网日趋激烈，发电企业皇帝女儿不愁嫁的时代已一去不复返，加上新技术迅猛发展，传统的管理理念与管控模式难以满足现代企业需求，五凌电力的生存与发展面临新的挑战。这促使五凌电力必须不断改革创新，探索并建立与市场经济相适应的符合五凌电力发展的管控模式。

（二）是解决公司经营管理实际困难的需要

五凌电力创建初期，存在投资大，资本金有限，贷款比例高，还本付息压力大，工程建设管理经验不足，电厂定员大幅减少（与同地区同装机规模的水电厂相比较），电厂安全生产管理难度大等诸多困难，传统的水电管理模式与生产管理人员定编受限存在较大矛盾。

20世纪初期，湖南水电已基本开发殆尽，根据电力体制改革和国家能源发展形势，公司提出了"清洁发展"和"走出去发展"的发展战略，大力发展新能源。2010年先后成立湖南、新疆、四川、云南、北方五个区域分公司以及吐鲁番公司，在湖南、新疆、四川、甘肃、河南、云南、内蒙古、山东等地开发新能源项目。新能源业务规模的不断壮大，已成为公司经营管控的重要组成部分。由于公司项目点多、面广，企业管理难度逐渐加大，传统的管理模式根本无法满足公司发展的需求，对公司管控模式和管理手段、方法提出了新的更高的要求。唯有建立与五凌电力现状和市场经济相适应的管控模式，才能求生存、谋发展。

(三) 是实现公司高质量发展的需要

五凌电力通过多年的努力，形成了以水电为主，水、火、风、光多种能源并存的大型综合清洁能源发电企业，清洁能源占比达84.63%，是湖南省最大的清洁能源供应商。当前，五凌电力已进入高质量发展的新时期，国家电投集团公司提出了打造国有资本投资公司，建设具有全球竞争力的世界一流清洁能源企业的目标。五凌电力积极响应集团公司号召，审时度势，提出了打造"三个标杆"，引领发展新业态，建设一流清洁能源智慧企业的战略目标，应用新技术，开发新工具、优化完善管控模式，提升集约化管控效能，是公司高质量发展的内在需求，是建设一流清洁能源智慧企业的重要抓手，是推动集团公司"2035一流战略"在五凌电力落实落地的必然选择。

二、大型综合发电公司以提质增效为目标的集约型经营管理的内涵

大型综合发电公司以提质增效为目标的集约型经营管理的内涵是：坚持以电力市场供给侧结构性改革和集团公司专业化、区域化发展要求为导向；以标准化、信息化、精益化、集约化管理理论为依据；以提质增效推进企业高质量发展为目标；通过构建"四集三化"的管控模式，建立精简高效的集约化管理体系，搭建功能完善的信息管理平台，创新管理方法、开发管理工具，强化经营管理绩效考评，固化成果，持续改进等一系列行之有效的工作，基本实现了公司对人、财、物的高度集约化管理，达到了进一步精简人员、降低成本、防范风险和提升管理效能的目的。

三、大型综合发电公司以提质增效为目标的集约型经营管理的主要做法

(一) 构建"四集三化"管控模式

为提升企业集约化经营管理水平，根据五凌电力的实际现状，公司审时度势，提出了以管理标准化、信息化、精细化为支撑的集中经营、发电集控、财务集约和采购集成，将各种管理要素高度集中，形成了"四集三化"的管控模式，持续开展企业的改革与管理创新。即总部实行对公司人、财、物的集中统一管理，常规水电厂设备运行信息均通过网络接入长沙进行远程操作，全监全控，统一调度。公司财务人员在总部集中办公，基层单位不设财务人员，只保留一名保账员。招标及物资采购实行统一管理，基层单位只需按时上报招标及物资采购计划，由公司统一组织开展招标与物资采购工作，集中招标、集中采购、按需配置，基层单位仅有零星的急需物资采购权。

(二) 建立精简高效的集约化管理体系

1. 建立管理简单权责清晰的管理关系

建立管理简单权责清晰的管理关系，明确总部、基层单位的功能定位。公司本部是经营管理中心，集战略规划、经营决策、管理统筹、资源配置、营销调度等任务于一体，实现人、财、物高度集中管理，为各基层单位提供强力支持。各基层单位主要履行安全生产、项目建设、周边关系协调、队伍管理等职责，既是成本中心也是利润中心。常规水电厂实行"12345"车间式管理，即1栋综合楼、2个部门、3个厂领导、4个中层干部、50名左右员工。分子公司、新能源事业部及火电企业实行授权管理。公司机构精简、人员精干，减少了企业管理的幅度和强度，管理层次减少了，关系简单了，效率提高了，成本也下降了。在五凌电力"四集三化"管控模式中，集中经营是核心、是中轴。公司管理讲求简约化，形象地称为"大公司、小电厂"，重点体现在人员精简、管理高效。

2. 强化生产运营管理

一方面加大设备改造力度，提高设备健康和自动化水平，继续提升水电厂管控能力；另一方面进一步整合资源，充分发挥流域综合经济效益，降低公司运营成本，为公司的持续发展积蓄力量。经过多年的不懈努力，克服了筹建时间短，水电厂跨流域、跨地域、跨调度、接入厂站多、

机组台数和类型多等一系列问题。

目前，五凌电力集控中心控制电厂12个，受控机组54台，受控装机容量466万千瓦，是国内实际控制电厂个数和机组台数最多的集控中心，电厂夜间均已关门运行，发电方式和水库调度实现统一管理，运行值班创新采取"一人一席多厂"区域集控模式，直接减少定编近百人，集控实际应用处于国内领先水平，发挥了良好的安全效益、经济效益和社会效益，被《中国电力报》誉为跨流域梯级水电站群集中调控的"五凌模式"。

五凌电力发电集控中心具有以下特点：一是跨区域（集控电厂地理位置在湖南、贵州地区）、跨流域（集控电厂分布在沅水流域、资江流域、湘江流域）、跨电网调度（集控电厂分别归属华中网调、湖南省调、益阳地调、衡阳地调、怀化地调管辖）的特点。二是在管控方式上实施"区域值班"模式，将12个厂分成5个区，设5个区域值长，每个区域值长负责2~3个电厂的远程监控，即"一人一席多厂"，设1个总值长负责本班整体值班管理。另外水调共同值班，负责水库优化调度和发电计划方式安排。三是集控电厂实现"远程集控，无人值班，夜间关门运行"。

借鉴水电集控运营的成功经验，按照以"省为实体"和"集中监控、区域维检、场站安保"的原则，规划建设新能源生产运营中心。2017年，长沙新能源生产运营中心全面建成，目前已正式接入40个风电、光伏厂（站）。受控风机533台，受控光伏逆变器14331台，总装机规模1877MW，形成了集"水、风、光"三电一体的运营平台，为集团公司区域新能源生产运营中心建设提供了良好的示范作用。

3. 持续优化财务集中管理

2002年，五凌电力率先开展了财务集中管控模式研究探讨，并在实践中不断完善，2010年以后，逐步形成了"三统一、七集中"财务管控模式，并在集团公司推广应用。"三统一、七集中"管控模式即统一财务政策制度、财务组织与人员管理、预算管理，集中会计核算管理、资金管理、资本运作管理、营销管理、税费管理、招标与采购、信息管理，充分整合配置财务资源，提高管理效率。

财务集中后，财务人员管理实行委派制，公司直线管理所属各单位财务人员，统一任免调配；多年来，公司财务人员总数未超过百人，直属7家分（子）公司仅设财务负责人1人，会计4人，稽核2人，出纳2人，较集中前减少定员15人。电厂不设财务机构，设置报账员岗位，负责税务、报销与结算审核、预算、经营分析等日常业务管理，不负责报表与账务处理，强化财务在现场生产、经营、税务等关系中的协同作用；考虑公司发展中基建项目和区域管理需要，向分（子）公司委派财务总监，推行分（子）公司"财务小集中"。

2015年12月开始研究策划财务共享系统，2016年9月实施建设，2017年正式投运。财务共享系统是以ERP信息技术为依托，以流程处理为核心，以优化组织结构、规范流程、提高流程效率、降低运营成本、创造财务管理附加值为目的，以市场化的视角为内、外部客户提供专业化服务的管理模式。五凌电力财务共享模式实现了战略财务、共享财务、业务财务三位一体，进一步提升了企业的经营管控与风险防范能力。

战略财务：由计划与财务部负责，主要职能为公司整体财务战略的制定，包括预算管理、股权管理、资产管理、投资管理、成本管理、财务分析等，同时负责基层单位财务指导与管理。

共享财务：由财务共享中心负责，主要职能为资金及税收管理，产出无差异化的会计信息，包括会计核算、财务报表、资金结算、会计档案管理、会计电算化、财务监督等，集中处理会计事务型工作。

业务财务：由基层单位财务人员负责，主要职能为各单位日常财务管理工作，包括预算执行、经营分析、税务协调、资金计划、合同管理、前端业务审核等，充分参与各单位经营管理。

五凌电力财务共享系统的投运，在如期完成集团公司试点任务的同时，公司财务管控也完成了从"财务集中"到"财务共享"的转变，实现了公司财务数字化集中管理和全面共享，支撑财务管理由传统核算向价值创造转型，为集团实行区域化财务管控提供了借鉴。

4. 建立安全高效的集约化物资管理体系

完善组织架构，合理配置人员，按本部管理力量强、基层人员配置精、服务机构专业化的要求，进行机构和人员配置；健全制度标准，优化工作机制，先后建立了物资与采购管理制度18个，编制包括招标文件范本、招评标手册、管理流程在内的业务标准近20项，招标文件范本已覆盖公司所有专业门类；加强策略研究，提高采购效益，优先使用集团集中框架招标采购成果。同时，凭借公司集中采购的有利条件，加强招标与采购的统筹管理，积极推行长约采购、打捆采购、框架采购等集约化采购方式。"制度+科技"，防控采购风险，通过管理分层、业务分段的制度设计，明确岗位责任、实行权力制衡，落实三权分立。借助信息化管控手段固化业务流程、排除人为干预，实现科技布防。

5. 建立新型电力营销体系

基于发电集团的核心业务能力，规划运营管理、批发业务、零售业务和综合能源4个核心体系，通过整合企业内部资源，协调企业外部资源，建立以营销为"龙头"，以营销拉动售电，以售电服务发电，以发电创造效益，以效益优化营销的发售一体化大营销体系，公司集约化管控水平进一步得到提升。

加强政策营销。一是争取高电价的基数计划，火电额外争取到贫困地区机组和高负债率企业脱困基数计划扶持政策，2019年额外获得5.2亿千瓦时基数计划。二是争取政策支持，深入参与各类规则制定，为水电参与市场创造了相对有利的市场环境。优化交易策略，按照"集中"营销理念做好顶层设计，在销售方案、竞价策略上总部统一决策，一体化管理。优化统筹水、火、风交易策略，做到事前预测、事中决策、事后评价的闭环管理。2019年市场交易获得补偿费用1.4亿元，其中火电8506万元，水电5483万元。

打造售电品牌。一是贯彻"全员"营销理念，建立全员营销激励机制，划分责任片区，发挥三级单位属地优势，对全省所有地市用户分包到厂。二是提供个性化增值服务，增强客户黏性，树立了五凌售电品牌，五凌售电公司成为集团和湖南省唯一进入全国十强的售电公司。2020年五凌售电签约市场电量近100亿千瓦时，占湖南市场份额的20%。

6. 建设水电生产智能决策支持系统

精耕细作水电产业，谋划建设水电生产智能决策支持系统，按照同步监测、动态分析、智慧诊断要求，开展水电厂智慧检修试点，推行"水电站发电设备检修优化策略"，开展机组状态评估，优化调整机组检修项目，提高机组可利用率，降低修理成本，逐步实行水电运维模式由计划检修向状态检修转变，有效提升水电运营管控效能。

(三) 搭建功能完善的信息管理平台

五凌电力建设了"经营管控""生产支撑""辅助办公"三大类多个平台，完成了"ERP+财务共享"系统建设，打造了以ERP为核心，链接上下游的经营管控体系，基本实现对人、财、物的集约化管理。创新了管理方式，完善了基础数据，整合了信息资源，强化了风险内控，为公司管控能力的提升提供了可靠的信息化支撑。持续梳理和优化公司各关键业务系统的业务流程，不断适应公司组织架构的管理模式的调整，对系统 ERP 审批流程优化，将审批工作流由"按人定义"转为"按岗定义"，整合原有按"公司、部门、业务类型"等要素拆分的审批流，审批工作流由 8799 条缩减为 700 条左右，压缩审批工作流超过 95%，大大提升了企业管理效能。

1. 搭建功能完善的物资信息管理平台

夯实信息化基础，实现电子化管控。2014 年，按照集团"管控+ERP"的部署，公司在原有电子商务平台基础上，创建功能更加完善的 ERP 采购信息平台，实现了物资管理业务全流程、一体化的在线闭环管理。采购管理模块设计"2+3"智能寻源模式，按分区、集中、批量的原则实施物资采购，并能自动匹配最优供应商。建立 ERP 常态化数据分析模型，实现计划、采购、合同、仓储等数据信息的多维分析和可视化展现。建设集团公司区域评标基地，实现区域集中评标和异地同步评标功能，开标、评标业务全部电子化。推进数字化进程，发挥各平台优势。公司于 2017 年底顺利完成集团采购管理系统和企业电子商城的试点开始转入常态化运行，所有招标项目和限额以下项目采购全部通过集团采购管理系统实施。集采系统的全面上线运行，填补了公司招标项目和限额以下项目电子化采购的空白，通过与 ERP 系统的集成与整合，实现了项目采购的预算、计划、采购、合同与结算、供应商评价等业务一体化闭环管理。

2. 建立"平台+事业部"新能源管理模式

通过完善管控方式，着力建设公司新能源发展平台，支撑公司新能源发展，强化集约化经营和专业化管理，推行"两统筹、三集中"管理模式，实现有效益、有规模的发展，促进人才队伍成长。两统筹：（1）统筹发展规划。公司制定新能源发展规划实施方案，各单位负责执行与落实。（2）统筹人力资源。公司统一新能源板块的人力资源政策，统筹人员配置。三集中：（1）集中技术经济管理。公司新能源技术经济中心负责公司所有项目前期技术支持和经济可行性分析。（2）集中工程建设人才管理。建立公司新能源工程建设人才库，实现人才共享。（3）集中生产运营管理。公司新能源生产运营中心负责公司所有已投产项目以及接入项目的生产运营管理。

（四）创新管理方法，开发管理工具

1. 创建智能化无人值守自助仓库

为适应公司远程发电集控及电厂员工分批轮休的大倒班方式，满足节假日和夜间、紧急抢修等特殊情况下的领料需求，公司积极创新仓储管理，利用现代化信息技术，以 ERP 系统为核心，通过门禁安防、在线监管、移动扫描、二维码识别、光源指引等技术，在黔东火电厂和五强溪等水电厂建立了智能化无人值守自助仓库，实现了全天候 24 小时自助领料。

2. 建立三位一体的备品储备制度

为提高物资应急保障能力，有效降低库存，公司拓宽了备品备件联储思路，充分利用集约化管理优势和 ERP 物资管理平台，建立厂商寄售、厂家代储、厂际联储三位一体的综合储备体系。

3. 积极探索采购大数据分析应用

在 ERP 系统建立常态化数据分析模型，利用 Endeca 工具有效挖掘 ERP 系统沉淀数据的背后价值，实现计划、采购、合同、仓储、供应商等数据信息的多维分析和可视化展现。以集团大数据及智能应用创新大赛为契机，积极组织开展物资管理的大数据应用研究，提出以建立物资身份数据为核心的大数据应用方法，形成了《全寿期成本管理模式下集约化采购的大数据应用研究》的初步成果。

4. 实行"三权分立"的物资管理

根据集团公司构建一流物资与采购管理体系的目标要求，按照决策、监督、实施"三分离"

原则，五凌电力重点从机构与人员、制度与机制、策略与方法、风险防控等方面进行优化设计，在采购集成模式下，所有采购业务全部由公司统一管理，实行电子化采购和流程在线监控，并提供专业化服务。招标采购管理按照"招标、评标、定标"三权分离。物资采购由公司按分区、集中、批量的原则实施，用料单位仅在危化品、地材、零星加工件等少量特殊物资的采购方面拥有自购权。通过优化体系建设、搭建信息化平台、创新管理方法、规范管理行为等措施来实现公司采购业务的集约化，确保物资采购体系运转安全、高效。

（五）强化经营管理绩效考评

为有效提升公司集约管控经营管理的工作成效，公司成立了以董事长、党委书记为组长，总经理为副组长，各部门负责人、电厂厂长为成员的经营管理绩效考评工作领导小组。制定了《五凌电力计划——预算—考核—激励（JYKJ）》管理考评体系建设工作方案，将经营管理业绩节点工作与业绩目标列入JYKJ绩效考评体系，按照战略引领、四位一体、全面覆盖、持续优化的原则推动经营管理绩效考评工作落到实处。

制定了公司《专项奖励管理办法》、公司新能源"保电价"专项激励方案，强化专项奖励的精准激励作用。公正、客观实施绩效考评，兑现考评结果，落实价值创造导向作用。制定了公司《即时激励管理办法》，推动落实公司重点工作、重大项目和重要部署等急难险重工作。突出JYKJ成果运用，增强激励效能，坚持"业绩升工资升、业绩降工资降"的分配导向。在经营管理、科技创新等方面探索差异化薪酬分配和更为灵活的工资总额管理方式，探索科技型企业的长期激励。深化内部收入分配改革，收入分配向关键岗位、科研骨干、高技能人才倾斜，强化"精准滴灌"，该高的高上去，该低的低下来，合理拉开收入差距。

（六）固化成果，持续改进

以标准化、信息化手段固化管理成果。强化标准化建设，不断健全完善管理标准、技术标准、工作标准及标准化制度、流程体系，以流程管理为基础，实行制度、标准、风控、绩效等多体系的统一管理。制定规章制度395个，标准化流程508个，企标289个，国标、行标20个。公司所属6家单位通过中电联标准化良好行为4A企业确认。

加强信息化建设，采用先进的信息技术，巩固提升管理成果。公司先后完成了4大类30余个信息应用系统建设，将公司业务与信息系统融合，有效支撑了管控落地。积极引入"云、大、物、移、智"等新技术，建设大数据云平台，开展生产智能决策系统与水电建设数字化工程示范项目建设，提升企业信息化管理水平。信息化与发展战略融合，强化规划引领；信息化与安全生产融合，实现集约化生产；信息化与经营管控融合，深化集中经营；信息化与风险防控融合，夯实安全管控；信息化与管理创新融合，激发企业内生动力。

按照"制度流程化、流程表单化、表单信息化"要求，持续抓好细节管理、过程管控和闭环改进。在制定制度的同时，同步设计流程，运用简明、配套的表单化设计，将日常工作做得更加清晰规范。将流程及表单进行固化，实现工作流的信息化管理。通过制度流程表象、明晰、可视，提高制度流程的应用价值，实现制度管人、流程办事，促进管理效率提升。

四、大型综合发电公司以提质增效为目标的集约型经营管理实施的效果

（一）管理效益得到提升

1. 提高了企业运营效率

通过"四集三化"的管控模式，精简管理机构与人员，减少了企业的管理层级，缩短管理链条，提高了企业管理效率和市场竞争力，全员劳动生产率处于行业领先水平。公司先后荣获"全国五一劳动奖状""全国电力行业优秀企业"等荣誉称号。

2. 增强了企业风险防控能力

在集中经营管控模式下，通过信息化手段对制度、流程固化，在人、财、物的管理上实行三权分立，依靠制度管事、管人、管权，坚持审计无禁区，多手段防控风险。多年来，公司没有发生违法和廉政案件，确保了干部的健康成长，实现了员工与企业的共同发展。

3. 推动了企业快速稳定发展

五凌电力管控模式与战略目标有机结合，与企业发展航向保持一致，公司改革发展得到有效延续，为圆满完成沅水流域开发任务，形成以清洁能源为主的优良资产结构打下了坚实的基础。短短二十多年，公司发展从无到有，从小到大，从单一水电到水、火、风、光并举，从湖南走向全国13个省，走向国际，清洁能源装机规模稳居湖南发电企业首位。

（二）经济效益得到提高

1. 通过推行"四集三化"的管控模式，理顺了本部与下属单位的管理界面，进一步精简人员，控降人工成本，公司常规水电厂实际人员不到集团公司定员的60%，每年可降低人工成本超1亿元。

2. 截至2020年4月24日，集控中心连续安全运行3455天，连续10年未发生不安全事件。充分发挥了流域梯级电站群的整体效益，实行跨流域梯级电站统一调度，提前编制《水库汛前消落计划》，认真做好汛前消落、汛期优化、汛末拦蓄等经济运行工作，实现了发电效益最大化的目标。水库优化调度每年增发电量3%~5%，近10年水库优化调度累计增发电量43.67亿千瓦时。为企业增收约13亿元。

3. 通过物资集成，近四年招标价格较预估价年均下浮15%以上，物资采购价格较同期市场均价下浮13%以上。四年来，物资集中招标累计为企业节约资金约6.6亿元，物资集中采购为企业节约资金约3656万元。

4. 集约化经营管控有效促进了经营效益持续向好，五凌电力资产负债率从2011年的90.42%降至2019年底的71.3%，连续九年下降。公司各项经营成本明显降低，公司管理费用和关联交易额度逐年下降。利润总额、水电度电成本等指标在集团公司系统各二级单位中排名持续靠前。

（三）社会效益得到彰显

五凌电力在集中经营、发电集控、财务集约、物资集成等管理方面的率先尝试与成功经验，成为国内行业改革创新的范本，国内首创，发电集控模式为国内首家实施，财务共享模式为集团二级单位首家实施，多次受到集团高层高度肯定，吸引行业内外众多兄弟单位前来学习借鉴，较好地发挥了示范引领作用。

目前，随着氢能、储能、综合智慧能源等新业态的出现和快速发展，能源行业又将发生深刻的变革，五凌电力将始终坚持以国家能源发展规划为指引，紧紧围绕国家电投集团公司"2035一流战略"，不断优化"四集三化"管控模式，持续在管理创新上下功夫，将五凌电力打造成集约化运营管控型企业标杆、水电专业化管理行业标杆、新能源区域化运营管控标杆，引领发展新业态，努力建设一流清洁能源智慧企业，为集团公司建设具有全球竞争力的世界一流清洁能源企业做出新的更大的贡献。

主 创 人：姚小彦
参与创造人：周 杰、吴建纲、曾再祥、谭文胜、楚文光、曾建军

基于价值引领的国有企业市场化人才管理体系建设

湖南华菱钢铁集团有限责任公司

湖南华菱钢铁集团有限责任公司（以下简称"华菱集团"）是由湘潭钢铁集团有限公司、涟源钢铁集团有限公司、衡阳钢管（集团）有限公司（以下简称"三钢"）联合组建的特大型国有企业，也是湖南省首家营业收入过千亿元的企业，华菱集团坚持"一业为主，集群发展"的中长期战略，形成了以钢铁主业为根基和核心，横向发展资源贸易、金融服务、现代物流、电子商务、新一代技术钢铁产业链的战略布局。

华菱集团在全国钢铁行业中的影响力逐年提升，连续三年在湖南省百强企业中稳居第一位，先后获得"十大优秀钢铁企业品牌""十大卓越钢铁企业品牌""钢铁行业改革开放40周年功勋企业""'337调查'应诉重要贡献奖""湖南省上市公司党建工作先进单位"等荣誉。截至2019年底，华菱集团拥有1家上市公司，全资、控股子公司80家，在岗职工3.5万人；资产总额1100亿元，营收规模1300亿元；2019年在中国企业500强中列第153位。年产钢2400万吨，主要产品有厚板、薄板、无缝钢管和线棒材等，先后应用于北京大兴国际机场、港珠澳大桥、三峡工程、京广高铁等重点工程领域，产品在造船、海工、能源、汽车、油气、工程机械等领域形成了较强的竞争优势。

一、基于价值引领的国有企业市场化人才管理体系建设实施的背景

（一）是进一步深化国企改革的需要

党的十八大以来，党中央、国务院以及省委省政府制定了一系列深化国有企业改革的政策，先后出台了《中共湖南省委湖南省人民政府关于进一步深化国有企业改革的意见》（湘发〔2014〕7号）、《中共中央国务院关于深化国有企业改革的指导意见》（中发〔2015〕22号）、《湖南省省属监管企业实行职业经理人制度指导意见（试行）》（湘国资〔2016〕174号）等一系列改革措施，对国有企业选人用人提出了新的标准和要求，要求坚持重素养、重能力、重经历、重业绩，全面引入市场竞争机制，实行高级经营管理人才市场化配置。

（二）是破解人才瓶颈支撑企业高质量发展的需要

2017年初，华菱集团制订了"三年振兴"计划，通过实行"强激励、硬约束"机制，实现扭亏脱困，走上良性发展轨道。2019年初，集团提出了高质量发展三年规划，把创新作为第一动力，人才作为第一资源，积极推进质量变革、效率变革、动力变革。高质量发展对人才结构和质量提出了新的要求，但公司现有人才体系与高质量发展要求相比还存在一些突出矛盾。原有人才管理体系不够完善，未系统构建高层次人才引进机制，导致人才引进难、留不住；难以满足新时期国有企业对新的用人机制与用人标准的要求，存在员工任职资格标准不清晰、绩效导向不突出、员工发展通道单一、机制不够灵活、退出机制不完善等问题，因此构建更加科学、完善的人才管理体系十分必要。

（三）是完善人才结构打造全产业链竞争优势的需要

华菱集团的人才队伍主要来自钢铁主业，在打造钢铁产业链竞争优势的经营发展过程中，不

仅需要钢铁专业人才，也需要金融、信息化、智能制造、电子商务等各方面的人才。原有的人才队伍结构具有一定局限性，难以满足企业打造钢铁产业链竞争优势、提升钢铁综合服务的需要。公司要深化供给侧结构性改革，进一步提升市场竞争力，光靠现有内部人才培养体系难以满足，必须建立多层次的人才引进体系。

二、基于价值引领的国有企业市场化人才管理体系建设的内涵

华菱集团基于人力资本理论和人才价值理论，通过加大市场化引进人才的管理实践，不断探索、总结，结合公司项目制的推进，不断加强人才平台建设，构建了一套基于价值引领的国有企业市场化人才管理体系，主要内涵可以概括为"战略驱动、价值引领、五个核心、三大保障"十六字。即：围绕企业发展战略，以价值创造为牵引，通过实施"精准化选岗、社会化选聘、差异化薪酬、契约化管理、市场化退出"五大核心举措，加强组织保障、机制保障、文化保障，不断增强对市场人才的吸引力、凝聚力、创造力，实现人力资本的增值，从而提升企业的经营效益和核心竞争力。

三、基于价值引领的国有企业市场化人才管理体系建设的主要做法

（一）精准化选岗

岗位的选取是市场化人才管理的基础，合适的岗位能放大市场化人才价值创造的效果。华菱集团选取市场化人才管理的岗位主要从三个维度进行评估：

一是从公司战略重要性考虑。根据华菱集团发展规划，公司未来需要新打造1~2个上市平台，加大直接融资比例，改变负债结构，降低融资成本，集团主体信用评级提升至AAA，由此确定了下一阶段的人才需求的主要方向。

二是从内部人才稀缺性考虑。通过对融资团队人员构成进行分析，认为目前团队中低层次的融资专业人员基本满足，但是由于战略目标具有挑战性，依靠内部人才培养已经难以实现，必须引进高层次人才帮助公司拓宽融资渠道、建立融资体系，对人才需求的标准也逐步清晰。

三是从岗位价值度考虑。必须放到合适的岗位，才能让人才有效配置资源、发挥作用。根据岗位价值度评估，认为安排融资经理可能对人才吸引力不足，难以发挥人才的作用。因此确定以融资总监作为招聘岗位，建立了融资总监的岗位任职资格模型，明确了岗位职责定位、汇报关系等。

（二）社会化选聘

通过拓宽选人用人渠道、建立岗位任职资格标准、关注人才过往价值创造能力，逐步形成了一套市场化人才招聘评鉴体系。其中，岗位任职资格标准以冰山模型理论为基础，主要包括工作经验、业绩表现、核心素质、专业素质、专业知识、专业技能等内容，任职资格标准体系的建立，为社会化人才评鉴提供了依据。

1. 人选的来源渠道

为扩大选择面、吸引更优秀的专业人才，将人选的来源确定了重点区域、重点行业、重点人群，进行定向搜寻，具体为：

（1）最佳候选人来源为大型投资机构、投行、证券公司、非钢铁大型上市集团公司，同行业候选人作为第二梯队候选人；

（2）将在资本市场融资行为活跃的大型集团公司分管资本运营副职或资本运营部负责人、证券公司对企业融资操作负责人、证券管理经理纳入候选人范围；

（3）将候选人所在区域放宽至北、上、广、深等金融行业发达，人才储备较多的大城市，考虑工作稳定性可重点关注湘籍在外愿返湘工作人员。

2. 选拔与评鉴

为了提高人才识别的精准度，降低用人风险，将面试的重点放在了专业能力以外的考察，如核心素质与专业素质、文化适应性的识别，设计了初试、笔试、复试、高管面谈四部分。

（1）初试。对所有通过资格审查的候选人组织初试，初试主要考察人选的综合素质与专业能力。综合素质主要评价应聘者的价值观、求职动机、性格特征、基本素质能否适应公司的文化和岗位要求。专业能力主要评价应聘者的专业知识和专业能力能否满足本岗位的工作要求。

（2）笔试。对通过初试候选人安排笔试，笔试以综合素质测评、案例分析等形式进行，主要考察作为人选应具备的有关专业知识、分析能力、解决问题的能力。

（3）复试。通过初试与笔试的筛选，最终确定三名候选人，进入复试环节，复试采用"一对一访谈"、无领导小组讨论面试进一步考察候选人的专业能力与综合能力。为保证复试的客观性，复试评委由外部人力资源专家、四大人力资源咨询公司的顾问、行业专家等外部专家组成。

（4）高管面谈。根据复试推荐的结果，组织公司董事长与推荐人选进行最终面谈，决定是否录用，最终通过面试，公司决定录用其中一人。

（三）契约化管理

"契约化"是市场化人才管理的核心，目的是打破原国有企业身份的限制，建立市场化的绩效管理，实现按业绩取酬、凭业绩上岗。华菱集团对引进的"高精尖缺"人才严格按"契约化"管理，通过"一书两办法"（岗位聘任合同书、绩效考核办法、薪酬管理办法）让"高精尖缺"人才"身份市场化""管理契约化"，形成岗位靠业绩、收入靠贡献的人才管理机制。

通过岗位聘任合同书、绩效考核办法、薪酬管理办法，与员工建立契约关系，按契约精神管理。其中，贯彻价值导向、效率优先原则，根据岗位的定位，针对该岗位的任期单独设计了任期绩效目标，并明确每项指标的考核标准，直接与薪酬挂钩。

（四）差异化薪酬

国有企业由于历史原因，高职级职位薪酬远低于市场薪酬标准，为确保对外部优秀人才的吸引力，在对职位进行价值评估的基础上，设计了两套薪酬基准线：一套是现有员工的薪酬线，一套是用于市场化引进高层次员工的薪酬线。通过差异化薪酬设计，既保证了对外部人才的竞争力，也保证了外部人才之间的公平性、规范化。同时，为平衡市场化人才与现有员工薪酬之间的矛盾，采取"市场化绩效决定市场化薪酬"的思路，加大市场线的薪酬浮动比例，设计富有挑战的绩效指标，鼓励市场化人才通过业绩产出获得高薪酬。

以市场化引进高层次员工的薪酬线为基础，结合金融市场特点，为该岗位单独设计了上不封顶、下不保底的差异化薪酬模式，主要包括：基本薪酬（固定薪酬）、绩效薪酬、任务激励、超目标计划奖励、任期薪酬等五个部分。其中，基本薪酬按月固定发放；绩效薪酬与年度绩效指标挂钩，按年度发放；任务激励按照重点项目（任务）的完成情况，给予一次性奖励，如新增直接债务融资每增加1亿元，按一定比例提取奖励；超目标计划奖励按照聘任合同上明确的任期目标考核，超过目标值给予相应的奖励；任期薪酬是以三年为一个任期，明确总的薪酬水平（不含超目标计划奖励），实行薪酬与业绩挂钩、当前激励与长期激励结合的激励机制。

（五）市场化退出

公司在启动招聘的同时就明确了市场化的原则与契约化属性，完全打破国有企业身份限制，在签订劳动合同的同时签订任期协议，明确任期终止劳动关系同时终止，终止后即离开公司。为了与薪酬、绩效匹配，坚持"强激励、硬约束"原则，在聘用协议中明确了灵活的退出方式，对岗位人员任一年度绩效目标完成率低于70%的，公司直接提前解除本协议；任期届满但目标未达成的，直接不续聘。确保高价值人才能够源源不断进来，所创造价值达不到企业要求的员工也能及时流出企业，实现了"强激励、硬约束"和员工"能进能出"。

（六）三大保障体系

为确保市场化人才快速融入、创造价值，从组织保障、机制保障、文化保障三个方面入手，建立市场化人才管理保障体系。其中，组织保障解决"谁来为人才服务"的问题，机制保障解决"干事创业动力和平台"的问题，文化保障从思想上解决"文化融入和规划"的问题。

1. 组织保障

一是党委扛起主体责任。党委班子指导、安排、系统研究人才工作，积极策划人才的引进、培养、使用工作。二是按照"精准服务"的要求，按照选聘一名市场人才成立一个人才工作组的原则，成立了由主管领导、人力资源部、所在部门领导组成的工作组，协调解决人才的具体问题，确保"管理到位、服务到位"，如申报人才认定项目，帮助协调子女入学问题，解决了人才的后顾之忧。三是建立人才选拔评鉴工作团队。例如：在选聘融资总监时，专门成立选拔评价工作组，邀请一名外部顾问担任评价小组成员，考虑最终候选人主要集中在北京工作的情况，将面试地点定在了北京。

2. 机制保障

一是建立工资总额单列机制。由于公司实行工资总额管理，引进人才时受工资总额的限制，往往难以提供有竞争力的薪酬，人才创造价值有滞后性，为解决这个问题，确保华菱集团和子公司能引进优秀人才，允许各单位引进人才在上级审批后，可以实行工资总额单列。二是建立领导干部密切联系人才机制。各级单位分管领导担任联系人，畅通人才意见反馈渠道，直接帮助协调资源解决重要诉求问题。根据个人开展工作的需要，在工作上公司对其充分授权，以项目制的形式，可以直接调动公司各项资源，增强了人才的认同感。三是建立绩效指标调整及辅导机制。如融资总监通过近四个月的融入，快速进入了角色，启动了任期目标的各项工作，四个月内完成了华菱集团主体评级上调的初评，与第一笔债券的发行路演，但随着钢铁行业发展形势的变化以及公司内部重大重组项目的调整，在入职时确定的任期目标达成的必备条件发生了重大变化，公司经过全面评估后，在半年度履职绩效评价过程中动态调整了部分指标的权重，并做好绩效辅导、沟通工作，帮助人才更好地履职。

3. 文化保障

考虑市场人才成长背景与文化的差异，需要加强文化的融入和引导，使人才更好地融入企业。具体做法：一是公司在确定任期绩效指标的同时，还制订了"文化融入计划"，确定所在单位主管领导担任文化融入导师，从公司的基本业务体系、管理模式、文化体系、工作开展等方面帮助人选快速融入公司。二是组织安排参加公司新任中层干部履职能力提升、党性修养等培训班。三是邀请人才列席公司务虚会、工作会等，在帮助人选融入公司文化外，加快对公司的了解。对确实具有价值创造能力的优秀人才，通过体制机制建设、文化融入和身份转换，尽可能把其留在企业，与公司共同成长。

四、基于价值引领的国有企业市场化人才管理体系建设实施的效果

（一）社会效益方面

通过加强人才引进与使用，公司的各项软性实力不断增强，如公司在中国企业500强排名从200多位前进到了第153位，公司主体信用评级在不到两年的时间内从AA升级到AAA，境外可交债等多个资本运作项目实现了地区的多项第一,公司的产品研发能力与客户满意度不断加强,桥梁用钢等多个产品细分领域占有率全国第一,无形的品牌价值得到市场的高度认可,整体形象与品牌影响力得到了大幅提升。

(二)经济效益方面

建立基于价值驱动的市场人才管理机制以来,公司先后市场化引进金融、期货、财务、材料、IT等方面的优秀人才12名,其中行业知名专家5人。优秀人才的加入,为企业创造了显著的经济效益。如湘钢针对炼铁生产瓶颈,引进了炼铁专家,较好地解决了高炉的稳顺生产问题;涟钢引进"裂纹专家",快速解决生产技术问题数十项,填补了多项技术空白,使公司多项技术达到行业领先水平。通过对人才灵活的使用方式与激励机制,2019年,华菱集团实现铁、钢、材产量分别为1990万吨、2430万吨、2291万吨,同比分别增长3.1%、5.6%、6.5%;销售收入1330亿元、利润85亿元,分别增长10.1%、13.3%,实现利税130亿元,经营效益行业排名由上年第8名跃居第4名,盈利能力实现了从第二梯队到第一梯队的飞跃。

(三)管理效益方面

一是通过市场化人才引进,弥补了企业自身人才培养的不足,丰富了国有企业人才队伍建设方式和渠道,突破了原来国有企业薪酬体系限制与国有企业身份限制,提升了对人才的吸引力与竞争力,为地处内陆的国有企业引进高层次人才探索了新的方式。通过试点运行,目前已在子公司进一步推广,已有6家子公司采取相应方式分别从市场契约化引进期货、投资等领域的高层次人才。二是进一步深化了国有企业改革,实现员工"能进能出"。契约化是市场化人才管理的核心,突出了"价值驱动、绩效导向",明确了员工退出标准,进一步激发了员工队伍的活力。通过几年的实践,"强激励、硬约束"的观念已经深入人心,"能上能下、能多能少、能进能出"的机制进一步强化。

主　创　人:汤建华、邓　高
参与创造人:廖雪朗、王术贵、王国辉、谢保平、张旭红、刘　锋

基于"领航·接力工程"的优秀年轻领导干部选育管用创新实践

国网湖南省电力有限公司

国网湖南省电力有限公司(以下简称"国网湖南电力")成立于1993年10月,其前身是湖南省电力工业局,是国家电网有限公司的全资子公司,以建设和运营电网为核心业务,担负着保障湖南省电力可靠供应的重大责任。现设职能部门23个,下辖市州供电公司14家、县供电公司98家,用工总量约7.2万人,供电范围涵盖全省14个市(州),营业区面积占全省的96%,供电人口占全省的98%。

近年来,国网湖南电力全面深入贯彻落实新时代党的组织路线,按照盘活"60后"、激活"70后"、重点培育"80后""90后"的思路,不唯年龄、不唯资历、不唯学历,将年轻干部培养作为企业长治久安、基业长青的重大战略任务,大力构建优秀年轻干部选育管用全过程管理机制,努力建设一支忠实贯彻新时代中国特色社会主义思想、符合新时期好干部标准、忠诚干净担当、数量充足、充满活力的高素质专业化年轻干部队伍,为建设具有中国特色国际领先的能源互联网企业提供坚强组织保障,为建设富饶美丽幸福新湖南贡献人才力量。

一、基于"领航·接力工程"的优秀年轻领导干部选育管用创新实践的背景

(一)优秀年轻干部是党和国家事业发展的重要保证

党的十八大以来,以习近平同志为核心的党中央对做好新时代党的干部工作作出一系列重要部署。党的十九大专门强调要大力发现储备年轻干部,注重在基层一线和困难艰苦的地方培养锻炼年轻干部,源源不断地选拔使用经过实践考验的优秀年轻干部。在2018年全国组织工作会议上,习近平总书记要求,要建设一支忠实贯彻新时代中国特色社会主义思想、符合新时期好干部标准、忠诚干净担当、数量充足、充满活力的高素质专业化年轻干部队伍,重点是要做好干部培育、选拔、管理、使用工作。这是党和国家事业发展的百年大计。2018年6月,中共中央政治局召开会议,审议《关于适应新时代要求大力发现培养选拔优秀年轻干部的意见》。会议指出,以大力发现培养为基础,以强化实践锻炼为重点,以确保选准用好为根本,以从严管理监督为保障,健全完善年轻干部选拔、培育、管理、使用环环相扣又统筹推进的全链条机制,形成优秀年轻干部不断涌现的生动局面,把各方面各领域优秀领导人才聚集到执政骨干队伍中来。新时代新使命要求我们切实增强责任感和紧迫感,以更长远的眼光、更有效的举措,及早发现、及时培养、源源不断地选拔使用适应新时代要求的优秀年轻干部,为党和国家事业发展注入新的生机活力。

(二)优秀年轻干部是落实国网公司战略的必然要求

2020年3月16日,国家电网公司提出了建设"具有中国特色国际领先的能源互联网企业"的战略目标,在智慧能源服务、大数据应用等领域,为电网企业和新兴业务主体赋予新的定义和发展前景。这一战略目标为国网湖南电力的未来发展指明了新方向,也对国网湖南电力各级领导干部、对组织人事工作提出了新的要求,迫切需要建设一支忠诚干净担当的高素质专业化干部队伍,迫切需要培养选拔一批又一批优秀年轻干部,需要大批优秀年轻干部永远葆有奋斗追求,时

(三) 优秀年轻干部是推动企业高质量发展的现实需要

近年来，湖南经济发展迈上新台阶。2019年，地区生产总值增长7.6%，全口径财政总收入突破5000亿元。湖南经济发展的良好态势也为国网湖南电力和电网建设创造了有史以来最好的发展机遇期，特别是国网公司和省委省政府签订了1008亿元的电网投资协议，电网建设发展迅猛，能源互联网建设、数字化企业建设全面启动，公司发展进入高速通道。新的发展机遇期对公司干部队伍的综合能力也提出了更高的要求。目前国网湖南电力共有处级干部281人，科级干部2858人，专业覆盖规划、调度、运检、财务、物资、营销等。但目前干部队伍结构中仍存在一些不合理现象，其中以干部队伍老龄化问题较为突出。目前，国网湖南电力处级干部平均年龄在49岁左右。根据数据分析，到2023年，有近三分之一的处级干部将要退二线，并且是大规模的集中退线。而每年新提拔的年轻领导干部不多，跟不上自然减员的速度。这将对公司的经营管理造成一定影响。因此，加大对年轻领导干部的选拔与培养，是改善公司领导干部队伍结构，推进公司高质量发展的重要一环。

二、基于"领航·接力工程"的优秀年轻领导干部选育管用创新实践的内涵

聚焦发现培养选拔优秀年轻干部目标，以"领航·接力工程"为主线，实施"千人工程"，创建"四个储备库"，分类有效开展针对性的选育管用工作，从而构建整个年轻干部的管理体系。国网湖南电力坚持以习近平新时代中国特色社会主义思想为指导，全面落实新时代党的建设总要求，坚持党管干部原则，以新时代党的组织路线为指引，以组织体系建设为重点，以培养专业能力、专业精神为着力点。坚持"质量优良、能力突出、数量充足、结构合理"的原则，构建优秀年轻干部"选育管用"全过程管理。在选拔上，实施"千人工程"，分梯队建立"80、85、90、95""四个储备库"，并实行动态调整；在培育上，创新开展支援艰苦边远地区的中长期培养锻炼模式，从选拔到任期管理再到回任管理，全方位加强对选派人员的激励与管理；在管理上，建立领导干部预警管理机制，将干部管理中的事后问题处理转变为事前风险防控；在使用上，构建领导干部岗位胜任力模型与领导班子合理搭配模型，遵循阶梯式成长路径，把合适的人放在合适的位置上。

三、基于"领航·接力工程"的优秀年轻领导干部选育管用创新实践的主要做法

国网湖南电力以"领航·接力工程"为主线，大力推进年轻干部"选育管用"全过程管理。"领航·接力工程"涵盖干部管理的全过程，旨在深入学习贯彻习近平新时代中国特色社会主义思想，全面落实新时代党的建设总要求，坚持党管干部原则，以新时代党的组织路线为指引，以组织体系建设为重点，以培养专业能力、专业精神为着力点，以重点培育"80后""90后"干部为突破口，着力培养一支形成梯队的高素质专业化干部队伍。

(一) 工作原则和目标

国网湖南电力始终将习近平总书记对国有企业领导人员提出的"对党忠诚、勇于创新、治企有方、兴企有为、清正廉洁"的20字要求作为培养选拔年轻干部的根本原则，并根据工作近期需求和长远战略需要，从数量、结构、质量三个维度制定优秀年轻干部队伍的建设目标，按照未来三年时间点确定各阶段具体指标。

1. "数量充足"目标

从各基层单位每年按10%的比例关注新进大学生，注重在青年活跃的专业工作中发现优秀年轻领导干部。建立数量规模600名左右的优秀年轻班组长、高潜人才储备库（"90"左右优秀班组长和近三年新进大学优秀毕业生）。对入库人选逐一制订培养方案，建立成长档案，实施动态调整，对条件成熟的及时提拔重用，不合适的清退出库。

2."结构合理"目标

坚持"老中青"结合，统筹年龄、性别、专业、学历、民族等因素，以年龄结构优化为重点，加快紧缺优秀年轻领导干部（"45岁以下"正处级、"40岁以下"副处级、"35岁以下"科级、"30岁以下"班组长）的发现选拔培养使用，保证各级领导干部队伍有序衔接、协调发展。到2022年末，处级和科级领导干部重点优化年龄段达到合理目标，各级领导干部队伍有序衔接，其中：现职处级领导干部中，"40岁以下"处级领导干部一个班子至少配备一人；现职科级领导干部中，"40岁以下"正科级领导干部和"35岁以下"副科级领导干部占比较目标初期提升4~6个百分点。

3."质量优良"目标

坚持在实践中培养历练，推动各级领导干部的政治修养、道德修养和业务修养全面增强，专业化、复合型领导干部占比不断提升。明确专业化、复合型优秀年轻领导干部队伍建设的阶段目标：到2022年末，现职优秀年轻处级领导干部中，有两个及以上板块经历的占比在43%左右，三个及以上板块经历的占比在10%左右，较目标初期均提高4%；有两个及以上核心专业经历的占比在20%左右，较目标初期提高6%。优秀年轻领导干部储备库中人员，基本具备2个及以上本层级岗位经历。

（二）实施千人工程，"选"好苗子

1. 拓宽优秀年轻干部选拔渠道

实施"千人工程"，即公司党委跟踪掌握、数量规模为400名左右的优秀科级领导干部储备库[其中：比较成熟的优秀正科级100名左右（其中优秀年轻领导干部不少于1/3），重点掌握和培养的优秀年轻正科级100人左右（"80"正科）、副科级200名左右（"85"副科）]，逐一制订培养计划，建立"成长档案"；建立数量规模为600名左右的优秀年轻班组长、高潜人才储备库（"90"左右优秀班组长和近三年新进大学优秀毕业生）。

对"千人工程"人选的选拔方式共有五种。一是组织推荐。各基层单位每年按10%的比例在近年新进大学生中关注一批"双一流"高校、重点院校毕业、具有发展潜力的优秀年轻毕业生，提前发现好苗子，有针对性地制订培养计划。二是专业推荐。将国网公司青年创新创意大赛获奖项目主创人、省部级科技成果负责人、省总工会劳动竞赛获奖选手、各级劳动模范等优秀人才纳入"四个储备库"。三是日常考察。建立组织人事部门日常访谈考察机制，通过下沉一线，多方式、多渠道在突发事件处置（如新冠疫情防控等）、示范县公司（示范供电所）创建、解决历史遗留问题、抢险救灾、重大项目建设、艰苦困难地区挂职挂岗等工作实践中考察识别和发现人才。四是集中调研。开展优秀年轻领导干部调研，基层单位同步开展、分级实施，确保形成层层衔接、数量充足、质量过硬、充满活力的年轻领导干部队伍。五是竞岗试聘。优化晋升通道，对于领导职位出现空缺且本单位没有合适人选的，特别是需要补充紧缺专业人才或者配备结构需要领导干部的，可以通过公开选拔产生人选。

2. 建立动态调整机制

国网湖南电力采取实时跟踪机制与不断更新的动态调整机制不断更新"千人工程"。建立由公司跟踪掌握的优秀年轻领导干部储备库，并指导基层单位建立自己的优秀年轻领导干部储备库；建立健全储备库动态调整机制，对不合适的及时清退出库，对在疫情防控、扶贫攻坚、改革发展等重点工作、重要领域、吃劲岗位中表现出色的"好苗子"及时补录入库，形成有进有出，保持"一池活水"。

（三）突出实践锻炼，"育"出素质

以往挂职工作中存在"上级管不到，下级不好管，本人沉不下"的现象，即省公司由于与接收单位距离较远，不便于直接管辖；由于挂职挂岗人员的人事、组织关系仍在原单位，接收单位无法采取有效的激励考核措施来促进挂职挂岗人员干事创业激情；挂职人员自身由于人事任期较短等原因，难以全身心投入到接收单位的实际工作中。针对以上问题，国网湖南电力对选派的中长期支援艰苦边远地区人员采取了3~4年任期制，并明确了从选拔到任期管理再到回任后管理的具体方式，从制度上消除了以上现象产生的原因。同时，鼓励引导更多优秀年轻干部和人才骨干投身到艰苦困难地区（湘西、怀化、张家界、郴州、邵阳）建功立业，也有效解决了艰苦困难地区人才相对匮乏以及人才流失等问题。

1. 精心筹备前期选拔方式

一是突出高素质专业化导向。严把德才标准，把好选派人员政治关、品行关、能力关、作风关、廉洁关。突出专业能力、专业素养、专业精神，重点选派熟悉电网建设生产运行等业务领域的技术业务骨干和善于经营管理、适应能力较强的管理人才充实到艰苦困难地区。重点选派公司各级各类专家人才以及青干班、青青班、"90后"培训班学员，并将选派至艰苦困难地区工作的人员直接纳入公司"四个储备库"。

二是坚持目标导向。根据选派领导干部专业特点和工作需求，接收单位有针对性地制定选派领导干部的年度工作目标，尤其是针对历史遗留问题整治、攻坚克难问题解决等重点工作，明确工作责任、任务要求和实际成效，与选派人员签订责任状，有意识地交任务、压担子、任实职、授实权，接收单位可根据实际情况调整选派领导干部和人才骨干岗位。

2. 切实加强任期内管理

一是坚持从严管理监督。为使选派人员更好地履职，强化责权对等，让优秀年轻领导干部和人才骨干专心谋事，选派人员的人事、工资、党组织关系等均转入接收单位。实施年度考核和任期考核，年度考核由接收单位开展，考核结果反馈至公司组织部；任期考核由公司组织部负责，考核结果作为人才进一步使用的重要参考。公司组织部将不定期到接收单位现场掌握选派人员工作表现、精神状态、担当作为等情况，对发现的问题记录在案并作为考核依据。

二是强化正向激励。为更好地保障艰苦困难地区选派人员将自己沉到选派单位中去，采用精神激励与物质激励相结合的办法，关心关爱艰苦困难地区选派人员，体现组织的温度。建立艰苦困难地区选派人员专项差异化绩效补助标准，选派至艰苦困难地区县级供电企业的每月6000元，选派至艰苦困难地区市州公司的每月5000元。建立配偶随任保障政策，允许艰苦困难地区选派人员配偶随任（如随任配偶为在长单位员工，绩效补助参照执行），选派人员任期结束或提前调回的，随任配偶同时结束随任。对无法随任的，按照公司有关规定解决选派人员探亲交通费用。每年春节前，以适当形式慰问选派人员及其家庭成员。加强关心关爱，公司组织部定期与选派人员谈心谈话，及时掌握和解决选派人员实际困难。

3. 完善回任后管理机制

为切实发挥优化艰苦边远地区支援实践在领导干部培养过程中的"风向标"作用，国网湖南电力加强对艰苦边远地区支援回任人员的任后管理。回任人员任期期满后，一般安排回派出单位对等安排工作；非省公司派出人员，选派期间表现优秀、业绩突出、为艰苦困难地区作出较大贡献的,同等条件下优先考虑调入省公司本部工作。加强回任人员跟踪管理,选派人员回任前,接收单位就回任安排方案与公司组织部沟通,并于选派人员回任后1个月内,将岗位安排情况报公司组织部备案。建立回任人员信息台账,加强对回任人员情况的跟踪了解。

(四)实施预警管理,"管"出正气

国网湖南电力按照全过程跟踪、全链条培养的要求,有效破解干部"重选轻管"问题。在管理方式上,以领导干部预警管理机制为核心,对年轻干部工作中的苗头性问题提前进行预警,并通过日常考核、年度考核、任期综合考核的"三位一体"考核评价体系,对年轻干部进行全方位的考核。

1. 实施干部预警管理

国网湖南电力建立领导干部预警机制,将干部管理中的事后问题处理转变为事前风险防控,有效避免了苗头性、倾向性的"小毛病"变成"大问题",建立"管小、管早、管平时"为主要内容的干部日常监督管理机制。

预警管理机制主要包括本部部门周期预警评价与基层单位周期预警评价两个部分。本部部门周期预警管理以季度为周期,组织基层单位对本部部门进行综合评价。基层单位从业务指导、服务态度、部门协作、廉洁自律四个维度,按照本部部门的具体履职状况,以"优秀、一般、待改进"三个标准对本部部门进行评价,并提出相应的评价原因和工作建议。党委组织部根据评价结果,采取"321"模式(即优秀取3分、一般取2分、待改进取1分)的加权计算方法,分别计算出各单项得分。基层单位预警管理则是以季度为周期,由本部各业务部门从效率效果、业务管控、工作态度、沟通协作四个方面,按照基层单位的具体履职状况,以"优秀、一般、待改进"三个标准对基层单位运行状态进行评价,并提出相应的评价原因和工作建议。党委组织部根据评价结果,采取"321"模式(即优秀取3分、一般取2分、待改进取1分)的加权计算方法,计算出各单项得分。

在综合研判本部各部门与基层单位运行风险后,向有关部门或基层单位负责人发布预警信息,并采取相应预警措施。根据预警分析判别结果,将情况分为三类:问题尚未发生但很有可能发生,问题已发生但后果较轻微,问题已发生且后果较严重。根据以上三类情况,将五项预警实施措施对应分为三级五类:

预防提示:一级措施。针对尚未发生但很有可能发生的问题,采取电话沟通的方式,对有关情况进行说明,给予相应提示,实现"防患于未然"的目的。截至目前,累计开展35余次电话沟通预防提示。

书面提醒:二级一类措施。针对后果较轻微的问题,采取书面告知的形式进行提醒,提出具体工作要求,并限期进行问题整改。整改完毕后对书面提醒进行办结。目前,已发出书面提醒108份,相关单位经过整改,已闭环90项。

预警谈话:二级二类措施。针对后果虽较轻微但可能持续恶化的问题,由党委组织部采取当面谈话的形式进行警示,必要时公司领导参加,提出具体工作要求,并限期进行问题整改。按期对整改成效进行"回头看",对整改成效较好的及时解除预警,并下发预警解除通知书进行告知。目前,已开展预警谈话19次,共下发58份《预警通知书》,相关单位经过整改,已闭环49项。

诫勉谈话:三级一类措施。针对后果较为严重的问题,由公司党委进行诫勉谈话(或委托党委组织部进行),指出存在的问题,提出诫勉的具体要求,同时进行帮助教育。诫勉期满,视其整改情况，提出诫勉解除或者组织处理意见。截至目前，累计开展诫勉谈话9人次。

组织调整：三级二类措施。针对后果较为严重的问题，由公司党委对有关领导班子进行调整，对有关责任领导干部进行组织处理并给予相应的党纪处分。目前，通过"干部转职员""调整关键岗位"等措施，共实施组织调整6人次。

2. 创新开展专项考核评价

国网湖南电力遵循2019年中央颁布的《党政领导干部考核工作条例》，依照"德、能、勤、绩、廉"的标准，在建立包括日常考核、年度考核、任期综合考核"三位一体"考核评价体系的基础上，建立完成重大任务、应对重大事件专项考核机制，注重在改革攻坚、驻村扶贫、疫情防控等关键时刻考察识别干部，形成正面业绩清单和负面问题清单，作为选用干部的重要依据。

一是试用范围。国网湖南电力将"转抓强"主题活动、扶贫攻坚专项行动、"提质增效"专项行动、配网"两降一控"专项行动、资金使用情况专项检查等对公司改革发展、实现公司战略目标具有重要意义或重大影响的重点工作或急难险重任务（重大突发事件处置）纳入专项考核内容，并分别制定工作目标及考核标准。

二是考核内容。主要考核各级领导班子和领导人员在完成重点专项工作中的工作态度、担当精神、作用发挥、实际成效等情况。具体由专项工作主责部门根据公司总体目标建立可量化、能定责、可追责的工作目标及评价标准，评价标准一般按照优秀、良好、合格、较差、差等多个等次分级确定。其中二级单位对三级单位的分解目标和评价标准，以及三级单位对四级单位（机构）的分解目标和评价标准均须报公司主责部门备案，作为公司一体考核的重要依据。

三是考核方式。采取查阅资料、实地调研、个别谈话、民主测评等方式开展，必要时可以向纪检、审计等部门了解情况。

四是考核结果应用。完成情况评价为"优秀"或"良好"的，视情形对领导班子记功、授予称号、给予嘉奖等。根据领导人员在推动重点专项工作落实过程中的贡献大小分别给予嘉奖、授予称号等，符合条件的领导人员，优先纳入公司"四个储备库"或提拔重用；完成情况评价为"合格"的，不奖不罚；完成情况评价为"较差"的，责令领导班子整改并通报或进行组织调整。对领导人员履职不力的，给予相关领导人员诫勉谈话；对失职失责的，视情形给予停职检查或调整职务处理；完成情况评价为"差"的，对领导班子进行组织调整。对领导人员履职不力的，给予相关领导人员责令辞职或免职；对失职失责的，视情形给予降职、撤职等。

（五）开展综合研判，"用"出活力

1. 开展干部能力素质和班子配备分析

建立领导干部岗位胜任力模型。结合国网公司建设"具有中国特色国际领先的能源互联网企业"的战略要求，充分调研各专业线条优秀人才，总结归纳形成涵盖知识、技能、社会角色、自我认知、特质、动机等多种因素的湖南电力领导干部岗位胜任力素质模型。依据胜任力模型确认不同专业、不同岗位的领导干部所需素质，从"四个储备库"中对应选择相关年轻优秀领导干部，做到"人岗匹配"。

建立领导班子合理搭配模型。对领导班子和领导干部进行多维度分析印证，在领导干部岗位胜任力模型基础上，结合班子成员年龄结构、性格特点、任职经历等要素，建立领导干部合理搭配模型。既认真落实学历、性别、年龄等"数字结构"要求，也充分考虑经历、经验、专业、性格等"能力结构"，确保各级领导班子成员年龄层次相符、知识能力相长、经历经验相补、性格气质相容。做到用人所长、避其所短，切实提升班子管理效率。

2. 健全优秀年轻干部选配机制

依托领导干部岗位胜任力模型以及领导班子合理搭配模型，结合"三位一体"和专项考核结果、正面业绩清单等，对干部的性格气质、专业特长进行综合研判。按照事业为上、以事择人、人岗相适的原则，注重"老中青"相结合的梯次配备，既不拘一格、大胆使用，又严格把关、统筹安排。对于经过实践磨炼和考验的优秀年轻干部，把准使用火候，及时大胆使用。坚决破除论资排辈、平衡照顾、求全责备等观念，讲台阶但不抠台阶，论资历但不唯资历。坚持优中选优、讲求质量，不拔苗助长，更不降格以求，及时把合适的优秀年轻领导干部选拔配备到重要岗位。同时，明确年轻干部成长路径，采取阶梯式的"之"字形成长模式。年轻干部先安排到艰苦偏远地区任职（张家界、湘西、怀化）锻炼，再向中等发达地区（邵阳、娄底、永州）、发达地区（长沙、湘潭、衡阳）递进交流，在多种环境下提升年轻领导干部的综合素质。

自2019年以来，共提拔"90后"科级干部49人、"80后"处级干部10人，基层单位年度新提拔科级干部中"80后"人员占比70%以上。2020年以来，对16名实绩突出的驻村扶贫队员予以提拔重用，把"好苗子"及时发现出来、合理使用起来，并在年内实现所有市级供电公司领导班子均配有"40岁以下"处级干部、所有县级供电公司领导班子均配有"35岁以下"科级干部的常态化工作目标。

四、基于"领航·接力工程"的优秀年轻领导干部选育管用创新实践的效果

（一）干部队伍结构更加优化

优秀年轻领导干部选育管用全过程的实践，推动了公司干部队伍年龄结构持续优化，2018年以来，共计开展了20个批次挂职挂岗培养锻炼，为449名年轻干部和优秀人才提供了锻炼机会。新提任处级干部平均年龄较原有处级干部平均年龄下降了5岁，"80后"处级干部达到15人，"90后"科级干部达到57人，干部的精神状态和工作业绩得到了干部职工的广泛认可。充分衡量领导干部与企业特点、岗位性质以及班子团队的匹配度，通过优化成员搭配，形成老中青搭配，传统业务与新兴业务搭配，优化年龄结构、工作结构和专业结构，合理配置领导班子，形成团结协作的良好氛围，充分调动成员干事创业的积极性，提高领导班子战斗力。

（二）干部队伍素质持续提升

重点提拔优秀年轻领导干部，有效盘活干部人力资源，现有处级、科级领导干部中高级职称占比86%，本科及以上学历占比94%。按照"一人一档案"的要求建立优秀年轻领导干部成长档案，广泛收集业绩考核、一岗双责、荣誉成果、预警管理等系列涉干信息，形成全面系统的优秀年轻领导干部画像分析，为干部培养锻炼、干部队伍梯队建设、优化班子结构提供重要数据支撑。

（三）企业发展更具活力

优秀年轻领导干部培养激发了企业发展活力。电网发展方面，国网湖南电力与湖南省政府成功签订1008亿元的电网投资框架协议，电网基建投资创历史新高，连续两年成功打赢长沙电网"6·30"攻坚战，最大供电能力提升26%。企业改革方面，主业员工"三通道"、供服职工"双通道"职业发展体系建设有力推进，县公司"大部制"改革顺利完成，重大历史遗留问题得到有效解决。扶贫攻坚方面，完成公司供区6400多个（6423）贫困村电网改造；办理光伏扶贫项目并网4000余户（4131）；大力推进驻村扶贫工作，累计实现1.41万户、5.07万人精准脱贫，92个贫困村脱贫出列，2018年、2019年公司连续两年在脱贫攻坚综合考核中被评价为"好"，并连续两年获评湖南省"脱贫攻坚工作先进单位",公司"教育+就业"扶贫相关工作经验得到国务院国资委的肯定和推广。

主 创 人:秦 兵、刘智慧
参与创造人:唐剑东、李 彬、张世勇、马良才、向志敏、黄 淑、欧阳洋

县级供电企业电力青年成长成才服务体系构建

国网湖南省电力有限公司郴州市苏仙区供电分公司

国网湖南省电力有限公司郴州市苏仙区供电分公司（以下简称"苏仙公司"）是国网湖南省电力有限公司（以下简称"省公司"）直属大型县级供电企业，处郴州市"南延东进，东进优先"战略发展中心地段、全省"两网"市场竞争（与地方电网交叉供电）阵地核心区域。苏仙公司现设7个职能部门、2个业务实施机构和5个农村供电所，拥有员工340名。公司现有资产5.89亿元，区内有220千伏变电站1座，110千伏变电站8座，35千伏变电站9座；所辖35千伏线路33条、总长266.85千米，10千伏线路119条、总长1033千米；已开发的分散在各乡镇的径流式小水电站65座。2019年，年售电量12.78亿千瓦时，销售收入8.67亿元，同业对标在国网省公司系统综合排名第二、保持A段，获评全省系统"2018—2019年度示范县级供电企业"。

一、县级供电企业电力青年成长成才服务体系构建的实施背景

（一）是供电企业改革人才管理创新的需要

兴企之要，唯在人才。青年员工是最富有前途和朝气的员工队伍，是企业的生力军，其工作态度、行为结果将直接影响企业的工作绩效和未来发展。近年来，随着科技进步、电网的飞速发展，以及新设备、新工艺、新知识的大量应用，对电力企业员工的职业能力和素养要求越来越高。提高青年员工的工作能力，让他们更加快速地成为骨干力量，是加速企业发展的一项重要工作。苏仙公司是国家电网公司所属的三级单位，有40岁以下青年员工135名，占员工总人数的39.7%，青年员工基本都在生产一线，是生产的直接参与者。苏仙公司已清晰地认识到只有利用好青年员工的力量，才能更快、更好地发展，因此，公司高度重视青年员工成长、成才，通过推动青年员工岗位成才服务体系构建，激活青年人力资源，优化人才队伍结构。

（二）是电力企业激励青年成长成才的需要

青年是企业发展的中流砥柱，青年员工是最积极、最活跃、最有生气的力量，是企业人才队伍的重要组成部分和后备军，代表了企业发展的未来。因此，激发青年的热情，帮助青年成长成才，使其最大限度地发挥聪明才智和潜能，尽情展现人生价值，成为各级组织的一项重要任务。在苏仙公司340名员工中，有着这样一群年轻的退伍军人，占公司青年人总数的52%，虽然能够吃苦耐劳，但是由于文化程度较低，在职业晋升、技能评定中处于劣势状态。如何给他们一个人人努力成才、人人皆可成才、人人尽展其才的环境，给他们一个展现自我、提升自我的平台，来实现他们内心的想法和梦想？公司通过量身订制切实、可行、有效的培养措施，以培养合格的复合型人才为目标，探索加快优秀青年管理人才的路径，为企业提供了人才保障。

（三）是满足企业改革发展人才建设的需要

电力行业由于自身行业特点，对员工的知识水平要求较高，长期以来如何培养电力专业人才一直是电力企业发展中的一项重要工作。在公司改革发展建设过程中，加强人才队伍建设，拥有一支人才梯队合理、职业素质良好、专业技术精湛、能提供优质服务的青年人才队伍，是确保公司可持续发展的支柱。但是由于历史遗留问题，基层供电所随着规范化建设的推进，年龄大、身

体不适的老员工对日常业务、登杆作业等工作显得非常吃力。所以公司目前呈现整体超员及结构性缺员的人力资源现状，缺少专业技术人员，以老带新、以老带青的人才合理梯队还没有真正形成。如何全面激活青年人力资源，培养青年人才，提高青年员工业务水平，努力造就一批优秀的技术型人才，实现青年员工与企业共同成长，是公司改革发展的迫切需要。

二、县级供电企业电力青年成长成才服务体系构建的内涵

青年员工是企业发展的主力军，如何关注和引导青年员工在企业的发展中的不断成长，探索并建立一套行之有效的人才培养体系，缩短人才培养周期，显得尤为重要。苏仙公司为帮助青年员工尽快适应和融入公司生产经营活动，以国家电网公司青年员工培养体系为导向，以"留住青年、激发青年、用好青年"为基本工作要求，以打造"想干、会干、实干"的青年员工队伍为主要目标，通过运用新的管理理念、管理模式、管理方法对青年员工进行"精准画像""精准对标""精准引领""精准服务""精准激励"，促进青年员工专业能力与综合素质快速提升，形成青年员工"服务中心工作，各领域全方位发展"的培养管理新体系和考评激励新机制，加快建设一支素质优良、业务精湛、作风过硬的青年员工队伍，以达到激活青年人力资源，降低企业人力成本，推动公司效益提升和可持续健康发展的目的。

三、县级供电企业电力青年成长成才服务体系构建的主要做法

（一）强化顶层设计，制定组织保障体系

为了加强对青年员工的培养，解决青年员工的后顾之忧，让青年员工将更多的精力放在工作和学习上，围绕为青年员工主动服务的理念，县级供电企业党委、行政、工会三方领导组织合力建立了思想、组织、管控的三保障机制。

1. 建立思想保障机制

苏仙公司通过以党建带团建为切入点，成立了以"东方红共产党员服务队"为载体的五支队伍（党员服务队、青年服务队、先锋突击服务队、志愿者服务队、巾帼风采服务队），通过每月制定活动，不断激发青年员工的活力，加强对青年员工的思想政治教育，要求青年员工上党课，参加主题党日，提高青年员工的站位意识，弘扬求真务实的作风，发扬艰苦奋斗的精神。在活动的开展中不断学习，充分发挥党员队伍的典型引领力，激励、带动青年员工，从而形成导向，促进青年员工勇挑重担。

2. 建立组织保障机制

为确保青年员工顺利成长成才，苏仙公司成立以了公司总经理以及党委书记为组长的人才培养规划工作小组，承担人才培养的日常工作以及青年培养的组织实施，并对实施情况进行管控、考核，从多个维度梳理员工现有基础数据，结合国网湖南省电力有限公司相关文件，为员工量身定制晋升通道，为每位员工下发《岗位晋升表》，使员工清楚如何提升自己的专业技术资格或者技能等级，为青年员工打造上升通道，打消青年员工无法提升的顾虑。

3. 建立过程管控保障机制

公司完善了培训管理考核评价体系和工作标准，明确考核指标，建立成长档案，采取随机抽查与定期检查相结合的方式，按月对培训情况评价、分季考核兑现。一是在培养过程中，对于未能达到培训目标的，或者经过绩效考核，不能胜任现有工作岗位的，将降级、降阶进行培养，同时启动分管领导预警约谈。对表现结果甚好的，仍有机会再一次进入培养计划。二是当公司出现岗位空缺时，将根据《培训评估管理办法》对各层次人才的培养工作进行评估，优先从人才梯队中选拔适合人选进行任用。三是从准备、实施、评估、资料归档等几个方面采取"3+2"评估方

式加强管控,实现全过程的规范化管理;四是将测试成绩、培训意见反馈等方面纳入绩效考核,更新个人成长档案,同时作为年度评先评优的主要依据。五是定期开展培训,结合上级教育培训项目工作标准,收集培训课件、现场照片等培训资料,开展培训效果大众评分,依次对培训内容及培训者进行综合点评,纳入当月绩效,将全年培训资料登记保管,由各层级培训员专门负责管理。

(二)积极健康引导,制定青年成长成才服务新机制

苏仙公司为加速青年员工成长,对新员工的职业生涯规划进行合理引导,以实现员工与企业的共同发展。从公司的发展历程、员工的自我认知和提升、职业生涯规划管理等方面让新入职员工树立正确的职业价值观,有效规划自己的学习与生活,达到理想的职业目标。苏仙公司将青年员工按照入职时间分为三个层级,首先是刚入职的大学生,其次是入职2~6年的青年员工,最后是40岁以下的所有入职6年以上的青年员工。按照所分的层级不同对应地将他们分成三个阶段,并针对三个阶段的青年员工采取不同的培养方式。

1. 基础阶段:"精准画像"完善档案看成长

苏仙公司为每一名新入职员工建立"青工个人成才档案"。档案记录了青年员工入职两年来的六大考核维度下各方对青年员工的评价、职务岗位晋升、职称评定、评先评优、参赛获奖情况,通过加强对青年员工的联络和跟踪,及时了解、反馈青年员工工作开展情况。通过公司领导评价、部门负责人、班组长评价、同事评价、客户评价、关键指标完成情况评价以及自我评价六个评价体系的构建,能够建立起对青年员工全方位发展的完整岗位评价考评体系,通过该体系的建立引导和帮助青年员工全面发展,快速成长成才。

针对档案反馈的信息,定期组织召开青年员工座谈会、谈心谈话和工作例会,对青年员工发展现状进行小结,及时解决出现的新问题,布置下阶段工作安排。

通过青年员工个人成才档案的建立,一是能够让新入职员工对实习期的工作情况得到有效反馈,完善新入职员工实习期的考评体系,夯实公司青年员工成才体系基础;二是能够充分调动新入职员工的工作积极性,使其迅速融入公司生产经营环境,挖掘新入职员工自身特长,实现自身岗位成长成才;三是敦促公司领导、部门负责人、部门班组长关注青年员工成长,给予青年员工正确的职业生涯引导,为青年员工铺就成长成才通道,加快青年员工由"人力资源"向"人才资源"的转换。

2. 提升阶段:"精准对标"明确岗位定职责

根据入职2~6年的青年员工现场经验少、但是发展潜力大的特点,主要提升青年员工的工作质效和工作能力,依据青年员工满足研究生3年、本科5年、大专8年基层工作经验及全能型供电所建设要求,结合《县公司典型岗位名录(2017版)》以及各部门青年员工实际岗位情况,制定以部门为单位的《青年员工岗位职责知晓表》,将其深化、细化到每一位青年员工的岗位及其所属职责,并要求每位青年员工对自己的岗位职责知晓并签字确认,汇总表上部门负责人需签字确认,以确保岗位职责到岗到人。

其中素质能力采取上级评价下级的模式,评价周期为季度评价,年终进行总评。通过业务专长、执行管控、沟通协作、工作态度、创先争优、廉洁自律六个维度对青年员工进行评分。

制定月度重点工作任务完成情况表,各部门针对重点工作任务分解到人,工作前要合理计划,工作中要实时记录,工作后要及时汇报,完成重点工作闭环,写明完成情况。每个季度针对重点工作督办情况进行核算考核,作为青年员工考核的一个重要实绩环节,再根据绩效方案得出每季

度绩效考核结果，最终采取素质能力（品质）、重点工作督办（实绩）和绩效考核（结果）三者取平均分，全方面展现青年员工的履职尽责情况。

开展《青年岗位知晓表》签署工作，由人力资源部采取"送培上门"，确保必须是本人知晓并本人签字，不可代签。要求青年员工牢记岗位职责，切实履行。做到公平公正公开，保证指标数据得分准确，对不可量化的考评维度，采取民主评议、综合考评等方式，确保考评结果的真实性，并作为人才评价、干部任用、评优评先的重要依据之一，存入青年员工个人档案袋。让青年员工认清自己的工作职责，切实采取行动履行岗位职责，立足岗位成长成才。结合青年员工自身具备的素质能力、重点工作督办和绩效结果三者的综合评价对青年员工的履职尽责进行考评。

3. 成熟阶段："精准引领"交流锻炼促成才

入职6年以上的青年员工为公司的中坚力量，但是普遍缺乏管理、创新和提炼总结的能力。针对这个群体的青年员工，苏仙公司主要通过制订青年员工上挂下派及横向交流实施方案，提升青年员工的管理水平，使其能立足岗位，建功立业。

上挂下派锻炼是指由县级供电企业统一组织选派具备较强专业素质、综合能力和发展潜力的优秀人才、业务骨干和青年员工，在一定时期内到各职能部门进行实践锻炼。在各职能部门之间实施上派下挂锻炼，为优秀青年员工的成长搭建实践锻炼台，构建县级供电企业多元化的员工培养长效机制，促进县级供电企业管理水平快速提升。

一是各职能部门按照上派下挂锻炼岗位需求表的格式，提出本部门的上派下挂锻炼需求；二是统一汇总需求表，报公司党委会研究后，确定上派下挂锻炼需求计划，明确上派下挂锻炼部门、岗位、职数、条件及期限等，并将上派下挂锻炼信息予以发布；三是采取公开报名方式，征集、筛选有意向且符合条件人员，报公司党委会；四是经公司党委会整体研究，确定上派下挂锻炼人选；五是组织上派下挂锻炼人员进行上岗前集中培训；六是办理正式的上派下挂锻炼手续。

培养锻炼期间，上派下挂锻炼人员原则上在锻炼部门参加绩效考核，考核结果定期反馈至派出部门。上派下挂锻炼人员应在上派下挂期满前一周，向公司提交上派下挂锻炼工作总结，全面总结自己在上派下挂期间的学习、工作等方面的情况。公司结合对上派下挂锻炼人员日常表现的跟踪检查情况，综合锻炼部门反馈的鉴定意见，对上派下挂锻炼人员进行考核，出具组织鉴定，并作为今后人才选拔、晋升竞聘、评先评优等的重要依据，促使其逐步成长为各职能部门的负责人、中层管理人员、专业核心骨干。

(三) 深化精准服务，搭建青年成长成才平台

搭建服务平台，抓住企业改革机遇提升青年员工能力。在对促进青年员工成长成才的实践与探索中，苏仙公司发现一个明显的现象：青年员工的自身才能能否得到充分展现，工作热情能否得到持久延续，工作能力能否得到不断提升，与企业能否为他们提供展现他们聪明才智的平台息息相关。因此，在促进青年员工成长成才的过程中，应尽可能地为他们搭建更多的展现才能的平台，营造一个有利于他们实现自我价值的环境。

1. 建立青年之家，搭建青年员工成长平台

苏仙公司充分考虑到青年员工理论知识强、实践能力弱等特点，组建成立了苏仙公司青年创新之家，大胆放手让青年员工去干，让他们在实际工作中快速成长起来。

一是成立青年创新小分队，各个年龄段青年员工之间分工明确、通力合作，以提升科学技术的创新能力，切实解决工作中的难题和问题。扎实开展电力生产输变配电检修运行、设计中工器具实物研发、电力设计配电专业课题研究。创新小组负责年度科技创新、群众创新项目管理、青

年创新创意大赛、职工技术创新项目的立项、实施及申报工作。

二是通过"三室"建设，打造硬件基础。创建了青年活动室，通过配备健身器材、乒乓球台、投影仪、音响等室内设施，篮球场、羽毛球器材等户外设备，丰富青年员工的活动形式；再通过创建青年读书角，为青年员工提供阅读的场所，发动公司全体员工募集闲置书籍，征集青年员工感兴趣的书籍清单，引领青年"读好书，好读书"；建立完善公司荣誉室，帮助青年员工了解公司发展历程及取得的各项重大成就，并向青年员工展示在公司发展历程中做出重要贡献的榜样员工，带动和引领青年奋发向上、不断传承。

三是成立以"福城电力点亮福城"为主题的青年志愿者服务队。每月组织公司青年员工开展志愿者服务活动，为老、弱、病、残等弱势群体提供志愿服务，并把志愿者服务作为公司青年员工思想政治教育的载体，对青年员工提高社会适应能力，培养良好的道德情操，形成强烈的社会责任感和使命感产生了重要的作用。

2. 制订培养工作规划，搭建青年员工培育平台

本着"专业提升—主动适应""综合培养—继承发展""人文塑造—动态调整"的人才培养策略，坚持"工学结合，学训交替"的人才培养原则，以"内训为主，外送为辅"，并采取"跨界轮岗"的方式进行循环培养。注重员工特质，双向交流意愿，以量身定制的培养方式，打造全能型人才，使其能够实现"三用"（可用、实用、好用）的目标。

一是精准发力，注重专业技能"1"的培养。利用县级供电企业现有的条件，结合职业导师的规划，围绕安全、生产、营销、物资等几大专业，融合变电检修、配电运检、输电运检、配网抢修、变电设备、应急抢修、防冻融冰、反事故演习、装表接电、用电检查、计量采集、抄表收费核算、优质服务、物资质量检查、仓储等关键核心岗位的专业知识，强化技能人才。

二是固本强基，创新综合能力"X"的普及。结合青年员工实际需求、工作状态，合理设置多元化培训方案，培养多面手员工。在部门内部不同岗位之间采取AB角置换培养方式。由B角主导，A角辅导，增强被培养对象换位思考处理问题的主动性和积极性，也有效解决了由员工离职或者请假所导致的工作脱节问题。

通过聚焦新进大学生、青年员工的活力和能力，从"服务型、创新型、管理型"入手，定期组织开展合理化建议、QC小组创新项目知识培训，包括如何开发新项目、创造新产品、创新管理成果等内容，如何规范管理流程，创新管控体系，形成"建立项目团队专题组，定期与外聘技术专家交流，编制项目需求，方案实时修订、项目验收，成果申报"的一体化流程，提升项目团队研发能力，激发创新动力，促进创新常态化管理。

3. 选树先进典型，搭建青年员工成才平台

在工作中选树优秀青年员工作为先进典型，充分发挥优秀青年员工在群体中的影响力和辐射力，积极营造忠于企业、爱岗敬业、争先创优、勇挑重担的良好氛围。

以"企业文化建设年"为契机，开发综合多元舞台。搭建"员工展示平台"；成立读书委员会，每月推荐一类主题书籍供大家共同学习，通过"青年活动室"以研讨会的形式分享看书的心得和观点，大力倡导学习之风，形成共识，致力于学习型企业目标的实现。组织开展"员工交流谈心会"，构建"公司领导→中层干部→班组长→基层员工"的谈心谈话网。通过不同层级、多种方式来关心解决员工在工作或生活中遇到的问题。

通过开设青年道德讲堂，建立周五青年人员定期学习制度，由公司劳模、专业技术人员授课或邀请外来专家进行讲解，学习内容涉及企业文化、企业管理、各专业领域知识等。结合新设备

改造、新技术的应用，让员工跟随厂家技术人员到现场、到厂家进行学习掌握，带动和引领青年奋发向上、不断传承。

（四）完善精准激励，充分调动青年员工工作积极性

1. 开展柔性团队项目攻关

通过建立柔性项目团队，激发创新创效活力，对各专业中存在的重点、难点问题进行攻坚克难，实现高效、高质完成各项指标，实现某一领域、某一专业的问题得到有效解决，或某个指标取得大的进步，助推县级供电企业发展再上台阶。同时通过柔性项目团队、项目推广发现人才、培养人才，重点加强对青年人才的培养，为县级供电企业人才梯队搭建平台，激发广大青年员工干事创业的主观能动性。

2019年苏仙公司分别成立了以东方红共产党员服务品牌建设、文化兴企、人资盘活梯队建设、安全风险管控、安全生产实用型研发、营销举旗创优提质增效、线损精益管化和压降线路跳闸等问题为攻坚目标的八大柔性团队。针对日常工作中存在的"要点""难点""出血点"，开展党建、综合、生产、营销等多个领域的研究和创新，服务青年员工成长成才，切实解决生产管理中的难点和问题。并在2020年把团队扩大到10个，其中青年员工占比为85%。

2. 创新抢标竞单激励方式

苏仙公司为突破传统绩效激励模式，通过创建抢标竞单机制，鼓励青年员工个人抢单、共同抢单，以单项工作为载体跨部门、跨专业"临时流动"工作，创建"事在人聚、事完人散"的动态作战小单元，丰富企业组织构架，激发青年员工的内生活力，推进人力资源有效共享，以最大限度地实现青年员工个人价值和企业经济利益。以"抢单接单"方式激励青年员工在组织内部自主"经营"积分，有效发挥青年员工的主观能动性。

工作抢单是将公司重点、难点工作任务以订单的方式通过平台发布，青年员工可以在平台上自主争抢订单，体现工作项目的争抢制；再运用积分管理模式来衡量青年员工在订单中的工作业绩，以积分多少兑现绩效薪酬收入，体现青年员工的自我增值及自主经营的特征。实行抢标竞单机制后，不同部门的青年员工可以自主选择加入某一个（或多个）工作项目团队，通过争抢单项工作积分获得更多的绩效报酬，并得到组织的认可。打破了以往的单一增收渠道，所有员工不论级别高低，都可以通过"做事发财"，从而为知识型、业务型等各类型青年员工提供了充分发展的空间和机会，加剧了青年员工自我发展的内在激励，提高了青年员工的责任感、胜任感及成就感，有助于激发青年员工快速成长。同时，每个工作项目以工作量、工作难度、工作影响力三个维度进行评价，鼓励能者抢大单，实现高能、高薪，促进青年员工主动走入工作"恐慌区"，自我加压，挖掘潜力，主动学习，快速成长。

3. 开展师带徒定向培养

为进一步提升青年员工的业务技能水平，确保专业技术技能的传承和年轻内训师的快速培养，制订《苏仙公司职业导师标准化管理规范实施方案》。以全面提高青年员工队伍素质为中心，以培养青年骨干、专业带头人及"双师型"人才为重点，努力建设一支结构合理、素质优良、有职业特色、有较高理论和实践综合技能的人才队伍。

通过技能比武进行职业导师的评选，在2019年以全能型供电所为契机，开展了职业导师精英赛，选拔出10名优秀骨干，作为职业导师。以"实施方案"为制度确定了师徒的职责及要求，重点提升徒弟的技能水平，培养徒弟良好的工作作风和工作习惯；通过确定徒弟的培养目标，制定详细的培训计划，分阶段带领徒弟开展理论学习、现场实践、科研创新等；指导和解答徒弟在工

作中遇到的各类问题，帮助徒弟掌握新技术、新工艺、新材料等应用要领；从思想、工作、生活上关心、爱护和帮助徒弟，引导徒弟快速成长成才。

在徒弟的选择上，以新进青年员工为主体，通过与导师签订责任书，从师徒双方的工作总结、日常表现、理论知识、实际操作技能等方面，对师徒双方进行360度考核，通过师徒双方互评、考评小组综合考评等方式进行测评。对通过考核的师徒双方给予一定的绩效奖励。通过一对一的精准培养，进一步提高青年员工的专业技能水平和综合素质，为青年员工的成才提供良好的成长环境，以凝聚更多的优秀青年，加快青年员工成长成才和"一强三优"现代公司的建设步伐。

四、县级供电企业电力青年成长成才服务体系构建的实施效果

（一）创新管理方式，提升青年员工的专业技能和职业水平

苏仙公司结合国网湖南省电力有限公司、国网郴州供电公司"深根工程"指导意见，围绕青年队伍建设，以柔性团队攻坚克难为抓手，采取"精准画像""精准对标""精准引领""精准服务""精准激励"系列创新管理方式，实现了青年员工专业技能水平、职业能力、创新能力的提升。近年来，通过创新人才培养机制，公司青年员工入党2人，考取中级职称3人、初级职称14人、技师2人、高级工8人。通过开展上挂下派工作，近三年来，公司培养中层骨干11人，班组长7人，向上级输送人才11人，为市公司、县公司的发展提供了充实的中坚力量，实现了青年与电网共发展、与企业同奋进的良好局面。

（二）拓宽员工成长成才渠道，提高企业综合管理水平

公司主动为青年员工发展提供多种平台，围绕中心工作开展形式多样的创新活动，打造创新阵地软件、硬件建设，促进青年员工不断学习、提升业务水平能力，实现青年员工由专业技术人才向综合素质人才的转变。一是通过创新工作室及创新团队的成立，2019年度公司完成创新项目6个，其中"多功能可验电绝缘杆"申报了2019年职工创新创意大赛，并获得30万元推广资金；"'E'气呵成——基于绝缘材料分解产物的在线监测和智能感知"创新项目参加公司第五届"青创赛"，成功入围国网决赛。二是青年员工在学术期刊上共发表论文15篇。苏仙公司完成4个QC创新成果申报并获奖，其中线损管理荣获一等奖，其余3个项目获得二等奖。青年员工的创新成果为公司提质增效注入活力，不断提高企业综合管理水平。

（三）树立"国网青工"品牌，提升企业社会服务形象

苏仙公司团支部通过系列举措做好青工服务的"最后一公里"，打造"青年员工之家"，密切联系青年，解决其实际需求，凝聚青年形成合力，使青年积极投身于服务公司中心工作和各项业务的主战场。通过开展爱心志愿活动，紧抓"青春光明行"、"爱心光明行"、创先争优等主题，连续8年组织青年员工为社区伤残低保特困户送温暖行动，送去大米、食用油等生活必需品，义务为其更换老化线路，安装节能灯、开关、插座，在培养青年员工积极承担社会责任的同时，进一步凝聚青年感情、提高服务社会能力，塑造企业服务社会的良好形象。苏仙公司团支部获得国网湖南省电力有限公司"五四红旗"团支部、郴州市"五四红旗"团支部等荣誉称号。

主 创 人：陈 浩、李亚涛
参与创造人：杨 成、桂建华、徐筱林、梅树棋、张翠珍、周 波、
邓红兰、章 锦、周 松、杨冬冬

大型国有企业基于"法治创效"的制度建设体系构建

江南工业集团有限公司

江南工业集团有限公司（以下简称"江南工业集团"）成立于1952年，是国家"一五"期间建设的156个重点项目之一，目前已发展成为国防科技工业具有科研、生产双重资质的国家重点保军企业，国家级企业技术中心、国家高新技术企业、全国创新型企业。公司位于湖南省湘潭市，本部占地6.26平方公里，资产总额38亿元，拥有员工2803人，其中各类专业技术人员1044人，中国兵器工业集团有限公司科技带头人和关键技能带头人8人，享受国家特殊津贴人才6人。公司下设12个职能部门、2个研究所、5个分厂、5个中心、1个分公司、4个控（参）股子公司，在本部、长沙国家级高新技术开发区建立了产品研发中心和制造基地。

一、大型国有企业基于"法治创效"的制度建设体系构建的实施背景

（一）是贯彻落实全面依法治国、推进依法治企的需要

党的十八大以来，以习近平同志为核心的党中央把全面依法治国放在党和国家事业发展全局来谋划和推进。依法治企是依法治国的重要组成部分，全面推进依法治企是治企之道、强企之基、兴企之本、健企之策，是企业持续发展的动力和常青树。依法治企也是企业诚信的基础和保障，诚信守法、遵章守规，不断推进依法治企，才能进一步开拓管理思路、创新管理模式、规范管理行为，促进企业健康发展，才能有效提升企业的整体竞争力。

制度是依法治企的"准绳"，健全的制度是企业发展的基础，也是依法治企的根基。国有企业在依法治企方面进行了许多有益的探索，但还存在着制度意识淡薄、法治管理体系不健全、制度人才储备不足等问题。因此，构建基于"法治创效"的制度建设体系，是贯彻落实依法治企要求的具体体现，能够让企业在坚决贯彻执行支撑中国特色社会主义制度的根本制度、基本制度、重要制度和严格遵守党内重要法规的基础上，建立健全符合法律法规政策的公司规章制度，提升依法治企能力，助推全面依法治国。

（二）是推进国有企业改革、建立现代企业制度的需要

习近平总书记在全国国有企业党的建设工作会议上提出了两个"一以贯之"，即"坚持党对国有企业的领导，必须一以贯之"与"建立现代企业制度是国有企业的改革方向，必须一以贯之"。两个"一以贯之"为国有企业在全面深化改革中坚持党的领导、做强做优做大指明了方向。加强国有企业党的领导，就是要把加强党的领导和完善公司治理统一起来，将党建工作总体要求纳入国有企业章程，明确国有企业党组织在公司法人治理结构中的法定地位；而建立现代企业制度主要是指以产权清晰、权责明确、政企分开、管理科学为条件的新型企业制度，主要包括企业法人制度、企业自负盈亏制度、出资者有限责任制度、科学的领导体制与组织管理制度等。可以看出，要坚持贯彻落实好两个"一以贯之"，均离不开企业的制度建设工作。因此，构建基于"法治创效"的制度建设体系，能够为加强国有企业党的领导、推进国有企业改革提供理论和执行依据，能够有利于建立符合当前发展实际的现代国有企业制度。

(三) 是适应转型升级、推动企业高质量发展的需要

在习近平"打好仗、打胜仗"的要求下，江南工业集团经营规模成倍扩大，同时产品升级换代、业务复杂程度增加，对企业管理也提出了更高的要求。2015—2020年公司"五年三大步"机构变革，压缩管理层级、进行业务重组、优化组织结构以适应企业的转型升级。随着经营规模的扩大和管理结构的重组，与之对应的制度建设工作也矛盾凸显：业务领域多元化、复杂化，工作标准和工作规范还需进一步明确和完善；现行组织机构与业务、流程不匹配，部门职能定位、责权利划分不清晰等问题亟待解决。

因此，必须加强制度体系建设，解决企业制度在制定和实施过程中的难题，制定科学、统一、规范的管理制度，提高制度执行力，培养融洽、有序的工作环境，提高企业的管理效力与决策能力，提高公司的竞争能力与生存能力，为履行责任使命、推动企业高质量发展提供良好的制度保障。

二、大型国有企业基于"法治创效"的制度建设体系构建的内涵

大型国有企业基于"法治创效"的制度建设体系构建包括两个方面的内涵：一方面是法治，指坚持以习近平新时代中国特色社会主义思想为指导，贯彻落实《中共中央关于坚持和完善中国特色社会主义制度、推进国家治理体系和治理能力现代化若干重大问题的决定》以及依法治国战略部署，与时俱进地推进制度建设和治理能力建设的理论创新，夯实制度建设和治理能力建设的思想基础，坚持依法治企、合规管理。另一方面是创效，指以完善体系、优化流程、聚焦创新、狠抓执行为抓手，持续规范管理、提高效率，按照"职责清晰、体系统筹、流程控制、协同监督、动态评价、差别考核"的总体要求，推进实施"制度全生命周期闭环管理"，重点围绕"全面完整""简洁高效""协调一致""持续改进"等方面体系推进制度建设工作。对照管理职责开展制度体系梳理分析，确保制度体系对管理职责的全面覆盖，从体系上避免出现该管未管的制度空白和制度漏洞；在满足管理要求的前提下，能废则废，能并则并，能少则少，促进制度体系简洁高效，避免多头管理、重复管理和碎片化管理，让制度高效运转、具备可操作性和强执行力；针对同一管理事项，制度与制度之间存在横向相关、纵向相关、主次相关（上下位相关）等多种关系，要确保制度在管理要求、管理流程方面协调一致，避免制度错位与交叉；通过制度检查、考核和后评价工作，及时对制度进行修订完善，有针对性地解决国家政策法规、经营环境、管理模式变化对制度适宜性、可行性、可操作性、有效性带来的影响，推动实现制度全生命周期内的定期体检和修订完善。

三、大型国有企业基于"法治创效"的制度建设体系构建主要做法

（一）强化顶层设计，构建"三级四层"管理体系

1. 加强组织领导，建立"三级"组织管理体系

江南工业集团在构筑制度建设体系时，就按"决策、管理、执行"三级建立健全了三级制度建设工作组织机构体系，明确了主要负责人、分管制度建设工作负责人、其他负责人，制度建设工作领导小组、制度建设管理部门相关单位和人员等的职责，细化分解各条业务线、各层级人员的职责，层层落实到位。

一是决策层面制度建设工作领导小组。由集团主要负责人担任制度建设工作领导小组组长，对制度建设工作负总责；由分管制度建设工作的企业领导担任副组长，负责指导、协调和督促、检查制度建设工作开展，及时处理制度建设工作中的重点、难点问题，组织部署年度制度建设工作；制度建设工作领导小组成员包括各职能部门以及相关业务单位的主要负责人，严格履行分管

工作范围内的职责与义务。制度建设工作领导小组认真贯彻执行国家有关制度建设工作的法律、法规、方针、政策、决定以及上级有关制度建设工作的部署和安排,对各单位制度建设工作进行指导、协调、检查和管理,研究制定年度制度建设工作要点,研究决定制度建设工作中的重大事项等。每年组织一次对各单位制度建设工作开展情况的全面检查和考核。二是管理层面制度建设管理部门。江南工业集团制度建设工作由公司办公室负责归口管理,在制度建设工作领导小组的监督和指导下开展日常管理工作,根据统一安排和部署,建立健全制度建设体系,监督检查考核制度执行情况,指导各单位开展日常制度建设工作。三是执行层面各二级单位工作小组。各二级单位设立一名制度建设工作分管领导、一名制度建设专(兼)干,负责本单位制度建设管理工作。制度建设工作网络体系的建立,保证了制度建设工作管理规章制度得到有效的贯彻与落实。

2. 实施分级授权,建立"四层"制度体系框架

在制度分层方面,江南工业集团将管理制度框架分为根本制度、基本制度、专项制度、操作制度四个层次。在制度分类方面,根据管理特点和各项工作的内在联系,将专项制度和操作制度进一步细分为11个大类、44个子类、81个管理事项三级。制度体系设计形成制度体系分类表,将现行所有管理制度归入相应的类别和管理事项目录之下,制度建设工作在制度体系分类表的总框架下,按照全覆盖、不重叠、无空白、不冲突的原则有计划地进行。一是体系表中有缺项的管理制度,相关部门应当按照业务分工,尽快补充制订;对于部分管理事项,现行管理制度过繁、过多、交叉重叠的,有计划地修订和归并,逐步减少制度数量;对于有互相冲突的制度,尽快清理废止。二是修订或制订新的管理制度,应对其原因和必要性进行分析,说明与原有制度的关系,并相应废止被替代的制度。三是为保证制度执行的统一性,各二级单位应当认真贯彻落实各项管理制度,对已有专项或操作制度的管理事项,二级单位一般不再制订内部管理制度。确有必要制订的,必须符合相关制度要求,不得与相关制度相冲突。制度建设体系分类表是江南工业集团制度建设工作的根本遵循,为今后开展制度建设工作提供了指导。

(二)严肃流程规范,健全多维联控实施体系

1. 突出规范性,建立制度建设实施机制

一是建立制度立项机制。江南工业集团各部门于每年年底提出下年度本部门制度建设(包括新订、修订、废止)建议计划,制度建设管理部门对各部门提出的建议计划进行立项审查,并编制《江南工业集团制度建设年度计划(草案)》,报经制度建设工作领导小组审定后提交总经理办公会审议批准。制度建议计划包括拟建设制度名称、制度层级、建设方式(新订、修订、废止)、必要性简述、进度安排、审批权限等内容。二是建立制度征求意见机制。在制度文本起草过程中,要面向各部门、各单位征求意见;有特定对象的,还应专门听取特定对象的意见和建议;涉及职工切身利益的,按照有关规定听取职工的意见和建议;制度内容政策性、专业性较强的,应向系统内外专家或相关政策制定部门征询意见。制度文本征求意见原则上由制度编制部门组织进行;基本管理制度文本征求意见,必要时由制度建设管理部门会同制度编制部门组织进行。三是建立制度审查机制。制度报批前,应通过制度审查,制度审查包括法律审核和文本审查。法律审核是对制度文本的合法性进行审核;文本审查是对制度文本的规范性、一致性、协调性等进行审查。根本制度、基本管理制度的法律审核由总法律顾问负责;专项制度和操作制度的法律审核由法律事务管理部门负责。文本审查由制度建设管理部门负责。四是建立制度评价机制。制度建设管理部门负责公司制度评价的统筹协调工作;各职能部门负责组织实施责任范围内制度的具体评价工作。制度评价采取面向相关部门、单位征求意见或专家论证的方式开展。评价的制度范围

主要包括：国家法律法规及上级党政部门政策制度调整变化涉及的制度；管理体制、机制改革，机构、职责调整，管理方式变化涉及的制度；一年内3个及以上部门或单位提出意见建议的制度；连续5年未开展过评价或未修订的制度；试行（暂行）期满2年的制度。制度评价采取百分制，评价结果作为制度沿用、修订和废止的依据。

2. 突出操作性，坚持制度与流程同步建设

流程清晰是制度合理、可行、可操作的重要标志，流程编制的过程同时也是梳理、调整、优化制度管理逻辑、管理方式、管理要求的过程。流程是企业进行业务活动以及管理工作的重要承载体，制度解决"做什么，不做什么"的问题，流程解决"怎么做"的问题。江南工业集团坚持实施制度与流程同步建设，凡制度中存在工作流程的，在制度文本起草过程中同步编制工作流程图和流程说明作为制度附件，使流程内容与制度条文保持一致，具有同等效力，增强制度的可操作性，逐步实现制度流程化，流程表单化，为流程、表单信息化打下基础。通过制度与流程同步建设，可同时对制度的执行性进行检验。每年年初，在制订年度制度建设计划的同时，制订年度业务流程完善计划，调研不合理流程，对评价得分低于70分的流程等进行修改完善，疏通管理瓶颈，理直管理弯点。同时，对关系企业重要发展、民生项目内容进行专项流程优化，包括科研项目高效管理、共享型财务系统建立、技能人才职业通道搭建、投资建设项目审批、生产管理流程优化、信息化平台搭建等，以持续完善的业务流程助推企业跨越式发展。

3. 突出时效性，科学开展年度制度建设工作

一是科学统筹制订年度制度建设实施计划。江南工业集团严格落实"有管理事项就有管理规范，有激励需求就有机制设计"要求，以制度建设体系分类表为根本遵循，严把制度建设"入口关"，针对各类管理事项中存在的制度缺项、重叠、交叉问题，对标体系完整高效，于每年年初制定年度制度建设计划及制度评价计划，要求各单位在规定的时间内完成制度的新订、修订、废止和评价工作。制度建设年度计划调整于当年9月集中进行，计划调整程序与计划制定程序相同。"暂行"和"试行"制度运行两年后应根据运行情况更新发布正式制度，特殊情况下，确需继续试运行的，经签发人批准后可顺延一年。二是推进制度教育培训全覆盖。江南工业集团将制度培训纳入年度教育培训计划，制度承编部门负责组织开展对本部门印发制度的培训工作，各单位将制度培训纳入本单位每季度教育培训内容，逐步形成人人学制度、人人懂制度、人人守制度的良好氛围，进一步提升了制度执行力。三是严格监督检查考核。各单位于次年1月初对本单位上年度制度建设情况进行总结，并将制度建设考评材料报送制度建设管理部门，制度建设管理部门于20个工作日内对各单位制度建设工作开展情况进行检查和考核。

4. 突出奖罚性，持续带动制度建设业务活力

一是将制度建设工作考核纳入各单位年度绩效考核。年度制度建设工作考核评价结果分为优秀、合格和不合格三个等级，对年度制度建设工作考核达到优秀级的单位给予奖励，对年度制度建设工作考核为不合格的单位给予相应处罚。根据年度考核得分，排名前八的单位被评选为制度建设工作先进单位，排名前二十五的单位可以推荐一名制度建设工作先进个人。二是开展专项奖惩。将年度制度建设重点工作完成情况纳入单位年度绩效考核管理责任书中，按年度进行考核奖惩，完成了相关责任指标和专项工作任务的，增加单位年度绩效系数0.05；未完成的，则扣减单位年度绩效系数0.05，由此可影响到整个单位的绩效薪酬。三是加大日常奖惩。在日常工作开展过程中，对认真履行制度建设工作职责、成绩突出的单位和人员，给予表彰和奖励；对违反规章制度或者不履行相关职责的单位和个人，给予相应处罚。

(三) 突出闭环管理,助推持续改进评价体系

1. 以持续改进为目标,构建制度建设闭环管理工作流程

江南工业集团制度建设遵循以下工作流程:制度立项—文本起草—征求意见—法律审核—文本审查—审批印发—执行监督检查—制度评价—制度"废、改、立"。实现制度建设工作闭环管理,严格依照相关法律法规要求,推进制度建设流程控制,持续改进完善方式方法,实现管理创效、管理增效,把好制度全生命周期管理关键环节。解决制度出台随意性较大、针对性不强、建设过程管控不到位等问题,确保"精准施策,增强可行性",使制度适用、实用、可用。一是优化简化征求意见机制。针对制度文本线上意见征求周期久、流程长、流于形式的问题,将意见征求环节前置,制度建设责任单位面向各职能部门和单位广泛征求意见,填报《意见征求情况汇总表》,未征求意见或征求意见不全面的,制度文本审查不予通过。二是拓展和发挥制度审查审核功能。遵循"逢发必审"的原则,严格执行制度审批流程,制度完成起草论证和意见征求后提交法律审核和文本审核,法律审核对制度的合法性、合规性进行审核把关,制度建设管理部门对制度的起草说明、文本编写规范、流程建设情况、重要程度及审批权限等方面给出具体意见。三是以制度评价为抓手促使制度可操作性、可执行力有效提升。拓宽制度评价渠道,制度评价范围由在单一的制度建设责任单位内部开展拓展到在制度执行单位广泛开展,避免了"既当运动员又当裁判员"的问题,不断提高制度的科学性、可操作性。四是严格审批权限。用于规范经营、管理、科研、生产等某一大类业务活动的基本管理制度由总经理组织拟订,董事会决定;用于规范董事会运行、国家法律法规和上级机关要求由董事会决定的基本管理制度由董事会办公室或董事会专门委员会组织拟定,董事会决定;专项制度由董事长办公会或总经理办公会审议批准;操作制度由董事长、总经理或分管领导审批。五是运用监督考核手段推动制度落实落地。日常监督与年度考核相结合,根据《制度建设工作考核评价细则》要求,制度建设责任部门按季度将制度执行情况报送至制度建设管理部门,在年度考核考评中,制度制订部门对制度执行部门执行情况进行评估打分,纳入考核评价范围。充分发挥监事会监督、内部控制、审计联动监督作用,形成制度执行的监督合力。通过以上闭环管理措施,江南工业集团形成了系统完备、科学规范、运行有效、持续改进的制度建设体系。

2. 以考核评价为抓手,强化制度后评价

一方面,制定制度建设考核评价标准。江南工业集团将制度建设作为各单位基础管理的组成部分,纳入年度绩效考核范围。制度建设管理部门制定印发了《江南工业集团有限公司制度建设工作考核评价细则》,主要从基础状况考评、日常工作考评、制度执行考评和工作创新考评四个方面进行考评:基础状况考评主要是对各单位制度建设工作机构健全性、制度建设工作计划完善性的考评;日常工作考评主要是对各单位年度内制度建设日常工作开展情况、制度建设任务完成情况和个性化指标完成情况的考评;制度执行考评主要是对各单位年度内对上级单位、江南工业集团以及本单位制定的制度执行情况的考评;工作创新考评主要是对各单位年度内制度建设工作创新情况和制度在线运行情况的考评。基础状况考评、日常工作考评、工作创新考评由制度建设管理部门负责。制度执行考评由制度建设管理部门组织各职能部门进行考评。制度建设工作创新成果由各单位向制度建设管理部门申报,制度建设管理部门根据创新成果的难度、重要程度和推广价值等进行考评。制度建设考评实行计分评级制,并且按照责、权、利对等的原则,分成部门和分厂两个片区进行考核,考核分值也不一样。基础状况考评、日常工作考评和制度执行考评三项总分为100分,其中:基础状况考评10分,日常工作考评50分(分厂片区为30分),制度执行

考评40分（分厂片区为60分）。工作创新考评为加分项，分值为10分。制度建设考评等级从高到低分为优秀、合格和不合格三个等级，合计得分（含加分项，以下同）在90分以上，且位列前20%以内的单位为优秀；合计得分在85分以下的单位为不合格；其他单位为合格。制度建设管理部门根据制度建设考评结果，确定各单位制度建设工作考评等级名单并提交给绩效考核小组，在各单位年度绩效考核时予以体现。

另一方面，建立制度"三监督"检查机制。江南工业集团把监督融入日常工作当中，建立"三监督"检查机制，即组织开展各部门内部的自我监督、横向部门的相互监督和制度建设管理部门的专业监督。通过自查、职能部门抽查、专项检查等多种监督检查形式，充分了解、掌握制度执行情况，从而进一步做好制度后评价工作。一是依托职能管理实施分类监督，职能部门对业务范围内的责任制度负有执行监督责任，可将日常管理过程中发现的问题和异常对应转化为违规记录，建立起制度分类监督机制，每月通过月度绩效考核小组及年底向制度建设管理部门汇总提交违规记录或制度执行监督情况报告。二是建立实施了多部门协同监督机制。制度建设管理部门通过收集和运用纪检监察、内部审计、全面风险管理、质量体系认证、安全标准化考核、法律风险管理定级等发现的问题和不足，不断优化完善制度体系和规范制度建设工作，凝聚形成制度执行监督合力，推进制度执行力的提升。同时，将制度执行监督检查情况作为年度制度建设工作考评和绩效考核的重要依据。

3. 以信息化为手段，强化制度执行和宣贯

江南工业集团充分利用信息化平台建设，创新工作方式方法，为制度全生命周期管理创造环境和条件。一是实现集团公司和公司制度线上阅览。在办公网上设置现行有效制度专栏，下设集团公司制度和公司制度两类，内容包括：制度名称、发布文号、印发日期、适应范围、责任部门、密级、业务流程图和制度文本等，通过设置不同权限，实现规章制度与业务流程在线查询、浏览和下载，便于公司员工学习、贯彻、执行管理制度，提高工作效率。制度建设管理部门动态更新线上制度文本，实现制度文本即时、高效的查询、阅览。二是推进制度和流程上线运行。在现有的条件下，推进制度审查在办公网上在线运行，实现制度审查表单化、电脑化和流程化。同时，对具备条件的制度流程，逐步推行制度流程的上线运行，实现制度流程化、流程表单化、表单信息化，提升制度执行效率。包括生产物料计划、物资采购、公开招投标、财务收支、员工提案改善等多级协助流程的上线运行，提高了流程的协同性，并对过程中的审批环节实现监控和可追溯。三是定期印发现行有效制度目录。每年初，由制度建设管理部门负责编制《江南工业集团有限公司现行制度目录》，并印发各单位，便于员工在工作中查询使用。四是利用微信搭建沟通反馈平台。充分发挥微信群及时反馈的作用，包括"制度建设微信群"，对制度建设重点工作任务进行提醒、督办，并就制度建设、制度执行工作情况、困难进行沟通反馈；对关键业务由业务负责人根据实际需求建立"业务交流群"，提高运行效率，同时及时报错、反馈流程与制度问责权应用、推诿扯皮情况，多维、真实的反馈有效推进了制度建设自我更新、自我完善工作的正常开展。

四、大型国有企业基于"法治创效"的制度建设体系构建的实施效果

（一）员工法治意识得到增强，依法治企能力得到提升

通过构建基于"法治创效"的制度建设体系，营造了良好的学制度、知制度、守制度、用制度的氛围，增强了管理者依法经营、依法管理意识，特别是通过制度流程的规范和强化制度执行，使员工感受到制度的严肃性和权威性，制度意识得到树立，法治意识得到增强，依照流程办事、遵照制度防范风险的理念深入人心，依法治企能力得到提升。江南工业集团连续十多年获评湖南

省及湘潭市"重合同守信用"企业称号。

（二）业务流程逐步优化，工作效率得到提升

在基于"法治创效"的制度建设体系构建中，江南工业集团坚持制度和流程同步建设，在执行、修订、评价制度的同时，对业务流程进行检验、优化、审视，在制度的持续改进和闭环管理中，业务流程也随之不断优化和规范。近年来，江南工业集团持续修订完善《全面预算管理办法》《供应商管理办法》《江南工业集团有限公司比质比价管理办法》《江南工业集团有限公司质量成本管理办法》等数十个管理制度，优化工作流程42个，企业管理水平和效率显著提高。同时，在制度流程不断规范的基础上，让制度流程逐步上线运行，工作效率得到提升，经营质量逐年提升。2019年，江南工业集团获评中国兵器工业集团经济效益突出贡献奖一等奖。五年来，江南工业集团累计获得科技成果奖16项、国家专利178项，军工特色安全管理、运营模式变革、共享型财务管理等12项管理创新成果分别获得兵器行业及省市区域性奖项。

（三）制度建设工作进一步规范，风险防控能力得到增强

江南工业集团构建基于"法治创效"的制度建设体系，建立制度建设、制度评价、制度考核等一系列管理办法，构建从制度立项、征求意见、制度审核到制度评价的闭环管理工作流程，使制度建设工作进一步规范，解决了制度出台随意性较大、针对性不强、建设过程管控不到位等问题。在制定制度过程中通过征求意见和层层把关审核，使制度的适宜性、可行性、可操作性和有效性得到保障，依法治企、依规行事，员工纠纷、劳资纠纷等案例大幅下降，风险防控能力得到增强。江南工业集团获评集团公司法律风险考核评级B+++级、2019年度湘潭市信访维稳先进单位。

（四）经济运行质量实现跨越式发展

五年来，通过开展基于"法治创效"的制度建设体系建设，江南工业集团的主营业务收入、利润总额、员工收入等各项经济指标持续增长。2019年经济指标显示，主营业务收入由2015年的14.16亿元增长到36亿元，改善度达154%；考核利润由2015年的6516万元增长到2.3亿元，改善度达253%；成本费用率由2015年的98.56%下降到94.63%，改善度达3.98%；EVA值由2015年的6684万元增长到2.52亿元，改善度达277%；全员劳动生产率由2015年的11.05万元/人·年增长到21.8万元/人·年，改善度达97.2%。

主　创　人：黄怀德、汤京军
参与创造人：匡朗瑚、肖静波、杨思聪、范琳琳、周小淞、陈　述、
　　　　　　蔡双蔚、龚　超、程锦荣、张　华

市级烟草企业战略目标导向绩效管理体系构建

湖南省烟草公司永州市公司

湖南省烟草公司永州市公司（以下简称"永州烟草"）成立于1985年，是湖南省烟草公司的全资子公司，企业性质为国有独资公司，主要经营烟叶生产种植、收购、调拨、烟草种子加工销售和卷烟、雪茄烟销售。全市系统在岗职工1368人，内设17个职能科室，下辖10个县级分公司，其中3个纯销区、7个两烟区，辖区内有卷烟零售户2.17万户，烟农9000余户。2019年销售卷烟18.16万箱，调拨烟叶64.6万担，营业总收入69.16亿元，实现税利总额20.24亿元，居全省烟草商业系统第5位。

近年来，永州烟草以管理创新为抓手，扎实推进"实力永烟、活力永烟、魅力永烟"企业发展愿景，企业运行质量和效益逐年提高，呈现出稳中有进、稳中有升、稳中有序的生动局面，先后被评为"湖南省纳税信用A级单位""湖南省消费者信得过单位""第四届全国精神文明建设工作先进单位"。下设的10个县级分公司全部获得"市级文明单位""市级文明标兵单位"称号。

一、市级烟草企业战略目标导向绩效管理体系构建的实施背景

（一）是烟草行业持续稳定发展的内在要求

近年来，受"增长速度回落、工商库存增加、结构空间变窄、需求拐点逼近"四大难题的影响，烟草行业发展的空间在变小，税利增长的难度在变大。同时，烟草行业还面临着稳定卷烟销量工作、稳定烟叶生产规模、提升人均劳效、争取工效挂钩主动权的现实压力，降本增效的压力也前所未有。为有效解决以上问题带来的负面影响，国家烟草专卖局提出要坚持战略导向、目标导向、问题导向、结果导向，持续提升企业管理水平和盈利水平，切实履行好"保证国家财政收入"的特殊使命。

（二）是实现企业高质量发展的需要

为提升企业核心竞争力和整体实力，2016年底永州烟草提出建设"实力永烟、活力永烟、魅力永烟"发展愿景，力争经过一段时期的高质量发展将永州烟草打造成为具有现代企业特征的"优质原料供应商、优秀品牌培育商、现代物流配送商"。因此，必须构建一个"体系完备、运转高效、规范有序"的绩效管理体系来为此发展愿景的推进提供坚强有力的运行机制保障。

（三）是提升企业绩效管理水平的需要

永州烟草的绩效考核工作已开展多年，但其仅注重事后考核的工作理念、不注重沟通反馈的运行模式、不成体系的规章制度制约了其导向激励作用的充分发挥，使得员工参与度不高，工作效率难以得到提升。为有效解决这些问题，永州烟草迫切需要以更为先进的绩效管理理念为指导对原绩效考核体系进行优化升级，引导各级管理者和全体员工积极参与到指标制定、过程管控、考核评价等工作环节中来，进而达成共识、形成合力，全面提升企业绩效管理水平。

二、市级烟草企业战略目标导向绩效管理体系构建的内涵

永州烟草战略目标导向绩效管理体系的构建，围绕落实企业管理的计划、组织、指挥、协调与控制五项基本职能而展开，以PDCA循环为指导，运用平衡计分卡（BSC）等管理工具来编制

科学的指标体系并逐级分解落实，采用管理诊断等多项措施来对指标执行情况进行监管控制，公平客观地评价各绩效管理对象的工作绩效，实实在在地应用绩效考核与评价的结果，从而在企业内部建立有效的激励与约束机制，实现构建具有"机构健全、目标引领、全程管控、分层分类、全额挂钩、信息支撑"六个特点的永州烟草绩效管理体系的预期，为建设"实力、活力、魅力"永州烟草取得阶段性成效做出了基础性贡献。

三、市级烟草企业战略目标导向绩效管理体系构建的主要做法

（一）高层牵头，建立机构健全的组织体系

1. 成立永州烟草绩效管理委员会

永州烟草绩效管理的组织管理形式实行委员会制度，公司成立绩效管理委员会，绩效管理委员会是绩效管理的最高决策机构。公司法人（经理）任主任，分管绩效管理工作的副经理任常务副主任，公司其他副职任副主任，成员为各分公司、各科室主要负责人。主要职责是组织召开会议，对有关绩效管理的重大事项进行讨论并做出决策。

2. 设置委员会办事机构绩效管理办公室

委员会下设绩效管理办公室。绩效管理办公室为绩效管理委员会日常工作的执行机构，设在经济运行科，经济运行科科长任绩效管理办公室主任，人事科科长任副主任，成员由各科室兼职绩效管理员等相关人员组成。主要职责是组织制定、调整和完善与绩效管理有关的规章制度，组织实施对各科室、各县级分公司的绩效管理。

3. 各科室设兼职绩效管理员

各科室兼职绩效管理员一般由副科长担任，以提高绩效管理的权威性。兼职绩效管理员按照绩效管理办公室的统一要求组织开展本科室绩效管理各项工作，并参与公司对各科室（县级分公司）的绩效管理。如组织编制本科室的月度/年度绩效合约，开展本科室的月度/年度绩效的自评，向绩效管理办公室提供永州烟草对下设各分公司进行年度工作业绩考核所需的数据，协助辅导本科室各岗位编制绩效合约。

（二）目标引领，编制长中短期全覆盖的指标体系

1. 明确企业发展愿景

2016年底，永州烟草明确企业的发展愿景是建设"三力永烟"，具体讲是"以坚持巩固和完善烟草专卖制度为基石，通过管理创新、技术创新、文化创新，着力打造优质原料供应商、优秀品牌培育商、现代物流配送商，努力建设'实力、活力、魅力'永州烟草"。"三力永烟"发展愿景提出后，永州烟草组织开展"永烟建设"大讨论征文等宣贯活动，要求干部员工对如何建设"三力永烟"畅谈感想、建言献策。活动共收集到投稿77篇，评选出优秀作品34篇。

2. 出台高质量发展五年行动纲要（2019—2023年）

2018年底，为落实企业发展愿景，永州烟草出台了《"三力三商"永州烟草高质量发展五年行动纲要（2019—2023年）》。纲要分经济发展指标和人力发展指标两个大类。

（1）经济发展指标。总体要求是两烟业务总量进入全省系统前5位。烟叶生产经营方面是烟叶收购总量在全省的占比由21%提升到25%左右；市场份额上，浓香特色质量彰显，烟叶70%以上进入重点品牌、大品牌原料配方。卷烟销售总量占比达全省的7.2%左右，且排位不低于全省第5位，单箱均价达到全省平均水平。

（2）人力资源指标。实现永州烟草员工"品行好、品味好、品质好"三好目标。队伍总数方面是严格控制增量，到2024年在职员工数精简到省局规定的1138人。干部队伍方面是打造一支

年龄结构忠诚干净担当且年龄结构合理的高素质专业化干部人才队伍，争取到2023年，干部队伍中30~40岁（含）、40~50岁（含）、50岁以上年龄段的各达到三分之一。专业技术技能队伍方面是实施"111"工程，到2023年，力争全市系统培养10名学科领军人物、100名高技术（技能）人才、100名工匠型人才。

3. 提炼年度公司级工作指标

为落实《高质量发展五年行动纲要（2019—2023年）》，统筹各业务线精准高效地开展当年各项工作，自2018年起，永州烟草采用"自下而上""自上而下"相结合的方式提炼形成每一年度的公司级工作指标若干项，并以《工作手册》的形式印发给各科室、各县级分公司。

年度公司级工作指标分关键绩效指标和战略级工作任务两个类别，关键绩效指标的提炼使用了优化后的平衡计分卡工具，从财务层面、业务层面、内部运营和全面从严治党四个维度来进行归类编制。2020年，确定公司级工作指标72项，其中关键绩效指标37项，战略级工作任务35项。分解后形成各科室年度指标203项，其中关键绩效指标86项，重点工作任务117项。这203项指标全部列入各科室2020年度绩效总合约进行考核评价。

4. 制订绩效合约

永州烟草将年度公司级工作指标分解落实到各科室（县级分公司）时使用的载体是绩效合约。绩效合约是永州烟草就考核指标、评价细则等事项与各科室（县级分公司）达成一致后所签订的书面契约。各科室（县级分公司）全程参与合约的制订，因此达成目标任务的意愿强、责任心强。按评价周期分，有年度绩效总合约和月度绩效合约；按执行对象分，有团队绩效合约和岗位绩效合约。

（1）用成熟管理工具编制绩效合约。依据工作性质的差异，机关各科室绩效合约的编制使用的是KPI工具，合约由关键绩效指标和重点工作任务两部分组成；县级分公司绩效合约的编制使用的是优化后的平衡计分卡工具，合约由经济效益、工作效率、工作质量和工作激励四部分组成。

（2）按SMART原则设置考核指标。各类绩效合约具体考核指标的设置严格遵循SMART原则，即具体的（Specific）、可衡量的（Measurable）、可实现的（Attainable）、相关的（Relative）、有时间性的（Time-bound）。

（3）按CTQQR维度制定评价细则。结合烟草行业的特点及借鉴先进的管理经验，指导绩效管理对象从成本（Cost）、时间（Time）、数量（Quantity）、质量（Quality）、风险（Risk）五个维度中选择若干个来编制各项考核指标的评价细则。评价维度确定后，采用加减分法、区间环节法、百分比率法、等级评价法、一票否决法共五种方法来编制具体的计分办法，确保每一个考核指标的测评打分都有据可依，客观公正。

（三）全程跟进，实施控制与协调

年度公司级工作指标下达及年度绩效合约签订后，结合湖南省烟草公司下达的工作任务，永州烟草开展多种形式的过程管控，分析正面和负面的原因，提出改进意见，帮助各责任科室（县级分公司）更精益高效地推进本业务线（单位）所承担的关键绩效指标和重点工作任务。永州烟草采取以下五种方式对工作指标的推进情况进行控制与协调。

1. 调整工作计划

绩效合约生成后，因公司工作计划有重大调整或不可抗拒因素，造成某项考核指标不能按时完成或者没有必要完成的，可适当进行调整。年度指标的调整每年最多允许调整2次；月度指标每年最多调整4项指标，且单一月度的指标调整不得超过1项。

2. 分析企业月度经济运行情况

永州烟草的经济运行分析以自然月为周期，每个月月初对企业上月的卷烟销售、经济效益等方面指标的实现情况进行分析。一是纵向与自己比较，查找执行与计划之间的差距、本月与上月的差距（环比）、今年同期与去年同期的差距（同比）。二是横向与省内的兄弟公司比，查找与全省平均水平的差距、与先进单位或标杆单位的差距，进而分析产生差距的原因，并提出改进意见，形成书面分析材料。月度经济运行分析是公司领导安排部署下月工作指标的重要参考依据。

3. 分析年度公司级工作指标半年执行情况

2018年和2019年，永州烟草在当年的7月份各组织了一次年度公司级工作指标上半年执行情况分析。各责任科室提供所承担指标在1—6月的执行情况，对未达到序时进度的指标分析查找原因，并提出下半年的主要工作措施。绩效管理办公室负责对各科室提供的数据进行汇总梳理，并站在公司层面对各项数据进行深入分析，形成书面意见报公司领导层审阅，该材料是领导层调整下半年工作方向、部署下半年工作任务的重要参考。2020年，永州烟草在7月份还对本年度43项战略级工作任务上半年的推进情况进行了督查督办，督查结果在公司内部进行了通报。

4. 开展企业内部"管理诊断"

永州烟草的内部"管理诊断"主要是对某一个科室（县级分公司）前一阶段工作中存在的问题进行查找，并提出具体的改进意见。2018年，开展"全面体检+专科门诊"管理诊断基层行活动，设绩效管理、创新管理、定额管理、烟叶原收原调改革、卷烟终端建设、真烟非流治理和人力资源管理共7个诊断主题，诊断对象是下设的10个县级分公司。通过现场诊断共发现问题99个，提出改进意见或建议80条。2019年，诊断对象扩展到市公司科室，共查找出问题91个，其中市公司科室28个。永州烟草还对2018年实施了管理诊断并存在较多问题的道县分公司进行了"回头看"，复查验证了20个问题的整改情况。2020年，湖南省烟草公司明确在全省烟草商业系统推广应用永州烟草管理诊断工作模式。

5. 开展县级分公司对标工作辅导

2019年，为指导各县级分公司在湖南省烟草公司组织的对标工作考核评比中取得好成绩，永州烟草运用SWOT（优势、劣势、机会、威胁）分析法对下设的10个县级分公司上季度的28项对标指标动态与排位情况进行了细致分析，并为每个分公司量身定制了下季度的个性化提升改进意见书，其中7月份到各分公司现场解读第三季度提升改进意见。9月份公司领导层组织相关职能科室召开对标工作辅导专题会议，要求各职能科室为有获奖前景的县级分公司提供业务指导和资源支持，确保取得好成绩。2020年，此项工作持续开展，并出台县级分公司对标工作奖励办法。

（四）分层分类，开展考核与评价

永州烟草的绩效考核事项包括工作业绩考核和年度综合评价。其中，工作业绩考核有两个层级，第一层级是市公司对各科室（县级分公司），第二层级是各科室对各岗位，以下主要介绍第一层级的做法。为确保绩效管理体系的规范运行，陆续印发了《永州市公司绩效管理制度》等14个与绩效管理有关的规章制度。

1. 对各科室工作业绩进行考核

按考核周期分，有月度和年度两个大类。

月度工作业绩考核有三个方面：一是列入月度绩效合约的各项工作指标的完成情况，二是当月督办交办工作的完成情况，三是工作质量考核。督办交办工作主要来源于公司月度办公室会议上安排的紧迫性重点工作任务。到2020年7月，纳入责任科室当月绩效考核的督办交办工作任务共71项。工作质量考核主要是对日常性事务工作的实施质量和结果进行考核。截至2020年7月，共做出工作质量事故事件经济责任追究决定70项，累计核减责任部门（单位）绩效工资60000元。其中，工作质量事故1项，工作质量事件69项（A+类1项、A类39项、B类21项、C类4项、D类4项）。

年度工作业绩考核有三个方面，一是列入年度绩效总合约的各项工作指标，二是当年月度工作业绩考核结果的再应用，三是工作创新、信访维稳、规范经营、安全生产等工作执行情况。考核结果不仅应用于绩效工资发放等方面，还及时反馈给各科室主要负责人，对考核成绩相对靠后的科室公司领导会约谈其主要负责人，提出下年度工作改进方向和具体意见。

2. 对各县级分公司工作业绩进行考核

永州烟草对各县级分公司的工作业绩考核分两个类别：一是横向性的年度工作综合业绩考核，由市公司绩效管理办公室组织实施；二是纵向性的单项工作业绩考核，由市公司各职能科室组织实施。后者的考核结果应用于前者。

纵向性的单项工作业绩考核按周期分为阶段性考核和单项工作年度考核。阶段性考核是永州烟草为确保公司级年度关键绩效指标按序时推进，对两烟生产经营、专卖管理等重点工作分阶段所实施的专项考核，考核周期又可细分为月度、季度或一个生产阶段。年度单项工作考核是永州烟草对各县级分公司当年某一专项工作实施的年度性评价，设党的建设、卷烟、烟叶、专卖、企业管理、服务保障和安全管理7个项目。

横向性的年度工作综合业绩考核有四个方面，一是列入年度绩效总合约的各项工作指标，二是当年两烟生产经营、专卖管理等重点工作阶段性考核结果的再应用，三是7个单项工作年度考核结果的再应用，四是工作创新、信访维稳、规范经营、安全生产等工作执行情况。

3. 组织开展年度综合评价

为全面客观地考评各科室及各科室员工的年度综合表现，永州烟草遵循定量与定性相结合、组织评价与群众评价相结合的原则，组织开展了年度综合评价。对各科室的年度综合评价，包括工作业绩考核和民主测评，权重分别为60%、40%，民主测评是从大局意识、作风建设、部门协作、服务质量四个方面进行定性打分。对各岗位的年度综合评价采用"工作业绩考核+X"模式，X是依据员工所属的类别在综合素质、学术技能、学识水平、专业技术能力、行为素质五个维度中选择若干个进行考评，评价结果分为"优秀、良好、称职、基本称职、不称职"五个档次。

（五）全额挂钩，落实应用与激励

各科室月度绩效工资与月度工作业绩考核结果全额挂钩，各县级分公司月度绩效工资与当期专项重点工作的阶段性考核结果全额挂钩。对各科室（县级分公司）年度考核评价结果的应用范围更广，一是作为年度绩效工资发放的主要依据，二是作为年度评优评先的重要依据，三是作为员工培训和职业发展的重要依据。

新体系运行以来，对各科室（县级分公司）、各岗位的年度综合评价结果的应用力度逐渐加大，绩效管理的激励作用充分彰显。以一线的客户经理岗位为例，严格按工作业绩考核结果发放月度绩效工资，拉开了同一岗位的收入差距。这一做法在2018年得到湖南省烟草公司认可，即"本次诊断抽查了14个市州局（公司）本级13岗初级客户经理6月份挂钩了考核的绩效工资情况，因考核拉开绩效工资差距最大的是永州，达2267元"。

在2019年度综合评价中，市局有11个科室获得绩效工资奖励；依据"当年度考核结果为'优秀'者，一次性奖励工资5000元，其中连续任同级职务满15年及以上的，科室正职和县级分公司正职下年度绩效工资按副调研员标准执行"的规定，全市系统有 12 名符合条件的先进个人享受绩效工资相应上调半级的奖励（期限为 1 年）。推进"三定"工作时，以全员考评结果为主要依据，调整补充全市 10 个分公司领导班子，提任干部 21 人，调整任职 46 人，选调市公司本级工作人员 7 名。

（六）信息支撑，持续优化与改进

为提升工作效率，有效应用全市系统绩效管理大数据，2018 年 4 月永州烟草启动了"绩效管理信息系统 V1.0"的建设，该信息系统于 2019 年 2 月起在公司本部正式运行，主要用于对各科室的月度、年度工作业绩考核。2020 年 7 月起在下设的 10 个分公司推广应用。

1. 确定绩效管理信息系统的设计思路

遵循烟草行业信息化工作的业务管理规范及相关标准要求，明确永州烟草"绩效管理信息系统 V1.0"的设计思路是：设计框架先进稳定、人机界面友好、UI 设计简洁规范，能充分体现永州烟草绩效管理体系的 PDCA 循环理念，构建起标准统一、流程规范的信息系统。开发后的系统运行稳定且有良好的可管理性和可维护性，功能拓展性强且有良好的兼容性，数据存储安全且传输有保障，操作简单便捷且响应时间短，较好地实现了设计预期。

2. 建立绩效管理信息系统的应用架构

总体架构分为展现层、控制层、服务层与数据层四个层次。

展现层通过浏览器为企业内部员工提供操作界面。控制层是系统具备的业务功能，即可在线上实施的绩效管理具体事项。服务层为控制层提供支撑、基础组件与服务。数据层是业务组件通过系统提供的服务接口，向各个科室的接口人采集各种绩效数据。

3. 设置绩效管理信息系统的工作模块

永州烟草绩效管理信息系统共设置了 15 个工作模块，支持绩效合约编制、工作业绩考核、全员年度考评等多项操作。

目标管理模块功能：管理五年规划、年度任务、月度任务等企业工作指标；制定目标任务评价标准；分解任务到具体责任主体（科室或者县级分公司）；记录目标完成情况并进行打分。

指标库管理模块功能：建立公司、科室、分公司业务指标库。公司指标库分为企业层面年度指标库和五年规划库、分公司层面指标库（年度、月度）、科室层面指标库（年度、月度）。实现指标的统计收集、审批、确立、权重、考核标准、责任落实、考评得分。

绩效合约管理模块功能：绩效合约、月度计划、临时工作的制订全过程管理，涉及实施过程中的沟通、指标调整等内容。

工作质量事故事件管理模块功能：用于处理各科室在工作过程中出现的相关责任事故事件，分类分级进行根源分析和处罚审批。

奖惩事件管理模块功能：记录奖惩事件，并且提供审批流程。

绩效分析模块功能：可自由定义条件选择查询绩效管理各类统计报表。

绩效考核管理模块功能：绩效办、公司副职、公司法人对各科室（县级分公司）的绩效自评打分情况依次进行复核和打分。

专项工作考核模块功能：对各分公司专项重点工作进行阶段性考核。

先进分公司评选模块功能：评选各业务领域某一年度的先进分公司。

全员年度考评模块功能：所有的员工参与互评，相互打分，并按照相关规则计算最终的打分结果。

考勤管理模块功能：可导入第三方考勤系统的数据、按月统计每个人的考勤异常次数，并按月统计。

历史数据管理模块功能：用户查看选定年月的考评结果、历史绩效指标、历史绩效合约详情，查看历史月份、年度的考评计划。

考评结果公示模块功能：能够查询给定组织或个人在给定考评周期的考评结果以及查看本期绩效合约计划的考评结果，可对以前月度的绩效考核结果进行多维度分析，查找出问题并持续改进。

基于移动web端相关模块功能：移动端打分功能主要针对全员考评和年度组织评优打分。

系统管理模块功能：可进行用户管理、组织结构管理、权限管理等。

4. 持续优化改进绩效管理信息系统

作为一个自主开发的工作软件，永州烟草"绩效管理信息系统V1.0"有一个持续优化与改进的过程。自2019年2月系统上线运行以来，永州烟草向软件开发商共提出改进需求18次，逐个解决了系统在功能设置、操作实施等方面存在的不足。如功能设置方面，增设了"督办交办工作"子模块，增加了"驳回"操作指令。经过一年多的持续改进，系统更具科学性、严谨性和可用性，初学者仅凭一张图文并茂的操作指南就能登录系统进行操作。

四、市级烟草企业战略目标导向绩效管理体系构建的实施效果

（一）管理水平显著提升，激发了企业内部活力

在两年多的战略目标导向绩效管理体系建设过程中，永州烟草内部活力得到充分释放，实现了卷烟销售等主营业务工作效率的持续改善，企业管理水平显著提升。

2019年，永州烟草的三项费用率为10.16%，比2017年下降0.49个百分点。当年业务外包费用比2017年减少874万元，降幅达28.02%。2019年底，永州烟草在编人员1368人，比2017年减少131人。同年，永州烟草人均销售卷烟1038箱、人均收购烟叶1142担、人均查获假私卷烟9.85万支，比2017年分别增加142箱/人、5担/人、3.5万支/人，增幅分别为15.84%、0.40%、55.12%。除烟叶工作，其余两项工作的效率都实现了两位数的提升，尤其是卷烟打私打假的工作效率提升了50%以上。

（二）经济效益持续向好，增强了企业整体实力

2018年，永州烟草实现主营收入65.26亿元，同比增长7.31%，增幅排全省烟草商业系统第2位；实现税利19.09亿元，同比增长3.01%，增幅排全省系统第8位。2019年，实现销售收入67.77亿元，同比增长3.84%，持续保持全省系统领先地位。

2019年收购烟叶56.44万担，同比增加2.9万担，同比增长5.42%。同年，开发高端卷烟原料16万余担，在全省高端卷烟原料质量风格评价中，永州烟叶的整体质量特色和可用性明显优于其他产区。烟农种烟收入不断增加，2018年永州市实现烟农种烟收入8.29亿元，户均收入9.1万元，同比增加0.33万元；2019年永州市烟农烟叶种植收入达9亿元，户均收入达到11.1万元，同比增加2万元。

2018年查获假私卷烟1555万支，完成年初目标的155.50%，同比增长23.61%；2019年查获假私卷烟1824万支，完成省局目标任务的121.60%，排全省第2位。2018年破获国标假烟网络案6起，在全省同比减少的情况下实现了逆增长；2019年破获国标假烟网络案5起，排全省第1位。

2018年、2019年分别实现降本增效1864万元和1163万元，分别完成省公司下达目标任务的286.15%和272.24%。

（三）社会效益逐步显现，展示了企业个性魅力

永州烟草战略目标导向绩效管理体系的有效运行，在行业内有了一定的口碑，具备了较好的示范推广性。2018年和2019年，永州烟草连续两年在全省烟草商业系统企业管理工作会议上做经验交流发言、在烟草行业"管理诊断培训班"上给学员授课。2018年12月，广东省烟草公司计划处领导带队来永州烟草学习交流企管工作。2019年2—3月，娄底烟草、邵阳烟草先后来永州烟草交流学习绩效管理等企业管理工作经验。

主　创　人：何明魁、幸　勤
参与创造人：许清孝、秦伟军、王兵万、李　曼、申玉华、孙　浪、
　　　　　　邓小春、唐茂清、钟湘瑛、刘艺舟

市场营销与服务管理

以服务客户零距离为目标的"三网协同"城区供电服务站建设和运营

国网湖南省电力有限公司株洲供电分公司

国网湖南省电力有限公司株洲供电分公司（以下简称"株洲供电公司"）是国网湖南省电力有限公司下属的全资分公司，是大二型全国一流供电企业，以建设和运营电网为核心业务，担负着保障株洲电力可靠供应的重大责任。株洲供电公司供电区域面积11262平方公里，供电区域人口401.63万。公司资产总额60.38亿元，拥有35千伏及以上变电站121座，35千伏及以上输电线路226条，10千伏配电线路889条，公用配电变压器17332台。2019年，完成售电量97.79亿千瓦时，实现内部模拟利润4.68亿元，完成固定资产投资11.38亿元，其中电网基建投资10.1亿元，同比增长19.53%，创历史新高。

"三网协同"供电服务站建设和运营是以人民为中心的发展理念在电力行业的落地实践，是实现服务客户零距离的重要途径。2019年7月，株洲供电公司的服务模式从以专业需求为出发点转变为以客户服务为出发点，通过"低压供电服务网、政府综合服务网、新型能源服务网"协同发展，为客户精准画像，加强与客户沟通，积极响应客户诉求，实现"空间零距离、沟通零距离、需求零距离"的服务目标，达到强化供电保障能力、提升客户综合体验、创新服务管理模式、提升供电示范效益的目的。

一、以服务客户零距离为目标的"三网协同"城区供电服务站建设和运营的背景

（一）是贯彻落实国家优化营商环境工作部署，实现客户电力获得指数提升的需要

党的十九大和中央经济工作会议要求进一步优化我国营商环境。习近平总书记在中央财经领导小组第十六次会议上强调，要营造稳定公平透明的营商环境，降低市场运行成本，提高运行效率，提升国际竞争力。2018年以来，国务院两次常务会议聚焦商事制度改革和营商环境创建，要求以深化"放管服"改革为抓手，不断优化营商"软环境"。株洲供电公司作为优化营商环境的重要一环，坚持"人民电业为人民"的服务宗旨，积极推进"放管服"改革，探索以服务客户零距离为目标的"三网协同"城区供电服务站建设和运营，打造"低压供电服务网、政府综合服务网、新型能源服务网"协同发展的供电服务站，提升客户电力获得感。

（二）是深化推进供电公司现代服务体系建设，实现供电服务全面转型发展的需要

随着现代社会的不断发展，供电企业在国民经济发展中占据着越来越重要的地位，迫切需要供电企业深化现代服务体系改革。株洲供电公司通过建设"三网协同"供电服务站为基础的现代服务体系改革，推动营配业务深度融合，创新业务管理模式，打造更高效的供电服务前端，全面促进电网企业科学、可持续发展，加快推进"强前端、大后台"的现代服务体系建设。构建和实施以服务客户零距离为目标的"三网协同"供电服务站建设和运营新模式，目的是为了着力打造供电更加可靠、作风更加优良、服务更加优质、业绩更加优秀的城区供电服务站，有助于构建更加专业、便捷、精准、高效的现代化客户服务体系，为供电企业从电能供应商向综合能源服务商转型打牢基础。

（三）是努力打造一站式的供电服务综合机构，满足用电客户多元化服务需求的需要

随着全球逐渐进入互联网和数字经济时代，人民群众对于用电的需求从"用上电"向"用好电"转变，用户主导、跨界融合、颠覆式创新已成为重要趋势。供电公司通过以服务客户零距离为目标的"三网协同"城区供电服务站建设和运营，融通电能替代、智能代运维、光伏、电动汽车等新兴业务，充分发挥电网基础设施、客户、数据、品牌等独特的资源优势，大力培育和发展大数据运营、大数据征信、分布式光伏云网、营业厅"新零售"专区，不断改善服务质量，为客户提供便捷办电、智慧用能等多元化服务，实现供电公司与政府、企业、一般用电客户的广泛互联互通，推动服务模式由"分散式""单一化"向"一站式""多元化"转型，将管理末端转变为服务前端，全面满足客户需求。

二、以服务客户零距离为目标的"三网协同"城区供电服务站建设和运营的内涵

株洲供电公司紧紧围绕以服务客户零距离为目标的"三网协同"城区供电服务站建设和运营，按照"试点先行，经验总结，全面推广"的工作思路，以清水塘供电服务站为试点。一是按照网格化管理要求，分区就近设置供电服务站，更加贴近用电客户，通过强化电网保障、优化业务流程、创新服务模式，打造高效便捷的低压供电服务网，实现服务空间零距离。二是主动对接地方政府，融通政府综合服务网，通过信息共享、人员协作、流程集约等，实现服务沟通零距离。三是加强与地方政府、企业的互惠合作，延伸构建新型能源服务网，满足客户多元化需求，实现服务需求零距离。最终形成低压供电服务网、政府综合服务网、新型能源服务网"三网协同"的建设和运营新模式。综合运用大数据等新兴技术工具和信息化手段，调动各级服务资源，做到三网信息互通互动、资源共享、相互支撑，确保供电保障停电更少、响应更快，客户办电距离更近、效率更高，延伸服务范围更广、效益更好，社会效益评价更优、价值更高，实现服务客户零距离。

三、以服务客户零距离为目标的"三网协同"城区供电服务站建设和运营的主要做法

（一）搭建"三网协同"体系架构

1. 确定三网思路

株洲供电公司确定了"三网协同"城区供电服务站建设和运营的思路：一是通过优化内部组织结构、业务流程及人员配置，就近派驻服务机构，缩短客户服务距离，实现服务空间零距离，打造高效便捷的低压供电服务网。二是以低压供电服务网为基础，广泛获取政府和社会资源，主动与政府网格办合作，实现服务沟通零距离，形成低压供电服务网与政府综合服务网互惠互利的良好关系，进一步提升公司供电服务水平和社会影响力。三是着眼于未来发展趋势，依托城区供电服务站建设综合能源项目，形成综合能源示范和展示网点。以此为平台，与地方政府、企业协同配合，充分调动资源，形成以推广综合能源为目标的新型能源服务网，进而实现服务需求零距离，满足客户多元化用电需求。同时综合运用大数据等新兴技术工具和信息化手段，实现"低压供电服务网、政府综合服务网、新型能源服务网"三网高效协同配合，形成"高效协同、开放共享、绿色环保"的供电服务强前端。

2. 明晰功能定位

基于"三网协同"的建设运营思路，株洲供电公司按照"试点先行，经验总结，全面推广"的工作步骤，先选择清水塘供电服务站作为建设试点单位，确定将清水塘供电服务站打造成为"营配专业融合、人员协同高效、信息开放共享、清洁能源替代"的"三网协同"城区供电服务站。在建设和运营过程中总结问题经验，不断优化，形成可复制的推广样板，在株洲供电公司进行全面推广，实现服务客户零距离，提高供电服务水平。

3. 搭建组织框架

株洲供电公司成立"三网协同"供电服务站建设和运营领导小组和工作小组，通过前期调研、规划设计、方案制订、施工建设及验收，2019年7月1日，株洲供电公司挂牌成立清水塘供电服务站。服务站设置一名站长、两名副站长，下设内勤组、外勤组、抢修组三个工作小组，建立网格客户服务经理制与设备主人制，通过定人、定岗、定职、定位"四定"管理，构建大、中、小三级低压供电网格体系。以清水塘供电服务站为单位形成1个大网格；以所辖街道和社区为单位，组建3个中网格；以站内台区（客户）经理为单位，形成5个小网格，负责管理石峰、云龙两个行政区域共计625个台区、10.9万户低压用户的营销及低压配电业务。

4. 规划协同模式

在服务协同方面，株洲供电公司将服务站内的大、中、小三级网格分别与地方政府网格化管理指挥中心、街道社区网格办公室、街道社区网格员"三级网格"对应。将台区经理作为服务协同联络员和责任人，与政府网格和新型能源网格联络对接，实现三方的有效协同，同时明确各大中小网格负责人及责任分工，通过健全"三网协同"三大运营机制，建立"三网协同"三大保障体系，优化工作流程、服务模式，并拓展"三网协同"功能及服务类型，形成高效的"三级协同"模式。

(二) 健全"三网协同"运营机制

1. 信息共享机制

一是系统平台信息共享。在公司内部，通过加强公司内部营销系统、用电信息采集系统、供电服务指挥平台、两率一损系统等系统的数据整合互通，实现公司各部门信息共享，形成强大的数据信息支撑。在公司外部，株洲供电公司借助政府网格化信息服务管理平台获取供电服务站范围内5个街道、36个社区、232个网格内的135625条人口信息、54524户家庭信息以及409条特殊人群信息，获取不同群体的供用电诉求和信息，促使电费催缴、服务管控、抢修运维、诉求工单量等方面指标稳步提升。政府网格员通过株洲供电公司各类系统平台可随时获取自己需要的居民基本信息，节约时间、人力成本。

二是人员信息共享。株洲供电公司设置"一社一牌"于36个社区物业驻点，"一幢一牌"于98个小区，将台区经理姓名、电话等相关信息公示在政府网格办的社区公示牌上。让供电服务站5名台区经理分别对接相应街道社区的政府网格员，台区经理、政府网格员双方共享彼此的联系方式、工作职责及所辖范围等信息，建立对接人员联系表。以台区经理作为低压供电服务网与政府综合服务网的桥梁，形成供电公司与政府工作人员的信息共享，便于各项工作交流及信息传递，提升工作效率。

三是工作事务信息共享。供电服务站与政府网格对接之后，供电服务站借助政府网格宣传用电知识、推广综合能源服务、化解用电矛盾，台区经理通过加入政府大网格微信群开展服务协同，及时提供电力保障服务、综合治理支撑信息，广泛获取客户用电诉求和综合能源需求，并及时反馈至相关人员，同时将计划检修、故障跳闸、网上国网App推广和综合能源等信息第一时间传递到200余个政府小网格当中，极大地减轻了台区经理的工作量，服务质量不断提升。同时，株洲供电公司以党建"联学联创"为平台，定期走访政府、街道、社区网格办，与政府网格员交换意见建议，及时了解各类客户需求及存在的问题，积极获取政府网格办的支持与协助。

2. 工作协同机制

一是通过"三轮整合"实现低压供电服务网工作协同优化，使得专业有序叠加和深化。第一轮注重整合异常和计划，各专业内勤每天整合上级下发异常和周期计划工作，有序合并派单，做到忙而不乱。第二轮注重整合专业协同闭环，内勤组长每日归集各专业工单完成情况，形成全专业口径日闭环表，做好统计分析，协调跨专业问题难点。第三轮注重整合专业攻坚，针对阶段重点工作、指标难点，供电服务站长组织内勤组、外勤组、抢修组协同作业、相互补位、相互协调，形成站内合力。

二是提升低压供电服务网、新型能源服务网工作协同。深化供电企业营销业务系统、用电信息采集系统等平台系统的支撑应用，有效整合营配现场移动作业终端功能，实现"一台移动终端、多系统数据贯通、需求一次满足、操作一次到位"，切实提升移动终端的功能应用深度与应用效率，实现营配调专业内部、专业之间深度融合，实现供电服务站、综合能源分公司、电动汽车事业部等多部门多专业信息资源共享和高效协同配合，形成有力的专业支撑机构，使得低压网格化服务模式运行更加顺畅。

三是加强与政府综合服务网的协同。将低压供电服务网的大、中、小三级网格分别与政府综合服务网、新型能源服务网大、中、小三级网格一一对应，明确各级网格负责人及责任分工，形成从客户到政府网格员再到台区经理的正向协同机制，以及从台区经理到政府网格员再到客户的反向协同机制。在正向协同机制中，客户有用电诉求或者综合能源需求，通过政府网格化管理指挥平台、网格微信群等渠道反馈给政府网格员，政府网格员再转达给台区经理，台区经理收到诉求后，及时作出响应，与供电公司各部门或综合能源公司联络处理，再向客户反馈处理结果，实现了客户多元化诉求高效传递、响应、闭环；在反向协同机制中，台区经理将各类用电信息及综合能源信息通过网格微信群、"一社一牌""一幢一牌"传递给政府网格员及客户，客户在收到信息后，可第一时间做出反应，将存在的问题及需求告知台区经理，实现了各类信息及时有效流转、及时响应。

3. 工作闭环机制

为了确保"三网协同"各项工作落到实处，确保服务质量不断提升。在供电服务站内部，执行人员"首问责任制"，即供电服务站人员收到客户的诉求、建议、投诉等反馈后，进行全过程跟踪协调，一周内无法闭环解决的任务需立即上报至管理人员，由管理人员督办协同。需要与政府部门协调解决的问题，在 24 小时内与相关政府人员取得联系。形成"三区评价机制"，对社区、园区、小区用电诉求处理闭环情况进行评价，制定相应的考核制度。由政府部门收集到的客户相关用电诉求，经政府部门相关人员下派督办单，督促政府网格员配合供电公司人员处理闭环。当出现客户诉求响应不及时、处理不到位的现象时，由政府网格办对相应社区网格员进行通报。实现政府综合服务网与低压供电服务网、新型能源服务网的有效协同配合。

(三) 拓展"三网协同"服务类型

1. 促进线上业务办理

充分利用"三网协同"资源，以政府网格员作为供电公司业务推广员，推广"最多跑一次"服务，进一步拓展"三网协同"功能及服务类型。株洲供电公司积极推广"网上国网""智慧交费"等线上渠道和移动作业终端，引导客户在线自行提交申请资料、查询业务办理进程和评价服务质量，减少客户往返营业厅次数；在各单位全面推广梳理公示的 22 项"最多跑一次"事项，对接政府信息平台，获取客户办电基本资料，按照简化流程办理，实现业务"一次办结"，并逐步有序推进"免上门"服务。2019 年株洲城区完成线上办电业务 3786 条，线上办电率达到 100%。

2. 强化供电服务协同

株洲供电公司成立了专门的供电服务指挥中心，全面负责供电服务站故障报修类工单全闭环管理，实施配网故障研判、报障单处理、抢修资源调配、抢修过程管控等工作，为客户提供24小时电力故障报修服务，进一步强化株洲供电公司与政府部门的协同能力，实现了供电服务站工作过程中"指挥、协调、监测、分析"一体化运作。在加强组织领导、业务流程、信息平台、规章制度、工作场所等软硬件资源建设的基础上，深化信息系统使用，对两率一损系统、微信公众号、移动作业平台，每周通报系统登录情况，定期组织系统应用考试。对抢修信息进行统一整合，对抢修资源进行高效调配，形成"一口对外、分工协作、内转外不转"的协同服务运转机制，提高了抢修效率，缩短了故障后恢复供电时间。

株洲供电公司严格按照相关规程处置配网故障，站在客户服务角度，优化故障处置安排，避免因处置不当造成停电范围扩大、停电时间延长。严格落实新"十项承诺"关于快速抢修及时复电相关要求，有效调度抢修资源。建立停电协同机制，对于影响较大的停电事件，启动应急处置机制，主动推送停电信息，调度各级营销人员参与现场协调。

3. 推动综合能源发展

株洲供电公司积极探索促进节能减排、推广清洁能源、提倡绿色环保的有效途径，充分发挥"三网协同"优势，与综合能源公司及政府网格办协同开展新能源宣传服务，上门向客户推广包括热泵制热水、全电厨房、中频炉改造、电动汽车及充电桩等新业务，让客户享受到新技术带来的清洁及便利。同时株洲供电公司利用清水塘原老旧变电站办公楼作为场地，建设屋顶光伏、电厨房、空气能集中空调、大功率充电桩、空气源热水器、能效监测系统等综合能源项目，打造清水塘综合能源供电服务示范站，作为典型案例向全社会进行推广。

同时，株洲供电公司建立综合能效评价体系，为客户设备或系统进行能耗评价，发掘客户节能降耗的关键节点，提供用能效率最优解决方案，为客户提供用能"体检报告"。向客户推广建设综合能源服务平台，实现对各种能源介质的生产、传输、使用、消耗、回收、放散情况及各类关键供能用能设备、能源管网集中监管和远程控制。通过设备节能、系统调度、监控考核来推动各类用能企业的节能减排，2019年出具重点企业用能分析报告233份，发现高损耗风险节点108处。

（四）建立"三网协同"保障体系

1. 建立组织保障体系

在组织领导方面，株洲供电公司成立"三网协同"供电服务站建设运营领导小组，加强组织领导和统筹协调，并将供电服务站建设和运营工作纳入目标绩效管理，强化督促检查。公司领导的高度重视和主动参与为保障体系的形成提供了坚强的组织保障。

在工作支撑方面，整合营销部、运检部、建设部及基层单位各部门人力资源，成立"三网协同"供电服务站建设和运营工作小组，明确责任主体，落实各项建设要求。工作办公室设在客户服务中心和供电服务指挥中心，客户服务中心负责统筹规划供电服务站的建设与运营，供电服务指挥中心负责供电服务站的任务派发和过程监控。

在投入保障方面，由"三网协同"供电服务站建设运营领导小组统筹安排，"三网协同"供电服务站建设和运营工作小组具体实施，充分调动公司资源，实现物资设备、人力资源、项目资金等快速整合，为供电服务站建设和运营提供坚实的投入保障。

2. 建立人才保障体系

通过"三步法"实现台区（客户）经理业务融合。第一步，集中培训建概念。开展14期业务大讲堂，覆盖10大专业，做到供电服务站全业务融合，统一改革方向，搭建融合体系，划分专业红线。第二步，工作手册解疑问。制作《台区经理工作手册》，围绕服务、计量、线损、业扩、低压配电、新型业务推广等9个专业、97个问题，明确业务标准和流程，成为台区经理日常工作查询的"红宝书"。第三步，作业卡片明操作。供电服务站制作《低压巡视标准作业卡》和《客户服务走访单》，整合了低压配电设备、计量装置、服务举措巡视检查内容。在开展现场工作时，台区经理采取点选或拍图等简单操作，完成巡视任务。通过"三步法"即能实现台区经理工作一次多效、人员一专多能。清水塘供电服务站实现6个台区经理管理625个台区、10.9万余户低压用户，人均需覆盖1.82万户。

3. 建立思想保障体系

在内部思想建设方面，形成班组指导思想、工作目标、工作重点等班组文化，将班组文化内容上墙，营造良好的班组文化氛围。定期组织开展班组交流会，及时了解员工意见建议及思想动态，针对相关问题提出解决措施，形成强大的团队凝聚力。积极开展道德讲堂、青年座谈会、"转抓强"知识竞赛等活动，促进员工提高思想认识、改进工作作风、强化工作落实。同时制定规章制度和考核体系，在实践中不断完善，最终形成贴合实际且具有指导意义的管理规范，确保员工管理有章可循。

在外部服务宣传方面，株洲供电公司每月组织开展1~2次供电服务进小区活动，台区经理主动上门宣传讲解供电服务、综合能源相关知识，广泛收集客户意见建议，建立上门联系拜访档案，总结问题经验，进一步优化工作流程。开展光伏扶贫工作，驻点帮扶贫困村、贫困户。开展共产党员"服务月"活动，与企业客户负责人建立常态化联络机制，免费提供安全技术指导和企业电价电费指导。2019年株洲供电公司共计开展走访活动184次，举行宣传活动112次，提供技术指导217次。

(五) 推进"三网协同"高效运作

1. 优化业务流程

株洲供电公司将抄表催费、台区线损、业扩报装、市场拓展、优质服务、用电检查、低压运维抢修等业务集约至供电服务站内，并重组营销配电业务流程，由外勤组负责营销外勤工作，抢修组负责配电抢修工作，内勤组负责全面协调，配合外勤组、抢修组。在管理层面，株洲供电公司成立业务管理室，制订详细的工作流程绩效考核制度，全面管控业务流程和指标，实现营销、配电专业工作贯通融合，有效压缩流程环节，平均节约流程流转时间2天。

2. 优化服务模式

为了充分发挥"三网协同"优势，株洲供电公司形成"一站式"服务模式，从"被动服务"向"主动服务"转变。一是将供电指挥服务平台直接接入石峰区政府网格化管理指挥平台，通过该平台了解客户用电诉求，每天安排专人以政府专号进行监测派工处理闭环，及时将处理结果上传和反馈给客户，实现客户用电诉求快速响应。同时借助该平台发布停电信息、优惠信息、综合能源信息，实现停电协同，全面推广低压小微企业客户"三零"服务、市场化交易及综合能源服务。主动与政府产业对接，获取企业产业发展用电信息，安排专人通过平台与客户进行一对一在线答疑，有效降低沟通成本，拓宽获取客户用电诉求和意见建议的渠道。二是通过政府部门协助，在市交管部门的帮助下获取新能源汽车充电的社会需要，在全市范围优选进行充电桩布点建设，给客户带来实实在在的便利。截至2020年5月，株洲市累计新增大型充电站21个，累计服务客户5万人次。

3. 优化电网运维

依托"三网协同",开展电网设备主动运维抢修,有效减少停电次数,进一步优化电网运维。供电服务站从95598、政府网格化管理指挥平台、市长热线、街道社区网格员等多种线上和线下渠道收集客户的用电情况反馈,站在客户体验角度,与多专业协同建立配网异常监控标准,落实配网设备重过载、低电压及三相不平衡等运行状态在线监测,开展频繁停电线路、台区监测,实时预警、督办、流转、闭环,建立以"工单"为驱动的异常问题督办闭环体系。开展配网运行情况分析、通报,为专业部门制定管理措施提供支撑。同时建立了配电网运行状态评估指标体系,实现配电网在时间、空间维度上运行状态的比较,为配电网发展态势预判提供数据基础,帮助运行人员及时掌握配电网运行状态,提前发现潜在的运行薄弱环节,实现电网设备主动运维抢修。2019年共实现主动运维抢修182次,减少停电147次,减少停电用户达2.5万户,为配电网运行工作带来很大的实际价值。

四、以服务客户零距离为目标的"三网协同"城区供电服务站建设和运营的效果

(一)提升管理效益,实现"效率更高、业绩更优"

通过"低压供电服务网、政府综合服务网、新型能源服务网"协同发展,创新服务管理模式,强化供电保障,加强信息沟通,加快响应客户诉求,不断提升管理效益。实现服务空间零距离、客户服务"物理"零距离、客户服务"心理"零距离。

通过三网协同主动开展服务和管理,供电服务站的国网95598服务工单量同比下降38%,抢修平均到达时长由45分钟下降至30分钟,配网抢修平均恢复时长下降69.12%,低压故障抢修下降率高达72.56%;诉求工单量由平均每周24个减少至19个,诉求响应时长由3个工作日缩短为1个工作日;办电环节由5个压减至3个,平均接电时间缩短2天。清水塘供电服务站建设运营一年来,指标优秀,业绩良好,被评为省公司示范供电服务站。

(二)提升经济效益,实现"成本更低、效益更好"

通过"三网协同"运营模式,清水塘供电服务站节省了大量人力物力财力。运营一年多来,在人员不变情况下,消化新增3万户管理任务,年节约营销管理人工成本20万元;减少外勤次数215次,节约车辆及燃油费3.29万元,抢修人工成本11.27万元、材料费2.36万元,共计节约36.92万元。截至2020年8月底,售电量完成1.65亿千瓦时,同比增长9.12%,售电均价完成657.25元每千千瓦时,同比增长2.25%,电费自然回收率从95.12%提升到99.75%,台区同期线损合格率从89.25%提升到97.25%,台区综合线损率从3.32%下降至2.56%。仅2020年上半年即少损失电量98.8万千瓦时,在经营上为公司增收82万余元。同时通过智能代运维、市场化售电、充电桩建设等综合能源推广,实现综合能源营收228万元。

清水塘供电服务站的30千瓦屋顶分布式光伏发电系统平均年发电量28万度,节约电费支出16.8万元。电动汽车充电桩平均年充电量4.25万千瓦时,每千瓦时服务费0.71元,年收入服务费3.02万元,年投资回报率达27.45%。若清水塘供电服务站综合能源项目推广至全省152个城区供电服务站,一年可节约电费支出2553.6万元,充电服务费收入459.04万元,可以为公司开源节流,带来可观的经济效益。

(三)提升社会效益,实现"评价更优、价值更高"

"三网协同"城区供电服务站建设运营是以人民为中心的发展理念在电力行业的落地实践。株洲供电公司改变以往以专业需求为出发点的服务模式,从方便企业群众办事角度出发,2019年实现站内零投诉,客户服务满意度达100%。

通过政府平台，株洲供电公司获取公安、城管、社保、教育、环保等政府部门的支持和协同，快速响应解决居民日常生活中的各类诉求和问题。政府需要传递或协调的信息可以借助株洲供电公司供电指挥平台进行传递，压缩环节，规避推诿，加强政企联动，形成政府部门与供电公司的良性合作，实现沟通零距离，深受政府和用电客户好评。同时在当地起到了政府网格对接的示范带头作用，对自来水、燃气等公用事业单位与政府对接具有借鉴参考的价值，有利于政府网格对接工作在各行各业各地推广，提升了政府管理效益。

株洲供电公司运用综合评价体系对客户用能情况进行能耗评价，出具用能优化方案，助力企业节能降损，不断提升运营经济效益。2019年，株洲供电公司通过用能分析帮助233家重点企业实现能源结构优化，帮助企业节约电费1756万元，助力了地方经济发展。

清水塘供电服务站所在石峰区是株洲市重点环保整治区，集中了全市绝大部分高能耗、高污染的大型厂矿企业，承担着大量的关停搬迁和"三供一业"改造任务，改造和管理难度巨大，维稳的压力更大。清水塘供电服务站积极配合政府开展"三供一业"改造，按期接收改造用户的用电管理与服务任务，没有发生扰乱供电秩序、拒交电费的事件，更没有以用电不满意为由抵制政府改制搬迁大政策落地的异常事件，确保了环保关停搬迁的平稳过渡，为地区稳定发展做出巨大贡献，产生了巨大的社会效益。

清水塘供电服务站综合能源项目建设在环保效益上可圈可点，多联机空调系统较一类空调节能40%，全电厨房较燃气厨房减排49.5%，屋顶分布式光伏发电系统实现隔热发电双得利，每年节约标煤7.6吨，减少二氧化碳排放量20吨，减少二氧化硫排放量0.065吨，减少氮氧化物0.056吨，减少粉尘0.12吨。利用能源管理平台监测分析办公楼用能数据，服务站办公楼内节能效率达到30%，有效促进了节能提效，为当地推广清洁能源、倡导节能环保做出了有益探索，实现了环保效益。

（四）提升示范效益，实现"管理更全、推广更佳"

清水塘供电服务站以客户需求为导向，集成了所有低压营销、生产、新型能源拓展等业务，满足了一站式服务的条件。清水塘供电服务站在工作流程上不断优化，在管理上建立了一整套管理制度和工作标准，做到了规范化、标准化。已形成"三网协同""三流合一"供电服务站建设运营推广样本，目前在天元供电支公司、炎陵县供电公司等7个单位均取得良好成效，完全具备可复制性和可借鉴性。同时株洲供电公司大力推行城郊供电所向供电服务站转型工作，逐步将城郊供电所打造成供电服务站，实现同模式、同流程、同要求、同标准的运营目标，示范效益明显提升。

清水塘供电服务站建成投入使用后，先后有株洲市工商监督管理局、株洲市国宾酒店和株洲汉桥汽车齿轮有限公司等100余家单位前来交流学习，其供电示范效益已于2019年12月通过国网湖南省电力有限公司成果鉴定，被中国新闻网、湖南红网、省公司网、株洲新闻联播、株洲晚报等媒体报道，影响力日趋增长。

主　创　人：侯新平、刘开乐
参与创造人：邓汉钧、刘　峰、龙　飞、黄文春、段凌岚、阳伟君、
　　　　　　张昌益、聂华林、周心月、羊　博

军工企业内部市场化经营体系构建

湖南兵器建华精密仪器有限公司

湖南兵器建华精密仪器有限公司（以下简称"建华公司"）始建于1966年，是一家由省国资委监管的省属军工企业，系国家第三次军品生产能力调整确定的保留单位，是湖南兵器工业集团有限责任公司的全资子公司之一，主要从事军工产品科研、生产和销售。

建华公司系国家通用装备维修器材设备承制单位、武器装备科研生产许可单位、军工系统安全生产标准化二级达标单位、国家二级保密资格单位、省级技术中心、高新技术企业、湖南省第四届青年科技创新集团单位、国家二级理化单位及三级计量单位，通过了武器装备承制单位资格审查和质量管理体系认证"两证合一"审查，曾先后获得"湖南省优秀企业""湖南省特级信用企业"、省国资委先进基层党组织、全国模范职工之家、湖南省文明单位等160余项（次）荣誉称号。

建华公司具有较强的科研开发能力、工艺技术能力及生产加工能力，拥有23项国家发明专利，其中3项专利获湖南省专利实施金奖，曾获国家科技进步二等奖、三等奖各1次，获兵器工业科技进步特等奖1项、一等奖2项、三等奖5项。自主研发、生产的主导产品有五大系列30余个品种，涵盖多个类型，目前拥有科研项目52项。国内轻武器类弹药引信90%以上由建华公司研制生产。50多年来，为国家和地区的经济建设、国防事业做出了重大贡献。

一、军工企业内部市场化经营体系构建的背景

（一）是贯彻落实习近平强军思想的需要

党的十九大以来，中国特色社会主义进入了新时代，国防和军队建设也站在了新的历史起点上。以习近平同志为核心的党中央，着眼于实现中国梦、强军梦，制定了新形势下系列军事战略方针，持续推进国防和军队现代化建设，全力打造世界一流军队，形成了习近平强军思想。党中央采取的"科技兴军、聚焦实战、创新驱动、军民融合"等一系列强军布局，既为军工企业发展创造了机遇，也对军工企业发展提出了更高要求。建华公司作为在国内轻武器系统具有一定影响力的地方军工企业，面对国家安全环境深刻变化、富国强军时代要求，必须肩负强军首责神圣使命，自觉行动，只争朝夕、真抓实干，为国家提供"能打仗、打胜仗"的现代化国防武器装备。

（二）是实现企业发展战略的需要

依据国家新发展理念、国家强军战略、军工产业发展格局，同时结合湖南兵器集团战略定位，建华公司确定的战略方针是"聚焦主业、科技为本、创新引领、开放崛起"。其中，"创新引领"就是要提高科技创新对经济发展的支撑力、管理创新对经济增长的贡献率；同时，不仅要发挥科技创新的牵引作用，也要强化管理创新的驱动作用，切实做到"两手抓、两手硬、两不误、两促进"。近几年，建华公司敏锐地意识到，要获得管理思想的重大突破和管理方式的革命性变化，必须将鲜活的市场经济关系引入企业内部，充分发挥市场在企业内部资源配置中的决定性作用。而在企业内部构建一套科学、完备、高效的市场化经营体系，是实现"向市场要潜力，向管理要效益，向创新要活力"的必由之路，也是推动企业开放崛起，实现企业发展战略的制胜法宝。

（三）是促进军工企业高质量发展的需要

近几年来，建华公司取得了辉煌的业绩，军品生产任务逐年递增。尤其从2015年9月起，随着又一自主研发的高科技新型SLD系列产品的正式投产，企业军品订单呈现井喷式增长。该产品在同类产品中处于国际领先水平，是全军某旧型装备的替代产品，部队需求量巨大。

作为当时国内该产品唯一的科研生产企业，建华公司面临的困难如下：一是设备设施陈旧，生产能力严重不足，公司有完不成任务的风险；二是经营机制僵化，管理粗放，效率低下；三是生产配套体系不完备，生产成本高，而部队采购价格低，存在生产越多亏损越多的风险；四是火工品作业面临巨大的安全压力和质量风险。

在机遇与风险并存、挑战和发展同在的关键发展期，建华公司必须坚定发展方针，破解发展难题，对经营管理模式进行创新，以确保圆满完成各个时期生产任务，全力实现"效率最优化、成本最小化、利润最大化"的经营目标。

二、军工企业内部市场化经营体系构建的内涵

（一）"阿米巴"及"阿米巴经营模式"释义

"阿米巴（Amoeba）"在拉丁语中是"变形虫"的意思，变形虫最大的特性是能够随外界环境的变化而变化，不断地进行自我调整来适应所面临的生存环境。

"阿米巴经营"是指将组织划分成小的单元，通过与市场直接联系的独立核算制进行运营，培养具有管理意识的各级领导，让全员参与经营管理，从而将各单元由"成本中心"转变为阿米巴（独立的"经营主体"和"成本利润中心"）。

（二）建华公司构建内部市场化经营体系的内涵

建华公司以满足市场需求、贯彻企业战略、实现经营计划、激发内部活力为目标，结合军工企业特点，大胆借鉴阿米巴经营模式，在内部大力构建市场化经营体系。通过业务流程再造、分层推进"量化分权"、科学划小核算单位等手段，使企业内循环中各环节、各单元真正成为阿米巴。同时，配套建立健全内外部的市场交易定价体系、财务管理体系、劳务协作体系、生产经营保障体系等，并将体系运行始终融合贯穿于设计、生产、工艺、设备、物流、质量、安全、保密、服务等生产经营的各个环节。

三、军工企业内部市场化经营体系构建的主要做法

（一）搭建内部市场化经营体系建设的组织机构，顶层设计建设框架

建华公司构建内部市场化经营体系是以2015年9月新型SLD系列产品投产为契机，与负责该产品总装任务的特种装备分公司生产线建线同步开展。

1. 加强组织领导，成立专门机构

建华公司成立了以党政一把手为组长、分管科研技术副总和生产经营副总为副组长、其他公司领导和各相关车间部室负责人为成员的领导小组，负责统筹推进体系建设工作，进行战略部署规划，对创建过程中的重大事项进行决策。同时，整合各个单位的业务精英组建理论研究小组和工作实施小组，并建立每日汇报机制和每周例会机制，确保建设工作科学、规范、有序实施。

2. 顶层设计内部市场化体系，明确目标与方法

（1）借鉴阿米巴经营模式，将各经营主体划分为阿米巴

建华公司聚焦如何破解经营管理的难点和关键问题，采用政策、理论与实际相结合的方式，快速找到了自己所适用的政策体系，快速找准了经营变革的突破口，将内部各经营主体分层分级划分为阿米巴，并建立责权利清晰的内部市场买卖关系，使其内部经营成为"全员参与、高度透

明、动力内生、利润最大化"的自主经营。

(2) 构建市场化经营体系,把市场经济关系引入各阿米巴之间

建立与市场直接挂钩的内外部交易价格定价体系、财务核算体系、劳务协作体系,并通过建立可控化供应商管理机制、提升设备自动化水平和精度、加强生产精益化管理、利用 ERP 管理系统启用零部件及仓储的信息化管理、创新产品预验收方法、推进三项制度改革、夯实基础管理等手段,配套建立与市场化经营体系相互支撑、和谐联动的保障体系。

(3) 分层有序实施,逐步复制导入

一是率先在特种装备分公司试点,将其打造成为一个阿米巴,并建立责权清晰的内部市场买卖关系;二是将经营机制创新与提升生产经营管理水平、"三项制度"改革等工作协同推进,注重全面规划和重点突破相结合,做到因厂制宜、科学施策、精准发力;三是阿米巴经营模式在特种装备分公司试点成功后,逐步向公司其他单位推广与应用。

(二) 将市场主体划分为阿米巴,并引入市场化经营机制

1. 自上而下划分阿米巴,实施模拟法人制度

建华公司将"企业方增效益、承制方增利益、员工方增收益"等多方需求有机融合,将各市场主体划分为阿米巴,并在内部推行以"独立经营、自负盈亏""既竞争又合作"为内涵、以"建立市场买卖关系"为特征的模拟法人经营机制。

以新型 SLD 系列产品为例,建华公司指定特种装备分公司(以下简称"特装分公司")为龙头,将其确定为阿米巴,采取内部市场化经营模式,与之建立"责权利"清晰的内部市场买卖关系:一是建华公司依据军方采购价格,测算出预留费用与预期利润后,核算出单发内部市场价格,按该价格向特装分公司采购合格产品;二是特装分公司经营者自主经营,依据市场规则,自行组织零部件生产、产品装配等工作,具有充分的物资采购、经营核算、劳动用工、绩效考核、薪酬分配等自主权;三是一个经营周期结束后,经建华公司审计,特装分公司的盈余收入自主分配,亏损自负。

2. 分层分级细化阿米巴,深入拓展市场主体

建华公司根据企业总体发展战略和年度经营目标,将市场机制向下层层延伸至内部各生产单位、各生产环节、各班组,甚至细化到个人,塑造多层级阿米巴,层层激活生产经营链条。

以特装分公司为例:建华公司指导其在内部进行业务流程再造,分层推进"量化分权",科学划小核算单位,促使其主动把每个职能部、每个班组、每道工序都转化为小的阿米巴,使其内部经营成为"全员参与、高度透明、动力内生、利润最大化"的自主经营,实现"人人紧跟市场,时时围绕目标,层层模拟法人,环环快速联动,事事考评激励,处处挖潜创效"的目的,各阿米巴也涌现出一大批"懂经营、会管理、精核算"的管理者和领导者。

3. 将各阿米巴进行内部市场的重新定位

为将模拟法人所具有的"独立核算、自负盈亏"的特征延伸至企业内部,建华公司将各分公司(车间)、工段(工步)、班组、岗位(个人)之间模拟为由大至小的内部市场关系,将各阿米巴相互提供的合格产品和劳务,每月按市场价或模拟市场价结算,使之成为在内部市场中主动进行"提质堵漏降本增效"的市场主体,从而把各生产单位、单元由原来的"成本中心"塑造成为"利润成本中心"。

以某新型 SLD 系列产品保险销部件为例,该部件由"保险销"和"拉环"两个零件组成。建华公司在规范生产作业流程和技术工艺要求的基础上,指导特装分公司(阿米巴 1)将该部件的

加工程序分解为"电镀"和"装配"两个工步：

（1）电镀工步：由建华公司的表面处理车间（阿米巴2）承制。

（2）装配工步：由特装分公司合件四班（阿米巴3）、建华公司机电分公司（阿米巴4）承制（此工步为关键的重要工步，故引入竞争机制）。

参与承制的各阿米巴，均按建华公司内部定价体系所确定的市场价格进行交易和结算。

4．加强对阿米巴的监督、调控

建华公司在充分尊重各阿米巴"权"与"利"的基础上，也从"责"上规范其"追求公司整体利益最大化前提下的个体利益最优化"的行为模式。建华公司对各阿米巴都协同使用"计划机制"这只看得见的手和"市场机制"这只看不见的手，来监督、调控内部市场化经营机制的运行，实现统放有节、集分适度、扬长补短、相得益彰，既能够使压力层层传递、权责层层匹配、活力层层激发，又能够规避各阿米巴重个体轻整体、重眼前轻长远等弊端，使潜力环环挖掘，合力个个汇聚，利益息息相关。

（三）进行业务流程再造

建华公司着眼于内部市场要求，指导各阿米巴在重新梳理管理流程和工艺路线的基础上，进行业务工作流程优化再造。再造的新流程较原流程具有以下优点：

1．合格的原材料供方，完善了采购流程，确保产品质量从源头得到控制；

2．零部件检验登记卡（标准化）、装配检验随盘卡（标准化），产品检验、装配工艺流程规范化、标准化，避免错、忘、漏操作现象反复出现，促进产品质量、生产效率双提高；

3．新增自动化检测线，大幅降低了劳动强度，人工检验资源得到有效利用，提高零部件检测质量，从而整体提升产品零部件装配质量；

4．年底根据零部件到货、检验及装配情况对供方进行等级评定，对供方实行优胜劣考核机制，激励各合格供方持续改进，优化零部件质量；

5．安全危险点日检查，宣传贯彻安全生产方针政策，及时发现和消除事故隐患，发现和弥补管理缺陷，确保安全生产；

6．同步ERP，使工厂物料需求精准化、精益采购科学化、跟踪调度高效化、生产业务一体化，为生产全程可视化奠定可靠基础。

（四）建立市场交易价格定价体系

建华公司通过建立健全内部市场交易价格定价体系，确保交易各方对交易价格都能接受。如建华公司对特装分公司生产的某产品按如下定价体系确定市场交易价格：一是要求特装分公司按自身总承制价格，依据内部生产工艺流程或产品零部件构成情况，通过成本倒推的办法来确定内外部分级承制的价格；二是委托公司职能部门依据各阿米巴的生产特点、技术含量等因素，对每道工序、每个零件进行工时实测并确定价格；三是将成本倒推得出的价格与实测价格进行科学对比，通过协商机制来确定各方都能接受的交易价格；四是建立交易价格的实时动态调整机制。

（五）建立健全财务管理体系

建华公司按阿米巴的特性，在内部筹建独立的财务管理体系，并突出核算重点，使各阿米巴能及时管控生产成本和掌握经营盈亏状况，全程参与经营过程中的财务管理。建华公司将运营过程中凡是符合"能够独立完成业务、职责能被量化、能够独立核算"等3个标准的组织和单元，都作为阿米巴来核算和结算。

如特装分公司某产品的机芯部件，在装配隔离机构、自动化机拧螺钉、机拧螺钉连接机芯座、装配雷管、检验等5个可独立核算的工序分别设置工段核算单元，支撑整个特装分公司的经营核算；由于每个工序由内外部2~4个班组组成，则每个班组也划分成若干独立核算的岗位单元，支撑工段的经营核算。又如：将生产过程中的理化、计量、验收等一些生产要素完全导入内部市场，全面形成市场化服务买卖关系，并建立相应的财务核算体系。

（六）建立高效化、有序化劳务协作机制

建华公司新型SLD系列产品具有体积小、零件多的特点，其内部劳务协作单位有7个，外部零件供应商多达30余家。面对如此庞大的协作网，建立一套完整、高效、有序的劳务协作管理体系显得尤为重要。

1. 对内外部市场进行分类

建华公司根据产品生产过程中的交易关系，将内外部市场划分为"生产经营型、辅助服务型、费用承包型"三类阿米巴，并授权特装分公司与各阿米巴签订各具特点的劳务协议。

生产经营型：指30多个零件供应商、建华公司的冲压车间和表面处理车间。

辅助服务型：包括建华公司的检验、维修、动力等辅助服务单位和个人。

费用承包型：包括建华公司的机加、装配、机电、动力等内部单位的劳务合作。

2. 加强零部件装配劳务协作管理

特装分公司与各阿米巴分类签订的劳务协议虽各具特点，但均充分发挥了市场规则的作用。不仅明确项目、期限、费用、权利和义务、违约责任，还从工艺纪律、定置管理、五品四数、现场卫生要求、质量要求、安全及设备管理、保密、军工标准要求等方面细化对协作方的管理，真正做到各阿米巴"责权利"的高度统一。市场机制的确立，使各阿米巴自我约束、自我管理、团结协作的工作意识得到充分激发，生产现场工艺纪律得到有效改善，员工自愿延长工作时间，积极性、主动性得到显著提高。

同时，上述"一对多"的劳务协作方式，使各阿米巴之间形成了良性的市场竞合关系，不仅引领内外部阿米巴的协同发展，也促使自身产品的生产进度、实物质量得到大幅提升。如2016年，该产品某合件原由1家单位协作生产，其产量仅为5000发/天，特装分公司提出由两家单位协作生产。引入竞争机制后，当月就使该产品产量提升到7500发/天。

3. 创新设备维修维护劳务协作

将负责设备维修的阿米巴的薪酬与当月产量挂钩，在确保设备正常运转情况下，按生产的合格产品数量给予维修人员提成。如某产品生产线共有设备40余台（套），为确保设备的正常运行，需要维修人员2名。因维修人员属辅助生产人员，岗位薪酬低，员工积极性、主动性不强，设备正常维修维护得不到保障。为此，建华公司从内部招聘2名设备维修人员，将其薪酬与合格产品产量挂钩，维修人员从安排维修转变为主动维修、主动检修，并主动帮助单位实行技术革新，提升产品产量和质量。

（七）大力提升设备自动化生产能力和生产精度

建华公司将提升其设备自动化生产能力和生产精度，作为增强阿米巴竞争力的有效手段。一是建立职工创新奖励制度，鼓励职工优化工艺、改进设备，并根据需要成立专项技术攻关小组；二是引导市场主体根据产品生产工艺流程，将生产节拍、工序、工步进行分解与结合，自行设计符合产品生产特点的生产流水线；三是多方筹集资金，购买、自制各类先进设备，供内部各阿米巴有偿使用，使其生产能力产生规模效益。

四年来，建华公司自动化生产线从无到有，从有到优，再到提升至半自动化、自动化，形成了较为先进、完整的生产自动化体系，使公司成为国内第一家在军工产品装配中采取流水线作业的企业。不断提升的设备自动化生产能力，使公司产能不断提升，安全指数不断提高，质量得以大幅提高，生产成本得以大幅下降。如特装分公司某产品的日产能从2016年的不足0.5万发激增到2020的2.6万发，产品交验合格率达到100%，创造了全球同类产品生产效率、实物质量的世界第一。

（八）利用ERP管理系统实现零部件及仓储的信息化管理

建华公司针对军品生产工序多、生产流程繁琐、零件流转数量大的特点，利用ERP管理系统，建立了14个模拟仓库，将各个零件分成合格零件、不合格零件、实验品三个流向，实现了整个零件周转过程的实时动态管理，并实现统计报表的自动生成。同时，各市场主体通过系统中的交验数、合格数、返修数或退货数可及时掌握零件的五品四数状态，也可及时分析供应商是否存在供货风险。实行零部件及仓储的动态管理，为生产经营决策、计划管理、生产管理、质量追溯等提供了准确、及时、全方位的信息支持。

（九）建立市场化经营模式的保障体系

在构建内部市场化经营体系的过程中，建华公司始终紧扣发展战略，注重做好整体谋划和顶层设计，以实施制度改革、筑牢管理基础为依托，建立相应的保障体系，并确保各体系之间有机衔接和相互配套。

1. 推行扁平高效的生产组织构架

为适应市场需要，建华公司未按传统的部门职能设置机构，而是按照价值链和快速响应市场的要求来设置机构。因此，破除原有的自上而下的多重垂直管理构架，通过减少管理层级和增加管理幅度，建立紧凑的横向组织结构成为最优选择。建华公司在指定特装分公司作为承制方后，通过竞争上岗方式为其配备了两名副经理（为加强党建工作，其中一人兼支部书记）。对其他人员的配备，由特装分公司按"最优化、最精简"原则自主选聘。如此，其生产组织和管理更加灵活、敏捷，有效提高了管理效率和反应速度，且降低了管理费用。

2. 建立市场化用工机制

建华公司根据市场需求和产能评估，以定岗定编基础数据为依据，实行劳动用工市场化。

（1）建立内部人力资源市场

建华公司明确工作岗位和薪酬待遇后，实行劳动用工"三向"（特装分公司、人力资源部、员工）选择。员工进入内部平台与人力资源部签订劳务输出协议，并通过平台到用人单位工作。该办法在企业内部建立起"能进能出"的用工机制。

（2）在内部实行分级承制用工方式

特装分公司将业务发包给阿米巴后，各阿米巴将各项任务进行分解，逐一发包给下一级阿米巴，并允许其在公司在岗职工或责任心强的退休人员中选聘人员，进行自主用工。

（3）充分利用外部人力资源市场，实现市场化用工

在生产任务特别繁重时期，公司现有人力资源无法满足用工需求时，特装分公司还自主面向外部人力资源市场，通过公开招聘，采用临时用工、劳务派遣等方式满足自身用工需求。

公司通过采取多种市场化用工方式，激活了用工机制，盘活了内部人力资源，成功地解决了劳动用工问题。同时，使受聘员工的劳动态度得到切实转变，其市场观念和纪律意识、服从意识、责任意识大为增强。四年来，公司在合理控制用工总量的前提下，对某产品共保质保量保进度完成800余万发。

3. 建立多元化考核、分配机制

按照"与经济效益紧密挂钩""多劳多得、少劳少得、不劳不得"的分配原则,建立分层级、分类别的员工收入分配机制。

(1) 对生产人员实行动态计件工资制

通过现场实测及综合分析,合理确定劳动定额和计件单价,并做到同工同酬。

不断完善优化生产工艺,根据实际动态调整定额和单价。

(2) 对非生产人员实行"以岗定薪,薪随绩变"的岗绩工资制

基薪:按岗位价值确定。

绩效工资:分解成绩效系数,由考核小组按月分级考核,与生产人员的产品产量、生产成本直接挂钩。

(3) 对全员实行效益分红制

经营期满,经建华公司审计后,其盈余全部由特装分公司自行分配,将盈余用于各阿米巴的奖励。

(4) 建立内部分配考核机制

将岗位职责、工作标准(安全、质量、进度、效率等)、行为规范,分别纳入相应的考核指标中,并将考核结果进行公示、公开。

4. 建立可控化供应商机制

建华公司按"公开、质优、比价"原则,采取"多家定点竞争采购、供应商培养、采购价格动态化"等创新举措。

(1) 竞争性采购

对公司具有配套生产能力的内部单位和外部供应商,根据其资质能力、供货进度、质量、价格等进行综合考核评定,纳入合格供方名录。在同质同价前提下,优先选择公司内部单位。

将零件按加工难易程度分成简单、一般、复杂三类。简单和一般的零件选择至少2家以上供应商,复杂的零件选择3~5家供应商。

每类零件均选择多家供应商进行竞价采购,根据价格、供货进度、质量对供应商进行评级打分,评定为优良者可获65%的订单,其他按能力获得35%的订单。

(2) 促进供应商体系的产业链升级

不断优化生产工艺。特别是对影响装配及性能要求的零部件尺寸和特殊过程参数进行优化完善。

不断帮助供应商提升零件质量。派员去供应厂家指导生产,从关键工序要点、技术工艺难点和特殊过程控制等方面对其进行培训,并现场解决生产过程中出现的问题。

不断帮助供应商提升生产效率。派员去供应厂家针对其生产场地、生产设备、检验设施、管理方法等提出改进方案,并指导其对设备进行智能化升级改造,提高生产效率。

(3) 其他管控手段

在采购管理上,采取价格动态管理、纳税统筹、对供应商进行年度考核筛选等激励鞭策措施。

5. 加强火工生产安全检查

公司建立了生产安全日查、周查、月查制度,并组织技安环保部、生产管理部、技术质量部、人力资源部等部门对火工区人员作业进行不定时、高密度巡查。通过大力度的检查与考核,确保生产人员的精神状态、劳动防护用品的穿戴、设备的安全运转、火工品数量和作业人员数量的受

控、逃生通道的畅通等均符合国家行业标准和企业的安全、质量、劳动纪律管理要求。

6. 创新质量管理手段

一是开展产品和制造工艺故障树分析、故障模式/影响与危害度分析，找出质量控制重点与难点，做好质量事故的预防；二是建立故障报告闭环系统，结合产品预验收方法，使生产过程中出现的故障得到及时报告、分析与纠正，避免质量事故的发生或再次发生；三是编制《SLD生产流程与作业指导书》，做好原材料检验、零件检验、产品装配、成品验收等各生产环节的作业记录，做到质量信息可追溯，质量事故可追责；四是加强工艺执行纪律检查，及时做好工艺完善与优化。

四、军工企业内部市场化经营体系构建的效果

(一) 转换了经营机制，提升了管理水平

建华公司内部市场化经营体系的构建与运行，进一步创新了生产运营、物流管理、财务管理、劳动定额、分配激励和考核评价等一系列管理机制。通过实施阿米巴经营模式，企业的经营成为紧扣市场、全员参与、动力内生、资源配置最优的经营，企业内循环中各市场主体主动作为、自觉创新、快速反应的意识大为提高，有力地促进了企业的技术创新和管理创新。管理水平的提升使建华公司的生产经营迈入了良性循环的轨道，对公司"跑市场、争项目、抓科研、促质量、保安全、提能力、强管理、抓党建"等全方位工作均起到了极大的促进作用，为公司高质量、跨越式发展奠定了坚实的基础。同时，建华公司带动了企业外循环的产业链群发生适应性转变，形成了以建华公司核心军工产品为龙头，培育和引领相关产业链群高质量发展的良好态势。

(二) 转变了员工观念和工作作风，员工积极性空前高涨

在推行市场化经营机制过程中，随着新的绩效评价考核体系和业绩导向的收入分配体系的完善，收入分配与车间、工序、班组和个人的业绩紧密挂钩，职工的市场意识、全局意识、目标意识大为提高，其观念从"我被管理"转变为"我要管理"、从"要我做事"转变为"我要做事"。同时，职工的学习态度、工作作风也得到切实转变，职工学会了算成本账、算效益账，其自觉节支降耗、自我管理、自我约束的作风逐步形成，一大批职工成为懂经营、会管理、精核算的管理者。2016—2019年，建华公司全员劳动生产率年均增长48.42%，达到23.21万元/人，同时，人均工资年均增长14%以上。

(三) 生产效率和生产能力迅猛提升

建华公司通过构建市场化经营体系、创新生产经营机制、设备自动化能力建设、重建劳动定额和价格体系、重建薪酬分配体系等多项有力举措，使公司的产能不断得到迅猛提升，为圆满完成各个时期的军品订购任务奠定了坚实基础。四年来，在保质保量保安全保进度的前提下，建华公司累计生产军品1029万发，任务完成量年均增长54.73%。企业工业增加值由2015年的8613万元，增加到2019年的22772万元，增幅为164.39%。经济总量由2015年的18723万元，增加到2019年的49505万元，增幅为164.41%。军品订购任务的圆满完成，为部队列装新型装备，推进国防和军队现代化，实现国家强军目标和支撑强国伟业做出了自身最大贡献。

(四) 生产成本快速下降，营业利润大幅增加

通过经营模式的转变和设备自动化能力的提升，建华公司实现了产能快速提高，用工总量得到有效控制，生产成本明显降低，利润随之增加，员工的收入也得到相应增长。如特装分公司产品单位成本由49.38元/发降低到45.77元/发。四年来，建华公司累计实现营业收入122116多万元，利润10647多万元，营业收入、利润总额年均递增37.84%和135.69%，国有资产保值能力和企业实力明显增强。

（五）独创做法成为行业标杆，示范效应和社会效益彰显

一是建华公司内部市场化经营体系的构建与运行，受到国家陆军装备部副部长的高度评价，其独创做法及成功经验，已成为国内相关军工企业学习的典范和标杆，先后有数十家省内外企业慕名前来建华公司参观学习；二是2019年12月，建华公司建立内部市场化经营体系的报道在《湖湘人才》周刊、《人才就业社保信息报》、"湖南民生网"网站、"湖南人才"手机客户端等四大媒体平台同步刊发，并经由搜狐网、东方资讯网转载；三是2020年4月，湖南湘科控股集团有限公司在前期已系统推广的基础上，又专门下发文件，要求下属的兵器集团、南岭民爆、新天地保安、科技研究院、资管公司广泛开展应用活动。

主　创　人：金银国、蒋粤军
参与创造人：武波涌、汪挺锋

三维"链"式卷烟零售终端管理体系建设

湖南省烟草公司长沙市公司

湖南省烟草公司长沙市公司（以下简称"长沙烟草"）成立于1984年，是湖南省烟草公司的全资子公司，与长沙市烟草专卖局为一套机构，两块牌子。公司性质为全民所有制，属于商品流通行业，依法监管全市烟草市场，主要负责组织全市烟叶生产种植、收购、调拨和卷烟、雪茄烟的销售。2020年全市系统在岗职工709人，其中营销线共有工作人员139人，资产总额48.5亿元，内设18个职能科室，下辖长、望、浏、宁4个县级局（分公司），新建市内5个区局（分公司），现有在网运行卷烟零售客户约3.98万户。2019年年度销售卷烟31.87万箱，居全省烟草商业系统第1位。2019年实现税利35.72亿元，增幅8.75%，其中税收（含所得税）24.33亿元，增幅4.47%；利润15.48亿元，增幅19.21%。

长沙是烟草行业全国36个卷烟网建重点城市和国家烟草专卖局卷烟营销市场化取向改革试点城市，近年来，长沙烟草践行新发展理念，全面深化供给侧结构性改革，聚焦基层基础提质，保持稳中有进、稳中向优的发展态势，先后荣获行业普法、物流工作等先进单位；卷烟人均销售收入、卷烟人均劳动生产率、单箱配送费用等指标领跑全国重点城市公司；多次被湖南省政府授予烟叶生产先进单位、卷烟打假工作特殊贡献奖、纳税50强企业，连续6年保持全省文明标兵单位称号；连续多年被湖南省烟草专卖局评为工作目标考核一等奖，连续9年获全省烟草系统QC成果一等奖。

一、三维"链"式卷烟零售终端管理体系建设的实施背景

（一）是烟草行业高质量发展的需要

2018年全国烟草工作会议指出，要牢牢把握我国经济已由高速增长阶段转向高质量发展阶段的重大判断，按照高质量发展的要求，坚持质量第一、效益优先，以供给侧结构性改革为主线，强化创新驱动、品牌带动、改革推动，加快培育新动能，推动行业发展质量变革、效率变革、动力变革，牢固树立"以消费者为中心"的理念，加大销售网络和卷烟零售终端（以下简称"零售终端"）建设力度，加快卷烟消费环境建设步伐，不断完善面向消费者的营销生态圈。面对行业高质量发展的要求，长沙烟草急需瞄准破题点和切入点，找到推进长沙烟草高质量发展的新动能。

（二）是实体零售行业发展的需要

近年来，随着经济的快速发展，作为湖南政治经济文化中心的长沙线下零售市场越来越受到连锁零售企业的青睐。阿里、京东、苏宁等电商巨头加快线下布局，并利用互联网、大数据等技术掀起长沙市场新零售的浪潮，罗森、美宜佳等外来连锁零售企业积极加入竞争，新佳宜等本地零售企业高速崛起，实体零售行业的马太效应日渐显现。

卷烟产品由于其特殊性，不能线上交易，已成为实体零售行业应对线上零售冲击的重要支撑部分。作为烟草市场的管理主体，长沙烟草肩负着净化市场环境、调控市场状态、优化营商环境的责任，肩负着推动长沙市场烟草零售行业稳定、健康、可持续发展的使命。面对零售行业的新形势、新变化，长沙烟草必须主动提升市场综合管理能力，为实体零售行业的高质量发展贡献

力量。

(三) 是践行长沙烟草社会责任的需要

一直以来，长沙烟草致力于打造利国惠民的卷烟营销网络。2017年底，长沙地区共有2.75万户卷烟零售客户，为社会提供近8万个优质就业岗位，创造卷烟销售收入合计101亿元，卷烟销售的户均盈利约3.1万元，是稳就业、稳增收的稳定器。

近年来，随着越来越多的专业化连锁零售企业的加入，长沙卷烟市场竞争环境日益激烈。目前，长沙地区的零售客户中，超六成的零售店是以夫妻经营为主的食杂店业态，在硬软件实力上与连锁企业有着明显的差距。面对连锁企业的集团化优势，传统中小食杂店的经营受到较大冲击，零售客户迫切需要来自烟草公司的专业经营指导与支撑，提升综合素质，增强应对竞争、提升盈利的能力。

(四) 是满足消费者日益增长的消费需求的需要

近年来，随着经济的进一步发展，人均可支配收入不断提升，人民群众对美好生活的需求日益增长，消费需求日趋个性化、多元化。2017年，长沙市居民人均可支配收入41131元，增长8.8%；人均消费支出30055元，增长9.6%；全年城镇居民人均食品烟酒消费支出8549元，增长7.7%元，占城镇人均消费支出比重的24.68%，是居民消费中非常重要的一部分。中国烟草的行业价值观是"两个至上"，即国家利益至上，消费者利益至上，满足消费者对美好生活的向往是中国烟草义不容辞的责任。因此，长沙烟草要进一步提升精准识别消费需求、满足消费需求的能力。

一直以来长沙烟草都将零售终端视为最重要的战略资源，积极进行建设投入，深入挖掘零售终端在价值传递上的正向作用。但由于内外部环境、运行机制、人力物力资源等的限制，在终端建设的工作上，存在信息采集、管理与应用不够系统、综合服务质量有待提升、资源整合利用效率不高等突出问题，难以发挥烟草行业的系统优势与最大合力。因此，构建一套在信息、服务、资源上高效运转的零售终端管理体系，才是破解长沙烟草高质量发展之路的关键。

二、三维"链"式卷烟零售终端管理体系建设的内涵

三维"链"式卷烟零售终端管理体系以产业价值链理论为指导，以零售客户作为模型的中心，工业企业、商业企业、消费者各自占据三角形的一角，分别与零售客户在信息、服务、资源三条链路上建立起沟通链条。

在信息链路上，通过构建多维采集的平台化信息系统，强化市场信息采集、分析能力，打破工、商、零、消之间的信息壁垒，提高信息共享与运用水平，发挥信息流的最大价值。

在服务链路上，以满足消费者需求为大前提，深入分析消费者的潜在需求，将核心锁定在服务营销7P元素中的"人"。以职业化零售客户培养为抓手，提高零售从业者的综合素质，从而为消费者提供更优质的服务。

在资源链路上，进一步整合工业企业、商业企业现有资源，设计更为精准立体的零售客户分类体系，提升工零、商零链路上资源分配的精准度。在零消链路上，深入挖掘零售店本身、零售店经营者背后的资源，为消费者营造更优质的消费体验。

三、三维"链"式卷烟零售终端管理体系建设的主要做法

(一) 明确战略目标，开展三维"链"式卷烟零售终端管理体系顶层设计

1. 三维"链"式卷烟零售终端管理体系建设的目标

对于长沙烟草来说，通过构建三维"链"式卷烟零售终端管理模式，实现烟草产业价值链上的双向链接，增强产业间的集群效应，降低产业生产经营总成本，提高长沙地区烟草零售业的综

合竞争力和区位优势，营造孵化创新的良好氛围，不断优化长沙市场卷烟经营的营商环境，进一步增强零售客户的盈利能力，提升消费者的综合满意度。

2. 三维"链"式卷烟零售终端管理体系建设整体思路

三维"链"式卷烟零售终端管理体系来源于产业价值链的理论，价值链上的企业通过产业的关联效应相互配合、相互推动，从而建立一种远远大于单个企业点优势的竞争优势——链优势。但不同于产业价值链上各节点间的单向线性关系，三维"链"式卷烟零售终端管理模型的各链路之间有更充分、更密切的双向链接，能够充分发挥链路上下游节点的综合优势。

三维"链"式卷烟零售终端管理体系充分结合烟草行业特色与长沙烟草自身特点，针对自身经营管理中的难点和痛点，在影响企业运行质量、动力、效率的因素中，层层甄别筛选，最终从信息、服务、资源三个关键维度入手，以零售终端为中心，在工零、商零、消零三个维度上，分别构建出紧密相连、相辅相成的交互链路，旨在通过信息链条、服务链条、资源链条的畅通，构建出更有效率的烟草产业链优势，从而实现链路上各节点之间的互补、互动、双赢。

(二) 信息链路上，加强平台信息互联互通，提升精准满足需求的能力

长沙烟草不断深化挖掘零售终端管理系统信息资源与省级营销平台订单信息资源，构建涵盖工业企业、商业企业、零售客户、消费者环节的信息链路，为工业企业构建更加高效、科学的货源衔接模式；优化品类布局，不断深化工商协同，为零售客户提供更加适销对路的卷烟货源，为消费者提供符合其消费需求和消费习惯的卷烟产品，最终营造更加"公平、有序、合理"的营商环境与消费环境。

1. 完善卷烟批发与零售环节的信息化布局

打通各平台间的限制，让数据互联，建设一条信息通畅的信息链路，使工商零消信息互通、多方共赢。一是通过零售终端智能管理系统，打通工零、商零的信息壁垒。通过分析系统所采集的销售信息、库存信息等数据，商业企业可以更加准确地把握零售客户库存销售信息，有针对性地运用标签调整货源投放；工业企业可以准确了解消费者的市场需求，及时调整工业品类规划，开展针对性的品牌营销活动。二是科学运用省级卷烟营销平台数据，提高工商协同效率。通过分析各个工业企业存销比、货源缺口、库存平衡等关键指标，同时利用需求预测模型进行需求量的预测，缩小预测的周期和范围，对工业企业采购计划及时作出调整，提升烟草物流运营水平，确保按时发货、及时到货、高效对接。

2. 建立多层级、多类别的信息指标库

对各链路收集的各类数据进行分类汇总，设定两个层级的市场状态评价指标，提升信息精度。一级指标用于把握锚点，主要取自智能零售终端信息采集系统，包括价格指数、终端动销率、社会存销比及断货率，用于判断消费市场总体情况；二级指标用于局部修正，主要取自省级卷烟营销系统客户订货数据，包括各品规货源利用率、需求满足率、订足面、订货率、重购率，通过考量零售终端客户订货意愿和需求强度，辅助市场状态评估，实现对消费需求和变化趋势的测评。以白沙（硬红运当头）、芙蓉王（硬领航）等品规数据为例：3月2—13日，黄山（小红方印）、白沙（硬红运当头）、芙蓉王（硬领航）等3个品规其终端采集的总销量和户均销量连续2周呈现上升趋势，说明该品规的市场总体状态趋好；同时间段，零售客户对该品牌的货源利用率、订足面也连续2周增加，说明零售客户对该品规的订货意愿和需求强度也在增加，后期可以适当调整投放策略，扩大档位投放面和增加档位投放量来满足增长的市场需求。

3. 建立卷烟货源的差异化投放机制

围绕保持良好市场状态和品牌状态的目标，从货源分类、客户分类、投放策略、标签调控四个方面积极构建精准的货源投放机制，及时调整货源投放策略。针对不同品牌类型、不同市场状态、不同时间、不同区域、不同客户类别，采取不同的货源供应策略，力求实现货源精准投放、资源合理配置、需求有效满足。对前期市场总体状态趋好、零售客户订单数据持续上升的品规，适当增加投放面和每个档位投放量，来满足不断上升的市场需求。同时，分层分类施策，满足客户个性化、差异化需求。针对新佳宜、千惠、苏宁小店等连锁便利店，采用"档位+合作终端"的投放模式，在档位定量基础上增加了50%的部分新型品规的投放，满足市场需要；针对景区"旅游终端"（如坡子街、炭河里）和位于高铁站、机场的"交通枢纽终端"，采用"档位+特色终端"的投放模式，增加适合特色终端消费特点的高价位品规和特色品规的投放，如白沙（和天下）、芙蓉王（硬中支）、芙蓉王（细支）等规格，每周在原有档位基础上各增加1条投放量。

（三）服务链路上，以职业化客户建设为抓手，提升综合服务质量

零售终端的核心与关键在于"人"。长沙烟草立足于提升这一核心能力，开创性地开展职业化零售客户建设。从职业素养、职业技能、职业规范三个方面综合考量客户的价值，通过特训营的形式，与客户建立深度的关联。一方面长沙烟草将职业化客户建设作为一项重要的服务提供给零售客户，努力形成与零售客户的经营共同体、利益共同体、文化共同体、发展共同体。另一方面以职业化客户建设为抓手，完成商业模式的闭环。通过提升零售客户服务意识、品牌培育能力，再以零售终端为节点，影响辐射更多消费者，优化消费者的卷烟消费体验，从而系统提升工商零共同面向消费者的服务能力，畅通服务链路。

1. 市场导向，构建职业化客户培养模式

职业化客户建设，是指通过特训营培养、零培零训练、大讲堂实操、优秀者激励等服务项目，以5年为周期分批打造1000名"以烟为业、精于此道"的职业化客户，让职业化的客户去培训、影响、带动客户，不断提升终端素质。职业化客户的培养模式，在整个烟草行业均属于首创，它聚焦于平台打造与内生动力的激发，从而获得了源源不断的活力。

职业化客户特训营以破冰、萃取、活用为主线，既强调宏观知识的掌握，也强调新兴工具的应用。在强化案例萃取输出的基础上，进一步加强专业内容的输入，使零售客户实现理论与经验的双丰收，完成输入与输出的双向交流。

目前，长沙烟草共开展7期职业化客户培训，共培养职业化客户515人，职业化内训师26人，聚焦终端转型、门店数据分析、卷烟品牌陈列、零售终端系统操作等领域开发内训师课程17个，开展内训师培训170场，覆盖客户近万人。围绕职业化客户的经营经验，深度萃取典型案例，截至目前共采访职业化零售客户36人，成功挖掘经典案例30个，编印了《职业化卷烟零售客户成长体系手册》《职业化卷烟零售客户案例汇编》。2020年与湖南工商大学开展战略合作，建立紫荆学院，职业化客户建设从项目制运作转变成平台化运营，更充分地利用院校的师资优势，为广大客户提供坚实的素质提升阵地。

2. 消费导向，提升卷烟消费专业服务水平

以职业化客户建设为契机，重点提升终端服务意识，提高服务质量，改善消费者消费体验。职业化客户的平均从业年限为8.94年，是一支经营丰富的资深队伍，能为消费者提供更为专业化的服务；店面平均经营面积为90.79平方米，有33.9%的职业化客户参与职业化特训营后对店名进行了升级改造，有53.11%的客户表示近期有升级改造的计划，整洁舒适的店铺环境为消费者提

供了更优的消费环境；职业化客户平均经营规格109.73个，远高于全市平均水平，为消费者提供更为丰富的品牌选择；职业化客户还在诚信经营、明码标价、明码实价上形成了良好的市场示范，为消费者营造了优质、放心的消费体验。

(四) 资源链路上，聚焦终端核心区域，提升资源利用效率

对零售终端来说，终端核心区域是指门店招牌、前柜展示、背柜展示、品吸体验这四个区域。基于这四个区域，长沙烟草构建了资源应用的"1+2+1"模式。"1"是依托加盟终端，在门店招牌上加大品牌资源投入；"2"是聚焦前柜与背柜，加大产品展示资源投入；"1"是重点关注核心体验区，加大品吸体验资源投入。通过聚焦核心区域的资源投入，提高了品牌资源投入的系统性和集中性，开拓了一条精准、高效的资源利用链路。

1. 打造卷烟流通品牌"湘汇636"，实现品牌资源赋能

全面推进湖南烟草自有流通品牌"湘汇636"的建设。"湘汇636"是湖南烟草在传承直营连锁"湖南636"经营理念与模式的基础上，精心打造的具有"诚信、优选、便利"等内涵的湖南烟草自有流通品牌。长沙烟草通过"湘汇636"建设，实现加盟门店"品牌名称统一、门头形象统一、管理系统统一、经营模式统一、会员管理统一"的"五统一"模式，全面提升终端的硬实力。卷烟流通品牌的推出，一方面为零售客户转型提供新的路径，目前长沙烟草已建成"湘汇636"加盟终端48家，上线非烟订购平台"紫荆商城"，向"湘汇636"提供更优质、性价比更高的非烟产品。另一方面，在强大的品牌影响力之下，有效提升了零售客户的诚信价值，形象好、守规范、讲诚信加盟终端的卷烟销售额和卷烟销售毛利均有大幅提升。目前单店月均卷烟销售额达到143871元，提升幅度达36%；单店月均卷烟销售毛利额达24751元，提升幅度达34.55%。

2. 聚焦核心展示区域，实现形象资源赋能

终端门店内，卷烟的核心经营区域有限，长沙烟草通过重点提升"两个一平方"的展示陈列，即前柜一平方、背柜一平方的卷烟标准化陈列，进一步优化消费体验。前柜一平方，让明码实价深入人心。通过引入手持标签打印机，改进明码标价工作，长沙市场的卷烟标签到位率、标签对应率明显提高，高度统一的卷烟价格，能打消消费者对价格的顾虑，让消费者买得放心、买得安心。背柜一平方，提升购买便利度。在长沙烟草的大力推动下，以推烟器陈列为代表的新型陈列方式逐渐成为长沙卷烟市场的标配，一目了然、清晰美观的卷烟陈列，让卷烟产品重回消费者视野，更方便消费者选购，有效缩短了消费者购买决策的时间，提升了购买的便利度。目前，长沙烟草共投放推烟器近30万个，有效提升了终端的展示水平。

3. 聚焦核心体验区域，实现体验资源精准赋能

通过打造核心体验区域，让品吸区成为门店精准识别消费者的工具，实现"流量营销"向"留量营销"转变，有效培养门店核心消费群体，实现不同消费者之间的精准服务。

通过聚焦核心体验区域，长沙烟草将品牌宣讲的大课堂移到了品吸区的"小方桌"，以品吸体验更好地满足消费者好奇与尝鲜的需求。近年来，长沙烟草开展了近千场门店驻店品吸，通过现场品吸、分享体验感受，加深消费者对卷烟的卖点文化的认知和感受，使卖点特色变得可观、可触、可感，提升品牌体验感和消费满足感。

(五) 强化三维"链"式卷烟零售终端管理体系的支撑保障

1. 确立高效协同的组织机构

基于三维"链"式卷烟零售终端管理体系"扁平化、职能化、协作化"的特点，长沙烟草成立贯穿决策层、管理层、执行层的联合工作组。明确工作组的工作职责，按层级、分专业开展工

作。一直以来，长沙烟草党组高度重视创新工作，制定《长沙市烟草专卖局（公司）科技创新管理办法》，保障科技创新工作高效开展。针对三维"链"式卷烟零售终端管理体系，长沙烟草党组在战略层面明确了目标、努力方向与资源保障，技术中心积极收集、研究行业内外相关理论资料与优秀经验，提供指导咨询；经济运行科负责监督体系建设的进度与质量，并适时开展关键指标的横向、纵向比较，实时掌握体系的运转状况；营销中心负责各链路上具体项目的实施，并及时收集、反馈信息，不断改进实施方式方法。

2. 实行项目负责制，强化机制保障

联合工作组针对三维"链"式卷烟零售终端管理体系建设的特点，分别设置信息链、服务链、资源链项目攻关小组，制定详细的项目计划，明确小组的预期目标、达成标准、人员分工、经费预算、所需支持，确保三维"链"式卷烟零售终端管理体系顺利推进。

前期，联合工作组集中攻关小组成员广泛开展市场调查，并组织技术中心、经济运行科的专家成员与营销骨干等召开座谈会，确定实施计划与进度。中期，联合工作组不定期对项目小组的活动过程进行监督和检查，及时发现并处理异常问题。后期，联合工作组集中听取项目小组活动成果汇报，并基于小组对项目整体进行验收与评价。在整个项目实施过程中，联合工作组密切关注实施进程，定期召开联动会议，共计召开联动会议12次。

3. 将关键流程标准化，强化制度保障

在三维"链"式卷烟零售终端管理体系建设过程中，重点关注重要程度高、影响程度大、可控系数高的关键路径。对于关键路径，在经过PDCA循环的反复改进完善后，通过制度对该类业务流程予以固化，如市场状态调控、职业化客户培训、加盟终端建设、零售客户评价等关键路径，通过明确相关业务流程的操作标准、关键节点、考核评价标准，保障三维"链"式卷烟零售终端管理体系的良好运转。

四、三维"链"式卷烟零售终端管理体系建设的实施效果

（一）完善流程机制，提高管理水平

1. 完善关键环节的规章制度

三维"链"式卷烟零售终端管理体系建设将原有终端建设点对点的单线联系，升级为立体化的多线交互，将工商零消资源有效聚合，以信息互联为基础，以职业化客户建设为抓手，建立健全零售终端体系，打通工商零消信息、服务、资源链路，各要素加快流转，各项资源得到更优配置。重新梳理修订《湖南省烟草公司长沙市公司卷烟客户二级标签管理暂行办法》《湖南省烟草公司长沙市公司卷烟货源供应实施办法》《湖南省烟草公司长沙市公司"湘汇636"流通品牌加盟管理规则》等11项制度，有效提升了工作效率与管理水平。

2. 提升货源利用率与订单满足率

自三维"链"式卷烟零售终端管理体系建设以来，长沙烟草有效增强适销对路货源的供应能力，长沙市场整体卷烟货源利用率不断提升，从50%攀升至79%，整体品规订足率不断提升，订足率高的品规数量不断增加，订足率较低的品规数量不断减少，零售客户的真实需求得到进一步满足。具体如下图所示：

（二）保障客户盈利，提升经济效益

自三维"链"式卷烟零售终端管理体系建设开展以来，客户盈利水平持续提升，根据第三方监控数据显示，客户综合毛利率从2017年10月的7.1%上升至2019年12月的12%，提升4.9个百分点，为近十年来最佳水平，一年能为4万户零售客户户均增收1.61万元。

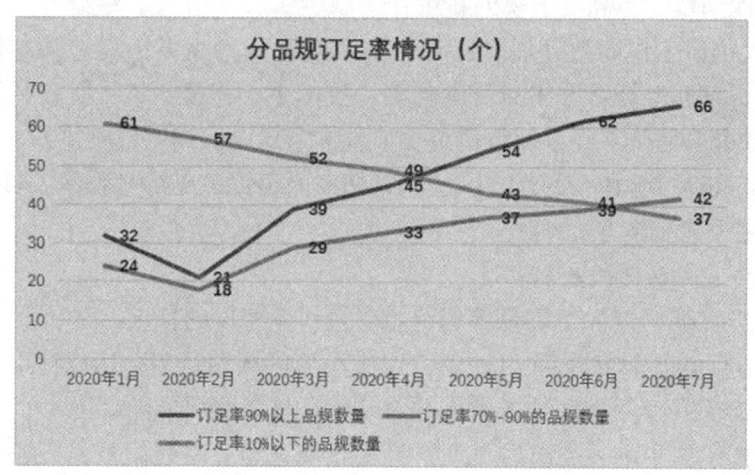

图 1 长沙烟草 2020 年分品规订足率情况统计

（三）优化消费体验，彰显社会责任

1. 稳定就业环境

通过开展三维"链"式卷烟零售终端管理体系建设，让长沙卷烟零售市场秩序日益规范，市场状态步入良性发展的循环，越来越多的创业者加入卷烟零售从业者的队伍。对比 2017 年，长沙地区新增入网零售客户 12885 户，有效解决 3.6 万人就业问题，为稳就业、保民生做出应有贡献。

2. 提升消费便利度

良好的卷烟经营秩序与盈利空间，宽松的准入门槛，吸引众多创业者投入卷烟零售行业，长沙市场每百位烟民持证门店拥有数从 2017 年的 1.14 家上升至目前的 1.61 家，长沙地区便利店发展指数排名全国前三，消费者购烟便利性明显增加。

3. 提升消费选择性

自开展数据信息链路建设以来，依据零售客户的真实数据信息，商业企业不断优化货源投放策略，工业企业持续开展卷烟品牌落地培育活动，零售客户实际经营卷烟品牌宽度不断提升，户均品牌宽度从 27 个规格提升至 52 个，消费者的品牌选择面大幅提升。

4. 提升终端社会责任感

在职业化客户的带动下，越来越多的零售客户加入爱心志愿队伍，积极开展爱心捐赠、探望残障儿童等志愿活动，主动承担社会责任。特别是疫情期间，捐款捐物、出人出力，据不完全统计，主动参与志愿活动的客户近 200 人，捐献物资价值近 20 万元。

（四）营造优质环境，突出生态效应

1. 打造优质营商环境，美化卷烟经营生态

通过开展三维"链"式卷烟零售终端管理体系建设，一方面，增强了长沙烟草规范市场、调控市场的能力；另一方面，零售客户的软、硬实力得到有效提升，经营观念有效转变，零售客户自律自强，由互相监督零售客户间的恶性竞争变为共同发展的良性竞争，长沙卷烟市场秩序不断规范，经营生态持续向好。

2. 打造文明吸烟环境，优化卷烟消费生态

零售客户综合素质提升后，更加重视消费者的消费体验。为了让消费者有尊严的、舒适地抽烟，越来越多的零售客户在店内设置文明吸烟体验区，配备空气净化器、桌椅等设施，既保护了非卷烟消费者不受二手烟侵扰的权利，也满足了卷烟消费者合理的消费诉求。2018 年至今，长沙

烟草共投入改造资金约300万元,覆盖零售客户890余家。

(五)创新工作举措,突出示范效应

前期三维"链"式卷烟零售终端管理体系在市局本级进行了试点,取得了较好成效,现已在全市系统营销业务线全面运行。整个项目紧扣当前行业工作实际情况,层次清晰、重点突出、改进措施简便可行,可用于大范围的推广。

三维"链"式卷烟零售终端管理体系的示范效应明显。2019年,针对烟草行业36个重点城市的14个对标指标中,长沙烟草有12项优于全国平均水平,5项指标排名前三,4项指标同比提升,迈入行业第一梯队。与湖南工商大学共建的紫荆学院为行业内商业企业联合院校办学的首次尝试,职业化客户建设在"湖南省烟草商业系统第一届科技创新论坛"上作为营销创新成果发布,并入选中国烟草总公司郑州烟草研究院案例库,成为行业竞相学习的先进标杆。2020年长沙烟草落实国家局部署,对标帮扶西藏区局。

主　创　人:刘　智
参与创造人:文　礼、邓文潇、肖为国、李　可、陶尧坤、黄　源、
　　　　　　杨楸姗、谢　彪

电网企业精准定制化星级服务管理模式创新

国网湖南省电力有限公司永州供电分公司

国网湖南省电力有限公司永州供电分公司（以下简称"永州公司"）是国网湖南省电力有限公司直属的中一型供电企业，担负着永州市电网的运行维护、永州市9县2区供电和220千伏及以下输变电工程项目的建设任务。公司下设15个职能部门、9个业务实施机构、11个县（区）公司，固定资产原值突破110亿元，2019年实现售电量86.86亿千瓦时，同比增长13.25%，增速居省公司系统第2位，本地市场占有率97.96%。

永州公司现有10千伏及以上的大客户（指独立使用专用变压器供电的客户）10843户，占公司总户数的5%。2018年大客户售电量为47.24亿千瓦时，占公司总售电量的59.8%。大客户数量少、用电量大，是现代社会经济的基础产业，也是关系国计民生的基础产业，为主动适应国家电力体制改革，提高企业的核心竞争力，提升营销服务质量，创新电网企业精准定制化星级服务管理模式既是高质量服务客户的需要，也是公司巩固开拓电量市场、提升可持续发展能力的内在需求。

一、电网企业精准定制化星级服务管理模式创新的实施背景

（一）是顺应电力体制改革，树立新型服务理念的需要

在电力体制改革背景下，电力市场具有开放性与竞争性，随着售电侧及增量配电业务放开的逐步落地，电力企业将面临由原来的电力统购、统销、自然垄断格局，向主体多元、竞争有序、履行电力普遍服务和保底服务义务的重大转变。有实力的大型售电主体为了持续扩大市场份额，可能自行筹建服务机构，独自承担计量、抄表、维修以及客户服务等，未来电力客户服务群体将更加复杂、服务难度不断加大，新的服务诉求及业务种类将不断涌现。届时，客户关系管理、服务标准规范、个性化服务策略等运营服务难题将更加突出。面对竞争激烈的市场环境，供电企业加快转变服务理念，以客户创造价值为导向，从客户的角度，主动调查分析客户需求，完善针对不同群体的服务标准，有效解决客户新诉求，是服务国家战略的必然要求。

（二）是满足个性服务需求，提高企业竞争力的需要

在现代市场营销环境建立的新时期下，社会各界对日益增长的供电需求的差异化、个性化、多样化凸显，优质服务必将成为电力企业核心竞争力的突出要素。如何创新服务策略，让服务内容多样化、服务方式差异化、服务行为人性化，增强对客户服务工作的重视程度，在企业内部营造良好的服务氛围，进而提高服务质量，用卓越的服务体验培养客户忠诚度，增强供电企业在售电市场上的竞争力，将对电力企业良好发展具有重大意义。因此，必须进一步加快个性化服务的开展，把电力企业从用电客户的群体性、一般性需求中解脱出来，将更多的注意力集中在不同客户之间的差异化需求上，为企业长期发展战略目标的顺利实现和企业竞争力的提升打下坚实的基础。

（三）是改善客户服务现状，提升营销服务质量的需要

随着市场经济的迅速发展，电力需求日益增大。大客户用电量不断增大，在社会、经济活动

中占有重要地位，具有较大的话语权和影响力。然而，目前电力企业针对大客户的服务尚未体系化、规范化，虽然在优质服务上做出了很大的努力，但仍不可避免地出现"无差异化"服务、"不主动"服务，缺乏对潜在用户的主动挖掘、对存量客户的主动维护。对市场的细化不足，未根据大客户的用电需求细化客户群体，导致客户忠诚度降低。在当前客户关系管理中，探讨如何反客为主，转被动服务为主动服务，积极主动为客户提供个性化服务，切实帮助客户满足用电需求，加强与客户沟通联系，提高服务质量，是赢得客户信赖、提高市场竞争力的重要保证。

二、电网企业精准定制化星级服务管理模式创新的内涵

以客户需求为出发点，始终坚持"始于客户需求，终于客户满意"的服务理念，以提供高质量、精细化服务为目标，通过全面调研客户用电需求，结合不同大客户的不同需求提供差异化、个性化的服务，制定科学、合理的星级客户评定办法，运用大数据的科学手段，分析客户的服务需求，在满足大客户普遍需求的基础上，为大客户精准定制个性化服务，进一步整合服务资源、拓展服务渠道、丰富服务内涵、提升服务能力，充分发挥专业优势，提供主动服务，积极联合多方力量，解决大客户的用电困难，构建完善的星级服务管理模式，能有效提高大客户的用户黏性，提升大客户的安全用电意识和能力，实现公司经济效益与社会效益双赢。

三、电网企业精准定制化星级服务管理模式创新的主要做法

（一）统筹规划，构建星级服务保障体系

永州公司针对当前大客户服务现状和管理模式，多次召开专题会议，深入研讨星级模式的大客户服务管理；成立星级模式的大客户服务管理工作组，明确了工作职责。自2019年1月以来，公司制定了《国网永州供电公司大客户管理服务指导意见》《国网永州供电公司大客户用电安全管理指导意见》，成立了以公司领导为组长的星级模式客户服务管理领导小组，负责星级模式的客户服务管理的领导工作，制订实施计划，下达工作任务与计划，指导、协调、督促项目创新工作，及时研究、解决创新项目中的重大问题。由营销部、市客户服务中心、综合能源服务分公司组成工作小组，负责对大客户实施个性化服务，扎实推进深化星级模式的大客户服务管理。工作小组结合客户用电特征，通过了解新增客户、原有客户的服务特点，制定星级客户评定规则，为客户提供个性化服务方式，让客户自主选择是否接受星级服务，为星级客户构建新的服务模式。

（二）合理有效，确定星级客户评定细则

1. 客户用电需求调查

前期永州公司以问卷的形式，对辖区内500名大客户进行市场调研，了解客户的需求以及亟待解决的问题。调研中发现，客户普遍对办电速度、用电安全知识培训、供电可靠性、节约用电成本以及电力提供情况较为关注，此结果为大客户星级评定及后续优化服务策略的制定奠定了基础。

2. 确立星级客户评定细则

为合理确立星级客户评定细则，永州公司通过开展园区座谈会、上门走访、问卷调查等方式了解客户对星级评价中差异化服务的意见和建议，客户普遍认为该服务方式更有利于地方经济的发展。星级客户评定遵循统一标准、分类实施的原则进行，按照国网公司"服务于党和国家工作大局、服务电力客户、服务发电企业、服务社会发展"的服务宗旨，设定客户基础分为60分，从客户安全用电管理、商业及社会资信状况、节能及环保状况、客户社会影响力等四个维度对客户进行加减分，根据最终总分来评定客户星级。

评分在60分及以下的客户为常规客户；评分在60分至75分以下的客户为一星级客户；评分

在75分至90分以下的客户为二星级客户；评分在90分及以上的客户为三星级客户（见表1）。经过评定，公司有三星客户153户，二星客户502户，一星客户1208户，常规客户8980户。

表1 星级客户评分细则

序号	分类	基础分	加分项	减分项
1	客户安全用电管理	10	1. 全年未发生设备事故加10分； 2. 发现用电安全隐患后主动告知相关部门并配合完成整改的，每次加5分	1. 由于用电客户自身原因导致人身伤亡事故，每次扣20分； 2. 由于客户设备故障导致越级跳闸的，每次扣5分； 3. 客户电气设备试验不合格的，每发现一次扣5分
2	客户商业及社会资信状况	20	1. 获得一次市级荣誉称号加5分，省级荣誉称号加10分，国家级荣誉称号加15分； 2. 满足月度电费智能结算要求的客户，每月加2分； 3. 发现违约用电或窃电行为并主动告知相关部门，避免国家经济损失的，加5分	1. 拖欠电费每次扣5分； 2. 受到一次市级通报批评扣10分，省级通报批评扣20分，国家级通报批评，该项记0分； 3. 不执行有序用电指令的每次扣20分； 4. 发生违约用电或窃电行为，每次扣20分
3	客户的节能及环保状况	10	1. 主动将非节能设备改为节能设备的加5分； 2. 获得一次市级环保部门奖励的加5分，省级环保部门奖励的加10分，国家级环保部门奖励的加20分	1. 未使用节能及环保设备的扣10分； 2. 受到一次市级环保部门处罚的扣5分，省级环保部门处罚的扣10分，受到国家级环保部门处罚的，该项记0分
4	客户社会影响力	20	1. 对县级政治、社会、经济有重大影响的用电客户加10分； 2. 对市级政治、社会、经济有重大影响的用电客户加20分； 3. 对省级以上政治、社会、经济有重大影响的用电客户加30分	普通客户得基础分20分

（三）问题导向，引入星级客户服务清单

依据客户的实际需求，永州公司重新确定市场服务定位，充分整合利用可调用的优势资源，形成能够对客户"把握需求、满足需求、培育需求、价值服务"的基本服务思想，从原来单纯售电的身份，转型为"服务客户、增值客户、兼顾其他利益相关群体需求"的社会服务者角色。永州公司制定以客户需求为导向的个性化服务策略，根据客户的特点，精准推送延伸服务，加强与客户的沟通，增强客户体验感。

1. 普惠服务常规客户

按照供电服务"十项承诺"服务常规客户，并为常规客户提供安全用电体检服务、电力知识培训服务、配电应急抢修服务、停电信息通知服务，及时解决客户诉求。在提升客户安全用电知识的同时，对用电检查过程中发现的用户存在的用电安全隐患，以《用电检查结果通知书》方式及时告知用电客户，并提出切实可行的整改建议，指导帮助用电客户整改到位。对于客户配电故障，及时提供应急抢修服务，快速恢复客户供电，将停电损失降低到最小；对于计划停电，将停复电时间、范围以短信的方式发给客户，方便客户提前做好停电准备。

2. 精准服务星级客户

对星级客户，在普惠服务内容的基础上，针对客户不同星级设立不同层级领导挂点和项目督办模式，具体服务内容如下：

一星级客户服务内容：在常规客户提供服务的基础上，各县区公司设立星级客户服务队伍，由项目经理担任队长，提供主动上门走访服务、设备定期巡检和故障分析服务、设备年度检修服务，收集并解决星级客户用电诉求。当星级客户发生故障停电时，星级客户经理协调联系抢修人员，协助客户初步分析故障原因，提供解决办法。对于计划类停电，除以短信通知星级客户，还通过电话的方式通知客户，确保停电信息及时准确通知到位，并为星级客户建立停电故障档案库，将星级客户停电明细和停电原因记录在册，定期对客户停电信息档案台账进行分析，了解客户故障情况，及时指导用户采取措施整改缺陷，整治隐患，确保客户用电的可靠性，保障客户生产经营的稳定性。

二星级客户服务内容：享受所有一星服务，由区县公司分管营销的副总经理担任星级客户服务队队长，建立周服务通报协调机制，加快解决客户诉求。通过对星级客户用电性质、用能特点、用能状态进行大数据分析，为客户提供基本电费优化服务、峰谷用电计划服务、无功补偿治理服务等用能优化服务，降低客户用能成本。

三星级客户服务内容：享受所有二星服务，由市公司营销部主任担任星级客户服务队队长，组建市县两级服务通报协调机制，为三星级客户提供配电设备预试服务、应急安全保电服务、智慧能源规划管理服务。当三星级客户发生用电故障或组织重大活动时，由市公司营销部主任统筹协调，组织星级客户服务队为三星级客户编制保电应急预案，协调发电车（机），为三星级客户免费提供现场保电服务；并根据大数据分析的三星级客户用能情况，为其提供智慧能源规划管理服务，全面提高客户供用电可靠性，降低用能成本。

（四）科学分析，预测星级客户服务需求

1. 预测客户服务需求

通过营销SG186系统对客户的用电信息、用电性质、用电量波动、售电均价等特征进行分析，把握不同类群的客户用电规律，通过客观与主观相结合的方式，结合专家对客户的用能特征进行层次分析，按照科学性、合理性、有效性的原则，预测客户当前所需的服务需求。

科学性。根据客户的特征划分出不同的客户群体，且不同的客户群之间必须具备明显的差异。因此，需要根据电力客户的特征进行分析，以确保细分维度的科学性和可度量性，使得每个细分类别都有着各自的特征。

合理性。客户细分需要选择合适的客户范围和客户数量，因此在选择时首先要对客户情况进行初步评估，再结合电力客户的特征，选择客户群体进行价值评估，进而采用准确的方法进行细分，以确保客户细分结果的合理性。

有效性。在客户细分中，需要选择合适的指标，在真正意义上体现客户价值。只有确保指标选择的有效性，才能确保细分结果的正确性，完成客户价值的分类，最终确保服务策略制定的有效性，发挥客户细分的作用。

2. 制定客户服务套餐

为了实现客户个性化服务管理的最终目标，需要抓住细节，从更深层次挖掘更多的为客户提供优质服务的方式方法。客户管理工作主要是通过完善的服务体系、规范的服务流程为客户提供更加优质、方便、规范、高效的服务。通过设备安全体检，可提高用户的供电可靠性；通过基本电费、峰谷用电优化、无功补偿方案等，可提高客户的设备利用率，降低电能损耗；通过智慧能源管理，可降低用户的用能成本投入。针对不同类型的客户的需求特点，提供设备安全体检服务、用能成本降低服务、售电均价降低服务，以不同的服务套餐满足客户不同的服务需求（见表2）。

表2 服务套餐组合

服务套餐名称	套餐组合
设备安全体检服务	普惠服务+安全用电体检+配电应急抢修+设备智能运维
智慧能源管理服务	普惠服务+智慧能源管理
用能成本降低服务	普惠服务+电费优化方案+无功治理

（五）精准定制，提供星级客户个性化服务

1. 建立客户常态联络机制，确保沟通高效

永州公司出台《国网永州供电公司客户常态沟通联络方案》，公司和各区、县星级客户通过走访、邀请座谈、服务讲座、电力开放日活动、问卷调查等形式有序开展常态沟通联络工作。通过与星级客户建立常态沟通联络"一对一"服务机制和"一事一措"问题销号闭环机制，实行领导挂点、分级走访制；根据客户星级等级、诉求的紧急程度和事项等级实行错级协调制，按"一事一措"建立问题档案，适时提升处理级别，确保星级客户诉求能够得到及时解决。各区、县公司明确星级客户的对口服务联络人和负责人，对口服务联络人采取走访、电话、短信、微信等方式密切联系客户，对客户的生产经营情况、用电需求进行关注。

2019年以来，共计走访星级客户111次，收集星级客户诉求178条，召开星级客户座谈会3次，以会议纪要形式明确8件事，并同步建立了完善的星级客户服务台账。

2. 组建星级客户服务队伍，强化闭环管理

一星级客户由营销客户经理担任服务队长，二星级客户由县公司营销副总担任服务队长，三星级客户由市公司营销主任担任服务队长，协调生产、财务、调度等人员，形成大客户服务队伍，每组队伍共计4人，共计99支队伍，随时或定期召开会议，深入分析客户提出的需求，协调多方力量，提供"一站式"全方位服务方案，满足客户提出的需求，解决出现的问题。在服务队伍中，客户服务队队长主要负责快速传导客户用电需求，以及对公司供电服务的意见；协调并督导管理人员，调度公司资源，督办协调供电服务各环节工作效率和服务质量；对需要谨慎处理的重大问题、重大事项，可直接向公司领导提出建议。对于需要及时解决的问题，服务队要在客户经理传递问题详情后2日内召开讨论会，对问题本质、解决方案、责任部门和人员等问题进行落实，出具可行的执行方案。

新冠疫情期间，永州公司针对一星客户江永县政府潇浦镇卫生院的紧急增容用电需求，立即组织客户服务队伍主动开展现场服务，拟为该卫生院新建一台800千伏安的箱式变压器，专门用于抗疫用电。由于多地疫情陆续暴发，形势严峻，变压器厂家供货时间无法确定，公司一方面继续按原定方案指定专人多方面、多渠道联系各地厂家，争取以最快的时间购回设备，并同步做好电缆、开关等其他物资设备的采购入库、土建基础施工、电杆预立等工作；另一方面对该卫生院现有的用电设备进行最大化、最优化的升级改造，调配变压器物资，临时将现运行使用的变压器容量从315千伏安扩容到630千伏安，并对卫生院内外部用电线路增大线径重新安装，全力保障

医院各项防疫用电设备正常供电。

3. 提供设备安全体检服务，提高供电可靠性

通过开展星级客户安全用电检查专项活动，2019年以来共计为星级客户提供安全用电体检服务168次，送达《用电检查结果通知书》134份，并提出切实可行的整改建议，指导帮助星级客户整改安全用电隐患208条；完成全市17家星级大客户双电源改造，同时建立星级客户体检档案，实时更新星级客户的基本情况，大大提高了星级客户用电的可靠性，保障了生产经营的稳定性。

永州公司根据二星级客户华为云数据中心的供电需求，主动为客户采用双电源供电，保障供电可靠性。该项目由冷水滩供电公司营销副总经理挂点，负责项目总体推进，公司发展策划部、配电部主动对接，负责项目规划，开展企业用电前期走访调研，了解企业用电需求。由公司出资从110千伏猎豹变电站和110千伏横冲变电站各新建1条10千伏线路满足用电需要，减少客户成本投资；同时积极与市城投公司、市开建投及经开区工业管理委员会对接，政企多方联动，合力协调解决外线线路通道和管廊建设等一系列问题。

4. 提供用能成本降低服务，实现数据变现

自2019年以来，永州公司通过星级客户的基本电费、力调电费、峰谷电费、容载比等用能数据，经过大数据分析，筛选出容载比低于50%的2户三星级客户、5户二星级客户，通过帮助客户调整基本电费计费方式，为每户节省电费成本7%~12%；筛选出峰谷电费比值较高的客户，根据客户的用电性质，为1户三星级客户、7户二星级客户、10户一星级客户提供峰谷用电计划服务，帮助客户合理调整分配不同时间段的用电时间，为每户节省电费成本5%~8%；筛选出功率因素不达标的星级客户明细，为2户三星级客户、4户二星级客户提供无功受罚治理服务，每年共计节约用能成本约40万元。

5. 提供应急安全保电服务，力推节能降损

2019年，永州公司分别为永州市委、市政府、自来水公司、永州四中等78户三星级重点客户编制应急处置预案78份，免费提供保电服务34次，出动发电车（机）34次，出动保电服务人员198次，保证了三星级用户高考、重要活动、紧急故障时的可靠用电；通过数据感知设备采集能耗数据，进行系统能耗分类统计及分析，监测各类负荷用能变化，为管理层和决策层进行节能管理提供数据依据，从而获得完整的能源管理解决方案。目前共计为星级客户出具智慧能源管理方案18份，并与1个五星级客户、4个三星级客户达成合作意向，预计可降低客户用能成本10%~15%，同时大大提升了客户智慧化管理水平。

四、电网企业精准定制化星级服务管理模式创新的实施效果

（一）管理效益得到提高

通过实施《电网企业精准定制化星级服务管理模式创新》，公司采用"一对一""一事一措"工作方式全面加强客户需求调研，改变传统的电力客户服务模式，由以往的"等客户上门"的观念，逐步向主动为客户推介服务转变，通过主动开展走访、培训等服务替代被动服务，实行快速办电，早供多送，在获得客户更多满意的同时，缩短了服务流程、服务周期和反馈时间，解决客户问题能力明显加强，公司服务管理水平显著提高。2019年高压业扩平均办电时长52.20天，较目标缩短7.8天；完成线路集中检修167条，完成线路通道治理68%，公司配电线路故障率、配变停运率、平均停电时长分别下降49%、20%、38%，"两降一控"指标排名湖南省第一；公司A类电压合格率排名由全省第12名上升至第3名，大大提高了客户用电的可靠性，保障了生产经营

的稳定性。

（二）经济效益得到提升

永州公司通过构建星级客户管理新模式，有效地稳定了客户的经济发展。自该项目开展以来，永州公司12个月累计售电量868603.95万千瓦时，较上年增长101599.64万千瓦时，增长率为28.87%。上半年，永州公司社会效益和企业经营效益得到大幅提升，永州市GDP克服疫情影响上涨1.3个百分点，大客户用电生产平稳有序，公司上半年售电量增幅为9.2%，排名全省第一。一般工商业和大工业按原电价95%结算政策，减少客户电费支出2947.7万元；引导企业参与市场化交易，降低客户用电成本5400万元；持续推进小微企业"三零"服务，减少企业用电成本支出389.83万元，积极落实国家政策，助力经济复苏，有效降低客户用能成本。

（三）社会效益得到彰显

自星级模式服务管理创建以来，为永州市"品质活力永州"发展战略和全面建成小康社会目标，提供了坚强稳定可靠的电力保障。一是通过长期融洽的业务往来，切实改善客户服务体验，提升客户感知度、满意度，获得客户、政府与社会各界认知与认同，打响国网品牌，树立良好的企业形象与行业口碑；二是主动为客户制订智慧能源管理实施方案，通过智慧能源管理，为5户客户降低8%~10%的用能成本，合计约120万元；打造蓝山云冰山首个全电景区，建设钰丹物流等4座充电站，推动41所有建设任务的学校新建和改造为全电厨房，助力"绿色永州"建设；三是贫困村户均容量提升至1.62千伏安，助力打赢脱贫攻坚战。2019年，在市政府优化营商环境测评中，永州公司在央企排名第三。

主　创　人：曹慧珊、詹普元

参与创造人：田国元、王　毅、陈双华、桂保林、杜小芳、何影姣、伍　敏、滕　剑、易振林、张智斌

电改新形势下的发售一体大营销体系构建

五凌电力有限公司

五凌电力有限公司（以下简称"五凌电力"）成立于1995年，为国家电力投资集团有限公司在湘二级单位。公司根据国务院授权，按"流域、梯级、滚动、综合"的方针，全面负责沅水流域梯级电站的开发、建设与经营，为国内最早的流域公司之一。五凌电力是一家按照现代企业制度组建的中外合资企业，现股东为中国电力国际发展有限公司、湖南湘投国际投资有限公司。

五凌电力始终遵循国家政策导向和经济社会发展需求，按照中央新发展理念要求，坚持清洁发展不动摇，积极推进"深度开发水电、大力发展新能源、积极发展电站服务业、引领发展新业态"的产业发展战略，提出并致力于"打造三个标杆（集约化经营管控企业标杆、水电专业化管理行业标杆、区域化统筹发展标杆），建设一流清洁能源智慧企业"的战略目标，立足湘黔，面向全国，走向国际，稳步推动公司健康可持续发展。截至2020年3月，公司员工总数为2400余人，在运装机778.19万千瓦，其中水电486.07万千瓦，火电120万千瓦，新能源172.12万千瓦。公司注册资本87.5亿元，资产总额510.1亿元，净资产143.7亿元，资产负债率71.83%。

一、电改新形势下的发售一体大营销体系构建的实施背景

（一）成果实施的必要性

随着国家电改政策的逐步推进，发电企业经营正面临从计划驱动到市场竞争，从以电力生产为中心到以客户需求为中心的巨大转变。自电改以来，各地电改步伐明显加快，用电侧用户电压等级从高到低逐步放开，售电公司相继成立并纷纷涌入；发电侧水、风、光等可再生能源均将进入市场交易。政策环境变化对发电企业的服务业务、市场格局、新兴技术方面等产生了重要影响。

在发电计划改革前，五凌电力的电量销售模式主要以计划性电量为主，即以政府指令性计划为主。在发电计划改革后，将有大部分的电量计划放开进入竞争性市场。五凌电力的营销模式将由"以水定电"转变为"以市场为中心"。

随着电力体制改革和能源互联网的不断深入，发电侧风、光等分布式电源快速投运和售电侧逐步放开，海量电力用户、大量新能源作为电力市场新成员，导致市场竞争难度增加，交易复杂性和不确定性急剧增加。

交易周期由年度、月度运作向日前到实时运作。2017年8月国家能源局发布的《跨区域省间富余可再生能源电力现货交易》以及《关于开展电力现货市场建设试点工作的通知》，意味着我国电力现货市场将逐步开展。

依据湖南电力中长期交易规则对交易品种的定义，湖南将开展多类型的交易，包括电力直接交易、跨区跨省交易、合同电力转让交易以及辅助服务交易等。

配售电改革前，发电企业作为发电商的决策之一，其扮演的角色以与电网企业按计划签订合同为主。在改革后，发电企业逐渐转变为发电、配电、售电及DSM（需求侧管理）等多样化业务模式；从满足系统负荷需求到满足用户的多样化和定制化服务需求；从单纯供能到能源流、信息流双向互通后的综合能源服务。

新电改形势下，发电企业如何管理营销业务、统筹发售业务，成为发电企业的全新课题，如何适应电改新形势，保证公司效益最大化，为公司"保发电、增效益、新业态"服务，对公司市场营销工作提出了新的挑战，重新梳理营销业务，研究一套"电改新形势下的发售一体大营销体系"，占得市场先机刻不容缓。

(二) 成果达到的目标

随着电力行业的发展，市场进一步还原电力的商品属性。电力企业为了生存需要，应转变业务开展模式、盈利模式和市场参与方式。企业的营销业务由单一的供电服务，转变为多元化业务模式。本项目的研究将实现以下四个目标：

1. 实现发电企业战略转型的前瞻性

我国电力政策和市场环境，在未来几年会沿着改革的大方向不断变化，发电企业要发展，首先要对未来的方向有坚定的正确的前瞻性判断。通过对未来竞争型市场环境下的各项需求进行分析，可以为发电企业的未来发展规划提供宝贵的参考建议。

2. 提升发电企业面对环境的适应性

面对未来必然存在的不确定性，发电企业应该做出灵活、迅速的反应，以适应市场环境的变化。发电企业的适应性要求从市场规则、业务流程，到参与方式、交易策略的精准把握，从而建立具有适应性的信息化体系，以适应未来的长期发展方向，适应不断推出的市场方案和竞争博弈。

3. 提高发电企业在市场中的竞争力

要建立不对称优势，保证发电企业电能交易技术体系的前瞻性和适应性，发挥先发优势和信息优势，使得发电企业在竞争中通过市场分析，明确市场目标主体，进行针对性部署，提高市场竞争力，使得发电企业在未来面对竞争对手时具备不对称的优势。

4. 提升发电企业的信息化管理水平

通过对营销业务的分析和研究，编制五凌电力营销信息化规划，以统一规划、分步实施为原则，建设一套能够适应电改新形势的信息化系统，从而提升五凌电力的信息化管理水平，开创五凌电力营销信息化、数字化规划的新局面。

二、电改新形势下的发售一体大营销体系构建的内涵

结合目前电改"新"形势，通过对营销"新"业的分析梳理，基于营销的"八大任务、两大策略、五大能力、四大体系、十二个核心业务"，通过整合企业内部资源，协调企业外部资源，建立以营销拉动售电、以售电服务发电、以发电创造效益、以效益优化营销的发售一体化大营销体系，并通过规划信息化系统支撑大营销管控体系，创新性地构建一套完整的具有"前瞻性、适应性、竞争力"的发售一体营销解决方案。

三、电改新形势下的发售一体大营销体系构建的主要做法

(一) 全面梳理五凌电力八大重点任务

依据五凌电力所处的市场环境，梳理分析五凌电力面临的八大重点任务如下：

1. 争取优先发电、基数合同

随着电改的进行，优先电量市场根据国家政策全额收购，规模逐渐增加，市场潜力巨大。而基数电量市场规模根据市场放开程度的增加会逐步减少，规模逐渐减少。各企业应根据实际情况选择正确的目标市场进行投入。

由于优先发电与基数合同电量的获取多受国家政策性文件影响，因此需要加强政策公关能力，获得有利政策，优化电量分配。

2. 争取大用户、售电公司

由于直接交易涉及的交易对象为大用户与售电公司，因此需要五凌电力公司分析大用户与售电公司的潜质，挖掘优质售电公司与优质电力用户，并基于客户需求做优竞价策略。

3. 参与跨省区交易、发电权交易

在省内可再生能源限电、弃风弃水的时段，可通过省外落地价格的参照指引，积极参与跨省区交易，通过适当开展发电权交易，增加发电效益。

4. 参与现货市场、碳排放、绿证

基于当前政策的不确定性，应当提前学习国外现货市场的开展模式，跟踪国内八大现货市场试点的开展情况，关注国家碳排放、绿证等相关政策动向，未来可在售电公司内部成立绿电部等相关部门。在碳配额、绿证价格较高时，出让合同电量；在碳配额、绿证价格较低时，囤积碳配额、绿证。

5. 多市场协调优化交易

针对不同类别的市场（一级市场、二级市场以及外部市场），制定多级协调交易策略，使得总效益最优。目前的一级市场包括电力直接交易、跨省跨区交易、预挂牌交易三种交易方式；二级市场包括面向企业的合同电量转让交易以及面向售电公司的合同电量转让交易；外部市场包括碳交易市场和绿色电力。需要结合不同市场交易类型，针对中长期交易策略开展专题研究，并进行专业人才的培养，如培养电力交易决策复合型人才。

6. 争取用户，做好偏差管理

基于大用户做好偏差管理工作。（1）多层代理：做好交易管理、用户管理以及偏差管理工作。多用户互保是一种避免风险的办法。（2）发电—售电关联交易：发电企业合资成立售电公司，委托售电公司代理大用户。

7. 开展增值服务

在电力市场中，增值服务指根据客户需要，为客户提供的超出常规服务范围的服务，或者采用超出常规的服务方法提供的服务。在电力市场中，增值服务指在完成基本功能基础上，根据客户需求提供的各种延伸业务活动。

8. 投资配网、微网

及时关注并学习各地多能互补、能源互联网、增量配网、微网试点的开展情况。通过投资配网、微网，基于园区的一体化运营、分布式能源优化运行、园区冷热电点对点交易以及内对外两级售电等多种模式，实现更多的盈利点。

（二）着力加大五大能力建设

1. 最新政策的提早研判能力

针对国内电力市场建设以及园区建设相关政策进行提前学习研判，包括但不限于：八大现货试点、火电灵活性改造、新能源参与分布式交易、储能调峰调频、辅助服务市场、增量配网、能源互联网、并网型微电网等相关政策。

2. 市场环境的持续学习能力

针对广东、云南以及国外现货的市场运营趋势的变化，学习发电企业、售电公司、用户选择倾向变化、园区开发等方面相关的经验。

3. 关键信息的获取分析能力

将五凌集团内部数据、电网调度中心、电网交易中心数据、相关政策信息、售电公司实施情况上传到大数据平台，进行统一协调处理、模拟仿真分析，以便应对不断变化的市场环境。

4. 自身资源的全局配置能力

通过对自身资源进行全局配置，在纵向、横向以及发电经济运行等方面进行优化配置。（1）纵向营销管控，集团、营销部、项目公司的垂直一体化管控；（2）横向多部门协同，营销部、集控、人力、财务等部分的横向协作；（3）发电经济运行、火电、水电、风电等电源的组合经济运行。

5. 团队成员的业务适应能力

通过对团队成员进行定期人员培训、专家讲座，开展市场分析、交易竞价以及套餐精算方面的专业培训，实现经济运行、批发市场竞价、零售市场、园区交易等方面的模拟，提升团队成员的业务适应能力。

（三）强化营销业务体系建设

基于发电集团的核心业务能力，规划四个核心体系，通过整合企业内部资源，协调企业外部资源，建立以营销为龙头，以营销拉动售电，以售电服务发电，以发电创造效益，以效益优化营销的发售一体化大营销体系。

基于五凌营销战略的细分市场分析，完成四大体系、十二个营销核心业务建设，对应业务能力分布如下：

1. 运营管理体系

以营销战略为指导，指导、监控其他业务建设；计划并协同其他业务部门，实现营销业务的统筹与协调，指导和监控各级单位的营销业务运营。

2. 批发业务体系

通过对外部市场信息和企业内部发电相关资源和能力的预测，构建涵盖预测管理、交易策略管理、交易执行、交易评估四项内容的批发业务体系。

3. 零售业务体系

构建以市场为中心的销售服务能力。由销售管理人员按照营销运营体系制定的计划组织销售队伍，开展销售活动，获取客户资源，提供给客户管理，通过售电管理和增值业务为客户提供服务。

4. 综合能源体系

从项目争取、投资规划、园区运营三方面入手，打造综合能源体系，开展综合能源服务。

（四）优化批发市场竞价策略

1. 电力市场交易决策方法——事前预警

（1）负荷（用电量预测）

捕捉将引起负荷（用电量）状态变化的影响因素，预测未来负荷（用电量）的发展趋势。将外部数据源的各类数据作为影响因素。其中：长期影响因素为影响效果的长期趋势性，如经济发展、产业结构企业经营变化等。短期影响因素有温度、降雨量等气候因素。

研究外部数据源与历史负荷的相关性，有利于更加精准地预测各类负荷（用电量），负荷（用电量）预测值将为电力交易决策提供依据。

（2）发电能力预测

构建两类预测方法：一种为基于水电、风电、光伏发电的历史数据，通过统计分析方法发掘发电能力的趋势变化，进而预测水电、风电、光伏的发电能力；另一种为通过对天然资源进行预测,对水情、风力、光照等资源进行预测,构建水电、风电以及光伏与其对应的天然资源的出力特性模型,通过物理方法预测发电能力。

(3) 交易空间预测

结合交易规则中对交易时序的要求,测算开展每次电力交易的交易空间。首先确定跨省跨区优先发电,然后确定省内优先发电(燃煤除外)、年度双边交易、年度集中竞价交易,最后确定燃煤发电企业基数电量。先将年度合同分解到月,然后进行月度双边交易,最后进行月度集中竞价交易。

(4) 交易价格预测

1) 基本统计法。统计历史 MCP 的期望值 EP,标准差 σ;

2) 基于相关因素分析的方法。列出影响价格的相关因素,通过历史数据分析相关因素与价格同向、反向变化规律,预测时,以上一次交易价格为基值,计算本次交易相关因素的变化。

2. 电力市场交易决策方法——事中决策

目前的电力市场主要以月度交易为主,随着交易品种的增加,为适应逐步变化的市场,未来建议使用组合交易策略。基于不确定性决策的方法,引入风险、置信度、协方差、投资组合等概念,求得一定风险水平下的收益最大方案,在预期收益下的风险最小方案,或是在一定置信度下的最大可能方案。

通过对全年购售电量的优化分配,基于不同的交易背景,构建决策知识库,自动匹配对应的决策方案。

3. 电力市场交易决策方法——事后评价

(1) 发现问题:综合指标的监视与评价

・根据市场建设目标,确定关键的综合指标;

・监视综合指标,评价购售电收益情况,识别异常变化。

(2) 解释原因:建立指标体系,分析策略中的问题

・对影响收益的各类因素进行分类,建立指标体系;

・根据指标体系,追查到影响原因。

(3) 总结评价

・根据历史数据,分析各类指标与综合指标的关系;

・确定指标评价标准和预警阈值;

・确定多指标预警权重。

(4) 实时预警

・短期:交易前计算各类指标;对异常指标进行预警;

・长期:分析各类指标变化趋势;对不良趋势进行预警。

(五) 完善配售电综合能源服务策略

基于客户能源大数据中心,分析可开展的新型业务,分类总结为客户服务、差异化管理、经营管理以及增值服务四类。客户服务类包括用户行为与需求分析、信用评价、价值评估、关键客户辨识。差异化管理类包括电力产品设计、定价策略、渠道策划、套餐设计。经营管理类包括售电市场主体行为变动分析、售电交易决策、偏差考核管理、增量配网投资评估、负荷预测、碳交易等。增值服务类包括电力运维、能效评估、用能诊断、交易市场购电策略、多能互补综合优化等。

（六）制定营销信息化规划

1. 营销信息化总体架构

基于五凌未来私有云平台，建设大系统小应用服务模式。

总体架构主要包括业务架构、应用架构、技术架构、数据架构、基础设施、信息管控体系、运行维护体系、支撑保障体系。

业务架构包括全营销的四大业务体系，即营销运营管理体系、批发业务体系、零售业务体系、综合能源体系。

应用架构即业务应用（SAAS）包括营销运营管理平台、交易辅助决策平台、售电管理平台、综合智慧能源管理平台四大平台。四大平台分别对应小服务。

技术架构即应用支撑资源池（PAAS）包括集成管理平台插件、身份权限平台组件和空间服务平台组件，按照面向服务架构体系（SOA）要求，为业务应用系统提供数据、应用、流程、界面四类集成服务。

数据架构即数据资源池，包括公司结构化、非结构化和半结构化等多维数据类型，按照公司数据资源池建设要求，为业务应用系统提供统一的存储、访问、处理和分析等大数据服务。

基础设施即软硬件资源，包括服务资源、存储资源、网络资源和平台化软件资源等。按照云计算要求进行服务封装，为业务应用系统提供软硬件资源服务。

2. 营销运营管理平台

营销运营管理平台通过移动和PC服务分析外部环境变化，进行电力市场分析、政策分析与争取、发掘市场定位，制定营销目标，计划协调，对经营目标与计划进行监控与考核。主要包括营销策略、计划协调、职能管理。

3. 交易辅助决策平台

交易辅助决策平台通过监视预警、交易决策、分析诊断，从交易的事前预警、事中决策、事后评价改进来为市场交易进行智能决策的报价。主要包括营负荷/用电量预测、发电能力预测、交易供需预测、市场价格预测、电力直接交易、跨区跨省交易、日前市场交易、合同电力转让交易、绿证交易、多市场协调交易、售电效益分析、购电代理效益分析、分析报告发布等主要功能。

4. 售电管理平台

售电公司开展售电业务的主要环节包括客户拓展、电量预测、交易决策、偏差分析、决策支持及增值服务等。

5. 综合智慧能源管理平台

综合智慧能源管理平台从园区投资项目全生命周期对园区项目规划建设，运行运营维护进行全过程管理。投资规划建设包括项目争取、投资规划、建设施工、竣工验收、运行调度控制、管网运行管理、管网维护管理、安全管理、两票管理、设备台账管理、业务受理、抄表计量、费用催缴、故障抢修，从园区规划建设、园区调度运行、园区服务支撑三方面进行园区业务支持。

6. 信息化集成及建设路径

遵循"以营销为'龙头'，以营销拉动生产，以生产支撑运营"的目标。规划的四大平台（售电管理平台、交易辅助决策平台、营销运营管理平台、综合智慧能源管理平台）与五凌电力公司现有系统的集成方式如下：

ERP系统接口：营销交易辅助决策平台进行集成，集成数据主要为合同数据和项目前期数据，基于数据量级别较小，不同系统直接实时交互。建议采用WebService接口服务。

火电燃料管理系统接口：与交易辅助决策平台的预测管理服务进行集成，在市场交易竞价决策之前，需要测算自身发电能力、市场供需情况等，直接影响火电燃料的供需、建议采用 WebService 接口服务。

流域梯级水库调度系统接口：根据市场交易辅助决策平台事前预测自身发电能力、未来来水情况，及其他辅助服务，以营销的需求来指导水电出力，实现水电经济调度。建议采用 WebService 接口服务。

协同办公系统接口：协调用户与营销各应用实现统一权限、统一登录集成。实现协调集成营销各应用系统单点登录接口。建议界面和数据集成。

财务管理系统接口：主要与营销综合智慧能源管理平台预算、交易辅助决策平台、售电管理平台的结算业务实现财务的应、实收账务结算。建议采用 WebService 或者服务调用的方式实现。

采购管理系统接口：主要为管网资产全生命周期应用，实现工程设备、资产的统一采购、统一招标，实现资产设备的全生命周期的管理。建议采用 WebService 服务实现。

四、电改新形势下的发售一体大营销体系构建的实施效果

（一）社会效益

1. 释放改革红利

目前五凌公司售电业务累计代理用户完成市场化电量销售达 117.5 亿千瓦时，直接帮助 87 家电力用户享受本轮国家新电改红利累计达 1.96 亿元，为促进湖南省工商业实体经济的发展发挥了重要作用，项目成果带来的社会效益显著。

2. 减少用户偏差

借助先进的信息化技术实现对电力用户偏差电量的有效管控，售电整体偏差电量控制在平均±2%以内，排在湖南省售电公司前列，累计为用户避免电量偏差考核费用 448 万元。

（二）经济效益

1. 开拓利润增长点

五凌电力售电公司年签约电量约 100 亿千瓦时，在湖南排名第一。湖南最优质的三家用户——第一大用户广铁集团、第二大用户蓝思科技、第五大用户武广集团全部与公司售电签约，为售电业务快速优质发展打好了基础。2019 年五凌电力售电价差收益和用户偏差收益超过 2800 万元，售电业务成为公司新的利润增长点。

2. 发电效益最大化

市场份额保证了发电侧的市场发电份额，2019 年公司弃水、弃风电量大幅减少，火电发电利用小时首次超过全省平均水平，公司发电侧市场交易降幅为全国最低。通过合理利用市场交易规则、优化交易策略，公司获得补偿收益超过 1.4 亿元。

3. 助力发展新业态

为电力用户提供优质售电和增值服务，增加用户黏性，并与省内蓝思科技、武广高铁、恒光科技等多家优质大用户签订综合智慧能源服务协议，实现用户服务多元化发展。

4. 工作效率提升

实现了售电业务的全自动结算，用电计划线上多种方式申报，避免差错与纠纷。实现全业务流程线上审批，每年可节约人工及耗材费用约 200 万元。

（三）品牌效益

1. 组建优秀营销团队

营销队伍正式编制由最初 7 人扩大到 18 人,并建立营销人才库,轮流到营销部挂职学习,为公司储备电力营销后备人才。这批人已逐步成长为湖南电力市场的优秀人才,在行业内被称为"政策研究最深、营销水平最高"。

2. 售电排名全国前十

根据国网公司发布的数据,截至 2018 年底,国网区域内准入售电公司 3220 家,五凌电力售电公司 2018 年代理用户电量规模排名第八,售电业务创品牌。

3. 营销及售电管理体系成为国家电投标杆

五凌电力《电改新形势下发售一体化大营销模式研究》《精细化售电管理实现"一个模式创新,两个能力提高"》两个项目在集团公司 2018 年和 2019 年管理创新成果评比中连续两年获得一等奖,营销管理体系、售电管理体系成为集团标杆。

主 创 人:谭文胜、彭 芬

参与创造人:单爱华、熊 威、王淑强、刘世件、刘俊宇、黄 超、白 天

基于畅通双向流通网络的县、乡、村三级物流体系建设

中国邮政集团有限公司湖南省分公司

中国邮政集团有限公司湖南省分公司（以下简称"湖南邮政"）是中国邮政集团有限公司下属省级分支机构，下辖14个市州分公司、90个县（市）分公司、2674个邮政营业网点，拥有企业员工25611名、遍布城乡的综合便民服务站点3.7万个，依法授权经营各项邮政业务，承担邮政普遍服务义务，受政府委托提供邮政特殊服务，对竞争性邮政业务实行商业化运营。2019年，企业实现业务收入92.32亿元，排全国第8位，增幅7.58%，实现经营利润1.09亿元。近年来，湖南邮政全面落实服务乡村振兴战略，充分利用邮政点多面广的渠道资源优势，加大设备设施等基础能力投入，基本构建了县—乡—村三级物流体系，破解了工业品下行"最后一公里"、农产品上行"最初一公里"、"快递下乡进村"难题，形成上行和下行较为畅通的双向流通网络。

一、基于畅通双向流通网络的县、乡、村三级物流体系建设背景

（一）是服务乡村振兴战略的需要

农村物流直接服务于农村地区的生产生活及其他经济活动，是现代物流体系的末端环节，是农业生产资料供应、农产品及农村消费品流通的基础保障。党的十九大作出实施乡村振兴战略的重大部署，农业农村现代化离不开农村物流现代化，农村物流作为实现农村商品流通方式转型、推进农村消费升级的先导产业，是助力乡村振兴的重要力量，在乡村振兴中发挥着重要作用。2020年的中央一号文件明确提出："有效开发农村市场，扩大电子商务进农村覆盖面，支持供销合作社、邮政快递企业等延伸乡村物流服务网络，加强村级电商服务站点建设，推动农产品进城、工业品下乡双向流通。"2018年，交通运输部下发《关于推进乡镇运输服务站建设加快完善农村物流网络节点体系的意见》，要求"加快建设县、乡、村三级农村物流网络节点体系、培育龙头骨干物流企业、推广先进运营模式和信息技术，构建资源共享、服务同网、信息互通、便利高效的农村物流发展新格局"。湖南邮政积极响应中央号召，彰显国企责任担当，持续深入地推进物流体系建设，将加强"县、乡、村三级物流配送体系"建设作为落实乡村振兴战略、发展农村经济的一项重要任务。

（二）是服务地方经济发展的需要

当前农村物流存在基础设施落后、网络节点不健全、布局不合理、资源不集约、功能不完善、人口分布散等问题，导致城乡物流配送难度大、配送成本高。同时，物流分支机构难以下沉到乡村，工业品下行与农产品上行的双向流通困境始终存在。而农村物流又是提升城乡居民生活品质、实现城乡融合发展，构建共同繁荣的新型城乡关系的重要纽带。2018年，湖南省印发《湖南省构建县乡村三级物流配送体系三年行动计划（2019—2021年）》的通知，提出整合县域现有的物流资源，建设改造县级集配仓储中心，购置车辆，在乡镇开辟或延伸快递物流运输线路，新建快递物流营业网点，完善面向农村的综合物流信息服务和物流仓储配送体系，着重解决由乡（镇）到村的"最后一公里"物流"瓶颈"，进一步完善县、乡、村三级物流配送体系。湖南邮政充分发挥"三流合一"的优势，主动服务地方经济建设，不断完善县、乡、村物流配送体系，帮助解决

工业品下乡"最后一公里"和农产品进城"最初一公里"的双向流通难问题,为农村居民提供城乡均等化服务。

(三)是服务邮政战略的需要

集团公司党组书记、董事长提出构筑中国邮政高质量发展的"四梁八柱"的行动方案,即以普遍服务、寄递业务、金融业务、农村电子商务构筑起支撑发展的"四梁",以党建、转型、赋能、扁平、平台、协同、活力、作风作为支撑发展的"八柱",以此夯实中国邮政的发展基础,通过坚定不移地深化改革创新、驰而不息地推进转型升级,培育发展新动能,激发各类要素活力,推动中国邮政更高质量、更有效率、更可持续的发展。基于"四梁八柱"战略的新要求,要做好普遍服务、发展好寄递业务、开展好农村电商工作,都离不开健全的物流体系。加强县、乡、村三级物流体系,是提升邮政核心业务竞争力,提升农村市场主导地位的关键举措。

二、基于畅通双向流通网络的县、乡、村三级物流体系建设的内涵

湖南邮政基于服务农村电商发展,扩展普遍服务能力,运用供应链管理和物流管理的相关理论,围绕破解社会和企业"工业品下乡最后一公里、快递下乡进村、农产品进城最初一公里"的"两进一出"难题,采取了一系列有效的做法,构建了双向畅通的物流体系。依托县、乡、村三级服务中心,重新规划物流网络架构;发挥原有的普遍服务网络和现有的县、乡、村三级物流体系的互补优势,夯实仓配、车辆基础,推进工业品下乡,让农村居民享受城乡居民均等化服务;联合社会快递企业,共同推进"快递下乡进村",降本增效;延伸物流服务触角,提升寄递全流程体验,打通农产品进城渠道,巩固邮政农村市场主导地位,实现了全覆盖、高效率、低成本的农村物流配送体系,畅通了双向流通网络,提升了企业经营效益。

三、基于畅通双向流通网络的县、乡、村三级物流体系建设的主要做法

(一)顶层设计,确定总体建设框架

强化顶层设计。通过加大投入,新建、升级、改造邮政企业现有的渠道网络资源,重构县、乡、村三级物流网络,鼓励多站合一、资源共享,推动农村物流体系建设,为"工业品下乡,农产品进城"构建快捷双向通道,打通农村电子商务"最后一公里",为农村电商发展夯实基础。同时,联合社会快递物流企业推动第三方配送、共同配送在农村的发展,建立完善农村仓储和配送网络,实现传递速度提升、配送成本下降、经营效益提高的目标。

明确建设原则。坚持政府支持与合理投入的原则,主动争取地方政府在农村物流体系建设方面的土地、建设资金等支持,积极参与地方政府重要的物流基础设施建设投资项目。从满足物流需求的实际出发,邮政企业在加大能力投入的同时,注重投资的经济效益。坚持长远规划与分期建设相结合的原则,从省公司层面做好全省物流体系规划顶层设计,合理布局重大项目建设,对物流快递设施坚持分步实施、量力而行,优先布局重点区域的物流设施。坚持资源整合与共享合作的原则,整合企业内部场地、人员、设备设施资源,提高物流设备设施利用效率;与社会第三方快递物流企业进行联合,开展共同配送。

(二)适应农村电商发展,重构县、乡、村三级物流体系

1. 基于服务农村电商战略,构建县、乡、村三级物流体系

伴随着农村居民消费能力的不断增强,农村电商迅猛发展,物流成为制约农村电商发展的瓶颈。阿里巴巴、顺丰、京东等众多社会电商企业加快农村市场物流布局,扩展农村市场物流网络。但这些社会电商企业的物流下沉措施多止步于乡镇一级。中国邮政要抓住发展农村电商的机遇期,加快完善县、乡、村三级农村物流体系建设,牢牢掌握农村物流主导地位,增强企业在县域农村

2. 依托县、乡、村三级服务中心，重新规划物流网络架构

（1）加大投入，构建农村电商物流网络。湖南邮政抓住全国"电子商务进农村"示范创建工作的契机，从2015年开始，先后与14个市（州）签署战略合作协议，全面承接了8个国家级"电子商务进农村"示范县创建工作，参与了33个县"电子商务进农村"工作的电商产业园、物流体系、电商公共服务站点建设。在此基础上，全省建成县级电商公共服务中心68个，镇级电商服务中心1600个，村级电商公共服务站12008个，搭建了县、乡、村三级电商服务中心。为加快农村电商发展，湖南邮政逐步在三级电商服务中心叠加了物流配送功能，形成了以县级物流仓配中心为枢纽、乡镇物流中转中心为中转、村级物流配送站为触点的三级物流体系。

县级物流仓配中心：依托县级电商公共服务中心，建设县级物流仓配中心，是整个三级物流配送网络中最关键的一环，起着枢纽的作用。主要功能包括运输组织、信息交易、仓储服务、物流增值服务、货物集聚、电商快递服务、电商培训和配套服务。

乡镇物流中转中心：依托邮政自有网点和乡（镇）级电商公共服务站点，建设乡镇物流中转站，向上承接县级仓配物流中心，向下辐射所辖行政村。主要功能包括邮件收寄，信息收集和发布，电商产品展示、代销代购，农产品收储、代购以及便民服务。

村级物流配送站：依托村级电商公共服务站，叠加电商包裹代投代收功能及各类便民服务，作为末端环节直达客户，主要实现"村村通快递"和"寄递不出村"，在着力打造"工业品下乡"最后一环的同时，积极营造"农产品进城"的第一环。主要功能包括邮件收寄，信息收集和发布，农资、农产品、电商产品等代销代购，以及邮政便民服务。

常德市汉寿县邮政分公司自2016年通过积极向地方县委县政府争取，全面承接了汉寿县"全国电子商务进农村示范创建工作"，通过"示范创建工作"的承接，汉寿邮政分公司形成"三级体系+农品基地+创客孵化+协同发展"的农村电商发展模式，获得政府直接资金补贴860万元，在政府支持下，建设了县级电商公共服务中心1个、乡镇级电商公共服务中心17个、村级电商服务站256个，构建了一套完整的县、乡、村三级物流网络体系，极大地提升了邮政企业的核心竞争力，带动了各项邮政业务的发展，快包出口量从2016年的21万件增长至2019年的85万件，邮储余额规模从2016年初的20.38亿元增长至2019年末的35.75亿元。

（2）整合内部资源，升级改造原有的普服网络。整合企业场地资源，采取自建、改造、租赁、政府免费提供场地等方式，推行"N仓合一"建设模式，将邮件处理、分拣、转运、快包、批销等仓储场地进行整合，实现营、分、运、投"四合一"，又兼顾了农村电商发展必需的仓储面积，从而节约了场地设施资金投入成本，提高了内部处理作业时限。

整合网点资源。开展同城配送，充分发挥邮政网点资源优势，将邮政自有网点、社区站点设置为商品配送环节的自提点，有空闲场地的网点设置为前置仓，开展农产品同城配送服务，实现了农产品从田间直接到客户手中。常德市邮政分公司在城区进行蔬菜（米面粮油）同城配项目时，利用"社区+蔬菜基地（农业企业）+同城配"的模式，实现"线上下单，线下配送"，将基地的农产品直接从田间送到了城区居民手中，全市销售同城配订单3391笔，销售金健米面粮油、德人牧香牛奶达1.2万斤，销售金额达13.85万元，帮助基地销售滞销蔬菜达1.66万斤。衡阳市分公司以邮政网点会员为中心，为会员提供蔬菜、土鸡蛋、肉等农产品，客户下单后到网点自提，实现农产品销售额190万元。同时，又为网点吸引了客流，促进了网点金融业务的发展。

优化配送网络布局。加快干线运输网络县—乡镇的进出频次，由1频次增加至2频次。同时，

形成以镇为基点，辐射行政村的环形邮路，提高邮件包裹投递频次，实现乡镇所在地每天至少1个投递频次，镇—村投递频次达到每周五班。充分发挥村级电商公共服务站点作用，加大包裹代收投在村级站点的叠加，提高了投递员作业效率，提升了投递服务能力。

（3）借力外部资源，完善县、乡、村三级物流体系。参与政府县、乡、村三级物流体系建设，湖南省政府自2019年起在省预算内基建投递中设立"县、乡、村三级物流配送体系建设"专项，用来支持农村县、乡、村三级物流配送网络建设，加强农村物流基础设施短板建设，促进物流降本增效，推进乡村振兴战略。长沙县邮政分公司和株洲醴陵市分公司、茶陵县分公司分别入围政府专项支持项目。

3. 现有的物流网络体系有别于原有的普遍服务网络

原有的普遍服务网络：主要以邮件运输为主，有严格的网运计划和作业时限，缺乏灵活性。邮件下行：从县邮件处理中心通过邮车运至乡镇网点，再通过投递员配送到村；邮件上行：客户将邮件从村送至乡镇网点后由邮车向县运送。

现有的三级物流网络体系：主要以畅通"农产品上行和工业品下乡"为主，整合批销配送和包裹配送，运输方式更灵活，投递方式更丰富，客户体验更方便。工业品下行：从县级物流仓配中心通过批销专用车、复用邮车运至镇级物流中转站，分拨至乡镇网点和镇级电商公共服务中心，再分拨至村级邮乐购站点后，由客户自提；农产品进城：客户将产品送至村级邮乐购站点即可。

（三）强化仓储配送，助力工业品下行

"向农村进军"是所有电商企业目前重要的发展策略，物流、快递也已从城市走向农村乡镇，但是由于交通、地理位置等原因造成的"最后一公里"配送成本高、效率低的难题，也成为横亘在快递下乡、电商下沉过程中的鸿沟。湖南邮政通过改造现有投递网络，强化仓储配送能力，有效解决了工业品下行难题。

强化仓储建设。重点建设县仓，一方面对现有邮件处理中心进行改造，提供300平方米以上的批销仓；另一方面对场地不够，年批销额1500万元/年的县分公司，采取新建或租赁的方式，建设县仓面积在1000平方米以上，并配备2人进行仓储管理。同时，根据各县域特点，对月批销规模超过20万元的支局建设镇级中转仓，仓储面积为30～50平方米。主要用于当季畅销品备货，由指定人员进行管理，建立库存商品台账。

加强配送车辆投入。县—乡的干线物流，充分利用国务院三农补贴项目配置的车辆，其中133台农村电商专用车辆，66台复用车辆，用于县—乡镇的工业品货物配送；乡—村—点的末端配送，采取"私车公助"的方式，由投递员自行购买配送汽车，用于邮件投递和批销商品配送，邮政企业根据业务量分4～5年将投递员购车费用按年返还，既解决了企业一次性投入的资金压力，又快速增强了企业末端投递配送能力。

明确工业品配送模式。在批销业务开展初期，采取访配一体的模式，由渠道经理随车装载主推产品访店，以适应店主习惯的方式进行产品推广，减少推广阻力，访店配送同步。在批销平台逐步被店主认可后，采取访配分离方式，节约配送时间，转化为产品推广和维护客户时间，提高运营效率。

推广仓配系统使用。在仓储管理端，使用邮仓系统，实现仓储管理智能化；同时，做好仓库规划、功能分区、收货/退货、处理系统接入订单、系统指引存放区域、存货盘点损耗核对、系统指引拣货、系统分配存货区域、保质期提醒等工作，提升了仓储管理效率。在配送管理端，推广使用邮政配送工具，实现配送管理信息化，做好系统线路设置、智能分配车辆、线路等工作，完成县仓、支局中转仓、投递员整个配送流程监管，提升了配送质量。

（四）开展战略联盟，推进快递进村

结合邮政管理局全面整治快递末端"违规收费"，推进快递进村。由省邮政管理局牵头，召集邮政企业与"四通一达"11家快递公司签订了合作协议，在全省市、县分公司以邮政公司为主体，依托邮政村级物流揽投站，推进快递下乡。

明确合作主体与方式。具体合作的主体主要为县邮政分公司、县域快递企业，由双方根据本地实际情况签订合作协议。同时，明确严禁乡镇支局、个人直接和快递企业（或乡镇快递企业加盟点）擅自进行快件代投、代收服务，以维护邮快合作的统一性、规范性。合作方式灵活多样，既可以是部分乡镇的合作，也可以是县域范围内的全面合作。

明确县级物流中心交接流程。各合作快递公司在约定时间将邮快合作的包裹按乡镇集包后，送达县分公司邮件处理中心，并按乡镇路向的堆口分别码放，双方人员现场对数并签字确认。各合作快递公司对小件进行集包，集包袋应当通过颜色、标志标识等予以区分，并通过袋牌等方式标明路向、内件数量等信息。

明确收投件流程。投件流程：站点通过录入社会快递邮件信息，生成和打印交接单，系统自动生成取件码，自动发送含取件码的短信给客户；客户凭取件码找到包裹后，站点核对收件人无误后，扫描运单号或手机号完成签收。收件流程：用户扫描站点寄件二维码，进入下单页面填写信息，生成寄件码；站点扫描用户的寄件码，进行包裹验收、打包、称重，待用户付款后，绑定面单号并打印面单，完成寄件入库；待邮件上行车辆到达后，站点在系统中选择包裹全部出库，生成和打印交接单，实物交接和签字后完成包裹出库。

明确结算价格。邮政企业与快递公司之间按照既遵循市场规律，也共担"公共服务均等化"社会责任的原则，综合考虑试点运行情况、运营成本、快企意愿等情况，来确定合作共赢的结算价格。县（市）邮政分公司给予代办人员的按件激励参考标准为邮快双方确定的代投单价的50%。

（五）组合延伸服务，保障农产品进城

针对农产品种植较分散、山里有好货却运不出去、产品包装不规范等进城的痛点问题，湖南邮政从提升寄递服务质量、缩短时限、减少客诉等方面入手，打造"当日收寄当日赶发"和"邻省次日递、全国三日达"，通过"一包装""两前置""三保障"的组合拳，提升邮政寄递服务品质，有效解决了农产品进城"寄递难"问题。

"一包装"：对产品包装箱进行改良，采用三重保险加固（外包装五层加厚、箱内定制泡沫托盘、单果覆网眼泡膜），解决了静态正向强压（100公斤）和瞬间高空（5米）抛压的破损问题，有效降低了农产品在运输过程中的损耗。

"两前置"：针对农产品主产区、县城主集散地、电商主发货地三个关键区域，广泛布设社会合作代收点，提供周边上门接件、代封装打包、代录入电子信息等服务，全面实现收寄端前置。在农产品主产区增设临时直发点，组开市州至省会长沙以及周边省会城市的"够量直达""串行直达"邮车，减少农产品进入各级邮区中心局盘拨时间，实现发运端前置。

"三保障"：为农产品主产区合作的农民合作社、电商平台客户增配热敏打印机，优化作业流程，并提供微信电子信息代录入，确保信息数据保障。对规模运作的农产品项目成立品控小组，制定品控流程，入驻农产品收寄点，确保产品品质。售后服务实行主动客服，对邮件进行全程跟单、实时预警、快速响应，并提供快速理赔服务，保证异常邮件及时处理，确保客服保障。

四、基于畅通双向流通网络的县、乡、村三级物流体系建设效果

（一）打造了全覆盖、高效率、低成本的农村物流配送体系

建成了县、乡、村三级物流体系。湖南邮政通过加大物流能力建设资金投入，累计投资8000余万元，持续增强全省农村地区的配送能力，形成了以"省—市—县—支局—站点"为节点，覆盖县—乡—村的三级物流服务体系。目前，湖南邮政建成县级物流仓配中心89个，乡镇物流中转站2668个，村级配送揽投站12300个；省内邮路1976条，总里程达到16.9万公里；新增投递车辆4003台，投入"私车公助"车辆1795台，农村地区投递段道基本覆盖全省所有贫困地区乡镇和村组，并在3814个邮乐购店开办了包裹投递和收寄业务，实现了省内互寄"次日递"。

实现了企业降本增效。湖南邮政通过内部投递改革和网络优化，外部联合社会快递公司，对运输车辆、经营网点、设施设备进行高效整合和改进，推进快递下乡工程，实现集中仓储、集中分拣、整合业务、统一配送、精简人员，既减少了重复投资、重复建设，又降低了能耗，不仅促进了企业运营质量、效益和效率提升，运营成本也不断降低。

（二）补齐了农村物流短板，促进了工业品和农产品双向流通

有效破解了双向流通物流难题。湖南邮政提高农村电商服务站点覆盖率，加快布局配送网络和提升服务能力，构建了城乡配送、区域分拨、全国直达三级物流网络，以更高的时效、更低的成本，有效破解了"农产品进城最初一公里、工业品下乡最后一公里"的难题。

降低了农村物流配送成本。依托"县乡村三级物流配送体系"建立网络节点，实行集约化管理，发挥网络节点的辐射作用，有效整合了邮政仓储中心、农特产品供销、运输配送、电商销售平台等在产品、配送、仓储和信息等方面的双向物流资源，为本地电商市场发展提供了低成本、高效益的发展平台，为各行政村特色产品提供高附加值电商服务，降低了本地特色产品电商发展台阶；同时，通过快递下乡，有效推进了城乡均等化服务，让农村居民享受到电商福利，助推了"工业品下行"。

有效促进了农特产品销售。通过以流通为导向，带动农户按照市场需求生产适销对路的优质农产品，通过基地直采等模式，促进了农业供给侧结构性改革和农产品流通销售，发挥了乡村振兴战略的作用。近年来，通过加强物流体系建设，助力农产品进城，湖南邮政累计打造农产品项目110个，带动农产品销售额10亿余元。

（三）提升了邮政企业经营效益

寄递业务发展成效明显。在寄递改革过程中，通过完善县、乡、村三级物流体系，2019年湖南邮政实现寄递业务收入20.79亿元，增幅21.48%，排全国第9位。一是运营时限加快。重构四大集散中心直达到县网络，省内经转层级减少1~2个，全链路时限缩短2~6小时。开展千条线路和中部五省提速工作，29条标快线路有26条次日递率赶超竞品，排全国第8位，19条快包线路有18条次日递率超菜鸟标准，排全国第2位。中部五省互寄平均时长缩短7小时以上；小件集包率达96%以上，排全国第4位；投递多次转局率控制在0.73%，排全国第2位。二是市场占有率提升。寄递业务市场占有率为20.2%，居全省行业第1位、全国邮政第3位。三是服务质量提升。依托县、乡、村三级体系建设，湖南邮政揽收及时成功率达98.81%，排全国第1位；理赔及时率达99.72%，排全国第2位。

普遍服务质量提升。通过构建县、乡、村三级物流体系，服务水平明显提升，2019年湖南邮政乡镇邮政局所覆盖率、建制村直接通邮率和普服网点四项业务全面开办率均达100%，普遍服务邮件全程时限省内互寄T+3日达标率为99.7%，T+5日达标率为99.9%；全省农村投递"周五

班"以上覆盖率达到94%;公益便民服务不断拓展,全省开通代办税务、代缴水电费、交管等政务、公共服务的网点达3.9万处、服务3578万人次,使广大人民群众更好地享受到邮政普遍服务带来的便利,彰显了人民邮政为人民的使命担当。

农村电商工作迅速发展。通过县、乡、村三级体系建设,2019年湖南邮政实现消费品下乡批销额18亿元,排全国第3位;带来分销收入4.8亿元,实现自营农产品销售额2亿元,万单扶贫产品56个,排全国第2位,获得了政府认可和老百姓的赞誉。

主 创 人:唐成文、宋丽华
参与创造人:蒋少华、王先辉、刘海江、周 杰、曾 俊

新能源客车企业七星级售后服务体系构建

中车时代电动汽车股份有限公司

中车时代电动汽车股份有限公司（以下简称"中车电动"）是中国中车整合国内外优质资源，于2007年成立的国内第一家专门从事节能与新能源商用车及其关键零部件研发、制造和销售的企业，将世界领先的轨道交通电传动及控制技术成功应用于新能源汽车领域，并已成为中国新能源汽车行业的领导品牌之一。2019年中车电动下辖3家子公司、8家分公司，有客户274家。2019年度销售7068台车，居全国行业细分市场地位第3位，实现销售收入50.1亿元。

中车电动先后获得"最受欢迎电动客车品牌奖""十大新能源客车品牌""优秀节能与新能源企业"等荣誉，是行业标杆单位。聚焦高质量发展要求，中车电动积极推行新能源客车制造，近几年经济总量、规模工业、投资规模持续扩大，在株洲、常德、无锡、宁波、石家庄、重庆及广州等多地投资生产基地，具备1万台以上的新能源客车年产能，发展效益显著。中车电动售后服务作为新能源客车后市场的坚强后盾，先后服务北京奥运会、上海世博会、广州亚运会、巴西FIFA世界杯盛会及亚洲男篮锦标赛，并在2018年依据国家《GB/T27922-2011商品售后服务评价体系》通过五星级全国商品售后服务达标认证证书，2019年依据行业《CTEAS售后服务体系完善程度认证评价规范》通过行业七星级售后服务体系完善程度认证，以优质的售后服务给客户带来了有力保障。

一、新能源客车企业七星级售后服务体系构建的背景

（一）是新能源汽车后市场成功转型的必经之路

以往的售后服务体系是基于传统整车的服务模式，客户对新能源客车的认知还处于摸索与了解阶段，对新型产品的信赖度不高，对产品运行过程中的售后服务保障存在诸多疑虑，因而传统整车售后服务模式无法满足新能源客车市场的需求。

公司要生存与发展，产品的稳定性和售后服务能力要经得起实际运行的检验，这是影响市场销量局面进一步打开的重要因素。因此构建符合新能源客车特点的服务功能、服务网络、服务质量、服务体系、服务标准，建立居于国内领先水平的"七星级售后服务体系"，将是后市场成功转型的必经之路。

（二）是迎接未来"智慧行"新时代挑战的迫切需要

近年来，我国新能源客车企业快速发展，成绩斐然，自主发展能力和核心竞争力不断增强。中车电动细分市场排名全国第三，是继高铁之外的第二张"金名片"，但仍然面临着重大挑战，行业各主流客车企业的售后服务体系同质化程度较高，传统整车的服务体系没有特色，缺乏竞争力，已不符合新能源产业发展客户对售后服务的需求。

作为国内第一家从事新能源汽车制造的企业，以客户为中心，快速响应和满足客户需求是公司的服务理念，是推动新能源客车制造业加速发展的关键因素之一。同时，在科技领衔的时代，新产品、新技术不断更迭，从传统汽车产业到新能源车，再到未来的智慧行产品，实现后市场快速成功的转型，直接影响企业在市场上的竞争力。面向客户的需求，成熟的售后服务体系和智能化系统是服务市场的关键。因此在新能源汽车产业时代,构建七星级售后服务体系是公司追逐的目标,同样也是后市场建设的又一个起点,既是满足现有市场的需要,同时也是迎接未来挑战的需要。

(三)是企业全面实现未来十年战略目标的需要

面对全新的时代、全新的形势、全新的征程,公司已经从快速增长阶段,转向高速、高效、高质量发展阶段。实现百亿目标,甚至突破500亿,成为新能源客车行业国内引领、国际知名公司,强大的后市场保障能力不可或缺。优化售后服务体系,创新思维,对满足客户多样化的需求,推进个性化、标准化,实现快速响应,打造七星级售后服务体系至关重要。

二、新能源客车企业七星级售后服务体系构建的内涵

CTEASA七星级售后服务认证是对企业售后服务体系完善程度评价的专业标准体系,在国家标准《GB/T27922-2011商品售后服务评价体系》基础上提出了更高的要求。依据《CTEASA售后服务体系完善程度认证证书标准》,中车电动售后服务体系完善程度达到卓越,即认证分为95分以上,并由国家权威第三方单位颁发七星级认证证书。

理论指导:通过四位一体打造七星级售后服务体系,围绕以客户为中心、为客户提供增值服务、增强品牌市场竞争力,实现双赢,作为创新售后服务体系的理论指导。

通过服务模式创新,培育专业化服务团队,以快速、高效率、高质量、高标准服务,获得客户最大满意度,增加客户对售后服务保障信心和产品的信赖;通过服务网络创新,与客户联合共建形象维修基地,将阵地建在客户家,打造零距离服务网络,缩减维修周期,提升服务效率;通过配件管理模式创新,以中车电动售后服务中心配件总库为中心,向全国各地辐射,构建售后配件保障网络布局。建立售后服务配件安全量管理,既保障了客户所需配件的及时性,又规避了售后配件库存积压与物料呆滞;通过智能化、信息化平台创新,将应急响应、故障早期智能识别、配件供应、服务站管理和客户管理等工作环节前移,高效协同,为客户提供更加优质的服务。

三、新能源客车企业七星级售后服务体系构建的主要做法

(一)明确星级服务目标,进行系统的整体策划

1. 建设七星级服务体系目标

建设基于《CTEAS售后服务体系完善程度认证评价规范》,在新能源客车行业中构建符合新能源客车市场特色的售后服务体系,实现规范管理、能力提升、服务快速响应和获得客户最大满意度;通过行业七星级(卓越)售后服务体系认证,将七星级服务标准落实到售后服务全过程、各环节,打造中车时代电动"绿洲"(为中车电动售后服务品牌名称)售后服务品牌,树立良好的行业口碑与服务品牌形象。

2. 建立完善的售后服务组织体系

中车电动为适应市场模式转变,对资源进行了创新整合:一是将原整车售后、系统售后部门整合为售后服务中心;二是建立完整的服务配置,设置了售后服务管理部、售后配件管理部、售后技术支持部(含培训职能)、客户服务部,全程、全方位为客户提供无忧服务,形成"售前+售中"的超前服务。

3. 成立"七星级"服务体系打造推进领导小组

2018年中车电动依据国家标准(GB/T27922)《商品售后服务评价体系》通过行业五星级全国商品售后服务达标认证。为顺应市场的发展趋势,2019年,依据行业《CTEAS售后服务体系完善程度认证评价规范》,中车电动正式成立了七星级服务体系打造推进领导小组,由公司副总经理

担任组长，成员包括售后服务中心经理及公司其他部门主要负责人，并确定由公司售后服务中心负责具体推进工作，确保售后服务体系构建的资源分配、整体进度受控及售后服务体系完善的各项具体措施和流程的有效落地。

4. 制定切实可行的实施规划

第一阶段，体系打造和动员准备，依据《CTEAS售后服务体系完善程度认证评价规范》要求，对售后服务体系全流程进行梳理与完善。

第二阶段，信息化平台搭建，结合完善后的售后服务体系全流程，开发CRM售后服务信息化系统。

第三阶段，售后服务全流程与CRM信息化系统再造，在实际应用和工作开展的过程中，通过可操作性具体实施和更深入的体系构建的调研需求，全面深化、细化和固化各项具体措施，并依据再次优化的流程，优化CRM信息化系统。

第四阶段，资质认证，通过五洲天宇认证中心七星级星级服务资质认证。

第五阶段，依据七星级售后服务体系标准，全面推广与实施。

第六阶段，打造中车电动"绿洲"售后服务品牌，形成中车电动的亚文化、子品牌、行业内售后服务标杆。

（二）构建中车电动四位一体七星级售后服务体系的具体措施

1. 创新售后服务模式，首创"导师式"服务

中车电动打造售后精干队伍，与客户技能共享、联合创建，形成行业内首创的"导师式"售后服务模式。

"导师式"服务模式围绕客户需求，整合资源，有效协同、互相支撑，打通与客户的沟通壁垒，从被动响应客户需求转化为面对面主动对接客户，实现了客户需求响应及时与客户满意度提升。

中车电动联合高校建立新能源汽车维保培训中心，邀请专业技术老师，开发PPT培训课件、摄制视频培训等多种形式的培训教材，通过现场师徒制、网络在线培训、针对客户个性化需求的点对点培训、培训基地的集中培训、客户现场技能比武等多种方式，已形成中车电动多维度培训体系，为行业培养大量的专业技术服务人才，并把优秀的新能源汽车维保经验向全行业推广。

2019年举办售后人员培训72场次，3932人次，7864课时，通过培训，高级服务人员达到30%以上，中级服务人员达到40%以上，完全满足个性化的新能源客车服务需求。新车交付前、关键零部件等重要部件，提前为客户提供培训服务，全年为客户培训111场次，3948人次，7896课时，得到客户一致好评。

2. 创新服务网络，共建形象维护基地

通过不断探索，中车电动将服务阵地建在客户家，联合共建"七星"新能源示范维修基地，引入精益管理理念，促进中车电动企业文化与客户文化交融，联合打造集形象标准化、服务维修标准化、管理标准化、培训平台统一、信息平台统一"五位一体"的维修平台及文化交流平台，实现"零距离"高标准的服务模式，成为行业首创。2018年首次与客户（株洲公交）共建新能源示范维修基地，将株洲公交打造成为公司第一家形象维修基地以及品牌、文化传播窗口，在各地公交客户培训、参观、交流过程中，不断提升公司品牌影响力。随之而来的是与无锡公交、江门公汽等客户的共建，进一步验证了共建模式的可行性，并且不断拓展、效果最大化。

新能源汽车对维修基础设施、服务标准、技术要求、安全防护、绝缘环境配套等的要求比传

统燃油车标准更高，中车电动根据销售区域新能源汽车保有量、维修服务便利性等进行售后服务网点数量规划、选址和建设，确保服务网点在合理的服务半径内。目前中车电动服务站100%覆盖产品地区，保障了产品服务的及时性，满足了客户需求。

3. 配件管理模式创新

以中车电动售后服务中心配件总库为中心，向全国各地辐射，建立配件分中心库8家，服务网点配件库48家，构建了售后配件保障网络布局；通过对现场各区域车辆运行情况、售后配件采购周期等信息的统计分析，建立售后服务配件安全质量管理，既保障了客户所需配件的及时性，又规避了售后配件的库存积压与物料呆滞。

4. 信息化、智能化平台创新

（1）CRM售后服务信息化平台。通过CRM信息化系统平台，贯通售后服务全流程管理，实现服务站、中心库、售后服务现场的数据统一、数据集成。中车电动CRM系统主要分为客户信息管理、现场服务单据管理、供应商信息管理三大模块。首先，实现了对售后服务管理业务所需的基础配件档案、BOM档案、车辆档案、结算标准、故障模式库等的集成管理，同时也实现了服务受理、服务派工、服务过程管理、服务结案回访等服务全过程系统化管理，保障服务闭环；结合移动设备加强对服务过程的管理，提升服务及时性与服务质量，实现售后服务管理业务电子单据服务单、配件订单、费用结算单等的集成管理，无缝对接SAP系统，利用互联网新技术进行条码的扫描，备件随时随地的查询和辨伪、防止备件的乱用和无管理的状态，为配件安全管理提供有力保障，从而更好地提升客户满意度。

（2）"智能监控"云智通管理系统应用。中车电动智能网联中心通过监控平台对保有车辆进行运行监控，提前预警，确保及时发现安全问题。"云智通"是利用互联网对车辆运营状态进行远程监控的系统平台，只要车辆任何一个部件出现问题，系统就会第一时间自动报警，将信息反馈到售后服务人员手机App端，售后人员24小时不分节假日全天待命，30分钟到达现场解决问题。

云智通系统实现驾驶员操作习惯监控，准确掌握驾驶员的操作习惯，便于车辆的管理；实现车辆健康情况分析，预警客户定期对车辆进行保养、维修等。

通过对车辆信息数据的采集、传输、存储、分析和展现，为中车电动用户提供专业的车联网数据服务，有助于提高工作效率，降低管理成本，增加客户对中车电动的黏度与品牌认同。

5. 打破传统思维禁锢，为客户提供增值服务

从被动服务转为主动服务，主动帮客户解决问题，为客户降低维修成本和增加运营收入。

（1）从客户以修车保运营的方式向以养代修的方式转型。通过不断向客户宣贯以养代修的用车理念，转变客户以修复车辆保运营的方式，强化车辆及时保养、及时检查、及时识别潜在故障风险、及时处理的工作方法，并主动提醒、帮助客户，使客户真正用好车、养好车，降低运行过程中的车辆故障、提高车辆出勤率，为客户降低维修成本和增加运营收入。

（2）从经验作业向标准化作业转型。通过编制《车辆故障诊断库》《车辆维修手册》等售后作业标准，将以往服务人员靠经验作业转型为标准化作业，服务效率更高、服务质量更好，大大缩减维修时间，使客户车辆快速恢复，减少车辆故障带来的运营损失；通过作业标准，将师徒制碎片化授业转变为系统化、专业化授业，使客户、服务站及售后人员能力得到快速提升。

（3）从受理服务模式向服务前移模式转变。传统整车售后服务是接到客户反馈后，进行车辆售后服务。"七星级"售后服务体系建立后，中车电动售后服务中心制定客户分级走访机制，主动拜访客户，了解客户车辆使用情况，了解客户需求等信息，积极为客户解决问题，保障客户车辆

运行的可靠性，降低车辆故障带来的运营损失。同时听取客户改进建议，为后续车辆改进提供第一手资料。

（4）从传统服务模式向智能型服务模式转型。通过中车电动云智通系统，对驾驶员操作习惯进行实时监控，及时提醒与纠正不正确的驾驶操作习惯。正确操作可减少车辆故障，提高节能率，同时对车辆健康情况及时作出分析，早期识别潜在故障风险，做到故障早发现、早预防与早排除，规避车辆安全风险，杜绝涉及乘客安全的事故发生。

四、新能源客车企业七星级售后服务体系构建的效果

（一）构建了国内领先的七星级售后服务体系

通过七星级售后服务体系构建，明确了售后服务目标及内涵，结合《CTEAS售后服务体系完善程度认证评价规范》，梳理与完善了30多个业务流程及管理办法，使业务流程更规范，运作更顺畅，行为、形象及作业更标准；打破传统思维，通过售后服务模式创新，服务网络创新，售后配件管理模式创新，信息化、智能化平台创新，构建"四位一体"的售后服务体系，给客户提供优质和增值服务，全方位提高了客户满意度。通过七星级售后服务体系构建，中车电动成为全国仅有的两家获取行业七星级售后服务认证的新能源客车企业之一。

（二）提升了企业市场运作和开拓能力，推动企业经济效益增长

在实施七星级售后服务体系的过程中，积极探索"互联网+高端装备+制造服务"，建设"数字化中车"，产生嫁接动力，提升了企业市场运作和开拓能力，为企业创造了可观的经济效益。自七星级体系打造以来，公司销售收入和利润持续提升，2019年销售收入达50.1亿元，利润同步增长。

通过七星级售后服务模式的构建，在新能源市场竞争激烈的大形势下，中车电动客户订单从2018年的5849台提升到2019年的7072台，公司客户满意度整体提升了2.67%。七星级售后服务体系建立后，公司客户需求响应、质量问题关闭率达到100%，单台故障车辆平均维修时间下降了5%，服务综合成本每年降低10%以上，既快速满足了客户需求，又降低了服务成本，有效提升了服务和产品的综合竞争能力。

（三）市场和品牌竞争力明显增强

中车电动创新七星级售后服务模式，为配套企业感知、分析、实现客户需求提供了一种新的模式。此模式能精准贴合客户需求，减少与客户的沟通壁垒，企业品牌形象明显增强，从而提升市场竞争力。七星级售后服务认证作为市场招标关键加分项，提高了中标率，并得到公司董事长及相关管理部门的一致好评。

通过打造七星级售后服务体系，有力保障了客户车辆稳定运行，提高了车辆出勤率，增加了客户使用新能源车辆的信心与信赖，提升了品牌市场竞争力。

主 创 人：唐广笛、周乐滔
参与创造人：易坤炎、李广汉、黄 博、杨晓薇、向晓燕、蒋 权、
　　　　　　傅 城、许乾敏、刘 琴

基于村级治理资源共享的供电服务末端融合管理创新

国网湖南省电力有限公司衡阳供电分公司

国网湖南省电力有限公司衡阳供电分公司（以下简称"衡阳公司"）担负着衡阳市7县（市）5区的工农业生产和生活供电任务，管辖110千伏变电站60座，35千伏变电站76座，总容量856.1万千伏安；负责运维管理10千伏线路969条，总长2.52万公里。其中，涉及农村地区配网线路548条，共1.99万公里；配变2.01万台，总容量335.9万千伏安。供电面积1.53万平方公里，服务电力客户805万人。

近年来，衡阳公司先后获评全国模范职工之家、国家电网公司先进集体、国家电网公司经法工作先进集体、衡阳市创建文明城市工作先进单位、重点民生实事工作先进单位等荣誉称号。随着乡村振兴战略的不断落地，农村居民生活水平显著提高，生产生活用电量骤增，日负荷及售电量屡创新高，衡阳公司始终坚持以深化优质服务为己任，聚焦解决农村各类生产生活用电问题，矢志不渝地追求着更高的供电质量、更优的供电服务体验在乡村落地扎根。

一、基于村级治理资源共享的供电服务末端融合管理创新的实施背景

（一）是深化优质服务，切实解决供电服务水平不均衡与广大农村居民日益增长的美好生活需求之间矛盾的迫切要求

社会主义新农村的建设离不开供电的可靠保障。广大农村居民对电气化的需求早已由"用上电"升级为"用好电"。然而由于受到交通、通信、基础设施建设等的制约，相比于城区，农村供电发展存在的不平衡不充分问题更为突出，集中体现在配电网设备薄弱、供电服务员工人数不足等方面。加之农村居民分布地域广、间隔远，台区经理上门服务的现状往往是大半时间消耗在路途上，要想做到面对面地听民意、释民惑、解民难以及满足留守老人、空巢老人、危重病人、困难户等不同群体的多样化需求，难上加难。广大农村居民对美好生活的向往、对高质量电气化水平的需求与当前的供电服务发展不均衡之间的矛盾日益突出。

（二）是对加快乡村振兴，助推农村"一门式"基层公共服务模式构建的有力响应

2020年，湖南省委出台了《关于抓好全面小康社会决胜年"三农"领域重点工作的意见》，明确指出要推动农村"一门式"基层公共服务全覆盖，基本实现所有村（社区）综合服务平台提供"一门式"办理、"一站式服务"。国家电网公司在《坚持以客户为中心进一步提升优质服务水平的意见》中要求："实现每个乡镇都有营业厅，每个村都有服务点。"《衡阳市加强村（社区）政务服务工作实施方案》同样提出，要把政务服务延伸到乡村，加快"就近能办、多点可办、少跑快办"的"一门式"服务中心建设。这也意味着村级政务服务中心建设开启了新的征程，农电管理必须跟上步伐。

（三）是优化资源配置，实现企业、地方更好地服务广大农民的内在需要

要切实提升农村地区供电服务质量，充实服务力量是关键。当前农村供电服务响应速度不快、响应力度不足，核心原因是农村供电服务力量配备不充分。一个乡镇供电所一般管理2~3个乡镇，一个台区经理一般管辖3个村、2000户左右，台区经理的单次平均工作距离通常可达10~20

公里。相较于农电体制改革前的台区经理就近工作、"半工半农"的工作性质，新入职的供电服务职工均来源于高校招聘，人员素质、工作性质均存在极大差异。高素质职工队伍的另一面，是职工居住地大多远离工作台区，长途跋涉进行抢修服务难以高效响应客户用电需求，高负荷作业也容易造成职工负面情绪。与此同时，未来五年，供电服务职工会因大量退休造成较大用工缺口，而补员力度跟不上退休速度，巨大的用工缺口将给农村供电服务提质埋下管理隐患。以衡阳地区为例，衡阳公司供电服务职工五年内即将退休人数达417人，其中，仅衡阳县公司就即将有119人退休，占其用工总数的27.2%。且新入职供电服务职工熟悉环境、精进业务也需时日，加之部分新员工还存在人员流失的潜在风险，如何有效补充农村供电服务力量成为难题。为此，必须对村级治理资源共享的供电服务末端融合进行管理创新。

二、基于村级治理资源共享的供电服务末端融合管理创新的内涵

本项目的内涵是：基于共享发展理论，践行乡村振兴战略，从解决农村居民最关心、最直接、最现实的供电服务需求入手，紧盯供电服务管理中"服务难""用工难""上门难"的痛点和堵点，创新基于村级治理资源共享的供电服务末端融合管理模式，巧用村级综合服务中心这一现有平台资源，按照"共管、共建、共治"的治理理念，通过将部分非核心供电业务外委的形式为村级组织赋能、扩能，着力将村级组织由"行政末端"打造成"治理枢纽"，贯通供电服务的"最后一百米"，切实提升各类客户的用电满意度和实现幸福生活的获得感，进而实现企业管理释能提质、基层治理服务提升、农村居民用电舒心多方共赢的治理目的。

三、基于村级治理资源共享的供电服务末端融合管理创新的主要做法

（一）深度调研，全面论证创新实践的可行性和经济性

1. 多维度论证，确保项目实施依法合规

为进一步论证项目实施的合法性，衡阳公司先后通过省、市公司法务审核，政府法治办审核，邀请知名律师事务所开展合法性研究等形式进行多维度论证，就企业业务外委的合规性、村部承揽业务的主体适格性、村部承揽业务的主体资质合法性及企业社会化用工等方面进行了细致的法律分析，并针对项目实施细节出具了法律风险提示，确保项目实施依法合规。

2. 先试点、后推广，确保项目实施经济可行

衡阳公司于2018年8月在衡阳县关市镇开展该项目的试点工作。在实践中发现，该镇的22个村、2个社区都建有村务中心（投资100万元左右），配置村干部5~7人，村支书月工资达到3000元，其他工作人员是村支书的80%~90%。湘能农电服务公司以1000元/月作为基准数（根据服务区域面积、业务种类等再行浮动测算）向乡村合作社支付业务承揽费用。从项目的经济性角度分析，衡阳地区供电所的服务半径平均为43.6公里，剔除人力资源不足的因素，每月光是花费在燃油费、餐费、汽车损耗等方面的费用都远不止业务外委的成本价。鉴于外委业务多为提供办电业务指导咨询、开展电力设备故障紧急报送等无须耗费过多精力的简单劳务，在整个项目实施过程中，村委亦表现了强烈的合作意愿及较高配合度。2019年下半年，衡阳县长乐供电所成功试点后，该项目进而向衡阳县、衡南县、常宁市等10个供电所全面推广，进一步确保了项目实施的可操作性。

（二）整合资源，建立健全政企联动的协同保障工作网络

1. 政府引领，保障外部网络有序对接

由乡镇政府主导，成立以乡镇主要负责人为组长的农村供电服务业务末端融合工作小组，由供电企业、乡镇分管电力负责人任副组长，下设农村末端供电服务业务融合指挥机构，机构挂靠

在乡镇政府办公室，配备专职人员，并在村组设立工作机构，确保工作的逐级深入和有序推进。供电企业与属地乡镇政府签订《农村供电服务政企融合合作协议》，确定农村供电服务政企融合合作内容及方式。在合作协议的基础上，供电企业与农村合作社签订《农村供电辅助业务承包合同》，明确承揽业务范围、内容、权利和义务，并明确在村组内设置一名村级电力专干，全面负责农村供电服务末端融合创新的实际运转工作。

2. 三级管控，确保企业内部高效运转

衡阳公司在内部建立健全市—县—所三级业务管控体系，同时强化营销、配电、人资等多专业的紧密联动，确保逐级指导、全程管控。成立以公司总经理为组长的供电服务末端融合创新实践领导小组，决策创新实践运营过程中各重大事项，确保农村供电服务末端融合、政企合作新模式顺利推进。下设工作小组，由衡阳市湘能农服公司承担具体管理职责，主要负责农村供电服务政企末端融合推进工作，协同供电企业、乡镇政府、农村合作社等多方进行诊断调研、问题收集、流程设计、过程梳理、跟踪监督，在具体执行全过程中开展指导，及时管控项目实施过程风险，应对突发事件，并对创新实践效果进行综合评价。作为供电服务末端融合的落脚点，县级供电公司负责落实领导小组在创新实践中的各项决策，协同开展创新实践过程中的各项工作。乡镇供电所具体负责末端非核心业务委托至村委后的业务指导和评价。

3. 政企联动，明确工作思路及目标

理顺工作思路。建立以属地乡镇政府为管控主体、农村合作社承揽的管理机制，将农村供电辅助业务融入属地政府及村委日常政务工作，确保辅助业务顺利开展。供电企业以打造"全能型"队伍建设为抓手，新设外勤班组，并驻点乡镇综合服务中心或乡镇政府办公，主动融入政府，依托政府共建乡镇供电服务"大网格"。在广大农村地区通过业务承揽，将供电服务辅助业务交由农村合作社承揽，依托农村综合服务平台共创村级供电服务"小网格"。

瞄准工作目标。基于村级治理资源共享的农村供电服务辅助业务政企融合创新实践，依托乡镇及村级综合服务中心建成非核心业务融合、政企联动的服务前端，乡镇供电所实现农村核心供电业务集约、高效运转供电主体的转变。乡镇供电服务"大网格"作为联系政、企、民三方的枢纽环节，既能实现供电企业对供电业务、村级承揽业务的近区指导和指挥，又能快速响应政府和居民的用电需求。村级供电服务"小网格"实现村级"一门式"办理和"一站式服务"，真正实现农村用电客户"办电不出村"。通过搭建"大网格"和"小网格"两个服务载体，最终建成一个农村供电服务生态圈，实现政企在农村末端供电服务的共建共治共赢局面，为服务乡村振兴贡献力量。

(三) 统筹兼顾，创新农村供电服务末端融合模式

1. 创新思路，构建"供电+政务"协作融合服务平台

在乡镇层面，充分发挥政府"管""督"作用和供电企业"帮""带"作用。一方面由乡镇政府下属的农村供电服务业务融合指挥机构统一部署，将承揽的供电服务业务嵌入村级工作人员的职责中；另一方面，供电企业驻点乡镇综合服务中心合署办公，与乡镇政府共同联动指导村组具体开展承揽业务，帮助村组固化承揽业务的工作模式，明确工作标准和成效。

2. 辩证考量，厘清供电服务业务外委范围

以破解农村的配网管理及供电服务难题为核心，以提供优质农村供电服务为目标，结合村级组织自身工作能力及承载力，衡阳公司重点针对农村供电区域内部分"内耗大、收效小"的末端供电服务业务，梳理外委业务清单。主要涵盖农村配网管理的辅助性、农村居民供电服务的协助

性及乡村用电环境治理的助力性三大类业务。

（1）农村配网管理辅助性业务。按供电企业内部可外包业务管理要求，对供电企业农村配网管理中专业需求低、安全风险小、业务普适度强、契合农村工作人员的能力及素质的辅助性业务进行梳理，将10千伏及0.4千伏农配网线路巡线通道日常运维工作从供电企业传统业务中剥离外包；充分运用村部属地优势，将输、配电线路的属地护线及异常信息的报告任务尽数外包；因农配网设备点多面广，通过将"低压漏电保护器巡查工作及协助故障台区漏电检查工作"及"用户侧漏电保护器"的管理工作外包，将农村居民也纳入保供电队伍中。

（2）农村居民供电服务协助性业务。充分利用村组内与属地用户之间已建立起来的信息网络，结合村委或农村合作社与承揽业务对象重叠、开展方式相似的特点，将客户服务中供电企业停送电信息发布、线上缴费方式和预付费自动扣费推广、用户信息收集、电费催缴、客户用电诉求受理工作交由村级组织主导推进。

（3）乡村用电环境治理助力性业务。将走村到户的用电宣传工作、业务范围内私拉乱接、违章用电、电力设备设施外力破坏、违章建房等监督工作承揽至村级组织，在属地政府统一安排部署下，通过舆论引导、走访排查、联合打击等形式，预防和减少对电力设施破坏及违法、违规用电现象的发生，为经济发展、社会稳定增加可靠的保障。

3. 契合实际，明确业务承揽经费测算方式

一是估算承揽业务的总费用边界条件。依据属地社平工资及最低工资标准，参照供电公司内部从事含承揽业务的专职人员历史月绩效收入（3000~4000元，且专职人员管理3~4个村），结合村级组织安排专人多为兼职负责承揽业务，在市场调研基础上，按月均控制在1000元/村内核定承揽业务造价，测算出预估的总费用。二是利用平均值测算实际承揽费用。在实际费用测算过程中，科学把握测算标准的适用范围，以总造价为边界条件，以村组居民密度、配电变压器数量及用户表计数量作为影响因素，核算该片区承揽业务各影响因素平均值，即每个村组、每台配变、每个用户的费用。灵活掌握各影响因素的实际取数，对不同因素采取不同侧重的估算策略，通过各影响因素平均值推算承揽村组的实际费用，并结合业务特性和各地区实际情况进行计算和修正。三是约定承揽费用违约的扣费标准。以促进工作达到实效为目的，按承揽业务分类制定出村组违约的扣费标准，约束和规范村组在承揽业务期间的工作行为。

4. 定向施策，合理配置电力专干

村级电力专干的选定按"3+1"模式管理进行，主要考虑村委委员、村后备干部、村辅警及符合条件的扶贫对象。鉴于承揽业务主要由农村供电末端的辅助性、协助性工作构成，业务对人员专业性要求低，人员对业务的适应性强。因此，村级电力专干的选定主要参考以下四个原则：属地原则（经常居所地在乡镇供电所非核心委托业务辖区内且道德品质优、群众基础好、协调能力强）、工作经验优先原则（曾从事电力或电工工作的优先）、持证上岗原则（必须通过供电公司组织的上岗资格认证考试，取得上岗资格证）以及贫困村居民、贫困户优先原则。充分发挥供电所属地和自主优势，供电所确定专干人选范围后报乡镇政府审批。

（四）组合发力，推进"供电+政务"融合服务平台高效运转

1. 建章立制，充实"阳光服务"新赋能

为增强村级电力专干的责任意识，营造良好的工作氛围，在村部或村级服务中心同步推进"亮牌上岗"模式。通过"亮身份"，将选定的村级电力专干姓名、联系方式、所在村委岗位、照片信息制作成"岗位明白牌"，张贴在村委会"工作阳光台"中；"亮职责"，明确村级电力专干

承揽业务开展中的具体职责，并将岗位职责上墙公示，切实方便服务居民，提高办事效率和透明度。

2. 合署办公，推进"网格便民"全覆盖

一是在乡镇建立供电便民服务"大网格"。在未设立供电所的乡镇，供电企业设立"全能型"班组与乡镇综合服务中心合署办公。乡镇综合服务中心为新设班组提供可租赁的办公场地、办公设施、电力物料存放场地，并提供工作、生活必需的食宿资源，切实解决当前供电企业的职工工作、生活无法兼顾的难题，全力提高供电服务响应效率。二是在村组建立供电便民服务"小网格"。依托村级综合服务平台，由村民身边的电力专干提供高效优质的电力咨询、报修业务受理等供电服务，进而实现"每个乡镇都有供电服务大网格、每个村都有供电服务小网格"，同时也加速推进政府服务"一门式"办理和"一站式服务"落地生根。

3. 村企联治，实现贴身服务"无死角"

一方面，农村综合服务平台统筹开展承揽业务，定期开展农村居民安全用电、电力设施保护及最新用电政策宣讲，上门为村民尤其是留守老人、留守儿童或其他有困难的人群提供差异化、定制性的供电服务，以满足各类群体的多元用电需求；另一方面村企联合打击违规钩挂、私自接电、违章建房危及线路安全运行等行为，共同维护农电配电设备的稳定可靠运行，营造良好有序的供用电氛围，共同构建农村供电管理和谐环境，实现农村居民办电"小事不出村、大事不出镇"。

4. 多重保障，确保平安上岗"零担忧"

在业务外委实施之前，衡阳公司已组织安全、生产、营销、服务等专业人员，对外委清单进行安全评价和专业评价，梳理出外委业务中存在的风险点，完善合作业务开展的限制条件，确保风险可控、能控、在控。为规范村级电力专干业务操作，衡阳公司定期组织开展电力专业知识的培训和考试，开展最新电价和优惠政策宣讲并配置安全帽等，确保电力专干熟知业务要点、技能过关。与此同时，为进一步维护电力专干的权益，衡阳公司将强制购买"雇主责任险"或"人身意外险"等商业险种写入业务承揽合同，固化村部对电力专干的人身安全保障职责。

（五）集中力量，全力提升农村供电核心作战实力

1. 聚焦核心业务，打造专业队伍

末端服务业务外委后，原有的现场业务受理和实地查勘的职责已由村级电力专干承担。通过重新分工，供电所工作人员的工作职责按设备运检类、表计维护类、农网改造类及营销服务类四大核心业务划分。将供电线路、变压器、表计及待改造的农网台区逐一明确"设备主人"或"管理责任人"，明确专人维护、高效维护，从而降低配电网的故障停运率，提升农村电力客户的服务满意度。

2. 瞄准"营配贯通"，强化专业协同

以客户需求为导向，强调设备主人对配电网设计规划工作的提前介入，结合设备运维的薄弱点、抗灾性等特征，强化配电网设计规划的精准性和科学性。强化高、低压配电运维检修、用电计量、业扩服务等业务之间的横向协同运行，逐步实行"建运合一、营配融合"。

（六）共建共治，完善全过程动态管控的评价改进机制

1. 共享共治，健全评价机制

在共享农村综合服务平台这一现有平台资源的基础上，衡阳公司加强与乡镇政府、村委及乡村合作社的沟通协作，促请乡镇政府出台《农村供电服务承揽业务委托考核奖惩办法》，将部分供电服务职责嵌入行政管理范畴中，并定期对工作人员的计划完成情况、服务管理质效进行评价，

依托村级政务中心的行政影响力和对乡土人情的熟识性,实现供电服务和政务服务双提升。

2. 共管共督,常态量化评比

明确乡镇政府是所辖村委的考评主体。建立双周小结、月通报、季督查、年考评的动态管理机制,要求每个村委每双周根据供电所反馈的业务完成情况及存在问题开展闭环总结并拟订下阶段工作计划;组织村委、供电所每月召开专题会议,对委托业务完成情况进行通报;每季度开展实地督查,不定期对村组进行工作质量抽查,目前已经完成15个村的督查,协同供电所查找原因、协助整改,推动外委业务高质量完成;在年度考评环节,根据外委业务完成情况评选出"业务完成示范村",2019年年底共评选出示范村5个,通过树立示范典型、建立学习榜样,加速外委业务规范开展。对外委业务开展成效突出的村组,促请县委、县政府在年度绩效和通报中予以重点考虑,与此同时,供电企业也将在电网建设立项中予以较多的政策倾斜。

3. 滚动修编,持续改进提升

通过对业务外委后供电单位各项生产经营指标的定期跟踪,对业务外委前后相关员工工作量和工作质效量化对比及农村居民对供电服务的满意度调查,不断修订完善外委机制,确保改革的方向始终保持在为解决农电用电难题的大方向上不偏离,为实现农村安全可靠、服务优质的供电助力。

四、基于村级治理资源共享的供电服务末端融合管理创新的成效

(一)进一步彰显经济效益

1. 劳动效率大幅提升

目前,该项目经2018年8月在衡阳县试点后,截至2019年下半年已在衡南县、常宁市共10个供电所推广。项目实施后,三县(市)的农村供电服务用工人数减少35人,人员压降率达16.82%,实施后的地区农村供电服务用工数被压降,有效解决了农村供电专职人员因退休高峰来临而补员不足的管理难题。因项目实施释放出的富余人力资源可有效回填县级供电企业的专业班组,为供电企业内部人力资源盘活、劳动生产率的提升创造积极有利条件。以衡阳县为例,仅2019年已为企业节约劳务派遣等社会化用工人数10名,节约用工成本近62.4万元。衡阳公司的全员劳动生产率由2018年的59.49万元/人增长至2019年的118.90万元/人,实现了显著提升。

2. 降损增益成效喜人

部分供电业务外委后,供电所人员核心作战阵地转移至配电设备的运行维护上,配电设备的运行维护频度增加、砍青力度加大,大大压降了低压设备因树害而造成的停电次数,衡阳公司2019年配变停电台次、平均停电时长分别下降44.46%、38.93%。村级电力专干对辖区内的电力设施设备巡视频次增加,私拉乱接、违规用电之风得到有效抑制,仅2019年衡阳公司就查处窃电或违约用电6398起,增收1431万元,反窃查违管理成效排名全省第一。基于村级综合服务平台搭建便民服务"小网格",让面对面地"听民意、释民惑、解民难"成为现实。衡阳公司2019年电费自然回收率增长11个百分点,台区线损率同比下降1.7个百分点,降幅排名全省第一。

(二)进一步彰显管理效益

1. 中国特色农村供电服务新格局已基本形成

项目实践后,紧密依靠政府、密切联系群众的中国特色供电服务模式逐渐成熟并发挥功效,属地政府统一领导、企业依法保护、村委大力支持的农村供电服务管理工作格局已在乡村落地生根。依托村级综合服务平台,"供电+政务"的"家门口"载体遍地开花。截至2020年8月,衡阳境内已建成"家门口"载体49个,辐射47个村、2个社区,实现了供电服务水平和政府服务水平双提升。衡阳常宁市罗桥镇庙山村、衡南县茶市镇怡海村当选2019年度全国乡村治理示范村镇。

2. 乡村治理能力逐步增强

在建设"一懂两爱"的农村基层管理队伍中，供电企业与乡镇、村级组织共同培养了一支懂电力知识、强服务意识的村级复合型人才队伍，基层治理队伍日趋稳定化，乡镇、乡村治理能力进一步提升。同时，按照"共防共治、共建共管"的合作理念，积极利用村级电力专干组建村组信息员网络，强化对属地范围内电力设备运行信息的有效互通，逐步实现了辖区内电力设备安全防护时间和空间维度的全覆盖。通过部分农村供电非核心业务承揽至村组的形式，将部分供电服务和供电秩序维护的职责自然嵌入村级管理人员的行政行为中，加速了电力秩序维护工作的推进。电力设施外力破坏、农户用电私拉乱接等不规范行为明显减少，良好的社会供用电秩序正逐步形成。

3. 农村供电服务队伍专业化、业务集约化水平不断提高

"家门口"载体为供电企业内末端营配融合创造了条件。企业在营配融合基础上实现"全能型"班组的供电技能专业化、业务集约化，以融合后的能力水平定岗定薪，利用企业"工匠"选聘平台突出复合型农村供电人才培养，着力提升员工的综合素质。2019年，衡阳公司在全省系统率先获得3个五星供电所、15个四星供电所的荣誉称号，供电服务职工通过高级及以上技能等级考评的人数较2018年上升5%。除此之外，本项目依托农村供电辅助业务与村级、乡镇政务服务天生的融合性，充分实现了供电所专业服务队伍和村级电力专干的优势互补，一支战斗力强的"全天候"农村供电服务队伍正逐渐成长壮大。

（三）进一步彰显社会效益

1. 服务满意度显著提升

公司主动争取属地政府的支持，依托基层综合服务中心，构建以大小服务网格为载体、政务与办电业务融合、资源共享的农村供电服务生态圈，促进基层综合服务中心服务全流程完整性建设，真正实现了服务人民群众美好生活需要举措的落地。农村电力客户需求得到及时响应，其用电难题得到精准回应，企业供电服务工作开展更为适应，客户办电体验感更好，用电满意度更高。衡阳公司心系责任、心系电力、心系农民的良好形象得到有效彰显，社会价值和服务品质得到有效提高。公司2019年供电服务满意度、百万客户投诉管控指标分别提升到全省第三、第四。

2. 精准扶贫成效彰显

创新实践协同精准扶贫，通过将村级电力专干与精准扶贫公益岗有效对接，将承揽农村供电服务辅助业务的劳动力刚需与脱贫攻坚的实际情况充分结合，让有劳动意愿、不能外出务工且符合条件的贫困群众能够参与力所能及的工作，实现了"脱贫不离家、岗位送上门"。衡阳公司在市级贫困点常宁市塔山瑶族乡的9个村及2个县级贫困村共设置11个村级供电服务"小网格"，通过培训让11名贫困群众参与到农村供电服务中来，变"输血"为"造血"，真正做到精准滴灌、靶向治疗，激发其脱贫的内生动力，发挥了"既扶贫又扶智"的积极作用。衡南县供电公司被评为衡阳市十佳扶贫后盾单位，常宁市供电公司被评为年度脱贫攻坚先进单位。常宁定向开展电力技能扶贫的典型做法受到各主流媒体的高度关注，《中国电力报》、电网头条均对其进行了大篇幅报道，新浪、搜狐、华声在线等纷纷转载。公司责任央企的良好形象得到彰显。

主　创　人：江贵根、刘　勇
参与创造人：肖德祥、禹　军、刘光良、赵　力、刘　丹、刘思思、
　　　　　　曾向璟、何晓明、张　凯、陈嫦娥

省级电网企业"大经营"管理体系构建

国网湖南省电力有限公司

国网湖南省电力有限公司（以下简称"国网公司"）成立于1993年10月（其前身是湖南省电力工业局），是国家电网有限公司的全资子公司，以建设和运营电网为核心业务，担负着保障湖南省电力可靠供应的重大责任。公司现设23个职能部门，下设14个市（州）供电公司、102个县级供电公司，用工总量7.2万人。截至2019年底，国网公司拥有35千伏及以上变电容量1.23亿千伏安，线路5.71万公里，供电范围覆盖全省14个市（州）、117个县（市、区），营业区面积占全省总面积的96%，营业区人口占全省总人口的98%。发电设备装机容量4740.6万千瓦，其中水电装机容量1743.9万千瓦，占36.79%；火电装机容量2219.9万千瓦，占46.83%；风电装机容量427万千瓦，占9.01%；太阳能发电装机容量343.86万千瓦，占7.25%；新能源总装机容量856.17万千瓦，占比为18.06%。

一、省级电网企业"大经营"管理体系构建的实施背景

（一）宏观形势和国家改革政策对公司经营管理带来新挑战

在2016年全国国有企业改革座谈会上，习近平总书记做出指示，要做强做优做大国有企业，尽快在国企改革的重要领域和关键环节取得新成效。国务院国资委对中央企业打好瘦身健体、提质增效攻坚战进行了重点部署。近年来，全国和湖南经济由高速发展进入高质量发展新阶段，发展方式由规模速度型转向质量效益型，发展动力从主要依靠资源和低成本劳动力等要素投入转向创新驱动。新常态下，国民经济结构持续向优调整，单位能耗持续下降，电量持续高速增长难以为继，对依赖传统售电市场增长的电网企业带来挑战。

（二）国网公司战略目标的提出为公司经营管理指明新方向

国网公司提出建设"具有中国特色国际领先的能源互联网企业"的战略目标，这就要求省级电网企业在经营管理上下功夫。一是进一步转变经营发展理念，建立适应输配电价新机制的经营策略，不断提高投入产出效率，加强资产全寿命精益管理，挖掘存量、发展增量、应对变量，持续提高经营活力和运营效率；二是持续优化经营管理体制机制，建立健全现代企业管理制度，持续优化经营管控模式，健全适应市场化的组织架构，持续优化公司经营各环节的业务流程和管理机制，不断提升经营管理效能；三是充分发挥业务协同效应，统筹谋划、全面发力，统筹利用各种资源，持续提供业务协同发展合力，实现优势互补和整体效率效益最大化，推动电网业务、综合能源、电力新基建、电力大数据应用等业务全面发展。

（三）企业和电网高质量发展对公司经营管理提出新要求

从内部管理来看，公司经营和电网发展的问题和短板仍然突出。一是经营管理统筹能力有待加强。现行的经营管理体系分散于各专业管理中，专业线自上而下的管理成体系较完善，而省级层面上各专业间的协同运作不足，经营管理业务条块互相分割，究其原因，是省级电网层面缺少相应体制机制将经营活动上下打通、左右贯通，从而形成合力，最大限度地整合资源、利用资源，提升运营能力。二是经营上的短板急需解决。受2008年冰灾影响，公司经营的历史包袱一直较

重，资产规模在省级电网中处于中游，但负债情况处于落后水平；经营效益虽逐年提升，但仍徘徊在盈利边缘；众多电网老旧设备需要更换，投资需求大，但受盈利能力不强的约束，投资能力不能满足需求；日常运营中浪费现象较普遍，企业意识、经营意识、效益意识亟待加强。三是经营管理人才需大力培养。企业员工中专业技术人员占绝大多数，但懂专业、懂经营、懂经济、懂法律的复合型人才匮乏，没有经营管理专业岗位、专业培训，经营管理队伍尚未形成，针对经营管理的研究课题立项较少，经营管理研究型专家需要进一步培养。

二、省级电网企业"大经营"管理体系构建的基本内涵

省级电网企业"大经营"管理体系旨在建立发展牵头、财务密切协同、专业深度参与、互联网全程监督、经研全面支撑的经营管理工作体系，主要体现在全面落实四"全"要求。通过体系统筹管控企业所有经营活动，实现业务全覆盖、流程全监控、经营全过程、企业系统全参与。打造"大经营"管理业务链条，实现从战略到执行到考核的经营全流程闭环管理。组建"大经营"组织架构，以经营管理委员会为统领，以经营管理处和经营管理支撑团队为骨干，以经营管理项目推行团队为抓手，自上而下全面管控经营业务。推动建立"四项机制"。建立经营例会机制，围绕"量、价、费、损、利润"等，开展"月度专题研讨、季度综合分析和重大事项集中研究"的经营分析；建立经营课题研究机制，围绕深化改革、管理提升等要求，开展经营课题研究工作和成果发布，指导全年经营管理工作；建立经营诊断监测机制，深化大数据应用，实现业务链、项目链、资金链等监测和分析；建立内模市场运营机制，将企业经济活动价值化、量化，对各经营主体全部经济业务进行核算，计算内部模拟利润，结果与工资总额挂钩，及时兑现。创新打造"三个平台"，按照数据一个源、应用多场景的思路，构建公司的经营指标库，支撑公司核心指标数据的在线共享。打造经营管理网上平台，实现综合计划和项目全过程管理；打造经营管理领导"驾驶舱"，实现管理层及时、高效地获取核心经营指标数据，支撑公司管理层的经营决策；打造经营管理提质增效业绩看板，用于对各部门、各单位激励、考核、评比，激发基层活力，提高全员积极性。着力培养"一支队伍"。组建经营管理专家库，实施"金种子"人才赋能计划，打造"创新型、责任型、复合型、学习型"的经营管理团队，有效支撑"大经营"体系高效运作。

三、省级电网企业"大经营"管理体系构建的主要做法

（一）整体思路、目标和原则

1."大经营"管理体系构建的整体思路

针对公司经营管理工作碎片化、不系统、不聚焦的现状，围绕公司经营全业务模块，以目标和问题为导向，按照"以分析研究为基础，全面计划和全面预算为支撑，内模市场为手段，全面监控为平台"的工作要求，系统构建"大经营"工作体系，打造"大经营"管理业务链条，组建经营管理组织体系，建立健全经营工作机制，打通跨部门数据，打造经营管理管控平台，培养专业队伍，培育经营文化，切实推动企业经营管理水平和效率效益提升。

2."大经营"管理体系构建的目标

围绕"精益经营、数字经营、智慧经营"的建设目标，建成由发展部牵头负责、财务部紧密协同、各专业部门深度参与、互联网部全程监督、经研院所全面支撑的"大经营"体系。健全经营管理组织体系，完善经营管理机制和研究机制，实现经营管理省、市、县三级贯通，经营业绩全员量化，经营业务线上管控，经营队伍不断壮大。

3."大经营"管理体系构建的原则

坚持顶层设计原则。以打造体系、构建框架为纲领，开展顶层设计，明确各专业、各层级职

责，构建"大经营"体系，健全经营管理和研究机制，加快形成企业经营管理新模式。

坚持问题导向原则。围绕企业经营现状和突出问题，运用大数据平台，开展经营诊断分析，精准定位经营问题、管理短板和指标风险，制定方案和措施，解决经营重点、难点、热点问题，大力提升企业的经营效益和管理水平。

坚持目标导向原则。围绕建设"中国特色国际领先的能源互联网企业"的战略目标和企业新时代治企兴企理念，聚焦企业经营业绩和关键指标，研究确定经营工作策略，精准施策，全面实现企业发展工作目标。

坚持系统推进原则。按照"大经营"建设目标，明确阶段任务，确定时间节点，细化工作措施，压实各级责任，统一部署，系统高效推进"大经营"建设工作。

（二）总体规划，设计"大经营"体系核心要素

根据经营管理理论体系和电网企业战略的业务特点，结合现状调研，基于"大经营"体系构建的内容、方向、目标、原则，设计"大经营"体系核心六要素，通过核心要素建设，全面统筹企业经营管理各项工作，将企业经营管理工作系统化、流程化、规范化。具体思路如下：

上下打通的战略指挥体系。是指打通公司各级单位间的战略承接和任务落地，能将上级单位的战略目标任务层层分解落实，压力下传，绩效追踪，能够把战略举措细化落地为可执行的行动计划。

前后打通的业务集成架构。是指对分散的管理流程、制度进行梳理整合，通过集成的流程体系打通内部的价值链与产业链，重在"前后打通"，以整合企业的业务架构，实现高效协同。

多管理体系融合。是指建立流程管理机制，通过在整体上对各层级的核心经营管理体系进行梳理融合，优化业务流程，提高管理效率。

过程保证结果。是指以规范的流程固化工作模式，体系设计需要细化到作业指引与模板。

可量化、可衡量、可跟踪。是指经营管理全过程数字化，任务目标可量化，人员绩效可衡量，过程指标可跟踪管控，用数字体现管理过程，展现经营情况。

管理大数据的接口。是指通过经营管理系统化，使"大经营"体系实现经营业务全覆盖、流程全监控、经营全过程、系统全参与，从而成为管理数据的汇集点。

（三）闭环管理，打通"大经营"业务链条

"大经营"管理体系是对公司战略的执行和监控体系。经营战略承接公司战略，经营管理支撑经营战略的落地，进而支持公司战略的落地，自上而下地将公司意图性战略转化为具体的组织行动，保障战略实现预定目标。在战略实施的过程中，需要通过经营规划、研究、计划、诊断、分析、管控、考核等业务流程的不断循环，基于流程制度、组织机构、信息平台等能力支撑，保障战略目标实现。

"大经营"管理体系，其内在逻辑是构建了公司经营的 PDCA 闭环管理机制。从经营规划开始，经过经营研究、经营计划、经营诊断、经营分析、经营管控到经营考核的一条闭环管理的链条，实现从经营问题的发现、经营问题的分析到经营问题的解决等完整的管理过程。

（四）完善机构，构建"大经营"组织架构

经营管理组织的设计需要通盘考虑以下方面：要实现对经营战略、经营分析和研究、经营项目、经营流程等环节的有效管理；满足上线打通业务需要，保证业务主线清晰、业务层次清晰、业务接口清晰、输入输出清晰，能够结合流程建设驱动业务体系的完善。从战略管理、风险管理、运营管理、职能管理四个方面，形成经营组织架构。

结合电网企业特点，构建省、市两级经营管理委员会。作为经营工作决策机构，省级设立经营管理处，市级确立经营管理岗，负责日常经营工作的牵头落实，各专业部门、直属单位明确经营管理联络人，共同组成经营管理业务支撑团队，代表各专业深度参与、密切配合经营工作。组建经营管理项目推行团队，接受经营管理委员会的领导，负责具体实施经营管理能力提升项目，由各部门、各单位选派人员共同组成。

经营管理委员会。经营管理委员会由公司总经理牵头，经营管理相关部门主任、副主任组成，具体负责审议重大经营战略决策及中长期经营规划，审议年度经营计划，审议年度财务预算或预算修改方案，审议、批准内部经营管理制度、流程，审议重大财务决策与经营活动决策，对董事会授权范围内的经营管理的其他重大事项做出决定。

经营管理处（经营管理办公室）。负责贯彻落实经营战略并组织实施，组织经营战略执行情况跟踪与反馈，负责经营专业规划管理，负责企业经营管理体系建设，负责企业经营管理流程设计与优化，负责组织经营研究、经营分析、经营问题跟踪与解决、经营考核以及经营重大事项处理闭环，负责经营课题管理，负责组织经营重大项目管理，负责组织经营流程的制定、优化以及评估管理，负责经营队伍的建设，负责组织落实经营管理各项工作措施，负责开展其他日常经营管理工作。

经营管理支撑团队。为经营管理的计划、执行、监督分析等提供保障。提供科学合理的指标数据、符合实际的经营数据，为经营策略、经营活动分析、经营诊断分析等提供支撑。

经营管理项目推行团队。按经营管理项目管理规定、方法，按质、按时、按预算完成经营推行任务。

(五) 建章立制，固化"大经营"管理机制

1. 建立经营分析例会机制

建立企业主要领导牵头负责，业务部门与基层单位全面参与的"月度专题研究、季度综合分析和突发、重大事项集中研究"的经营分析例会机制。"月度专题会议抓专业问题、提实招硬招""季度分析会议抓管理闭环、见阶段成效"，逐步破解企业经营管理的长年痼疾。坚持常态分析与动态议题相结合，紧跟形势、深入分析，积极解决企业在经营管理过程中遇到的新问题。建立畅通的信息渠道和沟通机制，积极应对突发、重大事项，全面统筹推进解决。通过经营机制的高效运转，优化经营措施，创新经营模式，全面提质增效。

2. 建立经营课题研究机制

全面调研梳理企业各层级经营管理中存在的痛点、难点问题，深度聚焦"市场、价格、投资、运营、效益"等核心领域，紧密围绕"能力提升、管理提升、效益提升"的经营管理目标，营造"服务应用、大胆创新"的研究氛围，积极策划、深入开展课题研究，加强成果提炼和成效评估，建立定期发布和推广应用机制，对成效显著、应用广泛的优秀成果、优秀专家、优秀单位予以奖励，并纳入企业业绩考评。

根据企业经营管理提升需要，聚焦经营管理中的核心问题，组织开展经营研究工作。总体框架上，经营研究课题分为经营管理研究课题和专业咨询课题两大类。经营管理研究课题分为重大研究课题和专业经营管理研究课题。重大研究课题是指在支撑企业经营管理体系建设、应对国家重大政策变化、深化体制机制改革等方面开展的课题研究，专业经营管理研究课题是指围绕企业核心经营要素，为提升经营管理水平而开展的专题研究，更聚焦于专业线。经营管理研究课题研究服务于企业经营管理提升，要求形成对企业经营具有指导性、实操性的专题研究成果。专业咨

询课题是为解决企业专业管理中的重点难点问题、提升专业管理效率、提高专业工作质量而开展的专业咨询研究，由专业部门负责项目管理。

3. 建立经营诊断监测分析机制

围绕企业主要经营业务，按照季度专题分析、半年度阶段分析、年度全面分析的工作要求，定期开展经营诊断监测分析，查找实际经营工作中存在的主要问题，及时提出解决措施，建立经营诊断问题实时解决工作机制。

2019年，公司以问题为导向开展经营监测诊断分析。按月开展量、价、费、损等经营指标、配网停电与抢修分析、数据质量分析，形成10期经营监测分析报告，提出问题及建议22项。供电服务方面，开展供电服务的效率分析、配网停电监测分析，公司抢修服务的质量和供电可靠性提升明显；降本节支方面，开展公司电费缴费成本及短信成本分析，节约公司手续费、短信费成本；经营风险方面，常态开展资金专题监测，完善资金监测风险异动点，集成汇聚公司主业、集体、农电的资金数据，实现资金准实时监测；管理提升方面，开展公司同期线损专题分析，有效降低公司台区线损。

4. 建立内部模拟市场运营机制

以效益为驱动，将企业经济活动价值化、量化，各单位全员参与，对各经营主体的全部经济业务进行核算，计算内部模拟利润，结果与工资总额挂钩、与企业负责人效益挂钩，实现"双挂钩"。

建设覆盖省、市、县三级的内模市场。省级内模市场方面，建成精益高效核算机制。沿业务价值链梳理省级市场交易主体28个；根据资源消耗动因和受益原则，确定业务量、供电量、资产规模等22项结算动因；通过6轮次全业务活动梳理，结合供指体系等机构改革，确定一级市场业务活动525项；结合成本监审要求多方面分析业务历史成本，合理核定交易价格，真实反映资源消耗和价值贡献。构建价值导向考核机制。坚持"结果为主、兼顾过程"的考核分配导向，设置营收增长率、可控成本进度偏差率等季度过程性指标，强调自我提升；设置利润增长率、人均利润等年度结果性指标，强调结果贡献。分单位类别构建差异化考核模型，季度与年度相结合，兑现额度占工资总额的10%，考核结果与单位工资总额和企业负责人薪酬双挂钩。

市县级内模市场方面，公司统一梳理了二级市场典型业务活动89条、三级市场典型业务活动45条，各单位对应典型业务名录、结合自身情况共梳理出二级市场业务活动2741条、三级市场业务活动924条，确定二级市场参与单位（部门）421家（其中供电主体122家，支撑主体112家，管理主体187家），三级市场参与单位（部门）114家。优化核算方式方法，地市公司参照典型业务名录进行业务活动梳理。出台考核指导意见，各单位深度融合现有考核体系，其中营销类人员通过合理承接效益类指标来创造效益，生产类人员通过提高生产任务质效来创造效益，管理类人员通过提高工作效率来创造效益。及时开展内模市场核算及考核兑现，月度人均内模市场兑现额度高低差额在500元左右。

（六）数据驱动，打造"大经营"线上平台

打造经营管理平台，建设项目中心。开展公司经营管理网上平台建设，创新实践网上经营管理新模式，在企业中台中建设项目中心，实现综合计划和项目全过程管理，辅助精准投资和精益管理，推进运营管理可视化、在线化、智慧化落地实践，打造横向业务贯通、纵向四级联动、数据自动汇聚、多方在线交互的高效数字化经营管理平台。

打造经营指标库。按照"数据一个源、应用多场景"的工作思路，打造公司的经营指标库，支撑公司核心指标数据的在线共享。开展指标数据的溯源，完成了77个经营指标的计算逻辑、业务口径、计算口径等的梳理，基于数据中台实现明细到指标的自动生成，实现数据加工过程透明、计算逻辑在线可见、指标数据标准统一，有效促进了指标数据的共享。

打造经营管理领导"驾驶舱"。实现了核心指标的一站式服务。开展领导"驾驶舱"应用的开发设计，完成了领导"驾驶舱"10个页面的设计与上线，涉及公司电网运行、购售电、供电服务、资金等业务指标数据，实现核心指标数据的在线实时展示，支撑管理层及时、高效地获取核心经营指标数据，有效支撑公司管理层的经营决策。

打造经营管理业绩看板。基于企业中台开发经营管理——提质增效业绩看板，用于对各单位进行激励、考核、评比，推进经营管理数字化。看板包含45个量化评价指标，数据统一通过中台自动获取，不需基层单位填报，实现数据一个源。通过"比一比、看一看、晒一晒、算一算"四个模块，实现省、市、县、所四级贯通，动态跟踪各单位经营目标及任务完成情况。"比一比"，主要比排名，设置光荣榜、领先榜、落后榜，光荣榜展示湖南公司在国网系统排名和特色亮点工作，领先榜、落后榜分别展示部门、单位排名。关键指标展示量价费损、反窃查违收入等指标，按照月度、累计进行排名展示。"看一看"，即看行动，深度融合OKR（目标与关键成果法）理论实践，及时跟踪经营目标及重点任务关键节点的完成情况，将效益提升和质量提升指标分成两个维度，定量指标用图表全展示，定性指标用导图全跟踪。"晒一晒"，即晒成效，为激发基层活力，提高全员积极性，重点"晒成效、晒经验、晒点子、晒风采"。主要晒电能替代、两降一控、带电作业等关键指标月度排名前五的县公司、班组等。选定两降一控、带电作业等8个关键指标，对月度排名前列的县公司、班组进行展示，激发基层活力，提高全员积极性。"算一算"，即算出效益、算出贡献、算出压力。算效益主要算公司效益、个人效益，通过边际贡献、专项创效算出公司总效益；算贡献即算出个人贡献的效益、个人创造的经济效益；算压力即算出各层级与平均水平的差距、与标杆的差距、与计划/预期的差异，并且各层级可通过提供的计算模型模拟测算效益水平。

（七）培新掘优，强化"大经营"队伍建设

1. 组建经营管理专家团队

为充分发挥企业内部各专业人才优势、智力优势，打造一支优质高效的经营管理和经营研究队伍，支撑经营管理工作，提升经营研究能力，服务好企业经营决策，经过部门推荐与集中遴选，组建经营管理专家团队。

专家团队的主要职能有：参与企业经营管理体系、机制、流程建设等方面的研究；参与企业经营管理制度、办法的制定；参与企业重大课题、经营策略的研究与专业咨询项目评审；参与企业重大经营问题的讨论与相关举措的制定，参与开展经营管理及其他重大综合性工作。

2. 全方位培育经营管理人才

为加快推进经营队伍建设，组织开展企业经营管理人才赋能计划选拔。通过三分钟自由演讲和多对一结构化访谈两轮评分，最终选拔形成经营管理人才赋能计划团队。联合外部专家团队，通过"以培带做"，对选拔出的经营管理人才开展为期一个月的赋能培训，为全方位打造一支高素质的综合型经营管理队伍奠定基础。

基于战略管理、经营管理、流程管理三大主题对选拔出的优秀人才进行集中赋能培训，以识别关键人才，成为经营管理体系建设的主力军。赋能后的学员可以掌握经营管理思维以及工作实操的方法和工具，成为综合型经营管理人才，并在本部和地市单位推广，达到以人才带动人才、以人才培养人才的目标。

四、省级电网企业"大经营"管理体系构建的实施效果

（一）经营管理体系基本成熟

2019年，根据深入落实国网综合计划和预算管理的要求，发展、财务紧密协同，实行全面综合计划管理，通过"A+B+C"计划管理模式，实现公司资源全面统筹、项目管理全面覆盖、计划执行全过程管控以及计划和预算全面融合。以支撑经营决策为核心，常态建立月度专题研讨、季度综合分析和重大课题研究的工作机制，发布线损、电价、交易、投资、成本等7期专题，下发线损管理工作方案和电价管理方案，出台电网基建精准投资管理细则，开展季度和年度经济活动分析，全面诊断企业经营问题，破解企业经营难题，开展"重大政策影响研究""输配电价改革研究""中美贸易摩擦研究"等重大课题研究，累计共发布任务清单81项，形成研究成果清单91项，并下发地市企业应用。以达成经营目标为宗旨，动态建立经营滚动分析机制，自2019年8月开始逐月组织相关部门对售电量、线损率、利润总额等核心经营指标按月开展经营滚动预测分析，全面落实企业战略部署，确保经营目标达成。

（二）经营管理实现提质增效

全面排查问题，找准对策。以现场调研、书面调研相结合的方式，开展企业经营管理问题研究，完成对企业经营管理人员及骨干员工的访谈50余人次，完成本部及市州企业书面问卷1359份，梳理出企业经营管理中的痛点、难点、热点问题169个，并基于六大关键问题和十五个核心发现，整理出"大经营"建设管理架构，有效支撑企业经营管理能力提升。通过大经营建设，推进专业协同，提升效率效益。财务部门持续推进成本监审工作，依据国家复核要求完成三轮修改；人资部、财务部持续推进内模市场建设，完成考核兑现；营销部大力推进降损增效和增供扩销，按计划节点和任务清单有序推进电价整治。各单位深入开展经营研究和专题分析，从上到下经营意识整体提升。挖潜增效方面，同期线损合格率排名提升至第6名，台区同期线损合格率较2019年初提升4.78个百分点；有效推进特殊电价治理，减少损失446万元。市场开拓方面，促成祁韶直流长期送受电协议签订，争取每年清洁能源购电；引导670家用户参与专场交易，增售电量6亿千瓦时。政策争取方面，完成战略合作协议签订，落实未来四年投资1008亿元；落实农网改造升级工程第一批贴息资金6.7亿元。

（三）经营业绩实现提升

增供扩销，降低线损，促进经营效益稳步提升。2019年公司完成售电量1479.02亿千瓦时，较上年增长8.01%，国网系统排名第6位。营业收入876.14亿元，增长7.48%。资产总额1087.33亿元。资产负债率为69.28%，下降0.61个百分点，降至15年来最低水平。综合线损率7.8%，下降0.18个百分点。同期线损率下降0.22个百分点，10千伏线路和台区日负损全面实现"双零"，全面消除台区线损率超过10%的县公司和超过15%的供电所。职工劳动生产率55.62万元/人·年，提高4.57%。

电网投资增加，主网网架逐步加强，供电能力大幅提升。完成电网建设"三年行动计划"首年任务，投产变电容量和线路长度超前两年之和。建成500千伏衡阳东、220千伏常德高丰和湘潭九华北变，以及蒙华重载铁路、黔张常铁路外部供电等一批重点工程。打赢长沙电网2019年"6·30"攻坚战，供电能力提升11.1%，公司夏季高峰负荷超过3000万千瓦，电网运行安全平稳。高损线路、高损台区同比大幅下降，重过载配变同比减少6275台。

多措并举优服务，营商环境持续向好。高、低压客户平均接电时间分别缩短至49.2天和2.5

天,为客户节约办电成本16.8亿元。"获得电力"指标助力长沙跻身全国营商环境十强城市。在国网系统率先上线"网上国网",完成注册用户推广目标。公司微信公众号绑定客户971万,线上缴费率达89.38%。实施低压营配融合全域网格服务,投诉总量、停电台次分别下降51.23%、22.56%。推进132个贫困村驻点帮扶任务,帮助84个村、4.53万人实现脱贫。

新业务收入实现"零"的突破,未来将实现大发展。推动大用户直购市场化交易,降低用户成本近4亿元。初步建成数据中台,具备提供云服务能力,55个国网公司级、93个公司级指标实现自动提取。积极探索新业务,投产运行5座数据中心站,新业务收入实现"零"的突破。电网覆冰、山火防治等成果纳入全省防灾救灾体系,应急数据服务年收益可超1000万元。

主 创 人:汤吉鸿、王许姣
参与创造人:余爱琴、余旭阳、张 莉、徐彬焜、廖勇熙、杨 硕、王 炬、肖雅元、邹一梅、张燕安

引入电商供应探索与实施采购管理新体系

中车株洲车辆有限公司

中车株洲车辆有限公司（以下简称"中车株辆公司"）始建于1958年，位于湖南省株洲市荷塘区宋家桥，总占地面积60万平方米，现有员工1900余人，固定资产原值6.32亿元，净值2.65亿元，年生产能力达6500辆。2017—2019年，实现年均营业收入23.61亿元，年均目标利润1.52亿元。

中车株辆公司已有60余年研发、制造铁路货车的历史，主要生产包括敞车、平车、棚车、罐车、矿石漏斗车、长大货车等全系列铁路货车，以及轨道交通装备养护设备新造及修理、长大货车修理、大型钢结构件和关键零部件新造，具备多品种、大规模定制生产能力。公司设计开发的多项产品填补了国内空白，多项产品获国家优质奖。拥有自主知识产权转K5型转向架，实现了中国铁路货车提速的新突破。2014年，PN窄轨煤炭漏斗车获国家重点新产品奖。生产出口的硫黄漏斗车综合性能世界领先。

中车株辆公司不断深化国企改革，实施三项制度改革、主辅分离，率先引入绩效管理、精益生产、ERP管理，积极推进货车产业整合，使企业管理进一步优化，主体业务进一步精干，生产效率大幅提高。工厂先后获得"国家环境友好企业""全国现场管理先进单位""全国质量效益型先进企业"等荣誉称号。

一、引入电商供应探索与实施采购管理新体系的背景

（一）是优化采购模式、提高采购质量、降低采购成本的需要

在企业发展过程中，采购是企业的命门，它直接影响企业产品成本、利润及质量。中车株辆公司作为一家传统铁路货车制造企业，采购工作一直沿用线下采购模式。在采购过程中，因资金紧张、无法满足制造厂家现款支付的付款条件等原因，部分物品只能通过代理商采购，由于代理商资质较低，供应能力不足，无法很好地满足公司的采购需求，尤其是一些紧急采购和特殊采购，影响了公司的正常经营。在线下采购模式下，因供货渠道有限，可供选择的物品品种和范围不足，导致采购物品的质量难以得到保证。另外，因采购人员不能及时掌握采购物品的市场价格，有时只能被动接受供应商的报价，且议价空间有限，导致采购成本居高不下。

电商采购较好地解决了传统的线下采购模式所遇到的各类瓶颈问题。首先是电商采购平台拥有丰富的物品供客户选购，其供货渠道充足，企业在采购货物时，将拥有更多的挑选余地；其次是电商平台物品价格透明，且部分物品价格较线下价格优势明显，为企业降低采购成本提供了可能；三是国内资信较好的电商，货物保修期内严格履行国家新三包规定，降低了采购物品的质量风险；四是电商针对国有企业的内控管理要求开发设计的线上分级审批流程，能较好地满足国有企业的内控要求。

（二）是实施"阳光采购"、防范采购人员从业风险的需要

线下采购在采购价格确定、供应商选择等环节，其公开性和透明度不高，再加上采购工作十分频繁，现有的预防措施监管难度很大，容易滋生采购人员暗箱操作、收受供应商回扣等问题。

而线上采购价格清晰明了，交易账单记录在案便于追溯，可以避免暗箱操作，有效防范了采购人员违规违纪的从业风险。中车株洲公司深刻认识到物资采购领域存在的廉洁风险，积极探索"阳光采购"的路径，"阳光采购"的核心和实质就是采购权力公开透明，由于采用电商采购的优势，较好地满足了中车株洲公司打造"阳光采购"的管理需求。

二、引入电商供应探索与实施采购管理新体系的基本内涵

该创新成果的基本内涵是顺应"互联网+"新经济形态发展趋势，将电子商务引入企业采购业务中，实现在线采购，旨在充分发挥线上采购优势，优化公司采购管理流程，降低采购成本，防范采购人员从业风险。

在电商采购平台搭建方面，中车株洲公司结合公司业务特点和采购需求，选择了国内企业购规模最大的京东和苏宁易购为电商合作伙伴，以保证满足采购需求；将企业内部控制和风险管理要求嵌入电商采购平台流程设置中，同时增设审计审查账号，确保电商采购工作监管到位、风险可控。

在管理方面，重塑采购管理理念。从认识上，要求企业各级管理人员充分认识互联网给经济领域带来的变革和机遇，大胆探索构建新的采购模式，提升企业竞争力；从理念上，要求采购人员转变原有的采购管理观念，在采购物品时应关注物品的性价比和全寿命周期；从协作关系上，倡导互利共赢经营理念，通过管理上的磨合，与电商建立一种有利于双方长期发展的合作伙伴关系。

三、引入电商供应探索与实施采购管理新体系的主要做法

为了解决采购管理工作中的痛点问题，降低采购成本，防范采购人员从业风险，提升公司市场竞争力，中车株洲公司于2018年底启动自采物料实施电商采购的调研工作，制定了电商采购工作目标：一年内，除属集采购部分的原材料和车辆配件以及定制件和特殊维修配件不实施电商采购，其他自采物料均要求实施电商采购，电商采购率要达到90%，采购成本节约率不低于15%。并将电商采购工作纳入下一年度重点工作计划内重点推进，成立由审计、财务、采购和信息技术等多部门人员组成的项目组，要求本着积极慎重、大胆稳妥、逐步推进的思路，加快项目的实施，争取当年见到成效。

（一）项目实施前组织可行性调研，充分识别项目实施风险和困难

1. 统计分析适合电商采购的数据

经与电商客服人员沟通，采购部门网上查询，初步确定适合电商采购的类别主要有办公用品、劳保用品、工具、仪器仪表、修理用备件及低值易耗品等六大类物品。并对公司近两年上述适合电商采购物品的数据进行统计分析。

2. 开展线上、线下采购经济性分析

随机抽取部分可通过电商采购的物品，对比其线上、线下采购价格。对比方法是将网上查询的采购价格与公司最近线下采购价格进行对比，以判断电商采购的经济性。

3. 走访调研国有企业电商采购工作实施情况

经过调研了解，目前，部分国有企业已实施电商采购，实施效果总体情况较好。以中车眉山公司为例，该公司实施线上采购半年后，较传统的线下采购主要有以下几个方面的改变：

（1）电商采购物流快捷、便利、高效，深受业务部门欢迎。

（2）可比口径比实体店便宜，大批量采购效果更加明显。

（3）实施电商采购增加了采购环节的透明度，有利于采购流程中各环节相关岗位相互监督、

相互制约。

调研结果显示，国内企业实施电商采购仍处在初级阶段，暂未普及，很多公司出于风险防范考虑和自身采购的特殊需求，以及受长期传统采购思维和采购模式的束缚，暂未实施电商采购。据了解，中国中车旗下子公司实施电商采购的企业不多，推广还有较大的空间。

（二）从采购需求出发，搭建双电商采购平台

经过调研，中车株辆公司选择了京东和苏宁易购作为公司合作电商，就结算方式、发票开具、物流配送方式、售后服务及定制品采购等问题，与两家电商进行多轮洽谈。2019年元月，与武汉京东世纪贸易有限公司和湖南苏宁易购有限公司签订了电商采购协议，正式开启了电商采购工作。

1. 组织电商平台操作培训，熟悉电商采购操作流程

电商采购协议签订后，中车株辆公司及时邀请电商客服人员来公司开展由采购部门计划员、采购员、技术员及财务部门价格审核员、结算会计等相关人员参加的电商采购平台操作培训，客服人员详细介绍了电商采购平台的操作流程、商品搜索、订单下单、报表生成等操作要领，并就采购部门提出的发票开具、物流配送查询与接收、售后服务等问题逐一做了解释答疑，帮助采购人员快速掌握电商采购操作流程。

2. 电商采购平台审批流程设置兼顾企业内部控制要求

为了有效实现电商采购流程的内部控制，中车株辆公司将现行采购管理模式及内部控制要求反馈给电商，要求其在设置公司采购平台采购、查询、审批等不同权限的账号时，必须满足公司采购管理内部控制的要求；同时还设置了审计审查账号，便于审计部门实时跟踪监督公司电商采购流程内部控制执行情况，确保电商采购工作有序推进且风险可控。

（三）试点先行，机制保证，逐步扩大采购规模

1. 通过试采购，完成电商采购流程的梳理和测试

为了稳步推进电商采购工作，确保批量采购时不发生重大风险或损失，测试电商采购工作中可能遇到的问题，中车株辆公司组织开展了办公用品试采购，2019年元月，完成了首单采购。

在完成试采购后，业务部门及时收集、比较电商采购价格，了解电商采购物品的到厂时间、货物质量等情况，梳理、测试电商采购操作流程，为电商采购的全面铺开积累经验。

2. 明确电商采购应遵循的原则，确保电商采购工作合规

在推进电商采购工作过程中，公司及时组织召开由公司主管领导主持的电商采购推进会，明确电商采购应遵循的原则：一是在选择采购方式时，应优先选择电商采购；二是电商平台采购工作要保证采购全流程的电子可视化，坚持"公开、公平、公正、透明及择优、择廉"的基本原则，同时遵循"合法性、规范性和标准化"的原则。

3. 分批实施，逐步扩大采购范围和规模

为了保证电商采购工作全面、有序推进，中车株辆公司设定了三个月的过渡期。过渡期内，可根据公司下达的三批电商强制采购清单实施电商采购；三个月后，要求全面铺开电商采购，努力做到应采尽采。对在电商采购范围内、因各种原因暂不适合线上采购的物品，采购部门要办理申报手续，经公司分管领导审批同意后方可通过线下采购；否则，财务部门不得办理相关结算手续。

4. 统一思想，消除障碍，强力推进项目落地

由于电商采购新模式对现有的线下供应商业务冲击较大，再加上电商采购作为一项全新的管理工作，采购人员对电商采购平台操作流程不熟悉，对管理模式不适应，项目实施初期遇到较大

阻力，采购人员抵触、推诿，少数部门领导也不重视，给项目推进制造了很多困难。项目组针对遇到的阻力和困难，一方面同采购部门耐心解释，并及时协调处理采购部门在电商采购工作中遇到的各类问题；另一方面及时将遇到的困难向公司领导汇报，取得公司领导的支持。针对项目组反馈的问题，公司高层多次在办公会上对电商采购推进工作做出明确指示，要求各业务部门主要负责人带头执行公司决策部署，按照实施方案和计划强力推进电商采购的落地落实，对电商采购工作落实不到位的单位和个人严肃追责。同时，要求各业务部门提报采购需求计划和线下采购申请时抄送审计部门，加强电商采购审计监督，一方面强化项目的推进，另一方面有利于电商采购工作中的风险防范。

5. 通过正激励，助推项目稳步推进

为了提高工作效率，加快电商采购工作实施进程，充分调动采购人员从事电商采购工作的积极性，中车株辆公司及时制定有效措施，对采购部门按电商采购节约额的10%进行奖励，通过正激励方式积极推进电商采购工作稳步推进。电商采购工作全面铺开后，电商采购规模和节约额快速增加，项目实施效果逐步显现。

（四）优化采购流程，适应电商采购新模式

新的采购模式对采购流程提出了新的要求，但现行的采购需求计划申请、付款结算、物流车辆出入厂等流程均与电商采购模式不相适应。中车株辆公司本着防风险、降成本、提效率的工作思路，针对电商采购工作中出现的各类问题，优化现有采购流程，以全面适应电商采购新模式。

1. 重构采购需求计划申请流程，提高电商采购工作效率

实施电商采购后，负责下单的计划员要根据需求部门提报的采购计划，在线上逐一查找拟采购物品，认真比对物品型号规格、线上线下价格、质量性能等信息。因线上可供选择的物品品种很多，且计划员受专业限制，对物品的技术要求不一定清楚，线上查找采购物品工作难度较大。为解决这一问题，提高采购部门在线上挑选采购物品的工作效率，中车株辆公司重新设置采购需求计划申请流程，要求需求部门在提报需求计划前，需先登录电商平台进行网上查询，认真核对型号规格，并将选中物品的名称、型号、规格、厂家以及电商平台商品编号等信息在《采购计划申请单》上逐项填写齐全后再申报。此举大幅提高了电商采购工作效率，缩短了计划员线上查找采购物品的时间，有效避免了计划下单中出现差错，计划员可更多关注价格、配送时间、售后服务等商务事项。

2. 防范财务风险，优化付款结算流程

为了防范财务风险，中车株辆公司在完成试采购后及时关闭财务结算付款绿色通道，电商采购结算流程回归到公司现行管理流程。同时，根据电商采购协议，开通对公转账采购通道，并制定了电商采购付款、结算内部控制流程，采购部门在采购前，要求按照公司《资金管理办法》履行借款审批手续，财务处根据借款单审核采购订单、支付电商采购货款，经财务审核后，采购部门才能提交采购订单。针对采用账期结算的电商，要求财务人员逐月核对采购明细，及时完成与电商的对账工作，确保电商采购结算的准确性、及时性。

3. 防范安全风险，规范电商采购配送车辆出入厂

电商物流配送通常由快递小车配送，而快递小车因管理不规范，出入公司存在较大安全隐患，且不符合中车株辆公司车辆出入厂的相关管理规定。但电商配送车辆如果不能将采购物品配送到指定地点，将增加公司采购部门的货物转运人工。针对该问题，中车株辆公司及时组织相关部门研究，制定了快递送货车辆进出正厂门的管理流程，结合电商配送货物的多少，要求电商配送车

辆按照公司指定线路，从不同厂门入厂，入厂前必须遵守公司规定做好入厂登记；采购部门安排专人负责全程陪同，并与电商物流车辆司机签署书面安全告知书，保证电商配送车辆安全、风险可控。

（五）实施个性化采购，进一步发掘电商采购优势

1. 大宗物品电商采购价格实施"一单一议"

中车株辆公司部分消耗性工具，单次采购量不是很多，但全年累计采购数量较大。为了进一步节约采购费用，通过与电商沟通，达成大宗物品采取"一单一议"方式商定采购价格：一次议价、分批采购，价格一年有效。中车株辆公司通过"一单一议"方式，降低了部分大宗电商采购物品价格，全年通过"一单一议"方式采购物品的采购额约68.9万元，节约费用约7万元。

2. 邀请电商参与线下采购招标，打破原有招标格局

针对部分线下招标采购项目投标方有限、招标竞价作用不明显的现状，中车株辆公司创新招标邀请渠道，在年度劳保用品招标采购中，首次邀请电商参与投标。通过招标竞价，部分劳保用品中标价格较近期采购价格有明显下降。以此次招标采购的霍尼韦尔防尘口罩为例，中车株辆公司最近线下采购价格为2.12元/个，而中标价格为1.95元/个，下降幅度为8%，此次招标采购数量为80000个，仅这一项就节约采购费用13600元；业务部门反馈，在招标前，供应商要求公司提高霍尼韦尔防尘口罩采购价格，通过引入电商参与投标后，该项劳保用品不但没有涨价反而降价。

3. 慰问物资通过电商采购，减轻发放工作量

员工福利慰问物资以往均是通过线下采购，中车株辆公司每次均要组织大量人工负责发放工作，耗时费力，有时还影响生产。实施电商采购后，在发放员工端午节慰问物资时，首次通过招标确定采取电商采购，此举不仅在邀请投标人方面进行了创新，同时有效地降低了采购成本，丰富了慰问物资发放套餐，通过电商配送，减轻了中车株辆公司物资发放的工作量。

（六）整章建制

在项目实施过程中，中车株辆公司根据公司《自采物料采购管理办法》等有关规定，结合电商采购流程及运行模式，以及公司电商采购管理执行情况，编制了中车株辆公司《电商采购管理办法》，进一步明确了电商采购管理流程和管理要求，为持续健康开展电商采购工作打好基础。

四、引入电商供应探索与实施采购管理新体系的效果

（一）管理效益

经过一年时间的努力，中车株辆公司完成了双电商平台的搭建，优化了采购流程，改善了采购管理，同步建立了电商采购内部控制制度，对防范采购人员违纪违规风险发挥了积极作用，同时为公司持续开展电商采购，进一步降低采购成本，提升公司整体管理水平和市场竞争软实力奠定了坚实的基础，管理效益十分明显。

1. 构建了可持续、可复制的采购新模式

中车株辆公司通过与京东和苏宁易购两家知名电商合作，完成了电商平台的搭建，培养了一支熟悉电商采购操作流程的队伍，优化了采购管理流程，构建了采购新模式，具备了持续开展电商采购工作的各种条件。选择两家合作电商，搭建双电商采购平台，为采购部门采购货物提供了更大的选择范围，也有利于电商采购价格比选和电商之间的良性竞争。

2. 提升招标竞价作用

线下供应商长期参与公司线下招标项目，供应商彼此熟识，在招标项目中，招标方很难杜绝

线下供应商轮流坐庄情况的发生。通过引进电商参与招标采购项目，从实施效果看，打破了原有的线下采购招标格局，产生了较好的"鲶鱼效应"，充分发挥了招标的竞价作用。

3. 为优化供应链提供支撑

通过实施电商采购，中车株辆公司较好地利用电商充足的供应渠道，为公司完善供应商管理，淘汰一批能力低、管理差的线下供应商，进而为优化采购供应链提供支撑。

4. 建立了电商采购管理内部控制制度

在项目实施过程中，中车株辆公司结合电商采购实施情况，将合理、规范、高效的管理流程固化下来，建立了电商采购管理办法，并将企业内部控制和风险防范要求融入管理制度中，确保后续开展电商采购工作有章可循、风险可控。

5. 有效防范了采购人员廉洁从业风险

通过实施电商采购，优化采购管理流程，多部门、多岗位参与供应商选择、采购价格确定等重要环节，增加了采购透明度，改变了传统线下采购模式下，采购相关人员在采购工作中比较重视供应商选择和供应商之间利益平衡的倾向。电商采购则将采购关注点集中到物品品牌、质量性能、技术要求上来，并对防范采购相关人员违纪违规的风险发挥了积极作用。

（二）经济效益

受铁路行业技术要求、中车集采管控、电商平台可供选择的物品品种有限等因素影响，中车株辆公司将劳保用品、办公用品、工具、仪器仪表、修理用备件、低值易耗品等六大类物品纳入电商采购范围。按可比物料统计，2019年度纳入采购范围的物品电商采购率达到了90%，与历年线下采购模式比，物品价格有较大幅度的下降。以采购漆雾过滤棉为例，线上采购价格比线下低16元/平方米，9月份采购2300多平方米，节约成本3.68万元；累计节约采购成本130余万元。2020年，公司按照计划继续扩大电商采购范围，办公用品电商采购率达到了100%，同口径比降低采购成本12.8%。电商采购的深入实施，将为公司持续带来长远、稳定的经济效益。

（三）社会效益

该项目取得成功后，起到了较好的示范效应，多家企业来人来电学习取经，参考中车株辆公司做法，实施电商采购。项目的实施，对消除采购领域中妨碍公平竞争的因素，降低交易成本，保护领导干部，发挥了积极作用。

（四）成果运用情况

2020年，中车株辆公司自采物料继续实施电商采购。上半年，公司经营受疫情影响，采购量大幅下降。复工复产后，电商采购工作仍平稳推进，采购人员对电商采购操作流程进一步熟悉，下单、结算、物流配送及售后服务各流程节点进一步顺畅，采购管理工作效率明显提升；电商平台采购率和采购成本节约率均保持较高水平。另外，中车株辆公司借助电商平台及时了解、掌握物料的市场价格，提高了线下采购议价空间。

主　创　人：赵小龙、赵卫平
参与创造人：欧世新、何正球、胡　晖、龙　缘、王劲松、郭　湘、
　　　　　　刘亚新、江　琼

运用市场细分原理稳定和拓展中小学校园文化市场客户

中国邮政集团有限公司湖南省分公司

中国邮政集团有限公司湖南省分公司（以下简称"湖南邮政"）是中国邮政集团有限公司下属省级分支机构，依法授权经营各项邮政业务，承担邮政普遍服务义务，受政府委托提供邮政特殊服务，对竞争性邮政业务实行商业化运营。湖南邮政下辖14个市州分公司、90个县（市）分公司、2668个邮政营业网点，企业现有员工25611名。2019年，湖南邮政优化全流程服务，加快企业转型发展，实现业务收入92.32亿元，排全国第8位，增幅7.58%；实现经营利润1.09亿元，排全国第9位。为坚持传承与创新并重，湖南邮政将客群营销作为一项重要的基础性工作，细分市场，构建服务于中小学文化市场的获客体系，提升信息技术管控水平，实现文传业务在中小学市场快速突破。

一、运用市场细分原理稳定和拓展中小学校园文化市场客户的背景

（一）是塑造邮政校园品牌的需要

校园作为承载学生这个特殊消费群体的专项市场，受到越来越多的关注。据教育部等网站资料显示，当前中国教育市场总规模将超过9万亿元，拥有巨大的消费能力、庞大的用户规模、强大的传播能力，是潜力巨大并有待挖掘的蓝海市场。同时校园也是深植企业品牌，为未来培养终生客群的优良场所。企业深入拓展校园市场，其目的在于撬动年轻消费群体，通过品牌塑造、用户推广、产品营销、公益导向、政策指引、校企合作等方式，实现企业与师生以及学校之间的交互作用。关注并发展校园市场，研究设计和营销推广专属于校园的邮政业务及产品，对于深挖校园客群需求，进行全新的业态整合和联动，打造邮政校园品牌，有着至关重要的战略指导意义。

（二）是传统营销模式转型的需要

当前邮政各业务在校园市场开发过程中，面临"老业务难维持、新业务进不去"的尴尬境况，存在着基础能力薄弱、产品竞争力不强、市场认知度弱、客户体验不佳、业务协同滞后等一系列营销困点。为此，邮政企业必须加快针对校园市场的传统营销模式转型，从顶层设计、专业协同、阵地建设、资源复用、科技创新等多个方面着手，通过梳理校园脉络，抓住关键人，加强日常沟通和外联合作，洞悉需求，有针对性地提供业务产品，加深市场黏度。力争发挥邮政集物流服务、金融代理、文化支撑于一体的综合企业优势，实现在校园市场的整体利益最大化。

（三）是建设校园文化的需要

习近平总书记强调："文化是一个国家、一个民族的灵魂。文化兴国运兴，文化强民族强。没有高度的文化自信，没有文化的繁荣兴盛，就没有中华民族伟大复兴。"在当代中国，文化需求是人民最为迫切的需求领域之一，而教育文化则是文化需求中不可或缺的一个环节，用于满足校园师生的学习和成长需求。邮政企业作为品牌国企、传统文化的传承者和弘扬者，有责任和义务在青少年中弘扬传统文化、畅通文化传播。

二、运用市场细分原理稳定和拓展中小学校园文化市场客户的内涵和主要做法

以加快校园市场开发、推进文传业务转型为目标，细分教育行政部门、学校、家长以及学生

四个校园邮政客群，形成对不同客群的差异性营销策略，聚焦管理层、活动、协同、合伙人、产品、联盟、公益、平台等多维度获客手段，通过新一代校园报刊信息化管控系统建设，高效激活校园客群信息服务，实现校园发行精准营销，进而建立起邮政与校园客群之间长期健康发展的纽带，推进校园客群变现流量，力争将校园文传业务打造成湖南邮政高质量发展的新引擎，推动邮政企业在校园市场全业务的健康发展。主要做法如下：

（一）客户画像，明确校园获客核心内容

湖南邮政根据年龄层次和身份的不同，对当前中小学市场的主要客群进行梳理，分别列出教育行政部门、学校、家长、学生四大主要客群，找出这些客群的主要用邮需求。

1. 教育行政部门客群

该客群主要包括各级教育部门、教育考试院等，用邮需求主要体现在校园报刊、教辅图书、资料寄递、媒体宣传、校园活动、文化礼品等方面，作为校园市场的管理指导部门，在学校教育经费、教学设备、资料配备上具有很强的指导作用。对于教育行政部门，湖南邮政倡导"收益+公益"健康发展，突出文化扶贫、精准扶贫，建立主管部门、合作单位与邮政企业"三位一体"的黏性机制，在财政部门政策性赠阅、企业赠阅方面做文章，为邮政公益发行扩大影响、提高邮政品牌美誉度，加强与政府管理或行业系统的沟通与合作。

2. 学校与教师客群

该客群用邮需求主要体现在校园活动、校园报刊、教辅图书、媒体宣传以及对青少年邮政知识领域的培育培养等方面。学校客群在校园市场中对文化性输入和输出的消费需求较大，在消费中以用于教学、管理、素质提高和提升学校声誉的项目为主。开展校园活动是与学校合作的一个重要抓手，需有选择性、有侧重点地进行，注重的是长期性、规模性、品牌性的开展。一是加大与出版单位的联合，扩大"书香校园"活动的覆盖范围；二是联合出版单位以及邮政的报刊、函件、集邮和金融专业，共同开展"书信赛""征文竞赛""漂流阅读"等现场活动，用好"红领巾主题邮局""素质教育基地"等场地，激发广大青少年的阅读兴趣和参与度；三是策划"关爱留守儿童""扶贫支教""爱心报刊"等公益活动，寻求与团委、扶贫办以及有扶贫对口支援计划的企事业单位的合作，推广第三方赠阅模式；四是联合当地宣传、教育、关工委、妇联、共青团、新闻出版管理等部门，在"全民阅读日"、"世界读书日"、新学期开学等关键节点，举办大型入校阅读推广活动。

3. 家长客群

该客群在用邮需求上对教育内容的文化产品需求较大，主要诉求表现为随堂类、训练类、辅导类等报刊图书品类。除对孩子的文化需求之外，家长客群还会从自身消费需求出发，涉及邮政金融业务、集藏邮品、文化礼盒、零散寄递等。家长客群是校园市场的消费主力军，家长对于孩子培养的成本历年来都在上升，为孩子购买学习资料、文化课培训、特长培养以及小学托管的消费成为家庭支出的重要部分。湖南邮政在家长客群获客上，以情感策略为主导，以"邮政+合伙人"方式接洽，通过报刊投递、微信沟通等方式拉近距离，采用情感维护、礼品拉动、业务咨询、产品推介等方式，形成家长群体对邮政企业的信任。

4. 学生客群

该客群的用邮需求以报刊图书、书信比赛、文化礼盒、定制邮品、高考配套等文化产品为主。主要为0~18岁年龄层次，含幼儿园、中小学生、高中中职等教育组织个体，是需要重点培育的未来客群。学生客群的消费观和偏好有四种倾向：求新性，对新鲜事物充满好奇感；兴趣性，对社会上丰富的或具有魅力的事物感兴趣；从众性，对于社会同龄大众拥有的东西需求感比较强；被引导性，该年龄段的消费能力还比较薄弱，在消费时通常以老师、家长等成人引导为主。对于学生群体主要实施品种策略，聚焦"传统+创新"，丰富产品体系，把握春、秋两季学校开学黄金期为重点营销时段，针对幼儿园、小学、初中、高中、职校等不同阶段，提供对应的报刊、图书、邮品等文化产品，供学生结合自身学习需求和爱好进行选择。

（二）多维获客，开拓发展新路径

1."管理层"获客

教育行政部门与学校作为校园市场的管理指导部门和主要用邮场所，在校园市场开发上具有举足轻重的作用。湖南邮政以"德育"建设、素质提升为切入点，展开分层对接，落实分级会议，抓住时间节点，加强与教育部门以及学校的联系力度。

一是从"德育"入手，扩大影响促进口碑。由共青团湖南省委、少先队湖南省工委主办，湖南邮政承办的湖南省少儿书信绘画比赛至今已成功举办12届，最新一届书信赛参赛人数高达100余万人次。书信赛活动得到团省委、少工部以及市、县相关部门的大力支持，同时还吸引了岳阳移动、益阳地产等公司主动赞助，公益、效益并行。该活动主题鲜明，产生了广泛的社会影响，已成为湖南省青少年品德教育的特色项目。2019年，在湖南省关工委的指导下，湖南日报社、共青团湖南省委、湖南邮政共同主办首届"邮政杯"湖南日报朗读者大赛活动，在活动推进过程中，邮政企业与各级宣传部、教育局、团委以及众多中小学校多次接洽沟通，依托活动之力与相关行政主管部门建立联系，推动区县邮政"进校建群"，成为邮政进入校园的重要手段。

二是分层对接，三级会议，抓住时间节点。加强与教育部门和学校的联系力度，在每学期开学之际落实三级会议：一级促进会，促成由县教育局组织、各县（市）邮政分公司承办、各中心学校校长参加的校园座谈会的召开，为邮发报刊等邮政产品进校园颁发通行证；二级促进会，由邮政各支局长参加中心校召开的学校校长会议，安排布置校园报刊征订及其他校园产品工作；三级促进会，由邮政各支局参加各学校召开的班主任及老师会议，投递员以班级为单位进入各班级、家长微信群宣传邮政业务。洞口分公司通过落实分级会议，2020年春季通过支局入校园，开发学校80余所，累计收订春季校园报刊流转额293.3万元。

2. 活动获客

活动是邮政与校园客群之间长期健康发展的纽带，通过与相关部门、学校、合作单位共同开展活动，实现邮政校园工作的落地。

"邮文化进校园"基地建设孵化创新活动，是湖南邮政围绕"传承优秀传统文化，提高文化软实力"，以学校为发展阵地，以青少年为活动主体，以邮文化活动为载体，以青少年集邮、书信文化活动、全民阅读等活动为切入点的一个活动。邵东分公司联合政府部门和社会各界推动基地建设；汝城分公司先建后进，通过先在市州分公司建立示范基地，逐步引导学校建立活动基地；长沙分公司抓住关键人，取得学校校长的支持，顺利推进当地校园基地建设。湖南邮政"邮文化进校园"活动从2004年开始，连续举办"生肖个性化邮票设计大赛"14届、"明信片设计大赛"5届、"网络集邮大赛"5届，得到了湖南上百所中小学及大专院校的积极响应，每年青少年参赛人数近千人，已成为进校园工作的有力推手。而湖南邮政连续两年与潇湘晨报社合作开展的"我是邮政小报童"活动，营销客群从小报童扩展至家长，业务范围不局限于报刊，同时培育了金融、集邮、函件、保险等客户市场。株洲分公司专门为活动设立"卖报小行家""吃苦耐劳小达人"奖项，用于激励小报童；常德分公司利用小报童活动建立的家长微信群，在群内做旅游套票、

ETC、个性化邮票等邮政业务宣传；长沙岳麓区分公司联合湖南中邮保险和中南大学第一附属小学一起开展了"爱心小报童，中邮伴我行"社会实践活动，结合当前社会热点给小报童们上了一堂"垃圾分类"的公益课讲座，得到家长们对活动的高度肯定；浏阳分公司组织小报童对邮政投递组、邮件处理中心进行参观，同时支行长为在场的家长们上了一堂生动有趣的理财课。活动的开展增强了邮政与学校的线下互动，进一步夯实了校园渠道建设。

3. 协同获客

针对中小校园市场的开发，加大"专业+联动"工作力度，打破单部门、单业务、单产品的独立进入营销模式，避免每个业务条线都各自为政，推进金融、寄递、邮务业务协同共享，持续深化板块协同、产品协同、项目协同、客户协同和网络协同力度，挖掘市场价值，最大限度地发挥邮政企业在校园市场中的整体竞争优势，实现邮政整体利益最大化。

隆回分公司落实青少年邮文化活动基地建设，建立少年邮局文化活动基地2个，校园发行站46个。将少儿书信赛与政府扶贫工作相结合，联合报刊社、三方企业对贫困户学生进行结对帮扶，隆回参赛人数以绝对优势名列全省第一，获得县宣传、教育领导部门的高度肯定。并以金融知识讲授和高收益的邮政金融产品为切入点，在辖区每一所学校举办邮校合作答谢会，共开展172场次，参与教职工达3700余人次，有效地融洽了邮校情感，吸引更多老师体验邮政业务，推动了金融与报刊的同步发展。

4. 产品获客

通过丰富产品体系，满足学生、家长、老师在学习、兴趣爱好、素质提升等各方面的需求。一是提供校园素质类、随堂类报刊产品，把握春、秋两季学校开学黄金期为重点营销时段，针对各年级教学版本，湖南邮政甄选出15家有品牌、有资源、政策优、配合度高的报刊社的300多个产品，供学生选择。二是通过图书巡展形式组织了一批少儿、文史、古典、科普、艺术等多种类型的近万册书籍，供师生、家长在课余时间选择阅读。三是组织近200种校园装备报刊用于教师日常教学以及学生交流。四是针对青少年、儿童市场开发制作了《故事童年》《小时候》《生肖与星座》等专题集邮产品，《秘密脸谱》《跟名家学书法》《恐龙》等集邮文创产品及《猪八戒吃西瓜》《勤劳的小老鼠》等口袋书邮册，满足师生集藏兴趣。

5. 联盟获客

与报刊社组成战略联盟体，充分利用报刊社的产品、媒体、社会资源和活动策划能力，加快邮政进校园活动品牌化步伐。合作内容包括好少年成长计划、青少年读写素养提升计划、"寻找中国好老师"公益行动计划等一揽子工程。其中好少年成长计划以读书活动为切入点，利用报刊社力量切入教育系统宣传、组织和发动，邮政利用企业物流和末端资源优势完成"报刊社—产品—学校—师生"流程；青少年读写素养提升计划以问卷调查、论坛研讨、课题展示、评估表彰等为抓手，助力学校在阅读课程、活动建设等方面再上台阶；"寻找中国好老师"公益行动计划，充分利用《课堂内外·中国好老师》等教师用刊物，以公益讲座、公益宣传报道、论文发表等为主要形式，在全社会营造尊师重教的良好氛围。邮政与《课堂内外》《小溪流》《意林》等杂志社联合举办的公益大讲堂活动在湖南校园引起强烈反响，单场流转额过百万元，做到了校内校外全面开发。

6. 公益获客

自2013年以来，湖南邮政与湖南省妇联联合启动湖南省农村留守儿童信息数据库建设工作，通过农村留守儿童信息数据库的建设和动态监管，采集湖南约155万留守儿童以及父母、家庭三部分67项属性信息并进行分析。2014年，湖南邮政与湖南省妇联再次携手启动关爱农村留守儿童

"温暖微行动·彩虹行"大型公益捐赠活动,以"传递彩虹包裹,情暖百万儿童"为主题,以"彩虹包裹"为爱心载体,逐步开展有针对性、覆盖面广的关爱服务和慈善公益活动。近3年来,湖南邮政累计为全省5万多名贫困留守儿童送去了关爱。2018年,湖南邮政立足"人民邮政为人民"的根本宗旨,紧密结合省邮政扶贫点的实际情况,充分发挥邮政的行业优势,与张家界市桑植县龙潭坪镇四方溪村最困难的37户低收入家庭实施一对一结对帮扶,尤其是对于家中有学生的,通过帮助其参加"集邮夏令营(北京)""爱心图书"及"彩虹包裹"等多种爱心公益活动,或以资助其学习、书本费用等形式,推进扶贫助学、智力帮扶,提升被帮扶对象家庭文化水平。同年,湖南邮政又抓住少儿书信大赛的契机,在全省范围内组织关爱留守儿童专项活动。截至目前,湖南邮政已捐赠书刊近55万套,在社会上营造了关心、重视留守儿童健康成长的浓厚氛围,提升了企业形象。

7. 平台获客

2017年,湖南邮政开始着手新一代校园报刊信息化管控系统建设,提出了覆盖业务全过程、全要素的校园项目管控体系优化和提升方向。系统上线后,湖南邮政改变以往运行10年的校园报刊手工要数操作模式,新增线上征订渠道,依靠信息系统完成校园报刊宣传、征订、支付、统计、要数、物流等业务全流程。校园报刊管控信息化升级,新的信息处理方式促成了新的营销方式的出现,满足了校园报刊专业化、个性化的客户服务需求。对于边远山区和智能网络订阅方式有困难的地方,安排工作人员上门提供服务,形成线上足不出户下单和线下上门服务互补、学期订阅和年度征订自由的良性发展局面。

(三)优化流程,构筑服务标准

1. 四个坚持,强调标准规范

一是坚持顶层统筹。在推进校园市场产品体系、渠道运营、操作流程、客户服务等方面实施标准化建设,强调标准规范。二是坚持优化流程。梳理进校园的难点、堵点、痛点,聚焦政策严控、品种受限和"被自愿"等问题,充分运用互联网和信息化发展成果,强化校园产品在线服务平台功能,提升用户体验,推动服务更加便利高效,切实提升学校、家长和学生获得感、满意度。三是坚持试点先行。选择有基础、有条件的市州(区、县)先行试点,以试点示范破解难题、总结做法,分步推进、逐步完善。四是坚持安全可控。校园开展营销活动,事关家长减负、学生减压、学校教学等政府、社会关注热点,湖南邮政全面落实监管部门政策方针,树立安全营销底线思维,健全管理制度,落实主体责任,充分发挥好国有企业的担当精神,用实际行动建立和维护良好秩序。

2. 持续走访,拓宽维系渠道

湖南邮政将日常走访以常态化加以推进,要求以区县为单位,形成辖区幼儿园、中小学校、培训机构等走访地推表,内容包括学校明细、学生人数明细、联系方式、对邮政业务进校园的态度、邮政负责人名字、走访次数,进行销号式管理。在走访过程中,信息的收集极其重要。一是收集校内信息,留心学校各学科使用教材的版本情况,了解学校正在使用的随堂类报刊、课外读物;二是了解掌握学校师生对报刊品种、价格、作用、服务、活动等的需求;三是收集家长的信息,认真对待,听取意见。

三、运用市场细分原理稳定和拓展中小校园文化市场客户的建设效果

(一)促进了校园营销方式和客户服务模式的转变

通过获客体系的构建,明确了各客群的服务范围及营销维度,针对校园客群实施精准化挖掘。

当前，湖南邮政建设有国家级的青少年示范基地6个、省级青少年邮文化活动示范基地113个。在全国创新建设的湖南邮政新一代校园报刊信息化管控系统，覆盖25400所中小学校及幼儿园信息，利用"中国邮政订阅网""邮三湘"等报刊在线订阅平台，归集线上、线下客户订单，有效解决了校园征订"被自愿"、宣传推广、便捷订阅、资金安全等问题，2019年线上订阅校园报刊有效支付订单21.9万条，业务规模约3650万元。同时以《放学后》杂志为试点开始校园报刊邮政快包发运操作模式，在校园系统内同步快包业务打包、发运、配送信息对接，通畅发货流程，提升配送效率。

（二）提升了邮政的品牌形象和社会影响力

进校园活动朝长期性、规模性、品牌化方向高效开展。2019年湖南邮政开展各种形式的进校园营销活动300余场。与湖南日报合作的首届"邮政杯"湖南日报朗读者大赛创造性地结合中小学生思政教育、社会实践、主题教育及文化窗口展示等内容，14个市州广泛参与，106个县市区的200多所学校及企事业单位深度互动，150余场线下现场活动生动呈现，超过50万人直接参与，借助报网端微屏全媒体的宣传与传播，本次活动受影响高达近2000万人。

（三）取得了良好的经济效益

经过十多年的成熟运作，校园报刊规模逐年扩大，年最高峰时达2.3亿元，给企业带来约8000万元收入，占发行专业总收入的20%。近年来受纸媒市场低迷以及专项整治活动的影响，2019年湖南校园报刊规模仍达1.5亿元，收入约5400万元。2020年春季校园征订较上年同期增幅达53.3%，为湖南邮政报刊业务收入守住全国前十的位置打下了基础。湖南邮政由于在校园报刊市场上取得的成绩，成为全国邮政发行的一面旗帜，多次受到集团公司的表扬并在全国推广经验。湖南省少儿书信绘画比赛不但产生了广泛社会影响，还累计为企业创收超过2亿元，年均创收约2000万元。2019年"放飞梦想 快乐成长"个性化邮票实现申报12584版。良好的经济效益使得"邮文化进校园"搭上了快车，实现了邮政业务进校园的新突破。

主　创　人：刘绍权、涂永昕

参与创造人：杜　辉、黄　巍、李　蓓、杨湘超、郭婷婷、吴哲思

编辑说明

一、本书是根据第二十一届湖南省企业管理现代化创新成果创造单位报送的资料编辑而成的。由于篇幅限制，我们在编辑过程中对各成果材料进行了相应压缩，特别是申报材料中的大量截图、图表不符合排版要求，故均删除。如需详细成果材料，可与编辑部联系。

二、湖南省企业管理现代化创新成果审定委员会《关于发布和推广第二十一届湖南省企业管理现代化创新成果的通知》中成果按等级列出名单，本书收录时是按章节归类排序，而不是分等级排序。

三、为了便于阅读，本书编排时按成果主要内容涉及的企业管理类别分成9篇，包括：平台化管理和智能管控、数字化转型与信息化建设、高质量发展与精益管理、产业发展与管理提升、绿色发展与社会责任、自主创新与研发管理、应急管理与风险防控、人力资源与绩效管理、市场营销与服务管理。

四、由于时间仓促，加之编辑水平有限，难免有疏漏和不当之处，欢迎读者指正。

五、2021年，我会将在中国企业联合会（中国企业家协会）、湖南省工信厅、湖南省国资委的指导下，继续发布和推广企业管理现代化创新成果，下发《关于组织申报第二十二届湖南省企业管理现代化创新成果的通知》，请有关企业按通知要求做好申报工作。联系人：钟建华，电话：0731-82213408（兼传真），邮箱：77557202@qq.com

编辑部
2021年4月